W0066529

Lexikon der Gartenpflanzen

Lexikon

Fritz Köhlein, Peter Menzel, Andreas Bärtels

der Gartenpflanzen

Sträucher und Bäume, Stauden, Sommerblumen

Mit 2680 Farbfotos

Inhalt

Vorwort

Immer mehr beherrscht die Technik unser Leben, in letzter Zeit besonders die Elektronik, die sogar virtuelle Welten entstehen lässt. Parallel dazu erfolgt aber auch eine verstärkte Rückbesinnung auf die Natur mit all ihren Facetten, so auch auf die Pflanzenwelt. Dementsprechend standen Gärten noch nie so sehr im Mittelpunkt des Interesses wie heute - die Umsatzzahlen auf dem „grünen Sektor" beweisen es.

Manchmal ist die Vielzahl der Gartenpflanzen nicht nur für Hobbygärtner, sondern auch für Fachleute nur noch schwer zu überblicken. Zahlreiche Fachbuchautoren bemühen sich mit ihren Veröffentlichungen, dieses große Gebiet übersichtlicher zu machen. Es gibt Bücher über bestimmte Pflanzengruppen, ja selbst über einzelne Gattungen. Das „Große Buch der Ziergehölze" von Andreas Bärtels und „Das große Buch der Stauden und Sommerblumen" von Fritz Köhlein und Peter Menzel haben die wichtigsten Gartenpflanzen in Text und Bild vorgestellt. In der Natur und auch im Garten bilden Gehölze, Stauden und Sommerblumen jedoch oft eine Einheit. Aus dieser Tatsache heraus reifte der Entschluss, die genannten beiden Bildbände zu einem einheitlichen, umfangreichen Werk zu verschmelzen. Dem Verlag muss dafür gedankt werden, zumal das nun vorliegende Werk, „Lexikon der Gartenpflanzen" zu einem wohl einmaligen Preis angeboten wird.

Es ist das erste umfangreiche, deutschsprachige Buch dieser Art, das von deutschen Autoren geschaffen wurde und bei der Pflanzenauswahl auf die klimatischen Gegebenheiten unseres Raumes Rücksicht nimmt, was bei Übersetzungen von Werken aus Ländern mit günstigerem Klima nicht immer der Fall ist.

Im Herbst 2006
Andreas Bärtels, Fritz Köhlein, Peter Menzel

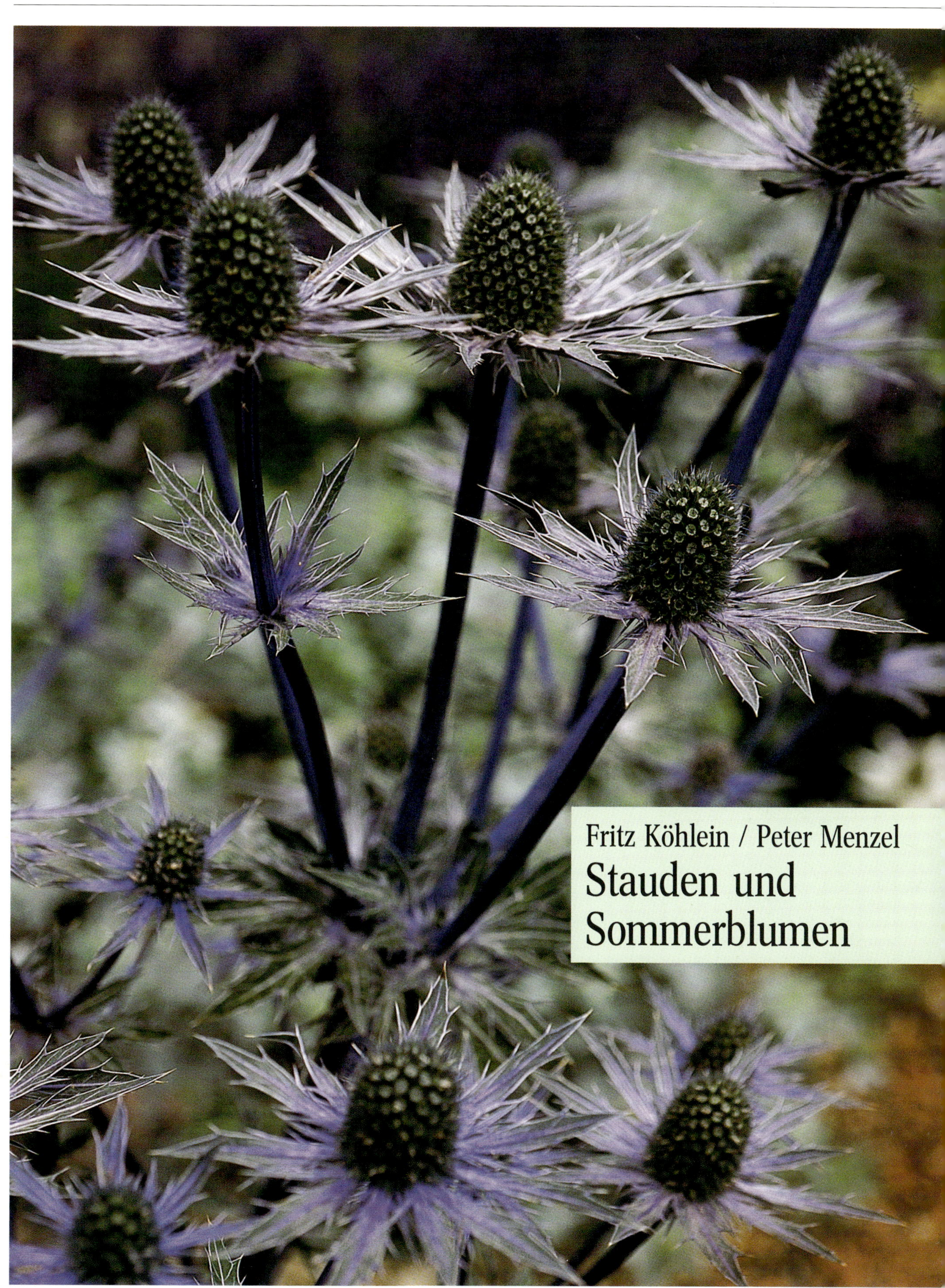

Fritz Köhlein / Peter Menzel

Stauden und Sommerblumen

Nützliche Hinweise zu Stauden und Sommerblumen

Das Sortiment

Die Fülle des Pflanzenreiches, verwendbar für den Garten, ist unendlich groß. Ein Buch kann also immer nur eine Auswahl bieten.
Kriterien, welche die vorliegende Auswahl bestimmt haben, sind die Garteneignung in Mitteleuropa, aber auch die Erhältlichkeit als Pflanze oder Saatgut. Es wurden für die unterschiedlichsten Gartensituationen geeignete Arten und Sorten aufgenommen, bekannte und erprobte für den Anfänger, seltenere für den Fortgeschrittenen. Beispiele möglichst vieler Gattungen, Arten und Sorten von Stauden und auch Halbsträuchern, Sommerblumen, Beet-, Balkon- und Gruppenpflanzen, Blumenzwiebeln und Knollen sollen der schier unerschöpflichen Vielfalt Rechnung tragen. Berücksichtigt wurden dabei alle Jahreszeiten, damit der Garten für möglichst viele Tage im Jahr reizvoll sein kann.

Pflanzenbeschreibungen

Die Arten sind nach ihrem botanischen Namen alphabetisch geordnet. Durch die Verzeichnisse am Ende des Buches wird das Auffinden auch über deutsche Namen und Synonyme problemlos möglich. Außerdem sind die zusätzlich erwähnten Arten dort verzeichnet. Die Texte enthalten den botanischen Namen und dessen Synonyme, den deutschen Namen, wenn es einen gebräuchlichen gibt, und die Pflanzenfamilie, zu der die Gattung der abgebildeten Art gehört. Die verwendete Nomenklatur, das heißt botanische Namen und Synonyme, richtet sich nach dem neuesten „Zander Handwörterbuch der Pflanzennamen“. So wurde beispielsweise die große Sammelgattung *Chrysanthemum* in mehrere neue Gattungen aufgegliedert. Als *Chrysanthemum* verblieben nur die einjährigen Sommerblumen wie *Chrysanthemum carinatum* und *C. segetum*. Wir haben den Gattungsnamen *Chrysanthemum* beibehalten, da sich das Pflanzenangebot noch danach richtet, die neuen Gattungsnamen aber als Synonyme eingefügt. Die Pflanzenbeschreibung ergänzt die Abbildung und nennt, wenn vorhanden, Sorten oder auch verwandte Arten, manchmal auch ähnlich verwendete Arten einer anderen Gattung. Dazu kommen Hinweise zu Standortansprüchen und Vermehrung.

Pflanzenverwendung

Der Garten ist unser Paradies, wo wir schöpferisch frei sind und unsere Vorstellungen verwirklichen können. Schnell lernt man, daß jede Pflanze bestimmte Standortansprüche hat, die zu berücksichtigen sind, sollen die von uns geschaffenen Pflanzengemeinschaften gedeihen und sich viele Jahre weiterentwickeln.
Je mehr wir einen statischen Zustand, das heißt ein möglichst bis ins Detail gleiches Aussehen jahrelang erhalten wollen, desto mehr Einwirken, sprich dauernde Arbeit an der Pflanzung, ist erforderlich. Wenn wir begriffen und schätzen gelernt haben, daß das einzig Stetige in der Natur der Wandel, die Veränderung ist, dann wird aus der Arbeit mehr Planung und begleitende Korrektur. Gärten sind Pflanzengemeinschaften aus Menschenhand nach menschlichen Vorstellungen und damit niemals ohne Arbeit. Nur bei Nutzung der Eigendynamik in der Entwicklung der Pflanzengemeinschaften wird es im Garten „natürlicher“. Dabei können durch Samenflug, Vogelaussaat oder gezielte Einbringung heimische, oft nicht kultivierte Pflanzen wertvolle Ergänzungen bilden. Andererseits, überließen wir unsere Gärten auf Dauer sich selbst, so würde sich nach 20 bis 30 Jahren ein relativ artenarmer Mischwald entwickeln. Gärten sind also an uns Menschen gebunden. Gärten brauchen uns, die Natur nicht.
Die Ziffern in der Klammer am Textende verweisen auf die 40 Gartensituationen auf den Seiten 9 bis 29. Sie sind als Hilfestellung für den praktischen Gartenalltag gedacht.

Gartenklima

Wen lockt es nicht, Pflanzen aus anderen, auch wärmeren Klimaten im mitteleuropäischen Garten erfolgreich zu kultivieren. Frostfreie Überwinterung ist ein Weg dazu, oder auch die jährlich neue Anzucht und Pflanzung. Geschützte, kleinklimatisch günstige Situationen, trockener Laubschutz und Abdeckung gegen Winternässe bieten neben herbstlichem Ausreifen der Pflanzen gute Voraussetzungen. Mit der Erfahrung steigern sich im Laufe der Jahre die Erfolge oder wandelt sich das eigene spezielle Gartenpflanzensortiment. Interessant ist die Pflanzenverbreitung im Garten, wenn wir „Gartenvagabunden“ freien Lauf lassen. Viele einjährige Arten wie Schwarzkümmel, Silberling, Boretsch und Fuchsschwanz oder Stauden wie Akelei, Fingerhut und Mondviole versamen sich. Die so entstehenden Pflanzenkombinationen – oft zusammen mit autochthonen Gartenbewohnern, sprich Un- oder Wildkräutern – sind von besonderer Faszination und öffnen das Auge für die Fülle der Möglichkeiten.

Arten- und Naturschutz

Die „Rote Liste“ der Bundesrepublik Deutschland enthält die heimischen oder heimisch gewordenen Arten, die bei uns ausgestorben, verschollen, vom Aussterben bedroht, stark gefährdet, gefährdet oder potentiell gefährdet sind. Aufgrund dieser Gefährdungsgrade werden rechtliche Schutzmaßnahmen und deren praktische Umsetzung dann erforderlich, wenn die Gefährdung durch direkten menschlichen Zugriff, zum Beispiel Sammeln zur Zierde oder als Heilpflanze, oder durch Zerstörung des Lebensraumes der Art erfolgt.
Wer sich für die Verbreitung der Pflanzenarten bei uns interessiert, dem sei das sehr preiswerte Buch „Atlas der Farn- und Blütenpflanzen der Bundesrepublik Deutschland“, herausgegeben von Henning Haeupler und Peter Schönfelder im Verlag Eugen Ulmer, empfohlen. Von den 2995 enthaltenen Pflanzenarten sind etwa 10 Prozent Neubürger, die seit dem Mittelalter bei uns heimisch wurden. Über 1000 Arten, das heißt über ein Drittel der heimischen Flora, gehören zum Stauden- und Gehölzsortiment: Sie sind aus gärtnerischer Vermehrung und Kultur für unsere Gärten erhältlich. Auch Arten, die immer nur eine sehr geringe Verbreitung bei uns hatten und heute in der „Roten Liste“ als ausgestorben oder vom Aussterben bedroht bewertet werden, gehören seit vielen Jahrzehnten zum gärtnerischen Sortiment, so *Adenophora liliiflora*, *Euphorbia polychroma*, *Erica cinerea*, *Myosotis rehsteineri*, *Cyperus longus*, *Pulsatilla vernalis*, *Salvinia natans*, *Typha minima* oder *Verbascum phoeniceum*, um nur einige wenige zu nennen.
Wer den Arten- und Naturschutz im Garten fördern möchte, muß mindestens diese drei Grundregeln beherzigen:

1. Nur gärtnerisch vermehrte Pflanzen kaufen und nie Pflanzen aus der Natur entnehmen.
2. Heimischen und nicht heimischen Pflanzenarten gleiches Gartenrecht gewähren.
3. Den Garten möglichst vielfältig und artenreich gestalten.

Exemplare von Arten, die Artenschutzpapiere erfordern, wie zum Beispiel heimische Orchideen, dürfen auch nur mit diesen erworben werden, da nur so ihr legaler Besitz nachgewiesen werden kann. Kaufen Sie nur bei dem Fachbetrieb, der eine CITES-Bescheinigung entsprechend geltendem EG-Recht aushändigt.

Pflanzen suchen und kaufen

Der Blick in Nachbars Garten, der Besuch naher botanischer Gärten und Parks und die beratende wie praktische Hilfe anderer Gartenfreunde, zum Beispiel einer Pflanzenliebhabergesellschaft, erleichtern den Start zum eigenen Pflanzen- und Gartenhobby. Gut bebilderter Bücher wie dieses und Kataloge helfen bei der Auswahl. Wer sich besonderen Pflanzengruppen oder einzelnen Gattungen widmen möchte, dem sei die Liste weiterführender Literatur empfohlen. Weitere Hilfe bietet sich dem, der in einem gut beratenden Fachbetrieb kauft. Einen sehr guten Überblick über das in Deutschland, Belgien, Holland, der Schweiz und Österreich angebotene Sortiment gibt der „Pflanzeneinkaufsführer" von Anne und Walter Erhardt, Verlag Eugen Ulmer, 3. Aufl. 1997. Da das englische Sortiment andere Schwerpunkte hat, ist auch der dort erscheinende „Plantfinder" von Chris Philip und Tony Lord (Vertrieb: Moorland Publishing Co Ltd., Ashbourne, England) mit etwa 50 000 Arten und Sorten interessant. Wer spezielle Staudensuchfragen hat (der botanische Name ist dabei wichtig), kann sich auch an den Bund deutscher Staudengärtner im ZVG, Gießener Straße 47, 35305 Grünberg, wenden.

Mitglieder der Arbeitsgemeinschaft Deutscher Pflanzenliebhaber-Gesellschaften

Europäische Bambusgesellschaft (EBS)
Sektion Deutschland
GF: Edeltraud Weber
John-Wesley-Str. 4
63584 Gründau-Rbn.
Tel.: 01 72/6 64 42 90

Axel Paduch (Geschäftsführung)
Duisburger Straße 83 B
47166 Duisburg
Tel.: 02 03/58 33 24
Fax: 02 03/518 03 63
E-Mail: axel.paduch@t-online.de

Deutsche Bromelien-Gesellschaft e. V. (DBG)
1. Vors.: Dr. Klaus Eistetter, Geschäftsstelle:
Pia Rösslein
Burgstaller Str. 21
71737 Kirchberg/Murr
Tel.: 0 71 44/3 66 39

Deutsche Dahlien-, Fuchsien- und Gladiolen-Gesellschaft e. V. (DDFGG)
GF: Bettina Verbeer
Maasstr. 153
47608 Geldern
Tel.: 0 28 31/8 89 31

Deutsche Dendrologische Gesellschaft e. V.
Präs.: Hubertus Nimsch
Schauinslandstr. 125
79100 Freiburg
Tel.: 07 61/2 90 79 92
Fax: 07 61/2 90 79 42

Deutsche Efeu-Gesellschaft
1. Vors. Robert Krebs
Hauptstr. 48
24890 Stolk
Tel./Fax: 0 46 23/15 02

Gesellschaft für Fleischfressende Pflanzen
GF: Jörg Ramsauer
Zitterhuck 6 a
47608 Geldern-Kapellen

Deutsche Fuchsien-Gesellschaft e. V.
1. Vors.: Karl-Heinz Saak
Lange Straße 73
31515 Wunstorf
E-Mail: k-h.saak@t-online.de

Gesellschaft der Heidefreunde
Vors.: Jürgen Schröder
Lütjenmoor 66
22850 Norderstedt
Tel.: 0 40/5 25 62 59

Heliocona Soc. Int.
Präs.: Agneta Becker
Langer Kornweg 14
65451 Kelsterbach
Tel.: 0 61 07/60 95
Fax: 0 61 07/6 29 90

Deutsche Gesellschaft für Hydrokultur e. V.
Kurt-Schumacher-Straße 36
45699 Herten

Deutsche Kakteen-Gesellschaft e. V. (DKG)
– Geschäftsstelle –
Oos-Straße 18
75179 Pforzheim

Deutsche Kameliengesellschaft e. V.
Stahlbühlring 96
68526 Ladenburg
Tel.: 0 62 03/1 31 98
Fax: 0 62 03/92 24 54

Deutsche Orchideengesellschaft e. V.
Flößweg 11
33758 Holte-Stukenbrock
Tel.: 0 52 07/92 06 07
Fax: 0 52 07/92 06 08

Verein Deutscher Rosenfreunde e. V.
Waldseestr. 14
76530 Baden-Baden
Tel.: 0 72 21/3 13 02
Fax: 0 72 21/3 83 37

Gesellschaft der Staudenfreunde e. V. (GdS)
Eichenstr. 5
67259 Beindersheim
Tel.: 0 62 33/37 18 37
Fax: 0 62 33/37 19 37

I. G. Passionsblumen
Jens Buddrich
Amselstr. 75
24837 Schleswig
Tel.: 0 46 21/5 32 24
Fax: 0 46 21/95 37 35

International Clematis Society/Deutsche Gruppe
Leiter: H. Hörsch
Hagenwiesenstr. 3
73066 Uhingen
Tel.: 0 71 63/41 96
Fax: 0 71 63/47 89

Deutsche Rhododendron-Gesellschaft e. V.
Marcus-Allee 60
28359 Bremen
Tel.: 04 21/3 61-30 25
Fax: 04 21/3 61-36 10

Gesellschaft der Wassergartenfreunde
Theo Germann
Am Rübsamenwühl 22
67346 Speyer
Tel.: 0 62 32/6 30 40
E-Mail: gaertnerei-germann@t-online.de

Pflanzenbeispiele für besondere Verwendungszwecke

Die Pflanzenauswahl trifft jeder Gartenfreund nach seinen eigenen Interessen oder Erfordernissen. Beispielhaft seien hier noch einige Aspekte genannt, die die Gartensituationen ab Seite 9 in diesem Sinne ergänzen. Die genannten Arten sind nur Anregungen aus der Vielzahl der Möglichkeiten. Ist nur die Gattung genannt, so weisen mehr als eine Art diese Eigenschaften auf.

Dauerblühende Beetpflanzen
Begonia-Semperflorens-Hybriden, *Brachyscome multifida, Cuphea ignea, Dorotheanthus, Fuchsia, Impatiens, Pelargonium, Petunia*-Hybride 'Surfina', *Polygonum capitatum, Sanvitalia, Scaevola, Tagetes.*

Gruppenpflanzen mit bunten Blättern
Amaranthus, Atriplex hortensis 'Rubra', *Euphorbia heterophylla* und *E. marginata, Hibiscus acetosella, Humulus scandens* 'Variegata', *Kochia scoparia* 'Trichophylla', *Perilla, Ricinus, Senecio bicolor, Silybum marianum, Zea.*

Pflanzen mit subtropischem Charakter
Amaranthus, Arundo, Cortaderia, Datisca, Gunnera, Hibiscus acetosella, Nicotiana, Perilla, Ricinus, Silybum, Tithonia, Zea.

Sommerblumen mit Direktaussaat
Adonis (einzelne Arten), *Agrostema githago, Amaranthus, Brachyscome iberidifolia, Calendula, Centaurea cyanus, Clarkia, Eschscholzia, Godetia, Gypsophila elegans, Linum* (einzelne Arten), *Lobularia maritima, Nigella.*

Einjährige Gartenvagabunden
Amaranthus, Atriplex, Borago, Calendula, Chrysanthemum parthenium, Lunaria annua, Nigella.

Staudige Gartenvagabunden
Althaea, Corydalis lutea, Digitalis purpurea, Hesperis matronalis, Lychnis coronaria, Meconopsis cambrica, Myosotis, Oenothera biennis, Onopordum, Silybum.

Einjährige Gräser
Agrostis, Briza, Bromus, Coix, Hordeum, Lagurus, Panicum, Pennisetum villosum, Phalaris, Setaria.

Gräser als Solitärpflanzen
Arundo, Bambus-Arten, *Cortaderia, Helictotrichon, Miscanthus, Panicum, Themeda, Zea.*

Zweijährige Arten
Campanula medium, Carlina vulgaris, Digitalis purpurea, Lunaria annua, Oenothera erythrosepala, Onopordum acanthium, Papaver nudicaule, Silybum marianum, Verbascum bombyciferum.

Sommerschlinger
Asarina, Basella, Cajophora, Cardiospermum, Cobaea, Cucurbita, Eccremocarpus, Ipomoea, Pharbitis, Phaseolus, Rhodochiton, Thunbergia, Tropaeolum.

Winterharte Kletterstauden
Aconitum, Clematis texensis, Codonopsis, Dioscorea, Humulus, Passiflora incarnata, Polygonum multiflorum, Pueraria, Thladantia, Trichosanthes.

Schlinger aus nicht winterharten Zwiebeln und Knollen
Anredera, Apios, Gloriosa, Ipomoea batatas, Sandersonia, Trichosanthes, verschiedene *Tropaeolum*-Arten.

Blumenzwiebeln und Knollen zur Herbstpflanzung, winterhart
Chionodoxa, Crocosmia, Eremurus, Fritillaria, Hyacinthus, Leucojum, Lilium, Muscari, Narcissus, Puschkinia, Scilla, Trillium, Tulipa.

Blumenzwiebeln und Knollen zur Sommerpflanzung, winterhart
Colchicum, herbstblühende *Crocus*-Arten, *Lilium candidum, Sternbergia lutea.*

Blumenzwiebeln und Knollen zur Frühjahrspflanzung mit frostfreier Überwinterung
Verschiedene *Arisaema*-Arten, *Begonia*-Knollenbegonien-Hybriden, *Canna, Cypella, Dahlia, Dracunculus, Eucomis, Gladiolus*-Hybriden, *Hymenocallis, Oxalis, Pavonia.*

Immergrüne Bodendeckerstauden für Sonne
Acaena, Androsace primuloides, Dryas, Eriogonum, Iberis, Paronychia, Sagina, Stachys byzantina, Thymus, Veronica prostrata.

Immergrüne Bodendeckerstauden für Schatten und Halbschatten
Ajuga reptans, Asarum, Cardamine trifolia, Epimedium, Pachysandra, Saxifraga umbrosa, Tolmiea, Vinca minor, Waldsteinia.

Stauden für Baumscheiben
Allium christophii, Asarum, Cyclamen hederifolium, Glechoma, Hedera, Helleborus foetidus, Papaver orientale, flachwachsende *Symphytum*-Arten, *Waldsteinia.*

Vorfrühlingsblüher
Adonis amurensis, Cyclamen coum, Eranthis, Erica carnea, Galanthus, Helleborus foetidus, Petasites, Tulipa kaufmanniana.

Farne mit Herbst- und Winterwirkung
Blechnum, Dryopteris filix-mas, Matteuccia, Onoclea, Osmunda, Phyllitis, Polypodium, Polystichum.

Schwimmpflanzen, winterhart
Callitriche, Ceratophyllum, Lemna, Myriophyllum, Nymphoides, Polygonum amphibium, Ranunculus aquatilis, Stratiotes, Trapa.

Schwimmpflanzen, nicht winterhart
Azolla, Eichhornia, Houttuynia, Hydrocleys, Myriophyllum brasiliense, Orontium, Pistia.

Sumpf- und Wasserpflanzen für kleine Becken und Kübel
Acorus, Alisma, Butomus, Gratiola, Lythrum salicaria, Mimulus luteus, Myosotis palustris, Nymphaea tetragona, Scirpus, Typha, Veronica beccabunga.

Blütenduft bei winterharten Stauden
Asclepias syriaca, Convallaria, Dianthus gratianopolitanus, Filipendula hexapetala, Hesperis matronalis, Hosta plantaginea, Muscari racemosum, Phlox, Reynoutria polystachium, Viola odorata.

Blütenduft bei Sommerblumen
Acidanthera, Amberboa, Cheiranthus, Dianthus, Lathyrus odoratus, Lobularia, Mirabilis, Nicotiana, Petunia, Reseda, Schizopetalon.

Trockenblumen
Acroclinium, Ammobium, Consolida, Gomphrena, Goniolimon, Helichrysum, Helipterum, Limonium, Lonas, Lunaria, Xeranthemum.

Blattwerk, Früchte, Gräser und Farne für Trockensträuße
Allium-Fruchtstände, *Briza, Carex grayi, Cortaderia, Humlus lupulus, Cucurbita*, Getreideähren, *Proboscidea, Typha, Zea.*

Nektar für Schmetterlinge
Achillea, Anthemis, Centranthus, Cirsium, Echinops, Eupatorium, Hesperis matronalis, Lavandula, Phlox, Scabiosa, Sedum, Thymus.

Hummelblumen
Aster, Borago, Bryonia, Centaurea jacea, Dracocephalum moldavicum, Echinops, Lamium, Lupinus, Monarda, Salvia, Sedum, Symphytum, Vicia.

Futterpflanzen für Schwebfliegen
Angelica, Bupleurum, Eupatorium, Foeniculum, Lythrum salicaria, Meum, Solanum.

40 Gartensituationen

1 Staudenrabatte – Rabattenstauden

Rabatten-, Beet- oder Prachtstauden sind Arten und Sorten für tiefgründige, humose und nährstoffreiche Böden in sonniger Lage, mit ausreichender Feuchtigkeit ohne Winternässe. Meist sind es reich und lange blühende Kulturformen oder Pflanzen, die durch ihren Wuchs, den Austrieb oder die Herbstfärbung wirken. Für eine ganzjährig ansprechende Pflanzung ist eine Kombination verschiedener Wuchshöhen, Blütezeiten und Farben unter Beachtung der Verträglichkeit in der Wuchskraft zueinander wichtig. Höhere Leitstauden, wie hier im Bild die Malven, bilden ein ordnendes Gerüst. Einheitlich flächige Pflanzungen einer Art oder Sorte von Bodendeckern oder halbhohen Stauden bringen Ruhe in die Rabatte. Staudenrabatten dieser Art benötigen kontinuierliche Pflege, regelmäßige Düngung und Wässerung bei sommerlicher Trockenheit. Nach 2–5 Jahren sind die Pflanzen aufzunehmen, zu teilen und neu zu pflanzen, wobei der Boden mit Kompost verbessert und tiefgründig gelockert werden sollte. Eine unkrautfreie Kompostgabe von 1–2 cm im Frühjahr fördert die Entwicklung. Prachtstauden sind in der Regel auch gute Schnittblumen.

2 Stauden und Sommerblumen

Den ganzen Sommer hindurch blühende Staudenpflanzungen anzulegen, erfordert viel Erfahrung und dafür geeignete Standorte. Da ist es oft einfacher, zu experimentieren und bei nicht optimalen Standorten auch mit Sommerblumen nachzuhelfen. Dies nicht nur der kräftigen Farbe oder Form wegen, sondern auch um frühjahrsblühende Stauden zu ersetzen, die ihren Platz mit Beginn der Sommerruhe freigeben. Auch können einjährige Sommerblumen, wie Sommerrittersporn, Fuchsschwanz oder Sommerknöterich, in solchen Pflanzungen angesiedelt oder als Jungpflanzen eingeordnet werden. Spontan wachsende Sämlinge aus Selbstaussaat setzen Akzente und überraschen oft mit einer Farben- und Formenkombination, die man selbst nie gewagt hätte. Anstelle der Dahlien können Frühjahrsblüher gestanden haben. Durch die Verbindung von Stauden und Sommerblumen lassen sich fast alle Farb- und Formenwünsche erfüllen. Ruhe und Ordnung schaffen größere Farb- und Höhengruppen sowie einzelne Gerüstpflanzen, z. B. Stauden mit sommerblumenähnlichem Charakter, wie Malven oder auch hohe Gräser.

Sonniger Gehölzrand 3

Eine sonnige Gehölzrandsituation kann entlang einer Hecke, vor großen Blütensträuchern oder wie auf dem Bild unter einem alten hochkronigen Baum entstehen. Sie ist durch Sonne und Wärme und nur geringen, meist wandernden Schlagschatten gekennzeichnet. In Anlehnung an Laubgehölze ist der Boden im Frühjahr trotz Wurzelkonkurrenz feucht, wird im Sommer durch den Wasserverbrauch der Gehölze trockener, bis darauf im Herbst und Winter die Winterfeuchte wieder wirksam ist. Auch kann sich eine Laubmulldecke bilden. So erhalten viele Pflanzen, die zur sommerlichen Ruhezeit Wärme und Trockenheit benötigen, wie zum Beispiel Tulpen, gute Wachstumsvoraussetzungen. Die Laubmulldecke bietet der Gemswurz, den flächig wachsenden Beinwell-Arten, dem Immergrün, dem Kaukasusvergißmeinnicht und dem sich durch Ausläufer ausbreitenden amerikanischen Tränenden Herz gute Lebensbedingungen. Am Gehölzrand lassen sich Pflanzen der Freiflächen, wie Wiesen und Steppen, mit denen des Gehölzbereiches kombinieren. Diese Saumgesellschaften sind auch in der Natur die artenreichsten Pflanzengemeinschaften.

Schattiger Gehölzrand

Wo Sonne ist, da ist auch Schatten. Das ist gut so, denn viele Gartenstauden sind Waldschattenpflanzen, die mit dem Mehr an Licht am Wald-, sprich Gehölzrand, besonders gute Entwicklungschancen finden. Oft ist es so, daß sie nur im oberen Teil Licht erhalten und mit dem Fuß im Schatten stehen, so wie sie es auch an ihrem natürlichen Standort gewohnt sind. Eine solche Pflanze ist beispielsweise der Staudenrittersporn. Für die geeigneten Pflanzen, aber auch für den Betrachter, bietet der schattige Gehölzrand mit wandernden Lichtflecken sehr interessante Situationen: Blütenstände und Pflanzensilhouetten lassen sich vor einem dunklen Hintergrund, durch Lichtstrahlen hervorgehoben, schön beobachten und fotografieren. Schattige wie sonnige Gehölzränder bieten Möglichkeiten, Wald- und Freiflächenpflanzen miteinander zu vergesellschaften und äußerst vielfältige Kombinationen aufzubauen, da sich der dunkle, kräftig bunte oder lichte Hintergrund jeweils in das Bild einbeziehen läßt. Auch große Gräser mit ihrer graphisch-bildhaften Licht- und Schattenwirkung gewinnen durch einen solchen geeigneten Hintergrund.

5 Vor der Sonnenmauer

Ganztägige Sonne, zumindest aber vom späten Vormittag bis in den Abend hinein, bedeutet an einer Mauer sehr hohe Temperaturen. Im Winter kann dies der kleine bedeutsame Unterschied sein, so daß Pflanzen nicht erfrieren. Im Sommer aber ist durch die hohe Rückstrahlung der Mauer auch an kühlen Tagen ein Wachstumsvorsprung gegeben. Außerdem bietet sie Schutz vor Spät- oder Frühfrösten. Wohl fühlen sich so der violette Steppensalbei (im Vordergrund) und der Akanthus mit seinen hohen Blütentürmen, die mit der Balustrade wetteifern. Die hohe gelbe Staudenschafgarbe setzt für viele Sommerwochen goldfarbene Akzente gegen das rotpurpurne Laub des Perückenstrauches (*Cotinus coggygria* 'Purpureus'). Die noch hellgrün-knospige Fetthenne neben ihm am Wegrand wird ein karminrosa blühender Anziehungspunkt für Schmetterlinge und Schwebfliegen. Der Federmohn im Hintergrund ist an solchen Stellen von sehr gemäßigtem Temperament. Wenn vor einer sonnigen Mauer an heißen und trockenen Tagen für Bewässerung gesorgt wird, ist dies für subtropische und tropische Pflanzenkombinationen der richtige Standort.

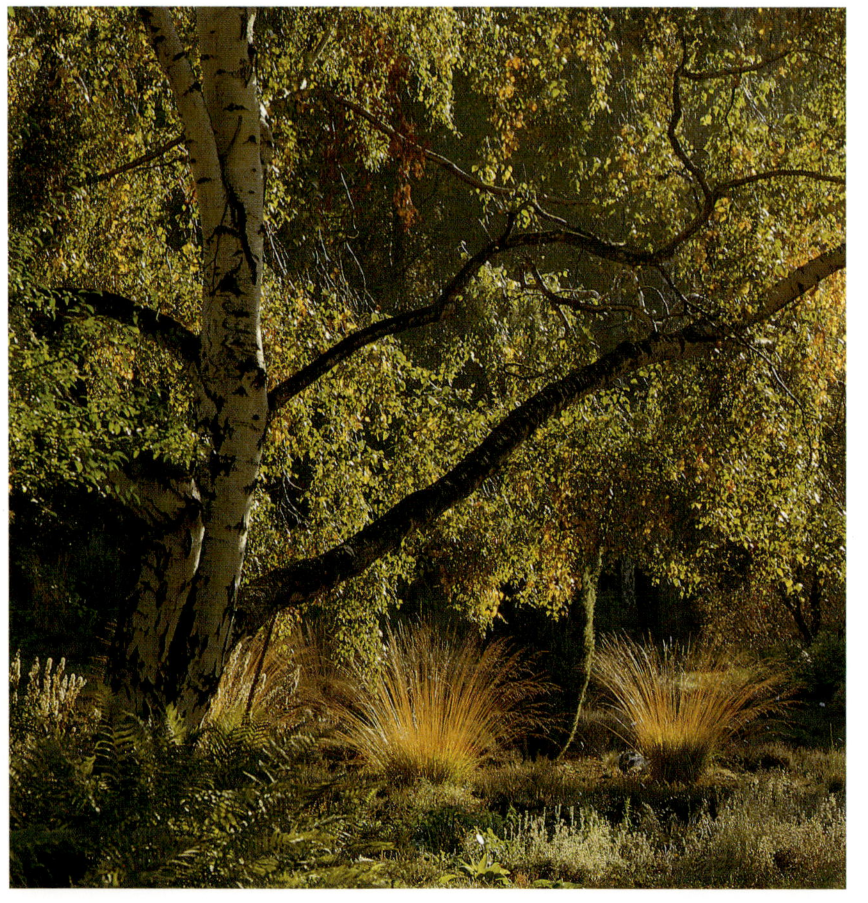

6 Gräserspiel in Licht und Schatten

Die herbstlich gefärbten Pfeifengrashorste bezaubern im Abendlicht in diesem Heidegartenteil. Die Birke bildet ordnend den Raum in der dritten Dimension. Der dunkle Gehölzhintergrund verstärkt die filigrane Wirkung der Pfeifengrasrispen im Gegenlicht. Besonders vor der geschlossenen dunklen Wacholdersäule in der Bildmitte wird dies deutlich. Bei flächiger Gräserpflanzung oder dichter Pflanzung und eventuell noch großer Artenvielfalt geht das elegante Formenspiel der Gräser verloren. Dann hilft auch der dunkle Hintergrund nichts mehr, der hier die graphische Wirkung verstärkt. Einzelne Gräserhorste über einer geschlossenen Pflanzfläche mit überhängenden Halmen vor dunklem Hintergrund im Gegenlicht sind die Komponenten, die ein solch verzauberndes Bild hervorbringen. Ergänzend hinzu kommen früher Austrieb und Strukturwirkung in der Pflanzung: Gräser lockern auf, ohne die Ruhe einer Bepflanzung zu stören. Nicht zuletzt bringen viele Ziergräser im Herbst Farbe und Licht in den verblassenden Garten; noch im Winter zieren die Halme und Rispen, ganz besonders an Tagen mit Rauhreif.

Blühende Bodendecker 7

Die Golderdbeere unter der alten, weit ausladenden Buche ist eine gute Wahl für diese schattige Gartensituation mit humosem Boden. Die Fruchtstände der Winterlinge erinnern daran, daß es schon im Februar–März geblüht hat, noch bevor die Golderdbeere im April und Mai ihre Blüten öffnet. Nur die wintergrüne *Waldsteinia ternata* bildet mit ihren Ausläufern einen dichteren Teppich, der auch die leichte sommerliche Trockenheit im Laubmull unter der Buche übersteht. Die schmalen spitzen Blattüten des Maiglöckchens zeigen an, daß im Mai–Juni noch weiße Blütentupfer folgen werden. Für eine gute Bodendecke ist die richtige, standortbezogene Artenwahl entscheidend, während man die Blütezeitverlängerung durch geschickte Kombination sichern kann. Für halbschattige bis schattige Lagen eignen sich neben der Golderdbeere als immergrüne Bodendecker der Kriechgünsel, verschiedene Elfenblumen-Arten, Ysander, das Porzellanblümchen und natürlich Immergrün. In der Sonne bedecken zum Beispiel das Stachelnüßchen, die Silberwurz oder Schleifenblumen- und Thymian-Arten den Boden das ganze Jahr über zuverlässig.

Imposante Solitärstaudengestalten 8

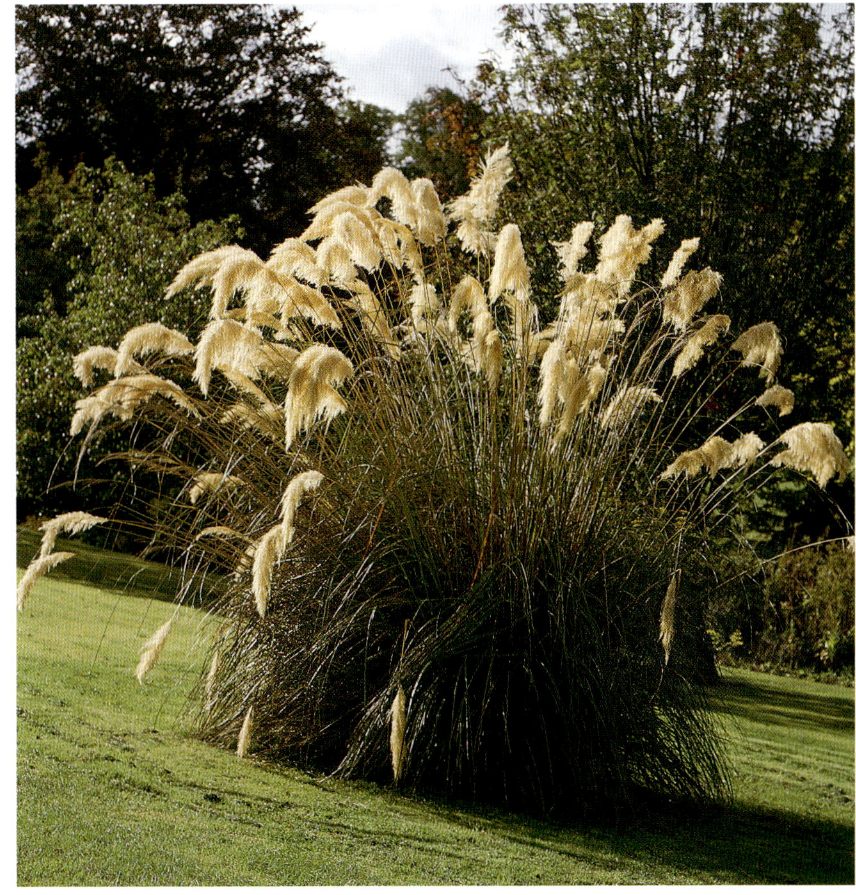

Ein Solitär ist ein kostbares Einzelstück, das durch seine imposante Gestalt wirkt und nicht durch andere Eindrücke beeinträchtigt werden darf. Der Pampasgrashorst im Rasen macht dies deutlich, zeigt aber auch, daß ein ruhiger, einheitlicher, und besonders ein dunkler Hintergrund die Wirkung noch verstärken würde. Häufig wird dieser Aspekt bei der Pflanzung von Solitärstauden noch vergessen. Notwendig ist außerdem ausreichender Freiraum zur arttypischen Entwicklung der Pflanze, die meist mehrere Jahre dauert. Die bei eingewachsenen Exemplaren gewaltige jährliche Wuchsleistung erfordert eine sorgfältige, tiefgründige Vorbereitung der Pflanzstelle und eine der jahreszeitlichen Entwicklung der Pflanze entsprechende Bewässerung und Nährstoffversorgung. Steht beispielsweise das Pampasgras, wenn es schoßt, zu trocken, dann bleiben die Halme stecken oder sie bleiben kurz. Auch tragen bei diesem Solitärgras die weiblichen Pflanzen viel größere Rispen als die männlichen – ein Beispiel für die Notwendigkeit, beim Kauf in der Staudengärtnerei eine vegetativ vermehrte, in diesem Fall weibliche, Pflanze zu verlangen.

Kletterstauden, die dritte Dimension

Die Tigerglocke *(Codonopsis convolvulacea)* durchwächst hier das immergrüne Nadelgehölz und verträgt sich durchaus mit dem von links herüberwachsenden *Sedum telephium.* Winterharte kletternde Stauden gibt es eine ganze Reihe, leider werden sie selten angeboten und auch wenig verwendet. Zu bedenken ist, daß sie im Winter oberirdisch absterben und die abgestorbenen Triebe vorsichtig aus dem durchwachsenen oder überkletterten Gehölz entfernt werden müssen. Schaden richten sie nur dann an, wenn der Standpflanze zuviel Licht und Luft entzogen werden. Schwache Wachser sind Tigerglocke, Kletternder Eisenhut oder Staudenclematis. Anders ist es mit kräftigen Wachsern wie zum Beispiel Quetschblume, Hopfen, Zaunrübe, Yamswurz oder Staudenwicke. Sie eignen sich besser für Zäune, Spaliere und Säulen. Kletterstauden geben Gehölzen oft eine zusätzliche Blütezeit oder Herbstfärbung. An älteren Gehölzen ist das Pflanzloch für Kletterstauden groß genug zu wählen (0,5–1 m^3), mit humosem Erdreich zu füllen und die Kletterpflanze von außerhalb der Traufe mit Hilfe einer Stange in den Baum zu leiten.

Blumen- und Staudenwiese

Glockenblumen, Klee, Hahnenfuß und Margeriten mit einigen Sauerampfer-Akzenten können durchaus eine dauerhafte Blumenwiese bilden. Es sind reichblühende Arten, die sich als Stauden erhalten, aber auch durch Selbstaussaat verbreiten. Daher können solche Wiesen erst dann gemäht werden, wenn der Samen reif und ausgefallen ist. Solche Blumenwiesen lassen sich um so leichter anlegen, je wärmer und nährstoffärmer eine Fläche ist und je weniger Schatten auf sie fällt. Nährstoffreiche, feuchte Flächen lassen sich mit Trollblume, Beinwell, Akelei, Schlangenwurzknöterich und anderen wasser- und nährstoffliebenden Arten zur Staudenwiese aufbauen. Eine solche Pflanzengesellschaft wird immer saftig grün wirken, anders als die leichte Farbenfreudigkeit der trockenen Blumenwiesen. In bestehenden Wiesen muß man zur Ansiedlung von Stauden kleine, 20–30 cm^2 große Flächen von der Rasennarbe befreien, als Vorsprung zum Einwachsen. Wichtig ist auch, solche Wiesen nicht auf einmal zu mähen, sondern in 2–3 Etappen, um der Tierwelt Überlebenschancen zu gewähren. Auch sind solche Wiesen nicht zum Spielen und Lagern geeignet.

Frühlingsgeophyten 11

Das Bild zeigt links unten Blausternchen und weißen Schneeglanz mit noch knospigen Buschwindröschen rechts unten sowie Narzissen und Schneeglöckchen im oberen Bildteil. Frühlingsgeophyten sind Pflanzen, deren Zwiebeln und Knollen einen Nährstoffvorrat aus dem Vorjahr mitbringen, um früh austreiben und blühen zu können, noch bevor die Laubgehölze ihr schattengebendes Dach über ihnen schließen. Frühlingsgeophyten, zu denen die mehr Freiflächen bevorzugenden Krokusse, aber auch Ranunkeln, Schachbrettblumen und viele Wildtulpen-Arten gehören, eignen sich gut zum Ansiedeln in schütterem Rasen, unter großen alten Bäumen oder auch in sommer- und herbstblühenden Staudenflächen. Manche, zum Beispiel Tulpen und Narzissen, benötigen eine trockene und warme Ruhepause im Sommer, damit die Zwiebeln oder Knollen ausreifen können. Diese Arten fühlen sich in trockenem Wurzelgeflecht und in schütteren Rasenflächen wohler als in der Laubmullschicht, wo Buschwindröschen und Schneeglöckchen, Schneeglanz und Märzenbecher noch so viel Sommerfeuchte erhalten, daß sie nicht zu stark austrocknen.

In brennender Mittelmeersonne 12

Gazanien, Kanarische Strauchmargeriten und Agaven wie auch *Yucca*, winterharte Kakteen und viele andere sukkulente Pflanzen fühlen sich bei starker sommerlicher Hitze und voller Sonne besonders wohl. Sie haben einerseits die Möglichkeiten, durch Wasserspeicherung heiße Tage gut zu überstehen, bedürfen aber andererseits der Wärme zum Ausreifen und zur vollen Entwicklung. In unseren Städten mit bis über 2 °C höheren Jahresdurchschnittstemperaturen bietet mancher Innenhof ein mediterranes Kleinklima. Sind dann noch Südwände mit Wärmerückstrahlung beteiligt, lassen sich solche Mittelmeer- und Subtropenpflanzungen aufbauen. Für winterharte Pflanzen ist die sommerlich-herbstliche Trockenheit zur Ausreifung und Förderung der Winterhärte wichtig, besonders für nicht ganz winterharte Pflanzen. Durch die kleinklimatische Situation mit starker Wärmeentwicklung ist es nötig, kräftig mit Wasser nachzuhelfen und auch zu düngen, damit sich die Pflanzen voll entfalten können. Die Aufnahme aus dem Mittelmeergebiet läßt sich durchaus in Stadtsituationen bei uns übersetzen.

13 Heimisch und fremd – ohne Streit

Die Goldfische, schemenhaft zu sehen, fühlen sich in diesem Gewässer wohl – obwohl doch fremd und nicht heimisch. Im Garten gilt die Artenvielfalt zusammen mit unseren Interessen und der Standortvorgabe als Rahmen für die Pflanzenauswahl. Anders in der Landschaft außerhalb des Siedlungsbereiches, da sind nichtheimische Arten auf Nutzpflanzen und spontane Einwanderer zu beschränken. Hier im Uferbereich treffen sich Astilbe, Staudengloxinie (Vordergrund) und Primel (Mitte) aus Asien mit Gauklerblumen (links), deren Eltern aus Nord- und Südamerika stammen. Sie wachsen in guter Gesellschaft mit rotblühender Bachkratzdistel, Schlangenwurz (links), Wolfstrapp (rechts) und silbrigblättriger *Sanguisorba* (vorn), die alle heimisch sind. Schon diese wenigen Beispiele aus einer Teich-Ufersituation zeigen ein friedliches Miteinander von heimisch und fremd im Garten. Jeder kann es im eigenen Garten testen und wird auch feststellen, daß Bienen, Hummeln, Schwebfliegen und Falter meist keinen Unterschied machen, solange die Blüten Nektar oder Pollen bieten und in ihr Farb- und Formenraster passen. Es lebe die Artenvielfalt im Garten!

14 Sonnenkinder mit Winterregenschutz

Kakteen wie diese Opuntien bei uns im Freien anzupflanzen, gilt vielen noch als großes Wagnis. Dabei gibt es eine Reihe von Kakteen, die sehr wohl tiefe Fröste vertragen, nicht aber unsere in der Regel sehr nassen Winter. Wenn der Standort hohe Wasserdurchlässigkeit besitzt und wir im Winter Regenschutz geben können – vielleicht durch eine große Glasscheibe oder ein Frühbeetfenster –, dann sehen zwar die Opuntien-Glieder im Frühling fast vertrocknet aus, doch werden sie schnell wieder saftig prall, wenn Wärme und Frühlingsregen sie zum Leben erwecken. Solche Wintertrockenheit, durch Schutz vor Winternässe, fördert auch die Blühbereitschaft der winterharten Kakteen. Opuntien gibt es von gelb- bis rotblühend und in allen dazwischenliegenden Mischfarben. Jedes Stengelglied wurzelt. Winterharte Kakteen eignen sich auch gut für Tröge oder alpine Kombinationen auf Tischen, sogar auf Balkon und Dachgarten, zum Beispiel zusammen mit Lewisien als sommerblühende Ergänzung und mit gleichen Wintertrockenheitsansprüchen, auch für Balkonkästen, bei denen weit überragende Dächer Regenschutz bieten.

Sommerschlinger 15

Wer sommergrüne Wände liebt, kann solche mit einjährigen Kletterpflanzen, die kräftig wachsen und schnell auch größere Flächen bedecken, schaffen. Der Japanische Hopfen, einjährig mit Vorkultur gezogen und nach den Eisheiligen ausgepflanzt, ist dazu gut geeignet. Das Bild zeigt die weißbunte Sorte 'Variegatus'. Er ist ein Probejahr wert, falls man eine Dauerlösung mit dem staudigen heimischen Hopfen oder seiner gelbbunten Sorte 'Aureus' erst testen möchte. Arten wie Kürbisse, Winden, Kapuzinerkresse, Wicken, Schönranke, Glockenrebe, Feuerbohne, Thunbergie, Malabarspinat, Maurandien, Rosenkelch, Hyazinthenbohne, Herzsame oder Brennwinden sind nur Beispiele aus dem großen Schatz der Sommerschlinger. Sie lassen Zäune, Pfähle und Sträucher erblühen, Girlandenschnüre ergrünen und schaffen lockeren oder dichten Sichtschutz im Garten, auf der Terrasse oder auf dem Balkon. Dabei winden sie sich empor, halten sich mit Ranken fest oder mit Blatt- und Blütenstielen: Die unterschiedliche Art zu klettern muß zur „Kletterhilfe", egal ob Strauch, Pfahl oder Zaun, passen. Reichliche Wasser- und Nährstoffversorgung ist wichtig.

Tropische Impressionen 16

Der Chilenische Riesenrhabarber erweckt den Eindruck, als ob er aus den Urzeiten der Erde stamme. Seine gewaltige Wuchsleistung entfaltet sich in wenigen Wochen, doch bedarf er des besonderen Winterschutzes, denn seine Winterhärte läßt zu wünschen übrig. Pflanzen wärmerer Klimate sind nun einmal nicht geeignet, unsere Winter zu überstehen. Wir überwintern sie frostfrei oder ziehen sie jedes Jahr neu, um sie nach den Eisheiligen oder gar erst Anfang Juni im Freien auszupflanzen. Rhizinus, Tithonien, Scheinhanf, Hohe Hahnenkamm-Sorten und buntblättrige Fuchsschwänze gehören dazu, aber auch das Pfeilrohr als hohes, nicht winterhartes Gras sowie Glockenrebe und Schönranke als Sommerblumenkletterer mit tropischer Wuchskraft. Für angrenzende Wasserflächen sind Wasserhyazinthe und Wassersalat wie auch der Wassermohn die passende Ergänzung. Tropische Impressionen mit Pflanzen den Sommer über zu schaffen, mag in manchen kühlen und nassen Jahren nicht gelingen, dafür entschädigen andere Jahre mit hochsommerlicher Wärme, wenn sie die Pflanzen zur vollen Entfaltung ihrer Wuchs- und Blühkraft bringen.

Stauden im Herbstfarbengewand

Wer die Blütenstände von *Astilbe chinensis* var. *pumila* nach der Blüte abschneidet, den wird dieses Bild ermuntern, auch den goldbronzenen Herbstaspekt der Fruchtstände zu erleben. Herbstfärbung ist selten ein vorrangiges Kriterium bei der Auswahl von Stauden, eher bei Gehölzen. Viel zu selten wird auf die Herbst- und Winterwirkung geachtet, oder aber der spätherbstliche Drang zum Aufräumen im Garten beraubt uns dieses Erlebnisses. Mit der Herbstfärbung setzen wir goldgelbe Sonnenakzente in düstere Tage, so mit manchen *Hosta*-Sorten oder auch dem Perlfarn. Bei starker Sommertrockenheit verfärben sich die breiten Trichter des deutschen und die schlanken hohen des amerikanischen Straußfarns schön hellgolden, später lederbraun, ein herbstlicher Farbablauf, der auch dem Adlerfarn zu eigen ist. Auch Hufeisenfarn, Königsfarn und manche Formen des Frauenfarns verhalten sich ähnlich. Auf dem Wasser färbt sich das Feenmoos, ein Wasserfarn, nach dem ersten Frost im Herbst kräftig rotbraun. Wer Staudenpflanzungen im Herbst mit offenen Augen besucht, wird viele Anregungen für den eigenen Garten finden.

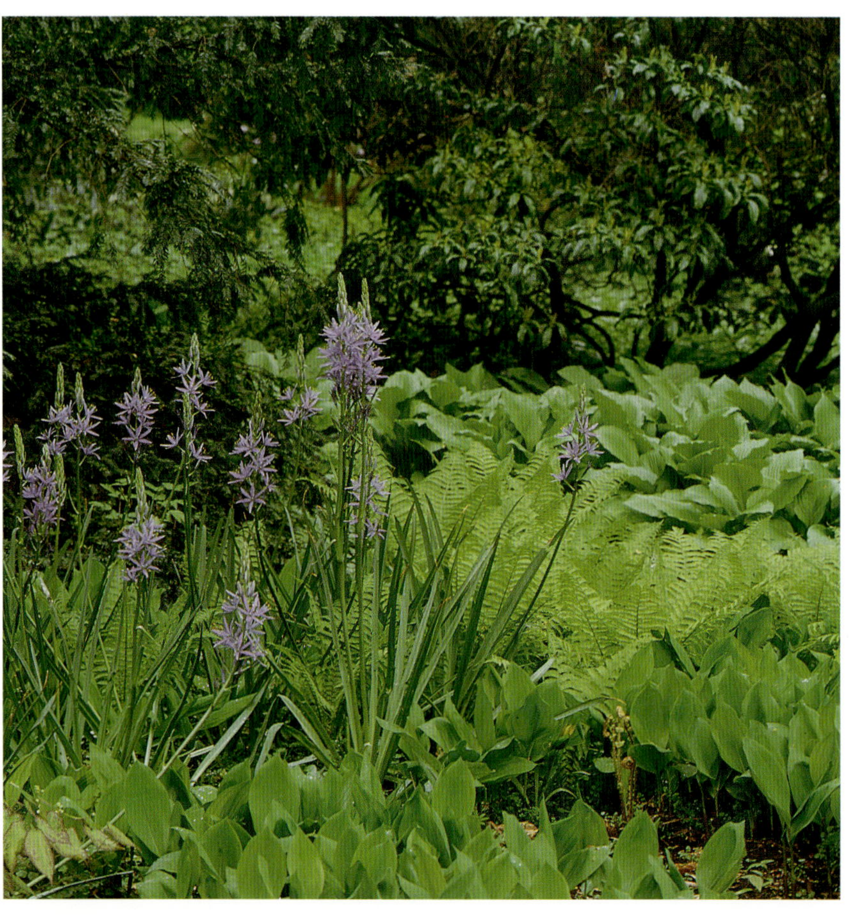

Waldlichtung

Vor dem Hintergrund der Rhododendren entfalten *Hosta* und davor Trichterfarne und Maiglöckchen ihr Laub, während die Blütenkerzen der Camassien Farbkontrast durch die hellgrünen, rötlichkupfern überlaufenen Blätter der Epimedien finden. Die Pflanzen einer Waldlichtung profitieren zum einen von der bis in den Sommer hinein erhalten bleibenden Bodenfeuchtigkeit und der meist recht dicken Laubmullschicht. Zum anderen wachsen sie besonders kräftig, weil ihnen durch die Lichtung mehr Sonnenlicht zur Verfügung steht als den meisten Pflanzen direkt unter oder an Gehölzen. Die Camassie ist eine Pflanze, die eigentlich besser in feuchten bis nassen Wiesensituationen gedeiht. Der Trichterfarn ist eine Bachrandpflanze, die aber nicht wählerisch ist und fast alle Pflanzungen durchwandern kann. Bei den Maiglöckchen im Vordergrund sieht man deutlich, wie sie aus dem Gehölz-Halbschattenbereich heraus zum Sonnenlicht hin wachsen, weil sie nur dort kräftig genug werden, um auch blühen zu können. Waldlichtungen haben meist eine höhere Luftfeuchtigkeit und bieten zusätzlich Schutz gegen allzu heiße Mittagssonne.

Gartenvagabunden 19

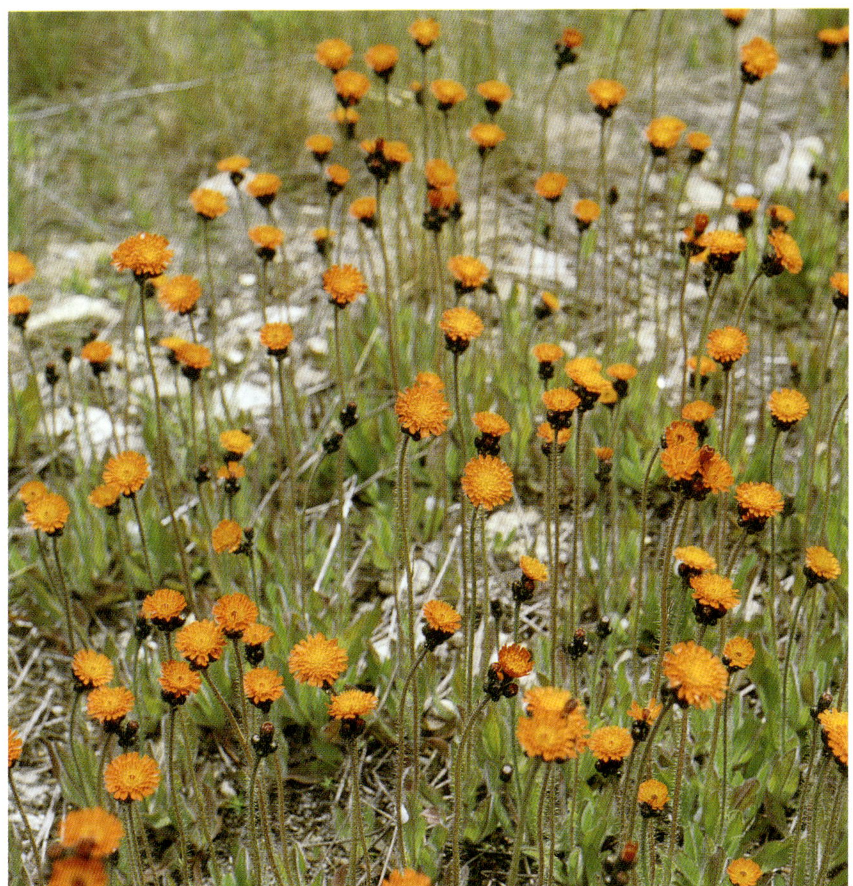

Das Orangefarbene Habichtskraut besiedelt gerne Steinschuttbereiche, aber auch schüttere, trockenere Rasenflächen. Auch im Kies und an Wegrändern siedelt es sich gerne an, wenn es nur sonnig und warm genug ist und keine Staunässe den Standort belastet. Der leichte Samen wird schnell verweht, und eine einmal angesiedelte Pflanze breitet sich durch Ausläufer aus. Andere Gartenvagabunden sind Fingerhut und Akelei, aber auch einjährige Pflanzen wie Boretsch, Ringelblume oder Fuchsschwanz. Bei manchen Arten kann man etwas nachhelfen, so bei Christrosen, Scheinmohn *(Meconopsis cambrica)*, Veilchen, Lerchensporn-Arten, Krokussen, Vergißmeinnicht und Silberlingen. Hin und wieder ist ein Vertreter dabei, der ganz nach Vagabundenart alles besetzt, was man ihm nicht verwehrt, so zum Beispiel die Spornblume. Spontan entstehende Pflanzenkombinationen haben ihren besonderen Reiz und sind Teil der Dynamik eines Gartens. Leider lassen wir ihnen und der Veränderung der Pflanzengesellschaften noch viel zu wenig Raum. Im Gemüsegarten wird der, der Blumen jäten muß, ein neues Verhältnis zum „Unkraut" bekommen.

Im Schatten des Nordgiebels 20

Je nach Höhe des Hauses und Nähe zum Haus ist eine Pflanzstelle auf der Nordseite hell und erhält auch morgens oder abends Sonne, ohne jedoch dem vollen Licht des Mittags ausgesetzt zu sein. Wenn nicht Bäume den Regen abhalten oder wenn wir in trockenen Zeiten etwas nachhelfen, ist solch eine Gartensituation für viele Pflanzenarten ideal. So lassen sich da absonnige Mauern anlegen, um beispielsweise Ramondien mit bestem Erfolg zu ziehen. Purpurgünsel und Segge, dazu der Schattensteinbrech im Hintergrund rechts zeigen auf der Abbildung, daß solche Flächen äußerst attraktiv sein können. Auch ein Schattensitzplatz, geeignet für die allzu heißen Mittagsstunden des Sommers, ist eine Überlegung wert. Hinzu kommt noch, daß in der Kühle der Nordseite der Austrieb und die Blütezeit später als in anderen Gartenteilen beginnen, die Blüte ohne die Mittagshitze und Sonne länger dauert und auch viele Blütenfarben besser halten. Ein Beispiel ist die verbreitete großblumige *Clematis* 'Nelly Moser' mit weißrosafarbenen und violettrot gezeichneten Blüten, die an einem sonnigen Standort verblassen.

21 Schattiger Hinterhof

Mauern, Schatten, hohe Boden- und Luftfeuchte und relativ ausgeglichene Temperaturen sind die Kennzeichen eines schattigen Hinterhofes. Ihn pflanzlich interessant zu gestalten, ist nur eine Frage der richtigen Artenauswahl. Das Immergrün beginnt den Boden zu decken. Ein wenig fehlt ihm die Laubmulldecke, die es gern durchwächst, und auch die sommerliche Wärme, die es vom heimatlichen Buchenwald her gewohnt ist. Wohler fühlen sich da schon die roten Sterndolden, die in luftfeuchten, halbschattigen, bachbegleitenden Gesellschaften zu Hause sind, und der Großblütige Fingerhut, der staudig ausdauernd ist und von Juni–August blüht. Er kommt aus montanen und alpinen Bereichen und wächst dort in Waldlichtungen und Hochstaudenfluren auf frischen, humosen, nährstoffreichen Böden. Für Bodendeckung im Hinterhof sind Farne geeignet. Auch viele Zwiebelblumen sind als Farbtupfer im Frühjahr für schattige Hinterhöfe gut zu gebrauchen. Sie bringen in ihren Zwiebeln die Nährstoffe bereits mit, die sie zur frühen Entwicklung der Blüte benötigen. An den Wänden sind großblumige *Clematis* eine gute Ergänzung.

22 Grüner Teppich für Zwiebelblumen

Der dichte *Pachysandra*-Teppich trägt im April die goldfarbenen Narzissen-Farbtupfer und verstärkt ihre Wirkung. Das dunkle Grün ist durch die weißlichen Blütenkerzen in seiner Strukturdichte aufgelockert und erscheint dadurch nicht so schwer. Die Narzissen sitzen in Tuffs, das heißt in kleinen Gruppen, und haben dadurch bessere Wachstumsverhältnisse in der Konkurrenz gegen den dichten Blätterteppich. Im Juni ist das Narzissenlaub abgewelkt, und die einheitlich grüne Bodendecke der *Pachysandra* überdauert Herbstlaub schluckend die Zeit bis zum nächsten Frühjahr unter dem hohen Laubdach der darüberstehenden Bäume. Für den Spätsommerakzent könnte man an heller Stelle versuchen, die hellrosa blühende *Begonia grandis* anzusiedeln, deren Achselknöllchen im Laubbett tief unter den *Pachysandra*-Blättern gute Überwinterungschancen hätten. Vergleichbare Pflanzenkombinationen lassen sich auch an anderen Gartenplätzen schaffen, zum Beispiel im Steingarten: Auch dort kommen Frühlingsblüher wie Zwiebeliris, zierliche Wildtulpen oder kleinere *Allium*-Arten in und zwischen flachen Polstern besonders gut zur Geltung.

Trockener Gehölzschatten 23

Diese Situation ist natürlicherweise im Laubwald an warmen Hängen gegeben. Viele Frühlingsgeophyten, aber auch frühlings- bis frühsommerblühende Waldstauden wie Buschwindröschen, Leberblümchen, Salomonssiegel oder auf dem Bild der Gelbe Lerchensporn wachsen dort im Frühling und Sommer gut. Sie profitieren im Wachstum von etwas mehr Licht, wenn das Laubdach nicht allzu dicht ist. Vor dem Laubaustrieb der Gehölze, solange ausreichende Bodenfeuchte herrscht, bereitet der Standort den Frühlingsblühern keinerlei Schwierigkeiten. Problematisch wird es erst im Sommer, wenn der Wurzelfilz und das dichte Laubdach den Boden trocken werden lassen. *Pachysandra*, Immergrün, Haselwurz, Silberkerzen, hohe Staudenanemonen, einige Storchschnabel-Arten, Funkien und Hirschzungenfarn sind eine kleine Auswahl von geeigneten Pflanzen. Hinzu kommen auch Gräser, wie die Waldmarbel, oder die reizende, am Blattstielansatz neue Pflanzen bildende *Tolmiea*. *Epimedium*-Arten und -Sorten, aber auch das Efeublättrige Alpenveilchen fühlen sich in solchen Situationen wohl; nur wenn es mal zu trocken wird, muß man gießen.

Mauerspaltenpflanzen 24

Weiße und lilafarbene Ramondien bewohnen zusammen mit Hirschzungenfarn rechts oben und Mauerraute die Spalten dieser Quadermauer. Die Pflanzenzusammenstellung macht deutlich, daß es sich um eine nach Norden oder Osten gerichtete Mauer handelt, da die Ramondien Schatten lieben und Mauerraute und Hirschzungenfarn gut in dieser Situation wachsen, obwohl sie auch sonnigere Mauerspalten besiedeln. Mauerspaltenpflanzen sind vor Staunässe zu sichern und kommen oft mit geringen Nährstoff- und Wassermengen aus, wenn die Mauerspalten nicht in freies Erdreich münden. Bei schmalen Spalten oder ohne wasserhaltige Hinterfüllung der Mauer müssen sie an Sonnenmauern sehr hohe Temperaturunterschiede zwischen Tag und Nacht ertragen. Dafür reifen sie gut aus, so daß dort auch mediterranes Klima gewohnte Pflanzen wie *Penstemon*, Sonnenröschen, Schleifenblume oder empfindlichere Nachtkerzen-Arten gut gedeihen. Mauerspaltenpflanzen sind alle *Sedum*- und *Crassula*-Arten, da sie aufgrund ihrer wasserspeichernden, Blätter und Stengel für das Durchhalten längerer Trockenzeiten gerüstet sind.

25 Bewachsene Pflaster- und Plattenfugen

Wenn die Trittplatten in einem solchen Weg das Durchschreiten erlauben, reicht es uns Menschen meistens aus; die Funktion ist erfüllt. Die Fugen dazwischen bewachsen auf diesem Bild Thymian und Glockenblumen, Pflanzen trockener, felsiger Standorte oder Geröllbereiche an warmen Hängen. Ist es schattiger und feuchter, kann das Sternmoos die Spalten füllen. Fugen, die von erwünschten Pflanzen bewachsen sind, ersparen uns das Jäten anderer Pflanzen, die sich gerne ansiedeln, uns aber an dieser Stelle nicht zusagen. Auch geben bewachsene Fugen einem Plattenbelag oder einer Pflasterung eine eigene Struktur und grüne Ordnung. Gittersteine auf nicht dauernd intensiv genutzten Parkplätzen sind eine Weiterentwicklung, bei der die Fuge zum Hauptzweck des Pflastersteines wird, um das Befahren dieser „Pflanzung" zu ermöglichen. Fugen in Ziegelpflaster sind durch die gleichmäßige Feuchtigkeit und Klimaführung ein ideales Keimbett. Dort können uns dann Veilchen, Krokusse, Schneesterne, Schneeglöckchen, Lerchensporn, Primeln und viele andere Pflanzen immer wieder neue Überraschungen bieten.

26 Gewässerrandgrün

Ränder von Gewässern — ob nun Teich oder kleiner Bach — bieten besondere Pflanzmöglichkeiten für alle die Stauden, die hohe Luftfeuchtigkeit und das ganze Jahr hindurch gute Wasserversorgung im Wurzelbereich lieben. Da gibt es viele Pflanzen, die von feucht bis naß und auch ins Wasser hinein wachsen. Die Wasserschwertlilie links vorn im Bild, die Sumpfdotterblume links in der Mitte, aber auch kurz davor der Wasserehrenpreis und die weißen und roten Kandelaberprimeln fühlen sich unter diesen Verhältnissen wohl. Rechts vor den Kandelaberprimeln drückt sich flach auf den Boden das Pfennigkraut, das nach den Primeln leuchtendgelbe Blüten tragen wird. Die Verbindung mit Gehölzen sollte sparsam sein, da Gehölze am Wasserrand so kräftig wachsen, daß sie den Staudenwuchs meist schnell unterdrücken. Die Weide rechts im Vordergrund gibt der Staudenpflanzung Struktur, ohne sie zu zerstören. Wasserränder sollten mit Pflanzen gestaltet und gehalten werden. Wenn Becken aus technischen Gründen fest gebaut sein müssen, dann sollte die Strenge der Ränder durch überhängende Stauden oder Wasserpflanzen aufgelöst werden.

Üppig wachsende Feuchtbereiche 27

Viele Pflanzenarten gedeihen in unterschiedlich feuchten Böden. Oft besitzen sie die Fähigkeit, schwachwachsend auf trockenem Beet noch zu gedeihen und zu blühen, sich aber erst in dauerfeuchtem Boden oder gar im Sumpf unmittelbar am Wasserrand voll zu entwickeln. Die Verwendungsmöglichkeiten im Garten sind dann besonders vielseitig. Die Gauklerblume rechts im Bild mit ihren gelborangen Blüten, aber auch die blaßlila blühende *Dianthus superbus* links sind Beispiele für Pflanzen, die von trockenem Beet bis in nassen Boden hinein wachsen können. Von der hohen Boden- und Luftfeuchtigkeit profitieren aber auch die Primel und der hoch aufragende Stengel der Trollblume links im Bild. In diesem Lebensraum fühlen sich auch viele Gräser wohl, so die durch ihren Fruchtstand zierende Morgensternsegge oder der Wasserschwaden mit seiner ungeheuren Wuchs- und Ausdehnungskraft, und auch die Vielfalt der großen und kleinen Rohrkolben läßt sich hier verwenden. Pfeilblätter, Froschlöffel, Tännel, Sumpfdost, aber auch Korbblütler wie die Rudbeckien zeigen in solch feuchtem Bereich, was an Wuchskraft in ihnen steckt.

Das Reich der Wasser- und Schwimmpflanzen 28

Wo es möglich ist, sollte Wasser im Garten sein. Mit flach auslaufenden Rändern und Übergangszonen zwischen trocken, feucht und naß. Am bekanntesten sind die schwimmenden Blätter der Seerosen auf der Wasseroberfläche. Hier im Bild sind in der Mitte junge Wasserhyazinthen zu sehen, die durch ihre blasig aufgetriebenen Blattstengel und die darin enthaltene Luft schwimmen. Gleichfalls nur im Sommer und auf gut erwärmtem Wasser entwickelt sich der Wassersalat. Auch Wassermohn und Goldkolben, das Hechtkraut und die tropischen Seerosen-Arten, die ihre Blüten über das Wasser erheben, sollten in Gegenden mit strengen Wintern frostfrei und feuchtnaß im Keller überwintert werden. Schwimm- und Wasserpflanzen beschatten das Gewässer, so daß sich die lichtbedürftigen Algen weniger gut entwickeln können. Sie bieten vielen Tieren Schatten und Schutz, sind schwimmende Inseln, auf denen sich Frösche sonnen, und geben mit allen untergetauchten Pflanzenteilen Sauerstoff an das Wasser ab, so daß es frisch bleibt. Außerdem bremsen sie das Algenwachstum dadurch, daß sie Nährstoffe aus dem Wasser aufnehmen.

Steppe und Heide

So unterschiedlich Steppe und Heide auch sein mögen, so haben sie doch einiges gemeinsam: Freiflächen unterschiedlicher Größe ohne dichteren Gehölzbewuchs sowie warme bis heiße und trockene Ruhezeiten und feuchtere, kühlere Wachstumszeiten. Einen Heidegarten mit seinen typischen Elementen zeigt die Abbildung „Gräserspiel in Licht und Schatten“: Pflanzen saurer Böden mit einem Übergang von Heide bis Moor. Steppentypisches ist auf diesem Bild aus dem Botanischen Garten in Bayreuth zu sehen: Großflächige Aspekte an Sommertrockenheit und Hitze angepaßter Arten aus dem Spektrum für neutrale bis eher alkalische Böden. Großer Blütenreichtum vor der sommerlichen Ruhezeit und Mischung mit einem hohen Anteil einjähriger Arten. Die *Anthemis* im Vordergrund spielen diese Rolle hier in einer zentral-asiatischen Steppensituation. Die staudigen Kandelaberkönigskerzen sind *Verbascum speciosum*, möglicherweise der „ausdauernde Typ“, als *V. olympicum* im Staudensortiment. Steppen sind immer reich an Zwiebel- und Knollengewächsen mit ausgeprägter trockener Sommerruhe.

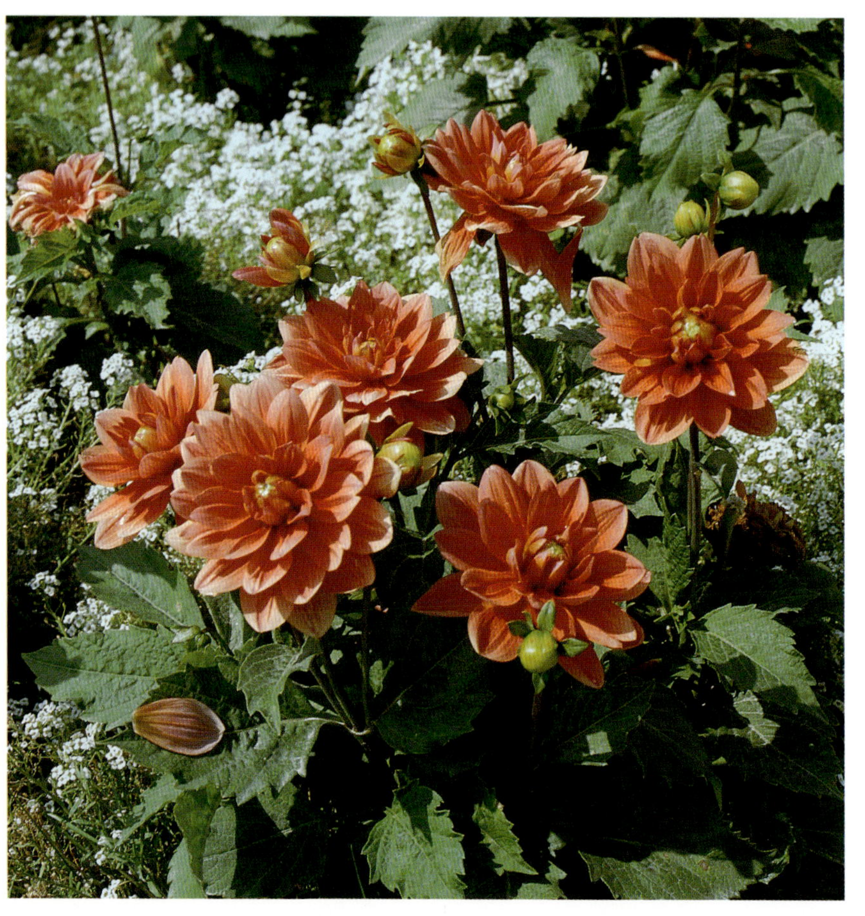

Sommerblüher aus Zwiebeln und Knollen

Da unsere Winter meist kalt, ja frostig und naß sind, müssen wir viele der in unseren Gärten verbreiteten Pflanzenarten frostfrei im Ruhezustand überwintern. Dies ist bei Zwiebel- und Knollengewächsen besonders gut möglich. Dahlien sind dafür das verbreitetste Beispiel. Meist werden sie in Kombination mit Sommerblumen gepflanzt, da diese im Spätherbst geräumt werden, gleichzeitig mit der Aufnahme der sommerblühenden Zwiebel- und Knollenpflanzen für die Überwinterung. Wir können diese Pflanzengruppe, zu der auch *Acidanthera*, buntblühende *Calla*, *Gloriosa*, *Sandersonia*, aber auch *Sparaxis*, *Pavonia* und *Babiana*, Knollenbegonien wie auch Gladiolen, *Eucomis*, *Hymenocallis*, Galtonien und *Canna* gehören, aber auch zur Hauptart einer Pflanzung machen. So auf dem Bild hier die niedrig bleibende Schmuckdahliensorte 'Berliner Kleene' in einem honigduftenden Teppich aus Duftsteinrich. Ebenso lassen sich von Herbst bis Frühjahr vegetationsfreie Flächen besetzen oder Kübel und Schalen – auch mit Vorkultur – bepflanzen. Und auch in eine lockere Staudenpflanzung kann man sie einfügen, zum Beispiel als Farbakzent.

Pflegeleichte Steingärtchen 31

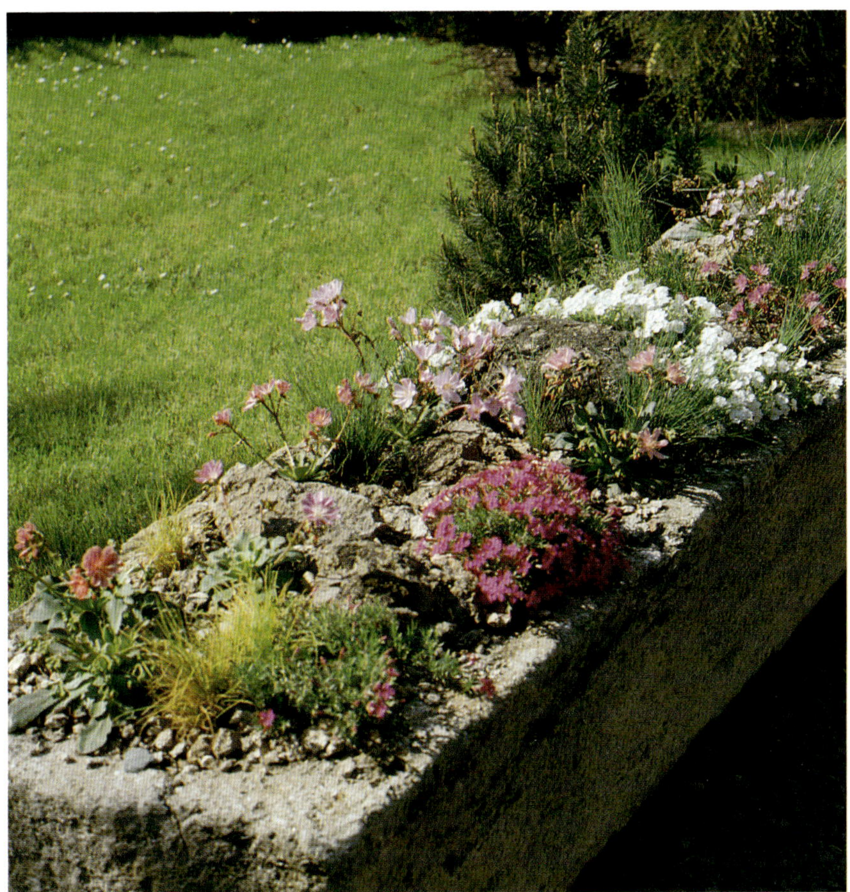

Eine kleine, überschaubare Gartensituation macht in der Regel wenig Mühe. Das gilt ganz besonders für dauerhaft bepflanzte Steintröge, seien es kleine alte Tränken oder tischgroße Tröge, speziell für diesen Zweck gebaut. Solche Tröge können am Wegrand stehen, sie können bewohnte Bereiche gegen freiere Gartenteile abgrenzen, Brüstungen ersetzen oder befestigte Plätze auflockern. Tröge wie der abgebildete alte Futtertrog sollten am Boden Wasserablauflöcher besitzen, mit gut wasserdurchlässigem Substrat gefüllt sein und den pH-Wert im Substrat aufweisen, den man für die gewünschte Bepflanzung benötigt. Bei gutem Wasserabzug, sonnigem Standort zur Ausreife und Erwärmung der Pflanzen und ihrer Umgebung und geeigneter Pflanzenwahl läßt sich von der Hochgebirgsflora bis zur mediterranen Pflanzenkombinationen viel an eigener Vorstellung mit der Trogbepflanzung verwirklichen. In diesem Trog sind es besonders die rosablühenden Lewisien, die so unsere nassen Winter gut überstehen. Tröge sind auch für Moorbeetpflanzen geeignet, die von Haus aus sommerliche Austrocknung in den oberen Bodenschichten gewohnt sind.

Kombinierte Pflanzen- und Steinverwendung 32

Oft müssen Höhenunterschiede abgefangen, Böschungen angeschüttet und mit Steinen befestigt, Wegekanten gesetzt und intensiv begangene befestigte Flächen angepflanzt werden. Überall wird Stein oder Beton verwendet, der Wärme hält und abstrahlt, Wasser schnell ablaufen läßt, aber auch Spalten und Ritzen bereithält. Sie bieten Lebensraum für Mauerspaltenpflanzen und, bei ausreichenden Erdtaschen dazwischen und der Einplanung von Pflanzlöchern, hervorragende Möglichkeiten für die geschickte Verbindung von Stein mit einer intensiven Bepflanzung. Wenn die Flächen gut belichtet, besser gut besonnt sind, läßt sich eine Vielzahl von Pflanzen mediterraner Herkunft in solchen Situationen verwenden. In sonnenabgekehrter Lage bieten die höhere Boden- und Luftfeuchtigkeit und die ausgeglichene Temperatur neben der Beschattung eine für Steinbrech-Arten, Ramondien, *Haberlea, Jankaea* und viele Farne besonders geeignete Pflanzsituation. Sollen Beton oder Stein verdeckt werden, beispielsweise an Stützmauern, so eignen sich Pflanzen mit polsterartigem oder überhängendem Wuchs oder auch verschiedene Kletterer.

33 Der Sukkulentensammler

Ob nun in Gefäßen oder als Felsspalten- oder Fugenpflanzen verwendet, alle Sukkulenten haben durch ihr Wasserspeicherungsvermögen auch bei starker Besonnung und hoher Erwärmung der Felsumgebung keine Überlebensprobleme. Wir besitzen eine Vielzahl, das heißt einige Hundert Arten und Sorten von *Sempervivum*, der in Mitteleuropa verbreiteten Hauswurz. Die Vielfalt an Wuchstypen, Farben der Blätter und Größe der Rosetten ist beachtlich. Da sich Hauswurz-Sorten leicht kreuzen, kann sich durch Aussaat des Samens frei abgeblühter Pflanzen jeder seine eigenen Sorten schaffen. Interessanter aber ist es, möglichst viele bewährte Namensorten zusammenzutragen. Dies ist unschwer möglich, da durch Ausläufer und Nebenrosettenbildung die Vermehrung meist reichlich ist und auch einzelne Blätter am Grunde neue Pflänzchen bilden. *Sempervivum* ist ein Beispiel für die Möglichkeit, arten- und sortenreiche Gattungen zu sammeln und sich mit Heimat, Herkunft und Ansprüchen der manchmal über mehrere Kontinente und unterschiedliche Klimate verbreiteten Arten einer bestimmten Pflanzengattung intensiver zu befassen.

34 Ornamentale Gruppenpflanzen

Die weißen, duftenden Blütentürme des Bergtabaks wirken hier vor dem fast schwarzen Hintergrund des Baumstammes besonders plastisch. Gesteigert wird ihre Leuchtkraft noch durch die fast schwarzviolette Fläche aus Heliotrop. An dieser Pflanzung wird sehr gut deutlich, was bei der Verwendung von ornamentalen Gruppenpflanzen aus gestalterischer Sicht zu beachten ist: Sie wirken am besten vor einem ruhigen Hintergrund – und sei es bei einer Hügelpflanzung auch der Himmel – und sollten durch klare Nachbarbereiche, einheitlich in Farbe und Struktur, in ihrer Geltung gesteigert, nicht gemindert werden. Klar wird außerdem, daß auch ein Sommerblumenbeet nicht nur teppichartig flach sein kann, sondern ganz wie eine gute Staudenrabatte durch ornamentale Gruppenpflanzen unterschiedliche Höhen und Wuchsformen bekommt. Daß so stattlicher Wuchs reichlich Wasser und Nährstoffe und vor dem Auspflanzen in der Regel Vorkultur erfordert, ist wohl selbstverständlich. Pflanzenbeispiele neben den *Nicotiana*-Arten sind Ziermais, Tithonien, Nachtschatten-Arten, die Schwarznessel, *Hibiscus acetosella* oder *Ricinus*.

Gesäte Sommerblüte 35

Der gefüllte Seidenmohn läßt sich problemlos aussäen und durch Selbstaussaat an warmer Stelle erhalten, wenn man Samen ausreifen läßt. Das gelbe, rotbraun-geäugte Mädchenauge, *Coreopsis tinctoria*, stammt aus Nordamerika und ist ebenfalls einjährig. Je nach Sorte sind die Blüten gelb mit rötlichbrauner Mitte oder bis fast ganz rotbraun gefärbt. Bei ihm ist die Selbstaussaat schwieriger und nur in günstigen Lagen hin und wieder erfolgreich. Zur großen Gruppe der direkt auszusäenden Sommerblüher gehören Kornblumen, aber auch Clarkien, Ringelblumen, Kapuzinerkresse, Fuchsschwanz, Kap-Ringelblume, das einjährige Schleierkraut, Schlafmützchen, Klatschmohn, manche Leinkraut-Arten, Duftsteinrich, Scheinveilchen und die einjährigen Chrysanthemen-Arten, um nur einige zu nennen. Genügend Material, um durch Direktaussaat und Verpflanzen im jungen Stadium jedes Jahr aufs neue Freiflächen vermeiden, bunte Akzente setzen und Blumen für bunte Sträuße schneiden zu können. Nicht vergessen sollte man einjährige Gräser wie Mähnengerste, das einjährige Herzelgras oder Hirse- und Getreide-Arten.

Gepflanztes Sommerblumenbeet 36

Dieser Bauerngarten zeugt davon, daß man bunte Sträuße liebt. Die hohen Cosmeen im Hintergrund, davor Sommerstatice, die getrocknet bunte Sträuße für den Winter liefert, die braunen und gelben Studentenblumen und auf dem Beet zur Mitte hin eine Fläche mit einer Sommerphlox-Mischung. Bunte Löwenmäulchen, rosafarbene und weiße wie auch rote und leicht lilafarbene Astern sind Sommerblumen, die sich alle gut für die Vase schneiden lassen. Sommerblumenbeete können aber auch nach Farbkombination, nach Höhe und Blütenfolge bepflanzt werden, um als Blumenschmuckteppiche Farbwirkung bis zum ersten Frost zu entfalten. Je artenreicher die Pflanzung und je unterschiedlicher die Ansprüche der Arten und Sorten sind und ihre Blütezeit, desto mehr gärtnerisches Wissen erfordert die Zusammenstellung einer dauerhaften, während der ganzen sommerlichen Blütezeit gut anzuschauenden Sommerblumenpflanzung. Zinnien, Löwenmaul, Begonien, *Ageratum*, *Penstemon*, Gazanien, Nelken und Salvien sind die Hauptfarbgeber einer Sommerblumenpflanzung; durch Gräser und Blattpflanzen erhält sie Struktur.

37 Gepflanztes Frühlingsblumenbeet

Stiefmütterchen, Goldlack und Tulpen ergeben auf diesem Bild einen bunten Frühlingsblütenteppich, der bei Sonnenwärme auch duftet. Im Frühling hoffen wir auf Blühen, auf Erwachen, auf Farbe und sollten deshalb mit Frühlingsblumenbeeten nicht sparen. Wir können großflächig einfarbig pflanzen, das geht mit Stiefmütterchen und Goldlack ebenso wie mit Tulpen und Hyazinthen oder mit Vergißmeinnicht und Maßliebchen. Etwas schwieriger ist das mit den Narzissen, die meist nur sehr kurze Zeit blühen. Dichte Pflanzung bringt geballte Farbe. Wenige Farben und eine großflächige Struktur sind hier mehr als eine Vielfarbenmischung, die nur bei sehr gelungener Zusammenstellung aus der Buntheit und Kleinteiligkeit ihrer Struktur zu einer Einheit zusammenwächst. Mit Frühlingsblühern lassen sich aber auch kleine Bereiche in Staudenbeeten, im Rosenbeet, an Wegrändern und auch im Gemüsegarten bepflanzen, und zwar an Stellen, die im Herbst rechtzeitig frei werden, um Blumenzwiebeln zu legen und Stiefmütterchen zu setzen oder die im Frühjahr spät genug bepflanzt werden, damit der Frühlingsflor abblühen kann.

38 Blühende Balkonkästen und Kübel

Balkonkästen, Kübel, Schalen und Tröge, ja jedes Gefäß mit genügend Wurzelraum für die ausgewählten Pflanzen ist bepflanzbar – natürlich bei ausreichender Versorgung mit Wasser und Nährstoffen! –, abwechselnd für Frühjahr, Sommer, Herbst und Winter. Mit Frühjahrsblühern und Blumenzwiebeln, wie Stiefmütterchen, Vergißmeinnicht, *Bellis*, Tulpen und Hyazinthen, beginnt der Jahreslauf. Nach den Eisheiligen folgen mit *Brachyscome*, Calceolarien, Pelargonien über Fuchsien, Petunien, *Scaevola* bis Verbenen die Beet- und Balkonpflanzen. Für Herbst und Winter sind es Eriken und Heidekraut, *Hebe* und *Senecio maritima*, aber auch schon wieder Stiefmütterchen, Maßliebchen und Vergißmeinnicht mit Tulpen, Hyazinthen und *Crocus* als Bepflanzung für Winter- und Frühjahrsblüte. Wasserdichte, frostfeste Gefäße lassen sich dauerhaft mit Wasserpflanzen oder mit wärmebedürftigeren Arten für die Sommerzeit, zum Beispiel mit Papageienfeder, Wassersalat, Wasserhyazinthe oder Wassermohn bepflanzen. Oder es wird ein kleines Moorbeet mit Wollgras, Sumpfveilchen und Farnen. Blühen und Wachsen werden so wirklich mobil.

Sommerblumige Gartenunkräuter 39

„Unkräuter sind Pflanzen am falschen Platz." So jedenfalls sehen wir es im Garten, wenn Vogelmiere, Ehrenpreis-Arten, einjährige Brennesseln und viele andere Kräuter den von uns geliebten Gartenpflanzen den Lebensraum streitig machen. Doch gilt auch, „wo eine Pflanze wächst, wird meist keine andere Pflanze wachsen." Die Lösung ist einfach: Unkräuter wachsen lassen, die uns so gut gefallen, daß wir sie nur ungern entfernen und so eine Gemeinschaft mit unseren Gartenpflanzen entsteht. Das kann für einige Stellen eine Pflanzendecke bedeuten, die nur aus solchen „Sommerblumigen Unkräutern" – wie auf dem Bild – besteht. Ringelblumen, alle Farbvarianten der Kornblumen, viele Doldenblütler wie Knorpelmöhre, aber auch der Dill und einjährige Gräser – zu denen auch Gerste und Hafer zählen! – lockern auf. Farbtupfer geben Klatschmohn, Seidenmohn, Boretsch, Fuchsschwanz, Schwarzkümmel, rotblättrige Gartenmelde und manche zweijährigen Arten wie Nachtkerzen, Kronlichtnelken, Fingerhut und Mutterkraut. Wichtig ist, daß Samen ausreifen und die Pflanzen durch Selbstaussaat im Garten erhalten bleiben.

Zum Würzen und zur Zierde 40

Rotblättriges und grünblättriges Basilikum stehen hier als Blattpflanzen auf einem Sommerblumenbeet zusammen: zum Würzen und zur Zierde. Viele Heil- und Gewürzkräuter lassen sich auch gut in Staudenrabatten einfügen, ob es nun Salbei ist, reichblühender Schnittlauch, Ysop, Zitronenmelisse, die verschiedenen Minzen oder Weinraute. Selbst das gewaltig wachsende Maggikraut läßt sich in Feuchtbereichen einfügen. Natürlich stammen viele unserer Gewürzkräuter aus dem Klimabereich des Mittelmeeres und bedürfen, obwohl sie schon seit Römerzeiten bei uns angebaut werden, doch warmer, geschützter Stellen. Wegekanten, Steinbegrenzungen, Mauerfüße und Mauersockel helfen, das geeignete Kleinklima zu schaffen. Wer also keinen Platz für einen Kräutergarten hat, kann seine Kräuter an den unterschiedlichsten Stellen, von der Ecke der Treppenstufe bis zur Garageneinfahrt, an einer besonders sonnigen Hausmauer oder auch als Pflaster- und Fugenpflanze unterbringen. Viele Kräuter lassen sich auch für die Vase schneiden, so die Weinraute, Minzen, Salbei und Schnittlauch-Blüten, um nur einige Beispiele zu nennen.

Lexikon der Stauden und Sommerblumen

△

Abutilon pictum 'Thompsonii' (*Abutilon striatum* 'Thompsonii'), Sammetmalve, Malvaceae, Malvengewächse. Etwa 100 *Abutilon*-Arten sind in den warmen Gebieten der ganzen Erde verbreitet. Der kräftig wachsende, durch einen Virus gelb panaschierte Typ eignet sich für Sommerblumenpflanzungen, aber auch für Kübel und Schalen. Für volle Sonne bei reichlicher Versorgung mit Wasser und Dünger. Panaschierte und großblumige, auf Farbe ausgelesene Sorten vermehrt man am besten durch Stecklinge im Spätsommer und überwintert die Jungpflanzen hell bei 12–15 °C. Die *Abutilon*-Hybriden werden meist einjährig gezogen. Es sind großblütige Pflanzen mit weit offenen Blütenschalen in Weiß, Rosa, Dunkelrot, Braunrot, Gelb und allen Zwischenfarben, die von Juli bis zum Frost durchblühend den tropischen Eindruck der üppigen Pflanzen unterstreichen. (2, 16, 34, 36)

Acaena microphylla, Stachelnüßchen, ▷ Rosaceae, Rosengewächse. Etwa 100 Arten dieser Gattung wachsen meist als Stauden oder leicht verholzende Sträuchlein in den kühleren Gebieten der Südhalbkugel. Auf dem Bild konstrastiert das Rot der Fruchtstände mit dem Silbergrau einer ebenfalls aus Neuseeland stammenden Pflanze, *Raoulia australis.* Stachelnüßchen verlangen trockenen, sandigen Boden, damit sie über Winter nicht ausfaulen. Für sonnige oder leicht schattige Standorte. Vermehrung durch Teilung oder über Stecklinge. *A. microphylla* hat graugrüne bis bronzefarbene Blätter und karminfarbene Früchte. Die Sorte 'Grünschnabel' ist grünfrüchtig. Kräftig wachsen *A. novae-zelandiae* und *A. caesiiglauca,* sehr flach bleiben *A. buchananii* und *A. magellanica* mit der stahlblaublättrigen Auslese 'Frikart'. (2, 3, 7, 22)

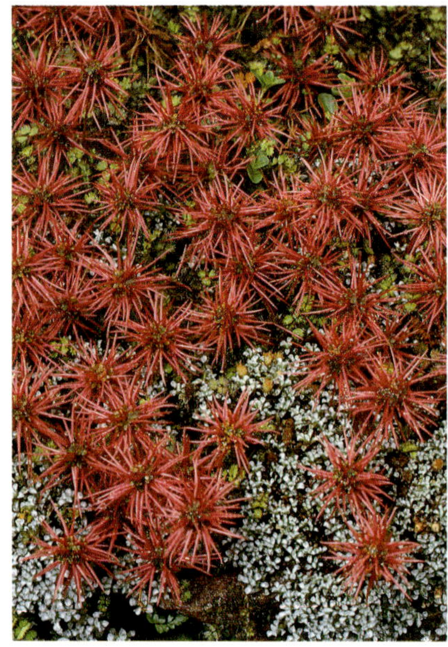

Acantholimon glumaceum, Igelpolster, Plumbaginaceae, Bleiwurzgewächse. Über 120 Arten sind vom östlichen Mittelmeergebiet bis Zentralasien verbreitet. Es sind immergrüne Polsterpflanzen mit starren, stechenden Blättern. Die Blüten stehen in einer Ähre oder in Trauben, rosa oder weiß, meist kaum das Polster überragend. Für Trockenmauern oder Stellen mit durchlässigem, warmem Boden in praller Sonne. Stein- und Pflasterfugen sind auch geeignete Igelpolster-Standorte. Alle Igelpolster sollte man im Frühjahr pflanzen, damit sie besser anwachsen. Die Vermehrung erfolgt durch Stecklinge. *A. glumaceum* aus Armenien bildet dichte, grüne Polster mit rosa Blüten im Juli–August. *A. olivieri* bildet blaugraue Polster, *A. androsaceum,* graugrüne mit weißrosa Blütenähren. *A. graminifolium* macht weichere grüne Polster und blüht rosa. (12, 24, 31, 32)
▽

Aceriphyllum rossii (*Mukdenia rossii*), Ahornblatt, Saxifragaceae, Steinbrechgewächse. Die Gattung umfaßt nur 2 Arten, die in China, der Mandschurei und Korea beheimatet sind. Die Pflanze erinnert an eine ahornblättrige, zierliche Bergenie mit im Austrieb rötlichem, später mattgrünem Laub und gedeiht an feuchten, halbschattigen und schattigen Stellen, zwischen Felsen. Das Ahornblatt ist also eine geeignete Pflanzenart für den Schattengarten und ein interessanter Bodendecker im Moorbeet. Die bergenienähnlichen Blüten stehen in aus Wickeln zusammengesetzten Scheindolden an 20–30 cm hohen Stengeln und öffnen sich im April und Mai. Die Vermehrung von *A. rossii* erfolgt durch Teilung oder Aussaat. In exponierten Lagen und in kälteren Gegenden leidet die Pflanze oft unter Spätfrösten, insbesondere die Blüten sind gefährdet. (7, 21, 22)
▽

◁ **Acanthus dioscoridis var. perringii,** Acanthaceae, Bärenklaugewächse. Ein 30 cm hoher Zwerg unter den etwa 50 Arten, die im Mittelmeergebiet, in Kleinasien und in den Tropen vorkommen. Er muß an vollsonniger Stelle, in trockenem, kalkhaltigem, nicht zu leichtem Boden stehen, da ihm unsere kühlfeuchten Winter zu schaffen machen. Vermehrung durch Teilung alter, mehrköpfiger Pflanzen, durch Aussaat oder durch Wurzelschnittlinge. Ein Riese mit gut 2 m hohen Blütenständen ist *A. mollis*, dessen Blätter sicher den Akanthusblatt-Verzierungen an den Kapitellen korinthischer Säulen als Vorlage dienten. Sie sind eiförmig, fiederspaltig, die Blattlappen an der Basis nicht verschmälert, und eingeschnitten-zähnig. Da bei uns nicht winterhart, ist er nur als imposante Kübelpflanze für südliche Sommerblumenbeete geeignet. (3, 14, 32, 33, 38)

△
Acanthus hungaricus *(A. longifolius, A. balcanicus)*, Gartenakanthus. Am weitesten verbreitete, problemlose Art. Mit einem sonnigen, im Frühjahr und Frühsommer gut mit Feuchtigkeit versorgten Standort sind für die Entwicklung dieser imposanten Gartenstaude alle Voraussetzungen gegeben. Die Blütenstände werden an guten Plätzen bis 2 m hoch und lassen sich in voller Blüte und auch mit Früchten für Trockensträuße ernten. Die beim Trocknen nachreifenden Samen werden aus den Kapseln bis zu 5 m weit ausgeschleudert. Die Blätter des ähnlichen *A. spinosus (A. spinosissimus, A. caroli-alexandri)* sind an jedem Zipfel gelblich stachelig gezähnt. Er bleibt mit etwa 1 m niedriger als *A. hungaricus* und treibt im Gegensatz zu ihm Ausläufer. Auch diese Arten sind gut durch Aussaat oder Wurzelschnittlinge zu vermehren. (1, 8, 10, 12, 29)

△
Achillea-Filipendulina-Hybride 'Coronation Gold', Krönungsgoldgarbe, Asteraceae (Compositae) Asterngewächse. Diese Sorte ist mit ihren tief goldgelben Blütenschirmen auf 60–80 cm hohen Stielen eine ausgezeichnete Rabattenstaude, die sich ebenso gut für den Schnitt wie für die Trockenbinderei eignet. Zur gleichen Hybridgruppe zählt die Sorte 'Altgold', die von Juni–September blüht. Zu den Auslesen aus *A. filipendulina* gehört neben der Sorte 'Gold Plate', mit tiefgelben Blüten über graugrünen Blättern, auch die alte, starkwüchsige Sorte 'Parker' mit goldgelben Blüten. Beide werden bis 120 cm hoch und blühen von Juni–September. Alle Typen lieben warmen Boden in voller Sonne mit ausreichender Feuchtigkeit während der Hauptwachstumsphase und mit guter Nährstoffversorgung. Vermehrung durch Teilung oder Stecklinge. (1, 2, 8)

Achillea-Filipendulina-Hybride 'Schwefelblüte'. ▷ Diese Sorte trägt über hell graugrünen Blättern Blütenschirme von kühlem Schwefelgelb, die sich vorzüglich für den Schnitt eignen. Sie ist eine Züchtung von Georg Arends aus der Mitte der 30er Jahre und paßt ebenso gut in die Staudenrabatte wie die *A.*-Clypeolata-Hybriden. Zu diesen gehören die zitronengelbe Sorte 'Moonshine' mit 40–60 cm hohen Stielen und einer Blütezeit von Juni–Juli sowie die etwas niedrigere 'Schwellenburg' mit 20–40 cm Höhe und stärker silbriggrauen Blättern. Auch *A. clypeolata* ist gut für den Garten geeignet. Sie entwickelt von Juni–August hell goldgelbe Blüten auf 20–50 cm hohen Stengeln; bei Rückschnitt folgt eine Nachblüte. Sie ist besonders wärmeliebend und verträgt Trockenheit sehr gut. Schön macht sie sich im Steingarten. (1, 2)

◁ **Achillea-Millefolium-Hybriden,** Rote Schafgarbe. Auch unsere heimische Schafgarbe liefert farbkräftige Gartenstauden, von Weiß bis zu kräftigem Karminrot. Die kleinen Blütenkörbchen stehen in doldenähnlichen Blütenständen auf 20–150 cm hohen Stielen. Vermehrung durch Aussaat oder bei Farbsorten durch Teilung. Alle brauchen volle Sonne und lieben eher trockene Lagen. Die meisten Sorten blühen von Juni–August und nach einem Rückschnitt noch einmal im Herbst. Sie liefern gute Schnittblumen für frische oder trockene Sträuße: 'Kelway', 20–60 cm, dunkelkarminrot; 'Sammetriese', 25–80 cm, samtrot; 'Kirschkönigin', kirschrot, purpurrosa bis rot. Vergessen sollte man nicht, daß sich Schafgarbenblätter (auch von den Gartensorten) im Frühjahr feingehackt als appetitanregende Würze auf Butterbrot verspeisen lassen. (1, 3, 10, 29, 40)

Achillea-Millefolium-Hybride 'Wesersandstein'. ▷ Dies ist eine neuere Sorte, die zwar schwächer nachblüht, aber mit ihren bräunlichroten Blüten wertvolle Trockenblumen liefert. Sie wird 20–80 cm hoch, blüht vom Juni bis in den August und hat die gleichen Ansprüche wie die heimische Wildart. Eine besonders attraktive lachsrosa Blütenfarbe besitzt die 60 cm hohe 'Lachsschönheit'. Nicht vergessen sollte man 'Fanal', rot blühend und etwa 60 cm hoch. Eine ausgefallene Blütenfarbe, zartes Lila, zeigt die ebenfalls etwa 60 cm hohe 'Lilac Beauty'. Dunkelpurpur Blüten trägt 'Heidi', 80 cm hoch, während die neue 'Hoffnung' mit hellgelben Blüten diese Farbe jetzt auf 60 cm hohen Stielen in die Gruppe der *A.*-Millefolium-Hyriden bringt. Insgesamt sind über ein Dutzend Einzelfarbsorten und Farbmischungen im Handel. (1, 3, 10, 29, 40)

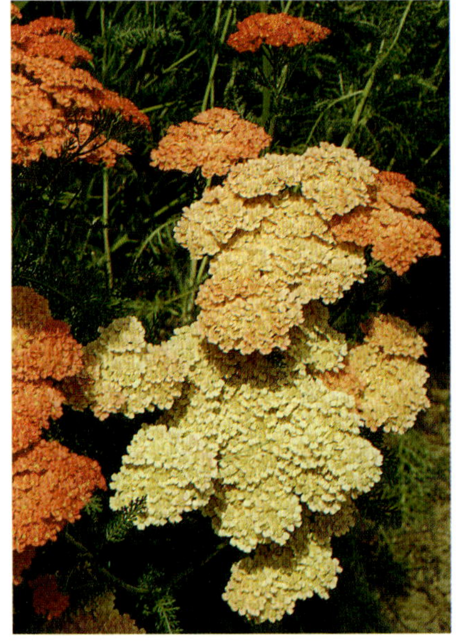

Achillea umbellata. Diese 5–15 cm hohe, polsterbildende, weichweiß-filzige Schafgarbe aus Griechenland repräsentiert den Gebirgspflanzentyp unter den etwa 200 Gartenarten. Sie eignen sich für den Steingarten, die Blätter sind meist silbrig oder graugrün und wollig behaart. Sie werden höchstens 20 cm hoch und bilden alle weiße Blüten. Der Weiße Speik, *A. clavenae*, wird manchmal bis 40 cm hoch und blüht bis in den Juli hinein. *A. conjuncta* und *A.* × *kellereri* blühen von Juni–August. Auf dicht grünen Polstern blüht *A. odorata* im Mai–Juni und die polsterbildende Silbergarbe, *A. argentea*, bereits ab April. *A. umbellata* benötigt wie alle anderen für eine gute Polsterausbildung Sonne und Stellen mit guter Wasserdurchlässigkeit. Vermehrung durch Teilung, aber auch Aussaat ist möglich. (24, 25, 31, 32)

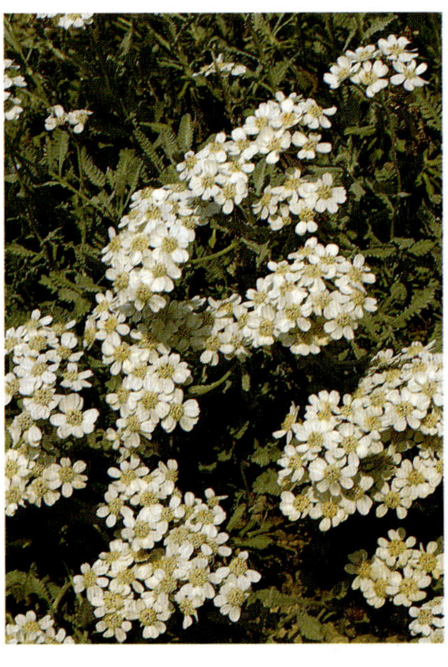

Achillea ptarmica 'Plena', Gefüllte ▷ Sumpfgarbe. Unsere Sumpfgarbe, auch Weißer Dorant oder Bertramsgarbe genannt, ist eine alte heimische Kulturpflanze und blüht von Juni–September mit lockeren Doldentrauben, die sonst für *Achillea*-Arten gar nicht typisch sind. An bis 1 m hohen Stengeln trägt sie lanzettliche, ungeteilte, gesägte Blätter. Gefüllte, reinweiße Blüten, die sich hervorragend für den Schnitt eignen, stehen bei 'Boule de Neige' (syn. 'The Pearl', 'Schneeball') auf 40–60 cm hohen, bei 'Perry's White' auf 70–80 cm hohen Stielen. Die gefüllten Sorten 'Perle Blaupunkt' und 'Ballerina' werden 50–60 cm hoch und blühen bereits im Jahr der Aussaat. Der Standort sollte vollsonnig bis leicht schattig, in jedem Fall aber ausreichend feucht oder naß sein. Die Vermehrung erfolgt durch Teilung oder Aussaat. (1, 10, 26, 27)

Achnatherum calamagrostis 'Lemperg' ▷ (*Stipa calamagrostis* 'Lemperg'), Silberährengras, Poaceae (Gramineae), Straußgräser. Dieses in den Alpen und Gebirgen Südeuropas vorkommende, horstig bis dichtgrasig wachsende und bis 1 m hohe Gras mit blaugrünen Blättern und steifen Halmen trägt bis 20 cm große, verzweigte Rispen. Die gelblichweißen Ährchen färben sich später bräunlichgelb und halten bis in den Winter, besonders die der Sorte 'Lemperg'. Für warme Böschungen und Terrassensituationen. Das Diamantgras, *Achnatherum brachytricha*, wird bis 50 cm hoch und wirkt mit seinen zierlichen, graurosafarbenen Blütenständen im Tau besonders schön. Manchmal wird auch *A. pekinense*, ein bis 2 m hoher Busch, angeboten. Alle genannten Arten eignen sich gut für den Schnitt und die Trockenbinderei. Vermehrung durch Teilung. (1, 6, 8, 29)

◁ **Acidanthera bicolor var. murielae** (*Gladiolus callianthus*), Sterngladiole, Iridaceae, Schwertliliengewächse. Etwa 40 Arten dieser Gattung sind im tropischen und südlichen Afrika verbreitet. Die bis 1 m hohe Sterngladiole stammt aus Äthiopien und blüht von August–September. Die langröhrigen weißen, bei der Varietät *A. bicolor* var. *murielae* im Inneren kastanienbraun gefleckten Blüten duften sehr angenehm. Man pflanzt die Knollen Mitte Mai ins Freie an sonnige Stellen oder kultiviert sie im Topf vor, um sie ab Ende April auszupflanzen. Die Knollen müssen wie bei Gladiolen frostfrei überwintert werden. Sie eignen sich besonders zum Einstreuen in bunte Blumenbeete, aber auch größere Trupps sind wirkungsvoll. Auch in Kübeln und großen Schalen sind sie dekorativ. (1, 16, 30, 34)

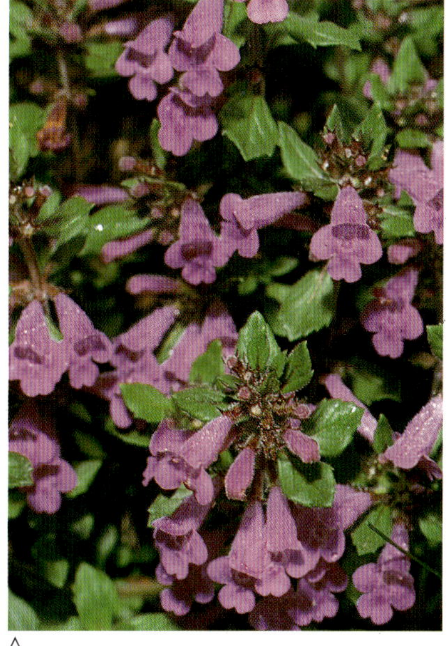

△

Aconitum carmichaelii 'Arendsii' ▷ (*A.* × *arendsii*), Herbsteisenhut, Ranunculaceae, Hahnenfußgewächse. Von Georg Arends durch Kreuzung von *A. carmichaelii* × *A. carmichaelii* var. *wilsonii* 1945 erzielt und in den Handel gebracht. Sie wird 80–120 cm hoch und ist durch ihre späte Blüte von September–Oktober interessant für den Garten. Für Staudenbeete und Schnittblumenanbau gleich wertvoll, auch in halbschattigen Bereichen. Empfehlenswert ist auch *A. carmichaelii* var. *wilsonii* mit 2 m hohen Blütenständen und hell violettblauen Blüten bis in den Oktober hinein, auch im Schatten. Farbauslesen mit violettblauen großen Blüten sind die Sorte 'Barker' und der besonders farbkräftige Typ 'Kelmscott'. Vermehrung durch Teilung und bei der Sorte 'Arendsii' inzwischen auch durch Samen. (1, 4, 18, 20, 21)

Acinos alpinus (*Calamintha alpina, Satureja alpina*), Alpensteinquendel, Lamiaceae (Labiatae) Taubnesselgewächse. Der Alpensteinquendel kommt in den Gebirgen Spaniens, in den Alpen, im Apennin, von Sizilien bis zum Balkan, in den Karpaten und in Kleinasien sowie in Nordafrika vor. Er wächst besonders gut in trockenen, kalkreichen bis kalkarmen Schutthalden und Gesteinsböden, in Trockenrasen und auch in frischen, lockeren, bis schwach humosen Böden bis hoch in die Gebirge hinauf. Seine bis 25 cm langen, oft am Grunde leicht verholzenden Triebe tragen kurzgestielte, kreuzgegenständige Blätter. Die Blüten sind kräftig rotviolett mit weiß gezeichneter Lippe. Seltener treten auch rosa, rote oder weiße Typen auf. Blütezeit Juni–August. Für sonnige Stellen, Felsspalten oder auch Pflasterfugen. Vermehrung durch Stecklinge und Teilung. (5, 24, 25, 31, 32)

◁ **Aconitum × cammarum 'Bicolor'**, Weiß-blauer Eisenhut. Eine großblütige Sorte mit bis zu 1,2 m hohen Stielen. In lokker verzweigten Blütenständen blüht diese alte Bauerngartenpflanze von Juli–September. Dazu gehören auch die Sorten 'Nachthimmel', leuchtend mittelblau, etwa 1,2 m hoch, Blütezeit Juli–August, und die großblütigste Sorte 'Sternennacht', bis 1,4 m hoch, mit tief violettblauer Blütenfarbe, die gut durch kleine Sträucher hindurchwächst. Außerdem zu nennen sind die Sorten 'Spark's Variety', bis 1,2 m hoch, die von Juni–August leuchtend violettblaue Blüten bildet, und 'Doppelgänger' mit gut 1,5 m hohen Blütenständen, dunkelblauen Blüten und kräftigem Wuchs. Alle Sorten müssen durch Teilung vermehrt werden; Selbstaussaat ergibt unterschiedliche Typen. (1, 4, 18, 27)

Aconitum napellus ssp. lobelianum 'Gletschereis', Weißer Bergeisenhut. Unser heimischer Eisenhut gehört zu den etwa 300 Arten auf der Nordhalbkugel, die meist knollige oder rübenförmige, giftige Wurzelstöcke besitzen. Sie fühlen sich in Sonne oder Halbschatten, in humosen, möglichst frischen Böden wohl und werden durch Aussaat, die Sorten durch Teilung oder Stecklinge vermehrt. Es gibt auch asiatische, kletternde Eisenhut-Arten, wie *A. hemsleyanum* aus China mit großen, blauen Blüten von Juli–September an 2–3 m langen, windenden Trieben oder den 3–4 m hoch wachsenden, von August–Oktober violettblau, nicht so reich blühenden *A. volubile* aus Westchina, Japan und Korea. Kletternde Eisenhut-Arten benötigen lockere Gehölze, um nach oben zu gelangen. Sie verhelfen diesen dann zu einer „zweiten Blüte". (1, 4, 9, 26)
▽

Aconitum septentrionale 'Ivorine'. *A. septentrionale* ist eine unserem Gelben Eisenhut, *A. vulparia (A. lycoctonum)*, nahestehende Art mit lila Blüten. Sie ist in Schweden beheimatet und blüht auf bis zu 90 cm hohen Stengeln bereits im Mai–Juni. Die abgebildete Sorte 'Ivorine' blüht elfenbeinfarben. *A. vulparia*, der Fuchseisenhut, hat blaßgelbe Blüten in reichverzweigten, lockeren Blütenständen und ist eine sehr dankbare Wildstaude für Halbschatten in lockerem, humosem Boden am Gehölzrand. Sein Wurzelstock ist nicht knollig oder rübenförmig. Kräftiger gelb, ansonsten sehr ähnlich ist der Pyrenäeneisenhut, *A. lamarkkii (A. pyrenaicum)*, der als etwas standfester gilt als der Fuchseisenhut. Alle Eisenhut-Arten sind gut für den Schnitt geeignet. (1, 4, 18, 21)

▽

Acorus calamus 'Variegatus', Kalmus, Araceae, Aronstabgewächse. Diese grasähnlichen Stauden mit stark verzweigtem, kriechendem Rhizom tragen an den Stengeln walzenförmige, grüngelbe, seitlich abstehende Blütenstände. Es sind Sumpfpflanzen für tiefgründigen Boden oder flachen Wasserstand. Die 2zeilig stehenden, schwertförmigen Blätter werden bei der Art bis 1,5 m hoch, bei der Sorte 'Variegatus' nur etwa 80 cm. Während die grünblättrige Art bis 30 cm tiefen Wasserstand verträgt, sollte die panaschierte Sorte 'Variegatus' nicht direkt im Wasser stehen. *A. gramineus*, der Zwerg- oder Graskalmus aus Japan und Ostasien, und seine Sorten 'Argenteostriatus' (weißgestreift) und 'Aureovariegatus' (gelbgestreift) sind nicht winterharte Topfpflanzen. Vermehrung bei allen Typen durch Teilung. (26, 27) ▷

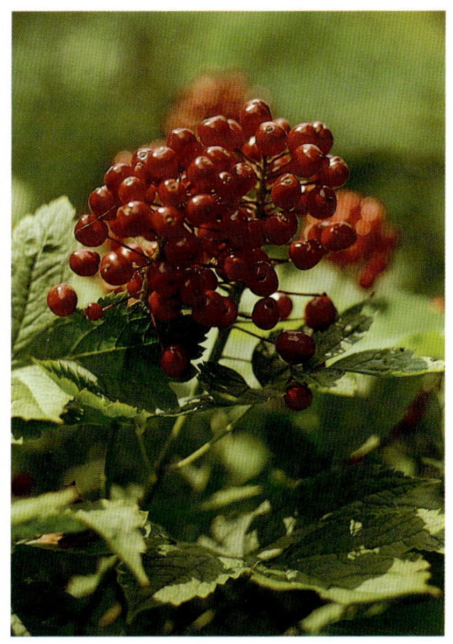

◁ **Actaea rubra,** Ranunculaceae, Hahnenfußgewächse. Stammt aus dem östlichen Nordamerika und gehört zu den 10 Arten, die auf der Nordhalbkugel, insbesondere in Europa und Asien verbreitet sind. Alle Arten sind Stauden mit doppelt bis 3fach gefiederten Blättern und weißen unscheinbaren Blüten in Trauben. Die Früchte sind 1samige, rote, weiße oder schwarze, giftige Beeren. Vermehrung durch Herbstaussaat oder besser durch Teilung von guten Typen. *A. rubra* ist eine Waldstaude für sonnige bis schattige Bereiche, als Unterpflanzung in humosem Boden zwischen Gehölzen. Gut ist sie zusammen mit Silberkerzen (*Cimicifuga*-Arten) und den herbstblühenden Eisenhut-Arten verwendbar. Unser heimisches Christophskraut, *A. spicata* mit schwarzen Beeren, wächst auch noch im Dauerschatten unter Nadelgehölzen, wo selbst Farne an Lichtmangel leiden. (1, 4, 18, 21)

Actinella scaposa, Goldstern, Asteraceae (Compositae), Asterngewächse. 15 Arten sind in Nordamerika verbreitet. Der Goldstern braucht trockenwarme Stellen mit guter Wasserdurchlässigkeit, möglichst ohne Winternässe. Manchmal wird auch *A. acaulis (A. grandiflora)* angeboten, eine ähnliche, aber weniger winterharte Art. Ihre Blütenstengel sind im Gegensatz zu *A. scaposa* beblättert. Goldstern-Arten wirken wie zierliche, einfarbige Kokardenblumen. Es gibt auch alpine Arten mit weißhaarigen Blättern und fast stengellosen, in Blattkissen sitzenden Blüten; sie sind noch nicht in Kultur. Blütezeit Mai–August. Von der ähnlichen Grindelie, einer nordamerikanischen Präriestaude, ist *Grindelia squarrosa* aus Kalifornien im Angebot. Sie bildet endständige, 2,5–3 cm große, gelbe Blütenkörbchen an vielverzweigten, bis 70 cm hohen Stengeln. (12, 14, 25, 32, 33) ▷

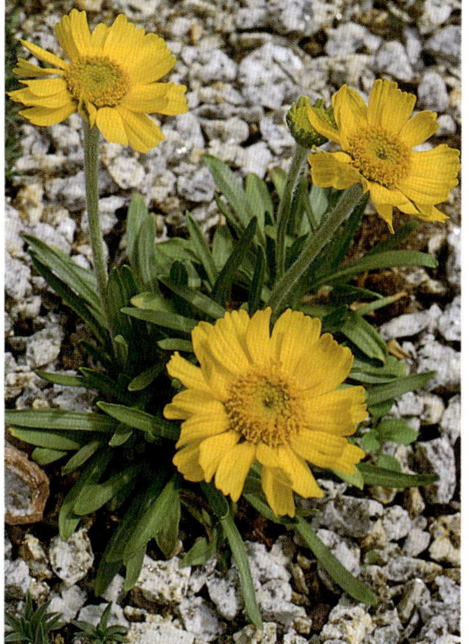

△ **Actaea pachypoda** *(A. alba).* Diese Art wirkt besonders durch ihre Fruchtstände attraktiv. Ihre ungleich 5teilig gefiederten Blätter bilden den gelbgrünen Untergrund für die weißen Beeren an roten, verdickten Stielen. Rote Früchte an ebenfalls verdickten Stielen entwickelt *A. erythrocarpa* (*A. spicata* 'Fructo Rubra') aus Osteuropa bis Asien, rot fruchtend ebenfalls auf dem Bild zu sehen. Davon gibt es auch eine weißbeerige Varietät, *A. erythrocarpa* var. *leucocarpa* (*A. spicata* 'Fructo Alba'). *A. erythrocarpa* wird in englischen Katalogen manchmal als *A. spicata* ssp. *erythrocarpa* angeboten, und auch die amerikanische Art *A. rubra* wird dort als Unterart *rubra* zu *A. spicata* gestellt. Sie stellen die gleichen Ansprüche wie *A. rubra*: sonnige bis schattige Lagen auf humosem Boden zwischen Gehölzen. Vermehrung durch Aussaat oder bei guten Auslesen durch Teilung. (1, 3, 4, 20, 21)

Adenophora koreana, Koreanische Becherglocke, Koreanische Schellenblume, Campanulaceae, Glockenblumengewächse. Die Gattung umfaßt etwa 50 winterharte, sommerblühende Stauden, beheimatet in Europa und Asien. Es sind 40–60 cm hohe Pflanzen für sonnige oder halbschattige Standorte. Normale Gartenböden genügen. Alle zeigen hübsche Glockenblüten in unterschiedlich blauen oder violetten Tönen. Gärtnereien führen meist *A. liliifolia*, eine heimische und geschützte Waldpflanze, und *A. tashiroi*, die abgebildete *A. koreana* ist wesentlich seltener zu finden. Samen wird von Liebhabergesellschaften öfter angeboten. Die je nach Standort 60–90 cm hohe Pflanze ist sehr standfest. Die überwiegend quirlförmig angeordneten Blätter sind kurzgestielt, fast aufsitzend. Die bläulichen, mehr oder weniger hängenden Glockenblüten stehen in kopfständigen Rispen. (3, 4, 18, 20) ▷

△

Adiantum pedatum, Hufeisenfarn, Pfauenradfarn, Adiantaceae, Frauenhaarfarngewächse. Gattung mit etwa 200 Arten, *A. pedatum* aus Nordamerika und Ostasien. Seine im Herbst hell- bis goldgelben Wedel sind einfach gefiedert, breit fächerförmig und sitzen an bis 60 cm hohen, schwarzen glänzenden Stielen. Ein schöner Freilandfarn für leicht schattige Standorte in humosem, frischem Boden. Der Krause Pfauenradfarn, *A. pedatum* 'Imbricatum', bildet blaugrüne Fiederchen und wird nur 10–15 cm hoch. Dazu gehören wahrscheinlich die als var. *aleuticum* oder als 'Minor' oder 'Nanum' angebotenen Typen. *A. pedatum* 'Japonicum', der Frührote Pfauenradfarn, ist im Austrieb rötlich und gut geeignet für sonnige Stellen, wo er bald größere Flächen einnimmt. Vermehrung durch Sporenaussaat oder Teilung. (13, 17, 18, 21, 26)

△

Adiantum venustum, Himalaja-Venushaarfarn. In Nepal bis in 2400 m Höhe. Bei uns mit leichter Abdeckung winterhart. Die feinfiedrigen, elegant überhängenden Wedel stehen auf bis 40 cm langen, gebogenen, scharzen Stielen. Sie sind im Austrieb bräunlich, später hell- bis dunkelgrün, im Herbst bronzefarben. Diese Art ähnelt den als Topfpflanzen verbreiteten *Adiantum*-Arten am meisten. Pflanzung in Verbindung mit Steinen und Baumstümpfen an leicht schattigen Standorten, die nie austrocknen, auch im Moorbeet zusammen mit *Rhododendron.* Ausbreitung über langkriechende Rhizome, aus denen sich den ganzen Sommer hindurch Wedel entwickeln. Rückschnitt im Frühjahr, damit für die neu austreibenden Wedel Platz ist. Bei frostfreier Topfkultur wächst der Venushaarfarn das ganze Jahr hindurch. Vermehrung durch Sporen oder Teilung. (13, 16, 17, 20, 21)

Adonis vernalis, Frühlings-Adonisröschen, Ranunculaceae, Hahnenfußgewächse. Von Europa bis Sibirien verbreitet, 10–50 cm hoch, Blüte von April–Mai. Ähnlich ist das 20–30 cm hohe Amur-Adonisröschen, *A. amurensis,* Blütezeit im Februar–März, mit sehr fein zerteilten, bis 15 cm breiten Blättern. Es gibt viele japanische, auch gefülltblühende Sorten. Die kräftig gelben Blüten erscheinen vor den Blättern. Das Sommerblutströpfchen, *A. aestivalis,* mit hellroten Blüten, das Herbstfeuerröschen, *A. autumnalis,* mit dunkelroten, am Grunde schwarzen Blüten (Juni–September), und das Brennendrote Adonisröschen, *A. flammea,* mit scharlach- bis blutroten Blüten werden als einjährige Sommerblumen gezogen. Sie siedeln sich oft als liebenswertes „Unkraut" an und blühen von Mai–August. Vermehrung durch Teilung oder Aussaat. (3, 11 bzw. 19, 29, 35)

▽

◁ **Adlumia fungosa** *(A. cirrhosa),* Fumariaceae, Erdrauchgewächse. Beheimatet im östlichen Nordamerika. Die Pflanze ist eine Art kletterndes Tränendes Herz, die Blüten ähneln denen von *Dicentra eximia* und *D. formosa,* sind jedoch schlanker und heller rosa. Sie erscheinen von Juli–September in achselständigen Blütenständen im oberen Teil der 2–4 m langen, mit den Blattstielen kletternden Triebe. Im 1. Jahr entwickelt sich eine Blattrosette, im 2. Jahr der kletternde Trieb, der den überrankten Gehölzen nicht schadet. Die Blätter sind hellgrün und farnartig fein zerteilt. Für Halbschatten bis Schatten, ohne Winternässe, im Sommer nicht zu trocken; gut ist torfiger oder saurer Laubmullboden. Vermehrung durch Aussaat im August–September in Schalen und frostfreie Überwinterung bis Mai. Siedelt sich auch durch Selbstaussaat an. (4, 15, 16, 21, 35)

Aegopodium podagraria 'Variegatum', Gefleckter Giersch, Geißfuß, Apiaceae (Umbelliferae), Selleriegewächse. Unser bekannter Giersch ist in Europa, Kleinasien, im Kaukasus und in Sibirien beheimatet und auch in Nordamerika verwildert. In Staudenpflanzungen als lästiges Wurzelunkraut verfolgt, ist der Giersch an sonnigen und halbschattigen Stellen zwischen Gehölzen ein bezaubernder weißblühender Bodendecker. Die panaschierte Form 'Variegatum' bringt zusätzliche Lichttupfen ins Dunkle. Frische bis feuchte, nährstoffreiche, humose Böden sagen ihm am besten zu. Er verträgt problemlos den Konkurrenzdruck der Wurzeln von Gehölzen. Die Blütendolden, die von Juni–September über den Blattflächen stehen, locken Schmetterlinge und Schwebfliegen an. Rohkostfans schneiden junge Gierschblätter in Wildsalate. (3, 7, 18, 21) ▷

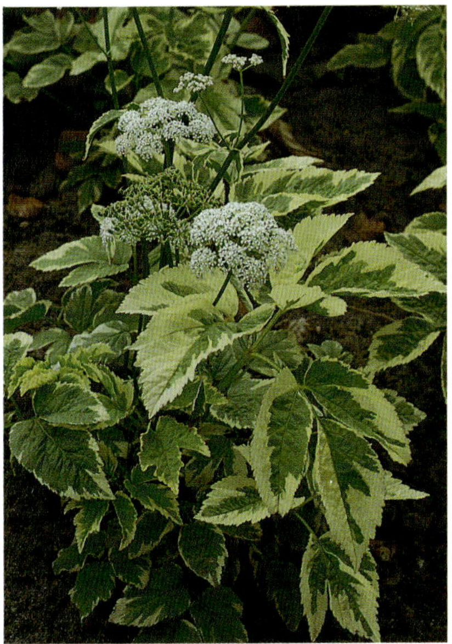

Agapanthus 'Headbourne Hybrids', Winterharte Schmucklilie, Alliaceae (Liliaceae), Lauchgewächse. Manche der 5 *Agapanthus*-Arten aus Südafrika sind uns als Kübelpflanzen vertraut. In den letzten Jahren tauchten die 'Headbourne Hybrids' auf, die außerordentliche Winterhärte besitzen. *A. campanulatus* aus hohen Lagen ist sicher an ihrer Entstehung beteiligt. Sie verhalten sich wie sommergrüne Stauden und sollten an warme Stellen mit gutem Wasserabzug gepflanzt werden. Vom Frühjahr bis in den Sommer hinein benötigen sie jedoch ausreichende Feuchtigkeit. In Gegenden ohne Schneedecke empfiehlt sich leichter Winterschutz. Vermehrung durch Aussaat, schöne Farbtypen besser vegetativ. Die blauen, leicht violetten oder weißen Blüten stehen in Dolden auf kräftigen Stielen und eignen sich hervorragend für den Schnitt. (2, 5, 12, 16)

▽

Aethionema armenum 'Warley Rose', Steintäschel, Brassicaceae (Cruciferae), Kohlgewächse. Etwa 70 Arten sind im Mittelmeergebiet und im Vorderen Orient bis ins westliche Asien verbreitet. Einige staudige oder leicht verholzende Arten lassen sich ähnlich wie *Iberis* auf sandigen, wasserdurchlässigen Böden und an sonnigen Standorten, auch zur Trogbepflanzung, gut verwenden. Vermehrung durch Aussaat, bei Sorten durch Stecklinge. Neben 'Warley Rose' gibt es 'Warley Ruber' mit dunkel rosaroten Blüten. Aus Anatolien stammt neben dieser im Mai blühenden Art auch *A. grandiflorum*, ein bis 20 cm hoher Halbstrauch mit blau bereiften Blättern und großen hell- bis lilarosa Blütentrauben. *A. iberideum* wächst flach, rasenbildend und trägt im Mai–Juni große weiße Blüten. Schutz vor Winternässe und Kahlfrost ist geboten. (7, 24, 31, 32)

▽

Agastache foeniculum (*A. anethiodora, A. anisata* hort.), Duftnessel, Lamiaceae (Labiatae), Taubnesselgewächse. Etwa 30 Arten sind in Zentralasien bis China und in Nordamerika bis Mexiko verbreitet. Die abgebildete Art duftet intensiv nach Anis, wird etwa 1 m hoch und blüht im Juni–August. Der Laubaustrieb ist anfangs violett. Einen Versuch wert sind außerdem die Arten *A. cana* aus New Mexico, 60–90 cm hoch, im Juli purpurn bis leuchtendrot blühend, *A. mexicana*, von Juni–September rosa blühend, aromatisch duftend und 40–60 cm hoch, *A. carlile* mit rosa und lachsfarbenen Blüten, bis 1 m hoch sowie *A. urticifolia* mit purpurnen oder weißen Blütenkerzen im August und 4kantigen, bis 1,2 m hohen Stengeln. Vermehrung aller Arten durch Aussaat oder Teilung. Als Schnittblume und für Trockengebinde geeignet. (2, 16, 34, 36) ▷

◁ **Ageratum houstonianum,** Leberbalsam, Asteraceae (Compositae), Asterngewächse. Etwa 30 Arten in Mittel- und Südamerika, *A. houstonianum* von Mexiko bis Peru. Bei uns wird der Leberbalsam als Sommerblume verwendet. Nach dem Auspflanzen Mitte Mai blüht er bis zu den ersten Nachtfrösten. Es gibt blaue, lila, rosa und weiße Blütenfarben. Die meisten Sorten sind gedrungen, 15–20 cm hoch. Auf trockenen Böden und in trockenen Sommern besteht die Gefahr von Befall durch Spinnmilben. Vermehrung durch Stecklinge von überwinterten Mutterpflanzen oder durch Aussaat im März. Jungpflanzen stutzen, damit sie sich gut verzweigen. Neben den Beetsorten gibt es 50–60 cm hohe Schnittsorten. Sie bringen haltbare Sommerschnittblumen hervor, vorausgesetzt, sie werden während des Wachstums gut mit Wasser versorgt, ohne daß dies zu Staunässe führt. (16, 36)

Agrostemma githago, Kornrade, Caryophyllaceae, Nelkengewächse. Nur 2 Arten sind im Mittelmeergebiet verbreitet. Die Kornrade ist als Getreideunkraut zu uns gekommen. Ihre Samen sind giftig und verursachten früher, als sie das Mehl verunreinigten, das Antoniusfeuer (Geschwüre). Seit das Getreide von diesen giftigen Samen gereinigt wird, ist die Kornrade seltener geworden. Deshalb müssen wir sie auch im Garten jedes Frühjahr neu aussäen. Nur nach milden Wintern können im Herbst noch aufgelaufene kleine Pflänzchen im Frühjahr weiterwachsen. Die bis 100 cm hohen, gabelspaltig-ästigen Stengel tragen an den Enden einzelne blaßpurpurne Blüten, die sich von Juni–August öffnen. Die Blätter sind länglich und anliegend grau behaart. Die Sorte 'Milas' hat rotviolette Blüten. Die Kornrade liebt nährstoffreiche Lehmböden mit saurer bis neutraler Reaktion. (19, 35, 39)
▽

Ajuga reptans 'Variegata', Buntblättriger Kriechgünsel, Lamiaceae (Labiatae), Taubnesselgewächse. Attraktive Bodendekker mit langer Blütezeit auf feuchten, nährstoffreichen Böden in voller Sonne oder Halbschatten. Sorten unterschiedlicher Blattfärbung: 'Atropurpurea', Purpurgünsel mit bräunlichem Laub, 'Multicolor', Salamandergünsel mit gelb und rötlich gescheckten Blättern, 'Argentea' mit weißbuntem Laub, 'Purple Torch' mit reinrosa Blüten und bräunlichem Laub, 'Rosenholz' mit rosa Blüten und rotbraunem Laub, 'Schneekerze' mit weißen Blüten und grünlich-bräunlichem Laub, 'Griesmöwe' mit reinweißen Blüten über dunkelgrünem Blattpolster. Dazu gehört auch 'Burgundy Glow' mit blauen Blüten und hellgrünen, rosarot gezeichneten Blättern. Die Vermehrung erfolgt durch Teilung oder Stecklinge. (4, 7, 10, 22, 31)
▽

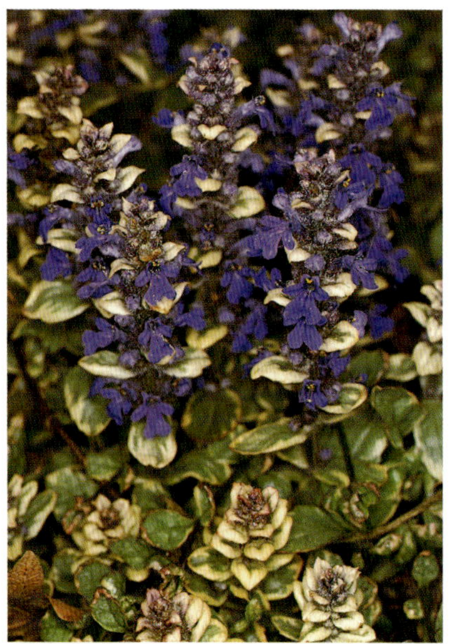

Ajuga reptans, Kriechender Günsel. ▷ Unser heimischer, von Mai–August blühender Kriechender Günsel ist eine von etwa 40 Arten dieser Gattung, die in Europa und in Vorderasien bis Persien verbreitet sind. Bei der abgebildeten Pflanze handelt es sich um einen rotblättrigen Typ, ähnlich der Sorte 'Atropurpurea'. Sie zeigt deutlich, wie viele Ausläufer eine solche Pflanze treiben kann, um sich flächig dicht auszubreiten. Neben dem Kriechenden Günsel ist auch der Pyramidengünsel, *A. pyramidalis*, der in den Gebirgen Mittel- und Südeuropas, im Kaukasus, in Island und Skandinavien verbreitet ist, für den Garten zu empfehlen. Die Sorte 'Metallica Crispa' hat metallisch schimmernde Blätter mit gekraustem Rand und läßt sich in Trockenrasen und Heideflächen auf sauren Sand- und Lehmböden gut verwenden. Vermehrung durch Teilung oder Stecklinge. (4, 7, 10, 22, 31, 32)

Alcea-Ficifolia-Hybriden, Stockrose, ▷ Malvaceae, Malvengewächse. Diese Gruppe der Stockrosen oder Stockmalven ist aus der Kreuzung *A. ficifolia* × *A. rosea* hervorgegangen. *A. ficifolia* stammt aus Südeuropa und Sibirien, ist staudig, seltener zweijährig und wird bis über 2 m hoch. Sie ist wüchsiger und robuster als *A. rosea* und hat tief handförmig bis 7lappig geteilte Blätter. Die neuen Sorten 'Parkfrieden' (einfach, rotviolett), 'Parktraum' (gefüllt, cremerosa), 'Parkallee' (einfach, cremefarben) und 'Parkrondell' (einfach, lilarosa) sind tolerant gegenüber Rost. Blütenfarben reichen von Gelb und Orange bis Rot und Schwarzrot, die Blütengröße bis über 10 cm. Vermehrung durch Aussaat oder Teilung. Geeignet für nährstoffreichen, frischen Boden mit guter Wasserversorgung und Düngung während des Wachstums. (2, 8, 10, 19, 34)

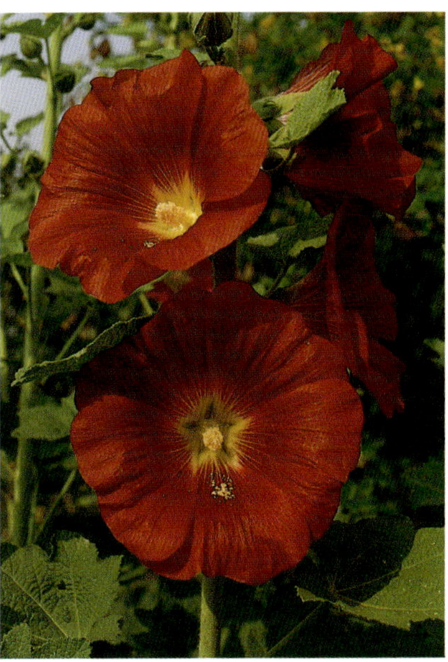

△

Alcea rosea *(Althaea rosea),* Stockrose. Diese alte Gartenpflanze blüht ebenso wie *A. ficifolia* von Juli–Oktober und wird über 2 m hoch. Es gibt viele Blütenfarben und -formen, etwa begonienblütige, gefüllte Blüten und solche mit gefransten Blütenblättern. Die Chaterschen Malven haben bis 15 cm große, gefüllte Blütenpompons. *A. rosea* und ihre Sorten haben mehr rundliche, etwas gelappte Blätter und sind eher zweijährig als staudig ausdauernd. Nährstoffreicher, frischer Boden mit reichlicher Wässerung und Düngung während des Wachstums ist für eine gute Entwicklung notwendig. Um den Befall mit Malvenrost zu verhindern, sollte man bereits im Spätherbst alle oberirdischen Pflanzenteile einsammeln und verbrennen oder über den Müll entsorgen, damit der Neuaustrieb im Frühjahr nicht angesteckt werden kann. Vermehrung durch Teilung oder Aussaat. (2, 8, 19, 34)

△

Alchemilla mollis, Frauenmantel, Rosaceae, Rosengewächse. Etwa 250 Arten sind in den Hochgebirgen der gemäßigten Gebiete aller Erdteile verbreitet. Meist handelt es sich um niedrig wachsende Kräuter mit langgestielten, gelappten, gefingerten oder gefalteten Blättern. Die kleinen gelbgrünen Blüten stehen in Trugdolden. Es sind anspruchslose, wüchsige Bodendecker für sonnige bis schattige Lagen mit frischfeuchtem Boden. Blätter und Blütenstände sind für den Schnitt geeignet. Vermehrung durch Aussaat oder Teilung. Von *A. mollis* (30–80 cm) gibt es die kräftige Sorte 'Robusta' und die panaschierte 'Variegata'. Die heimische *A. xanthochlora (A. vulgaris)* wird bis 50 cm hoch und hat hell-blaugrüne bis gelbgrüne Blätter. *A. alpina*, der Alpenfrauenmantel, (10–20 cm) bildet oberseits grüne, unterseits silbrige Blätter und blüht von Juni–September. (1, 3, 10, 32)

Allium aflatunense, Alliaceae (Liliaceae), Lauchgewächse. ▷ Von den 450 auf der Nordhalbkugel verbreiteten Arten ist dies eine der hochwüchsigen, für den Schnitt geeigneten. 'Purple Sensation' trägt fast 10 cm große, violettpurpurne Blütenkugeln auf 60–80 cm hohen Stengeln. Noch kräftiger wächst *A. giganteum*, der Riesenlauch aus dem Himalaja, der bis 150 cm hoch wird und im Juni–Juli rosafarben blüht. Nur 50 cm Höhe erreicht der südeuropäische *A. atropurpureum* mit weinroten Blüten. *A. stipitatum* mit duftenden, rosalila Blüten im Juli wird 90 cm hoch. *A. sphaerocephalon*, verbreitet von Mitteleuropa bis Vorderasien, trägt auf 80 cm hohen Stengeln purpurkarminrote, etwas kegelförmige Blütenstände. Vermehrung durch Aussaat, einfacher durch Zwiebelkauf. Für sonnige, warme Stellen, wo sie lange Zeit ungestört bleiben sollen. (1, 8, 10, 30)

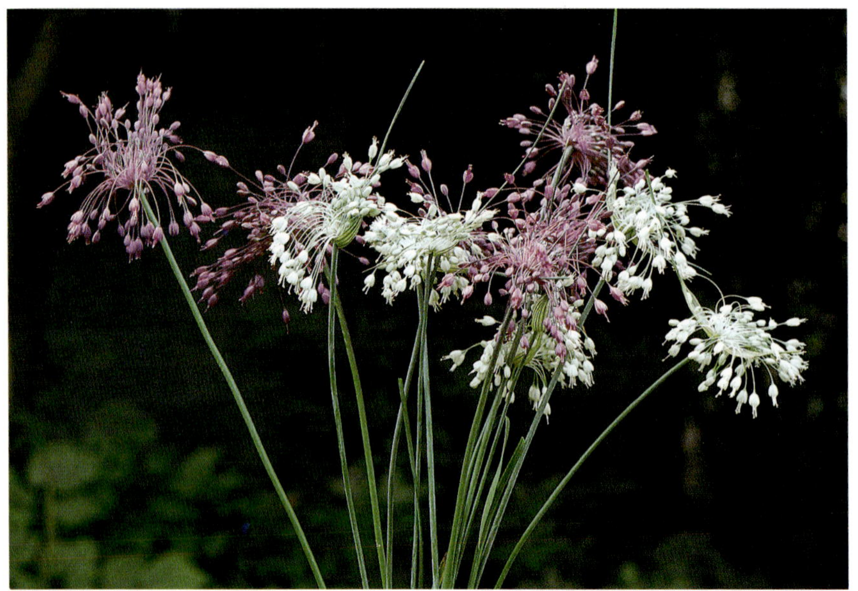

◁ **Allium carinatum ssp. pulchellum** *(A. pulchellum, A. cirrhosum),* Schöner Lauch. Dieser früher auch bei uns sehr selten vorkommende Lauch ist inzwischen in der Bundesrepublik ausgestorben. In Südeuropa, nördlich bis zur Schweiz und in Westasien ist er noch weit verbreitet. Es gibt aber ein ausreichendes Angebot von gärtnerisch vermehrten Zwiebeln, so daß man auf diesen eigenartig schönen Lauch nicht zu verzichten braucht. Aus den Zwiebeln mit schwärzlichen Faserhäutchen wachsen 30–50 cm hohe Stengel mit lockeren Blütenständen, deren rotviolette Blüten anfangs hängen und sich von Juni–August öffnen. Die weißblühende Sorte 'Alba' ist gleichfalls mit abgebildet. Verwendung als zierliche Pflanze zwischen Bodendeckern, aber auch für den Schnitt. Der Schöne Lauch ist eine hervorragende Gartenpflanze. (3, 29, 30)

Allium cernuum. Diese aus Nordamerika stammende Art ist an der Form ihres Blütenstandes leicht zu erkennen. Die hellroten Blüten erscheinen im Juni und Juli in hängenden, lockeren Dolden an 30–50 cm hohen Stielen. *A. cernuum* ist eine sehr interessante Steingartenpflanze, deren Verbreitung bis nach Alaska reicht. Es gibt von ihr auch einen weißblühenden Typ. Die eleganten Blütenstände eignen sich auch als Schnittblumen. Ein ähnlich eigenwilliges Aussehen zeigt *A. nigrum (A. multibulbosum)* aus Südeuropa, Nordafrika und Westasien. Seine Blüten sind weiß oder blaß lilafarben mit grünlichen Mitteladern und stehen in einer dichten, halbkugelförmigen, vielblütigen Dolde auf bis meterhohen Stielen. Dieser statuarische Lauch braucht etwas Winterschutz, oder aber man überwintert die Zwiebeln frostfrei. (3, 5, 30, 31, 33) ▷

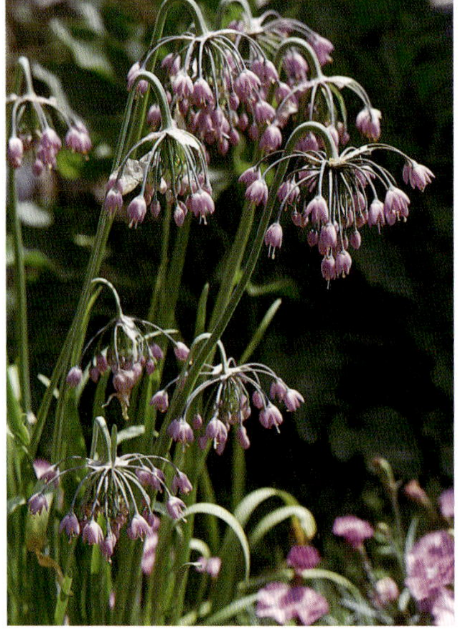

Allium cyaneum, Enzianlauch. Blaublühende Lauch-Arten, wie der Enzianlauch aus Nordwestchina, sind selten. Er fühlt sich in Trockenrasen am wohlsten, blüht von August-Oktober und trägt seine nickenden, stahlblauen Blütchen über 15–20 cm hohen, horstig wachsenden, fadenförmigen Blättern. Tief himmelblau blüht der aus den Steppen Osteuropas stammende *A. caeruleum (A. azureum)* mit 3kantigen Blättern, die zur Blütezeit schon welken. Auch dieser Blauköpfchenlauch benötigt trockene Stellen, damit er von Mai–Juni reichlich blüht. Nur im Weinbaugebiet winterhart ist *A. caesium* mit himmelblauen Blüten von Mai–Juni auf 60 cm hohen Stielen. *A. beesianum* aus Westchina blüht auf 20–30 cm hohen Stielen leuchtendblau. Alle lieben warme und trockene Standorte und werden durch die Zwiebeln vermehrt bzw. angepflanzt. (3, 10, 29, 30, 31)
▽

◁ **Allium christophii** *(A. albopilosum),* Sternkugellauch. Er stammt aus der Türkei und Persien und bildet von Juni–Juli auf bis 60 cm hohen Stengeln lilafarbene Blüten. Die Einzelblüten stehen auf sehr langen Stielen, die sich während der Fruchtreife noch verlängern und dem Fruchtstand das Aussehen eines Feuerwerks geben. Die Blütenblätter fallen nicht ab, sondern bleiben als braune Sternchen an den Samenkapseln. Getrocknete Fruchtstände ergeben daher ein phantastisches Material für die Trockenbinderei. Dieser Lauch kann auch im sonnig warmen, trockenen Wurzelbereich von Bäumen stehen. Weniger geeignet, wegen der geringeren Winterhärte, ist *A. schubertii* aus Palästina und Mittelasien, der bis 200blütige, rosa Dolden bildet. Beide sollten als Zwiebeln gepflanzt werden, *A. christophii* im Herbst, *A. schubertii* auch im zeitigen Frühjahr. (3, 8, 23, 30, 32)

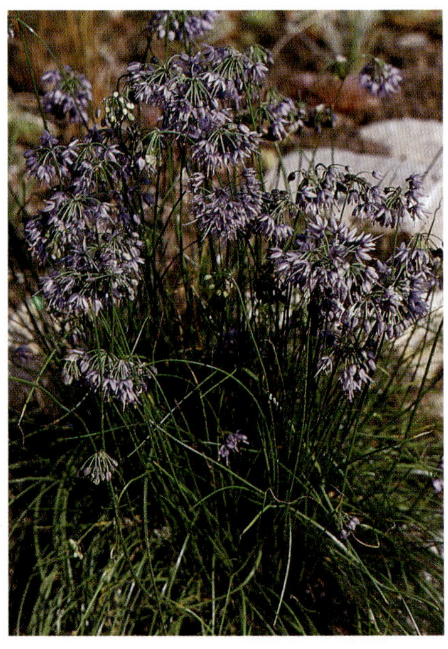

Allium flavum, Gelber Lauch. Dieser ▷ gelbblühende Zierlauch erinnert im Blütenstand etwas an *Allium carinatum* ssp. *pulchellum*, den Schönen Lauch, blüht aber leuchtendgelb auf etwa 50 cm hohen Stielen im Juni. Er stammt aus Südeuropa und vom Balkan und wächst dort auf trockenen Hügeln. Er entwickelt keine Brutzwiebeln in den Blütenständen. Es gibt auch eine zierlich kleine, nur etwa 15 cm hohe Sorte 'Minor'. In gutem Kontrast zu den goldgelben Blüten stehen die silbrig blaugrünen Blätter, die bei der Sorte 'Minor' reingrün sind. Typisch für *A. flavum* sind die beiden sehr langen Hüllblätter, die nach dem Aufblühen als Schwänze am Blütenstand erhalten bleiben. Im Garten gedeihen Art und Sorten an Plätzen mit wasserdurchlässigem Untergrund und im Steingarten. Der Gelbe Lauch braucht keine Sommerruhe. (3, 12, 29, 30, 31, 32)

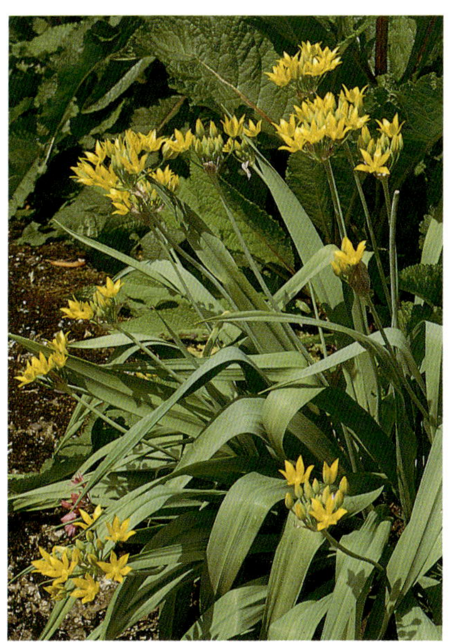

◁ **Allium moly,** Goldlauch. Die Heimat des Goldlauches sind die Pyrenäen, Spanien und große Teile des Mittelmeergebietes. Dort wächst er in felsigen Regionen in einer Höhe um 1000 bis 2000 m. Der Goldlauch spielt schon in alten Kräuterbüchern eine Rolle als das Kraut „Moly", mit dem man Gold erzeugen könne. Als alte Bauerngartenpflanze gehört er zu den schönsten Lauch-Arten für den Garten. Über seiner breiten, blaugrünen Blätterkaskade erheben sich auf 20–30 cm hohen Stielen breite, halbrunde Blütenstände, zusammengesetzt aus großen, goldgelben, langgestielten Blüten. Bereits im Mai beginnt die Blüte des Goldlauches. Er liebt Sonne, gedeiht aber auch noch im Halbschatten und ist ansonsten völlig anspruchslos. Einzig Staunässe verträgt er nicht. Eine besonders hübsche Form ist 'Jeannine'. (1, 3, 29, 30)

Allium oreophilum (*A. ostrowskianum*). ▷ Dieser rosafarbene Zierlauch stammt aus der Osttürkei und dem Kaukasus und ist eine der schönsten und farbenprächtigsten Arten, besonders die Sorte 'Zwanenburg': eine sehr dauerhafte Bereicherung für sonnige Stellen im Steingarten. Ähnlich ist *A. narcissiflorum*, der Narzissenlauch, mit hängenden, ebenfalls farbkräftigen, trichterförmigen rosa Blüten. Er liebt mehr Halbschatten und eher feuchten, humosen Boden. Beide Arten werden als Zwiebeln im Herbst gepflanzt und lassen sich auch gut für die Pflanzung in Kübeln verwenden. Im Frühling feuchte bis nasse Stellen liebt *A. triquetrum*, der von März–Mai hängende, weiße Glockenblüten auf 3kantigen, bis 30 cm hohen Stielen bildet. Er stammt aus dem Mittelmeergebiet und ist bei uns nur an sehr geschützten Stellen winterhart. (3, 30, 31)

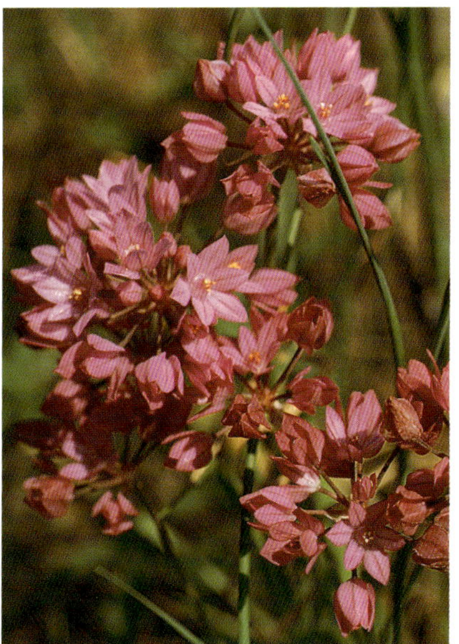

△ **Allium karataviense,** Blauzungenlauch. Die 2–3 blaugrünen Blätter, die vor der Blüte erscheinen und dem Boden aufliegen, gaben dem Blauzungenlauch seinen deutschen Namen. Er stammt aus Turkestan und kommt dort in trockenheißen Steppen vor, in denen es im Winter aber auch bitterkalt wird. Solche sehr heißen, trockenen Lagen mit guter Wasserdurchlässigkeit braucht der Blauzungenlauch auch bei uns, um gut auszureifen und sich auf Dauer wohlzufühlen. Im Mai und Juni, nach milden Wintern auch schon früher, erscheinen die großen, grauweißen Blütenbälle, die auch später als Fruchtstände noch zieren. Die Pflanze wird etwa 25 cm hoch und kann gut in Steingartenbereichen verwendet werden. Man legt die Zwiebeln im Herbst. Die weißblühende Sorte 'Album' ist nur selten erhältlich. (5, 11, 29, 30, 32)

◁ **Allium schoenoprasum ssp. schoenoprasum,** Schnittlauch. In manchen Stromtälern, an Flußuferböschungen, ist der Schnittlauch auf nährstoffreichen Böden noch wild zu finden. Ob ursprünglich bei uns heimisch oder verwildert, ist nicht sicher. Im Rheintal gibt es Farbvarianten von Weiß über Violett, Blauweiß und Rosa bis zu Karmin. Die Unterart *A. schoenoprasum* ssp. *sibiricum* aus dem Alpenbereich wird als Stammart unseres Schnittlauchs bezeichnet. Nährstoffreiche, nicht sommertrockene Böden sind für den Schnittlauch nötig, damit er die als Würze verwendeten, runden, hohlen Blätter reichlich nachwachsen läßt. Die Blütenstände duften nach Honig und halten sich lange in der Vase. Besonders schön sind die der Sorte 'Forescate': kleerosa und an 20–25 cm langen Schäften. Vermehrung durch Aussaat, 'Forescate' durch Teilung. (2, 4, 30, 32, 40)

Allium tuberosum *(A. senescens)*. Diese Art ist von Nordportugal bis zur westlichen Ukraine verbreitet und blüht weiß, lila oder rosa in halbkugelförmigen Dolden auf bis 45 cm hohen Stengeln. Die Art ist sehr variabel: Es gibt bis 60 cm hohe Typen mit bis 10 mm breiten Blättern, aber auch zierliche mit 1–6 mm breiten und 7–40 cm langen Blättern. Manche sind sehr schön blaugrün, bei anderen wieder sind die Blätter fast spiralig gedreht. Eine reizvolle Art, die sich zum Zusammentragen und Selektieren schöner Gartentypen anbietet. Sie ist leicht zu kultivieren und gedeiht sogar noch im Schatten. Außerdem sind Blätter und Blüten eßbar; man kann sie in Salaten verwenden. Vermehrung durch Teilung und Pflanzung im Frühjahr. (29, 30, 31, 32)

▽

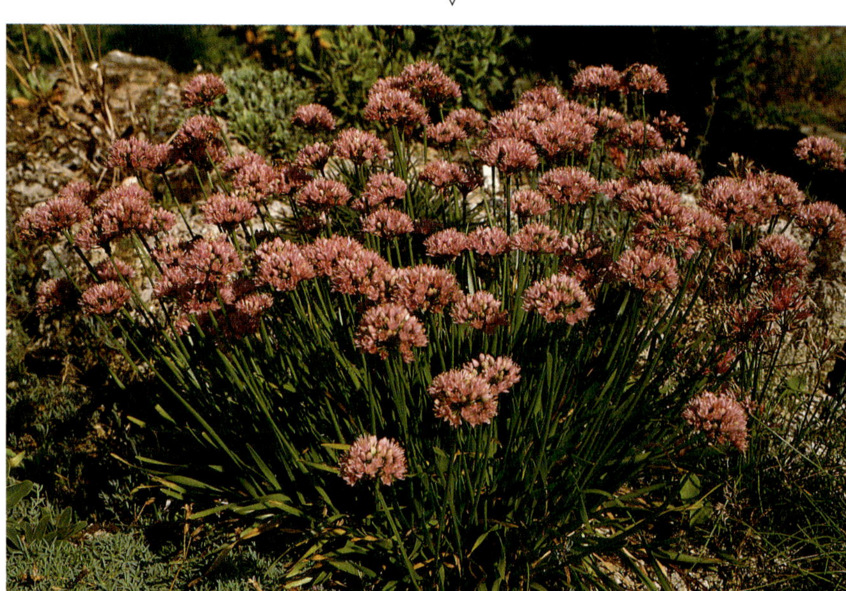

Allium ursinum, Bärlauch. Der heimische Bärlauch wächst in vielen Buchenwäldern als bodendeckende Pflanze. Bei jeder Berührung verströmt er einen kräftigen, zwiebeligen Knoblauchduft, den der Wind weithin trägt. Aus den weißen, länglichen Zwiebeln wachsen oval-lanzettliche, frischgrüne, breite, 20–30 cm hohe Blätter. Die meist sternartigen Blüten stehen in lockerer Dolde und erblühen im Mai. Ähnlich ist der Allermannsharnisch, *A. victorialis* (europäisches Hochgebirge, Ural, Altaigebirge). Er liebt feuchtere Standorte und wird bis 60 cm hoch. Die 2–3 gestielten, breit-lanzettlichen Blätter werden von den lockeren, halbkugeligen, weißlich- bis grünlichgelben Blüten im Juli–August überragt. Eine sehr dekorative Pflanze für den Halbschatten in feuchtem Humusboden. Bärlauch und Allermannsharnisch sollte man im Herbst pflanzen. (4, 7, 18, 19, 31, 32)

▽

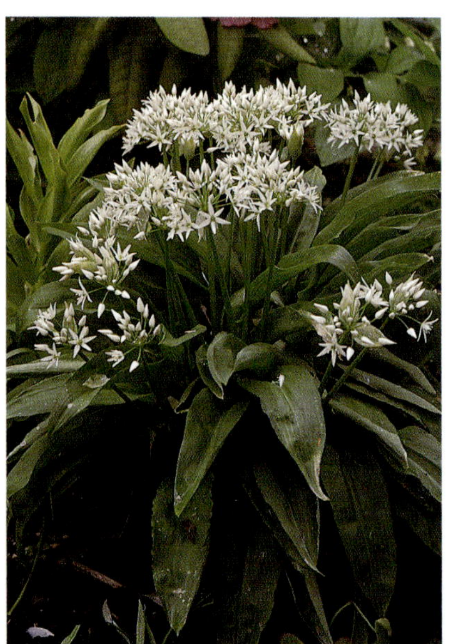

Alonsoa meridionalis *(A. warscewiczii)*, Scrophulariaceae, Braunwurzgewächse. ▷ Die 6 in den Trockentälern der Anden vorkommenden Arten sind dünnstengelige Kräuter oder Halbsträucher. Die Blüten stehen in endständigen Trauben und sind leuchtendrot oder auch unterschiedlich rosa, lachsfarben oder weiß. *A. meridionalis* wird als einjährige Sommerblume gezogen und blüht von Juli–September, bei Rückschnitt auch bis zum Frost. Sie wird 30–90 cm hoch. Die Einzelblüten sind bis 1 cm breit. Während der Wachstumszeit muß reichlich gewässert und auch etwas gedüngt werden. Wärme und Sonne bringen sie zu guter Entwicklung, kalte Nässe schadet. Es gibt heute Mischungen oder auch die lachsfarbene Sorte 'Amberglow', die sich für den Schnitt eignet. Einzelne Farbtypen werden durch Stecklinge vermehrt, sonst wird in der Regel ausgesät. (3, 5, 35)

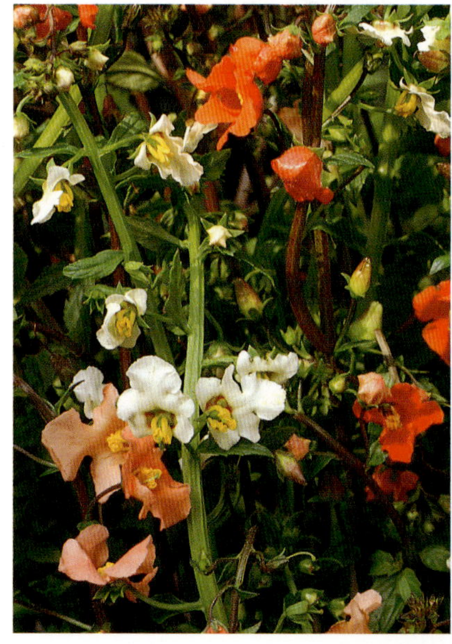

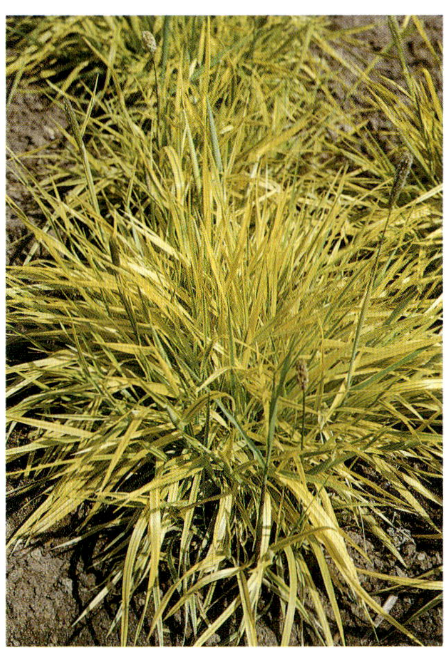

◁ **Alopecurus pratensis 'Aureus',** Goldwiesenfuchsschwanz, Poaceae (Gramineae), Gräser. Dieser heimische Vertreter der etwa 50 im gemäßigten Bereich Europas und Asiens und im temperierten südlichen Amerika verbreiteten Arten ist bei uns in Wiesen zu finden. Das Gras wird bis 1 m hoch und wächst auf feuchten, nährstoffreichen Böden dichtrasig horstig. Es blüht von Mai–Juni. Die Unterart *A. pratensis* ssp. *pratensis* bildet grüne Ährenrispen, die Unterart *A. pratensis* ssp. *nigricans* schwärzlich überlaufene. Beide gehören zur grünen Stammart, während der Goldwiesenfuchsschwanz durch seine panaschierten Blätter attraktiv wirkt. *A. lanatus*, der Zottige Fuchsschwanz aus den Hochgebirgen Kleinasiens, wird nur 10–15 cm hoch und ist mit silbergrauen, filzigen Blättern für sonnige, heiße Standorte im Alpinum geeignet. Vermehrung durch Teilung. (2, 21, 32, 36)

△

Althaea officinalis, Eibisch, Samtpappel, Malvaceae, Malvengewächse. Diese Art der Gattung *Althaea* ist eine alte Bauerngarten- und Arzneipflanze. Sie liefert den Eibischtee zum Gurgeln bei Halsschmerzen. Die Samtpappel hat samtig-filzig behaarte Blätter, wird etwa 2 m hoch und blüht von Juli–September. Die Blüten sind etwa 4 cm groß und stehen zu mehreren in den Blattachseln. Der Eibisch wächst bei uns im Garten in jedem frischen, tiefgründigen und nährstoffreichen Boden, dankt aber Wärme und Sonne durch gute Entwicklung. Er ist eine von 12 Eibisch-Arten, die in Westeuropa und Nordeuropa bis Sibirien vorkommen. Im Garten kann er als langlebige Staude ein hohes Alter erreichen und sich zu einem prächtigen Gartenakzent entwickeln. Die Vermehrung erfolgt durch Teilung oder Aussaat. (2, 8, 27, 40)

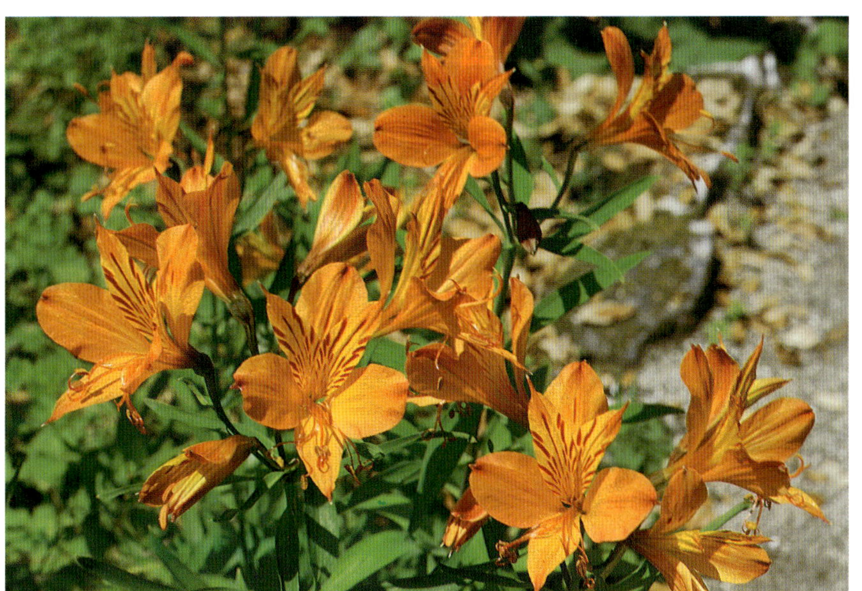

△

Alstroemeria aurea (*A. aurantiaca*), Inkalilie, Alstroemeriaceae (Liliaceae), Inkaliliengewächse. Die Gattung ist mit etwa 60 Arten in Südamerika verbreitet. Es sind Stauden mit fleischigen, büschelig wachsenden, zerbrechlichen Wurzeln. *A. aurea* aus Chile blüht im Juli und wird bis 1 m hoch. Die bis oben beblätterten Stiele tragen eine bis 20blütige Dolde. Die etwa 5 cm großen Blüten sind orangegelb und dunkler gestrichelt, in Auslesen auch gelb oder intensiv orange. Sie lieben einen vollsonnigen Standort auf kalkarmen Böden und ausreichende Feuchtigkeit während des Wachstums. Winterschutz durch Laub ist erforderlich. Die *A.*-Ligtu-Hybriden entstanden aus Kreuzung von *A. ligtu* × *A. haemantha*, ihre Blütenfarben variieren von Orangerot bis Rosa, Lachs und Weiß. Vermehrung durch Aussaat, bei Farbauslesen durch Teilung. (2, 14, 16, 30)

Alyssum montanum, Bergsteinkraut, ▷ Brassicaceae (Cruciferae), Kohlgewächse. Etwa 150 Arten in Mitteleuropa, im Mittelmeergebiet und bis nach Zentralasien. Meist sind es niedrige Stauden oder Halbsträucher mit oft graufilzigen Blättern. Sie alle lieben trockene, sonnige Standorte und entwickeln dann während der Blütezeit einen kräftigen Honigduft. Das Bergsteinkraut blüht von März–Mai mit Nachblüte im Herbst. Besonders leuchtendgelb sind die Blüten der Sorte 'Berggold' (15 cm). Vermehrung durch Aussaat, auch direkt an Ort und Stelle, Sorten durch Stecklinge. *A. murale* (*A. argenteum* hort.), das Mauersteinkraut, stammt aus Südosteuropa und blüht von Mai–Juni. Bis 70 cm lange Triebe bilden rasenartige Flächen mit graugrünen, unterseits weißen oder grauen Blättern und hellgelben Blüten. An passenden Stellen auch Selbstaussaat. (5, 24, 29, 32)

△

Alyssum saxatile, Felsensteinkraut. Das Felsensteinkraut bringt uns von April–Mai goldgelbe Blütenfülle in die Gärten: für trokkene, warme Felsspalten, Gesteinsbereiche und lockere Trocken-Steppenrasen. Es wird 20–40 cm hoch, mit goldfarbener Blütenflut über kleinen graugrünen Blättern. Schöne Sorten sind 'Citrinum', 30 cm hoch, hellschwefelgelb, 'Compactum', nur 20 cm hoch, leuchtendgelb, 'Plenum', 30 cm hoch, dicht dunkel goldgelb gefüllt, und 'Variegatum' mit gelblichweiß gerandeten Blättern, die im Sommer wieder vergrünen. Vermehrung durch Stecklinge. Zu groß gewordene Pflanzen kann man durch Rückschnitt zu kräftigem Austrieb anregen. Die als *A. spinosum* gehandelte Pflanze und ihre Sorte 'Purpureum' mit fast roten Blüten gehören heute zur Gattung *Ptilotrichum.* (5, 24, 29, 32)

Amaranthus hypochondriacus 'Sanguineus Monstrosus', ▷ Fuchsschwanz, Amaranthaceae, Fuchsschwanzgewächse. Etwa 60 Arten auf der ganzen Erde. Mit grünen, roten, bräunlichen oder weißlichen Scheinähren und grünen, blutroten oder rotgrün gefleckten Blättern sind sie prächtige Sommerblumen. Aufrechte Blütenstände hat *A. cruentus (A. paniculatus),* der von Juli–Oktober blüht und bis 2 m hoch wird. Es gibt auch Zwergtypen, z. B. 'Green Torch', Blätter und Ähren grün, als roten Partner 'Pygmy Torch'. Der Gartenfuchsschwanz mit überhängenden Blütenständen ist *A. caudatus* mit 'Atropurpureus' (Blätter und Blütenähren rot) und 'Albiflorus' (grüne Blätter, weißlichgrüne Ähren). Sie alle brauchen viel Sonne, gute Wasser- und Nährstoff versorgung und werden an Ort und Stelle im April gesät. Oft auch Selbstaussaat. (2, 16, 34, 36)

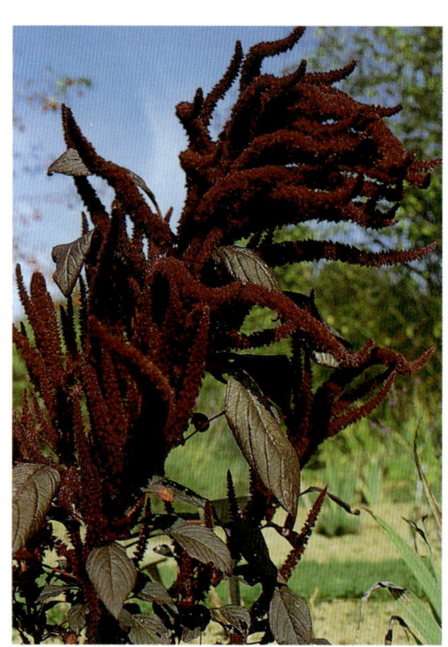

△

Amaryllis bella-donna, Belladonnalilie, Amaryllidaceae, Amaryllisgewächse. Sie ist die einzige Art ihrer Gattung, beheimatet in Südafrika. Die Blütenstände treiben im Oktober und erst danach die Blätter. 10–15 trompetenförmige, 10 cm lange Blüten sitzen auf den bis 80 cm hohen Blütenstielen. Sie duften angenehm. Wichtig für die Blüte ist die trockene Ruhezeit von Ende Juli bis in den Oktober. Frisch gelegte Zwiebeln brauchen 1–3 Jahre bis zur Blüte. An günstigen Stellen mit entsprechendem Winterschutz ist *A. bella-donna* durchaus eine dauerhafte Gartenstaude. Sicherer ist es, die Pflanzen mit Laub und Ballen in Töpfen frostfrei und hell zu überwintern. Die Belladonnalilie ist auch eine sehr haltbare, schöne Schnittblume. Vermehrung guter Farbauslesen und Sorten durch Nebenzwiebeln oder Teilen der Horste, die Art läßt sich durch Samen vermehren. (2, 5, 16, 30)

Amberboa moschata *(Centaurea moschata, Centaurea suaveolens),* ▷ Duftende Flockenblume, Asteraceae (Compositae), Asterngewächse. Wohl die schönste der etwa 20 ein- oder zweijährigen Arten aus dem Mittelmeerraum bis Zentralasien. Diese einjährige Sommerblume liefert an bis 80 cm hohen Stielen mit fiederschnittigen Blättern endständige, bis 10 cm große Blüten, die auch als Schnittblumen gut halten und kräftig nach Honig duften. Man sät im März–April an Ort und Stelle und vereinzelt auf etwa 15 cm. Meist werden Farbmischungen angeboten, daneben auch verschiedene Farbauslesen, die alle gut in die bunte Sommerblumenrabatte passen. Auch die Amerikanische Flockenblume, *Centaurea americana* mit rosafarbenen Blüten, wird für den Schnitt angebaut, 'Jolly Joker' ist eine großblumige, lilarosa Farbauslese. Ansprüche und Kultur sind ähnlich. (2, 29, 35)

△

Ammobium alatum, Papierknöpfchen, Asteraceae (Compositae), Asterngewächse. Die Gattung umfaßt nur 2 Arten, die beide in Australien beheimatet sind. Dort wachsen sie als ausdauernde Kräuter, unter schlechten Wachstumsbedingungen aber auch nur einjährig. Bei uns wird die Pflanze, die auch unter dem Namen Sandimmortelle angeboten wird, einjährig kultiviert. Angebaut wird die Sorte 'Grandiflorum'. Sie wird 40–60 cm hoch und blüht von Juli–September. Die Einzelblütchen sind 2–3 cm groß. Zum Trocknen schneidet man die Triebe, wenn gut die Hälfte der Blüten offen ist. Bei der Standortwahl sollten wir daran denken, daß die Papierknöpfchen australische Sonnenkinder sind. Zur Vermehrung eignet sich bei unseren kühlen Frühjahrsmonaten eine Vorkultur in Töpfen besser als die Direktaussaat im April an Ort und Stelle. (5, 12, 34, 36)

Anacyclus pyrethrum var. depressus *(A. depressus)*, Marokkokamille, Asteraceae (Compositae), Asterngewächse. Etwa 25 Arten dieser Gattung sind im Mittelmeergebiet und Nordafrika verbreitet. Es sind einjährige oder, wie die Marokkokamille, mehrjährige, flach ausgebreitete Kräuter. Die in Rosetten angeordneten, doppelt bis 3fach gefiederten Blätter sind mehr oder weniger wollig behaart. 20–30 cm lange, flach aufliegende Triebe tragen endständige, margeritenähnliche, 3–4 cm große Blüten. Die Zungenblüten sind oben weiß, unten rosa und schließen sich bei trübem Wetter oder Regen. Blütezeit Mai–Juni. Vermehrung durch Aussaat oder durch Stecklinge. Die Pflanze liebt sonnige, warme und trockene, vor Winternässe geschützte Stellen. Ein sehr flach wachsender, zierlicher Typ ist 'Gartenzwerg', er wird durch Samen vermehrt. (5, 7, 12, 14, 31, 32, 38) ▷

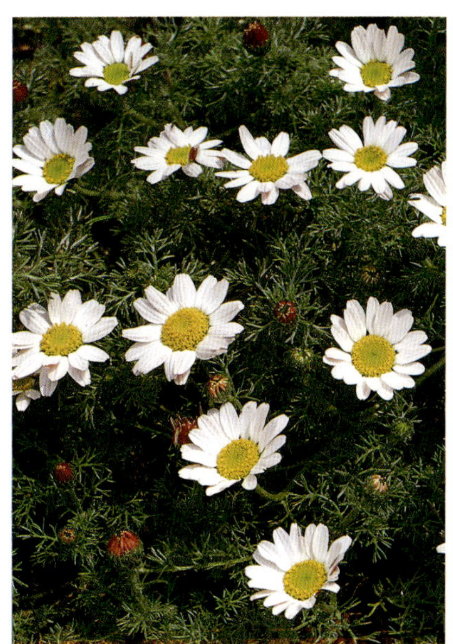

△

◁ **Anaphalis margaritacea var. margaritacea,** Silberimmortelle, Asteraceae (Compositae), Asterngewächse. Die Gattung umfaßt etwa 35 Arten in Europa, Asien und Amerika. Die Silberimmortelle kommt im nördlichen Nordamerika, in Japan und Nordostasien vor und ist in manchen Teilen Nordeuropas eingebürgert. Ihr sagen trockene Hügel und Wälder zu. Sie wird 20–90 cm hoch und wuchert etwas durch ihr kriechendes Rhizom. Die schmal-lanzettlichen, bis 12 cm langen Blätter sind dunkelgrün und unten dicht weiß-wollig mit eingerollten Rändern. Sie wächst üppig und blüht von Juli–September. Wenn sich die ersten Blütchen öffnen, kann man Stiele zum Trocknen schneiden. *A. margaritaceae* var. *yedoensis (A. yedoensis)* stammt aus Japan, kommt an Flüssen vor und wird nur etwa 20 cm hoch. Ihre Blätter sind auch oberseits etwas behaart. (1, 2, 3, 5, 12)

Anagallis monelli, Gauchheil, Primulaceae, Primelgewächse. Von den etwa 30 Arten, die in Westeuropa, Afrika, auf Madagaskar und in Südamerika vorkommen, ist bei uns der Ackergauchheil, *A. arvensis*, verbreitet. *A. monelli* hat größere blaue, rotgeaugte oder rote Blüten. Diese Art stammt aus dem westlichen Mittelmeergebiet, wird 40 cm hoch und blüht vom Sommer bis in den Herbst. Bei der tetraploiden Gartenform sind die Blüten über 2 cm groß. Wie bei unserem Ackergauchheil schließen sie sich abends. Diese Sorten sollte man durch Stecklinge vermehren und frostfrei überwintern, da sie bei uns im Freien nicht winterhart sind. Vermehrung der Art durch Aussaat mit Vorkultur oder im April an Ort und Stelle an sonnigem, trockenem Standort. *A. monelli* eignet sich wie der heimische Ackergauchheil auch als hübsche Pflasterfugenpflanze. (12, 36, 39)

△ **Anchusa azurea** *(A. italica)*, Ochsenzunge, Boraginaceae, Rauhblattgewächse. Etwa 50 Arten, beheimatet in Europa, Nordafrika und Westasien. Sie lieben sonnige bis halbschattige Standorte auf frischem, kalkhaltigem Boden. Vor dem Samenansatz sollte man sie zurückschneiden, damit sie sich vor dem Überwintern kräftig entwikkeln. Vermehrung ist durch Aussaat, Teilung oder Wurzelschnittlinge möglich. *A. azurea* ist eine bis 1,5 m hohe Staude, die von Mai–Juni blüht. Die Sorte 'Loddon Royalist' ist enzianblau und wird bis 90 cm hoch, 'Royal Blue' erreicht bis 80 cm Höhe. Schön harmoniert die Ochsenzunge mit Türkischem Mohn *(Papaver orientale)* und hohen *Iris*. *A. capensis* aus Südafrika blüht von Juni–September und wird als einjährige Sommerblume gezogen. Ihre Blüten sind groß, blau, rotgerändert und weitschlundig. Sie wird im Mai an Ort und Stelle gesät. (2, 5, 10, 12, 35)

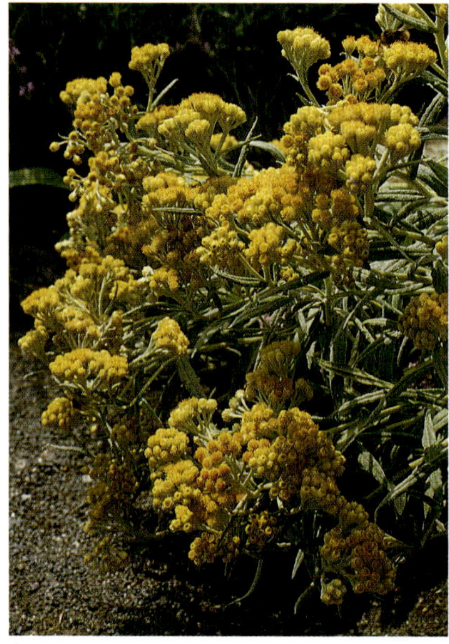

△ **Anaphalis triplinervis 'Schwefellicht'** stammt aus Tibet und blüht mit vielköpfigen Blütenständen von Juli–August. Sie wird 20–40 cm hoch und wuchert nicht. Die Sorte 'Sommerneuschnee' bleibt sehr niedrig und kompakt. 'Silberregen' blüht erst im September–Oktober, wird 50 cm hoch und besitzt silbergraue Blätter und weiße Blüten. Sie benötigt Schutz vor Winternässe. Alle Sorten sind schön für Steingarten und Steinbeet. *A. nubigena* aus Tibet und Westchina blüht bereits im Juni–Juli, wird nur 10–15 cm hoch und hat oberseits dunkelgrüne, unterseits weiß-wollige Blätter. Die Blütenstengel sind ganz wollig behaart, die Blütenstände nur wenigköpfig. Es ist die schönste Art, die aber Schutz vor Kälte und Winternässe braucht und deshalb als Gartenstaude heikel ist. Vermehrung durch Stecklinge. (1, 2, 3, 5, 12)

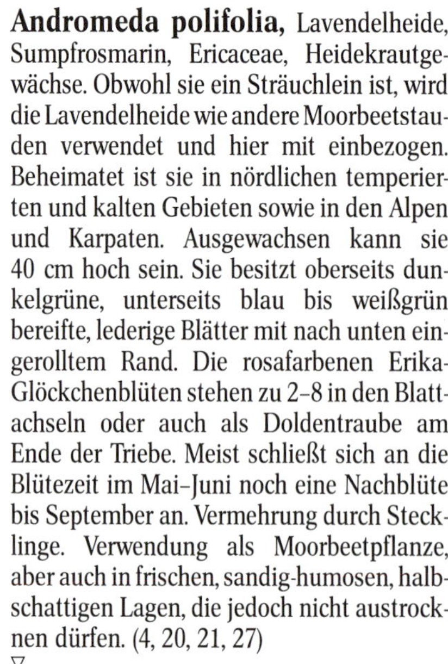

Andromeda polifolia, Lavendelheide, Sumpfrosmarin, Ericaceae, Heidekrautgewächse. Obwohl sie ein Sträuchlein ist, wird die Lavendelheide wie andere Moorbeetstauden verwendet und hier mit einbezogen. Beheimatet ist sie in nördlichen temperierten und kalten Gebieten sowie in den Alpen und Karpaten. Ausgewachsen kann sie 40 cm hoch sein. Sie besitzt oberseits dunkelgrüne, unterseits blau bis weißgrün bereifte, lederige Blätter mit nach unten eingerolltem Rand. Die rosafarbenen Erika-Glöckchenblüten stehen zu 2–8 in den Blattachseln oder auch als Doldentraube am Ende der Triebe. Meist schließt sich an die Blütezeit im Mai–Juni noch eine Nachblüte bis September an. Vermehrung durch Stecklinge. Verwendung als Moorbeetpflanze, aber auch in frischen, sandig-humosen, halbschattigen Lagen, die jedoch nicht austrocknen dürfen. (4, 20, 21, 27)
▽

◁ **Androsace carnea,** Fleischroter Mannsschild, Primulaceae, Primelgewächse. Umfangreiche Gattung von Gebirgspflanzen mit etwa 100 Arten. Die meisten wachsen in den gemäßigten Zonen Europas und Amerikas, nur wenige in Nordamerika. Von der genannten Art gibt es einige variable Unterarten. Die kleinen Polster bestehen aus Rosettchen mit 8–20 mm Durchmesser. Aus diesen entwickeln sich die (je nach Art) etwa 5–10 cm hohen Stiele mit kleinen Blütendolden in unterschiedlichen Rosatönen. Die Unterart *A. carnea* ssp. *brigantiaca* hat weiße Blüten. Alle Formen des Fleischroten Mannsschilds sind gesuchte Pflanzen des Alpenpflanzenfreundes. Sie sind in Europa heimisch und heikler als viele asiatische Arten. Sie lieben hohe Luftfeuchtigkeit, einen absonnigen bis halbschattigen Platz und gute Dränage, manche auch eine saure Bodenreaktion. (32)

Androsace sarmentosa, Chinamannsschild. Im Gegensatz zu *A. carnea* ist diese aus dem Himalaja stammende Pflanze eine für jeden Pflanzenliebhaber zu empfehlende Art, die im Garten keinerlei Schwierigkeiten bereitet. Sie besitzt große wollseidige Rosetten, aus denen sich oberirdisch Stolonen entwickeln. An deren Spitzen entstehen wieder neue Rosetten, so daß sich im Laufe der Zeit lockere Matten bilden. In der Mitte der aus lanzettlichen Blättern bestehenden Rosette entwickelt sich der etwa 10 cm hohe Blütenschaft, der eine Dolde trägt. Je nach Form gibt es unterschiedliche Blütenfarben, sie reichen von Lachsrosa bis Kirschrosa. Diese wohl bekannteste Mannsschild-Art wächst problemlos in durchlässigen Böden an sonnigen und halbschattigen Plätzen. Im Aussehen ähnlich, aber kleiner ist *A. sempervivoides*. Durch Tochterrosetten sind sie einfach zu vermehren. (7, 31, 32) ▷

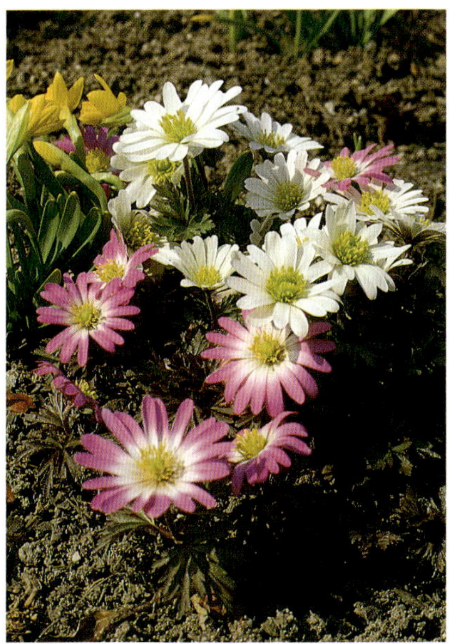

◁ **Anemone blanda,** Strahlenanemone, Ranunculaceae, Hahnenfußgewächse. Die etwa 150 kosmopolitisch verbreiteten Anemonen-Arten sind fast alle gartenwürdig. Die Strahlenanemone aus Griechenland und Kleinasien blüht von März–April und wird etwa 15 cm hoch. Die knolligen Wurzeln legt man im Herbst 6–8 cm tief und läßt darauf Laub als Winterschutz liegen. Bekannte Sorten sind 'Ingramii', dunkelblau, 'Charmer', dunkelrosa, 'Radar', dunkelrosa mit weißer Mitte, 'White Splendour', weiß, Kronblattunterseite lilarosa, und 'Blue Shades', eine Mischung blauer Farbtöne. Strahlenanemonen fühlen sich mehr in der Sonne als im Halbschatten wohl, bevorzugen steinigen, nicht zu humosen Boden und kommen auch in Pflasterfugen gut zurecht. Selbst in schütterem Rasen unter Bäumen gedeihen sie gut und säen sich auch aus. (5, 11, 23, 29, 32)

△

Anemone coronaria, Gartenanemone, Kronenanemone. Seit Jahrhunderten Gartenpflanze, bietet die Kronenanemone Blüten unterschiedlichster Füllung und Farben. Sie blüht von März–Mai, wird 40 cm hoch und ist eine hervorragende Schnittblume. Einzelblütengröße 6–8 cm. Die Knollen werden im Herbst 5–8 cm tief gelegt, nachdem sie zuvor 12 Stunden in warmem Wasser gequollen sind. Außerhalb Weinbaugegenden empfiehlt sich Winterschutz. Neben einfach- und gefülltblühenden Mischungen gibt es Farbsorten wie 'Bride', einfachblühend, weiß, 'Cornflower', gefülltblühend, blau, 'Mr. Focker', einfachblühend, violettblau, oder 'Purity', gefülltblühend, weiß. *A. pavonina* 'St. Bavo' und *A.* × *fulgens* 'Annulata Grandiflora' werden wie Kronenanemonen behandelt, blühen aber leuchtendrot mit weißem Rand um die schwarze Mitte. (4, 10, 29, 30) ▷

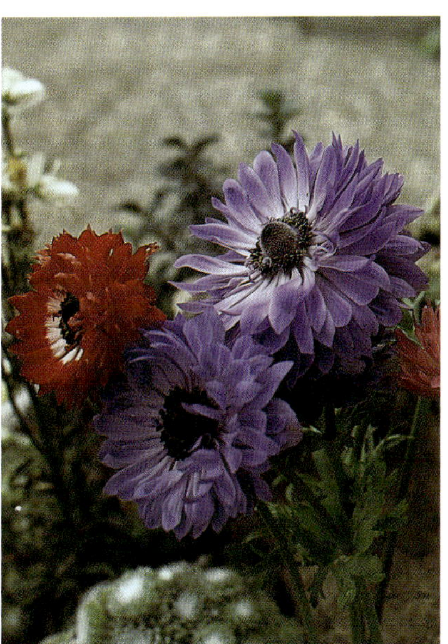

Anemone apennina. Sie ist der Strahlenanemone, die ihr manchmal als Unterart zugeordnet wird, sehr ähnlich. Sie liebt humoseren Boden und hat ein dünnes, langes Rhizom. In der Fachliteratur ist die Abgrenzung der beiden Arten widersprüchlich. Ein deutliches Unterscheidungsmerkmal soll sein, daß bei *A. apennina* nach dem Verblühen das Fruchtköpfchen aufrecht stehen bleibt, während es bei *A. blanda* später hängt, so wie beim heimischen Buschwindröschen (*A. nemorosa*). *A. apennina* eignet sich gut zum Ansiedeln um und zwischen Gehölzen. Die Art blüht himmelblau, 'Alba' reinweiß, 'Purpurea' rotviolett, 'Plena' gefüllt. Gut läßt sich *A. apennina* mit Lerchensporn, wie auf dem Bild, vergesellschaften, denn beide blühen im März und April. (3, 11, 23)

◁ **Anemone hupehensis var. japonica,** Herbstanemone. Herbstanemonen sind in einer Vielzahl von Sorten verfügbar. Sie stammen von Arten ab, die vom Himalaja über China bis Japan verbreitet sind und auch in diesen Ländern schon Gartensorten waren. Sie wachsen am besten in gutem, humos-lehmigem Gartenboden im Halbschatten, insbesondere in Verbindung mit Gehölzen und an Gehölzrändern. Dunkelgrüne Rhododendronblätter geben einen guten Kontrast. Zu *A. hupehensis*, die von August–Oktober blüht, gehören die etwa 80 cm hohen Sorten 'Praecox', purpurrosa, 'Septembercharm', hellrosa, und 'Splendens', lebhaft purpurrosa. Von *A. vitifolia* mit etwa 100 cm Höhe, die von August–Oktober blüht, sind hin und wieder die weißen Sorten 'Alba Dura' und 'Superba' zu finden. Vermehrung durch Teilung oder Wurzelschnittlinge. (4, 8, 18, 21)

Anemone-Japonica-Hybride 'Honorine Jobert'. Unter dieser Bezeichnung ist eine ganze Sortengruppe zusammengefaßt, deren Eltern *A. hupehensis*, *A. tomentosa* und *A. vitifolia* sind. Ihre Blüte reicht von September–Oktober, sie besitzt hohen Gartenwert. Dazu gehören 'Honorine Jobert', 1,2 m, weiß, einfach, 'Königin Charlotte', 1 m, silbrig rosa, halbgefüllt, 'Prinz Heinrich', purpurrot, halbgefüllt, 'Whirlwind', 80 cm, weiß, halbgefüllt, 'Rosenschale', 80 cm, dunkelrosa, großblütig einfach, 'Pamina', 80 cm, hellweinrot, halbgefüllt, 'Rotkäppchen', rosarot, halbgefüllt, und 'Hadspen Abundance', dunkelweinrot, 80 cm, einfach. Von *A. tomentosa*, der starkwüchsigsten und robustesten Herbstanemone, die im August–September blüht, sind die Sorten 'Robustissima' und 'Superba' zu nennen. Vermehrung durch Teilung oder Wurzelschnittlinge. (4, 8, 18, 21)
▽

Anemone narcissiflora, Berghähnlein. Diese in Europa, Asien und Nordamerika verbreitete Gebirgsanemone wird 30–40 cm hoch und blüht von Mai–Juni. Die 3- bis 8blütige Dolde, gelbe Staubbeutel zieren das Zentrum der Einzelblüten, setzt im Spätfrühling einen Farbakzent. Die Grundblätter sind handförmig und 3- bis 5teilig, ihre Abschnitte meist 3spaltig. Sie sind wollig behaart. Die Hochblätter sind sitzend und 3teilig. Das Berghähnlein braucht einen halbschattigen Standort in kühlfeuchtem Humusboden, der auch im Sommer nie austrocknen sollte. Es ist eine sehr zu empfehlende Liebhaberstaude, die am richtigen Standort langlebig ist und sich zu vieltriebigen, d. h. reichblühenden Exemplaren entwickelt. Vermehrung durch Aussaat und Teilung. (4, 21)

▽

Anemone nemorosa 'Allenii', ▷
Buschwindröschen. Durch die große Verbreitung in ganz Europa hat das Buschwindröschen eine Vielzahl von Formen hervorgebracht, von denen manche als Sorten in Gartenkultur genommen wurden. Es blüht von März–Mai, wird 15–20 cm hoch und hat ein langes, dünnes, braunes Rhizom. Die Blätter sind langgestielt, 3teilig mit gebuchteten Abschnitten, die Blüten meist weiß mit leichter Blautönung, manchmal außen, seltener innen rot überlaufen. Mit Buschwindröschen kann man unter und zwischen Laubgehölzen Frühlingsblütenteppiche zaubern. Der Boden sollte ausreichend humos und zumindest im Frühjahr auch ausreichend feucht sein. Vermehrung bei Sorten durch Teilung und oft durch Selbstaussaat, wozu im Rasenbereich nicht gemäht wird, bevor das Laub abwelkt und die Samen ausgefallen sind. (3, 7, 11, 19, 23)

Anemone nemorosa 'Alba Plena', ▷ Gefülltes Buschwindröschen. Außer den beiden abgebildeten Sorten 'Allenii' und 'Alba Plena' gibt es noch eine ganze Reihe weiterer, die hin und wieder angeboten werden. So die Sorten 'Blue Beauty', hellblau, 'Blue Bonnet', großblumig, blau und spät blühend, 'Grandiflora', großblumig, weiß, 'Robinsoniana', lavendelblau, 'Rosea', rosa, 'Royal Blue', dunkelblau, oder 'Vindobonensis', hell cremefarben. Das Große Windröschen, *A. sylvestris*, wirkt wie eine kräftigere, größere Ausgabe unseres Buschwindröschens und kommt von Mittel- und Südeuropa bis Sibirien vor. Die großblumige Sorte 'Wienerwald' eignet sich sogar für den Schnitt. Ähnlich ist auch *A. canadensis*, das aber sommergrünes Laub besitzt, also auch den Sommer über als grüner Blatteppich im Gehölzbereich erhalten bleibt; es kann in kurzer Zeit große Flächen bedecken. (3, 7, 11, 19, 23)

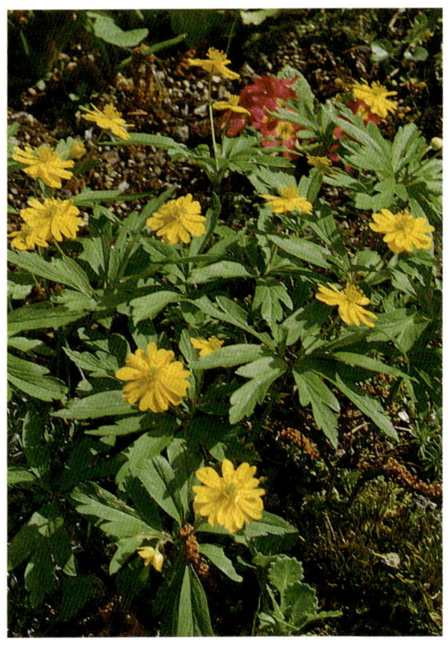

◁ **Anemone ranunculoides 'Semi-Plena',** Gelbes Buschwindröschen. Diese Art ist in den Laubwäldern Europas, Westsibiriens und des Kaukasus verbreitet und kommt oft in Laubmullböden auf Kalk vor. Meist entwickeln sich 2 Blüten am Ende des Stengels, der 15–20 cm hoch wird. Das braune, dünne Rhizom ähnelt dem des Buschwindröschens, ebenso die Blätter: Sie sind 3zählig, die Abschnitte gespalten oder gebuchtet. Die Blütezeit reicht von April–Mai. Beispiele für Sorten sind 'Superba' mit bronze getönten Blättern, 'Flore Pleno' mit gefüllten Blüten oder 'Semi-Plena' (Bild) mit halbgefüllten Blüten. Es gibt auch eine Unterart, *A. ranunculoides* ssp. *wockeana*, die durch das nur kurz kriechende Rhizom dicht rasige und niedrigere Blattpolster bildet, über denen sich dann die langgestielten gelben Blüten erheben. Vermehrung durch Teilung. (3, 4, 7, 11, 23)

△

Anemone × lesseri. Diese hübsche, noch nicht sehr verbreitete Gartenanemone ähnelt entfernt dem Berghähnlein und andererseits doch wieder dem Großen Buschwindröschen. Sie ist eine Kreuzung aus der von Nordamerika bis zum südlichen Südamerika vorkommenden *A. multifida* und dem Großen Buschwindröschen, *A. sylvestris*, das von Europa bis Sibirien verbreitet ist. *A.* × *lesseri* wird 25–30 cm hoch und hat die gefiederten Blätter von *A. multifida*, einer nahen Verwandten des Berghähnleins. Die roten Blüten stammen ebenfalls von *A. multifida*, die in ihrer Heimat weiße, rote, gelbliche oder grünliche Blüten tragen kann. Blütezeit ist von Mai–September. Der Boden sollte tiefgründig sein und eine gute Wasserdurchlässigkeit besitzen, der Standort sonnig oder besser halbschattig sein. Vermehrung durch Teilung. (3, 4, 18)

Anemonopsis macrophylla, Scheinanemone, Ranunculaceae, Hahnenfußgewächse. ▷ Die Gattung ist nur mit dieser einen Art in Japan vertreten. Die Scheinanemone wird bis 1 m hoch und hat *Actaea*-ähnliches Laub. Der reichverzweigte Blütenstand besteht aus vielen hellila Anemonenschalen, die an elegant gebogenen Seitenästchen hängen. Blütezeit ist Juli und August. Die Scheinanemone fühlt sich in tiefgründigem, kühlem, lockerem, nie ganz austrocknendem Laubboden am wohlsten und sie wächst besser im Schatten und Halbschatten. Sommertrockenheit führt regelmäßig zu Ausfall. Leider wird die Staude noch selten angeboten. Sie ist aber völlig winterhart und bei geeignetem Standort auch sehr langlebig. Mit Farnen zusammen ist sie für schattige Stellen sehr zu empfehlen. Die Vermehrung erfolgt durch Aussaat und Teilung. (4, 20, 21)

Anisodontea capensis *(Malva capensis, Malvastrum capense)*, Malvacae, Malvengewächse. Diese im Sommer überreich blühende südafrikanische Vertreterin der Malvenfamilie war schon um die Jahrhundertwende eine beliebte Kübelpflanze oder auch Ergänzung für bunte Sommerblumenbeete. Der alte Name Fleißiges Lieschen beschreibt den Blütenreichtum, auch wenn wir diesen Namen heute den *Impatiens*-Arten zuordnen. Es ist ein kleiner, zierlicher und reichverzweigter Strauch für volle Sonne, den man aber nicht verdursten oder verhungern lassen darf, wenn er sich voll entfalten und gut blühen soll. Die Pflanzen können während eines Sommers durchaus 1 m hoch werden. Stecklinge, im Spätsommer bewurzelt, kann man frostfrei überwintern, oder aber man erwirbt im Frühjahr zur Auspflanzung nach den Eisheiligen neue Pflanzen. (5, 12, 36)
▽

◁ **Angelica archangelica** *(A. officinalis)*, Engelwurz, Apiaceae (Umbelliferae), Selleriegewächse. 80 Arten sind in der nördlichen Hemisphäre verbreitet. Die Unterart *A. archangelica* var. *sativa* wird als Heil- und Nutzpflanze angebaut. Die Wurzeln geben Likören kräftigen Geschmack und junge Stengelstücke werden als Süßigkeit kandiert. Die 2–3 m hohen Pflanzen sind mehrjährig, sterben jedoch meist nach der Blüte ab. Die Art läßt sich gut im Naturgarten verwenden. Unsere Waldengelwurz, *A. sylvestris (A. montana)*, ist eine Staude, die 2–2,5 m hoch wird und deren Blattscheiden glasähnlich geweitet sind, so daß sich Regenwasser darin fängt. Die Engelwurz wächst am liebsten in Flußauen, d. h. in reichlich feuchtem, nährstoffreichem, tiefgründigem Boden in Halbschatten bis in voller Sonne. Vermehrung durch Aussaat. (8, 26, 27, 40)

Anthemis marschalliana *(A. biebersteiniana)*, Hundskamille, Asteraceae (Compositae), Asterngewächse. Viele der etwa 200 Arten aus dem Mittelmeerraum und Vorderasien sind als Einjahresblumen oder Stauden gartenwürdig. Alle haben unterschiedlich große, gelbe oder weiße Margeritenblüten und sollten in leichten Boden mit gutem Wasserabzug an sonnigen Stellen gepflanzt werden, da sie sonst kurzlebig sind. Vermehrung durch Teilung oder Stecklinge. *A. marschalliana* blüht im Mai–Juni und wird bis 40 cm hoch. Sie ist die schönste Art für den Steingarten, braucht aber in strengen Wintern etwas Schutz. Die Sorte 'Tetra' ist großblumiger und etwas unempfindlicher. Ähnlich verwendbar, aber nicht für kalkhaltigen Boden geeignet ist *A. carpatica*, die von Mai–Juli blüht und 3–4 cm große, weiße Blüten mit gelber Scheibe besitzt. (3, 25, 31, 32)
▽

◁ **Antennaria dioica,** Katzenpfötchen, Asteraceae (Compositae), Asterngewächse. Etwa 100 Arten sind in den nördlichen gemäßigten und arktischen Gebieten beheimatet. Das Katzenpfötchen hat Rosetten lanzettlicher, weißfilziger Blätter und wächst durch Ausläuferbildung flächig. Die Blüten, zu mehreren in Köpfchen, sind rot, rosa oder weiß. Es will sonnig stehen bei gutem Wasserabzug und auf saurem Untergrund. Auf Kalk wurzeln die Pflanzen nur in dem darüberliegenden sauren Rohhumus. Die Blütezeit reicht von Juli–Oktober. 'Rubra' blüht dunkelrot. *A. dioica* var. *borealis (A. tomentosa)* wächst gedrungener mit kleineren ober- und unterseits weißfilzigen Blättern. 'Nyewood' bildet dichte, graue Blattpolster mit zartrosa Blüten. Kräftiger ist *A. plantaginifolia* aus Nordamerika mit grünlichweißen Blüten von April–Juni. Vermehrung durch Teilung. (7, 22, 32, 38)

◁ **Anthemis tinctoria 'Grallagh Gold'**, Färberkamille. Die Färberkamille wurde früher angebaut, da man mit ihren Blüten Wolle färbte. Sie ist eine Trockenrasenpflanze, die auch auf Felsflächen in voller Sonne am besten wächst, aber trotzdem kurzlebig ist. Durch Kreuzungen, etwa mit *A. sancti-johannis*, beheimatet in Westbulgarien, entstanden viele Sorten, die von Juni–September auch gut haltbare Schnittblumen liefern. Dazu gehören neben der abgebildeten 'Grallagh Gold', die 60–90 cm hoch wird und die intensivsten goldorangen Blüten hat, 'Beauty of Grallagh', mit 60–90 cm Höhe und tief goldgelben Blüten, 'E. C. Buxton', 40–75 cm hoch, hell zitronengelb, 'Perry's Variety' mit leuchtend goldgelben Blüten und 70–80 cm Höhe, und 'Wargrave', hell cremefarben und etwa 75 cm hoch. Die Vermehrung erfolgt durch Stecklinge. (3, 5, 13, 19, 35)

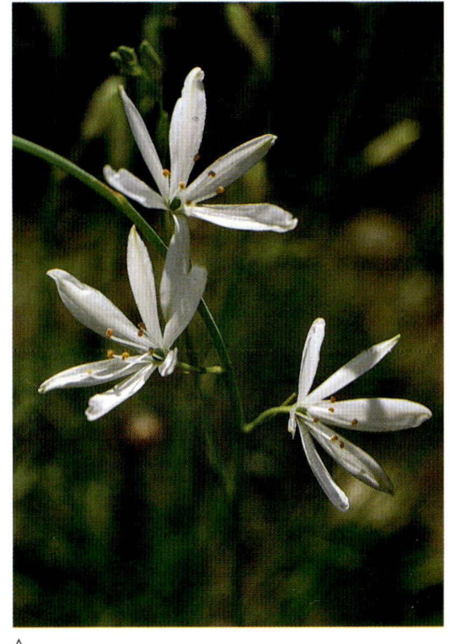

△

Anthericum liliago, Graslilie, Anthericaceae (Liliaceae), Grasliliengewächse. Etwa 300 Arten sind in Afrika, Amerika und Europa verbreitet. Die beiden bei uns vorkommenden Arten, *A. liliago* und *A. ramosum*, sind winterharte, schöne Ergänzungen für Trockenrasensituationen. Die schmalen, grasähnlichen Blätter bleiben bis in den Hochsommer grün. Die bei *A. ramosum* verzweigten Blütenstände werden 50–80 cm hoch. Die weißen, sternförmigen, bei *A. liliago* 3–4 cm, bei *A. ramosum* 2–3 cm großen Blüten öffnen sich in Folge. *A. liliago* beginnt von Mai–Juni mit der Blüte, *A. ramosum* setzt sie von Juli–August fort. Vermehrung durch Herbstaussaat oder durch Teilung von mehrköpfigen Pflanzen. Beide Arten sind gut in Wildwiesen und an Waldrändern verwendbar. Wichtig ist, daß erst gemäht wird, wenn die Blätter vergilben. (3, 10, 29)

Anthyllis montana, Bergwundklee, ▷ Fabaceae (Leguminosae), Hülsenfrüchtler. Etwa 50 *Anthyllis*-Arten sind in Europa, Nordafrika und Vorderasien verbreitet. Wenige sind bisher in Kultur. Der kalkliebende Bergwundklee, der aus den Gebirgen Mittel- und Südeuropas stammt, wird bis 10 cm hoch. Die 4- bis 5paarig gefiederten Blättchen sind blaugrün und leicht weißbehaart. Er blüht im Mai–Juni. Die Sorte 'Rubra' hat rote Blüten. Wärmebedürftig, aber sonst ähnlich verwendbar ist *A. hermanniae*, ein kleiner dorniger Halbstrauch, dessen Sorte 'Minor' nur etwa 20–30 cm hoch wird und sich von Mai–August mit gelben Blüten schmückt. Es sind Gebirgspflanzen auf Felsmatten in voller Sonne. Nach 2–3 Jahren Anwachsphase entwickeln sie sich zu langlebigen, kräftigen Pflanzen. Vermehrung durch Aussaat, auch Selbstaussaat, und Teilung. (24, 31, 32)

Anthyllis vulneraria, Wundklee. Diese ▷ heimische Pflanze ist in Europa, in Vorderasien und in Nordafrika südlich bis zur Sahara und nach Abessinien verbreitet. Sie ist eine Pflanze der Trockenrasengesellschaften und wächst auf nährstoffreichen, meist kalkhaltigen Böden. Sie besiedelt diese oft als Pionier, jedoch immer in warmer, sonniger Lage. Aus einer kräftigen Pfahlwurzel wachsen bis 60 cm lange Stengel, die sehr unterschiedlich geformte, wenig bis vielfach gefiederte, bläulichgrüne Blätter tragen. Von Mai–August öffnen sich an langen Stengeln vielblütige große Blumenköpfe. Je nach Höhenlage und Region gibt es unterschiedliche Ausfärbungen. Der Wundklee gilt bei uns schon seit dem frühen Mittelalter als Heilpflanze. Vermehrung nur durch Aussaat, am besten an Ort und Stelle, weil er sich nicht gut verpflanzen läßt. (3, 32, 40)

Antirrhinum majus, Löwenmaul, Scrophulariaceae, Braunwurzgewächse. Die Gattung umfaßt etwa 40 Arten, die auf der Nordhalbkugel, besonders im Mittelmeergebiet, beheimatet sind. Das Gartenlöwenmaul ist bei uns schon seit dem Mittelalter verbreitet. Es blüht von Juni–Oktober. Man findet Sorten mit einfachen oder gefüllten Drachenblüten oder auch solche mit runden, radiärsymmetrischen Blüten, wie 'Bright Butterflies'. Das Farbspektrum reicht von Weiß über Gelb, Orange und Rosa bis fast Schwarzrot. Die Vermehrung erfolgt durch Aussaat, aber auch Stecklingsvermehrung ist möglich. Es gibt großblütige, bis 100 cm hohe Sorten für den Schnitt, oder um Akzente in Sommerblumenpflanzungen zu setzen. Mittelhohe Sorten erreichen 40–50 cm, die niedrigen Teppichbeetsorten, wie 'Floral Carpet', nur etwa 20 cm Höhe. (24, 25, 32, 36) ▷

Aponogeton distachyos, Wasserähre, Aponogetonaceae, Wasserährengewächse. Etwa 30 *Aponogeton*-Arten gibt es im tropischen Afrika und im indomalaiischen Raum. Es sind ausdauernde Wasserpflanzen, teils mit knolligem Wurzelstock und auf der Wasseroberfläche schwimmenden Blättern. Die Blüten sind gelb, lila oder weiß, sitzen an einer am Grunde mehrfach gegabelten Ähre und duften. Die Wasserähren blühen mehrfach im Jahr, sind aber bei uns nur für warme Teiche geeignet, die nicht bis zum Boden durchfrieren, oder sie müssen in Kübeln frostfrei überwintert werden. Vermehrung durch Aussaat und Teilung. *A. distachyos* aus Afrika blüht vom Juli bis zum Frost. Die Blütenähren sind 15–20 cm lang. Die Einzelblüten sind weiß und verströmen einen angenehmen Vanilleduft. Die Pflanze kann in 40–70 cm tiefem Wasser im Schlammgrund wurzeln. (28, 38) ▽

Apios americana *(A. tuberosa)*, Erdbirne, Zimtwein, Fabacae (Leguminosae), Hülsenfrüchtler. 10 meist kletternde Arten in Europa, Asien und Nordamerika. Die abgebildete Erdbirne ist nach der Entdekkung Amerikas zu uns gekommen, weil man ihre knollig verdickten Wurzeln als Nahrungsmittel nutzen wollte. Sie hat stangenbohnenähnliche Blätter, an den 2 m hoch kletternden Trieben stehen achselständige, schockoladebraune und nach Veilchen duftende Blütentrauben. In der Vase halten sie bis zu 8 Tage. Die knollenartigen Wurzelausläufer alter Pflanzen können zur Vermehrung genutzt werden, sind aber beim Durchwachsen anderer Staudenpflanzungen lästig. Es ist eine Pflanze feuchter Niederungen, wo sie in Dickichten wächst, bei ausreichender Feuchtigkeit durchaus Kalk verträgt und Sträucher überrankt. Eingewachsen ist sie problemlos winterhart. (9, 27, 30) ▷

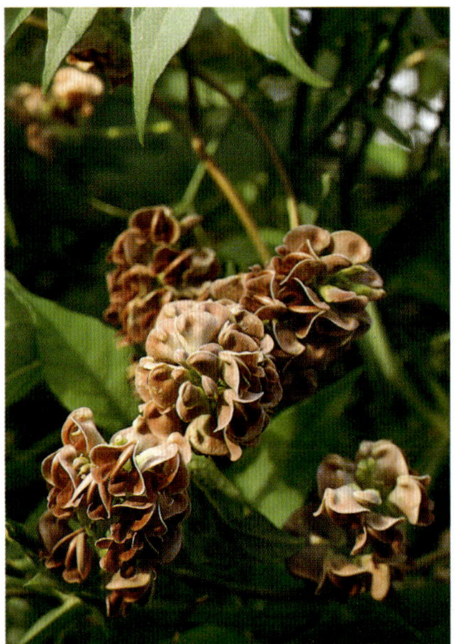

◁ **Aquilegia-Hybride 'Olympia Rot-Gold',** Gartenakelei, Ranunculaceae, Hahnenfußgewächse. Etwa 100 Arten in den gemäßigten Gebieten der Nordhalbkugel. Es sind nicht sehr langlebige Gartenstauden und gute Schnittblumen, die sich leicht versamen und in jedem guten, frischen Gartenboden in Sonne bis Halbschatten wachsen. Die kurzspornigen Sorten stammen meist von *A. formosa* und *A. vulgaris* ab. Langspornige, großblumige Hybriden in den Farben Blau, Gelb, Rosa, Karmin und Weiß haben meist amerikanische Arten als Eltern, wie *A. canadensis* oder *A. chrysantha.* Zu dieser Sortengruppe gehören die 'Mc Kana Hybriden' mit 70–90 cm Höhe und mit über 10 cm großen Blüten in allen möglichen Akeleifarben, 'Rotstern' ('Crimson Star'), 60 cm hoch, mit weißen Blüten und rotem Sporn, 'Maxi Star', leuchtend gelb, oder *A. chrysantha* 'Yellow Queen'. (1, 4, 10, 13, 18)

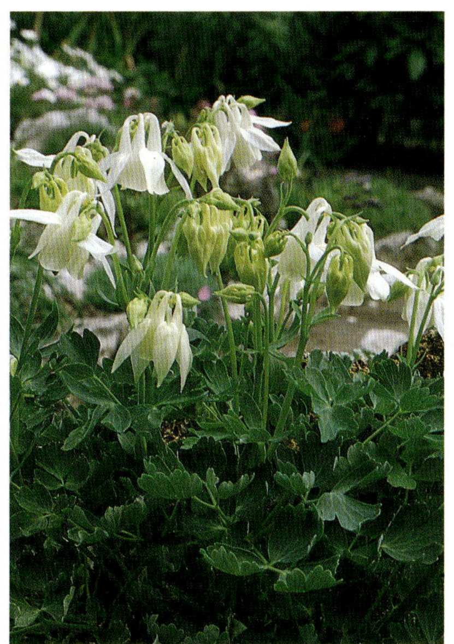

◁ **Aquilegia flabellata var. pumila 'Alba'.** Diese Sorte gilt mit ihren 10–15 cm Höhe als das Beispiel für niedrige Akelei-Sorten und ist für das Alpinum geeignet. Hierher gehört auch die Sorte 'Mini Star', die etwas kräftiger wächst und blaue Blüten mit weißer Krone bildet. Rein blauviolette Blüten trägt *A. einseleana* mit 15–25 cm Höhe und Blütezeit im Mai–Juni. Mit 50 cm hohen Blütenstengeln ist *A. atrata* aus den Alpen auch noch für diesen Verwendungsbereich geeignet. Sie öffnet von Mai–Juni ihre schwarzvioletten Blüten und zeigt damit die dunkelsten der ganzen Gattung. Da sich Akelei-Arten und -Sorten vegetativ nur schwer vermehren lassen, verschwinden Sorten aus dem Sortiment, die sich durch Samen nicht konstant vererben, d. h. vermehren lassen. (31, 32)

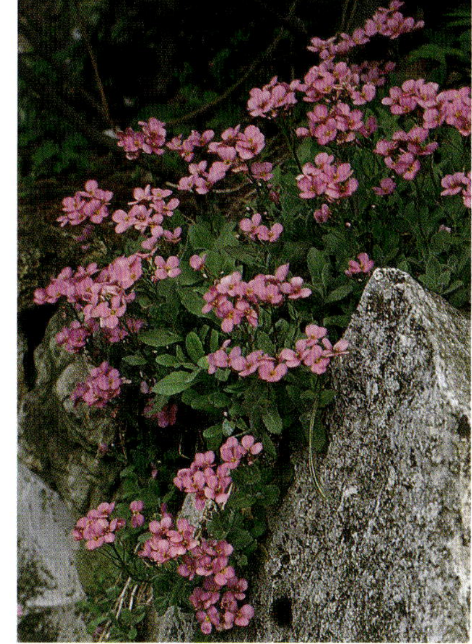

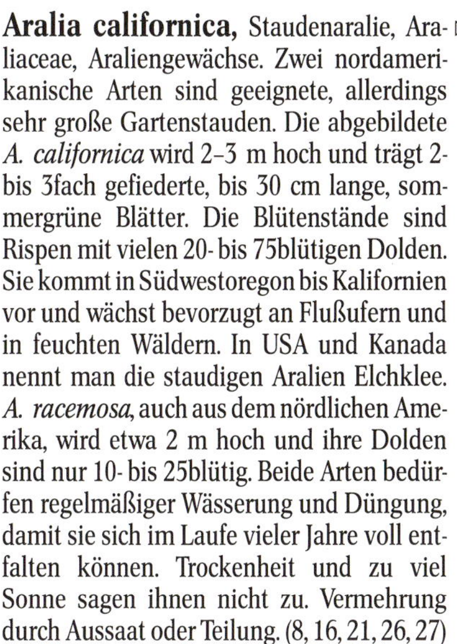

◁ **Arabis ferdinandi-coburgi 'Old Gold'.** Die kräftig buntblättrig gefärbte Sorte dieser *Arabis*-Art stammt aus Mazedonien. Sie wird nur 5–10 cm hoch und blüht im Mai weiß. Interessant ist auch die weißbunte Form 'Variegata', ebenso 'Aureo-variegata' mit gelbbuntem Laub, das im Herbst und Winter rot überlaufen ist und damit sehr attraktiv wirkt. Alle Sorten dieser Art passen nur in kleinteilige Pflanzungen im Bereich kombinierter Pflanzen- und Steinverwendung. Gleichfalls zwergig wächst *A. halleri* mit nur 5 cm Höhe und weißen oder rosa Blüten im Mai und Juni. Die aus den Karpaten und dem Balkan stammende immergrüne *A. procurrens* 'Neuschnee' wird 10–15 cm hoch und trägt über glänzend dunkelgrünem Laub im April weiße Blüten. Es ist eine unserer besten anspruchslosen Bodendeckerpflanzen für Sonne und Schatten. (31, 32)

△ **Arabis caucasica 'Compinkie',** Brassicaceae (Cruciferae), Kohlgewächse. Die Stammart kommt von den Kanaren über das Mittelmeergebiet bis in den Kaukasus und nach Mittelasien vor und wird etwa 20 cm hoch. Sie wächst rasenbildend mit graufilzigen Blättern und blüht üppig von März–Mai. Neben ihrem Wert für Steingärten und Wegekanten liefern gefülltblühende Sorten auch gut haltbare Schnittblumen. Interessante Sorten sind die abgebildete 'Compinkie', 'Rosabella', dunkelrosa mit gelb panaschierten Blättern, 'Plena', weiß, gefüllt, lange blühend, 'Schneehaube', einfach weiß, kompakt wachsend, 'Hedi', rosa, 15 cm hoch, und 'Monte Rosa', dunkelrosa. Die rosa blühende Sorte 'Frühlingszauber' der kalifornischen Art *A. blepharophylla* hat sich besonders für die Frühjahrsbepflanzung von Schalen und Balkonkästen bewährt. (7, 24, 31, 32, 38)

Aralia californica, Staudenaralie, Araliaceae, Araliengewächse. Zwei nordamerikanische Arten sind geeignete, allerdings sehr große Gartenstauden. Die abgebildete *A. californica* wird 2–3 m hoch und trägt 2- bis 3fach gefiederte, bis 30 cm lange, sommergrüne Blätter. Die Blütenstände sind Rispen mit vielen 20- bis 75blütigen Dolden. Sie kommt in Südwestoregon bis Kalifornien vor und wächst bevorzugt an Flußufern und in feuchten Wäldern. In USA und Kanada nennt man die staudigen Aralien Elchklee. *A. racemosa*, auch aus dem nördlichen Amerika, wird etwa 2 m hoch und ihre Dolden sind nur 10- bis 25blütig. Beide Arten bedürfen regelmäßiger Wässerung und Düngung, damit sie sich im Laufe vieler Jahre voll entfalten können. Trockenheit und zu viel Sonne sagen ihnen nicht zu. Vermehrung durch Aussaat oder Teilung. (8, 16, 21, 26, 27) ▷

Arctotis-Hybride, Bärenohr, Asteraceae ▷ (Compositae), Asterngewächse. Die meisten der 30 *Arctotis*-Arten kommen in Südafrika vor. Es sind ein- oder mehrjährige Kräuter oder auch Halbsträucher mit wollig behaarten Blättern. Die etwa 5 cm großen, gelben, rotbraunen oder auch fast violetten Blütenkörbchen stehen auf 15–40 cm langen Stielen. Bei uns zieht man sie als einjährige Sommerblume mit Vorkultur. Neben *A. breviscapa* mit Blütezeit von Juli–September und orangen Blütenkörbchen werden vor allem die *Arctotis*-Hybriden kultiviert. Sie sind in England durch Kreuzung verschiedenster Arten entstanden und beinhalten das gesamte Farbspiel deren Blüten. Sie entwickeln sich besonders gut an sehr heißen Stellen, denn sie kommen ja aus dem sonnigen, trockenen Südafrika. Vermehrung durch Aussaat oder Stecklinge. (2, 12, 24, 36)

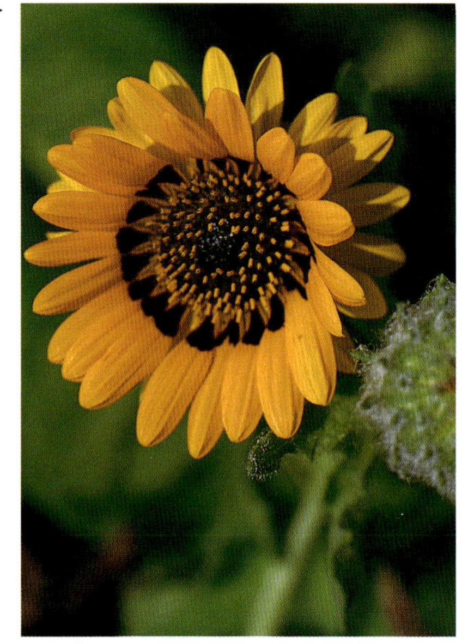

Arisaema consanguineum, Feuerkolben, Araceae, Aronstabgewächse. Etwa 150 Arten, verbreitet in den Tropen und Subtropen Asiens und Afrikas. Alle besitzen Knollen und langgestielte, schildförmige, ein- bis mehrteilige Blätter. Die aronstabähnlichen Blüten überdecken ihre Blütenröhre mit dem oberen Zipfel, der manchmal in einem langen Schwänzchen ausläuft. Vermehrung durch Aussaat oder Teilung und Verwendung an lichten Laubwaldstellen oder im Alpinum in frischem, nährstoffreichem Humusboden. Wie das Bild mit *A. consanguineum* zur Fruchtreife zeigt, lassen sich die Feuerkolben besonders gut mit Farnen kombinieren. Diese Art aus Ostasien und dem Himalaja zeichnet sich durch den zur Fruchtreife roten, hängenden Fruchtkolben aus. Die Blätter stehen auf bis 1 m hohen Stielen. Vermehrung durch Aussaat oder Tochterknollen. (4, 8, 18, 21)
▽

Arenaria montana, Bergsandkraut, ▷ Caryophyllaceae, Nelkengewächse. Etwa 250 Arten in den nördlichen, temperierten Gebieten. Sie wachsen überwiegend rasen- oder teppichartig und blühen von April–November, meist weiß, seltener rosa oder rot. An sonnigen Stellen mit durchlässigem, nicht zu nährstoffreichem Boden ist die Kultur meist problemlos. Die hochalpinen Arten des Himalaja, Alaskas und Japans sind empfindlich gegen Winternässe. Vermehrung durch Aussaat, Teilung oder Stecklinge. Gut geeignet für Steingärten, Trockenmauern, Tröge und Schalen. *A. montana* (Südwesteuropa) mit recht großen, weißen Blüten von Mai–August wird 8–10 cm hoch und liebt Kalkboden. *A. aggregata* (Südfrankreich, Italien) und *A. tetraquetra* (Pyrenäen, Sierra Nevada) sind sich sehr ähnlich: flachwachsend mit weißen Blüten im Juli–August. (7, 12, 22, 32, 38)

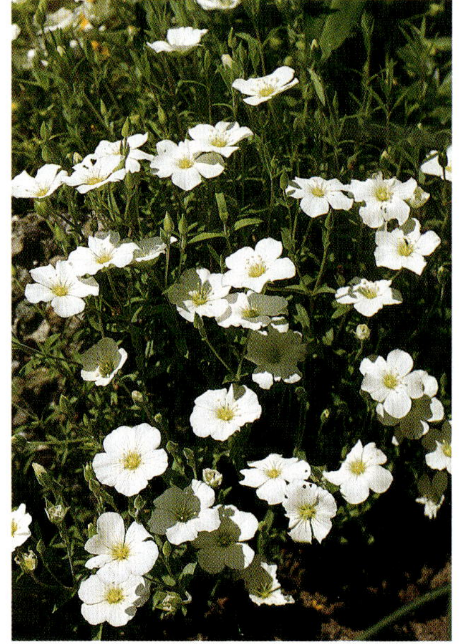

◁ **Armeria juniperifolia 'Bevan's Variety'** *(A. caespitosa)*, Zwerggrasnelke, Plumbaginaceae, Bleiwurzgewächse. 80 *Armeria*-Arten sind in den nördlichen, gemäßigten und arktischen Gebieten und in den Anden von Chile bis Feuerland verbreitet. Es sind meist Stauden mit grundständigen, schmalen, grasartigen Blättern und weißen bis roten Blüten in endständigen Köpfchen. Vermehrung durch Aussaat, bei Sorten durch Teilung. Alle lieben trockene, warme, sonnige Stellen und sind frisch oder getrocknet für Sträuße geeeignet. *A. juniperifolia* aus den Pyrenäen bildet 3–5 cm hohe Blattkissen, aus denen im Mai–Juni kaum längere Blütenstiele mit in Vollblüte fast halbkugeligen Blütenbüschen treiben. Sie eignet sich besonders für Trockenmauern und Steingärten, da sie Schutz vor Winternässe braucht. Sorten sind 'Suendermannii', dunkelrosa, und 'Alba', weiß. (14, 23, 24, 32)

◁ **Arrhenatherum elatius ssp. bulbosum 'Variegatum'**, Buntblättriger Glatthafer, Poaceae (Gramineae), Rispengräser. Diese Glatthafer-Art, die manchmal auch als französisches Raygras bezeichnet wird, ist in Europa, Nordafrika und Westasien verbreitet und meist in Fettwiesen auf frischen bis trockenen, nährstoffreichen Lehmböden bis in höhere Lagen zu finden. Die weißrötlich panaschierte Form ist eine alte Bauerngartenpflanze und liefert elegantes, auflockerndes Beiwerk für Sommersträuße. Kennzeichnend ist für sie, daß sie auch kurze Trockenzeiten übersteht, da die 2–3 unteren Stengelglieder knollig verdickt sind. Deshalb heißt diese Unterart auch Knollenblatthafer. Es ist ein anspruchsloses Gras, das sich im Laufe der Jahre auch ausbreitet und dann durch Abstechen im Zaum gehalten wird. Vermehrung durch Teilung. (1, 2, 3, 13)

Armeria maritima 'Düsseldorfer Stolz' und **'Alba'**. Aus dieser zirkumpolar verbreiteten Grasnelken-Art sind viele Gartensorten ausgelesen worden. Sie blühen von Mai–Oktober in weißen, rosa bis dunkelroten oder violettroten, langgestielten, endständigen Blütenköpfchen über festen, dunkelgrünen Blattpolstern. Die erste großblumige Grasnelken-Sorte war 'Laucheana' mit intensiv lilarosa Blütenköpfchen. Aus ihr enstanden durch Kreuzungen viele Sorten: 'Schöne von Fellbach', 30 cm hoch, lilarosa; 'Splendens', 25 cm hoch, leuchtend karminrosa; 'Frühlingszauber', 10 cm hoch, karminrosa; 'Rotfeuer', 15 cm hoch, leuchtendrot. Vermehrung durch Teilung. Für trockene, warme, sonnige Stellen. Sehr großblumig und langstielig und damit für den Schnitt geeignet ist 'Bees Ruby', eine Sorte von *A. pseudarmeria* aus Mittel- und Südeuropa, mit Blütezeit von Juni–August. (14, 23, 24, 32)
▽

Arnebia pulchra *(A. echioides)*, Prophetenblume, Boraginaceae, Rauhblattgewächse. Von den 25 Arten, die im Mittelmeergebiet, im tropischen Afrika und im Himalaja verbreitet sind, ist diese Art aus dem Kaukasus in gärtnerischer Kultur. Sie ist eine rauhhaarige, 20–30 cm hohe Staude mit breit-lanzettlichen Blättern ähnlich denen des Lungenkrautes. Die gelben, anfangs schwarz gefleckten Blüten stehen in Wickeln an den Triebenden. Die Prophetenblume blüht im April–Mai und braucht einen halbschattigen, kühlen Platz mit humosem Boden im Steingarten. Vermehrung durch Teilung oder Aussaat. Da die Pflanze durch Teilung nur in kleinen Stückzahlen vermehrt werden kann und außerdem einen geringen Samenansatz hat, ist sie leider selten in Kultur. Ihre goldgelben Blüten bilden im Steingarten einen kräftigen Farbklecks. (20, 21, 32)
▽

Arnica montana, Arnika, Bergwohlverleih, Asteraceae (Compositae), Asterngewächse. Unsere heimische Arnika ist eine von 32 Arten. Sie ist geschützt, da ihre sauren, anmoorigen Lebensräume immer weniger werden und die Pflanze im Garten nicht dauerhaft zu halten ist. Die besser geeignete *A. angustifolia*, eine niedrig wachsende, robuste Arnika, deren 3–4 cm große, goldgelbe, geneigte bis hängende Blüten im Sommer erscheinen, kommt auf Kalkböden im nördlichen Europa vor. Auch die aus Nordamerika stammende, wollig behaarte *A. chamissonis* läßt sich gut im Garten kultivieren. Sie wird bis 1 m hoch und blüht von Mai–August mit kräftig gelben, bis 5 cm großen Blüten an beblätterten Stengeln. Sie wird als Heilpflanze angebaut. Für humosen, nicht austrocknenden Boden in Waldsituationen mit Sonne bis Halbschatten. Vermehrung durch Aussaat. (10, 13, 27, 32) ▷

Artemisia schmidtiana, Asteraceae ▷ (Compositae), Asterngewächse. Von den etwa 400 Beifuß-Arten sind viele durch ihr feines, silbriges Laub interessante Gartenpflanzen. Alle lieben warme, trockene Stellen ohne Winternässe. Die meisten Arten duften aromatisch, manche werden auch als Heil- und Würzpflanzen verwendet. Vermehrung durch Aussaat oder Teilung. *A. absinthium*, ein bis 1 m hoher Halbstrauch aus Europa, ist unser bekannter Wermut. Seine Sorte 'Lambrook Silver' bildet besonders silberhaarige Blätter. *A. abrotanum* ist die Eberraute, ein Heilkraut. Die Sorten 'Silver Queen' und 'Silver King' von *A. ludoviciana* sind auch für flächendeckende, bis 70 cm hohe Pflanzungen zu verwenden, da sie etwas wuchern. *A. schmidtiana* 'Nana' entwickelt eine feinlaubige, breitwachsende, bis 25 cm hohe Silberdecke. (12, 14, 29, 32, 40)

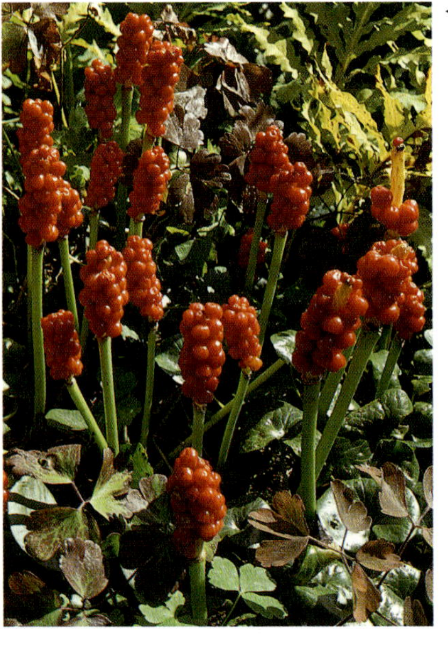

◁ **Arum italicum**, Südlicher Aronstab, Araceae, Aronstabgewächse. 15 in Mitteleuropa und im Mittelmeergebiet bis Persien verbreitete Arten mit knolligem Wurzelstock und pfeilartigen, meist glänzenden Blättern. Der Blütenstand besitzt eine große, weiße, gelblichgrüne bis rötlichbraun gefleckte Blütenscheibe. Die roten Beerenfrüchte sind giftig. Vermehrung durch Aussaat und Teilung. Der Standort sollte zumindest in der Wachstumszeit im Frühjahr feucht sein und kann im Halbschatten bis Schatten liegen. Interessant ist, daß die Blätter des Südlichen Aronstabs bereits im Herbst treiben. Bei normalen Wintern bleiben sie auch in unserem Klima bis ins Frühjahr grün. Die Sorte 'Pictum' besitzt cremefarbene Blattadern. Unser heimischer *A. maculatum*, der Gefleckte Aronstab, treibt seine Blätter erst im Frühjahr zusammen mit der Blüte. (4, 13, 18, 20, 21)

Arundo donax 'Variegata', Pfahlrohr, Poaceae (Gramineae), Gräser. Es soll vom Mittelmeergebiet bis Transkaukasien 6 oder 12 Arten geben. Aus kräftigen, verzweigten Wurzelstöcken treiben daumenstarke, bis über 3 m hohe Triebe. Das Pfahlrohr eignet sich besonders gut für Kübelkultur. Frostfreie Überwinterung oder Winterschutz durch Laubabdeckung mit Folie und Reisig sind nötig. Im Frühjahr sollte man bis zum Boden zurückschneiden, damit die neuen Triebe sich voll entfalten können und nicht durch die abgestorbenen Pflanzenteile in ihrer Schönheit beeinträchtigt werden. Die abgebildete panaschierte Form ist farbkräftiger als die grüne Art. Die Vermehrung erfolgt durch Teilung oder auch durch Bewurzelung von Triebstücken, die an den Knoten Wurzeln bilden. Zur Triebzeit bedarf das Pfahlrohr guter Wasser- und Nährstoffversorgung. (8, 16, 27, 34, 38) ▽

Aruncus dioicus *(A. sylvestris)*, Waldgeißbart, Rosaceae, Rosengewächse. 12 Arten gibt es in den nördlichen gemäßigten Gebieten. *A. dioicus* ist eine kräftige, bis über 2 m hohe Staude mit großen, bis 5fach gefiederten Blättern. Die kleinen weißen Blüten entwickeln sich im Juni–Juli in lockeren, bis 50 cm langen, verzweigten Rispen. Vermehrung durch Aussaat oder Teilung. Für schattige, feuchte Standorte in humosem Boden. Wildwachsende Pflanzen stehen unter Naturschutz. Zur Samenbildung sind männliche und weibliche Pflanzen notwendig. Die Blütenstände der weiblichen Pflanze sind kräftiger und gelblichweiß. Die 20 cm hohe Sorte 'Kneiffii' hat sehr fein zerschlissene Blätter. *A. aethusifolius* 'Herbstglut' ist braunrot belaubt. 'Zweiweltenkind' *(A. dioicus × A. sinensis)* mit braunem Laubaustrieb ähnelt dem Waldgeißbart, blüht aber später. (4, 8, 18, 20, 21) ▷

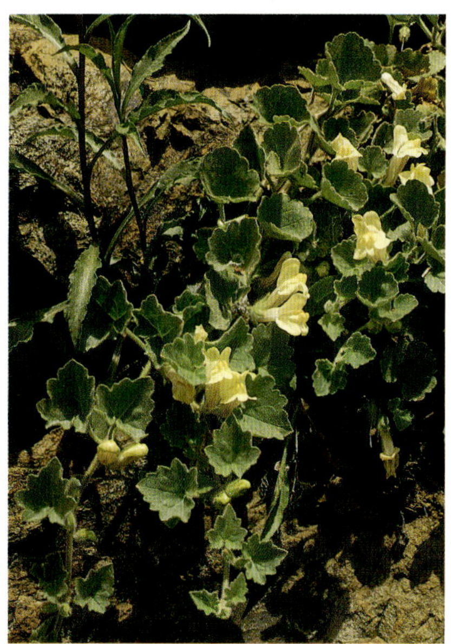

◁ **Asarina procumbens** *(Antirrhinum asarina)*, Scrophulariaceae, Braunwurzgewächse. Pyrenäen. Die ganze Pflanze ist drüsig-klebrig. Die hellgelben Löwenmaul-Blüten sitzen einzeln in den Achseln der nieren- bis herzförmigen Blätter und öffnen sich von April bis zum Spätherbst. Die Pflanze wird milde Winter bei uns im Freien überleben. Wenn die Samen ausreifen, kann sie sich durch Selbstaussaat an zusagenden Plätzen vermehren. Sie benötigt warme, etwas geschützte Stellen im steinigen Bereich ohne Winternässe. Es empfiehlt sich, Jungpflanzen frostfrei zu überwintern. *A. antirrhiniflora, A. barclaiana* und *A. scandens*, 2–4 m hohe Sommerschlinger aus Mexiko mit rötlichen oder violetten Blüten, werden oft als *Maurandya* angeboten, sowie auch die behaarten *A. erubescens* und *A. lophospermum*. Vermehrung durch Aussaat. (12, 14, 24, 25, 36)

△
Asarum caudatum, Geschwänzte Haselwurz, Aristolochiaceae, Osterluzeigewächse. Über 100 Arten in der nördlichen gemäßigten Zone. Stauden mit kriechendem Rhizom und herz- oder nierenförmigen, langgestielten, meist immergrünen Blättern. Die bräunlichen, glockigen, kurzgestielten, dem Boden aufliegenden Blüten sind unscheinbar. Vermehrung durch Teilung. Die heimische Haselwurz, *A. europaeum*, ist von Europa bis Sibirien verbreitet und blüht von April–Mai. Sie wird 10–15 cm hoch, ist ein sehr guter, immergrüner Bodendecker für schattige Stellen, wächst aber langsam. Unempfindlich gegen Wurzeldruck und Sommertrockenheit unter Gehölzen. *A. canadense* wächst sehr stark, hat aber nur sommergrüne Blätter. *A. caudatum* und *A. hartwegii* aus Kalifornien und andere nordamerikanische Arten sind immergrüne, schnellwachsende Bodendecker. (4, 13, 23)

△
Asclepias tuberosa, Knollige Seidenpflanze, Asclepiadaceae, Seidenpflanzengewächse. 120 Arten sind in Amerika mit Schwerpunkt in den USA verbreitet. Mit ihren gelben, orangen oder roten Blütendolden sind sie Schmetterlingspflanzen par excellence. In ihrer Heimat bevorzugen sie offene Wiesen, Sumpf- und Prärieflächen, die zumindest zeitweise im Jahr feucht sind. Eine Ausnahme bildet *A. tuberosa*, die auf trockenen Stellen vorkommt, bis 1 m hoch wird und deren knollige Wurzeln man im Frühjahr legt. Nur an trockenen Stellen ohne Winternässe überlebt die Pflanze mit Winterschutz in günstigen Lagen. Einen Versuch wert ist auch die Bienenfutterpflanze *A. syriaca* mit kriechendem Wurzelstock und rosafarbenen, 10–15 cm großen Blütenkugeln, die sich von Juni–September in den Blattachseln der bis 2 m hohen Triebe entwickeln. (3, 8, 10, 30, 34)

Asperula arcadiensis, Rubiaceae, ▷ Krappgewächse. Diese *Asperula*-Art ist eine 5–15 cm hohe Pflanze aus Griechenland, die von Juni–August blüht und einen sonnigen, trockenen Standort sowie Schutz vor Winternässe braucht. *A. cynanchica*, der Hügelmeier, ist eine europäische Trockenrasenpflanze mit dünnem, vielverzweigtem Rhizom und rosa Blüten von Juni–Juli an bis 50 cm hohen Stengeln. *A. lilaciflora* wächst rasenartig ohne Ausläufer und blüht rot von Juni–Juli an 20 cm hohen Trieben. *A. tinctoria*, der Färbermeier, hat orangefarbene Ausläufer und blüht an 25–80 cm hohen Trieben von Juni–Juli. Er kommt in Europa bis zum Ural vor. Als Sommerblume wird manchmal *A. orientalis*, eine einjährige, bis 30 cm hohe, blaublühende Art an Ort und Stelle ausgesät. Sie blüht von Juni–Juli, duftet, und ist manchmal als *A. azurea* im Handel. (5, 12, 14, 24)

Asphodeline lutea, Junkerlilie, Asphodelaceae (Liliaceae), Junkerliliengewächse. Von 15 im Mittelmeerraum verbreiteten Arten werden 2 im Handel angeboten. *A. lutea* blüht von April–Mai und wird bis 1 m hoch. Die gelben, 30–60 cm langen Blütentrauben sind bis oben beblättert. Die Pflanze verbreitet sich durch kurze Ausläufer. Eine farbkräftige Auslese ist 'Gelbe Kerze'. *A. liburnica* blüht von Mai–Juni und wird bis 1,2 m hoch. Die Blütenstengel sind höchstens zur Hälfte beblättert. Sie blüht ebenfalls gelb und hat im Gegensatz zu *A. lutea* einen verzweigten Blütenstand. Vermehrung durch Teilung und Aussaat, aus der man nach 3–4 Jahren blühende Pflanzen erhält. Je länger die Pflanzen am gleichen Ort stehen, desto schöner und stattlicher entwikkeln sie sich. Sie brauchen einen sonnigen, trockenen Standort und sind empfindlich gegen Nässe. (1, 5, 10, 12, 29) ▷

△

Asphodelus albus, Affodill, Asphodelaceae (Liliaceae), Junkerliliengewächse. Von den 12 Arten, die vom Mittelmeer bis zum Himalaja verbreitet sind, weist bei uns nur *A. albus* aus dem Mittelmeerraum genügend Winterhärte auf. Diese aufgrund ihres weiten Verbreitungsgebietes formenreiche Art bildet einfache, unverzweigte, traubige Blütenkerzen. Die fleischigen Wurzeln der Stauden zeigen, daß sie auch trockene Zeiten überdauern können. Für unsere Winter sollten wir sie an trockene, warme Plätze vor Mauern setzen und mit anderen wärmeliebenden Pflanzen vergesellschaften. Am Mittelmeer findet man oft *A. ramosus* mit verzweigten, bis 1,5 m hohen Blütenständen, der häufig ein Zeichen für überweidete Flächen ist. Die Speicherknollen wurden früher zu Leim verarbeitet und als Viehfutter verwendet. Vermehrung durch Aussaat und Teilung. (5, 8, 12, 14)

△

Asplenium trichomanes, Steinfeder, Aspleniaceae, Streifenfarngewächse. Die Streifenfarne sind mit etwa 650 erdbewohnenden oder epiphytischen Arten auf der ganzen Erde verbreitet. Einige sind schöne winterharte Zierpflanzen, besonders für Mauerspalten. Die Steinfeder ist im nördlichen gemäßigten Gebiet beheimatet und in Fels- und Mauerritzen zu finden. Sie wird 10–20 cm hoch. Die Blätter sind linearisch, einfach gefiedert und immergrün, die Blattstiele schwarzbraun. *A. viride*, die Grüne Steinfeder, steht gerne schattiger und feuchter als die anderen Arten. Sie wächst buschiger als *A. trichomanes* und wird mit ihren einfach gefiederten Wedeln bis 20 cm hoch. Der Sammelfreude setzen diese interessanten Farne keine Grenze. *A. ruta-muraria*, die heimische Mauerraute, wird 5–15 cm hoch. Vermehrung durch Teilung oder Sporenaussaat. (21, 24, 31)

Aster alpinus, Alpenaster, Asteraceae (Compositae), Asterngewächse. Die mit 500 Arten sehr große Gattung ist in Europa, Asien, Amerika und Südafrika verbreitet. Die heimische Alpenaster kommt von Europa bis Sibirien vor und blüht von Mai–Juni. Sie wird 20–30 cm hoch und ist eine rauhhaarige Staude ohne Ausläufer. Die länglichen, spatelförmigen Blätter bilden eine grundständige Rosette. Die einzeln endständigen Blütenkörbchen sind 3–5 cm groß, die Röhrenblüten gelb. Die Zungenblüten zeigen alle Schattierungen von Violett über Rosa bis Weiß. Vegetativ vermehrte Sorten sind 'Albus', weiß, und 'Dunkle Schöne', blau. Aus Saatgut vermehrt werden 'Happy End', rosa, und 'Goliath', zartblau. Verwendung auf frischem Boden mit gutem Wasserabzug und an freiem, sonnigem Standort. Alle 3–4 Jahre verpflanzen. Für Beet- und Steinbereiche. (1, 32) ▷

Aster amellus, Bergaster. Verbreitung ▷ von Europa bis Sibirien und nach Kleinasien. Die Bergaster kommt am heimatlichen Standort auf trockenem, steinigem Boden vor. Sie wächst gern vergesellschaftet mit Gehölzen, auch am Gehölzrand, und verträgt keinen dauerfeuchten oder gar staunassen Platz. Die Blütendolden erscheinen von Juli–September auf bis 60 cm hohen Stielen. Sortenbeispiele sind: 'Blütendecke', 50 cm, silbrig violettblau; 'Breslau', früh, 50 cm, blauviolett; 'Dr. Otto Petschek', 60 cm, blauviolett; 'Hermann Löns', großblütigste Sorte, 60 cm, hellblau; 'Lady Hindlip', 60 cm, rosa; 'Schöne von Ronsdorf', 50 cm, lilarosa; 'Sonora', 50 cm, tiefviolett; 'Sternkugel', spät, 50 cm, hellviolett. Vermehrung durch Teilung. Verwendung auf Beetflächen, in naturnahen Staudenpflanzungen, am Gehölzrand oder in steppenähnlichen Situationen. (1, 3, 10, 29)

△

Aster-Dumosus-Hybride 'Heinz Richard'. Blüte von September–Oktober oder November. Verwendung in Staudenbeeten, an Beeträndern und Geländekanten, an sonnigen Stellen mit nährstoffreichem, tiefgründigem Boden ohne Staunässe, aber mit ausreichender Wasserversorgung während der Wachstumszeit. Vermehrung durch Teilung und zusätzliche Verwendung als gut haltbare Schnittblume. Frühe Sorten sind 'Heinz Richard', 30 cm, rosa, 'Herbstgruß vom Bresserhof', 40 cm, violettrosa, 'Jenny', 50 cm, rötlichpurpurn, und 'Lady in Blue', 50 cm, blauviolett. Zuletzt blühen 'Kassel', 40 cm, tiefviolett, 'Rosenwichtel', 15 cm, dunkelrosa, 'Schneekissen', 35 cm, weiß, oder 'Starlight', 40 cm, weinrot. Dazwischen liegen 'Mittelmeer', 30 cm, blau, 'Nesthäkchen', 20 cm, violettrot, 'Professor Anton Kippenberg', 40 cm, blauviolett, und 'Kristina', 30 cm, weiß, halbgefüllt. (1, 2)

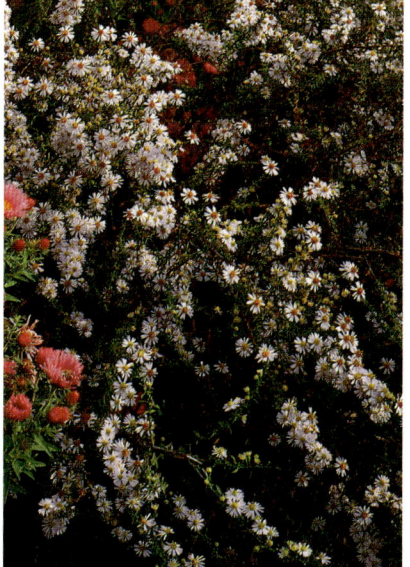

◁ **Aster ericoides**, Erikenaster, Myrtenaster. Aus dieser nordamerikanischen Art sind einige im September–November blühende Sorten entstanden, als Schnittstaude bekannt unter dem Namen Septemberkraut. Als Präriepflanze ist die Myrtenaster sehr trockenheitsverträglich und gut in lockeren Staudenbeetpflanzungen und am sonnigen Gehölzrand im Übergang zur naturnahen Staudenwiese zu verwenden. Sortenbeispiele sind: 'Erlkönig', 100–120 cm, violett; 'Blue Star', 70–100 cm, violett-lavendelblau; 'Esther', 80–120 cm, leuchtend lilarosa; 'Herbstmyrte', 90–110 cm, weiß; 'Ringdove', 80–90 cm, hell violettrosa; 'Schneetanne', 100–120 cm, weiß. Ähnlich zu verwenden und gleich gut für den Schnitt geeignet ist *A. pringlei*. Sorten davon sind 'Monte Cassino', 100–120 cm, weiß, und 'Pink Star', 100–120 cm, hellrosa. Vermehrung durch Teilung. (1, 2, 3, 10, 29)

Aster linosyris, Goldaster. Die heimische ▷ Goldaster ist bis Kleinasien und Nordafrika verbreitet und wird bis 50 cm hoch. Die 8–10 mm breiten, goldgelben Blütenköpfchen stehen in dichten Doldentrauben und öffnen sich von August–September. Die Goldaster ist eine Pflanze der Trockenrasen, Gebüschränder und felsigen, warmen, sonnigen Bereiche auf lockeren, nicht feuchtfrischen Böden. Sie verträgt auch starke Trokkenheit sehr gut. Eine etwa 30 cm hohe Auslese ist 'Golden Dust'. Nicht ganz so trockenheitsverträglich ist *A. pyrenaeus* mit der Sorte 'Lutetia'. Sie blüht zur selben Zeit blaß violettrosa und kann im gleichen Bereich verwendet werden. Sehr trockenheitsverträglich ist auch *A. vimineus* aus Nordamerika mit der Sorte 'Lovely'. Sie wird 50–60 cm hoch, blüht von August–Oktober rosa und wird leider viel zu wenig gepflanzt. (3, 10, 29, 32)

Aster novae-angliae 'Herbstschnee', Rauhblattaster. Die fast mannshohen, steif aufrechten Stauden kommen aus Nordamerika und blühen von September–Oktober. Die ganze Pflanze ist rauh- bis weichhaarig, der kriechende Wurzelstock sorgt für eine langsame, aber stetige Ausbreitung. Verwendung auf feuchtfrischen Böden in Waldrandsituationen und größeren Staudenbeeten. Die Blüte beginnt im September mit 'Alma Pötschke', 1 m, leuchtend rosarot, 'Herbstschnee', 1,2 m, cremeweiß, 'Rudelsburg', 1 m, dunkel violettrosa, 'Septemberrubin', 1,3 m, purpurrot, und 'Treasure', 1,5 m, dunkellila, und endet im Oktober mit 'Barr's Blue', 1,6 m, tief blauviolett, und 'W. Bowman', 1,5 m, violett. Dazwischen liegen 'Andenken an Paul Gerber', 1,5 m, violettrot, 'Rosa Sieger', 1,3 m, lachsrosa, und 'Rubinschatz', 1,2 m, tief purpurn. (1, 10, 26, 27, 29) ▷

△

Aster novae-angliae 'Rosa Sieger', Rauhblattaster. Die lachsrosa Blüten dieser Sorte stehen auf der Abbildung rechts neben einer dunkleren Sorte am Beetrand. Die Pflanze ist etwa 1,3 m hoch. Leider schließen einige ältere Rauhblattaster-Sorten ihre Blüten bei trübem Wetter und abends in Schlafstellung. Trotzdem sind Rauhblattastern bei uns fester Bestandteil der normalen Staudenrabatte. Noch zu selten werden sie für feuchtnasse Bereiche verwendet, wie sie den Standorten entsprechen, an denen die Pflanzen in ihrer Heimat in Nordamerika vorkommen. Ähnlich feuchtnaß lieben es auch *A. umbellatus*, eine weißblühende Art, und *A. radula*, eine blaßviolett blühende Aster, die mit 50–80 cm nur etwa halb so hoch wie die vorige wird. Beide blühen von Ende August–Anfang Oktober. Die Vermehrung erfolgt durch Teilung. (1, 26, 27)

△

Aster novi-belgii 'Blaue Nachhut', Glattblattaster. Die bis 1,5 m hohe Pflanze stammt aus Nordamerika, blüht von Juli–September und ist insgesamt kahl. Sie eignet sich für freie, sonnige Stellen auf nährstoffreichem Boden mit reichlicher Wasserversorgung. Die Blütezeit beginnt im September mit 'Bonningdale White', 1 m, weiß, 'Fuldatal', 1 m, tief violettrot, und 'Marie Ballard', 1 m, hell blauviolett, und endet im Oktober mit 'Blaue Nachhut', 1,2 m, hell violettblau, und 'Crimson Brocade', 90 cm, purpurrot. Dazwischen liegen die Sorten 'Dauerblau', 1,4 m, blauviolett, 'Fellowship', 1 m, hell violettrosa, 'Royal Blue', 1 m, blauviolett, 'Royal Ruby', 50 cm, dunkelpurpurrot, 'Sailor Boy', 90 cm, blauviolett, 'Schöne von Dietlikon', 1,4 m, tief blauviolett, 'Schneekuppe', 1,2 m, weiß, und 'Eventide', 1,2 m, tiefviolett. (1, 2, 10, 26, 27)

Aster novi-belgii, Glattblattaster. Die abgebildete Glattblattaster erinnert an die halbgefüllte Sorte 'Patricia Ballard', karminrosa, bis 1,2 m hoch. Wie diese gibt es noch andere halbgefüllte oder gefülltblühende Sorten, zum Beispiel 'Fuldatal', 'Marie Ballard', 'Sailor Boy', 'Fellowship', 'Gayborder Splendour', 'Royal Ruby' und 'Bonningdale White'. Ab dem 2. Standjahr empfiehlt sich für alle Glattblattastern eine regelmäßige Kompostgabe im Frühjahr, und während der Wachstumszeit eine mineralische Volldüngergabe. Wichtigt ist auch die kontinuierliche Wasserversorgung, da Trockenzeiten die Pflanzen schwächen und ihre Anfälligkeit für Mehltau erhöhen. Zum Verpflanzen alle 3 Jahre sind nur kleine, 3- bis 5köpfige Stücke vom äußeren Bereich der Pflanzen zu verwenden, damit sie sich wüchsig weiterentwickeln. (1, 2, 10, 26, 27) ▷

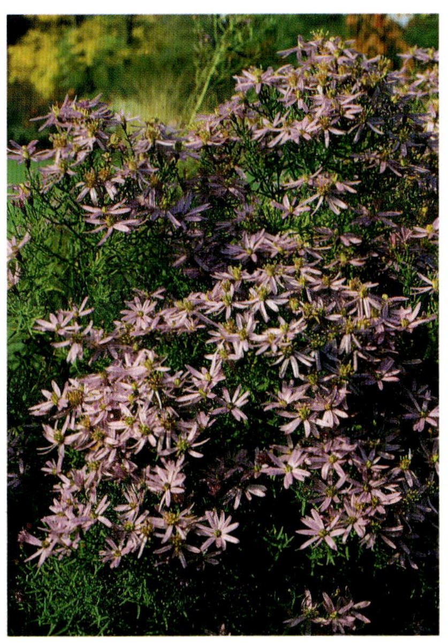

◁ **Aster sedifolius**. Diese Aster stammt aus Süd- und Osteuropa sowie aus Westasien. Sie blüht von August–September auf 30–80 cm hohen, reich doldenrispig verzweigten Trieben. Die Röhrenblüten sind gelb, die Randzungenblüten lila. Sie stehen locker sternförmig an den etwa 1,5 cm großen Blütenköpfchen. Die Pflanzen sind aufrechte, rauhhaarige Stauden, die auf trockenem Ödland vorkommen und also auch bei uns im Garten viel Trockenheit vertragen. Dicht buschig wächst die etwa 25 cm hohe, lilarosa blühende Sorte 'Nanus'. Astern mit ebenfalls herzförmigen Blättern, beheimatet auf Kahlschlägen in Nordamerika, sind *A. cordifolius*, 1,2 m hoch, blauviolett, Blütezeit von August–Oktober, und *A. macrophyllus*, bis 1,5 m hoch, mit violetten Blüten von August–September. Vermehrung der Arten durch Teilung. (10, 29 bzw. 3, 4, 18)

Aster tibeticus, Tibetaster. Aus der großen Gruppe der etwa 500 Astern-Arten gehört diese zu den Hochgebirgsastern Asiens. Sie ist im tibetischen Bereich des Himalaja verbreitet und erinnert etwas an unsere Alpenaster, *A. alpinus*. Sie ist ebenso zu verwenden und blüht wie diese von Mai–Juni. Ihre dunkelblauen, bis 5 cm großen Blütenköpfchen sitzen einzeln endständig an 10–30 cm hohen Stielen. Von *A. alpinus* unterscheidet sich diese Art dadurch, daß ihre unteren Blätter lanzettlich sind, während sie bei *A. alpinus* eine verkehrt-eiförmige bis spatelige Form haben. Die Vermehrung erfolgt durch Teilung. Wir verwenden die Tibetaster im Steinbereich und auf Beeten, in jedem Fall aber an einem vollsonnigen Standort mit nährstoffarmem und gut wasserdurchlässigem Boden. (7, 10, 31, 32)

▽

Aster tongolensis 'Berggartenzwerg'. ▷ Die Stammart dieser Sortengruppe kommt aus Westchina, wird etwa 40 cm hoch und hat 4–5 cm große Blütenköpfchen mit leuchtend orangegelber Scheibe. Die zu *A. tongolensis* gehörenden Sorten sind sehr wahrscheinlich Hybriden. Sie blühen im Mai–Juni. Die abgebildete Sorte 'Berggartenzwerg' wird nur 20 cm hoch, blüht blauviolett und ist gut als flächendeckende Blütenstaude zu verwenden. Weitere Sorten sind 'Berggarten', 40 cm, hellviolett, 'Leuchtenburg', 50 cm, leuchtendviolett, 'Napsbury', 50 cm, tiefviolett, und 'Wartburgstern', 40 cm, blauviolett. Alle sind reichblühende Spätfrühlingsastern, die sich auch geschnitten gut halten. Sie eignen sich für die Verwendung auf Freiflächen und im Staudenbeet, an sonniger Stelle bei gutem Wasserabzug, aber nicht an zu trockenem Standort. Vermehrung durch Teilung. (1, 2, 3, 29)

◁ **Aster × frikartii 'Wunder von Stäfa'**, Frikarts Aster. Diese im August reichblühende Hybride hat *A. amellus* und *A. thomsonii* als Eltern. Sie wird 60–80 cm hoch und trägt große, hell lavendelblaue Blüten. 80 cm hoch werden die Sorten 'Jungfrau' mit violetter Blüte von August–September und 'Mönch' mit violettblauer von Juli–Oktober. Die aus dem westlichen Himalaja stammende *A. thomsonii* blüht von Juli–September violettblau und wird etwa 50 cm hoch. Von ihr gibt es eine nur 20–30 cm hohe Zwergform 'Nana'. *A. turbinellus* wird um 1 m hoch und ist eine verzweigte, reich mit etwa 2,5 cm großen Blütenkörbchen von September–Oktober blühende Aster. Sie eignet sich ebenso wie Frikarts Aster und ihre Sorten für naturnahe Staudenwiesen und Waldränder, aber auch für steppenartige Situationen. Vermehrung aller Arten durch Teilung. (3, 10, 29)

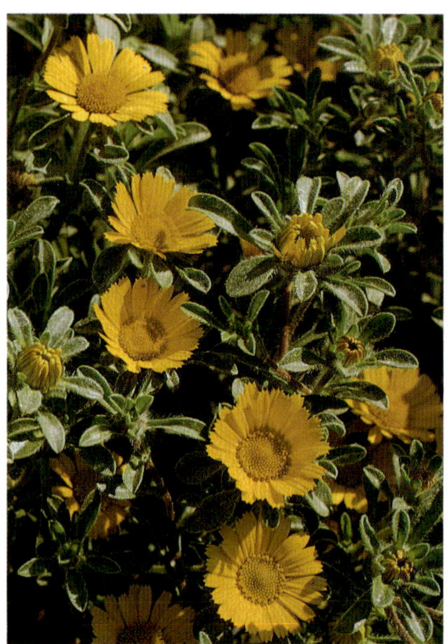

◁ **Asteriscus maritimus**, Asteraceae (Compositae), Asterngewächse. 4 *Asteriscus*-Arten gibt es an den Küsten des Mittelmeeres und in Nordafrika. Dieser ausdauernde Strandstern ist eine flach auf dem Boden wachsende Felsspaltenpflanze. Sie wird bis 20 cm hoch, ist rauhbehaart und am Grunde leicht strauchig verholzend. Sie eignet sich hervorragend zur Bepflanzung von Schalen, Kübeln, Balkonkästen und Pflasterfugen an vollsonnigen, heißen, trockenen Stellen. Sie wurde erstmals auf der Landesgartenschau Freiburg 1986 ausgestellt. Ende der 80er Jahre kam ein wüchsiger Typ als reichblühende Balkonpflanze in den Handel, der heute als 'Golddollar' verbreitet ist. Der Strandstern läßt sich auch in Trockenmauern im Mai als Fugenpflanze einfügen und kann in sehr milden Wintern durchaus überdauern. Vermehrung durch Stecklinge. (12, 25, 36, 38)

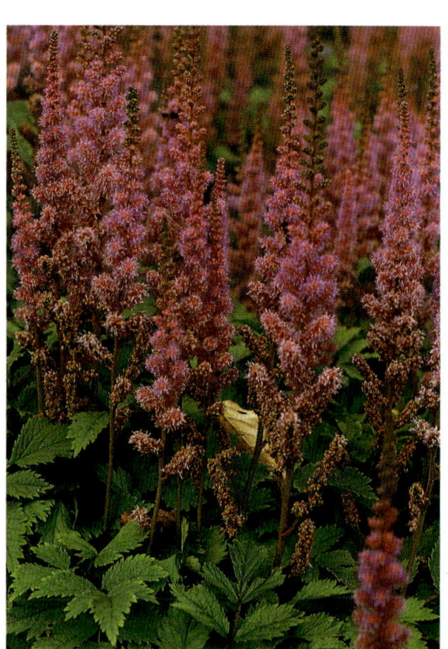

△ **Astilbe chinensis var. pumila hort.**, Zwergastilbe, Saxifragaceae, Steinbrechgewächse. Die etwa 25 Arten der Gattung sind vom Himalaja bis Japan und im atlantischen Nordamerika verbreitet. Wenn für ausreichende Boden- und Luftfeuchtigkeit gesorgt wird, gehören sie zu unseren ausdauerndsten, reich und lange blühenden Gartenstauden mit außerordentlicher Sortenvielfalt. Von Juni–September kann man blühende Astilben im Garten haben. Die Zwergastilbe ist eine Ausnahme, da sie dicht bodendekkend wächst, als einzige sommertrockene Standorte, wie relativ trockenen Gehölzschatten, verträgt und auch in voller Sonne noch gut gedeiht. Sie wird 20–30 cm hoch, blüht im September und wird ergänzt durch die Sorten 'Veronika Klose' mit dunkelpurpurnen, bis 40 cm hohen Blütenkerzen von August–September, und 'Christian', dunkel lilarosa. (3, 7, 23 bzw. 4, 18, 21)

△ **Astilbe × rosea 'Peach Blossom'**. Diese rosablühende Sorte wurde bereits 1902 in den Handel gegeben. Sie ist das Ergebnis einer Kreuzung von *A. japonica* × *A. chinensis*, aus der auch die ebenfalls rosafarbene 'Queen Alexandra' hervorgegangen ist. Sie kam zur gleichen Zeit in den Handel und wurde auch bei den Züchtungen für die *A.*-Arendsii-Hybriden als Mutterpflanze genutzt. Blütezeit beider Gruppen ist Juli–August. Sie sind 80–100 cm hoch und haben die gleichen Ansprüche wie alle anderen hohen Astilben: Je höher Luftfeuchtigkeit und kontinuierliche Bodenfeuchte sind, desto heller oder auch sonniger können sie stehen. Vermehrung durch Teilung. Sie eignen sich für eine Verwendung im Beet und Gehölzbereich, wobei notfalls durch zusätzliche sommerliche Bewässerung für ausreichende Feuchtigkeit gesorgt werden muß. (1, 4, 18, 21, 26)

Astilbe-Crispa-Hybride 'Liliput'. ▷ 1915 fand Georg Arends bei seinen Astilben-Züchtungen einen etwa 15 cm hohen Sämling mit langsamem Wuchs und stark krausem Blatt. So brachte er 2 bis heute wichtige Astilben-Sorten 1927 und 1930 in den Handel. Es sind 'Liliput' mit hellrosa Blüten und braunrotem Austrieb, etwa 20 cm hoch, und 'Perkeo' mit 20 cm hohen, tiefrosa Blütenkerzen. Die Blütenstände der *A.*-Crispa-Hybriden sind steif, kräftig und aufrecht, wie die Abbildung deutlich zeigt. Verwendung finden beide Sorten sowohl im halbschattigen Steingartenbereich wie auch als langsamwachsende, attraktive Bodendecker mit Blüte im Juli. Ein leicht krauses, bräunlichgrünes Blatt hat die *A.*-Glaberrima-Hybride 'Sprite', die 25–35 cm hoch wird und im Juli–August zartrosa in lockerer Rispe blüht. Vermehrung der Sorten durch Teilung. (4, 7, 18, 21, 31, 32)

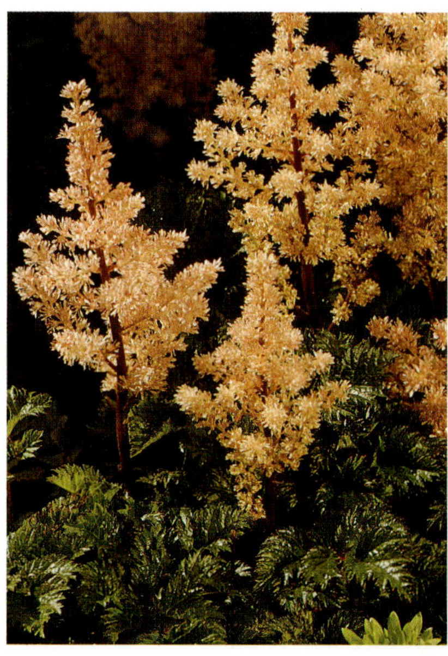

Astilbe-Simplicifolia-Hybride 'Bronze Elegans'. ▷ Wie 'Bronze Elegans' blühen die Sorten 'Dunkellachs', 50 cm, lachsrosa über dunklem Laub, 'Elegans', 40 cm, leuchtendrosa, und 'Rosea', 50 cm, rosa, ebenfalls im August. Etwas früher sind 'Atrorosea', 50 cm, karminrosa, 'Praecox', 50 cm, lachsrosa, und 'Praecox Alba', 50 cm, weiß. Wohl die schönste Sorte ist 'Aphrodite', 50 cm hoch, Blüte Juli–August, dunkellaubig, im Austrieb rötlich, mit leicht überhängenden, hellroten Blütenständen. Eine große Sortengruppe bilden die *A.*-Japonica-Hybriden, die von Juni–Juli blühen und 50–60 cm hoch sind: 'Bremen', dunkel lachskarmin, 'Deutschland', leuchtend schneeweiß, 'Europa', hellrosa, 'Köln', leuchtend scharlachkarmin, 'Koblenz', tiefrosa, 'Montgomery', leuchtendrot, und viele mehr. Vermehrung durch Teilung. Verwendung als Beetstauden. (1, 4, 7, 21, 26)

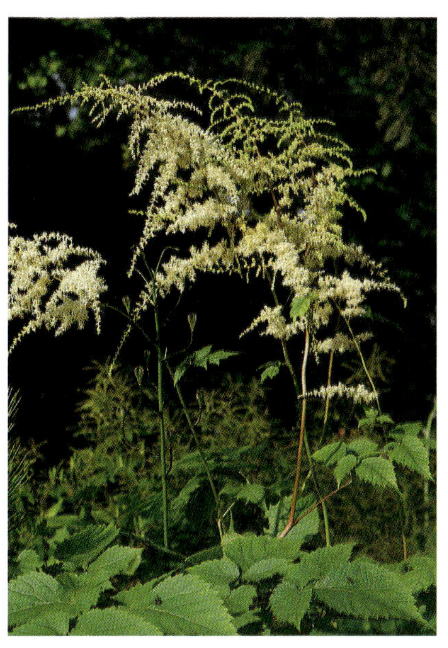

◁ **Astilbe-Thunbergii-Hybriden**. An dieser Sortengruppe ist *A. thunbergii* aus Japan als Elternart wesentlich beteiligt. Sie blüht wie die aus ihr entstandenen Sorten von Juli–August. Weitere Kreuzungspartner waren hauptsächlich *A. chinensis* var. *davidii* und *A. grandis*. Die verbreitetsten Sorten sind 'Straußenfeder', 1 m hoch, karminrosa, und 'Van der Wielen', 1,1 m, weiß. Hin und wieder angeboten werden 'Congesta', 1 m, weiß, etwa der Art *A. thunbergii* entsprechend, sowie 'Jo Ophorst', 90 cm, rubinrot. Bei allen Sorten sind die lockeren Blütenstände mehr oder weniger überhängend. *A. rivularis*, eine weiße, im August blühende, etwa 1,5 m hoch werdende Art aus dem Himalaja, läßt sich in gleicher Weise verwenden. Im Kontrast zu dunklen Gehölzbereichen oder am Gewässerrand trägt sie zur Belebung bei. Vermehrung durch Teilung. (1, 4, 18, 26)

△ **Astilbe chinensis var. taquetii 'Superba'**. Der Elterntyp dieser Auslese kommt aus Ostchina. Es ist eine ausläufertreibende Staude, die keinen so hohen Feuchtigkeitsanspruch hat wie andere Astilben-Typen. 'Superba' blüht purpurrosa von August–Oktober und wird etwa 80 cm hoch. Es ist eine sehr robuste Gartenstaude, die sich auch im Übergang von Staudenwiesen zum Gehölzbereich wohlfühlt. Die Sorte 'Purpurlanze' ist eine straff aufrechtwachsende, intensiv purpurn von August–Oktober blühende Staude und mit 80–100 cm auffallend hoch. Sie eignet sich auch hervorragend als haltbare Schnittblume. 'Purpurkerze' blüht mit purpurroten Blüten von Juli–August und wird etwa 1 m hoch. Alle 3 Sorten eignen sich für eine Verwendung an Gehölzrändern und auch im Übergangsbereich zu naturnahen Staudenwiesen. Vermehrung durch Teilung und Ausläufer. (1, 3, 10)

Astilboides tabularis *(Rodgersia tabularis)*, ▷ Tafelblatt, Saxifragaceae, Steinbrechgewächse. Diese einzige, aus Nordchina stammende Art der Gattung ist mit ihren bis 1 m breiten und bis 1,5 m hohen, schildförmigen, am Rande gezähnten Blättern ein winterharter Blattstaudenersatz für die bei uns nicht winterharten *Gunnera*-Arten. Voraussetzung sind Wachstumsbedingungen, die denen der Primel gleichen (Bild): kühl, feucht, leicht bis halbschattig und nie sommertrocken. Die Nähe tiefwurzelnder Bäume schadet nicht. Die kleinen, weißen Blüten stehen in überhängenden Traubenrispen ähnlich denen von Astilben. Je älter die Pflanzen werden, desto schöner entwickeln sie sich, sie sollten im Frühjahr eine leichte Kompostgabe zur Nährstoffergänzung erhalten. Vermehrung durch Aussaat, Teilung oder Wurzelschnittlinge. (4, 8, 18, 26)

◁ **Astragalus angustifolius,** Schmalblättriger Tragant, Fabaceae (Leguminosae), Hülsenfrüchtler. Mit 1500–2000 Arten ist die Gattung (außer Australien) weltweit verbreitet, nur wenige Arten sind in Kultur. Blüte von Ende Mai–Anfang August. Alle lieben trockenen, durchlässigen, steinigen und warmen Boden in voller Sonne. Für Steingärten, Tröge, Mauer- und Pflasterfugen. *A. angustifolius* bildet bis über 1 m breite, 15–30 cm hohe, feste Polster mit cremeweißen, 3 cm großen Blüten im Mai–Juni. Vermehrung durch Aussaat oder Anhäufeln zur Triebbewurzelung. *A. centralpinus* blüht gelb, bis 80 cm hoch, *A. monspessulanus* blaßrosa, *A. sempervirens* hellrosa oder weißlich, sehr langlebig. Unsere Bärenschote, *A. glyciphyllos*, blüht an Waldrändern grünlichgelb bis in den September. Sie dient als Veredlungsunterlage für andere *Astragalus*-Arten. (12, 24, 31, 38)

Athyrium filix-femina, Waldfrauenfarn, Woodsiaceae (Athyriaceae), Wimperfarngewächse. Kosmopolitisch, 180 sommergrüne Arten in gemäßigten Gebieten mit 1- bis 3fach gefiederten Wedeln und oft imposanter Gestalt. Unser Waldfrauenfarn, mit 2- bis 3fach gefiederten Wedeln und bis 1 m hoch, gedeiht auf frischen Böden in schattiger Lage. Über 30 Sorten sind im Handel, z. B. 'Bornholmiense', der Bornholmer Zwergfrauenfarn (nur 20–30 cm), 'Rotstiel', eine rotstielige Auslese, 'Frizelliae', der Wendeltreppenfarn, 'Corymbiferum', der Troddelfrauenfarn, oder 'Fieldiae', der Omorikafrauenfarn. Andere Arten sind *A. niponicum* 'Metallicum', der Japanische Regenbogenfarn mit silbrig rotgrau gezeichneten Wedeln, bis 50 cm, *A. vidalii*, der Riesenfrauenfarn mit einer Höhe von bis zu 120 cm, und *A. distentifolium*, der Alpenfrauenfarn, 80–100 cm. (4, 8, 18, 20, 21 27) ▽

◁ **Astrantia major,** Große Sterndolde, Apiaceae (Umbelliferae), Selleriegewächse. 10 Arten gibt es in den Pyrenäen bis zum Kaukasus und nach Kleinasien, die sich nur durch die Wuchshöhe sowie Zahl, Größe und Farbe der Hüllblätter unterhalb der kleinen Dolden unterscheiden. Es sind langlebige Stauden mit handförmig 3- bis 5teiligen Blättern und schwärzlichen, aromatischen Wurzeln, geeignet für frische bis feuchte, nährstoffreiche, nicht zu sonnige Stellen, am liebsten auf Kalk; gut geeignet sind sie auch für den Schnitt. Höhe bis 80 cm, Blüte im Juni–Juli. Neben 'Rosea', einer kräftig rosa Auslese, gibt es Mischungen rosa und roter Töne: 'Rosensinfonie' und 'Primadonna' (Samensorten). Von *A. carniolica*, Blüte Juli–August, Höhe etwa 60 cm, gibt es eine kräftig gefärbte Auslese 'Rubra'. Bei Sorten Vermehrung durch Teilung oder Stecklinge. (1, 4, 10, 18, 20)

Atriplex hortensis 'Rubra', Rote Gartenmelde, Chenopodiaceae, Gänsefußgewächse. Etwa 200 Arten in allen Trockengebieten der Erde. Ein- oder mehrjährige Kräuter und Sträucher mit meist graugrünen, oft weißkörnig bemehlten Blättern, baumartigem Wuchs und kräftiger Verzweigung. Bei uns ist die Gartenmelde eine einjährige Pflanze zur farbigen Akzentuierung in Sommerblumenbeeten. Bei Selbstaussaat wird sie zum sympathischen „Gartenunkraut", das Bild zeigt Selbstaussaat in Wald- und Monatserdbeeren. Blüte von Juli–September, Höhe bis 150 cm. Straff aufrecht wachsende, grüne und rote Sorten sind 'Green Spire' und 'Red Spire'. Die bereits in indogermanischer Zeit als Kulturpflanze bekannte Art aus Indien liefert Spinatgemüse. Die Fruchtstände lassen sich für Trockengestecke verwenden, sie sind dafür unreif zu schneiden. (2, 8, 13, 16, 34, 39) ▷

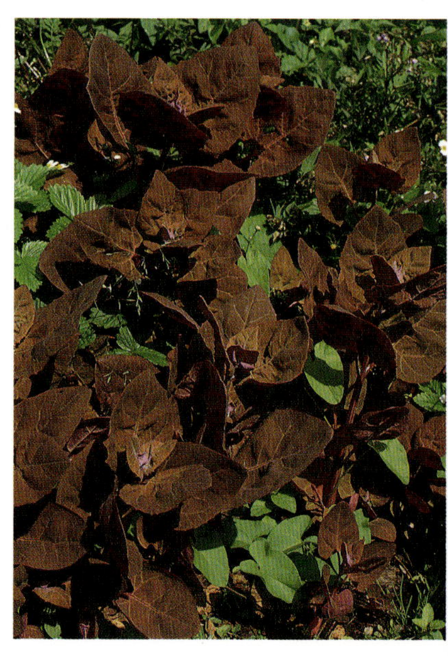

Aubrieta-Hybriden, Blaukissen, Brassicaceae (Cruciferae), Kohlgewächse. In Gärten werden farbkräftige, reichblühende, großblütige Sorten angebaut. Je nach Wärme und Trockenheit des Standorts werden sie 5 oder auch 10–15 cm hoch. Blüte ab März, zum Teil bis in den Mai. Sie fühlen sich am wohlsten an einen Stein gepflanzt, den sie überziehen, aber auch (ohne Nachbarn) am sonnenwarmen Fuß einer Ligusterhecke. Sortenbeispiele sind: 'Feuervogel', magentarot; 'Blaumeise', kräftig blau; 'Blue Emperor', dunkelblau; 'Hamburger Stadtpark', klares Blau; 'Schloß Eckberg', dunkel violettblau; 'Silberrand', lavendelblau, Blätter hell gerandet; 'Tauricola', lavendellila; 'Rosenteppich', karminrosa; 'Dr. Mules', leuchtendviolett; 'Havelberg', rosa, halbgefüllt, blüht am längsten. Vermehrung durch Aussaat, Sorten durch Teilung oder Stecklinge. (3, 7, 22, 24, 25, 32) ▷

Azolla filiculoides, Feenmoos, Azollaceae, Schwimmfarne. 6 Arten gibt es im tropischen Amerika. Von den 2teiligen Blättchen ragt die obere Hälfte über das Wasser hinaus, die andere befindet sich unter Wasser. In ihrer Höhlung leben oft Blaualgen *(Anabaena azollae)*, die Luftstickstoff binden. Von den Trieben reichen kurze Wurzeln ins Wasser. Überwinterung bei 8–15 °C in flachem Wasser mit zusätzlicher Belichtung. Nach milden Wintern treiben manchmal Vorjahressporen aus; besser setzt man Anfang Juni neue Pflanzen in das Becken ein, die sich rasch vermehren. *A. filiculoides* ist größer und kräftiger als *A. caroliniana* und ihre Blättchen sitzen dicht dachziegelartig, bei *A. caroliniana* dagegen unregelmäßig verteilt. Beide lieben weiches Wasser, *A. filiculoides* ist wärmebedürftiger (über 16 °C). Attraktive rötliche Herbstfärbung. (28, 38) ▷

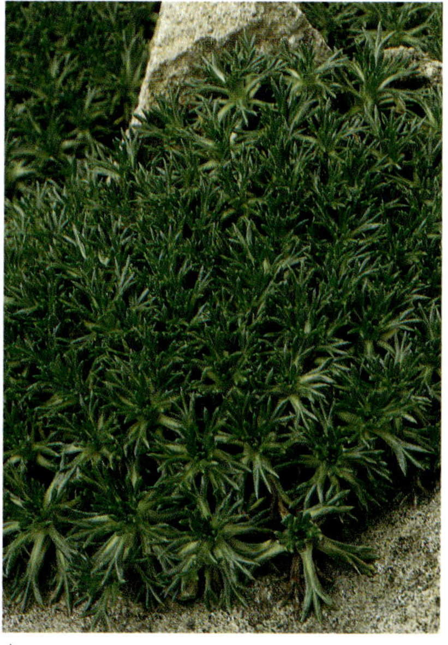

△

Azorella trifurcata, Andenpolster, Apiaceae (Umbelliferae), Selleriegewächse. Etwa 70 Arten in den Gebirgen Süd- und Mittelamerikas sowie Neuseelands. Die stark verzweigten Pflanzen tragen ganzrandige, gezähnte oder eingeschnittene (Bild) und etwas nach Möhren duftende Blätter. Die Blüten stehen in kleinen Dolden. *A. trifurcata* kommt in Chile und Argentinien vor und blüht von Mai–Juli. Die immergrünen, stachelig wirkenden Polster wachsen am besten an sonnigen Stellen in wasserdurchlässigem Boden, auch in Felsspalten. Sie benötigen Schutz vor Winternässe, damit sie nicht faulen. Vermehrung durch Rosettenstecklinge im Herbst oder durch Eintopfen von Rißlingen. *A. umbellata* bildet trichterähnliche, flache Rosetten und entwickelt durch unterirdische Ausläufer dichte, große, rasenartige Flächen. (14, 22, 24, 31, 32)

Baptisia australis, Indigolupine, Färberhülse, Fabaceae (Leguminosae), Hülsenfrüchtler. Ausdauernde, lupinenähnliche Stauden mit 3teiligen, dunkelgrünen Blättern; etwa 30 Arten sind in Nordamerika verbreitet. Die Indigolupine blüht von Juli–August, wächst buschig und wird bis zu 1 m hoch. Die Blüten öffnen sich in end- oder seitenständigen, lockeren Rispen. Meist sind sie tief indigoblau und nicht so hell violettrosa wie auf der Abbildung. Die Pflanze ist ein guter Lupinenersatz, denn die Blätter bleiben ohne Mehltau länger grün als bei den Lupinen. Sie liebt sonnige, warme und trokkene Stellen und blüht ab dem 2. oder 3. Jahr. Vermehrung durch Aussaat und Teilung. Gelbblühender Partner ist die von Juni–Juli blühende Fuchsbohne *(Thermopsis fabacea)*, die ihr in Habitus und Standortansprüchen gleicht, aber durch Ausläufer lästig wird. (3, 5, 10, 12) ▷

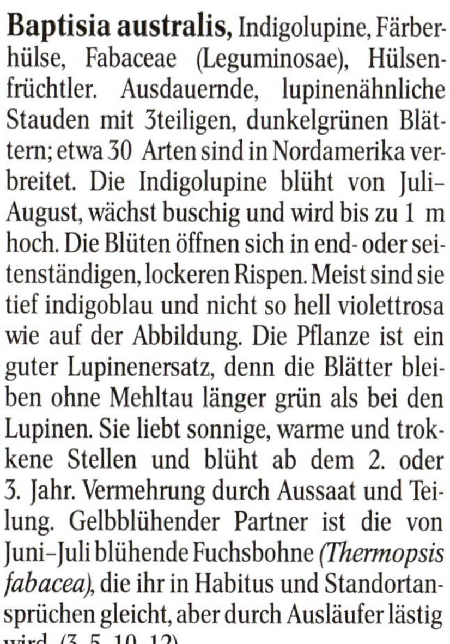

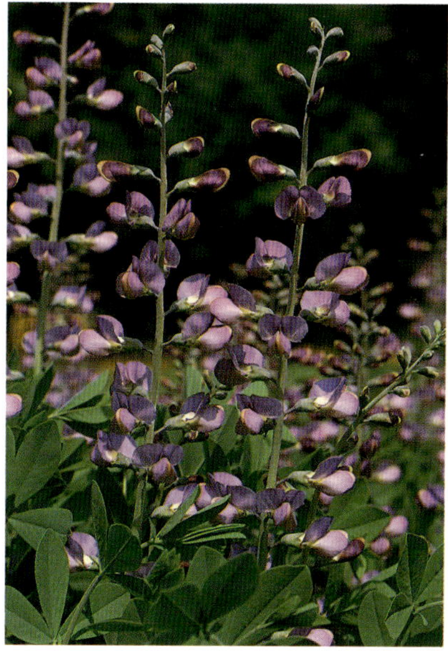

△

Basella alba 'Rubra' *(B. rubra)*, Malabarspinat, Basellaceae, Schlingmeldengewächse. 1–5 Arten in den Tropen, mit Schwerpunkt in Afrika und Madagaskar. Der bis 3 m hohe Sommerschlinger mit rosa Blüten und schwarzvioletten Beeren eignet sich für Topf und Kübel am Sonnenfenster oder zum Auspflanzen. Vermehrung durch Aussaat. Ähnlich und durch verdickte Rhizomstücke oder Brutknollen aus den Blattachseln zu überwintern ist die verwandte *Anredera cordifolia (Boussingaultia baselloides)*, der Madeirawein. Bis 20 cm große, verzweigte, weiße Blütenrispen schmücken bei reichlicher Wasser- und Nährstoffversorgung die in guten Sommern 5–6 m hohe Pflanze. Sie bildet dichte, saftiggrüne Wände und kann unter einer trockenen Laubabdeckung oft den Winter überdauern. Im Kleingewächshaus verholzt sie und wird bis 10 m hoch. (15, 16, 27, 35, 36)

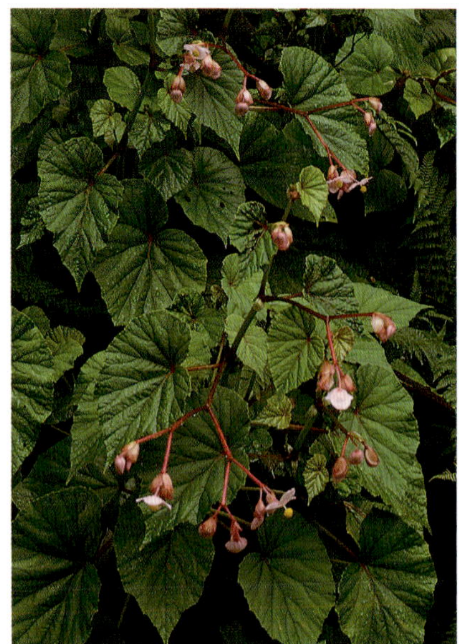

◁ **Begonia grandis var. evansiana** *(B. evansiana)*, Japanbegonie, Begoniaceae, Begoniengewächse. Von den fast 1000 Begonien-Arten kommt sie am weitesten nördlich in Japan und China vor. Sie ist zwischen Farnen, in *Rhododendron*-Flächen oder auch zwischen Bambus sehr gut zu verwenden. Bei Winterschutz aus reichlich trockenem Laub überleben manchmal die knolligen Wurzelstöcke oder die im Herbst abfallenden, kegeligen, kleinen Brutknöllchen. In Japan gibt es verschiedene Sorten. Die Art blüht rosa und die Sorte 'Alba' weiß. Diese Begonien lieben humosen, frischen Boden und Halbschatten. Sie haben sich auch als Ergänzung zu Kübelpflanzen bewährt, die im Halbschatten stehen und frostfrei überwintert werden. Vermehrung durch Aussaat, einfacher durch Brutknospen, Stecklinge oder Teilung der Knollen. (4, 16, 20, 21, 34)

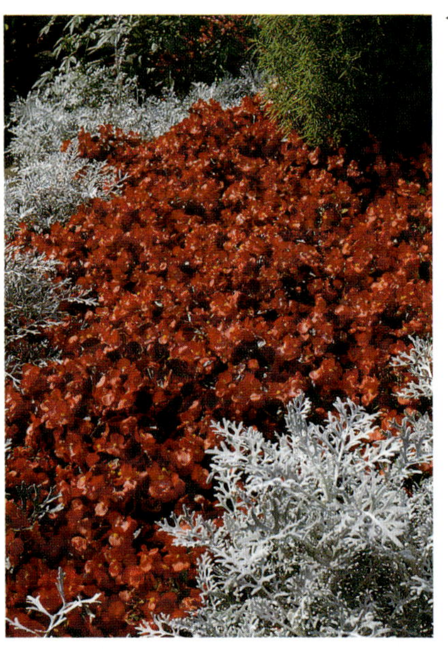

◁ **Begonia-Semperflorens-Hybriden**, Beetbegonien. Viele Sorten aus Kreuzungen von *B. semperflorens* mit *B. gracilis*: Blätter meist grün oder rot, lackartig glänzend; Blütenfarben Rosa und Rot in vielerlei Abstufungen sowie Weiß. Gedrungene, kugelig wachsende Sorten mit 15–20 cm Höhe, aber auch hohe und kräftig wachsende mit 30–60 cm. Letztere sind durch Einkreuzung von *B. foliosa* var. *miniata* entstanden. Es gibt Einzelfarben, Farbmischungen und Formelmischungen (d. h. Saatgut der Einzelfarben gemischt). Aussaat bei hohen Temperaturen, Auspflanzen nach den Eisheiligen in tiefgründige, nicht austrocknende, humose, nährstoffreiche Böden an halbschattigem bis vollsonnigem Standort. Eine der dankbarsten Sommerblumen für das Beet, aber auch für Balkonkästen und Schalen. Für Balkonkästen ist die rosa gefüllte Sorte 'Zürich' gut geeignet. (34, 36, 38)

△

Begonia-Knollenbegonien-Hybriden *(B. × tuberhybrida)*, Knollenbegonien. Viele Sorten mit einfachen, halbgefüllten oder gefüllten Blüten von Weiß und Gelb bis Rosa und Rot. 4 Gruppen: Multiflora-Begonien, reichblühend, kleinblumig, 15–20 cm hoch; Floribunda-Begonien, 20–30 cm hoch, mittelgroße Blumen; Gigantea-Gruppe, 30–50 cm hoch, bei den neueren Sorten auch gedrungener wachsende Pflanzen mit Blüten bis über 10 cm; Pendula-Gruppe, Ampel- oder Hängebegonien der Balkonkästen. Frostfrei überwinterte Knollen werden ab März–April angetrieben und an das Licht gewöhnt, wenn die Triebe 3–5 cm groß sind. Für nährstoffreiche, humose, nicht austrocknende Böden im Halbschatten bis Schatten. Auch von den Begonia-Elatior-Hybriden eigenen sich viele Sorten für die sommerliche Beetbepflanzung. Begonien sind empfindlich gegen Tropfwasser. (21, 30, 36, 38)

◁ **Bellis perennis 'Pomponette',** Gänseblümchen, Maßliebchen, Tausendschön, Asteraceae (Compositae), Asterngewächse. Es gibt etwa 15 dem Gänseblümchen verwandte Arten in Europa und dem Mittelmeergebiet bis nach Kleinasien und Syrien. Die Gartensorten, meist als Maßliebchen oder Tausendschön bezeichnet, müssen jährlich geteilt und neu aufgepflanzt werden. Meist werden sie als wintereinjährige Pflanzen gezogen, d. h. die Aussaat erfolgt von Juni–August und das Auspflanzen Ende September oder auch erst im zeitigen Frühjahr. Für alle nährstoffreichen Böden, die nicht ganz trocken werden, empfindlich gegen Kahlfröste und schmackhaft für Kaninchen. Besonders gut eignen sie sich als Unterpflanzung von Tulpengruppen in Verbindung mit Vergißmeinnicht; auch in Blumenwiesen in locker krautigen Bereichen lassen sie sich gut ansiedeln. (10, 37, 38)

Bergenia-Hybride 'Morgenröte', Bergenie, Saxifragaceae, Steinbrechgewächse. Etwa 7–10 Arten in Mittel- und Ostasien. In Kultur sind hauptsächlich gärtnerische Hybriden, weniger Wildarten. Alle sind flachwachsende, robuste Stauden, die durch ihre großen, immergrünen und lederartigen Blätter auffallen. Sie sind kräftig gestielt und an der Basis scheidenartig erweitert. Die wüchsigen Stauden verfügen über einen kräftigen, kriechenden Wurzelstock. Die Blütezeit liegt schon im zeitigen Frühjahr. Die Blüten stehen in Trugdolden oder Doppelwickeln auf festen Stengeln. Sie sind weiß, rosa oder rot, in verschiedenen Tönen. Die tiefrote Sorte 'Morgenröte' bleibt mit 25–30 cm Höhe etwas kompakter und eignet sich auch für kleinere Gärten. Sie blüht im September nach. Bergenien stellen im Garten nur geringe Ansprüche. (4, 18, 20, 21, 23)
▽

◁ **Bellium minutum,** Zwergmaßliebchen, Asteraceae (Compositae), Asterngewächse. Mit 6 anderen Arten im Mittelmeergebiet heimisch, bildet das Zwergmaßliebchen dichtere Blattpolster als unser Gänseblümchen. Langgestielte, etwas lockere, sternförmig wirkende Blüten erscheinen von Mai–September. Es ist gut geeignet für Steingartentröge oder Pflasterfugen, an warmen, geschützten, aber nicht vollsonnigen Stellen, etwa unter Kiefern, geschützt durch dichte Kiefernnadelteppiche. In sehr strengen Wintern mit Kahlfrösten hat das Zwergmaßliebchen kaum Überlebenschancen, es ist aber wert, wieder angesiedelt zu werden. Das ähnliche *B. bellidioides*, ein Zwergmaßliebchen von den Balearen, Korsika und Sardinien, ist für feuchte, schattige, nicht von Gehölzen überstandene Flächen geeignet. Es blüht nur bis in den Hochsommer. (3, 4, 7, 20, 32)

Bergenia-Hybride 'Silberlicht'. Ein ▷ Gegenstück zu 'Morgenröte'. 'Silberlicht' trägt im April–Mai weiße bis rosa Blüten, benötigt mehr Platz und wird 40 cm hoch. Wie alle Sorten stellt sie geringe Ansprüche an den Boden, der verhältnismäßig trocken sein kann. Verträgt Sonne und Schatten! Weitere wichtige Sorten sind 'Abendglut' (schöne Herbstfärbung), 'Admiral' (rote Winterfärbung der Blätter), 'Glockenturm' (reiche, rosarote Blüte), 'Baby Doll' (babyrosa, gedrungener Wuchs, auch für Steingärten), 'Bressingham Bountiful' (englisches Wertzeugnis). Wer Platz hat, kann mehr als 30 verschiedene Bergenien zusammentragen. Schöne Nachbarn sind Gedenkemein *(Omphalodes verna)* in Hellblau und Weiß oder das Kaukasusvergißmeinnicht *(Brunnera macrophylla)* mit blauer Blüte. Zu den flachen Blatteppichen passen auch aufstrebende Gräser. (4, 18, 20, 21, 23)

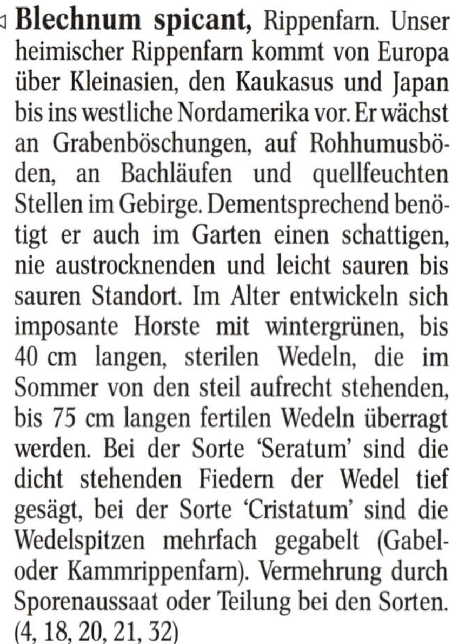

◁ **Blechnum spicant,** Rippenfarn. Unser heimischer Rippenfarn kommt von Europa über Kleinasien, den Kaukasus und Japan bis ins westliche Nordamerika vor. Er wächst an Grabenböschungen, auf Rohhumusböden, an Bachläufen und quellfeuchten Stellen im Gebirge. Dementsprechend benötigt er auch im Garten einen schattigen, nie austrocknenden und leicht sauren bis sauren Standort. Im Alter entwickeln sich imposante Horste mit wintergrünen, bis 40 cm langen, sterilen Wedeln, die im Sommer von den steil aufrecht stehenden, bis 75 cm langen fertilen Wedeln überragt werden. Bei der Sorte 'Seratum' sind die dicht stehenden Fiedern der Wedel tief gesägt, bei der Sorte 'Cristatum' sind die Wedelspitzen mehrfach gegabelt (Gabel- oder Kammrippenfarn). Vermehrung durch Sporenaussaat oder Teilung bei den Sorten. (4, 18, 20, 21, 32)

△

Blechnum penna-marina *(B. alpinum, Lomaria alpina)*, Seefederrippenfarn, Blechnaceae, Rippenfarngewächse. Etwa 220 Rippenfarn-Arten vorwiegend in den Tropen und Subtropen der Südhalbkugel. Diese Art ist dem heimischen Rippenfarn sehr ähnlich, aber viel zierlicher. Die jungen Wedel sind manchmal rötlich bis bräunlich. Er benötigt geschützte, schattige Lagen mit leicht saurem Boden. Wo Schnee nicht den Winterschutz bietet, müssen ihn Nadelstreu und Reisigabdeckung ersetzen. Die zierlichen, 10–15 cm langen, sterilen Wedel werden im Sommer durch die bis 25 cm langen, sporentragenden Wedel überragt. 'Cristatum' besitzt mehrfach gegabelte Wedelenden. Solch zierliche Farngestalten lassen sich gut gemeinsam mit Leberblümchen, winterharten Alpenveilchen, Primeln oder auch dem Alpenglöckel, *Cortusa matthioli*, verwenden. (4, 18, 20, 21, 32)

Bletilla striata *(B. hyacinthina)*, Japanorchidee, Orchidaceae, Orchideengewächse. ▷ In China und Japan verbreitet. Alle knolligen Wurzelstöcke stammen aus gärtnerischer Kultur und können hinsichtlich des Artenschutzes unbedenklich gekauft werden. Sie sollten in humosem, auch steinig-schotterigem Boden etwa 15 cm tief gepflanzt werden. Er sollte in jedem Falle wasserdurchlässig sein, jedoch nie völlig austrocknen. Eine niedrige Staudendecke oder schützende Farnwedel geben Winterschutz. Vermehrung durch Teilen. Alte Pflanzen entwikkeln sich zu reichblühenden Exemplaren. Die 3- bis 7blütigen Trauben mit den 6 cm breiten, leuchtend karminrosa Blüten überragen die 20–40 cm langen, lanzettlichen Blätter nur etwas (Bild). Die weißblühende Sorte 'Alba' ist weniger winterhart, 'Albostriata' hat weiß-längsgestreifte Blätter. (3, 14, 30, 32)

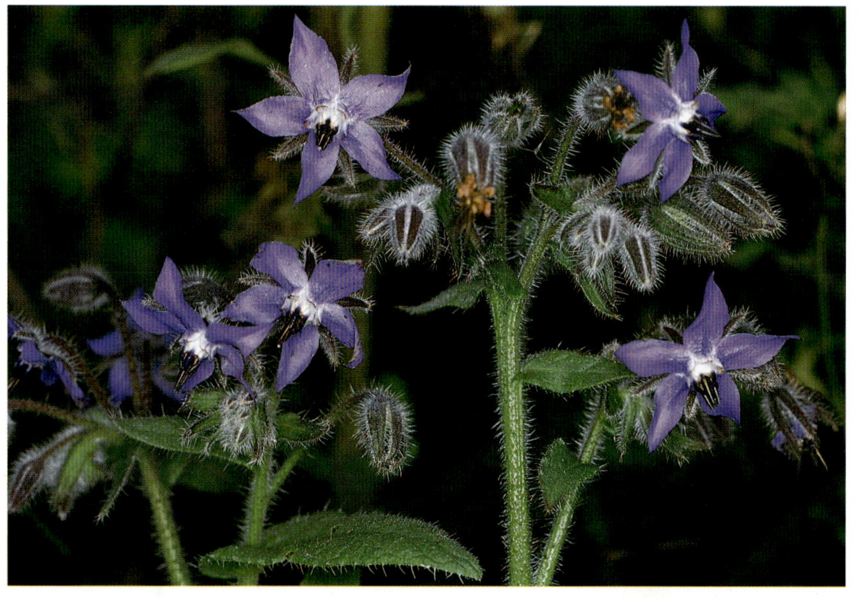

◁ **Borago officinalis,** Boretsch, Boraginaceae, Rauhblattgewächse. Als Würzkraut ist der Boretsch aus dem Mittelmeerraum vielerorts als Gartenflüchtling verwildert. Die Sorte 'Alba' blüht weiß. Boretsch ist ein verträgliches „Gartenunkraut“, das gern von Hummeln und Bienen besucht wird und steinige, trockene, sonnige Stellen bevorzugt. Die einjährige Pflanze bildet eine Blattrosette, aus der sich dann bis 60, ja 80 cm hohe, reichverzweigte Pflanzen entwickeln, die bis zum Frost blühen. Eine staudige Boretsch-Art von Korsika, Sardinien und der Balearen-insel Cabrera ist *B. pygmaea (B. laxiflora)*. Bei uns nicht winterhart, sät sie sich aber reichlich selbst aus und blüht das ganze Jahr hindurch himmelblau. Die bis meterlangen Triebe richten sich nur etwa 30 cm auf. Sie liebt noch heißere und sonnigere Standorte. Vermehrung beider Arten durch Aussaat. (5, 12, 13, 35, 39, 40)

Brassica oleracea, Zierkohl, Brassicaceae (Cruciferae), Kohlgewächse. Etwa 50 Arten sind im Mittelmeergebiet und in den gemäßigten Teilen Europas und Asiens verbreitet. Mit ganzen, gewellten, gekrausten oder geschlitzten Blättern bildet der Zierkohl offene Köpfe, die großen Blüten ähneln und Farbkombinationen in Blau, glänzendem oder stumpfem Stahlblau, hellem Weiß, Rosa, Rot oder Grün zeigen. In Japan wird die robuste Beetpflanze zur herbstlich-winterlichen Bepflanzung von Verkehrsinseln verwendet. Sie setzt bei ausreichender Bewässerung in voller Sonne herbstliche Farbakzente und verträgt auch einige Grade Frost. Wenn sich eine Pflanze über einen milden Winter bis ins Frühjahr gehalten hat, kann man sie blühen lassen, darf sich aber nicht über das bunte Gemisch der dann aus diesem Samen gezogenen Zierkohlköpfe wundern. (8, 13, 36, 38)
▽

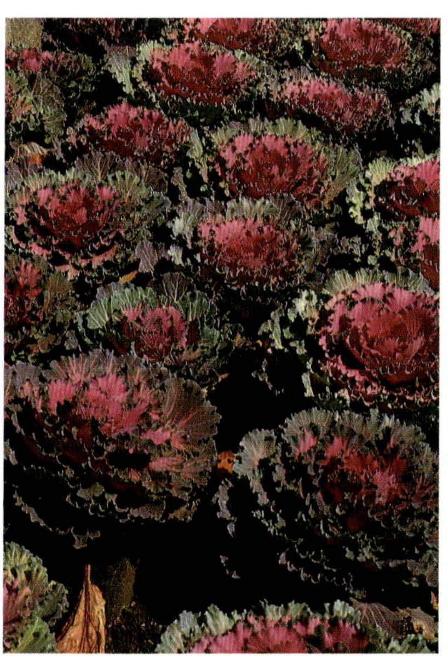

Brimeura amethystina *(Hyacinthus amethystinus),* Hyacinthaceae (Liliaceae), Hyazinthengewächse. Eine einzige Art aus den Pyrenäen, einer zierlichen Wildhyazinthe sehr ähnlich. Aus einer ovalen, etwa 2 cm großen Zwiebel wachsen 6–8 schmale, 20–30 cm hohe, grasartige Blätter, überragt von bis 15blütigen Trauben blauer, lilafarbener oder weißer Glöckchen. Blütezeit ist Ende Mai–Anfang Juni, nach der ähnlichen Spanischen Hyazinthe und dem Hasenglöckchen. Die Zwiebeln muß man im Herbst so tief pflanzen, daß sie mit etwa 5 cm Erde bedeckt sind. Sonnige Stellen im Steingarten oder an Gehölzrändern sagen der Pflanze zu. Sie eignet sich wie die beiden vorgenannten Arten zum Verwildern, im Gegensatz zu ihnen auch für sommertrockenere Bereiche, also steinige, warme Gehölzränder oder Sonnenbeete im Pflasterbereich. (3, 32)
▽

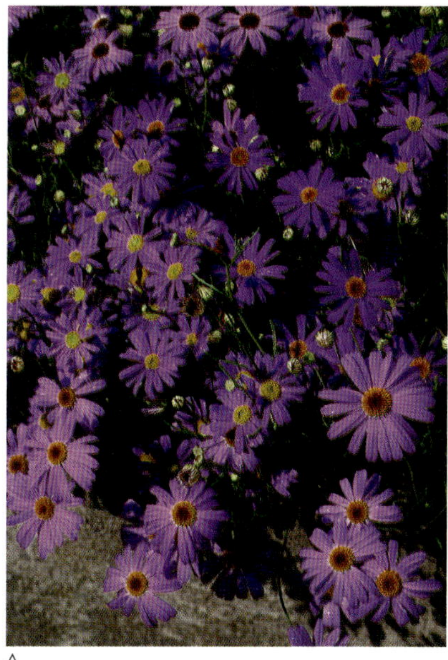

△
Brachyscome iberidifolia, Asteraceae (Compositae), Asterngewächse. Die etwa 75 *Brachyscome*-Arten sind meist in Australien und Neuseeland endemisch. Die weiß bis lilablau changierenden Körbchen haben dunkle Scheibenblüten. Schon um die Jahrhundertwende waren sie beliebte Sommerblumen (Vorkultur oder Direktsaat). Man kann duftende Blüten für Sträuße schneiden. Das Blaue Gänseblümchen, eine staudige Verwandte *(B. multifida),* hat als sommerlicher Dauerblüher Balkon, Kübel und Ampel erobert. Vermehrung durch Stecklinge. Von dieser Art gibt es auch schon durch Aussaat vermehrbare, in den Farben changierende Mischungen. Boden neutral bis leicht sauer. Gelbe Ergänzung ist die schwächerwachsende einjährige *Thymophylla tenuiloba* (südliche USA und Mexiko), die sich ebenfalls geschnitten gut hält und von Juli–Herbst blüht. (12, 25, 32, 35, 38)

Briza maxima, Riesenzittergras, Poaceae ▷ (Gramineae), Gräser. Europa bis Zentralasien, Mittel- und Südamerika. Ein- oder mehrjährige Gräser für sonnige bis schattige, trockene, warme Standorte. *B. maxima* ist einjährig, wird 30–50 cm hoch und hat die größten Ährchen (2–3 cm). Zeitig genug geschnitten und aufrecht stehend getrocknet, lassen sie sich gut für Sträuße verwenden. *B. media,* unser mehrjähriges Herzelgras, hat kleinere, herzförmige, langgestielte Ährchen. Das zierlichste ist *B. minor* aus Nordamerika, ebenfalls einjährig. Etwas ähnlich ist das Moskitogras, *Bouteloua curtipendula (B. racemosa),* etwa 80 cm hoch mit schlanken, traubig angeordneten, hängenden, bräunlichen Ährchen. Beim Haarschotengras, *Bouteloua gracilis (B. oligostachya),* stehen die Ährchen waagerecht an den 30–40 cm hohen Halmen. Vermehrung durch Aussaat oder Teilung. (2, 3, 6, 10, 13)

◁ **Bromus lanceolatus** *(B. macrostachys)*, Langgrannige Trespe, Poaceae (Gramineae), Gräser. Etwa 50 Arten umfaßt die Gattung in den gemäßigten Gebieten und in den Gebirgen der Tropen. *B. lanceolatus* sowie *B. madritensis*, *B. briziformis* und *B. sterilis* (*B. jubatus*, Taube Trespe) sind einjährige, 50–100 cm hohe Trespen-Arten, die man im März–April an sonnig warmen, nährstoffarmen Stellen mit guter Wasserdurchlässigkeit direkt aussät. Sie ergeben interessante Sommergräser, die geschnitten sowohl frisch wie getrocknet gut verwendbar sind. Nach Vorkultur im Topf lassen sie sich auch in Sommerblumenpflanzungen einfügen. Die unterschiedlich lang begrannten Ährchen sitzen in meist elegant überhängenden Rispen. Bei *B. sterilis* verfärben sie sich bei der Reife dunkelviolett. Vermehrung aller Trespen durch Aussaat. (35, 36 bzw. 14, 21)

△

Bruckenthalia spiculifolia, Ährenheide, Ericaceae, Heidekrautgewächse. Nur eine Art, sehr eng mit den Erika-Arten verwandt und in den Gebirgen Südosteuropas und in Kleinasien verbreitet. Das kleine Sträuchlein, dessen dünne Zweige verholzen, wird als Moorbeetpflanze wie eine Staude verwendet. Die immergrünen, feinlaubigen, hellgrünen Triebe schmücken sich im Juni und Juli und auch oft bis in den August hinein mit 2–3 cm langen, dichtblütigen, endständigen, hellrosa Blütenähren. Die Pflanzen werden bis 20 cm hoch und passen vom Wuchs, den Ansprüchen an den Pflanzort und der Blütezeit sowohl zu Erika-Sorten wie auch zur Irischen Heide, zur Zypressenheide, zur Moosheide und desgleichen zu Glocken- und Grauheide-Arten. Alle sind Moorbeetpflanzen und Heidekrautgewächse. (7, 20, 29, 32)

△

Brunnera macrophylla *(B. myosotidiflora, Anchusa myosotidiflora)*, Kaukasusvergißmeinnicht, Boraginaceae, Rauhblattgewächse. Diese sehr an Vergißmeinnicht erinnernde, 30–50 cm hohe Staude kommt zusammen mit 2 weiteren Arten vom Kaukasus bis Persien vor. Die Blätter sind groß, dunkelgrün und etwas herzförmig, die Blütenstände locker, traubig bis doldig mit kleinen, blauen, gelbschlundigen Vergißmeinnicht-Blüten. *B. macrophylla* aus dem westlichen Kaukasus blüht bei uns von April–Juni. Eine sehr schöne Sorte mit silbrig geflecktem Laub ist 'Langtrees', die nach der Gärtnerei, die sie in den Handel brachte, benannt wurde. Die Vermehrung erfolgt durch Aussaat, Teilung oder Wurzelschnittlinge. Die Pflanzen wachsen am besten an halbschattigen Stellen auf feuchtem, nie sommertrockenem, nährstoffreichem Boden. (4, 7, 20, 21, 27, 37)

Bryonia cretica ssp. dioica, Rotfrüchtige Zaunrübe, Cucurbitaceae, Kürbisgewächse. Am weitesten nördlich vorkommendes Kürbisgewächs, wahrscheinlich verwildert, 3 weitere Arten in Europa, Asien, Nordafrika und auf den Kanarischen Inseln. Es sind sommergrüne, rauhhaarige, mit einfachen Ranken kletternde Stauden mit rübenförmigen Wurzeln. In wärmeliebenden Unkrautgesellschaften, an Zäunen, in Hekken und Gebüschen, in frischen, lockeren, nährstoffreichen, meist kalkhaltigen Böden zu finden. Die Zaunrübe ist zweihäusig, d. h. es gibt weibliche und männliche Pflanzen. Dies erleichtert uns die Auswahl, denn die männlichen Pflanzen bieten von Juni–Oktober reichlich Pollen und Nektar für Wildbienen und Hummeln, haben aber keine Beeren (die stark abführend wirken). Mit der Zaunrübe lassen sich sehr schnell schöne, sommergrüne, lichte Wände schaffen. (3, 9, 15) ▷

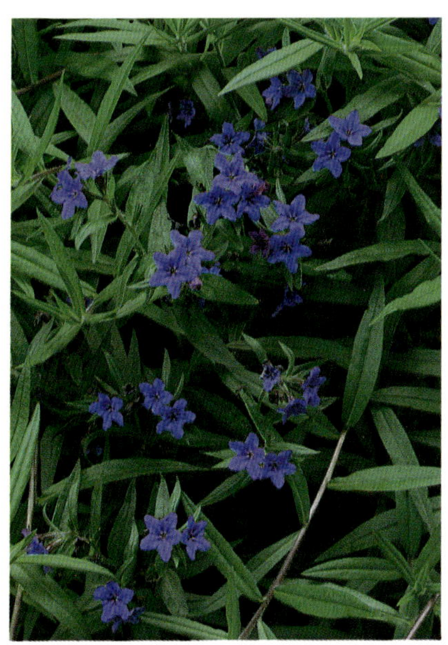

◁ **Buglossoides purpurocaerulea** *(Lithospermum purpurocaeruleum)*, Steinsame, Boraginaceae, Rauhblattgewächse. 15 Arten in den gemäßigten Gebieten Europas und Asiens. Ein- oder mehrjährige Pflanzen mit blauen, purpurnen oder weißen Blüten in endständigen Trugdolden. Unsere Art ist in Mittel- und Südeuropa bis Persien verbreitet, blüht im Mai und wird 10–30 cm hoch. Durch Ausläufer bildet sie schnell dichte Kissen mit dunkelgrünen, rauhhaarigen Blättern. Die Blüten sind erst rötlich, später enzianblau. Vermehrung durch Teilung oder Abtrennen bewurzelter Stücke. Ein sommergrüner Bodendecker für sonnige wie für schattige Standorte, der Wurzeldruck verträgt. Auch in sonnigem Gebüsch und lichten Laubwäldern, auf trockenem, nährstoffreichem, kalkhaltigem Boden fühlt er sich wohl. Buschwindröschen und Mandelwolfsmilch sind gute Partner. (3, 10, 29, 32)

△

Bulbocodium vernum *(Colchicum bulbocodium)*, Frühlingslichtblume, Colchicaceae (Liliaceae), Herbstzeitlosengewächse. Einzige Art der Gattung aus den Pyrenäen. Sie wird bis 15 cm hoch und öffnet bei uns im März ihre 1–3 Blüten. Kurz nach der Blüte erscheinen aus der Zwiebelknolle wenige, grundständige, linealische Blätter. Die Blütenblätter sind beim Öffnen weit zurückgebogen. Mit 8,5 cm Höhe sind die Blüten ähnlich groß wie die unserer Herbstzeitlose *(Colchicum autumnale)*, jedoch ohne die lange Blütenröhre. Eng verwandt sind die wesentlich empfindlicheren *Merendera*-Arten. Im August–September blühen *M. filifolia* und *M. pyrenaica* von den Balearen und aus Spanien. Es sind Knollenpflanzen für Topfkultur im Alpinenhaus. Sie wollen im Frühjahr feucht stehen und im Sommer trokken und warm ausreifen, um dann zu blühen. (3, 12, 29, 30, 32)

△

Buphthalmum salicifolium, Ochsenauge, Asteraceae (Compositae), Asterngewächse. 2 Arten wachsen in den Gebirgen Mittel- und Südeuropas, vorzugsweise auf Kalk. Es sind hohe, locker verzweigte oder straffe, unverzweigte, kahle oder auch zottig behaarte Stauden mit einem walzenförmigen, knotigen Wurzelstock. Die länglichen Blätter sind ganzrandig und ungestielt, wie bei der abgebildeten Art, oder auch gezähnt. Die einzelnen, endständigen Blütenkörbchen in leuchtendem Gelb erscheinen von Juni–September. Die 30–60 cm hohen reich behaarten Stengel sind unverzweigt und bis zur Blüte dicht beblättert. Das Ochsenauge ist eine lange und zuverlässig blühende Staude für sonnige Waldrandlagen und eine gut haltbare Schnittblume. Entscheidend ist ein sonniger Standort. Vermehrung durch Aussaat, bei guten Typen besser durch Teilung. (3, 10, 29)

Bupleurum griffithii, Hasenohr, Apiaceae (Umbelliferae), Selleriegewächse. Etwa 150 *Bupleurum*-Arten kommen in Europa, Asien, Afrika und Nordamerika vor. Selten sind sie einjährig, meist Stauden oder Halbsträucher. *B. griffithii* ist in Südeuropa, Syrien und im westlichen Nordafrika verbreitet und blüht von Juli bis zum Frost. Das Hasenohr wird 50–100 cm hoch. Seine kleinen, gelben Blüten stehen in Dolden an den Zweigenden und sind von großen, oft sehr kräftig gelb gefärbten Hochblättern umgeben. Im März–April wird ausgesät. Bei einer Temperatur von 15 °C keimen die Samen innerhalb von 10–14 Tagen. Wer keine Anzuchtmöglichkeiten im Haus hat, kann auch direkt Ende April–Anfang Mai an Ort und Stelle säen und dann auf 20–30 cm vereinzeln. Die Pflanze liefert elegantes Beiwerk zu Sommersträußen aus dem eigenen Garten. (2, 3, 13, 34, 36) ▷

◁ **Butomus umbellatus,** Blumenbinse, Butomaceae, Blumenbinsengewächse. Einzige Art in allen gemäßigten Zonen Europas und Asiens. Die Blumenbinse gehört mit ihren 50–130 cm hohen Blütenständen zu den schönsten blühenden, heimischen Sumpfpflanzen. Aus dem kriechenden Wurzelstock wachsen länglich-linealische, 3kantige Blätter, die von den doldenähnlichen, langgestielten Blütenständen überragt werden. Sie tragen im Juni–August bis über 30 etwa 3 cm große, rosafarbene Blüten. Vermehrung durch Aussaat oder Teilung. Geeignet vom Uferschlamm bis zu 50 cm Wassertiefe. Einzig sonnig muß ihr Standort sein, sonst blüht sie spärlich oder gar nicht. Auch für Wasserkübel, da absolut winterhart. Die Sorten 'Schneeweißchen' und 'Rosenrot' zeigen schon durch ihre Namen, daß es sich um reinweiße und kräftig rosafarbene Auslesen handelt. (8, 26, 27, 38)

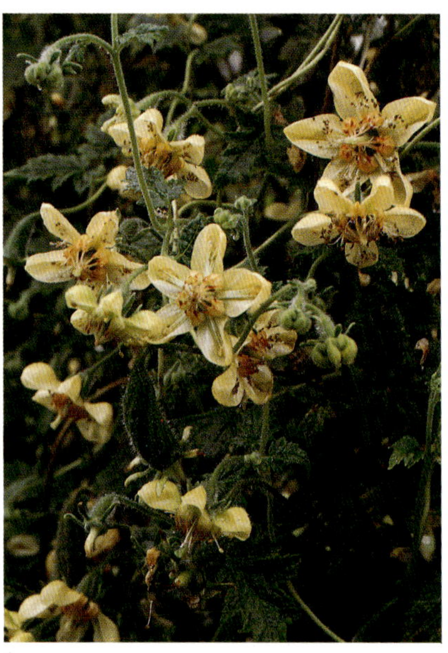

△

Caiophora lateritia, Fackelträger, Brennwinde, Loasaceae, Brennwindengewächse, Blumennesselgewächse. Etwa 65 Arten enthält diese erstaunliche, Nesselhaare besitzende Gattung, die besonders in Südamerika verbreitet ist. Die abgebildete Art wächst als schöner, bis 3 m hoher Sommerschlinger oder auch als Bodendecker. Die Blüten sind ziegelrot mit gelber Nebenkrone oder weiß-gelb, wie bei dem abgebildeten Typ. Die Pflanze nutzt ihre Blütenstiele als Kletterranken. Blütezeit ist von Juni–Oktober. Die 8–10 cm langen Samenkapseln sind fein längsgeteilt und um sich selbst verdreht. Man muß sie mit Handschuhen ernten. Vermehrt wird durch Aussaat an Ort und Stelle Ende April–Anfang Mai. Die Brennwinde ist eine anspruchslose Pflanze, die in der Sonne, aber auch auf der Ostseite eines Hauses wächst. (15, 16, 20, 35)

Calamagrostis × acutiflora 'Karl Foerster' *(C. arundinacea × C. epigejos)*, Gartensandrohr, Poaceae (Gramineae), Gräser. Diese sehr früh austreibende Sorte wird 60–150 cm hoch und blüht von Juni–August mit steif aufrechten, schilfartigen Halmen. Sie wuchert nicht so stark wie ihre Eltern. Vermehrung durch Teilung. Bei uns heimisch ist das Rohr- oder Waldreitgras, *C. arundinacea*, das Horste bildet, aber meist durch Ausläufer grasig wächst. Es ist ebenso wie die Sorte 'Karl Foerster' für sonnige bis halbschattige Stellen geeignet, gedeiht jedoch nicht gut auf Kalkboden. Die Sorte 'Purpurea' wird bis 1,2 m hoch, hat saftiggrüne Blätter und rötliche Rispen. Alle Reitgräser lassen sich geschnitten sehr schön in Sträußen verwenden, auch getrocknet. Durch ihre tiefgehenden Wurzeln leiden sie nur selten unter Trockenheit. (1, 3, 4, 8, 29) ▷

Calamintha nepeta ssp. nepeta ▷ *(C. nepetoides)*, Steinquendel, Bergminze, Kölme, Lamiaceae (Labiatae), Taubnesselgewächse. Eng verwandt mit *Satureja*. Mit 6–7 Arten in Westeuropa und Zentralasien verbreitet. Vermehrung durch Aussaat, Stecklinge oder Teilung. Geeignet für jeden sonnigen Standort mit durchlässigem Boden. *C. nepeta* ssp. *nepeta* ist in Europa heimisch und blüht den ganzen Sommer hindurch. Breit-ovale, tief gesägte Blätter sitzen an den 30–80 cm hohen Stengeln und tragen in ihren Achseln 5–10 weiße oder leicht lilafarbene, zusammengedrängte Blüten in traubiger Anordnung. *C. grandiflora (Satureja grandiflora)* aus Südosteuropa bleibt mit 20–60 cm etwas niedriger, bildet aber 2–4 cm große, rötlichpurpurne Blüten in den Blattachseln. Die Pflanze duftet schwach aromatisch und wird in gleicher Weise verwendet. (3, 10, 22)

◁ **Calandrinia grandiflora,** Calandrinie, Portulacaceae, Portulakgewächse. 2,5–5 cm große Mohnblüten in Rispen zieren diese schöne, bis 1 m hohe Ergänzung sommerlicher Sukkulentenpflanzungen. Die stark sukkulenten Blätter zeigen, daß sie diese Bedingungen gut verträgt. *C. grandiflora* aus Chile wird bei uns einjährig gezogen, da sie unsere Winter nicht übersteht. *C. umbellata* wächst einjährig bis halbstrauchig mit rötlich überlaufenen, verholzenden, bis 15 cm hohen Stengeln und schmal-linealischen, 1–2 cm langen Blättern. Von Juli–September trägt sie leuchtendrote bis purpurviolette, vielblütige Doldentrauben. Im März–April direkt säen oder nach Vorkultur im Mai auspflanzen. Auch Stecklingsvermehrung ist möglich. Voraussetzung für gutes Gedeihen und reiches Blühen sind sonnige, trokkene, gut durchlässige, warme Stellen. (5, 12, 14, 33, 35)

Calceolaria uniflora var. darwinii, Scrophulariaceae, Braunwurzgewächse. Diese schöne, aber heikle Art repräsentiert eine Gruppe rosetten- und rasenartig wachsender Pantoffelblumen, die von Mai–Juni blühen. Sie gedeihen am besten im Halbschatten, bei hoher Luftfeuchtigkeit auf gut gedräntem, saurem Boden, also auch in Moorbeeten. Eine bessere Winterhärte besitzt *C. biflora*, die auch etwas mehr Sonne verträgt und an 10 cm hohen Stielen 2 gelbe rotpunktierte Blüten trägt. Vergleichbar in der Winterhärte ist *C. crenatiflora* aus Chile, die rasenartig wächst und gelbe Blüten in lockeren Scheindolden auf etwa 15 cm hohen Stielen bildet. Am weitesten verbreitet ist *C. polyrrhiza* aus Patagonien, die sich durch Ausläufer ausbreitet und im Winter oberirdisch abstirbt. Die bis 4 cm großen, gelben Blüten sind am Grunde rotbraun gepunktet und erblühen im Juni. (20, 21, 32) ▽

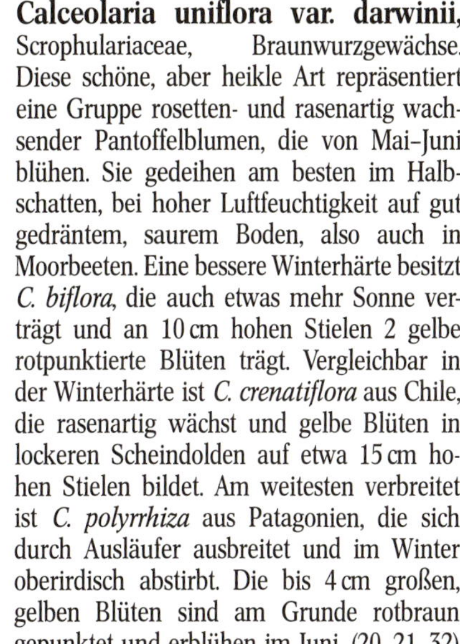

Calceolaria integrifolia (*C. rugosa*), Pantoffelblume. Sie ist die bekannteste der 300–400 Arten von Pantoffelblumen, die krautig bis strauchig wachsen und bei uns als Beet- und Gruppenpflanze oder Kübelpflanze gehalten werden können. Das Verbreitungsgebiet der Gattung *Calceolaria* reicht von Mexiko bis Patagonien. *C. integrifolia* stammt aus Chile, entwickelt sich bei uns halbstrauchig mit bis zu 60 cm Höhe und blüht vom Frühsommer bis zum Frost. Die dichten doldentraubigen Blütenrispen liefern bei einigen aus Samen vermehrten Sorten wie 'Gold Bukett', 'Goldari' oder 'Goldcut' auch haltbare Schnittblumen. Die Vermehrung erfolgt durch Stecklinge oder auch Aussaat, wobei die Jungpflanzen hell und kühl bei 5–10 °C zu überwintern sind. Ausgepflanzt wird nach den Eisheiligen; besonders schön wirkt das leuchtende Gelb zusammen mit blauen Sommerblühern. (2, 34, 36, 38) ▽

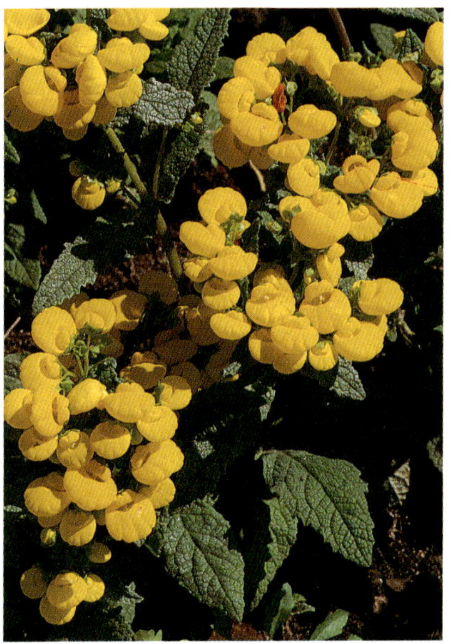

Calendula officinalis, Ringelblume, ▷ Asteraceae (Compositae), Asterngewächse. Die ein- bis mehrjährigen, z. T. verholzenden 20–30 Arten sind im Mittelmeergebiet bis Persien verbreitet. Die verschieden großen Blütenkörbchen in gelben bis orangen Farben stehen einzeln an den Zweigenden und gleichen einfachen, gefüllten oder teilgefüllten „Blüten". Seit alters her werden die Pflanzen als Gartenblumen gezogen, aber auch als Heilpflanzen, denn *Calendula*-Salbe ist wirksam bei Hautproblemen und *Calendula*-Tee zur Beruhigung und Stärkung. Vermehrung durch Direktsaat im Herbst (Märzblüte) oder zeitig im Frühjahr (Blüte Juni–November). Pflanzenhöhe je nach Sorte 25–60 cm. Sortenbeispiele: 'Fiesta Gitana', 30 cm hoch, Mischung gut gefüllter Blumen, oder 'Zwerg Anagor', bis 25 cm hoch, auch für Topfkultur geeignet. Gut verwendbar auch als Schnittblume. (2, 35, 39)

◁ **Calla palustris,** Sumpfcalla, Araceae, Aronstabgewächse. Eine Art in Europa, Asien und im Atlantischen Nordamerika, bei uns auch Sumpfdrachenwurz oder Schweinsohr genannt. Sie bildet ein kriechendes Rhizom und daraus bis 30 cm hohe, dichte, dunkelgrüne Flächen mit weißen, tütenförmigen Blüten aus Hochblättern. Blütezeit von Mai–September. Am Blütenkolben entwickeln sich rote, giftige Beeren. Vermehrung durch Teilung und Aussaat. Der Boden sollte leicht sauer bis anmoorig sein und sumpfig bis flach mit Wasser überstanden. Geeignet auch für kleine Sumpfbecken und leichten Schatten. Ein guter Partner ist *Baldellia ranunculoides*, der Igelschlauch aus Nordwesteuropa. Er hat sehr breite, fast runde, oben spitz zulaufende Blätter und kleine, weißlichrosa Blüten in einem pyramidalen, rispigen Blütenstand. Vermehrung durch Aussaat. (27, 28, 38)

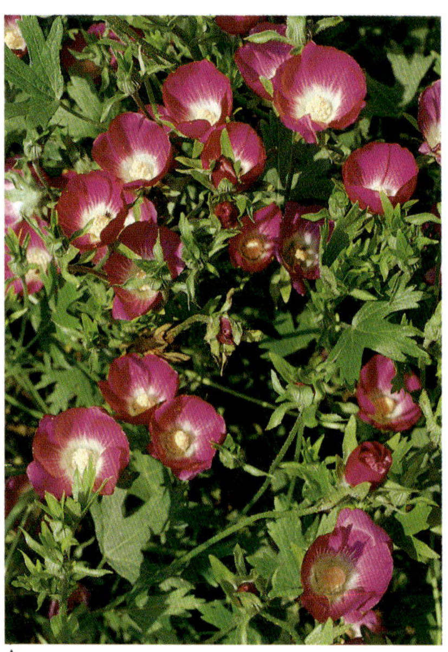

△

Callirhoe involucrata, Mohnmalve, Malvaceae, Malvengewächse. Die in Nordamerika verbreiteten 9 Arten sind meist mehrjährig, mit rübenförmigem Wurzelstock und niederliegendem Stengel. Wechselständige, tief gelappte Blätter tragen in ihren Achseln die mohnförmigen, kräftig gefärbten Blüten, die sich von Juli–September öffnen. Bei uns kann die Mohnmalve entweder als einjährige Sommerblume kultiviert werden, oder man überwintert sie in Kübeln oder Schalen frostfrei. Die Vermehrung erfolgt durch Stecklinge oder Aussaat, die Pflanzung nach den Eisheiligen. Verwendbar ist sie als unermüdlicher Sommerblüher für vollsonnige, trockene Stellen in Steingärten, Trögen oder in sommerlichen Kakteen- und Sukkulentenbeeten. Bei Freilandüberwinterung braucht sie unbedingt wirkungsvollen Schutz vor Winternässe! (5, 12, 14, 33, 38)

△

Callitriche palustris, Sumpfwasserstern, Callitrichaceae, Wassersterngewächse. 25 Arten dieser Schwimmpflanzen oder Unterwasserpflanzen sind Kosmopoliten und fehlen nur in Südafrika. *C. hermaphroditica*, der Herbstwasserstern, wächst mit schmal-linealen, immergrünen Blättern nur unter Wasser und wird 40–90 cm lang. Der Hakige Wasserstern, *C. hamatula*, wird ebenso lang. Seine auf dem Wasser schwimmenden Blattrosetten sind nur schwach ausgebildet und die Unterwasserblätter schmal im Gegensatz zu den Rosettenblättern. Beim Sumpfwasserstern sind die bis 10blättrigen Rosetten deutlich von den schmal-linealischen Unterwasserblättern zu unterscheiden. Beim Teichwasserstern, *C. stagnalis*, sind Schwimmblätter und Rosettenblätter (6–8) gleich. Vermehrung durch Teilung. Die Pflanzen geben guten Schutz für Jungfische. (28)

Callistephus chinensis, Sommeraster, ▷ Asteraceae (Compositae), Asterngewächse. Einzige Art aus China und Japan mit Blüte von Juli–Oktober. Es sind einjährige Sommerblumen mit riesigem Farbsortiment von Violett, Blau über Gelb, Rosa, Rot bis Weiß und allen Mischtönen, außerdem unterschiedlicher Füllung und Ausbildung der Blüten als Zungen- oder Röhrenblüten. Aussaat frostfrei mit Auspflanzen ab Mitte Mai oder Direktsaat Mitte Mai. Zwergastern (etwa 20 cm hoch) sollten sich beim Pflanzen berühren, um dichte Blütenteppiche zu bilden. Hohe Astern (etwa 70–100 cm) sind auf 20–30 cm Abstand zu setzen. Die Asternwelke ist eine Pilzkrankheit, die bei kühlem, nassem Fuß oder gar Staunässe die Pflanze über die Wurzel befällt und die Leitungsbahnen verstopft. Es gibt bereits resistente Sorten, z. B. 'Resisto', hellrosa mit weißer Mitte. (2, 35, 36)

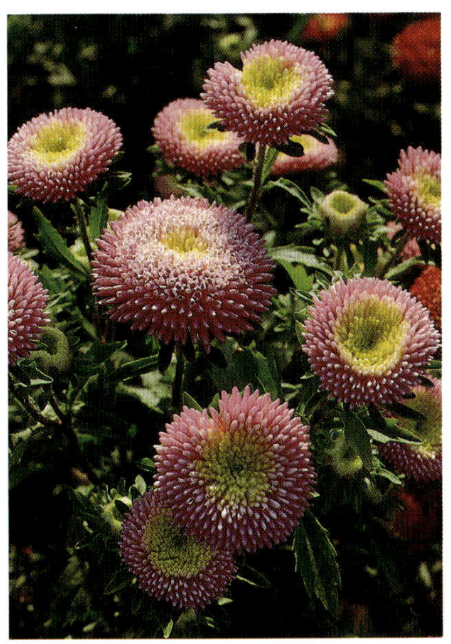

△

Callistephus chinensis, Sommeraster. Die Ausbildung der Blüten als Zungen- oder Röhrenblüten dient zur Klassifizierung der Blütentypen. Die abgebildete Sorte gehört zur Gruppe der Pomponastern, bei der alle Blütchen im Blütenkorb Röhrenblüten sind. Dabei können die Röhrenblüten am Rande durchaus eine andere Farbe haben als in der Mitte. Bei den Prinzeßastern sind, von wenigen Zungenblüten am Rande abgesehen, auch alle Blüten röhrenförmig. Die Strahlenastern haben dagegen nur Zungenblüten, wobei das Blütenblatt aber so gerollt ist, daß es wie ein Röhrenblütchen aussieht. Das größte Farb- und Formspektrum bieten die Prinzeß- und Riesenprinzeßastern, in deren Blütenkörbchen Zungenblüten am Rande und Röhrenblüten in der Mitte sitzen. Ihr Anteil ist je nach Sorte unterschiedlich, das gesamte Körbchen kann 1-, 2- oder mehrfarbig sein. (2, 35, 36, 38)

Calluna vulgaris, Besenheide, Heidekraut, Ericaceae, Heidekrautgewächse. Eine einzige Art in Europa. Die Besenheide ist ein kleines, immergrünes Sträuchlein mit feinen, nadelartigen Blättern und Blüte von Juli–November, je nach Sorte. Sie wird meist 20–40 cm hoch, bei der Art können ältere Exemplare bis 1 m Höhe erreichen. Alle 3–5 Jahre sollte man im Frühjahr kräftig zurückschneiden, damit neue Triebe mit guter Blütenentwicklung folgen. Blüten weiß, rosa, rot oder lila, einfach oder gefüllt. Vermehrung durch Stecklinge. Für leichte, saure Böden ohne Staunässe, wobei die Pflanzen eingewurzelt durchaus sommertrockene Perioden vertragen. Bei den Sorten 'Aurea' mit besonders intensiv goldgelbem Austrieb, 'Cuprea' mit kupfriger Herbstfärbung oder 'Multicolor' mit fuchsroten Blättern wirkt auch das Laub als Schmuck. (3, 7, 29, 38) ▷

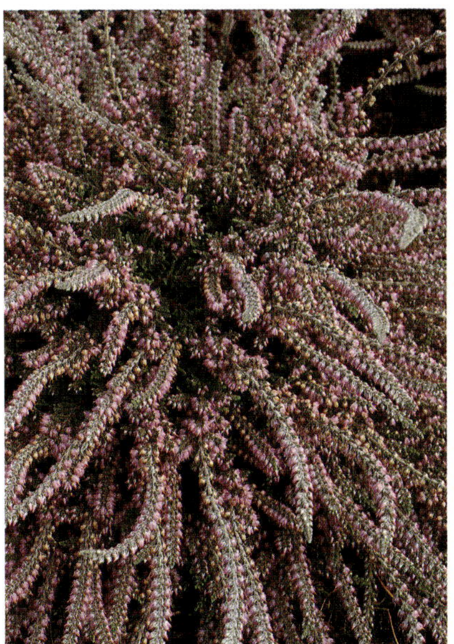

Caltha palustris 'Plena' (*C. palustris* 'Multiplex'), Sumpfdotterblume, Ranunculaceae, Hahnenfußgewächse. Etwa 20 Arten sind auf der Nord- und Südhalbkugel außerhalb der Tropen verbreitet. Es sind Stauden mit grundständigen, fleischigen, ungelappten, runden bis herzförmigen Blättern. Ihre Blüten sind gelb, weiß, oder auch bläulich (*C. leptosepala*, ohne Gartenwert). Vermehrung durch Aussaat oder Teilung. Sie eignen sich für Sumpfpartien oder Flachwasser in Sonne bis Halbschatten. Die heimische Sumpfdotterblume, *C. palustris*, blüht von April–Juni und wird 20–60 cm hoch. Ihre 2–5 cm breiten Blüten sind glänzend goldgelb, bei der Sorte 'Plena' kräftig goldgelb gefüllt. Sie blüht besonders lange. 'Auenwald' ist eine besonders großblumige Sorte, 'Erlenbruch' wurzelt an den liegenden Trieben. Vermehrung der Sorten nur durch Teilung. (27, 28, 38)

▽

Caltha palustris 'Alba', Weiße Sumpfdotterblume. Diese weißblühende Sorte wird heute als *Caltha palustris* var. *alba*, d. h. als botanische Varietät eingeordnet, da sie gedrungener und nur 15–20 cm hoch wächst und etwa 14 Tage vor unserer heimischen, gelben Sumpfdotterblume erblüht. Durch den frühen Austrieb und die frühe Blüte ist sie spätfrostgefährdet. Sie stammt aus Kaschmir und wächst dort zusammen mit *Primula rosea*, der Rosenprimel, und *Primula denticulata*, der Kugelprimel. Diese Pflanzen bilden ein gutes Dreigespann für feuchte, sumpfige Standorte. *C. natans* ist eine schwimmende oder im Sumpf entlangkriechende Art aus Sibirien und Nordamerika. Mit ihren herz- bis nierenförmigen, gekerbten Blättern und den kleinen, weißen, am Rande rötlichen Blüten ist sie eine besondere Ergänzung für Flachwasserbereiche. (27, 28)

▽

◁ **Camassia leichtlinii 'Alba',** Präriekerze, Hyacinthaceae (Liliaceae), Hyazinthengewächse. 5 Arten sind in Nordamerika als zwiebelbildende Stauden verbreitet. Die Blüten stehen zu vielen in einer lockeren, aufrechten Traube und sind blau, violett oder weiß. Vermehrung durch Tochterzwiebeln im Herbst. Die langlebigen Pflanzen eignen sich für sonnige, aber zumindest im Frühling feuchte Standorte. *C. leichtlinii* blüht von April–Mai und hat Zwiebeln mit schwarzbrauner Haut. Der bis 1 m hohe Blütenstand trägt bei der Sorte 'Plena' sternförmig gefüllte Blüten. *C. cusickii* entwickelt bis 10 cm große Zwiebeln und bis 4 cm große, hell blauviolette Blüten im April–Mai. *C. quamash (C. esculenta)* blüht von Mai–Juni, hat die kleinsten Zwiebeln und wird nur bis 50 cm hoch. Die violetten Blüten erscheinen spärlicher. 'Alba' ist ein weißer Typ. (2, 4, 26)

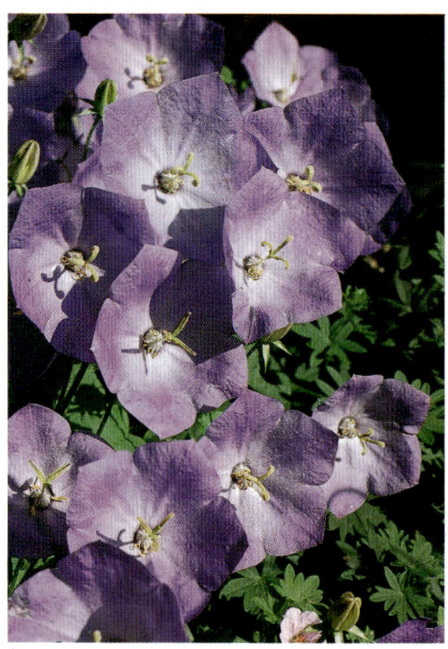

△
Campanula carpatica, Karpatenglockenblume, Campanulaceae, Glockenblumengewächse. Diese Großgattung umfaßt etwa 300 Arten. Ihr Vorkommen ist auf die nördliche Halbkugel beschränkt, mit Schwerpunkten in den Alpen, im Mittelmeergebiet, in den Pyrenäen, in Japan, Pakistan und Kanada. Die Wuchsform ist entsprechend der großen Anzahl von Arten sehr unterschiedlich. Von kleinen kompakten Zwergen bis zu Flächenriesen und zu eineinhalb Meter hohen Blütentürmen ist alles vorhanden. Die Karpatenglockenblume ist gärtnerisch sehr wichtig, sie bildet sommerblühende, halbkugelige, 15–30 cm hohe Blütenkissen, je nach Sorte weiß, hell oder kräftig blau, nach Rückschnitt remontierend. Für Steingärten und an sonnigen Gehölzrändern. Es gibt neben vegetativ vermehrbaren Sorten auch samenvermehrbare, wie 'Blaue Clips' (Bild) und 'Weiße Clips'. (3, 18, 31, 32)

△
Campanula cochleariifolia, Zierliche Glockenblume, Zwergglockenblume. Schutt- und Felssiedler der Alpen und anderer europäischer Gebirge, meist auf kalkhaltigem Untergrund, aber auch auf anderen Formationen. Im Garten trotz der Zierlichkeit sehr dauerhaft. Die einzige negative Eigenschaft ist das Herumvagabundieren der unterirdischen, zarten Stolonen. Die Pflanze breitet sich deshalb manchmal stärker als erwünscht aus, führt dann aber in Kombination mit anderen Steingartenpflanzen zu hübschen, naturnahen Szenerien. Die Stolonen entwickeln kleine Blattrosettchen aus eiförmigen Blättchen, aus deren Mitte die 5–15 cm hohen Blütenstiele entspringen. An deren Spitze hängen dicht an dicht die kleinen Glockenblüten, die ganze Blütenmatten bilden. Es gibt einige Farbvarianten in blauen Tönen und die weiße Sorte 'Alba'. (24, 25, 31, 32)

◁ **Campanula glomerata,** Büschel- oder Knäuelglockenblume. Europa, Kaukasus, Iran. Eine durch das große Verbreitungsgebiet recht vielseitige Art, und bekannte Gartenpflanze, die sich oft auch selbst aussät. Sie bildet mehr oder weniger behaarte, gestreckt-herzförmige Basalblätter; die Blätter an den kräftigen Stengeln sind breit-lanzettlich, rauh und sitzend. Die normalerweise dunkelvioletten Blüten, die endständig und in den oberen Blattachseln sitzen, bilden dichte, bis zu 20blütige Köpfe oder Knäuel. Die meisten Sorten blühen im Juli–August. Anspruchslose Glockenblume, die Sonne und kalkhaltigen Boden liebt. Naturformen und Sorten unterschiedlicher Höhe, von 15–60 cm. Neben violettblühenden Sorten gibt es auch weißblühende, wie die niedrige 'Schneehäschen' (Bild). Wichtig sind 'Dahurica', 'Superba' und 'Schneekrone'. (1, 3, 10, 18, 19)

Campanula lactiflora, Kuppelglocke, ▷ Riesen-Doldenglockenblume. Eine wichtige hohe Glockenblume aus dem Kaukasus und Westasien. Aus dem dicken, fleischigen Wurzelstock treiben kantige, schwach rauhhaarige Stengel, die je nach Standort 1–2 m hoch werden können. Diese tragen die sitzenden, oval-lanzettlichen, gesägten Blätter. Die Blüten sind breitglockig, milchig hellblau bis lilablau in endständigen, verzweigten, sehr reich blühenden Rispen. Blütezeit Juni–August. Für sonnige bis halbschattige Staudenpflanzungen. Es gibt einige Sorten, wie 'Prichard's Variety' (Bild), auch oft 'Prichard' geschrieben, mit amethystvioletten Blüten, 'Alba', weiß, und 'Loddon Anne', lilarosa. Diese Glockenblume darf nicht hungern und dürsten, wenn sie ihre volle Pracht zeigen soll. Schöne Partner sind Strauchrosen, Madonnenlilie und Goldfelberich. (1, 3, 4, 18)

△

Campanula latifolia, Breitblättrige Glockenblume. Europa, Sibirien, Iran. Aus einem fast rübenförmigen dicken Wurzelstock ohne Ausläufer wachsen die Stengel 80–150 cm hoch. Sie sind bis zur Spitze mit sitzenden oder ganz kurz gestielten länglich-eiförmigen, vorne zugespitzten Blättern besetzt. Die Blüten sind weitglockig, spitzzipfelig und bis zu 5 cm lang, innen behaart und violettblau oder weiß. Sie sitzen einzeln oder zu dreien in den Achseln der oberen Stengelblätter, so daß sich eine durchblätterte Traube bildet. Blütezeit Juni–Juli. Große und dunklere Blüten hat die Sorte 'Macrantha', die aus dem Kaukasus stammt. Auch die weiße 'Macrantha Alba' ist wichtig. Für Staudenrabatten und auch für Wildstaudenpflanzungen. Schön wirkt sie in waldartigen Naturgarten-Partien zusammen mit Geißbart, Salomonssiegel und Farnen. (4, 18, 20, 21)

△

Campanula persicifolia, Pfirsichblättrige Glockenblume. Balkanhalbinsel, Sibirien. Ein kriechender Wurzelstock bildet dichte Nester schmaler, glänzendgrüner Blätter. Der aufrechte Stengel kann 60–100 cm hoch werden, er ist meist unverzweigt und locker beblättert. Der Blütenstand ist 3- bis 8blütig, Blütezeit Juni–Juli. Die großen breitglockigen Blüten bilden eine lockere Traube, sie sind blauviolett und weiß. Diese Glockenblume ist eine wertvolle Wildstaude für verschiedenartige Staudenpflanzungen, für Heide wie auch für halbschattige Partien, ebenso wichtig für den Schnitt. Dankbar in anlehmigen Böden. Sie sät sich auch selbst aus. Im Handel sind zahlreiche Sorten, darunter auch gefülltblühende Typen. Für den Steingarten gibt es einen Zwerg: *C. persicifolia* f. *nitida*, das weiße Gegenstück ist *C. persicifolia* f. *nitida* 'Alba'. (3, 10, 18, 19, 20)

△

Campanula medium, Marienglockenblume. Nord- und Mittelitalien, Südostfrankreich. Zahlreiche Gartensorten, schon seit dem Mittelalter in den Gärten. Die bekannte, nur zweijährige Bauerngartenblume wird im Rhythmus wie Stiefmütterchen und Vergißmeinnicht gezogen. Die Gartensorten bilden 50–90 cm hohe kräftige, breit-pyramidale Büsche, die Äste sind aufrecht-steifhaarig. Die Basalblätter sind rosettenartig angeordnet, die Stengelblätter sitzend bis halbstengelumfassend. Die großen, etwas hängenden, glockenförmigen, am Grunde etwas erweiterten, Blüten zeigen in der Natur bläuliche Töne oder sind weiß. In der Kultur sind auch verschiedene rosa Töne hinzugekommen. Zusätzlich gibt es gefülltblühende Sorten. Gefordert ist sonnige Lage und ein nahrhafter, möglichst kalkhaltiger Boden. Im Winter vor Kahlfrost schützen. Blütezeit Juni–Juli. (5, 36)

Campanula portenschlagiana, Dalmatiner Glockenblume. Dalmatien. Neben *C. poscharskyana* wichtigste großpolsterige Glockenblume. Die Polster werden aus vielen, etwa 10 cm langen aufstrebenden Trieben gebildet, die mit rundlich-herzförmigen, am Rand unregelmäßig gezähnten Blättern besetzt sind. Die etwa 15 cm langen, niederliegenden Blütentriebe tragen zahlreiche, aufrechtstehende, trichterförmige blaue oder lila Blüten. Blütezeit Juni–Juli, bei Rückschnitt oft Nachflor im September. Sie ist anspruchslos, verträgt auch Halbschatten und Trockenheit und ist ideal als Fugenpflanze in Trockenmauern. Schön am Rande von größeren Trögen und Schalen, wo sie kaskadenartig herabhängt. 'Birch Hybrid', lichtblau, 'Major', purpurblau, 'B. Prövis', hellviolett, zierlicher. Staudensichtung: Sehr wertvolle Wildstaude. Vermehrung durch Stecklinge. (3, 24, 31, 32) ▷

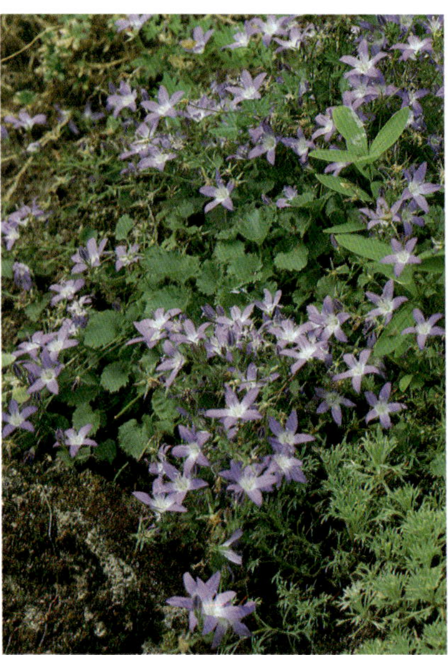

△ **Campanula poscharskyana,** Hängepolsterglocke. Süddalmatien. Wertvolle Wildstaude, die große Polster bildet, aber insgesamt lockerer wirkt als *C. portenschlagiana.* Die flachen, bis zu 70 cm lang werdenden Triebe sind locker beblättert und mit weitgeöffneten, fast sternförmigen Blüten besetzt. Die Blütezeit beginnt im Juni und kann mit Unterbrechung bei einzelnen Sorten bis zum Frost dauern. Die unterirdischen Sprosse können manchmal ziemlich raumgreifend sein, man kann sie aber nicht als wuchernd bezeichnen. Sie verträgt Sonne und Halbschatten und ist im Hinblick auf den Boden sehr anspruchslos. Für größere Steingärten und für Gartenplätze, an denen die dekorativen Triebe herabhängen können. 'Stella', dunkellila, Staudensichtung: sehr wertvoll, 'E. H. Frost', porzellanweiß, wertvolle Sorte, 'Blauranke', hellblau, wertvolle Sorte. (3, 24, 31, 32)

△ **Campanula punctata,** Punktierte Glokkenblume. Ostasien. Eine halbhohe (bis 30 cm), durch unterirdische Ausläufer rasenbildende Pflanze, was bei der Standortwahl berücksichtigt werden muß. Ihre gestielten, herz-eiförmigen Blätter haben grobgesägte Ränder. Die kräftigen, schwach verzweigten Stengel sind mit 5 cm großen, röhrenförmigen, cremeweißen, seltener auch rosa Blüten besetzt. Die Sprenkelung auf der Innenseite gab der Pflanze ihren Namen. Blütezeit Juni–Juli. Eine wüchsige, interessante Glockenblume, die keinerlei Schwierigkeiten macht, aber eine saure Bodenreaktion vorzieht. Für sonnige bis halbschattige Plätze, besonders in größeren Steingärten und Naturgartenpartien, wo das Wuchern erwünscht ist. Für kleinere Pflanzplätze eignet sich die Zwergform *C. punctata* 'Nana Alba'. Nicht oft im Angebot, man muß schon ein wenig danach suchen. (3, 18, 19, 32)

Campanula rotundifolia, Rundblättrige Glockenblume. Weltenwanderer in Europa, Asien und Nordamerika. Diese weitverbreitete, heimische Art ist wegen ihres verzweigten Wurzelgeflechts mit Vorsicht zu genießen. Sie bildet Matten aus lockeren Rosetten, aus denen aufrechte, 10–40 cm hohe Blütenstengel treiben. Wegen der weiten Verbreitung gibt es zahlreiche Formen. Die Rosettenblätter sind eirund bis kreisförmig und langgestielt, die aufsitzenden Stengelblätter mehr lanzettlich. Die Blüten stehen in lockeren kopfständigen Trauben oder einzeln, im knospigen Zustand aufrecht, voll erblüht nach außen gerichtet, oder hängend, glockig, weiß bis lavendelblau. Sie ist nur für Naturgärten zu empfehlen, im Steingarten sollte man ihr eine unterirdische Manschette geben, damit diese reizende Glockenblumengestalt nicht zum Unkraut wird. (3, 19, 24, 32) ▷

◁ **Canna-Indica-Hybriden,** Canna, Cannaceae, Cannagewächse. Etwa 50 Arten im tropischen und subtropischen Amerika. Die über 100 Sorten unterscheiden sich durch Blütenform und -farbe, Wuchshöhe und Farbe der Blätter, die hellgrün, blaugrün, braunrot oder gestreift sein können. Wurzelstöcke werden bei über 10 °C und relativ trocken überwintert, im Frühjahr angetrieben und nach Abhärtung Mitte Juni ausgepflanzt. Wärme und reichliche Nährstoff- und Wasserversorgung sind nötig für gutes Gedeihen. Sorten: 'Brilliant', leuchtendrot, sehr wüchsig, 70 cm; 'R. Wallace', leuchtendgelb mit hellerer Mitte, 90 cm; mit rotbraunem Laub 'Red King Humbert', tief scharlachrot, 90 cm, oder 'Wyoming', orangebronze, 100 cm. Zwergsorten: 'Golden Lucifer', gelb, 60 cm, grünlaubig, oder 'Lucifer', reinrot, hellgelb gerandet, grünlaubig, 60 cm. (16, 30, 34, 36, 38)

△

Cardiocrinum giganteum, Riesenlilie, Liliaceae, Liliengewächse. Von den 3 Arten ist die abgebildete im Himalaja zu finden, die anderen beiden in Japan und China. Es sind zwiebelbildende Stauden mit großen, rosettenartig angeordneten, herzförmigen Blättern und sehr großen, bis 20 cm langen, duftenden, trichterförmigen Lilienblüten. Ihre Zwiebel besteht aus wenigen, sehr dicken Schuppen (bis 20 cm Durchmesser). Blütezeit beim abgebildeten Typ Juni–August. Nach der Blüte stirbt die Zwiebel ab, bildet aber Nebenzwiebeln, aus denen erst nach mehreren Jahren wieder ein bei uns bis 2,5 m, in der Heimat bis 3,5 m hoher Blütenstand wächst. Die Zwiebel ist im Herbst so zu pflanzen, daß die obere Spitze gerade über der Erdoberfläche steht. Geschützter Standort, Winterschutz. Eine sehr interessante und imposante Staude für versierte Liebhaber. (8, 18, 21)

△

Carex buchananii, Fuchsrote Segge, Cyperaceae, Zypergrasgewächse. Die Seggen bedürfen noch intensiver botanischer Bearbeitung, bis man weiß, ob es sich um 1500 oder gar 2000 Arten auf der ganzen Erde handelt. Es sind grasartige Stauden mit 3kantigen, vollen Stengeln und Blüten in Ähren oder Rispen. Vermehrung durch Teilung, aber auch Aussaat. Für vollsonnige bis schattige, feuchte oder seltener auch trokkene Stellen. Die Fuchsrote Segge stammt aus Neuseeland, wird 60–70 cm hoch und hat lange, runde, rotbraune, im Herbst sich noch kräftiger rot verfärbende, überhängende Halme. Sie eignet sich für sonnige, trockene Stellen und benötigt leichten Winterschutz. *C. flaca*, die Blaugrüne Segge, macht Ausläufer, wird 50 cm hoch und verträgt Kalk. Gelbgrün und bis 50 cm hoch ist die auch in Kalksümpfen vorkommende *C. flava*, die Große Gelbe Segge. (6, 22, 32)

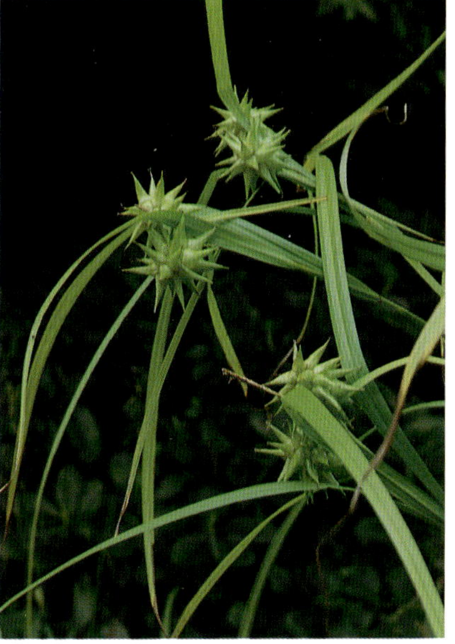

◁ **Carex grayi,** Morgensternsegge. Sie stammt aus dem atlantischen Nordamerika und wird etwa 80 cm hoch. Über lanzettlichen Blättern trägt sie große, dekorative, morgensternartige Fruchtstände, die sich gut für Trockensträuße eignen. Sie wächst im Trockenen ebenso gut wie im Sumpf. Die niedrige Schneesegge, *C. baldensis*, vom Monte Baldo in Norditalien gehört zu den horstig oder igelartig wachsenden Arten: bis 20 cm hoch, mit graugrünen Blättern und im Juli kopfig gehäuften, weißen Blütenständen mit mehreren langen Hochblättern auf 30 cm langen Stengeln. Die Zwergpolstersegge, *C. firma* aus den Alpen, wird 5–20 cm hoch, wächst gern in Felsfugen und zwischen Gesteinsschutt und fühlt sich in flachgründigen, mageren Bereichen sehr wohl. 'Variegata' ist ein weißgelb gestreifter Typ, der auch in Trögen gut wächst. (6, 26, 27, 31, 38)

Carex pendula, Riesensegge. Mit ▷ 60–150 cm Höhe eine sehr eindrucksvolle Segge, die an feuchten bis nassen Stellen wächst. Ihr Blütenstand ist, frühzeitig geschnitten und getrocknet, gut für die Binderei geeignet. Feuchte Bedingungen benötigt auch die Palmwedelsegge, *C. muskingumensis* aus Nordamerika, deren dicht bis zur Spitze beblätterten Triebe auch im Halbschatten gut gedeihen. Die Sorte 'Wachtposten' gilt als standfester. Mehr sauren, torfigen Boden braucht die Zypergrassegge, *C. pseudocyperus*, die bei uns, in Nordamerika und bis Ostasien und Neuseeland vorkommt. Sie wächst locker horstig bis rasenartig und hat gelbgrüne, bis 14 mm breite Blätter. Sie liebt Wärme und fühlt sich in staunassen oder überschwemmten Bereichen sehr wohl. Ähnliche Ansprüche stellt die Ufersegge, *C. riparia*, 60–125 cm hoch, mit Ausläufern. (6, 26, 27)

Carex morrowii 'Variegata', Bunte Japansegge. Diese dichthorstige, immergrüne, bis 30 cm hohe Segge aus Japan eignet sich zur Gehölzunterpflanzung, für feuchtere Gehölzränder oder Uferränder. Noch weniger Licht zwischen Gehölzen erträgt die Schattensegge, *C. umbrosa*, die auf humosem, saurem Boden stehen möchte und 20–50 cm hoch wird. Sie wächst rasenartig und bildet eine dichte, laubschluckende Bodendecke. Zur Schattenpflanzung zwischen Gehölzen gehört auch die Waldsegge, *C. sylvatica*, die humosen Boden benötigt und bei uns heimisch ist. Sie wird 30–60 cm hoch. Man kennt in Spanien aber auch Formen, die fast 2 m erreichen, während es andernorts Typen gibt, die nur 10 cm hoch werden. Züchter, Sammler und Liebhaber können also noch auf ein weites Feld für Gartenauslesen zurückgreifen. (4, 6, 13, 20, 21)
▽

Carex oshimensis 'Evergold' *(C. hachijoensis).* Durch die gelbliche Mittelstreifung der Blätter und ihre Schattenverträglichkeit ist diese Segge auch für Innenhöfe und schattige Hausseiten – wenn der Standort feucht genug und zugleich nicht staunaß ist – attraktiv und geeignet. Die Vogelfußsegge, *C. ornithopoda*, eine heimische, kleinhorstige Art, liebt warmen, kalkhaltigen, lockeren humosen Boden und läßt sich gut mit der Schneeheide *(Erica carnea)* zusammenpflanzen. 'Variegata' ist eine schmalbättrige, weißgestreifte Sorte, die bei geschütztem Stand auch im Winter grün bleibt. Die ähnliche heimische Fingersegge, *C. digitata*, wird bis 30 cm hoch und stellt gleiche Ansprüche. Ihre Sorte 'The Beatles' bildet mit besonders schmalen, langen, einem Haarschopf ähnlichen Blättern eine interessante Bodendecke. (6, 20, 21, 32)
▽

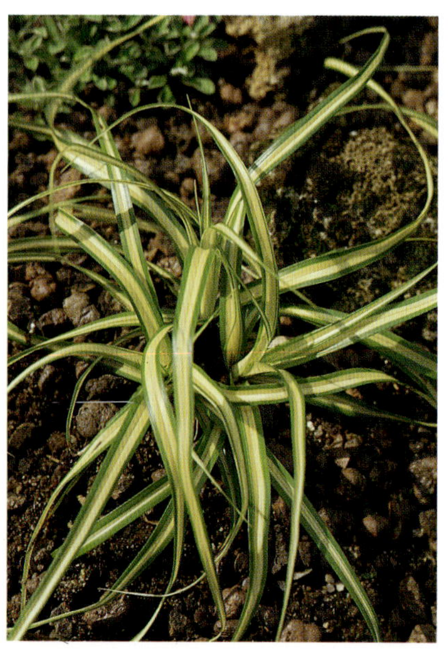

Carex siderosticta 'Variegata', Weißbunte Breitblattsegge. ▷ Diese sommergrüne Segge stammt aus China und eignet sich gut für Flächen mit Fallaub, da sie im Winter oberirdisch abstirbt. Der Frühjahrsaustrieb mit bis 10 cm hohen, roten Blütenständen ist besonders attraktiv. Auch bei der abgebildeten panaschierten Sorte sind die Blätter im Austrieb rosa und erinnern im Sommer mehr an eine schmalblättrige *Hosta* als an eine Segge. Sehr ähnlich ist die Immergrüne Breitblattsegge, *C. plantaginea*, die aus Nordamerika stammt und etwa 20 cm hoch wird. Sie verträgt trockene, schattige Plätze, braucht aber Hilfe beim Anwachsen, durch sorgfältige Bodenvorbereitung, und eignet sich so für viele zierliche Halbschatten-Waldstauden als Partner. (6, 18, 20, 21, 23)

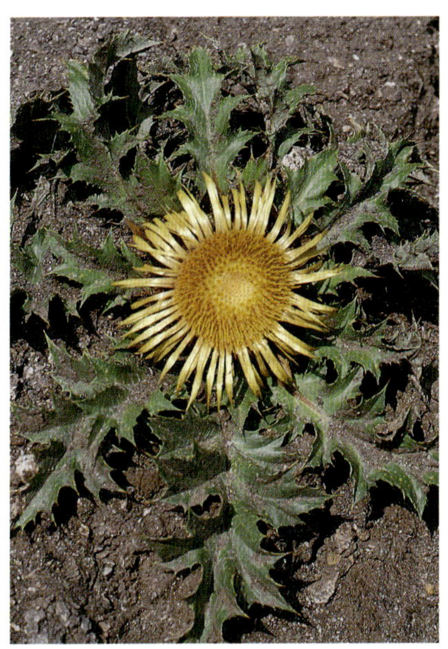

◁ **Carlina acanthifolia**, Golddistel, Asteraceae (Compositae), Asterngewächse. Etwa 20 meist sehr dekorative Arten sind im Mittelmeergebiet, in Europa und in Vorderasien verbreitet. Es sind ein- bis mehrjährige Kräuter. Die Blätter sind fiederspaltig und dornig gezähnt, die Blütenköpfe gelb oder weiß, groß, einzel- und endständig. Die Golddistel bildet mit bis zu 20 cm großen goldstrohfarbenen Blütenkörbchen im Juli–August die größten Blüten. Sie sitzen kurzgestielt in der Mitte der Blattrosette. Die Blätter erinnern sehr an die des *Acanthus*, weswegen sie auch als Akanthusblättrige Eberwurz bezeichnet wird. Sie wächst staudig, ist bei uns aber nicht ganz winterhart, da ihr die nasse Kälte unserer Winter nicht gut bekommt. Der Standort sollte vollsonnig und möglichst heiß in magerem, wasserdurchlässigem, steinigem Boden sein. (12, 14, 32)

Carlina acaulis ssp. simplex (*C. acaulis* 'Caulescens', *C. acaulis* var. *caulescens*), Silberdistel, Eberwurz, Wetterdistel. Die Silberdistel ist eine Staude mit flacher Blattrosette. Bei *C. acaulis* sitzt 1 Blütenköpfchen ohne Stengel in der Mitte der Blattrosette, bei *C. acaulis* ssp. *simplex* sind 1 oder mehrere Köpfchen bis 20 cm lang gestielt. Aus diesem Typ wurden die Gartensorten ausgelesen, die bis 15 cm breite Blütenkörbchen auf bis 50 cm langen Stielen tragen, bei der Sorte 'Bronze' in dieser Farbe. Die Blütezeit reicht von Juni–September. Wild vorkommende Pflanzen stehen bei uns unter Naturschutz. Die aus dem Anbau stammenden Blüten eignen sich zum Trocknen. Die Pflanze verlangt einen Standort in voller Sonne und magerem, gut durchlässigem Boden. Wetterdistel heißt die Pflanze auch, weil sich bei feuchtem, trübem Wetter die Blüten schließen. (12, 14, 25, 32)
▽

Carlina vulgaris, Zweijährige Golddistel. Sie wächst in der Regel zweijährig, bei zeitigem Frühjahr manchmal nur einjährig und liefert mit ihren steifen, stachelig-blättrigen, bis 50 cm hohen Trieben und den 2–4 cm großen, goldgelben Blütenköpfen an den Enden der vielen Seitenzweige dekorative Trockenblumen. Wer geeignete, sonnige, warme Stellen, möglichst auf Kalkboden besitzt, sollte sie im Garten ansiedeln. Sie darf allerdings nicht durch andere starkwachsende Stauden bedrängt werden und braucht relativ offenen Boden zum Keimen. Während des Urlaubs im Mittelmeergebiet begegnet uns manchmal die ähnliche Art *C. racemosum*, bei der die Blütenköpfchen noch durch darunter sitzende Stützblätter dekorativ getragen werden. Auch *C. racemosum* ist zum Ansiedeln auf steppenartigem Kalktrockenrasen recht gut geeignet. (5, 12, 29)
▽

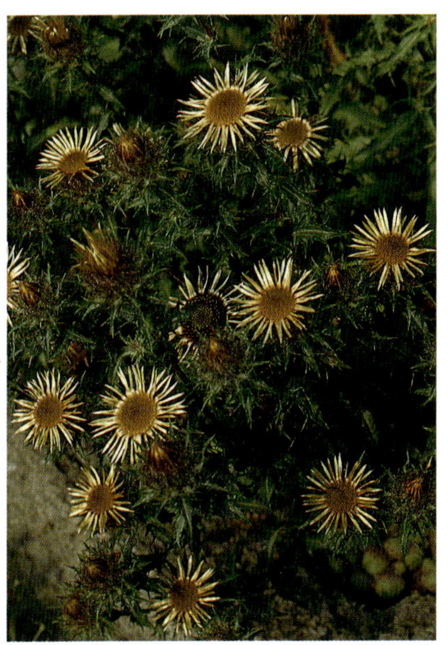

Carthamus tinctorius, Färberdistel, ▷ Saflor, Asteraceae (Compositae), Asterngewächse. Von 13 Arten, die im Mittelmeergebiet, in Afrika und Asien verbreitet sind, ist der Saflor eine einjährige, bis 1 m hohe, alte Kulturpflanze, die schon seit über 400 Jahren bei uns gezogen wird. Die Blütenblätter der bis 4 cm großen Blütenkörbchen wurden früher getrocknet und als Safran-Ersatz und zum Färben verwendet. Die Samen liefern ein schmackhaftes Speiseöl, das als „Distelöl“ im Handel ist. Als alte Kulturpflanze ist sie manchmal auf Schuttplätzen verwildert, kommt aber ursprünglich aus Vorderasien. Wir säen sie im März–April an Ort und Stelle und verwenden sie als frische oder getrocknete Schnittblume. Farbauslesen sind die Sorten 'Kanariengelbgoldschopf', 'Feuerschopf' und 'Orangeball'. Normaler Gartenboden, an warmer, sonniger Stelle ist gut geeignet. (35)

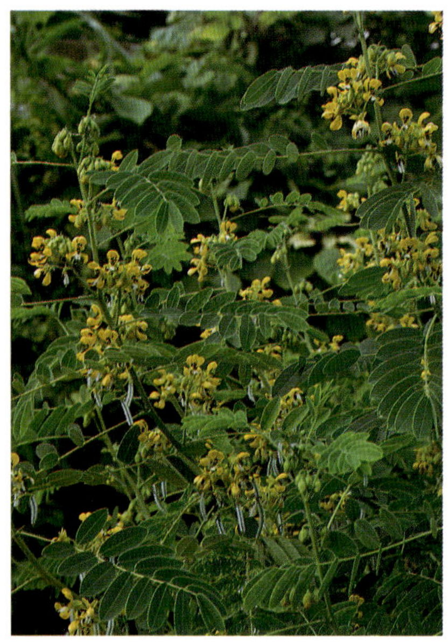

◁ **Cassia hebecarpa** (*C. marilandica* hort.), Kassie, Gewürzrinde, Fabaceae (Leguminosae), Hülsenfrüchtler. Von den 500–600 *Cassia*-Arten in den tropischen und warmen, aber auch in temperierten Zonen außerhalb Europas, stammt diese Art aus dem südöstlichen Nordamerika. Nach Winterschutz in der Jugend ist sie als ältere Pflanze winterhart und anspruchslos. Sie wird bis über 2 m hoch, buschig, und hat 6- bis 8paarig gefiederte, an Robinien erinnernde Blätter. In den Blattachseln stehen dichte, bis 10 cm hohe Blütentrauben mit gelben, durch die schwarzen Staubbeutel markierten Blüten. Blütezeit August–September. Die Kassie braucht warme, sonnige Stellen mit guter Wasserdurchlässigkeit. Vor Mauern oder an trockenen Gehölzrändern, die jedoch im Frühling gut feucht sein müssen, wächst sie gut. Vermehrung durch Aussaat oder Teilung. (3, 5, 8, 12, 16)

Cassiope lycopodioides, Schuppenheide, Ericaceae, Heidekrautgewächse, 12 Arten sind in den kühlen bis gemäßigten Gebieten der Nordhalbkugel und im Himalaja verbreitet. Es sind immergrüne, 5–8 cm hohe, mattenbildende Zwergsträucher mit winzigen, 4zeilig stehenden, dachziegelförmig angeordneten Blättern. Die nickenden, glockigen Blüten dieser in Japan, Südostasien und im nordwestlichen Amerika vorkommenden Art sind weiß. Der grüne oder rötliche Kelch (Bild) kontrastiert dazu gut. Vermehrung durch Teilung oder Stecklinge. Die Pflanze braucht einen humosen, frischen, kalkfreien Boden in schattiger Lage und reichlich Schutz gegen die Sonne und Trockenschäden in schneelosen Wintern. Schön sind auch die weißblütigen *C. fastigiata*, Blütezeit im April–Mai, bis 30 cm hoch, und *C. tetragona*, Blütezeit im Mai, etwa 20 cm hoch. (7, 21)
▽

Catananche caerulea 'Istra', Rasselblume, Asteraceae (Compositae), Asterngewächse. 5 Arten im Mittelmeergebiet. Diese Staude mit grundständiger Rosette aus Südfrankreich und Südspanien wird bei uns meist einjährig gezogen. Die verzweigten Blütentriebe werden 40–60 cm hoch und blühen je nach Sorte blau, rötlich oder weiß. Blütezeit Juni–September. Geöffnete Blüten lassen sich für Wintersträuße trocknen. Weitere Sorten sind 'Alba' und 'Snow Queen'; 'Bicolor' ist zweifarbig blau-weiß. In Gegenden, wo sie aushält, ist die Rasselblume dennoch nicht langlebig und sollte nach 2–3 Jahren durch Neusaat oder Neupflanzung ersetzt werden. Vermehrung durch Aussaat, bei besonderen Farbauslesen durch Wurzelschnittlinge oder Teilung. Als Kind des Mittelmeeres braucht sie warme, sonnige Stellen in magerem Boden mit guter Wasserdurchlässigkeit. (5, 12, 14, 29, 35)
▽

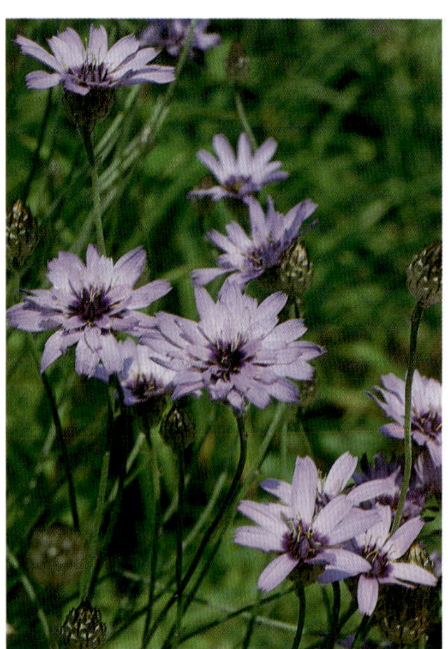

◁ **Celosia argentea 'Cristata'** (*C. argentea* var. *cristata*), Hahnenkammcelosie, Amaranthaceae, Fuchsschwanzgewächse. Etwa 60 Celosien-Arten sind in den subtropischen und gemäßigten Gebieten Afrikas und Amerikas verbreitet. Es sind ein- oder mehrjährige Kräuter mit interessanten, gelben, roten, rosavioletten oder weißen Blütenständen. Vermehrung durch Aussaat oder Stecklinge. Für warme, sonnige Standorte mit nährstoffreichem Boden bei gutem Wasserabzug, aber ausreichender Feuchtigkeit. Die Hahnenkammcelosie hat einen verbänderten Blütenstand, während *C. argentea* var. *plumosa*, die Federbuschcelosie, einen stark verästelten, feuerkerzenartigen Blütenstand besitzt. Beide Arten eignen sich gut als Schnittblumen und für Sommerblumenpflanzungen. Von der Hahnenkammcelosie gibt es auch Zwergsorten, die nur 20–40 cm hoch werden. (16, 34, 35)

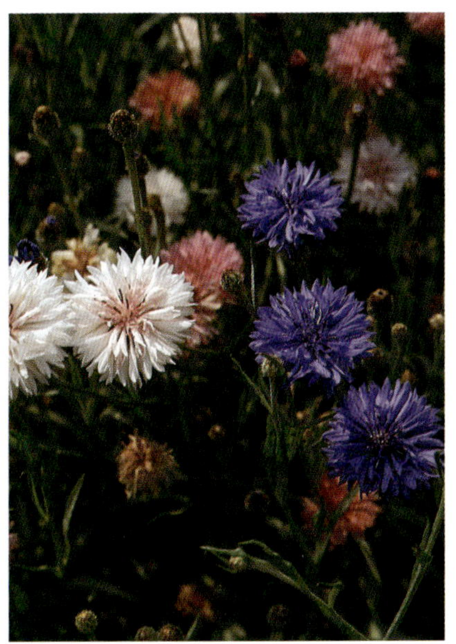

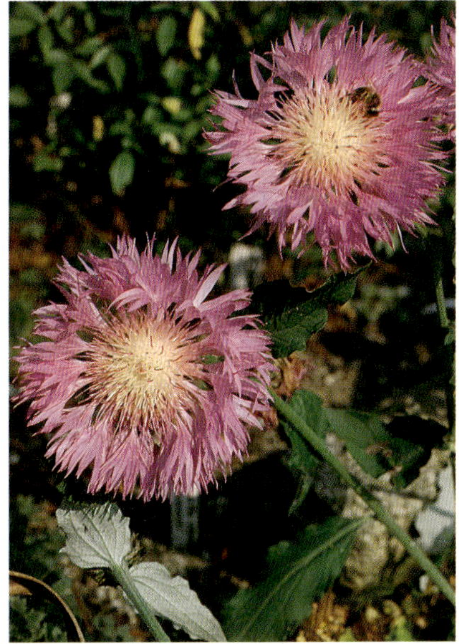

◁ **Centaurea dealbata 'Steenbergii'**. Die über 500 Arten starke Gattung der Flockenblumen ist besonders im Mittelmeergebiet und in Vorderasien, aber auch in Afrika, Nordamerika und Chile verbreitet. Meist sind es Stauden, seltener einjährige Kräuter mit farbkräftigen Blütenkörbchen in Blau, Gelb, Rot, Weiß oder in Zwischentönen. Manche Arten duften. Vermehrung durch Aussaat oder Teilung. Alle lieben nährstoffreiche, wasserdurchlässige Böden in sonniger Lage. Die karmesinrosa Sorte 'Steenbergii' ist als etwa 60 cm hoher, leicht wuchernder Bodendecker gut verwendbar. Ihre Blüten sind ebenso wie die der intensiv rosa blühenden, 60 cm hohen Sorte 'John Coutts', die aber zu *C. hypoleuca* gehört, für den Schnitt geeignet. Es gibt auch niedrige Gebirgsflockenblumen wie *C. alpina, C. bella, C. koenningii* und *C. simplicicaulis.* (2, 3, 10)

△

Centaurea cyanus, Kornblume, Asteraceae (Compositae), Asterngewächse. Die Kornblume ist mit dem Getreideanbau aus Asien zu uns gekommen. Sie ist einjährig und wird bis 100 cm hoch. Es gibt Gartensorten mit violetten, blauen, rosa, roten, weißen oder auch 2farbigen Blütenkörbchen. Sie werden als Sommerblumen gezogen, da sie sich auch gut für den Schnitt eignen. Daneben gibt es nur 20–40 cm hohe Beetsorten. Kornblumen blühen bei Herbstaussaat ab Mai und bei Frühjahrsaussaat im März–April an Ort und Stelle von Juni–September. Jeder Gartenboden an sonniger Stelle ist geeignet. Sie verbreiten sich selten durch Selbstaussaat. *C. americana* 'Jolly Joker' ist eine ebenfalls einjährige Flockenblume mit 6–8 cm großen, lilarosa Blüten auf 100 cm hohen Stielen, die hervorragend als Schnittblume gezogen werden kann und von Juli–August blüht. (35 bzw. 2, 3, 8, 10)

△

Centaurea macrocephala. Diese etwas steif erscheinende Flockenblume mit über 10 cm großen, gelben Blütenköpfen ist eine robuste Staude, die auch gute Schnittblumen liefert und von Juni–August blüht. Gut harmoniert sie in Pflanzungen mit *Delphinium* und *C. clealbata,* besonders vor dunklerem Gehölzhintergrund. Ähnlich im Aussehen, aber etwas leichter und eleganter wirken *Chartolepis glastifolia (Centaurea glastifolia)* aus Südostrußland, die etwa halb so große, ebenfalls gelbe Blüten auf bis 1,2 m hohen Stielen bildet, und die Bergscharte, *Leuzea rhapontica (Centaurea rhapontica),* aus den Südalpen. Sie entwickelt im Juli und August an bis 1,8 m hohen Stielen bis 10 cm große, lilarosa Blüten. Vermehrung der 3 Flockenblumen-Arten durch Samen oder Teilung. Alle eignen sich für sonnige, trockene, warme Stellen im Garten. (2, 3, 8, 29)

◁ **Centaurea montana 'Carnea'**, Rosa Bergflockenblume. Die 50 cm hohe Bergflockenblume ist in Europa heimisch, blüht von Mai–Juni und nochmals in einer späteren Nachblüte. Ihre Randblüten sind blau, die Scheibenblüten violett, rosa oder weiß. Die abgebildete Sorte 'Carnea' (syn. 'Rosea') blüht rosa. Bei 'Grandiflora', die nur 40 cm hoch wird, sind die Blüten blau. Es gibt auch eine weißblühende Sorte 'Alba'. 'Parham' bildet große, purpurlavendelfarbige Blüten. Die Vermehrung erfolgt durch Ausläufer oder Wurzelschnittlinge. Alle Typen liefern auch haltbare Schnittblumen. Eine gute Gartenstaude ist auch die heimische Wiesenflockenblume, *C. jacea,* die nach ihrer Hauptblüte im Juni–Juli und einem folgenden Rückschnitt ein zweites Mal ab September–Oktober bis zum Frost blüht. (1, 3, 10 bzw. 5, 24)

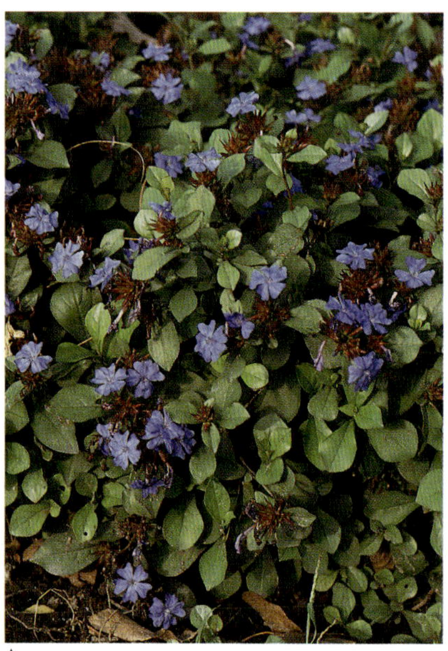

△
Centranthus ruber 'Coccineus', Spornblume, Valerianaceae, Baldriangewächse. Die 10 im Mittelmeergebiet verbreiteten Arten sind Stauden, Halbsträucher oder einjährige Kräuter. Alle bilden farbenkräftige Blüten in vielblütigen Blütenständen und benötigen sonnige, trockene Stellen auf kalkhaltigem, zumindest nicht saurem Boden. Gute Schnittblumen. Neben der abgebildeten Sorte gibt es noch die weißblühende 'Albiflorus', während die Art selbst mehr lilarötliche Blüten hat. In Mischungen sind viele unterschiedliche Übergangsfarben enthalten. Vermehrung durch Aussaat, Teilung oder Stecklinge. Bei zusagender Umgebung sät sich die Spornblume selbst aus und wächst dann sogar in trockensten Mauerritzen. Blütezeit von Mai–Juni und nach sofortigem Rückschnitt nochmals ab September. Die Pflanzstellen dürfen nie winternaß oder staunaß sein. (5, 12, 24, 25, 38)

△
Cerastium tomentosum, Hornkraut, Caryophyllaceae, Nelkengewächse. Über 100 Arten besonders in Europa und Asien, als Kräuter oder Stauden mit meist feinbehaarten Blättern und weißen Blüten. Vermehrung durch Aussaat, Teilung oder Stecklinge. Geeignete Standorte sind Trockenmauern, Steingärten, Mauerspalten. Manche Arten wuchern gern, die stärker weißbehaarten Arten muß man vor Winternässe schützen. Das heimische Ackerhornkraut, *C. arvense*, blüht von Mai–Juni. Meist wird seine niedrig bleibende Sorte 'Compactum' angeboten. *C. biebersteinii* von der Insel Krim blüht von Mai–Juni, wuchert stark, wird 25 cm hoch und bildet nach Rückschnitt einen zweiten Flor. Das ähnliche *C. tomentosum* (Bild) wuchert nicht so sehr und ist stark weißfilzig behaart. Die Varietät *C. tomentosum* var. *columnae* erreicht nur 8–10 cm Höhe. (5, 24, 25, 32)

△
Ceratostigma plumbaginoides, Staudenbleiwurz, Plumbaginaceae, Bleiwurzgewächse. 8 staudige oder halbstrauchige *Ceratostigma*-Arten kommen im Himalaja, in China und in Mittelafrika vor. Die staudige Bleiwurz aus Nordchina wird 20–40 cm hoch und blüht von Ende August bis in den Oktober. Im Herbst verfärbt sie sich dekorativ rötlichbronzefarben zu einem attraktiven Blätterteppich, zu dem die kobalt- bis enzianblauen Blüten einen hervorragenden Farbkontrast bilden. Da viele wurzelnde Triebe dem Boden aufliegen oder flach unter der Bodenoberfläche wachsen, kann die Pflanze auch gut zur Bodenbefestigung und als Bodendecker benutzt werden. Die Vermehrung erfolgt durch Teilung oder Stecklinge. Die dankbare Gartenpflanze eignet sich für alle wasserdurchlässigen, warmen Böden an sonnigen bis halbschattigen Standorten. (3, 5, 7, 23)

Cerinthe glabra *(C. alpina)*, die Alpenwachsblume, Boraginaceae, Rauhblattgewächse. Von den 12 im Mittelmeergebiet und in Europa verbreiteten Arten ist unsere heimische Alpenwachsblume eine der wenigen Stauden. Wir finden sie an feuchten oder schattigen Plätzen bis über 2500 m Höhe, meist auf Kalkböden. Die gestielten Blätter bilden eine Rosette, aus der dann die bis 40 cm hohen Blütentriebe wachsen. Diese tragen an den Enden in verlängerten Wikkeln blaßgelbe Blüten. Sie sind manchmal am Kronensaum – wie das Bild zeigt – leicht bräunlichviolett überlaufen. Vermehrung durch Aussaat, da die Pflanzen nicht langlebig sind. (4, 21) ▷

◁ **Ceterach officinarum** *(Asplenium ceterach)*, Schriftfarn, Milzfarn, Aspleniaceae, Streifenfarngewächse. Von den 3 Arten kommt nur dieser Farn für die Kultur im Garten in Frage. Er ist in Mittel- und Südeuropa, vor allem im Mittelmeergebiet bis Asien und Afrika verbreitet. Bei uns findet man ihn in manchen Weinbaugebieten am Oberrhein in sonnigen, trockenen Felsmauerpartien. Er ist ein ausgesprochener Xerophyt, d. h. eine an Trockenzeiten angepaßte Pflanze, der sich bei Trockenheit durch Zusammenrollen seiner Blätter schützt. Er ist wintergrün und fühlt sich im Garten in sonnigen, trockenen Steinfugen in humoser, kalkhaltiger Erde am wohlsten. Vermehrung durch Teilung alter, mehrköpfiger Pflanzen, am einfachsten aber durch Sporenaussaat. Bei geeigneter Pflanzenkombination ist auch eine Verwendung in Steintrögen möglich. (5, 24, 31, 32)

Chelone obliqua, Schildblume, Schlangenkopf, Scrophulariaceae, Braunwurzgewächse. 4 Arten, alle Stauden mit gegenständigen, gesägten Blättern, sind in Nordamerika heimisch. Die Blüten stehen in dichten achsel- und endständigen Ähren. Vermehrung durch Aussaat, Farbauslesen durch Teilung. Die Pflanzen lieben feuchten, frischen, nicht zu nährstoffreichen Boden im Halbschatten oder Schatten und sind damit begehrte Blütenstauden für Stellen, an denen sonst Blütenmangel herrscht. *C. obliqua* wird 60 cm hoch und blüht von Juli–September rosa bis purpurfarben. Ihre Stengel sind etwas verzweigt. 'Alba' ist eine weiße Sorte. *C. lyonii* ist eine nur 50 cm hohe Gebirgspflanze mit dunkelrosa Blüten von Juli–September. Für feuchte Standorte eignet sich auch die bis 1 m hohe *C. glabra* mit weißen oder zartrosa Blüten von August–Oktober. (1, 10, 27)
▽

Chartolepis glastifolia *(Centaurea glastifolia)*, Asteraceae (Compositae), Asterngewächse. Die Gattung besteht aus nur einer Art, die sich von der Gattung der Flockenblumen *(Centaurea)* hauptsächlich dadurch unterscheidet, daß die Samenkörner einen Haarkranz tragen. *Chartolepis glastifolia* kommt in Süd- und Südostrußland vor und wird bis 1,2 m hoch. Es ist eine robuste, vieltriebige, aufrechte Staude, die aussieht wie eine zierlichere, elegantere Schwester von *Centaurea macrocephala*. Von Juni–September bildet sie etwa halb so große Blütenköpfchen wie *Centaurea macrocephala*, entwickelt aber mehr Blüten und liefert auch gute, haltbare Schnittblumen. Die Vermehrung erfolgt durch Teilung oder Aussaat. Die Pflanze eignet sich für eine Verwendung an warmen, trockenen Standorten in nicht zu nährstoffreichen Böden. (1, 3, 10)
▽

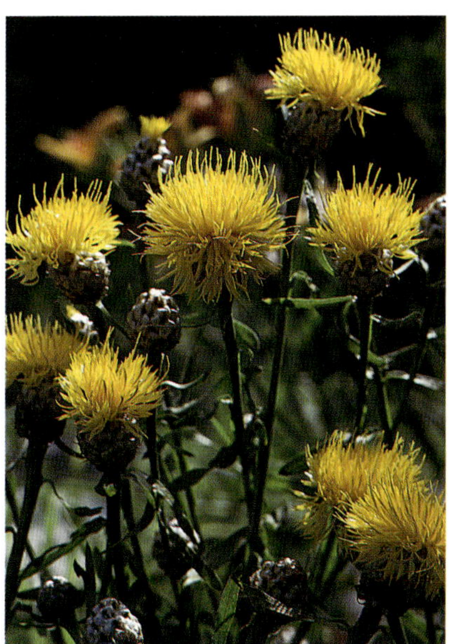

Cheiranthus cheiri, Goldlack, Brassicaceae (Cruciferae), Kohlgewächse. Mit 10 Arten auf den Atlantischen Inseln, im Mittelmeergebiet bis Persien, in Westchina und im pazifischen Nordamerika verbreitet. Alle blühen kräftig gelbbraun oder purpurn und duften meist stark nach Honig. Der Goldlack blüht von April–Juni und ist in wintermilden Gegenden ein bis 80 cm hoher Halbstrauch. Wir ziehen ihn zweijährig und pflanzen ihn im Herbst aus, damit er im zeitigen Frühjahr blüht. Sorten unterschiedlicher Höhen, mit einfachen oder gefüllten Blüten und in vielen Farben sind im Handel. In sehr rauhen Gegenden ist frostfreie Überwinterung nötig. Erdflöhe und Kaninchen lieben den Goldlack. Für sonnige Standorte auf frischen, nährstoffreichen Böden. Eine der farbenprächtigsten duftenden Frühjahrsblumen, die auch gut haltbare Schnittblumen liefert. (5, 24, 25, 37) ▷

Chiastophyllum oppositifolium, Walddickblatt, Goldtröpfchen, Crassulaceae, Dickblattgewächse. Kaukasus. Kahle, 15–30 cm hohe Staude mit kriechenden Stengeln und fleischigen, gegenständigen, rundlich-eiförmigen Blättern. Die überhängenden Blütenrispen sind mit vielen kleinen Blüten besetzt, die im Juni–Juli erscheinen. Trotz ihres sukkulenten Aussehens ist sie nicht für sonnig-heiße Plätze geeignet. Zwar ideal für Mauerfugen, sollten diese aber schattig, halbsonnig oder absonnig, am besten nach Nordwesten geneigt sein. Gute Kombinationspflanze zu Lewisien (Bitterwurz). Die Pflanze läßt sich sehr leicht vegetativ durch Teilung oder durch Stecklinge vermehren. Auch die Samenvermehrung ist problemlos; der in Samenfachgeschäften erhältliche Same keimt willig. Außer in Steingärten oder an ähnlichen Plätzen auch hübsch in Schalen. (4, 20, 21, 24, 32)
▽

Chenopodium amaranticolor, Chenopodiaceae, Gänsefußgewächse. Diese Art und der Purpurgänsefuß, *C. purpurascens*, sind einjährige Blattpflanzen. *C. amaranticolor* aus dem Himalaja wird bis 3 m hoch. Er hat rot-grün gestreifte Stengel. Die Blätter an den jungen Trieben sind violettrot gefärbt. *C. purpurascens* kommt aus China und wird etwa 1,5 m hoch. Die ganze Pflanze ist mit violettrosigem oder purpurviolettem Körnchenstaub bedeckt. Davon gibt es auch reingrüne, gelblichgrüne oder eben purpurn überlaufene Pflanzen. Ähnlich interessant ist *C. foliosum (Blitum virgatum)*, der Erdbeerspinat. Die etwa 1 cm großen Fruchtstände sitzen in den Blattachseln und färben sich zur Reife erdbeerrot – schmecken aber fade. Diese einjährige, bis 1 m hohe Pflanze aus Südeuropa ist zur Ergänzung von Sommerblumenbeeten gut geeignet. (16, 29, 35, 36) ▷

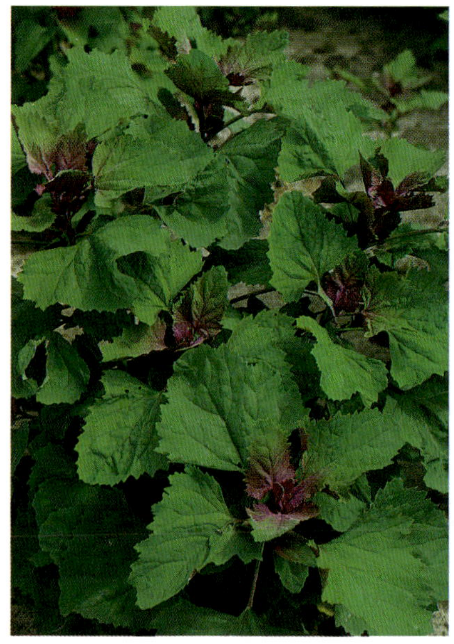

Chionodoxa forbesii × Chionoscilla sardensis, Hyacinthaceae (Liliaceae), Hyazinthengewächse. Diese Kreuzung besitzt einen kleinen weißen Rand um den weißen Kegel aus Staubgefäßen in der Blütenmitte. *Chionoscilla allenii*, eine Kreuzung aus *Chionodoxa forbesii* × *Scilla bifolia*, ist ein 2blättriger Frühlingsblaustern. *Chionodoxa* war lange Zeit nicht botanisch bearbeitet. Die in den letzten Jahren abgeschlossenen Untersuchungen ergaben, daß die als *Chionodoxa luciliae* hort. im Handel befindliche Art richtig *Chionodoxa forbesii* heißen muß. *Chionodoxa luciliae* Boiss. ist dagegen die Art, die im Handel als *Chionodoxa gigantea* auftaucht. Für schüttere Rasenstücke unter Gehölzen, am Gehölzrand oder auch zwischen sommergrünen Sträuchern ist der Schneeglanz ein farbenkräftig leuchtender Frühlingsbote. (3, 10, 11, 29)
▽

Chionodoxa sardensis, Sardischer Schneeglanz, Hyacinthaceae (Liliaceae), Hyazinthengewächse. 6 Arten in Vorderasien. Es sind kleine, zwiebelbildende Stauden mit schmalen, länglichen Blättern und violetten, blauen, rosafarbenen oder weißen sternförmigen Blüten, meist zu mehreren in einem Blütenstand. Viele von ihnen setzen gut Samen an und verwildern durch Selbstaussaat oder durch Brutzwiebeln in schütterem Rasen und an lichten Stellen unter Bäumen. *C. sardensis* aus der Türkei hat einfarbig leuchtendblaue Blüten mit einem kleinen weißen Kegel aus Staubgefäßen in der Mitte. Die etwa 1 cm großen Blüten öffnen sich im April. Die Zwiebeln werden im Spätsommer oder Herbst etwa 5 cm tief gesetzt. Sie gedeihen gut in sandigen, humosen Böden in warmen Lagen. Die Samen werden gern von Ameisen verschleppt und auf diese Weise verbreitet. (3, 10, 11, 29) ▷

◁ **Chionodoxa luciliae** Boiss. non hort. *(C. gigantea)*, Schneeglanz. Die echte *C. luciliae* Boiss. non hort. und die zugehörige etwas großblütigere Form, die als *C. gigantea* manchmal angeboten wird, besitzen lavendelblaue Blüten mit einer hellen Mittelzone, in deren Mitte sich wiederum der weiße Kegel aus den Staubgefäßen befindet. Die Blütenstände sind nur 1- bis 2blütig, die Blüten der als *C. gigantea* gehandelten Form bis 4 cm groß. Blütezeit März–April. Hierher gehören die Sorten 'Zwaanenburg', leuchtendblau mit weißem Auge, 'Rosea', blaßpurpurrosa mit dunklerer Mittelrippe auf den Blütenblättern, und 'Pink Giant', ein Sport aus der Sorte 'Rosea' mit weichem Violettrosa und kräftigem Wuchs. Außerdem gibt es eine weißblühende Sorte 'Alba'. Gemeinsame Pflanzungen mit dem Gelben Buschwindröschen (Bild) sind möglich. (3, 10, 11, 29)

Chlidanthus fragrans, Prunkblume, ▷ Amaryllidaceae, Amaryllisgewächse. Die einzige Art dieser Gattung kommt in Südamerika, von den Anden Perus bis nach Nordostargentinien vor. Es ist eine zwiebelbildende Staude, die im Juli und August mit kräftig duftenden Blüten erfreut. Der Name Prunkblume, dem sie alle Ehre macht, stammt aus alten Büchern, geschrieben um die Jahrhundertwende. Die langen, schmalen, grasähnlichen Blätter werden etwa 20 cm lang. Aus jeder Zwiebel entwickelt sich ein 30–40 cm hoher Schaft, an dem 2–10 cm lange, gelbe, duftende Blüten sitzen. Die Zwiebeln kann man im späten Frühjahr zusammen mit anderen sommerblühenden Zwiebeln und Knollen in Beete setzen oder auch in Töpfen auf Balkon und Veranda zum Blühen bringen. Im Winter werden sie trocken und frostfrei gehalten. (5, 30, 38)

Chrysanthemum carinatum *(C. tricolor)*, Bunte Wucherblume. Nordwestafrika. Sie blüht von Juni–September, die 4–8 cm großen Blüten stehen an bis 80 cm hohen Stengeln und eignen sich gut für den Schnitt. 'Tetra Polarstern' ist weiß mit schwarzer Mitte, 'Frohe Mischung' macht in der Farbenfreudigkeit ihrem Namen alle Ehre. Aussaat Mitte Mai an sonnigem Standort oder Verwendung als Sommerblume mit Vorkultur. Zur besseren Verzweigung stutzen. *C. coronarium* 'Goldblume' aus dem Mittelmeergebiet blüht von Juni–Herbst und wird je nach Sorte 40–100 cm hoch. Bei der Sorte 'Tetra Comet' sind die goldgelben Blüten bis 8 cm groß. *C. segetum*, die Saatwucherblume aus Nordafrika, wird bis 60 cm hoch und blüht von Juli–Herbst. Verwendung der einjährigen Wucherblumen in Sommerblumenpflanzungen oder lockeren Stauden- und Blumenwiesen. (2, 10, 19, 35, 36)
▽

Chrysanthemum arcticum *(Dendranthema arcticum, Arctanthemum arcticum)*, ▷ Grönlandmargerite, Asteraceae (Compositae), Asterngewächse. Diese Margerite aus der arktischen Zone wird in unseren Breitengraden 25–30 cm hoch. Sie ist wertvoll für den Steingarten, da ihre weißen, rosa verblühenden Blüten im Oktober erscheinen. Hybriden Ursprungs sind wahrscheinlich die dazu gehörenden Sorten 'Roseum', 40–50 cm, zartrosa, 'Schwefelglanz', 40–50 cm, mit hellgelben Blüten, und 'Professor Jayet', rosa. Eine ähnliche, alpine Art ist *C. alpinum (Leucanthemopsis alpina)*, die heimische Alpenmargerite. Sie wird 10–15 cm hoch und blüht von Juni–August weiß. Für trockene, sehr sonnige Stellen. Sie ist im Flachland schwierig zu kultivieren, wogegen *C. arcticum* mit ihren Sorten problemlos ist. Vermehrung durch Aussaat, bei Sorten durch Teilung. (31, 32)

◁ **Chrysanthemum coccineum 'Robinson'**, Bunte Margerite. Die über 200 Arten der Gattung *Chrysanthemum*, verbreitet auf der Nordhalbkugel, wurden neu bearbeitet und geordnet. Die Einordnung bei *Chrysanthemum* ist zur Zeit noch die vertrauteste, obwohl als echte Chrysanthemen nur noch die einjährigen Wucherblumen gelten. Bei allen anderen ist der letzte synonyme Name der künftige dieser Art. So werden die Bunten Gartenmargeriten als *Tanacetum roseum* zu finden sein. Sie sind Pflanzen aus sommertrockenen Bergwiesen des Kaukasus und lieben schwach sauren, frischen, mineralreichen, leichten Boden und volles Sonnenlicht. Ein Verpflanzen kleiner Teilstücke alle 2 Jahre schafft standfestere Pflanzen. Ein tiefer Rückschnitt während des Verblühens fördert eine zweite Blüte. Vermehrung durch Teilung, bei einigen Sorten durch Aussaat. (1, 2, 10, 29)

Chrysanthemum corymbosum *(Pyrethrum corymbosum, Leucanthemum corymbosum, Tanacetum corymbosum)*, Straußmargerite. Die Straußmargerite ist eine Pflanze der europäischen Gebirge, bis Osteuropa, Kleinasien und zum Kaukasus hin verbreitet. Sie kommt in Trockenwäldern, in trockenen Gebüschen, an Hängen, auf Lichtungen und an Felshängen auf mehr oder weniger trockenen, warmen, kalkhaltigen, meist lockeren Böden vor. Dies bedingt vielerlei Verwendungsmöglichkeiten im Garten für die etwa 1 m hohe Staude, deren 3–7 cm große, weiße Margeriten von Juni–Juli oder August in endständigen Dolden erblühen: am Übergang von Staudenbeeten zum sonnigen Gehölzrand, an lichten Stellen und zwischen Gehölzen ist die Art gut zu verwenden. Vermehrung durch Aussaat oder Teilung. Eine großblumige Sorte mit breiter Blütendolde ist 'Festtafel'. (1, 3, 10, 18)
▽

Chrysanthemum coccineum 'Laurin' *(Tanacetum coccineum)*, Bunte Zwergmargerite. Neben der ebenfalls abgebildeten Sortengruppe 'Robinson' in Rot, Rosa und als Mischung sind auch 'Duro', leuchtend purpurrot, und Selektion 'Tommasinii' mit leuchtendroten Tönen samenvermehrte Sorten. Die hier abgebildete 'Laurin', 25 cm, einfach rosa, und die nachfolgend genannten Sorten müssen vegetativ vermehrt werden: 'Regent', 70 cm, einfach leuchtendrot; 'Roter Zwerg', 25 cm, einfach kirschrot; 'Alfred', 60 cm, dunkelrot gefüllt; 'Dolly', 60 cm, einfach dunkelrot; 'James Kelway', 60 cm, einfach dunkelsamtrot; 'Mont Blanc', 50 cm, weiß gefüllt; 'Queen Mary', 60 cm, rosa gefüllt; 'Rosa Bella', 70 cm, rosa gefüllt; 'Gartenschatz', 30 cm, rosa mit gelber Mitte; 'Pfingstgruß', 30 cm, dunkelrosa gefüllt; 'Granatsonne', 70 cm, karminrot mit gelber Mitte. (1, 2, 10, 29) ▷

Chrysanthemum-Frutescens-Hybride, Strauchmargerite. Die Stammart unserer Strauchmargeriten ist *C. frutescens*, das heute zusammen mit 12–15 anderen auf den Kanarischen Inseln beheimateten Arten als Gattung *Argyranthemum* zusammengefaßt wird (somit *Argyranthemum frutescens*). Die Art bildet mindestens 5 cm große, weiße Margeritenblüten mit goldgelber Mitte. Die mehrfach gefiederten Blätter sind blaugrün. Hin und wieder ist die Sorte 'Albo Plena' mit kleinen, dicht weißgefüllten Blüten erhältlich. Interessant sind neuere gelbblühende Sorten, wie 'Butterfly P', die den Prototyp der niedrigbleibenden, nur etwa 40–50 cm hohen Sorten mit reicher Verzweigung verkörpert. Vermehrung durch Stecklinge. Verwendung an warmen, sonnigen Stellen mit guter Wasser- und Nährstoffversorgung. Überwinterung hell, um 10 °C und ziemlich trocken. (2, 36, 38) ▷

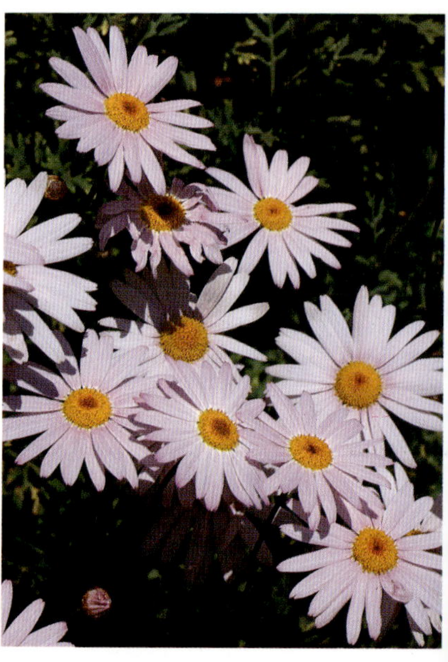

Chrysanthemum haradjanii *(Tanacetum haradjanii)*, Silbergefieder. Blätter und Triebe dieser Staude aus Kleinasien sind weißfilzig und erinnern in ihrer Gestalt an die unseres Rainfarns. Die Pflanze wächst mit Ausläufern breitrasig und wird 20–30 cm hoch. Auch die kleinen, gelben Blütenköpfchen ohne weiße Randzungenblüten erinnern an den Rainfarn und stehen wie bei ihm in kleinen Dolden. Blütezeit Juli–August. An vollsonnigen, trocknen Stellen im Steinbereich und auf Trockenmauern ist die Pflanze verläßlich winterhart. Von den Kanaren stammt das bei uns nicht winterharte *C. ptarmiciflorum (Tanacetum ptarmiciflorum)*. Es wird wegen seines silbrigweiß behaarten, feinfedrigen Laubes als einjährige Sommerblume gezogen und wie *Senecio bicolor* mit 'Silberfeder' und 'Silbertau' (20–30 cm hoch) verwendet. (12, 24, 32 bzw. 35, 36) ▷

Chrysanthemum-Maximum-Hybride 'Silberprinzeßchen' (*C.* × *superbum*, *Leucanthemum*-Maximum-Hybride). Neben unserer Wiesenmargerite für naturnahe Staudenwiesen gibt es an einfach weißblühenden Typen die vegetativ vermehrte Sorte 'Maistern', 50 cm hoch, sowie die samenvermehrten, 60–70 cm hohen 'Maikönigin' und 'Rheinblick'. Aus der Sortenvielfalt der Sommermargeriten sind 'Beethoven', 80 cm, großblumig, und 'Gruppenstolz', 50 cm, einfach weißblühend. 'Christine Hagemann', 80 cm, 'Julischnee', 80 cm, und 'Schwabengruß', 90 cm, blühen weiß halbgefüllt. 'Wirral Supreme', 90 cm, schmückt sich mit weiß gefüllten Blüten, 'Sonnenschein', 70–100 cm, mit hellgelben. Diese Margeriten entwickeln durch einen Rückschnitt nach der Blüte, verbunden mit Wässern und Düngen, meist noch einen zweiten Flor im Herbst. (1, 2, 10) ▽

Chrysanthemum-Grandiflorum-Hybride 'Orchid Helen'. Dies sind die Gärtnerchrysanthemen, die bisher als *C.*-Indicum-Hybriden oder *C.* × *hortorum* bezeichnet wurden. Beispiele winterharter, durch Stecklinge vermehrter Sorten sind, weiß: 'Edelweiß', einfach; 'White Boquet', Pompon; 'Weiße Nebelrose', gefüllt. Gelb: 'Edelgard', einfach; 'Citrus', halbgefüllt; 'Golden Orfe' und 'Herbstgold', gefüllt; 'Golden Rehauge', kleine Pompons. Orangebräunliche Töne: 'Mandarine', orange gefüllt; 'Cydonia', rostrot gefüllt; 'Apollo', einfach kupfer; 'Rehauge', braune Pompons. Rot gefüllt: 'Schwabenstolz', 'Red Velvet', und einfach 'Fellbacher Wein'. Rosa einfach 'Arkadia', und rosa gefüllt 'Hansa', 'Nebelrose', 'Schloßserenade'. Lila pomponblütig 'Anastasia', und gefüllt 'Karminsilber', 'Orchid Helen' (Abbildung) und 'Speer' mit dunklem Violett. (2, 36, 38) ▽

Chrysanthemum multicaule *(Leucanthemum multicaule)*. Diese kleine, reichblühende, goldgelbe Margeriten-Verwandte stammt aus Algerien. Sie wächst flächig und wird etwa 25 cm hoch. Es ist eine dunkelgrüne, saftige, kahle, einjährige Pflanze, die als Sommerblume mit Vorkultur verwendet wird und von Juni–September blüht. Auch Direktsaat im April ist möglich. Sie fühlt sich auf trockenem Boden am wohlsten, denn in ihrer Heimat besiedelt sie sandige Flächen. Einjährig ist auch *C. paludosum* (Leucanthemum *paludosum)* mit etwa 2 cm großen, weißen Blütenkörbchen mit gelber Mitte. Als Sommerblume mit Vorkultur verwendet, blüht die etwa 25 cm hohe Pflanze reichlich von Juni–Juli. Verbreitet in Süd- und Südostspanien, in Portugal und auf Ibiza. Kultur und Verwendung von *C. paludosum* sind ebenso problemlos wie bei *C. multicaule*. (35, 36) ▷

Chrysanthemum serotinum 'Herbststern' *(C. uliginosum, Tanacetum serotinum, Leucanthemella serotina).* Diese von der Hohen Tatra bis in die Donaumündung verbreitete Art ist eine bis 1,5 m hohe, erst im September–Oktober reichverzweigt blühende Margerite. Wegen der späten Blüte wird sie manchmal auch Oktobermargerite genannt. Sie liebt feuchtfrischen Boden; fehlt dieser, so bleibt sie ziemlich niedrig und blüht auch wesentlich schwächer. Die abgebildete Sorte 'Herbststern' blüht im Oktober reinweiß mit gelblicher Mitte: die Randzungenblüten der Blütenkörbchen sind weiß, die Scheiben grünlichgelb. Die Oktobermargerite verträgt auch leichten Halbschatten und wächst gern in Anlehnung an Gehölzränder oder an niedrige Gehölze und in einer feuchteren Staudenwiese. Die Vermehrung erfolgt durch Aussaat oder Teilung. (1, 10, 26, 27)
▽

◁ **Chrysanthemum parthenium 'Goldball'**. Vom Balkan über Kleinasien bis in den Kaukasus verbreitet, aber schon seit vielen Jahrhunderten als Heilpflanze in unseren Gärten. Wir finden sie deshalb unter vielen Namen wie *Matricaria parthenium, Matricaria parthenoides, Matricaria eximia, Leucanthemum parthenium, Pyrethrum parthenium* und nach der neuen Einteilung als *Tanacetum parthenium.* Es ist eine Staude, die aber meist als einjährige Sommerblume mit Vorkultur gezogen wird. Sie hat außerdem Bedeutung als reich und lange blühende Topfpflanze und liefert gut haltbare Schnittblumen. Die Blütenfarben sind Weiß und Gelb mit allen Varianten von einfach gelbem Knopf bis zu dichten Pompons, die nur aus Zungenblüten bestehen, oder locker margeritenähnlichen Blütenkörbchen. Die Pflanzen überstehen bei uns nur milde Winter. (2, 10, 35, 36, 38)

Chrysogonum virginianum, Goldkörbchen, Asteraceae (Compositae), Asterngewächse. Die einzige Art der Gattung ist von Pennsylvanien bis Florida verbreitet. Die Blätter sind länglich-eiförmig bis herzförmig, gezähnt oder gekerbt. Die Pflanze treibt niederliegende, belaubte Ausläufer. Die blühenden, 20–30 cm hohen Triebe sind verzweigt und tragen von Mai–August einzelne gelbe, endständige, etwa 4 cm breite Blütenköpfchen. Die 5 großen Randzungenblüten tragen an der Spitze 3 unterschiedlich große Zähne. Vermehrung durch Aussaat, Teilung oder Stecklinge. Das Goldkörbchen wächst in der Heimat an feuchten Stellen, verträgt zeitweilige Trockenheit, die eine gute Entwicklung aber stören. Es läßt sich in feuchteren Bereichen an Strauch- und Gehölzrändern und im Vordergrund höherer Beetstauden in sonniger sowie in schattiger Lage verwenden. (1, 3, 4, 7, 27)
▽

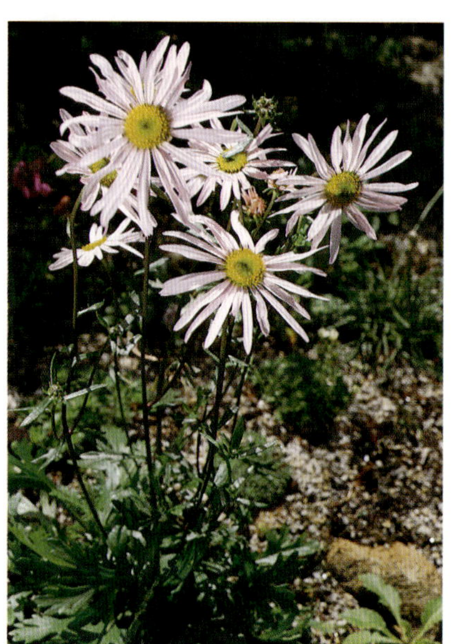

◁ **Chrysanthemum weyrichii** *(Dendranthema weyrichii).* Diese zierliche, bis 15 cm hohe Chrysantheme für den Steingartenbereich kommt wild in Japan und auf der Sachalinhalbinsel vor. Ihre glänzendgrünen Blätter bilden eine Rosette. Die im Juni–Juli erscheinenden Blütenkörbchen haben rosa Strahlenblüten und gelbe Scheiben und sind bis 5 cm groß. Die Pflanze wächst in der Heimat auf Felsen im Küstenbereich. Wir verwenden sie in Steingartensituationen mit sandig-humosem Boden bei guter Wasserdurchlässigkeit an sonniger und auch halbschattiger Stelle. Aus dem japanischen Küstenbereich kommt außerdem *C. pacificum* mit nur leicht gebuchteten, silbergrauen Blättern und unserem Rainfarn ähnlichen, goldgelben Blütenköpfchen. Sie hat deshalb den Namen „Gold und Silber“ erhalten. Die Pflanzen werden 60–80 cm hoch und verholzen am Grunde leicht. (31, 32)

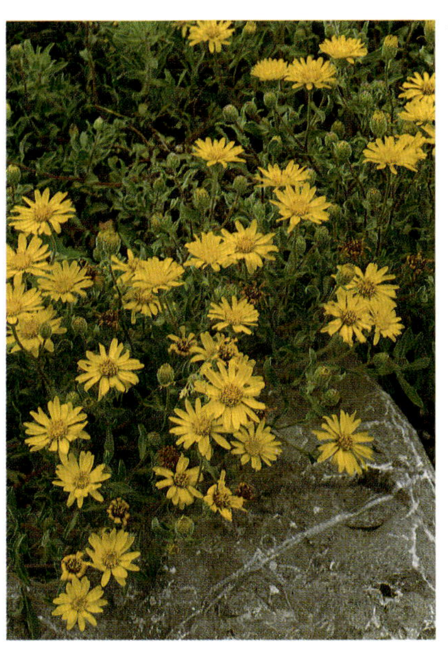

◁ **Chrysopsis villosa**, Goldauge, Goldaster, Asteraceae (Compositae), Asterngewächse. 20 Arten in Nordamerika. Die abgebildete Art ist eine Staude der Prärien. Es gibt unterschiedliche Typen von 20 cm bis 80 cm Höhe. Der kultivierte Typ, nur 20 cm hoch, soll *C. villosa* var. *rutteri* sein. Sie hat lanzettliche Blätter mit anliegenden, silbrigen Haaren, und mit 4–5 cm großen Blütenköpfchen doppelt so große wie die Art. Blütezeit Mai–Oktober. In ihrer Heimat prägen die Pflanzen in dieser Zeit das Landschaftsbild durch große, goldfarbene Blütenflächen. Bei uns gehören sie an sehr heiße, sonnige Stellen mit stark wasserdurchlässigem Untergrund. Da sie bei uns nicht verläßlich winterhart sind, sollte man einige bewurzelte Stecklinge frostfrei überwintern, um notfalls nachpflanzen zu können. Vermehrung durch Aussaat oder Stecklinge (5, 12, 29, 32)

Cimicifuga racemosa var. cordifolia *(C. cordifolia)*, Lanzensilberkerze. Die Lanzensilberkerze stammt aus Nordamerika und kann bis 2 m hoch werden. Sie bildet cremeweiße, aufrechte und schmale, erst oben verzweigte Blütenstände und blüht von August–September. *C. simplex*, die Oktobersilberkerze, schmückt sich von September–Oktober mit einem weißen, stark verzweigten, leicht überhängenden Blütenstand. Sie kommt in Japan, auf den Kurilen, auf Sachalin, auf Kamtschatka und in der Mandschurei vor. Hierzu gehören die Sorten 'Armleuchter' mit starker Verzweigung, 'White Pearl' mit geringer Verzweigung und besonders hellgrünem Laub und 'Braunlaub' mit dunkel grünbräunlichem Laub. Alle 3 Sorten werden bis etwa 1,3 m hoch. Die Vermehrung erfolgt durch Stecklinge bei den Sorten und durch Aussaat bei den Arten. (4, 18, 20, 21) ▽

Cimicifuga racemosa var. racemosa, Julisilberkerze, Ranunculaceae, Hahnenfußgewächse. Die etwa 15 Arten dieser Gattung sind in den gemäßigten Gebieten der Nordhalbkugel, in Nordamerika, in Asien und mit *C. foetida*, dem europäischen Wanzenkraut, auch bei uns verbreitet. Sie sind attraktive Gartenstauden vor dunklem Hintergrund, so am Gehölzrand, und lieben halbschattige bis schattige Lagen auf humosen, frischen Böden. Die Julisilberkerze aus Nordamerika blüht von Juli–August und wird bis 2 m hoch. Sie hat große, stark gefiederte Blätter und cremeweiße, wenig verzweigte, lange, bogig überhängende Blütenstände. Die August- oder Kandelabersilberkerze, *C. dahurica* aus Südostsibirien und Japan, bildet von August–September bis 2 m hohe, kandelaberartig verzweigte Blütenstände. Vermehrung durch Aussaat, bei Sorten durch Teilung. (4, 18, 20, 21) ▷

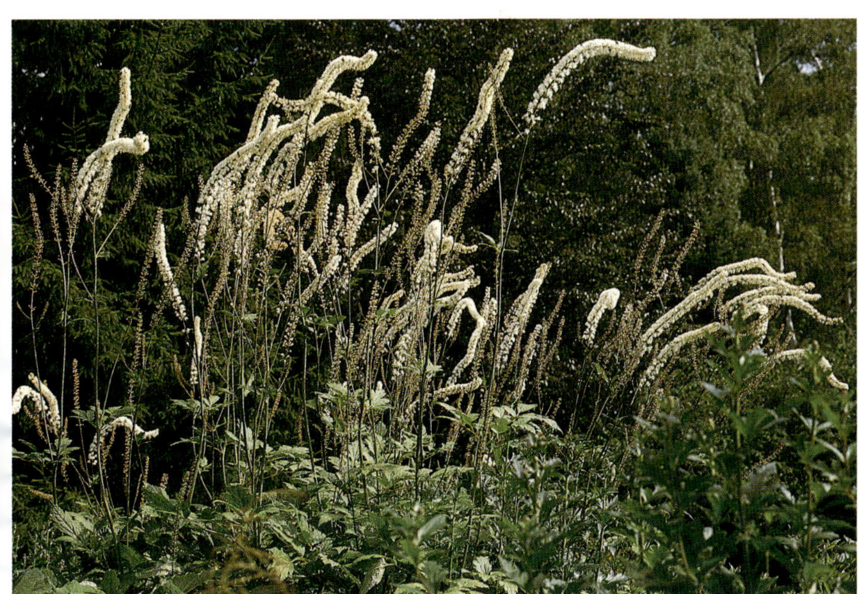

◁ **Cimicifuga ramosa**, Septembersilberkerze. Diese auf Kamtschatka verbreitete Art blüht von September–Oktober cremeweiß mit einem wenig verzweigten, leicht bogig geneigten Blütenstand. Zu ihr gehört die Sorte 'Atropurpurea' mit in der Jugend braunroten Blättern. Eine im September mit der Blüte beginnende, zwergige Sorte ist 'Frau Herms', früher 'Hänse Herms'. Sie erreicht nur 40 cm Höhe und blüht reinweiß bis in den Oktober hinein. Sie wird heute manchmal *C. japonica* zugeordnet. *C. acerina (C. japonica* var. *acerina)* ist eine japanische Silberkerze, deren Sorte 'Compacta', die Zwergsilberkerze, von Juli–September cremeweiß blüht und nur etwa 80 cm hoch wird. Die Blütenstände mit sehr großen Einzelblüten stehen straff aufrecht. Die Vermehrung der Arten erfolgt durch Aussaat und Teilung, die der Sorten nur durch Teilung. (4, 18, 20, 21)

Clarkia unguiculata *(C. elegans)*, Wandelröschen, Onagraceae, Nachtkerzengewächse. 36 Arten kommen in Nordamerika und im nördlichen Südamerika vor. Es sind einjährige, ästige Kräuter mit schmalen, lanzettlichen, wechselständigen Blättern und rosa, roten oder purpurnen Blüten, die eine endständige lange Traube bilden. Aussaat an sonnigen Stellen im September (in wintermilden Gegenden) oder im März. Dadurch verlängert sich die Blütezeit, und wenn einige Pflanzen gestutzt werden, gibt es nochmals eine Blütezeitverschiebung. *C. unguiculata* bildet einfache oder gefüllte Blüten, 2–3 cm groß, in Rot, Rosa oder Weiß. Die rosa *C. concinna* bleibt etwas niedriger, 'Pink Ribbon' blüht dunkelrosa. *C. pulchella* wird meist als Farbmischung angeboten und ist etwa 30–40 cm hoch. Alle blühen im Juli–August und liefern elegante Schnittblumen. (35)
▽

Cirsium japonicum 'Rose Beauty', ▷ Japandistel, Asteraceae (Compositae), Asterngewächse. Die 150 Kratzdistel-Arten sind nicht nur „Unkräuter", viele haben hohen Gartenwert. Als Schnittstauden kann man die kräftig karminrosa 'Rose Beauty' und die hellrosa 'Pink Beauty' verwenden. Von beiden Sorten lassen sich bei früher Aussaat mit Vorkultur oder bei Direktsaat im April noch im gleichen Jahr Blütenstiele schneiden. Für nasse Stellen in Naturgärten ist neben der Kohldistel, *C. oleraceum*, mit Blütezeit von Juni–September oder November und der Bachkratzdistel, *C. rivulare*, mit purpurfarbener Blüte von Mai–August auch 'Atropurpureum' geeignet, eine besonders farbkräftige Auslese. *C. acaule*, die Stengellose Kratzdistel, paßt in magere, kalkreiche Trockenrasen. Vermehrung durch Aussaat oder Teilung mehrköpfiger Pflanzen. (35 bzw. 3 bzw. 10, 27)

◁ **Clematis heracleifolia**, Staudenclematis, Ranunculaceae, Hahnenfußgewächse. Von den etwa 250 *Clematis*-Arten wachsen einige als nicht kletternde Stauden. *C. heracleifolia*, 1 m hoch und am Grunde etwas verholzt, stammt aus China und blüht von August–September. Die 2,5 cm langen, blaßblauen, röhrigen Blüten duften leicht. 'Davidiana' hat dunkelblaue Blüten mit nicht zurückgerollten Tepalen. *C.* × *bonstedtii* mit 'Campanile', 'Cote d'Azur', 'Crepuscule' und 'Wyevale', bis 1 m hoch, blüht im Juli, zum Teil bis zum Herbst, mit weißen bis hellblauen Blüten in endständigen Büscheln. *C.* × *jouiniana* mit 'Praecox' und 'Mrs. Robert Brydon' klettert leicht, blüht wäßrigblau und ist als Bodendecker geeignet. Vermehrung durch Stecklinge. Tiefe Pflanzung auf gut gelockertem Untergrund, vor und zwischen Gehölzen oder in Rabatten. (1, 3, 4, 7, 9)

Cleome hassleriana *(C. spinosa)*, Spinnenpflanze, Capparaceae, Kapergewächse. ▷ Etwa 150 *Cleome*-Arten wachsen in den Tropen und Subtropen als einjährige Pflanzen oder Halbsträucher. An Blütenfarben gibt es Gelb, Purpur und Weiß. Die weit herausragenden Staubgefäße der endständigen Blüten zieren genauso wie die Blütenblätter. Aussaat mit Vorkultur und Auspflanzen nach den Eisheiligen an sonnige, nicht zu feuchte Stellen in nährstoffreichen Boden. *C. hassleriana* kommt in Nord- und Südamerika vor, blüht vom Juli bis in den Herbst und wird bis über 1 m hoch. Es gibt Farbmischungen wie 'Galathea', aber auch Farbsorten wie die weiße 'Helen Campbell', die tiefviolette 'Violettkönigin' und 'Kirschkönigin' in fast rotem Tiefkarminrosa. Spinnenpflanzen vertragen Sonne und Trockenheit, Staunässe und Schatten mögen sie nicht. (8, 12, 16, 34, 36).

◁ **Clitoria ternatea**, Fabaceae (Leguminosae), Hülsenfrüchtler. Etwa 40 Arten in den Tropen und Subtropen Amerikas und Asiens. Wir finden sie oft in den heißen, feuchten Schauhäusern, in denen tropische Seerosen gezeigt werden. An warmen, geschützten Stellen mit höherer Luftfeuchtigkeit lassen sie sich auch bei uns, bei guter Wasserversorgung und Vorkultur bis zum Auspflanzen Anfang Juni, in guten Sommern zur Blüte bringen. Blütezeit von Juli–Herbst entsprechend dem Witterungsverlauf. Die Pflanzen klettern bis 3 m hoch. Bei Topfkultur auf einer Veranda oder im Kleingewächshaus ist Düngung notwendig. In Indien werden die Blüten zum Blaufärben von Speisen und Getränken benutzt. Die jungen Triebe und Blätter finden als Gemüse Verwendung. Vermehrung durch Aussaat, aber auch Stecklinge wären möglich, da *C. ternatea* eine Staude ist. (9, 16, 36)

Codonopsis ovata, Tigerglocke, Campanulaceae, Glockenblumengewächse. Westhimalaja. Aus dem fleischigen, zylindrischen Wurzelstock treiben etwa 30 cm hohe, aufsteigende, spärlich behaarte Stengel mit ovalen, vorne zugespitzten und fast sitzenden Blättern. Die einzeln stehenden, trichterförmigen Blüten sind fahlblau bis himmelblau, von dunklen Adern durchzogen, 2 cm lang und 2,5 cm breit. Der Blütengrund ist schwarz, grün umsäumt. Eine hübsche Pflanze für den fortgeschritteneren Steingartenfreund. Ein mildfeuchter Stand und humusangereicherter Boden gelten als Voraussetzungen für die erfolgreiche Kultur. Leicht aus Samen vermehrbar. *C. ovata* zählt zu den wenigen nichtrankenden Arten, die meisten wachsen als Ranker oder Halbranker. Eine sich selbst aussäende Art ist *C. clematidea*, die bis 50 cm hoch wird und aufstrebend bis rankend wächst. (32)
▽

◁ **Cobaea scandens**, Glockenrebe, Polemoniaceae, Sperrkrautgewächse. 18 Arten sind im tropischen Mittel- und Südamerika verbreitet. Während wir sie einjährig ziehen, verholzen sie in ihrer Heimat. Sie klettern mit Hilfe von Blattranken. Die 2- bis 3paarig gefiederten Blätter enden in einer Mittelranke, die sich nach einer Berührung schnell zu krümmen beginnen. Die 5–7 cm großen, langgestielten Blüten sind erst grün und riechen dann unangenehm dumpf. Wenn sie sich dunkelviolett färben, beginnen sie angenehm zu duften. Diese Sommerkletterpflanze blüht nach Vorkultur von Juli–Herbst. Sie klettert bei guter Wasser- und Nährstoffversorgung und ausreichender Wärme bis 6 m und höher. Die Glockenrebe wächst nicht nur in voller Sonne, sondern auch an etwas schattigeren Stellen und läßt sich auch in Kübeln auf dem Balkon halten. (15, 16, 21, 34, 36)

Coix lacryma-jobi, Hiobsträne, Poaceae (Gramineae), Gräser. 5 Arten dieser Gattung sind im tropischen Asien verbreitet. Eigentlich eine Staude, wird die Hiobsträne doch bei uns einjährig gezogen, um nach Vorkultur ab Mitte Mai ausgepflanzt zu werden. Wir können sie zwischen Stauden einfügen oder aber im Sommerblumenbeet verwenden, da sie bis 1 m hoch wird. Interessant an ihr sind die bei der Reife schwarzen, glänzenden Früchte, die ein vom Stiel bis zur Spitze durchgehendes Loch haben, also schon zum Auffädeln fertige Perlen sind. Das war wohl auch der Grund, warum die Pflanze schon im frühen Mittelalter bei uns gezogen wurde, daß man aus den Früchten Rosenkränze, Ketten und Armbänder gemacht hat. Sonnige Stellen, nährstoffreicher Boden und kräftige Wässerung bei Sommertrockenheit sind für eine gute Entwicklung nötig. (2, 16, 34, 35, 36) ▷

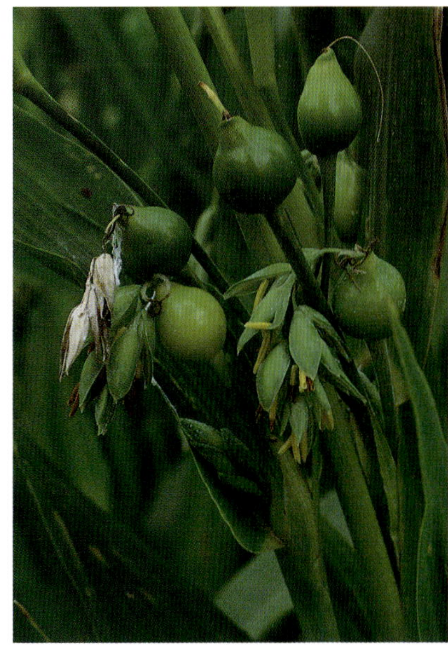

△

Colchicum-Hybride 'Waterlily', Seerosenherbstzeitlose, Colchicaceae (Liliaceae), Herbstzeitlosengewächse. Etwa 65 Arten sind in Europa, Asien und Nordafrika verbreitet. Es sind Stauden, die mit Knollen im Boden überdauern. Bei der heimischen Herbstzeitlose, *C. autumnale*, erscheinen im Herbst, von September–Oktober, die Blüten und erst im Frühjahr die Blätter, aus denen sich dann die reifende Samenkapsel nach oben schiebt. Die Blüten stehen meist auf einer sehr langen, dünnen Röhre, da die Pflanzen gewöhnlich im Gras vorkommen und ihre Blüten nach oben ans Licht und den bestäubenden Insekten entgegenrecken. Die abgebildete Sorte ist eine der schönsten. Auch in Wiesen, die nur einmal im Spätsommer gemäht werden, bevor die *Colchicum*-Blüten erscheinen, lassen sie sich ansiedeln. Vermehrung durch Pflanzung der Knollen. (3, 10, 30)

△

Colchicum bornmuelleri. Diese ist die früheste und standfesteste Herbstzeitlosen-Art aus Kleinasien. Sie beginnt bereits im August zu blühen und muß deshalb möglichst Ende Juli, spätestens Anfang August gepflanzt werden; etwa 20 cm tief, damit sie nicht unter Trockenheit leidet und ausreichend Wurzelraum und Nährstoffe zur Verfügung hat. Sie ist interessant durch den weißen Schlund der Blüte und wird auch als großblumige, frühblühende Form von *C. speciosum* betrachtet, die im Kaukasus, in der nördlichen Türkei und im Iran in subalpinen Wiesen und an steinigen Hängen bis auf 3000 m Höhe verbreitet ist. Sie ist Elternteil vieler Hybriden und in der Kultur problemlos. Sie wächst in jeder Gartenerde an lichter Stelle, am Gehölzrand wie in der Wiese oder in Staudenpflanzungen. Die Vermehrung erfolgt durch die Teilung alter Horste. (3, 10, 30)

◁ **Coleus-Blumei-Hybriden**, Buntnessel, Lamiaceae (Labiatae), Taubnesselgewächse. Etwa 150 Buntnessel-Arten gibt es im tropischen Afrika und Asien. Als Zimmerpflanze oder im Sommerblumenbeet zeigen sie, daß sie langlebige Halbsträucher sind. Da sie sich aber durch Stecklinge gut vermehren lassen und die jungen Blätter am kräftigsten und schönsten gefärbt sind, zieht man immer wieder junge Pflanzen nach. Die beste Laubfärbung bildet sich am sonnigen Standort. Durch Auskneifen der Blütenstände kann man dafür sorgen, daß regelmäßig neue, gut beblätterte Triebe nachwachsen. Nach Vorkultur wird ab Mitte Mai ausgepflanzt. Die in allen Variationen vorhandenen Blattfarben reichen von rot über gelb gemustert bis zu bunt panaschiert. Die Pflanzen dürfen nicht zu heiß und trocken stehen, andererseits sterben sie bei Staunässe schnell ab. (16, 34, 36, 38)

△

Colchicum speciosum 'Album'. Von der festen, aufrecht stehenden, großblütigen *C. speciosum* gibt es neben dieser weißblühenden Sorte noch andere Typen mit großen Blüten, die jedoch zu Kreuzungen aus *C. giganteum* mit anderen Arten gerechnet werden. Dazu gehören die amethystviolette Sorte 'Giant', die im September-Oktober blüht und die größte im Handel befindliche Herbstzeitlose ist, aber auch die weiße, violett gesprenkelte 'Autum Queen' oder die spätblühende, lilarosa 'Lilac Wonder'. Auch die anderen im Handel angebotenen Arten und Sorten sind durchaus wertvoll für den Garten, da sie bei richtigem Standort auf Dauer gut aushalten, sich vermehren und im Garten späte, kräftige Blütenfarben meist fehlen. Als Nachbarn geeignet sind besonders spät sich entwickelnde Stauden, die den Platz der einziehenden Herbstzeitlosen einnehmen. (3, 10, 30)

Collinsia grandiflora, Scrophulariaceae, Braunwurzgewächse. Etwa 20 Arten hauptsächlich im nordwestlichen Nordamerika. Es sind einjährige, aufrechte oder niederliegende, locker verzweigte Kräuter mit 2lippigen, violetten, blauen, roten, weißen oder auch mehrfarbigen Blüten, die zu mehreren in den Blattachseln stehen. Vermehrt wird durch Direktsaat im März–April oder auch im September. Die Herbstaussaat überwintert bei nicht zu strengen Frösten und beginnt dann besonders früh zu blühen. *C. grandiflora* blüht von Juni–August und wird bis 40 cm hoch. *C. heterophylla (C. bicolor)* erreicht bis 60 cm Höhe. Ihre deutlich zweifarbigen Blüten stehen in nicht so geordneten Quirlen. Blütezeit Juli–August. Sie verträgt etwas trockenere und sonnigere Standorte als *C. grandiflora*, welche mehr feuchtfrische bis schattige Stellen liebt. (3, 10, 35) ▷

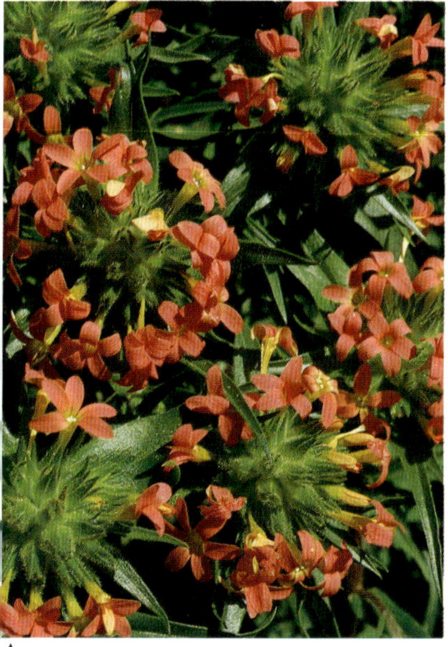

△

Collomia grandiflora, Collomie, Polemoniaceae, Sperrkrautgewächse. 15 Arten sind an der Pazifikküste Nordamerikas und in den gemäßigten Gebieten Südamerikas verbreitet. *C. grandiflora* wird 30–90 cm hoch und trägt am unverzweigten Stengelende ein vielblütiges Köpfchen aus 2–3 cm langen, sternförmigen, lachs- bis aprikosenfarbenen Blüten. Die Abbildung zeigt einen sehr farbintensiven Typ. Angeboten wird auch *C. cavanillesii* aus Chile, die bei uns nur dann reich blüht, wenn wir trockenes, warmes Sommerwetter haben. Ihre 2–3 cm großen, sternförmigen Scharlachblüten halten 4–5 Wochen an der Pflanze. Sie wird etwa 50–60 cm hoch. Beide Arten blühen im Juli–August. Bei *C. grandiflora* kann die Blüte bei Herbstaussaat und milden Wintern schon im Juni einsetzen, während sie sich nach Direktsaat im Frühjahr erst im Juli–August entwickelt. (3, 5, 25, 35)

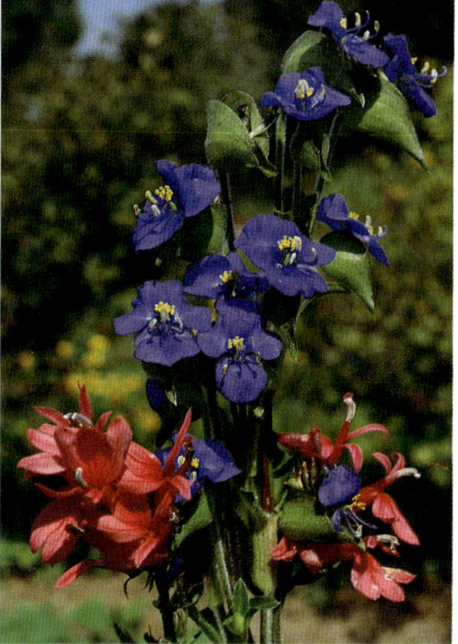

△

Commelina tuberosa *(C. coelestis)*, Tagblume, Commelinaceae, Tagblumengewächse. Von den 230 hauptsächlich in den Tropen verbreiteten Arten sind uns viele als Zimmerpflanzen vertraut. Für die Sommerpflanzung draußen ist nur eine Art geeignet. Die straffe, aufrecht wachsende *C. tuberosa* bildet heute eine eigene Art. Ihre Heimat ist Mexiko und Guatemala, die Blütezeit dauert vom Juni bis zum Herbst. Auf bis 70 cm hohen Stielen stehen in grünen Hochblattschiffchen große, leuchtendblaue, jeweils nur einen Tag blühende Blüten. Jedes Schiffchen enthält 10 und mehr Einzelblüten. Die knolligen Wurzeln der Tagblume lassen sich wie bei Dahlien frostfrei überwintern und im Mai auspflanzen. Bei Aussaat erhält man noch im gleichen Jahr blühende Pflanzen. Jeder sonnige Standort mit einem frischen Boden ist geeignet. (2, 10, 30, 36)

Convallaria majalis, Maiglöckchen, Convallariaceae (Liliaceae), Maiglöckchengewächse. Die einzige Art der Gattung ist in Europa sowie den gemäßigten Gebieten Asiens und Nordamerikas verbreitet und blüht je nach Standort im Mai oder Juni. Die bis 20 cm hohe Staude verbreitet sich mit unterirdisch kriechenden, verzweigten Rhizomen. Jede Pflanze bildet 2–3 grundständige, lanzettliche Blätter und einen Blütenstand aus weißen, duftenden Glöckchen. Die Sorte 'Rosea' hat blaßrosa Blüten, wirkt aber weniger stattlich. Verwendung im Garten an leicht schattigem bis sonnigem Standort. Vermehrung durch Teilung nach Absterben der Blätter im Oktober, Rhizome 5 cm tief pflanzen. Weitere Sorten sind 'Albistriata' mit längs weißgestreiftem Blatt, 'Flore Pleno' mit gefüllten Blüten und 'Grandiflorum' mit besonders großen Blüten. (3, 18, 20)

▽

Convolvulus boissieri, Convolvulaceae, Windengewächse. 250 Arten sind in den subtropischen und gemäßigten Gebieten der Erde verbreitet. Die glockenförmigen, meist einzeln in den Blattachseln stehenden Blüten sind violett, blau, rosa, rot oder weiß. Staudige Arten wie *C. boissieri* werden durch Teilung, Aussaat oder Stecklinge vermehrt. Je stärker silberbehaart die Arten sind, desto wärmere, sonnigere Stellen mit guter Wasserdurchlässigkeit brauchen sie, um unsere naßkalten Winter zu überstehen. *C. boissieri* aus Spanien bildet bodendekkende silbergraue Blatteppiche. Die leicht rosafarbenen Blüten erscheinen im Mai–Juni. Ganz ähnlich blüht die heimische, nach Honig duftende Ackerwinde, *C. arvense*. Schöne Typen könnten den ganzen Sommer über weiße, weiß-rot gezeichnete oder rötlichkarminfarbene bis rote Blütenteppiche hervorbringen. (5, 7, 12, 31, 32) ▷

◁ **Convolvulus tricolor**, Sommerwinde. Sie gehört zu den wenigen einjährigen Winden und kommt im Mittelmeergebiet und in Nordwestafrika vor. Die Sommerwinde wird im zeitigen Frühjahr (März) an Ort und Stelle gesät und blüht dann von Juni–Oktober, und das jeden Tag mit neuen Blüten, denn sie halten nur einen Tag lang. Die Blüten sind in der Regel 3farbig blau, weiß und gelb in unterschiedlicher Mischung. Die Pflanzen werden zwischen 40 und 60 cm hoch. Sie eignen sich für Sommerblumenbeete, aber auch für steinige, nährstoffarme Standorte sowohl in der Sonne wie auch im Halbschatten. Natürlich führt bessere Nährstoffversorgung zu stärkerem Wuchs und reicherer Blüte. (5, 7, 25, 35)

Coreopsis tinctoria, Färbermädchenauge. Diese nordamerikanische Art wird bis 100 cm hoch und blüht von Juni–September. Sie ist einjährig und wird als Sommerblume direkt an Ort und Stelle gesät. Die Sorte 'Dazzler' wird nur etwa 25 cm hoch und blüht goldgelb mit brauner Mitte. Die Sorte 'Tetra Goldteppich' blüht goldgelb mit purpurrotem Auge und wird etwa 50 cm hoch. In Mischungen treten auch Typen mit ganz und gar braunroten Blüten auf, wie auf der Abbildung zu sehen ist. *C. lanceolata*, eine Staude, blüht von Juni–August, wird 60 cm hoch und ähnelt *C. grandiflora*. Sie ist zierlicher, und ihre Blüten sind goldgelb. Ihre Sorte 'Rotkehlchen' erreicht 30 cm Höhe und bildet bis Oktober gelbe Blüten mit braunem Auge. Dazu gehört auch die Sorte 'Sonnenkind', die 40 cm hoch wird und mit goldgelben Blüten von Mai–September erfreut. (10, 35 bzw. 1, 2, 10) ▽

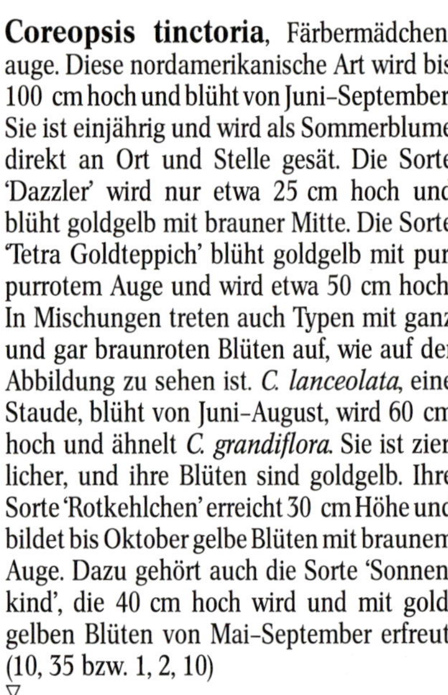

Coreopsis verticillata 'Moonbeam', Mädchenauge, Asteraceae (Compositae), Asterngewächse. Etwa 120 Arten gibt es in Amerika und im tropischen Afrika. Es sind meist Stauden, seltener einjährige Kräuter oder Halbsträucher. *C. verticillata* zählt zu den reichblühendsten Gartenstauden für sonnige Stellen. Sie kommt in den USA von Maryland bis Florida und Arkansas vor, wächst buschig und wird bis 80 cm hoch. An den reichverzweigten Stengeln sitzen endständig große, weißgelbe Blüten. Blütezeit Juni–September. Verbreitet sind auch die Sorten 'Grandiflora' mit größeren, dunkleren, gelben Blüten sowie 'Zagreb', eine nur 25 cm hohe Zwergform, die sehr viel Trokkenheit verträgt. Die ähnliche, teilweise im gleichen Gebiet vorkommende, ebenfalls bis 80 cm hohe *C. grandiflora* liefert gute, bis 14 Tage haltbare Schnittblumen. (1, 2, 10, 25, 36) ▷

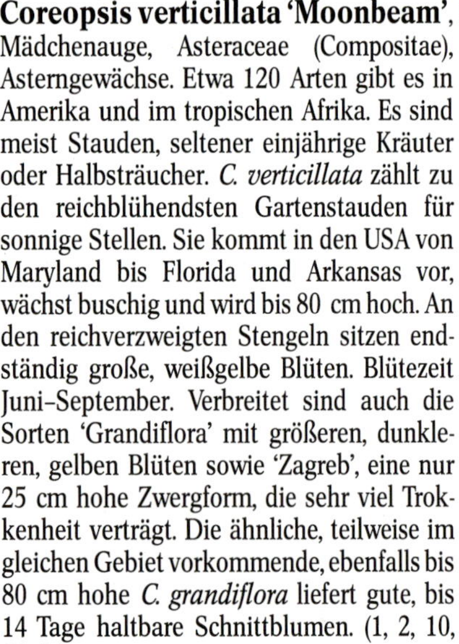

Coronilla varia, Bunte Kronenwicke, Fabaceae (Leguminosae), Hülsenfrüchtler. 20 Arten in Europa und im Mittelmeergebiet. *C. varia* wird 30–120 cm hoch und hat 5- bis 10paarig gefiederte Blätter. Sie blüht mit bunten, d. h. rosa oder lila und weißen Blüten von Mai–Juli. Sie sollte in Gesträuch gepflanzt werden, an dem sie sich nach oben rankt, oder als Bodendecker für trockene, warme Stellen und Gehölzränder. Ähnlich ist die nur 30–50 cm hohe Bergkronenwicke, *C. coronata*, mit 3- bis 6paarig gefiederten Blättern. Sie bildet von Juni–August gelbe, 10- bis 20blütige Dolden. Für etwas feuchtere, auch halbschattige Bereiche eignet sich die heimische Geißraute, *Galega officinalis*. Sie wird 60–120 cm hoch und blüht von Juli–August weiß mit blau oder lila 2farbig in aufrechter Traube. Für sumpfige Wiesen und Auwaldsituationen. (3, 4, 10 bzw. 27)
▽

Cornus canadensis, Teppichhartriegel, ▷ Cornaceae, Hartriegelgewächse. Die 40 in den nördlichen, gemäßigten Gebieten verbreiteten Arten sind meist Sträucher. 2 staudig wachsende Hartriegel sind für uns als Bodendecker interessant. *C. canadensis* stammt aus Nordamerika und Grönland und blüht im Juni. Er ist eine bis 20 cm hohe, kriechende Staude. Jeder Stengel trägt 4 Laubblätter. Am Stengelende sitzt die Blütendolde, die von 4 blütenblattähnlich wirkenden weißen Hochblättern eingerahmt wird. Der sich daraus entwickelnde Fruchtstand ist bei der Reife hellrot. Vermehrung durch Ausläufer. Verwendung als Bodendecker auf saurem, frischem Boden an leicht schattigem Standort. *C. suecica*, der Schwedische Staudenhartriegel, ist gegen Kalk im Boden noch empfindlicher und wächst langsamer. Er ist deshalb fast aus dem Sortiment verschwunden. (4, 20, 21)

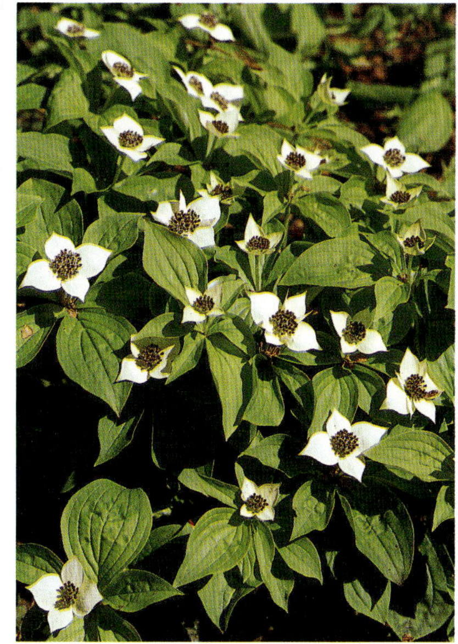

Corydalis cashmeriana, Blauer Himalaja-Lerchensporn, Fumariaceae, Erdrauchgewächse. Unter den über 300 Lerchensporn-Arten im gemäßigten Eurasien und Nordamerika gilt die „Blaue Blume“ aus dem Himalaja als der Traum der Alpenpflanzenfans. Sie wird nur 15 cm hoch. Jeder Stengel trägt im April–Mai 6–8 Blüten von 2–2,5 cm Länge. *C. cashmeriana* stellt sehr hohe Ansprüche an Luft- und Bodenfeuchtigkeit, wünscht aber humoses, wasserdurchlässiges Substrat und darf, seinem Heimatstandort entsprechend, nie unter hohen Temperaturen leiden. Auch ist leichter Schatten besser geeignet als Sonne. Vermehrung durch Teilung. Daneben gibt es ganz zwergige, hochalpine Formen aus Nepal, die nur 2–3 cm hoch werden und deren Stiele nur 1–2 Blüten tragen. Sie sind jedoch unter den Klimabedingungen des Flachlandes nicht zu kultivieren. (32)
▽

◁ **Cortaderia selloana**, Pampasgras, Poaceae (Gramineae), Gräser. 12 Arten in Südamerika und Neuseeland. Alle sind ausdauernde, am Grunde fast verholzende Gräser mit schmalen, langen Blättern und bis 4 m hohen, locker-ästigen bis nickenden Blütenrispen in Weiß bis Rosa. Vermehrung durch Aussaat oder Teilung. Für sonnige Stellen auf durchlässigem Boden und nur in Weinbaugegenden ohne Winterschutz. Zur Triebzeit kräftig wässern, da sonst die Halme steckenbleiben. Weibliche Rispen sind größer, schöner ausgefärbt und geschnitten haltbarer als männliche. Rosa überlaufene Rispen haben 'Rosea' und der winterharte Klon 'Rendatleri', der zu *C. jubata* gehört. Seine Rispen werden etwa 50 cm lang. Zu *C. selloana* gehören noch die hochwachsende Sorte 'Sunningdale Silver' mit bis meterlangen Rispen, und die nur 1,5 m hohe Sorte 'Pumila'. (1, 5, 8, 16, 29)

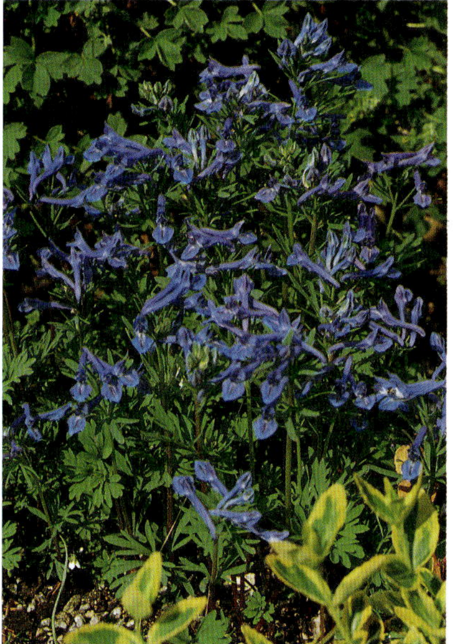

Corydalis cheilanthifolia. Diese westchinesische Lerchensporn-Art blüht von Mai–Juni und wird 15–30 cm hoch. Ihre dicht in einer Rosette stehenden, farnähnlichen Blätter sind fein fiederschnittig und bräunlichgrün. Die Blüten in hohen Kerzen sind leuchtendgelb. Es ist eine Fels- und Mauerspaltenpflanze, die auch in schattigen Hinterhöfen oder in Gebüsch gut wächst. Man muß nur Vorsorge treffen, daß die Pflanzen nicht unter Winternässe leiden. Eine ähnliche Art, aber mit blaugrünem Laub ist *C. ochroleuca.* Sie besitzt weiße Blüten mit gelbem Auge und verträgt wahrscheinlich etwas mehr Trockenheit. Sie breitet sich nicht so stark aus und wirkt auch nicht so eindrucksvoll, da ihr das leuchtende Gelb der Blüten fehlt. Vermehrung beider Arten durch Aussaat. (21, 24, 31, 32) ▷

△

Corydalis lutea, Gelber Lerchensporn. Diese Pflanze ist eine unserer vielseitigsten Lerchensporn-Arten. Die Abbildung zeigt eine Pflanze in relativ trockener Lage und ihrer typischen Haltung bei viel Sonne und Wärme. Der Gelbe Lerchensporn wächst aber auch im Halbschatten und bis in den Schatten hinein problemlos. Wichtig sind steinige, kiesige Flächen mit guter Wasserdurchlässigkeit. Die bis 40 cm hohen, verzweigten Stengel tragen doppelt bis dreifach gefiederte, hellgrüne Blätter. Von Mai–September zeigen sich die goldgelben Blüten in endständigen Trauben. Bei passendem Standort vermehrt er sich durch Selbstaussaat und besiedelt dann weite Bereiche. Ameisen verschleppen die Samen wegen ihrer fleischigen Anhängsel gern in Mauer- und Steinspalten. In wintermilden Gegenden ist er ein Dauerblüher. Vermehrung durch Aussaat. (7, 19, 20, 21, 24, 25)

△

Corydalis solida 'George Baker' *(C. solida* 'Transsylvanica', *C. transsylvanica).* Vom in Europa heimischen Festen Lerchensporn, *C. solida*, gibt es in Siebenbürgen auch lachs- bis orangerote Farbtypen. Ein solcher ist die weithin leuchtende Sorte 'George Baker'. Sie ist zu verwenden wie *C. solida* und blüht von März–Ende April. Fast ein Riese ist *C. cava*, der Hohle Lerchensporn, der bis über 40 cm hoch werden kann. Die große Knolle wird im Alter hohl, daher der deutsche Name. Beeindruckend ist die weißblühende Sorte 'Alba'. Beide Arten eignen sich sehr gut zum Ansiedeln an Waldrändern und in schütteren Wiesenflächen unter Gehölzen, vorausgesetzt, es gibt keine Staunässe und im Frühling ist es feucht genug. Im Sommer schadet die Trockenheit im Wurzelbereich der Gehölze nicht. Vermehrung durch Aussaat oder Abnahme der Nebenknöllchen. (3, 4, 10, 11, 23)

Cosmos bipinnatus 'Seashell', ▷ Muschelcosmee, Asteraceae (Compositae), Asterngewächse. 25 Arten im tropischen und subtropischen Amerika mit Schwerpunkt in Mexiko. Es sind ein- oder mehrjährige, stark verzweigte Kräuter mit fein fiederschnittigen Blättern. Die Farbe der Blütenkörbchen reicht von Gelb, Rosa, Rot und Weiß bis zu mehrfarbigen Typen. Vermehrung durch möglichst frühe Aussaat mit Vorkultur, oder Aussaat im März an Ort und Stelle, wobei die Pflanzen dann wegen fehlender Kurztagswirkung erst zum Herbst hin blühen. Jeder vollsonnige Standort mit kräftigem, nährstoffreichem Boden und ausreichender Feuchtigkeit, jedoch ohne Staunässe, bringt die Schmuckkörbchen zur vollen Entfaltung. Abgeblühte Cosmeen sollte man stehen lassen, da Distelfinken die Samen lieben. Meist werden Farbmischungen angeboten. (2, 3, 35, 36)

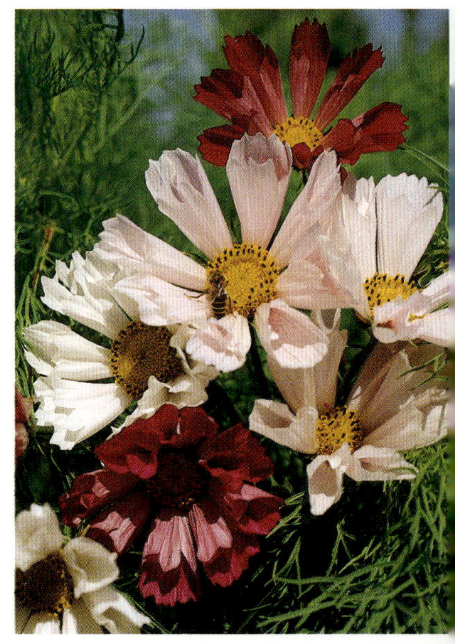

Cosmos sulphureus. Diese Art aus ▷ Mexiko wird bis 1,5 m hoch und blüht von August–September. Die endständigen, 5–8 cm großen Blütenkörbchen sind gelb bis goldgelb, bei der nur 60 cm hohen Sorte 'Diabolo' feuerrot. Die Abbildung zeigt die halbgefüllte, etwa 60 cm hohe Sorte 'Sunset'. Ähnlich sind die Blüten der Sorte 'Klondyke Early Suncrest', wobei beide nur etwa 4 cm große Blüten tragen. Die Blüten von *C. atrosanguineus (Bidens atrosanguineus)* sind schokoladebraun und duften wie heiße Trinkschokolade. Die knolligen Wurzeln lassen sich wie Dahlien frostfrei überwintern. Eine zierliche Ausgabe von *C. sulphureus* ist *Bidens ferulifolia (Coreopsis ferulifolia)*, eine ein- bis zweijährige Art aus Mexiko, die bei Vorkultur in Töpfen einen Sommer lang als Balkonpflanze oder auch im Sommerblumenbeet blüht. (2, 35, 36, 38)

Cotula squalida *(Leptinella squalida)*, ▷ Fiederpolster, Asteraceae (Compositae), Asterngewächse. Von den 75 Arten sind einige an nicht zu feuchten, sonnigen bis halbschattigen Stellen ausgezeichnete flach bleibende Bodendecker zwischen Großstauden, aber auch für sommerblühende Zwiebel- und Knollengewächse. Am verbreitetsten ist *C. squalida* mit bräunlich-grünem Laub und grünlichen Blütenkörbchen von Mai–Juni. Sie stammt ebenso wie *C. dioica* aus Neuseeland. Beide werden 3–5, *C. dioica* auch bis 10 cm hoch, die Sorte 'Minor' bleibt flacher. Ihre Blätter sind nicht so behaart wie die von *C. squalida*, die unscheinbaren gelblichen Blütenkörbchen zeigen sich von Juli–August. Die kräftiger wachsende *C. potentillina* wird neuerdings als Bodendecker für die Grabbepflanzung empfohlen. Vermehrung durch Teilung (1, 4, 20, 21, 22, 26)

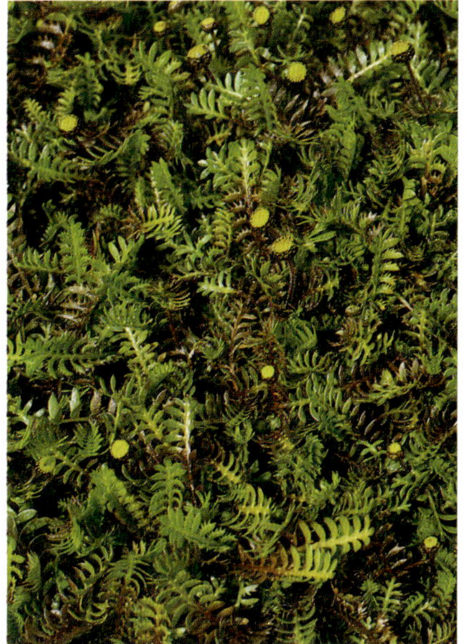

Craspedia globosa, Trommelschlegel, Asteraceae (Compositae), Asterngewächse. Wahrscheinlich über 60 ein-, zweijährige oder staudige Arten sind in den gemäßigten Gebieten Australiens und Neuseelands verbreitet. Sie zeichnen sich alle durch attraktive Blütenköpfchen aus. *C. globosa* wird bei uns als einjährige Sommerblume mit Vorkultur gezogen. Aus einem Busch 2 cm breiter und bis 30 cm langer Blätter erheben sich bis 70 cm lange Stiele mit etwa 2,5 cm großen, leuchtendgelben Blütenköpfchen. Die Pflanze wächst in ihrer Heimat auf schweren, feuchten, aber auch torfigen oder sandigen Böden. Der Boden sollte also nie austrocknen und nicht kalkhaltig sein. Vermehrung durch Aussaat. Frisch und getrocknet sind die Blütenstände sehr attraktive und haltbare Schnittblumen. Zum Trocknen schneidet man die Köpfchen, wenn gut die Hälfte der Einzelblüten geöffnet ist. (35, 36) ▽

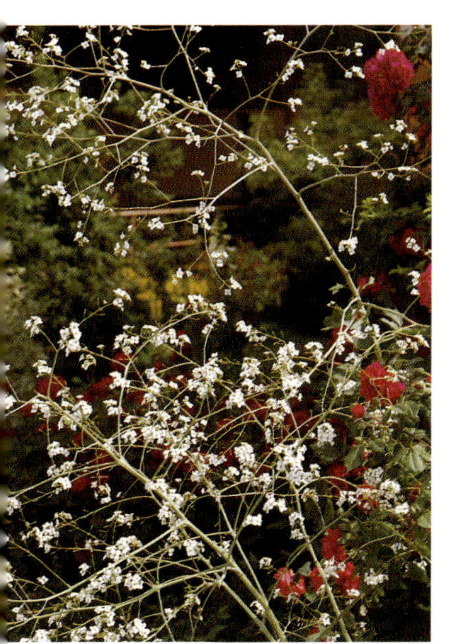

◁ **Crambe cordifolia**, Meerkohl, Brassicaceae (Cruciferae), Kohlgewächse. 25 *Crambe*-Arten sind von den Azoren, den Kapverdischen Inseln und den Kanarischen Inseln bis Zentralasien verbreitet. Vermehrung durch Aussaat, meist durch Teilung oder Wurzelsenker. *C. cordifolia* kommt vom Kaukasus bis Zentralasien vor und blüht von Mai–Juni. Sie wird bis 2 m hoch und hat sehr große, herzförmige, unregelmäßig gezähnte Blätter. Die großen, weißen, duftenden Blütendolden sind auch für den Schnitt verwendbar. Wichtig ist ein vollsonniger Standort mit tiefgründigem, frischem Boden, der auch im Sommer nicht austrocknen sollte. *C. maritima*, unser Meerkohl von der Atlantikküste, wird auch getrieben, die bleichen Sprosse werden als delikates Gemüse verzehrt. Er ist viel zierlicher als *C. cordifolia*, die Blütenstände sind geschlossener. (1, 8, 26)

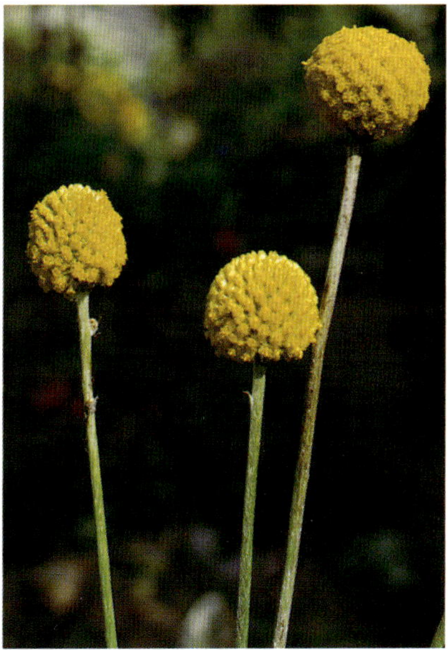

◁ **Crepis aurea**, Goldpippau, Asteraceae (Compositae), Asterngewächse. Etwa 200 Arten auf der Nordhalbkugel und im tropischen Afrika. Der Goldpippau ist in den Alpen, den Gebirgen Italiens und auf dem südlichen und westlichen Balkan verbreitet und wächst auf Matten und Weiden auf humosen Böden. Von Mai–August trägt er auf bis 20 cm langen Stielen 2–3 cm große Blütenköpfchen. Der Standort sollte vollsonnig sein, aber nie austrocknen. Vermehrung durch Aussaat oder Teilung. Im Flachland eher kurzlebig. Für kalkhaltigen, frischen, aber nicht staunassen Boden eignen sich die gelbe *C. jaquinii*, die hellgelbe *C. terglouensis* oder die ebenfalls gelbe *C. pygmaea*. Alle blühen in der Zeit von Juni–August. Die einjährige, für den Schnitt geeignete *C. rubra* wird etwa 30 cm hoch und hat dunkelrosa Blüten. Direktsaat im März. (2, 4, 32 bzw. 35, 36)

△

Crocosmia masoniorum, Montbretie, ▷ Iridaceae, Irisgewächse. 5 knollenbildende Arten mit grasartigen Blättern stammen aus Südafrika. Die trichterförmigen Blüten stehen in aufrechten oder zur Waagerechten geneigten Rispen oder Ähren. *C. masoniorum* wird bis über 1 m hoch. Eine großblütige, leuchtend orangerote Auslese ist die Sorte 'Firebird'. Kreuzungen von *C. aurea* und *C. pottsii* ergaben die Fülle der als *C. × crocosmiiflora* zusammengefaßten Gartenmontbretien. Sie blühen in den Farben Orange, Orangegelb bis Braun von Juli–Herbst. Die bis zu 20 bis 5 cm großen Blüten bilden 60 cm hohe Ähren. Vermehrung durch Nebenknollen. Verwendung in Stauden- und Sommerblumenpflanzungen an sonnigen Standorten. In strengen Wintern ist Schutz durch trockenes Laub nötig, oder die Knollen müssen frostfrei überwintert werden (16, 27, 30, 34, 36)

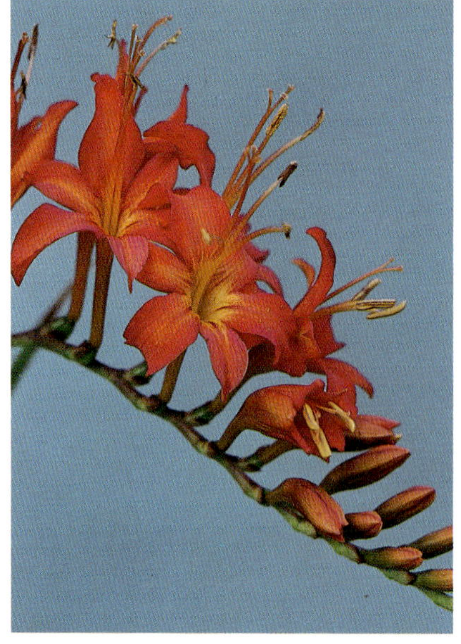

Crinum × powellii, Hakenlilie, Amaryllidaceae, Amaryllisgewächse. Von den etwa 100 in den Tropen und Subtropen verbreiteten Arten werden einige bei uns als Kübelpflanzen verwendet. Andere, wie *C. × powellii*, können in wintermilden Gegenden und mit Winterschutz auch im Freien kultiviert werden. Alle Arten sind mehrjährige Kräuter mit langen, oft riemenförmigen Blättern. Sie bilden meist sehr große Zwiebeln, deren Hals manchmal stammartig verlängert ist. Deshalb müssen wir sie bis 50 cm tief pflanzen, damit die Pflanze mit trockener Laubabdekkung unsere Winter übersteht. Sie trägt von Juli–September an etwa 80 cm langen Blütenschäften 10–15 rosa Blüten mit zartem Duft. Sie halten auch in der Vase. 'Album' ist eine weißblühende Sorte. Während des Wachstums von Mai–August ist reichliche Wasser- und Nährstoffversorgung nötig. (1, 8, 16, 34, 36)

Crocosmia paniculata *(Curtonus paniculatus, Antholyza paniculata)*, ▷ Riesenmontbretie. Diese Art wird bis 1 m hoch, ihre Sorte 'Major' erreicht bis gut 1,5 m Höhe. Es ist eine hervorragende Schnittblume für Bodenvasen. In Weinbaugegenden ist sie mit Winterschutz durch eine Pflanzendecke, etwa eine Efeupflanzung, sehr wohl winterhart. Bei diesem Riesenwuchs braucht sie während der frühsommerlichen Wachstumszeit natürlich reichliche Wasser- und Nährstoffversorgung, im Winter jedoch sollte die Fläche etwas trockener sein. Die Vermehrung erfolgt durch Teilung, d.h. durch Abnahme der gladiolenähnlichen Seitenknollen. Die Riesenmontbretie eignet sich für geschützte, warme Stellen in voller Sonne, in Gesellschaft mit anderen wärmeliebenden Pflanzen aus Südafrika, wie *Phygelius, Agapanthus* oder auch *Yucca.* (1, 2, 8, 16, 30)

Crocus, Großblumige Gartenkrokus-Sorten, Iridaceae, Schwertliliengewächse. Die etwa 75 *Crocus*-Arten sind in den Gebirgen Mitteleuropas bis Vorderasiens mit Verbreitungsschwerpunkt im östlichen Mittelmeergebiet beheimatet. Sie brauchen einen freien, sonnigen Standort mit Sommerwärme zum Ausreifen der Knollen. Das Laub muß abwelken, damit die Krokusse ausreichend Nährstoffe in die Knolle einlagern können. Die meisten Sorten gehören zu *C. chrysanthus*, der von Februar–März gelborange blüht. Sortenbeispiele sind: 'Advance', gelb mit 3 äußeren, violetten Petalen; 'Blue Pearl', wasserblau, innen weiß und gelb; 'Cream Beauty', cremegelb mit bronzegrünem Schlund; 'E. P. Bowles', zitronengelb, außen purpurn gefiedert; 'Eye Catcher', weiß mit gelber Mitte, außen pflaumenpurpur. Im Herbst etwa 10 cm tief mit 7–10 cm Abstand legen. (3, 11, 23, 29, 31) ▷

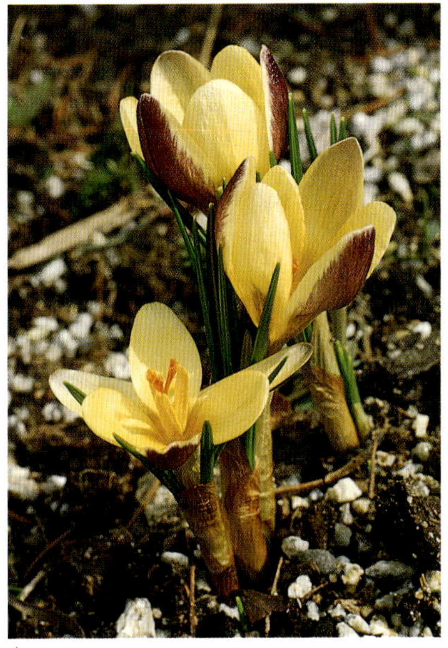

△

Crocus chrysanthus 'Herald'. Dieser Gartenkrokus blüht von Februar–März. Die Abbildung zeigt, daß aus jeder Knolle 2–3 Austriebe mit je 1–2 Blüten wachsen. Im Laufe der Jahre entwickeln sich ganze Horste durch Tochterknollenbildung. *C. vernus (C. neapolitanus, C. albiflorus)*, der in Mittel- und Südeuropa verbreitete Frühlingskrokus, ist auch durch einen ganzen Sortenschwarm in den Gärten vertreten. Er sät sich manchmal selbst aus und eignet sich gut zum Ansiedeln. Die Sorten blühen schon im Februar, und weit bis in den März hinein. Sortenbeispiele sind: 'Jeanne d'Arc', reinweiß; 'King of the Striped', amethystfarben, heller gestreift; 'Negro Boy', tiefviolett; 'Pickwick', weiß, dicht violettblau geadert; 'Queen of the Blues', hellblau; 'Remembrance', dunkel violettblau; 'Vanguard', hellmauve, äußere Petalen silberweiß. (3, 11, 23, 29, 31)

△

Crocus sieberi ssp. atticus. Eine Form dieses von Südjugoslawien bis Kreta verbreiteten Krokus, die aus Attica stammt. An günstigen Stellen beginnt sie bereits Ende Januar zu blühen. Zur flächigen Ansiedlung sind auch ihre Sorten geeignet: 'Firefly', kräftig rosalila mit gelbem Schlund, 'Hubert Edelsten', purpurviolett gestreift, innen weiß mit gelbem Schlund, oder 'Violet Queen', amethystfarben mit gelbem Schlund. Zum Verwildern in schütterem Rasen, unter großen Bäumen und an Gehölzrändern eignet sich besonders der Elfenkrokus, *C. tommasinianus* aus Südjugoslawien bis Südungarn, der bereits im Februar zu blühen beginnt. Sorten davon sind: 'Albus', reinweiß; 'Barr's Purple', amethystviolett, außen grau; 'Ruby Giant', violett mit hellem Schlund; 'Taplow Ruby', rötlichpurpurn; 'Whitewell Purple', tief purpurviolett. (3, 10, 11, 23, 29)

△

Crocus speciosus, Prachtkrokus. Diese Art, verbreitet von der Krim über Kleinasien bis in den Iran, ist eine typische Vertreterin der herbstblühenden Krokusse, sie öffnet ihre Blüten von September–Oktober. Sie besitzt dunkelblaue, schwach dunkler geaderte Blüten mit orangefarbiger Narbe. Die Knollen sollten im Juli–August gelegt werden. 'Oxonian' mit bis 10 cm großen, dunkel violettblauen, noch dunkler geaderten Blüten ist eine der schönsten Sorten. 'Cassiope' blüht violettblau mit gelblichem Grund und 'Albus' reinweiß. Alle herbstblühenden Krokusse brauchen geschützte, sonnenwarme Stellen mit gutem Wasserabzug und sommerliche Wärme zum Ausreifen der Knollen. Dazu gehört auch *C. sativus*, dessen Narben getrocknet als Safran seit Jahrtausenden genutzt werden. Außerdem *C. goulimyi* mit zartlila Blüten von Oktober–November. (5, 10, 12, 29, 31)

◁ **Cuphea ignea** *(C. platycentra)*, Zigarettenblümchen, Lythraceae, Weiderichgewächse. Von den 200 Arten aus Nord- und Südamerika sind noch viel zu wenige in gärtnerischer Kultur. Es sind Kräuter, Halbsträucher oder auch Sträucher mit meist kräftigfarbenen Blüten. Das Zigarettenblümchen stammt aus Mexiko und blüht den ganzen Sommer hindurch. Es ist ein kleiner, verzweigter, nicht winterharter, bis 30 cm hoher Strauch. Die 3 cm langen, leuchtendroten, an der Öffnung schwarz-weiß geringelten Blüten stehen in den Blattachseln. Vermehrung durch Stecklinge. Es wächst an sonnigen und halbschattigen, nährstoffreichen Standorten und sollte während des Wachstums reichlich gewässert und gedüngt werden, wobei aber Staunässe schädlich ist. Größere Kübelpflanzen oder auch Kronenbäumchen können wie Fuchsien bei 6–10 °C hell überwintert werden. (2, 16, 34, 36, 38)

Currania dryopteris *(Gymnocarpium dryopteris, Phegopteris dryopteris)*, Eichenfarn, Athyriaceae, Frauenfarngewächse. Diese Art und der nahe verwandte Ruprechtsfarn, *C. robertianum*, sind richtige Teppichfarne. Sie sind zwar sommergrün, bedecken aber durch ihr weitlaufendes Rhizom schnell größere Flächen. Der Eichenfarn bildet seinen frischgrünen Teppich auf Waldboden, d. h. im mehr sauren, humosen Bereich, bis in den Schatten hinein, während der Ruprechtsfarn, eine Mauer- und Geröllpflanze, an sonnigeren Standorten auf Kalk wächst. Beide sind auf der Nordhalbkugel weltweit verbreitet. Die beim Eichenfarn etwas nach unten gebogenen Fiederchen stehen beim Ruprechtsfarn flach, so daß der Wedel flächiger wirkt. Vermehrung durch Teilung, aber auch Sporenaussaat. Für kleine Gärten, schattige Hinterhöfe oder unter Gehölzen. (4, 21 bzw. 32) ▽

Cucurbita pepo var. ovifera, Zierkürbis, Cucurbitaceae, Kürbisgewächse. Von den etwa 20 Kürbis-Arten im tropischen Amerika ist dies die einjährige Elternart unserer Zierkürbisse, sie klettert bis 4 m hoch. Aussaat mit Vorkultur und Auspflanzen Mitte Mai oder Direktsaat ab Mitte Mai an sonnige bis halbschattige, warme Stellen. Gut ausgereifte Zierkürbisse ergeben eine bis über 1 Jahr haltbare Zierde für die Wohnung. Voraussetzung für eine gute Entwicklung sind Sonne, Wärme, Wasser und Dünger. Bereits bei mehreren Nächten knapp über dem Gefrierpunkt stirbt die Pflanze im Herbst ab. Eine staudige Art ist der Feigenblättrige Kürbis, *C. ficifolia* aus Mittelamerika, der bis 6 m hoch klettert. Er hat als einziger schwarze Samen und 20–40 cm große, eiförmige, schön grün-weiß gestreifte und sehr haltbare Früchte. Vermehrung aller Kürbisse durch Aussaat. (15, 16, 36) ▷

◁ **Cyananthus microphyllus,** Blaublume, Blauröhre, Campanulaceae, Glockenblumengewächse. Eine Gattung mit 25–30 Arten, die in den Gebirgen Zentral- und Ostasiens vorkommen. Die blauen, manchmal auch weißen Blüten erinnern etwas an Enzian oder Immergrün. Nur wenige der sommer- und herbstblühenden Stauden sind in Kultur. Sie haben niederliegende bis aufstrebende, mehr oder weniger verzweigte Triebe mit elliptischen oder spatelförmigen Blättern. Die kopfständigen Blüten mit einer 5lappigen, ausgebreiteten Krone stehen einzeln. Gärtnerisch nicht sehr verbreitete Gattung, nur *C. microphyllus* findet sich etwas häufiger. Kultur nicht ganz einfach. Liebt hohe Luftfeuchtigkeit, aber keine Winternässe und wünscht eine saure Bodenreaktion. Für spezielle Steingartenplätze, im Moorbeet, zwischen Zwerghododendron und an ähnlichen Plätzen. (32)

◁ **Cyclamen coum,** Alpenveilchen, Primulaceae, Primelgewächse. Etwa 14 Arten, in den Gebirgen Mittel- und Südeuropas und in Kleinasien, eine Art in Somalia. Es sind Stauden, die eine runde, flache unterirdische Sproßknolle ausbilden. Die herz- oder nierenförmigen Blätter sind oft schön gezeichnet. Die langen Stiele tragen nickende, einzeln stehende weiße, rosa oder rote Blüten. Das abgebildete *C. coum* ist ein extremer Frühblüher und zeigt an günstigen Plätzen oft schon im Februar nicht duftende Blüten. Kreisrunde, dunkelgrüne Blätter. Im lichten Schatten und in humosem Boden ist es dauerhaft. Die manchmal angezweifelte Winterhärte ist bei dieser Art voll gegeben. Es gibt etliche heikle Arten, die sich nur fürs Alpinenhaus eignen, aber auch schöne winterharte Sommer- und Herbstblüher, auf die man nicht verzichten sollte, wie *C. purpurascens* und *C. hederifolium.* (3, 4, 18, 20, 32)

Cymbalaria muralis *(Linaria cymbalaria),* Zimbelkraut, Scrophulariaceae, Braunwurzgewächse. Etwa 15 Arten sind in Westeuropa und insbesondere im Mittelmeergebiet verbreitet. Das auch bei uns in Trockenmauern und in felsigen Bereichen vorkommende Zimbelkraut, manchmal auch Heidelberger Schloßkraut genannt, stammt eigentlich aus Norditalien und dem nördlichen Adriagebiet, ist aber schon seit vielen Jahrhunderten bei uns eingebürgert. Es wächst gerne an schattig gelegenen Mauern, in Felsspalten und auf Geröll. Wenn es in der Sonne vorkommt, bildet es fast keine langen Ranken, sondern kurztriebige, geschlossene, dichte Blatteppiche, worauf die lila-gelben Löwenmaul-Blütchen als guter Farbkontrast stehen. Weiß blüht die Sorte 'Alba'. 'Globosa' wächst kugelig buschig. Einen Versuch als Ampel- oder Balkonpflanze wert. (5, 7, 24, 25, 38)
▽

Cyclanthera brachystachya *(C. explodens),* Explodiergurke, Cucurbitaceae, Kürbisgewächse. Diese und *C. pedata* sind schnelle einjährige Sommerkletterer mit handförmig geteilten Blättern. Bei der Explodiergurke platzt die aus 3 Fruchtblättern bestehende kleine Kürbisfrucht bei der Reife an 2 Nähten auf; der Spannungsdruck der Fruchtschale bewirkt dies. Dabei werden die innen sitzenden Samen weggeschleudert. Aussaat für beide Arten entweder mit Vorkultur und Auspflanzen Mitte Mai–Anfang Juni oder Aussaat um diese Zeit an warme bodenfrische Stellen. In manchen Ländern werden die unreifen Früchte dieser Arten wie Gurken eingelegt, da sie nicht den Bitterstoff Cucurbitacin enthalten. Ähnlich verwendbar sind die Igelgurke, *Echinocystis lobata,* und die Haargurke, *Sicyos angulatus,* die ebenfalls 4–6 m hoch werden und einjährig sind. (15, 16) ▷

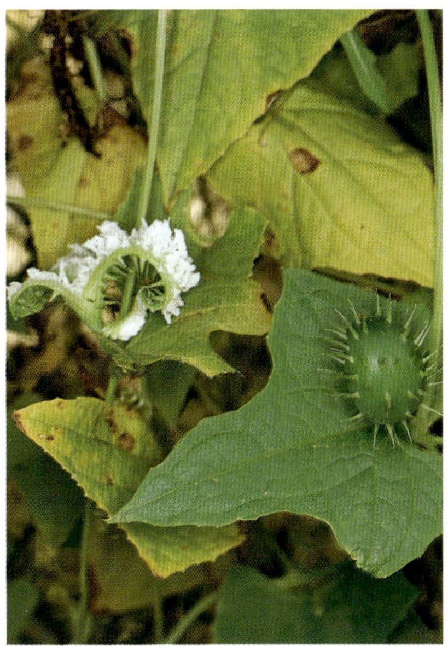

Cynara carduncululus, Cardy, Asteraceae (Compositae), Asterngewächse. Die 14 Arten hoher, distelartiger Stauden mit sehr großen, zierenden Blüten – schließlich gehört die Artischocke, *C. scolymus,* dazu – sind vom Mittelmeergebiet bis Kurdistan verbreitet. Von *C. carduncululus,* der Gemüseartischocke, werden die gebleichten Blattstiele, der Cardy, gegessen. Wenn wir sie als Gartenstaude blühen lassen, entwickelt sie von August–Oktober sehr große, auch zum Trocknen geeignete Blütenköpfe. Sie ist wahrscheinlich schon seit dem Mittelalter in Kultur und kommt in ihrer Heimat auf trokkenem, steinigem Brachland vor. Für sonnige, warme Standorte mit guter Wasserversorgung während der Wachstumszeit, aber Trockenheit und Schutz im Winter, oder frostfreie Überwinterung der Wurzelstöcke. Vermehrung durch Aussaat oder Teilung. (1, 8, 16, 29, 34) ▷

◁ **Cypella herbertii** *(Moraea herbertii)*, Becherschwertel, Iridaceae, Irisgewächse. 15 Becherschwertel-Arten sind von Mexiko bis Argentinien verbreitet. Die Heimat von *C. herbertii* reicht von Südbrasilien bis Paraguay. Aus seinen grasartigen Blättern erhebt sich ein verzweigter Stengel, der blaßgelbe Blüten trägt. Die Blütenblätter sind 4–6 cm groß und jeweils in der Mitte lila gezeichnet. Die Pflanzen werden etwa 60 cm hoch und blühen von Juni an längere Zeit. Die Zwiebeln des Becherschwertel werden im April an eine warme, geschützte Stelle im Garten gesetzt, die aber nicht sehr trocken sein darf. Bei guter Winterabdeckung kann man das Überwintern im Freien versuchen, sicherer ist jedoch eine frostfreie Überwinterung nach dem Ausreifen der Zwiebeln und ein erneutes Auspflanzen im folgenden Frühjahr. (2, 14, 26, 30, 36)

△

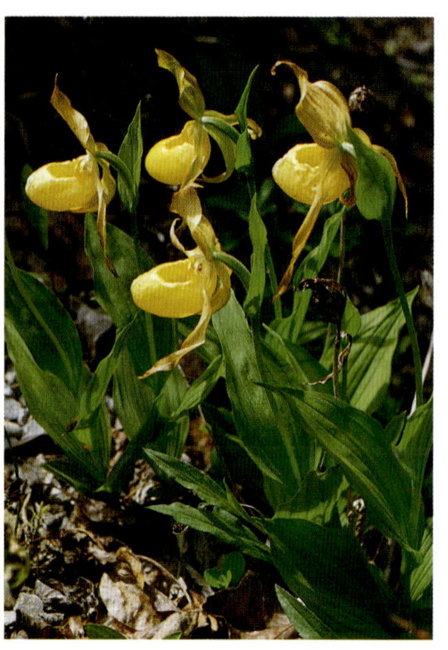

◁ **Cypripedium calceolus**, Heimischer Frauenschuh, Orchidaceae, Orchideen. Etwa 40 Arten sind in Asien und Nordamerika verbreitet, im gemäßigten Mitteleuropa nur *C. calceolus*. Es sind erdbewohnende mehrjährige Orchideen. Die Kultur im Garten wird dadurch erschwert, daß die Pflanze mit einem Mykorrhizapilz zusammenlebt. Für *C. calceolus* wird ein Gemisch aus Lauberde, Torf, Lehm und Kalkschutt empfohlen. Als dränender Untergrund ist Kalkschotter geeignet, der Standort sollte halbschattig sein. Einmal eingewachsen ist sie an zusagenden Stellen langlebig und entwickelt dann größere, im Juni blühende Kolonien. Der Kauf von Freilandorchideen darf nur mit entsprechenden Artenschutzbescheinigungen erfolgen, die nachweisen, daß es sich um „künstlich vermehrte" Exemplare, daß heißt Pflanzen aus gärtnerischer Kultur handelt. (4, 18, 32)

Cyperus longus, Zypergras, Cyperaceae, Zypergrasgewächse. Diese mit etwa 550 Arten weltweit verbreitete Gattung enthält ein-, meist aber mehrjährige Gräser. Einige Arten sind uns als Zimmerpflanzen vertraut. *C. longus* hat sein nördlichstes Verbreitungsgebiet am Nordufer des Bodensees und ist ein elegantes Zypergras für Sumpf- und Flachwasserbereiche. Blütezeit Mai–Oktober. Die Stengel mit den quirligen Blütenständen werden bis 1,2 m hoch. Die Pflanze bildet Ausläufer und ist deshalb am besten in Pflanzgefäßen zu halten. Sie wächst aber auch in frischem Boden und wuchert dann weniger. Für sommerliche Wasserbecken und -kübel eignet sich auch *C. haspan* mit pinselartigen Blütenständen. Er wird bis 1 m hoch und sieht wie ein Mini-Papyrus aus. Vermehrung durch Teilung oder Blütenstände, die im Wasser schwimmend austreiben. (6, 8; 16, 27, 38)

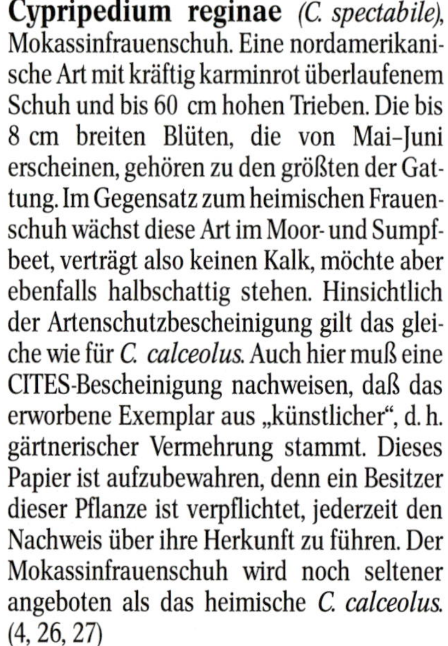

Cypripedium reginae *(C. spectabile)*, ▷ Mokassinfrauenschuh. Eine nordamerikanische Art mit kräftig karminrot überlaufenem Schuh und bis 60 cm hohen Trieben. Die bis 8 cm breiten Blüten, die von Mai–Juni erscheinen, gehören zu den größten der Gattung. Im Gegensatz zum heimischen Frauenschuh wächst diese Art im Moor- und Sumpfbeet, verträgt also keinen Kalk, möchte aber ebenfalls halbschattig stehen. Hinsichtlich der Artenschutzbescheinigung gilt das gleiche wie für *C. calceolus*. Auch hier muß eine CITES-Bescheinigung nachweisen, daß das erworbene Exemplar aus „künstlicher", d. h. gärtnerischer Vermehrung stammt. Dieses Papier ist aufzubewahren, denn ein Besitzer dieser Pflanze ist verpflichtet, jederzeit den Nachweis über ihre Herkunft zu führen. Der Mokassinfrauenschuh wird noch seltener angeboten als das heimische *C. calceolus*. (4, 26, 27)

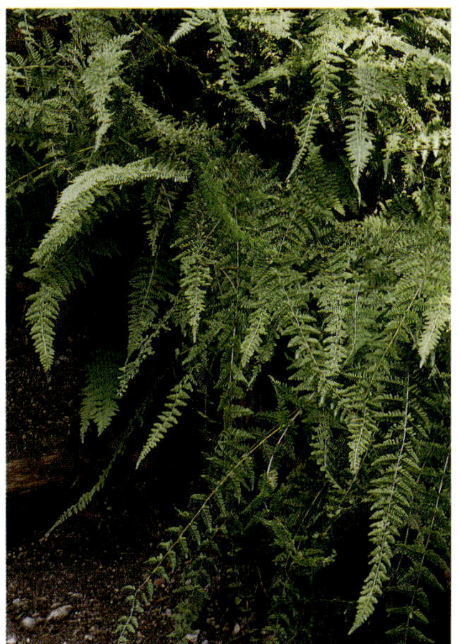

◁ **Cyrtomium fortunei** *(Polystichum falcatum* var. *fortunei, Phanaerophlebia fortunei),* Ilexfarn, Mondsichelfarn, Dryopteridaceae, Wurmfarngewächse. Diese Art aus den Bergwäldern Japans besitzt lederartige, glänzende, wintergrüne, bis 60 cm hohe und bis 25 cm breite, einfach gefiederte Wedel. Sie ist an windgeschützte, absonnige Stellen zu pflanzen und vor Kahlfrost zu schützen. *C. macrophyllum,* der großblättrige Bergwald-Sagopalmenfarn aus Japan, Formosa, China und dem Himalaja, hat bis 50 cm lange, wintergrüne, einfach gefiederte, nicht ganz so dunkelgrüne Wedel wie *C. fortunei.* Erfreulicherweise ist er besser winterhart als dieser. Beide treiben spät genug aus, um nicht noch an den jungen Wedeln Frostschäden zu erleiden. Vermehrung durch Sporen. Beide Arten liefern lange haltbares Beiwerk zu Sträußen und Gestecken. (4, 18, 20, 21)

△

Cystopteris bulbifera, Brutknospen-Blasenfarn, Athyriaceae, Frauenfarngewächse. 18 Blasenfarn-Arten kommen verstreut auf der ganzen Erde vor. Der Brutknospen-Blasenfarn stammt aus dem atlantischen Nordamerika und bildet bis 60 cm lange, niederliegende, doppelt bis 3fach gefiederte Wedel. In den oberen Fiederachseln bilden sich erbsengroße Brutknospen. Diese fallen ab und wachsen zu neuen, im kommenden Jahr bereits bis zu 15 cm hohen Pflanzen heran. Auf diese Weise besiedelt der Farn schnell größere Flächen. Zu verwenden ist er auf humosen, frischen, ausreichend feuchten, jedoch nicht nassen Böden in leichtem Schatten. Ein vielseitig verwendbarer Farn. *C. fragilis,* der Zerbrechliche oder Gemeine Blasenfarn, ist ein auch bei uns vorkommender, anspruchsloser Kosmopolit. Vermehrung durch Teilung oder Sporen. (3, 4, 21 bzw. 24, 32)

Dactylis glomerata 'Variegata', Buntes Knäuelgras, Poaceae (Gramineae), Gräser. Die 40 cm hohen Horste schmaler, weißgestreifter Blätter setzen schöne Farbakzente. Man sollte darauf achten, daß die Pflanze nicht zum Blühen kommt, damit sich die weißbunt panaschierten Blätter besser entwickeln und nicht so früh absterben. Vermehrung durch Teilung. Solche Gräser mit meist längs, manchmal aber auch quer panaschierten Blättern findet man in den unterschiedlichsten Gattungen wie *Arrhenatherum, Arundo, Carex, Cortaderia, Holcus, Luzula, Miscanthus, Molinia* und *Spartina.* Die Vermehrung der buntblättrigen Formen erfolgt immer durch Teilung und nicht durch Samen. Außerdem benötigen buntlaubige Formen mehr Licht und etwas bessere Pflege als grünlaubige, da sie durch den Mangel an Chlorophyll „etwas gebremster" wachsen. (2, 6, 10, 21) ▷

Dactylorhiza elata, Hohes Knabenkraut, Orchidaceae, Orchideen. Etwa 30 Arten umfaßt die Gattung, die im gemäßigten Eurasien, in Nordafrika, auf den Atlantischen Inseln und in Alaska beheimatet ist. Bei uns am weitesten verbreitet ist *D. maculata (Orchis maculata),* das Gefleckte Knabenkraut. Die abgebildete Art ist in Südfrankreich, Spanien und Nordafrika zu Hause. Sie wird bis 1 m hoch und ist eine robuste Pflanze mit ungefleckten Blättern und bis 20 cm hohen, rotpurpurnen Blütentrauben im Mai–Juni. Sie kommt in ihrer Heimat an sumpfigen Stellen vor und sollte auch bei uns im Torfbeet oder im kalkfreien, halbschattigen Steingartenbereich gepflanzt werden. Der in den Gärten verbreitete wüchsige und völlig winterharte Typ stammt aus Algerien. Auch bei dieser Orchidee gilt, daß man nur Pflanzen mit CITES-Bescheinigung kaufen darf. (4, 27, 32) ▷

◁ **Dahlia-Hybride 'Little Tiger'**, Typ dekorative Dahlien, Schmuckdahlien, Asteraceae (Compositae), Asterngewächse. Als Kolumbus Amerika entdeckte, wurden in den Gärten Mittelamerikas schon Dahlien kultiviert. Als Stammart bezeichnet man *D. variabilis*, aus der unter Einkreuzung anderer Arten unsere heutigen Gartendahlien-Hybriden entstanden sind. 27 Arten sind in Mexiko und Guatemala verbreitet. Es sind meist Stauden mit knolligen Wurzelstöcken, seltener Sträucher wie *D. excelsa (D. arborea)* oder *D. imperialis*. Die Gruppe der dekorativen Dahlien oder Schmuckdahlien stellt einen Großteil der Gartensorten. Sie bilden mittlere bis große, flache Blüten, bei denen das Körbchen ganz mit Zungenblüten gefüllt ist. Es gibt Blütengrößen von 10–30 cm und Pflanzenhöhen von 50–150 cm. Vermehrung durch Teilung oder Stecklinge. (30, 36)

Dahlia-Hybride 'Bruids Bouquet', ▷ Halskrausendahlie. Die Halskrausendahlien besitzen einen äußeren Kranz von großen, breiten Zungenblüten und eine Körbchenmitte aus gelben Röhrenblüten. Dazwischen sitzt die Halskrause. Blüten ohne diese Halskrause rechnet man zur Gruppe der einfachblühenden Dahlien, bei denen 8–10 große Zungenblüten die Körbchenmitte umgeben. Von ihnen gibt es kleinblumige, 20–40 cm hohe Typen, die jährlich durch Aussaat neu vermehrt werden. Eine besondere Gruppe darunter bilden die Topmix-Sorten, sehr kleinblumige, bunte, durch Aussaat vermehrte Typen von etwa 20 cm Höhe. Pflanzen der Mignon-Gruppe werden etwas höher. Eine alte, aber noch immer bewährte und bezaubernd schöne, einfachblühende, nur 60 cm hohe Sorte ist 'Bishop of Llandaff' mit leuchtend dunkelroten Blüten und purpurgrünem Laub. (30, 36 bzw. 35, 36, 38)

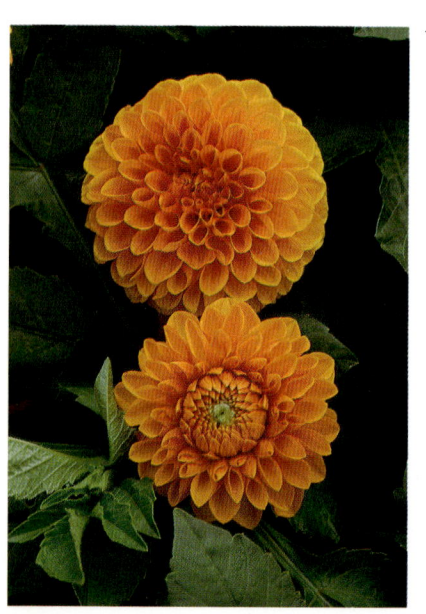

◁ **Dahlia-Hybride 'Maren'**, Balldahlie. Diese Sortengruppe bildet halbkugelförmige, ganz symmetrisch regelmäßig aufgebaute Blüten, die mit nach oben tütenförmig zusammengefalteten Zungenblüten gefüllt sind. Die Balldahlien verkörpern die alten Bauerngartengeorginen, denen man hin und wieder noch in einem Garten auf dem Lande begegnen kann. Sie waren vor allem blau und lilafarben und wurden bis um 1,8 m hoch. Die heutigen Typen der großen Sortengruppe erreichen 50–120 cm Höhe. Ganz kleine, feste, nur etwa 5 cm große Pomponblüten kennzeichnen die Sortengruppe der Pompondahlien. Viele dieser Sorten liefern langstielige, gut haltbare Schnittblumen wie die Kaktusdahlien. Balldahlien und Pompondahlien sind besonders wetterfest. Im gesamten Farbenspektrum der Dahlien gibt es sowohl einfarbige als auch mehrfarbige Sorten. (30, 36)

△ **Dahlia-Hybride 'Don Lorenzo'**, Halskrausendahlie. Die Stammart aller Gartendahlien, *D. variabilis*, macht mit ihrer Vielfalt an Blütenfarben und Blütenformen ihrem Namen alle Ehre. Die Dahlienfarben reichen von Weiß über alle Schattierungen von Rot, Rosa und Violett bis zu Blau und Purpur, aber auch von Gelb bis zum intensivsten Orange. Ebenso vielfältig sind die Blütenformen. Die knolligen Wurzelstöcke der Dahlien werden Ende April gelegt und sollten erst wieder aus dem Boden genommen werden, wenn der Frost die grünen Pflanzenteile zerstört hat. In den kurzen Herbsttagen läßt das Blühen der Dahlien nach. Dafür wachsen die Knollen kräftig. Die Stengel werden nach den ersten Frösten etwa 10 cm über den Knollen abgeschnitten. Nachdem die Knollen abgetrocknet sind, werden sie in trockenem Torf- oder Laubmull bei etwa 5 °C überwintert. (30, 36)

◁ **Dahlia-Hybride 'Desirée'**, Seerosendahlie. Die Seerosendahlien erinnern entfernt an dekorative Dahlien, doch baut sich die eher schalenförmige Blüte aus glatten Zungenblüten auf, so wie dies auch bei Seerosen der Fall ist. Außerdem ist die Zahl der Zungenblüten geringer. Die abgebildete Sorte 'Desirée' ist schon ein Übergangstyp zu den Schmuckdahlien, man kann natürlich auch andersherum sagen, daß die Seerosendahlien ein besonderer Typ der Schmuckdahlien sind. Dahlien werden vegetativ durch Stecklinge, einige wenige Sorten oder Sortengruppen auch durch Aussaat vermehrt. Im Privatgarten wird man im Frühjahr die überwinterten Stöcke teilen. Das muß so geschehen, daß die Knollen jeweils einen alten Stengeltrieb besitzen, da nur aus dem Stengelgrund ein neuer Trieb erwachsen kann. Die Knollen allein können nicht wieder austreiben. (30, 36)

Daphne cneorum, Rosmarin-Seidelbast, Thymelaeaceae, Seidelbastgewächse. Etwa 75 Arten in Europa und Asien, aber auch in Nordafrika und Australien. Es sind meist immergrüne oder auch sommergrüne kleine oder große Sträucher. Einige Arten, wie die abgebildete und *D. blagayana*, erinnern im Wuchs an Stauden und werden auch so verwendet. Der flachwachsende, immergrüne Rosmarin-Seidelbast kommt in Mittel- und Südeuropa vor. Er wird bis 30 cm hoch und schmückt sich von Mai–Juni mit stark duftenden, kräftig rosa Blüten. Standort sonnig auf kalkhaltigem, warmem Boden. *D. blagayana* ist in Kärnten und in der Steiermark verbreitet und blüht von April–Mai an immergrünen, bis 30 cm hohen Zweigen cremeweiß und ebenfalls stark duftend. Er braucht leichten Schatten und sauren Boden. Vermehrung beider Arten durch Stecklinge oder Herbstaussaat. (7, 32)
▽

Dahlia-Hybride 'Match', Semikaktusdahlie. ▷ Die bis 1 m hohe Sorte 'Match' ist eine sehr aparte Beetdahlie. Sie verkörpert den Typ der Semikaktusdahlien, da ihre Zungenblütenfüllung nur an der Spitze „stachelig" eingerollt ist. Bei den Kaktusdahlien sind die Zungenblüten über mehr als die Hälfte ihrer Länge, meist fast bis zum Grund eingerollt und stehen dadurch wie „Kaktusstacheln" ab. Eine besondere Variante der Kaktusdahlien sind die Hirschgeweihdahlien, bei denen die Blütenblätter an der Spitze 2- oder 3teilig eingespalten sind. 'Attention' ist eine Sorte mit solch gezackten Blütenblättern. Bei den orchideenblütigen oder Giraffendahlien sind die Randzungenblüten nach oben eingerollt, oft verdreht und meist 2farbig quergestreift. Sie liefern recht eigenartige, aparte Schnittblumen, wie zum Beispiel die beliebte Sorte 'Red Giraffe'. (30, 36)

◁ **Darmera peltata** *(Peltiphyllum peltatum)*, Schildblatt, Saxifragaceae, Steinbrechgewächse. Die Gattung besteht nur aus dieser einen Art, die in den Vereinigten Staaten von der Sierra Nevada bis nach Oregon an Bachrändern vorkommt. Ihre bis 1 m hoch gestielten, schildförmigen, 30–60 cm großen Blätter sind kräftig geadert und tief gelappt. Ihr sommerliches Dunkelgrün verfärbt sich im Herbst kupfrig. Die weißrosa Blüten, die vor den Blättern erscheinen, stehen auf 40–80 cm hohen, blattlosen, rauhhaarigen Stielen und blühen von April–Mai. Es ist eine anspruchslose, einfach zu kultivierende Staude für feuchten bis normalen, allerdings nie trockenen Boden, die sich durch ihr fleischiges Rhizom flächig ausbreitet. Auch Spätfrostschäden werden schnell durch Bildung neuer Blätter behoben. Vermehrung durch Teilung oder Aussaat. (4, 8, 17, 20, 26)

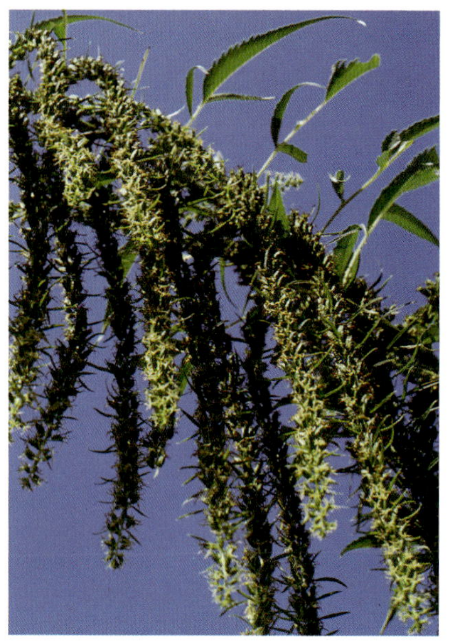

◁ **Datisca cannabina**, Scheinhanf, Datiscaceae, Scheinhanfgewächse. 2 Arten gehören zu dieser Gattung. *D. glomerata* ist in den südwestlichen USA und im angrenzenden Mexiko beheimatet, die abgebildete Art kommt vom Mittelmeer bis zum Himalaja und nach Zentralasien vor. Der Scheinhanf ist eine vieltriebige, 2–3 m breite und 2 m hohe Solitärpflanze. Seine imposante Wirkung entfaltet sich ganz besonders, wenn die Pflanze freistehend wächst und man die hohen Triebe mit ihren bis zu 25 cm langen, gefiederten, tief eingeschnittenen Blättern und den langen Blütentrauben gegen den Himmel betrachtet. Er blüht von Juli–August und war bereits im Mittelalter als Heil- und Färberpflanze in Kultur. Weibliche Pflanzen sind durch ihre langen Blütentrauben besonders eindrucksvoll. Die Bestäubung erfolgt wie bei Hanf und Gräsern durch den Wind. (8, 16, 26)

Degenia velebitica, Degenie, Brassicaceae (Cruciferae), Kohlgewächse. Die einzige Art dieser Gattung kommt im nordwestlichen Jugoslawien vor. Es ist eine polsterbildende Staude, die von Mai–Juni leuchtendgelb blüht und für die Verwendung zwischen Steinen geeignet ist. Die Pflanzstellen müssen gute Wasserdurchlässigkeit besitzen und in voller Sonne liegen. Die Pflanze liebt Kalk und ist im Winter vor Nässe zu schützten. Nach der Blüte sieht auch die silbergraue Blattkugel mit den darüberstehenden Fruchtständen aus elliptischen Schoten interessant aus. Die Fruchtstände ähneln denen der Schildkresse, *Fibigia clypeata*, und sind wie diese, unreif geerntet, für zierliche Trockengestecke geeignet – wenn man nicht die Samen zur Vermehrung dieser wunderschönen, zitronengelb blühenden Frühlingsstaude verwenden will. Vermehrung durch Aussaat. (31, 32)
▽

Datura innoxia *(D. meteloides)*, Staudenstechapfel, Solanaceae, Nachtschattengewächse. 10 Stechapfel-Arten wachsen einjährig oder staudig. Die 14 verholzenden Kübelpflanzen-Arten werden heute einer eigenen Gattung, *Brugmansia*, zugeordnet. Der Staudenstechapfel stammt aus den südlichen USA bis nach Mexiko, wird bis 1 m hoch und verzweigt sich gabelig. Die bis 20 cm langen, flaumig behaarten Blätter werden von 20 cm langen, aufrecht stehenden, weißen, violett überhauchten duftenden Blüten überragt. Die Pflanzen können bis 1 m breit werden und benötigen an sonnigem Standort im Sommerblumenbeet gute Bewässerung und Düngung. Nach Aussaat und Vorkultur wird Mitte Mai ausgepflanzt. Die Wurzelstöcke können wie Dahlien überwintert und Anfang Mai wieder gepflanzt werden. Auch *D. metel* eignet sich für Sommerblumenbeete. (2, 8, 16, 36 bzw. 35) ▷

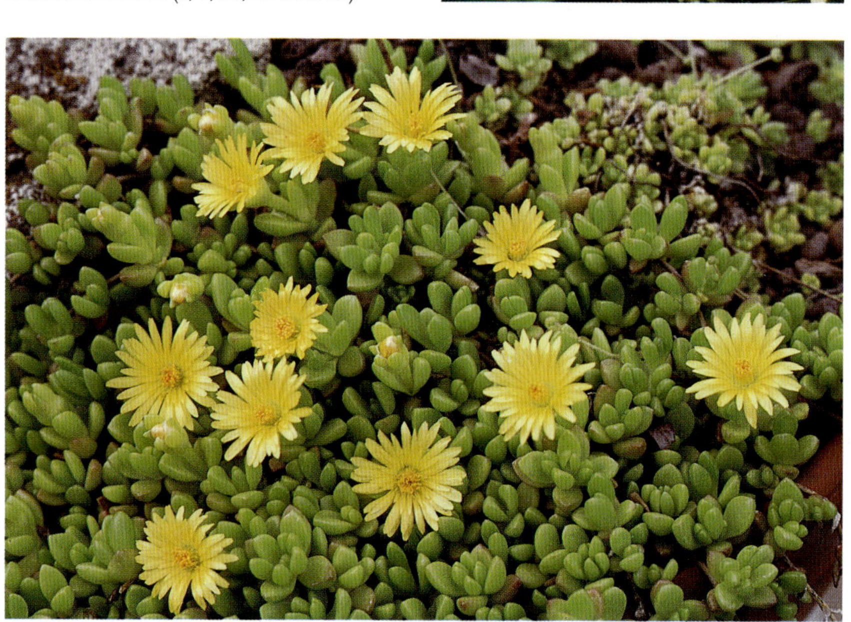

◁ **Delosperma nubigenum** *(D. lineare* hort.), Lesothomittagsblume, Aizoaceae, Mittagsblumengewächse. Südafrika. Die meisten staudigen Mittagsblumen sind nicht oder nur bedingt winterhart, diese Art ist die am besten winterharte im Sortiment. Sie benötigt einen vollsonnigen Stand bei bester Dränage. Schwierigkeiten bereitet der Name. Meist wird die Pflanze als *D. lineare* angeboten, Botanikern zufolge ist jedoch *D. nubigenum* die richtige Bezeichnung. Sie ist sehr wüchsig und bildet ganz flache frischsmaragdgrüne Polster aus 1–1,5 cm langen, lanzettlich-eiförmigen, zugespitzten, 2–3 mm dicken sukkulenten Blättchen, die sich bei Barfrost rötlich verfärben. Die kleinen Blüten (1,5–2 cm Durchmesser) sind gelb mit rötlichen Staubgefäßen und bilden für kurze Zeit einen prächtigen dichten Blütenteppich. Ideal in Trögen und Schalen. (12, 14, 24, 32, 33)

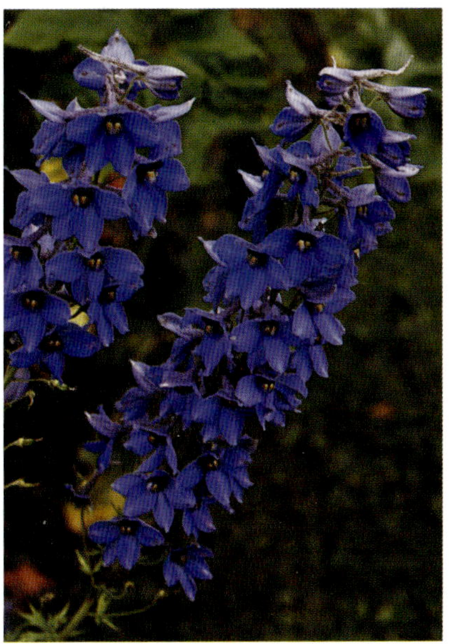

△

Delphinium-Belladonna-Hybride 'Völkerfrieden', Ranunculaceae, Hahnenfußgewächse. Entstanden aus Kreuzung von *D. elatum* (heimisch) mit *D. grandiflorum*. Sie eignen sich für warme, sonnige Standorte mit gutem Wasserabzug und besonders für den Schnitt. Auch sind sie weniger mehltauanfällig als andere Gartenrittersporn-Arten. Sorten mit Blütezeit von Juni–Juli sind 'Kleine Nachtmusik', 80 cm, dunkellila, und 'Moerheimii', 1 m, weiß mit gelblichem Auge. Blütezeit Juni–August: 'Piccolo', 1 m, leuchtend enzianblau mit weißem Auge und guter Nachblüte; 'Sommerfrische', 1 m, hellblau; 'Atlantis', 1 m, tiefviolett mit weißem Auge. Von Juni–Juli dauert die Blütezeit bei 'Völkerfrieden', 1 m, enzianblau mit weißem Auge, und von Juli–August bei 'Casa Blanca', 1,5 m, schneeweiß. Vermehrung durch Teilung und Stecklinge. (1, 2, 3, 10, 29)

◁ **Delphinium ajacis**, Hyazinthenblütiger Sommerrittersporn. Die einjährigen Rittersporn-Arten, 40 an der Zahl, sind als eigene Gattung *Consolida* zusammengefaßt worden. *D. ajacis*, der aus dem Mittelmeerraum stammende Feld- oder Ackerrittersporn, heißt jetzt *Consolida ambigua*. Zu ihm zählen alle bis 2 m hohen, reichverzweigten, breitwachsenden Sommerrittersporne mit Blütezeit von Mai–September. Der Orientalische Rittersporn, *Consolida orientalis (Delphinium orientale)*, wächst in der Regel eintriebig und wird bis 60 cm hoch. Er blüht von Juni–August weiß oder leuchtendrosa bis purpurn, *Consolida ambigua* eher hellrosa und blau. Sommerrittersporne kann man im Herbst oder im zeitigen Frühjahr aussäen, durch Folgesaaten lassen sich Blütenstände bis zum Herbst schneiden. Oft siedeln sie sich auch als liebenswertes „Unkraut" an. (10, 29, 35, 36)

△

Delphinium-Hybride 'Sommernachtstraum' *(D. × cultorum)*. Die staudigen Gartenrittersporne sind Kreuzungen von *D. elatum* insbesondere mit *D. formosum*, *D. cheilanthum* und *D. grandiflorum*. Es sind bis 2 m hohe Stauden aus Waldrandgesellschaften und Hochstaudenfluren der Bergwälder Europas und Asiens, auf Böden, die nie austrocknen und im Frühjahr frischfeucht, aber nicht staunaß sind. Volle Sonne und hohe Luftfeuchtigkeit sagen ihnen besonders zu. Trockene Luft und große Hitze fördern den Mehltaubefall. Kurz vor dem Verblühen auf 10 cm heruntergeschnitten, kommen die meisten Sorten im September–Oktober nochmals zur Blüte. Für diese Wuchs- und Blühleistungen müssen sie im Frühjahr und nach dem Rückschnitt ausreichend gedüngt und bei Trockenheit im Sommer gewässert werden. Vermehrung durch Teilung oder Stecklinge. (1, 2, 3, 8, 26)

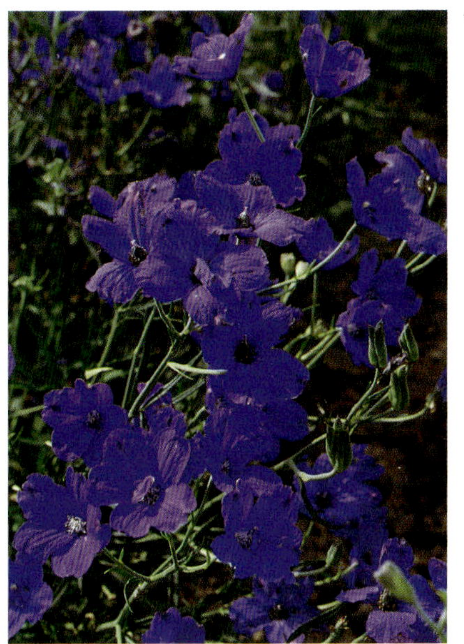

◁ **Delphinium grandiflorum 'Blauer Spiegel'**. Dieser staudige Rittersporn aus Ostsibirien und Westchina ist einer der Eltern der *Delphinium*-Belladonna-Hybriden. Er wird 30–50 cm hoch und wächst aufrecht locker verzweigt. Die verhältnismäßig großen, leuchtend enzianblauen Blüten öffnen sich von Juni–Juli. 'Blauer Spiegel' wird mit etwa 1 m wesentlich höher als die Art und ist deshalb auch gut für den Schnitt verwendbar. Er bildet spornlose, große, ultramarinblaue Blüten. Auch für eine Verwendung als Sommerblume mit Vorkultur ist er sehr geeignet. Für flächigere, niedrigere Pflanzungen eignen sich 'Blauer Zwerg' mit enzianblauen Blüten, etwa 20 cm hoch, 'Butterfly' mit ultramarinblauen Blüten und 20–30 cm Höhe sowie 'Blue Elf', 40 cm hoch, mit Sporn. *D. grandiflorum* ist besser als einjährige Pflanze mit Vorkultur zu verwenden. (2, 10, 35, 36)

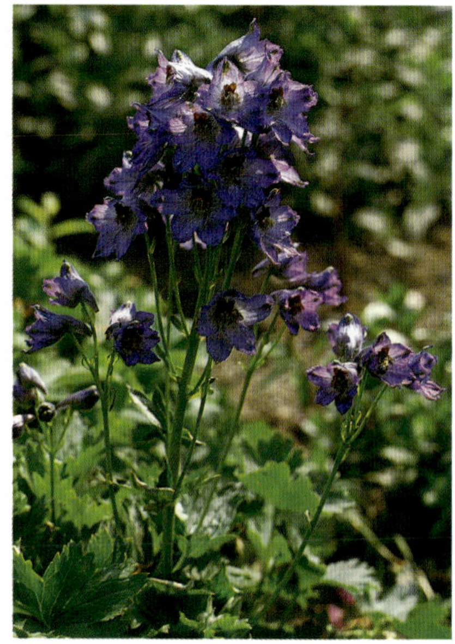

◁ **Delphinium cashmerianum**, Kaschmir-Rittersporn. Diese breitbuschig wachsende Art für Steingartensituationen stammt aus dem Himalaja und wird nur bis 45 cm hoch. Sie bildet von Juni–Juli trichterförmige breite, dunkelviolette Blüten. Die Sorte 'Album' blüht gelblichweiß. Vermehrung durch Teilung oder Aussaat. Nicht so winterhart und deshalb besser als Sommerblumen mit Vorkultur zu verwenden sind die folgenden 2 Arten mit knolligem Wurzelstock: *D. nudicaule* stammt aus Kalifornien und blüht leuchtend orangerot von Juni–Juli. *D. semibarbatum (D. zalil)* ist im Iran, in Afghanistan und Nordindien verbreitet und wird bis über 1,5 m hoch. Die Pflanze blüht von Juni–Juli hellgelb. Als Staude überdauern beide im Garten nur an sehr sonniger, trockener Stelle mit guter Wasserdurchlässigkeit und mit Schutz vor Winternässe. (32 bzw. 14, 35, 36)

△
Delphinium-Hybride 'Pacific', Pacific-Staudenrittersporne. Diese Staudenrittersporne wachsen kräftiger als andere Typen, werden höher und haben sehr oft halb oder ganz gefüllte Blüten. Der größte Unterschied aber besteht darin, daß alle Pacific-Sorten aus Samen gezogen werden, während die übrigen Staudenrittersporne durch Teilung oder Stecklinge zu vermehren sind. Pacific-Hybriden sind gute Schnittblumen, können aber auch im Garten verwendet werden, wenn sie so stehen, daß Wind und Regen die langen Triebe nicht umfallen lassen. Farbsorten sind: 'Black Knight', dunkelviolett; 'Blue Bird', mittelblau; 'Galahad', weiß; 'King Arthur', dunkelviolett; 'Summer Skies', hellblau; 'Astolat', rosa; 'Guinevere', rosalila; 'Percival', weiß mit schwarzem Auge; 'Blue Springs', ein nur 75 cm hoher Typ, kommt in vielen verschiedenen Blautönen vor. (1, 2, 35, 36)

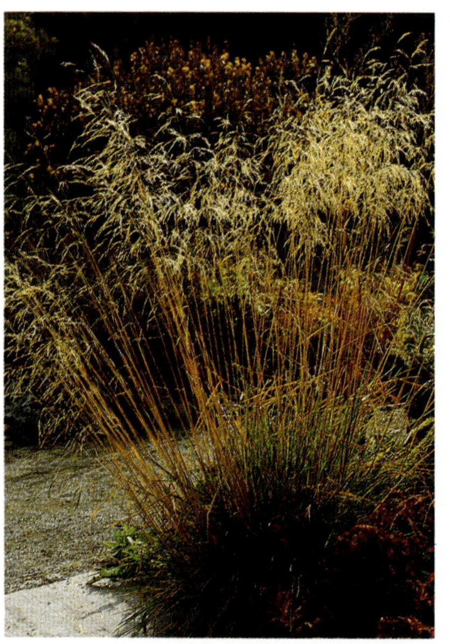

◁ **Deschampsia cespitosa**, Rasenschmiele, Poaceae (Gramineae), Gräser. Von den über 60 von den Subtropen bis in die arktischen Gebiete der Nordhalbkugel, aber auch in den Gebirgen der Tropen und in der Antarktis verbreiteten Arten ist dieses horstbildende Gras ein langlebiger und imposanter Staudenpartner in Sonne und Halbschatten. Es blüht von Juni–Juli. Die Rispen werden bis 1,5 m hoch und verfärben sich im Herbst strohgelb. Schöne Sorten sind 'Bronzeschleier' mit großen goldbraunen Ähren, 'Tardiflora', spätblühend mit hellgrünen Ähren und gedrungenem Wuchs, 'Waldschatt' mit dunkelbraunen Ähren und gedrungenem Wuchs sowie 'Goldgehänge, 'Goldschleier' und 'Goldstaub' mit gelbgetönten Ähren und Halmen. Die Schmielen sollten frei stehen, um ihre Wirkung gegen dunklen Hintergrund voll entfalten zu können. (1, 3, 4, 6, 10, 17, 18)

△
Dentaria pentaphyllos *(D. digitata, Cardamine pentaphyllos)*, Fingerzahnwurz, Brassicaceae (Cruciferae), Kohlgewächse. Etwa 20 Arten im atlantischen Nordamerika, in Europa und Asien. Es sind frühjahrsblühende Stauden für naturnahe Gehölz- und Gehölzrandbereiche. Die Fingerzahnwurz aus den Gebirgen Mitteleuropas wird 50 cm hoch. Ihre Blüten in Farben von Lila bis Tiefpurpur zeigt sie im Mai–Juni. Mit ihren in Freiflächen großen, kugeligen Horsten ist sie die schönste Art. *D. heptaphylla*, die Fiederzahnwurz, wird bis 60 cm hoch und bildet von April–Mai weiße oder blaßpurpurne große Blüten. *D. enneaphyllos*, die Weiße Zahnwurz, von den Alpen und Mitteldeutschland bis zum nordwestlichen Balkan verbreitet, wird 30 cm hoch und blüht gelb, als erste der Zahnwurz-Arten. Vermehrung durch Teilung, seltener durch Aussaat. (3, 4, 11, 21)

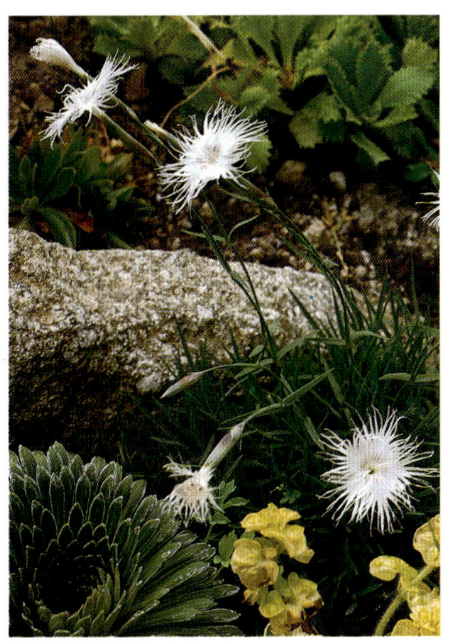

◁ **Dianthus arenarius,** Sandnelke, Caryophyllaceae, Nelkengewächse. Mittleres und östliches Europa. Mehr als 300 Arten mit zahlreichen Unterarten. Die Sandnelke ist eine Polsterpflanze mit 10–30 cm hohen Sprossen. Die lineal-lanzettlichen Blätter sind schmal, etwa 1,3 cm lang und 3nervig. Meist befinden sich unterhalb der Blüte 1–3 Paar schuppenförmige Hochblätter. Jeder Sproß trägt 1–2 weiße Blüten mit oft grünlichem Schlund, selten mehr. Die Kronblätter sind etwa 13 mm lang und oft bis zur Mitte eingeschlitzt, bei der Sorte 'Schneeflocke' (Bild) besonders tief. Die willig wachsenden Pflanzen eignen sich besonders in Steingärten und in naturnahen Anlagen für flächige Pflanzungen, vorausgesetzt sie bekommen einen sonnigen Platz. Sie lieben eher sandige Böden und saure Bodenreaktion. Hübsch auch im Heidegarten. (3, 24, 29, 31, 32)

Dianthus barbatus, Bartnelke. Europa, Asien. Die uralte Bauerngartenpflanze ist eine zweijährige bis kurzlebige Staude mit kräftigen, aufrechten Trieben, aber auch schwächeren, kriechenden bis aufsteigenden Sprossen. Die runden Stengel erreichen eine Höhe von 30–60 cm. Nach Aussaat im Frühjahr-Frühsommer entwickeln die Pflanzen bis zum Herbst verhältnismäßig große Blattrosetten, mit denen sie überwintern. In exponierten Gärten ist Reisigschutz angebracht. Die Blätter sind breit-lanzettlich und die Blüten stehen in kopfigen, endständigen, zusammengezogenen, 2gabeligen Trugdolden. Die Blütenfarben variieren zwischen Weiß und Dunkelrot, oft mit auffallender Zeichnung, wobei die Blütenbasis leicht gebärtet ist. Es gibt auch gefülltblühende Typen. Die Bartnelke ist eine gute Schnittblume mit sehr angenehmem Duft! Viele Sorten. Oft Selbstaussaat. (2, 3)
▽

Dianthus caryophyllus, Gartennelke. Sie ist trotz oft anderslautender Angaben keine Art im botanischen Sinn, sondern ein in langer Kultur entstandener Komplex mit vielen Rassen. Dazu gehören die Gewächshausnelken, die zweijährigen Landnelken, Topfnelken, Gebirgshängenelken, Chabaudnelken und die Niedrigen Chabaudnelken-Abkömmlinge. Einjährige F 1-Hybriden sind die Sorten der Knight-Serie (Bild: 'Rosa Knight'). Sie bilden wüchsige, kugeligbuschige Pflanzen von nur 20–30 cm Höhe und eignen sich als Beet- wie auch als Topfpflanze. Kulturdauer bis zur Blüte etwa 6 Monate. Die Serie gibt es als Mischung und in vielen Einzelfarben. Die Einzelblüten sind mittelgroß, die gesamten Pflanzen wirken etwas steif und lassen sich nicht leicht mit anderen Pflanzen kombinieren. Ideal sind sie als spätsommerlicher Lückenfüller. (5, 12, 34, 38)
▽

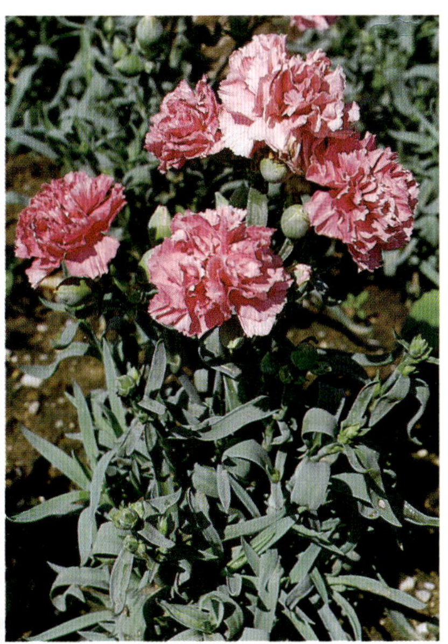

Dianthus chinensis, Chinensernelke, ▷ Heddewigsnelke. Wichtige Sommerblume mit vielen Rassen, die es besonders als F 1-Hybriden gibt. Bei Vorkultur im Gewächshaus Aussaat meist im März, Auspflanzen nach den Eisheiligen. Je nach Sorte bilden sich 10–25 cm hohe, halbkugelige Pflanzen. An den Boden werden keine großen Ansprüche gestellt. Er sollte aber etwas kalkhaltig sein, feuchter Stand führt zu Ausfällen. Wichtig ist volle Sonne. Nachdüngung mit voll löslichem Mehrnährstoffdünger wirkt positiv. Da die Blütezeit nicht bis in den Herbst reicht, sollte man nach dem Hauptflor zurückschneiden. Ein zweiter Rückschnitt im Herbst führt durchwegs zu einem weiteren Blütenflor im kommenden Jahr. Wichtig für Sommerblumenteppiche, als Lückenfüller im Steingarten, für Tröge und Schalen. Einzelfarben und Mischungen. Bild: 'Snowfire'. (31, 34, 38)

Dianthus gratianopolitanus, Pfingstnelke. West- und Mitteleuropa. Von den ausdauernden Nelken ist diese wohl die wichtigste Art mit ihren vielen Sorten, oft noch unter der ungültigen Bezeichnung *D. caesius* verbreitet. Sie wächst sowohl auf basenreichen als auch auf kalkarmen, flachgründigen Böden. Die Blätter der lockerwüchsigen Polsterstaude sind etwa 2–6 cm lang und 2 mm breit und linealisch. Die Blütenstengel sind 10–20 cm hoch und tragen normalerweise eine Blüte, seltener 2–3. Die Blütezeit ist früh, sie liegt im Mai–Juni. Außerhalb der Blütezeit sind die stahlblauen Polster dekorativ. Verwendung in Steingärten, Trögen, als Einfassung, einfachblühende Sorten auch in Heidegärten. Es gibt samenvermehrbare Sorten, aber auch vegetativ zu vermehrende. Hier ist die dankbare Sorte 'Badenia' mit einfachen roten Blüten abgebildet. (3, 5, 12, 24, 31) ▷

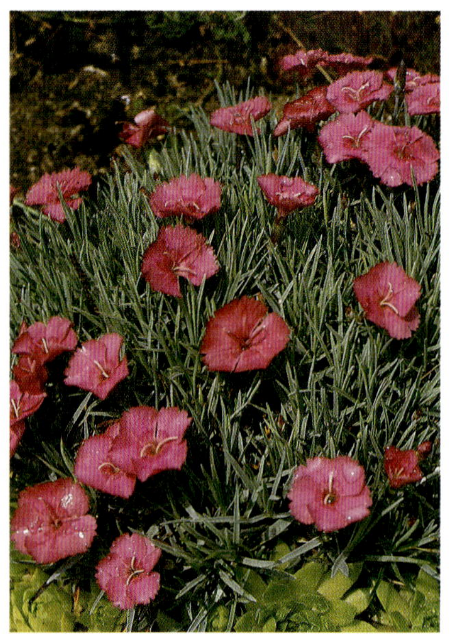

Dianthus plumarius, Federnelke. Südosteuropa. Dichte rasenartige Blätter bilden blaugraue bis blaugrüne Polster. Auf 20–30 cm hohen Stielen stehen 2–3 große duftende, stark geschlitzte Blüten. Es gibt einfache, halbgefüllte und gefülltblühende Sorten in Farben zwischen Weiß und Dunkelrot, oft mit schöner Zeichnung. Für Steingärten, Einfassungen, höhere auch für den Schnitt. Samen- und vegetativ vermehrbare Sorten. Zu den letzten gehören die wichtigen Züchtungen 'Diamant', reinweiß, 'Heidi', dunkelkarmin, gefüllt, 'Pikes Pink', cattleyarosa, gefüllt, großblumig. In England gibt es viele Sorten, die durch Kreuzungen mit *D. caryophyllus* entstanden sind, allgemein als *Dianthus* × *allwoodii* bekannt. Alle Sorten brauchen einen vollsonnigen Platz und sehr gute Dränage. Nicht alle englischen Sorten sind bei uns völlig winterhart. (3, 5, 31, 32) ▽

△ **Dianthus deltoides,** Heidenelke. Die heimische Pflanze ist eine kurzlebige Staude, die flache Polster bildet und sich leicht aus Samen ziehen läßt. Die blühenden Triebe werden etwa 20 cm lang, insgesamt erreicht die Pflanze meist nur 15 cm Höhe. Die Polster sind rasenartig, grün oder braun und mit vielen kleinen Blättchen besetzt. Die Triebe tragen einzelne Blüten oder bilden wenigblütige Rispen. Kronblätter etwa 1 cm lang, rosarot, purpurrot, rot oder weiß. Die Heidenelke liebt sandige Böden mit saurer Reaktion und eignet sich für viele Plätze im Garten, so in Steingartenpartien, Trögen, Heidegärten, Naturgärten. Bei flächiger Pflanzung etwa 9 Stück pro Quadratmeter. Die liebenswerte Kleinstaude gibt es in vielen verschiedenen Rassen und Sorten. Besonders hübsch sind 'Brilliancy', 'Leuchtfunk', 'Albus' und 'Microchips'. (3, 25, 29, 31, 32)

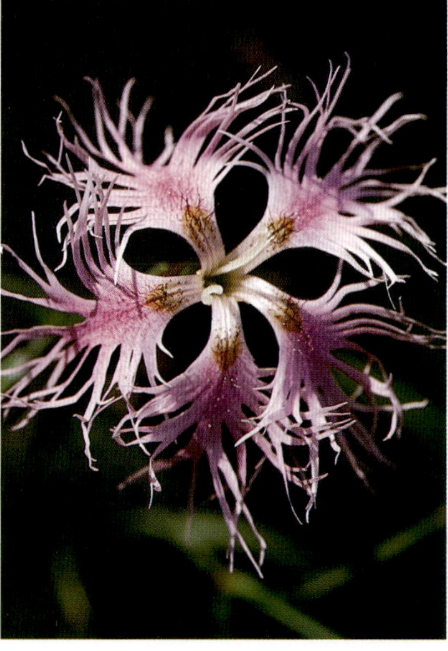

◁ **Dianthus superbus,** Prachtnelke. Verbreitet von Europa bis Japan. Im Gegensatz zu allen anderen bekannten Nelken wächst diese Art an feuchteren Standorten und liebt eine saure Bodenreaktion. Es ist eine 25–60 cm hohe Staude, manchmal auch höher. Sie ist unten niederliegend, oben verzweigt, mit linealen bis lanzettlichen Blättern. Die Blüten sind sehr stark geschlitzt (oft bis zur Mitte). Die Platte der Kronblätter ist 15–30 mm lang, gebärtet, purpurrot, manchmal auch weiß. Blütezeit Juni–September. Da die Pflanze mildfeucht stehen will, hat sie ihren idealen Platz an Teich- und Beckenrändern, ohne jedoch selbst im Wasser zu stehen. Es gibt einige Auslesen, wie 'Albus', 'Speciosus', 'Oreadus' und andere. Durch Auslese ist die Blütenfarbenpalette gegenüber der Art um Rosa und Lila erweitert worden. Die Pflanze ist insgesamt nicht langlebig. (26, 32)

△

Diascia-Hybride 'Ruby Field', Diascie, Scrophulariaceae, Braunwurzgewächse. 40–50 schwer zu unterscheidende Arten und eine ganze Reihe von Hybriden und Sorten stehen für geeignete Gartenplätze aus dieser südafrikanischen Gattung zur Verfügung. 'Ruby Field' ist eine Kreuzung von *D. cordata* × *D. barberae* und blüht von Juni–September. *D. barberae* mit ähnlicher Blütezeit kann auch einjährig gezogen werden. Aussaat im April an Ort und Stelle. Ein Rückschnitt auf etwa 5 cm über dem Boden kann bei guter Wasser- und Nährstoffversorgung an vollsonnigen warmen Plätzen den Blütenflor wieder in Schwung bringen. *D. barberae* wird etwa 30 cm hoch und bildet 2 cm große rosa Blüten in endständigen Trauben. Diascien sind so schön, daß es sich lohnt, sie immer wieder auszusäen oder aber bewurzelte Stecklinge zu überwintern. (5, 7, 32, 38)

Dicentra formosa, Fumariaceae, Erdrauchgewächse. ▷ Von den 17 Arten sind einige in China, mehrere in Nordamerika und eine Art in Ostafrika zu Hause. Alle sind Stauden mit roten, gelben oder weißen Blüten in mehr oder minder ausgeprägter Herzform. Ihr Wert liegt in der langdauernden, farbenkräftigen Blüte. Vermehrung durch Aussaat, bei Sorten durch Teilung oder Rhizomstücke, da viele Sorten sich durch Ausläufer ausbreiten. Sie eignen sich für helle bis schattige Stellen in feuchten, kühlen, leicht humosen Böden. Die Abbildung zeigt die Sorte 'Bountiful', deren etwa 30 cm hohe Blütenstiele von Juni–Oktober über hellgrünem Laub stehen. Insgesamt sind knapp 1 Dutzend Sorten im Handel. Die ähnliche *D. eximia* wird etwa 50 cm hoch. Ihre hängenden rosa Blüten erscheinen von Mai–Juni. Es gibt auch eine weißblütige Sorte 'Alba'. (4, 10, 18, 21)

△

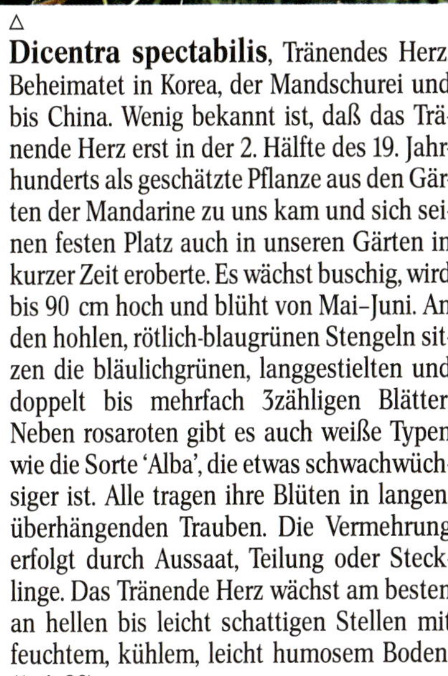

Dicentra spectabilis, Tränendes Herz. Beheimatet in Korea, der Mandschurei und bis China. Wenig bekannt ist, daß das Tränende Herz erst in der 2. Hälfte des 19. Jahrhunderts als geschätzte Pflanze aus den Gärten der Mandarine zu uns kam und sich seinen festen Platz auch in unseren Gärten in kurzer Zeit eroberte. Es wächst buschig, wird bis 90 cm hoch und blüht von Mai–Juni. An den hohlen, rötlich-blaugrünen Stengeln sitzen die bläulichgrünen, langgestielten und doppelt bis mehrfach 3zähligen Blätter. Neben rosaroten gibt es auch weiße Typen wie die Sorte 'Alba', die etwas schwachwüchsiger ist. Alle tragen ihre Blüten in langen, überhängenden Trauben. Die Vermehrung erfolgt durch Aussaat, Teilung oder Stecklinge. Das Tränende Herz wächst am besten an hellen bis leicht schattigen Stellen mit feuchtem, kühlem, leicht humosem Boden. (1, 4, 20)

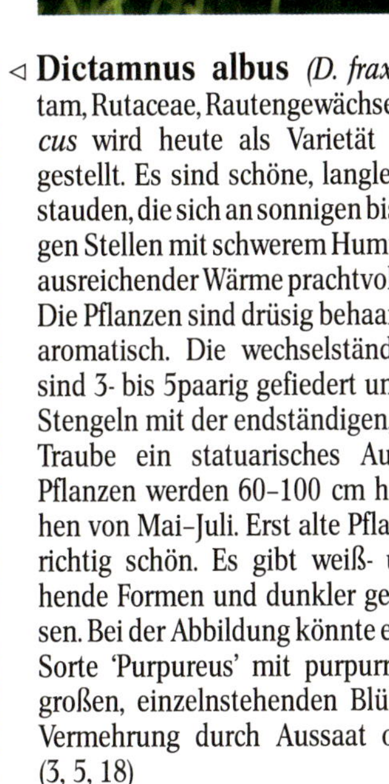

◁ **Dictamnus albus** *(D. fraxinella)*, Diptam, Rutaceae, Rautengewächse. *D. caucasicus* wird heute als Varietät zu *D. albus* gestellt. Es sind schöne, langlebige Gartenstauden, die sich an sonnigen bis halbschattigen Stellen mit schwerem Humusboden und ausreichender Wärme prachtvoll entwickeln. Die Pflanzen sind drüsig behaart und duften aromatisch. Die wechselständigen Blätter sind 3- bis 5paarig gefiedert und geben den Stengeln mit der endständigen, vielblütigen Traube ein statuarisches Aussehen. Die Pflanzen werden 60–100 cm hoch und blühen von Mai–Juli. Erst alte Pflanzen werden richtig schön. Es gibt weiß- und rosablühende Formen und dunkler gefärbte Auslesen. Bei der Abbildung könnte es sich um die Sorte 'Purpureus' mit purpurrosafarbenen, großen, einzelnstehenden Blüten handeln. Vermehrung durch Aussaat oder Teilung. (3, 5, 18)

◁ **Digitalis grandiflora** *(D. ambigua)*, Großblütiger Fingerhut, Scrophulariaceae, Braunwurzgewächse. Diese kalkliebende, langlebige Gartenstaude wird etwa 1 m hoch und hat außen ockerfarbene, innen braune, weit offene Blüten. Sie kommt in Europa und Sibirien vor und blüht im Juli–August. Fingerhüte lieben tiefgründige, nährstoffreiche Böden in sonniger bis halbschattiger Lage. Vermehrung bei zwei- und mehrjährigen Arten durch Aussaat wie durch Teilung. Wird der Blütenstand kurz vor dem Verblühen der letzten Blüten abgeschnitten, treiben meist kleine Blütenstände nach. Fingerhüte lassen sich auch gut für die Vase schneiden, wenn etwa ein Drittel der Blüten offen ist. *D.* × *mertonensis*, aus Kreuzungen mit *D. purpurea* entstanden, blüht im Mai–Juni und wird etwa 1 m hoch. Die Blüten zeigen ein ganz eigenes Lachsrosa. (1, 2, 3, 10, 18)

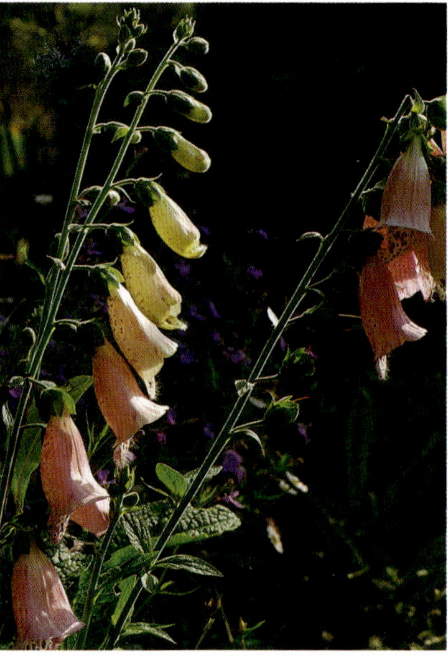

◁ **Digitalis purpurea**, Roter Fingerhut. Der in Europa heimische Rote Fingerhut wächst zweijährig. Im 1. Jahr bildet er eine Blattrosette, aus der sich im 2. Jahr der bis 2 m hohe Blütenstand emporschiebt. Blütezeit Juni–Juli. Stengel und Blätter sind leicht filzig behaart. Die glockig-röhrig nach unten hängenden Blüten sind etwa 5 cm groß und stehen in einer einseitswendigen Traube am Ende des Triebes. Die Sorte 'Alba' blüht weiß, 'Gloxiniflora' bildet einen rundherum dicht besetzten Blütenstand. 'Gelbe Lanze' blüht hellgelb und wird nur bis 1,2 m hoch. Die 'Excelsior Hybriden' sind eine Mischung von weißen, rosa und roten Blütenfarben mit dunklen Flecken. Die Blüten hängen nicht, sondern sie stehen fast waagerecht nach allen Seiten hin vom Blütenstengel ab. Die Vermehrung erfolgt durch Direktsaat oder Aussaat mit Vorkultur. (3, 8, 10, 18, 19, 36)

△
Digitalis lanata, Wolliger Fingerhut. Diese zweijährige Art kommt in Südosteuropa und bis nach Kleinasien auf steinigen Brachflächen und an Berghängen vor. Sie wird bis 1 m hoch und hat bräunliche, kugelige, weit offene Blüten mit hervorstehender weißer Zunge. Die in einer dichten Traube sitzenden Blüten öffnen sich von Juli–August. Etwas ähnlich ist der staudige Rostfarbige Fingerhut, *D. ferruginea*, mit kleineren Blüten in hoher, dicht besetzter Traube. Er ist in Süd- und Südosteuropa sowie in Kleinasien verbreitet und wird fast 2 m hoch. Der hohe Blütenstand erwächst aus der dunkelgrünen, winterlichen Blattrosette. Die Sorte 'Gigantea' wird über 2 m hoch, ihre gelblichbraun genetzten Blüten sind auch größer als die der Art. Sie braucht einen geeigneten Platz, um ihre Wirkung voll zu entfalten. Vermehrung durch Aussaat. (1, 3, 10, 29)

Dimorphoteca sinuata *(D. aurantiaca)*, Kapringelblume, Asteraceae (Compositae), Asterngewächse. Die 7 Arten mit nur bei Sonne geöffneten, leuchtendweißen, blauen oder gelben, endständigen Blütenköpfchen stammen aus Südafrika. Es sind ein- oder mehrjährige Kräuter oder auch Halbsträucher, die man durch Stecklinge oder Direktsaat im April–Mai vermehrt. Ein leichter, nährstoffarmer Boden an sonniger Stelle ist geeignet. *D. sinuata* wird 40–60 cm hoch und blüht von Juni–August. Das Farbenspiel reicht von Weißgelb über Aprikosenfarben bis Orange und Violett. Die Sorte 'Tetra Goliath' hat orangefarbene Blütenkörbchen mit brauner Mitte. Die Blüten sind auch für den Schnitt geeignet. *D. pluvialis* mit der Sorte 'Ringens Nordstern' hat große, reinweiße Blüten mit tiefvioletter Mitte und wird etwa 40 cm hoch. Vermehrung durch Aussaat. (5, 12, 35) ▷

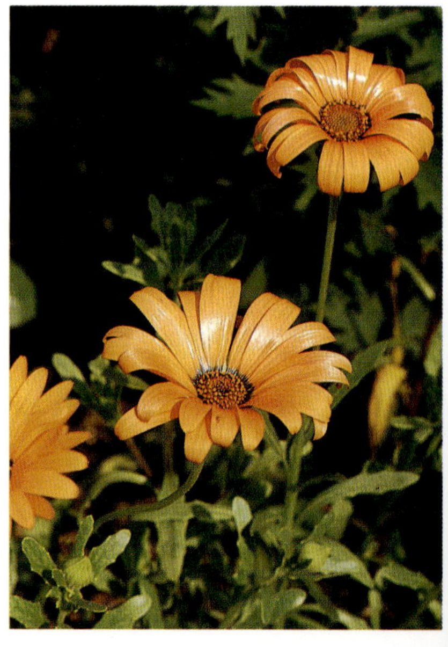

Dioscorea caucasica, Dioscoreaceae, ▷ Yamswurzelgewächse. Etwa 600 Arten sind in den Tropen und wärmeren, gemäßigten Gebieten verbreitet. Viele *Dioscorea*-Arten werden wegen der stärkehaltigen Yamswurzeln als Nutzpflanzen angebaut. Vermehrung durch Aussaat oder Stecklinge, meist jedoch durch die Knollen oder Knollenteilstücke. Die abgebildete *D. caucasica* klettert etwa 2 m hoch. *D. japonica* hat etwas länglichere Blätter und bildet auch in den Blattachseln häufig Knöllchen. *D. villosa* aus Nordamerika wächst bis 4 m hoch und hat herzförmige Blätter mit langer Spitze. Alle 3 Arten sind bei uns winterharte, staudige Kletterpflanzen. *D. balcanica* klettert bis 3 m hoch, *D. deltoidea* aus Kaschmir wächst mehr staudig. Beide haben grün geflügelte, sehr interessante Früchte. Alle *Dioscorea*-Arten wachsen auch im Halbschatten gut. (9)

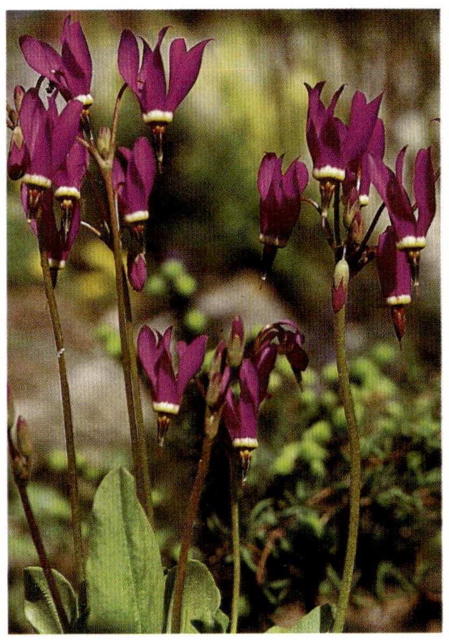

◁ **Dodecatheon redolens,** Götterblume, Primulaceae, Primelgewächse. Eine Gattung mit etwa 15 Arten, größtenteils in Nordamerika beheimatet. Diese verhältnismäßig robuste Art trägt verkehrt-lanzettliche Blätter; sie bilden eine Basisrosette, aus der die Blütenschäfte 12–50 cm hoch wachsen. 5–10 Einzelblüten bilden eine Dolde. Die 5 Kronblätter sind magentarot bis lavendelfarben. Die ungeteilte gelbe Kronröhre bedeckt die Basis der Staubfäden, die Pollen sind dunkel. Eine Auslese mit besonders leuchtenden karminroten Blüten ist die Sorte 'Red Wings' (Bild). Von dieser Gattung mit den alpenveilchenähnlichen Blüten sind mehrere Arten im Handel. Bekannteste ist *D. meadia*, die mehr Blüten hervorbringt und größer wird als die vorhergenannte Art. Geeignet sind sonnige bis halbschattige Plätze und sandig-humoser Boden. Zieht bald ein. (31, 32)

△ **Disporum smithii**, Convallariaceae (Liliaceae), Maiglöckchengewächse. 20 Arten im nördlichen gemäßigten Asien und im westlichen Nordamerika. Sie gleichen den Uvularien, haben aber Beeren, die bei *D. smithii* orange bis rot sind. Ihre leicht überhängenden, verzweigten Triebe sind 30–90 cm hoch. Die etwa 75 cm hohe *D. hookeri* blüht grünlichweiß, ihre Beeren sind ebenfalls orange. Die rotbeerige *D. cantoniense (D. pullum)* trägt im Juni weiße, purpurn überlaufene Blüten und wird 25 cm hoch. *D. smilacinum* mit einzeln stehenden, weißen, aufrechten, bis 1,5 cm großen Blüten im Juni und schwarzen Beeren wird 20–60 cm hoch und ist in Japan und Sibirien zu Hause. Alle *Disporum*-Arten sind Pflanzen für Gehölz- und Gehölzrandbereiche mit kühlem, frischem, humosem Boden im Halbschatten. Vermehrung durch Aussaat und Teilung. (4, 18, 21)

Dolichos lablab, Lablab-Bohne, Helmbohne, Faselbohne, Fabaceae (Leguminosae), Hülsenfrüchtler. Eine weit verbreitete tropische Nutz- und Zierpflanze, deren Heimat möglicherweise im tropischen Afrika liegt. Es ist eine einjährige, kahle, 3–4 m hoch windende, verzweigte Pflanze mit bohnenähnlichen Blättern. Die violetten oder 2farbigen Blüten ähneln als Blütenstand einer Hyazinthe. Die Pflanze wird deshalb auch Hyazinthenbohne genannt. Die Bohnen, die sich aus den Blüten entwickeln, sind nur 5–10 cm lang, dafür aber glänzend purpurviolett, also genauso zierend wie die Blüten. Eine Pflanze für warme, geschützte Stellen in Weinbaugebieten oder in sonnigen Innenhofgärten. Sie wird nach Vorkultur ab Mitte Mai gepflanzt. Helmbohnen gehören an tiefgründige, nährstoffreiche Standorte, die man bei Sommertrockenheit regelmäßig wässern muß. (5, 15, 16, 35) ▷

△

Doronicum orientale *(D. caucasicum)*, Gemswurz, Asteraceae (Compositae), Asterngewächse. Etwa 35 Arten in Europa und Asien. Vermehrung durch Aussaat, bei den Sorten durch Teilung. Sie eignen sich für sonnige bis halbschattige Standorte mit nährstoffreichem Boden und sind gute Schnittblumen. *D. orientale* aus Südosteuropa und Vorderasien blüht im April–Mai. Die Sorten werden 25–50 cm hoch. 'Magnificum' hat große gelbe Blüten, 'Goldberg' goldgelbe, 'Riedel's Goldkranz' goldgelbe mit doppelter Zungenblütenkrone und 'Frühlingspracht' tiefgelbe gefüllte. *D. plantagineum* ist eine 40–100 cm hohe Art aus Westeuropa mit gleicher Blütezeit, die Ausläufer bildet. Ihre Sorte 'Excelsum' trägt im Mai bis 6 cm große Blütenköpfchen. 'Strahlengold' wird etwa 70 cm hoch und kann auch Halbschatten gut vertragen. (1, 2, 4)

△

Dorotheanthus bellidiformis, Aizoaceae, Mittagsblumengewächse. Diese Gattung einjähriger Kräuter aus Südafrika besteht nur aus wenigen Arten. Die sukkulenten, dickfleischigen Blätter zeigen ihre Hitzeverträglichkeit und auch Wärmebedürftigkeit an. *D. bellidiformis* wird nur 5–10 cm hoch und entwickelt von Juli–September 5 cm große, feinstrahlige Blüten. Die Blütenfarben reichen von Gelb über Rosa, Orange und Rot bis Weiß. Sie bilden an sonnigen Standorten reichblühende Sommerteppiche, da sich die Blüten nur bei Sonne völlig öffnen. Meist sind Farbmischungen im Handel. Aussaat im Mai an Ort und Stelle oder Vorkultur und Auspflanzen ab Ende Mai. *D. oculatus* 'Lunette' ist eine reingelbe, neue Sorte. Wie auf dem Bild gezeigt, schafft *Dorotheanthus* im Kakteenbeet und in heißen Mauerbereichen schöne sommerliche Farbtupfer. (7, 12, 25, 31, 35, 36)

Draba bruniifolia (*D. olympica* hort.), Hungerblümchen, Brassicaceae (Cruciferae), Kohlgewächse. Etwa 300 Arten sind insbesondere in den Gebirgen der ganzen Erde verbreitet. Es sind kleine rasenbildende, behaarte, einjährige oder staudige Kräuter mit grundständigen, rosettenartig angeordneten Blättern. Hauptblütenfarben sind Gelb und Weiß. Vermehrung durch Aussaat oder Teilung. Alle lieben Sonne, die kultivierten Arten und Formen sind Felsspalten- oder Felsflächenpflanzen. Manche sind auch zum Bepflanzen von Tuffsteinen, d. h. direkt auf und in den Fels geeignet. *D. bruniifolia* kommt im Kaukasus zwischen Gehölzen vor und blüht von Mai–Juni. Lockere Rasenpolster bis 10 cm Höhe bildet *D. aizoides* aus Mittel- und Südeuropa, wo sie an Felsen wächst und gelb blüht. Auch im Garten sehr reiche Blüte von März–April. (24, 31, 32)

▽

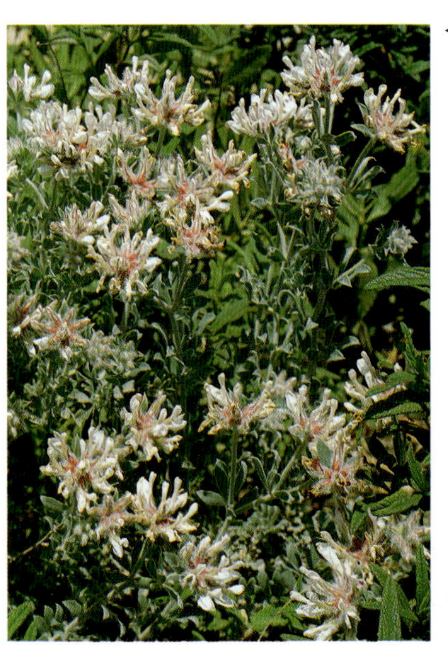

◁ **Dorycnium hirsutum**, Zottiger Backenklee, Bocksklee, Fabaceae (Leguminosae), Hülsenfrüchtler. Der Zottige Backenklee ist zusammen mit 14 weiteren *Dorycnium*-Arten im Mittelmeerraum verbreitet. Die Pflanzen sind dicht seidig, silbrig, zottig behaart und die Triebe tragen blaßrosa, endständige bis 10blütige Köpfchen. Die gut 1 cm langen Hülsen, die sich daraus entwikkeln, sind in Köpfchen sternförmig angeordnet und verfärben sich von rötlich nach dunkelbraun. Die Pflanzen lieben entsprechend ihrer heimatlichen Verbreitung in Felsbereichen und an heißen, grasigen, sandigen Plätzen warme Mauerstandorte und heiße Felssteppen ereiche. Die Büsche werden bis 50 cm hoch und blühen von April bis in den Sommer hinein. Man kann die silbergrau behaarten Zweige auch für dekorative Sträuße nutzen. Vermehrung durch Aussaat. (5, 12, 29, 32)

Draba rigida var. imbricata *(D. bryoides* var. *imbricata).* Dieses Hungerblümchen ist ein wunderschöner, ganz flachwachsender Typ aus dem Kaukasus. Wie am Naturstandort wächst die Pflanze auch im Garten gerne auf Lavatuff, auch Kalktuff wird akzeptiert. Sie wächst rasenbildend, wird 7–10 cm hoch und blüht gelb von April–Mai. Wesentlich kräftiger wächst das 10–20 cm hohe, schwefelgelb blühende Hungerblümchen *D. lasiocarpa (D. aizoon).* Es bildet dichte Rasen und trägt im Mai auf 12–15 cm langen Stielen Trauben mit bis zu 50 Blüten. Es kommt in den Karpaten auf Kalk vor. *D. sibirica (D. repens)* stammt aus Rußland und Sibirien und bildet lockere Rasen aus langen, dünnen Trieben. Die gelben Blüten erscheinen von April–Juni auf 10 cm hohen Stielen. Vermehrung durch Aussaat, Stecklinge und Teilung. (24, 31, 32) ▷

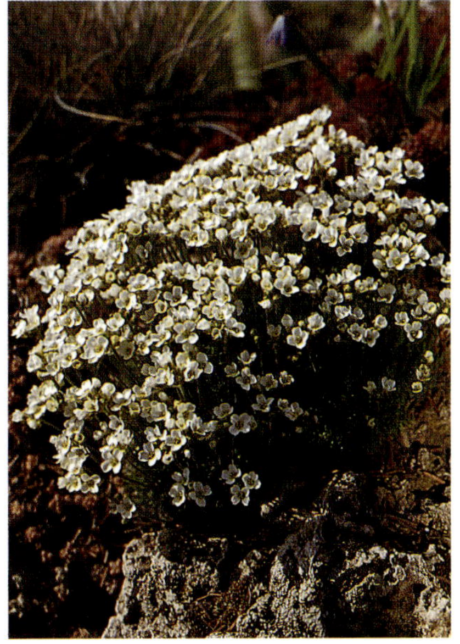

◁ **Draba × suendermanii.** Diese Hybride entstand kurz nach der Jahrhundertwende durch Kreuzung von *D. dedeana* mit einer unbekannten Art. Sie bildet ganz feste Kugelpolster und ist je nach Standort von Ende März–April oder auch bis in den Mai hinein über und über mit weißen Blüten an 5 cm hohen Stielen bedeckt. Sie ist als Steinritzenpflanze oder auch für Tuffsteine geeignet und verträgt wie alle anderen alpinen *Draba*-Arten keine Winternässe. Kleinere weiße Blüten trägt *D.* × *salomonii,* die ebenfalls aus Kreuzungen von *D. dedeana* hervorgegangen ist. Von den Hungerblümchen sind über 30 Arten und Formen in gärtnerischer Kultur. Sie sollten viel häufiger als reichblühende Frühlingsblütenkissen in Steingärten, auf Trockenmauern oder in Troggärten verwendet werden. Besonders schön wirken sie in der Nähe blauer Frühlingsblüher. (24, 31, 32)

Dracunculus vulgaris *(Arum dracunculus),* Drachenwurz, Araceae, Aronstabgewächse. Von den beiden im Mittelmeergebiet bis Vorderasien verbreiteten Arten wirkt diese Drachenwurz mit großen, fußförmig geteilten Blättern als dekorative Pflanze. Die große endständige, dunkelrote Blütenscheide stinkt einige Tage nach Aas, um Fliegen für die Bestäubung anzulocken. Sollte der Geruch stören, kann man die Blüten ausschneiden. Die 10- bis 15teiligen Blätter werden bis 1 m hoch und vermitteln einen Eindruck tropischer Wuchskraft. Mit Abdeckung ist die Pflanze winterhart, es ist jedoch besser, die Knollen trocken und frostfrei zu überwintern. Ende April–Anfang Mai pflanzt man sie wieder an sonnige, warme und geschützte Standorte in nährstoffreichen Boden. Die Vermehrung erfolgt durch Brutknöllchen, die reichlich gebildet werden. (16, 27, 30)
▽

Dracocephalum ruyschianum, Nordischer Drachenkopf, Lamiaceae (Labiatae), Taubnesselgewächse. Etwa 45 *Dracocephalum*-Arten sind besonders in den Gebirgen Europas bis Zentralasiens verbreitet. Es sind Pflanzen für trockene Magerwiesenbereiche, steppenartige Flächen und auch sonnige bis halbschattige Waldränder. Der einjährige Türkische Drachenkopf, *D. moldavicum,* eine reich blauviolett blühende Bienenweide, blüht im Juli–August auf 30–50 cm hohen Stengeln. Er wird im April an nährstoffreichen, sonnigen Stellen flächig gesät. Der Nordische Drachenkopf wird 20–40 cm hoch, blüht im Juli–August und verträgt auch Halbschatten. *D. rupestre* aus Westchina, meist als *D. grandiflorum* im Handel, wird 20–60 cm hoch und blüht sehr reich dunkel blauviolett im Juli–August. Vermehrung aller Arten durch Aussaat oder Teilung. (3, 4, 29, 31 bzw.35) ▷

◁ **Drosera rotundifolia**, Rundblättriger Sonnentau, Droseraceae, Sonnentaugewächse. Die etwa 100 Arten sind in den tropischen und gemäßigten Gebieten insbesondere der Südhalbkugel verbreitet. Über 60 Arten davon sind in Kultur. Der Rundblättrige Sonnentau und andere Arten lassen sich gut auf kleinen Moorbeeten oder in Schalen auf Torf in Sonne oder Halbschatten kultivieren. Die heimischen Bestände sind geschützt. Die Pflanzen decken ihren Stickstoffbedarf aus dem Eiweiß der gefangenen Insekten, die sie mit ihren klebrigen Drüsenhaaren festhalten. Vermehrung durch Aussaat oder Blattstecklinge. Weiße Blüten haben *D. anglica*, verbreitet von Europa über Asien bis Nordamerika, mit rosettenartig stehenden, linearen Blättern, und *D. intermedia (D. longifolia)* aus Europa, Transkaukasien und Nordamerika mit verkehrt-eiförmigen Blättern. (13)

△

Dryas × suendermannii, Silberwurz, Rosaceae, Rosengewächse. Etwa 10 Arten dieser flachkriechenden Halbsträucher sind in den Gebirgen und arktischen Weiten der Nordhalbkugel verbreitet. Die großen weißen, endständigen Blüten wandeln sich nach der Befruchtung durch eine Verlängerung der Griffel in große, silbrige, federartige, zierende Fruchtstände. Vermehrung durch Aussaat oder Teilung. Für sonnige, nicht zu nährstoffreiche Flächen als dichtschließender, sommergrüner Bodendecker. Pflanzung nur im Frühjahr, damit sich die Wurzeln vor dem Winter fest verankern können und nicht hochfrieren und vertrocknen. *D. × suendermannii* ist eine Kreuzung aus *D. octopetala* und *D. drummondii*, die gelb blüht. Die Kreuzung hat gelbe Knospen, die sich weiß öffnen und leicht nickend bleiben. Gut ist die Silberwurz für Trogbepflanzung geeignet. (7, 25, 29, 31, 32, 38)

△

Dryopteris affinis *(D. borreri, D. paleacea)*, Goldschuppenfarn, Dryopteridaceae, Wurmfarngewächse. Es gibt 150 Arten überwiegend in den gemäßigten Gebieten. Es sind langlebige Gartenfarne für schattige Standorte; bei genügender Bodenfeuchte können sie auch heller stehen. Vermehrung durch Sporenaussaat oder Teilung. Der heimische Goldschuppenfarn wird bis über 1 m hoch und bleibt auch in den Winter hinein grün. Von den bis 25 cm breiten und 80 cm langen Wedeln des Elefantenrüsselfarns, *D. atrata*, hängt die Spitze wie ein Elefantenrüssel herunter. *D. erythrosora*, der Rotschleierfarn, wird 50 cm hoch und ist im Austrieb rot. Beide danken eine leichte Laubschüttung. Unser heimischer Wurmfarn, *D. filix-mas*, wird bis 1 m hoch und bietet viele Sorten für den Garten: 'Linearis Polydactylon' trägt an den Fiederspitzen kleine Troddeln. (3, 4, 18, 21)

Duchesnea indica, Scheinerdbeere, ▷ Rosaceae, Rosengewächse. 2 *Duchesnea*-Arten kommen in Süd- und Ostasien vor. Es sind Stauden mit langen Ausläufern und erdbeerartigen Blättern und Früchten. Die abgebildete, aus Indien stammende *D. indica* blüht von Mai–Oktober und trägt vom Sommer an die leuchtendroten, aber fade schmeckenden Früchte, die sich aus gelben Blüten entwickeln. Mit langen, oberirdischen Ausläufern bedeckt sie schnell große Flächen und klettert auch in niedrige Sträucher. Vermehrung durch Ausläufer oder Teilung. Die Scheinerdbeere eignet sich als Bodendecker für Sonne bis Schatten an nicht zu trockenen Stellen, kann aber im Winter bei lang anhaltendem Kahlfrost durch Vertrocknen absterben. Man sollte sie nicht düngen, da sonst viele andere Pflanzen im Umkreis von bis zu 2 m überwuchert werden. (3, 4, 7)

△

Dyssodia tenuiloba *(Thymophylla tenuiloba)*, Gelbes Gänseblümchen, Asteraceae (Compositae), Asterngewächse. Etwa 50 Arten sind in den südwestlichen USA und Mexiko verbreitet. Das einjährige Gelbe Gänseblümchen wird durch Aussaat vermehrt, blüht von Mai–September und hält auch für kleine Sträuße geschnitten gut. Als Standort sind vollsonnige, warme, trockene Stellen geeignet sowie Balkonkästen, Kübel und Tröge. Es darf jedoch nicht durch andere, kräftig wachsende Pflanzen bedrängt werden. Man pflanzt es nach Vorkultur ab Mitte Mai in neutralen bis leicht sauren Boden, es wird etwa 15 cm hoch. Nach milden Wintern erscheinen manchmal in Pflasterfugen neue Pflanzen durch Selbstaussaat. Mehr Bodenfeuchte wünscht das Blaue Gänseblümchen, *Brachyscome multifida*, aus Australien. Es wächst kräftiger und ist ein dankbarer Blüher. (2, 5, 25, 35, 38)

△

Eccremocarpus scaber, Schönranke, Bignoniaceae, Bignoniengewächse. 3 Arten dieser kletternden, immergrünen Sträucher sind in den Anden von Ecuador bis Chile verbreitet. Sie haben gegenständige, doppelt fiederschnittige Blätter mit einer Ranke an der Spitze, mit der sie sich an jeder Klettermöglichkeit festhalten. Als Blütenfarben gibt es Gelb, Scharlach- oder Orangerot und alle Zwischentöne. Die röhrenförmigen, 2–3 cm langen Blüten sitzen zu vielen in bis 15 cm langen Trauben in den Blattachseln. Sie werden durch Aussaat vermehrt und als Sommerschlinger mit Vorkultur gezogen. Frostfrei überwinterte Pflanzen treiben kräftiger und blühen früher. Es sind Kletterpflanzen für warme Südlagen in voller Sonne, wo sie von Juni bis zum Frost blühen und bis 5 m hoch klettern. Nach milden Wintern kann man oft Sämlinge aus Selbstaussaat finden. (15, 16, 38)

Echinacea purpurea *(Rudbeckia purpurea)*, Purpurrudbeckie, Sonnenhut, Asteraceae (Compositae), Asterngewächse. Alle 5 Arten sind Präriepflanzen Nordamerikas. Der Sonnenhut wird bis 1 m hoch und blüht von Juni–September. Dazu gehören die Sorten 'White Lustre', 80 cm hoch mit cremeweißen Blüten, 'The King' mit dunkelroten Blüten, die 30 cm hohe 'Nana' mit rosa Blüten sowie die reinweiße 'Alba'. 'Magnus' blüht karminrosa bis rot, wird 80 cm hoch und zeichnet sich durch waagerecht abstehende Blütenblätter aus; bei den meisten anderen Sorten und Arten hängen die Blütenblätter. Die Heilpflanze *E. angustifolia* hat wesentlich schmalere Blütenblätter. Alle Typen sind an sonnigen bis halbschattigen Stellen mit frischen, humosen Böden zu pflanzen und geschnitten, frisch oder getrocknet, gut verwendbar. Vermehrung durch Aussaat oder Teilung. (1, 2, 3, 8, 29)

▽

◁ **Echeveria-Hybride,** Echeverie, Crassulaceae, Dickblattgewächse. Mittel- und Südamerika. Umfangreiche Gattung, im allgemeinen Kalthauspflanzen. Einige Arten werden aber für ornamentale Beetbepflanzungen im Freien verwendet, so die Sorten von *E. derenbergii.* Sie bilden kugelige, graue, fleischige Rosetten, die im Juni–Juli orangerote Blüten an etwa 12 cm hohen Trieben entwickeln. *E. elegans* ist eine hübsche kreisrunde Art mit blaugrünen, weiß überhauchten Rosetten und kurzgestielten, roten und orangeroten Blüten an etwa 20 cm hohen Trieben. Die widerstandsfähigen, reichblühenden Pflanzen können herausgenommen und ziemlich trocken und kühl, aber frostfrei überwintert werden. Die Samenvermehrung ist einfach, wenn sofort nach der Ernte im Juni–Juli ausgesät wird. Sonst einfache Vermehrung durch Nebenrosetten, die leicht wurzeln. (33, 34)

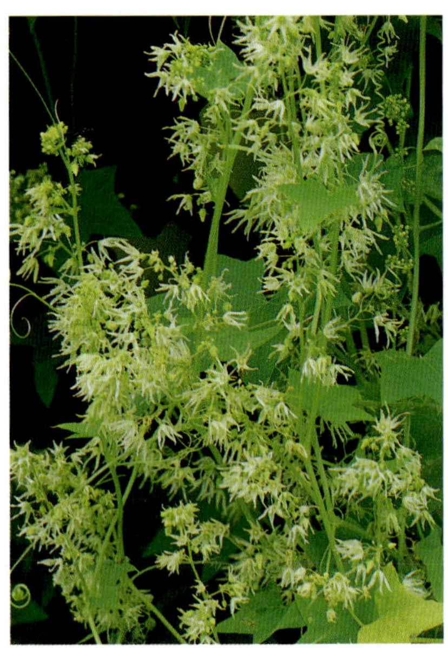

◁ **Echinocystis lobata**, Lappige Igelgurke, Cucurbitaceae, Kürbisgewächse. Von den 15 Arten, die in Amerika verbreitet sind, können wir diese einjährige *Echinocystis*-Art als schnellkletternden und reichblühenden Sommerschlinger im Garten gut verwenden. Sie blüht von Juli–August und wird bis 6 m hoch. Die Abbildung zeigt links oben die kleinen, 1 cm großen männlichen Blüten und daneben die bis 3 cm großen weiblichen. Die Frucht ist eine 4–5 cm große, bestachelte Beere. Deshalb heißt die Pflanze auch Igelgurke. An manchen Stellen im Rheintal, Neckartal und Saaletal ist *E. lobata* verwildert. Aussaat an Ort und Stelle oder auch Vorkultur sind möglich. Wir verwenden sie an sonnigen, nährstoffreichen und nassen Stellen. Manchmal ist auch Samen der bis 9 m hohen *E. fabacea* mit grünweißlichen Blüten erhältlich. (15, 27)

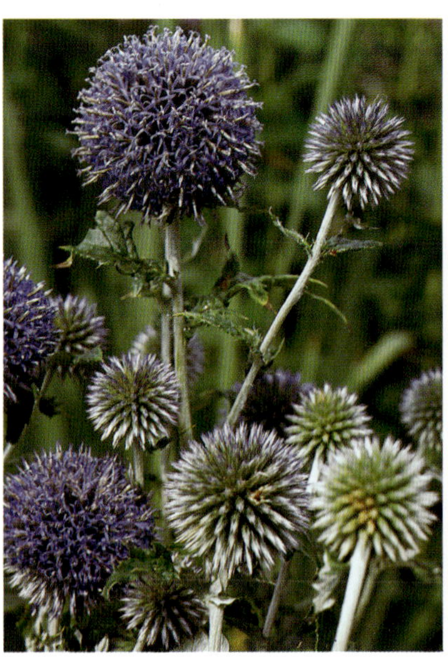

△

Echinops ritro, Kugeldistel, Asteraceae (Compositae), Asterngewächse. 120 Arten in Europa, Asien und Afrika. Meist hohe, distelartige, weißfilzige Kräuter mit mehrfach fiederschnittigen Blättern und kugelförmigen Blütenköpfen in Blau oder Weiß. Vermehrung durch Aussaat, Teilung oder Wurzelschnittlinge. Gut verwendbar für sonnige, humose, nicht zu feuchte Stellen. *E. ritro* aus Südfrankreich und Spanien blüht von Juni–September an bis 1 m hohen Trieben. Die Oberseite der fiederschnittigen Blätter ist dicht spinnwebartig behaart. Die Blütenköpfchen sind stahlblau und 2–4 cm groß. 'Veitch's Blue' hat tiefblaue Blüten. *E. bannaticus* aus Osteuropa blüht auch von Juli–September, die Blätter sind unterseits graufilzig. Die größten, tiefblauen Blütenkugeln bildet 'Taplow Blue'. Alle *Echinops*-Arten sind gute Bienen- und Hummelfutterpflanzen. (1, 12, 29)

△

Edraianthus dalmaticus, Dalmatinische Büschelglocke, Campanulaceae, Glokkenblumengewächse. Eine Gattung mit 9–10 Arten, die im westlichen Balkangebiet vorkommen. Die abgebildete Art ist eine Polsterstaude mit linealen, weißwimperigen Basalblättern und 3–7 cm hohen, aufstrebenden bis aufrechten Blütensprossen, die den schopfigen, 5- bis 10blütigen Blütenstand tragen. Die blauvioletten Blüten sind trichterförmig, die Kelchzähne breit und dreieckig. Sie und ähnliche Arten eignen sich für warme, trockene Stellen. Dem Charakter nach möglichst in Verbindung mit Steinen verwenden, sehr gut im Steingarten. Auch für Trockenmauerfugen, in Trögen und im Geröllbeet. Der Boden sollte locker, leicht, humos und kalkhaltig sein. Gute Dränage ist lebenswichtig, Staunässe bedeutet den Tod der Pflanze. Vermehrung durch Aussaat, aber auch durch Stecklinge. (24, 31, 32)

Eichhornia crassipes (*E. speciosa*), ▷ Wasserhyazinthe, Pontederiaceae, Hechtkrautgewächse. 7 Arten sind im Südosten der USA und bis Argentinien verbreitet. Es sind tropische, schwimmende Wasserpflanzen, die in nährstoffreichen Gewässern bei entsprechender Wärme ungeheure Vermehrungskraft besitzen. Wir verwenden sie auf warmen Wasserbecken und in Warmwasserkübeln. Die Stiele der Überwasserblätter sind am Grunde blasig verdickt und tragen so die Pflanze über Wasser. Die Unterwasserblätter sind oft geschlitzt. Für die Nährstoffaufnahme hängen dichte Büschel von Wurzeln tief ins Wasser. Die hellvioletten Blüten mit bläulich violetter Zeichnung stehen zu vielen in einem ährenförmigen Blütenstand. Im Herbst verfärbt sich die Pflanze oft rötlich. Sie kann bei 14–20 °C und zusätzlicher Belichtung überwintert werden. Vermehrung durch Teilung. (28, 38)

◁ **Ensete ventricosum** *(Musa ensete)*, Zierbanane, Musaceae, Bananengewächse. Von den 7 Bananen-Arten, die vom tropischen Afrika über Madagaskar bis nach Südostasien verbreitet sind und viele Kultursorten hervorgebracht haben, unterscheidet sich diese Art aus Äthiopien deutlich dadurch, daß sie keine Seitentriebe hervorbringt, sondern durch Samen vermehrt wird. Bei Aussaat Anfang Februar benötigt sie bei etwa 25 °C drei Wochen zur Keimung und wächst dann bis Mai zu 1 m Höhe heran. Abgehärtete Pflanzen können Anfang Juni an warme, geschützte Stellen in nährstoffreiche, tiefgründige Böden gesetzt werden, wobei man regelmäßiges Wässern und wöchentliche Flüssigdüngung nicht vergessen sollte. *Musa acuminata* ist eine kleiner bleibende, zierlicher wachsende, rotblättrige Form aus Südostasien. Überwinterung hell bei etwa 5 °C. (8, 16, 34, 36)

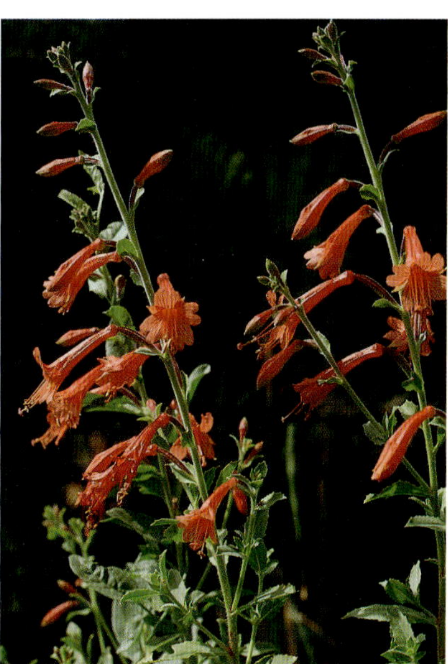

△

Epilobium canum ssp. angustifolium *(Zauschneria cana)*, Kolibritrompete, Onagraceae, Nachtkerzengewächse. Die 4 Unterarten der Kolibritrompete sind in den westlichen USA und in Nordwestmexiko verbreitet. Es sind kleine Sträuchlein für sehr heiße, sonnige Standorte mit Böden bester Wasserdurchlässigkeit. Sie blühen von Juli bis zum Oktober unermüdlich. *E. canum* trägt graugrüne, filzig behaarte Blätter und stammt aus Kalifornien. Sie ist nur in günstigen Weinbaulagen winterhart und bedarf eines Winterschutzes aus Laub, Kiefernnadeln oder Reisig. Sicherer ist es aber, bewurzelte Stecklinge frostfrei zu überwintern. Die Schönheit der Kolibritrompete in Steingärten, Steinbeeten oder auch Trockenmauern ist die Entschädigung für diesen Aufwand. Ein Rückschnitt erfolgt im Frühling, die Vermehrung durch Stecklinge. (12, 24, 32)

△

Epilobium fleischeri *(Chamaenerion fleischeri)*, Kiesweidenröschen. Etwa 250 Arten dieser Gattung kommen auf der Nord- und Südhalbkugel in den temperierten und arktischen Bereichen vor. Das Kiesweidenröschen wird 20–40 cm hoch und hat lineal-lanzettliche Blätter. Es wächst in den Alpen auf Fluß- und Bachkies, auf Steingeröll und Moränen. Im Garten eignet es sich für feuchte, sonnige Bereiche, die nie austrocknen. Die kräftig purpurrosa Blüten öffnen sich von Juni–September. Beim heimischen Waldweidenröschen, *Epilobium angustifolium (Chamaenerion angustifolium)*, muß man ein Wort für die Gartenverwendung einlegen. Es ist eine bis 120 cm hohe Pflanze mit spiralig stehenden, linear-lanzettlichen, blaugrünen Blättern und dunkelpurpurnen Blüten von Juni–September. Vermehrung durch Aussaat oder Abtrennen von Teilpflanzen. (26, 27 bzw. 10, 18)

Epimedium perralderianum, Elfenblume, Berberidaceae, Sauerdorngewächse. ▷ 21 Arten, Stauden mit kriechendem Wurzelstock, sind vom Mittelmeergebiet über den Himalaja bis Japan verbreitet. Ihr Wert liegt in den meist wintergrünen Blättern und dem dichten, teppichartigen Wuchs. Viele schmücken sich von April–Mai mit weißen, gelben, roten oder violetten Trauben gespornter Blüten. Vermehrung durch Teilung. Die Mittelmeerarten bevorzugen warme, helle, trockene Standorte, die asiatischen frische, feuchte, kühle Böden; beide lieben Halbschatten. *E. perralderianum* aus Algerien wird 25 cm hoch. Eine Kreuzung mit *E. pinnatum* ist die besonders dichtwachsende Sorte 'Frohnleiten'. *E. pubigerum* aus Bulgarien bis Kleinasien mit lederartigen Blättern wird 50 cm hoch. Die Sorte 'Orange Königin' ist eine orangeblühende Besonderheit. (4, 7, 20, 21, 23)

◁ **Epimedium × rubrum**, Elfenblume. Diese Kreuzung aus *E. grandiflorum × E. alpinum* wird 30–40 cm hoch, wuchert aber nicht. Das Bild zeigt die attraktive Rotfärbung der Blätter beim Austrieb. Die bis 2 cm großen Blüten stehen von April-Mai in bis 30blütigen Rispen über dem Laub. *E. grandiflorum* aus Japan wird 15–30 cm hoch und bildet bis 4 cm große Blüten. Dazu gehören die Sorten 'Elfenkönig', rahmweiß und wüchsig, 'Flavescens', gelblichweiß, 'Lilafee', purpurviolett, 'Rose Queen', tief rosafarben, und 'Violaceum', dunkelviolett. Von *E. × youngianum* sind die Sorten 'Niveum', weiß, und 'Roseum', rosa, interessant. Aus *E. × versicolor* sind 'Cupreum', kupferrot, und 'Sulphureum', hellgelb, sehr wüchsig, hervorgegangen. Sie alle lieben Halbschatten und feuchten, frischen Boden. (4, 7, 20, 21)

Epipactis palustris, Sumpfwurz, Orchidaceae, Orchideengewächse. Diese staudigen Orchideen sind mit etwa 20 Arten in Eurasien und Nordamerika zu Hause. Die geschützte heimische Sumpfwurz ist in ganz Europa, in Nordasien und nach Süden bis in den Kaukasus verbreitet. Sie kommt auf Sumpfwiesen, in feuchten Senken und in Mooren vor und wächst in Gruppen, da sie sich durch Ausläufer stark ausdehnt. In Kultur wird sie 20–50 cm hoch, in der Natur manchmal auch bis über 70 cm. Die 2 cm breiten Blüten stehen in bis über 20blütigen Trauben und öffnen sich von Mai–Juli. Vollsonnige bis leicht schattige Standorte mit genügend Feuchtigkeit sind geeignet. Diese Art ist eine der wenigen, die sich durch Ausläuferbildung reichlich in Kultur vermehrt und deshalb mit entsprechenden Artenschutzpapieren von Staudengärtnern erworben werden kann. (26, 27) ▷

△

Equisetum hyemale var. robustum, Equisetaceae, Schachtelhalme. Diese wintergrüne Form aus Nord- und Mittelamerika kann bis 3 m hoch werden. Sie wächst noch kräftiger als *E. hyemale*, der Winterschachtelhalm. Sie eignet sich gut für feuchte Stellen in größeren Parkanlagen und naturnahen Bereichen, breitet sich aber durch Ausläufer wuchernd aus. Von den insgesamt 24 Arten sind noch einige andere in Kultur, so der bis 2 m hohe Riesenschachtelhalm, *E. telmateia (E. maximum)*, der in Europa, Westasien, im westlichen Nordamerika und im westlichen Nordafrika vorkommt. Seine Seitenästchen stehen zu 30–40 in Quirlen und hängen elegant über. Er ist sommergrün und eignet sich für schattige, naturnahe Bereiche. Bis 10 cm Wassertiefe gedeiht der wintergrüne, bis 1,5 m hohe Teichschachtelhalm, *E. fluviatile*. Vermehrung durch Teilung. (18, 26, 27, 38)

◁ **Eranthis × tubergenii** *(E. cilicica × E. hyemalis)*, Winterling, Ranunculaceae, Hahnenfußgewächse. 7 Arten dieser Frühlingsblüher sind von Europa bis Ostasien und Japan verbreitet. Die abgebildete Sorte 'Guinea Gold' hat goldgelbe Blüten. Die beiden Eltern der Kreuzung gelten als eigenständige Arten, da *E. hyemalis* sehr breite Blättchen als Blattkragen unter der Blüte, *E. cilicica* sehr feingeschnittene Blättchen besitzt. Beide gehören wahrscheinlich zur Variationsbreite von *E. hyemalis*, deren Verbreitungsgebiet von Europa über Südwestasien bis nach Afghanistan reicht. Sehr frühe Blütezeit im Februar–März. Für Sonne bis Halbschatten in humosem Boden, insbesondere auch unter Gehölzen. Vermehrung durch Teilung oder zum großflächigen Ansiedeln, auch in schütterem Rasen unter Bäumen, durch Aussaat von frischem Samen; *E. × tubergenii* ist steril. (3, 11, 25)

◁ **Eremurus stenophyllus ssp. stenophyllus** (*E. bungei, E. stenophyllus* var. *bungei*). Diese über 1 m hohe Art kommt im Iran, in Afghanistan und Turkestan vor. Aus den 2 cm großen, kanariengelben Blüten ragen die Staubgefäße breit hervor. Die kupferbraun verblühenden unteren Blüten bilden einen schönen Farbkontrast zum Leuchtendgelb der offenen Blüten. Für vollsonnige Stellen mit bester Wasserdurchlässigkeit und Wärme zum Ausreifen der Pflanzen nach der Blüte im Juni–Juli. Ähnlich zu verwenden ist *E. elwesii*, wahrscheinlich eine Kreuzung aus *E. himalaicus* × *E. robustus*. Seine dichtstehenden, hell lilarosa Blüten können über 1 m der bis über 2,5 m hohen Blütenstände einnehmen. Diese Art beginnt bereits Anfang Juni zu blühen. Sie braucht eine gute Winterschutzdecke, da sie nicht so winterhart ist wie *E. robustus*. (1, 5, 8, 29)

△

Eremurus robustus, Steppenkerze, Asphodelaceae (Liliaceae), Junkerliliengewächse. Etwa 50 Arten in West- und Mittelasien, mit fleischigen, zerbrechlichen Wurzeln. Die rosettenartig angeordneten Blätter können bis 1 m lang werden und sind bei der abgebildeten Art bis 5 cm breit. Sie welken bereits, wenn die bis 2,5 m hohen Blütenstände ihre bis etwa 1 m hohe Blütenkerze entwickelt haben. Sie ist dicht mit 4 cm großen Blüten besetzt und verblüht im Juni. Vermehrung durch Aussaat. Es gibt eine Vielzahl bis 1,5 m hoher Hybriden für den Garten. Unter den Shelford- und Ruiter-Hybriden, meist als *E.* × *isabellinus* zusammengefaßt, finden sich gelbe, orangefarbene, orangerote, rosa und weiße Blütenfarben. Alle *Eremurus*-Arten benötigen Schutz vor Nässe, daher durch Schotteruntergrund oder Sand für besten Wasserabzug sorgen! (1, 5, 8, 29)

Erica carnea 'Alba' (*E. herbacea* 'Alba'), ▷ Schneeheide, Ericaceae, Heidekrautgewächse. Über 500 Arten sind in Europa, Nordafrika, Kleinasien, im tropischen und mit Schwerpunkt im südlichen Afrika verbreitet. Die Schneeheide braucht einen sonnigen Standort mit saurem Boden. Sie sollte ab und zu nach der Blüte zurückgeschnitten werden, damit sie wieder kräftig austreibt und nicht zu struppig wird. Blütezeit Februar–April, in milden Wintern bereits ab Dezember. Es gibt viele Sorten, wie die weiße 'Springwood', 'Springwood Pink', hellrosa, 'Vivellii', dunkelrot, 'Winter Beauty', tiefrosa, 'Myreton Ruby', weinrot. Seltener ist die von Juli–August blühende, bis 40 cm hohe Grauheide, *E. cinerea*, die sich nur in wintermilden Gegenden wohlfühlt. Dazu zählen 'Alba', weiß, 'Atrorubra', dunkelrot, und 'Rosea', tiefrosa. Vermehrung durch Stecklinge. (7, 29, 32)

◁ **Erica tetralix**, Moorheide, Glockenheide. Diese Art ist in Nord-, West- und Mitteleuropa verbreitet und teilweise im östlichen Nordamerika eingebürgert. Sie blüht von Juni–September und wird bis 40 cm hoch. Die tönnchenförmigen, leicht violettrosa Blüten sitzen in dichten einseitswendigen Dolden. Die Glockenheide braucht feuchtere, frischere Böden als andere Eriken und bevorzugt im Garten sonnige Standorte. Farbenvielfalt zeigt sie in ihren Sorten 'Alba', weiß, 'Rubra', dunkelrosa, 'Con Underwood', leuchtend karminrot mit grauem Laub, 'Dawn', grünblättrig, rosa, und 'Williamsii', mit gelbgrünem Laub und rosa, Blüten. Vermehrung durch Stecklinge. Verwendung als Moorbeetpflanze für saure Feuchtbereiche. (7, 29)

◁ **Erigeron aurantiacus**, Asteraceae (Compositae), Asterngewächse. Etwa 250 Arten umfaßt die Gattung aus den gemäßigten Gebieten der Erde, besonders aus Nordamerika. Die abgebildete bis 30 cm hohe Art mit verzweigten Blütenständen stammt aus Turkestan. Sie öffnet ihre bis 5 cm großen, orangegoldenen Blüten von Juli–August und eignet sich für den Steingartenbereich, braucht aber Schutz vor zuviel Winternässe. In Nordamerika von Alaska bis Neu-Mexiko gibt es eine ganze Reihe interessanter *Erigeron*-Arten für versierte Alpenpflanzenkultivateure. Dazu gehört *E. glabellus*, 10–40 cm hoch, dessen blaue Blüten sich im Juni in einem verzweigten Blütenstand über dem robusten Polster bilden. *E. leiomerus* entwickelt im Juli–August 2 cm große, lila Blüten auf etwa 10 cm hohen Stielen, *E. radicatus* lilarosa Blüten. Vermehrung durch Aussaat. (14, 32)

Erigeron-Hybride 'Sommerneuschnee'. Die Ausgangsart unserer *Erigeron*-Sorten für Staudenbeete und Schnittblumenkulturen ist *E. speciosus* aus Nordamerika. Die im milderen Klima Englands unter intensiver Nutzung von *E. aurantiacus* gezüchteten Sorten sind bei uns nicht so winterhart – obwohl attraktiver. Wer selbst sammeln und vergleichen möchte, dem steht ein europäisches Sortiment von über 4 Dutzend Sorten zur Verfügung. Die abgebildete weiße, leicht rosa verblühende Sorte 'Sommerneuschnee' eignet sich nicht nur für die Pflanzung auf Beeten, sondern auch zur Verwendung in naturnahen Staudenwiesen oder am Gehölzrand. Außerdem gedeiht sie in hellsonnigen Waldlichtungssituationen, wie sie dem heimatlichen Vorkommen der Stammart *E. speciosus* entsprechen. Alle *Erigeron*-Sorten sind gut haltbare Schnittblumen. (1, 2, 3, 10, 18, 29)
▽

Erigeron karvinskianus *(E. mucronatus)*, Spanisches Gänseblümchen. Diese Art stammt eigentlich aus Mexiko, ist in Spanien aber vielerorts eingebürgert. Es ist ein flachwachsender, lockerer, kleiner Strauch. Die etwa 1,5 cm großen Einzelblüten erblühen weiß und verblühen rosa, deshalb „Spanisches Gänseblümchen". Die Pflanze blüht reich bis zum Frost und ist in trockenheißsonnigen Lagen in milden Wintern, geschützt mit etwas lockerem Laub, auch den Winter über am Leben zu erhalten. An zusagenden Stellen sät sie sich meist auch aus, läßt sich aber durch bewurzelte Teilstücke, die man frostfrei überwintert, oder durch Aussaat mit Vorkultur problemlos wieder ansiedeln. Gut geeignet für Steingartensituationen, als Mauerspaltenpflanze, in Pflasterfugen oder zur Kübel- und Trogbepflanzung. Vermehrung durch Aussaat oder Stecklinge. (2, 24, 25, 36, 38)
▽

◁ **Erigeron-Hybride 'Foersters Liebling'**. Das gesichtete Sortiment umfaßt bei *Erigeron*-Hybriden: 'Adria', 70 cm, hellblauviolett; 'Dunkelste Aller', 60 cm, dunkelblauviolett; 'Foersters Liebling', 60 cm, karminrosa; 'Lidschatten', 40 cm, violett; 'Mrs. E. H. Beale', 40 cm, hellila; 'Rosa Triumph', 70 cm, leuchtendrosa; 'Rotes Meer', 60 cm, karminrosa; 'Schwarzes Meer', 60 cm, schwärzlichviolett; 'Sommerneuschnee', 60 cm, weiß; 'Strahlenmeer', 70 cm, hellblauviolett; 'Violetta', 70 cm, dunkelviolett; 'Wuppertal', 60 cm, dunkelviolett halbgefüllt. Blütezeit für das ganze Sortiment ist Juni–August, wobei 'Mrs. E. H. Beale' zu den frühesten gehört und 'Sommerneuschnee' zu den spätesten. Alle bringen durch Rückschnitt während des Verblühens eine gute Nachblüte hervor, besonders 'Adria', 'Foersters Liebling' und 'Wuppertal'. (1, 2, 3, 10, 18)

Erinus alpinus, Alpenbalsam, Scrophulariaceae, Braunwurzgewächse. Die einzige Art der Gattung kommt in den Pyrenäen und Alpen vor und ist eine 5–10 cm hohe, rasenbildende, bezaubernde Staude. Sie blüht von April–Oktober und sät sich an ihr zusagenden Stellen auch selbst aus. Die spatelförmigen Blätter sitzen in Rosetten. Die rotvioletten, bei der Sorte 'Alba' weißen, Blütentrauben stehen an bis 20 cm hohen Stielen. Eine besonders farbenkräftige, leuchtend karminrote Sorte ist 'Dr. Hähnle'. Die Vermehrung erfolgt durch Teilung, oft auch durch Selbstaussaat am Standort. Der Alpenbalsam ist eine Pflanze für sonnige bis leicht schattige Felsspalten und Mauerfugen, aber auch für Steingartenbereiche, Tröge und Tuffsteine. Er zieht neutralen bis leicht kalkhaltigen Boden vor. Gegen Winterfeuchtigkeit ist er empfindlich. (24, 31, 32, 38) ▷

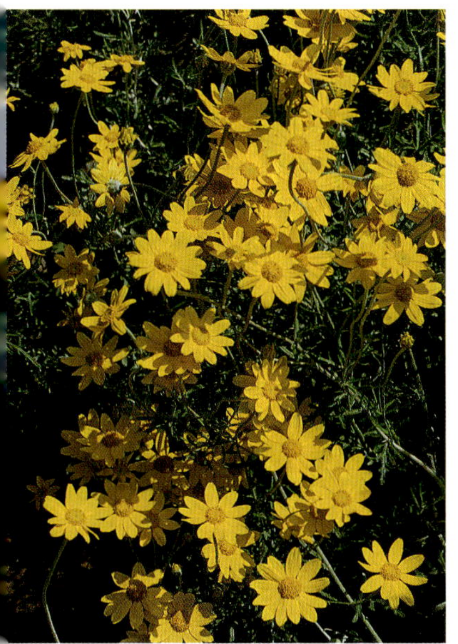

◁ **Eriophyllum lanatum** *(E. caespitosum)*, Wüstengoldaster, Asteraceae (Compositae), Asterngewächse. 11 Arten einjähriger oder staudiger Pflanzen dieser Gattung sind im westlichen Nordamerika verbreitet. Sie tragen alle flockig-filzig behaarte, wechsel- oder gegenständige Blätter. Die Blütenkörbchen ähneln einer gelben Margerite und sind bei der Wüstengoldaster an der Spitze der Zungenblüten heller. Die Vermehrung erfolgt durch Aussaat oder Teilung. Die Wüstengoldaster, verbreitet von Britisch Kolumbien bis Oregon und Montana, ist eine reichblühende und anspruchslose Pflanze für warme, sonnige, ja sogar heiße und trockene Stellen. Die Pflanzen werden 15–30 cm hoch und blühen von Juni–August. Sie sind sehr empfindlich gegen Winternässe. Die Vermehrung erfolgt durch Aussaat oder Teilung. (5, 12, 14, 31)

Eriophorum scheuchzeri, Bergwollgras, Cyperaceae, Zypergrasgewächse. Etwa 20 Arten gibt es in den gemäßigten und arktischen Gebieten der Nordhalbkugel. *E. scheuchzeri* bildet Ausläufer. Es braucht sonnige Stellen in Moor- und Sumpfbereichen mit ausreichender Feuchtigkeit während des ganzen Jahres. Die Fruchtstände können, wenn sie sich silbrig ausfärben, für die Trockenbinderei geschnitten werden. Alle Wollgras-Arten stehen unter Naturschutz und sollten ausschließlich aus gärtnerischer Kultur erworben werden. Das ähnliche *E. angustifolium*, das Schmalblättrige Wollgras, erreicht bis 60 cm Höhe, bildet ebenfalls Ausläufer und trägt 2–7 weißwollige Ährchen je Halm. Das Scheidenwollgras, *E. vaginatum*, wächst dichtrasig und auch bis 60 cm hoch. Vermehrung durch Teilung und Aussaat. Diese Arten eignen sich auch für Sumpfkübel. (26, 27, 38)
▽

Eriogonum umbellifolium, Ovalblättriger Wollknöterich, Polygonaceae, Knöterichgewächse. Etwa 200 Arten sind besonders in den Trockengebieten Nordamerikas verbreitet. Es sind Stauden oder auch Halbsträucher mit buschigem Wuchs. Der Ovalblättrige Wollknöterich wächst flächig und hat blaugrüne, eiförmige Blätter. Die weißlichgrünlichen Blütenköpfe sitzen auf bis 7 cm hohen Stielen und erscheinen von Mai–September. Er ist von Britisch Kolumbien bis Kalifornien beheimatet und eignet sich für durchlässige Böden in voller Sonne. Ähnlich verwenden läßt sich auch *E. umbellatum* aus Washington, Montana und Kalifornien, ein bis 20 cm hohes, reichverzweigtes Sträuchlein mit eiförmig-ovalen, silbergrauen, bis 2,5 cm großen Blättern und schwefelgelben Blüten in einfachen Dolden. Blütezeit von Juni–September. Vermehrung durch Stecklinge. (5, 12, 24, 32) ▷

△

Erodium chrysanthum, Reiherschnabel, Geraniaceae, Geraniengewächse. Etwa 90 Arten in Europa, im Mittelmeergebiet bis Zentralasien, im gemäßigten Australien und im südlichen und tropischen Amerika. *E. chrysanthum* stammt aus Griechenland und wird etwa 20 cm hoch. Die gelblichweißen Blüten erscheinen von Mai–Juni über den fiederteiligen Blättern. Geeignet für den Steingarten und für Mauerfugen. *E. corsicum* bildet kleine, bis 5 cm hohe Rosetten und von Mai–September karminrosa Blüten. Das wesentlich kräftigere, 30–50 cm hohe *E. manescavii* aus den Pyrenäen entwickelt von Juni–September magentarote, bis 3 cm breite Blüten. Dunkel geaderte, weiße Blüten von Mai–August hat *E. petraeum* aus Spanien, das nur 10–12 cm hoch wird. Alle brauchen einen sonnig warmen Standort mit gutem Wasserabzug, eventuell Schutz vor Winternässe. (24, 25, 32)

△

Eryngium × zabelli *(E. alpinum × E. bourgatii)*, Mannstreu, Apiaceae (Umbelliferae), Doldenblütler. *E. alpinum*, das Alpenmannstreu, und *E. bourgatii* aus Spanien, den Pyrenäen und dem Mittelmeergebiet sind auch für den Garten geeignet. Die Hybride *E. × zabelii* hat herrliche, große blaue Blütenköpfe auf verzweigten, 60–100 cm hohen Stengeln. Die Sorte 'Juwel' trägt tief stahlblaue, zylindrische Blütenköpfe und gleichfarbige, schwach geschlitzte, dornige Hüllblätter als Kranz um den Blütenkopf. Bei 'Violetta' sind die Hüllblätter dunkelviolett. Der Standort muß vollsonnig, ohne Staunässe und tiefgründig sein. Von *E. alpinum* gibt es auch zierlichere Sorten wie 'Amethyst', tiefviolett, und 'Opal' mit silbrigblauen Blütenständen. Blütezeit Juni–August. Vermehrung durch Aussaat, Sorten durch Wurzelschnittlinge. (1, 25, 29, 32)

△

Eryngium giganteum, Elfenbeindistel. Diese zweijährige, bis 80 cm hohe Art aus dem Kaukasus und dem Iran trägt auf kräftigen Stengeln grünliche Blütenköpfe mit breiten, silbrigen Hochblättern. Sie blüht von Juli–August und stirbt danach ab, sät sie sich aber an passenden, sonnig warmen Stellen mit offenem Boden selbst aus. Ganze Pflanzen lassen sich dekorativ für die Trokkenbinderei verwenden. Von den etwa 230 *Eryngium*-Arten sind noch viele gartenwürdig. Vielköpfig mit silbrigen, stachelartigen Hüllblättern ist *E. variifolium* aus dem Atlasgebirge Marokkos. Interessant, da es klein, silberblau, reich auf bis 70 cm hohen Stengeln blüht. Ähnlich, aber breitverzweigter und niedriger, ist das heimische Feldmannstreu, *E. campestre*, das sich ebenfalls im Garten ansiedeln läßt und auch zum Angebot des Staudensortiments gehört. (1, 25, 29, 32)

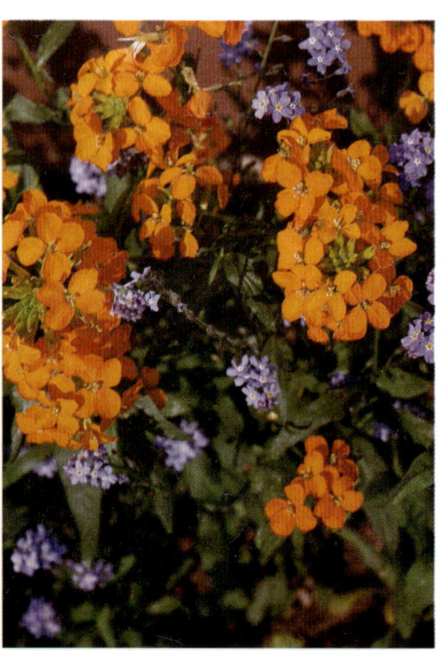

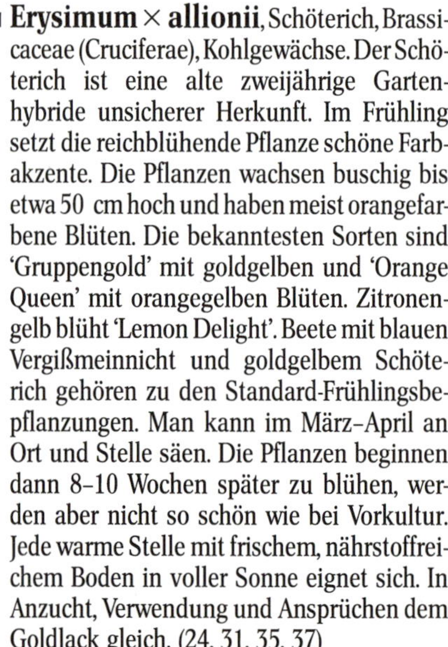

◁ **Erysimum × allionii**, Schöterich, Brassicaceae (Cruciferae), Kohlgewächse. Der Schöterich ist eine alte zweijährige Gartenhybride unsicherer Herkunft. Im Frühling setzt die reichblühende Pflanze schöne Farbakzente. Die Pflanzen wachsen buschig bis etwa 50 cm hoch und haben meist orangefarbene Blüten. Die bekanntesten Sorten sind 'Gruppengold' mit goldgelben und 'Orange Queen' mit orangegelben Blüten. Zitronengelb blüht 'Lemon Delight'. Beete mit blauen Vergißmeinnicht und goldgelbem Schöterich gehören zu den Standard-Frühlingsbepflanzungen. Man kann im März–April an Ort und Stelle säen. Die Pflanzen beginnen dann 8–10 Wochen später zu blühen, werden aber nicht so schön wie bei Vorkultur. Jede warme Stelle mit frischem, nährstoffreichem Boden in voller Sonne eignet sich. In Anzucht, Verwendung und Ansprüchen dem Goldlack gleich. (24, 31, 35, 37)

◁ **Erythronium dens-canis**, Hundszahn, Forellenlilie, Liliaceae, Liliengewächse. 19 *Erythronium*-Arten sind in Nordamerika verbreitet. Die abgebildete Art ist die einzige, die in Europa vorkommt. Sie ist eine zwiebelbildende Staude; die Zwiebelform trug ihr den Namen Hundszahn ein. Forellenlilie heißt sie wegen der lebhaft purpurn gefleckten Blätter. Sie ist in den Gebirgen Mittel- und Südeuropas beheimatet, blüht von März–April mit zierlichen, hängenden Blüten und wird 20 cm hoch. Es gibt eine Reihe von Sorten wie 'Rose Queen' mit reinrosa Blüten oder die weißblütigen 'Snowflake' und 'White Splendour'. Die Zwiebeln werden im Herbst etwa 15 cm tief gelegt. Der Hundszahn eignet sich für halbschattige, im Frühling feuchte Stellen unter sommergrünen Gehölzen. Der Boden sollte möglichst humos und nährstoffreich sein. (4, 11, 21)

Erythronium grandiflorum, Großblütiger Hundszahn. ▷ Er ist eine der 19 nordamerikanischen Arten mit großen, gelben Blüten, die von April–Mai erscheinen und an zierliche Türkenbundlilien erinnern. Die Pflanzen werden bis 20 cm hoch und wachsen an der Waldgrenze, wie die Abbildung vom natürlichen Standort zeigt. Andere, im Garten leichter zu kultivierende, großblumige, nordamerikanische Arten sind *E. revolutum* mit hellbraun gefleckten Blättern und weißen bis dunkelrosa Blüten von April–Mai, mit den Sorten 'Pink Beauty', rosa, und 'White Beauty', weiß, sowie *E. tuolumnense*, das 30–40 cm hoch wird und von April–Mai Stengel mit bis zu 5 leuchtendgelben Blüten bildet. Dazu gehört die großblumige, wüchsige Sorte 'Pagoda'. Die beiden letzten Arten sind Pflanzen für feuchte, leicht schattige Stellen im Bereich von Gehölzrändern. (4, 21)

Eschscholzia californica, Goldmohn, Schlafmützchen, Papaveraceae, Mohngewächse. Über 10 Arten sind im pazifischen Nordamerika verbreitet und verwandeln Trockengebiete nach Regenfällen in farbige Blütenflächen. Der Goldmohn wird bei uns als einjährige Sommerblume kultiviert und im September oder März–April direkt gesät. Er eignet sich für warme, sonnige Standorte mit gutem Wasserabzug und sät sich meist selbst wieder aus. Solche nach milden Wintern kräftige Pflanzen beginnen schon im April–Mai zu blühen. Nachsaat verlängert die Blüte bis Oktober. Die Pflanzen besitzen graugrüne, fein zerteilte Blätter und werden bis 50 cm hoch. Es gibt Sorten mit einfachen und gefüllten Blüten. Durch Einkreuzen anderer Arten entstanden Typen mit roten bis rosafarbenen oder auch weißen und leicht violetten Blüten, die in Mischungen enthalten sind. (12, 25, 29, 35) ▽

◁ **Eucomis bicolor**, Schopflilie, Hyacinthaceae (Liliaceae), Hyazinthengewächse. 10 Arten dieser zwiebelbildenden Stauden sind in Südafrika verbreitet. Sie eignen sich bei uns für artenreiche Sommerblumenbeete oder als Kübelpflanzen bei frostfreier Überwinterung. Auf Beeten pflanzt man sie im April an warmer, geschützter Stelle in tiefgründigen, nährstoffreichen und frischen Boden. Die Vermehrung erfolgt durch Nebenzwiebeln. *E. bicolor* blüht von Juli–August, wird bis 50 cm hoch und bildet blaßgrüne Blüten mit deutlichem purpurfarbenem Rand. *E. comosa (E. punctata)* blüht von Juni–September. Sie trägt auf dem Blütenstand einen großen Blattschopf und grünliche Blüten mit rotem Fruchtknoten. Blätter und Blütenstand sind rötlich gefleckt. (2, 5, 30, 38)

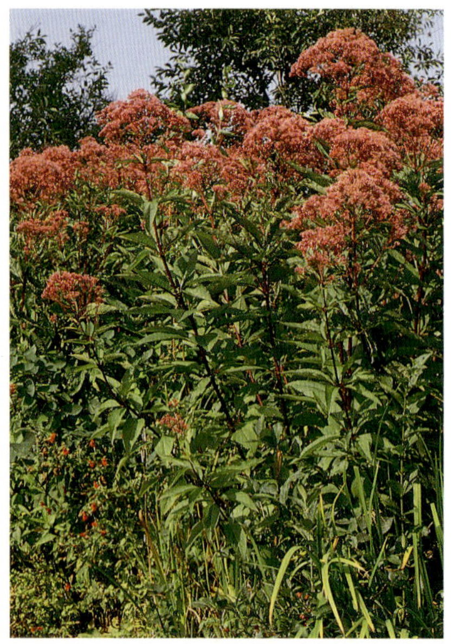

◁ **Eupatorium maculatum 'Atropurpureum'**, Falscher Purpurdost, Asteraceae (Compositae), Asterngewächse. Diese Staude wird im Garten bis über 2 m hoch und braucht als Präriepflanze während der Wachstumszeit feuchtfrischen Boden. 'Atropurpureum' zeichnet sich durch kräftig rote Stiele und Quirle von meist 4 Blättern aus. Der echte Purpurdost, *E. purpureum*, hat grüne Stengel. An den leicht rötlichen Knoten sitzen 3–4 Blätter. Dazu gehört die Züchtung 'Riesenschirm', eine Solitärpflanze von ungeahnter Farbenkraft und statuarischer Wirkung. Vermehrung durch Aussaat, bei Sorten durch Teilung. Für sonnige Stellen mit zumindest im Frühjahr reichlicher Feuchtigkeit. Eine ebenso gute Bienenweide ist der heimische Wasserdost, *E. cannabinum*. Er wird an nassen Standorten etwa 2 m hoch und blüht von Juli–September trübrosa, selten weiß. (1, 8, 26, 27)

Euphorbia marginata, Schnee auf dem Berge. Sie stammt aus den Steppen und Prärien Nordamerikas, blüht von Juni–September und wird als einjährige Sommerblume durch Aussaat im April an Ort und Stelle gezogen. Ihren Namen hat sie von den kräftig weißpanaschierten Hochblättern. Das rötliche Gegenstück dazu ist die ebenfalls einjährige *E. heterophylla* 'Feuer auf dem Berge' aus dem tropischen und subtropischen Amerika, die auch 80–90 cm hoch wird und von Juli–September blüht. Beide Arten lassen sich auch nach Vorkultur auf Sommerblumenbeeten auspflanzen. Sie lieben ein leichtes, warmes Substrat; auf schweren und nassen Böden gedeihen sie nicht. Die Blütezeit beginnt etwa 18–20 Wochen nach der Aussaat. Beide lassen sich schneiden und halten gut in der Vase. Achtung vor dem Milchsaft, der Irritationen der Haut hervorrufen kann! (2, 16, 35)
▽

Euphorbia griffithii 'Dixter', Euphorbiaceae, Wolfsmilchgewächse. Etwa 2000 *Euphorbia*-Arten sind überwiegend in den wärmeren gemäßigten Zonen und den Tropen der ganzen Erde verbreitet. Diese Wolfsmilch-Art aus dem Himalaja ist eine statuarisch wirkende Bereicherung für nährstoffreiche, frische Böden in sonniger Lage. Die Sorte 'Dixter' zeichnet sich durch rötliche Stengel und Seitenäste aus. Die Sorte 'Fireglow' und ihre farbenkräftigere Auslese 'Fireglow Dark Form' sind in Blatt- und Hochblattfarbe intensiver. Die Pflanze wird bis 100 cm hoch, bildet Ausläufer und zeigt eine ansprechende gelbrote Herbstfärbung ihres Laubes. Die Vermehrung erfolgt durch Abtrennen der Ausläufer oder durch Aussaat. In den ersten Jahren ist Winterschutz geboten. Die roten Hochblätter halten noch lange nach der Blütezeit im Mai–Juni. (1, 3, 26, 27) ▷

Euphorbia myrsinites, Walzenwolfsmilch. Diese Art ist eine Mittelmeerpflanze für heiße und trockene Standorte, wie die Abbildung vom Naturstandort zeigt. Die Pflanze wird bis 20 cm hoch und blüht im Juni–Juli. Die niederliegenden, walzenförmigen Triebe sind dicht mit sitzenden fleischigen Blättern besetzt und wintergrün. Die Walzenwolfsmilch ist eine ideale Pflanze für kalkhaltige Böden oder Trockenmauerfugen, wo sie sich auch durch Selbstaussaat verbreitet. *E. capitulata* aus Griechenland wirkt wie eine zierlichere, bis 5 cm hohe, dichte Matten bildende Schwester der abgebildeten Art. Sie ist ebenfalls für Kalkböden und Felsspalten in voller Sonne gut geeignet. Vermehrung durch Aussaat oder Stecklinge. (12, 24, 31) ▷

△
Euphorbia palustris, Sumpfwolfsmilch. Euphorbien sind weltweit mit etwa 2000 Arten verbreitet und kommen ebenso als hochsukkulente Arten in Südafrika wie als einjährige Ackerunkräuter oder meterhohe Baumsukkulenten vor. Alle Arten führen Milchsaft und lassen sich durch Samen, meist auch durch Stecklinge vermehren. Die in Europa heimische *E. palustris* wird bis 1 m hoch und hat lebhaft grüne Blätter. Die großen gelben Blütenstände erscheinen von Mai–Juni. Als zusätzliches Plus gilt die auffällig-gelbe Herbstfärbung der Pflanze, die ihre um diese Zeit etwas farblosen Standorte attraktiver gestaltet. Das Bild zeigt den geeigneten Platz im feuchten bis nassen Gewässerrandbereich zusammen mit der Sumpfschwertlilie *(Iris pseudacorus)* oder auch Kalmus *(Acorus calamus)*. Vermehrung durch Aussaat. (17, 26, 27)

△
Euphorbia polychroma *(E. epithymoides)*, Goldwolfsmilch. Diese in Mittel- und Osteuropa, früher auch am Donauufer bei Passau verbreitete Wolfsmilch blüht von April–Mai und wird bis 40 cm hoch. 'Sonnengold' ist eine noch farbenkräftigere Auslese. 'Purpurea' schmückt ein kräftiger, dauerhafter purpurner Schein auf Blättern und Stengeln. Es ist eine Pflanze für offene, trockene, warme Gehölzränder. In ihren Ansprüchen gleicht sie denen der Mandelblättrigen Wolfsmilch, *E. amygdaloides*, von der es ebenfalls eine rotüberlaufene Sorte 'Rubra' gibt. *E. amygdaloides* var. *robbiae* ist eine niedriger wachsende, weiter Ausläufer treibende Population aus Kleinasien für geschützte Stellen. Die über 50 cm hohen Triebe tragen von April–Juni grünlichgelbe Blüten. Vermehrung durch Aussaat, bei Sorten durch Ausläufer oder Stecklinge. (3, 23, 25)

Felicia amelloides, Felizia, Asteraceae (Compositae), Asterngewächse. Etwa 60 Arten gibt es im tropischen und südlichen Afrika. *F. amelloides* wird in ihrer Heimat bis 60 cm hoch. Sie wird bei uns einjährig gezogen oder als strauchig verholzende Kübelpflanze kultiviert. Die lilablauen, goldäugigen Margeritenblüten stehen einzeln auf 10–15 cm langen Stielen. Die Sorte 'Monstrosa' besitzt doppelt so große, d. h. etwa 5 cm breite Blüten. Gelbweiß panaschiert ist 'Variegata'. *F. amelloides* wird durch Stecklinge vermehrt und muß frostfrei überwintert werden. *F. bergeriana* ist eine Einjahresblume, die wir im März–April an Ort und Stelle säen. Sie wird etwa 10 cm hoch und hat leuchtendblaue, 2 cm große Blüten und sehr schmale, grasartige Blätter. Die Pflanzen brauchen sonnig heiße Stellen mit guter Wasserversorgung im Sommer. (12, 36, 38 bzw. 35)
▽

◁ **Euryops acraeus**, Kapmargerite, Asteraceae (Compositae), Asterngewächse. Die mit etwa 70 Arten hauptsächlich in Südafrika verbreitete Gattung bietet uns mit diesem reizenden Zwergstrauch eine besondere Bereicherung für Steingarten und Tröge. Für heiße, sonnige Stellen mit gutem Wasserabzug und Schutz vor Winternässe. Die silbergraue Belaubung des halbkugelig wachsenden, bis 20 cm hohen Sträuchleins macht es auch außerhalb der Blütezeit attraktiv. Bis 2,5 cm große, leuchtendgelbe Margeritenblüten erscheinen von Mai–Juni. Eine andere *Euryops*-Art, möglicherweise *E. chrysanthemoides*, wird als *Chrysanthemum frutescens* 'Sonnenschein' angeboten und häufig als Kübelpflanze sowie für die Beet- und Balkonbepflanzung verwendet. Sie ist auch mit Schutz nicht winterhart. Vermehrung durch Aussaat, leichter aber durch Stecklinge. (12, 24 bzw. 36, 38)

△

△

Festuca ovina, Schafschwingel, Poaceae (Gramineae), Gräser. Diese mit etwa 80 Arten weltweit verbreitete Gattung schenkt uns eine Fülle von Arten und Sorten für sonnige Standorte mit trockenem, magerem Boden. Sie lassen sich nur schwer unterscheiden. Der Schafschwingel hat grüne bis graugrüne rauhe Blätter in 20–30 cm hohen Horsten. Die im Handel befindlichen Sorten gehören meist zu *F. glauca*, dem Blauschwingel, auch die abgebildete Pflanze. Es ist besser, die Sorten als Komplex zu sehen. 'Amethystina' entwickelt lockere, blaugrüne Horste, 'Aprilgrün' wirkt frisch graugrün, 'Blaufink' bildet silberblaue Polster, 'Blaufuchs' stahlblaue. 'Blauglut' zeichnet sich durch tiefblaue Polster mit purpurnen Blüten aus, 'Seeigel' durch meergrüne Polster. 'Superba' ist bläulichgrün und blüht kaum. Vermehrung der Sorten durch Teilung. (24, 25, 29, 31, 32)

Festuca valesiaca, Waliser Schwingel. Von den Pyrenäen über Italien bis Griechenland und von Mitteldeutschland bis Mittelrußland verbreitet, auch in den Rocky Mountains. Es ist ein 15–20 cm hohes, dichtwachsendes Horstgras mit haardünnen, blaugrünen Blättern, deren Reif man abwischen kann. Die bis 10 cm lange, aufrechte Rispe ist schmal anliegend. Es eignet sich besonders für trockene Heidestandorte. Dazu gehört 'Glaucantha', der Zwergblauschwingel, 10–15 cm hoch, und 'Silbersee' mit hell silberblauem Polster. Gewaltig wirkt dagegen der Riesenschwingel, *F. gigantea*, eine Waldpflanze mit frischgrünen, leicht überhängenden Blättern und einer bis 100 cm hohen, weitverzweigten Rispe. Ganz anders ist *F. scoparia*, das Bärenfellgras, mit dichten immergrünen Polstern, das im Halbschatten auch starke Trockenheit verträgt. (24, 25, 29, 31, 32)

Filipendula vulgaris *(F. hexapetala)*, Knolliges Mädesüß. Unser heimisches Mädesüß ist außer in Europa auch bis Sibirien und Nordafrika verbreitet. Aus den teils knollig verdickten Wurzeln wächst eine grundständige Blattrosette. Die weißen Blüten in dichten Trugdolden erscheinen von Juni–Juli. Bei der Sorte 'Plena' sind sie gefüllt. Das Knollige Mädesüß liebt trockene, sonnige Stellen, besonders auch auf Kalk. Sein Gegenstück für feuchte bis nasse Standorte ist das ebenfalls heimische Echte Mädesüß, *Filipendula ulmaria (Spiraea ulmaria)*, das bis 2 m hoch werden kann. Seine Blätter bestehen aus 5–11 Fiederblättchen und nicht aus 15–40 wie die des Knolligen Mädesüß. Es blüht weiß bis gelblichweiß, auch hiervon gibt es eine gefülltblühende Sorte 'Plena'. Vermehrung der Arten durch Aussaat, der Sorten durch Teilung. (3, 29 bzw. 4, 26, 27)
▽

Filipendula rubra 'Venusta', Spierstaude, Rosaceae, Rosengewächse. Diese aus Nordamerika stammende Art wird 1,5–2 m hoch und eignet sich für sonnige bis halbschattige Standorte, die zumindest während des Hauptwachstums ausreichend feucht sein sollen. Die abgebildete Sorte 'Venusta' blüht kräftigrosa. 'Venusta Magnifica' wird mit 1,8 m etwas höher und hat große, karminrosa Trugdolden. Ähnlich ist *F. kamtschatica* aus der Mandschurei, die 1,5–3 m hoch werden kann, wenn Feuchtigkeit und Nährstoffversorgung am Standort dies fördern. Sie entwickelt große, weiße Blütenstände. Eine zierlichere Spierstaude ist *F. purpurea* aus Japan. Sie wird bis 1 m hoch und blüht dunkelrosa bis karminrot. Die zugehörige Sorte 'Elegans' zeigt ein besonders dunkles Rosa und wird bis 1,5 m hoch. (1, 3, 4, 26) ▷

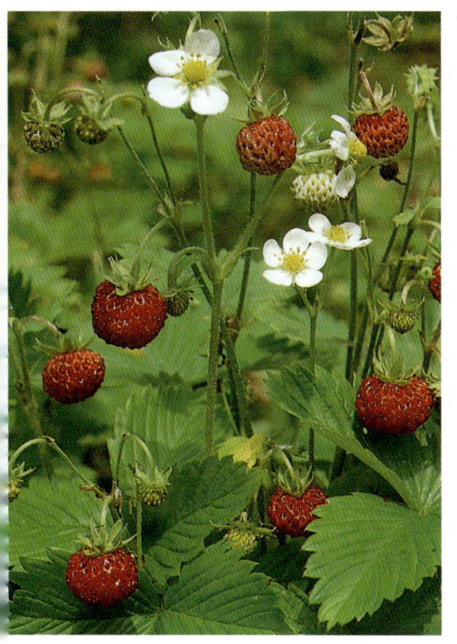

◁ **Fragaria vesca**, Walderdbeere, Rosaceae, Rosengewächse. 15 Arten der Gattung sind in Nordamerika, Chile, Eurasien und bis nach Südindien verbreitet. Die Walderdbeere kann mit ihren Ausläufern große Flächen bedecken und neben dem kräftiggrünen Blatteppich im Anschluß an die weißen Blüten schmackhafte Früchte liefern. In lockeren Waldrandpflanzungen und Lichtungen kann man auch großfrüchtige Erdbeeren, wie die dauertragende Sorte 'Hummi Grande' verwildern lassen. Als Bodendecker eignet sich auch die neue Sorte 'Panda' mit rosa Blüten. Sie ist aus einer Kreuzung von Erdbeere und Rotblütigem Fingerkraut entstanden und entwickelt nur wenige und auch keine schmackhaften Früchte. Vermehrung durch Teilung oder Abnehmen der bewurzelten Ausläufer. Erdbeerflächen lassen sich abmähen und treiben danach um so üppiger wieder aus. (2, 3, 7, 10)

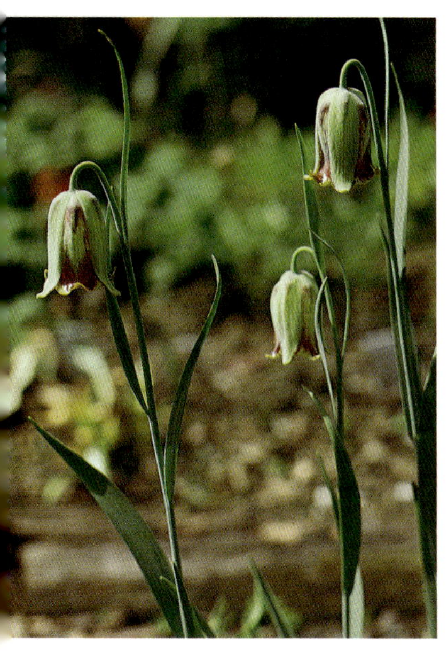

◁ **Fritillaria acmopetala,** Spitzzipfelige Fritillarie, Liliaceae, Liliengewächse. Gattung mit etwa 100 Arten. *F. acmopetala* ist eine Verwandte der heimischen Schachbrettblume und stammt aus Kleinasien, Zypern, Syrien und dem Libanon. Die winterharte, anspruchslose Zwiebelpflanze blüht im April–Mai und wird je nach Standort 30–60 cm hoch. Kräftig genährte Zwiebeln können auch höher werden. An einem schlanken Schaft stehen gebogene Blütenstielchen und tragen 1–3 nickende, glockige Blüten von etwa 3 cm Länge und gleicher Breite. Die 3 oberen Blütenblätter sind auf der Außenseite zartgrün, die unteren 3 haben einen rotbraunen Farbton. Die Zipfel der Kronblätter sind oft zurückgebogen und meist purpurfarben. Obwohl unauffällig gefärbt, sind diese Frühlingsblüher von Sammlern gesucht. Als Frühjahrsgeophyt für viele Standorte geeignet. (3, 11, 18, 32)

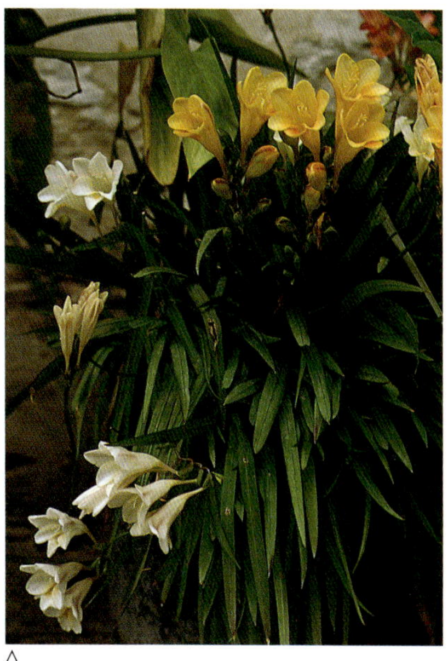

△

Freesia-Hybriden, Freesien, Iridaceae, Schwertliliengewächse. Etwa 20 Arten dieser knollenbildenden Stauden mit schmalen, grasähnlichen Blättern sind in Südafrika verbreitet. Unsere Gartenfreesien sind aus der Kreuzung verschiedener Arten mit *F. refracta* entstanden. Es gibt Sorten mit einfachen oder gefüllten Blüten. Die Blütenfarben reichen von Weiß über Gelb, Rot, Orange bis Lila und Blau; häufig sind auch mehrfarbige Sorten. Sie werden als Schnittblumen gezogen. Man legt die Knollen im April an geeigneten Stellen in kleinräumige Beete, in tiefgründigen, nährstoffreichen Boden, der zur Triebzeit ausreichend feucht ist. Zur vollen Entwicklung gehört dann noch ein heißer Sommer mit viel Sonne. Man kann immer wieder eine einfach- oder eine gefülltblühende Mischung kaufen und einen neuen Versuch wagen, da die Knollen wenig kosten. (2, 5, 30)

◁ **Fritillaria imperialis,** Kaiserkrone. Nordwesthimalaja, Afghanistan, Iran. Die bekannte, stattliche Zwiebelpflanze ist seit dem Mittelalter in den Gärten vertreten. Aus faustgroßen Zwiebeln, die einen typischen Raubtiergeruch ausströmen, entwickeln sich bereits ab März die 90–120 cm hohen, kräftigen Blütenschäfte, die mit breitlanzettlichen, glänzendgrünen Blättern besetzt sind. Der obere Teil des Schaftes bleibt kahl. Im April erscheint ein Kranz von 5–10 nickenden Blütenglocken. Die einzelnen Glocken können einen Durchmesser von bis zu 6 cm haben und je nach Sorte orange, rot oder gelb gefärbt sein. Im Blüteninneren sitzen nahe der Basis weiße Honiggefäße. Über dem attraktiven Blütenkranz erhebt sich ein Büschel spitzer Blätter. Die Kaiserkrone wünscht volle Sonne und tiefgründigen, durchlässigen Boden. 20 cm tief pflanzen. (1, 3, 29, 32)

◁ **Fritillaria meleagris,** Schachbrettblume, Kibitzei. Hübsche, kleine, heimische Pflanze feuchter Wiesen. Von Norwegen bis zum Kaukasus. Aus kleinen, runden, oft etwas abgeflachten Zwiebeln entwickelt sich im April ein 20–30 cm hoher, dünner Stiel, der mit wenigen graugrünen, schmalen Blättern besetzt ist und an dessen Spitze eine, manchmal auch 2 breite, becherförmige Blüten sitzen. Sie sind etwa 4 cm lang und nicht ganz so breit. Die Blüten der Art sind stumpf purpurrot gefärbt und mit helleren, manchmal auch weißlichen Karos überzogen. Es gibt aber auch Sorten mit weißen oder violett-purpurfarbenen Blüten. Alle lieben sonnige bis halbschattige Plätze und frischen Boden, ähnlich den Verhältnissen am natürlichen Standort. Die im Herbst preiswert angebotenen Zwiebeln werden 5–8 cm tief gepflanzt. Vor Gartengewässern zu verwenden. (10, 11, 18, 26, 27)

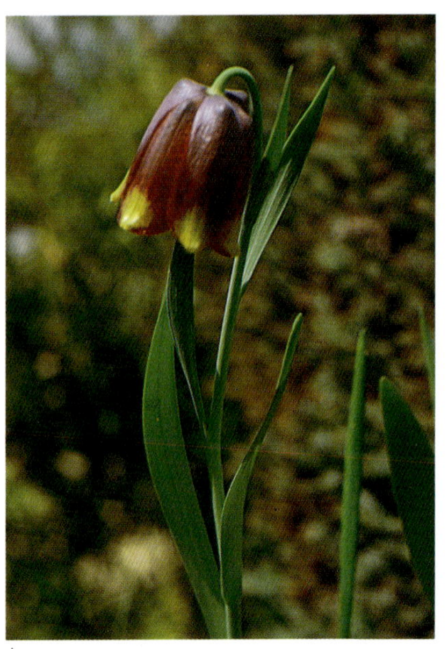

△

Fritillaria michailovskyi, Michailovskys Fritillarie. Erst neuerdings öfter angebotene, kleine Fritillarie aus dem vorderasiatischen Raum, die überall bewundert wird. Aus den kleinen Zwiebeln entwickelt sich ein nur 15–18 cm hoher Schaft mit kleinen Glockenblüten. Die einzelnen Kronblätter sind großteils dunkelrotbraun und zu einem Drittel (vorne) goldgelb gefärbt, was einen reizenden Farbkontrast ergibt. In gleichem Maße für das Kalthaus und für das Freiland geeignet, wobei sie einen sonnigen, durchlässigen Boden wünscht und keinesfalls einen feuchten Stand, wie ihn die Schachbrettblume liebt. Die kleine Pflanze wirkt nicht als Einzelpflanze, sondern sollte in Tuffs von fünf oder zehn Stück gelegt werden. Sie liebt keinen frischgedüngten Boden. Bessere Steingartenplätze, vor Mauern und Hauswänden. Die Pflanze zieht bald ein. (11, 18, 32)

△

Fritillaria pallidiflora, Blaßblütige Fritillarie. Den Bergen Sibiriens entstammend, gehört sie auch im Garten zu den winterhärtesten Fritillarien-Arten. Sie blüht bei uns im April–Mai. Aus ansehnlichen Zwiebeln entwickeln sich 20–45 cm hohe Schäfte, die nicht immer aufrecht stehen, sondern oft schräg lagern. Sie sind mit graugrünen, spitzlanzettlichen Blättern quirlförmig besetzt. Aus den Hochblattquirlen erscheinen meist 3–6 Glockenblüten, die blaß strohgelb gefärbt sind. Im Inneren der Blüten zeigt sich eine leichte braunrote, schachbrettartige Fleckung. Diese Art kommt in ihren Ansprüchen der Schachbrettblume nahe, sie liebt mildfeuchte, humusangereicherte Böden. Halbschattige Stellen werden vollsonnigen vorgezogen. Sie ist wegen ihrer Winterhärte und der Dauerhaftigkeit am selben Standort empfehlenswert. (3, 11, 18, 33)

△

Fritillaria persica, Persische Fritillarie. Nordwestpersien, Irak, Syrien, Kleinasien. Wird seit einigen Jahren verstärkt angeboten. Aus den großen Zwiebeln entwickelt sich ein 60–70 cm hoher Blütenschaft, der sich nach oben hin dunkelrot färbt. Er ist dicht mit etwas gedrehten, mattgrünen Blättern besetzt. Die Blütenähre setzt sich aus bis zu 10 blaßgrünen bis pflaumenfarbigen Blütenglöckchen zusammen. Ein wüchsiger und unempfindlicher Typ aus der Türkei ist *F. persica* 'Adiyaman', benannt nach der Stadt, in deren Nähe der Fundort liegt. Pflanzen dieser Form werden höher (90–120 cm) und zeigen ein schönes Pflaumenblau mit Wachsschimmer. Sie sind verhältnismäßig winterhart, wenn auch bei Kahlfrösten im ersten Jahr etwas Winterschutz gewährt werden sollte. Für vollsonnige Plätze und durchlässigen Boden. (3, 5, 12, 18, 32)

△
Fuchsia magellanica, Scharlachfuchsie, Onagraceae, Nachtkerzengewächse. Von den etwa 100 Arten in Mittel- und Südamerika und den wenigen in Neuseeland ist nur eine bei uns bedingt winterhart, die Scharlachfuchsie. Sie stammt aus Chile bis Feuerland und hat lange, dünne, verzweigte, bis 2 m hohe Triebe. Die länglichen, zierlichen, roten Blüten entwickeln sich zu kleinen, saftigen Beeren. Bei ausreichend tiefer Pflanzung erscheinen selbst nach strengen Wintern viele neue Triebe. Sobald das Wachstum einsetzt, müssen wir reichlich wässern und düngen. In hellem Halbschatten übersteht die Pflanze sommerliche Trockenperioden besser. Sie ist für Waldrandlagen und im Schutz von Gebäuden zu empfehlen. Die abgebildete Sorte mit 2farbigen Blüten ähnelt 'Riccartonii'. 'Mrs. Popple' ist großblumiger. Vermehrung durch Stecklinge. (3, 4, 21 bzw. 2, 36)

Gaillardia-Hybriden, Kokardenblumen, Asteraceae (Compositae), Asterngewächse. Von den 20 ein- und mehrjährigen Arten in Amerika sind aus Kreuzung von *G. aristata* × *G. pulchella* die *Gaillardia*-Hybriden entstanden. Es sind 40–100 cm hohe, von Juni–September reichblühende Stauden mit zwei- und mehrfarbigen Blüten, die sich hervorragend für den Schnitt eignen. Bekannte Sorten sind 'Burgundy', 70 cm hoch, dunkelrot, 'Kobold', 20 cm hoch, rot mit gelb, 'Mandarin', 60 cm hoch, orangerot, und 'Wirral Flame', bis 90 cm hoch, dunkelorangerot mit gelbem Außenrand. Alle können auch wie Sommerblumen mit Vorkultur gezogen werden. Nur als Sommerblume geeignet ist die gefülltblühende Mischung 'Lorenziana' von *G. pulchella*. Kokardenblumen lieben sonnig warme Stellen auf leichtem Boden ohne Winternässe. Vermehrung durch Aussaat. (2, 5, 36, bzw. 35) ▷

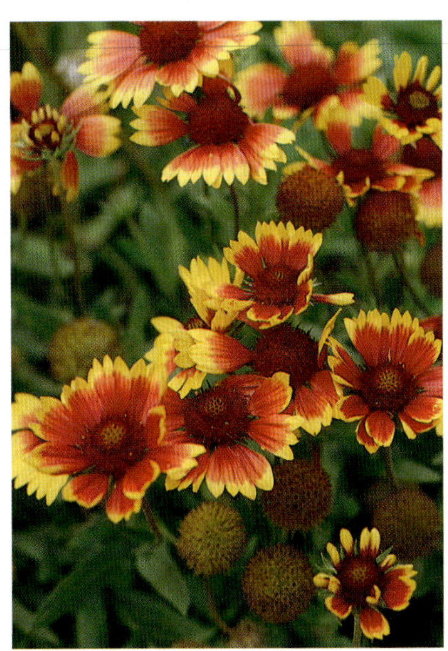

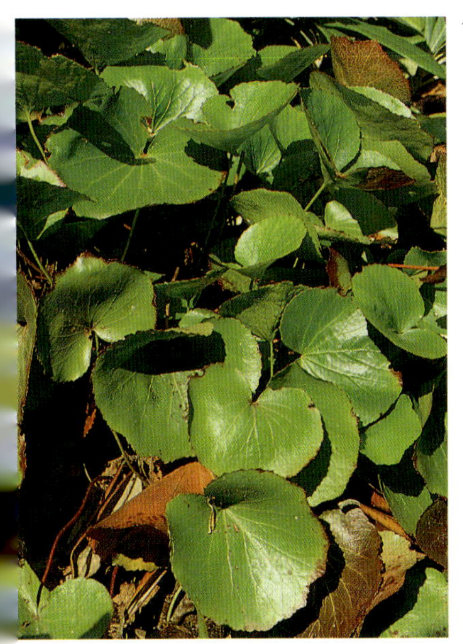

◁ **Galax urceolata** (*Galax aphylla* hort.), Bronzeblatt, Diapensiaceae. Die Gattung besteht aus dieser einen Art, die im Nordosten der USA vorkommt. Es ist eine immergrüne Staude mit tief herzförmigen, gekerbten, lederartigen Blättern an langen Stielen, die sich im Sommer bei direkter Sonnenbestrahlung bronzeartig verfärben. Die Pflanze wird 20–30 cm hoch und treibt unterirdische Ausläufer. Die kleinen weißen Blüten stehen in dichten Ähren und öffnen sich von Mai–Juni. Das Bronzeblatt verlangt schattige, feuchte Lagen im Alpinum in humosem, kalkfreiem Boden, schön ist es auch als Unterpflanzung von *Rhododendron*. Die Vermehrung erfolgt durch Teilung im zeitigen Frühjahr. Die Blätter werden in der Heimat zur Kranzbinderei verwendet und auch bei uns zum Binden kleiner Sträuße importiert, da sie geschnitten sehr gut haltbar sind. (4, 21, 32)

△
Galanthus nivalis, Schneeglöckchen, Amaryllidaceae, Amaryllisgewächse. Etwa 20 Arten dieser zwiebelbildenden Stauden sind in Europa und Westasien verbreitet, nur *G. nivalis* ist bei uns heimisch. Es sind Vorfrühlingsblumen, deren Blütezeit sich je nach Witterung und Standort vom Februar bis in den April erstreckt. Sie lieben frische Böden, die bei Arten aus Kleinasien und von den Mittelmeerinseln, wie *G. elwesii* aus der Türkei, im Sommer auch trockener sein dürfen. Gefüllt blüht die Sorte 'Flore Pleno', mit gespaltenem Blütenhüllblatt 'Scharlockii'. Das großblütige *G. elwesii* besitzt blaugrüne, bis 20 cm lange und über 2 cm breite Blätter sowie rundlich-kugelige, bis 4 cm breite Blüten. Die einheimischen Schneeglöckchen sind geschützt, und der Handel mit wild gesammelten Zwiebeln ist bei uns nicht erlaubt. Sie sind auch sehr gute Schnittblumen. (4, 11 bzw. 3, 11)

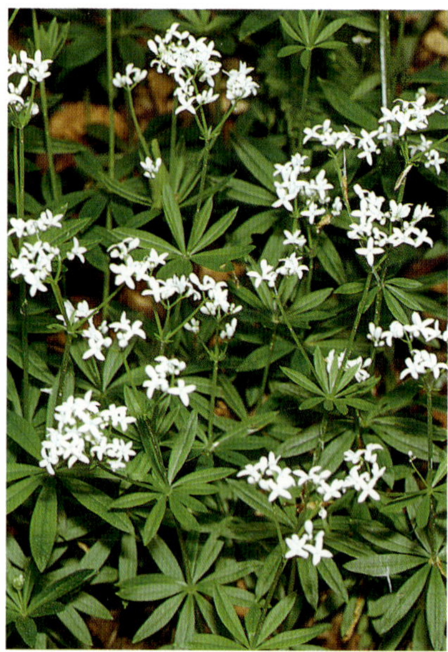

◁ **Galium odoratum** *(Asperula odorata)*, Waldmeister, Rubiaceae, Krappgewächse. Etwa 300 Arten sind in allen Erdteilen verbreitet. Es sind anspruchslose Kräuter oder Stauden für Sonne und Schatten, die sich durch Aussaat oder Teilung vermehren lassen. Der Waldmeister kommt in Europa, Westasien und Nordafrika vor und blüht von Mai–Juni. Er ist eine 10–60 cm hohe Staude mit dünnen, stark verzweigten Rhizomen. Die lanzettlichen Blätter haben eine dornige Spitze und stehen in Quirlen am 4kantigen Stengel. Die Blüten sind weiß oder rötlich. Er ist als Schattenpflanze auf frischen Böden, auch auf Kalk und als Bodendecker zu verwenden. Angewelkte Pflanzen duften intensiv nach Kumarin und sind der geschmacksbestimmende Teil der Waldmeister-Bowle. Für naturnahe Waldränder und Wiesen eignet sich auch das duftige, bis 1 m hohe *G. sylvaticum*. (4, 7 bzw. 3, 10)

△

Galtonia candicans, Sommerhyazinthe, Hyacinthaceae (Liliaceae), Hyazinthengewächse. 4 Arten dieser zwiebelbildenden Stauden sind in Südafrika verbreitet. Sie haben kräftige, grundständige Blätter, aus deren Mitte der bis über 1 m hohe Blütenstand erwächst. Er trägt bei *G. candicans* von Juli–September große, weiße Glockenblüten in langer Traube. Die Blüten sind bei dieser Art bis 5 cm lang. Man verwendet sie zwischen Stauden oder in gemischten Pflanzungen von Stauden, Sommerblumen und Blumenzwiebeln. In milden Wintern hält sie mit Schutz im Freien aus, wenn sie etwa 15–20 cm tief gepflanzt wird. Sicherer ist es, die Zwiebeln herauszunehmen und wie Gladiolen frostfrei zu überwintern. Gepflanzt wird Ende April. Die Vermehrung erfolgt durch Nebenzwiebeln oder Zwiebelkauf, sie ist aber auch aus Samen leicht möglich. (1, 2, 30, 36)

△

Gaultheria shallon, Ericaceae, Heidekrautgewächse. Etwa 120 Arten sind in Nord- und Südamerika, in Australien, Neuseeland und Ostasien verbreitet. Es sind kleine Sträuchlein, die sich gut für schattige Standorte auf feuchtem, saurem Boden eignen und dann dichte Bestände bilden. *G. shallon* aus dem westlichen Nordamerika blüht von Mai–Juni, wird bis 60 cm hoch und breitet sich durch Ausläufer aus. Die Blätter können 10 cm Länge erreichen. Frische Zweige werden bei uns für die Binderei importiert. Die Frucht ist eine 1 cm dicke, schwarzrote Kugel. *G. procumbens* aus dem östlichen Nordamerika blüht von Juni–August und wächst kriechend, eine dichte, dunkelgrüne bis 15 cm hohe Bodendecke bildend. Die weißen bis rosa Blüten stehen meist einzeln und entwickeln sich zu 1 cm großen, roten Früchten. Vermehrung beider Arten durch Stecklinge. (4, 7, 21)

Gaura lindheimeri, Prachtkerze, Onagraceae, Nachtkerzengewächse. 18 *Gaura*-Arten sind von Nordamerika über Mexiko bis Argentinien verbreitet. *G. lindheimeri* wächst in Sonne bis Halbschatten und wird bis 80 cm hoch. Sie wirkt ähnlich wie unsere Graslilie *(Anthericum liliago)* und blüht weißlichrosa von Juli–Oktober. Die Prachtkerze wird bei uns als einjährige Sommerblume gezogen, aber auch von Staudengärtnereien angeboten. Solch ältere Pflanzen entwickeln sich, ausgepflanzt an warmen, trockenen und milden Plätzen, zu einem am Grunde verholzten Halbstrauch. Wir pflanzen sie bei uns als Sommerblume nach Vorkultur an einen warmen geschützten Standort mit sehr durchlässigem Untergrund. Direktsaat Ende März–Anfang April ergibt selten noch blühende Pflanzen. Die Vermehrung erfolgt durch Aussaat. (3, 10, 29, 35, 36) ▷

◁ **Gazania-Hybride 'Feu de Joice'**, Gazanie, Mittagsgold, Asteraceae (Compositae), Asterngewächse. Etwa 20 Arten sind in Südafrika verbreitet. Unsere als Sommerblumen zur Beetbepflanzung, für Schalen und Balkonkästen verwendeten Gazanien sind Kreuzungen, an denen insbesondere *G. longiscapa, G. nivea, G. krebsiana* und *G. rigens* beteiligt waren. Meist sind durch Aussaat vermehrbare Mischungen im Handel. Das Farbspektrum reicht von Gelb über Orange und Rosa bis Rot, teils mit dunkler Mitte oder auch 2farbig. Farbsorten und gefülltblühende Typen müssen durch Stecklinge vermehrt werden; ihr Wuchs ist gedrungener. Die Blüten öffnen sich nur bei Sonne. Es sind Pflanzen für warme, vollsonnige Stellen, die zu guter Entwicklung reichliche Bewässerung und Düngung benötigen. Auch in Pflasterfugen und an Plattenwegen wachsen sie gut. (2, 5, 25, 34, 36)

Gentiana acaulis, Breitblättriger Enzian, Stengelloser Enzian, Keulenenzian, Gentianaceae, Enziangewächse. Etwa 400 Arten. Hier handelt es sich nicht um die gesamte *G. acaulis*-Gruppe, sondern um die Art, die lange Zeit als *G. kochiana* bekannt war. Gebirge Süd- und Mitteleuropas. Nicht auf eine Bodenart beschränkt, wenngleich er auch als Urgesteinsenzian bezeichnet wird und saure Bodenreaktion vorzieht. Er bildet eine kahle, mattgrüne Basisrosette, wobei sich an dem sehr kurzen Stengelstück noch 1–2 Paar eiförmige Stengelblätter entwickeln. Die grundständigen Blätter sind elliptisch-oval, eiförmig und 4–15 cm lang. Bei den relativ großen (bis 6 cm), aufrechten Glockenblüten kann man dunkelazurblaue, aber auch violette, rötlichviolette, grünlichweiße und weiße Farben finden. Milde Boden- und hohe Luftfeuchtigkeit führen zum Erfolg. (31, 32)
▽

Genista sagittalis, Flügelginster, Fabaceae (Leguminosae), Hülsenfrüchtler. Von den etwa 100 Arten in Europa, Nordafrika und Westasien werden einige sommergrüne Halbsträucher wie Stauden verwendet. Dazu gehört der Flügelginster, der in Europa, besonders auf kalkarmen Heideböden zu Hause ist und im Mai blüht. Er wird bis 30 cm hoch. Die Triebe sind breitgeflügelt und die in Trauben stehenden Blüten goldgelb. Ähnliche Verwendung findet *G. tinctoria*, der Färberginster, der von Europa bis Vorderasien vorkommt und von Juni–August blüht. Er wächst strauchig, wird bis 1 m hoch und blüht gelb. Die goldgelb gefülltblühende Sorte 'Plena' wird nur 20–30 cm hoch. Sie wird wie eine Staude in Pflanzungen an sonnig warmen Waldrändern oder bei steppenartigen Situationen eingefügt. Vermehrung durch Aussaat oder Stecklinge. (3, 7, 31, 38) ▷

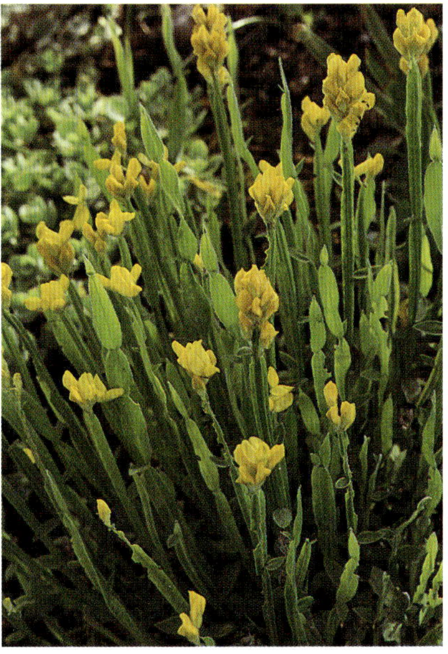

◁ **Gentiana asclepiadea,** Schwalbenwurzenzian. Weitverbreitet in Süd- und Mitteleuropa, kommt mehr in Vor- und Mittelgebirgslagen vor. Diese 50–60 cm hohe, sehr ausdauernde Art sollte man im Garten in Ruhe lassen. An günstigen Stellen entwikkelt sie sich dann üppig. Sie bildet keine grundständige Blattrosette. Aus dem kräftigen Wurzelstock treiben aufrechte bis überhängende Stengel, die mit zahlreichen, paarweise stehenden Stengelblättern besetzt sind (Blätter 5–8 cm lang). Die Blüten stehen einzeln oder bis zu dreien gebüschelt aufrecht in den oberen Blattachseln. Die Blütenkrone ist glockig-keulenförmig, dunkelblau, innen rotviolett punktiert, manchmal auch mit weißen Längsstreifen. Auch weiße und rötliche Typen sind vorhanden. Der Schwalbenwurzenzian liebt mehr halbschattige, schattige und etwas frisch bleibende Plätze. (4, 18, 20, 21, 32)

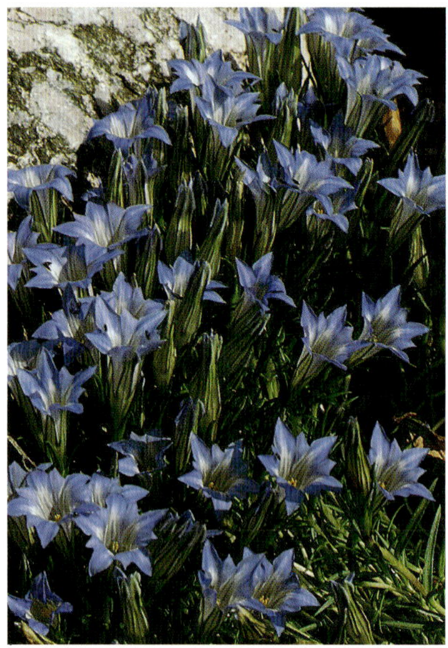

△

Gentiana farreri, Wellensittich-Enzian. Nordwestkansu bis Tibet. Neben *G. sinoornata,* der an eine saure Bodenreaktion gebunden ist, ist dies der wichtigste chinesische Herbstenzian. Aus einer Rosette kleiner linealer Blättchen entwickeln sich aufliegende, verzweigte Triebe, die 10–15 cm lang werden und viele sich gegenüberstehende Blattpaare tragen. Die 6–8 cm langen Blüten, die einzeln am Ende der Triebe stehen, sind röhrenförmig und zeigen ein helles leuchtendes Blau, das schon etwas zu Türkis tendiert und auch als Cambridgeblau bezeichnet werden kann. Der Schlund ist weiß, die Außenseite ist gelblich-weiß gestreift. Die Blütezeit liegt im Spätsommer–Frühherbst. Zwischen diesem Enzian, *G. sinoornata* und weiteren verwandten Arten gibt es viele Hybriden, die hohe Luftfeuchtigkeit und mildfeuchten Boden wünschen. (32)

Gentiana lutea, Gelber Enzian. Auch ▷ Schnapsenzian genannt, da die fleischigen Wurzeln zur Herstellung des Enzianschnapses verwendet werden. Alpen, Südwesteuropa. Die mehrschöpfige, bis armdicke Wurzel ist wenig verzweigt. An den Trieben sitzen bläulichgrüne, elliptische Blätter, die stark bogennervig gerippt sind. Sie sind bis 30 cm lang, 5- bis 7nervig und bis 15 cm breit, die unteren sind kurzgestielt, die oberen aufsitzend. Die Blüten stehen in 3- bis 10blütigen Trugdolden in den Blattachseln, sie sind goldgelb, mit kurzer Röhre. Die Kronzipfel sind spitz und sternförmig ausgebreitet. Die Kultur des Gelben Enzians erfordert Geduld, es dauert etliche Jahre bis zur Blüte. Für sonnige Wildstaudenpflanzungen und größere Steingartenanlagen. An den Boden werden dabei keine hohen Ansprüche gestellt, auf gute Dränage ist zu achten. (3, 18, 32)

△

Gentiana paradoxa, Seltsamer Enzian. Eine neuere Einführung aus dem Kaukasus (Westkaukasus bis hin zur Kolchis). Der gesuchte Herbstblüher trägt verhältnismäßig große (4–5 cm) Blüten auf 30–40 cm hohen, geraden Stengeln, lichtblau bis mittelblau und fast weiß in der Blütenkrone. Diese hat in den sekundären Kronzipfeln unsymmetrische Falten. Die Stengel sind mit schmalen, linealen Blättern besetzt, die an einen Koniferenzweig erinnern. Dieser Enzian ist sehr wichtig wegen der verhältnismäßig späten Blütezeit, die lange andauert und zwischen Mitte August und Oktober liegt. Die Blautöne wirken bei verschiedenen Lichtverhältnissen sehr unterschiedlich. Sonnig bis halbschattig, bevorzugt basische, aber nicht kalkhaltige Böden. Es gibt neuerdings auch Hybriden mit *G. septemfida.* Für Steingärten, Tröge und sonstige bessere Gartenplätze. (31, 32)

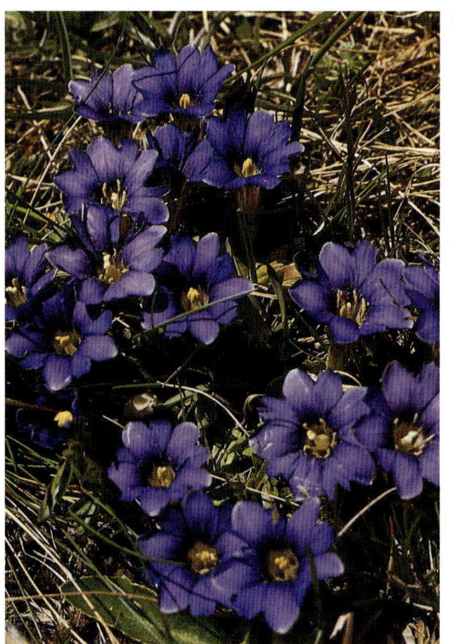

◁ **Gentiana pyrenaica,** Pyrenäenenzian. Pyrenäen, Balkangebirge, Kaukasus. Hübscher Enzian, dessen Blüten etwas an *G. acaulis* erinnern. Die kleinen, hübschen Pflanzen bilden Schöpfe von etwa 7 cm Höhe und haben lineale, glänzendgrüne Blätter von 2,5 cm Länge. Die einzeln, steif aufrecht stehenden, kopfständigen Blüten sind 3,4–4 cm groß, wobei die Falten genau so groß sind wie die Blütenlappen. Blütezeit Juni–Juli. Dieser Enzian wächst an nicht zu trockenen, torfigen, mehr heideähnlichen Stellen. Beim Pyrenäenenzian handelt es sich keinesfalls um einen „Allerwelts-Enzian", sondern um eine etwas schwierigere Spezies. Wichtigste Voraussetzung ist eine saure Bodenreaktion, es handelt sich um einen ausgesprochenen Kalkhasser, andernfalls wird die Pflanze chlorotisch und geht ein. Bessere Steingartenplätze, Schalen, Heidegärten, Moorbeete. (32)

Gentiana tibetica, Tibetenzian. Tibet, ▷ Osthimalaja. Aus Asien kommt eine ganze Reihe sommerblühender Enzian-Arten, die meist unauffällig, aber wegen der sommerlichen Blüte sehr interessant sind. Diese Art fällt durch ihre weißliche Blütenfarbe aus der Rolle. Sie entwickelt 20–60 cm hohe, aufrechte, robuste Triebe. Die grundständigen, breit-lanzettlichen Blätter können bis 30 cm lang werden. Die Stengelblätter sind schmaler und umfassen den Stengel an der Basis. Die Blüten bilden eine kopfständige, dichte Traube, meist von den obersten Blättern umgeben. Die Krone ist röhrig-trichterförmig, 2,5–3 cm lang und von grauweißer, gelblichweißer oder grünlichweißer Farbe. Blütezeit August. Der Tibetenzian nimmt mit jedem Gartenboden vorlieb und wünscht einen sonnigen Platz. Größere Steingärten, sonnige Gehölzränder, Wildstaudenpflanzungen. (3, 18, 32)

△
Gentiana septemfida, Kranzenzian, Sommerenzian. Kleinasien, Iran, Kaukasus, Altai, Turkestan. Wichtiger und einfach zu kultivierender Enzian, von dem unterschiedliche Typen im Handel sind, so der verbreitete *G. septemfida* var. *lagodechiana.* Die Pflanze bildet mehrere aufrechte oder aufstrebende, beblätterte Stengel, meist 20–30 cm lang. Die ovalen Stengelblätter sitzen paarweise in kurzen Abständen. Die Blüten stehen in endständigen, dichten, bis 8blütigen Schöpfen. Sie sind glockenförmig, zipfelig mit federartig zerschlissenen Faltenlappen, innen blau, weißlich und dunkler gestreift und getupft. Blütezeit Juli–August. Dieser Enzian ist wegen seiner sommerlichen Blüte wichtig. Normaler Gartenboden genügt, volle Sonne ist aber Voraussetzung. Steingärten, Tröge, flächige Wildstaudenpflanzungen, Gehölzränder. (3, 18, 29, 31, 32)

Geranium × magnificum, Prachtstorchschnabel, Geraniaceae, Geraniengewächse. Die staudigen *Geranium*-Arten haben im letzten Jahrzehnt ihre Bedeutung für den Garten als Bodendecker und als reichblühende Pflanzen für Staudenwiesen, Waldränder, Steinbereiche und Mauerfugen ganz erheblich ausgedehnt. Wer ernsthaft sucht, kann leicht weit über 100 Arten und Sorten zusammentragen. Eine Hybride mit faszinierender Blütenfarbe ist *G. × magnificum*, die als Eltern *G. ibericum* und *G. platypetalum* hat. Sie wird 50–60 cm hoch und blüht von Juni–Juli blauviolett. Sie wächst kräftig, bekommt im Herbst gelblich-rötliches Laub und eignet sich für naturnahe Staudenwiesen am Übergang zum Gehölzrand. Nährstoffarme Böden mit guter Wasserdurchlässigkeit ohne lange Feuchtzeiten sagen ihr zu. Vermehrung durch Teilung und Stecklinge. (3, 10)
▽

Geranium cinereum 'Ballerina'. 400 Arten umfaßt die Gattung *Geranium*, die mit Schwerpunkt in den gemäßigten Gebieten der Erde kosmopolitisch verbreitet ist. *G. cinereum* ist von den Pyrenäen über Südeuropa bis zum Kaukasus zu Hause. Seine bis 4 cm breiten, grundständigen Blätter sind 5–10 cm lang gestielt. Die Blütenstiele tragen je 2 blaßrosa Blüten, die sich von Juni–September öffnen. Sie besitzen bei der abgebildeten Sorte 'Ballerina' im Gegensatz zur Art einen deutlich abgegrenzten schwarzen Fleck am Grunde des Blütenblattes. 'Ballerina' ist gut zur Bepflanzung von Trögen und in der Kombination mit Steinen zu verwenden. Sie braucht für eine gute Entwicklung volle Sonne und nährstoffarmen Boden mit guter Wasserdurchlässigkeit. Vermehrung der Sorte durch Teilung, Stecklinge und Wurzelschnittlinge. (5, 24, 25, 29, 31, 32)
▽

◁ **Geranium cinereum ssp. subcaulescens 'Splendens'**. Die Unterart, zu der diese Sorte gehört, kommt in Süditalien und Mazedonien vor. Sie besitzt etwa 4 cm breite, 5–10 cm lang gestielte, grundständige Blätter. Mit ihren 2–2,5 cm großen, tiefpurpurnen Blüten mit deutlichem, 3eckigem schwarzen Fleck am Grunde der Blütenblätter ist sie ebenfalls eine wertvolle Gartenpflanze. Nach der Hauptblüte im Mai-Juni folgt im Frühherbst eine schwächere Nachblüte. Die abgebildete Sorte 'Splendens' hat leuchtend lachsrote Blüten mit deutlich schwarzem Blütengrund und einem am Grunde weißlichen Blütenblattrand. Sie wächst etwas kräftiger, wird bis gut 20 cm hoch und blüht von Juni–August. Die Pflanzen liefern kräftige Frühsommerfarben für Steingartenbereiche, Tröge und Pflasterfugen. Vermehrung durch Teilung, Stecklinge und Wurzelschnittlinge. (5, 7, 25, 31, 32)

△

Geranium endressii, Rosa Storchschnabel. Diese Art aus den westlichen Pyrenäen bedeckt mit ihren fast 1 m langen, dem Boden aufliegenden Trieben schnell große Flächen und wird 30–40 cm hoch. Die langgestielten, hellrosa, 3–4 cm großen Blüten öffnen sich von Juni–August oder September. 'Wargrave Pink' ist eine tief lachsrosafarbene Sorte. Aus einer Kreuzung von *G. endressii* und *G. versicolor* entstand *G.* × *oxonianum* mit einigen Sorten von kompakterem, standfesterem Wuchs: 'Rose Clair' wird 40 cm hoch, lachsrosa; 'Claridge Druce', bis über 60 cm hoch, mit bis 5 cm großen, rosafarbenen Blüten ist robust und wächst kräftig. Beide Sorten sind auch noch an halbschattigen Standorten verwendbar. Sowohl *G. endressii* wie die Sorten von *G.* × *oxonianum* bleiben in milden Wintern grün. Vermehrung durch Teilung. (32, 38 bzw. 4, 21, 22)

△

Geranium renardii. Diese aus dem Kaukasus stammende Art hat nierenförmige, samtig dunkelgrüne Blätter, die durch die Adern wie Kaliko genarbt sind. So bilden die Blätter die Hauptzierde dieses Storchschnabels, der auf die dichte Blattdecke im Juni seine hellen Blütenakzente setzt. Die Pflanzen werden bis 25 cm hoch, wachsen dicht horstig und brauchen für eine gute Entwicklung viel Sonne und Wärme. Sie sind für Steingartensituationen, Mauerkanten, Platten- und Wegränder sowie für Pflasterfugen besonders geeignet, können aber auch an sonnig warmen Gehölzrändern und in Fels-Steppenbereichen verwendet werden. Wichtig ist ein magerer, durchlässiger Boden, der nie zu feucht oder gar staunaß wird. Die Vermehrung erfolgt durch Teilung, an zusagenden Stellen sät sich *G. renardii* manchmal auch selbst aus. (3, 5, 24, 25, 32)

△

Geranium sanguineum 'Max Frei', Blutstorchschnabel. Dieser heimische Storchschnabel kommt in Trockengebüsch- und Trockenwaldgesellschaften auf warmen, trockenen, meist kalkhaltigen lehmigen oder auch sandigen Böden vor. Seine Verbreitung reicht bis nach Rußland, in den Kaukasus und nach Armenien. Von den vielen Sorten, die neben der Art im Garten verwendet werden, blüht 'Album' weiß, 'Elsbeth' kräftig rosa. Beide Sorten werden 30–40 cm hoch und blühen wie die Art von Mai–September. Ähnlich verwendbar, aber wesentlich kräftiger wachsend und bis über 50 cm hoch ist *G. macrorrhizum*, der Felsen- oder Balkanstorchschnabel und seine Sorten. Er ist drüsig behaart und entwickelt beim Berühren einen kräftig harzigen Geruch. Als Bodendecker wächst er in voller Sonne bis Halbschatten. Vermehrung durch Stecklinge und Teilung. (3, 7, 10, 29)

Geum-Hybriden, Gartennelkwurz, Rosaceae, Rosengewächse. Etwa 60 Arten sind in den gemäßigten Gebieten der Erde verbreitet. Die Hybriden sind Kreuzungen zwischen *G. coccineum* und *G. chiloense*, z. T. mit *G. montanum* und *G. rivale*. Verwendung auf frischem Boden an sonnigem bis halbschattigem Standort. Sortenbeispiele sind: 'Bernstein', 50 cm, goldgelb; 'Borisii', 30 cm, mennigerot; 'Dolly North', 50 cm, orangegelb; 'Feuerball', 50 cm, leuchtendrot halbgefüllt; 'Feuermeer', 30 cm, glühend orange; 'Fire Opal', 50 cm, rotorange; 'Georgenberg', 25 cm, orangegelb; 'Goldball', 40 cm, dunkelgelb halbgefüllt; 'Mrs. Bradshaw', 50–60 cm, karminrot; 'Rubin', 70 cm, dunkelrot; 'Sigiswang', 30 cm, leuchtend orangerot, glockig; 'Werner Arends', 30 cm, leuchtend orange halbgefüllt. Vermehrung durch Teilung, z. T. auch durch Aussaat. (3, 4, 10, 26) ▷

Geum rivale 'Album', Weiße Bachnelkenwurz. Pflanzen der Gattung *Geum* sind Stauden mit grundständigen, gefiederten Blättern und gelben, orangen, roten oder weißen, einzeln oder in Doldentrauben stehenden Blüten. Die heimische Bachnelkenwurz wird 30–50 cm hoch und wächst auf nassen, nährstoffreichen, humosen Böden. Sie ist auf der Nordhalbkugel von Europa bis Asien und auch in Nordamerika verbreitet. Im April und Mai verblühen ihre blaßgelben, in Doldentrauben sitzenden, nickenden Blüten mit rotbraunem Kelch. Die abgebildete Sorte 'Album' ist apart weißblühend mit hellgrünem Kelch. Kräftigere Farben haben die kupferrosa Sorte 'Leonard' und die cremegelbe 'Lionel Cox'. Die Pflanzen lassen sich gut in feuchten bis nassen Wiesenbereichen und an Bachrändern verwenden. Vermehrung der Art durch Aussaat und der Sorten durch Teilung. (10, 26, 27) ▷

Gladiolus italicus *(G. segetum)*, Saatsiegwurz, Getreidegladiole, Iridaceae, Schwertliliengewächse. Etwa 300 Arten, Stauden mit Sproßknollen und schwertförmigen Blättern, sind insbesondere in Südafrika, aber auch in Europa und im Mittelmeergebiet verbreitet. Die Saatsiegwurz ist bei 10–15 cm tiefer Pflanzung mit leichter Abdeckung an warmer, trockener Stelle mit gutem Wasserabzug winterhart. Sie blüht im Mai. *G. communis* aus dem Mittelmeergebiet blüht etwas später und wird bis 80 cm hoch. Die Blütenfarben können Rosa, Rosaviolett oder Hellpurpurn sein. Auch sie sollte in schneelosen, harten Wintern mit einer Laubdecke geschützt werden. Im September pflanzen, damit Wurzelbildung im Herbst erfolgt. Die heimische Sumpfgladiole, *G. palustris*, wird etwa 60 cm hoch und braucht feuchten Boden. Wildexemplare sind geschützt! (2, 10, 30 bzw. 27) ▽

◁ **Gillenia trifoliata**, Dreiblattspiere, Rosaceae, Rosengewächse. Die Gattung umfaßt nur 2 Arten, die in Nordamerika verbreitet sind. Es sind aufrecht wachsende Stauden mit wechselständigen, 3zähligen Blättern an steifen Stengeln. *G. trifoliata* wird bis 1 m hoch und blüht von Juni–August. Die weißen Blüten mit rötlichem Kelch stehen in lockerer Rispe. Besonders hübsch ist der weiß-rote Kontrast zwischen Blüte und Kelch. Die Vermehrung erfolgt durch Aussaat oder Teilung. Dreiblattspieren eignen sich als Vorpflanzung an Gehölzrändern und lassen sich in jedem nicht zu kalkhaltigen oder zu schweren, aber ausreichend frischen Gartenboden in sonnig-halbschattiger Lage gut kultivieren. Besonders schön harmonieren die duftig weißen Blüten mit blaublühenden Stauden, wie niedrigen Rittersporen und höheren *Veronica*-Arten. Hervorzuheben ist die Dauerhaftigkeit am Pflanzplatz. (4, 21, 1)

Gladiolus-Hybriden, Gartengladiolen. ▷ An ihrer Entstehung sind viele Arten beteiligt. 4 große Gruppen lassen sich bilden: Gladiolen der Butterfly-Gruppe werden bis 1 m hoch mit etwas kleineren Blüten als die der großen Gartengladiolen. Die Blütenblattränder sind oft gewellt. Sorten der Colvillei-Gruppe werden nur etwa 60 cm hoch und sind zierlich wie Wildgladiolen-Arten. Die 3 unteren Blütenblätter sind gemustert. Die Primulinus-Gruppe ist im Aufbau schlanker als die großblütigen Gladiolen. Die Blüten sind kleiner und lockerer angeordnet. Die vierte Gruppe bilden die über 1 m hohen Gartengladiolen mit sehr großen Blüten in allen Farben außer Schwarz, auch mehrfarbig. Vermehrung durch Tochterknollen. Verwendung in Stauden- oder Sommerblumenpflanzungen sowie für den Schnitt. Für nährstoffreiche, tiefgründige, nicht zu trockene Böden. (1, 2, 30, 36)

Glaucidium palmatum 'Album', Ranunculaceae, Hahnenfußgewächse. Bisher war die Zuordnung zu den Hahnenfußgewächsen gebräuchlich. Heute wird sie manchmal einer eigenen Familie Glaucidiaceae oder den Pfingstrosengewächsen zugerechnet. Die Art ist in Japan und China verbreitet. Es ist eine Staude mit knolligem Rhizom und großen, langgestielten, grundständigen Blättern, die Ahornblättern ähneln. Die am Stengel befindlichen Blätter sind handförmig gelappt. Vermehrung durch Aussaat oder Teilung. Wir können *G. palmatum* als frühblühende Staude auf frischem, humosem Boden im Halbschatten verwenden. In rauhen Gegenden ist eine Laubschüttung als Winterschutz zu empfehlen. Die Pflanze wird bis 40 cm hoch und blüht von April–Mai lavendelfarben mit 5 cm großen, schalenförmigen Blüten. 'Album' blüht reinweiß. (4, 18, 21)
▽

Glaucium flavum, Hornmohn, Papaveraceae, Mohngewächse. Etwa 25 Arten sind vom Mittelmeergebiet bis Afghanistan verbreitet. Es sind ein-, zweijährige oder staudige graugrüne Kräuter mit Pfahlwurzeln und rötlichgelbem Saft. Der gelbe Hornmohn stammt aus dem Mittelmeergebiet und blüht von Juni–Juli. Er wird bis 60 cm hoch und trägt endständige, bis 7 cm große, zitronen- bis goldgelbe oder auch orange Schalenblüten. Auch die langen grünen Kapseln wirken sehr zierend. Ebenso kann *G. corniculatum* aus dem Mittelmeergebiet verwendet werden. Es sind von Juni–August blühende, bis 50 cm hohe Kräuter mit roten Mohnblüten. Aussaat im März–April an warme, vollsonnige Stellen mit gutem Wasserabzug. Man kann eine Herbstaussaat versuchen, denn überwinterte Pflanzen beginnen zeitig und reichlich zu blühen. Verwendung als Einjahresblume. (5, 12, 25, 35)
▽

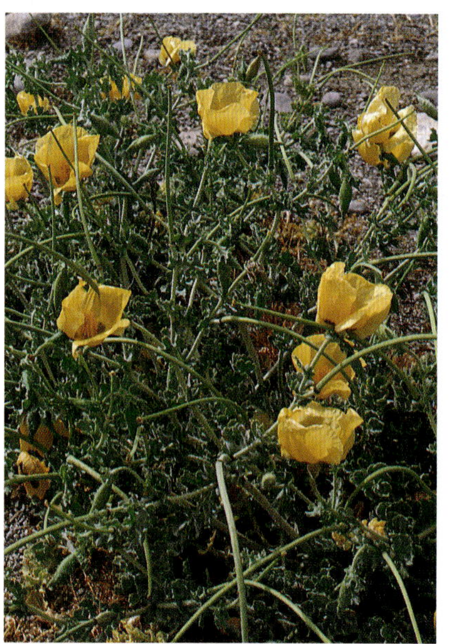

Glechoma hederacea 'Variegata', ▷ Gefleckte Gundelrebe, Lamiaceae (Labiatae), Taubnesselgewächse. Je nach botanischer Zuordnung ist eine oder sind 10–12 Arten in Europa und in den gemäßigten Klimabereichen Asiens verbreitet. Die Gefleckte Gundelrebe ist eine Staude mit kriechenden, langen Trieben, die an den Knoten bewurzeln. Die violett blühenden, kurzen, bis 15 cm hohen Triebe stehen aufrecht. Die langen Laubtriebe legen sich auf den Boden und bilden schnell eine geschlossene Decke, selbst in trockenem Wurzelfilz unter Birken und auch im Halbschatten. Das macht ihren Wert als Bodendecker aus. Vermehrung durch Stecklinge. Sowohl die Art wie auch die buntblättrige Form sind geeignet, von Balkonkästen und Schalen ganze Blätterteppiche herabhängen zu lassen, und das sowohl in voller Sonne wie auch in leichtem Schatten. (2, 3, 7, 10, 22)

Globularia cordifolia, Globulariaceae, ▷ Kugelblumengewächse. 28 Arten sind von den Kanaren bis Kleinasien verbreitet. *G. cordifolia* ist ein Zwergstrauch aus den Gebirgen Süd- und Mitteleuropas, der an den niederliegenden Zweigen wurzelt. Die blauen Blütenköpfe stehen an 5–10 cm hohen Stielen. Die Sorte 'Alba' hat weiße, 'Rosea' hellrosafarbene Blüten. Blütezeit dieses guten Bodendeckers ist Mai–Juni. *G. punctata (G. elongata)* mit größeren Blüten ist ebenfalls ein guter, immergrüner Bodendecker, der bis 15 cm hoch wird. *G. trichosantha* blüht von Mai–Juni und wird mit 20 cm etwas höher. Kugelblumen wollen auf durchlässigem, steinigem Boden in voller Sonne stehen, lieben Kalk und eignen sich auch für Tröge gut. Gegen Wintersonne ist leichter Reisigschutz empfehlenswert. Vermehrung durch Aussaat, Teilung oder Stecklinge. (3, 5, 32, 38)

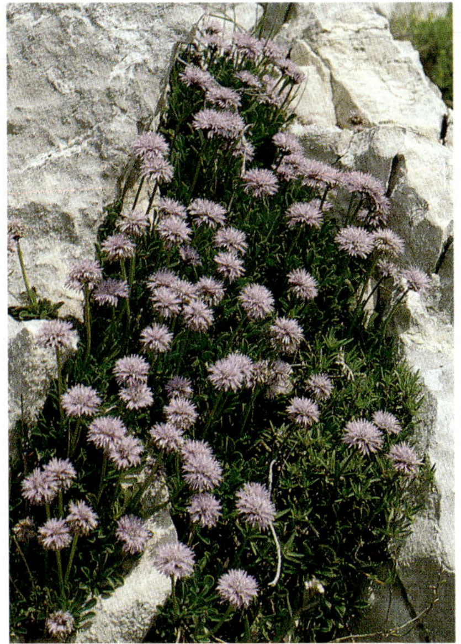

Glyceria maxima 'Variegata' (*G. aquatica* 'Variegata'), Bunter Wasserschwaden, Poaceae (Gramineae), Gräser. Kosmopolitische Gattung mit 40 Arten. *G. maxima* kommt in Europa und Asien vor, wird 1–2,5 m hoch und breitet sich stark durch kriechende Grundachsen aus. Sie ist auf nährstoffreichen, feuchten Böden heimisch und bildet bis 45 cm lange, meist bräunliche Rispen, die sich im Juli entfalten. Die buntlaubige Sorte ist weniger standfest, wuchert sehr stark und eignet sich besser für Sumpfkübel, um sie im Zaum zu halten. Geschnitten liefert sie interessantes Beiwerk zu Sommerblumensträußen. Ähnlich verwenden läßt sich *Zizania latifolia (Z. caducifolia)* mit schwertförmigen, leicht überhängenden Blättern, die in unseren Breiten nicht blüht, aber bis 2 m hoch und bis in 10 cm Wassertiefe wächst. Vermehrung durch Teilung. (6, 12, 26, 27, 38)
▽

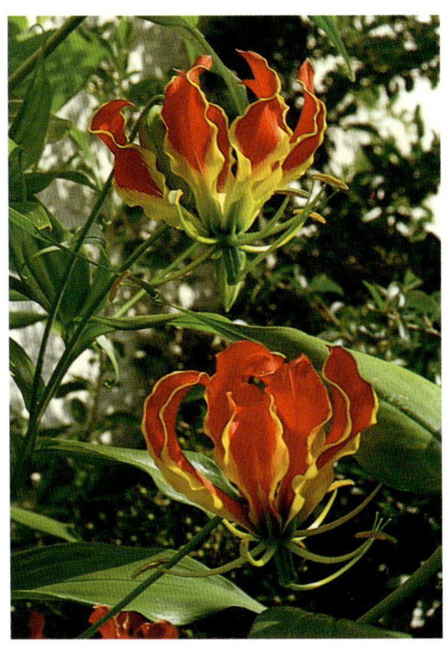

◁ **Gloriosa superba 'Rothschildiana'**, Ruhmeslilie, Prachtlilie, Colchicaceae (Liliaceae), Herbstzeitlosengewächse. 5 Arten im tropischen Afrika und Asien. Die Ruhmeslilie ist eine 2–3 m hohe Kletterpflanze, die sich mit den Rankenspitzen der Blätter festhält. Man legt die bis 20 cm langen Knollen Anfang Mai. Sie sind vorsichtig zu behandeln, da nur die Spitze austreiben kann. An warmer, geschützter Stelle ausgepflanzt und reichlich mit Wasser und Dünger versorgt, dauert es von der Pflanzung bis zur Blüte 8–10 Wochen. 1 cm Knollenlänge ergibt im Durchschnitt eine Blüte. Kletterhilfen sind erforderlich. Die Überwinterung der Knollen muß warm und trocken bei 15–20 °C erfolgen. An geschützten, von innen durch einen Heizungskeller gewärmten Mauern, bei 25 cm tiefer Pflanzung und Laubschüttung können die Knollen auch im Freien bleiben. (15, 16, 30)

Godetia-Hybriden, Atlasblume, Onagraceae, Nachtkerzengewächse. ▷ Etwa 20 *Godetia*-Arten sind in Nord- und Südamerika verbreitet. Bei uns sind keine Arten, sondern Hybriden als einjährige Sommerblumen in Kultur. Sie haben große, weiße, rosarote oder rote Blüten. Es gibt einfache und gefülltblühende Sorten, die meist als Mischungen angeboten werden. Durch Folgesaaten läßt sich eine Blütezeit von Juni–Oktober erreichen. Auch regelmäßiger Schnitt verlängert die Blütezeit; es sind gut haltbare Schnittblumen. Die Aussaat erfolgt im März–April an Ort und Stelle. Der Standort sollte warm und sonnig sein, der Boden nicht zu schwer. Sorten der Grandiflora-Gruppe werden 60–80 cm hoch und haben einfache oder gefüllte Blüten, die Azaleenblüten ähneln. Für Beete geeigneter sind die niedrigen, 20–40 cm hohen Sorten, zu denen 'Benarys Azaleenschau' gehört. (2, 35)

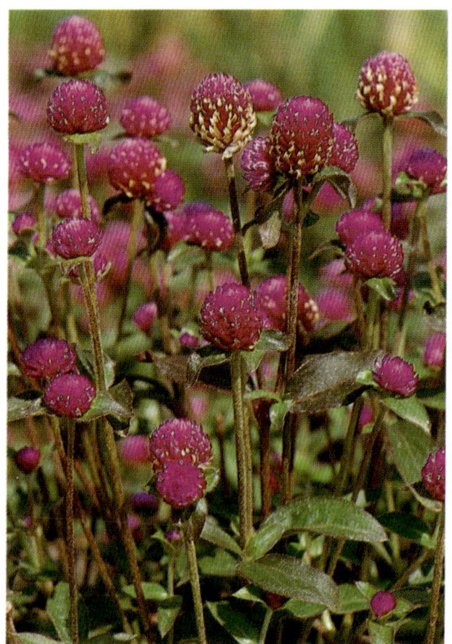

◁ **Gomphrena globosa**, Kugelamarant, Amaranthaceae, Fuchsschwanzgewächse. Über 100 Arten, ein- oder mehrjährige Kräuter, sind in Mittel- und Südamerika verbreitet. Der Kugelamarant wird als einjährige Sommerblume mit Vorkultur zur Beet- und Balkonbepflanzung gezogen. Die Pflanzen werden bis 30 cm hoch und blühen je nach Sorte weiß oder rosa bis dunkelpurpurrot. Die Sorte 'Buddy' ist purpurrot und nur 15 cm hoch. Blütezeit Juli–Oktober. Neu im Sortiment ist *G. haageana* 'Orange', die bis 40 cm hoch wird und sich ebenso als Sommerblume mit Vorkultur eignet. Beide Arten können auch geschnitten, frisch oder getrocknet, verwendet werden. Sie benötigen volle Sonne und Wärme sowie ein durchlässiges, humoses Substrat und sind ausreichend mit Wasser und Nährstoffen zu versorgen. Vermehrung durch Aussaat und Stecklinge. (2, 25, 35, 36, 38)

△

Gratiola officinalis, Gnadenkraut, Scrophulariaceae, Braunwurzgewächse. Diese heimische Pflanze ist auch in Nordamerika, Nord- und Westasien verbreitet. Sie ist giftig und wird vom Vieh gemieden, galt aber im Mittelalter als Heilpflanze. Aus dem kriechenden Wurzelstock wachsen aufrechte, meist einfache, 4kantige, bis 30 cm hohe Stengel. In den Achseln der gegenständigen lanzettlichen Blätter stehen einzelne, weiße, rosafarbene oder leicht lilafarbene Blüten, die sich von Juni bis Ende August öffnen. Es ist eine Pflanze feuchter Wiesen, die auch in Sümpfen, an Ufern, in Gräben, in mehr oder weniger staunassen, auch kalkhaltigen Bereichen zu finden ist. Wildvorkommen sind bei uns selten und stehen unter Schutz. Gärtnerisch vermehrte Exemplare gehören zum normalen Sumpfpflanzensortiment. Vermehrung durch Aussaat oder Stecklinge. (26, 27) ▷

Goniolimon tataricum, Statice, Plumbaginaceae, Bleiwurzgewächse. Etwa 20 Arten von Nordwestafrika bis zur Mongolei. Aus der Rosette ledriger Blätter wachsen bis 30 cm hohe, stark verästelte Doldentrauben mit weißen Kelchen und rubinroten Kronen. Blütezeit Juli–August. Vermehrung durch Aussaat. Es ist eine langlebige Staude für tiefgründigen, nährstoffreichen Boden mit gutem Wasserabzug in warmer, vollsonniger Lage. Sie wird in großem Umfang als Trokkenblume angebaut. Eine lockere Blattrosette hat *Limonium latifolium*, das große, lockere violettblaue, starkverzweigte, überhängende Blütenstände bildet. Sie können geschnitten frisch und getrocknet verwendet werden. *G. speciosum* bildet bis 30 cm hohe Blütenstände, an denen die rosa Blüten in Köpfchen stehen. Es blüht den ganzen Sommer hindurch und ist nicht zum Trocknen geeignet. (2, 12, 29)

◁ **Gunnera manicata**, Riesenrhabarber, Mammutblatt, Haloragaceae, Meerbeerengewächse. Etwa 50 Arten sind im tropischen und südlichen Afrika, von Mexiko bis Chile, auf Neuseeland und Tasmanien, in Malaysia, Hawaii und auf einigen pazifischen Inseln verbreitet. Zwei Arten mit imposanten Blättern sind bei uns für große Gärten geeignet. Die abgebildete *G. manicata* trägt ihre Blätter mit bis zu 2 m Durchmesser auf grünen Stielen. *G. tinctoria (G. chilensis)* bildet etwas kleinere Blätter, die auf rötlichen, mit Hakenstacheln besetzten Stielen sitzen. Sie kann auch etwas trockener stehen als *G. manicata.* Beide Arten sollten im Herbst nach Abschneiden der Blätter und Blütenstände einen Frostschutz aus trockenem Laub und einer Kiste oder mit anderen geeigneten Überbauungen erhalten. Die Vermehrung erfolgt durch Teilung oder Aussaat. (8, 16, 26)

Gypsophila elegans, Sommerschleierkraut, Caryophyllaceae, Nelkengewächse. Am verbreitetsten sind bei uns die staudigen oder halbstrauchigen Schleierkraut-Arten, die besonders im östlichen Mittelmeergebiet und Eurasien vorkommen. Einjährig ist dagegen *G. elegans* aus dem Kaukasus und Kleinasien. Es wird 30–40 cm hoch, hat kleine, einnervige Blätter und 1 cm breite, weiße Blüten in lockeren Doldentrauben. Bei der Sorte 'Covent Garden' sind sie besonders großblumig. Es gibt auch rosa- und rötlichblühende Sorten wie 'Red Cloud', rosa, und 'Purpurschleier', lebhaft rosarot. Angeboten werden außerdem Mischungen. Aussaat an Ort und Stelle im März–April an vollsonniger, nicht zu feuchter Stelle, wobei der Boden nicht sauer sein sollte. Blütezeit etwa 4 Wochen im Juli, verlängerbar durch Folgesaaten. Für den Schnitt geeignet. (2, 35) ▷

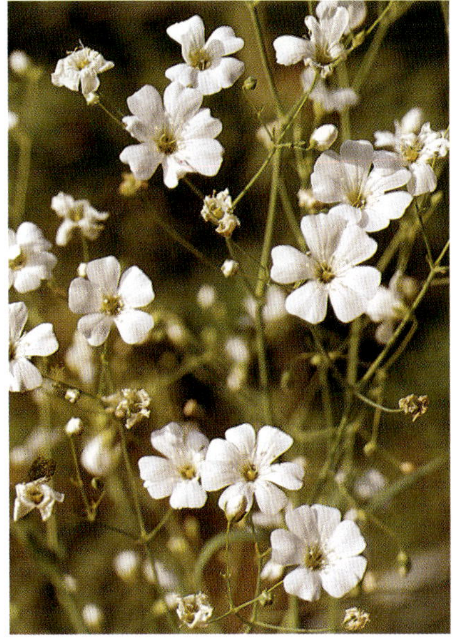

Gypsophila paniculata, Riesenschleierkraut. Von Südosteuropa bis Westsibirien verbreitet. Es wird bis 1 m hoch, Stengel und Blätter sind graugrün. Die kleinen Blüten stehen von Juni–August zu vielen in einem reichverzweigten, buschartigen Blütenstand. Hervorragende Schnittblumen. Bis 1 m hoch und weißlichrosa, halb gefüllt ist die Sorte 'Flamingo', zartrosa bis weiß gefüllt und nur 20–30 cm hoch 'Compacta Plena'. Besonders wüchsig ist 'Rosenschleier', die auch mehr Bodenfeuchtigkeit verträgt. Diese Hybride bildet 40–50 cm hohe, bis 1 qm große Kugeln zartrosa gefüllter Blüten. Für den Schnitt angebaut wird 'Bristol Fairy', weiß gefüllt, bis 80 cm hoch. Vermehrung durch Stecklinge, manche Sorten auch durch Aussaat. Pflanzung an sonnigem Standort auf Staudenbeeten, die flachwachsenden Sorten auch an Mauern und Wegrändern. (2, 3, 5, 29, 32) ▽

Gypsophyila repens 'Rosea', Teppichschleierkraut. Diese nur etwa 10–15 cm hohe, teppichartig wachsende, staudige Schleierkraut-Art stammt aus den Gebirgen Europas und blüht von Mai–Juni. Sie eignet sich für Staudenpflanzungen an sonnigen Stellen auf durchlässigem Boden, aber auch für Trockenmauern, Wegränder und Begrenzungen, wo sie durch ihren überhängenden Wuchs besondere Blütenteppiche schaffen kann. Zu dem großen Sortiment gehören 'Monstrosa', kräftig wachsend, einfach weißblühend, 'Rosa Schönheit' mit großen, halbgefüllten, leuchtendrosa Blüten und 'Letchworth' in Rosa, dichtwachsend. Teppichartig wächst auch *G. cerastioides* aus dem Himalaja, das nur 5–10 cm hoch wird. Die lockeren Teppiche schmücken sich von Mai–Juli mit 1 cm großen, weißen, rosa geaderten Blüten. Vermehrung durch Aussaat oder Stecklinge. (24, 29, 31, 32, 38) ▽

Haberlea rhodopensis, Haberlee, Gesneriaceae, Gesneriengewächse. 2 Arten sind auf der Balkanhalbinsel in Felsspalten, auf kalkhaltigen Böden, in absonniger Lage zu finden. Die immergrünen, breit-lanzettlichen, derben Blätter sind in Rosetten von etwa 10 cm Durchmesser angeordnet. Bis zu 5 der trichterförmigen glockigen Blüten stehen in Dolden. Bei der eleganter wirkenden *H. ferdinandi coburgi* sind sie zierlich, deutlich 2lippig, die obere Lippe breit 2teilig, die untere abstehend 3teilig, und dunkler blau, bei *H. rhodopensis* aus Bulgarien und Nordgriechenland mehr röhrenförmig, größer und lilablau. Blütezeit beider Arten April–Mai. Von der robusten, breite Rasen bildenden *H. rhodopensis* gibt es eine weißblühende Sorte 'Virginalis'. Vermehrung durch Aussaat oder Blattstecklinge. Für Felsspalten in absonniger Lage geeignet. (21, 24, 31, 32) ▷

◁ **Hakonechloa macra 'Aureola'**, Hakonechloa, Poaceae (Gramineae), Gräser. Nur eine Art in Japan. Zwar bedarf dieses Gras in rauhen Lagen des winterlichen Laubschutzes, doch wirkt es sehr schön in Verbindung mit Waldrandstauden und wächst allmählich bodendeckend. Vor allem die gelbbronze-gestreiften Blätter der Sorte 'Aureola' setzen helle Farbakzente im Halbschatten. Schön ist auch die gelbliche Herbstfärbung dieser Sorte, die etwa 30 cm hoch wird und von August–September blüht. Die Art selbst wird etwa 40 cm hoch und hat grüne Blätter. Es gibt auch eine niedrigere Sorte 'Nana' mit gelbgrünen, etwa 20 cm hohen Blättern. Sie wächst sehr kompakt und eignet sich gut als Bodendecker. In seiner Heimat ist das Gras, das sich durch Ausläufer ausbreitet, an feuchten Felsklippen in den Bergen zu Hause. Vermehrung durch Teilung, (3, 17, 20, 21)

Hebe buchananii, Strauchveronica, Scrophulariaceae, Braunwurzgewächse. 100–150 Arten sind in Australien und Neuseeland verbreitet. Es sind die strauchigen, kälteempfindlicheren Verwandten unserer Ehrenpreis-Arten. *H. buchananii* wird bis 25 cm hoch, ist mit dicken, ledrigen, kleinen, blaugrünen Blättern besetzt und blüht von Juli–August mit gehäuften, weißen Blüten am Triebende. *H. ochracea* aus Neuseeland blüht zur gleichen Zeit mit endständigen, weißen Blütenbüschen. Sie wird bis 50 cm hoch, ist dicht schuppenförmig olivfarben belaubt und oft fälschlicherweise als *H. armstrongii* im Handel. *H. pimeleoides* 'Quicksilver' hat silberblaue Blätter an fast schwarzen Stengeln mit blauen Blüten und wird etwa 40 cm hoch. Blütezeit von Juni–Juli. Alle Strauchveronica-Arten brauchen trokkene Hitze und notfalls Schutz vor Winternässe. (5, 14, 32)
▽

Hacquetia epipactis, Schaftdolde, Goldteller, Apiaceae (Umbelliferae), Doldenblütler. Eine einzige Art von den Ostalpen bis in die Karpaten. Die 10–20 cm hohe Staude blüht von April–Mai. Die kleine Dolde aus gelben Blüten wird von gelbgrün glänzenden Hochblättern umrahmt, wodurch der Eindruck einer großen Blüte entsteht. Die 3- bis 5lappigen, langgestielten, handförmigen Blätter erscheinen nach der Blüte. Vermehrung durch Teilung oder Aussaat. Der Goldteller läßt sich flächendeckend in humosem, frischem Boden in halbschattiger bis schattiger Lage verwenden, besonders an Stellen, die später von Laubgehölzen beschattet werden. Die Pflanzen wachsen am besten in kalkhaltigem Boden und entwickeln erst im Laufe der Jahre ihre volle Schönheit. Buschwindröschen, Lerchensporn, Schneeglöckchen und Hundszahn-Arten sind verträgliche Gesellschafter. (4, 21) ▷

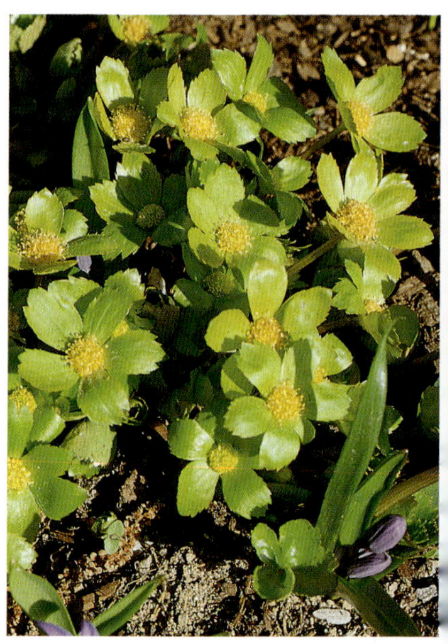

Hedera helix 'Goldherz', Efeu, Araliaceae, Araliengewächse. 5 Arten in Europa, Nordafrika und Asien. Es sind immergrüne, in der Jugend mit Haftwurzeln kletternde Sträucher. Die Altersform wächst strauchig aufrecht, besitzt eine andere Blattform und klettert nicht. Die grünlichgelben Blüten erscheinen zu vielen in zusammengesetzten Trauben im September–November. Die Beeren, bei unserem Efeu schwarz, bei anderen Arten aber auch gelb, sind im Frühjahr reif. Efeu eignet sich gut für bodendeckende Bepflanzung in tiefem Baumschatten, wo sonst kaum eine Pflanze mehr gedeiht. Er klettert aber auch an den Gehölzen zum Licht, so daß man diese aufsteigenden Triebe immer wieder entfernen muß. Eingewachsen ist er anspruchslos und verträgt auch längere Sommertrockenheit – auch im Wurzelbereich von Gehölzen. Vermehrung durch Stecklinge. (9, 20, 21, 22) ▷

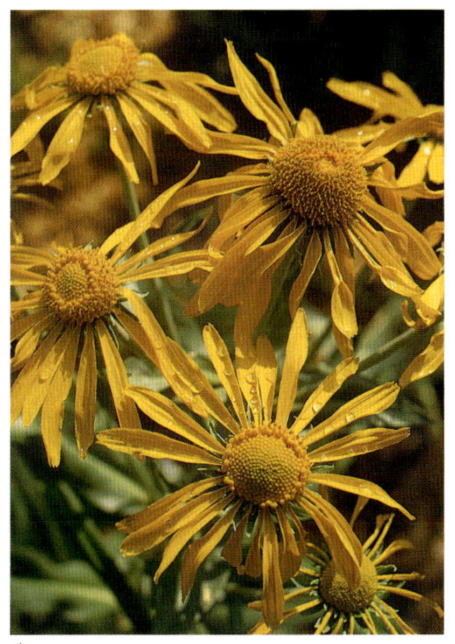

△

Helenium hoopesii, Sonnenbraut, Asteraceae (Compositae), Asterngewächse. Die mit etwa 40 Arten in Nord- und Südamerika verbreitete Gattung liefert viele langlebige, reichblühende Gartenstauden. *H. hoopesii* ist von den Rocky Mountains bis Kalifornien beheimatet und trägt seine großen, goldgelben Blütenkörbchen von Mai–Juni an ungeflügelten Stengeln. Es eignet sich sehr gut für trockene, vollsonnige Lagen. 1–2 m hoch wird *H. autumnale* aus Kanada. Es bildet bis 6 cm große, goldgelbe Blüten von Juli–September. Von Juni–Juli blüht das 80 cm hohe *H. bigelovii* mit schwarzbrauner Körbchenmitte und dunkelgelben Randblüten. Bekannt ist seine goldgelbe Sorte 'The Bishop'. Für vollsonnige Standorte mit ausreichender Bodenfeuchtigkeit während des Sommers. *H. autumnale* kann auch naß stehen. Auch für den Schnitt geeignet. (1, 3, 10 bzw. 26)

Helenium-Hybride 'Waltraut'. Die ▷ Sonnenbraut-Sorte 'Waldtraut' gehört zur Gruppe der frühblühenden Typen, deren Blüten von Juni–Juli erscheinen. Sie wird 90 cm hoch. Zeitig blüht auch 'Moerheim Beauty', 80 cm hoch, dunkel kupferrot. Im Juli–August blühen 'Königstiger', 1,2 m hoch, goldgelb mit rotbraunem Rand, 'Kupfersprudel', 1 m hoch, kupfrigbraun, 'Blütentisch', 1 m hoch, braun mit goldgelbem Rand, 'Goldlackzwerg', 80 cm hoch, rotbraun, gelb gezeichnet, und 'Zimbelstern', 1,2 m hoch, großblütigste Sorte, goldbraun geflammt. Herbstblüher sind 'Baudirektor Linne', 1,2 m hoch, braune Mitte, außen samtig rot, 'Goldrausch', 1,5 m hoch, braune Mitte mit goldgelb, und 'Kupferzwerg', 60 cm hoch, rotbraun. Diese und viele andere Sorten sind in nährstoffreichen, nicht austrocknenden Böden sehr dankbare, reichblühende, langlebige Gartenstauden. (1, 2, 26)

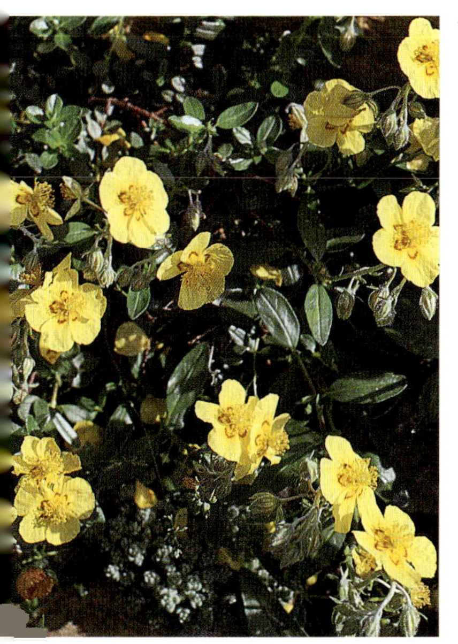

◁ **Helianthemum nummularium 'Zonatus'** (*H. chamaecistus* 'Zonatus'). Von den etwa 100 Sonnenröschen-Arten kommt diese Art auch bei uns vor und hat innerhalb ihres weiten Verbreitungsgebietes bis zum Kaukasus viele Formen entstehen lassen. Eine davon ist die abgebildete Sorte 'Zonatus'. Die Pflanze bleibt wintergrün und blüht von Mai–Juni. *H. canum*, das Graue Sonnenröschen, ist von West- über Südeuropa bis Südrußland und Kleinasien verbreitet und hat meist grauweiß-filzig behaarte Blätter. Die gelben Blüten öffnen sich von Mai–Juni. Es ist ebenfalls eine Pflanze der Trockenrasen auf warmen, kalkreichen, steinigen Böden. *H. lunulatum* bildet niedrige, zwergige Polster mit goldgelben Blüten von Juni–Juli, benötigt aber etwas Winterschutz. Für trockene, warme Stellen in Verbindung mit Steinen. Vermehrung durch Stecklinge. (5, 24, 32)

△

Helianthemum-Hybride 'Dompfaff', Sonnenröschen, Cistaceae, Zistrosengewächse. Etwa 100 Arten in Europa vom Mittelmeergebiet bis Mittelasien. Es sind reichblühende Gartenstauden für sonnige, trockene Standorte auf sehr durchlässigem Boden mit Schutz vor Winternässe. Sie wachsen flach teppichartig, zwischen 10 und 20 cm hoch und blühen von Juni–September. Vermehrung der Sorten durch Stecklinge. Es gibt mehrere Dutzend Sorten, wie 'Cerise Queen', rosa gefüllt, 'Golden Queen', gelb einfach, 'Amy Baring', aprikosengelb, 'Sterntaler', goldgelb, dunkelgrüne Blätter, flacher Wuchs, 'Ruth', braunrot einfach, starkwüchsig, graulaubig, 'Orange Double', orange gefüllt, 'Rubin', rot gefüllt, und 'Blutströpfchen', blutrot. Für Steinbereiche, Tröge, Mauerspalten, Trockenmauern und sonnig trockene, freie Gehölzränder. (3, 12, 14, 24, 31, 32)

Helianthus annuus, Sommersonnenblume, Asteraceae (Compositae), Asterngewächse. Viele der etwa 100 Sonnenblumen-Arten sind einjährig. *H. annuus* aus den USA gehört schon lange zu unseren Sommerblumen und wird wegen der Kerne auch als Nutzpflanze angebaut. Die einjährigen Sonnenblumen kann man im März an Ort und Stelle aussäen oder nach einer Vorkultur in Sommerblumenpflanzungen einbeziehen. Die Pflanzen dürfen während der Vorkultur nie unter Wasser- oder Nährstoffmangel leiden, sonst „bleiben sie sitzen". Auf Größe selektierte Formen können 3–4 m hoch werden und 20–30 cm große Blütenstände entwickeln. Es gibt ein- und mehrfarbige, einfach- und gefülltblühende Sorten, die sich im wesentlichen durch die Höhe unterscheiden und dadurch, ob die Blütenkörbe einzeln an den Triebenden stehen oder die Pflanze sich verzweigt. (35, 36) ▷

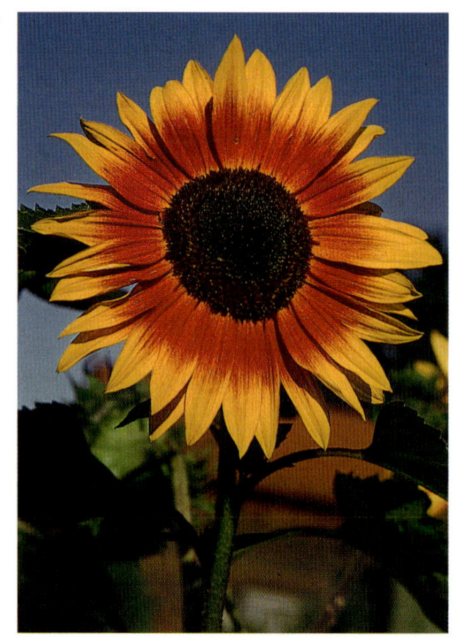

Helianthus decapetalus 'Capenoch Star', Staudensonnenblume. Die Sorte 'Capenoch Star' ist die in unseren Gärten am meisten verbreitete Staudensonnenblume. Sie eignet sich ebenso zur Verwendung in der Staudenrabatte wie auch als Schnittblume, da ihre einfachen, zitronengelben Blüten sich zu vielen an den Pflanzen entwickeln und sie mit 1,2 m für Staudenpflanzungen nicht so hoch werden. Ähnlich, auch nur 1,2 m hoch, ist 'Soleil d'Or'. 'Meteor', 1,5 m hoch, hat halbgefüllte goldgelbe Blüten und blüht von August–September. Alle Staudensonnenblumen brauchen eine reichliche Nährstoffversorgung für die vielen Stiele und Blüten, die sie jedes Jahr hervorbringen: im Frühjahr Abdeckung mit Kompost und Mineraldüngergaben zur Förderung des Wachstums und der Blütenfülle. *H. rigidus* ist durch die dunkle Scheibe besonders interessant. (1, 3, 10, 29)
▽

△

Helianthus decapetalus 'Triomphe van Gent', Staudensonnenblume. *H. decapetalus* ist mit seinen Sorten die in den Gärten verbreitetste Staudensonnenblume. Sie kommt wild in Wäldern und an Flußläufen in den USA vor und wird bis 1,5 m hoch. Damit sich die Pflanzen gut entwickeln, brauchen sie einen freien Stand, volle Sonne und nährstoffreiche Böden mit ausreichender Wasserversorgung in der Wachstumszeit. Die abgebildete Sorte 'Triomphe van Gent' entwickelt von August–September goldgelbe gefüllte Blüten und wird 1,5 m hoch. Eine bis 3 m hohe, verzweigte Sonnenblumen-Art mit kleinen Blütenkörbchen von September–Oktober ist *H. tuberosus* aus Nordamerika, der Topinambur. Seine Wurzelknollen werden als Nahrungsmittel, für Futterzwecke und zum Brennen von Schnaps angebaut. Vermehrung beider Arten durch Teilung. (2, 3 bzw. 3, 10, 27)

Helianthus microcephalus. Diese kleine, reich an verzweigten Trieben blühende Sonnenblume ist eine Pflanze Nordamerikas, wo sie in feuchten Wäldern und an Ufern wächst. Die etwa 2 cm großen, gelben Blüten haben nur 5–10 Randzungenblüten. Die Pflanzen werden je nach Feuchtigkeit des Standorts 1–2 m hoch. Sie blühen von Juli–September und eignen sich für feuchtere Standorte als höhere Pflanze im Hintergrund, da sie kaum wuchern. Eine durch ihre schmalen, herabhängenden, dichtstehenden Blätter sehr elegante Art ist die Weidenblättrige Sonnenblume, *H. salicifolius (H. orgyalis)*, die weit über 2 m Höhe erreichen kann. Sie blüht nach schönen Sommern von September–Oktober mit etwa 5 cm großen Blütenköpfchen in einem verzweigten, endständigen Blütenstand. 'Lemon Queen' blüht zitronengelb. Vermehrung beider Arten durch Teilung. (1, 3, 18, 26, 27) ▷

Helichrysum bracteatum, Gartenstrohblume, Asteraceae (Compositae), Asterngewächse. Etwa 500 Arten, meist sehr attraktiv blühende Pflanzen, sind in Europa, Asien, Afrika, Südindien und Australien verbreitet. Als Trockenblumen werden sie geschnitten, wenn die Knospen gut Farbe zeigen, damit sich die Blüten beim Trocknen nicht ganz öffnen. Blütezeit Juli–September. Höhe je nach Sorte 30–80 cm. Blütenfarben von Weiß, Gelb, Orange über Rosa, Rot, Violett und Braun. Pflanzung als Sommerblume mit Vorkultur. Nur 30 cm hoch sind die 'Bikini'-Sorten. Zwei weitere Arten sind *H. cassianum* aus Südafrika mit vielen etwa 1,5 cm großen, sternförmigen rosa Blüten mit gelber Mitte an reichverzweigten Triebenden, und *H. subulifolium*, eine etwa 60 cm hohe Pflanze aus Australien mit etwa 2 cm großen, goldgelben Blüten auf langen, festen Stielen. (35, 36) ▷

Helichrysum splendidum. Diese südafrikanische, bis 1 m hohe, strauchige Art trägt stark weißwollige Blätter dichtgedrängt an den Trieben. Die gelben Blütenbüschel am Triebende halten leicht verbräunend bis in den Winter hinein. Die Pflanze braucht heiße, trockene Stellen mit bestem Wasserabzug und Schutz vor zuviel Nässe, insbesondere im Winter. Eine nicht ganz so heikle Art ist *H. arenarium*, die Sandstrohblume oder Immortelle aus Europa, mit Verbreitung bis in den Kaukasus und nach Sibirien. Es ist eine Pflanze sandiger Heiden, Grasfluren und Dünen, die auf sandigen bis kalkhaltigen trockenen Böden mit guter Wasserdurchlässigkeit gedeiht. Sie wird bis 40 cm hoch, ist weißwollig behaart und trägt von Juli–Oktober kleine kugelige, goldgelbe Blüten in dichten Doldentrauben. Vermehrung durch Teilung oder Stecklinge. (12, 14 bzw. 10, 29) ▽

◁ **Helichrysum milfordiae** (*H. marginatum* hort.). Diese zwergige, nur 3–5 cm hohe südafrikanische Art bildet silberweiß-wollige Blattrosetten, aus denen von Juni–August bis 5 cm große Strohblumen wachsen. Humusarmer, wasserdurchlässiger Mineralboden im Steingartenbereich mit viel Wärme und Sonne ist ein geeigneter Standort. Wichtig ist vor allem der Schutz vor Winternässe. Dies gilt ganz besonders für die neuseeländische Art *H. coralloides*. Sie wird 40 cm hoch, bildet von Juni–August gelbe 5–8 mm große Blüten und wächst in ungünstigen Lagen besser im Alpinenhaus. Die griechische Art *H. sibthorpii (H. virgineum)* wird etwa 10 cm hoch und trägt 1,5 cm breite, rosaweiß verblühende Strohblumen, dichtbüschelig auf etwa 10 cm hohen Stielen. Auch sie braucht Schutz vor Winternässe. Vermehrung durch Aussaat, Stecklinge oder Teilung. (14, 24, 32)

Helichrysum tianshanicum 'Goldkind'. Diese durch Samen vermehrte Sorte ist eine von Juni–Juli blühende Strohblume mit kanariengelben bis goldbraunen, doldenartigen Blütenständen. Sie wird etwa 30 cm hoch und läßt sich als Steingartenstaude oder als einjährige Sommerblume mit Vorkultur verwenden. Auch als frische oder getrocknete Schnittblume ist sie geeignet. Die ähnliche Sorte 'Schwefellicht' hat dunkelschwefelgelbe, im Verblühen dunkler werdende Blütensträuße und einen sehr kompakten, etwa 25 cm hohen Wuchs. Ihre Blütezeit dauert von Juli–September. Beide Sorten, 'Goldkind' und 'Schwefellicht', entwickeln, besonders nach Regen, einen leichten Maggiduft. Es sind langlebige Stauden für möglichst trockene, sonnige, warme Lagen mit bestem Wasserabzug. Die Vermehrung erfolgt durch Aussaat, aber auch Teilung ist möglich. (1, 2, 32 bzw. 36) ▷

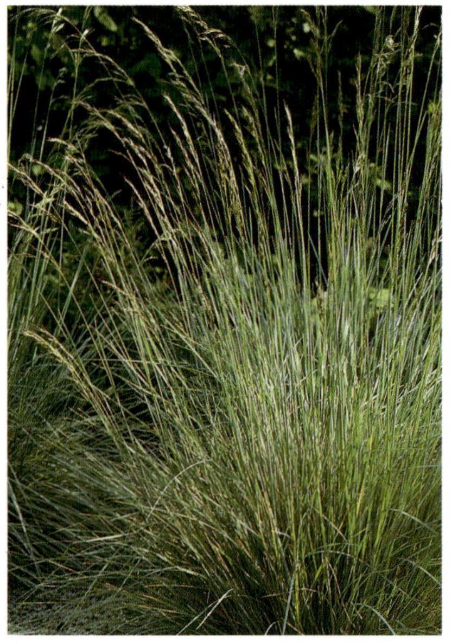

△

Helictotrichon sempervirens *(Avena candida, Avena sempervirens)*, Blaustrahlhafer, Poaceae (Gramineae), Gräser. Etwa 90 Arten in Europa, im Mittelmeergebiet bis Asien und in Südafrika. Es sind ausdauernde horstige Gräser mit meist schmalen, flachen, gefalteten oder eingerollten Blättern (Trokkenheitsverträglichkeit). Der Blaustrahlhafer aus Südrußland und Turkestan blüht von Juli–August. Die 50–80 cm hohen Horste mit immergrünen, starren, bläulich-bereiften Blättern geben heißen, sonnigen Stellen einen eigenen Charakter. Vermehrung durch Aussaat oder Teilung. Die Sorte 'Pendula' hat stahlgraue, etwas breitere Blätter und bis 100 cm hohe, lockere, leicht überhängende Blütenrispen. 'Saphirsprudel' mit blaugrünen Blättern bildet bis 120 cm hohe, ebenfalls leicht überhängende Rispen von Juli–August und wird nicht von Rostpilzen befallen. (5, 12, 25, 29)

Heliopsis helianthoides var. scabra 'Spitzentänzerin', Sonnenauge, Asteraceae (Compositae), Asterngewächse. 12 Arten dieser kleinen, sonnenblumenähnlichen Stauden sind im westlichen und südlichen Nordamerika verbreitet. Die Sorte 'Spitzentänzerin' wird 1,2–1,4 m hoch und bildet halbgefüllte, tief goldgelbe, große Blüten. Die über 1,2 m hohen Sorten stammen meist von *H. helianthoides* ab, die in ihrer Heimat bis 1,8 m hoch wird, von Juni–September blüht und auch den Sommer über frischen Boden für ein gutes Wachstum liebt. 'Spitzentänzerin' und andere Sorten sind aus *H. helianthoides* var. *scabra* gezüchtet. Sie werden nur 0,5–1,2 m hoch und vertragen auch trokkenere Pflanzstellen gut. Alle benötigen nährstoffreiche, tiefgründige Gartenböden und eignen sich auch für den Schnitt. Die Vermehrung erfolgt durch Stecklinge oder Teilung. (1, 2, 29) ▷

◁ **Heliotropium arborescens** *(H. peruvianum)*, Heliotrop, Boraginaceae, Rauhblattgewächse. Etwa 250 Arten sind in den Tropen und Subtropen verbreitet. Unser Heliotrop mit Vanilleduft war schon zu Zeiten unserer Urgroßeltern eine beliebte Pflanze für Terrassen- und Wintergärten. Es stammt aus Peru, blüht vom Frühsommer bis in den Herbst und läßt sich auch gut in Sommerblumenpflanzungen verwenden. Ältere Pflanzen werden strauchig bis 1 m hoch. Vermehrung durch Stecklinge oder Aussaat mit Vorkultur und Auspflanzen nach den Eisheiligen. Für volle Entwicklung und kräftige Blüte benötigen die Pflanzen einen sonnigen Standort und ausreichendes Wässern und Düngen. Frostfreie Überwinterung bei 5–10 °C. Die violettblaue Sorte 'Marine' wächst gedrungen 50 cm hoch, junge Blätter sind bräunlich getönt. 'Mini Marin' erreicht nur etwa 30 cm Höhe. (2, 5, 36, 38)

△

Heliopsis helianthoides var. scabra 'Goldgefieder'. Diese Sorte wird bis 1,4 m hoch und gehört zu den großblumigen, gut gefüllten Sorten. 'Goldgrünherz' hat ebenfalls gelbe, dicht gefüllte Blüten mit grüner Mitte und wird etwa 1 m hoch. Halb gefüllte, tiefgelbe Blüten besitzt 'Hohlspiegel' mit 1,2 m Höhe. 'Mars' mit großen, ungefüllten, goldorangen Blüten, die sich besonders gut für den Schnitt eignen, wird 1,5 m hoch. 'Sonnenschild' bildet gefüllte, goldgelbe große Blüten auf 1,2 m hohen Stielen. Eine großblumige, goldgelbe, einfache Sorte ist 'Venus', die etwa 80 cm hoch wird. 'Jupiter' wird 1,7 m hoch und entwickelt riesige orangegelbe Blüten. 'Lohfelden' trägt halbgefüllte, goldorange Blüten auf 1,5 m hohen Stielen. Besonders für den Schnitt geeignet ist auch 'Karat', die 1,2 m hoch wird und leuchtendgelb, großblumig, einfach blüht. (1, 2)

Helipterum roseum *(Acroclinium roseum)*, Sonnenflügel, Asteraceae (Compositae), Asterngewächse. Etwa 90 Arten, einjährige oder ausdauernde Kräuter mit papierähnlichen Hüllblättern der Blütenkörbchen, sind in Australien und Südafrika verbreitet. Es sind haltbare Schnittblumen, die wir zum Trocknen vor dem vollen Erblühen schneiden. Vermehrung durch Aussaat im April-Mai an sonnige, warme Stellen. Von *H. roseum* gibt es weiß, rosa, rot, einfach- und gefülltblühende Sorten sowie Mischungen, die 40–60 cm hoch werden. Die Blüten sind flach und offen. *H. manglesii (Rhodanthe manglesii)* aus Westaustralien blüht von Juli–August, wird 30–40 cm hoch und hat mehr becherförmige, leicht seitwärts oder nickend gerichtete Blüten, weiß, rosa und dunkler geäugt. *H. humboldtianum (H. sandfordii)* bildet leuchtendgelbe, 30 cm hohe Blütendolden. (2, 35) ▷

Helleborus niger, Schneerose, Christrose. Kalkalpen, Apennin, Nordwestbalkan. Alte, beliebte Gartenpflanze. Aus einem Wurzelstock mit kurzen, verzweigten Rhizomen entwickeln sich die immergrünen Blätter, die 7- bis 9teilig, fußförmig, dick und lederig sind. Zur Spitze hin sind sie unregelmäßig gezähnt. Der fleischige Blütenstengel ist rotgepunktet und trägt meist eine reinweiße Schalenblüte, hin und wieder auch bis zu 3 Blüten. Die Außenseite ist oft rötlich überlaufen. Es gibt besonders großblütige Typen. Die Blütezeit reicht vom November bis in den April, wobei sie sowohl vom Klon als auch vom Witterungsverlauf abhängt. Wertvoll ist *H. niger* 'Praecox', eine Sorte, die schon zu Allerheiligen blüht. Es sind ausdauernde Stauden in lehmig-humoser, kalkhaltiger Erde bei halbsonnigem Stand, in frischeren Böden auch sonnig. (3, 4, 5, 18, 32) ▽

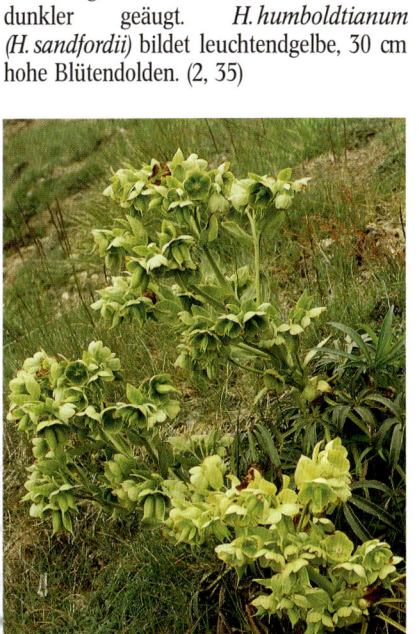

◁ **Helleborus foetidus,** Stinkende Nieswurz, Ranunculaceae, Hahnenfußgewächse. Von Mittel- und Westdeutschland über die Schweiz bis Italien verbreitet. Die immergrüne Pflanze entwickelt halbstrauchige Triebe, bis über 50 cm hoch, oft von gleicher Breite. Die kräftig dunkelgrünen Blätter sind fußförmig und haben bis zu 11 Blattsegmente. Die kugelig-glockigen Blüten sind hellgrün, oft an Rand und Spitze purpurfarbig. Sie stehen zu vielen in einer spitzen Rispe. Der Name sollte uns von einer Pflanzung nicht abhalten, da sich mit Gruppen von *H. foetidus* schöne Winterbilder erzielen lassen. Es sind wertvolle Wildstauden für wärmere Halbschattenpartien, wichtig ist Schutz vor Wintersonne. In wintermilden Gegenden können sie auch sonnig stehen; auch absonnige Stellen sind geeignet. Sie lieben einen anlehmigen, humosen, kalkhaltigen Boden. (4, 18, 20, 21)

Helleborus-Orientalis-Hybride, ▷
Bunte Lenzrose. Griechenland, Türkei. Die Art ist kaum verbreitet. In den Gärten findet sich, im März–April blühend, ein breites Spektrum bunter Typen, oft einfach als *Helleborus*-Hybriden bezeichnet. Es sind kräftige, wintergrüne Stauden mit fächerförmigen Blättern an starken Stielen. Die 5–11 Einzelblätter sind grob doppelt gesägt. Insgesamt sind die Pflanzen bis etwa 50 cm hoch. Die anfangs nickenden, später seitlich bis aufrecht stehenden Blüten erreichen bis über 7 cm Durchmesser. Ingesamt variable Pflanzengruppe, deren Blütenfarbe cremeweiß, grünlich, rosa oder purpurrot sein kann, oft auch mit verschiedenen Zwischentönen und manchmal mit Zeichnung. Neuerdings gibt es auch gefülltblühende Typen. Sehr ausdauernd, sät sich oft selbst aus, für Halbschatten und Sonne, liebt kräftige Böden und Kalk. (3, 4, 13, 18, 20)

Hemerocallis citrina, Zitronentaglilie, ▷ Hemerocallidaceae (Liliaceae), Hemerocallisgewächse. Erst neuerdings gehören die Taglilien zu einer eigenständigen Familie, den Hemerocallidaceae. Mittelchina. Die Gattung umfaßt etwa 20 Arten. Diese schon lange in Kultur befindliche, weit verbreitete Art trägt schöne dunkelgrüne, bis 1 m lange Blätter. Der straffe Stengel wird 1,2 m hoch, oft noch höher. Die schlanken, 12–17 cm langen Blütentrompeten zeigen ein helles Zitronengelb. Sie blühen während der Nacht auf und verströmen einen angenehmen Duft, etwa dem der Maiglöckchen ähnlich. Deshalb nennt man sie auch Maiglöckchen-Taglilie. Obwohl jede Blüte nur einen Tag offen ist, handelt es sich wegen der reichen Blütenbildung dennoch um eine Staude mit langer Blütezeit. Lange ausdauernd. Eine Kreuzung mit *H. thunbergii* ergab die schöne alte Gartensorte 'Baroni'. (1, 2, 3, 26)

△

Hemerocallis-Hybriden, Taglilien-Sorten. Seit die ersten Hybriden in der ersten Hälfte des 20. Jahrhunderts entstanden sind, hat sich eine unübersehbare Sortenflut entwickelt. Vorwiegend in den USA, aber auch in England, Deutschland und in anderen Ländern wurde erfolgreich gezüchtet. Mit den Taglilien-Hybriden stehen dankbare Stauden für den Garten zur Verfügung. Der Pflanzplatz soll sonnig sein, aber auch halbschattige Plätze werden, besonders von gelbblühenden Sorten, akzeptiert, ohne daß sie an Blütenfülle einbüßen. An den Boden werden nur geringe Ansprüche gestellt, wenn auch ein kräftiger, nicht frisch gedüngter Gartenboden, der etwas anlehmig-humos ist, besonders förderlich wirkt. Eine *Hemerocallis* kann sehr lange am gleichen Standort verbleiben – ein Fall mit 47 Jahren ist bekannt. Das Bild zeigt die Sorte 'Sweet Harmony'. (1, 3, 5, 18, 20)

△

Hemerocallis-Hybriden, Taglilien-Sorten. Wuchstemperament und Höhe unterscheiden sich von Sorte zu Sorte sehr stark. Es gibt Typen von nur 15 cm Höhe, aber auch Blütentürme von 120 cm und mehr an Höhe. Die Blütengröße verhält sich dabei nicht proportional zur Wuchshöhe. So gibt es kleinblütige Sorten, die 70 cm hoch werden können. Die ganze Vielfalt zeigt sich auch in der Blütenform, die in der Aufsicht rund, triangel-, stern-, spinnen- oder orchideenförmig sein kann. Von der Seite gesehen gibt es flache, trompetenförmige, gewölbte oder zurückgebogene Typen. Neben einfachen Blüten kennt man auch gefülltblühende. Die Hauptblütezeit liegt im Juli, einzelne Sorten blühen schon im Juni. Die Blütezeit vieler reichblühender Züchtungen dauert bis weit in den August, Nachblüten erscheinen noch bis zum Frost. Bild: 'Spanish Brocade'. (1, 3, 5, 18, 20)

Hemerocallis-Hybriden, Taglilien-Sorten. ▷ Die große Bandbreite der Züchtungen setzt sich bei der Blütenfarbe fort. Während die Wildarten in der Blüte meist verschiedene Gelbtöne zeigen, vereinzelt auch rotbraune Schattierungen, ist bei den neuen *Hemerocallis*-Hybriden ein Farbenspektrum vorhanden, welches nur wenige andere Pflanzengattungen aufweisen können. Von Weiß über verschiedene Gelbtöne, Orange, Kupfer, Melon, Rosa, Rot, fast Schwarz, Lavendel und Purpur ist alles vorhanden. Lediglich die erreichten Blautöne befriedigen noch nicht in jedem Fall. Da die Blüten die unterschiedlichsten Farbkombinationen aufweisen können, sind die Möglichkeiten unerschöpflich. Um bei Tausenden von Sorten eine Übersicht zu schaffen, gibt es neben der Einteilung in Größenklassen auch eine in bestimmte Farbklassen. Bild: 'Melonencocktail'. (1, 3, 5, 18, 20)

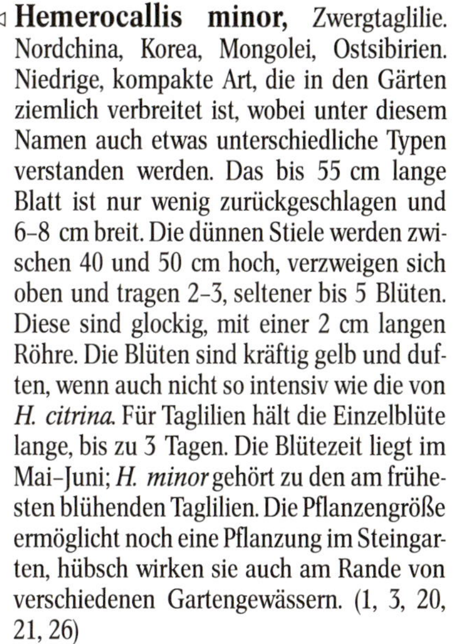

◁ **Hemerocallis minor,** Zwergtaglilie. Nordchina, Korea, Mongolei, Ostsibirien. Niedrige, kompakte Art, die in den Gärten ziemlich verbreitet ist, wobei unter diesem Namen auch etwas unterschiedliche Typen verstanden werden. Das bis 55 cm lange Blatt ist nur wenig zurückgeschlagen und 6–8 cm breit. Die dünnen Stiele werden zwischen 40 und 50 cm hoch, verzweigen sich oben und tragen 2–3, seltener bis 5 Blüten. Diese sind glockig, mit einer 2 cm langen Röhre. Die Blüten sind kräftig gelb und duften, wenn auch nicht so intensiv wie die von *H. citrina.* Für Taglilien hält die Einzelblüte lange, bis zu 3 Tagen. Die Blütezeit liegt im Mai–Juni; *H. minor* gehört zu den am frühesten blühenden Taglilien. Die Pflanzengröße ermöglicht noch eine Pflanzung im Steingarten, hübsch wirken sie auch am Rande von verschiedenen Gartengewässern. (1, 3, 20, 21, 26)

△

Hemerocallis-Hybriden, Taglilien-Sorten. Wichtig ist bei *Hemerocallis*-Sorten eine gute Verzweigung, die möglichst weit unten beginnen sollte. Derart verzweigte Typen wirken eleganter als „kopflastige“. Es gibt im Winter einziehende, immergrüne oder halbimmergrüne Sorten. *Hemerocallis* kann man als absolut winterhart bezeichnen, wenn auch immergrüne Sorten später Sekundärschädigungen zeigen. Züchterisch unterscheidet man noch diploide und tetraploide Sorten. „Tetras“ sind fester und größer in der Blüte, auch im gesamten Habitus, andererseits wirken solche Typen oft weniger elegant. Es gibt „Super-Taglilientage“ mit feuchtwarmen Nächten und sonnig-hellen, nicht brandheißen Tagen, aber auch weniger gute nach kalten Nächten. Freunden dieser dankbaren Stauden stehen Liebhabergesellschaften offen. Bild: ‘Pfennigparade’. (1, 3, 5, 18, 20)

Hepatica nobilis *(Anemone hepatica, H. triloba),* Leberblümchen, Ranunculaceae, Hahnenfußgewächse. Etwa 10 Arten von Europa bis Ostasien. Es sind niedrige Stauden mit grundständigen, langgestielten, 3- bis 5lappigen Blättern und endständigen Blüten. Vermehrung durch Aussaat, bei Sorten durch Teilung. Als Frühjahrsblüher eignen sie sich gut zur Verwendung in humosen, frischen Böden, die im Sommer nicht austrocknen, in ähnlichen Lagen wie Buschwindröschen. Unser heimisches blaues Leberblümchen kommt in lichten Laubwäldern auf kalkhaltigem Boden vor und blüht von März–April. Die 2–3 cm großen Blüten sind bei der Sorte ‘Alba’ weiß, bei ‘Plena’ blau gefüllt, bei ‘Rubroplena’ karminrosa. *H. transsylvanica (H. angulosa)* aus Siebenbürgen blüht blau und verträgt Trockenheit besser als *H. nobilis* und seine Sorten. (4, 7, 20) ▷

◁ **Heracleum mantegazzianum,** Herkuleskraut, Apiaceae (Umbelliferae), Doldenblütler. Etwa 60 Arten sind in den nördlichen gemäßigten Gebieten der Erde verbreitet. Sie sind zweijährig oder staudig und meist rauh behaart. Ihre weißen Blüten stehen in Doldenschirmen, die bei der abgebildeten *H. mantegazzianum* bis über 1 m breit werden können. Die Blätter enthalten Furanocumarine, Stoffe, die durch Berührung auf die Haut gelangen und dort die Wirkung des Sonnenlichtes vervielfachen. Daher stellen diese Pflanzen im Garten eine akute Gefahr dar, besonders für Kinder. Sie sind auch invasiv und schon in weiten Teilen der Bundesrepublik verwildert. Die Staudengärtner haben sich deshalb entschlossen, *H. mantegazzianum* und die ähnlichen *H. stevenii (H. lanatum, H. laciniatum)* und *H. lanatum (H. maximum)* aus dem Sortiment zu nehmen. (8, 27)

◁ **Herniaria glabra**, Bruchkraut, Caryophyllaceae, Nelkengewächse. Von den etwa 20 Arten in Europa mit Schwerpunkt im Mittelmeergebiet ist das abgebildete Kahle Bruchkraut als 5–15 cm hohe, bodendeckende Staude in Kultur. Auf Sandböden und kalkarmen Kies- und Steinböden in sonnig warmer Lage bildet es eine geeignete Bodendecke für Zwiebel- und Knollenpflanzen. Auch an ähnlich trockenen Standorten wie Platten und Pflasterfugen betont es mit seinen bis 1 cm langen, frischgrünen Blättern Konturen und setzt Akzente. An sonnigen bis schattigen, nicht zu trockenen Stellen läßt sich eine Topfpflanze, *Soleirolia soleirolii (Helxine soleirolii)*, das Bubiköpfchen, ebenfalls als dicht bodendeckende, etwa 1–2 cm hohe Teppichpflanze verwenden. Es stammt von Korsika, Sardinien und Elba und erfriert in strengen Wintern. (22, 24, 25 bzw. 21, 22)

△

Hesperis matronalis, Nachtviole, Brassicaceae (Cruciferae), Kohlgewächse. Etwa 30 Arten im Mittelmeergebiet, in Innerasien bis Sibirien und Westchina. Es sind zwei- bis mehrjährige Kräuter mit spindelförmiger Wurzel, die Blüten stehen in lockeren Trauben. Sie eignen sich für schattige Stellen mit tiefgründigem, frischem, humosem, auch kalkhaltigem Boden. Die abgebildete Mondviole kommt von den Südostalpen bis Sibirien vor und war schon im frühen Mittelalter als Gartenpflanze weit verbreitet. Sie wird 70–100 cm hoch und blüht weiß, violett oder purpurn, auch gefüllt, von Mai–Juni, bei Rückschnitt noch einmal im Frühherbst. Ein besonderer Reiz liegt in ihrem abendlichen kräftigen Veilchenduft. Sie sät sich leicht aus und siedelt sich dann in schattigen, frischen Bereichen an. Vermehrung durch Aussaat, bei Sorten durch Teilung. (1, 4, 18, 19, 21)

△

Heterocentron-Hybride 'Cascade', Melastomataceae, Schwarzmundgewächse. Die 12 Arten dieser Gattung sind besonders in Mexiko und in anderen mittelamerikanischen Staaten verbreitet. 'Cascade', eine unter Beteiligung mehrerer Arten entstandene Hybride, beginnt sich einen Platz als Balkonkastenpflanze, in der Schalenbepflanzung und auch an sonnigen Standorten in der Verwendung mit Stein zu erobern. Ins Freie gepflanzt nach den Eisheiligen und ab Ende Mai regelmäßig gedüngt, wird der Blütenflor bis zum Herbst andauern. Da sie auch in halbschattigen Bereichen unermüdlich blüht, wird sie in manchen Hofsituationen sicherlich den Fuchsien Konkurrenz machen. Wichtig ist, daß an der Pflanzstelle für guten Wasserabzug Sorge getragen wird, da die Pflanzen Staunässe absolut nicht vertragen. Die Vermehrung erfolgt durch Stecklinge. (21, 36, 38)

Heuchera sanguinea, Purpurglöckchen, Saxifragaceae, Steinbrechgewächse. Etwa 50 Arten, Stauden mit dickem Erdstamm und grundständigen, langgestielten, rundlich-herzförmigen, manchmal gelappten Blättern, sind in Nordamerika und Mexiko verbreitet. Sie lassen sich an sonnigen–halbschattigen Standorten auf frischem Boden verwenden. Wenn der Erdstamm aus dem Boden herauswächst, muß Substrat nachgefüllt oder verpflanzt werden. Vermehrung durch Aussaat oder Teilung. Gut haltbare Schnittblumen. *H. sanguinea* blüht von Mai–Juli. Von den vielen *Heuchera*-Hybriden seien genannt: 'Red Spangles', leuchtend scharlachrot, frühblühend, 50 cm, 'Scintillation', leuchtendrosa, 50 cm, 'Widar', leuchtendrot, 'Weserlachs', lachsrot. *H.* × *brizoides* 'Frühlicht' blüht hell lachsrosa im Juni–August, 'Schneewittchen' reinweiß, 'Carmen' dunkelrot. (3, 4, 7, 21) ▷

◁ **Hibiscus moscheutos 'Disco Belle'**, Sumpfeibisch, Malvaceae, Malvengewächse. Von den etwa 300 Hibiscus-Arten in den Tropen und Subtropen sind uns *H. rosa-sinensis* als Topfpflanze und zum Auspflanzen in Sommerblumenbeete, und *H. syriacus*, der winterharte, strauchige Roseneibisch vertraut. Als Sumpfstaude mit Winterschutz eignet sich der bis 1 m hohe Sumpfeibisch aus Nordamerika, dessen bis 30 cm große Blüten rosa, karmin, weiß mit rotem Auge oder auch dunkelrot sein können. Er ist am einfachsten als Sommerblume mit Vorkultur zu handhaben, kann aber auch frostfrei mit Ballen oder durch bewurzelte Stecklinge überwintert werden. Als rotlaubiger Farbakzent in Sommerblumenflächen wird der einjährige *H. acetosella (H. eetveldeanus)* aus Ostafrika verwendet. Seine bis 7 cm breiten Blüten sind am Grunde schwarzpurpurn gefärbt. (27 bzw. 2, 35, 36)

Hieracium aurantiacum, Orangerotes ▷ Habichtskraut, Asteraceae (Compositae), Asterngewächse. Etwa 800 Arten sind in den nördlichen gemäßigten Gebieten und in den südamerikanischen Anden verbreitet. Einige sind hübsche, ausdauernde, flächig wachsende Stauden für sonnige Lagen mit trockenem, magerem Boden. Vermehrung durch Teilung, manchmal durch Selbstaussaat. *H. aurantiacum* (Hochgebirge Mitteleuropas) blüht von Juni–August. Es breitet sich durch unterirdische Ausläufer aus, wird bis 50 cm hoch und hat, gekreuzt mit *H. flagelare*, die Gartenhybride *H. × rubrum* ergeben. Sie ist ähnlich zu verwenden und blüht dunkelorangerot. *H. villosum*, von den Alpen bis zum Balkan verbreitet, blüht im Juni–Juli goldgelb und wird etwa 30 cm hoch. Die Blätter sind dicht silbrig behaart. Vermehrung durch Teilung oder Aussaat. (3, 7, 25 bzw. 4, 18)

△

◁ **Holcus lanatus 'Variegatus'**, Buntes wolliges Honiggras, Poaceae (Gramineae), Gräser. 8 Arten der Honiggräser sind von den Kanaren und Nordafrika über Europa bis Kleinasien und in den Kaukasus verbreitet. Eine Art findet sich auch in Südafrika. *H. lanatus*, eine heimische Honiggras-Art, wächst 30–60 cm hoch, dichtrasig und horstig. Die Blätter und Blattscheiden sind weichhaarig-wollig. Die Pflanze blüht in dichten Rispen von Juni–August. Es ist ein Gras unserer Fettwiesen, das auf frischen bis nassen, nährstoffreichen, kalkarmen, sauren oder auch lehmigen Böden an vollsonnigen Standorten vorkommt. Die Vermehrung erfolgt durch Teilung. Die weißbunte Form 'Variegatus' verwenden wir zusammen mit anderen Gräsern und Blattpflanzen in bunten, wiesenartigen Flächen. (10, 22, 26)

Hippuris vulgaris, Tannenwedel, Hippuridaceae, Tannenwedelgewächse. Die Gattung besteht nur aus dieser einen, sehr veränderlichen Art, die von Europa über Westasien bis Nordamerika sowie in Grönland, im antarktischen Amerika und in Australien verbreitet ist. Die Pflanze wird 10–50 cm hoch und kann unter Wasser auch bis 2,5 m lange Triebe entwickeln. Die aufrechten, aus dem Wasser aufragenden, unverzweigten „Tannen“ wachsen aus einem im Schlamm an den Knoten wurzelnden Rhizom. Die schmal-linealischen, ganzrandigen Blätter stehen zu 6–12 in Quirlen. Vermehrung in Kultur durch Teilung oder Abtrennen von Stengeln. Die Pflanze liebt kalkhaltiges Wasser bis 30 cm Tiefe, kann aber noch bis 2 m tief wurzeln. Der Tannenwedel eignet sich auch gut für kleine Wasserkübel auf der Terrasse, selbst für Wasser-Balkonkästen. (28, 38)

◁ **Homeria placida** *(H. collina* var. *aurantiaca),* Iridaceae, Schwertliliengewächse. 37 Arten dieser Gattung mit Zwiebelknollen sind in Südafrika verbreitet. Die abgebildete und *H. ochroleuca (H. collina* var. *ochroleuca)* mit gelben Blüten werden bei uns angeboten. Winterhart sind sie nur in sehr geschützten Lagen mit Abdeckung. Besser ist es, die Knollen frostfrei zu überwintern und im Frühjahr wie Freesien und Ixien 5–6 cm tief zu legen. Sie beginnen im Juni zu blühen und öffnen bis zum Juli–August in rascher Folge ihre bis 6 cm breiten Einzelblüten. Die Pflanzen werden etwa 45 cm hoch. Vermehrung durch Brutknollen, die sie an günstigem Standort reichlich bilden. *H. ochroleuca* wird manchmal etwas höher und hat einen kräftigen, unangenehmen Blütenduft. Für sommerwarme, aber nicht zu trockene Bereiche ohne Staunässe geeignet. (2, 5, 30)

△

Horminum pyrenaicum, Drachenmaul, Lamiaceae (Labiatae), Taubnesselgewächse. Die Gattung besteht nur aus dieser einen Art, verbreitet in weiten Teilen der Alpen und in den Pyrenäen. Mit ihren wintergrünen Rosetten aus breit-verkehrt-eiförmigen, grob gekerbten Blättern wächst sie in absonnigen Bereichen im Steingarten, aber auch am Gehölzrand auf kalkreichen Böden in Sonne und Halbschatten gut. Die Vermehrung erfolgt durch Aussaat oder Teilung, an ihr zusagenden Stellen auch reichlich durch Selbstaussaat. Man sollte das Drachenmaul immer in Gruppen wachsen lassen, da seine blauen Blütentrauben erst dann richtig zur Geltung kommen. Es gibt auch weiß- und rosablühende Formen, die nicht gesondert in Kultur sind, sich aber bei der Aussaat immer wieder zeigen. Die Blütenstände werden 20–30 cm hoch und öffnen ihre Blüten von Mai–Juli. (3, 4, 31) ▷

Hordeum jubatum, Mähnengerste, Poaceae (Gramineae), Gräser. Etwa 25 Arten sind auf der Nordhalbkugel sowie in den Anden und nichttropischen Gebieten Südamerikas verbreitet. Es sind meist ein- oder zweijährige, selten ausdauernde Gräser mit flachen Blättern und endständiger, zylindrischer, zusammengedrückter oder 4kantiger Ähre. Aussaat Ende April–Anfang Mai direkt an sonnige Stellen mit gutem Wasserabzug. Die Mähnengerste aus Nord- und Südamerika ist sehr schön im Sommerblumenbeet, aber auch hervorragend für den Schnitt geeignet. Man schneidet sie vor der Reife der Ähre, damit diese nicht auseinanderfällt. Bei frühzeitigem Schnitt kommt die Pflanze noch einmal ins Wachstum und blüht ein zweites Mal. Sie wird bis 70 cm hoch, die Ähren sind bis 12 cm lang und besonders schön durch die 6–8 cm langen, grünen bis rosavioletten Grannen. (2, 35, 36)

Hosta 'Crispula', Riesenweißrandfunkie ▷ Liliaceae, Liliengewächse. Etwa 40 Arten. Japan (nur aus Gärten bekannt). Diese „Art" bildet attraktive große, dichte Horste, wächst insgesamt aber langsam. An kurzen Stielen sitzen die herzförmigen, lang zugespitzten Blattflächen, die 7–9 Nervenpaare haben. Sie sind oben matt, unten glänzend und von einem unregelmäßigen, weißen, welligen Rand umgeben. Die lang auslaufende Spitze des Blattes zeigt charakteristisch nach unten. Im Juni–Juli erscheinen die trichterförmigen, außen glänzend lilafarbenen, innen gestreiften Blüten. *H.* 'Crispula' ist nicht sehr blühfreudig, wichtiger ist der dekorative Blatthorst. Sie verträgt im Gegensatz zu anderen Funkien gut Sonne, kann aber auch schattiger stehen. Normaler Gartenboden, in lehmig-humosen Substraten besonders dauerhaft. Universell verwendbar. (4, 17, 18, 21, 23)

◁ **Hosta 'Fortunei',** Graublattfunkie. Japan. Sammelname für eine ganze Formengruppe hybriden Ursprungs. Sie enthält zahlreiche dekorative Funkien für den Garten, so 'Aureomaculata' (Bild), die Weiße Grünrandfunkie, die besonders im Austrieb auffallend zweifarbig ist, in der Mitte goldgelb, außen dunkelgrün. Mit fortschreitender Jahreszeit hellt die gelbe Mitte weiter auf. 'Aurea' hat im Austrieb eine leuchtend goldgelbe Farbe, die dann fahlgelb wird, um schließlich zu vergrünen. 'Aureomarginata', die Grüne Goldrandfunkie, wird 50–70 cm hoch und hat breite dunkelgrüne, bereifte Blätter mit einem gelben Rand. 'Hyacinthina', die Hyazinthenfunkie, ist graugrün und hat eine dichte Blütentraube. 'Marginato Alba', die Große Weißrandfunkie, wird 50–80 cm hoch mit sehr großen, dekorativen Blättern, die unregelmäßig weiß gerandet sind. (4, 18, 20, 21, 23)

△ **Hosta 'Tardiflora',** Spätblühende Funkie. Japan. Die eigentliche Type ist klein und kompakt, 20–25 cm hoch. Höher ist die Sorte 'Tess Hope' (Bild). Wichtig sind Hybriden, die aus Kreuzungen mit *H. sieboldiana* hervorgegangen sind und als *Hosta* × *tardiana* bezeichnet werden, oder besser als *Hosta*-Tardiana-Hybriden. Ihnen allen sind der bläuliche Blatthorst, die beschränkte Größe und die späte Blütezeit gemeinsam. Schön sind 'Halcyon', 'Blue Moon', 'Hadspan Heron', 'Hadspan Hawk', 'Blue Diamond', 'Blue Danube' und andere. Durch die geringe Größe sind diese Sorten für kleinere Gärten wichtig (40–60 cm). Blüte September–November, auch das Blatt bleibt sehr lange grün. Hübsch in der Benachbarung zu Gräsern oder zu Spätblühern, wie *Saxifraga cortusifolia*. Der Austrieb im Frühling ist etwas spätfrostgefährdet (4, 17, 18, 21, 23)

△ **Hosta ventricosa,** Glockenfunkie. Ostasien. Blatthorst bis 60 cm, Blütenschaft bis 90 cm hoch. Der Wert dieser unverwechselbaren alten Gartenpflanze besteht nicht nur im Blatthorst, sondern auch in der Blüte. Die Blätter sind herzförmig, 10 cm lang und 18 cm breit, auffallend dunkelgrün, unterseits stark glänzend, die Blattstiele kurz breitrinnig. Der Blütenschaft ist aufrecht und kräftig, blattlos. Die violetten Blüten bilden eine schlanke Röhre, die sich plötzlich glockenförmig verbreitert. Sie setzt reichlich Samen an. Mehrere hübsche Sorten mit gezeichneten Blättern sind im Handel, so 'Aureomarginata' (Bild), eine schöne cremeweiß gerandete Form, deren Färbung unverändert bis zum Herbst anhält. 'Aureomaculata' hat Blätter, die gelblichweiß gestreift und gefleckt sind, später allerdings etwas vergrünen. (4, 18, 20, 21, 23)

△ **Hosta 'Undulata',** Wellblattfunkie. Japan. Trotz des Namens keine Art, sondern Klone hybridogenen Ursprungs. Nur aus japanischen Gärten bekannt. Sie bildet kleinlaubige Horste, aus denen sich hohe belaubte Blütenschäfte entwickeln. Die Blätter sind stärker gewellt, etwa 40 cm lang und 5–9 cm breit. Am Blütenschaft befinden sich laubblattähnliche Hochblätter. Bezeichnend ist der fehlende Samenansatz, die Klone sind steril. Es gibt unterschiedliche Formen. Sehr verbreitet in Gärten ist *H.* 'Undulata Univittata' (Bild), die Schneefederfunkie, die etwas kräftiger im Wuchs ist und 25 cm hoch wird, in Blüte etwa 40 cm. Ihr Blatt ist längs der Mitte unregelmäßig weiß gezeichnet, wobei die Feder in weiße Streifen ausläuft. Wichtig sind auch 'Undulata', die Weißgrüne Wellblattfunkie, und 'Albomarginata', die Weißrandige Wellblattfunkie. (4, 18, 20, 21, 23)

Houstonia caerulea *(Hedyotis caerulea)*, Porzellansternchen, Rubiaceae, Krappgewächse. Etwa 50 Arten im Süden und Westen der USA bis nach Mexiko. *H. caerulea* kommt vom südöstlichen Kanada bis Georgia, Alabama und Arkansas an feuchten, grasigen Stellen und nassen Felsen vor und wird 5–15 cm hoch. Die dünnen Stengel tragen bis 1 cm große, hell blauviolette bis weiße, gelbgeäugte Blüten, die sich von April–Juni öffnen. *H. serpyllifolia (Hedyotis serpyllifolia)*, von Pennsylvanien bis Georgia und Tennessee beheimatet, wächst an Bachufern und im Gebirge. Sie ist *H. caerulea* sehr ähnlich, bildet aber schneller größere Flächen, da die Triebe an den Knoten wurzeln. Tiefblaue Blüten öffnen sich von Mai–Juni. Für Halbschatten an feuchten, humosen, kalkfreien Stellen. Nicht langlebig. Vermehrung durch Aussaat mit Vorkultur. (21, 26, 32, 38) ▷

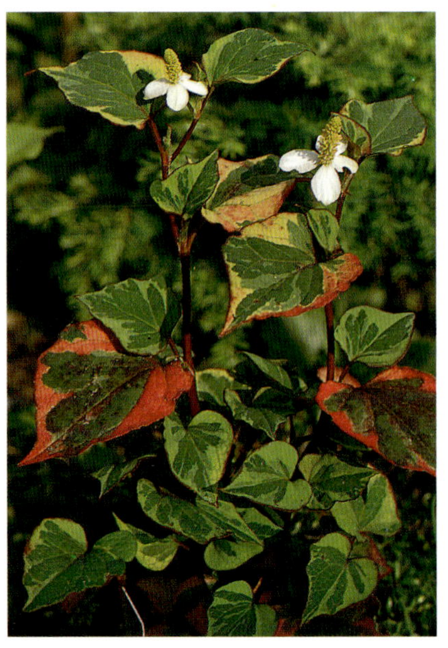

◁ **Houttuynia cordata, 'Chamaeleon'**, Saururaceae, Molchschwanzgewächse. Eine einzige Art, die vom Himalaja bis Japan verbreitet ist. Sie besitzt einen etwas pfeffrigen Geruch. Die Sorte 'Chamaeleon' ist erst vor wenigen Jahren bei uns aufgetaucht, obwohl sie in Japan eine alte Gartenform ist. Sie wächst nicht nur in feuchtnassen Bereichen, sondern auch auf etwas trockeneren Flächen und breitet sich dann nicht so stark wuchernd aus. Die rot-gelb-bunten Blätter erhalten durch Blütenstände mit weißen Hochblättern zierende Akzente. Bei 'Plena' ist durch Häufung der weißen Hochblätter eine „gefüllte" Blüte entstanden. Vermehrung durch Teilung oder Abtrennen der Ausläufer. *H. cordata* ist eine kräftigwachsende Flachwasserpflanze, die es aber auch auf frischen Böden zu erheblicher Wuchsleistung bringt. Sie eignet sich auch zur Schalenbepflanzung. (27, 38)

Hyacinthoides hispanica *(Scilla hispanica, Scilla campanulata, Endymion hispanicus)*, Glockenscilla, Hyacinthaceae (Liliaceae), Hyazinthengewächse. Die 3–5 Arten dieser in Westeuropa und Nordafrika verbreiteten Gattung sind interessante Zwiebelgewächse für den Garten. Sie verwildern im Laubwaldbereich schnell durch Aussaat oder Brutzwiebeln. Die abgebildete Art ist eine alte Gartenpflanze, die schon im Mittelalter mit weißen, rosa, blauen und auch gefüllten Glockenblüten in den Gärten zu finden war. In Europa verbreitet ist auch das 30 cm hohe Hasenglöckchen, *H. non-scripta (Endymion non-scriptus, Scilla non-scripta, Scilla nutans)*, von dem es mit 'Alba' eine weißblühende, mit 'Rosea' eine rosablühende Form gibt. Es ist lockerblütiger und eignet sich auch hervorragend zum Verwildern. (4, 10, 11, 37) ▷

△ **Humulus scandens** *(H. japonicus)* Japanischer Hopfen, Cannabidaceae (Moraceae), Hanfgewächse. Beide in den gemäßigten Gebieten der Nordhalbkugel als kletternde Kräuter verbreiteten Arten sind für den Garten geeignet. Der Japanische Hopfen wird als Sommerschlinger mit Vorkultur verwendet und bedeckt schnell große Flächen mit dunkelgrünen Blättern. Er kann bis 6 m hoch winden. Die Sorte 'Variegatus' besitzt unregelmäßig weiß und lichtgrün gescheckte Blätter. In seiner Heimat ist er ausdauernd, bei uns hält er nur in ganz milden Wintern durch. Seine Wuchskraft entfaltet er in nährstoffreichen und ausreichend feuchten Böden. Ähnlich ist unser heimischer staudiger Hopfen, *H. lupulus*, dessen weibliche Pflanzen die in der Trockenbinderei geschätzten Hopfenzapfen liefern. 'Aureus' ist eine goldbunte Variante. Vermehrung durch Teilung. (15 bzw. 9)

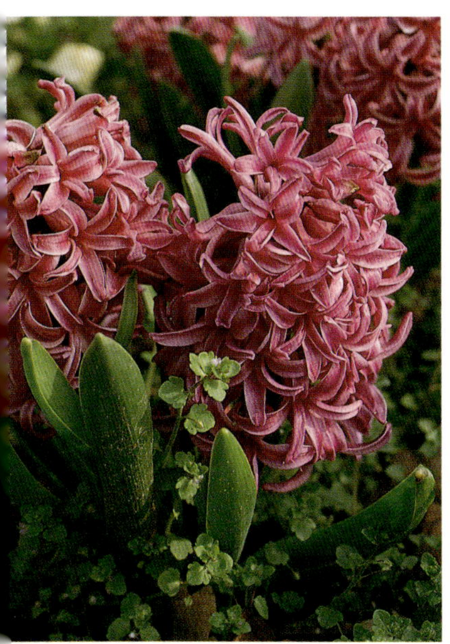

◁ **Hyacinthus orientalis**, Hyazinthe, Hyacinthaceae (Liliaceae), Hyazinthengewächse. Die 3 Arten dieser Gattung sind in West- und Zentralasien verbreitet. *H. orientalis* wurde dort schon lange als Kulturpflanze gezogen und kam aus Gärten zu uns. Das Verbreitungsgebiet beginnt im östlichen Mittelmeerraum. Die Blüten stehen bei der Wildart in lockeren, bei den Kultursorten in dichten Trauben und duften stark. Blütezeit ist April–Mai. In warmen Lagen an sonnigen, trockenen Stellen, auch an Gehölzrändern, hält die Pflanze jahrelang aus und könnte dort auch gut angesiedelt werden (10 cm tief). Weiße Sorten sind 'L'Innocence' oder 'Carnegie', gelbe 'Yellow Hamer' und 'City of Haarlem', rosa 'Pink Pearl' und 'Queen of the Pinks', rote 'Jan Bos' und 'La Victoire', blaue 'Delft Blue' und 'King of the Blues'. Violett ist die Sorte 'Amethyst'. (5, 11, 21, 37)

Hydrocharis morsus-ranae, Froschbiß, Hydrocharitaceae, Froschbißgewächse. 6 Arten sind in Europa, im Mittelmeergebiet, im tropischen Afrika, Asien und im temperierten Australien verbreitet. Der bei uns heimische Froschbiß ist eine ausdauernde, schwimmende Wasserpflanze, die sich durch Ausläufer schnell über größere Teichflächen verbreitet. Im Herbst bildet er Winterknospen, die zu Boden sinken, im Frühjahr wieder zur Wasseroberfläche aufsteigen und durch Ausläufer schnell Teppiche bilden. Er blüht von Juni–August und wächst gerne in flachem, sich schnell erwärmendem Wasser. Je nach Untergrund schwimmt er oder wurzelt in bis 30 cm tiefem Wasser. Die weiblichen Blüten sind etwa 3 cm groß und stehen zu 2–4 Blüten, die nur 2 cm großen männlichen Blüten dagegen einzeln in den Blattachseln. Die Vermehrung erfolgt durch Teilung. (28)
▽

Hydrocleys nymphoides *(Limnocharis humboldtii)*, Wassermohn, Limnocharitaceae, Wassermohngewächse. Die 4 Arten dieser Gattung sind im tropischen Südamerika verbreitet. Die abgebildete Art stammt aus Brasilien und schwimmt wie unser Froschbiß auf dem Wasser. Sie bildet Ausläufer und hat seerosenähnliche Schwimmblätter, die lederartig dick und sattgrün, etwa 3 cm lang und 4 cm breit sind. Die 4–5 cm große Blüte erhebt sich bis 10 cm über das Wasser. Zwar hält die Einzelblüte nicht lange, doch öffnen sich täglich viele neue. Die Pflanze läßt sich mit Zusatzlicht im Zimmerwasserbecken kultivieren, ist aber auch in gut erwärmten Wasserkübeln und Kleinwasserbecken an sonnig warmen Stellen eine Besonderheit für den Sommer. Ins Wasser setzen sollten wir sie erst, wenn die Tagestemperatur über 20 °C steigt. Vermehrung durch Teilung. (28, 38)
▽

Hylomecon japonica, Japanischer ▷ Mohn, Papaveraceae, Mohngewächse. Die Gattung besteht aus dieser einzigen Art, die in Ostasien verbreitet ist. Die Staude wird 20–30 cm hoch und hat gefiederte, grob gesägte Blätter. Die meist einzeln stehenden, schalenförmigen, etwa 5 cm großen Blüten leuchten goldgelb über dem sattgrünen Laub. Sie erinnern an riesengroße Schöllkrautblüten und öffnen sich im April und Mai. Der Japanische Mohn ist eine farbenkräftige Schattenpflanze, die sich mit rhizomartigem, dicht verzweigtem Wurzelstock flächig ausbreitet. Wir sollten ihn mit anderen Stauden, wie *Epimedium* und Gräsern zusammenpflanzen, da das Laub bereits im Juli gelb zu werden und abzusterben beginnt. Sommertrockenheit an den Pflanzstellen beschleunigt diesen Vorgang. Vermehrung durch Teilung, aber auch durch Aussaat. (4, 18, 20, 21)

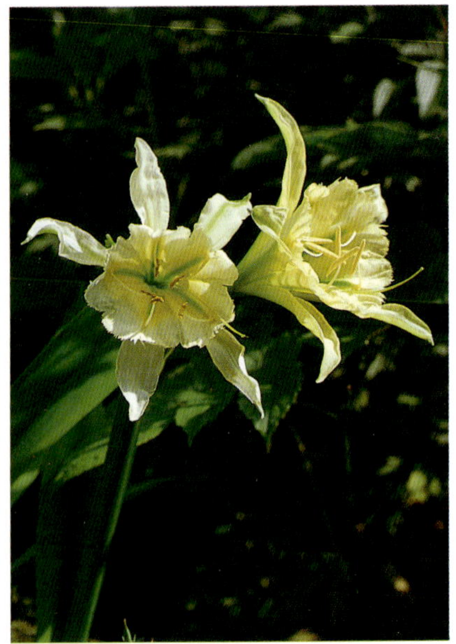

◁ **Hymenocallis-Hybride 'Sulphur Queen'**, Schönhäutchen, Ismene, Amaryllidaceae, Amaryllisgewächse. Die etwa 50 zu dieser Gattung gehörenden Arten sind im warmen Amerika verbreitet. Die in Kultur befindlichen Arten wurden früher teilweise als Gattung *Ismene* zusammengefaßt. Die abgebildete Sorte ist eine Kreuzung aus *H. narcissiflora* × *H. amancaës*. Sie bildet 6 gelbliche Blüten mit hellgelbem, grüngestreiftem Schlund und blüht im Juni–Juli. Ismenen haben langhalsige Zwiebeln, die man im April–Mai an sonnige, warme Stellen setzt, die aber nicht sommertrocken werden dürfen. Im Herbst werden die Zwiebeln herausgenommen und frostfrei überwintert. Weitere Sorten sind 'Zwanenburg' mit elfenbeinweißen Blüten in großer Dolde und 'Advance', weiß mit gelbgestreiftem Schlund. Vermehrung durch Nebenzwiebeln. (16, 26, 30, 38)

△

Hypericum calycinum, Schattenhartheu, Schattenjohanniskraut, Hypericaceae (Guttiferae), Johanniskrautgewächse. Etwa 400 Johanniskraut-Arten sind in den gemäßigten und subtropischen Gebieten der Nordhalbkugel verbreitet. Es sind schöne, winterharte Stauden für sonnige, manche auch für halbschattige Standorte. Vermehrung durch Aussaat, Stecklinge oder Teilung. Das Schattenjohanniskraut aus Südosteuropa ist ein bis 40 cm hoher, immergrüner Halbstrauch und blüht von Juli–September. Die goldgelben, bis 8 cm großen Blüten mit langen, feinstrahligen Staubfäden stehen einzeln am Ende der Triebe. Die Pflanze eignet sich hervorragend zur dichten und schnellen Begrünung von sonnigen bis halbschattigen Standorten und verträgt auch zeitweise Trockenheit. Wie alle Johanniskräuter ist sie empfindlich gegenüber Staunässe. (7, 20, 23 bzw. 32) ▷

Hymenocallis longipetala *(Elisena longipetala, Urceolina longipetala)*. Diese früher einer eigenen Gattung zugeordnete Art aus Ecuador und Peru wird jetzt der großen Gattung *Hymenocallis* zugerechnet. Sie ähnelt ihr in Wuchs und Blütenform, wenn auch ihre Blüten zierlicher und spinnenförmiger sind als die der anderen *Hymenocallis*-Arten. Sie besitzt ebenfalls eine langhalsige Zwiebel und wenige, in einer Dolde an einem langen, festen unbeblätterten Stiel sitzende, weiße Blüten. Der Blütenstand kann bei ihr bis 1 m hoch werden. Mit der Art und der Hybride *H.* × *festalis* kann man in Weinbaugegenden, an warme Mauern gepflanzt, mit Winterschutz ganzjährig im Freien einen Versuch wagen. Sicherer ist aber die frostfreie, trockene Überwinterung der Zwiebeln. Vermehrung durch Nebenzwiebeln. (2, 26, 27, 30, 38)

◁ **Hypericum olympicum f. minus** *(H. polyphyllum)*, Zwergjohanniskraut. Diese meist unter dem Namen *H. polyphyllum* verbreitete Johanniskraut-Art ist in Vorder- und Kleinasien verbreitet und wird nur etwa 15 cm hoch. Die niederliegenden bis aufsteigenden, reichbeblätterten Triebe tragen dichte Trugdolden bis 5 cm großer, leuchtendgelber Blüten, die sich von Mai–Juni öffnen. Es sind reichblühende und zugleich anspruchslose Flächendecker für Steingartenbereiche und Trockenmauern. Farbauslesen davon sind die hellgelben, großblumigen Sorten 'Schwefelperle', nur 10 cm hoch, und 'Zitronenfalter', 15 cm hoch. Das Zwergjohanniskraut eignet sich auch sehr gut zur Trogbepflanzung. *H. coris* aus den Südalpen wird 30 cm hoch, blüht goldgelb von Juli–August und kann ähnlich verwendet werden. Vermehrung durch Stecklinge oder Teilung. (5, 24, 31, 38)

◁ **Hyssopus officinalis**, Ysop, Lamiaceae (Labiatae), Taubnesselgewächse. Je nach Aufteilung umfaßt die Gattung nur eine oder 15 Arten in ihrem Verbreitungsgebiet vom Mittelmeer bis zum Altaigebirge. Der kleine, bis 50 cm hohe Halbstrauch aus den Pyrenäen und Nordspanien besitzt linealisch-lanzettliche, ganzrandige, kräftig aromatisch duftende Blätter und blüht von Juni–August. Die Blüten sind blau, manchmal auch rosa oder weiß und stehen quirlig in einer langen, endständigen Ähre. Vermehrung durch Aussaat, Teilung oder Stecklinge. Pflanzung an sonnigem Standort auf kalkhaltigem Boden, möglichst warm. *H. officinalis* ist eine alte Heil- und Gewürzpflanze. *H. officinalis* ssp. *aristatus* wird nur etwa 30 cm hoch, hat dunkelblaue Blüten und duftet noch aromatischer. Ähnlich ist der weniger winterharte Rosmarin, *Rosmarinus officinalis*. (5, 12, 40)

Iberis saxatilis, Felsenschneekissen, Brassicaceae (Cruciferae), Kohlgewächse. Etwa 30 *Iberis*-Arten sind in Europa und Asien mit Schwerpunkt im Mittelmeerraum verbreitet. *I. saxatilis* gehört zu den halbstrauchigen Arten Südeuropas. Sie wächst schwächer als *I. sempervirens*, blüht aber etwa 14 Tage früher, d. h. schon ab März, und bringt im Spätsommer–Frühherbst meist noch eine Nachblüte hervor. Das Felsenschneekissen wird etwa 10 cm hoch und trägt schmal-linealische, fleischige Blätter und weiße, manchmal im Verblühen etwas rötliche Blüten in gedrängter, endständiger Traube. Vermehrung durch Stecklinge. Die kompakt wachsende Sorte 'Pygmaea' wird nur etwa 5 cm hoch und eignet sich sehr gut für die Trogbepflanzung, für Mauerkanten und Steingartenbereiche. Die Pflanzstellen dürfen im Sommer nicht zu sehr austrocknen. (24, 25, 31, 32, 38)
▽

Hystrix patula, Flaschenbürstengras, ▷ Poaceae (Gramineae), Gräser. 6 Arten umfaßt die Gattung, die in Nordamerika, Nordostasien und Neuseeland verbreitet ist. Es sind horstbildende, ausdauernde Gräser mit aufrechten Halmen und schmalen, flachen Blättern. Die Blüten stehen in einer lokkeren Ähre und erinnern, wie das Bild zeigt, an Flaschenbürsten. Die 60–120 cm hohen Halme von *H. patula* aus Nordamerika tragen gelblichgrüne Ähren, die im Juli–August erscheinen und sich bei der Reife bräunlich färben. Die Vermehrung erfolgt durch Teilung oder Aussaat; meist verbreitet sich das Flaschenbürstengras auch durch Selbstaussaat. Das Gras gedeiht gut bei trockenem, sonnigem Stand mit Schutz vor Winternässe. Es eignet sich als Einzel- wie als Gruppenpflanze. Bald nach der Reife geschnittene Halme eignen sich gut für die Trockenbinderei. (5, 6, 29)

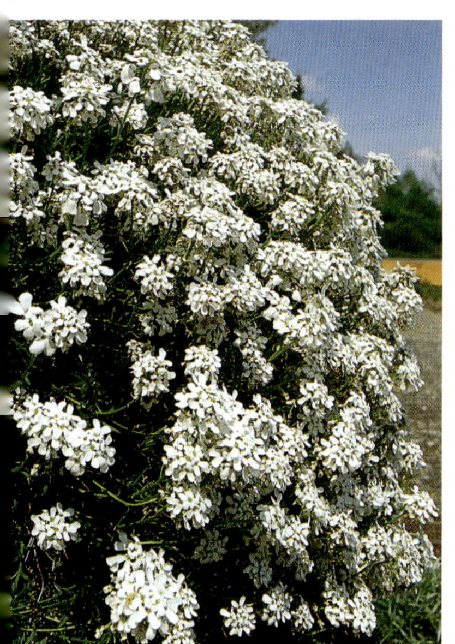

◁ **Iberis sempervirens 'Little Queen'**, Immergrünes Schneekissen, Immergrüne Schleifenblume. 'Little Queen' wird etwa 15 cm hoch, wächst sehr gedrungen kugelig und eignet sich auch gut zur Trogbepflanzung. Von den vielen Sorten blühen 'Winterzauber', 20 cm hoch, und 'Appen-Etz', 15 cm hoch, als erste, oft schon an warmen Spätwintertagen. Die spätesten Sorten sind 'Snowflake' (syn. 'Schneeflocke'), 25 cm hoch, und 'Findel', 20 cm hoch, sehr starkwüchsig, großblumig. Beide blühen erst im Mai. Sorten mit Blütezeit im April–Mai sind: 'Gracilis nana', 15 cm; 'Weißer Zwerg' (syn. 'Little Gem'), niedrigste Sorte mit 10 cm; 'Zwergschneeflocke', 10–15 cm; 'Elfenreigen', 25 cm, großblumig, starkwachsend, im Verblühen mit rosa Hauch; 'Fischbeck', 15 cm; 'Wintermärchen', 25 cm, mit Märzblüte in günstiger Lage; 'Plena', 15–20 cm, gefülltblühend. (24, 25, 31, 32, 38)

△

Iberis umbellata, Sommerschleifenblume. Diese einjährige, sommerblühende und süß duftende Art stammt aus dem Mittelmeergebiet und versamt sich an zusagenden Stellen selbst. Die Pflanze wird etwa 25–30 cm hoch und meist als Mischung angeboten. 'Red Flash' ist eine scharlachrote, etwa 30 cm hohe Auslese, die der Abbildung entspricht. Vermehrung durch Direktaussaat im September oder Ende März–Anfang April. *I. amara* ist eine weitere duftende, etwa 40 cm hohe Art aus dem Mittelmeergebiet. Die Sorte 'Iceberg' (syn. 'Eisberg') bildet verzweigte, die Sorte 'Hyazinthenblütige Riesen' hohe weiße Blütentürmchen. Beide Arten sind auch für den Schnitt geeignet und lassen sich sowohl in Staudenbeeten wie auch zusammen mit Sommerblumen oder im Steingartenbereich und in lockeren Teilen einer Staudenwiese ansäen. (2, 10, 29, 32, 35)

Impatiens balsamina, Balsamine, Balsaminaceae, Balsaminengewächse. ▷ Etwa 500–600 Springkraut-Arten sind in Europa, im tropischen Asien, in Afrika und einige auch in Nordamerika verbreitet. Die meisten sind Kräuter, manche auch Halbsträucher. Meist blühen sie weiß, gelb, rot oder auffallend mehrfarbig. Die Balsamine ist eine alte Zimmer- und Gartenpflanze und schon in den Kräuterbüchern des Mittelalters in vielen Farbvarianten abgebildet. Sie stammt ursprünglich aus dem indisch-malaysisch-chinesischen Raum, Anfang des 16. Jahrhunderts brachten sie die Portugiesen nach Europa. Die einjährige, bis 60 cm hohe Pflanze blüht vom Juni bis zum Herbst. Heute sind meist Mischungen im Handel oder gefülltblühende Typen als Einzelfarben. Wir verwenden sie wie eine Sommerblume mit Vorkultur. Vermehrung durch Aussaat oder Stecklinge. (21, 36, 38)

△

Impatiens-Neuguinea-Hybriden, Neuguinea-Impatiens. Die Eltern aus Neu guinea (*I. hawkeri* × *I. linearifolia*) zeigen meist die typische helle Zeichnung auf der Blattmitte. Die Hybriden sind ausgesprochen wüchsig, reichblühend und besitzen in der Regel auch größere Blüten als die altbekannten Fleißigen Lieschen. Viele Sorten haben sich für Freilandbeete sowie für Kübel, Schalen und als Balkonpflanzen gut bewährt, wobei sie besser im Halbschatten wachsen als in der vollen Sonne. Bei Wärme benötigen sie reichliches Wässern und Düngen, sie vertragen jedoch keine kalte Nässe im Wurzelbereich. Die meisten Sorten werden durch Stecklinge, nur wenige bisher durch Saat vermehrt. Die Farben reichen von Weiß über Rosa und Rot bis zu leuchtendem Orange und dunklem Karminviolett mit allen Zwischentönen und mehrfarbigen Blütenzeichnungen. (21, 26, 38)

Impatiens walleriana (*I. holstii, I. sultani*), Fleißiges Lieschen. ▷ Mit diesen Fleißigen Lieschen lassen sich große Blütenkissen auf Sommerblumenbeeten, aber auch in Balkonkästen und Schalen zaubern. Die Palette der Blütenfarben umfaßt Weiß, Rosa bis Karmin und Orangerot. Es gibt niedrige, etwa 20–25 cm hohe Sorten, aber auch bis 60 cm hohe, kräftig wachsende. Die meisten Sorten haben einfache Blüten. Die gefülltblühenden 'Rosette'- und 'Bellizzi'-Mischungen entwickeln sich nur bei Schutz vor Regen und warmem, sonnigem Wetter schön. Sonniger bis halbschattiger Stand auf einem Boden mit guter Wasserdurchlässigkeit, der aber nicht austrocknet, sind Voraussetzungen für eine gute Entwicklung. Die Vermehrung erfolgt durch Aussaat, bei interessanten Typen durch Stecklinge. Wir verwenden das Fleißige Lieschen als Sommerblume mit Vorkultur. (34, 36, 38)

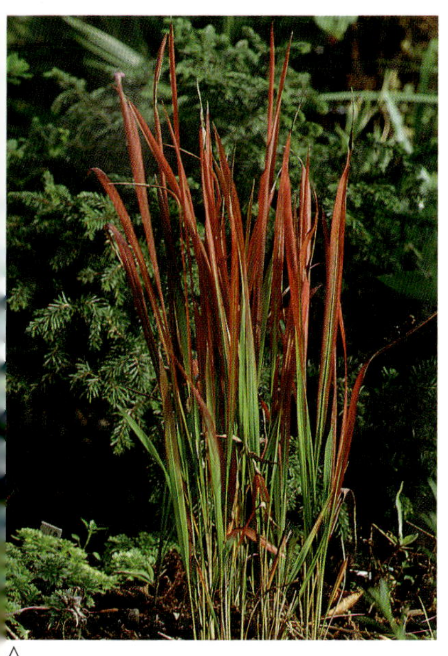

△

Imperata cylindrica 'Red Baron' (*I. arundinacea* var. *europaea*), Japanisches Blutgras, Poaceae (Gramineae), Gräser. 10 *Imperata*-Arten sind in den Tropen und Subtropen der Erde verbreitet. Die Stammart unserer Gartensorte ist in Südeuropa und in den altweltlichen Tropen zu Hause, sie wächst aber auch in Malaysia als lästiges Ackerunkraut. Die Gartensorte 'Red Baron' wächst horstig, breitet sich nur langsam durch Ausläufer aus und zeigt vom Austrieb bis spät in den Herbst kräftig rotes Laub. Sollte diese Sorte einmal blühen, wird ihr Blütenstand dem unseres Wiesenfuchsschwanzes ähnlich sein. Das Laub des Japanischen Blutgrases wird 30–40 cm hoch. Vermehrung durch Teilung. Verwendung an sonniger, nicht zu trockener Stelle, ansonsten ist es anspruchslos. Als roter Farbakzent wirkt es während des ganzen Jahres. (1, 2, 3, 6)

Incarvillea delavayi, Freilandgloxinie, ▷ Bignoniaceae, Bignoniengewächse. 14 Arten sind von Turkestan über Tibet bis China verbreitet. Es sind kahle, am Grunde verholzende Stauden mit rübenartiger Wurzel und grund- oder stengelständigen, 1- bis 3fach gefiederten Blättern. Die großen, meist rosafarbenen oder roten Blüten sitzen meist zu mehreren am Stengelende. Vermehrung durch Aussaat und Teilung. Verwendung an sonnigen oder halbschattigen Stellen auf frischen Böden. *I. delavayi* aus Westchina wird bis 50 cm hoch und ist die wüchsigste und widerstandsfähigste Art. Im Juni–Juli erhebt sich der Blütenstand mit bis 7 cm langen, rosafarbenen, gelbschlundigen, trompetenförmigen Blüten. *I. mairei* var. *grandiflora* aus Nordwestchina wird nur etwa 20 cm hoch. Die karminrosa Blüten mit gelbem Schlund öffnen sich von Mai–Juni. (3, 4, 29, 32)

Inula ensifolia 'Compacta', Schwertalant, Asteraceae (Compositae), Asterngewächse. Etwa 200 *Inula*-Arten sind in Europa, Asien und Afrika verbreitet. Einige als Stauden verwendbare Arten sind in Kultur. Sie lassen sich sehr gut in naturnahe Situationen am Waldrand, in Staudenwiesen und in steppenartige Bereiche einfügen. Sie benötigen einen sonnigen, warmen Standort mit durchlässigem Boden. Vermehrung durch Aussaat, bei Sorten durch Teilung. Die Sorte 'Compacta' wird nur 30 cm hoch, 'Goldammer' nur 10 cm. *I. hirta*, der Rauhe Alant, eignet sich ebenfalls für trocken-warme Bereiche, und *I. britannica*, der Wiesenalant, für feuchte Uferbereiche, wo er bis 60 cm hoch werden kann. Beide sind heimische Arten mit 2–5 cm breiten Blüten, die von Juni–August oder September zu 1–3 an den Triebenden erblühen. (3, 10, 29, 31, 32 bzw. 26, 27)

▽

Inula royleana (*I. macrocephala* hort.). Diese bis 60 cm hohe Art ist im Himalaja zu Hause. Sie bildet straff aufrechte, unverzweigte Stengel, an denen im Juli endständige, 10–12 cm große Blüten erblühen. Die Blätter sind eiförmig, leicht gezähnt und behaart, der Blattstiel ist geflügelt. Es ist eine schöne Art für nicht zu trockene, tiefgründige, nährstoffreiche Böden. Aus dem Kaukasus stammt *I. magnifica* (*I. afghanica*), die bis 1,5 m hoch wird und im Juni–August blüht. Ihre bis 12 cm großen Blütenköpfe mit orangefarbener Scheibe und goldgelben Strahlenblüten stehen zu mehreren in einer Doldentraube am Triebende. Ihre Grundblätter sind bis 1 m lang, breit-elliptisch und derb. *I. magnifica* ist eine sehr wirkungsvolle Art, die im Garten dem Echten Alant, *I. helenium*, vorzuziehen ist. Vermehrung durch Teilung oder Aussaat. (1, 8, 10)

▽

◁ **Inula helenium**, Echter Alant. Zentralasien, von dort verbreitet in Europa, Nordamerika und anderen asiatischen Gebieten. Die imposante, bis 2 m hohe Staude mit großen, bis 1 m langen, grundständigen Blättern wird seit dem Mittelalter als Zier-, Gewürz- und Heilpflanze in Kloster- und Bauerngärten kultiviert. Sie blüht im Juli–August, die gelben Blüten stehen in lockerer Doldentraube. Verwendet wird fast ausschließlich der Wurzelstock, meist in Teemischungen bei Husten und Bronchitis. Im Mittelalter Zauberpflanze. Der Echte Alant eignet sich besonders für Wildstaudengesellschaften, wo die Pflanze entsprechenden Platz benötigt. Sie ist anspruchslos, liebt Sonne, mag aber gleichzeitig frische Böden. Im Garten ist er meist durch die schönere, aus der Kaukasusregion stammende *I. magnifica* ersetzt, die etwas niedriger bleibt. (3, 8, 16)

Ionopsidium acaule, Scheinveilchen, ▷ Brassicaceae (Cruciferae), Kohlgewächse. Nur diese eine Art, die in Portugal vorkommt. Es ist eine zierliche, einjährige, niedrig-rasenartig wachsende Pflanze mit ungeteilten Grundblättern und einzelnen kleinen Blüten auf langen, fadenförmigen Stielen. Sie wächst in der Heimat am Strand oder auf feuchten Basalthügeln und beginnt 2–3 Wochen nach der Aussaat zu blühen und intensiv nach Honig zu duften. Die Blütenfülle ist so groß, daß meist die Blätter nicht mehr zu sehen sind. Die Blütenfarbe ist normalerweise Violett, seltener Weiß. Es gibt aber auch alle Zwischentöne. Hitze und starke Sonne verträgt diese Art nicht; sie wächst am besten an feuchten Stellen im Halbschatten. In milden Wintern können im Herbst gekeimte Pflanzen grün überwintern und dann sehr zeitig und kräftig im Frühjahr blühen. (21, 27, 35)

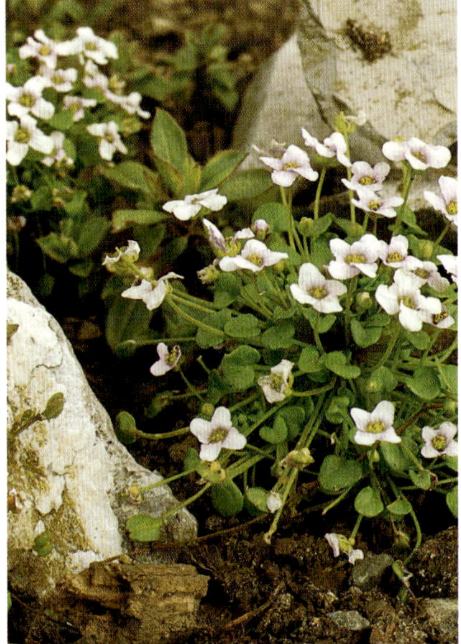

Iresine herbstii, Iresine, Amaranthaceae, Fuchsschwanzgewächse. Etwa 80 Arten sind in Amerika, Australien und auf den Galapagosinseln verbreitet. *I. herbstii* kommt aus Brasilien und wird bis 40 cm hoch. Wir verwenden sie wegen ihrer bunten Blattfärbung für teppichartige Pflanzungen, auch in der hellgrün-goldnervig gefärbten Form *I. herbstii* f. *aureo-reticulata.* Vermehrung durch Stecklinge mit Vorkultur und Auspflanzen Ende Mai. Beste Entwicklung zeigen die Pflanzen auf nährstoffreichen, frischen Böden in voller Sonne. Ähnlich wird auch das Wechselkölbchen, *Althernanthera ficoidea* mit den Sorten 'Amoena' und 'Versicolor' verwendet. Es stammt ebenfalls aus Brasilien, wird etwa 20 cm hoch und hat gelb oder rot panaschierte oder ganz ausgefärbte Blätter. Vermehrung durch Stecklinge, Verwendung wie bei Sommerblumen mit Vorkultur. (36)
▽

◁ **Ipheion uniflorum** *(Brodiaea uniflora, Triteleia uniflora),* Sternblume, Alliaceae (Liliaceae), Lauchgewächse. 10 Arten gibt es in Südamerika. Es sind zwiebelbildende Stauden, die in lichten Pflanzungen durch den Schutz der Nachbarpflanzen auch unsere Winter überdauern können. Zwischen den grasartigen, bis 30 cm langen Blättern erscheinen auf kurzen Stielen die bis 3 cm breiten, sternförmigen Trichterblüten. Sie sind weiß mit einem Hauch von Lila, bei 'Wisley Blue' himmelblau, bei 'Album' weiß und bei 'Lilacinum' lila. Winterschutz durch Laubdeckung mit Reisig ist angebracht. Vielfach legt man sie mit Lilien zusammen. Da sie früh austreiben, kennzeichnen sie Lilienpflanzstellen, so daß die Lilienaustriebe bei Gartenarbeiten nicht verletzt werden. Die Sternblume wächst am besten an sonnigen Stellen, die durchaus sommertrocken sein können. (3, 10, 11)

◁ **Iris barbata Elatior-Hybride,** Schwertlilie, Iridaceae, Schwertliliengewächse. Etwa 200 Arten. Die modernen tetraploiden Sorten der Bartiris haben mit der mittelalterlichen *I. germanica* (die auch schon hybriden Ursprungs ist) nicht mehr viel gemeinsam. Unzählige attraktive Sorten wurden gezüchtet, und etliche Liebhabergesellschaften auf der ganzen Welt nehmen sich dieser Staude an. Aus den dicken, an der Oberfläche liegenden Rhizomen entwickeln sich die breiten, schwertartigen Blätter. An kräftigen, verzweigten Blütenschäften stehen die attraktiven Irisblüten, die aus 3 Dom- und 3 Hängeblättern bestehen, wobei sich auf den Hängeblättern ein „Bart“ befindet. Es gibt kaum eine Farbe, die sich nicht in der Blüte der Bartiris wiederfindet. Sie benötigt einen sonnigen Platz ohne Staunässe. Bild: 'Dancers Veil'. (1, 5, 12)

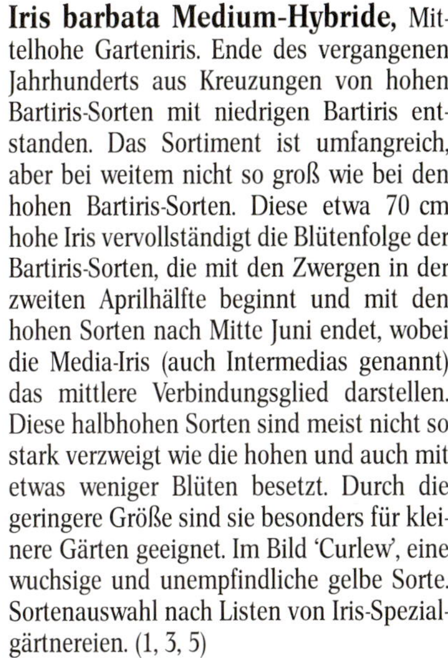

Iris barbata Medium-Hybride, Mittelhohe Garteniris. Ende des vergangenen Jahrhunderts aus Kreuzungen von hohen Bartiris-Sorten mit niedrigen Bartiris entstanden. Das Sortiment ist umfangreich, aber bei weitem nicht so groß wie bei den hohen Bartiris-Sorten. Diese etwa 70 cm hohe Iris vervollständigt die Blütenfolge der Bartiris-Sorten, die mit den Zwergen in der zweiten Aprilhälfte beginnt und mit den hohen Sorten nach Mitte Juni endet, wobei die Media-Iris (auch Intermedias genannt) das mittlere Verbindungsglied darstellen. Diese halbhohen Sorten sind meist nicht so stark verzweigt wie die hohen und auch mit etwas weniger Blüten besetzt. Durch die geringere Größe sind sie besonders für kleinere Gärten geeignet. Im Bild 'Curlew', eine wuchsige und unempfindliche gelbe Sorte. Sortenauswahl nach Listen von Iris-Spezialgärtnereien. (1, 3, 5)
▽

Iris barbata Nana-Hybride, Zwergiris-Sorten. Auch hier hat sich eine enorme Sortenvielfalt mit vielen Blütenfarben und Farbkombinationen entwickelt. Spezialisten unterscheiden noch zwei unterschiedliche Größenklassen, die Miniatur Dwarfs mit bis 20 cm Höhe und die Standard Dwarfs mit einer Höhe von 21–40 cm. Die Miniatur Dwarfs blühen früher und sind nur 1- bis 2blütig, während die anschließend blühenden Standard Dwarfs meist 2–3 Blüten bilden. Alle sind reizende Gestalten für intimere Pflanzplätze im Steingarten, in Trögen, an Gehölzrändern und ähnlichen Plätzen. Auch sie lieben keine stauende Nässe, sondern milde Feuchtigkeit während der nur kurzen Wachstumsperiode. Volle Sonne ist Voraussetzung für gutes Gedeihen. Es wird kaum eine Bartiris vertrocknen, egal welcher Größenklasse! Bild: 'Gingerbread Man'. (3, 5, 12, 32)
▽

◁ **Iris brevicaulis,** Kurzstengelige Schwertlilie. Südliche und mittlere Teile der USA, besonders im Mississippibecken. Eine Iris für den Naturgarten. Die Pflanze benötigt etwas Platz, da die Rhizome ziemlich wuchern. Der Blütenstengel lagert oder ist aufstrebend und zickzackförmig gebogen. An seiner Spitze stehen zwei attraktive, hell violettblaue bis purpurblaue Blüten. Weitere freistehende Blüten entwickeln sich in den Achseln der verhältnismäßig großen Blätter, von der Basis aus beginnend. Eine hübsche Iris, die leicht zu kultivieren und im Vergleich zu verwandten Arten völlig winterhart ist. Sie ist eigentlich eine Sumpfpflanze, wächst aber auch noch in normalen, leidlich feuchten Gartenböden. Sie gedeiht auch im Halbschatten, ist dann aber weniger blühfreudig, und liebt neutrale bis leicht saure Bodenreaktion. Vermehrung durch Aussaat. (26, 27)

◁ **Iris bucharica** *(Juno bucharica)*, Buchara-Geweihiris. Eine der wüchsigsten, härtesten Juno-Iris, die schon früh blüht. Sie bildet unterirdisch eine große Zwiebel mit dicken fleischigen Wurzeln. Die großen, maisartig angeordneten Blätter sind breit, glänzendgrün, rinnig, mit weißem hornartigen Rand. Die duftenden Blüten stehen in den Blattachseln und haben einen Durchmesser von etwa 5 cm. Die weißen, kleinen Domblätter stehen horizontal ab, die Hängeblätter sind cremeweiß und zeigen auf der Spreite ein kräftiges Dunkelgelb. Blüte meist Ende April–Anfang Mai. Ein hübscher Partner zu *Muscari* oder anderen zur gleichen Zeit blau blühenden Zwiebelpflanzen. Sie stellt an den Boden wenig Ansprüche, doch sollte gute Dränage gewährleistet sein; ein vollsonniger Platz ist wichtig. Ähnlich gut sind *I. graeberiana* und *I. magnifica.* (3, 12, 32).

Iris delavayi, Delavay's Iris. Südwestchina. Eine Iris der 40chromosomigen Sibirica-Gruppe. Nur sporadisch im Angebot, sonst aus Samentausch von Liebhabergesellschaften. Sie bildet dekorative, verhältnismäßig breite, beidseitig graugrüne Blätter. Die 100–130 cm hohen Blütenstengel sind hohl und haben 1–2 Äste, manchmal auch 3, an deren Spitze 2 Blüten stehen. Breite Hüllblätter, zur Blütezeit krautiggrün mit trockenhäutiger Spitze. Violette Blüten mit weißer Zeichnung. Im Gegensatz zu anderen Arten dieser Gruppe befindet sich kein Gelb in der Blüte. Die Pflanze liebt volle Sonne und einen verhältnismäßig feuchten, humosen Boden von neutraler bis leicht saurer Reaktion. Der Boden muß auch im Sommer vor dem Austrocknen geschützt werden, deshalb sind Pflanzplätze an Rändern von Gartengewässern besonders günstig. (26, 27) ▽

Iris danfordiae (Iridodictyum danfordiae). Türkei. Kleine gelbe Zwiebeliris, im Gegensatz zur gelbblühenden *I. winogradowii*, die äußerst selten ist, oft angeboten. Aus den länglichen, kleinen Zwiebeln entwickeln sich zuerst die gelben Irisblüten, wobei die Hängeblätter einen schwarzpunktierten Nagel haben, die Lippe grün gesprenkelt ist. Die Domblätter sind unscheinbar und borstenartig. Der wichtige Vorfrühlingsblüher öffnet seine Blüten bei günstiger Witterung schon im Februar. Zur Blütezeit ist die Pflanze nur 10 cm hoch. Die 4kantigen Blätter sind zur Blüte noch niedrig, sie entwickeln sich erst anschließend bis zu 30–40 cm Länge und wirken dann etwas störend. Die im nächsten Jahr in kleine Nebenzwiebeln aufspaltenden Zwiebeln benötigen längere Zeit bis zur Blüte. Trotz der kleinen Nachteile wichtige Gartenpflanze. (3, 11, 32) ▷

Iris ensata *(I. kaempferi)*, Japaniris. Korea, Japan, Mandschurei. Die frischgrünen Blätter zeigen eine erhöhte Mittelrippe, die schlanken Stengel besitzen meist einen Seitenzweig, oft 3- bis 4blütig. Die Blütenfarbe, oft schon in der Natur variabel, liegt zwischen Blaßblau und Tiefviolett. Der Dom ist wesentlich kleiner als die Hängeblätter. Blütezeit Juli. Die in Ostasien jahrhundertealte Kulturpflanze gibt es in vielen Sorten, auch mit gefüllten und monströsen Blütenformen. Der Standort sollte vollsonnig und zur Vegetationszeit sehr feucht sein, sie kann zu dieser Zeit auch im flachen Wasser stehen. Nach der Blüte wünscht sie jedoch einen trockeneren Stand, was nicht immer leicht zu bewerkstelligen ist. Sie ist dankbar für genügend Dünger und liebt eine saure Bodenreaktion, in kalkhaltigen Böden wird sie leicht chlorotisch. (13, 26, 27) ▷

◁ **Iris foetidissima,** Stinkende Iris. Westeuropa, Italien, Jugoslawien. Dunkelgrüne, 35–55 cm lange Blätter kommen aus einem schmalen, langsam wachsenden Rhizomen. Der Blütenstengel wird 30–60 cm hoch und trägt etliche verkürzte Stengelblätter. Zur Blütezeit ist noch keine Verzweigung ausgebildet, erst anschließend entwickelt sich der Stengel vollständig, mit Verzweigung. Die Blüte ist für Iris weniger auffällig, sie ist schmutziglila, aber auch gelblich (Bild: 'Citrina'). Trotzdem eine beachtenswerte Gartenpflanze, die einen etwas geschützten Platz bekommen sollte, da sie in exponierten Lagen oft nicht winterhart ist. Sie gedeiht auch gut an halbschattigen oder absonnigen Plätzen in leicht sauren Böden. Die immergrünen, dunklen Blatthorste sind eine Zierde, ebenfalls der Samenstand mit leuchtend orangenfarbenen Samen. (4, 18, 20, 21, 23)

Iris fulva, Terrakotta-Iris. USA, entlang des Mississippi. Eine im Gegensatz zu England in Mitteleuropa weniger verbreitete Iris. Die schlanken Blütenstengel werden 70–80 cm hoch, mit einer kurzen Verzweigung. Sie sind beblättert und oft zickzackförmig. An den Spitzen stehen 2 Blüten, ebenfalls in den Achseln der oberen Stengelblätter. Diese haben eine für Wildiris auffallende kupfrig-terrakottafarbene Tönung, es gibt aber auch mehr gelbliche Typen. Leider ist diese Iris in exponierten Lagen nicht völlig winterhart, sie benötigt dort etwas Winterschutz. Sie ist dankbar für Düngung und wünscht eine neutrale bis leicht saure Bodenreaktion. Zur Vegetationszeit ist ausreichende Feuchtigkeit wichtig, sie kann dann ausgesprochen naß stehen, später auch trockener. Hübsch wirkt diese Iris an Gartengewässern jeder Art. (26, 27)

▽

Iris graminea, Pflaumenduftiris. Weites Verbreitungsgebiet, auch heimisch. Diese alte Garteniris gehört zu der Gruppe der Zwergspuria. Sie bildet dichte Blatthorste von 20–45 cm Höhe, entsprechend schwankt die Blattbreite zwischen 3 und 7 mm. Die Blüten fallen wenig auf, sie sitzen ziemlich tief zwischen den Blattmassen. Die kurzen abgeflachten Stengel tragen 2 endständige Knospen, meist ist der Stengel 10–20 cm hoch und nicht hohl. Der Gesamteindruck der Blütenfarbe ist blauviolett, wie die Domblätter, die Hängeblätter sind dagegen am Nagel gelblichweiß und blau geadert. Trotz der wenig auffälligen Blüte ist diese Art eine beliebte Gartenpflanze, die Blüten haben einen angenehmen, fruchtigen Duft (Pflaumenduftiris). Für sonnige Gehölzränder, größere Steingärten, an den Boden weniger anspruchsvoll, verträgt auch Trockenheit. (3, 18, 32)

▽

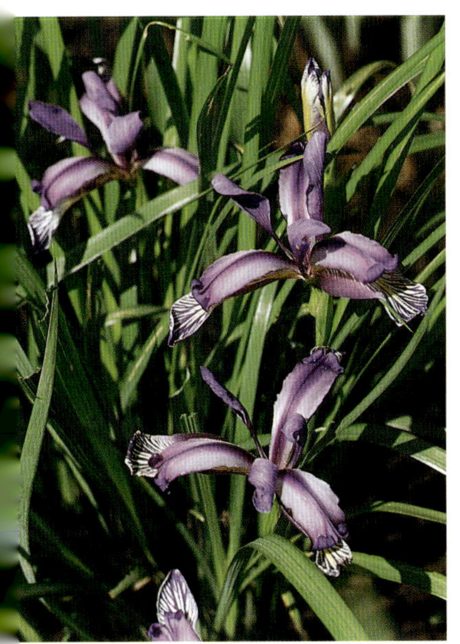

Iris humilis, Sandiris. Niederösterreich, Tschechoslowakei und Ungarn und Innerasien. Nicht zu verwechseln mit der kleinen Zwergspuria, die einmal diesen Namen hatte und jetzt *I. pontica* heißt. Spärliche Rhizomhorste treiben frühzeitig aus, wobei die Blütenstengel der europäischen Type nur etwa 10 cm hoch werden, die der asiatischen etwa doppelt so hoch. Die Stengel sind 2blütig, die Blütenfarbe variiert zwischen Licht- und Tiefgelb. Diese liebenswerte kleine Iris hat leider nur eine kurzzeitige Blüte. Die Einzelblüten öffnen sich oft nur für einen Tag, sind aber sehr hübsch. Etwas für Liebhaber, für intime Gartenplätze, die sehr sonnig sein sollten und die eine vorzügliche Dränage gewährleisten. Sie zieht im Herbst bald völlig ein. Diese Iris ist völlig winterhart, sie ist mit ihrem asiatischen Vorkommen die „nördlichste" Bartiris. (3, 18, 32) ▷

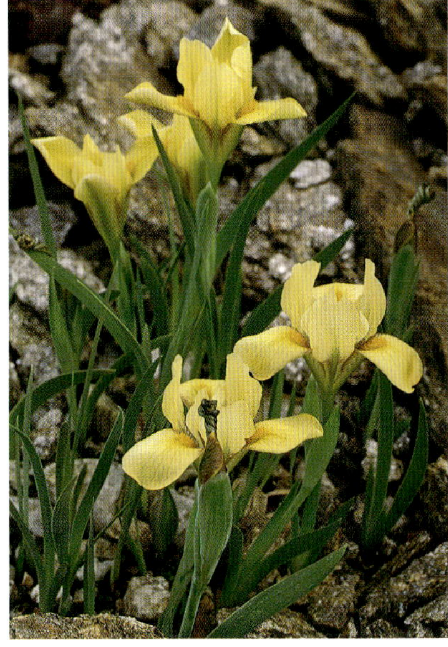

Iris japonica, Gefranste Iris. Japan. ▷ Eine Iris, die nur in günstigen Lagen ohne Winterschutz aushält. Die Rhizome kriechen weit umher. Die immergrünen Blätter mit den überhängenden Spitzen können bis 60 cm lang werden. Die 50–60 cm hohen Stengel sind reich verzweigt. Sie tragen etwa 5 cm breite, weiße Blüten, die zum Rand hin azurblau auslaufen und einen gesägten, welligen Rand haben. Der Kamm ist 3rippig, der Mittelkamm gelb. Die Griffeläste sind feingefranst. Da der Blütenstand bis zu 30 Blüten tragen kann, zieht sich die Blütezeit (Mai–Juni) oft bis zu 4 Wochen hin. Verbreitet ist die Sorte 'Ledger's Variety' (Bild). Sie gilt als eine härtere Form. *I. japonica* 'Variegata' ist eine hübsche Blattschmuckstaude mit panaschiertem Laub. Die attraktive Iris lohnt den Mehraufwand einer frostfreien Überwinterung. (3, 16, 18)

◁ **Iris laevigata,** Asiatische Sumpfiris. Ostsibirien, China, Japan, Korea. Diese Art variiert wegen des großen Verbreitungsgebietes. Durchschnittlich werden die Pflanzen etwa 80 cm hoch, überwiegend ist der Stengel unverzweigt. Die Domblätter der meist duftlosen Blüten stehen straff aufrecht. Die Hängeblätter haben einen gelben Mittelstreifen. Die Grundfarbe ist Violett mit Weiß, meist zeigen sie jedoch das reinste Blau im gesamten Spektrum der Iris-Arten. Die Blätter von *I. laevigata* sind glatt (ohne die Mittelrippe, wie bei *I. ensata*). Allerdings gibt es zwischen den beiden genannten Arten zahlreiche Hybriden. Völlig winterhart! Sie liebt etwas saure Bodenreaktion und benötigt flachen Wasserstand während des gesamten Jahres. Es gibt einige Farben- und Formtypen. Hübsch ist die panaschierte *I. laevigata* 'Variegata' (Bild). (26, 27, 28)

△ **Iris lacustris.** Nordamerika. Wohl die kleinste Iris überhaupt, sie bildet lockere Teppiche. Aus dem umherstreifenden Rhizom treibt das Laub, das zur Blütezeit noch kurz ist, sich nach der Blüte aber bis zu 10 cm (manchmal bis 16 cm) Länge entwickeln kann. Die kleinen Blüten stehen auf nur 3–4 cm langen, unbeblätterten Stielen. Die Kronröhre ist 1,3–2 cm lang, sich allmählich an der Basis ausweitend. Die Dom- und Hängeblätter sind keilförmig, die Hängeblätter hellblauviolett mit weißer Zeichnung und orangefarbigem, weiß gefranstem Kamm, die Domblätter kürzer und blauviolett. Die Blütezeit ist verhältnismäßig kurz. Trotzdem ist *I. lacustris* wegen ihrer Zierlichkeit in Liebhaberkreisen sehr gesucht. Manchmal remontiert die Pflanze im Herbst. Wegen ihrer geringen Größe nur für besondere Plätze wie Tröge und Schalen. Sehr gut winterhart! (31, 32)

Iris latifolia *(Xiphium latifolium)*, Pyrenäen-Zwiebeliris. Pyrenäen. Auch als „Englische Iris" bekannt. Aus der mittelgroßen Zwiebel entwickelt sich der etwa 60 cm hohe Blütenschaft mit 2 oder 3 großen Blüten, die nacheinander aufgehen. Die Einzelblüte hat einen Durchmesser von 12–21 cm, sie ist dunkelblau mit einem auffallenden, goldfarbenen Fleck. Nur hin und wieder finden sich in der Natur andersfarbige, etwa weißblühende Typen. Die Blätter sind steif, rinnig und blaugrün gefärbt. Die Zwiebeln sind im Herbst möglichst sofort zu pflanzen, 10–15 cm tief. Im Gegensatz zu allen anderen Zwiebeliris liebt *I. latifolia* ein feuchteres Substrat, besonders während der Vegetationszeit im Frühling. Abweichend von den anderen Arten der *Xiphium*-Iris wird das Laub erst im Vorfrühling sichtbar. Dauerhaft an feuchteren Plätzen! (26, 32) ▷

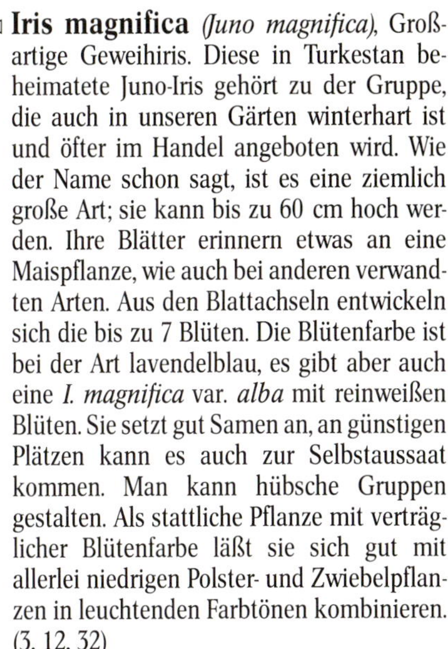

◁ **Iris magnifica** *(Juno magnifica)*, Großartige Geweihiris. Diese in Turkestan beheimatete Juno-Iris gehört zu der Gruppe, die auch in unseren Gärten winterhart ist und öfter im Handel angeboten wird. Wie der Name schon sagt, ist es eine ziemlich große Art; sie kann bis zu 60 cm hoch werden. Ihre Blätter erinnern etwas an eine Maispflanze, wie auch bei anderen verwandten Arten. Aus den Blattachseln entwickeln sich die bis zu 7 Blüten. Die Blütenfarbe ist bei der Art lavendelblau, es gibt aber auch eine *I. magnifica* var. *alba* mit reinweißen Blüten. Sie setzt gut Samen an, an günstigen Plätzen kann es auch zur Selbstaussaat kommen. Man kann hübsche Gruppen gestalten. Als stattliche Pflanze mit verträglicher Blütenfarbe läßt sie sich gut mit allerlei niedrigen Polster- und Zwiebelpflanzen in leuchtenden Farbtönen kombinieren. (3, 12, 32)

△

Iris pallida, Dalmatinische Iris. Südalpen, Istrien, Dalmatien. Hohe Bartiris mit durchaus goßen, wohlriechenden, lavendelblauen Blüten mit berechtigtem Gartenwert. Lediglich die Verzweigung entspricht nicht dem Ideal, denn die Blüten sitzen ziemlich dicht am Stengel. Die Pflanze ist zur Blütezeit etwa 1 m hoch. Ein typisches Merkmal sind die bereits im knospigen Zustand trockenhäutigen Hüllblätter. Diese Iris bildet zusammen mit *I. illyrica* und *I. cengtiali*, die die gleiche Eigenschaft aufweisen, die „Pallida-Gruppe". Die Horste von *I. pallida* stechen auch von anderen Bartiris durch die Farbe der schwertförmigen Blätter ab. Sie kann als Blaugrün mit silbrigem Schimmer bezeichnet werden. Es gibt auch panaschierte Typen: *I. pallida* 'Variegata', eine mit grün-weißem und eine mit grün-gelblichweißem Blatt. (1, 3, 5, 12)

Iris pseudacorus, Sumpfschwertlilie. ▷ Europa, Asien, Nordafrika, in Amerika eingeschleppt. Die bekannte heimische Art wird 70–100 cm hoch. Sie bildet sattgrüne, schilfähnliche, bis 3 cm breite Blätter, etwas zusammengedrückte, verzweigte Stengel und gelbe Blüten mit schwarzbrauner Zeichnung in der Mitte. Schmale Domblätter und Griffeläste, aufrecht und annähernd gleich groß. Die langgenagelten Hängeblätter sind wesentlich größer und flach ausgebreitet. Auch die Fruchtstände sind zierend, sie sollten aber rechtzeitig abgeschnitten werden, da es sonst oft zu unkontrollierter Selbstaussaat kommt. Die Pflanze kann ganzjährig im Wasser stehen, akzeptiert aber auch trockenere Plätze im Garten. Es gibt einige Naturformen und auch Züchtungen. Attraktiv sind die blaßgelb panaschierte 'Variegata' und die neuen tetraploiden Sorten. (26, 27, 28)

◁ **Iris reichenbachii,** Reichenbachs Iris. Balkan. Diese Iris gehört unter den zwergigen Bartiris-Arten zu den wüchsigsten. Sie wird 18–27 cm hoch, mit zylindrischem, hohlem Blütenstengel. Die Blätter, die bis 33 cm lang werden können, sind meist gerade, manchmal auch sichelförmig, je nach Lokalform. Als Blütenfarbe findet man überwiegend Gelb, entweder schön sattgelb, manchmal beim Nagel auch hell- oder schmutzigblau getönt. *I. reichenbachii* bildet 2 Blüten mit goldgelbem Bart. Ein Merkmal dieser Art sind die rundlichen, scharf gekielten Hüllblätter, die sie von *I. lutescens* unterscheiden, mit der sie öfter verwechselt wird. Sie bildet im Garten ansehnliche Horste. An sonnigen Plätzen macht sie keine Schwierigkeiten und bei nicht zu schwerem Boden gibt es kaum Ausfälle. Dankbare Art für Steingarten und sonnigen Gehölzrand. (3, 31, 32)

Iris reticulata (Iridodictyum reticulatum), Kleine Netzblattiris. Kaukasus und Transkaukasien. Aus den kleinen Zwiebeln, deren Außenhaut eine netzartige Zeichnung zeigt, treiben im Vorfrühling die 15–20 cm hohen Blütenschäfte. Das Laub ist zur Blütezeit schon etwas höher, entwickelt sich aber erst anschließend zur vollen Länge. Die grazilen, nach Veilchen duftenden Blüten werden etwa 6 cm breit. Die kultivierte, tiefblauviolette Form ist möglicherweise schon eine Hybride. Sie wird im Herbst vom Blumenzwiebelhandel billig angeboten. Nach der Blüte zerfällt die Zwiebel oft in kleine Brutzwiebelchen. Diese besonders aufzuziehen, lohnt nicht. Die Herbstpflanzung der gekauften Zwiebeln erfolgt etwa 8 cm tief in leicht kalkhaltigen, durchlässigen Boden. Blüte meist im März, an günstigen Stellen bereits im Februar. (5, 11, 32) ▷

Iris ruthenica, Siebenbürger Gräseriris. Karpaten. Ihr Horst kann außerhalb der Blütezeit fast mit einem Grasschopf verwechselt werden. Die Blätter werden etwa 20 cm lang und 0,3–0,6 cm breit, sie sind frischgrün und an der Oberfläche glänzend. Die dünnen Rhizome verzweigen sich stark. Je nach vorhandener Feuchtigkeit wird der Blütenstengel zwischen 3 und 20 cm lang. In den meisten Fällen sitzt die Blüte jedoch zwischen den Blättern. Jeder Blütenstiel trägt nur 1 Blüte. Die Blüten in weißer Grundfarbe sind mit einer kräftigen, dunkelblauen bis blauvioletten Aderung versehen. Die bartlosen Hängeblätter stehen horizontal ab, der Dom steht aufrecht. Die Blütezeit dauert nicht lange, es gibt wenig- und reichblütige Klone. Insgesamt gesehen ist *Iris ruthenica* eine dankbare Gartenpflanze, die durch den schönen grasartigen Horst hübsch aussieht. (3, 18, 32) ▽

Iris setosa, Borstige Iris. Ostasien, Alaska, Kanada. Die am nördlichsten vorkommende Iris überhaupt. In Alaska sind oft ganze Flußtäler bewachsen. Durch das große Verbreitungsgebiet bedingt, gibt es sehr unterschiedliche Stengelhöhen. Die Normalform wird etwa 45 cm hoch, sie kann aber auch 80 cm und mehr erreichen. Das Laub bildet dichte Büschel und ist oben zurückgebogen, 2,5 cm breit, deutlich gerippt und an der Basis rötlich. Die Pflanze hat kurze und dicke Rhizome. Die Hängeblätter sind 5–7 cm lang. Auf fahlem Grund befindet sich ein Netz tief- oder rötlichvioletter Adern. Die Domblätter sind borstenartig verkümmert (Borstige Iris). Sie liebt etwas mehr Bodenfeuchtigkeit, bei zu trockenem Stand siedeln sich leicht Blattläuse an der Basis an. Die Bodenreaktion sollte leicht sauer sein. Auch hübsch an Gartengewässern. (20, 26, 27) ▽

Iris sibirica, Wieseniris. Die Bezeichnung „Sibirische Iris" sollte man vermeiden, da diese Art in Europa und nicht in Sibirien wächst. Sie ist eine der wichtigsten *Iris*-Arten für den Garten. Die Höhe der Blütenstengel schwankt zwischen 60 und 120 cm. Das grasartige Laub (0,6–1,2 cm breit) bildet dichte Horste. Die Blätter haben viele erhabene Nerven. Die Blüten sind blauviolett, es gibt aber auch andersfarbige Sorten. Blütezeit Juni. Sie wächst in normalem Boden, wenn dieser ein Minimum an Frische zeigt, kann während der Vegetationszeit aber auch einen flachen Wasserstand vertragen. Es gibt viele Züchtungen, das Bild zeigt 'Court Ruffles'. Sorten der Staudensichtung sind: 'Cambridge', 'Dreaming Spires', 'Blue Celeste', 'Caesar', 'Dreaming Yellow', 'Mountain Lake', 'My Love', 'Sea Shadows', 'Snow Crest', 'White Swirl'. (1, 13, 18, 26, 27) ▷

△

Iris spuria, Steppeniris. Eine weitverbreitete, komplexe Art, die von Südschweden bis Mittelspanien und von der Türkei bis Kaschmir vorkommt. Die Wildarten sind im Garten hübsch, spielen aber nicht die große Rolle wie die *Iris*-Spuria-Hybriden, von denen es besonders in den USA viele Züchtungen gibt, im Bild 'Wakerobin'. Es sind Stauden, die einen warmen, vollsonnigen Platz lieben. Bis zur Blüte brauchen sie genügend Feuchtigkeit, wollen dann aber trockener stehen. Sie lieben einen gut gedüngten Boden. Die Hybriden erreichen je nach Sorte eine Höhe von 80–120 cm. Die Blätter sind breit, die Blütenfarbenskala erreicht fast die der Bartiris. Nicht alle blühen in Mitteleuropa reich, zuverlässig sind die alten Sorten 'Premier', 'Cambridge' und die bewährten 'Cherokee Chief' und 'Trush Song'. Sie können am Gartenplatz uralt werden. (1, 3, 8, 16, 18)

△

Iris tectorum, Dachiris. China, Japan. Diese 40–50 cm hohe *Iris* hat 3–4 cm breite, hellgrüne, deutlich gerippte Blätter, die sich aus kriechenden Rhizomen entwickeln. Die etwas flatterigen Blüten sind 10 cm breit und von lila Farbe, es gibt aber auch reinweiße Formen. Die Hängeblätter haben eine dunklere Aderung und einen reinweißen Kamm. Zur Vollblüte stehen sowohl Hänge- als auch Domblätter ziemlich waagrecht, so daß fast eine radförmige Gestalt entsteht. Die Stengel verzweigen sich schwach. Die Dachiris ist eine etwas exotisch anmutende Iris, deren Blütezeit etwa der von hohen Bartiris entspricht oder kurz davor liegt. Sie liebt sonnige bis halbschattige Plätze, einen humosen Boden und eine schwach saure Bodenreaktion. Im Garten kann man sie zwischen niedrige Rhododendren oder an ähnlichen Stellen pflanzen. (3, 16)

Iris versicolor, Verschiedenfarbige Iris. Nordost-USA. Sie wird etwa 60 cm hoch, mit 1- bis 2mal verzweigtem Stengel. Das Laub überragt die Blüten etwas und ist etwa 3 cm breit. Die Blüten sind meist blaß violettblau mit einer dunkleren Aderung. Es gibt sowohl in der Natur als auch im Garten Blüten von kräftigerer violetter Farbe, ebenso weiße und rosa Typen. Eine hübsche rötliche Form ist unter der Bezeichnung 'Kermesina' bekannt. Sie wächst in der Natur an Plätzen mit saurer Bodenreaktion, was im Garten berücksichtigt werden muß. Volle Sonne und hohe Bodenfeuchte sind weitere Bedingungen für ein gutes Gedeihen. Für gärtnerische Feuchtbereiche jeder Art geeignet. Ähnlich der heimischen *I. pseudacorus* nimmt diese Art aber auch mit trockeneren Plätzen vorlieb und kann in Wildstaudenpflanzungen verwendet werden. (18, 26, 27)
▽

Iris variegata. Balkan, Österreich bis ▷ Süddeutschland. Eine echte Bartiris-Art, die an der Entstehung von *I. germanica* beteiligt war. Es ist eine niedrige Art von nur 15–40 cm Höhe (je nach Herkunft), die wie andere nördlich beheimatete Bartiris-Arten im Winter völlig einzieht. Die Blütezeit geht mit der der hohen Bartiris-Hybriden parallel. Die Hüllblätter wirken etwas krautig und aufgeblasen. Die Blütenblätter sind gelb, wobei sich auf den Hängeblättern eine variable braune Aderung befindet. Die Pflanzen bilden 2 Blüten und verzweigen sich je nach Herkunft mehr oder weniger. Eine hübsche Steingarteniris für warme, trockene Lagen, da sie an solchen Stellen den Flor der niedrigen Bartiris-Hybriden fortsetzt. Gut auch als Vorpflanzung an Gehölzrändern. Auch lila geaderte und reinweiße Formen gibt es, sie sind allerdings selten. (3, 5, 29, 32)

◁ **Isopyrum thalictroides**, Muschelblümchen, Ranunculaceae, Hahnenfußgewächse. Etwa 30 Arten umfaßt die Gattung, die in der nördlichen gemäßigten Hemisphäre verbreitet ist. Das Muschelblümchen sieht nicht nur so aus, sondern kann auch wie ein Mini-Buschwindröschen verwendet werden. Es stammt aus Südosteuropa, wird etwa 20 cm hoch und hat einen ähnlich dünnen, kriechenden Wurzelstock wie das Buschwindröschen. Die schlanken, aufrechten, im oberen Teil verzweigten Stengel sind beblättert und mehrblütig. Das ist der Unterschied zum Buschwindröschen. Die schalenförmigen, weißen Blüten öffnen sich von April–Mai. Nach der Blüte zieht die Pflanze bald ein und ist deshalb besonders unter Sträuchern im Schattengarten und im Alpinum gut zu verwenden. Sie liebt Laubhumusboden an nicht zu trockener Stelle. Vermehrung durch Aussaat oder Teilung. (4, 7, 11, 21)

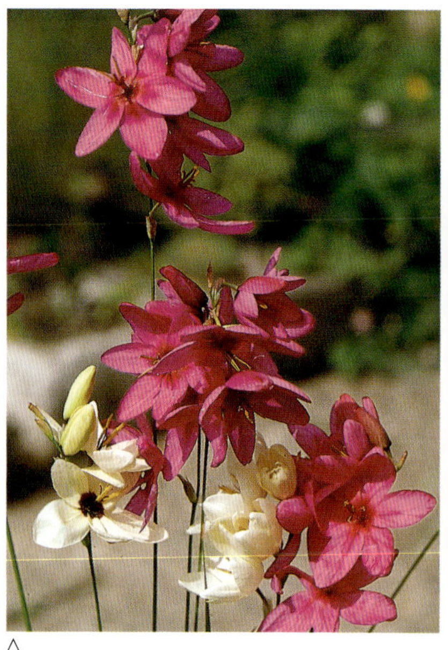

△

Ixiolirion tataricum (*I. ledebourii, I. montanum, I. pallasii*), Blaulilie, Ixioliriaceae (Liliaceae), Blauliliengewächse. 3 Arten umfaßt diese Gattung. Die zwiebelbildenden Stauden mit schmalen, grasartigen Blättern sind in West- und Mittelasien verbreitet. Die trichterförmigen Blüten stehen zu wenigen in einer Trugdolde am Stengelende. Vermehrung durch Nebenzwiebeln oder durch Aussaat. Verwendung finden sie im Steingarten in sonniger Lage auf durchlässigem Boden. Sie sollten einen gewissen Freiraum erhalten, da sie mit stark wachsender Staudenkonkurrenz nicht fertig werden. *I. tataricum* stammt aus Vorderasien und blüht im Juni. Die bis 4 cm langen, dunkelblauen Blüten stehen auf etwa 30 cm hohen Stielen. Die Art eignet sich auch als Schnittblume. Die Knollen werden im Herbst etwa 8–10 cm tief gelegt. (3, 5, 10, 29, 30, 31) ▷

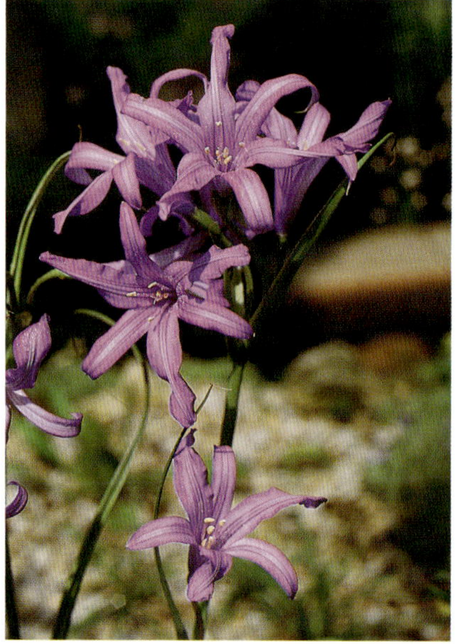

Ixia-Hybriden, Ixien, Klebschwertel, Iridaceae, Schwertliliengewächse. Von den 45 Arten finden wir eine im tropischen Afrika, die übrigen in Südafrika. Es sind mehrjährige Kräuter mit unterirdischen, ausdauernden Knollen. Die meist grundständigen, grasartigen Blätter werden von den auf drahtigen Stielen stehenden Ähren aus trichter- oder tellerförmigen Blüten überragt. Bei uns werden etwa 80 cm hohe Hybriden gezogen, die von Juli–August blühen und hervorragende Schnittblumen liefern. Die Blütenfarben reichen von Weiß mit dunklem Auge über alle Rosatöne bis zum kräftigen Karminrot. Die Knollen werden Anfang Mai an sonnigem Standort 8–10 cm tief gelegt. Pflanzabstand 8–10 cm. Im Herbst werden die Knollen vor Beginn der ersten Fröste herausgenommen und wie Gladiolen trocken und frostfrei überwintert. Vermehrung durch Nebenknollen. (3, 12, 30, 36)

Jasione montana, Sandglöckchen, Campanulaceae, Glockenblumengewächse. 9 Arten in Europa, Nordafrika und Kleinasien. Die gezeigte Art ist oft nur zweijährig und bildet bis 30 cm hohe, fahlblau blühende Pflanzen mit einfachen oder verzweigten Trieben. Bedeutend für den Garten ist auch *J. laevis* (*J. perennis*), die büschelig mit vielen nicht blühenden Trieben wächst und Ausläufer bildet. Die aufsteigenden Blütentriebe tragen etwa 3 cm breite, blaue, kugelige Köpfchen. Sie wünscht sonnige Lagen und leichten, sandigen, kalkfreien bis kalkarmen Boden. Ein gartenfreundlicheres Sandglöckchen ist unter der Bezeichnung 'Blaulicht' im Handel. Die Pflanzen werden etwa 50 cm hoch und tragen himmelblaue Blütenbälle. Blütezeit Juli–August. Wegen der Höhe weniger für den Steingarten, eher für Rabatten und für den Schnitt geeignet. (3, 18, 29, 32) ▷

Jeffersonia diphylla *(Podophyllum diphyllum)*, Herzblattschale, Berberidaceae, Sauerdorngewächse. Die Gattung besteht nur aus dieser einen Art, *J. dubia* wurde als *Plagiorhegma dubium* in einer eigenen Gattung abgetrennt. *Jeffersonia diphylla* aus dem atlantischen Nordamerika ist eine Waldpflanze, deren eiförmige, in 2 schildförmige Lappen geteilte Blätter einen sehr eigenwilligen Anblick bieten. Die weißen, schalenförmigen, großen Blüten öffnen sich im Mai, sind aber schnell vergänglich. Die Blätter sind zur Blütezeit etwa 20 cm, danach bis etwa 40 cm hoch und verfärben sich im Herbst kräftig bronzebraun. Vermehrung durch Aussaat oder Teilung des kompakten, mehrköpfigen Erdstammes. Verwendung im Steingarten in schattiger Lage oder auch in Schattenpartien unter Laub- und Nadelgehölzen, etwa zusammen mit Anemonen. (4, 11, 21) ▷

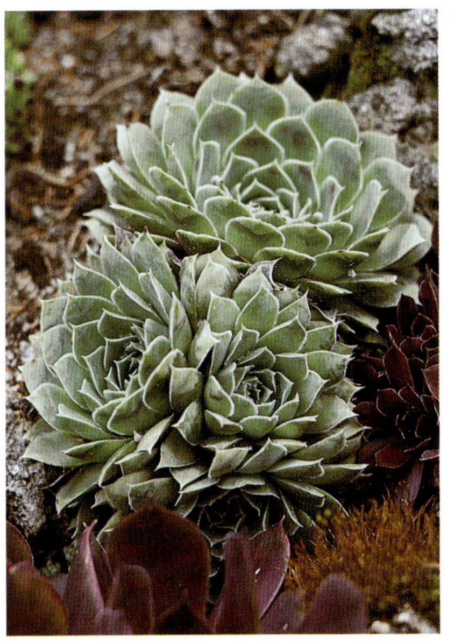

◁ **Jovibarba heuffelii,** Crassulaceae, Dickblattgewächse. Südosteuropa. 5 Arten, hauswurzähnliche, sukkulente Pflanzen. Die genannte Art bildet keine Ausläufer, sondern vermehrt sich im Gegensatz zu allen anderen *Sempervivum-* und *Jovibarba*-Arten durch Rosettenteilung. Die Vermehrung ist deshalb weniger ergiebig. Es sind gesuchte Pflanzen für den Sukkulentensammler, aber auch für eine häufigere Verwendung im Garten geeignet. Ideal sind sie für kleine Tröge, Spalten und Löcher in Steinen, aber auch für sonstige intime Gartensituationen. Sie fordern volle Sonne und ein etwas kalkhaltiges Substrat, was aber nicht ausschlaggebend ist. Diese Art ist, durch das weite Verbreitungsgebiet bedingt, in Form und Farbe ziemlich variabel. So erhält man ganze Sammlungen von Standortvarietäten, auch Gartensorten sind bekannt. (5, 12, 31, 32, 33)

Kirengeshoma palmata, Wachsglocke, Saxifragaceae, Steinbrechgewächse. 2 Arten sind in Asien verbreitet. Neben der aus Japan stammenden, abgebildeten *K. palmata* ist dies *K. koreana* aus Korea mit aufrechten Blütenglocken auf etwa 1 m hohen Trieben. Die Japanwachsglocke wird 60–80 cm hoch und wächst dichthorstig mit vielen Trieben. Die 7- bis 10lappigen Blätter erinnern an Ahornblätter. Die großen, glockigen, gelben Blüten hängen in Trugdolden an den Stengelenden. Der interessante Herbstblüher öffnet seine Blüten von August–September und ist zusammen mit Silberkerzen, Herbstanemonen und Farnen auf frischen, nie ganz austrocknenden Böden zu verwenden. Er entwickelt sich gut im Halbschatten, in der Sonne nur bei ausreichend feuchtem Boden. Vermehrung durch Teilung oder Stecklinge, da selten keimfähiger Same erhältlich ist. (4, 21, 26) ▽

Juncus ensifolius, Zwergbinse, Juncaceae, Binsengewächse. Von den etwa 300 auf der ganzen Welt verbreiteten Binsen-Arten sind viele gartenwürdig, aber nur wenige in Kultur. Die zierliche Zwergbinse aus Nordamerika wird bis 30 cm hoch und bildet schnell sich ausbreitende Horste. Die braunen Blütenbüschel erscheinen von Juli–August. *J. effusus*, die Flatterbinse, ist ein Kosmopolit, von dem bei uns besonders die Sorte 'Spiralis', die Korkenzieherbinse, verwendet wird. Sie hat dunkelgrüne, gedrehte, bis 40 cm hohe Halme. *J. maritimus*, die salzverträgliche Meerstrandbinse von den Küsten Europas, wird bis 1,5 m hoch und bildet 10–15 cm lange Blütenstände im Juli–August. Alle Binsen wachsen am besten in feuchten bis nassen, nährstoffarmen, sauren Böden und sind anspruchsloser als man erwartet. Vermehrung durch Teilung oder Aussaat. (26, 27, 38) ▷

△

Kniphofia galpinii, Asphodelaceae (Liliaceae), Junkerliliengewächse. Die Gattung *Kniphofia* umfaßt etwa 75 Arten, wovon die meisten im östlichen und im südlichen Afrika verbreitet sind. Diese zierliche Fackellilien-Art stammt aus Transvaal. Sie wird 60–70 cm hoch und blüht von August–Oktober. Es ist die frosthärteste und verläßlichste aller Arten, wenn ihre Ansprüche berücksichtigt werden: Sie benötigt einen sonnigen Standort auf durchlässigem, nährstoffreichem Boden ohne Stau- und Winternässe. Leichter Winterschutz durch trockenes Laub tut allen Fackellilien gut. Hierzu gehören die Sorten 'Bressingham Comet', 50 cm, unten gelborange, oben rot, 'Bressingham Flame', 75 cm, tieforange, Blüte bereits ab Juli, und 'Bressingham Torch', orangerot, Juni–September. Vermehrung durch Aussaat oder Teilung, Sorten nur durch Teilung. (1, 2, 3, 5)

Kniphofia-Hybriden. *K. uvaria (Tritoma uvaria)* ist die Elternart der großen Gruppe der *Kniphofia*-Hybriden. Sie blüht orangerot auf und verblüht am unteren Blütenstandende gelb. Es gibt aber auch Sorten, die einfarbig blühen. Die Farben reichen von Feuerrot über Orange und Bronzegelb bis Reingelb, Grüngelb, Weiß und Weiß-Lachsrosa: 'Bee's Sunset', 80 cm, bronzegelb, ab Ende Juni; 'Mondfeuer', 1 m, hellgelb, Juli–August; 'Green Magic', 80 cm, zart grünlichgelb, ab Ende Juli; 'Lemon Ice', 90 cm, hell zitronengelb, August–September; 'Little Maid', 60 cm, weiß, ab Juli; 'Safranvogel', 80 cm, mit lachsrosa bis cremefarbenen Blüten, ab Juli; 'Schneewittchen', 80 cm, weiß mit zartrosa, ab Juni. Die Express-Hybriden, *K. uvaria* 'Grandiflora' und Mischungen vermehrt man durch Aussaat, die übrigen *Kniphofia*-Hybriden durch Teilung. (1, 2, 3, 5) ▷

△

Kniphofia-Hybride 'Red Chief'. Weitere Sorten aus der Gruppe der *Kniphofia*-Hybriden sind: 'Alcazar', 90 cm, feuerrot, Juni–September; 'Abendsonne', 1,2 m, orange, Juli–September; 'Bronzeleuchter', 60 cm, hell bronzefarben, Juli–September; 'Comet', 80 cm, gelb, dunkler verblühend, Juni–September; 'Corallina', 80 cm, zierlich, orangerot, Juli–September; 'Fyrverkeri', 80 cm, orangerot, Juli–September; 'Green Lemon', 1 m, zitronengelb, Juli–September; 'Herbstglut', 1,2 m, orange, unten gelb, August–September; 'Jonkher van Tets', 1 m, orangerot, Juli–September; 'Limelight', 1 m, goldgelb, Juli–September; 'Mars', 1,2 m, orangerot, August; 'R.W. Kerr', 1,5 m, orangerot, Juli–September; 'Royal Standard', 90 cm, gelb mit rot, Juni–Juli; 'Scarlett Cap', 1 m, scharlachrot, Juni–September; 'The Rocket', 1,6 m, glühendrot, August–September. (1, 2, 3, 5)

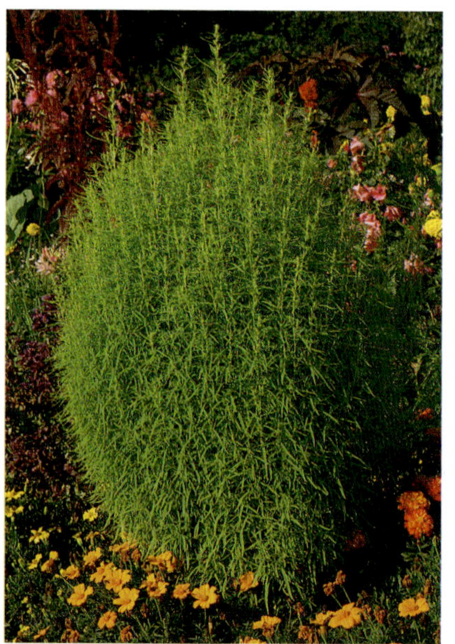

◁ **Kochia scoparia**, Sommerzypresse, Chenopodiaceae, Gänsefußgewächse. Etwa 90 Arten sind in Australien, Eurasien, Afrika und Nordamerika verbreitet. Meist sind es kleine Kräuter oder Sträucher mit schmalen, wechselständigen Blättern. Die Blüten sind grünlich unscheinbar und sitzen in Knäueln in den Blattachseln. Vermehrung durch Aussaat. Die Sommerzypresse, auch Besenkraut genannt, stammt aus den Steppen Südosteuropas bis Zentralasien. Es ist eine sehr veränderliche, etwa 60–100 cm hohe, dichtverzweigte Büsche bildende Art. Sie wird bei uns als Sommerblume mit oder ohne Vorkultur gezogen und eignet sich für Sommerhecken, die auch geschnitten werden können. 'Childsii' bleibt bis zum Frost grün, 'Trichophylla' verfärbt sich im Herbst leuchtendrot und wird deshalb auch Feuerbusch genannt. Die Pflanzen lassen sich spät noch gut verpflanzen. (27, 29, 36)

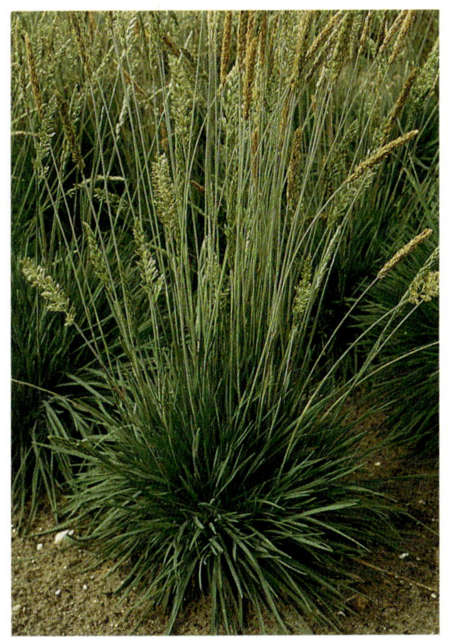

◁ **Koeleria glauca**, Blaue Kammschmiele, Poaceae (Gramineae), Gräser. Je nach Zuordnung 60 oder mindestens 100 Arten in den nördlichen temperierten Gebieten. Es sind einjährige oder ausdauernde, Horste bildende Gräser mit ährenförmigen, kahlen Rispen. Sie eignen sich sehr gut für sonnigheiße, trockene Stellen. Vermehrung durch Aussaat oder Teilung. Die heimische Blaue Kammschmiele blüht von Mai–Juli. Die über dem Horst stehenden Halme sind dann 30–70 cm hoch. Es ist ein ausgezeichnetes, für nährstoffarme sandige, auch kalkhaltige Böden geeignetes Gras. Seltener findet man die kalkliebende Zarte Kammschmiele, *K. cristata*, die von Mitteleuropa bis Sibirien vorkommt und von Mai–August blüht. Ihre länglichen, zylindrischen Blütenstände werden bis 60 cm hoch. *K. cristata* var. *britannica* bildet kurze, dichte cremefarbene Rispen. (5, 25, 31)

△

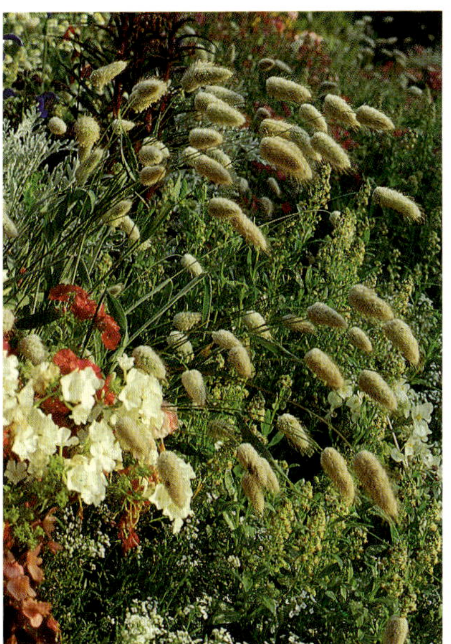

◁ **Lagurus ovatus**, Hasenschwanzgras, Poaceae (Gramineae), Gräser. Die Gattung umfaßt nur diese eine Art, die in Westeuropa mit Schwerpunkt im Mittelmeergebiet bis Kleinasien verbreitet ist. Es ist ein einjähriges, weichbehaartes, bis 60 cm hohes Gras mit flachen, graugrünen Blättern. Der Blütenstand ist eine langgestielte, kopfige Scheinähre mit vielen weichen Haaren an den Hüllspelzen, die ihr das wollige Aussehen geben. Bei Vorkultur liegt die Blütezeit im Mai–Juni, bei Direktsaat im April an Ort und Stelle blüht das Hasenschwanz- oder Sammetgras im Juli. Es liebt warme, trokkene Standorte und läßt sich sowohl frisch geschnitten als auch für Trockensträuße gut verwenden. Gut geeignet ist es zur Auflockerung von Sommerblumenpflanzungen oder auch zur Verwendung an lichten Gehölzrändern und in steppenartigen Situationen. (6, 29, 35)

Lagenaria siceraria, Flaschenkürbis, Cucurbitaceae, Kürbisgewächse. 6 Arten mit Verbreitungsschwerpunkt in Afrika. *L. siceraria* ist eine Art der altweltlichen Tropen, die heute weltweit angebaut wird. Sie liefert für viele Menschen in Afrika und in anderen subtropischen und tropischen Gebieten die Alltagsgefäße, die Kalebassen. Es ist eine einjährige Kletterpflanze mit vielen Sorten, die sich mit Ranken festhält und weiß und duftend blüht. Wir können sie Ende Mai, Anfang Juni nach Vorkultur an einer warmen, geschützten, sonnigen Stelle auspflanzen. Während des Wachstums ist sie reichlich mit Wasser und Nährstoffen zu versorgen. Die Flaschenkürbisse werden bei uns im Sommer selten ganz ausreifen. Sie bedürfen dann einer Nachreife in einem trockenen Raum. Bis sie fest zum Bearbeiten oder auch zum Basteln sind, dauert es etwa 1 Jahr. (15)

Lamiastrum galeobdolon 'Silberteppich' ▷ *(Galeobdolon luteum, Lamium galeobdolon)*, Goldnessel, Lamiaceae (Labiatae), Taubnesselgewächse. Diese besonders attraktive, silbrigweiß-blättrige Goldnessel blüht von Mai–Juni, wird bis 30 cm hoch und bleibt den ganzen Sommer über ansehnlich. Die Art *L. galeobdolon* ist von Mitteleuropa bis zum Ural in unterschiedlich stark silbrig gezeichneten Formen verbreitet. Häufig findet man die Sorte 'Variegatum' (syn. 'Florentinum'), flachwüchsig mit kleinen, rundlichen, gefleckten Blättern und halb wintergrün. Ähnlich, ebenfalls halb wintergrün und schwachwachsend ist die Sorte 'Typ Ronsdorf'. Vermehrung durch Teilung und Stecklinge. Verwendung als vorzügliche bodendeckende Staude für halbschattigen bis schattigen Standort in fast allen Situationen, soweit sie nicht zu humusarm und trocken sind. (4, 10, 18, 21)

◁ **Lamium maculatum 'White Nancy'**, Gefleckte Taubnessel, Lamiaceae (Labiatae), Taubnesselgewächse. 40 Arten in Europa und Vorderasien. Es sind Stauden mit dunkelgrünen, mitunter silbrig gefleckten Blättern, die bis etwa 20 cm hoch werden und sich durch Ausläufer schnell ausbreiten. Die Blüten sind rötlichpurpurn. Sie eignen sich gut als Bodendecker an halbschattigen und schattigen Stellen. Vermehrung durch Ausläufer. Die abgebildete, wuchskräftige 'White Nancy' hat ein ganz silbriges Blatt und blüht weiß. Weiter seien genannt: 'Album', stark silbriges Laub, weiße Blüten, 'Argenteum', Laub weiß gefleckt, rötliche Blüten, 'Aureum', Blätter gelb mit schmalen weißen Streifen, schwachwachsend, 'Silbergroschen' (syn. 'Beacon Silver'), Blätter silbrig mit schmalem, grünem Rand, Blüten violettrosa, 'Roseum', grüne Blätter, Blüten rosa. (4, 7, 21, 22 bzw. 3)

Lampranthus blandus *(Mesembryanthemum blandum)*, Aizoaceae, Mittagsblumengewächse. Etwa 100 Arten dieser Gattung sind in Südafrika verbreitet. Es sind am Grunde verholzende kleine Sträucher, die sich bodendeckend ausbreiten. Mit ihren großen, nur bei Sonne offenen Blüten liefern sie geeignete Sommerbepflanzungen für sehr heiße Stellen, für Schalen und Balkonkästen. Sie hatten eine große Zeit um die Jahrhundertwende und dann in den 50er und 60er Jahren und sind jetzt wieder im Kommen, da es nicht nur rosablühende, sondern auch gelbe, weiße und dunkelrote Sorten, Arten oder Hybriden gibt. Die frühere Riesengattung *Mesembryanthemum* wurde in sehr viele kleine Gattungen aufgeteilt, die aber nur für den Spezialisten voneinander zu unterscheiden sind. Überwintert werden bewurzelte Triebe, fast trocken, sehr hell und frostfrei. Vermehrung durch Stecklinge. (12, 32, 36, 38)
▽

Lantana-Camara-Hybride 'Fabiola', Wandelröschen, Verbenaceae, Verbenengewächse. Etwa 150 Arten dieser Kräuter und Sträucher sind in Südamerika, im tropischen Afrika und in Ostasien verbreitet. Bei uns in Kultur sind nur Sorten, an denen insbesondere *L. camara* aus dem tropischen Amerika beteiligt ist. Wandelröschen heißen sie, da sie vom Auf- bis zum Verblühen die Blütenfarbe verändern. Abgeblühte Blütenstände sollten ausgeschnitten werden, damit sich nicht die erst grünen, später stahlblau-schwarzen Beeren entwickeln, denn dadurch läßt die Knospenbildung nach. Bekannte Sorten sind 'Arlequin', dunkelrosa und gelb, 'Fabiola', lachsrosa und gelb, 'Goldsonne', zitronengelb, 'Naide', weiß mit gelbem Auge, 'Prof. Raoux', scharlachrot und orange, 'Schloß Ortenburg', ziegelrot und lachsgelb. Vermehrung durch Stecklinge. (12, 24, 36, 38)
▽

Lathyrus grandiflorus, Großblumige ▷ Wicke, Fabaceae (Leguminosae), Hülsenfrüchtler. Von den etwa 160 Arten sind die meisten in den nördlichen gemäßigten Gebieten und in den Subtropen, einige in den Gebirgen des tropischen Afrikas und Südamerikas verbreitet. Viele sind als staudige Kletterpflanzen für den Garten geeignet. *L. grandiflorus* vom südlichen Balkan und aus Süditalien-Sizilien wird bis 2 m hoch und hat einen 4kantig geflügelten Stengel. Die paarig gefiederten Blätter enden in einer Ranke. Die Stengel sind 1- bis 3blütig, die Blüten etwa 3 cm groß, rosarot und öffnen sich von Juni–August. Die verbreitetste Staudenwicke ist *L. latifolius* mit weißen, rosafarbenen und rotblühenden Typen. Beide Arten sind für sonnige bis leicht schattige Gehölzränder, im Verbindungsbereich zwischen Stauden und Gehölzpflanzungen geeignet. (3, 9, 10)

△

Lathyrus odoratus, Duftwicke. Einige *Latyrus*-Arten sind einjährige Kletterpflanzen mit großen, farbenkräftigen Blüten. Die Duftwicke aus Sizilien und Süditalien klettert bis 2 m hoch. Ihre großen Blüten, die zu 2–7 in langgestielten Trauben in den Blattachseln stehen, der kräftige Duft und die weite Farbpalette vieler Sorten von Weiß über Rosa und Rot bis Blau und Violett machen sie zu einer ausgezeichneten Sommerblume. Im März an Ort und Stelle aussäen, in sommerlichen Trockenperioden wässern und abgeblühte Blütenstände entfernen. Aussaat an vollsonniger, geschützter Stelle mit 2–3 Folgesaaten im Abstand von 4 Wochen ergibt mit Sicherheit einen reichen Blütenflor bis zum Herbst. Wicken halten auch gut in der Vase. 'Knee-hi' ist eine Sortengruppe, die nur 40–50 cm hoch wird, die Zwergduftwicke 'Little Sweetheart' erreicht nur 20 cm. (15, 35 bzw. 7, 35)

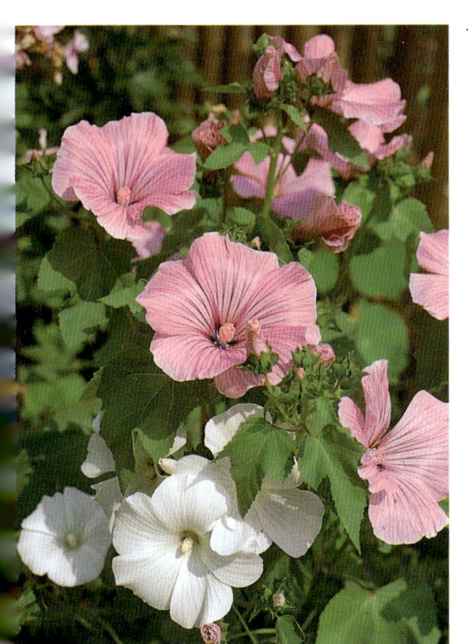

△

Lathyrus vernus 'Albo-roseus', Frühlingsplatterbse. Die heimische Frühlingsplatterbse gehört zu den niedrigen, staudigen Arten der großen Gattung *Lathyrus*. Sie bildet keine Ausläufer, wird 20–30 cm hoch und trägt anfangs rotviolette, später grünblaue oder grünweißliche Blüten zu 5–15 in endständigen Trauben. Die Blütezeit reicht von April–Mai. Es ist eine sehr ausdauernde Frühlingsstaude für den halbschattigen und schattigen Bereich am Gehölzrand oder zwischen locker stehenden Gehölzen. 'Albiflorus' blüht weiß, 'Albo-roseus' weißrosa und 'Roseus' reinrosa. Ähnlich zu verwenden ist auch *L. laevigatus* ssp. *transsylvanicus*, die bis 60 cm hoch wird, straff aufrecht horstig wächst und mit bräunlichen Blüten im Mai und Juni an sonnigen Gehölzrändern farblich überrascht. Vermehrung durch Teilung oder Aussaat. (4, 10, 21 bzw. 3, 10)

◁ **Lavatera trimestris 'Silver Cup'** und **'Mont Blanc'**, Bechermalve, Malvaceae, Malvengewächse. 25 Arten vorwiegend im Mittelmeergebiet, aber auch in Zentralasien, Australien und Kalifornien. Meist sind es Kräuter oder Sträucher mit filzigen oder rauhhaarigen Blättern. *L. trimestris*, bis 1,2 m hoch, aus Südeuropa und Syrien blüht von Juli–Herbst. Die endständigen, bis 10 cm großen Blüten öffnen sich in reicher Folge. Wir säen sie im April direkt an sonnige Stellen. Winterhart ist die staudige bis halbstrauchige *L. thuringiaca* (*L. olbia* hort.). Die Sorte 'Rosea' blüht kräftig rosa, 'Barnsley' weiß und rot. Nur als Kübelpflanze bei 5–8 °C überwintert werden kann die zweijährige *L. arborea*, die ausgepflanzt im Sommerblumenbeet aber ein ausgesprochener Dauerblüher ist. Vermehrung durch Aussaat, die Sorten durch Stecklinge. (35 bzw. 34, 36)

Lavandula angustifolia (*L. vera, L. officinalis*), Echter Lavendel, Lamiaceae (Labiatae), Taubnesselgewächse. 28 Arten hauptsächlich im Mittelmeergebiet sowie auf den Kanarischen Inseln und in Vorderindien. Winterhart ist bei uns der bis 60 cm hohe Echte Lavendel aus dem Mittelmeergebiet mit immergrünen, graugrünen, aromatisch duftenden Blättern. Die blauen Blüten stehen in schmalen, langen Scheinähren. Vermehrung durch Aussaat und Stecklinge. An sonnigen, trockenen Stellen sind es langlebige Gartenpflanzen. Es empfiehlt sich, Lavendel blühend zu kaufen, wenn man auf bestimmte Sorten Wert legt, wie 'Alba', weiß, 'Hidcote Blue', niedrig, dunkelviolettblau, 'Munstead', lavendelblau mit kräftiger grauer Belaubung, 'Rosea', rosa, 'Grappenhall', starkwachsend, blau, 'Nana Alba', 20 cm, weiß, oder 'Dwarf Blue', dunkelblau, 30 cm. (3, 5, 12, 24, 25)

▽

Layia platyglossa *(L. elegans)*, Asteraceae (Compositae), Asterngewächse. 15 *Layia*-Arten sind im westlichen Nordamerika verbreitet. Es sind einjährige, behaarte, drüsige Kräuter mit wechselständigen, schmalen oder fiederspaltigen Blättern. Die großen Blütenkörbchen stehen einzeln auf langen Stielen und eignen sich auch gut als Schnittblumen. *L. platyglossa* blüht von Juli–August und bedeckt mit ihren Blüten an bis 60 cm hohem Stengel schnell größere Flächen, wenn an sonniger, geschützter, warmer Stelle Ende April direkt ausgesät wird. Die fiedrig gezähnten Blätter duften aromatisch. Die gelben Randzungenblüten zeigen weiße Spitzen. Manchmal wird die Sorte 'Schnittgold' angeboten, die nur 30 cm hoch wird und standfester ist. Sie blüht von Juli–Oktober. Verwendung dieser reichblühenden Sommerblume an sonnigen, heißen Stellen. (5, 12, 35) ▷

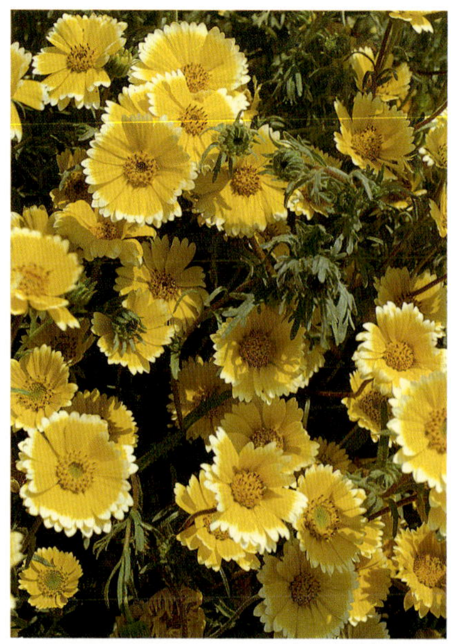

Lemna trisulca, Dreifurchige Wasserlinse, Lemnaceae, Wasserlinsengewächse. 15 *Lemna*-Arten sind kosmopolitisch als Schwimmpflanzen in Gewässern verbreitet. Zusammen mit der abgebildeten können noch 3 andere Arten auftreten. *L. minor*, die Kleine Wasserlinse, bildet kreisrunde, 2–3 mm große Blätter. *L. gibba*, die Buckelige Wasserlinse ist seltener, ihr Blatt bauchig gewölbt. Sie färbt sich meist etwas rötlich. Die größte Art ist *Spirodela polyrhiza (Lemna polyrhiza)*, die Vielwurzelige Teichlinse mit rundlichen, bis 10 mm großen, auf der Unterseite etwas rötlichen Blättern. Von den Pflanzen hängt ein Büschel fadenförmiger Wurzeln nach unten. Bei zu starkem Auftreten muß man abschöpfen, sonst aber gibt die Wasserlinsen-Decke Kleintieren Schutz, entzieht dem Wasser Nährstoffe und bremst, auch durch Lichtentzug, das Algenwachstum. (28) ▽

Leontopodium alpinum ssp. nivale, Alpenedelweiß, Asteraceae (Compositae), Asterngewächse. Etwa 40 Arten dieser Gattung stammen vorwiegend aus den Hochgebirgen Asiens und Europas. Es sind rasenartig wachsende Stauden mit wolligen oder graufilzig behaarten Blättern. Die Blütenkörbchen stehen in dichten Trugdolden und sind von weißwolligen Hochblättern umgeben. Vermehrung durch Aussaat oder Teilung. Verwendung an sonnigen, warmen, durchlässigen, nährstoffarmen Standorten zusammen mit Stein. Nährstoffreiche und zu feuchte Plätze führen zu Vergrünung und Ausfall. Das Alpenedelweiß blüht von Juni–August, wird bis 20 cm hoch und steht in der Natur unter Schutz. Das robuste *L. souliei* 'Mignon' stammt aus China, blüht von Juni–Juli und wird etwas höher. Es ist bei uns im Flachland leichter zu ziehen, braucht im Sommer aber mehr Feuchtigkeit. (31, 32) ▽

Leucocoryne-Ixioides-Hybride, Alliaceae (Liliaceae), Lauchgewächse. Die 5 Arten dieser knollenbildenden Stauden sind alle in Chile verbreitet. In den letzten Jahren hat die Kreuzungsarbeit mit einigen Arten zu Hybriden geführt, die nicht den schwachen Lauchgeruch der meisten Arten besitzen, sondern teilweise leicht duften. Es sind auch haltbare Schnittblumen, die wir für den Garten wie Freesien verwenden. Wir müssen die Knollen frostfrei überwintern oder bei Pflanzung im September ausreichend vor Frost schützen. Die Pflanzen blühen dann von Ende April, Anfang Mai bis in den Juni. Der bis 40 cm hohe Schaft erwächst aus 2 Blättern, die bald nach der Blüte absterben. Verwendung an sonnig warmer Stelle mit Frühjahrsfeuchtigkeit während des Wachstums. Vermehrung der Hybriden durch Brutknollen, bei den Arten durch Aussaat. (3, 30) ▷

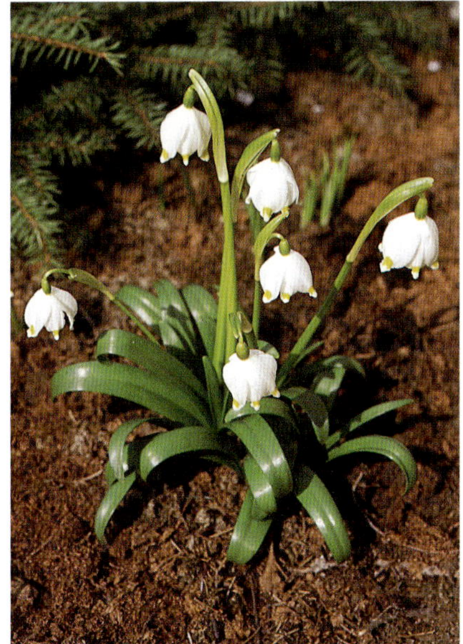

◁ **Leucojum vernum**, Märzbecher, Frühlingsknotenblume. Diese Art ist in Mittel- und Südeuropa verbreitet und seit langer Zeit als Gartenpflanze in Kultur. Sie blüht von März–April, wird etwa 30 cm hoch und unterscheidet sich durch die breiten, sattgrünen Blätter und die glockig geschlossenen Blüten vom Schneeglöckchen, mit dem sie manchmal verwechselt wird. Deutliches Unterscheidungsmerkmal ist auch, daß alle 6 „Blütenblätter" gleichgestaltet sind und an der Spitze auf der Außenseite einen gelblichen oder grünlichen Punkt tragen. Vermehrung durch Nebenzwiebeln. Pflanzung in schattigen, feuchten Bereichen, die auch zeitweise im Frühling überflutet sein können. Bei Verwendung in feuchten Blumenwiesen darf erst Anfang Juli gemäht werden, da die Blätter bis dahin grün bleiben und für die Ernährung der Zwiebel sorgen müssen. (4, 10, 11, 21, 27)

△

Leucojum aestivum 'Gravetye Giant', Sommertürchen, Sommerknotenblume, Amaryllidaceae, Amaryllisgewächse. 12 Arten in Mittel- und Südeuropa sowie in Marokko. Die blütentragenden Schäfte von *L. aestivum* werden bis 50 cm hoch und hängen leicht über. Die Blüten sind weiß mit grünen Spitzen, bis 2 cm lang und sitzen von Mai–Juni bis zu 5 als hängende Glöckchen am Stengelende. Die für den Garten wertvollere 'Gravetye Giant' kann bis über 60 cm hoch werden und hat bis 3 cm große Blüten, von denen bis zu 10 am Schaftende stehen. Die Pflanze liebt frischen bis nassen Boden und kann zeitweilig auch im Flachwasser stehen. Pflanztiefe der Zwiebeln 15–20 cm. *Leucojum*-Arten stehen unter Artenschutz, so daß beim Einkauf darauf zu achten ist, daß es sich um gärtnerisch vermehrte Zwiebeln handelt. Vermehrung durch Nebenzwiebeln. (4, 10, 27)

◁ **Lewisia tweedyi 'Alba'** (syn. 'White Form'), Große Bitterwurz. Eine Pflanze aus den USA, die im Staat Washington und dort speziell in den Wenatchee Mountains zu Hause ist. Es handelt sich um die großblütigste immergrüne Art, die bei Liebhabern sehr gesucht ist. Sie bildet fleischige, rötliche, verzweigte Wurzeln und Rosetten aus verkehrteiförmigen, ganzrandigen, fleischigen Blättern. Die Blüten sind pfirsichrosa, manchmal auch weiß (siehe Bild) oder gelblich; sie erscheinen im Mai–Juli. Vermehrung durch Aussaat, Rosetten oder Blattstecklinge. Der Same verliert schnell seine Keimkraft; beste Erfolge erzielt man bei November- oder Dezembersaat. Sie liebt etwas mehr Humus als andere Arten, aber ebenfalls gute Dränage und Steinsplittanhäufung um den Wurzelhals. Je höher die relative Luftfeuchtigkeit ist, umso sonniger kann sie stehen. (24, 31, 32, 33)

△

Lewisia cotyledon 'Sunset Strain', Bitterwurz, Portulacaceae, Portulakgewächse. Die etwa 20 Arten der Gattung, etwas sukkulente Stauden, sind im westlichen Nordamerika zu Hause. Die gärtnerisch wichtigste Art ist *L. cotyledon*, aus Kreuzungen einiger Unterarten und entsprechender Selektion wurde 'Sunset Strain' entwickelt. Ihre intensiv gefärbten Blüten in einer breiten Farbpalette wirken zur Blütezeit als Magnet. Aus dem rübenförmigen Wurzelstock entspringen mit fleischigen Blättern besetzte, immergrüne Rosetten. Sie werden 20 cm hoch. Die 2–3 cm großen Blüten zeigen verschiedene Rot- und Rosatöne mit dunkleren Mittelstreifen. Man sollte die Bitterwurz nicht in volle Sonne pflanzen, besser absonnig, und um den Wurzelhals möglichst keinen Humus geben. Sie liebt hohe Luftfeuchtigkeit, eine sehr gute Dränage und keinen Kalk. (24, 31, 32, 33)

◁ **Lewisia nevadensis**, Nevadabitterwurz. Oregon, Nevada, Colorado, Kalifornien. Diese laubabwerfende Lewisie mit kurzem, fleischigem, manchmal verzweigtem Wurzelstock wächst in ihrer Heimat auf Gebirgswiesen. Sie bildet lineale bis lineal-lanzettliche, halbaufrechte Blätter, die 3,5–8,5 cm lang werden, spärlich, zu 5–15 Stück stehen und nicht sehr lange am Leben bleiben. Auf zahlreichen Stielen, die kürzer sind als die Blätter, stehen 1–2 weiße Blüten. Da sie zahlreich erscheinen, ergeben sich zur Blütezeit im Juli–August hübsche Tuffs. Ähnlich ist *L. brachycalix*, welche lediglich weniger Staubfäden besitzt. Vermehrung durch Aussaat. Am richtigen Platz sind es unverwüstliche Pflanzen. Der den Lewisien angedichtete Mangel an Winterhärte ist nicht vorhanden; es sind immer Feuchtigkeitsschäden, welche zu Ausfällen führen. (31, 32, 33)

△
Liatris spicata, Prachtscharte, Asteraceae (Compositae), Asterngewächse. Alle 40 *Liatris*-Arten stammen aus Nordamerika. Es sind Stauden mit meist verholztem Wurzelstock und grasartigen Blattschöpfen. Aus diesen wachsen die bis oben beblätterten Blütenähren, die von oben nach unten aufblühen. Der Standort sollte nährstoffreich und tiefgründig sein. Winterliche Staunässe ist zu vermeiden, im Frühjahr vertragen sie durchaus Feuchtigkeit bis Nässe. *L. spicata* braucht ganzjährig ausreichende Feuchtigkeit und kommt in der Heimat auch an nassen Standorten vor. Die Pflanze wird bis über 1 m hoch. Die Sorte 'Callilepis' blüht leuchtend karminrot, 'Kobold' violettlila, bis 50 cm hoch. Trockenheitsverträglicher ist *L. pycnostachya*, bis über 1 m hoch mit hellpurpurnen, bis 45 cm langen Ähren. Vermehrung durch Aussaat. (1, 2, 10, 27 bzw. 36)

△
Ligularia × hessei, Asteraceae (Compositae), Asterngewächse. Etwa 150 Arten, meist imposante, hohe Stauden mit Blatt- und Blütenschmuckwirkung, in den temperierten Gebieten Eurasiens. Am geeignetsten sind feuchte, tiefgründige, humose Böden und möglichst feuchte Luft im Halbschatten – entsprechend ihrem heimatlichen Vorkommen in Hochstaudenfloren und an Flußrändern. Die abgebildete Hybride ist eine Kreuzung von *L. dentata* mit flachdoldigem Blütenstand und *L. wilsoniana* mit kerzenförmigem, hohem Blütenstand. Ähnlich und noch wüchsiger ist die orangegelb und auch im August blühende, bis 1,8 m hohe Sorte 'Gregynog Gold'. Großblättrig mit säulenförmigen Blütenständen ist neben *L. veitchiana* auch *L. wilsoniana* aus Mittelchina mit goldgelben Blüten von August–September. Vermehrung aller Ligularien durch Teilung. (4, 8, 18, 26, 27)

Ligularia-Hybride. Die abgebildete ▷ Pflanze zeigt den flachen, doldenähnlichen, typischen *L. dentata*-Blütenstand. Sie entspricht im Typ etwa der Sorte 'Sommergold', die nur 80 cm hoch wird. Zu dieser Sortengruppe gehören auch 'Othello', 1 m hoch mit dunkelbräunlichen Blättern und orangen Blüten, 'Desdemona', 1 m hoch mit bräunlich-purpurroten Blättern und rötlichorangen Blüten, als dunkellaubigste Sorte 'Moorblut' mit 80 cm Höhe und tief rötlichbraunen Blättern und hellorangen Blüten, und 'Orange Queen', 1,5 m hoch mit grünen Blättern und leuchtend goldorangen, großen Blüten. Hohe doldige Blütenstände mit etwas kleineren Blüten bildet *L. × palmatiloba*. Unregelmäßig doldig sind die Blütenstände bei *L. hodgsonii* aus Japan, die nur 80 cm hoch wird und von Juni–September orangefarben blüht. Vermehrung durch Teilung. (4, 8, 18, 26, 27)

△

Lilium auratum, Goldbandlilie, Liliaceae, Liliengewächse. Die Gattung der Lilien umfaßt etwa 90 Arten. Japan (Honshu). Prächtige Wildart, aber keine sehr einfache Gartenpflanze. Aus der großen Zwiebel entwickelt sich ein 1–2 m hoher Stengel, unter günstigen Umständen noch höher, mit schmalen, breit-lanzettlichen, bis 22 cm langen Blättern. Die Blüten, die einen Durchmesser von bis zu 25 cm erreichen, sind seitlich gerichtet, schalenförmig, die äußeren Kronblätter zurückgeschlagen. Sie sind wachsweiß mit gelbem Mittelstreifen und karminroten Tupfen und Papillen auf jedem Blütenblatt. Kräftige Zwiebeln können bis zu 6 Blüten entwickeln. Breitere Blütenblätter hat die Form 'Platyphyllum'. Die Pflanze benötigt hohe Luftfeuchtigkeit und durchlässigen Boden mit saurer Reaktion. Für küstennahe Gärten, im Kontinentalklima wenig dauerhaft. (3, 8, 18, 30)

△

Lilium-Auratum-Hybriden (Orient-Hybriden). An diesen Hybriden sind neben *L. auratum, L. speciosum, L. japonicum* und *L. rubellum* noch weitere ostasiatische Arten beteiligt. Es sind prächtige Lilien, die sich durch große, duftende Blüten auszeichnen. Die Blüten sind weiß, gelb, rosa, karminrot oder zeigen eine Kombination dieser Farben. Die Ansprüche kommen denen der Wildart *L. auratum* gleich, das heißt, hohe Luftfeuchtigkeit, milde Bodenfeuchte ohne jede Staunässe, saure Bodenreaktion und halbschattiger Standort sind Voraussetzungen für gutes Gedeihen. Trotz aller Bemühungen bleiben sie im Freiland schwierige Pfleglinge. Da Rhododendren etwa gleiche Ansprüche stellen, sind Kombinationen mit ihnen noch am erfolgreichsten. Neuere Züchtungen, besonders 'Stargazer', sind robustere Gartenpflanzen. Winterschutz ist angebracht. (3, 18, 30)

Lilium canadense, Kanadische Wiesenlilie. Östliches Kanada. An den Enden fleischiger Wurzelrhizome bilden sich jährlich schuppige Zwiebeln, aus denen im Folgejahr 60–150 cm hohe Stengel treiben. Die glatten, grünen Stengel sind mit Blattquirlen besetzt. An langen, gebogenen Blütenstielen sitzen in doldiger Anordnung bis zu 20 gelbe, innen schwarzgepunktete Blüten. Die Form ist türkenbundähnlich, ohne daß die Zipfel zurückgeschlagen sind, so daß eine recht elegante Glockenform entsteht. In den meisten Gärten keine einfache Lilie. Sie liebt sauren, mildfeuchten, aber gut dränierten Boden, der sandig-lehmig-humos sein sollte. Außerdem sollte sie frei stehen, dann wirkt die edle Gestalt besonders gut. Neben der gelbblühenden Art gibt es einige Farbvarianten, wovon *L. canadense* var. *coccineum* besonders attraktiv ist. (3, 18, 26, 30)
▽

Lilium-Aurelianense-Hybriden, ▷ Trichterlilien-Hybriden, Trompeten-Hybriden. Aus Kreuzungen von *L. regale, L. sargentiae* und anderen trompetenblütigen Arten mit *L. henryi* sind eine Reihe von großblütigen Hybriden hervorgegangen. Wegen ihres starken Duftes kann man sie weniger als Schnittblumen verwenden, im Freiland ist jedoch gerade dieser Duft erwünscht. Die meisten werden 1,5–1,8 m hoch. Die Farbe reicht von Weiß über Gelb bis hin zu kupferfarbenen und rötlichen Tönen. Die Blütezeit liegt im Juli. Es genügt normaler Gartenboden, doch sollte die Lilienzwiebel beim Pflanzen mit Sand umgeben werden. Leider ist der frühe Austrieb etwas spätfrostgefährdet, deshalb Abdeckmaterial bereithalten. Für sonnige Staudenbeete, rötlich blühende für Halbschatten. Zahlreiche Sorten sind preiswert im Angebot. Bild: 'Golden Splendor'. (1, 3, 8, 18, 30)

◁ **Lilium candidum,** Madonnenlilie. Östlicher Balkan, Türkei. Abweichend von anderen Lilien wird die Zwiebel im August–September gepflanzt und zwar nicht so tief wie bei anderen Arten. Die Zwiebelspitze sollte nur etwa 3 cm mit Erde bedeckt sein. Im Herbst entwickelt sich ein dem Boden aufliegender Blattkranz. Im zeitigen Frühling treibt der 80–120 cm hohe, beblätterte Blütenschaft. Blüte im Juni–Juli. Pro Stiel trägt sie 5–20 reinweiße Blüten mit meist hellgelben Pollen in einem rispigen Blütenstand. Sie liebt warme, sonnige Plätze und kalkhaltigen Lehm- oder Lößboden. Sie ist nicht immer einfach anzusiedeln, obwohl sie besonders in Bauerngärten kräftige, langlebige Bestände bildet. Eingewachsene Pflanzen sollten wenig gestört werden. Die Zwiebeln sind leider oft virusinfiziert – man muß versuchen, virusfreie Ware zu bekommen. (3, 5, 12, 29, 30)

△

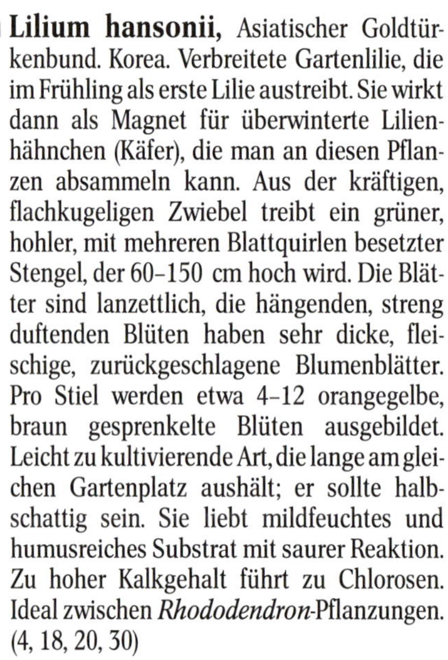

◁ **Lilium hansonii,** Asiatischer Goldtürkenbund. Korea. Verbreitete Gartenlilie, die im Frühling als erste Lilie austreibt. Sie wirkt dann als Magnet für überwinterte Lilienhähnchen (Käfer), die man an diesen Pflanzen absammeln kann. Aus der kräftigen, flachkugeligen Zwiebel treibt ein grüner, hohler, mit mehreren Blattquirlen besetzter Stengel, der 60–150 cm hoch wird. Die Blätter sind lanzettlich, die hängenden, streng duftenden Blüten haben sehr dicke, fleischige, zurückgeschlagene Blumenblätter. Pro Stiel werden etwa 4–12 orangegelbe, braun gesprenkelte Blüten ausgebildet. Leicht zu kultivierende Art, die lange am gleichen Gartenplatz aushält; er sollte halbschattig sein. Sie liebt mildfeuchtes und humusreiches Substrat mit saurer Reaktion. Zu hoher Kalkgehalt führt zu Chlorosen. Ideal zwischen *Rhododendron*-Pflanzungen. (4, 18, 20, 30)

Lilium formosanum var. pricei, Taiwanesische Berglilie. Taiwan. Während das Gros der Lilien völlig winterhart ist, gibt es einige Arten, die unsere Winter nicht vertragen; dazu gehören *L. longiflorum* und *L. formosanum.* Von der letztgenannten gibt es jedoch eine Bergform, die sich als winterhart erwiesen hat. Diese alpine Zwergform wird nur 30–50 cm hoch und trägt 1–2 lange, sehr schmale, weiße Trichterblüten, die manchmal außen etwas rot überlaufen sind. Blütezeit Juli–September. An sonnigen Stellen, in durchlässigem Boden mit neutraler bis leicht saurer Reaktion ist die Kultur unproblematisch. Die Pflanze ist nicht sehr ausdauernd, doch läßt sich diese Lilie verhältnismäßig schnell und einfach aus Samen ziehen. Die kleinen weißen Zwiebeln bestehen nur aus wenigen Schuppen und sollten nicht für längere Zeit an der Luft liegen. (3, 30, 32)

Lilium-Hansonii-Hybriden (besser ▷ bekannt als Marhan-Hybriden oder Lilium-Marhan-Hybriden). Kreuzungen zwischen *L. hansonii* und *L. martagon* gehören zu den ausdauerndsten und gesündesten Lilien im Garten. Die reichblühenden Pflanzen werden meist etwa 1,2 m hoch, manchmal höher. Es gibt elfenbeinfarbige, hellgelbe, orange-, lachsfarbene und weinrote Sorten. Die dickfleischigen Blüten bilden pyramidale Blütenstände. Sie stellen keine großen Ansprüche an den Boden, allerdings vertragen sie keine Staunässe. Sie ziehen leicht saure Bodenreaktion vor, sind hier aber wenig empfindlich, und gedeihen in sonnigen bis halbschattigen Lagen. Die Bestände sollten lange genug in Ruhe gelassen werden. Bei leichter Mineraldüngung können sich dann stattliche Horste entwickeln, die im Juni–Juli einen attraktiven Blickpunkt im Garten bilden. (3, 18, 20, 30)

Lilium henryi, Henry's Lilie. China. Von allen Wildarten wohl die gesündeste, robusteste und ausdauerndste Art. Ein Vierteljahrhundert am gleichen Standort gedeihende Pflanzen sind keine Seltenheit. Die Zwiebel ist kugelrund, faustgroß oder größer. Sie entwickelt tiefreichende, kräftige Wurzeln. Der starke, purpurbraune, leicht gebogene Stengel erreicht eine Höhe zwischen 1,4 und 2,4 m und trägt einen traubigen Blütenstand. Im Gegensatz zur Natur, wo die Art nur wenige Blüten bildet, kann die Pflanze in Gartenkultur 10–20 oder auch mehr Blüten entwickeln. Sie stehen an waagrechten oder etwas abwärts gebogenen Stielen und sind manchmal mit Zweitblüten versehen. Die orangefarbigen Blüten mit vielen kleinen braunen Tupfen haben Türkenbundform. Blütezeit Ende Juli–August. Diese unverwüstliche Lilie kommt auch in lehmigen Böden zurecht. (3, 8, 18, 30) ▷

Lilium lancifolium *(Lilium tigrinum)*, Tigerlilie. Meist noch unter der synonymen Bezeichnung im Handel. Japan, Korea. Robuste Gartenlilie, die im Heimatland auch als Nahrungsmittel Verwendung findet. Aus der breiten, weißen, dickfleischigen Zwiebel treibt ein 1–2 m hoher Stengel. Dieser ist gleichmäßig mit lanzettlichen Blättern besetzt, die in den Blattachseln schwarze Achselbulben entwickeln. Die Blüten sind traubig angeordnet und haben stark zurückgerollte, orangezinnoberrote Blütenblätter. Blütezeit von August bis Anfang September. Die Pflanze akzeptiert jeden durchlässigen Gartenboden und liebt sonnige Standorte. Meist ist die triploide *L. lancifolium* 'Splendens' in den Gärten verbreitet. *L. lancifolium* var. *fortunei* wächst etwas schwächer, bildet mehr lachsrote Blüten und wollig behaarte Knospen. (3, 18, 20, 30) ▽

◁ **Lilium martagon,** Türkenbundlilie. Heimische Lilie, die meist in Laubwäldern und auf Kalkuntergrund wächst. Ein 70–100 cm hoher Blütenschaft trägt 5–20 traubig angeordnete Blüten, die unangenehm riechen, nicken und horizontal abstehen. Die Farbe reicht von hellweinrot bis schmutzigbraun und braun gefleckt. Die elliptischen Blätter sind in Quirlen angeordnet. Blütezeit Juni–Juli. Die Zwiebel ist eher klein, gelb und länglich-spitz. Obwohl es sich um eine heimische Lilie handelt, ist ihre Kultur im Garten nicht ganz einfach. Robuster ist meist die aus Nordjugoslawien stammende *L. martagon* 'Cattaniae' mit kleinen dunkelweinroten Blüten. Wertvoll für den Garten sind die beiden Albinoformen 'Album' und 'Albiflorum'. Die erstgenannte hat reinweiße Blüten, die andere, seltenere, weiße Blüten mit karminroten Punkten. (3, 4, 18, 20, 30)

Lilium monadelphum, Verwachsene Kaukasuslilie. Kaukasus, Transkaukasien. In dieser Region gibt es mehrere ähnliche Lilien-Arten, die sich durch die schöne gelbe Blütenfarbe auszeichnen. Außer der genannten gehören *L. kesselringii*, *L. armenum* und *L. szovitsianum* dazu. Die kräftigen, spitz-eiförmigen Zwiebeln treiben 0,6–1,2 m hohe, beblätterte Schäfte. Sie tragen 5–20 stark duftende, hängende, trichterförmige Blüten mit weit offenen Glocken in reinem Gelb mit leicht lilarötlicher Sprenkelung im Inneren. Die Staubgefäße sind zu einer Röhre verwachsen, ein wichtiges Erkennungsmerkmal der Pflanze, auf das der deutsche Name zurückgeht. Blütezeit sehr früh im Mai–Juni. Pflanzen und verpflanzen sollte man sie nur im Herbst. Sie liebt einen laubhumusreichen, durchlässigen Boden. Wenn sie einmal Fuß gefaßt hat, ist sie gut ausdauernd. (3, 18, 20, 30) ▷

◁ **Lilium pardalinum,** Pantherlilie. Kalifornien. Sie bildet keine Zwiebeln im herkömmlichen Sinn, sondern hat kräftige, verzweigte Rhizome mit leicht zerbrechlichen Schuppen. Die 1–2 m hohen Stengel tragen Blattquirle aus lanzettlichen Blättern und Blüten an elegant aufgebogenen Stielen. Sie haben Türkenbundform mit stark zurückgeschlagenen Blütenblättern. Die orangeroten Blütenblätter tragen in der Mitte kräftig rot eingefaßte Flecken und karminrote Blattzipfel. Blütezeit im Juli. Die Pantherlilie gehört neben *L. harissianum* zu den wüchsigsten nordamerikanischen Lilien, alle anderen sind heikler. Empfehlenswert sind auch Kreuzungen, die als Bellingham-Hybriden bekannt sind. Sie lieben einen kühlen, sandig-humosen Boden mit leicht saurer Bodenreaktion. Alte Rhizomhorste sollten hin und wieder geteilt werden. (3, 4, 18, 20, 30)

Lilium philadelphicum, Waldlilie, Philadelphialilie. Weit verbreitet von den Rocky Mountains bis Ohio. Der deutsche Name Waldlilie ist nicht treffend, da diese, mit der heimischen Feuerlilie verwandte Art meist an offenen Hängen und Waldrändern wächst. Sie fühlt sich in Europa nicht heimisch und ist im Garten nicht einfach zu kultivieren. Voraussetzung ist saurer, etwas humoser, durchlässiger Urgesteinsboden, zuviel Kalk ist Gift. Zur Vegetationszeit wünscht sie ausreichende Feuchtigkeit. Zwiebel an kurzen Stolonen, Blütenstengel 45–90 cm hoch, mit mehreren Blattquirlen. Pro Stiel werden 1–5 weit offene Blütenschalen gebildet, orangescharlach gefärbt, nach innen hin mehr orangefarbig. Meist sind sie kräftig dunkelbraun gesprenkelt. Typisches Merkmal sind die an der Basis klauenförmig verengten Blütenblätter. (3, 18, 29, 30) ▷

Lilium regale, Königslilie. China. Zwiebel rund, etwa 10 cm Durchmesser. Die kräftigen Stengel werden 0,8–1,2 m hoch und sind mit zahlreichen einnervigen, linealen Blättern bewachsen. 1–8 oder mehr trichterförmige, glänzend weiße Blüten bilden ein kopfständige, radförmige Dolde. Der Schlund ist chromgelb gefärbt, die Blütenblätter sind außen an den Rippen rosapurpurn überlaufen. Narbe apfelgrün, Staubbeutel und Pollen gelb. Die Blütezeit liegt meist in der ersten Julihälfte. Sie liebt im Garten sonnige Plätze mit gutem, humosem Boden und guter Dränage. Sie ist leicht aus Samen zu ziehen, die Triebe sind allerdings empfindlich gegenüber Spätfrösten, Abdeckmaterial bereithalten! Starker Duft, der die Verwendung als Schnittblume etwas einengt. Sonst eine der wichtigsten Gartenlilien, die einmal eingewachsen, gut ausdauert. (3, 18, 30)
▽

◁ **Lilium pyrenaicum,** Pyrenäenlilie. Nordspanien, Pyrenäen, Südwestfrankreich. Aus einer breit-rundlichen, gelblichen, mittelgroßen Zwiebel treibt der Blütenstengel 1,2–1,5 m hoch, mit vielen lineal-lanzettlichen Blättern besetzt. Der Blütenstand trägt 1–12 kleine, 3,5 cm große, nickende, grünlichgelbe Blüten mit unangenehmem Geruch, deren Blütenblätter stark zurückgerollt sind und eine schwache, schwarze Sprenkelung aufweisen. Blütezeit Mai–Juni. Sie liebt volle Sonne bis Halbschatten und lehmig-humosen Boden, aber ohne Staunässe. Hat sie einmal Fuß gefaßt, kann diese Lilie ziemlich dauerhaft sein. In der Natur meist auf Kalkboden. Höhere Luftfeuchtigkeit wirkt sich positiv aus (Riesenhorste in England und Schottland). Schön vor dunklem Hintergrund und zusammen mit blaublühenden Stauden, beispielsweise *Cynoglossum nervosum.* (3, 4, 18, 20, 30)

◁ **Lilium-Lancifolium-Hybriden** (Asiatische Hybriden). In Fachkreisen wird die zweite Bezeichnung bevorzugt. Hierher gehört der früher als Midcentury-Hybriden bezeichnete Formenkreis. Aus den asiatischen Arten und *L. bulbiferum* sowie *L. dauricum* ist durch intensive Kreuzungstätigkeit eine enorme Sortenvielfalt entstanden. Einteilung nach Blütenform in drei Klassen: I a = aufrecht stehende Blüten, I b = seitwärts gerichtete Blüten, I c = abwärts hängende Blüten. Das Blütenfarbspektrum ist sehr groß. Besonders Züchter aus den USA, aber auch aus Holland, Deutschland, der Tschechoslowakei und anderen Ländern sind am Werk. Meristemvermehrung ermöglicht die Erzeugung großer Mengen an Zwiebeln, die in Versandhandlungen, Samenfachgeschäften und Gartencentern preiswert angeboten werden. Unempfindlich, wenn gute Dränage vorhanden. (3, 5, 18, 30)

△

Lilium szovitsianum, Szovits Kaukasuslilie. Südliches Transkaukasien. Neben *L. monadelphum, L. kesselringianum* und *L. armenum* eine weitere gelbe Art aus dieser Region. Aus großen Zwiebeln treibt ein 1–1,5 m hoher Schaft mit lanzettlichen Stengelblättern. Er trägt normalerweise 2–8 Blüten, an günstigen Plätzen bis zu 20. Die hellgelben Blüten in Türkenbundform haben meist nur halb zurückgeschlagene Blätter und verschieden gefärbte Pollen. Sie verströmen einen strengen Duft. Nur im Herbst verpflanzen. Unterscheidet sich von *L. monadelphum* morphologisch nur unwesentlich. Der Artstatus ist mehr durch das unterschiedliche Vorkommen und andere Bodensituationen bedingt; liebt anlehmigere Böden. Sie ist nicht einfach anzusiedeln, wenn sie einmal Fuß gefaßt hat, jedoch eine gute gedeihende Lilie. Bei starkem Kahlfrost abdecken. (3, 18, 30) ▷

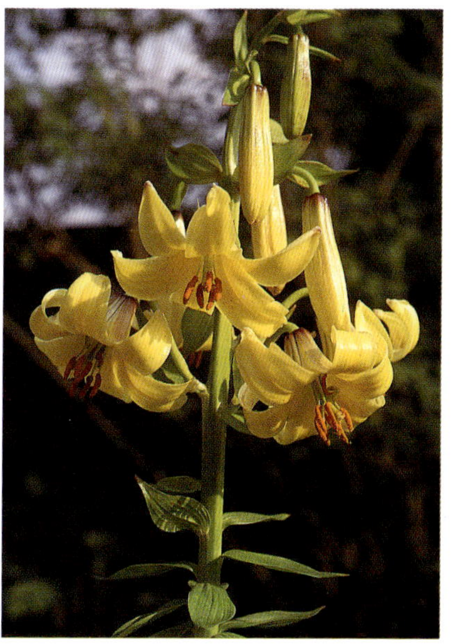

Lilium speciosum, Prachtlilie. Japan. Bekannte, oft angebotene, schöne Lilie, Schnittblume. Aus rundlichen, gelblichen bis purpurbraunen Zwiebeln entwickelt sich ein 1–2 m hoher Schaft, zerstreut mit breitlanzettlichen Blättern besetzt. Die Blüten sind groß, seitlich gerichtet, mit stark zurückgeschlagenen, am Rande gewellten Blütenblättern. Sie haben eine weiße Grundfarbe und sind zur Blütenmitte zu mit Papillen und karminfarbenen Punkten besetzt. Es gibt einige Farbvarianten, beispielsweise 'Album' mit reinweißen und 'Rubrum' mit mehr karminroten Blüten. 'Uchida Konako' (manchmal auch nur 'Uchida', Bild) ist ein besonders gesunder Typ. *L. speciosum* wird zwar hauptsächlich zum Treiben unter Glas verwendet, kann aber auch im Freiland angebaut werden. Sie liebt Laubhumus und saure Bodenreaktion. Blütezeit August–September. (4, 18, 20, 30)

Lilium × testaceum, Isabellenlilie, Nankinglilie. Ein Zufallssämling, der aus *L. candidum* und *L. chalcedonicum* entstanden ist. Er hat einige Eigenschaften mit der Madonnenlilie gemeinsam, so die etwas flachere Pflanzung im Spätsommer–Frühherbst. Die Blütenform liegt mit einer breiten, mehr lockeren Türkenbundform und nicht so stark zurückgeschlagenen Blütenzipfeln zwischen denen der Eltern. Die Farbe ist zartgelb, tendiert jedoch etwas zu braun. Aus neueren Kreuzungen der Elternarten wurden ähnliche Sorten in den Handel gebracht, die aber meist ein stärkeres Orange als Farbe zeigen. Die Isabellenlilie liebt einen sonnigen Platz und gut durchlässigen und kalkhaltigen Boden. Trotz der Ansprüche an einen sonnigen Standort wirkt sich hohe Luftfeuchtigkeit positiv aus, etwa das Klima in Küstengebieten. (3, 5, 18, 30) ▷

Limnanthes douglasii, Sumpfblume, ▷ Limnanthaceae, Sumpfblumengewächse. 10 Arten sind im westlichen Nordamerika verbreitet. Es sind einjährige, flachwachsende Kräuter mit wechselständigen, zerschlitzten Blättern. Vermehrung durch Folgesaaten von April bis Juli an sonniger Stelle mit durchlässigem Boden. *L. douglasii* aus Kalifornien blüht bei April-Aussaat im Juni–Juli. Die Pflanze wird 15–30 cm hoch und hat weiße Blüten mit gelber Mitte. Sie werden 2–3 cm, bei der weitverbreiteten Sorte 'Grandiflora' 3–4 cm groß und duften. Wenn die Samen ausreifen, säen sich die Pflanzen meist selbst aus. Solche in milden Wintern überdauernden Jungpflanzen blühen an warmer Stelle bereits ab Ende April. Die Samen von *L. douglasii* enthalten ein Öl, das dem Walspermöl ähnlich ist und künftig an dessen Stelle in der Kosmetik genutzt werden könnte. (2, 3, 7, 35)

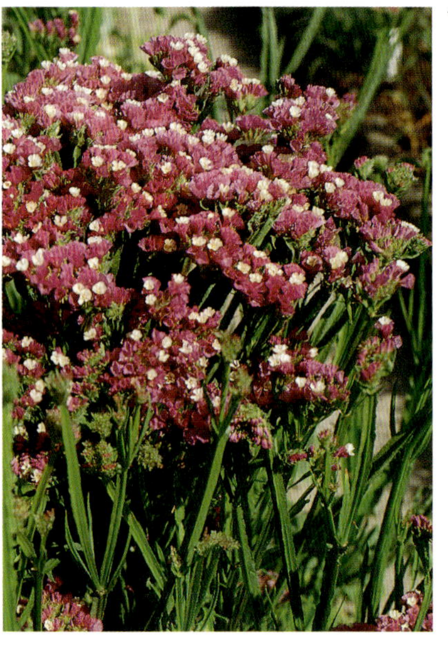

◁ **Limonium sinuatum 'Compindi Rosa'**, Statice, Plumbaginaceae, Bleiwurzgewächse. Etwa 300 Arten in allen Teilen der Welt, hauptsächlich vom Mittelmeergebiet bis zum Iran. *L. sinuatum* aus dem westlichen Mittelmeerraum ist eine etwa 60 cm hohe Staude, die bei uns als Sommerblume mit Vorkultur gezogenen wird. Es gibt Sorten mit blauen, lilafarbenen und rötlichen Kelchblättern. Die gelbe Farbe kommt von der etwa 90 cm hohen *L. bonduellei* aus dem gleichen Verbreitungsgebiet. Einjährig gezogen werden außerdem: *L. aureum*, goldgelb, 50 cm; *L. bellidifolium*, bläulichweiß, 1 m, mit 'Filigran', 40 cm; *L. gmelinii*, hellilablau, 50–60 cm; *L. perezii*, dunkelblau, kopfige Blütenstände, 50 cm, und andere. Die Ausnahme bildet *L. latifolium* 'Blauschleier', etwa 50 cm hoch, Blüte Juli–August, mit recht guter Winterhärte. (35, 36 bzw. 29)

△

Linaria purpurea 'Canon J. Went', ▷ Staudenleinkraut. *L. purpurea* aus Südeuropa ist eine bis 80 cm hohe, buschig wachsende Staude mit graugrünen Blättern und purpurvioletten Blüten in dichten, endständigen Ähren. Die Sorte 'Canon J. Went' blüht rosa. Blütezeit Juli–September. Solche staudigen, hochwachsenden, am Grunde manchmal leicht verholzenden *Linaria*-Arten liefern auch gute Schnittblumen, benötigen aber einen sonnigen, warmen Standort, der nicht zu feucht sein darf. Leichter Winterschutz ist ratsam. Die ähnliche, aber nur einjährige *L. maroccana* wird Ende April an Ort und Stelle ausgesät. Aus zartvioletten Blüten sind durch Kreuzungen ganze Farbmischungen entstanden, so daß mit dieser Sommerblume etwa 20–30 cm hohe, von Juni–Juli blühende Teppiche gestaltet werden können. Vermehrung durch Teilung oder Aussaat. (3, 12, bzw. 35)

Linaria alpina, Alpenleinkraut, Scrophulariaceae, Braunwurzgewächse. Etwa 150 Leinkraut-Arten sind auf der Nordhalbkugel, besonders im Mittelmeergebiet, in Vorderasien und in Nordamerika verbreitet. Es sind ein- oder mehrjährige Kräuter, selten Halbsträucher, mit endständigen Blütenähren oder -trauben. Das Alpenleinkraut ist eine Steinschuttfluren besiedelnde Pflanze der Gebirge Mittel- und Südeuropas und liebt frische, kalkhaltige, an Humus und Feinerde arme Flächen. Je nach Standort ist es nur kurzlebig. Es hat blaugrüne Blätter an bis 25 cm langen, niederliegenden Stengeln. Die bis 15blütigen Trauben tragen violette Blüten, zum Teil mit orangefarbenem Gaumen. Blütezeit Juni–September. Es eignet sich gut für Kalkschotterbereiche im Steingarten, die aber nicht sommertrocken sein dürfen. Vermehrung durch Teilung oder Aussaat. (31, 32)

◁ **Linnaea borealis ssp. americana**, Amerikanisches Moosglöckchen, Caprifoliaceae, Geißblattgewächse. Je nach taxonomischer Einteilung sind 1–3 *Linnaea*-Arten zirkumpolar auf der Nordhalbkugel verbreitet. Der abgebildete amerikanische Typ ist farbenkräftiger als unsere heimische Moosglöckchenpopulation. Es sind Pflanzen moosiger Nadelwälder, Heiden und Tundren, immer auf frischen, nährstoffarmen, sauren Rohhumusböden. Sie breiten sich durch Ausläufer schnell aus und werden je nach Standort bis höchstens 10 cm hoch. Die langen, bis 4 m weit kriechenden, verholzenden Triebe wurzeln an den Knoten. Die aus ihnen wachsenden Kurztriebe tragen die zierlichen, kleinen, meist nur paarweise an den Stengelenden stehenden Glöckchen. Blütezeit ist Juni–August. Ein günstiger Standort im Garten sind halbschattige Moorbeete. Vermehrung durch Teilung. (7, 21)

Lobelia erinus, Männertreu, Campanulaceae, Glockenblumengewächse. Die 200–300 Arten sind Kosmopoliten, einige davon wertvolle, ja unentbehrliche Gartenpflanzen. Dies gilt besonders für *L. erinus*, die in ihrer südafrikanischen Heimat einjährig oder auch staudig verholzend wachsen kann. Staudige Arten wurden um die Jahrhundertwende in vielen Blütenfarben mit einfachen oder gefüllten Blüten gezogen. Davon sind die als Ampelpflanze verwendete, hell lichtblau blühende Sorte 'Richardii' sowie die tintenblaue, dicht gefüllte 'Kathleen Mallard' jetzt wieder in Kultur. Sie eignen sich als Sommerblumen mit Vorkultur zur flächigen Beetbepflanzung. Das Männertreu blüht von Mai–Oktober. Rückschnitt fördert die Neubildung von Trieben und Blüten. Neben Sommerblumenpflanzungen ist es auch gut geeignet für Schalen, Balkonkästen und Kübel. (2, 7, 25, 36, 38)
▽

Linum grandiflorum 'Rubrum', Linaceae, Leingewächse. Etwa 230 Arten in den subtropischen und gemäßigten Gebieten. *L. grandiflorum* aus Nordafrika gehört wie unser blaublühender Flachs zu den farbenkräftigen, reichblühenden, einjährigen Arten. Die 30–40 cm hohen, verzweigten Pflanzen mit graugrünen Blättern schmükken sich von Juni–September mit dunkeläugigen, 3 cm breiten, blutroten Blüten. Aussaat breitwürfig im April an Ort und Stelle oder in Töpfen und Auspflanzen an geeignete Stellen in Stauden- und Sommerblumenbeeten. Ähnlich verwendbar ist der Bergphlox, *Linanthus grandiflorus* aus Kalifornien (Polemoniaceae, Sperrkrautgewächse), der bis 50 cm hoch wird, in Sonne und Halbschatten gut gedeiht und weiß-lila überlaufen blüht. In ganz milden Wintern können Jungpflanzen beider Arten überwintern und umso früher zur Blüte kommen. (2, 35, 36) ▷

◁ **Linum perenne**, Staudenlein. Ausdauernde Arten sollten an sonnigen Stellen auf durchlässigem, warmem Boden stehen. Steingartensituationen und Trockenbeete ohne Winternässe sind geeignet. *L. perenne* aus Mittel- und Osteuropa wird bis 50 cm hoch und trägt im Juni–Juli 2–3 cm große, hellblaue, die Sorte 'Album' weiße Blüten. Es gibt auch sehr niedrigbleibende Sorten, wie die robuste 'Nanum Saphir'. Das sehr ähnliche *L. austriacum* unterscheidet sich von *L. perenne* durch die hängenden Fruchtkapseln. Gelb blüht *L. flavum*, der Goldflachs, mit der niedrigbleibenden Sorte 'Compactum'. Das 50 cm hohe *L. narbonense* bildet von Juni–August 3 cm große, violettblaue Blüten. *L. elegans (L. iberidifolium)* wird nur 10–20 cm hoch und trägt 2 cm große, gelbe Blüten. Vermehrung durch Aussaat oder Stecklinge. (3, 5, 25, 29 bzw. 31, 38)

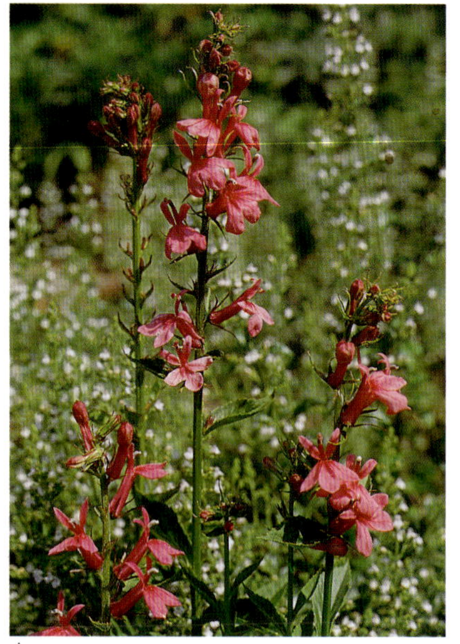

△

Lobelia × speciosa 'Fan Zinnoberrosa', Staudenlobelie. Die in den Tropen und Subtropen an feuchten Standorten verbreitete Gattung enthält neben einjährigen einige interessante staudige Arten. Die blauviolett- oder weißblühende *L. siphilitica* aus Nordamerika, Blütezeit Juli–September, ist ausreichend winterhart. Die Sorten mit den Art- oder Hybridbezeichnungen *L. cardinalis, L. × gerardii, L. × vedrariensis, L. × speciosa* und *L. splendens* sollten besser wie Sommerblumen – auch gut für den Schnitt – mit Vorkultur oder mit frostfreier Überwinterung der Wurzelballen verwendet werden. Die leuchtend scharlachrote Kardinalslobelie, *L. cardinalis*, wird bis 1,2 m hoch und eignet sich gut als leuchtender Blütenschmuck für schattige, feuchtnasse Stellen. Vermehrung durch Aussaat, Teilung oder Stecklinge. (26, 27, 36 bzw. 36, 38)

Lobularia maritima, Duftsteinrich, ▷ Brassicaceae (Cruciferae), Kohlgewächse. 5 Arten umfaßt diese Gattung aus dem Mittelmeerraum. Es sind einjährige oder ausdauernde Kräuter, die man an Ort und Stelle Mitte April aussät. Eine Folgesaat im Juni sorgt für Blütenflor bis zum Herbst. Wenn die Hauptblüte vorbei ist, kann man durch Rückschnitt eine Nachblüte fördern. Der Duftsteinrich eignet sich auch gut als Zwischensaat in Gladiolen- und Lilienpflanzungen und zur duftenden Begrünung von Pflaster und Steinfugen. Die Blütenfarbe reicht von Weiß bis Violett. 6–10 cm hoch werden die Sorten 'Königsteppich', dunkelviolett, und 'Rosie O'Day', rosa. 'Schneehaube' ist reinweiß, 'Wunderland' dunkelkarminrot. 'Wunderland Weiß' und 'Wunderland Rose' bilden weiße und rosarote Blüten, die bis zum Herbst geschlossen bleiben und nachblühen. (7, 25, 32, 35)

◁ **Lotus corniculatus 'Flore Pleno'**, Gefüllter Hornklee, Fabaceae (Leguminosae), Hülsenfrüchtler. Die etwa 100 *Lotus*-Arten sind in den gemäßigten und subtropischen Klimabereichen Asiens, Nordamerikas und Europas, insbesondere im Mittelmeergebiet verbreitet. Viele sind Halbsträucher und manche, wie unser Hornklee, Stauden. Die gefülltblühende Sorte 'Flore Pleno' wird etwa 20 cm hoch, also nur halb so hoch wie die einfachblühende Stammart, und blüht von Mai–Oktober. Die niederliegend-aufsteigenden Stengel tragen unpaarig gefiederte Blätter, die Dolden sind 3- bis 6blütig. Die Pflanze liebt sonnige Lagen in Steingartenbereichen und trockene, warme Böden, sie hat eine Abneigung gegen Staunässe oder dauerfeuchte Böden. Vermehrung durch Teilung. Verwendung an sonniger, warmer, trockener Stelle ohne Konkurrenz starkwachsender Stauden. (3, 7, 25, 31, 38)

△

Lonas annua *(L. inodora)*, Immortelle, Asteraceae (Compositae), Asterngewächse. Die Gattung besteht nur aus dieser einen Art, die im Mittelmeergebiet verbreitet ist. Die Immortelle ist eine einjährige, buschig wachsende, stark verzweigte Pflanze mit grobgezähnten Blättern. Die gelben Köpfchenblüten stehen zu vielen in endständigen Doldentrauben und öffnen sich von August–Oktober. Der deutsche Name Immortelle macht schon deutlich, daß sich die Blütenstände sehr gut als Trockenblumen eignen. Man sollte sie aber im Beginn des Aufblühens schneiden, damit sie während des Trocknens nicht noch verblühen oder gar Samen entwickeln. Die Aussaat erfolgt im April direkt an sonnige, warme Stellen. Möglich ist auch eine Verwendung als Sommerblume mit Vorkultur zum Pflanzen in Sommerblumenbeete oder zwischen Stauden. (2, 5, 35, 36)

Lotus maculatus, Gefleckter Hornklee. ▷ Von den etwa 100 Hornklee-Arten kommen 2 auf den Kanarischen Inseln vor. Es ist der abgebildete silberlaubige Gefleckte Hornklee und *L. berthelotii*, ebenfalls mit silbergrauen Blättern und scharlachroten Blüten. Beide werden durch Stecklinge vermehrt und eignen sich mit ihren langen, hängenden Trieben und der silbergrauen Belaubung zur Auflockerung von Balkonkästen und Schalenbepflanzungen. Als Florenkinder der Kanarischen Inseln lieben sie sehr heiße, trockene Standorte ohne anhaltende Feuchtigkeit im Wurzelbereich. Beide Arten sollen in ihrem heimatlichen Verbreitungsgebiet beinahe ausgestorben sein, da die Lebensräume durch Bebauung und Landbewirtschaftung stark beeinflußt worden sind. *L. berthelotii* wird bei uns schon seit der Jahrhundertwende als Gartenpflanze kultiviert. (12, 36, 38)

Lunaria annua (*L. biennis*), Judassilberling, Brassicaceae (Cruciferae), Kohlgewächse. 3 Arten in Mittel- und Südeuropa. Der einjährige Judassilberling blüht von Mai–Juni und sät sich reichlich aus. Die überwinternden Jungpflanzen werden bis zur Blütezeit 40–120 cm hoch, sind im oberen Teil reich verästelt und tragen viele weiße, rosa oder purpurviolette Blüten. Die Schoten sind an beiden Enden oval. *L. rediviva*, das Silberblatt, kommt von Europa bis Sibirien vor und blüht von Mai–August. Es ist eine 1 m hohe Staude mit kantigen Stengeln und großen, herzförmigen Blättern. Die duftenden, violetten bis weißrosa Blüten sitzen in lockeren Doldentrauben. Die Schoten sind länglich und an beiden Enden zugespitzt. Diese Art verträgt Halbschatten bis Schatten und zumindest zur Wachstumszeit feuchte bis nasse Standorte. (3, 10, 35 bzw. 4, 21)
▽

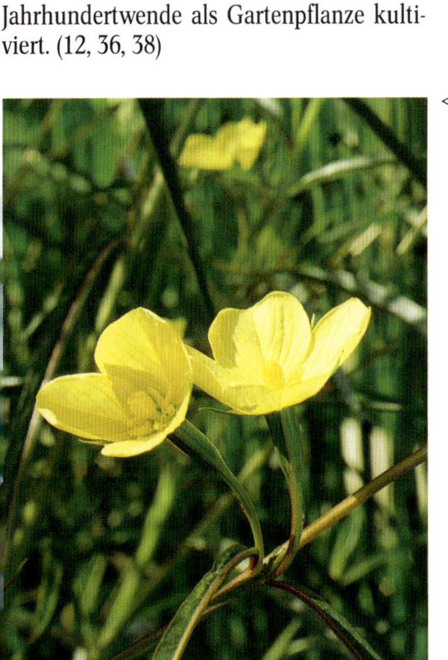

◁ **Ludwigia palustris var. longifolia hort.**, Onagraceae, Nachtkerzengewächse. Die 75 *Ludwigia*-Arten sind kosmopolitisch mit Schwerpunkt im tropischen Amerika verbreitet. Es sind meist Sumpfpflanzen mit großen, gelben, an Nachtkerzen erinnernden Blüten. Die abgebildete Art wird manchmal Sumpflöffelchen genannt. Sie ist in Europa, Westasien, im Mittelmeerraum und in Nordamerika verbreitet. Mit kriechenden, aus den Knoten wurzelnden Trieben besiedelt sie schlammige Ufer. Bei ausreichend Licht und Wärme blüht sie reich und eignet sich so als Sommerflor in sich gut erwärmenden Wasserbecken und Kübeln. Die als *L. palustris* var. *longifolia* hort. verbreitete Form muß frostfrei, möglichst mit zusätzlichem Licht, überwintert werden. Vermehrung durch Stecklinge und Aussaat. Eine Reihe anderer *Ludwigia*-Arten sind ähnlich verwendbar. (27, 28, 38)

Lupinus-Polyphyllus-Hybriden, ▷ Staudenlupinen, Fabaceae (Leguminosae), Hülsenfrüchtler. Über 200 staudige, halbstrauchige oder einjährige Arten mit Schwerpunkt in Amerika, aber auch im Mittelmeergebiet und im tropischen Afrika. Die bis 1,2 m hohen Staudenlupinen blühen von Mai–August, bei Rückschnitt manchmal ein zweites Mal schwächer im Herbst. Vermehrung durch Samen, bei vielen schönen Sorten nur vegetativ. Attraktive Sorten sind 'Edelknabe', karminrot, 'Fräulein', cremeweiß, 'Kastellan', marineblau mit weißer Fahne, 'Kronleuchter', leuchtendgelb, 'Mein Schloß', rötlich, 'Schloßfrau', rosa mit weißer Fahne, und 'Rote Flamme', reinrot. Alle Lupinen brauchen sonnige, warme Stellen mit tiefgründigem, wasserdurchlässigem, kalkfreiem Boden. Einjährig sind *L. luteus*, gelb, duftend, 50–60 cm, und *L. texensis*, blauweiß, 30 cm. (1, 2, 8, 29 bzw. 35)

◁ **Luzula nivea**, Schneemarbel, Juncaceae, Binsengewächse. Etwa 80 Arten sind in den gemäßigten und kalten Gebieten besonders der Nordhalbkugel verbreitet. Die horstartig wachsenden Gräser sind gut als Bodendecker an halbschattigen bis schattigen Standorten verwendbar und vertragen auch den Wurzeldruck größerer Laubgehölze. Die meisten sind wintergrün. Die heimische Schneemarbel wird bis 80 cm hoch und blüht von Juni–August. Die schneeweißen Blütenstände kontrastieren gut zu den dunkelgrünen Blatthorsten. Verwendung im halbschattigen Rohhumusbereich. Die ebenfalls heimische, graublühende Waldmarbel, *L. sylvatica*, wird bis 90 cm hoch, die immergrünen Blätter bis 30 cm. Für frischfeuchte, humose, auch verdichtete Böden. 'Tauernpaß' ist breitblättrig, nur 15 cm hoch, 'Aurea' hat goldgelbe, 'Marginata' gelbweiß gerandete Blätter. (18, 21, 23)

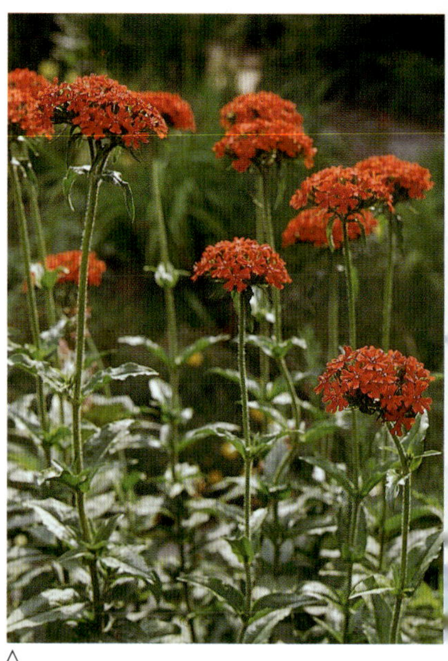

△

Lychnis chalcedonica, Brennende Liebe, Caryophyllaceae, Nelkengewächse. Etwa 8 zweijährige oder staudige Arten sind in der nördlichen gemäßigten und arktischen Zone verbreitet. Die Brennende Liebe ist eine *Lychnis*-Art, die schon im frühen Mittelalter, wahrscheinlich mit den Kreuzfahrern als Gartenpflanze zu uns gekommen ist. Sie stammt eigentlich aus dem östlichen Rußland. Die Pflanze wird bis 1 m hoch und trägt von Juni–August feuerrote, endständige, 10 cm breite Blütendolden. Sie wünscht einen sonnigen Standort, am besten auf frischem, nährstoffreichem Boden. Bei Rückschnitt der verblühten Dolden erfolgt meist Seitentriebbildung mit einer zweiten Blüte. Es gibt auch weiße, rosa und gefüllt-blühende Formen. Vermehrung durch Aussaat, die Sorten durch Teilung. Die Brennende Liebe eignet sich auch als Schnittblume. (1, 2, 3, 10, 29)

Lychnis coronaria, Kronlichtnelke, ▷ Vexiernelke. Diese südeuropäische *Lychnis*-Art wächst bei uns meist nur 2- bis 3jährig. Sie sät sich reichlich aus und wird zum liebenswerten „Gartenunkraut". Die dichten, silbergrau behaarten Blattrosetten sind bereits im Herbst voll entwickelt. Aus ihnen treiben im Frühjahr bis 70 cm hohe, dicht weißfilzig behaarte, verzweigte Stengel, die bis 3 cm große, rosa, hellpurpurne oder weiße Blüten tragen. An sonnigem Standort ohne Staunässe, auch am Rand der Blumenwiese, am sonnigen Gehölzrand und in schütterem Bewuchs fühlt sie sich sehr wohl. Etwas ähnlich ist das Himmelsröschen, *Silene coeli-rosa*. Diese Einjahresblume für Direktsaat im April blüht von Juni–August in den gleichen Farben, aber auch blau. Die 30–80 cm hohen, reichverzweigten Kräuter tragen 2–4 cm große Blüten. (2, 3, 10 bzw. 35)

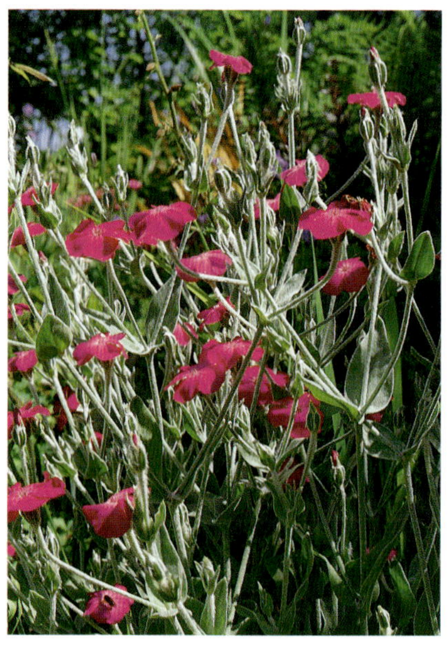

◁ **Lychnis flos-cuculi 'Dwarf-Form'**, Zwerg-Kuckuckslichtnelke. Die heimische Kuckuckslichtnelke ist eine Wiesenpflanze, die 30–50 cm hoch wird und von Mai–Juni rosa blüht. Die Zwergform erreicht nur etwa 15 cm Höhe. Es gibt von ihr auch eine weißblühende Sorte 'Alba'. 'Albo Plena' und 'Roseo Plena' sind gefüllte Formen in Weiß und Rosa. Die Jupiterlichtnelke, *L. flos-jovis*, aus den mittleren und westlichen Alpen wird bis 80 cm hoch, ist graufilzig behaart und blüht von Mai–Juni mit 2–4 cm großen, rosa, roten oder weißen Blüten in dichten Trugdolden. Sie braucht einen vollsonnigen, trockenwarmen Standort, während die Kuckuckslichtnelke feucht bis naß, auf nährstoffreichen, humosen Böden stehen möchte. Die Vermehrung beider Arten erfolgt durch Aussaat und Teilung. (10, 27 bzw. 3, 10)

Lychnis viscaria, Pechnelke. Diese ▷ Pflanze ist auf sonnigen, warmen Trockenrasen zu Hause, blüht von Mai–Juni und wird bis 50 cm hoch. Typisch sind die unter den Blattknoten klebrigen Stengel. Neben der rosablühenden Art sind auch eine weißblühende Sorte 'Alba' und die karminrote, gefüllte 'Plena' in Kultur. Für gutes Gedeihen benötigt sie unbedingt einen freien, sonnigen, warmen Stand auf trockenen Böden mit gutem Wasserabzug. Sie verträgt keine Konkurrenz starkwachsender Nachbarstauden. Die Art und auch die gefüllte Form halten gut in der Vase. Nur 20 cm hoch wird die Sorte 'Kugelblitz' mit karminroten Blüten über dichtem, festem Laubpolster. Ähnlich verwendbar ist die Alpennelke, *L. alpina*, die nur bis 12 cm hoch wird und mit 1 cm großen, purpurroten Blüten von Mai–Juni blüht. Es ist eine Pflanze der kalkfreien Alpenmatten. (3, 31, 32)

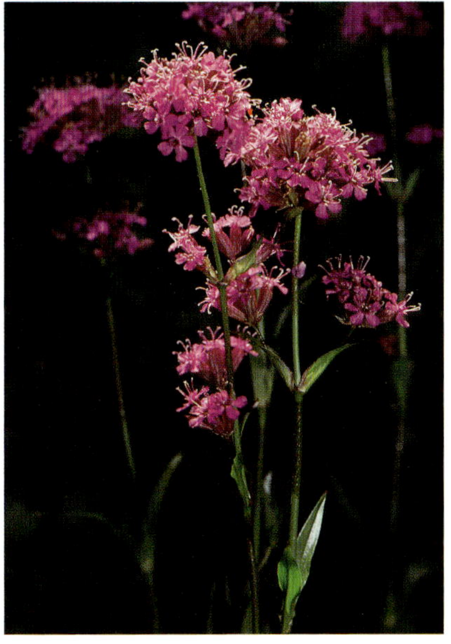

Lysichiton camtschatcensis, Weiße Scheincalla, Araceae, Aronstabgewächse. Die Gattung besteht nur aus 2 Arten, die beide im Garten kultiviert werden. Es sind Sumpfstauden mit kriechendem Rhizom und großen, grundständigen, länglich-eiförmigen Blättern. Die Blütenkolben werden von großen, tütenförmigen Blütenscheiden umhüllt, die vor den Blättern erscheinen. Vermehrung durch Aussaat im Sumpfbeet oder durch Teilung. Für tiefgründige, feuchte Böden in Sonne oder Halbschatten. *L. camtschatcensis* ist von Ostsibirien bis Japan verbreitet und blüht von Mai–Juni. Die 40–80 cm hohen Blätter werden bis über 30 cm breit, die Blütenscheide ist weiß. *L. americanus* ist im westlichen Nordamerika zu Hause und blüht etwas früher, von April–Mai. Er hat derbe, 50–100 cm hohe, bis 30 cm breite Blätter und eine gelbe, bis 30 cm lange Blütenscheide. (8, 27) ▽

◁ **Lychnis-Arkwrightii-Hybriden**. Diese leuchtend orangerot blühenden Gartenstauden sind durch Kreuzung von *L. chalcedonica* mit *L.* × *haageana* entstanden. Sowohl die *L.*-Haageana-Hybriden wie auch die *L.*-Arkwrightii-Hybriden sind keine langlebigen Pflanzen und deshalb leider wenig verbreitet. Beide Gruppen sind aber durch ihre Blühdauer interessant. Die *L.*-Arkwrightii-Hybriden blühen von Juni–August und nach einem Rückschnitt später noch einmal. *L.*-Haageana-Hybriden blühen sogar bis September. Die *L.*-Arkwrightii-Hybriden haben den fleischigen Wurzelstock der Brennenden Liebe und ziehen nach der Blüte ein. Besonders auffallend ist die dunkelrotbronze-laubige Sorte 'Vesuvius' mit sehr großen orangescharlachfarbenen Blüten. Es sind Pflanzen für warme, sonnige, trockene Stellen mit guter Wasserdurchlässigkeit. (1, 2, 5, 34)

Lysimachia clethroides, Schneefelberich, Primulaceae, Primelgewächse. Etwa 200 Arten umfaßt die Gattung, die kosmopolitisch verbreitet ist. Alle Arten des Gartensortimentes lieben feuchten bis nassen Boden, der im Frühjahr auch zeitweise überschwemmt sein darf. Der Schneefelberich stammt aus China, Japan und Korea und blüht von Juli–September. Er wird bis 90 cm hoch, ist kaum verzweigt, und seine weißen Blütenkerzen haben eine typisch überhängende Form. Aus dem gleichen Gebiet stammt *L. barystachys*, der nur 60 cm hoch wird und etwas später ebenfalls weiß blüht. *L. ephemerum* aus Spanien blüht von Juni–September weiß und wird etwa 1 m hoch. Alle Arten sind auch als Schnittblumen geeignet. Sie werden durch Teilung oder Aussaat vermehrt, breiten sich unterschiedlich stark aus und vertragen auch Halbschatten. (26, 27) ▷

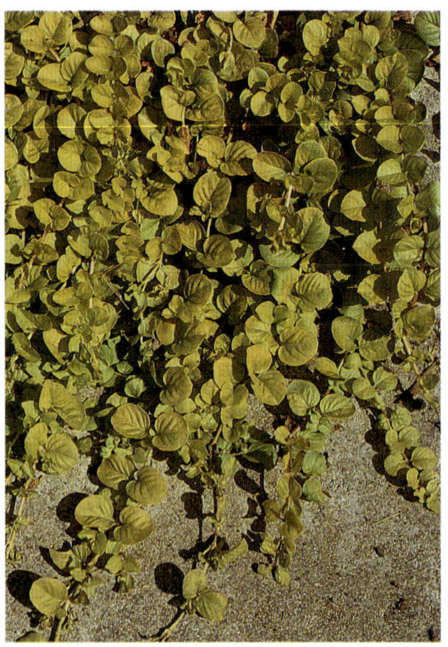

◁ **Lysimachia nummularia 'Aurea'**, Goldpfennigkraut. Diese heimische Art bildet bis 2 cm große, goldgelbe Blüten und ist ein Bodendecker feuchter Standorte, der auch als Ampelpflanze oder in Balkonkästen verwendet werden kann. Eine niedrige, bodendeckende Art für schattige, feuchte Bereiche ist der Waldgilbweiderich, *L. nemorum* aus dem südlichen und westlichen Mitteleuropa. Die bis 30 cm langen Stengel wachsen niederliegend-aufsteigend. Er trägt bis 1 cm große, gelbe Blüten. Eine mit der chinesischen *L. henryi* verwandte Art, *L. congestiflora*, ist in den letzten Jahren auf den Markt gekommen. Sie wächst flach, ihre Blüten stehen kopfig gehäuft an den Triebenden. Sie ist ähnlich wie *L. nummularia* zu verwenden, geeignet für sonnige bis halbschattige Lagen, aber nicht winterhart. Alle werden durch Teilung und Stecklinge vermehrt. (7, 21, 22, 27 bzw. 36, 38)

Lysimachia punctata, Goldfelberich. Diese heimische Art blüht von Juni–August und wird bis 1 m hoch. Ihr sehr ähnlich, aber zierlicher ist *L. ciliata* aus Nordamerika, die zur gleichen Zeit blüht und bis 1,2 m hoch wird. Sie wuchert wesentlich weniger. *L. thyrsiflora*, der Straußgoldfelberich, blüht in gestielten, kopfigen Blütenständen in den Blattachseln von Mai–Juli und ist 70 cm hoch. *L. vulgaris*, der Gemeine Goldfelberich, wird bis 1,5 m hoch und blüht von Juni–August mit gelben, langgestielten, achselständigen Blütentrauben. Die beiden letztgenannten Arten sind ebenfalls bei uns heimisch und wachsen wuchernd, eignen sich aber hervorragend für naturnahe feuchte bis nasse Bereiche, die auch zeitweise überflutet sein können. Für sonnige bis halbschattige Lagen. Als Schnittblumen verwendbar. Vermehrung durch Teilung. (26, 27)
▽

Lythrum salicaria 'Feuerkerze', Blutweiderich, Lythraceae, Weiderichgewächse. 35 Arten sind kosmopolitisch verbreitet. Unser heimischer Blutweiderich, *L. salicaria*, wird bis 2 m hoch und hat einen holzigen Wurzelstock. Die bläulichpurpurnen Blüten sitzen in verzweigten, langen, dichten Ähren. Er blüht von Juni–August, bei Rückschnitt nochmals im Herbst. Bekannte Sorten sind 'Feuerkerze', leuchtendrosa, 'Rakete', rosarot, 'Robert', hellrosa, 70 cm, 'Stichflamme', rot, großblumig, 'Rosensäule', tiefrosa, und 'Zigeunerblut', dunkelrot. *L. virgatum*, der Rutenweiderich, ist in Europa und Westasien verbreitet und blüht purpurrot von Juni–August. Er wird nur etwa 1,5 m hoch und hat sitzende Blätter. Verwendung in Wasserkübeln, im Feuchtbereich und in feuchtnassen Staudenpflanzungen. Vermehrung durch Aussaat und Stecklinge. (8, 10, 26, 27, 38)
▽

◁ **Macleaya microcarpa**, Federmohn, Papaveraceae, Mohngewächse. China. De Federmohn ist eine bis 2,5 m hohe Staud mit grasgrünen, unterseits grauweißen Blättern, die sich durch die Bildung von Wurzelsprossen kräftig ausbreitet. Von Juli–Augus trägt sie creme- bis kupferfarbene Blüten mi 8–12 Staubblättern in großen Rispen Besonders schön ist 'Kelway's Coral Plume (syn. 'Korallenfeder'), eine etwas schwäche wachsende Sorte mit kupferrosa Blüter und zimtfarben getöntem Laub. Die zweit Art der Gattung, *M. cordata*, blüht weiß i lockeren Rispen, ihre Blüten besitze 25–30 Staubblätter. Sie ist weniger invasiv wird aber bis 3 m hoch. Beide sind dekorative Solitärstauden für leichte, warme Böden auch zur Vergesellschaftung mit starkwurzelnden Sträuchern. Die Vermehrung erfolg durch Teilung, Ausläufer oder Wurzelschnittlinge. (3, 4, 8, 16)

◁ **Maianthemum bifolium**, Schattenblümchen, Zweiblatt, Convallariaceae (Liliaceae), Maiglöckchengewächse. Je nach taxonomischer Abgrenzung umfaßt die Gattung *Maianthemum* nur eine oder 3 Arten, die in der nördlichen gemäßigten Hemisphäre vorkommen. Unser heimisches *M. bifolium* ist von Europa über Sibirien bis Ostasien verbreitet. Es wird 10–15 cm hoch und wächst mit dünnem, kriechendem Rhizom schnell flächendeckend. Die kleinen weißen Blüten stehen in Trauben über den 2 herz-eiförmigen Blättern. Blütezeit ist Mai–Juni. Einen besonderen Akzent setzen die im zeitigen Herbst reifenden, kleinen roten Beeren. Die hübsche, kleine Waldpflanze läßt sich an helleren Stellen gut als Bodendecker verwenden, wenn die Humusauflage ausreicht. Im Garten kann man durch Aufbringen einer Laubmulldecke nachhelfen. Vermehrung durch Teilung. (4, 21)

△ **Malcolmia maritima**, Malcolmie, Brassicaceae (Cruciferae), Kohlgewächse. Etwa 35 Arten umfaßt die Gattung. Sie sind mit Schwerpunkt im Mittelmeergebiet bis Zentralasien verbreitet. Wie die abgebildete *M. maritima* sind die meisten einjährige Kräuter, die wir ab Anfang April in Folgesaaten direkt an Ort und Stelle säen. Sie werden bis 30 cm hoch und blühen je nach Aussaattermin von Juni–September. Die reichlich gebildeten Blüten sind rosarot bis lilarot und duften. In Mischungen sind meist auch gelbe und weiße Blütenfarben enthalten. Für eine gute Entwicklung brauchen die Pflanzen sonnige, warme Stellen mit frischem Boden ohne Staunässe. Sämlinge können manchmal unter Erdflöhen leiden, was uns aber nicht von der Verwendung abhalten sollte. Sie sind auch als Schnittblumen für kleine Sträuße gut verwendbar; Rückschnitt fördert eine erneute Blüte. (2, 7, 35)

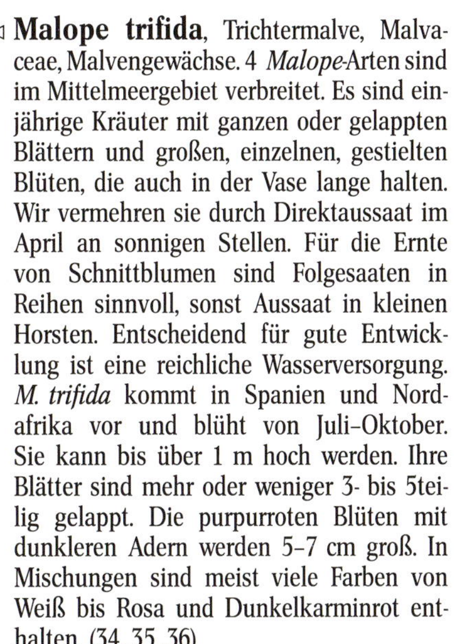

◁ **Malope trifida**, Trichtermalve, Malvaceae, Malvengewächse. 4 *Malope*-Arten sind im Mittelmeergebiet verbreitet. Es sind einjährige Kräuter mit ganzen oder gelappten Blättern und großen, einzelnen, gestielten Blüten, die auch in der Vase lange halten. Wir vermehren sie durch Direktaussaat im April an sonnigen Stellen. Für die Ernte von Schnittblumen sind Folgesaaten in Reihen sinnvoll, sonst Aussaat in kleinen Horsten. Entscheidend für gute Entwicklung ist eine reichliche Wasserversorgung. *M. trifida* kommt in Spanien und Nordafrika vor und blüht von Juli–Oktober. Sie kann bis über 1 m hoch werden. Ihre Blätter sind mehr oder weniger 3- bis 5teilig gelappt. Die purpurroten Blüten mit dunkleren Adern werden 5–7 cm groß. In Mischungen sind meist viele Farben von Weiß bis Rosa und Dunkelkarminrot enthalten. (34, 35, 36)

Malva sylvestris (*M. mauritiana*), Algiermalve, Malvaceae, Malvengewächse. Etwa 40 Malven-Arten gibt es in Europa, Asien und Nordamerika. Die Algiermalve wird wie eine Sommerblume, am besten mit Direktaussaat im April im Sommerblumenbeet und zwischen Stauden verwendet. Sie sollte später auf etwa 50 cm Abstand stehen, da es kräftige, bis 1,5 m hohe, von Juni bis zum Herbst reich blühende Pflanzen werden. In den Aussaaten tauchen oft Pflanzen mit lila, rosaweißen, hellvioletten oder dunkel purpurroten Blüten auf. Sie sind eine wertvolle Ergänzung für das Sommerblumenbeet, da sie nicht vom Malvenrost befallen werden und auch leichten Schatten vertragen. Für Waldränder und Staudenwiesen gut geeignet ist die staudige *M. alcea*, die bis 1,2 m hoch wird und von Juni–September rosafarbene, 5 cm breite Blüten bildet. (34, 35 bzw. 2, 3, 10) ▷

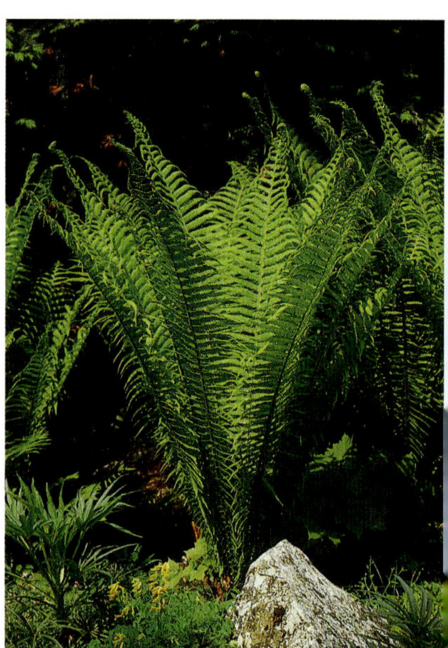

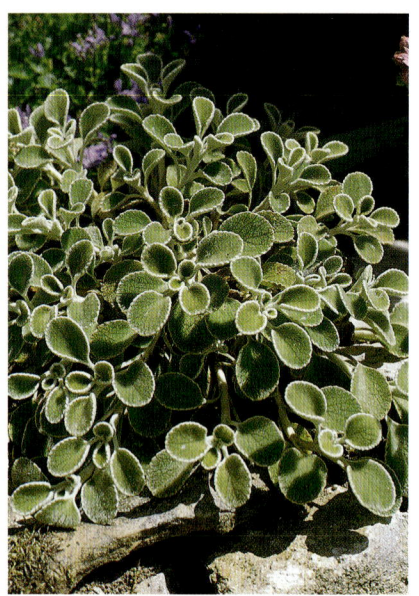

◁ **Marrubium supinum**, Spanisches Mauseohr, Lamiaceae (Labiatae), Taubnesselgewächse. Etwa 40 Arten umfaßt die Gattung, die im temperierten Eurasien mit Schwerpunkt im Mittelmeergebiet verbreitet ist. Die Pflanzen sind besonders durch ihre silbrig behaarten Blätter für sehr heiße, sonnige Stellen und Trockenmauerbereiche gut geeignet. In Gegenden mit strengen Wintern benötigen sie leichten Winterschutz. *M. supinum* aus Spanien und Nordwestafrika und das ähnliche *M. libanoticum* aus dem Libanon blühen rosa von Juni–Juli. Zur gleichen Zeit bildet das gelbfilzig behaarte *M. velutinum* aus Griechenland seine gelben Blüten. Die ersten beiden Arten werden etwa 20 cm hoch, die letztere etwa bis 30 cm. Alle benötigen trockenwarmen Boden mit bester Wasserdurchlässigkeit. Vermehrung durch Aussaat oder Stecklinge. (5, 12, 24, 31, 32)

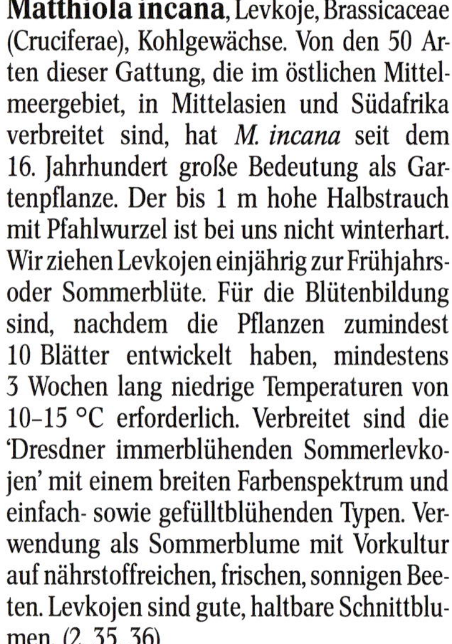

Matthiola incana, Levkoje, Brassicaceae ▷ (Cruciferae), Kohlgewächse. Von den 50 Arten dieser Gattung, die im östlichen Mittelmeergebiet, in Mittelasien und Südafrika verbreitet sind, hat *M. incana* seit dem 16. Jahrhundert große Bedeutung als Gartenpflanze. Der bis 1 m hohe Halbstrauch mit Pfahlwurzel ist bei uns nicht winterhart. Wir ziehen Levkojen einjährig zur Frühjahrs- oder Sommerblüte. Für die Blütenbildung sind, nachdem die Pflanzen zumindest 10 Blätter entwickelt haben, mindestens 3 Wochen lang niedrige Temperaturen von 10–15 °C erforderlich. Verbreitet sind die 'Dresdner immerblühenden Sommerlevkojen' mit einem breiten Farbenspektrum und einfach- sowie gefülltblühenden Typen. Verwendung als Sommerblume mit Vorkultur auf nährstoffreichen, frischen, sonnigen Beeten. Levkojen sind gute, haltbare Schnittblumen. (2, 35, 36)

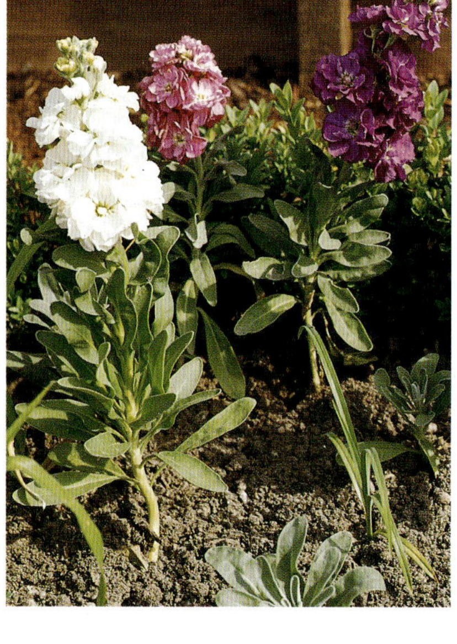

△ **Matteuccia struthiopteris** *(Struthiopteris germanica)*, Trichterfarn, Onocleaceae, Perlfarngewächse. 3 oder 2 Arten in den gemäßigten Gebieten der Nordhalbkugel. Der heimische Trichterfarn, *M. struthiopteris*, ist von Europa bis Nordasien und Nordamerika verbreitet. Sein im Alter oberirdische Stämmchen bildender Wurzelstock wird oft durch unterirdische, schwarze Ausläufer lästig. Bei feuchtfrischem Stand von Sonne bis Halbschatten wird die Pflanze über 1 m hoch. Die sporentragenden, schwarzen, geweihartigen Wedel entwickeln sich im Trichter. Bei zu trockenem Stand vergilben die Blätter bereits im Hochsommer. Die Wedeltrichter von *M. pensylvanica* sind schmaler, eleganter und können bis 2 m hoch sein. Er wuchert wesentlich weniger und verträgt mehr Trockenheit. Vermehrung durch Sporenaussaat, meist durch Abtrennen der Ausläufer. (8, 21, 27)

Mazus pumilio, Scrophulariaceae, ▷ Braunwurzgewächse. 120 Arten dieser Gattung sind in Ost- und Südostasien, im indomalaiischen Raum, in Australien und Neuseeland verbreitet. *M. pumilio* findet sich in Neuseeland, Australien und Tasmanien vom Tiefland bis in bergige Regionen. Die Pflanze kann in sumpfigen, moorigen Bereichen und auf feuchten Wiesen bis 10 cm hoch werden und dichte Teppiche bilden. Die weißen oder blauen Blüten mit gelbem Schlund stehen auf 3–5 cm hohen Stielen und öffnen sich von Mai–Juni. Es ist eine hübsche, kleine, bodendeckende Staude, die nicht ganz winterhart ist und sich in feuchtem, kalkfreiem Boden wohlfühlt. Es lohnt sich, sie nach strengen Wintern wieder anzusiedeln. Wo die strauchigen neuseeländischen Ehrenpreis-Arten im Freien aushalten, könnte dies *Mazus* auch schaffen. Vermehrung durch Teilung. (7, 10, 21, 27)

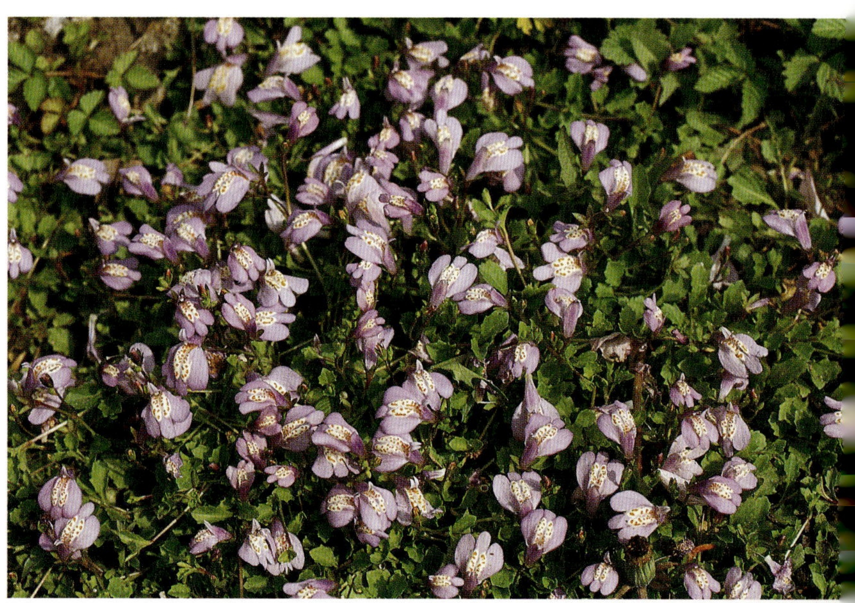

Meconopsis horridula, Stacheliger Scheinmohn. Vorkommen im Himalaja (höhere Gebirgslagen in Nepal und Sikkim) und in Westchina. Er variiert etwas in Farbe und Bestachelung; in den besseren Formen ist es eine sehr attraktive Pflanze. Sie ist monocarp und verhält sich meist wie eine normale Winterannuelle, stirbt jedoch im Winter bis auf die Pfahlwurzel ab. Das Höhenwachstum ist unterschiedlich und kann zwischen 40 und 120 cm betragen. Die grundständigen und die unteren Stengelbätter sind elliptisch bis gleichbleibendlänglich, 10–20 cm lang, ganzrandig oder unregelmäßig gelappt, bedeckt mit gelblichen oder violettgetönten feinen Dornen. Die Blüten können hellblau, stahlblau oder auch tief weinrot sein, selten weiß. Sie stehen zahlreich einzeln in den oberen Blattachseln oder an Schäften. Leicht aus Samen vermehrbar. (3, 4, 20, 21, 32) ▽

Meconopsis betonicifolia (*M. baileyi*), Scheinmohn, Papaveraceae, Mohngewächse. Die Gattung umfaßt etwa 45 Arten. *M. cambrica* kommt als einzige in Westeuropa vor, die anderen sind vom Himalaja bis Westchina verbreitet. Die abgebildete Art wächst in Tibet, Westchina und Oberburma in 3000–4000 m Höhe. Sie blüht von Juni-August und wird bei uns gut 80 cm hoch. Die Blüten sind bis 10 cm groß. Kühle, luftfeuchte Standorte ohne starke sommerliche Wärme sagen ihr zu. Gut läßt sie sich zwischen *Rhododendron* kultivieren, da sie gleiche Anspüche in bezug auf saure, humose Böden stellt. Windgeschützte, leicht schattige Stellen, die im Winter nicht staunaß oder zu feucht sein dürfen, bieten gute Voraussetzungen. Wichtig ist, den verblühten Stengel sofort zurückzuschneiden, damit Samenansatz die Pflanze nicht schwächt. Vermehrung durch Samen. (4, 21) ▷

Melampodium paludosum, Sterntaler, Asteraceae (Compositae), Asterngewächse. 12 Arten gehören zu dieser Gattung. Sie sind in den warmen Teilen Amerikas, besonders in Mexiko verbreitet. Es sind reichverzweigte, bis 40 cm hohe Stauden, die von Juni bis zum Herbst blühen und als Beet- und Gruppenpflanzen sowie für Balkonkästen und Kübel geeignet sind. Die etwa 3 cm großen Blüten öffnen sich in reicher Folge, vorausgesetzt die Pflanze wird nie trocken, im Gegenteil immer reichlich gegossen. Wie der Name *M. paludosum* schon andeutet, kommt sie in ihrer Heimat in feuchtnassen Sumpfbereichen vor. Es ist eine neu eingeführte Beet- und Gruppenpflanze, die auf Blütengröße und niedrigen Wuchs ausgelesen wird und dann auch mit Sortennamen wie 'Goldstern' oder 'Showstar' in den Handel kommt. Vermehrung durch Aussaat oder Stecklinge. (2, 27, 36, 38) ▽

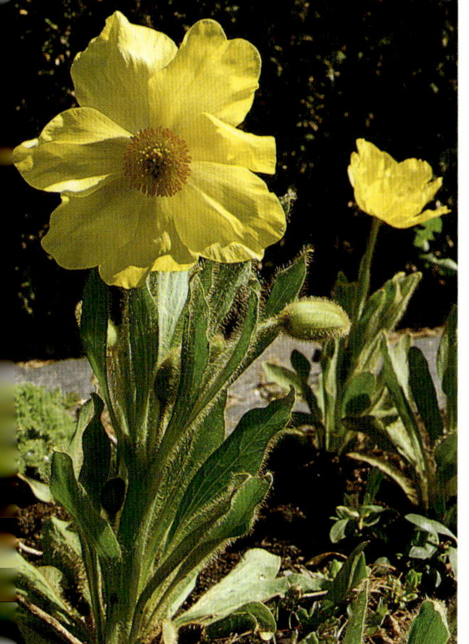

◁ **Meconopsis integrifolia**. Diese Scheinmohn-Art ist zweijährig. Sie wird 50–70 cm hoch und blüht von Mai-Juni. Ihr Standort sollte sauren, humosen Boden aufweisen, nicht zu feucht und ausreichend hell, aber nicht vollsonnig sein. Die gleichfalls zweijährige *M. quintuplinervia* aus Tibet und Westchina entwickelt von Juni-August lila bis purpurne Blüten und wird nur 20–30 cm hoch. Ebenfalls zweijährig ist *M. regia* aus Nepal. Sie bildet im ersten Jahr eine goldfarbenseidig behaarte Rosette, aus der im zweiten Jahr ein über 1 m hoher Blütenschaft erwächst, der 6–8 cm große, gelbe Blüten trägt. Die zweijährigen *Meconopsis*-Arten sollten in Töpfen kultiviert und geschützt im Frühbeet überwintert werden. Sie sind etwas für Liebhaber von Moorbeetpflanzen in luftfeuchtem Klima ohne sommerliche Hitze und Trockenheit. (4, 18, 21)

◁ **Melica ciliata**, Wimperperlgras, Poaceae (Gramineae), Gräser. Etwa 70 *Melica*-Arten gibt es in den temperierten Gebieten. Das heimische Wimperperlgras kommt auf sonnigen Hängen, meist auf Kalk vor und wird bis 70 cm hoch. Es bildet von Mai–Juni längliche, weißgelbe, dichte Rispen. Ebenfalls für den Garten geeignet ist das Hohe Perlgras, *M. altissima*, das von Mitteleuropa bis Mittelrußland verbreitet ist und bis 1 m hoch wird. Die 15 cm langen, silbergrauen Blütenrispen sind bei der Sorte 'Atropurpurea' purpurbraun und wachsen an kräftigen Halmen aus einem dichten, saftiggrünen Blattschopf. Blütezeit Mai–Juni. Das Nickende Perlgras, *M. nutans*, wächst in Laubwäldern auf schwach saurem Boden, wird 60 cm hoch und breitet sich durch Ausläufer aus. Die purpurbraunen Rispen erblühen im Mai–Juni. Vermehrung durch Aussaat oder Teilung. (2, 3, 6)

Melissa officinalis 'Aurea', Goldmelisse, Lamiaceae (Labiatae), Taubnesselgewächse. Es gibt 3 Arten der Gattung *Melissa*, die von Europa bis Zentralasien und Persien verbreitet sind. *M. officinalis* wird seit alters her als Heil- und Teepflanze verwendet. Ihre Blätter werden wegen ihres Zitronenduftes auch als Zitronenersatz dem Salat beigegeben, und Melissengeist ist allen vertraut. Die Pflanze sollte ungestört lange Jahre stehenbleiben, aber ausreichend Licht und Sonne haben und nicht zu feucht gehalten werden. Abgeblühte Blütenstände sind gleich abzuschneiden, da sie sich sonst selbst aussät und an geeigneten Standorten lästig werden kann. Schwächerwüchsig ist die Goldmelisse, die sich deshalb besser in Pflanzungen einfügt. Wer weißbunte Typen liebt, kann die Sorte 'Variegata' pflanzen. Vermehrung durch Teilung und Stecklinge. (2, 3, 40) ▷

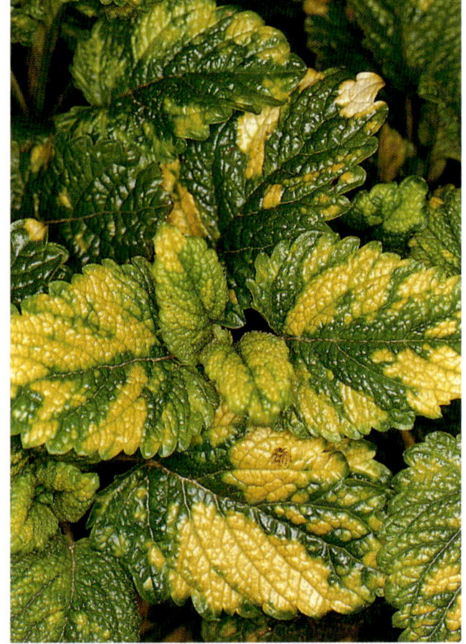

Mentha aquatica, Wasserminze, Lamiaceae (Labiatae), Taubnesselgewächse. Zur Gattung *Mentha*, den Minzen, gehören etwa 27 Arten mit vielen, meist wuchernden Formen und Hybriden, die vor allem auf der nördlichen Halbkugel, aber auch in Südafrika und Australien verbreitet sind. Die meisten Minzen blühen attraktiv rosa, karminfarben, weißlich oder blaßrosa. Die heimische Wasser- oder Bachminze wächst an sehr nassen Stellen und wurde wegen ihres angenehm frischen Geruches früher als Streukraut benutzt. Stengel und Blätter sind leicht purpurn überlaufen, sie blüht von Juli bis zum Oktober. Interessant sind auch die Poleiminze, *Mentha pulegium*, und die Roßminze, *Mentha longifolia*. Durch ihre cremefarben gerandeten Blätter wirkt die Ananasminze, *Mentha suaveolens* 'Variegata', in Beeten, Kübeln und Balkonkästen. (1, 7, 26, 27, 38)
▽

◁ **Melittis melissophyllum**, Immenblatt, Lamiaceae (Labiatae), Taubnesselgewächse. Die Gattung besteht nur aus dieser einen Art, die in Europa verbreitet ist und große, sehr unterschiedlich gefärbte Blüten aufweisen kann. Das Spektrum reicht von Weiß über Weiß mit rosa oder lila Unterlippe bis zu ganz purpurfarbenen Typen. Blütezeit ist Mai und Juni, der Wuchs taubnesselähnlich, aufrecht. Das Immenblatt ist eine hübsche Wildstaude für Schattenpartien am Gehölzrand, zwischen Gehölzen und auch in Gartenhöfen. Sie liebt kalkhaltigen, humosen Boden, macht keine Ausläufer und wird als Solitärpflanze mit zunehmendem Alter immer schöner. Die Vermehrung erfolgt durch Aussaat oder durch Stecklinge. Leider wird sie viel zu wenig verwendet, obwohl sich mit ihrer Höhe und Breite von 30–60 cm immer ein Plätzchen für sie findet. (3, 4, 10, 23)

◁ **Mentzelia lindleyi** *(M. aurea, Bartonia aurea)*, Loasaceae, Brennwindengewächse. Etwa 70 *Mentzelia*-Arten sind von den USA bis Chile und Argentinien und auf den Westindischen Inseln verbreitet. Ihre Blüten sind meist groß, gelb oder weiß und stehen einzeln oder zu mehreren in Trugdolden. Vermehrung durch Aussaat. *M. lindleyi* aus Kalifornien ist eine Sommerblume für sonnige und trockene Standorte. Sie ist einjährig, wird im April an Ort und Stelle gesät und erreicht bis 60 cm Höhe. Der stark verästelte, zerbrechliche Stengel ist feinzottig behaart. Die duftenden Blüten stehen einzeln an den Zweigenden und schließen sich abends. Sie sind bis 6 cm groß, lackglänzend goldgelb und kontrastieren gut zu dem dunklen, sattgrünen Laub. Blütezeit Juli–August. Verwendung an sonnig heißen Stellen, auch in Pflaster- und Plattenfugen. (12, 25, 29, 35)

△

Menyanthes trifoliata, Fieberklee, Bitterklee, Menyanthaceae, Fieberkleegewächse. Die Gattung besteht nur aus dieser einen Art, die auf der Nordhalbkugel verbreitet und auch bei uns in Mooren, an Teichen und Flüssen heimisch ist. Aus ihrem kriechenden Wurzelstock wachsen 3teilige, glänzend dunkelgrüne Blätter. Die weißen bis rosafarbenen, gebärteten Blüten stehen in bis 40 cm hohen Trauben über dem Laub und öffnen sich von Mai–Juni. Vermehrung durch Aussaat oder Teilung. Der Fieberklee ist eine flächig wachsende, robuste und zugleich sehr dekorative Pflanze für nicht kalkhaltige Böden und Gewässer, zu verwenden im Sumpf- und Flachwasserbereich bis 30 cm Wassertiefe. Sehr schön harmoniert er mit *Myosotis palustris* oder *Mimulus*. Da er sich leicht in die Schranken weisen läßt, eignet er sich auch für Sumpf- und Wasserkübel. (26, 27, 28, 38)

△

Mertensia virginica, Blauglöckchen, Boraginaceae, Rauhblattgewächse. Etwa 50 Arten, dem Lungenkraut ähnliche Stauden, sind in den gemäßigten Gebieten der Nordhalbkugel verbreitet. *M. virginica* aus dem östlichen Nordamerika wird etwa 60 cm hoch und blüht von April–Mai mit 2–3 cm großen, erst purpurvioletten, dann blauen Blüten in einer überhängenden Doldentraube. *M. primuloides* aus dem Himalaja wird nur etwa 15 cm hoch und entwickelt von Mai–Juli 1 cm große, blaue Blüten mit weißer Mitte. Verwendung beider Arten an halbschattigen Stellen auf humosem, feuchtem Boden. *M. echioides* aus dem Himalaja wird etwa 30 cm groß und ist eine dichte Rasen bildende Steingartenpflanze, die mit dunkelblauen Blüten von Mai–Juli blüht und stark humosen, nicht zu trockenen Boden liebt. Vermehrung durch Aussaat und Teilung. (4, 10, 26 bzw. 31)

Meum athamanticum, Bärwurz, Apiaceae (Umbelliferae), Doldenblütler. Die Gattung besteht nur aus dieser einen in Europa verbreiteten Art. Es ist eine Staude frischer, humoser, kalkarmer und oft nährstoffarmer Bergwiesen. Ihre Blätter sind meist grundständig, grasgrün und fast haarfein zerteilt. Die ganze Pflanze duftet würzig. Sie wird 15–50 cm hoch, blüht von Mai–Juni mit weißen, selten rötlichen Dolden und macht sich gut in Staudengesellschaften. Im Aussehen ähnlich, aber zierlicher ist *Athamanta cretensis*, die Augenwurz, die nur etwa 25 cm hoch wird, von Mai–August weiße Blütendolden bildet und auf kalkreichen, steinigen Substraten und Felsfluren zu finden ist. Vermehrung durch Aussaat oder durch Teilung mehrköpfiger Pflanzen. Verwendung in naturnahen Bereichen am Gehölzrand oder auch in Staudenwiesen. (3, 4, 10) ▷

◁ **Milium effusum 'Aureum'**, Goldwaldhirse, Poaceae (Gramineae), Gräser. Die Waldhirse ist ein heimisches Gras, das wegen seiner lockeren Blütenstände auch Flattergras genannt wird. Es findet sich im Mullboden schattiger Laubwälder. Die Blattschöpfe stehen in lockeren, bis 30 cm hohen Horsten. Die Blütenrispen können bis 1,80 m hoch werden, bei 'Aureum' nur etwa 80 cm. Die goldgrün belaubte und auch mit gelber Rispe blühende Sorte 'Aureum' bringt goldleuchtende Kontraste in schattige Gehölzbereiche. Stehen nur Pflanzen dieser Sorte an einer Stelle zusammen, so sind auch die durch Selbstaussaat erscheinenden Pflanzen wieder goldgrün belaubt. Die Pflanze macht kleine kurze Ausläufer, so daß sie mit der Zeit kleine Herden bildet. Bei der Vermehrung durch Teilung erhält man mit Sicherheit rein goldgelbe Pflanzen. (4, 6, 21, 23)

Mimulus luteus, Gelbe Gauklerblume. Etwa 100 Arten sind im nichttropischen Amerika, einige in den Tropen und Subtropen der Alten Welt verbreitet. *M. luteus* aus Chile ist eine winterharte, 20–60 cm hohe Staude, die an den niederliegenden Stengeln wurzelt. Die Blüten sind gelb mit 2 dunkelroten Flecken oder dunkler Schlundzeichnung. Blütezeit Juni–Oktober. Ein Rückschnitt nach der Blüte fördert eine Nachblüte im Herbst. Sie ist an feuchten Stellen durch Pflanzung oder Direktaussaat im Mai anzusiedeln. Nach harten Wintern erscheint die Pflanze durch Selbstaussaat wieder. Für nasse Stellen und Sumpfbecken eignet sich die 30–90 cm hohe, ebenfalls winterharte *M. ringens* aus dem östlichen Nordamerika. Sie bildet von Juni–August 2–3 cm lange, violette bis weiße Blüten. Vermehrung aller *Mimulus*-Arten durch Aussaat oder Stecklinge. (26, 27, 38) ▽

Mimulus-Hybride 'Malibu Orange', ▷ Gauklerblume, Scrophulariaceae, Braunwurzgewächse. *Mimulus*-Hybriden entstanden aus Kreuzungen vieler Arten, insbesondere von *M. cupreus* und *M. luteus*. Meist werden sie 20–30 cm hoch und blühen von Juni–August. Als Partner zu der abgebildeten Sorte gibt es die rein gelbblühende 'Malibu Gelb', außerdem 'Malibu Mixed'. Buntgemusterte Blüten treten bei der Mischung 'Calypso' auf, Einzelfarben gibt es mit 'Goldfeuer' und 'Weinrot'. Sie eignen sich für eine Pflanzung im Steingarten, in Kübeln und Schalen und als farbliche Akzente im Wasserrandbereich. Man darf nicht vergessen, daß die Eltern aus Feuchtgebieten stammen und die Pflanzen deshalb im Sommer nie trocken stehen dürfen. Verwendung als Sommerblume mit Vorkultur, auch Direktsaat im April, mit entsprechend späterer Blüte, ist möglich. (7, 26, 35, 36, 38)

◁ **Minuartia laricifolia** *(Alsine laricifolia, Arenaria laricifolia)*, Caryophyllaceae, Nelkengewächse. 220 Arten sind von arktischen Gebieten bis nach Mexiko verbreitet, aber auch in Äthiopien und im Himalaja. Die meist polsterbildenden oder rasenartig wachsenden Kleinstauden haben fadenförmige Blätter und tragen von Mai–Juli kleine weiße Blüten. Sie wachsen am besten an vollsonniger Stelle in gutem, wasserdurchlässigem Boden und lassen sich in Trockenmauern, Steingärten und Trögen gut verwenden. Vermehrung durch Aussaat, Teilung und Stecklinge. *M. laricifolia* stammt aus den Gebirgen Süd- und Mitteleuropas, von Spanien bis zu den Karpaten. Sie entwickelt sich zu 10–15 cm hohen, dichtrasigen, dunkelgrünen Matten, über denen im Juni–August 1 cm große, weiße Blüten stehen. Sie wirken gut zusammen mit Zwergglockenblumen. (24, 25, 31, 32, 38)

◁ **Mirabilis jalapa**, Wunderblume, Nyctaginaceae, Wunderblumengewächse. 59 Arten in Amerika, eine im westlichen Himalaja bis Südwestchina. Es sind Stauden mit einer Rübenwurzel, die man aussät oder nach einer frostfreien Überwinterung der Wurzeln (wie bei Dahlien) auspflanzt. Sie benötigen sonnige, warme Stellen mit tiefgründigem Boden und guter Wasser- und Nährstoffversorgung im Sommer. Pflanzen aus überwinterten Wurzeln blühen 4 Wochen früher. *M. jalapa* aus Mexiko wird bis 1 m hoch und trägt an gabelig verzweigten Trieben in endständigen Büscheln rote, gelbe, weiße oder in diesen Farben gemischte, duftende, nachts geöffnete Blüten. Blütezeit Juni–Oktober. Besonders stark duften die über 10 cm langen, weißen Röhrenblüten der mit langen Trieben niederliegenden *M. longiflora*. Verwendung mit Sommerblumen und auch im Staudenbeet. (2, 34, 35, 36)

Miscanthus sinensis 'Gracillimus', Zierliches Chinaschilf, Poaceae (Gramineae), Gräser. Etwa 20 Arten sind vom Himalaja bis Nordchina und Japan verbreitet. Vom Chinaschilf gibt es eine ganze Reihe Formen, von denen die abgebildete mit ihren bogigen, rinnigen Blättern mit silbrigem Mittelstreifen auch in der Binderei verwendet werden kann. Sie wird höchstens 2 m hoch und färbt sich im Herbst je nach Typ unterschiedlich intensiv rötlich. Eine ähnliche, sehr zwergige Form mit nur 80 cm Höhe ist 'Yakushima Dwarf'. Die Sorte 'Strictus', das Stachelschweingras, besitzt gelb quergestreifte Blätter, 'Zebrinus', breites, locker überhängendes Laub mit breiten, gelben Querstreifen, 'Variegatus' stark weiß längsgestreifte Blätter. Zierlicher und horstiger wächst 'Silberpfeil' mit noch stärkerer Weißstreifung. Vermehrung der Sorten durch Teilung. (1, 2, 8, 16, 17)
▽

Miscanthus sinensis 'Rotfeder'. Das *Miscanthus*-Sortiment schien unveränderlich, bis durch intensive Kreuzungs- und Selektionsarbeit von Ernst Pagels in Leer phantastische neue Sorten für den Garten entstanden. 'Rotfeder' mit etwa 1,8 m Höhe, purpurroter Blüte und kräftiger Herbstfärbung ist eine davon. 'Rotsilber', 2 m hoch, mit rotsilberner Blüte im September–Oktober und elegant silberstreifigen Blättern gehört ebenso dazu wie 'Malepartus', 1,5 m hoch, rotblütig von August–September, mit kräftiger Herbstfärbung, oder 'Große Fontäne', 2,5 m hoch, mit überhängenden roten Blütenständen von September–Oktober, außerdem 'Goliath', 3 m hoch, rotblühend von September–Oktober. Alle werden durch Teilung vermehrt. Sie brauchen tiefgründigen, nährstoffreichen, frischen Boden und einige Jahre, um ihren sortentypischen Habitus zu erreichen. (1, 2, 6, 17, 29)
▽

◁ **Miscanthus sinensis 'Roland'**. So phantastisch weiß und vor allem sicher jedes Jahr blühende *Miscanthus*-Sorten wie die Pagelschen Züchtungen hat es vorher nie gegeben. Die 2 m hohen, weißen Blütenstände von 'Roland' bleiben nach dem Erblühen im September–Oktober bis in den Winter hinein so stehen. Weitere interessante Sorten, deren Blütenfarbe beim Aufblühen von Rosa in Silberweiß übergeht, sind 'Graziella', 1,5 m, mit schöner Herbstfärbung, 'Flamingo', 1,7 m, ebenfalls mit schöner Herbstfärbung und lockerer als die kräftiger wachsende 1,9 m hohe Sorte 'Kaskade' mit überhängenden Blütenständen. 'Kleine Fontäne', 1,7 m, blüht bereits im Juli mit späterer Nachblüte im September–Oktober und bildet so zwei Kränze von überhängenden Blütenständen. Diese Beispiele sollten verlokken, neue *Miscanthus*-Sorten im Garten einzufügen. (1, 2, 6, 17, 29)

◁ **Mitella caulescens**, Bischofskappe, Saxifragaceae, Steinbrechgewächse. 15 Arten wachsen in Ostsibirien, Japan und Nordamerika. Wie die verwandte *Tiarella* kann man die Bischofskappe als bodendeckende Schattenstaude verwenden, solange der Boden im Sommer nicht austrocknet. Sie breitet sich durch Ausläufer aus. Verwendung im Gehölzbereich, wo die immergrünen Blätter etwas Winterschutz erhalten. *M. caulescens* ist von Britisch Kolumbien bis Montana und Nordkalifornien verbreitet. Sie wird bis 15 cm hoch und zur Blütezeit im Mai von wenigblütigen, einseitswendigen Trauben blaßgelber Blüten überragt. Die weiße *M. ovalis* blüht ebenfalls im Mai, hat schönes Laub und wird nur 10 cm hoch. *M. diphylla* blüht weiß von April–Mai, wird etwa 25 cm hoch und trägt breit-herzförmige, 3- bis 5lappige Blätter. Vermehrung durch Teilung oder Aussaat. (4, 18, 21)

Molinia arundinacea 'Transparent', ▷ Riesenpfeifengras, Poaceae (Gramineae), Gräser. 2 oder 3 Arten in den gemäßigten Gebieten Eurasiens. *M. arundinacea*, das heimische Riesenpfeifengras, blüht von August–Oktober und kann bis 2,5 m hoch werden. Die 1 cm breiten und bis 40 cm langen Blätter bilden lockere Horste. Je nach Farbe und Form der Rispen gibt es interessante Gartenformen: 'Fontäne' mit überhängenden Rispenästen, 'Karl Foerster' mit goldbraunen Rispenästen und guter Herbstfärbung, 'Windspiel', bis 2,5 m hoch, straff aufrecht, mit hellgelber Herbstfarbe oder 'Transparent', zierlich, 0,5–1,8 m hoch. Das Riesenpfeifengras sollte einzeln stehen, um vor dunklem Hintergrund wirken zu können. Der Standort sollte frisch, im Frühjahr auch feucht sein, Sommer- und Herbsttrockenheit werden durchaus vertragen. Vermehrung durch Teilung. (1, 6, 8, 26, 29)

△

Molinia caerulea 'Variegata', Pfeifengras. Unser heimisches Pfeifengras kommt auf frischen, nassen, sauren, moorigen, anmoorigen und Heideböden vor. Den Namen Pfeifengras hat es davon, daß der bis 1,2 m hohe Halm keinen Knoten besitzt und deshalb problemlos zum Pfeifenreinigen verwendet werden konnte. Die gedrängten Rispen aus blauvioletten Ährchen wirken sehr zierend. 'Moorhexe' wird 50 cm hoch und trägt schwarze Ährchen, 'Winterfreude' braune Ährchen und eine gute Herbstfärbung. 'Strahlenquelle' besitzt Rispen mit lockerem Aufbau, die weit in den Winter hinein an der Pflanze stehen bleiben. Eine schöne Herbstfärbung zeigen auch 'Heidebraut' und 'Dauerstrahl' mit hellgrünen beziehungsweise bräunlichen Blättern. Verwendung mit niedrigen Stauden und als Gerüst im Sommerblumenbereich sowie am Gewässer und in Heidegemeinschaften. (1, 6, 26, 27)

◁ **Moltkia petraea**, Moltkie, Boraginaceae, Rauhblattgewächse. 3 Arten sind vom westlichen Mittelmeergebiet bis zum Himalaja verbreitet. Es sind Stauden oder Halbsträucher mit rauhhaarigen, lanzettlichen oder linealischen Blättern. Die blauen Blüten stehen in Wickeln. Die Pflanzen benötigen einen warmen, sonnigen Standort auf kalkhaltigem Boden, besonders geeignet ist der Steingartenbereich. *M.* × *intermedia* (*M. petraea* × *M. suffruticosa*) blüht von Juli–August, wird etwa 20 cm hoch und hat kleine, dunkelblaue Blüten. Die abgebildete *M. petraea* wächst zu einem etwa 30 cm hohen Halbstrauch heran und blüht im Juni violettblau. Sie stammt aus den Gebirgen Nordalbaniens und Griechenlands, wo sie sich in heißen Felsspalten wohlfühlt, wie das Foto zeigt. Die Vermehrung erfolgt durch Aussaat oder Stecklinge. (12, 24, 32)

Moluccella laevis, Muschelblume, ▷ Lamiaceae (Labiatae), Taubnesselgewächse. 4 Arten sind vom Mittelmeerraum bis nach Nordwestindien verbreitet. Wie unsere Muschelblume sind es kahle Kräuter mit vielblütigen, achselständigen Blütenröhren. Die Blätter der Muschelblume sitzen an unverzweigten Stengeln und sind rundlich und langgestielt. Die weißen, duftenden Blüten sind von einer grünen Kelchschale umgeben, die nach der Blüte als „Muschel" stehenbleibt. Als Sommerblume mit Vorkultur behandelt, blüht sie etwa 15 Wochen nach der Aussaat. Bei Direktaussaat an Ort und Stelle Ende April, Anfang Mai hängt es von der Witterung ab, ob sie sich bis zum Spätsommer noch kräftig entwickelt. Es ist eine Pflanze für vollsonnige Stellen mit nährstoffreichem, durchlässigem Boden. Sie eignet sich gut für Sommerblumenbeete oder auch für den Schnitt. (2, 35, 36)

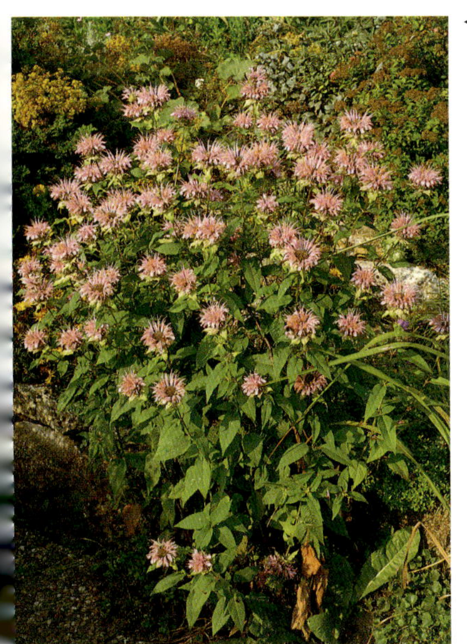

◁ **Monarda fistulosa**, Lamiaceae (Labiatae), Taubnesselgewächse. Von den 12 in Nordamerika und Mexiko vorkommenden Arten ist diese ein Elternteil unserer *Monarda*-Gartenhybriden. Sie ist von Ontario und Quebec bis nach Florida und Texas sowie in Mexiko auf trockenen Standorten verbreitet. Ihre rundlichen, hohlen Stengel werden 0,8–1,2 m hoch. Die weißen, lila oder rötlichen Blüten stehen zu wenigen in endständigen Quirlen. Die Hochblätter sind grünlichweiß. Die Blüten erscheinen von Juni–September, also einen Monat später als bei *M. didyma*, dem zweiten Elter unserer Gartensorten. *M. fistulosa* eignet sich für sonnige, warme Stellen und verträgt mehr Trockenheit als *M. didyma*. Sie paßt in naturnahen Pflanzungen an trockene Gehölzränder und in trockene Teile von Staudenwiesen. Vermehrung durch Teilung oder Stecklinge. (2, 3, 5, 10, 29)

◁ **Monarda-Hybride 'Schneewittchen'**. *M. fistulosa* und *M. didyma*, aber auch *M. bradburiana* und andere *Monarda*-Arten sind in unseren Gartenhybriden wiederzufinden. Die abgebildete Sorte 'Schneewittchen' zeigt die Hauptmerkmale von *M. fistulosa*: weißgrüne Hochblätter und zierliche Einzelblüten, die in der Mitte des Blütenstandes schon ausgefallen sind, wenn die Randblüten erst aufblühen. Die Gartensorten blühen fast alle von Juli–September und sind etwa 1 m hoch: 'Adam', kirschrot; 'Blaustrumpf', dunkellila; 'Cambridge Scarlet', scharlachrot, 1,2 m; 'Croftway Pink', lachsrot, 1,2 m; 'Donnerwolke', purpurrot, 1,2 m; 'Morgenröte', leuchtend lachsrot; 'Mrs. Perry', hellrot, nur 75 cm; 'Präriebrand', tief lachsrot, 1,2 m; 'Prärienacht', purpurlila, 1,5 m; 'Squaw', feuerrot. Vermehrung durch Teilung oder Stecklinge. (1, 2, 26, 29)

Montia perfoliata *(Claytonia perfoliata)*, Winterpostelein, Kubaspinat, Portulacaceae, Portulakgewächse. 15 *Montia*-Arten sind in Nord- und Südamerika, im gemäßigten Eurasien, in den Gebirgen des tropischen Afrika und in Australien verbreitet. Das Winterpostelein ist ein einjähriges Kraut, das in vielen Gärtnereien als „Unkraut" zu finden ist. Es wurde im Rheinland früher als Wintergemüse angebaut. Als Gartenpflanze ist die verwandte *M. sibirica (Claytonia sibirica)*, eine Staude aus Nordamerika, wichtig. Sie wächst an feuchten, schattigen Stellen, wird etwa 15 cm hoch und hat wintergrüne, fleischige Blätter. Von April–Juni erscheinen weiße oder rosafarbene Blütentrauben. Die Pflanze ist kurzlebig, sät sich aber reichlich aus und verwildert gut. Sie begrünt kahle Stellen noch im tiefsten Schatten. Vermehrung durch Teilung. (4, 20, 21, 27)
▽

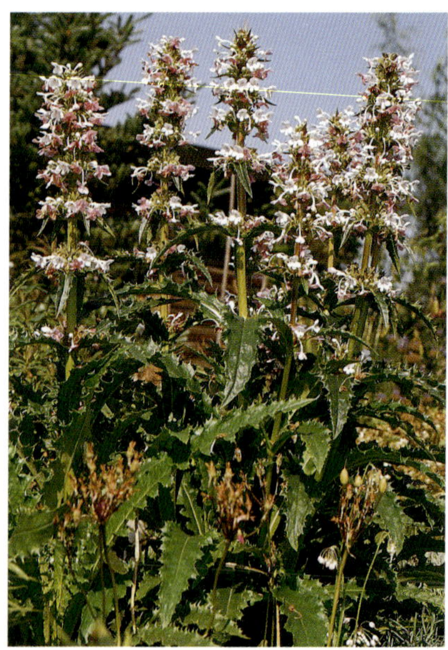

◁ **Morina longifolia**, Kardendistel, Morinaceae (Dipsacaceae), Kardendistelgewächse. Alle 17 Arten dieser Gattung kommen in Südosteuropa und schwerpunktmäßig in Mittel- und Westasien vor. Es sind kahle oder weichbehaarte, distelartige Stauden mit grundständigen Blättern. Manche Arten, wie *M. longifolia*, haben auch bis zum Blütenstand beblätterte Triebe. Diese Art stammt aus dem Himalaja und blüht von Juli–August. Ihre Triebe werden 60–110 cm hoch. Die 3 cm langen, zunächst weißen, dann rosa mit weiß gezeichneten Blüten stehen zu vielen in den Blättchenachseln und bilden eine lange Ähre. Die Pflanze verlangt volle Sonne und einen durchlässigen Boden. *M. kokanica* und *M. persica* sind sehr empfindlich gegenüber Winternässe und besser im Alpinenhaus zu ziehen. Vermehrung durch Aussaat, Teilung oder Wurzelschnittlinge. (12, 29, 32 bzw. 14, 32)

△

Morisia monanthos *(M. hypogaea)*, Brassicaceae (Cruciferae), Kohlgewächse. Der deutliche Wirsing-Geruch dieser einzigen Art der Gattung macht auch auf diese Weise die Zugehörigkeit zu den Kohlgewächsen deutlich. *M. monanthos* ist auf Korsika und Sardinien verbreitet und blüht von April–Juni. Es ist eine kleine, stengellose Rosettenstaude mit 5–7 cm langen, sägezahnartig eingeschnittenen Blättern und kurzgestielten, einzeln stehenden, 1,5 cm breiten, gelben Blüten. Eine Kultur im Garten ist möglich in nährstoffarmen, wasserdurchlässigen Böden in sonnig heißer Lage, am besten an geschützten Stellen des Steingartens oder in Trögen. Wichtig ist Regenschutz von Herbst–Frühjahr. Einfacher kann man diese Steingartenpflanze im Alpinenhaus kultivieren. Die Vermehrung erfolgt durch Aussaat oder einfacher durch Wurzelschnittlinge. (12, 14, 32)

△

Muehlenbeckia axillaris, Polygonaceae, Knöterichgewächse. Die 15 Arten dieser Gattung, Sträucher oder Halbsträucher, sind auf der Südhalbkugel verbreitet. Bei uns wird *M. axillaris* aus Neuseeland, Tasmanien und Australien in den Gärten gepflanzt. Es ist ein bis 15 cm hoher Zwergstrauch mit langen, dünnen, kupferdrahtähnlichen Trieben, mit denen er bald dauerhafte Matten bildet. Die 5 mm großen, fast runden, bräunlichgrünen Blätter schließen sich zu einem dichten Teppich. Die Sorte 'Compacta' wächst noch dichter und geschlossener, da ihre Triebe kürzer sind und die Blätter enger aneinander sitzen. Vermehrung dieser hübschen Polsterpflanze durch Teilung. Sie gedeiht an sonnigen, etwas feuchten Standorten und wird manchmal auch als Topfpflanze oder Hochstämmchen zur sommerlichen Verwendung mit Beet- und Gruppenpflanzen angeboten. (2, 4, 26, 32)

Muscari botryoides 'Album', Traubenhyazinthe, Liliaceae, Liliengewächse. ▷ *M. botryoides* kommt in Mittel- und Südosteuropa vor, wird etwa 15 cm hoch und blüht von April–Mai mit fast kugeligen, violettblauen Blütenständen. Rosablütig ist die Sorte 'Carneum'. Wesentlich höher (30 cm) wird *M. comosum* 'Plumosum' *(Leopoldia comosa)*, die Federhyazinthe, deren verzweigter Blütenstand nur aus sterilen Blüten besteht, außerordentlich ansehnlich und als Schnittblume lange haltbar ist. Die Art hat ein sehr weites Verbreitungsgebiet von Süd- und Mitteleuropa über Nordwestafrika bis Südwestasien. Bei ihr stehen im Mai–Juni über bräunlichen Blüten im oberen Teil des Blütenstandes leuchtendviolette sterile Blüten. Sie muß gepflanzt werden, da sie sich selten, die sterile 'Plumosum' gar nicht, aussät und nur wenig Nebenzwiebeln bildet. (3, 5, 29, 32)

Muscari armeniacum. Diese Trauben- ▷ hyazinthe, verbreitet von Südosteuropa bis in den Kaukasus, trägt fertile, leuchtend kobaltblaue und darüber kleinere, hellere, sterile Blüten. Sie blüht im April–Mai und wird bis 30 cm hoch. Als alte Gartenpflanze hat sie viele Sorten hervorgebracht, so 'Album', weiß, 'Blue Pearl' mit großen, enzianblauen Blüten im März–April, 'Blue Spike' mit doppelten, kräftigblauen Blüten, 'Cantab', duftend, hellblau, Anfang Mai blühend, oder 'Cote d'Azur', lobelienblau, Blüte im März. 'New Creation' (syn. 'Fantasy Creation') bildet verbänderte Blütenstände ähnlich 'Blue Spike', hat länger grüne Blätter und eine lange Blütezeit. Verwendung findet *M. armeniacum* ähnlich wie *M. botryoides*. Es vermehrt sich gut und gehört zum festen Gartenbestand der Frühjahrsblüher. Vermehrung durch Nebenzwiebeln. (3, 5, 29, 32)

△

Muscari latifolium. Die Einblättrige Traubenhyazinthe kommt in der südlichen und westlichen Türkei vor. Sie wird bis 30 cm hoch und blüht je nach Standort von März–Juni. Über den dunkelvioletten fertilen Blüten sitzt ein kleiner Schopf blaßblauer, steriler Blüten. Zur Kombination mit niedrigen Stauden und im Steingartenbereich an sonnigen Stellen, die im Frühjahr ausreichend feucht sind. Feuchtere Wiesenbereiche liebt auch *M. azureum (Pseudomuscari azureum, Bellevalia azurea, Hyazinthella azurea)* aus der Osttürkei, das im März–April hellblaue offene Blüten bildet und bis 15 cm hoch wird. An Sorten werden 'Album', weiß, und 'Amphibolis', hellblau mit dunkleren Streifen, angeboten. Vermehrung beider Arten durch Nebenzwiebeln, die sich zumindest bei der zweiten Art und ihren Sorten reichlich bilden. (4, 18, 31 bzw. 4, 10, 26)

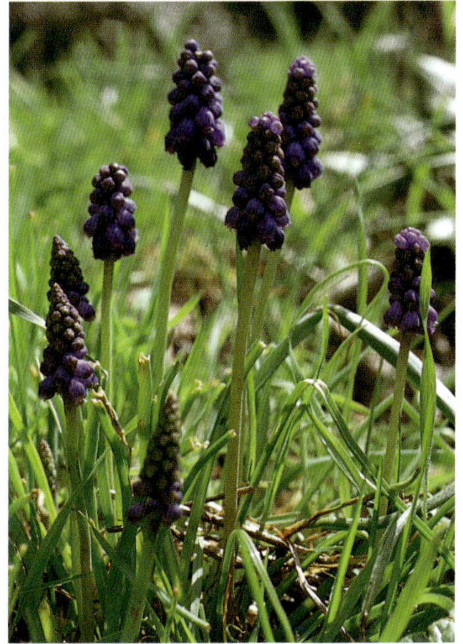

△

Muscari neglectum *(M. racemosum)*. Die Gattung der Traubenhyazinthen umfaßt etwa 100 Arten. Ihre Kleinzwiebeln sollten 5–8 cm tief und gleich weit im Abstand gelegt werden. Sie vermehren sich schnell durch Nebenzwiebeln und eignen sich zur Zwischenpflanzung, manche Arten auch zum Verwildern oder als Beeteinfassung. Einige duftende Arten liefern reizende Schnittblumen. *M. neglectum* ist in Nordafrika, Frankreich und Südwestasien verbreitet und schon seit dem Mittelalter Gartenpflanze. Es wird bis 25 cm hoch und blüht im März–April. Das fast schwarze Blau der fertilen Blüten wird durch den leuchtendweißen Rand noch verstärkt. Die sterilen hellblauen, manchmal bis weißlichen Blüten sitzen als kleines Krönchen auf dem Blütenstand. Für nicht frühjahrstrockene Stellen, auch für Halbschatten. Reichliche Vermehrung durch Nebenzwiebeln. (3, 10, 29)

△

Muscari aucheri *(M. tubergenianum, Botryanthus aucheri)*. Diese Traubenhyazinthe aus der Türkei ist in den meisten Katalogen und Büchern noch unter dem Namen *M. tubergenianum* zu finden, es handelt sich aber um einen Typ von *M. aucheri*. Knospen und sich öffnende Blüten sind hellblau, beim Verblühen werden sie nach unten hin dunkelblau. Sie duften angenehm. Zur Blütezeit im April–Mai sind die Pflanzen etwa 15 cm hoch; sie sind sehr reichblühend. Hierzu gehört die Sorte 'Autumn Glorie' mit großen Frühjahrsblüten und kleineren Herbstblüten. Sie verkörpert den seltenen Fall einer zweimal im Jahr blühenden Traubenhyazinthe. *M. aucheri* eignet sich als reizvolle Besonderheit gut für eine Verwendung in frühjahrsfeuchten, warmen Steingartenbereichen. Vermehrung durch reichlich gebildete Brutzwiebeln. (3, 10, 29, 32)

◁ **Myosotis rehsteineri**, Bodensee-Vergißmeinnicht, Boraginaceae, Rauhblattgewächse. Etwa 50 Arten in den gemäßigten Gebieten Europas und Asiens. Einige sind schon lange in Kultur, so das großblumige Bodensee-Vergißmeinnicht, das am Bodenseenordufer seinen nördlichsten Standort hat, durch die Uferverschmutzung dort aber fast ausgestorben ist. Die 3–5 cm hohe Zwergstaude mit rasigem Wuchs blüht himmelblau von April–Mai, liebt volle Sonne und einen feuchten bis nassen Standort mit moorig-humosem Boden und Winterschutz. Vermehrung durch Teilung. *M. palustris (M. scorpioides)*, das heimische Sumpfvergißmeinnicht, ist von Europa bis Sibirien auf feuchten Wiesen und an Gewässern verbreitet. Es wird bis 40 cm hoch, breitet sich durch Ausläufer aus und blüht von Mai–August himmelblau mit gelbem Auge. Viele Sorten stehen zur Verfügung. (26, 27)

Myriophyllum aquaticum *(M. brasiliense, M. proserpinacoides)*, Papageienfeder, Haloragaceae, Meerbeerengewächse. Die 45 Arten dieser Gattung sind weltweit als Sumpf- und Unterwasserpflanzen verbreitet. Alle haben unscheinbare Blüten in den Blattachseln der Unterwassersprosse. Die Papageienfeder aus Südamerika eignet sich gut für schnell erwärmbare Wasserbekken, wo sie bei ausreichender Wassertemperatur und flachem Wasserstand mit ihren zierlichen, meist purpurn überlaufenen Trieben über den Rand hängt. *M. spicatum* und *M. verticillatum* sind heimische Tausendblatt-Arten, die erste für hartes oder auch brackiges Wasser geeignet, letztere für weiches, anmooriges. Alle sind als Sauerstofferzeuger unter Wasser wichtig. Vermehrung durch Teilung. Überwinterung von *M. aquaticum* bei über 0 °C und möglichst hoher Lichtintensität. (28, 38)
▽

◁ **Myosotis sylvatica 'Blauer Korb'** *(M. alpestris)*, Vergißmeinnicht. Das heimische Vergißmeinnicht ist von Europa bis Sibirien verbreitet und blüht von Mai–Juli. Obwohl es eine Staude ist, wird es für den Garten meist zweijährig gezogen und mit Vorkultur zur Bepflanzung von Frühlingsblumenbeeten verwendet. Während die Wildart bis 40 cm hoch werden kann, erreichen die Gartensorten nur 10–25 cm, nur Schnittsorten werden höher: 'Blauer Korb', schmal aufrechter Wuchs, tiefblaue Blüte, 25 cm; 'Compindi', kompakt flachwachsend, dunkel violettblau, 15 cm; 'Weiße Kugel', 'Rosa Kugel' und 'Blaue Kugel' etwa 15 cm hoch, kugelig wachsend; 'Indigo Compacta', kompakter Wuchs, tiefblau, 15 cm hoch; 'Blauer Strauß', tiefblaue Schnittsorte, bis 35 cm hoch. Die Vermehrung erfolgt durch Aussaat, obwohl auch Stecklinge möglich sind. (4, 10, 21, 26, 27, 37)

Narcissus asturiensis, Asturien-Narzisse, Amaryllidaceae, Amaryllisgewächse. Nördliches Spanien. Die schmalen, runden, fahlen Zwiebeln sollten im Herbst möglichst frühzeitig gepflanzt werden. Es sind sehr frühe Blüher im Garten, bei günstiger Witterung bereits ab Februar. Die Blätter sind 8 cm lang, 6 mm breit und nach außen gerichtet. Der Blütenschaft wird nur 7–14 cm hoch und steht nicht straff aufrecht. Die solitär gebildeten kleinen Blüten haben einen Durchmesser von 3,5 cm. Die Blütenblätter sind gelb, herabgebogen und gedreht, 14 mm lang und 4 mm breit. Das gelbe Krönchen hat nur einen Durchmesser von 5 mm. Es ist die kleinste aller Trompetennarzissen. Leider vermehrt sie sich im Garten vegetativ kaum. Man sollte ihr heiße, trokkene Standorte geben, wo sie sich gut durch Selbstaussaat verbreiten kann. (3, 5, 12, 29, 32) ▷

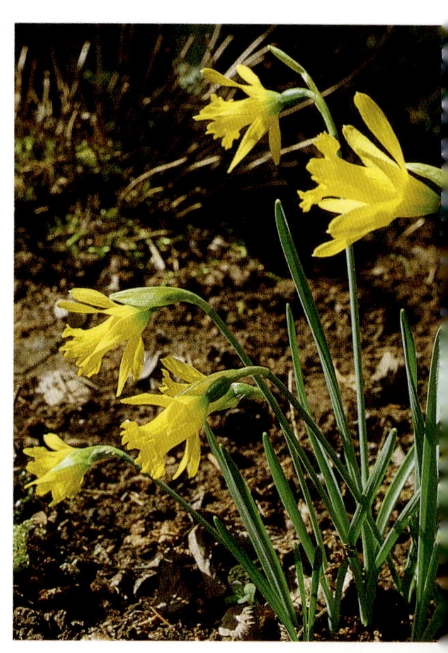

Narcissus bulbocodium *(Corbularia bulbocodium)*, Reifrocknarzisse. Westliches Mittelmeergebiet. Kleine Art, nur 10–20 cm hoch, mit dünnen, fast stielrunden, rinnigen Blättern. Die Blüten sind nicht nickend, sondern mehr oder weniger aufrecht stehend, mit einer breiten, trichterförmigen Nebenkrone, die den Gesamteindruck bestimmt. Es gibt mehrere Unterarten. Was bei uns angeboten wird, ist meist *N. bulbocodium* ssp. *conspicuus* oder *N. bulbocodium* ssp. *genuinus*. Am passenden Standort vermehrt sich die Reifrocknarzisse sehr stark, blüht aber nicht immer reich. Dann ist öfteres Teilen angebracht. Blütezeit Ende März–Anfang April. Sonnige bis halbschattige Stellen, der Platz sollte im Sommer gut austrocknen. Sie stellt keine großen Ansprüche an das Substrat, leicht saure bis leicht alkalische Böden werden akzeptiert. (3, 11, 18, 32) ▷

△ **Narcissus cyclamineus,** Alpenveilchennarzisse. Spanien bis Portugal. Aus kleinen, runden und kahlen Zwiebeln wachsen aufsteigend-ausgebreitete, gekielte, 4 mm breite und etwa 12 cm lange Blätter. Der Stengel ist rund. Die einzeln stehenden Blüten sind goldgelb, nickend und von etwa 4,7 cm Durchmesser. Die Krone ist gelb, schlank und röhrig. Die Petalen sind, ähnlich wie bei den Alpenveilchen, stark zurückgeschlagen. Frühe Blütezeit im Februar–März. In ihren Ansprüchen unterscheidet sie sich etwas von anderen Arten. Sie wünscht einen stärker humosen und feuchteren Boden mit etwas saurer Reaktion. Ein leicht beschatteter Standort ist vorteilhafter als ein vollsonnig-warmer. In milden Gegenden vermehrt sie sich durch Selbstaussaat. An solchen Plätzen finden sich als Partner Frühjahrsgeophyten wie *Scilla-* und *Chionodoxa*-Arten. Das Foto zeigt eine Hybride. (4, 11, 18, 20, 32)

△ **Narcissus-Hybriden,** Narzissen-Sorten. Beliebte, dankbare Frühlingsblüher mit großer Sortenfülle. Sie werden oft in einem Atemzug mit Tulpen genannt. Man sollte aber bedenken, daß Narzissen einen etwas mehr mildfeuchten, anlehmigen Boden lieben als Tulpen. Sommerliche Trockenheit ist nicht so wichtig wie bei diesen. Auch die Pflanzzeit ist enger begrenzt, sie liegt bei Narzissen früher und sollte Ende Oktober abgeschlossen sein. Alte Horste sind etwa alle 4–5 Jahre aufzunehmen und die in 1–2 „Nasen" geteilten Zwiebeln an anderer Stelle wieder 12–15 cm tief einzusetzen. Die Blätter vergilben erst Mitte–Ende Juni; vorheriges Abschneiden schwächt die Pflanze. Die enorme Sortenvielfalt der Narzissen macht eine Klasseneinteilung nötig. Im Bild die Sorte 'Bravoure'. Robuste Sorten eignen sich auch zum Verwildern. (3, 4, 11, 18, 20)

Narcissus jonquilla, Jonquille. Spanien bis Dalmatien und Nordafrika. Kleine bis mittelgroße, rundliche, dunkle Zwiebeln. Die Pflanzen werden etwa 20–30 cm hoch. Die Blätter sind fast stielrund, binsenartig, aufrecht bis aufsteigend. Sie treiben oft schon im Winter und sind lebhaft grün gefärbt. Der Stengel ist rund und trägt 2–6 gelbe Blüten, die orangenähnlich duften und mit einer tassenförmigen Krone versehen sind. Die Blütezeit liegt im April–Mai. Diese Narzisse kann nur für warme Lagen empfohlen werden, sie ist nicht überall winterhart. Winterschutz ist auf alle Fälle anzuraten. Sind die Voraussetzungen günstig, vermehrt sie sich vegetativ sehr stark und muß dann öfter geteilt werden. Der Boden muß gut durchlässig sein, keinesfalls darf Staunässe entstehen. Das Substrat sollte kalkhaltig sein. Das Foto zeigt eine Hybride. (3, 5, 11, 12, 32) ▷

◁ **Narcissus triandrus,** Engelstränennarzisse. Spanien, Portugal. Kleine, rundliche, dunkle Zwiebeln. Leicht graugrüne, auf der Rückseite gekielte oder gestreifte 4–5 mm breite, etwa 20 cm lange Blätter und ein 25–30 cm hoher, elliptischer Stengel. Die nickenden Blüten stehen selten einzeln, meist zu 3–6 zusammen. Die Krone ist becherförmig, 17 mm breit und hoch, mit stark zurückgeschlagenen Petalen. Blütezeit April. Es gibt zahlreiche Formen, davon *N. triandrus* var. *concolor* mit zitronengelben, 'Albus' und *N. triandrus* var. *loiseleurii* mit weißen Blüten. Letztere ist wesentlich frostempfindlicher. Insgesamt wünschen sie etwas geschützte Standorte und einen durchlässigen, aber nicht zu trockenen Boden. Die aus ihnen entstandenen Hybriden sind kleine, elegante, weniger empfindliche Narzissen für viele Gartenplätze. (3, 11, 18, 20, 32)

△
Narcissus pseudonarcissus, Wilde Trompetennarzisse, Wilde Osterglocke. Südwesteuropa bis Belgien, Schweiz, Norditalien und Deutschland. Durch das große Verbreitungsgebiet sind verschiedene Unterarten bekannt. Die Art hat mittelgroße, fahle Zwiebeln mit langem Hals. Das gräulichgrüne Laub steht aufrecht und ist rinnig. Der Stengel wird 20–35 cm hoch und trägt die einzeln stehenden, seitlich schauenden oder hängenden Blüten, die etwa 6,5 cm Durchmesser haben. Die Krone ist kräftig gelb, am Rand leicht gebogen, 2–3,5 cm lang und unregelmäßig gekerbt. Die Blütensegmente sind cremefarbig bis schwefelgelb und 2–3 cm lang. Im Garten besonders zum Verwildern geeignet. Sie liebt offene Plätze, der Boden sollte aber ein Minimum an Bodenfeuchtigkeit aufweisen, auch in den Sommermonaten. Blätter nicht vor dem Vergilben entfernen. (3, 11, 18, 32)

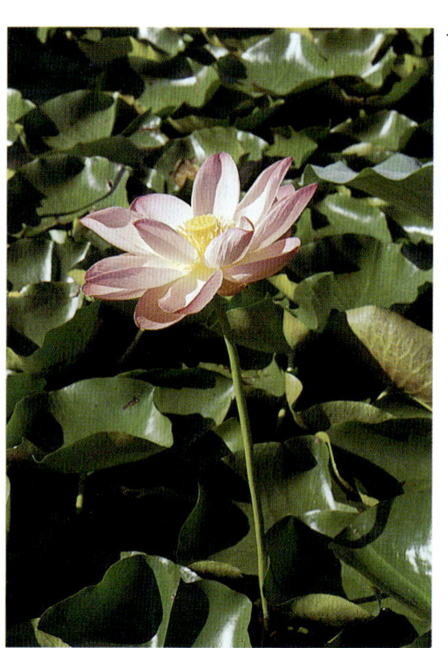

◁ **Nelumbo nucifera**, Indischer Lotos, Nelumbonaceae, Lotosgewächse. Beide *Nelumbo*-Arten sind in Gartenkultur. Der abgebildete Indische Lotos, beheimatet vom Mittelmeerraum bis Südostasien, bildet von Juli–September 15–35 cm große, weiße bis rötliche, nach Anis duftende Blüten. Nach den ersten Schwimmblättern wachsen hochgestielte, schildförmige Blätter. Die Art wächst nur in sehr sommerwarmen Wasserbecken oder Kübeln mit mindestens 30 cm Erdtiefe und mindestens 10 cm Wasserstand zufriedenstellend. Mindestfläche für eine Pflanze 0,5–1 m^2. *N. lutea (N. pentapetala)*, der Amerikanische Lotos, öffnet von August–September 10–20 cm große Blüten.Er ist eine Sumpfpflanze, die weniger Wärme, aber ebenfalls 2–3 Jahre zum Einwachsen und Schutz vor Frosteinwirkung auf die Rhizome benötigt. Vermehrung durch Rhizomteilung. (28 bzw. 27)

△
Nasturtium officinale *(Rorippa nasturtium-aquaticum)*, Echte Brunnenkresse, Brassicaceae (Cruciferae), Kohlgewächse. 6 Arten von Europa bis Zentralasien, in Nord- und Ostafrika und in Nordamerika. Die Echte Brunnenkresse ist eine 15–80 cm hohe Staude, deren meist niederliegende Stengel an den Knoten wurzeln. Sie blüht von Mai–August weiß mit gelben Staubgefäßen. Blätter und nichtblühende Triebe werden als scharfwürzige Speisenbeilage verwendet. Sie wächst in langsam fließendem reinem, nährstoffreichem Wasser. Ähnlich ist die heimische *Cardamine amara*, das Bittere Schaumkraut, das 40 cm hoch wird. Es blüht von April–Juni, auch weiß, aber mit violetten Staubbeuteln. Seine 5kantigen Stengel wurzeln selten. Es wächst noch auf halbschattigen, nassen oder flach mit Wasser bedeckten, kalkarmen Böden gut. Vermehrung durch Teilstücke. (26, 27)

◁ **Nemesia-Hybride**, Elfenspiegel, Scrophulariaceae, Braunwurzgewächse. Über 50 Arten leben im südlichen Afrika, darunter sowohl einjährige Kräuter wie auch Halbsträucher. Insbesondere aus *N. strumosa* und *N. versicolor* ist eine Fülle von Gartenhybriden entstanden, die man als Sommerblumen mit Vorkultur verwendet. In warmen Sommern kann auch Direktsaat in der zweiten Maihälfte Erfolg haben. Nemesien lieben lockeren, sandig-humosen Gartenboden ohne Staunässe. Sie blühen von Juni–September und bringen durch Rückschnitt noch einen zweiten Flor. Es gibt Mischungen mit Blütenfarben von Weiß bis Blau, von Gelb bis Orange und von Rot bis Karmin. Blaublühende Exemplare sind das Erbe von *N. versicolor*. Die Pflanzen werden 20–30 cm hoch und eignen sich auch zur Zwischensaat in Staudenbeeten, zwischen Gladiolen und Dahlien. (31, 35, 36)

△

Nemophila maculata, Gefleckte Hainblume, Hydrophyllaceae, Wasserblattgewächse. Alle 11 Arten der Gattung sind in Nordamerika beheimatet. Es sind einjährige, weichhaarige Kräuter mit federig gelappten oder geschlitzten Blättern. Die Blüten sind blau, weiß oder gefleckt. *N. maculata* stammt aus Kalifornien und wird bis 35 cm hoch. Die großen weißen, violettblau gepunkteten Blüten öffnen sich während des ganzen Sommers. *N. menziesii* hat niederliegende, bis 20 cm hohe Stengel und bildet achselständige, gestielte, bis 3 cm breite, kornblumenblaue, in der Mitte hell geäugte Blüten. Beide Arten blühen etwa 6–7 Wochen nach der Aussaat und sind mit Folgesaaten gut als Zwischenflor in Staudenbeeten oder auf Blumenzwiebelbeeten geeignet. Bei Aussaat im März–April hat der Flor seinen Höhepunkt Ende Mai–Anfang Juni überschritten. (7, 32, 37)

Nepeta × faassenii (*N. mussinii* × *N. nepetella, N. mussinii* hort.), Blauminze, Lamiaceae (Labiatae), Taubnesselgewächse. Etwa 150 Arten in den gemäßigten Gebieten Europas, Asiens, Nordafrikas und in den Bergen des tropischen Afrika. Die Blauminze gehört mit ihrer langen Blütezeit von Mai–September zum festen Garteninventar. Sie wird 30 cm hoch und blüht lavendelblau in langen Ähren. Bei Rückschnitt nach der Hauptblüte folgt ein Nachflor. Schöne Sorten sind 'Blauknirps', blau, 20 cm hoch, und 'Six Hills Giant', violettblau, bis 60 cm hoch. *N. grandiflora* aus dem Kaukasus wird bis 80 cm hoch und blüht von Mai–Juli mit bis 4 cm langen, blauvioletten Blüten in Scheinähren. Beide Arten sind in sonniger Lage auf durchlässigem Boden zu verwenden und vertragen Trockenheit recht gut. Vermehrung durch Teilung oder Stecklinge. (3, 7, 10, 29) ▷

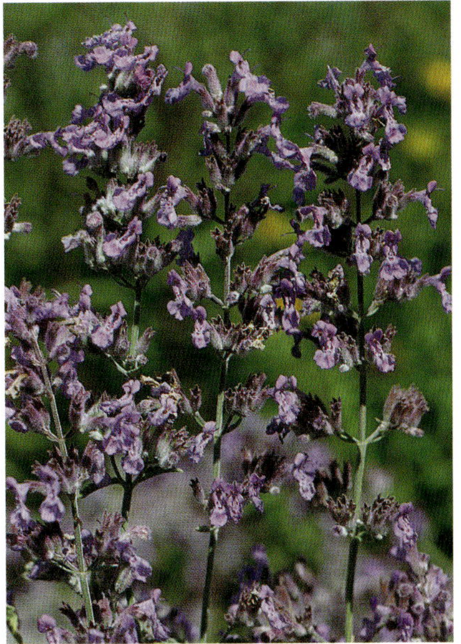

Nicandra physalodes, Solanaceae, Nachtschattengewächse. Die Gattung *Nicandra* besteht nur aus dieser einen Art, die in Peru beheimatet ist. Es ist eine einjährige, stark verzweigte, bis 1 m hohe Pflanze mit gezähnten Blättern. Sie schmückt sich von Juli–September mit großen blauen Blüten. Die Frucht ist eine Beere, die von den Kelchblättern umschlossen bleibt. 'Violacea' ist eine weiß-blau blühende Sorte, die aber selten angeboten wird. Verwendet wird *N. physalodes* als Sommerblume mit Vorkultur oder Direktaussaat im März. Die Fruchtstände können getrocknet in Sträußen verarbeitet werden. Da der Samen frosthart ist, erscheinen die Pflanzen oft im Frühjahr des nächsten Jahres wieder. Die Behauptung, daß die Pflanze in Gewächshäusern und Wintergärten zur Abwehr der Weißen Fliege geeignet sei, konnte in Versuchen nicht bestätigt werden. (35, 36) ▷

◁ **Nicotiana × sanderae**, Gartenziertabak, Solanaceae, Nachtschattengewächse. 20 *Nicotiana*-Arten sind in Australien und Polynesien verbreitet, weitere 45 in den nichttropischen Gebieten Nord- und Südamerikas. Der weiß-, grünlich-, rosa- oder rotblühende Gartenziertabak ist eine Kreuzung von *N. alata* × *N. forgetiana*. Die grünweißen Sorten duften oft. Es sind gute Balkonpflanzen, aber auch Farbträger für gemischte Sommerblumenbeete. Pflanzenhöhe je nach Sorte 30–70 cm. Verwendung als Sommerblume mit Vorkultur. Eine hohe Tabak-Art für Sommerblumenbeete ist *N. alata (N. affinis)* aus Südamerika. Sie wird etwa 1,5 m hoch und entwickelt von Juli–September 5–8 cm lange, nickende, weiße, stark duftende Blüten, die sich erst abends öffnen. Vermehrung beider Arten durch Aussaat. Verwendung als Sommerblume mit Vorkultur. (35, 36 bzw. 4, 10, 36)

Nicotiana sylvestris, Bergtabak. Diese ▷ Art stammt aus Brasilien und Peru und blüht von Juli–September. Sie wird bis 1,5 m hoch und ist drüsig filzig. Aus der grundständigen Blattrosette wachsen die Blütenstengel mit langen weißen, im Gegensatz zu *N. alata* tagsüber offenen Röhrenblüten in endständiger Doldentraube. Die Blüten duften stark. Wir verwenden den Bergtabak wie *N. alata* als Sommerblume mit Vorkultur an warmen sonnigen Stellen mit nährstoffreichem Boden und guter Wasserversorgung während des Sommers. Dabei kann man ihn nicht nur in bunten Sommerblumenbeeten, sondern auch zwischen Stauden wirkungsvoll einfügen. Mit tags geöffneten Blüten erfreut außerdem die Sorte 'Daylight', eine Mischung, hervorgegangen aus *N. alata*. Meist wird jedoch die Sorte 'Grandiflora' gezogen, mit größeren, ebenfalls stark duftenden Blüten. (34, 35, 36)

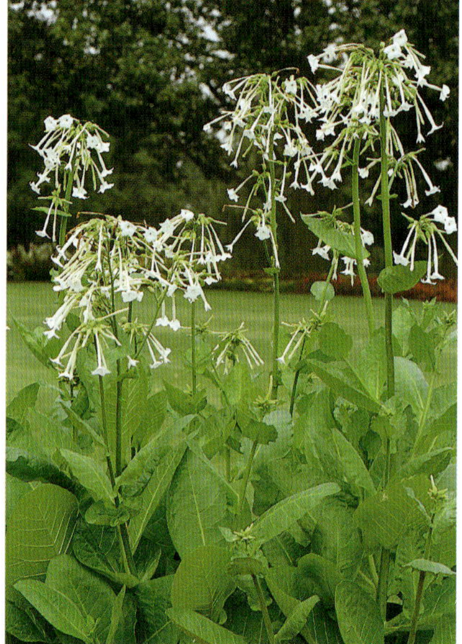

Nolana paradoxa *(N. atriplicifolia, N. grandiflora)*, Glockenwinde, Nolanaceae, Glockenwindengewächse. Die etwa 80 Arten der Gattung sind im westlichen Südamerika, besonders in Peru und Chile verbreitet. Es sind flachwachsende, niederliegende Kräuter mit einzelnen großen, achselständigen Blüten. Verwendung als Sommerblume mit Vorkultur oder Direktaussaat im April an sonnigen Stellen, mit Folgesaaten für eine Blüte bis zum Herbst – vorausgesetzt es gibt einen warmen, sonnigen Sommer. *N. paradoxa* blüht von Juni–September. Die Blüten sind etwa 5 cm breit und blau mit weißer Zone um den gelben Schlund. Die Pflanze war um die Jahrhundertwende verbreitet und ist in den letzten Jahren wieder aufgetaucht, manchmal unter dem falschen Namen *N. napiformis*. Ihr einziger Nachteil ist, daß sie ihre Blüten nur bei voller Sonne öffnet. (35, 36, 38)
▽

◁ **Nigella damascena 'Mulberry Pink'**, Jungfer im Grünen, Schwarzkümmel, Ranunculaceae, Hahnenfußgewächse. Die 20 vorwiegend im Mittelmeergebiet beheimateten Arten sind einjährige Kräuter mit einer 5- bis 10teiligen, aufgeblasenen Kapsel, an der die Stempel als Hörner sitzen. Sie eignen sich für sonnige Stellen ohne Staunässe, wo sie durch Aussaat im Herbst oder im März–April und folgende Selbstaussaat angesiedelt werden. Blüte jeweils 8–10 Wochen nach der Aussaat. *N. damascena*, verbreitet in Südeuropa und Nordafrika, wird schon seit dem Mittelalter in Gärten gezogen. Frisch oder mit den Kapseln für Trockengestecke ist sie vielseitig verwendbar. Meist werden Mischungen mit weißen, blauen, gelblichen und roten Farben angeboten. Neu hinzugekommen sind die hellblau blühende *N. hispanica* und *N. orientalis* mit gelben Blüten. (19, 35, 36)

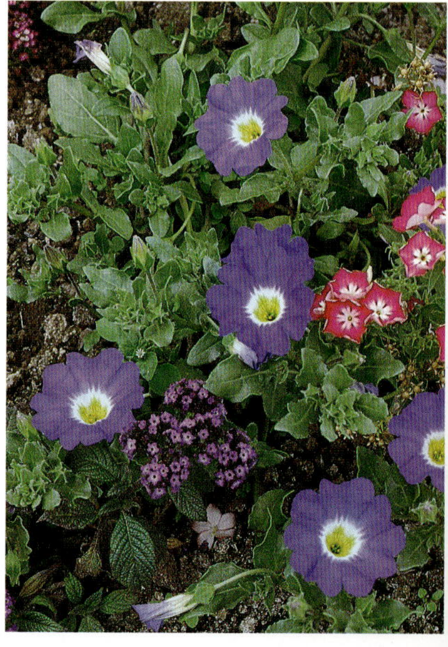

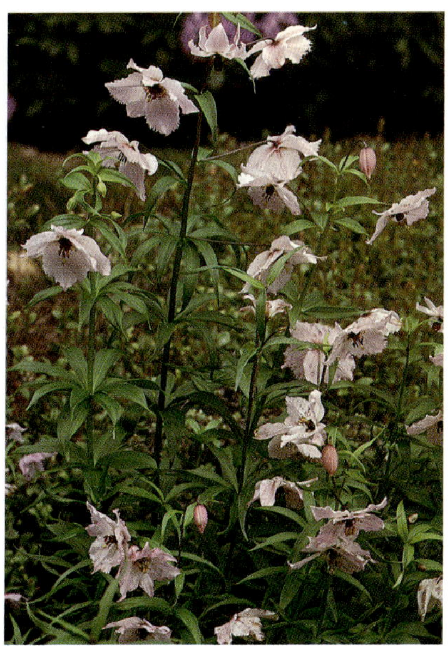

◁ **Nomocharis pardanthina**, Liliaceae, Liliengewächse. 16 Arten dieser bezaubernden Gattung sind vom Himalaja bis Westchina verbreitet. Sie sind nahe mit den Gattungen *Lilium* und *Fritillaria* verwandt und haben längliche Zwiebeln mit wenigen Schuppen. Alle sind Hochgebirgspflanzen und kommen dort auf Wiesen oder an Waldrändern vor. Sie benötigen hohe Luftfeuchtigkeit und lehmig-humosen, kalkfreien, feuchten, aber nicht nassen Boden mit gutem Wasserabzug. An sonnenabgewandten Stellen, in *Rhododendron*-Beeten oder kühlen Steingartenpartien sollte man sie versuchen. Ebenso wie der Lilienaustrieb sind auch *Nomocharis* im Frühjahr schneckengefährdet. *N. pardanthina* stammt aus Yunnan, wird bis 50 cm hoch und blüht von Juni–Juli. Vermehrung durch Nebenzwiebeln, meist aber durch Aussaat und Auspflanzen nach Topfkultur. (4, 18, 21)

Nuphar lutea, Mummel, Teichrose, Nymphaeaceae, Seerosengewächse. Je nach Zuordnung eine oder 25 Arten in den nördlichen temperierten und kalten Gebieten. Die heimische Mummel, *N. lutea*, ist in Europa, Nordostasien, Nordamerika und Nordafrika verbreitet. Es ist eine Wasserpflanze mit kriechendem, verzweigtem Rhizom und eiförmigen, am Stiel eingekerbten, auf dem Wasser schwimmenden Blättern. Im tiefen Wasser bildet sie auch fast durchscheinende Unterwasserblätter. Die gelben, bis 7 cm breiten Blüten ragen etwas aus dem Wasser. Sie wächst in stehenden und langsam fließenden Gewässern in Wassertiefen von 0,5–6 m. Bei *N. advena* ragen Blüten und Blätter weit aus dem Wasser heraus. *N. pumila*, die Zwergmummel, hat nur 15 cm große, ovale Schwimmblätter und eignet sich für Wassertiefen von 30–80 cm. Vermehrung durch Aussaat oder Teilung. (28)
▽

Nymphaea-Hybride 'Escarboucle', Seerose, Nymphaeaceae, Seerosengewächse. Von den etwa 50 fast auf der ganzen Erde verbreiteten Seerosen-Arten können wir nur die verwenden, die unsere Winter, d. h. das Gefrieren der Gewässer aushalten oder tief genug im Wasser wachsen. Man pflanzt sie, wenn sich Mitte Juni das Wasser erwärmt hat, in Körbe mit mineralischer, humusfreier Erde, damit unter Wasser keine Fäulnis eintritt. Vermehrung durch Teilung. 'Escarboucle' blüht reich und lange mit 15–18 cm großen, duftenden Blüten; Mindestwassertiefe 40–80 cm. 'Froebelii' bildet feurigrote, etwa 10 cm große Blüten, die bis spät abends geöffnet bleiben und etwas aus dem Wasser herausragen. Sie braucht mindestens 20–40 cm Wassertiefe. Kleinbleibende Seerosen wie 'Froebelii' sind auch für frostfrei zu überwinternde Kübel oder große Schalen mit Wasser geeignet. (28, 38)
▽

Nymphaea-Hybride 'Marliacea Chromatella'. ▷ Diese Sorte hat 16–18 cm große, leuchtendgelbe Blüten, die leicht über dem Wasser stehen, und rötlich gefleckte Blätter. Die Wärmebedürftigkeit der gelben Sorten ist das Erbe von *N. mexicana*, einer gelbblühenden tropischen Seerose für 50–80 cm Wassertiefe, ebenso die Rotfleckkung der Blätter und das „Aus dem Wasser heben der Blüten". Weitere schöne Sorten sind: 'Sulphurea Grandiflora', schwefelgelbe, 14–16 cm große Blüten, für 40–80 cm Wassertiefe; 'Sunrise', schwefelgelbe, bis 20 cm große, schon früh am Morgen geöffnete Blüten, für 40–60 cm Wassertiefe; 'Richardsonii', duftende, weiße, gefüllt wirkende, etwa 15 cm große Blüten, reichblühend, für 30–80 cm Wasserstand. 'James Brydon' ist eine Sorte mit kirschroten, kugelförmigen, gefüllt wirkenden Blüten für mindestens 30–60 cm Wassertiefe. (28, 38)

◁ **Nymphaea-Hybride 'Director G.T. Moore'**. Diese Sorte bildet purpurviolette, tagsüber offene Blüten, die gut 10 cm über der Wasseroberfläche stehen. Es ist eine tropische Seerosen-Hybride für Warmwasserbecken mit mindestens 20 °C und Wassertiefen von 10–50 cm. Da die Lichtintensität im Winter bei uns nicht ausreicht, überwintert man die Pflanzen am besten im Ruhezustand warm in feuchtem Sand. Zur selben Gruppe gehören 'B. G. Berry', großblumig karminrosa, nachtblühend, *N. capensis*, hellblau, *N. capensis* 'Zanzibariensis', rosarot, *N. lotus*, die ägyptische Lotusblume, weiß, nachtblühend, *N. rubra*, dunkelrot, nachtblühend, und *N.* × *daubenyana*, blaßblau, tagblühend. Vermehrung der „Warmwasserseerosen" durch Teilung, bei Arten durch Aussaat und bei *N.* × *daubenyana* durch Abnahme der jungen Pflanzen vom Blattgrund. (28, 38)

Nymphoides peltata, Seekanne, Menyanthaceae, Fieberkleegewächse. Die 20 Arten dieser Gattung sind vor allem in den Tropen und Subtropen verbreitet. Es sind ausdauernde, starkwachsende Pflanzen für stehende oder langsam fließende Gewässer mit lehmigem Untergrund. Ihre seerosenähnlichen Blätter sind rundlich bis herzförmig und schwimmen auf dem Wasser, die kleinen gelben oder weißen Blüten ragen darüber hinaus. Die Vermehrung erfolgt durch Aussaat oder Teilung. *N. peltata* ist eine heimische Pflanze. Sie blüht von Juli–September und bildet lange Ausläufer. Die stumpf-herzförmigen, langgestielten Blätter sind manchmal am Rande gebuchtet. Die goldgelben Blüten stehen zu 4–8 in den Blattachseln oder an den Triebenden. Die Pflanze wächst gut bei 20–50 cm Wasserstand, kleine Gewässer kann sie, wenn man nicht einschreitet, völlig überwachsen. (28, 38)
▽

Ocimum basilicum, Basilikum, Lamiaceae (Labiatae), Taubnesselgewächse. Die 150 Arten dieser Gattung sind in den tropischen und warmen, aber auch in den gemäßigten Gebieten der Erde mit Schwerpunkt in Afrika verbreitet. Die Abbildung zeigt eine normale grüne Form und die Sorte 'Rothaut' mit dunkelroten Blättern. Basilikum ist ein altes Gewürz, das schon zu Griechen- und Römerzeiten geschätzt wurde und bei uns im Mittelalter als ausdauernde Topfpflanze mit unterschiedlichsten Blattformen und -farben als Zimmerpflanze und Gewürz gepflegt wurde. Man kann es als Sommerblume mit Vorkultur zur Pflanzung in Sommerblumenbeeten oder Staudenbeeten verwenden, so daß man es nicht in gesonderten Kräuterbeeten ziehen muß. Wichtig sind Sonne und Wärme und ab Juni eine Pflanzstelle ohne Staunässe. Vermehrung durch Aussaat. (35, 36, 38, 40)
▽

Oenothera erythrosepala *(O. glazioviana)*, Sommer-Nachtkerze, Onagraceae, Nachtkerzengewächse. Die 80 Arten der Gattung sind vor allem in den außertropischen Gebieten Amerikas verbreitet. *O. erythrosepala* ist eine zweijährige Pflanze, die im ersten Jahr eine fleischige Pfahlwurzel mit einer großen Blattrosette entwickelt und sich im zweiten Jahr zu einer bis 2 m hohen, reichverzweigten und fast genauso breiten Pflanze auswächst. Die bis über 8 cm großen Blüten öffnen sich abends und schließen sich am frühen Vormittag. Sie duften kräftig und erblühen tagtäglich in großer Fülle bis zum Spätherbst. Im Herbst oder Frühling verpflanzte Exemplare werden nicht so groß wie durch Selbstaussaat an Ort und Stelle gewachsene. Verwendung als blütenreiche Sommerblume, die, einmal angesiedelt, zum liebenswerten „Unkraut" werden kann. Vermehrung durch Aussaat. (3, 19, 35, 36) ▷

◁ **Oenothera macrocarpa** *(O. missouriensis)*. Diese Art ist eine der interessanten, flachwachsenden Stauden aus der Gruppe der Nachtkerzen. Sie wird bis 20 cm hoch und entfaltet an den rötlichen Trieben bis 10 cm große, gelbe, in den Blattachseln sitzende Blüten. Sie öffnen sich in den Abendstunden und entwickeln sich nach der Befruchtung zu großen, geflügelten Samenkapseln. *O. macrocarpa* eignet sich besonders zur Bepflanzung von Mauern, von denen die Triebe elegant blühend herabhängen. Wichtig ist ein vollsonniger warmer Standort in lockerem, nährstoffarmem Boden ohne Staunässe. An solchen Stellen ist sie ein wertvoller Dauerblüher mit Blütezeit von Mai–September. Ähnlich niedrig wächst *O. rosea* mit dunkelrosa Blüten, die eine entfernte Ähnlichkeit mit Löwenzahn besitzt. Die Vermehrung erfolgt durch Aussaat und Stecklinge. (5, 7, 14, 24, 32)

◁ **Oenothera tetragona** *(O. fruticosa)*. Diese Art ist ein Beispiel der am Grunde leicht verholzenden, 60–100 cm hohen Stauden aus der Nachtkerzen-Gattung. Sie ist in Nordamerika zu Hause, blüht von Juni–September und wird 80 cm hoch. Stengel und Blätter sind blaugrün, die Blüten 6 cm groß und gelb. Es gibt einige Gartensorten wie 'Fyrverkeri', reichblühend mit roten Knospen, 50 cm hoch, 'Hohes Licht', leuchtendgelb, 60 cm hoch, 'Sonnenwende' mit dunklem Laub, intensiv goldgelb, 40 cm, bereits ab Mai blühend oder 'Yellow River', kanariengelb, 60 cm. *O. speciosa* aus den USA und Mexiko wird 40 cm hoch und bildet von Juni–September duftende rosa Blüten. Wir verwenden sie als Sommerblume mit Vorkultur oder kurzlebige Staude mit Winterschutz. Sie eignet sich für sonnige, nährstoffreiche Stellen. Vermehrung durch Stecklinge und Teilung. (1, 2, 5, 10)

Omphalodes verna, Gedenkemein. Diese Art, die gärtnerisch wichtigste, stammt aus Südeuropa und blüht von März–Mai. Es ist eine bis 15 cm hohe Staude, die sich durch Ausläufer ausbreitet und mit ihren langgestielten, eiförmigen Blättern dichte Teppiche bildet. Im Frühling beleben die bis 1 cm breiten, himmelblauen, weißgeäugten Blüten in wenigblütiger Traube den grünen Blatteppich. Die Sorte 'Grandiflora' trägt bis 2 cm große Blüten, und 'Alba' blüht weiß. Das Gedenkemein ist eine Pflanze, die sich besonders im lichten Schatten von Laubgehölzen wohlfühlt. Der Boden darf dabei nicht zu trocken werden, zumindest im Frühjahr sollte er feucht sein. Sie verwildert an zusagenden Stellen und bringt dann durch ihre Ausläuferbildung auch schwachwüchsige Nachbarn in Bedrängnis. Die Vermehrung erfolgt durch Teilung und Stecklinge. (4, 7, 20, 21)
▽

Omphalodes cappadocica, Nabelwurz, Gedenkemein, Boraginaceae, Rauhblattgewächse. Die 28 Arten der Gattung sind in Europa, besonders im Mittelmeergebiet, in Asien und 2 Arten auch in Mexiko verbreitet. Es sind ein- oder mehrjährige Frühjahrsblüher für halbschattige bis schattige Standorte auf feuchtem Boden. Die blauen oder weißen Blüten erinnern an Vergißmeinnicht. Vermehrung durch Aussaat, Teilung oder Ausläufer. *O. cappadocica* stammt aus der Türkei und blüht von April–Mai. Sie wird 15 cm hoch und breitet sich mit kriechendem Rhizom aus. *O. luciliae* ist in Griechenland und in der Türkei verbreitet und wird 15 cm hoch. Sie trägt von April–Mai 1 cm breite, erst rosa, dann blaue Blüten über graugrünen Blättern. Sie eignet sich als kurzlebige Staude für absonnige Felsspalten. Vermehrung durch Stecklinge oder Teilung. (4, 7, 21, 22) ▷

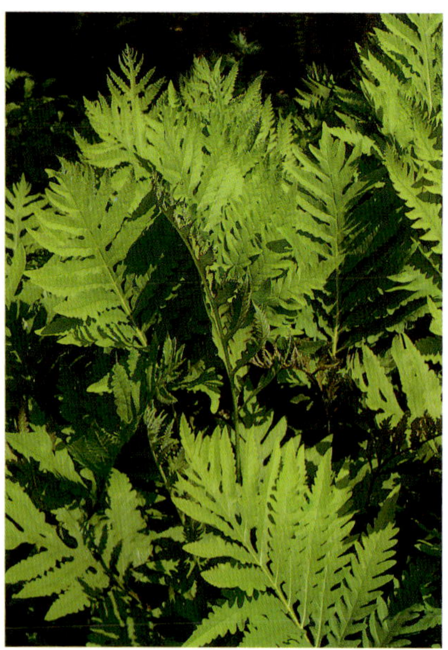

◁ **Onoclea sensibilis**, Perlfarn, Onocleaceae (Aspidiaceae), Perlfarngewächse. Die Gattung besteht nur aus dieser einen Art, die in Ostasien und im atlantischen Nordamerika zu Hause ist. Es ist ein Farn mit kriehendem Rhizom und doppelt gefiederten, langgestielten, bis 50 cm langen Wedeln. An den kürzeren, sporentragenden Wedeln sind die Fiederchen perlschnurartig aufgereiht, daher der Name Perlfarn. Im Herbst zeigt der Perlfarn eine schöne gelbrote Färbung. Er ist eine Pflanze für halbschattige Bereiche auf feuchtem Boden, wo er sich wuchernd auch über größere Flächen ausbreitet. Im Garten muß der Perlfarn daher mit Vorsicht gepflanzt werden. Leichte Laubabdeckung im Winter ist in rauhen Lagen ratsam. Vermehrung durch Teilung. Die Sorte 'Rotstiel' zeichnet sich durch grüne Wedel mit roten Stielen aus. (4, 20, 21, 26)

△

Onopordum bracteatum, Eselsdistel, Asteraceae (Compositae), Asterngewächse. Die 40 Arten dieser Gattung, verbreitet in Europa, Nordafrika und Westasien, sind dekorative distelartige, zweijährige Kräuter. Sie haben breit geflügelte, bedornte Stengel und große, buchtig gezähnte, mit starken Dornen bewehrte, meist weißfilzig behaarte Blätter. Verwendung als Solitärpflanzen in naturnahen Bereichen. Voraussetzung für eine gute Entwicklung sind eine sonnig warme Lage und nährstoffreicher, wasserdurchlässiger Boden. Vermehrung durch Aussaat. Das heimische *O. acanthium*, die Gewöhnliche Eselsdistel, wird etwa 2 m hoch und ist in Aussehen und Verwendung gleich. Ähnlich, mit grünen, silbern geaderten Blättern ist die Mariendistel, *Silybum marianum*, eine alte Heilpflanze mit dem einzigen Wirkstoff gegen Knollenblätterpilzvergiftungen. (8, 29, 35, 36)

△

Onosma alboroseum, Lotwurz, Goldtropfen, Boraginaceae, Rauhblattgewächse. Die etwa 150 Arten der Gattung sind vom Mittelmeerraum bis zum Himalaja und nach China verbreitet; einige werden im Garten kultiviert. Nur an sonnigen, sehr trockenen Stellen im Steingarten oder in Trögen wachsen sie gut. Winterlicher Nässeschutz ist bei allen sehr zu empfehlen. Kalkhaltiger Boden fördert eine gute Entwicklung. Die borstigen, stechenden Haare können Hautreizungen auslösen. Vermehrung durch Aussaat oder Stecklinge. *O. alboroseum* aus Kleinasien wird bis 40 cm hoch und blüht blaß rosarot, später verfärbt sie sich ins Blaue. *O. stellulata* aus Westjugoslawien wird auch 20–40 cm hoch und blüht goldgelb. Es ist die wüchsigste, problemloseste Art. Für Liebhaber dieser Pflanzengattung gibt es noch viele Arten, die es lohnt im Garten anzusiedeln. (5, 24, 32)

Ophiopogon planiscapus 'Nigrescens', Schlangenbart, Liliaceae, Liliengewächse. Etwa 20 Arten umfaßt die Gattung. Sie sind vom Himalaja bis nach Japan und zu den Philippinen verbreitet. Die dunkelblättrige Sorte von *O. planiscapus* wächst als Waldrandpflanze in wärmeren Klimaten und ist bei uns nur an sehr geschützter Stelle oder im Alpinenhaus ausdauernd. Das schwärzliche Laub, die lila Blüten und die schwarzen Beerenfrüchte machen sie attraktiv. Vermehrung durch Teilung. Winterhärter ist *O. japonicus*, der Zwerglilienrasen, der sich mit dünnen Rhizomen schnell teppichartig ausbreitet und bis 25 cm hoch wird. Etwa 15 cm hoch wird die Sorte 'Intermedius' und noch kleiner bleibt 'Minor'. Geeignet sind geschützte warme, aber absonnige Stellen zur Triebzeit und ein im Frühjahr frischer Boden. Vermehrung durch Teilung. (4, 20, 21, 22) ▷

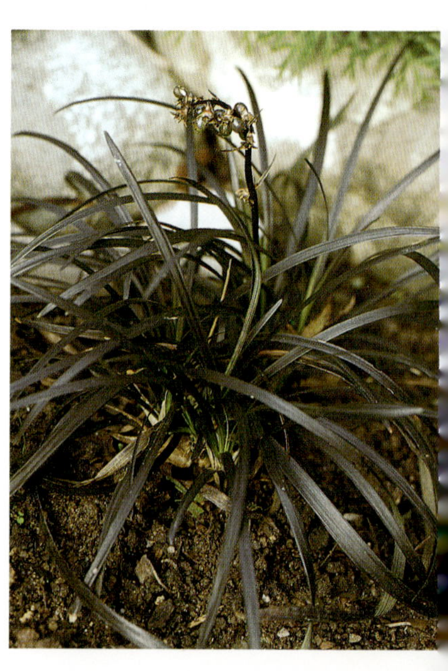

Opuntia fragilis, Zerbrechlicher Feigenkaktus, Cactaceae, Kakteen. Gattung aus Nordamerika, die etwa 200 Arten umfaßt. Ein winterharter Kaktus, der bis in das südliche Kanada vorstößt. Er bildet flache Polster aus etwa 5 cm langen, leicht abbrechenden Trieben (Name). Durch das große Verbreitungsgebiet bedingt, treten hinsichtlich Größe und Form unterschiedliche Typen auf. So gibt es solche mit rundlichen und solche mit flacheren Gliedern. Die Blüten sind gelb, oft unterschiedlich gefärbt. Die charakteristischen Glochiden sind erst weiß und werden später gelblich. Von den 1–4 pfriemlichen Borsten ist eine 2 cm lang und braun, die anderen sind kurz und weiß. Wichtig ist volle Sonne und gute Dränage, zur Wachstumszeit vertragen sie aber auch durchaus Feuchtigkeit. Für Sukkulentengärtchen, gut auch im Regenschatten von Dachvorsprüngen. (5, 12, 14, 33) ▷

△ **Opuntia-Hybriden.** Liebhaber von Freilandsukkulenten können 50 und mehr verschiedene winterharte Opuntien-Typen zusammentragen, darunter Wildarten, Naturhybriden und solche, die in gärtnerischer Kultur entstanden sind. Ihre Winterhärte ist unterschiedlich. Als Gift wirkt stauende Winternässe. Ein lockeres Abdecken mit Fichtenreisern hat sich bewährt. Zu starkes Abdecken und Lichtabschluß während des Winters führt zur Faulblütigkeit. Opuntien stellen nur geringe Ansprüche an den Boden, durchlässiger Boden ist ideal. Eine etwas wüstenartige Szenerie mit anderen Freilandsukkulenten, zusammen mit *Yucca*, befriedigt am ehesten. Auch für spezielle Tröge und Pflanzungen unter dem Dachvorsprung eignen sie sich gut. Bei der Pflanzung mit Lederhandschuhen arbeiten. Die Stacheln können sehr schmerzhaft sein, noch lästiger sind die Glochiden. (5, 12, 14, 33)

△ **Origanum vulgare 'Aureum'**, Goldmajoran, Lamiaceae (Labiatae), Taubnesselgewächse. 15–20 Arten sind in Europa, vor allem im Mittelmeergebiet und nach Zentralasien hin verbreitet. Es sind Stauden oder Halbsträucher mit kräftig aromatischem Duft. Unser heimischer Staudenmajoran ist an warmen, sonnigen Stellen eine ausdauernde, karminrot bis fleischfarben blühende Pflanze. Die goldblättrige Sorte 'Aureum' sollte nicht vollsonnig stehen. Sie wird nur etwa 20 cm hoch, während die Art bis über 50 cm Höhe erreichen kann und sich durch Ausläufer ausbreitet. 'Compactum' mit rosalila Blüten, 15–20 cm hoch, ist der verbreitetste Typ der Art. Die Pflanze kann frisch oder getrocknet als Gewürz verwendet werden. Vermehrung durch Teilung. Viele Majoran-Arten eignen sich als Pflanzen für sonnige Gehölzränder und Gartenbereiche mit Mittelmeerklima.(3, 12, 29, 40)

Ornithogalum umbellatum, Stern von Bethlehem, Hyacinthaceae (Liliaceae), Hyazinthengewächse. Die auch als Milchstern bezeichnete Gattung ist mit 150 Arten in Europa, Westasien und mit Schwerpunkt in Südafrika verbreitet. Es sind Zwiebelgewächse mit grundständigen, schmalen Blättern und weißen Blüten in endständigen Trauben oder Trugdolden. Die weißen, außen grünen, langgestielten Blüten des Stern von Bethlehem öffnen sich am späten Vormittag und schließen sich schon nachmittags. Er eignet sich gut zum Verwildern an Waldrändern, ebenso wie das südeuropäische *O. nutans* mit weißen, außen grüngestreiften, nikkenden Blüten. 60 cm hoch wird *O. pyramidale*, beheimatet vom östlichen Mittelmeergebiet bis Persien. Es bildet im Juni weiße, außen grüngestreifte Blüten in einer langen Traube. Vermehrung durch Aussaat und Brutzwiebeln. (3, 4, 10) ▷

◁ **Ornithogalum thyrsoides**, Chincherinchee. Dieser Milchstern ist eine nicht winterharte Art aus Südafrika, die im Juni auf bis 50 cm hohen Stielen eine dichte Traube weißer Blüten trägt. Sie liefert gut haltbare Schnittblumen. Bis 70 cm hoch sind die Blütenstände der einander sehr ähnlichen *O. arabicum* und *O. saundersiae*, erstere aus dem östlichen Mittelmeergebiet, letztere aus Südafrika. Von ihren weißen, bis 5 cm breiten Blüten mit grünschwarzem Fruchtknoten sitzen 20 und mehr in einer endständigen Doldenstraube. Die Zwiebeln aller 3 Arten werden Ende Mai gelegt. Es empfiehlt sich, jedes Jahr neue Zwiebeln zu legen, besonders bei *O. thyrsoides*. Sie blühen im Juni–Juli. Die anspruchslosen Pflanzen eignen sich für eine Verwendung in Wald- und Beetsituationen an sonniger Stelle in jedem Boden ohne Staunässe. Vermehrung durch Aussaat und Brutzwiebeln. (2, 3, 12, 29, 30)

Orontium aquaticum, Goldkeule, Araceae, Aronstabgewächse. Die einzige Art dieser Gattung ist im atlantischen Nordamerika verbreitet. Es ist eine Sumpf- und Wasserpflanze mit dickem Rhizom. Ihre grundständigen, länglich-ovalen, kurz zugespitzten Blätter stehen aufrecht oder schwimmen – je nach Wassertiefe der besiedelten feuchtnassen Bereiche. Am besten wächst sie bei 30 cm Wassertiefe in lehmig-humosem, nährstoffreichem Boden und in voller Sonne. Die goldfarbenen, weißgestielten Blütenkolben wirken von April–Juni sehr dekorativ. Die Goldkeule ist eine interessante Sumpf- und Wasserpflanze, besonders für kleine Teiche oder Wasserkübel. Sie ist frostfrei zu überwintern, wo die Wasser- oder Winterdecke nicht ausreicht, um das Rhizom bei einer Temperatur von über 0 °C zu halten. Vermehrung durch Aussaat oder Teilung. (28, 38)
▽

Orostachys spinosus, Panzerwurz, Crassulaceae, Dickblattgewächse. Sibirien, Mongolei, Altai, Westtibet. Kahle, dicht- und reichblättrige Rosettenpflanze, die Ähnlichkeit mit *Sempervivum* hat. Die einzelnen Rosettenblätter sind graugrün, lineal bis spatelig, mit langer, weißlicher Dornenspitze. Der Blütenstand ist 30 cm hoch und zylindrisch, die Blüten sind gelb und sternförmig. Erst mehrjährige Pflanzen blühen, Blütezeit Juni–Juli. Sukkulente Pflanze für bessere Steingartenplätze und Tröge. Sie liebt aber keine sonnenheißen Plätze, sondern zieht einen mehr absonnigen Standort vor. Besonders gut wächst sie auf Tuffsteinen, sonst ist auf durchlässiges Substrat zu achten. Vermehrung durch Abtrennen von Nebenrosetten, Samenvermehrung ist etwas schwieriger. Eine ähnliche Pflanze ist als *O.* 'Spec. Mongolei' im Handel. (31, 32)
▽

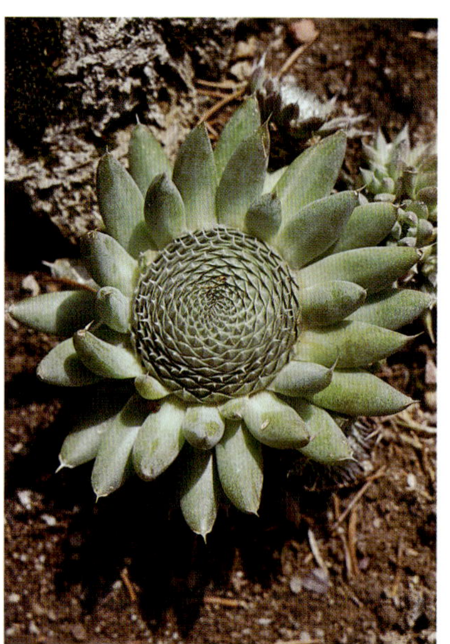

Osmunda regalis, Königsfarn, Osmundaceae, Königsfarngewächse. 10 Arten sind in den gemäßigten Gebieten und in den tropischen Gebirgen beheimatet. Es sind Farne mit kräftigem, fast holzigem Wurzelstock. Ihre Wedel sind einfach bis doppelt gefiedert, sporentragende Wedel ohne Fiedern, nur mit Sporenbehältern. Vermehrung durch Sporenaussaat oder Teilung. Sie eignen sich als stattliche Farne für Einzel- und Gruppenstellung an halbschattigen bis sonnigen, feuchten Plätzen. Der Königsfarn wird 1–1,8 m hoch und verfärbt sich ab Oktober gelbbraun. Im Handel sind Sorten mit unterschiedlichen Wedelformen. *O. claytoniana*, der Teufelsfarn aus Nordamerika, wird bis 70 cm hoch. *O. cinnamomea*, der Zimtfarn aus Nord- und Südamerika, erreicht bis 1 m Höhe. Seine erst grünen, später zimtfarbenen, sporentragenden Wedel treiben zuerst aus. (8, 21, 26, 27) ▷

Osteospermum 'Whirligig' (syn. 'Polarstern'), Asteraceae (Compositae), Asterngewächse. Etwa 70 Arten sind in Südafrika verbreitet. Diese nicht winterharten Korbblütler für sonnig heiße Stellen finden in immer mehr Sorten als Sommerblumen, in Balkonkästen oder Kübeln Verwendung. Die purpurviolett oder blau-weiß mit dunkler Mitte blühenden Hybriden stammen meist von *O. fruticosum* ab, die etwas strauchigeren Typen von *O. jucundum* und *O. ecklonis.* Sie werden mit 80 cm etwa doppelt so hoch wie die erstgenannte Gruppe und zeigen neben purpurvioletten und rosa Blütenfarben auch gelbe und weiße. Bei allen Sorten öffnen sich die Blüten nur bei Sonne. Neu ist die gelbblühende Sorte 'Buttermilk'. Vermehrung durch Stecklinge. *O. ecklonis* ist in milden Wintern in Weinbaugegenden auch im Freien winterhart. (5, 12, 24, 25, 38) ▷

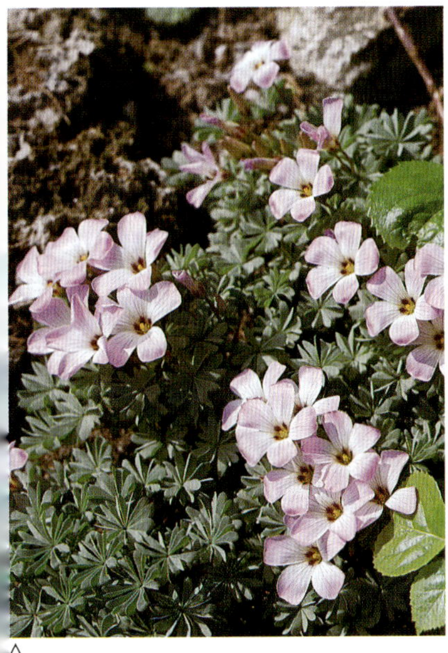

△

Oxalis adenophylla, Oxalidaceae, Sauerkleegewächse. Etwa 800 Arten, meist mehrjährige Kräuter, sind auf der ganzen Erde mit Schwerpunkten in Südafrika, Südamerika und Mexiko verbreitet. *O. adenophylla* aus Chile blüht im Juni und wird 10 cm hoch. Die silbrig glänzenden, vielteiligen, gefalteten Blätter kontrastieren gut zu den 2 cm breiten, lilarosa, in der Sonne geöffneten Blüten. Für sonnigen Standort mit durchlässigem Boden und Schutz gegen Nässe und Kälte. Der Hornsauerklee, *Oxalis corniculata* var. *tropaeoloides*, ist ein aus Südeuropa und Vorderasien bei uns eingeschlepptes Unkraut. Mit leuchtendgelben Blüten über purpurrotem Laub ist er jedoch ein attraktiver Bodendecker. Er breitet sich durch Ausläufer aus und ist daher mit Vorsicht zu genießen. Für sonnige, heiße Stellen oder auch als Ballenschutz für Kübelpflanzen. (31 bzw. 25)

◁ **Oxalis depressa** *(O. inops).* Diese knollenbildende Art aus Südafrika ist eine der winterhärtesten. Ihre 3 cm großen Blüten öffnen sich von Juni–September. Andere Arten werden als Sommerbepflanzung verwendet, da sie nicht sicher winterhart sind und deshalb die Zwiebeln trocken überwintert werden müssen. Dazu gehören *O. tetraphylla (O. deppei)* mit den dunkel gezeichneten, 4blättrigen Kleeblättern der Sorte 'Iron Cross', *O. lasiandra* mit vielteiligen Blättern und rosa Blüten oder *O. triangularis* mit der rotblättrigen Form, zu der die weißen Blüten gut kontrastieren. Verwendung an warmen, sonnigen Stellen, die den Sommer über nicht austrocknen dürfen. Der heimische Sauerklee, *O. acetosella*, ist eine Schattenpflanze für humose Böden. Er bildet weiße Blüten und breitet sich durch Ausläufer aus. (7, 19, 25, 31 bzw. 18)

Oxytropis splendens, Spitzkiel, Fabaceae (Leguminosae), Hülsenfrüchtler. Etwa 300 Arten in den nördlichen temperierten Gebieten. Es sind niedrigbleibende, tiefwurzelnde Stauden mit unpaarig gefiederten Blättern und ährigen oder schopfigen Blütenständen, die von Mai–Juli erblühen. Sie eignen sich für wasserdurchlässige, warme Böden in voller Sonne, auch für Steingärten und Tröge. Schutz vor Winternässe benötigen silbergraulaubige Arten. Vermehrung durch Aussaat an Ort und Stelle (lange Pfahlwurzeln erschweren ein Verpflanzen). *O. splendens* aus den Prärien Nordamerikas wird 30 cm hoch und wächst rasenartig. Die über 1 cm langen, dunkelpurpurnen Blüten stehen in dichten Ähren und öffnen sich von Juni–August. *O. campestris*, bis 20 cm hoch, bildet langgestielte, weißliche bis hellgelbe Blütenköpfe, die sich im Juni–Juli öffnen. (3, 24, 32, 38) ▷

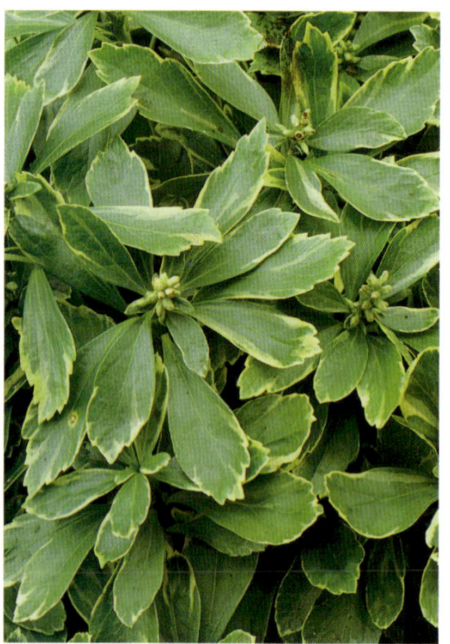

◁ **Pachysandra terminalis 'Variegata'**, Ysander, Buxaceae, Buchsbaumgewächse. Die Gattung ist mit 3 Arten in Ostasien, mit einer im südöstlichen Nordamerika verbreitet. Es sind kriechende Stauden mit fleischigem Stamm. Die Blätter sind an der Triebspitze gehäuft und werden von den Ähren kleiner weißer Blüten überragt. *P. terminalis* aus den sommergrünen Laubwäldern Japans ist einer der besten immergrünen, bis 30 cm hohen Bodendecker für Sonne und Schatten. Sie breitet sich durch kriechende Rhizome aus. Die Pflanze verträgt Trockenheit, wächst aber besser in frischfeuchtem Boden. 'Variegata' trägt weißgerandete Blätter von silbriggrauem Grün, 'Green Carpet' ist eine nur 15 cm hohe Zwergsorte für kleine Pflanzbereiche. *P. procumbens* aus Nordamerika wird bis 30 cm hoch und ist sommergrün. Vermehrung durch Teilung oder Stecklinge. (18, 20, 21, 23)

Paederota bonarota *(Veronica bonarota)*, Blaues Mänderle, Scrophulariaceae, Braunwurzgewächse. Die 2 Arten der Gattung sind Kleinstauden für Kalkbereiche im Alpinum oder in nach Osten weisenden Trockenmauern. Ihre Blätter sind gegenständig und ungeteilt, die Blüten öffnen sich in einer endständigen, ährenartigen Traube. In höheren Lagen sind sie besser zu kultivieren als im Flachland. Die Vermehrung erfolgt durch Aussaat, Teilung oder Stecklinge. Das Blaue Mänderle aus den Ostalpen wächst dort in schattigen Felsspalten in Höhen bis zu 2500 m und blüht von Juni–August violettblau in dichter, 2–4 cm langer Traube. Das Gelbe Mänderle, *P. lutea*, verbreitet von den Südostalpen bis Westjugoslawien, wird etwa 20 cm hoch und blüht von Juni–August gelb. Beide sind hübsche Pflanzen für den schon erfahrenen Liebhaber. (24, 31, 32)
▽

Paeonia-Lactiflora-Hybriden, Ostasiatische Edelpäonie, Chinesische Pfingstrose, Paeoniaceae, Pfingstrosengewächse. Gattung mit etwa 33 Arten. Ostsibirien, Mandschurei, Korea, China, Tibet. Alte ostasiatische Kulturpflanze, die bald von China nach Japan kam und züchterisch schon lange Zeit bearbeitet wurde. Von dort gelangte sie nach Europa, wo sich ebenfalls Züchter betätigten, später auch in den USA. So entstand eine enorme Sortenflut, die man nach Blütentyp eingeteilt hat: 1. Einfachblühende, 2. Japanische Päonien (die sich noch in solche mit einfachen und solche mit mehrreihigen Blumenkronblättern gliedern), 3. Anemonenblütige und 4. Gefülltblühende Sorten. Es gibt auch eine noch weitergehende Unterteilung. Meist um 1 m hohe Prachtstauden für sonnige Gartenplätze. Bevorzugt werden anlehmige, nahrhafte Böden. Lange unverpflanzt lassen. (1, 3, 5)
▽

Paeonia mlokosewitschii, Mlokosewitschs Päonie. Kleine, gelbe Kaukasuspfingstrose. Kaukasus. Etwa 70 cm hohe, auffallende Wildstaude mit doppelt 3teiligen, bläulichgrünen Blättern, Nerven am Rand zuweilen rot. Die meist 8 Blumenkronblätter sind rundlich und etwas kräftiger gelb als bei der verwandten *P. wittmanniana*, die etwas höher wird. Auch die Staubfäden sind gelb. In Kultur ist die Art nicht immer echt erhalten. In Gärten haben oft andere Arten spontan mitgewirkt, so daß Typen mit gelblichrötlichen Mischtönen entstanden sind. Man vermehrt sie deshalb besser vegetativ. Die Blütezeit liegt im Mai–Juni. Dadurch sind diese und ihre beiden verwandten Arten *(P. macrophylla* und *P. wittmanniana)* gärtnerisch besonders wertvoll. Die beiden letztgenannten werden im Gegensatz zu *P. mlokosewitschii* nicht oft angeboten. (1, 3, 5, 18) ▷

◁ **Paeonia officinalis,** Bauernpfingstrose. Frankreich, Schweiz, Norditalien bis Jugoslawien und Albanien. Diese besonders in den Südalpen vorkommende, etwa 60 cm hohe Staude mit doppelt 3zähligen, tief eingeschnittenen Blättern wird schon seit dem Mittelalter in den Gärten gepflanzt. Ihre Blüten sind 9–13 cm breit und rot, die Staubfäden rot, die Staubbeutel gelb. Blütezeit bereits im Mai–Juni, meist eineinhalb bis zwei Wochen früher als die ostasiatischen Hybrid-Päonien. Sie liebt Sonne und kalkhaltigen Boden. Die Art und die ähnliche *P. officinalis* ssp. *humilis* sind wegen der kurzen Blütezeit besser für Wildstaudenfans geeignet. Verbreitet in den Gärten sind dagegen die gefüllten Sorten 'Plena', dunkelrot, 'Alba Plena', weiß, 'Carnea Plena', rosa, und einige weitere gefüllte und anemonenblütige Sorten. Guter Duft! (1, 3)

Paeonia officinalis ssp. humilis *(Paeonia humilis)*, Kleine Bauernpfingstrose. Südwesteuropa. Von manchen Botanikern wird sie als eigenständige Art angesehen und muß dann *P. humilis* heißen. Insgesamt gesehen ist sie mit 40–45 cm Höhe etwas niedriger als die Bauernpfingstrose, *P. officinalis* ssp. *officinalis.* Sie unterscheidet sich von dieser nicht durch die verhältnismäßig großen Blüten, sondern durch die Blätter. Diese sind in 30 und mehr, längliche, elliptische Abschnitte eingeschnitten. Sie sind oben kahl, unten dichtfilzig. Die einzelnen Blattabschnitte sind bei *P. o.* ssp. *humilis* 4–6 cm lang und 1–2 cm breit, bei *P. o.* ssp. *officinalis* 6–11 cm lang und 1,5–2 cm breit. Die Blütezeit ist kurz, die Blüte bei alteingewachsenen Stauden aber ein Blickfang. Selbst für größere Steingärten zu empfehlen. (3, 5, 29, 32)

▽

Paeonia tenuifolia, Netzblattpäonie. Südosteuropa, Kleinasien, Kaukasus. Aus knollig verdickten Wurzeln entwickelt sich die etwa 50 cm hohe Staude. Der Stengel ist unverzweigt, die Blätter sind 3teilig und fein zerschlitzt. Fiederzipfel ungeteilt, 1–2 mm breit. Die ziegel- bis purpurroten Blüten haben 8–10 Kronblätter und rote Staubfäden. Blüte bereits im Mai. Die Blütezeit der Art dauert nicht sehr lange, doch ist die Staude auch im nichtblühenden Zustand interessant und attraktiv. Es gibt einige Sorten, wie die etwas höhere 'Latifiolia' mit etwas breiteren Blättern und karminroten Blüten, oder die etwas später blühende 'Plena', eine sehr alte Kultursorte mit dunkelroten, gefüllten Blüten. 'Rosea' hat zartrosa, einfache Blüten. Wichtig ist ein warmer, sonniger Platz. Pro Stengel entwickelt sich nur eine Blüte. (3, 5, 29)
▽

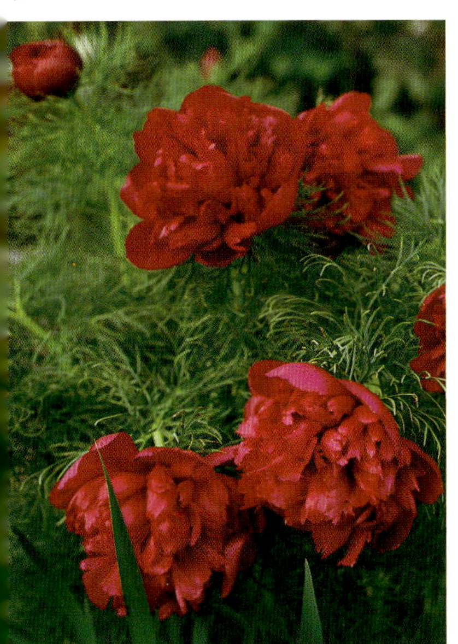

◁ **Paeonia-Hybriden,** Hybrid-Päonien. Die straffe Einteilung verschwindet mit Fortschreiten der Päonienzüchtung zunehmend. Während man früher einfach die *Paeonia*-Lactiflora-Hybriden kannte, werden durch Einbeziehung anderer Wildarten in die Züchtung die Grenzen immer mehr verwischt. Eine dieser aus Vielfachkreuzungen entstandenen neueren Hybriden ist die abgebildete 'Claire de Lune', die in Liebhaberkreisen begehrt und zu entsprechendem Preis im Handel ist. An ihrer Entstehung war unter anderen die gelbblühende *P. mlokosewitschii* beteiligt. Ihre etwa 80 cm hohen, schlanken, kräftigen Stiele tragen einfache, blaß cremegelbe Blüten mit einer großen Quaste orangegelber Staubgefäße. Die Petalen zeigen außen eine hübsche Kräuselung. Diese eine Sorte sei hier stellvertretend für viele andere genannt; sie alle werden für ein Leben gepflanzt! (1, 3)

◁ **Panicum virgatum 'Rotbraun'**, Rutenhirse, Poaceae (Gramineae), Gräser. Etwa 500 Arten in den Tropen und Subtropen. *P. virgatum* aus Nordamerika ist ein horstiges, bis 1 m hohes Gras mit bis 60 cm langen Blättern und Ährchen in lockerer, großer Rispe. Blütezeit Juli–September. Die normalerweise grünlichblaue Pflanze ist bei der Sorte 'Rotbraun' purpurn überlaufen. 'Strictum' wird bis 1,8 m hoch. 'Hänse Herms' (syn. 'Rotstrahlbusch') ist eine 80 cm hohe Verbesserung von 'Rotbraun' mit zeitig einsetzender, braunroter Herbstfärbung. Die Bambushirse *(P. clandestinum)* verträgt Trockenheit, wächst aber auf feuchtfrischem Boden kräftiger. Vermehrung durch Aussaat oder Teilung. Einjährige Hirsegräser für Sommerblumenbeete oder den Schnitt sind *P. violaceum*, *P. capillare* mit 25 cm langen Rispen und *P. miliaceum*, die Rispenhirse. (6, 8, 17 bzw. 35, 36)

△

Papaver burseri *(P. alpinum)*, Alpenmohn, Papaveraceae, Mohngewächse. Etwa 100 *Papaver*-Arten gibt es in Europa, Asien und im westlichen Nordamerika. Die niedrigbleibenden Arten sind für naturnahe Steingartensituationen geeignet und oft nicht sehr langlebig, aber problemlos durch Aussaat nachzuziehen. Sie lieben einen vollsonnigen Standort und warmen, steinigen Boden mit guter Wasserdurchlässigkeit. Der Alpenmohn, verbreitet in den Nordalpen und Nordkarpaten, wird 15–25 cm hoch und blüht von Juni–August weiß mit gelblichem Grund. *P. alboroseum* aus Alaska und Kamtschatka blüht lachsrosa-weiß von April–Juni und wird etwa 10 cm hoch. *P. atlanticum* aus Marokko wird 15 cm hoch und blüht von Juni–August hellorange. *P. miyabeanum* 'Pacino' und *P. radicatum* werden 15 cm hoch und blühen von Mai–Juni schwefelgelb. (25, 31, 32)

Papaver rhoeas, Klatschmohn. Unser ▷ heimischer Klatschmohn ist auch in gemäßigten Bereichen Asiens und Nordafrikas verbreitet und wurde in viele Länder eingeschleppt. Er blüht von Mai–Juli und kann bis 90 cm hoch werden. Der sogenannte Shirley- oder Seidenmohn ist eine seit dem Mittelalter verbreitete Gartenpflanze mit Blüten von unterschiedlichsten Weiß- bis Rottönen, ein- oder mehrfarbig, einfach- oder gefülltblühend. Angeboten werden Mischungen, die Ende September–Anfang Oktober oder im März an Ort und Stelle auf kräftige, nährstoffreiche, nicht zu nasse Böden gesät werden. Der Mohn blüht dann von Juni–Ende Juli und läßt sich auch für die Vase schneiden, und zwar gleich früh am Morgen, wenn die grüne Knospenhülle gerade abfällt. Einmal im Garten an zusagender Stelle angesiedelt, entwickelt er sich zum liebenswerten „Unkraut“. (35)

Papaver nudicaule 'Gigantea', ▷ Islandmohn. Der Islandmohn ist in der Arktis und in den nördlichen Gebieten des subarktischen Bereiches verbreitet. Es ist eine 30–50 cm hohe, rauhbehaarte, blaugrüne Staude, die von Juni–September blüht. Sehr oft wird sie als Sommerblume mit Vorkultur verwendet. 'Gigantea' gehört wie 'Matador' oder 'Illumination' zur großblumigen Sortengruppe, ebenso wie 'Wunderland', von der es Einzelfarben gibt. 'Gartenzwerg' ist eine sehr niedrige, bis 30 cm hohe Sorte. Der Islandmohn ist noch besser für den Schnitt geeignet als der Seidenmohn und läßt sich an vielen Stellen im Garten einführen, wo reicher Blütenflor erforderlich ist. Verwendung in Steingartensituationen, bunten Rabatten und selbst in Balkonkästen. Direktsaat im Herbst ergibt meist schon im Frühjahr des nächsten Jahres blühende Pflanzen. (1, 2, 25, 31, 38)

◁ **Papaver orientale 'Türkenlouis'**, Staudenmohn. Diese und die Sorte 'Mary Finan' haben stark gefranste Blütenblattränder. Kräftig rote Blütenfarben sind bei vielen Sorten vertreten: 'Aladin', 90 cm, leuchtendrot mit schwarzem Grundfleck; 'Alibaba', 80 cm, rot ohne Schlundfleck; 'Beauty of Livermere', 90 cm, scharlachrote Blüten mit gewelltem Rand (wohl eine Sorte von *P. bracteatum*); 'John III', 60 cm, kleine leuchtendrote Blüten ohne Fleck; 'Sindbad', 1,1 m, über 20 cm große, signalrote Blüten ohne Schlundfleck, frühblühend; 'Suleika', 70 cm, rot mit bläulichem Schimmer, 18 cm große, spät erblühende Blüten; 'Sturmfakkel', 60 cm, feuerrot; 'Frühro t', 80 cm, leuchtendrot; 'Kleine Tänzerin', 60 cm, lachsrosa mit schwarzem Grundfleck. Staudenmohnblüten, geschnitten beim Öffnen, sind kurzlebige, aber unvergleichliche Schnittblumen. (1, 3, 10, 29)

△ **Papaver orientale 'Rosenpokal'**, Staudenmohn. Die bis 1,5 m hohe Stammart ist im Orient verbreitet. Sie hat tiefgehende, brüchige Wurzeln, die etwas an Meerrettich erinnern, und blüht rosa-, scharlach-, blut-, zinnober- oder ziegelrot, oft mit am Grunde schwarzgefleckten Blütenblättern. Außerdem ist *P. bracteatum* mit grünlichen Hochblättern an unseren Sorten beteiligt. Der Staudenmohn zieht im Sommer ein und treibt im Herbst frische Blätter, die grün überwintern. Vermehrung durch Teilung oder Wurzelschnittlinge. Schöne Sorten sind: 'Rosenpokal', etwa 1 m hoch, reichblühend, starkwüchsig; 'Arwide', 80 cm, weiß, orange geadert mit schwarzem Fleck; 'Catherina', 80 cm, lachsrosa mit schwarzem Fleck; 'China Boy', 70 cm, weiß mit orangerotem Rand ohne Fleck; 'Derwisch', 80 cm, lachsrot mit kleinem, schwarzem Fleck, sehr spät blühend. (1, 3, 10, 29)

△ **Paradisea liliastrum 'Major'**, Paradieslilie, Asphodelaceae (Liliaceae), Junkerliliengewächse. 2 Arten sind in den Gebirgen Europas verbreitet. Sie wirken wie sehr kräftige Ausgaben der Graslilie (*Anthericum*). Die glatten, dunkelgrünen Blätter wachsen aus einem kräftigen Wurzelstock und stehen horstig. Verwendung als Rabattenstaude im Steingarten oder am sonnigen Gehölzrand. Der Boden muß wasserdurchlässig sein, da Staunässe schädlich ist. Ein Austrocknen über längere Zeit vertragen die Pflanzen jedoch auch nicht. Die Paradieslilie ist eine Bergwiesenpflanze, die bis 50 cm hoch wird und bis über 10 weiße, bis 5 cm lange, etwas duftende Blüten in endständiger Ähre bildet. *P. lusitanica* aus den Gebirgen Portugals und Spaniens wächst kräftiger, ist aber etwas nässeempfindlicher. Vermehrung durch Aussaat, selten durch Teilung. (1, 3, 10)

Pardancanda × norrisii, Iridaceae, ▷ Schwertiliengewächse. Dies ist eine Gattungshybride aus *Belamcanda chinensis* × *Pardanthopsis dichotoma (Iris dichotoma)*. Sie wird etwa 60 cm hoch und trägt einfarbige oder getigerte, gelbe, rote oder violette, etwa 8 cm große Blüten. Nach Februaraussaat mit Vorkultur beginnt sie bereits im August–September des gleichen Jahres zu blühen. Im Jahr nach der Pflanzung beginnt die Blüte schon im Juni und endet im August: durch die sommerlange Blütezeit eine Bereicherung für jeden Garten. Auch *Belamcanda chinensis*, die Leopardenblume, ist mit ihren großen, schalenförmigen, orangen Blüten mit rotbraunen Tupfen für sonnige, warme, geschützte Stellen im Garten geeignet. Sie blüht von Juli–September. Mit winterlichem Laubschutz und an Stellen ohne Winternässe überstehen beide unsere Winter gut. (2, 3, 30, 36)

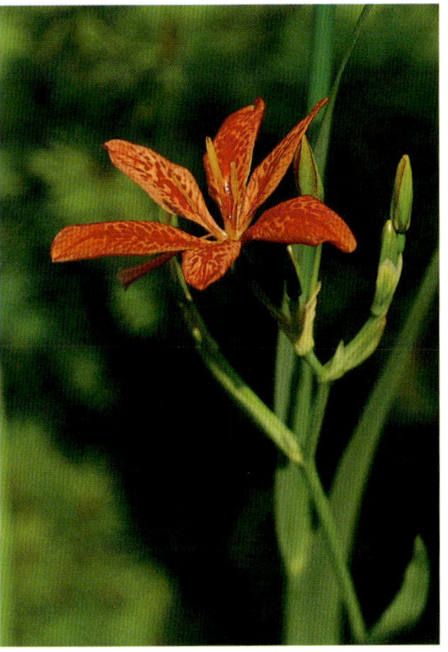

◁ **Parnassia palustris**, Herzblatt, Saxifragaceae, Steinbrechgewächse. Etwa 50 Arten sind in den gemäßigten Gebieten der Nordhalbkugel, besonders in gebirgigen, moorig-sumpfigen Gegenden verbreitet. Sie wachsen gut im Uferbereich und in feuchten Wiesen und vertragen auch Halbschatten. Vermehrung durch Aussaat oder Teilung. *P. palustris*, das Sumpfherzblatt, ist eine einheimische Pflanze der Flachmoore und Sumpfwiesen, wächst aber auch auf etwas trockeneren, jedoch nie austrocknenden Wiesen. Sie bildet von Juni–September langgestielte, große weiße Einzelblüten. *P. nubicola* aus dem Himalaja wird nur 15 cm hoch, blüht weiß von Juli–September und ist eine wüchsigere Art für den Garten. Dies gilt auch für *P. fimbriata* aus Nordamerika, die gut 20 cm hoch wird und deren Blüten weiß und am Rande gefranst sind. (10, 21, 26, 27)

△

Passiflora caerulea, Passionsblume, Passifloraceae, Passionsblumengewächse. Etwa 500 Arten im tropischen Amerika, in Asien, Australien und Polynesien. *P. caerulea* aus Südbrasilien und Argentinien kann, Schutz vor winterlicher Kälte und Nässe vorausgesetzt, ausgepflanzt werden. Damit sie ihre tropische Wuchskraft entfalten kann, muß sie Sonne, Wärme, reichlich Wasser und Dünger bekommen. Sie bildet dann bis 9 cm breite Blüten, die nach Ambra duften und sich nach Handbestäubung zu 4–5 cm großen, eiförmigen, gelborangefarbenen Beeren entwickeln. Rein weiß blüht die wohl etwas winterhärtere 'Constanze Elliott'. Mit Laubabdeckung winterhart ist die staudige *P. incarnata*. Sie öffnet 4–6 cm große Blüten mit hellila bis rötlichgrünen Blütenblättern und einer dunkelvioletten, die ganze Blüte überdeckenden Strahlenkrone. Vermehrung durch Stecklinge. (9 bzw. 15)

Patrinia triloba, Goldbaldrian, Valerianaceae, Baldriangewächse. 20 *Patrinia*-Arten sind in Zentralasien und vom Himalaja bis Ostasien verbreitet. Es sind baldrianähnliche Pflanzen von 20–100 cm Höhe mit meist gelben, selten weißen Blüten in reichverzweigten Trugdolden. Der Goldbaldrian aus den Gebirgen Japans wird bis 40 cm hoch und besitzt grundständige, langgestielte, 3- bis 5teilig handförmige Blätter. Die gelben, duftenden Blüten öffnen sich von Juli–August. Er ist ein wertvoller Spätblüher für den Steingarten oder das Steinbeet, wo er polsterartig wächst. Sein Standort sollte halbschattig sein, der Boden lehmig-humos. Die Vermehrung erfolgt durch Teilung im Frühjahr. Nur sehr selten angeboten werden *P. gibbosa*, ebenfalls aus Japan, und *P. scabiosifolia*, die gut an sonnige Plätze in Naturgärten paßt. (31, 32) ▷

Pelargonium endlicherianum, Geraniaceae, Geraniengewächse. Etwa 250 Arten umfaßt die Gattung mit Schwerpunkt in Südafrika. Diese Art kommt von Kleinasien über Armenien bis Nordsyrien vor. Sie wächst auf trockenen Kalkfelsen im Schatten oder Halbschatten. Etwa 6 cm große, langgestielte Blätter tragen die niedrigen, bis 35 cm hohen Büsche. Die ganze Pflanze ist behaart und besitzt einen dicken Wurzelstock. Bis 10 Blüten stehen in langgestielten Dolden. Die beiden oberen Blütenblätter sind sehr groß. Es ist eine der wenigen winterharten Pelargonien für das Alpinum: für trockene, sonnige Stellen auf nährstoffarmem Boden mit gutem Schutz vor Winternässe. Eine etwas größere, bis 1 m hohe Art ist *P. quercetorum*, das jedoch sicherer im Alpinenhaus wächst. *P. endlicherianum* ist gut zusammen mit winterharten Kakteen zu verwenden. (14, 24, 32, 33) ▷

Pelargonium-Peltatum-Hybriden ▷ 'Mexikanerin' und **'Schneekönigin'**, Efeupelargonien. Die Bezeichnung Geranie ist besonders in Süddeutschland verbreitet. Linné hatte diese Art seinerzeit als *Geranium peltatum* beschrieben. Die Stammart ist *Pelargonium peltatum* aus Südafrika. Die niederliegenden oder hängenden Triebe machen sie zu einer hervorragenden Balkonpflanze. Es gibt einfache, halbgefüllte und gefülltblühende Sorten in allen Farben von Violett und Rosa über Karminrot, Weiß und mehrfarbig. Junge Pflanzen sind öfter zu entspitzen, um die Verzweigung zu fördern. Sie wachsen und blühen auch dann noch gut, wenn sie nur einen Teil des Tages Sonne erhalten. Nährstoffreiches Substrat ohne Staunässe sagt ihnen zu, wöchentliches Düngen ist erforderlich. Vermehrung durch Stecklinge. Überwinterung relativ trocken, aber hell bei 5–10 °C. (36, 38)

◁ **Pennisetum alopecuroides 'Hameln'** (*P. compressum, P. japonicum*), Poaceae (Gramineae), Gräser. 130 Arten in den Tropen und Suptropen, besonders in Afrika. Es sind ein- oder mehrjährige Gräser, die als Blütenstand eine langgestielte Ähre mit langen, fiederspaltigen bis bärtig-fiedrigen Borsten tragen. Vermehrung durch Aussaat oder Teilung. Für sonnige Stellen mit durchlässigem Boden und guter Wasserversorgung im Frühsommer. Frisch für den Schnitt geeignet. *P. alopecuroides* (Ostasien bis Ostaustralien) ist ein horstiges, bis 1,5 m hohes Gras. Seine bis 20 cm langen und bis 5 cm dicken, gelblich, grünlich oder dunkelpurpurn gefärbten Ähren erscheinen im September–Oktober. Sortenbeispiele sind: 'Hameln', 60 cm hoch, Ähren rotbraun; 'Weserbergland', 40 cm hoch, Ähren bräunlich; 'Japonicum', Ähren mit weißen Spitzen. (1, 2, 3, 6)

△ **Pelargonium-Zonale-Hybride 'PAC-Igor'**, Zonalpelargonie, Hohe Pelargonie, Geranie. Die Eltern *P. zonale* und *P. inquinans* stammen aus Südafrika. Die Blütenfarben reichen von Rot und Weiß über Violett und Rosa oder mehrfarbig, auch halbgefüllte und gefüllte Blüten gibt es. Blütezeit von Mai bis zum Frost. Vermehrung durch Stecklinge. Bei samenvermehrten Sorten müssen alle verblühten Dolden ausgeschnitten werden, da Samenansatz die Blühwilligkeit mindert. Nährstoffreicher Boden ohne Staunässe mit reichlichem Gießen und wöchentlichem Düngen sind notwendig, um gutes Gedeihen und reiche Blüte zu erzielen. Überwinterung hell und relativ trocken bei 5–10 °C. Interessant sind Duftpelargonien wie die samtblättrige, bei Berührung nach Pfefferminze duftende *P. tomentosum* oder die nach Zitrone duftende *P. odoratissimum.* (2, 12, 36, 38)

Pennisetum setaceum, Einjähriges ▷ Lampenputzergras. Das Einjährige Lampenputzergras ist ein Vertreter der vielen noch einzuführenden, gartenwürdigen Arten der Gattung *Pennisetum.* Es kommt im tropischen Afrika und in Südwestasien vor und blüht von August–Oktober. Mit den Blütenähren werden die Horste 90–120 cm hoch, die 30 cm langen, rauhen Blätter bilden einen überhängenden Schopf. Es wächst staudig, ist aber bei uns nicht winterhart, weshalb es als Sommerblume mit Vorkultur gezogen wird. Ebenso verfährt man mit *P. villosum (P. longistylum)* aus den Gebirgen des östlichen tropischen Afrikas. Diese Art ist ein 20–60 cm hohes, horstiges Gras mit zylindrischen, nickenden, bis 12 cm langen und 5 cm dicken Ähren von Juli–Oktober. Die Ähren tragen 5–8 cm lange, federartige, anfangs rosa, später weißliche Borsten. (34, 35, 36)

Penstemon hirsutus 'Pygmaeus', ▷ Scrophulariaceae, Braunwurzgewächse. Die Gattung Bartfaden umfaßt etwa 250 Arten, die vor allem im westlichen Nordamerika bis nach Mexiko verbreitet sind. Es sind teilweise am Grunde verholzende, reichblühende Stauden, die zumeist Schwierigkeiten mit unseren naßkalten Wintern haben. Sie benötigen Trockenheit, volle Sonne, gut wasserdurchlässige Böden und Winterschutz, bei den wintergrünen Arten auch Schutz des Laubes gegen Wintersonne. Die Sorte 'Pygmaeus' ist wintergrün, wird etwa 15 cm hoch, blüht im Juni und Juli weißlila bis hellblau und blaßt im Sommer aus. Sie eignet sich für Steingärten und auch Tröge. Ähnlich flach rasenartig wächst *P. caespitosus* aus dem westlichen Nordamerika, der im Juni und Juli türkisblau blüht. Vermehrung durch Aussaat, die Auslesen besser durch Stecklinge. (5, 12, 24, 32, 38)

◁ **Penstemon heterophyllus 'Blue Springs'**. Die Art, *P. heterophyllus*, stammt aus Kalifornien und wird dort 60–150 cm hoch. Sie wächst als am Grunde verholzender Halbstrauch an trockenen Stellen und blüht von Juni–September azurblau. Ihre Blätter sind bläulichgrün, lanzettlich bis lineal, zur Basis etwas schmäler und ganzrandig. Sie ist ebenso wie die niedrigen Auslesen nicht verläßlich winterhart und wird besser durch Aussaat jährlich neu gezogen. 'Blue Springs' blüht von Mai–Juni enzianblau und wird etwa 30 cm hoch. Weitere Sorten sind 'Blue Gem', 20 cm, azurblau, und 'Züriblau', 30–50 cm, mit reinblauer Blüte von Mai–Juni. Sehr niedrig mit etwa 10 cm bleibt der rasenartig wachsende *P. caespitosus* aus dem westlichen Nordamerika. Er blüht im Juni–Juli türkisblau und braucht bei uns guten Winterschutz. (2, 5, 12, 31, 38)

△ **Penstemon-Hybriden** (*P.* × *gloxinioides*, *P.*-Hartwegii-Hybriden, *P.* × *gentianoides*). Diese *Penstemon*-Hybriden sind mit Vorkultur wie Sommerblumen zu ziehen und zu verwenden. Sie sind großblütig, vielfarbig und werden in mehreren Dutzend Sorten von 40–80 cm Höhe angeboten. Die Stammart *P. hartwegii* wird etwa 80 cm hoch und ist ein Halbstrauch aus Mexiko. Die Blütezeit der Hybriden reicht von Juni bis September oder Oktober. Sortenbeispiele sind 'Schönholzeri', 60 cm, scharlachrot, 'Andenken an Friedrich Hahn', 40 cm, weinrot, 'Scharlachkönigin', 70 cm, leuchtendrot, 'Öschberg', 60 cm, reinweiß, und 'Giganteus', 75 cm, großblumige bunte Mischung. Ähnlich zu verwenden ist *P. fruticosus* (*P. scouleri*) mit 'Catherine de la Mare', 60 cm hoch, blauviolett. Die Vermehrung erfolgt durch Aussaat mit Vorkultur. (2, 16, 34, 36)

Penstemon pinifolius. Diese Art ▷ stammt aus dem westlichen Nordamerika bis Mexiko, wird 20–30 cm hoch und erinnert in Wuchs und Blütenfarbe etwas an die Kolibritrompete (*Epilobium*). Die dunklen, nadelartigen Blätter ergeben einen guten Kontrast zu den leuchtend orangeroten Blüten. Als immergrüne Pflanze braucht sie Schutz vor Wintersonne und einen möglichst heiß-sonnigen, trockenen Standort, um bei uns zu überwintern. Blütezeit Juli–August. 'Mersea Yellow' ist eine neuere, gelbe Sorte. Aus Kalifornien stammt *P. newberyi* 'Humilior', eine im Juni und Juli dunkelrosa bis kirschrot blühende, 15–20 cm hohe Bartfaden-Art mit langwolligen Antheren. Sie eignet sich für die Verwendung in Steingärten und in Trögen. Ihr ähnelt die zur gleichen Zeit rotblühende *P. menziesii* aus nördlicheren Gegenden. (5, 12, 24, 32, 38)

◁ **Penstemon antirrhinoides ssp. microphyllus** (*P. menziesii* 'Microphyllus'). Diese Unterart aus dem nordwestlichen Nordamerika blüht lavendelfarben und wird nur etwa 10 cm hoch, während die Stammart gelb blüht und bis über 1 m hoch werden kann. Sie ist als sehr kompakt wachsender Typ gut für Steingärten und Tröge geeignet, benötigt jedoch ausreichenden Schutz vor Nässe, volle Sonne und ein sehr gut wasserdurchlässiges Substrat. Für den gleichen Pflanzbereich eignet sich auch *P. scouleri* (*P. fruticosus* ssp. *scouleri*). Diese Pflanze blüht von Mai–Juni purpurviolett und wird nur 20 cm hoch. Dazu gehören einige Sorten, wie 'Albus', weiß, 'Six Hills', purpurrosa, 'Red Form', leuchtend karminrot, oder 'Purple Gem', violettpurpurn und nur 5–10 cm hoch. Beide Arten wie auch ihre Sorten werden durch Stecklinge vermehrt. (5, 12, 24, 32, 38)

Perilla frutescens 'Nankinensis', ▷ Schwarznessel, Lamiaceae (Labiatae), Taubnesselgewächse. 4–6 *Perilla*-Arten sind in Indien und Ostasien bis Japan verbreitet. Es sind einjährige Kräuter mit stark riechenden Blättern und kleinen, unscheinbaren Blüten in 2blütigen Quirlen in den Blattachseln. *P. frutescens* ist vom Himalaja bis Japan zu Hause. Die bis 1 m hohe Pflanze trägt ovaleirunde, grobgesägte, gegenständige Blätter, die würzig-aromatisch duften. Sie blüht nur im Kurztag. Die Sorte 'Nankinensis' gehört zu den für Sommerblumenpflanzungen gut verwendbaren Typen mit schwärzlich purpurfarbenen Blättern. Es ist die einzige Sommerblumen-Blattpflanze in dieser Farbe. Früher wurde sie häufig als Hintergrund und in Farbenbeeten verwandt. Sie eignet sich für sonnige, warme Stellen. Die Vermehrung erfolgt durch Aussaat mit Vorkultur. (34, 35, 36)

Petasites japonicus, Japanische Pestwurz, Asteraceae (Compositae), Asterngewächse. 5 Arten von Westeuropa bis Zentralasien. *P. japonicus* öffnet seine weißen, duftenden Blüten von März–April in „Biedermeiersträußchen" und treibt dann bis 1 m hoch gestielte, bis 80 cm breite, hellgrüne Blätter. Die Sorte 'Giganteus' bildet bis 1 m große Blätter. Die heimische *P. hybridus* (*P. officinalis*) blüht von März–April: männliche Pflanzen rötlich, weibliche rosa bis weiß. Auch sie treibt die Blätter nach der Blüte. *P. fragrans*, das Winterheliotrop aus dem Mittelmeerraum, blüht an sonnigen, warmen Stellen und an frostfreien Tagen von Dezember–März und duftet intensiv nach Vanille. Es ist in warmen, geschützten Lagen durchaus winterhart. Geschnittene Blütenstände halten gut und duften kräftig. Vermehrung aller Arten durch Teilung. (8, 26, 27 bzw. 32)
▽

◁ **Perovskia abrotanoides**, Perovskie, Lamiaceae (Labiatae), Taubnesselgewächse. 4 Arten sind als Kräuter oder Halbsträucher von Nordasien bis zum Himalaja verbreitet. Sie eignen sich für sonnige Standorte mit durchlässigem, trockenem, nährstoffarmem Boden in den Bereichen Waldrand, Steppe, Steingarten, Stauden- und Sommerblumenpflanzung. Vermehrung durch Aussaat und Stecklinge. Jährlicher Rückschnitt im Frühjahr bis zum Boden. *P. abrotanoides* aus dem Westhimalaja wird bis 1 m hoch, trägt fiederteilige Blätter und blüht von August–September lila. *P. atriplicifolia*, verbreitet von Afghanistan bis zum Westhimalaja, blüht von August–September blau und wird bis 1,5 m hoch. Sie hat ganzrandige Blätter und ist auf Blättern und Trieben weißfilzig behaart. Hybriden zwischen beiden Arten sind 'Superba', bis 80 cm, und 'Blue Spire'. (3, 8, 12, 29, 32)

◁ **Petrocallis pyrenaica**, Steinschmückel, Brassicaceae (Cruciferae), Kohlgewächse. Beide Arten der Gattung sind als Hochgebirgspflanzen in den Alpen, in den Pyrenäen und im nördlichen Irak beheimatet. Sie sind eng mit der Gattung *Draba*, dem Hungerblümchen, verwandt, haben aber geteilte Blätter. *P. pyrenaica* ist auf trockenen, sonnigen Kalkfelsen, in Felsspalten und auf Kalksteinschutt zu Hause. Seine dichten Blattrosetten bilden flache, dichte, bis 30 cm große Polster. Sie schmücken sich von Mai–Juni mit lila oder rosa, bei der Sorte 'Alba' mit weißen, duftenden Blüten in wenigblütigen Doldentrauben. Das Steinschmückel eignet sich zur Bepflanzung von Spalten in Steinmauern oder von Trögen an nicht vollsonniger Stelle. Der Boden sollte kalkhaltig und humos-lehmig sein. Vermehrung durch Aussaat oder Stecklinge. (24, 32, 38)

Petrorhagia saxifraga 'Plena' *(Kohlrauschia saxifraga, Tunica saxifraga)*, Felsennelke, Caryophyllaceae, Nelkengewächse. Die Gattung ist mit etwa 20 Arten in Mittel- und Südeuropa sowie Vorderasien verbreitet. In Kultur sind stark verzweigte, staudige Arten. Sie eignen sich für eine Verwendung auf sandigem, durchlässigem Boden in sonniger Lage, im Steinbereich als Mauerspaltenpflanze oder im Heidegarten. Die Vermehrung erfolgt durch Aussaat, Teilung oder Stecklinge. *P. saxifraga* kommt von den Pyrenäen bis nach Persien vor und ist ein Bodendecker mit langer Blütezeit von Juni–September. Die bis 45 cm hohe, stark verzweigte, schmalblättrige Pflanze wächst lockerrasig und blüht mit weißen, rosa oder lila Blüten in lockerer Trugdolde. 'Rosette' ist eine gefülltblühende rosa Sorte, die außerdem besonders starkwüchsig ist. (24, 29, 32) ▽

Petunia-Hybride 'Hula Hoop', Petunie, Solanaceae, Nachtschattengewächse. 40 Arten in Südamerika und im warmen Nordamerika. Haupteltern der Gartenpetunien sind *P. axillaris* und *P. violaceae*. Eingeteilt werden sie in die Grandiflora-Gruppe mit besonders großen Blüten, die Multiflora-Gruppe und die Pendula-Gruppe mit hängenden Typen für Balkone. Die Blütenfarben reichen von Weiß über Rosa bis Rot, Blau und auch Gelb, 2farbig, gesternt oder geäugt, mit Rand oder geadert. Außerdem gibt es gefüllte und duftende Sorten. Verwendung an vollsonnigen, aber auch sehr hellen, absonnigen Standorten. Reichliche Wässerung und Düngung, ohne Staunässe. Entfernen abgeblühter Blüten und kurzer Rückschnitt bei nachlassender Blüte fördern einen neuen Durchtrieb. Vermehrung durch Aussaat, die neue teppichartige Sorte 'Surfinia' durch Stecklinge. (25, 32, 36, 38) ▽

Phacelia tanacetifolia, Bienenfreund, ▷ Hydrophyllaceae, Wasserblattgewächse. Etwa 200 Arten, meist im westlichen Nordamerika. *P. tanacetifolia* aus Kalifornien wird als Zier-, Bienenfutterpflanze und für die Gründüngung verwendet. Es ist eine einjährige, 70 cm hohe Pflanze mit fiedrigen, bis 9teiligen Blättern und blauvioletten Blüten von Juni bis zum Frost. Die ebenfalls einjährige *P. campanularia* aus Südkalifornien blüht von Juni–September, wird bis 30 cm hoch und besitzt herzförmige, kerbzähnige Blätter. Die glockenförmigen, 1,5 cm langen Blüten sind dunkelblau. 'Blaues Wunder' ist eine gute Auslese. *P. minor (Whitlavia grandiflora)* wird 30–60 cm hoch, blüht von Juli–August purpurlila und ist ähnlich zu verwenden. Vermehrung durch Direktsaat im März–April auf leichtem Boden in Sonne bis Halbschatten. (10, 12, 25, 35)

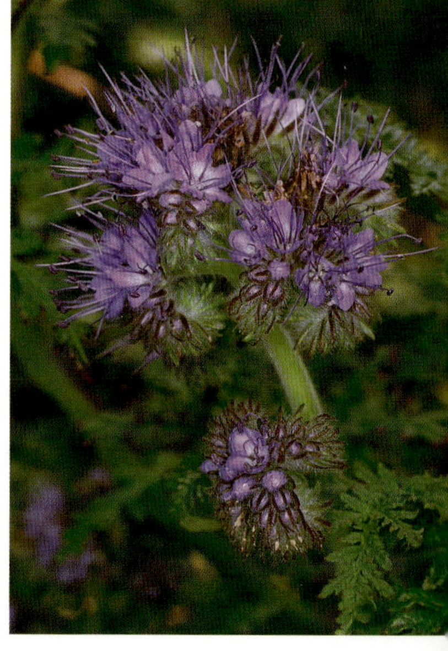

Pharbitis learii *(Ipomoea learii)*, Staudige Prachtwinde, Convolvulaceae, Windengewächse. Etwa 400 Arten in den Tropen und Subtropen. *P. learii* (pantropisch) finden wir in Mittelmeergärten. Sie bildet jeden Tag neue Blüten, die blau aufgehen und rosa verblühen. Die deutlich herzförmigen Blätter sind ganzrandig bis 3lappig. Die Pflanze entwickelt ein enormes Wachstum. Bewurzelte überwinterte Stecklinge ergeben im Frühjahr schnellwachsende, in guten Sommern auch blühende Sommerkletterer. Im Gegensatz zu dieser staudigen Art sind die Pracht- oder Prunkwinden alle einjährig. Die widerstandsfähigste für Direktsaat im März–April ist die bis 3 m hoch kletternde *P. purpurea* mit herzförmig ganzrandigen Blättern und einem breiten Farbenspiel. Sie wird meist als Mischung angeboten. *P. nil* braucht mehr Schutz und schönere Sommer. (15, 35) ▷

△

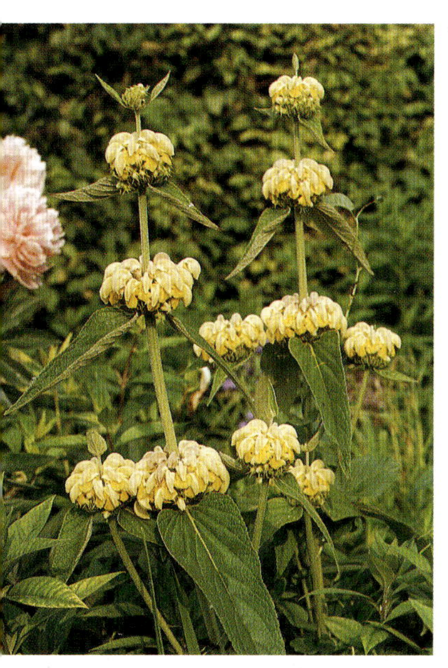

◁ **Phlomis samia**, Lamiaceae (Labiatae), Taubnesselgewächse. Etwa 60 Brandkraut-Arten gibt es im Mittelmeergebiet und in Vorderasien bis China. Es sind Stauden, seltener Halbsträucher mit runzeligen, wolligen oder filzigen Blättern und großen Blütenquirlen in den Blattachseln. Verwendung an sonniger, auch trockener Stelle in warmen Gehölzrandlagen, Staudenbeet, Steinbereich, Steppen und Staudenwiesen. *P. samia*, verbreitet in der Türkei und Griechenland, blüht von Juni–Juli gelb an bis 1,2 m hohen Trieben. Sie verträgt volle Sonne und Trokkenheit. Oft ist sie unter dem falschen Namen *P. russeliana* im Handel. Vermehrung durch Teilung, Stecklinge oder Aussaat. Ähnlich, im Sommerblumenbeet verwendbar, ist *Leonotis leonurus*, das bis 1,8 m hohe Löwenohr mit leuchtendroten Blütenquirlen. Es braucht mehr Feuchtigkeit und Düngung. (1, 3, 10, 29, 32)

Phaseolus coccineus, Feuerbohne, Fabaceae (Leguminosae), Hülsenfrüchtler. Etwa 200 Arten, hauptsächlich in den Tropen und Subtropen Amerikas. Vermehrung durch Aussaat Anfang Mai–Anfang Juni an sonnigen, jedoch nicht zu heißen Stellen im Freien mit guter Wasserversorgung im Sommer. Mulchen im Wurzelbereich ist nützlich. *P. coccineus*, die Feuer- oder Prunkbohne aus Südamerika, blüht von Juni–Oktober. Sie ist eine Staude, wird bei uns aber einjährig gezogen und klettert bis 4 m hoch. Die scharlachroten, achselständigen Blütentrauben sind sehr dekorativ, die jungen Hülsen mit kräftigem Bohnengeschmack delikat. Ausgereifte Bohnensamen sind rötlich oder gefleckt und ebenfalls eßbar. Auch als Kübel-Balkonpflanze verwendbar. Schöne Sorten sind 'Painted Lady' (syn. 'Bicolor') mit roter Fahne und weißer Unterlippe und die weißblühende 'Alba'. (15, 35)

Phlox amoena hort. *(Phlox × procumbens)*, Niederliegender Phlox, Polemoniaceae, Sperrkrautgewächse. Die Gattung *Phlox* umfaßt etwa 60 Arten. Nordamerika. Unter diesem Namen sind Hybriden verbreitet, die mit der eigentlichen Art kaum etwas zu tun haben, sondern wahrscheinlich alle auf *P. stolonifera* × *P. subulata* zurückgehen. Sie werden noch immer unter dem eigentlich falschen Namen *P. amoena* hort. gehandelt. Die bekannteste Sorte ist 'Rosea', ein wüchsiger Typ mit karminrosa Blüten, im Herbst oft mit schöner Nachblüte. Die Sorte 'Variegata' fällt durch ihre weißbunten Blätter auch außerhalb der Blütezeit angenehm auf. 'Millstream' hat dunkelrosa Blüten mit einem weißen Ring. Diese Hybriden vertragen Sonne, akzeptieren aber auch absonnige und halbschattige Plätze. Die Bodenreaktion sollte leicht sauer sein. (3, 7, 22, 31, 32) ▷

Phlox douglasii, Douglas-Phlox. USA, Washington bis Westmontana. Es ist fraglich, ob alle Pflanzen, die unter diesem Namen im Handel sind, die Art *P. douglasii* repräsentieren. Wahrscheinlich handelt es sich um Hybriden, wie bei den verschiedenen Sorten, an denen auch *P. subulata* beteiligt ist. Alle sind hübsche Polsterphloxe mit Blütezeit im Mai. Manche davon besitzen auffallende Blütenfarben, so daß ihre Einordnung in Pflanzungen Probleme aufwirft. Zu ihnen gehört die leuchtend karminrote 'Crackerjack' (Bild) oder die auffallende 'Pink Bottom', leuchtendes Rosa. Weitere empfehlenswerte Sorten sind 'Red Admiral', 'Waterloo', 'Rose Cushion', 'Apollo', 'Lilakönigin', 'Iceberg', 'Georg Arends' und andere. Sie lieben einen sonnigen bis schattigen Platz bei nicht zu trockenem Boden, ohne spezielle Ansprüche an die Bodenreaktion zu stellen. (3, 24, 31, 32)
▽

◁ **Phlox divaricata,** Sperriger Phlox. USA, Washington bis Westmontana. Bis 35 cm hoch, mit sterilen, niederliegenden Trieben, die den Winter überdauern und an den Knoten wurzeln. Die oberen Laubblätter sind leicht klebrig. Die lavendelblauen, hellvioletten, purpurblauen, rötlichen oder weißen Blüten stehen in Dolden auf straffen Trieben. In Kultur sind 2 Typen, *P. divaricata* ssp. *divaricata*, breitblättrig mit tief eingeschnittenen Blütenblättern und *P. divaricata* ssp. *laphamii* mit runden, ungekerbten Blütenblättern und weißen oder hell lavendelblauen Blüten. Beide sind hübsche Gartenpflanzen. Blütezeit Mai–Juni. Sie gedeihen in jedem guten Gartenboden, Substrate mit leicht saurer Reaktion werden vorgezogen. Halbschattige Plätze eignen sich besser als vollsonnige. Sonne vertragen sie nur bei etwas frischeren Böden. (3, 4, 18, 20, 32)

Phlox bifida, Sandphlox. Östliches Nordamerika. Er bildet 10–20 cm hohe Polster, Blütezeit wie bei anderen Polsterphlox-Arten im April–Mai. Die Triebe sind niederliegend bis aufsteigend und rauhbehaart, die Blätter spitz, bis 6 cm lang und bewimpert. Die etwas lockeren Blütenstände bestehen aus 6–9, manchmal auch aus bis zu 12 Blüten. Die Einzelblüten sind weiß bis lavendelblau, seltener lila oder rosa und haben tief eingeschnittene Kronblätter. Die Art ist etwas heikel und bald vergreisend. Im Bild die weniger empfindliche, hübsche neuere Sorte 'Lundell', an deren Entstehung sicher auch *P. subulata* beteiligt war. Die Einzelblüte ist nicht kreisrund, sondern macht einen eher eckigen Eindruck, Farbe blauviolett mit weiß. Andere schöne Sorten sind 'Starbright' und 'Colvins White'. Sie eignen sich für sonnige Plätze. (24, 31, 32)
▽

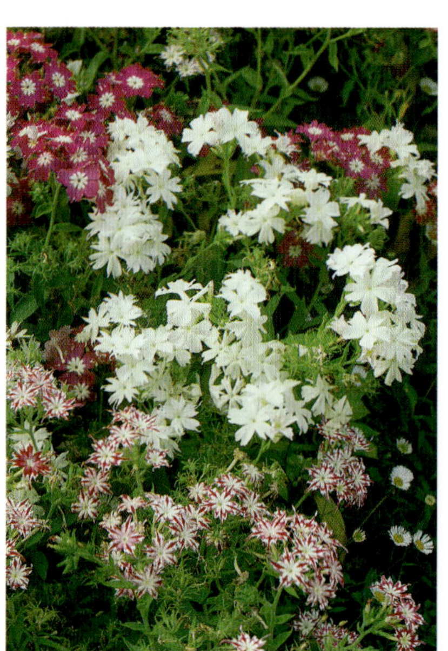

◁ **Phlox drummondii,** Einjahrsphlox, Sommerphlox. Südwestliches Nordamerika. Die Art ist kaum in Kultur, dagegen aber viele Hybriden, die den Sommerflor bereichern. Die Pflanzen benötigen eine Vorkultur, Aussaat im Februar–März. Bei den etwa 20 cm hohen Sorten handelt es sich um Prachtmischungen oder Einzelfarben, es gibt sie einfarbig oder mit Auge. Auch in der Blütenform unterscheiden sich die Sorten; neben ganzrandigen Blüten gibt es stark geschlitzte und sternförmige, z. B. 'Sternenzauber'. Leuchtende Blütenfarben mit weißem Auge hat die neuere 'Palona'-Serie mit nur 10 cm Höhe. Insgesamt ist dieser Einjahresphlox eine farbenfrohe Beet- und Gruppenpflanze für sonnige Lagen und durchlässigen, nicht frisch gedüngten Boden. Die Blühdauer reicht allerdings nicht durchgehend bis zum Herbst. Ein Rückschnitt fördert das Remontieren. (32, 36)

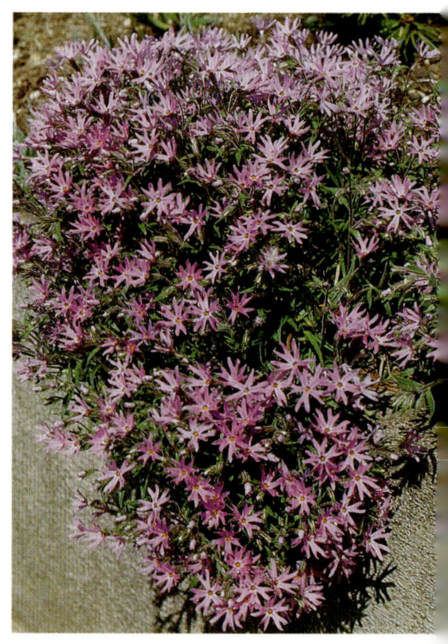

Phlox-Paniculata-Hybriden, Großer Staudenphlox, Flammenblume. Östliche USA, von New York bis Georgia und Kansas. Wichtige Beetstaude. Obwohl eine Präriepflanze, wächst dieser *Phlox* besonders üppig in einem frischeren Boden und bei höherer Luftfeuchtigkeit. Er liebt volle Sonne. Gute Ernährung ist wichtig, er zieht anlehmige Böden vor. Das Bild zeigt die Sorten 'Landhochzeit', 'Frauenlob', 'Rosenauge', eine neuere Sorte, und 'Düsterlohe', dunkel purpurviolett (von links nach rechts). Hochbewertet sind auch 'Orange', intensiv zinnoberrot, 'Sommerfreude', rosa mit rotem Auge, 'Starfire', signalrot, und 'Württembergia', leuchtendrosa, früh. Weiter sind empfehlenswert: 'Aida', 'Bornimer Nachsommer', 'Nymphenburg', 'Pax', 'Monte Cristallo', 'Pünktchen', 'Rotball', 'Spätrot', 'Schaumkrone' u. a. Auf Befall mit Mehltau und Stengelälchen achten! (1, 13)
▽

◁ **Phlox maculata,** Wiesenphlox. USA, von Connecticut bis Nordcarolina und Missouri. Der Wiesenphlox ist eine etwa 80 cm hohe Staude, deren Stengel häufig, aber nicht zwingend purpurfarbige Flecken aufweist. Die Blütentriebe sind mit vielen Knoten versehen, die Blätter sitzen gegenständig, sie sind glatt und haben seitliche Nerven. Die purpurnen Blüten mit violetter oder weißer Röhre sitzen in einer lang-zylindrischen oder konischen Rispe, die bis 30 cm lang sein kann. Wichtiger im Garten sind die Hybriden mit *P. carolina*, die im Bestreben, Frühsommerphloxe zu erhalten, erzielt wurden. Sie werden teilweise höher, bis 1,5 m. Schön sind 'Rosalinde' (Bild), 'Alpha', 'Schneelawine' und 'Omega'. Diese alten *Phlox*-Sorten werden zu unrecht nicht mehr oft gepflanzt. Sie wünschen allerdings einen etwas frischeren Boden als *P. paniculata*. (1, 3, 20)

Phlox subulata, Moosphlox, Polsterphlox. Östliche USA. Wie bei *P. douglasii* sind die im Handel befindlichen Sorten kaum mehr reine *P. subulata*-Typen, sondern mit anderen niedrigen *Phlox*-Arten verbastardiert. Alle bilden reichblühende, niedrige Polster, deren Blüte von Ende April bis in den Juni reicht. Die Einzelblüten variieren stark in Farbe und Größe; sie erreichen 1–1,7 cm Durchmesser. Die Pflanzen stellen geringe Ansprüche an den Boden, wünschen einen sonnigen Platz und akzeptieren auch ein beachtliches Maß an Trockenheit. Die Polster werden 10–15 cm hoch und haben pfriemenförmige Blätter. Schön sind die hochrote Sorte 'Scarlet Flame' (Bild), 'Alexander's Surprise', lachsrosa, 'G. F. Wilson', schieferblau, 'Maischnee', weiß, und 'Ronsdorfer Schöne', leuchtend lachsrosa, kleine Blüten. (24, 31, 32)
▽

◁ **Phlox stolonifera,** Kriechender Phlox. Östliche USA. An passenden Standorten bildet diese Art schnell große Kissen. Die Blätter sind spatelförmig und immergrün. Die fertilen Triebe stehen straff aufrecht und tragen endständige Doldentrauben. Die Blütenfarbe kann violett, blau, rötlich oder weiß sein. Die Blütezeit reicht von Ende April bis in den Juni. Er liebt humusreichen Boden, wobei besonders auf eine saure Bodenreaktion geachtet werden muß. Zuviel Kalk führt zu Chlorosen. Wichtig ist ein Mindestmaß an Bodenfrische, auch hohe Luftfeuchtigkeit wirkt sich positiv aus. Halbschattige Lagen eignen sich besser als vollsonnige. Schöne Sorten sind 'Ariane' (Bild), mit strahlendem Weiß, 'Blue Ridge', heliotropfarbig, und 'Pink Ridge', hellrosa. Hübsch am Rande von *Rhododendron*-Pflanzungen und an absonnigen Stellen im Steingarten. (4, 18, 20, 32)

Phragmites australis 'Striatopictus' *(P. communis)*, Gestreiftes Schilf, Poaceae (Gramineae), Gräser. Die 3 Arten der Gattung sind kosmopolitisch verbreitet. Unser heimisches Schilf ist ein Verlandungspionier an Gewässern und breitet sich durch seine Rhizome schnell zu geschlossenen Beständen aus, die auch ins Flachwasser hineinreichen. Zur Blütezeit wird es etwa 3 m hoch. Dies gilt auch für 'Striatopictus' mit gelblichweiß längsgestreiften Blättern, die etwas schwächer wächst. 'Humilis' ist eine steifblättrige Zwergsorte, die nur handhoch wird. 'Variegatus' besitzt einen goldgelb längsgestreiften Austrieb, der zur Blütezeit vergrünt. Diese nur etwa 2 m hoch wachsende Sorte ist auch für Wassergefäße geeignet. Schilf, an feuchten Stellen im Beet ausgepflanzt, wuchert zwar, bleibt dort aber wesentlich niedriger als am Naturstandort. (26, 27, 28, 38) ▷

Phuopsis stylosa *(Crucianella stylosa)*, Rosenwaldmeister, Rubiaceae, Krappgewächse. Die Gattung besteht nur aus dieser einen Art, die von der Gattung *Crucianella* abgetrennt wurde. Sie ist im Kaukasus und in Nordpersien verbreitet. Die an Waldmeister erinnernde, 15–20 cm hohe Staude kann als starkwachsender Bodendecker an sonnigen, auch trockenen Stellen verwendet werden. Ihre 10–30 cm langen, niederliegenden Stengel sind 4kantig, die ungestielten, lanzettlichen Blätter in Quirlen angeordnet. Die duftenden rosa Blüten stehen in endständigen Köpfchen und öffnen sich von Juni–August. Die Sorte 'Rubra' blüht purpurrosa, ebenso wie die Sorte 'Purpurglut', die eine noch intensivere Färbung aufweist. Vorsicht ist geboten bei kleineren Flächen, da der Rosenwaldmeister stark wuchern kann. Vermehrung durch Stecklinge oder Teilung. (3, 7, 29) ▽

Phygelius capensis, Fünferling, Kapfuchsie, Scrophulariaceae, Braunwurzgewächse. Die Gattung besteht nur aus 2 südafrikanischen Arten, die beide in Kultur sind. Es sind immergrüne Halbsträucher mit gegenständigen, ungeteilten Blättern. Die röhrigen Blüten mit ausgebreitetem Saum hängen an aufrechten, endständigen, verzweigten Rispen. *P. capensis* blüht vom Juli bis zum Herbst und wird je nach Sorte 60–120 cm hoch. Die bis 5 cm langen Blüten stehen in bis über 35 cm langen Rispen. Sie sind bei der Art korallenrot und innen gelb, bei 'Coccineus' dunkler rot. Es gibt auch grünlichrosa bis violettrötliche Typen. *P. aequalis* kam als gelbe Fuchsie auf den Markt. Man findet von ihr, wie von *P. capensis*, auch gelbblühende Varianten in der Natur. 'Yellow Trumpet' gehört zu dieser Art. Vermehrung durch Stecklinge oder Teilung. (2, 5, 16) ▽

Phyllitis scolopendrium, Hirschzunge, Aspleniaceae, Streifenfarngewächse. 8 Arten sind auf der ganzen Erde verbreitet. Die Hirschzunge ist in den gemäßigten Gebieten der Nordhalbkugel zu Hause. Sie ist ein winterharter, wintergrüner, bis 40 cm hoher Farn, dessen ungeteilte oder leicht gelappte Wedel in Rosetten stehen. Die ledrigen, festen Wedel können unterschiedlich geformt sein: am Rand gewellt, geschlitzt, gefranst oder auch an der Spitze verbändert. 'Crispa' hat am Rand gekräuselte Wedel, 'Cristata' an der Wedelspitze einen Hahnenkamm, um nur wenige Beispiele der über 1 Dutzend Sorten zu nennen. Vermehrung durch Sporenaussaat oder Stecken des unteren Blattstielteiles. Es sind interessante Bodendecker, auch für schattige Bereiche mit frischen Laubmullböden, als Mauerspaltenpflanze oder für hohe Zwiebelgewächse wie Lilien. (4, 18, 20, 21, 22) ▷

Physalis alkekengi, Lampionblume, ▷ Solanaceae, Nachtschattengewächse. Etwa 100 Arten sind meist in den wärmeren Gebieten Nord-, Mittel- und Südamerikas, einige auch in Europa verbreitet. *P. alkekengi* kommt von Südeuropa bis Japan vor und ist eine bis 1 m hohe Staude mit kriechendem Rhizom. Aus der unscheinbaren, weißlichen bis gelblichen Blüte entwickeln sich auffallende Fruchtstände mit leuchtendrotem, lampionähnlichem Kelch. Sie behalten ihre Farbe bis in den Winter hinein und sind auch gut für die Trockenbinderei geeignet. Vermehrung durch Teilung oder Aussaat mit Vorkultur. Für sonnige bis halbschattige Lagen mit frischem Boden. Zu achten ist auf den Ausbreitungsdrang der Pflanze bei zusagenden Bedingungen. *P. alkekengi* var. *franchetti* wird etwas höher, die Sorte 'Gigantea' ist eine Auslese mit größerem Lampionkelch. (4, 21, 26, 27)

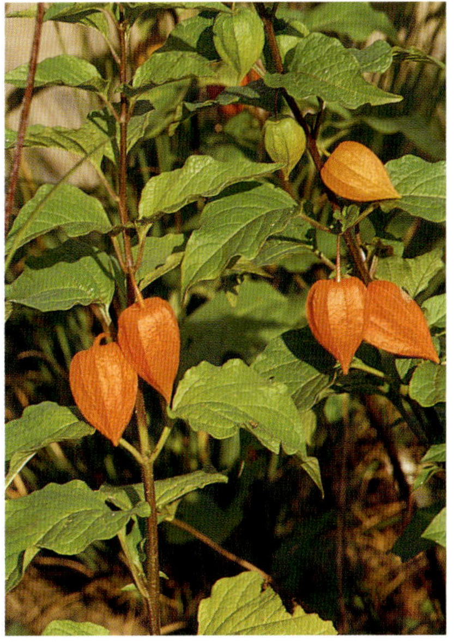

Phyteuma scheuchzeri, Teufelskralle, Campanulaceae, Glockenblumengewächse. 40 Arten, Stauden mit meist rübenförmigen Wurzeln, sind im Mittelmeerraum, in Nordeuropa und bis Asien verbreitet. *P. scheuchzeri* kommt in den Südalpen und im Nordapennin auf warmen Kalkböden vor. Die bis 45 cm hohe, schöne und sehr ausdauernde Staude blüht lichtblau von Juni–Juli. *P. orbiculare*, die heimische Kugelige Teufelskralle, wird bis 50 cm hoch und blüht mit dunkel violettblauen Köpfchen von Mai–Juli. *P. spicatum*, die Ährige Teufelskralle, kann 50, ja 80 cm hoch werden, ist ebenfalls heimisch, blüht mit langen, gelblichweißen Ähren von Mai–Juni und verträgt mehr Schatten. *Phyteuma* lassen sich auch für die Vase schneiden. Verwendung an warmen, sonnigen oder leicht schattigen Waldrändern und in Staudenwiesen. Vermehrung durch Aussaat. (3, 10, 21, 32) ▽

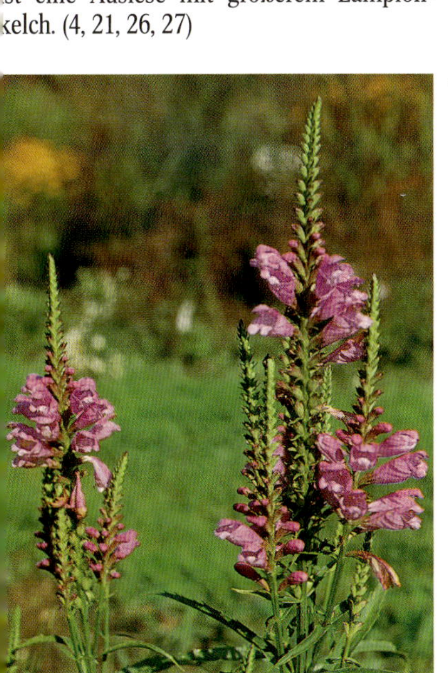

◁ **Physostegia virginiana**, Gelenkblume, Lamiaceae (Labiatae), Taubnesselgewächse. 3 Arten sind in Nordamerika verbreitet. Es sind halbhohe Stauden mit kriechendem Rhizom und schmalen Blättern. Die Blüten stehen in langen, endständigen Ähren und sind beweglich, daher der Name Gelenkblume. *P. virginiana* wird bis 1,2 m hoch und blüht von Juli–September. Die Blüten sind hellilarosa. Es gibt zahlreiche Sorten, so 'Bouquet Rose', rosa, 'Summer Snow', weiß, 'Vivid', purpurrosa, und 'Summer Spire', violettrot. Zu den samenvermehrbaren Sorten gehören 'Schneekrone', weiß, und 'Rose Queen', rosa. Verwendung an sonnigen bis halbschattigen Stellen auf frischem Boden oder auch wie am heimatlichen Standort in feuchten bis nassen Wiesen und an Gehölzrändern. Schöne Schnittblume. Vermehrung durch Teilung und Stecklinge, zum Teil durch Aussaat. (1, 4, 10, 21, 27)

◁ **Phytolacca clavigera**, Kermesbeere, Phytolaccaceae, Kermesbeerengewächse. Etwa 35 Arten sind meist in den tropischen und subtropischen Gebieten der Erde verbreitet. Es sind Stauden, Sträucher oder Bäume mit kleinen Blüten in endständigen aufrechten oder nickenden Trauben. *P. clavigera* sollte vorsichtshalber eine Laubabdekkung erhalten, versamt sich an geeigneten Stellen aber auch. Als zweite Art wird *P. americana* (*P. decandra*) kultiviert. Sie blüht von Juni–September, wird bis 2 m hoch und ist besonders bei sonnigem Stand rötlich überlaufen. Die kleinen weißen Blüten sitzen in langen, kerzenähnlichen Trauben. Besonders zierend sind die rötlichen, später schwärzlichen Früchte. Ihr Farbstoff wurde früher zum Färben von Rotwein benutzt. Für sonnige bis halbschattige Standorte auf fast allen Böden. Vermehrung durch Aussaat. (3, 4, 12, 26)

Pimpinella major ssp. rubra, Große rote Bibernelle, Apiaceae (Umbelliferae), Doldenblütler. Etwa 150 Arten sind in Eurasien und Afrika, 2 Arten in Amerika verbreitet. Der Anis wird von der einjährigen *P. anisum* aus dem Mittelmeerraum gewonnen. Die bei uns heimische Große Bibernelle ist eine Staude der Wiesen, Waldränder und lichten Wälder und fühlt sich auf frischen, nährstoffreichen, humosen Böden wohl. Sie kann bis 1 m hoch werden und blüht von Juni–September: die abgebildete Hochgebirgsform rot, der normale Typ weiß oder leicht rosa. *P. saxifraga*, die heimische Kleine Bibernelle, wird 30–60 cm hoch und blüht von Juli–September weiß, selten rosa oder rot. Es ist eine Trockenrasenpflanze, die auch an warmen, sonnigen Waldrändern vorkommt. Beide Arten eignen sich gut für Staudenwiesen. Vermehrung durch Aussaat. (3, 10, 29)
▽

◁ **Pilea microphylla** *(P. muscosa)*, Kanonierblume, Urticaceae, Nesselgewächse. Etwa 200 Arten sind in den Tropen der Erde, außer in Australien verbreitet. Es sind ein- oder mehrjährige Kräuter, ihre Blüten stehen in achselständigen Trugdolden. Kanonierblume heißen sie, weil sie bei höheren Temperaturen und Berührung, z. B. durch Regentropfen, ihren Blütenstaub ausschleudern. *P. microphylla* aus dem tropischen Amerika ist eine krautig-staudige, bis 20 cm hohe Pflanze, die mit Vorkultur in Sommerblumenbeeten Verwendung findet. Man kann mit ihr schöne, dichte grüne Flächen als Kontrast zu hohen Sommerblühern, wie zu einzeln stehenden Dahliensorten schaffen. Der Boden sollte nie ganz austrocknen, darf aber auch nicht staunaß sein. Vermehrung durch Stecklinge. Viele *Pilea*-Arten sind auch als grün- oder buntlaubige Topfpflanzen in Kultur. (36)

Plagiorhegma dubium *(Jeffersonia dubia)*, Herzblattschale, Berberidaceae, Sauerdorngewächse. Die Gattung *Plagiorhegma* besteht nur aus dieser einen Art, die in Nordchina in der Mandschurei verbreitet ist. Die zierliche Pflanze wird nur bis 15 cm hoch. Aus einem Erdstamm wachsen die grundständigen, rundlichen, ungeteilten, blaugrünen Blätter an kurzen Stielen. Die lavendelblauen, schalenförmigen Blüten öffnen sich im April und Mai, zusammen mit dem Austrieb der Blätter. Gemeinsam haben sie der Pflanze den Namen Herzblattschale eingetragen. Es ist eine sehr schöne Staude für halbschattige bis schattige Standorte auf schwach saurem, frischem Boden, der auch im Sommer nicht austrocknen darf. *P. dubium* eignet sich auch als Unterpflanzung für *Rhododendron*. Vermehrt wird sie durch Aussaat oder Teilung. (4, 21)
▽

◁ **Pistia stratiotes**, Wassersalat, Araceae, Aronstabgewächse. Die Gattung besteht nur aus dieser einen Art, die in den Tropen und Subtropen beheimatet ist. Sie kann sich bei warmem Wasser und sommerlich heißen Temperaturen durch Ausläufer schnell ausbreiten. Die großen, keilförmigen Blätter können bis 20 cm lang werden, so daß die Rosetten Salatkopfgröße erreichen. Sie blühen unscheinbar weiß mit kleinen, aronstabähnlichen Blütenständen in den Blattachseln. Dichte Wurzelbärte hängen von den Pflanzen bis 30 cm tief ins Wasser, dem sie reichlich Nährstoffe entziehen. Vermehrung durch Abtrennen von Tochterrosetten. Verwendung in Wasserbecken, die sich gut erwärmen und in die der Wassersalat erst Anfang oder Mitte Juni eingesetzt wird. Überwinterung von im Schlamm wurzelnden Tochterrosetten bei niedrigem Wasserstand, Zusatzlicht und etwa 15–20 °C. (28)

Platycodon grandiflorus, Ballonglocke, Campanulaceae, Glockenblumengewächse. Gattung mit nur einer Art. Ostasien. Aus einer rübenartigen Wurzel entwickeln sich Triebe mit leicht blaugrünen, gegenständigen oder quirligen Blättern. Die sehr ansehnlichen Blüten sind endständig, blau oder weiß, bei der Sorte 'Perlmutterschale' leicht rosa. Sie bilden eine geschlossene, ballonähnliche Knospe, die sich sternförmig öffnet. Wichtig durch die sommerliche Blütezeit. Sie verlangt einen kräftigen, gut durchlässigen Boden. Normalhöhe etwa 50 cm, es gibt aber auch einige niedrigere Typen. So wird 'Mariesii' nur 40 cm und 'Apoyama' nur 20 cm hoch. Auch gefüllte Sorten und Typen mit einem zweiten Kranz von Blütenblättern, wie 'Hakone' (Bild), werden gehandelt. Verwendung in niedrigen Staudenpflanzungen, kleinere im Steingarten und an Gehölzrändern. (3, 18, 31, 32)
▽

Plantago nivalis, Schneewegerich, Plantaginaceae, Wegerichgewächse. Etwa 265 Arten sind auf dem ganzen Erdball verstreut zu finden. *P. nivalis* kommt in der Sierra Nevada in 2000–3000 m Höhe vor. Es ist eine Geröll- und Felsspaltenpflanze, deren dicht silbrig behaarte Blätter eine kleine, bis 10 cm große Rosette bilden. Die grünlichen Blütenköpfchen erscheinen von Juli–August. Es ist wohl die schönste Wegerich-Art für das Alpinum oder Steinbeet. Sie verträgt allerdings keine Winterfeuchtigkeit. Vermehrung durch Aussaat. Auch von unserem heimischen Breitwegerich gibt es kuriose gartenwürdige Formen, so die blutrotblättrige Sorte 'Purpurea' oder 'Rosularis', deren Blütenstand durch rosenblütenähnliche, bis 8 cm breite Blattrosetten ersetzt ist, die auf hohen Stielen über der Pflanze stehen. Vermehrung durch Teilung. (24, 32, bzw. 2, 31) ▷

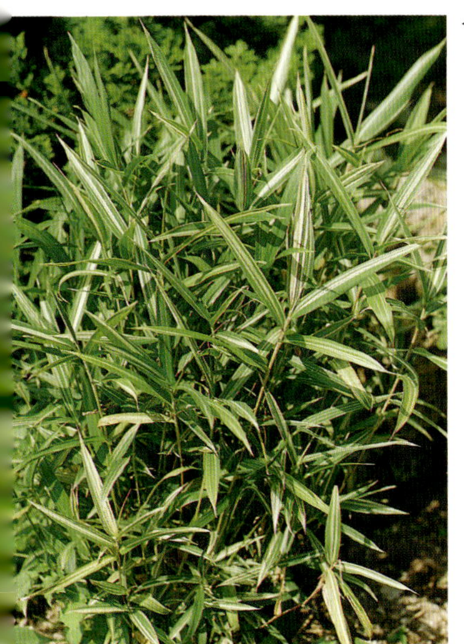

◁ **Pleioblastus fortunei**, Buschbambus, Poaceae (Gramineae), Gräser. Etwa 100 Arten gehören zu dieser von *Arundinaria* abgetrennten, in Ostasien verbreiteten Gattung. Es sind niedrigbleibende Pflanzen, die meist kräftige Ausläufer treiben und invasiv große, dichte Flächen bilden. In warmen, halbschattigen Lagen mit gutem Wasserabzug bleiben sie auch lange in den Winter hinein grün. An trocken-warmen Stellen leiden sie unter der Hochsommersonne. Ähnlich wie *P. variegatus* zu verwenden sind der meist als *Sasa pumila* gehandelte *P. chino* 'Pumilus', der Mattenbuschbambus, und *Sasaella ramosa*, oft als *Sasa pygmaea* oder *Arundinaria pygmaea* angeboten. *Sasaella ramosa* wird selten höher als 1 m und ist an den im Winter am Rande eintrocknenden Blättern zu erkennen. Die Vermehrung erfolgt durch Teilung. (4, 18, 23)

△
Pleione limprichtii, Tibetorchidee, Orchidaceae, Orchideen. Etwa 15 Arten sind im Himalaja, in China und auf Formosa verbreitet: niedrige, erdbewohnende Orchideen mit gedrungenen Pseudobulben und meist ansehnlichen, einzeln stehenden Blüten. Sie eignen sich für kühle Gewächshäuser. *P. limprichtii* treibt jedes Frühjahr nur ein Blatt. Die Bulben sind bis etwa 2,5 cm hoch und bringen je 2–3 kurzgestielte, bis 7 cm breite Blüten mit dunkler gefleckter Lippe hervor. Nur mit dieser Art kann man Freilandkultur unter leichtem Torfmullschutz mit Abdeckung gegen Nässe ab August versuchen. Sonst ist es besser, die Pflanzen bei etwa 5 °C zu überwintern und im Sommer an schattiger Stelle in flachen Schalen weiterzukultivieren; auch, weil viele Hybriden während der Wintermonate blühen. Vermehrung durch Bulbillen, die oben auf den Pseudobulben wachsen. (32)

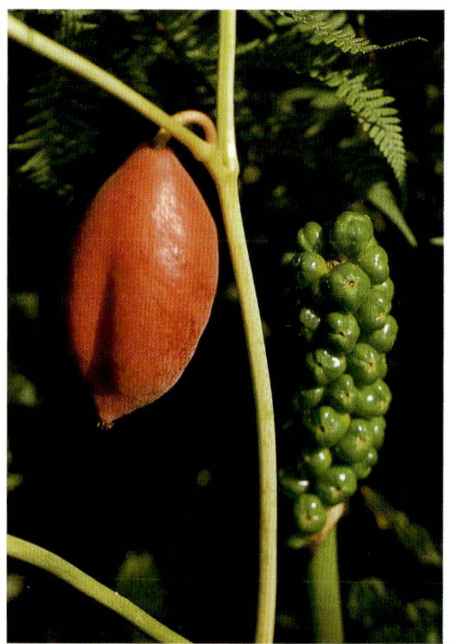

◁ **Podophyllum hexandrum** (*P. emodi*), Maiapfel, Fußblatt, Berberidaceae, Sauerdorngewächse. 10 Arten in China, im Himalaja, auf Formosa und im atlantischen Nordamerika. Im Garten sind es eigenwillige Staudengestalten für halbschattige bis schattige Stellen auf gleichmäßig feuchtem, humosem Boden. Die Abbildung zeigt die reife, etwa 10 cm lange Frucht von *P. hexandrum* aus dem Himalaja. Die Pflanze wird 30–50 cm hoch und ist im Austrieb bronzerot gefärbt. Im Mai, noch bevor die 3- bis 5lappigen, braun marmorierten Blätter voll entfaltet sind, erscheinen die hellrosa oder weißen, aufrechten, schalenförmigen Blüten. 'Majus' besitzt im Jugendstadium rot marmorierte Blätter und wächst kräftiger. *P. peltatum* trägt grüne, tiefer gelappte Blätter, weiße, nickende Blüten und gelbliche, duftende Früchte. Vermehrung durch Aussaat oder Teilung. (4, 18, 21)

△

Polemonium caeruleum, Himmelsleiter, Jacobsleiter, Polemoniaceae, Sperrkrautgewächse. Etwa 50 Arten auf der Nordhalbkugel, einige in Mittel- und Südamerika. Sie eignen sich für sonnige, auch halbschattige Stellen auf frischem, humosem Boden, am Gehölzrand, in Staudenbereichen oder Staudenwiesen. Das bis 1 m hohe *P. caeruleum* aus Europa bis Asien und Nordamerika gedeiht auch an feuchteren Standorten gut. Von April–Mai erscheinen seine großen breitglockigen, hellblauen, lilablauen oder weißen Blüten in dichter, endständiger Rispe. *P. reptans* aus Nordamerika bildet von Mai–Juli blaue, überhängende Blüten in lockerer Trugdolde und wird bis 30 cm hoch. Die Sorte 'Album' blüht weiß, 'Blue Pearl' azurblau und 'Königssee' tiefblau. *P.* × *richardsonii* wird 60 cm hoch und blüht hellblau. Vermehrung durch Aussaat oder Teilung. (1, 4, 10, 26)

△

Polygala chamaebuxus 'Grandiflora', Buchsblättrige Kreuzblume, Polygalaceae, Kreuzblumengewächse. Bis 600 Arten sind in den gemäßigten und wärmeren Gebieten aller Erdteile verbreitet. Sie gedeihen im Garten an sonnigen Stellen auf durchlässigem, humosem Boden am Waldrand, im Steinbereich und in Trockenrasengesellschaften. *P. chamaebuxus* ist bei uns heimisch und blüht von April bis zum Herbst. Der kleine, bis 20 cm hohe, immergrüne Halbstrauch hat lanzettliche, glänzend-ledrige Blätter und gelbweiße, zu 1–3 in den Achseln stehende Blüten. Die abgebildete Sorte 'Grandiflora' stammt aus der Schweiz und besitzt rotgelbe Blüten. Wer in sommerwarmem Klima lebt, kann noch andere *Polygala*-Arten sammeln: etwa ein halbes Dutzend ist in gärtnerischer Kultur, außerdem einige Sorten. Vermehrung durch Aussaat oder Stecklinge. (3, 7, 10, 29, 32)

Polygonatum-Hybride 'Weihenstephan', Salomonssiegel, Convallariaceae (Liliaceae), Maiglöckchengewächse. Etwa 50 Arten in den gemäßigten Gebieten der Nordhalbkugel. Aus einem dicken Rhizom wachsen aufrechte, etwas geneigte Stengel mit wechsel- oder quirlständigen Blättern und meist weißen, nickenden oder hängenden Blüten in den Blattachseln. Für schattige bis lichte Standorte auf warmen Böden, bei ausreichender Bodenfeuchtigkeit auch sonniger. Vermehrung meist durch Teilung. 'Weihenstephan', eine Kreuzung aus *P. multiflorum* × *P. odoratum*, ist wüchsig, wird 60–90 cm hoch und bildet Ende Mai je 4 cremeweiße, in den Blattachseln hängende Blüten. Für lichten, warmen Stand. *P. commutatum* aus Nordamerika wird 1,2 m hoch. Das heimische *P. multiflorum* wird 90 cm hoch und bildet 1–5 weiß-grüne Blüten in den Blattachseln. (1, 3, 4, 18, 21) ▷

◁ **Polygonatum odoratum** *(P. officinale)*, Salomonssiegel. Dieses bei uns heimische Salomonssiegel duftet, wie der Artname *odoratum* schon sagt. Es ist von Europa bis Asien verbreitet, wird bis 60 cm hoch und blüht von Mai–Juni. Die Blüten hängen zu 1–2 in den Blattachseln. Je nach Bodenfeuchte und Lichtintensität kann die Pflanze so klein bleiben, daß sie nur 2–4 Blüten bildet. Doch ist sie auch an diesen Stellen eine langlebige Staude. *P. latifolium* ist in Österreich und Italien, über den Balkan bis Rußland und zum Kaukasus verbreitet. Es kann bis 1 m hoch werden, erreicht meist aber höchstens die Hälfte davon und breitet sich schnell dichtrasig aus. Von Mai–Juni entwickelt diese Art 1–3 Blüten in den Blattachseln. Vermehrung aller Salomonssiegel-Arten durch Teilung, da Aussaat sehr langwierig ist. (1, 3, 4, 18, 21)

Polygonum affine *(Persicaria affinis)*, Schneckenknöterich, Polygonaceae, Knöterichgewächse. Zur großen Gattung *Polygonum* gehören etwa 300 Arten. *P. affine* aus Nepal ist eine mattenbildende, bis 30 cm hohe Staude mit verholzendem Rhizom und, mit etwas Schutz, wintergrünen Blättern. Die rosa bis roten Blüten bilden von Juli–September 3–5 cm lange, dichte, endständige Ähren. Die rosarote Sorte 'Darjeeling Red' bleibt niedriger, die rosafarbene 'Donald Lowndes' entwickelt längere Blütenähren und 'Superbum' (syn. 'Dimity') ist rosarot und 25 cm hoch. *P. vacciniifolium*, der Heidelbeerknöterich, ist eine zierlichere, nur 10–15 cm hohe Art mit schmalen, rosaroten, endständigen Ähren und immergrünen, im Herbst rötlichen Blättern. Er ist für sonnige Stellen mit etwas Winterschutz geeignet. Vermehrung durch Teilung und Stecklinge. (7, 22, 31)
▽

Polygonum amplexicaule *(Persicaria amplexicaule)*, Kerzenknöterich. Diese am Grunde etwas verholzende, bis 1 m hohe Art aus dem Himalaja entwickelt von August–Oktober große, leuchtendrote Blüten in langen, gestielten Ähren. Sie sind bei der Sorte 'Album' weiß und bei 'Atropurpureum' leuchtend rosarot. 'Firetail' schmückt sich mit besonders langen Kerzen. Mehrkopfig lokkere rosa Blütentrauben besitzt *P. campanulatum* aus dem Himalaja und aus Westchina. Diese Art wird 60–80 cm hoch, blüht ebenfalls von August–Oktober und eignet sich auch gut für den Schnitt. 'Rosenrot' ist eine dunkelrote, 90 cm hohe Sorte. Ihre ovalen Blätter sind unterseits braun behaart. Beide Arten sind wertvolle Herbstblüher für feuchte, halbschattige Bereiche in Rabatten oder freien Pflanzungen. Vermehrt werden sie durch Teilung. (4, 10, 26, 27)
▽

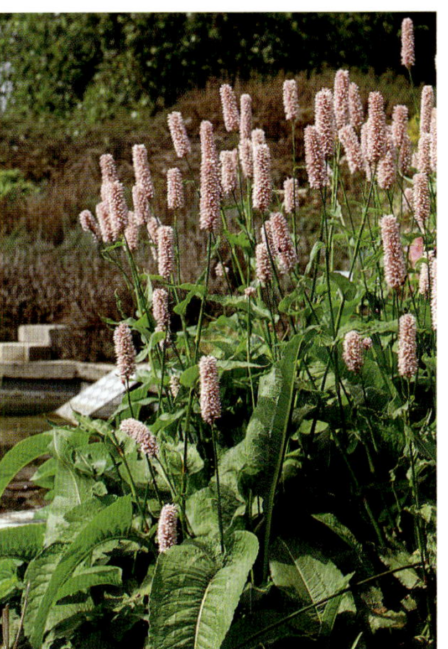

◁ **Polygonum bistorta 'Superbum'** *(Persicaria bistorta)*, Wiesenknöterich, Schlangenwurz. Diese in ganz Eurasien verbreitete, bis 90 cm hohe Art kommt bei uns auf feuchten Wiesen vor. Gut zu verwenden ist sie daher für feuchte Staudenwiesen, ebenso ihre auch für Staudenrabatten geeignete, großblumige, rosablühende Sorte 'Superbum'. Horstig wächst das zierlichere *P. bistorta* ssp. *carnea* *(P. carneum)*. Beide eignen sich für sonnige bis halbschattige, auch sommerfeuchte, nährstoffreiche Stellen und lassen sich auch für die Vase schneiden. Der Ährenknöterich, *P. macrophyllum* (dazu gehört wahrscheinlich *P. milletii*), ist im Himalaja und in China heimisch. Er wird 30–60 cm hoch, blüht von Juli–September in dichten, karminroten Ähren und eignet sich für feuchtere Stellen im Steingarten. Vermehrung durch Teilung. (10, 26, 27 bzw. 26, 32)

Polygonum orientale *(Persicaria orientalis)*, Orientknöterich. Diese stattliche, bis über 2 m hohe, einjährige Knöterich-Art ist weichbehaart und besitzt locker hängende, rosarote Blütenrispen. Sie erscheinen von Juli–Oktober. Ursprünglich in Indien, China und Australien verbreitet, ist der Orientknöterich in Mittel- und Südeuropa eingebürgert. Er eignet sich für Sommerblumenpflanzungen wie Staudenrabatten. Die Anzucht erfolgt als Sommerblume mit Vorkultur oder durch Aussaat Mitte April an Ort und Stelle. Bei Direktsaat werden die Pflanzen meist nur 1–1,5 m hoch. Für eine üppig tropische Entwicklung benötigt die Pflanze ausreichende Bewässerung und Düngung. Wenn man Samen ausreifen läßt, kann man versuchen, sie so anzusiedeln, daß sie sich durch Selbstaussaat im Garten verbreitet und so zum liebenswerten „Unkraut“ wird. (2, 16, 35, 36) ▷

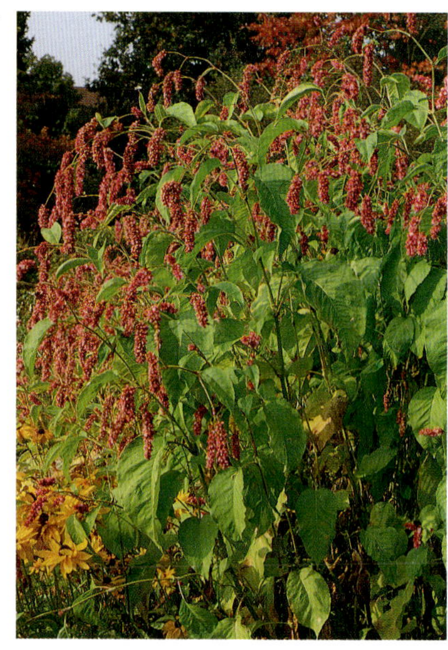

◁ **Polygonum capitatum** *(Persicaria capitata)*. Diese flachwachsende, 10–25 cm hohe Staude ist in Nordindien, im Himalaja und bis Ostasien verbreitet. Ihre hellrosa Blütenköpfchen stehen in gutem Kontrast zu dem dunkelgrünen, bräunlich gezeichneten Laub, dessen unterseits rote Farbe sich an den Rändern auch oben zeigt. An sehr sonnigen und heißen Stellen sind die Blätter im Spätsommer und Herbst oft mehr rotbraun als grün. Die dicht bodendeckende Pflanze blüht von Juli bis zum Frost. Sie wird bei uns als Sommerblume mit Vorkultur gezogen und eignet sich für Beete, Balkonkästen und Ampeln sowie für Schalen und Tröge. Nach milden Wintern erfolgt oft Selbstaussaat in Pflaster- und Plattenfugen. 'Afghan' ist eine Auslese. Gut geeignet als Bodendecker zwischen großen Stauden oder auf Blumenzwiebelflächen und in Dahlienbeeten. (2, 7, 25, 36, 38)

△ **Polygonum weyrichii** *(Persicaria weyrichii)*. Diese bis gut 1 m hohe Art von der Insel Sachalin und den Südkurilen trägt ovale, unterseits graufilzige Blätter und im Juni–August traubige, cremeweiße Blütenstände. Es ist ein kräftig wachsender Knöterich, der dem Wurzeldruck von Gehölzen standhält, leichten Schatten verträgt und nicht wuchert. Bis 2 m hoch wird *P. polystachium (Persicaria polystachia)*, der Staudenflieder, mit länglich-lanzettlichen Blättern. Er bildet von August–Oktober große, duftende Blütenrispen und breitet sich durch kurze Ausläufer aus. Bei beiden kürzt der Spätfrost oft die schon 20 cm hohen Triebe, so daß die Pflanzen niedriger und standfester bleiben. Den gleichen Effekt kann man mit dem Rasenmäher erzielen. Prachtvolle Solitärstauden für Gewässerrand- und Feuchtbereiche. Vermehrung durch Teilung. (3, 4, 8, 26, 27)

Polypodium vulgare, Engelsüß, Polypodiaceae, Tüpfelfarngewächse. Etwa 75 Arten, meist in den Tropen und Subtropen. Unser Engelsüß ist in allen gemäßigten Gebieten der Erde verbreitet, hat ein hellbraun geschupptes Rhizom und bis 40 cm lange, immergrüne, tief fiederspaltige Wedel. Durch die weite Verbreitung wurden viele Formen gefunden. Typen mit stark gefiederten Wedeln, die sogenannten Federtüpfelfarne, werden heute zu *P. interjectum (P. vulgare* ssp. *prionodes)* gerechnet, verbreitet vor allem in West- und Mitteleuropa. Beispiele sind 'Cambricum' mit tief eingeschnittenen, sich überlappenden Fiedern oder 'Cornubiense' mit fein gefiederten Wedeln. Verwendung an halbschattigen bis schattigen Standorten mit humosem Boden oder als Mauerspaltenpflanze in absonniger Lage. Vermehrung durch Sporenaussaat oder Teilung. (4, 20, 21, 24, 32) ▷

△ **Polystichum lonchitis**, Lanzenfarn, Aspidiaceae, Schildfarngewächse. Etwa 135 Arten sind fast auf der ganzen Erde verbreitet. Für halbschattige bis schattige Stellen auf humosem, frischem Boden; alte Pflanzen überstehen sommertrockene Perioden durchaus. Der heimische Lanzenfarn, verbreitet in den Gebirgen Europas, Nord- und Mittelasiens, des Himalajas, Nord- und Mittelamerikas, wächst sowohl auf Urgestein wie auf Kalk. Seine 40–60 cm langen, meist steif aufrecht stehenden Wedel sind schmal, glänzend, dunkelgrün, einfach gefiedert und stachelspitzig. Eingewachsene Pflanzen werden Jahrzehnte alt und immer schöner. Ebenfalls heimisch ist der Glanzschildfarn, *P. aculeatum* (*P. lobatum*). Die immergrünen, bis 1 m hohen, doppelt bis 3fach gefiederten, glänzend-ledrigen Wedel machen seinen hohen Gartenwert aus. Für den Schnitt geeignet. (4, 8, 13, 18, 32)

△ **Polystichum setiferum 'Dahlem'**, Weicher Schildfarn. Er ist in den tieferen Lagen schattiger Gebirgswälder der gemäßigten Zonen und der Tropen verbreitet. Die leicht überhängenden Wedel bilden bis 1 m hohe und ebenso breite Trichter. Die Wedel selbst sind 20–30 cm hoch gestielt, bis 30 cm breit und bis über 1 m lang, weich und immergrün. Etwa 2 Dutzend Typen gibt es im Sortiment. 'Plumosum-Densum', der Flaumfeder-Filigranfarn, besitzt dicht gefiederte Wedel und bleibt niedrig. 'Proliferum', der Brut-Filigranfarn, hat schmale Wedel mit lockerstehenden Fiedern. Er bildet auf der Blattspindel an den Ansatzstellen der Fiedern Brutknospen, die zur Vermehrung abgenommen werden können. Die Sorte 'Dahlem' wurde vor 50 Jahren von Maatsch im Botanischen Garten in Berlin-Dahlem entdeckt und bildet ausgewachsen bis 1,4 m große, flache Wedelpolster. (4, 18, 20, 21, 22, 23)

Portulaca grandiflora, Portulakröschen, Portulacacaeae, Portulakgewächse. Über 200 Arten, meist in den tropischen und subtropischen Gebieten. Es sind niederliegende, fleischige, saftige Kräuter. *P. grandiflora* kommt in Argentinien und Brasilien vor und blüht von Juni–Oktober. Die Pflanzen werden bis 15 cm hoch. Die einzelnen, endständigen, weißen, roten, gelben oder in allen Zwischentönen gefärbten Blüten gibt es einfach oder gefüllt. Die ersten erscheinen 12 Wochen nach der Aussaat, weitere bis zum Frost. 'Sundance' ist eine Mischung halbgefüllter, großblütiger, weißer, gelber, rosa und lachsfarbener Typen, deren Blüten fast den ganzen Tag über geöffnet bleiben. Aussaat an Ort und Stelle Ende März–Anfang April oder Verwendung als Sommerblume mit Vorkultur. Für vollsonnige, warme bis heiße Stellen auf nicht feuchtem Boden. (12, 24, 25, 32, 38)
▽

◁ **Pontederia cordata**, Hechtkraut, Pontederiaceae, Hechtkrautgewächse. 3–4 Arten sind von Südkanada bis Argentinien verbreitet. Es sind Sumpfstauden mit dicken, im Schlamm kriechenden Rhizomen und langgestielten, fleischigen, herzförmig-lanzettlichen Blättern. Die blauen oder weißen Blüten bilden vielblütige Scheinähren. Sie eignen sich für Sumpf oder bis 30 cm tiefen Wasserstand an sonnigen, sich schnell erwärmenden Stellen. Bei frostfreier Überwinterung kann man sie auch in Wasserkübeln kultivieren. In Gegenden mit strengen Wintern ist Schutz oder frostfreie Überwinterung notwendig. Die Vermehrung gelingt leichter durch Teilung als durch Aussaat. *P. cordata* stammt aus Nordamerika, blüht von Juni–Oktober und wird 50–100 cm hoch. Die hellblauen, gelbgefleckten Blüten stehen in dichten, bis 5 cm langen, endständigen Scheinähren. (28, 38)

◁ **Potamogeton natans**, Schwimmendes Laichkraut, Potamogetonaceae, Laichkrautgewächse. Etwa 100 Arten sind kosmopolitisch verbreitet. Das Schwimmende Laichkraut ist eine heimische Schwimmblattpflanze mit länglichen, bis 10 cm langen und 4 cm breiten Blättern. Die 8 cm langen Blütenähren erscheinen von Juli–August. Es ist für Wassertiefen von 40–100 cm geeignet. Das ebenfalls heimische Kammlaichkraut, *P. pectinatus*, hat lange, fadenförmige, stark verzweigte Triebe, blüht von Juni–Juli und kann ab Wassertiefen von 30 cm verwendet werden. *P. lucens*, das heimische Glänzende Laichkraut, besitzt bis 10 cm lange, wellige, oval-spitze Blätter und bis 6 cm lange, weißliche Blütenähren. Es kann unter Wasser oder schwimmend wachsen. Alle Laichkraut-Arten überwintern mit Hilfe von Winterknospen im Schlamm des Gewässergrundes. Vermehrung durch Teilung. (28)

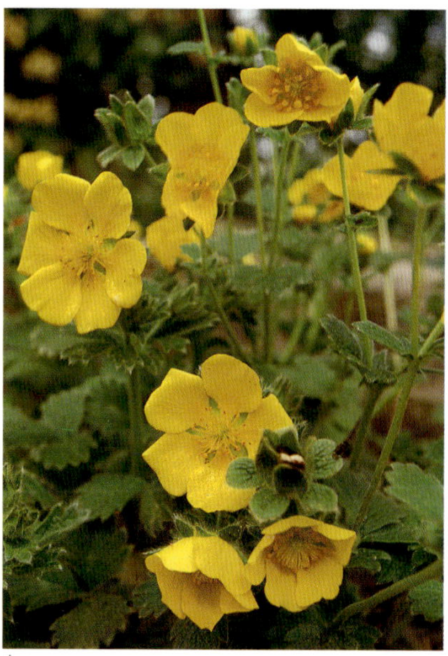

△
Potentilla megalantha (*P. fragiformis* ssp. *megalantha*), Rosaceae, Rosengewächse. Von den etwa 500 Arten sind nur 10 Prozent, meist staudige Arten, in Kultur. Die Gattung ist fast kosmopolitisch verbreitet mit Schwerpunkt in den gemäßigten Gebieten und Gebirgen der Nordhalbkugel. Die abgebildete Art ist vom Altaigebirge in Asien bis nach Alaska verbreitet. Ihre 3 cm großen, goldgelben Blüten öffnen sich im Juli und August. Die Pflanzen werden bis 20 cm hoch und vertragen auch Halbschatten. Sie wachsen auf nährstoffreicherem Boden wuchtiger, bleiben aber horstig. Von Juni–August blüht die bis über 50 cm hohe *P. recta* 'Warrenii' (*P. recta* 'Macrantha'). Die kleineren, kanariengelben Blüten stehen zu vielen in reichverzweigten Blütenständen. Die Kultur bereitet keinerlei Probleme. Vermehrung der beiden Arten durch Teilung. (31 bzw. 10, 26)

△
Potentilla nepalensis. Diese Art aus dem westlichen Himalaja und die ebenfalls aus dem Himalaja stammende *P. atrosanguinea* haben 2–4 cm große Blüten und können je nach Herkunft gelb, orange oder dunkelrot von Juni oder Juli–August blühen. Sie sind die Eltern einer großen Gruppe von Sorten, die durch Auslese oder Kreuzung entstanden sind: Sie blühen von Juli–September, werden etwa 50–60 cm hoch und lehnen sich gern an andere Pflanzen an. Beispiele sind: 'Miss Willmott', hellkirschrot mit dunklem Auge; 'Roxana', lachsrosa mit rotem Auge; 'Flammenspiel', rot mit gelbem Rand; 'Gibson's Scarlet', scharlachrot; 'Yellow Queen', gelb, halbgefüllt; 'Hamlet', rot, halbgefüllt; 'Helen Jane', lachsrosa mit dunklem Auge; 'Fireflame', kräftigrot. Verwendung in Staudenbeeten oder in naturnahen Bereichen von Staudenwiesen und Waldrändern. (1, 3, 4, 10)

△
Potentilla neumanniana (*P. verna, P. tabernaemontani*), Frühlingsfingerkraut. Diese heimische Art wird etwa 10 cm hoch und blüht im April und Mai intensiv, vereinzelt noch bis in den August. Sie braucht Trockenheit und Sonne, und leidet unter starkwachsender Nachbarschaft. 'Nana' ist eine 5 cm hohe Auslese. Das heimische Zottige Fingerkraut, *P. crantzii*, wird bis 15 cm hoch und blüht von Mai–September. Seine goldgelbe Sorte 'Goldrausch' wird 10 cm hoch. *P. aurea*, das Goldfingerkraut, erreicht bis 20 cm und blüht von Juli–September. Es ist ein wertvoller Spätblüher unter den polsterartigen Fingerkraut-Arten. 'Aurantiaca' blüht orangegelb und wird 15 cm hoch. 'Goldklumpen' ist eine besonders reichblühende Auslese. Die halbgefüllte 'Rathboneana' blüht im Juni goldgelb. Vermehrung durch Teilung oder Stecklinge. (7, 10, 29, 31, 38)

◁ **Potentilla nitida**, Dolomitenfingerkraut. Dies ist eine zartrosablühende, kalkliebende, niedrigbleibende Pflanze aus den Alpen. Sie bildet ein dichtes Polster silbrig-seidig behaarter Blätter. Die kräftig rötlich blühende Sorte 'Rubra' und die weiße 'Albiflora' sind Auslesen, die auch im Flachland von Juli–August reich blühen. Ein sehr niedrigbleibendes Fingerkraut ist *P.* × *tonguei* mit aprikosenfarbenen Blüten mit rotem Auge. Es wird nur etwa 10 cm hoch und blüht von Juni–August. Entstanden ist diese Hybride durch Kreuzung von *P. nepalensis* mit einer anderen Art (*P. aurea* oder *P. anglica*). Sie kann ähnlich verwendet werden, liebt aber etwas nährstoffreichere, nicht ganz so sommertrockene Stellen. Verwendung in Steingärten, Trögen und an Pflasterwegrändern. Die Vermehrung erfolgt durch Stecklinge. (25, 31, 38)

Pratia pedunculata (*Isotoma fluviatilis* ▷ hort.) Pratie, Campanulaceae, Glockenblumengewächse. Etwa 35 Arten, meist kriechend niederliegende Kräuter mit wurzelnden Trieben. Die von Juni–August erscheinenden, ungleich 5sternigen Blüten entwikkeln sich zu fleischigen Beeren. Verwendung auf feuchten, sauren Böden, nur in wintermilden Gegenden ohne Schutz. *P. pedunculata* wird manchmal fälschlicherweise als *Isotoma fluviatilis* angeboten. Sie ist sehr wüchsig und bildet von Mai bis zum Frost hellblaue, etwa 10 mm große, fast ungestielte, auf den Matten sitzende Blüten. *P. angulata* trägt von Juni–August etwas größere, weiße, purpurgeaderte Blüten und später purpurrosa Beeren. *P. macrodon* besitzt gelbe, duftende langröhrige Blüten und rote, rundliche Beeren. *P. arenaria* wird 10–25 cm hoch, blüht weiß und hat rote Beeren. (4, 7, 21)

Primula auricula, Alpenaurikel. Alpen. Je nach Standort 5–25 cm hoch, mit kräftigem, walzenförmigem, oft verzweigtem Wurzelstock. 5–25 cm lange, verkehrt-eiförmige, fleischige Blätter mit deutlichem Knorpelrand, mehr oder weniger weiß bemehlt. Der Blütenstand, eine einseitswendige Dolde, wird 5–12 cm hoch, die wohlriechende, hellgelbe Blüte 1,5–2,5 cm breit. Die Alpenaurikel gedeiht im Garten verhältnismäßig leicht, ebenso die vielfarbigen Hybriden (*P.* × *pubescens*), die alte, beliebte Gartenpflanzen sind. Alle wünschen einen kalkhaltigen Lehmhumusboden. Stark gedüngte, nahrhafte Böden sind ungünstig. Verwendung sowohl in flächiger Pflanzung als auch in Steinfugen. Die Alpenaurikeln sind, im Gegensatz zu den Hybriden, mehr in natürliche Umgebung zu pflanzen. Besonders geeignet sind Steingärten, Tröge und Trokkenmauern. (24, 31, 32)
▽

Primula alpicola, Alpine Tibetprimel, ▷ Primulaceae, Primelgewächse. Südosttibet. Die Primeln bilden eine umfangreiche Gattung mit etwa 300 Arten, die auf der nördlichen Halbkugel hauptsächlich in der gemäßigten Zone vorkommen. *P. alpicola* gehört zu den Glockenprimeln. Aus einem kräftigen Wurzelstock treiben Blattbüschel mit elliptischen bis eirunden Blättern, welche mit dem Stiel etwa 10–30 cm lang sind. Der Blütenschaft kann bis zu 60 cm hoch werden. Er trägt eine, manchmal auch eine weitere, sich überlagernde Dolde mit 15–20 trichterförmigen, bis 3 cm breiten Blüten. In der Natur finden sich unterschiedliche Farbvarianten, die auch Eingang in die Gärten gefunden haben. Die normale Blütenfarbe ist gelb, es gibt aber auch milchweiße und violette Typen. Leichte Kultur an halbschattigen, feuchten Plätzen. (3, 20, 32)

Primula beesiana, Etagenprimel aus ▷ Südwestchina. Die unregelmäßig gezähnten Blätter sind eirund-lanzettlich bis verkehrt-eiförmig und etwa 20 cm lang, sie können sich aber bis zur Samenreife auf 40 cm verlängert haben. Sie sind an der Spitze gerundet und gehen nach unten gleichmäßig in den schmalgeflügelten Stiel über. Die Blütenstengel können bis 1 m hoch werden, sie sind im oberen Teil bemehlt. Je nach Standort werden 5–8 Blütenquirle ausgebildet, die bis zu 16 Einzelblüten an 1–3 cm langen Stielchen tragen können. Die lilapurpur- bis rosakarminfarbenen Blüten haben im Gegensatz zu anderen verwandten Arten ein gelbes Auge. Die Blütezeit liegt im Juni–Juli. Im Garten gibt es viele Bastarde zwischen dieser Primel und *P. bulleyana*, die eine breitere Farbskala zeigen. (20, 26, 27, 32)

△

◁ **Primula denticulata,** Kugelprimel. Von Afghanistan bis Südwestchina. Diese bekannte, verbreitete Primel bildet aus einem kräftigen Wurzelstock zungenartige Blätter. Im Frühling erscheint zuerst eine kugelige Knospe, wobei sich mit zunehmender Wärme die Blätter und die Schäfte mit den Blüten gleichzeitig entwickeln. Die Blätter sind zur Blütezeit 3–5 cm lang, werden anschließend aber 20 cm und länger. Sie sind unbemehlt, am Rande gezähnt und zurückgebogen. Der Blütenschaft wird 5–30 cm hoch, an zusagenden Plätzen bis 40 cm. Kugeliger Blütenstand mit vielen Einzelblüten. Viele Farbsorten: zartilia, blauviolett, purpur, leuchtend karminrosa, weiß, karminrot und sonstige Zwischentöne sind vorhanden. Blütezeit März–April. Bei Spätfrösten unter -5 Grad schützen. Die Kugelprimel sät sich manchmal selbst aus und liebt frischere Plätze. (3, 21, 26, 32)

Primula bulleyana, Bulleys Etagenprimel. Südwestchina. Ebenfalls eine Etagenprimel, die aus dem gleichen Verbreitungsgebiet wie die vorstehende Art stammt. Die Blätter einschließlich des Blattstiels werden 12–35 cm lang. Sie haben eine eirunde, an der Spitze gerundete und an der Basis plötzlich spitz zulaufende Spreite und einen breit geflügelten Stiel. Wie bei *P. beesiana* ist der Blattrand unregelmäßig gezähnt, die Mittelrippe rötlich gefärbt. Der Blütenschaft kann 70 cm, manchmal auch bis zu 1 m hoch werden. Er trägt 5–7 Quirle mit bis zu 18 tief orangegelben oder rötlich-orangen, duftenden Einzelblüten. Die Blütenstielchen sind leicht bemehlt, bis 3 cm lang und zur Reifezeit aufrecht stehend. Diese Primel wächst leicht an feuchten, sonnigen Plätzen. Im Halbschatten auch an etwas trockeneren Standorten. (20, 26, 27, 32)

Primula elatior, Hohe Schlüsselblume, ▷ Waldschlüsselblume. Weit verbreitete heimische Art, die sich in den größten Teilen Europas findet, in Transkaukasien, Persien und dem Altai. Durch das große Verbreitungsgebiet bedingt, gibt es viele Unterarten und Formen. Neben all den prachtvollen Hochzuchten sollte man die „gewöhnliche" heimische Primel nicht vergessen; es finden sich im Garten immer Plätze dafür. Sie liebt im Gegensatz zur anderen heimischen Schlüsselblume *(P. veris)* etwas frischere Böden. Die Blätter von *P. elatior* sind in der Knospenanlage nach rückwärts eingerollt und mehr oder weniger runzelig. Der Blütenstengel, der eine einseitswendige Dolde trägt, ist 6–30 cm lang, meist länger als die Laubblätter. Die geruchlose, schwefelgelbe Blütenkrone zeigt im Innern einen hellorangen Ring. (3, 4, 18, 32)

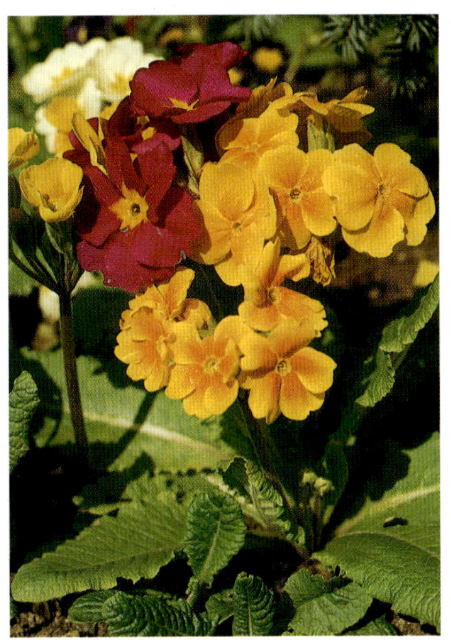

◁ **Primula-Elatior-Hybriden,** Gartenschlüsselblumen. Großblumige, vielfarbige Hybriden, die im Laufe langer Gartenkultur entstanden sind. Zu den Eltern gehört hauptsächlich *P. elatior*, es sind aber auch weitere Arten der Sektion Vernales beteiligt. Besondere Rassen wurden dabei auf Langstieligkeit gezüchtet, so daß sie auch für den Schnitt Verwendung finden. Sie sind in nicht zu trockenen, halbschattigen Gartenpartien dauerhaft, wobei anlehmiger Boden von Vorteil ist, und verwildern an zusagenden Stellen. Besonders dankbare Rassen sind die Colossea- und die Pacific-Hybriden, ebenso die neueren 'Crescendo'. Eine uralte, bewährte goldgelbe Sorte ist unter dem Namen 'Vierländer Gold' im Handel. Als Topfblumen gekaufte Pflanzen werden später in den Garten gesetzt. Leichte Anzucht aus Samen, attraktive Sorten durch Teilung vermehren. (3, 4, 10, 18, 20)

Primula farinosa, Mehlprimel. Weite Verbreitungsgebiete in Europa und Asien. Bekannte Mehlprimel der Alpen, die zusammen mit *Gentiana verna* nach der Schneeschmelze ganze Hänge bedeckt. Sie ist im Garten nicht schwierig, jedoch kurzlebig, wobei die Samenanzucht keine Schwierigkeiten bereitet. Die Blattoberseite ist dunkelgrün, die Unterseite dagegen dicht bemehlt. Diesen Mehlbelag findet man auch am Schaftende und am Kelch. Der Blütenstengel wird je nach Standort 2–35 cm lang, meist mehrfach länger als die Laubblätter und trägt eine vielblütige Dolde. Die Blütenkrone ist rosalila bis hellpurpur, selten weiß oder bläulich gefärbt, der Schlund ist gelb. Es gibt unterschiedliche Varianten. Besonders für Steingartenplätze geeignet. Bei feuchtem Stand vollsonnige Plätze geben, sonst mehr halbschattige Standorte wählen. (32)
▽

Primula florindae, Tibet-Sommerprimel, Sommer-Glockenprimel. Südosttibet. Wichtige spätblühende Gartenprimel. Sie bildet einen kurzen, kräftigen Wurzelstock. Die Blätter einschließlich des Stiels sind 10–50 cm lang, davon nimmt die Spreite 4–20 cm ein. Unregelmäßig gezähnter Rand. Der Blütenschaft kann sehr hoch werden, 30–120 cm. Er trägt eine, manchmal auch zwei sich überlagernde Dolden mit bis zu 40 Einzelblüten. Der Schaft ist zur Blüte hin oft leicht bemehlt. Die Blüten sind schwefelgelb und hängen an 2–10 cm langen Blütenstielchen nach unten. Die Blütezeit liegt zum Abschluß der Primelblüte im Juli–August. Neben der gelblichen Art gibt es auch rötlich blühende Typen ('Red Form') oder Mischungen (Kaillour-Hybriden). Ideale, gut ausdauernde Primel für nicht zu trockene Böden, besonders für den Gewässerrand. (3, 18, 20, 26, 32)
▽

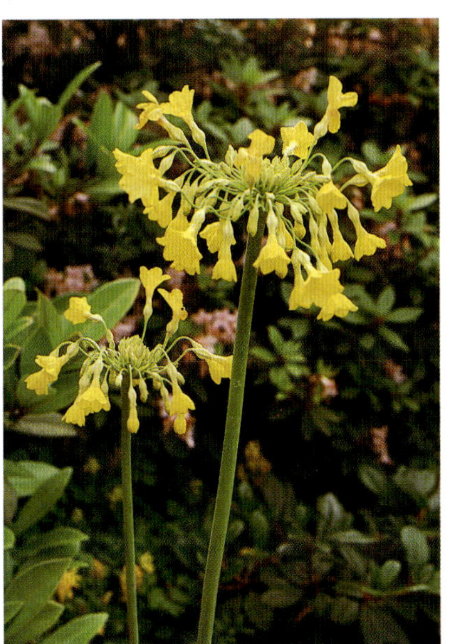

Primula heucherifolia, Heucherablättrige Primel. ▷ Etwas seltenere Waldprimelart aus Westchina. Samen wird in Samenlisten von Liebhabergesellschaften öfter angeboten. Anzucht durch Aussaat gelingt leicht. Die ganze Primel ist behaart. Die Blätter einschließlich des Blattstiels sind 6–15 cm lang und 3–6 cm breit. Sie sind rundlich und an der Basis herzförmig eingeschnitten, mit unregelmäßig und fein gezähntem Rand. Aus den Blatt-Tuffs treiben schlanke Stengel von 15–30 cm Höhe. Diese tragen lockere Dolden mit je 3–10 hängenden Blüten an 1–3 cm langen Stielchen. Die Blütenkrone ist tief purpurrot, es gibt auch andersfarbige, mauverosa Typen. Die Einzelblüten haben einen Durchmesser von 1–2,5 cm. Dieser etwas edleren Primel sollte man im Garten einen halbschattigen Platz geben. Sie liebt einen kräftigen, mildfeuchten Humusboden. (4, 18, 20, 32)

△
Primula japonica, Japanische Etagenprimel. Japan, Taiwan. Die Blätter einschließlich Stiel werden etwa 25 cm lang und bis 8 cm breit. Die Spreite ist verkehrt-eiförmig, vorne abgerundet und hinten plötzlich in den geflügelten Blattstiel übergehend. Kräftiger Blütenschaft von etwa 45 cm Höhe, an zusagenden Plätzen bis 60 cm. Der Schaft trägt 1–6 Quirle mit zahlreichen Einzelblüten an 2 cm langen Blütenstielchen. Die Blüte ist bei der Art karmin bis purpur mit einem gelben oder rötlichen Auge. Blütendurchmesser etwa 2 cm. Eine wichtige Gartenprimel. Wie alle Etagenprimeln benötigt sie ein Mindestmaß an Bodenfeuchte, an geeigneten Plätzen erfolgt auch Selbstaussaat. Ein lehmig-humoser Boden sagt ihr besonders zu. Halbschatten ist besser als Vollsonne. Am besten ausdauernde Etagenprimel, von der zahlreiche Farbsorten im Handel sind. (3, 4, 18, 20, 26)

△
Primula juliae, Kaukasische Teppichprimel. Transkaukasien, Georgien. Diese Primel bildet flache, nur bis 5 cm hohe, kriechende Rasen mit glänzenden, rundlich-nierenförmigen Blättern. Die Blüten sind grundständig, satt violett bis rot, teils heller, teils dunkler. Zur Blütezeit im April stehen die Blüten oft so dicht, daß das Laub kaum zu sehen ist. Diese anspruchslose Primel ist wegen ihres guten Zuwachses einfach zu vermehren. Sie liebt im Garten einen absonnigen Platz mit mildfeuchtem, anlehmig-humosem Boden. Nach 3–4 Jahren sollte man sie teilen und an eine andere Stelle pflanzen, um sie nicht zu verlieren. Wichtiger als die Art sind die Hybriden mit *P. vulgaris*, die als *Primula*-Juliae-Hybriden bekannt sind (manchmal auch als Pruhoniciana-Hybriden). Alle sind dankbare, wüchsige Teppichprimeln in vielen Farbschattierungen. (3, 4, 31, 32)

Primula pulverulenta, Bestaubte Etagenprimel. West-Szechuan. Diese beliebte Etagenprimel ist eine robuste Gartenstaude mit kräftigem Wurzelstock. Die in einer Rosette stehenden Blätter werden einschließlich Blattstiel bis 30 cm lang und 10 cm breit, sie sind verkehrt-eiförmig und gehen unten in den geflügelten Stiel über. Rand unregelmäßig scharf gezähnt. Der Schaft kann bis zu 1 m hoch werden und trägt eine Vielzahl von Quirlen mit vielen Einzelblüten in Karminpurpur, die an 2 cm langen Stielen sitzen. Blütenschaft, -stiel und Kelch sind bemehlt. Der Blütendurchmesser beträgt etwa 2 cm. Das dunkelrote oder purpurne Auge hebt sich von anderen Teilen der Blüte wenig ab, ist aber ein wichtiges Erkennungsmerkmal. Die gute Gartenpflanze liebt feuchten, lehmig-humosen Boden in halbschattiger Lage, bei feuchtem Stand auch sonniger. (3, 4, 18, 20, 26)
▽

◁ **Primula marginata,** Meeralpenprimel, Gesägtblättrige Primel. Meeralpen, Cottische Alpen. Dankbare Gartenprimel, besonders für Steingartenliebhaber. Gegenstück zur gelbblühenden Alpenaurikel, ebenfalls kalkliebend. Bis 20 cm hoch, Blätter in Rosetten, länglich-eiförmig, am Rande tief gezähnt, ältere Exemplare bemehlt. Sie sind etwa 10 cm lang, bis 4 cm breit und in einen kurzen Stiel verschmälert. Der etwa 12 cm hohe Blütenstengel trägt bis zu 20 hell- oder dunkellila Blüten mit silberweißem Schlundring. Blütenstengel und Kelch sind ebenfalls bemehlt. Diese Primel, die es im Gegensatz zu anderen nicht zu feucht wünscht, ist sehr ausdauernd. Sandig-lehmige, kalkhaltige Rasenerde ist ideal. Helle Lagen in nach Osten oder Nordosten geneigten Flächen sind geeignet. Da die Pflanze aus dem Boden herauswächst, hin und wieder Erde nachfüllen. (24, 31, 32)

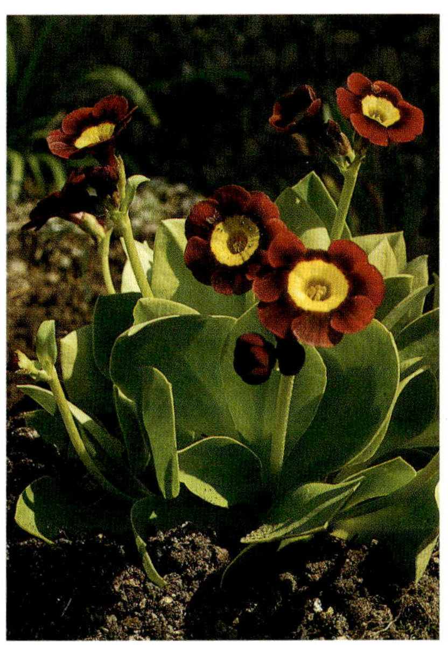

◁ **Primula × pubescens,** Gartenaurikel. Schon seit 1582 aus Gärten bekannt, aus Kreuzungen von *P. auricula* mit *P. hirsuta*, die in der Natur gefunden wurden, hervorgegangen. Die dankbaren, dauerhaften Gartenpflanzen vertragen volle Sonne, fühlen sich aber an absonnigen oder leicht beschatteten Stellen wohler. Da sie mit der Zeit aus dem Boden wachsen, ist es wichtig, daß hin und wieder Erde nachgeschüttet oder nach Teilung neu gepflanzt wird. Sie lieben im Garten einen anlehmigen, kräftigen Boden. Es gibt zahlreiche unterschiedliche Rassen, wobei vor 150 Jahren wesentlich mehr Spielarten bekannt waren. Es gab damals sogar eigene Aurikel-Vereine. Bild: 'Vulcan'. Besonders hübsche Typen mit mehrfachen Farbzonen werden auch heute noch gerne in Töpfen kultiviert. Im Garten in Trögen, als Gehölz-Vorpflanzung, in Steingärten. (3, 4, 20, 31, 32)

Primula rosea, Rosenprimel. Nordwesthimalaja, Kaschmir, Afghanistan. Die bekannte rosarote Frühlingsprimel bildet dichte Tuffs, die aus einem kräftigen Wurzelstock treiben. Der Blütenstiel erscheint vor den Blättern. Diese sind erst zur Reifezeit voll entwickelt und dann einschließlich Stiel bis 20 cm lang, länglich-eiförmig oder verkehrt-lanzettlich, an der Spitze stumpf und an der Basis gleichmäßig in den geflügelten Stiel übergehend. Rand gezähnt. Der Blütenschaft ist zur Blütezeit 3–20 cm hoch, später 20–50 cm. Er trägt 4–12 Blüten an etwa 1 cm langen Stielchen. Die Blüte ist auffallend rosenrot, tiefrot oder korallenrosa. Alle Farbsorten haben ein gelbes Auge. Die Blütenkrone mißt etwa 2 cm. Blütezeit April. Die Rosenprimel liebt feuchte Plätze, besonders im Bereich von Gewässerrändern, und gedeiht auch in absonnigen Lagen. (26, 27)
▽

Primula sieboldii, Sieboldsprimel. Japan, Korea, Mandschurei. Die ganze Pflanze ist mehr oder weniger behaart. Die Blattspreite ist oval bis länglich-oval, an der Basis herzförmig, vorne gerundet. Regelmäßig gelappt, wobei die Lappen gezähnt sind. Der Blütenschaft wird 15–30 cm hoch, mit einer Dolde aus bis zu 15 Blüten, manchmal auch mehr. Die Blütenkrone ist rosaviolett, lilapurpur oder tiefkarmin, normalerweise mit weißem Auge. Es gibt auch weiße und bläuliche Typen. In Japan lange in Kultur, deshalb sind viele unterschiedliche Sorten im Handel. Der Frühjahrsgeophyt, der im Frühsommer schon wieder einzieht, liebt eine humose, lockere, mildfeuchte Erde. Ein leicht beschatteter Platz wird voller Sonne vorgezogen. Da die Triebköpfe mit der Zeit hochwachsen, mit neuer Erde bedecken. Besonders schön unter lichten Gehölzen. (3, 4, 11, 18, 20)
▽

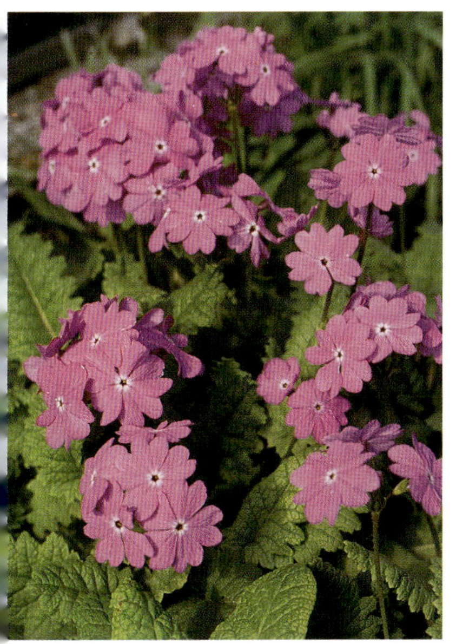

Primula veris, Frühlings-Schlüsselblume, Apothekerprimel. ▷ Neben *P. elatior* die zweite heimische, weit verbreitete Art. Mit Unterarten in vielen Gebieten Europas und Asiens. Sie liebt im Gegensatz zu *P. elatior* mehr sonnige, trockenere Plätze und liegt in der Hauptblüte 1–2 Wochen später. Die grünen Pflanzenteile sind kurzhaarig-samtig. Im knospigen Zustand sind die Blätter nach innen gerollt. Sie haben einen welligen Rand und sind runzelig, in der Form variierend eiförmig oder eilänglich, vorne gerundet und hinten meist plötzlich in den geflügelten Stiel verschmälert. Der Blütenschaft ist während der Blüte 2–20 cm lang und trägt eine vielblütige Dolde. Die wohlriechende dottergelbe Blütenkrone, mit 5 orangen Flecken am Schlund, steht in einem aufgeblasenen Kelch. Für sonnige Steingartenplätze und Gehölzränder, ebenso für Tröge. (3, 10, 18, 31, 32)

◁ **Primula vialii** *(P. littoniana)*, Orchideenprimel. Südwestchina. Sehr attraktive Primel mit breit-lanzettlichen, 20–30 cm langen, 3–5 cm breiten, oben gerundeten, unten in den geflügelten Stiel übergehenden Blättern. Beidseitig behaart und am Rand unregelmäßig gezähnt. Der an der Spitze bemehlte Blütenschaft ist 30–60 cm hoch und trägt eine vielblütige Ähre. Die ungeöffneten Blüten sind scharlachkarmin gefärbt, die geöffneten lavendelblau, wodurch ein attraktiver Farbkontrast entsteht. Die Pflanzen treiben ziemlich spät aus, weshalb man den Pflanzplatz kennzeichnen oder passende Partnerpflanzen geben sollte. Der Standort sollte feucht-humos und kalkarm sein. Halbschattige Plätze sind vorzuziehen, bei genügender Bodenfeuchte können sie auch sonniger sein. Steingartenplätze, die diese Bedingungen erfüllen, sind ideal. (26, 27, 32)

Primula vulgaris, Kissenprimel. West- und Südeuropa. In Deutschland wenige Fundorte im Norden und im äußersten Süden. Die 5–10 cm hohe Wildart ist durchaus gartenwürdig. Die Karnevalsprimel *(P. vulgaris* ssp. *sibthorpii)*, eine Unterart, die oft bereits ab Ende Februar blüht, eignet sich zum Verwildern unter Gehölzen. Die Art bildet halbkugelige, nicht riechende Blütentuffs, der Blütenstengel ist normalerweise nicht zu sehen. Mehrere grundständige Blüten entspringen einer Blattrosette. Die Blütenkrone ist meist schwefelgelb. Sie liebt im Garten mildfeuchte, humose Böden, sät sich auch selbst aus. Durch Einkreuzung entstanden viele Rassen, die ein breites Farbenspektrum zeigen, auch blaue Töne sind vorhanden. Sie werden als Topfpflanzen in großen Mengen ab Anfang Januar angeboten. Bunte Hochzuchten auch für Frühlingsbeete. (3, 4, 18, 32)
▽

Primula yargongensis (auch manchmal *P. yargonensis*), Yaragongprimel. Westchina, Tibet. Seltenere Primel, die hin und wieder angeboten wird. Samen öfter in Samenlisten von Liebhabergesellschaften. Aus einem dünnen, kurzen Wurzelstock entwickeln sich Blätter mit ungeflügelten Stielen, etwa 12 cm lang und 3 cm breit, oval bis elliptisch, mit glattem Rand. Der 10–30 cm hohe Blütenstengel trägt eine Blütendolde mit 3–8 Einzelblüten. Die Blütenfarbe kann fahlmauve, rosa, purpurviolett und weiß sein. Die farbigen Blüten zeigen ein weißes Auge und einen gelben Schlund. Der Blütendurchmesser beträgt 1–2 cm. Eine leicht gedeihende, kompakte, reichblühende Pflanze, die mehr Verbreitung verdient. Sie setzt gut Samen an. Obwohl sie während der Wachstumsperiode Feuchtigkeit liebt, kommt sie auch noch an etwas trockeneren Standorten zurecht. (4, 18, 32)
▽

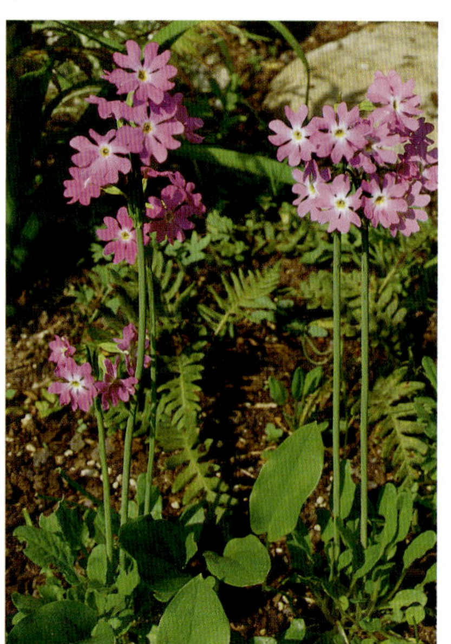

Prunella grandiflora 'Alba', Weiße ▷ Braunelle, Lamiaceae (Labiatae), Taubnesselgewächse. 5 Arten sind in den gemäßigten Gebieten Europas und Asiens verbreitet. Es sind niedrige Stauden mit kriechendem, bodendeckendem Wuchs und ganzrandigen oder fiederspaltigen Blättern. Blaue, purpurne oder weiße Blüten stehen in dichten endständigen Ähren. Verwendung als Bodendecker für halbschattige Stellen auf frischem Boden oder in Blumenwiesen mit lockerem Bewuchs. Die heimische Große Braunelle kann bis 30 cm hoch werden. Ihre Triebe sind oft violett überlaufen. Sie blüht von Juni–August, oft bis Oktober und gedeiht auch auf warmen Halbtrockenrasen sowie in Waldrandsituationen auf kalkreichen Böden. Die Art blüht dunkelviolett, 'Alba' weiß, 'Loveliness' hellviolett, 'Rosea' rosa, 'Rotkäppchen' karminrot. Vermehrung durch Aussaat oder Stecklinge. (3, 4, 7, 10, 26)

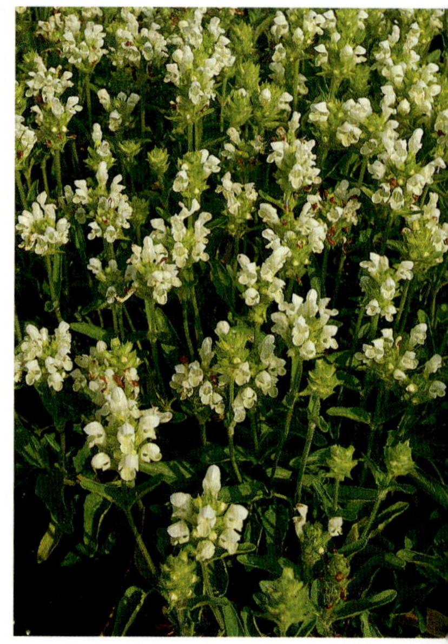

◁ **Psylliostachys suworowii** *(Limonium suworowii)*, Meerlavendel, Plumbaginaceae, Bleiwurzgewächse. Diese nun von der Gattung *Limonium*, früher schon einmal von *Statice* abgetrennte Art wird als Sommerblume mit Vorkultur behandelt und ist auch als Trockenblume hervorragend geeignet. Sie ist im Kaukasus, Westturkestan und Iran beheimatet und kann bis 80 cm hoch werden. Die Abbildung zeigt noch schwach entwickelte, sehr knospige, verzweigte Blütenstände. Sie wachsen aus einer Rosette schmaler, meist grobgesägter Blätter. Der Blütenschaft ist furchig-kantig, die Blüte rosenrot. Geschnitten wird, wenn das erste Drittel der Blüten offen ist. Es ist eine Pflanze für warme, tiefgründige, nährstoffreiche Böden, die auch Trockenheit verträgt; üppig entwickelt sie sich nur bei ausreichender Wasserversorgung. Vermehrung durch Aussaat. (29, 35, 36)

△

Pueraria lobata *(P. thunbergiana, P. hirsuta)*, Kopoubohne, Fabaceae (Leguminosae), Hülsenfrüchtler. 35 Arten sind vom Himalaja bis Japan und in Südostasien verbreitet. Man könnte sie als staudige Riesenformen unserer Stangenbohnen bezeichnen. Seit Jahrhunderten werden sie zur Fasergewinnung kultiviert. *P. lobata* wird in ihrer Heimat bis 20, bei uns 5–8 m hoch. Man kann den Wurzelstock frostfrei überwintern oder ausreichend mit Laub abdecken. Die Kopoubohne breitet im Frühjahr schnell dichte, grüne Decken über Schuppen, Zäune oder unansehnliche Flächen. In sehr warmen Sommern bildet sie auch reichlich aufrechte, bis 25 cm lange rispige Blütenstände, deren Blüten meist trüb blauviolett sind. Es gibt auch reinviolette oder fast rosablühende Typen, die aber selten zu finden sind. Vermehrung durch Aussaat oder Teilung. (9, 15) ▷

Pterocephalus perennis *(P. parnassi, Scabiosa perennis* ssp. *parnassi)*, Felsskabiose, Dipsacaceae, Kardengewächse. Etwa 25 Arten, ein- oder mehrjährige Kräuter und Sträucher, sind vom Mittelmeergebiet bis Zentralasien sowie im Himalaja, in Westchina und im tropischen Afrika verbreitet. *P. perennis* kommt in Süd- und Ostgriechenland auf Felsen im Gebirge vor. Es ist eine rasenartig wachsende, bis 10 cm hohe Staude, die am Grunde verholzt. Für ein gutes Gedeihen benötigt sie volle Sonne auf kalkhaltigem, nährstoffarmem, aber tiefgründigem, trockenem Boden. Auch in Trokkenmauerspalten fühlt sie sich wohl. Die einzeln stehenden, 3 cm breiten, flachen, dunkelrosa Blütenköpfe öffnen sich von Juli–August. Winterschutz, vor allem gegen Nässe, kann erforderlich sein. Die Vermehrung erfolgt durch Aussaat oder Stecklinge. (12, 24, 32)

Pulmonaria angustifolia *(P. azurea)*, ▷ Schmalblättriges Lungenkraut, Boraginaceae, Rauhblattgewächse. Etwa 10 Arten in den gemäßigten Gebieten Europas und Asiens. Für halbschattige Lagen auf frischem, humosem Boden. Die heimische *P. angustifolia* blüht von April–Mai, wird 30 cm hoch und hat lanzettliche, ungefleckte Blätter. Die roten Blüten verblühen blau. 'Alba' blüht weiß, 'Munstead Blue' leuchtendblau, 'Azurea' kräftigblau und 'Salmon Glow' lachsrosa. Interessant ist das Siebenbürger Lungenkraut, *P. rubra*, mit seinen hellgrünen, ungefleckten Blättern und ziegelroten Blüten von März–Mai. *P. saccharata (P. picta)* aus Südeuropa hat große, silberweiß gefleckte Blätter, die bei der Sorte 'Mrs. Moon' besonders schön wirken. Ihre roten Blüten verfärben sich im Verblühen bläulich. Vermehrung durch Stecklinge oder Teilung. (4, 7, 13, 26)

Pulsatilla flavescens, Gelblich werdende Kuhschelle. Eine seltenere Art aus Mittelasien und dem Ural, die nahe verwandt ist mit *P. patens*. Sie setzt in Kultur schlecht Samen an und ist deshalb nicht oft zu sehen, verdient aber weitere Verbreitung. Die Blätter sind tief geschlitzt und mittel- bis dunkelgrün. Die großen Blüten (oft bis 8 cm Durchmesser) stehen mehr aufrecht und sind schalenförmig, der Farbton variiert etwas zwischen Elfenbein und Schwefelgelb. Manchmal ist auch ein bläulicher Hauch auf der Außenseite der Blüte festzustellen, die beim Verblühen blasser wird. Die Blütezeit liegt sehr früh, meist im April. Am richtigen Platz ist die Gelblich werdende Kuhschelle sehr gut ausdauernd und sehr gut winterhart. Sie liebt neutrale bis leicht saure Bodenreaktion. Man sollte zugreifen, wenn Samen angeboten wird. Kaltkeimer. (3, 29, 32)
▽

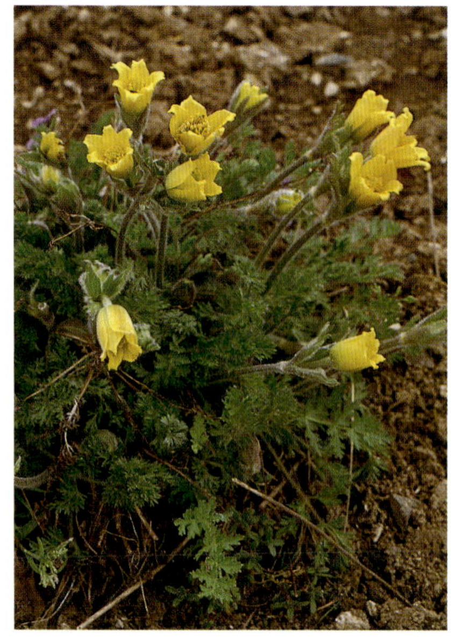

◁ **Pulsatilla albana**, Kaukasuskuhschelle, Ranunculaceae, Hahnenfußgewächse. In den gemäßigten Gebieten der Nordhalbkugel 25–30 Arten. *P. albana* ist eine im Kaukasus und im Iran beheimatete, sehr variable Art. Sie wird 10–15 cm hoch und hat doppelt fiederteilige, hell- bis mittelgrüne Blätter, die manchmal graugrün behaart sind. Die Blüten sind sehr unterschiedlich gefärbt: weiß, gelblichweiß, gelb, lila, violett, bläulichweiß und Zwischentöne. Sie sind im Verhältnis zu denen anderer Arten ziemlich klein und überhängend bis schräg aufgerichtet. Die Pflanzen sind gut ausdauernd, lieben aber mehr halbsonnige und nicht sehr heiße Plätze. Bei den Steingarten- und Alpinumliebhabern ist der gelbe Typ der am meisten gesuchte, da er die andersfarbigen Pulsatillen im Farbton gut ergänzt. Die Blütezeit liegt im Mai. (3, 29, 31, 32)

Pulsatilla vernalis, Frühlingskuhschelle. Beheimatet in den Gebirgen Europas, bis nach Sibirien, meist auf trockenen Hängen. Sie ist trotz der weiten Verbreitung in der Natur ein heikler Pflegling im Garten. Als ausgesprochener Kalkhasser benötigt sie Torf, Rindenhumus, Sand oder Nadelwalderde im Substrat. Außerdem liebt sie einen vollsonnigen Platz. Auch bei guter Pflege ist sie nicht sehr langlebig, doch gelingt die Anzucht aus Samen leicht. Sie blüht mit als erste Kuhschelle schon im März–April: kurz nach Vegetationsbeginn, ehe sich die übrigen Pflanzenteile stärker entwickelt haben, öffnen sich die zuerst nickenden, später mehr aufrecht stehenden Blüten. Sie sind innen weiß, außen mehr rosa oder violett. Zur Blütezeit nur 10–15 cm hoch, später bis 30 cm. Kurzgestielte immergrüne Grundblätter. Stengel und Kelch schön behaart. (3, 29, 31, 32)
▽

Pulsatilla halleri ssp. grandis 'Alba', (*P. grandis* 'Alba', *P. vulgaris* ssp. *grandis* 'Alba'), Hallers Kuhschelle. Eine attraktive und dankbare Art aus Bayern, Österreich und Mähren, bis zum Dnjepr verbreitet. Das Bild zeigt einen besonders auffallenden weißblühenden Karpatentyp. Sie ist insgesamt größer als die meisten anderen Arten, etwa 40–50 cm hoch, und bildet auch größere Blüten, die bei der Art lilaviolett sind und bis 9 cm groß werden können. Die Blütenknospen und -kelche zeigen eine starke silbrige bis silbrigbraune Behaarung. Blütezeit April. Auch die Samenstände sind zierend, wobei Samen gut und reichlich angesetzt wird. *P. grandis* wirkt in Steingärten und an ähnlichen Plätzen noch wesentlich attraktiver als die weit verbreitete heimische *P. vulgaris*. Sie liebt beziehungsweise verträgt Kalk und wächst auch noch im Tuffstein. (3, 29, 31, 32) ▷

◁ **Pulsatilla vulgaris**, Kuhschelle, Küchenschelle. Sie kommt in zahlreichen Gebirgen Mittel-, West-, Nord- und Osteuropas auf sonnigen, trockenen, kalkhaltigen Wiesen vor. Die fiederschnittigen Blätter mit oft mehr als 100 Lappen erscheinen erst nach der Blüte im März–April. Die Blütenfarbe variiert von zartlila bis violett, weißblühende Typen sind in der Natur selten. Die Pflanzen werden etwa 30 cm hoch. Sie ist gärtnerisch weit verbreitet und wird von den meisten Staudengärtnereien geführt. Anzucht aus Samen ist leicht, wenn sie als Kaltkeimer behandelt werden. Wichtig ist rechtzeitiges Pikieren in möglichst tiefe Tontöpfe; ein späteres Verpflanzen ist kaum mehr möglich, im eigenen Garten nur mit großem Erdballen. Die Pflanze ist ein hübscher Partner zu *Adonis vernalis*. Anlehmiger Boden mit Kalksteinsplitt wird bevorzugt. (3, 29, 31, 32)

Pulsatilla vulgaris 'Rödde Klokke'. ▷ Hin und wieder findet man Sorten der Kuhschelle im Angebot. Der Gartenliebhaber sollte zugreifen, sie sind eine wichtige Bereicherung des Gartenfrühlings. Die hier abgebildete tiefrote 'Rödde Klokke' (der Name wird oft unterschiedlich geschrieben) ist eine besonders auffällige Sorte. Sie hat zwar etwas kleinere Blüten als die Art, ist aber an sonnigen Gartenplätzen sehr blühwillig und zierend. Größere Blüten, aber nicht ganz so zahlreiche, bildet die lachsrosa Sorte 'Mrs. van der Elst'. Den weißen Farbton zum farbigen Blütenreigen trägt die Sorte 'Weißer Schwan' bei. Diese ist durchaus attraktiv, reicht aber nicht an die Schönheit von *P. halleri* ssp. *grandis* 'Alba' heran. Die letztgenannte ist allerdings schwieriger zu erhalten. Samenvermehrung ergibt spielende Blütenfarben. (3, 29, 31, 32)

Quamoclit lobata *(Mina lobata, Ipomoea versicolor)*, Sternwinde, Convolvulaceae, Windengewächse. 12 meist einjährige Sternwinden-Arten sind in Amerika verbreitet. *Q. lobata* ist eine sehr kräftigwachsende Staude, die nach einer Vorkultur im Sommer leicht 3–5 m hoch klettert. Die sich immer wieder gabelig teilenden Blütenstände können bis 40 cm groß werden. Die Blüten erblühen rot und verfärben sich über Orangerot zu Weiß. Die Blütezeit dauert von Juli–Oktober. Die Pflanze wächst auch im leichten Halbschatten sowie etwas schwächer an Nordseiten und verträgt auch kalkhaltige Böden. *Q. coccinea* aus Neu-Mexiko wird 3–5 m hoch und hat 3–4 cm lange, bis 2 cm breite, scharlachrote Blüten mit gelbem Schlund. Die Sorte 'Luteola' blüht gelb bis gelborange. Vermehrung durch Aussaat und Vorkultur oder durch Stecklinge. (15, 35, 38)
▽

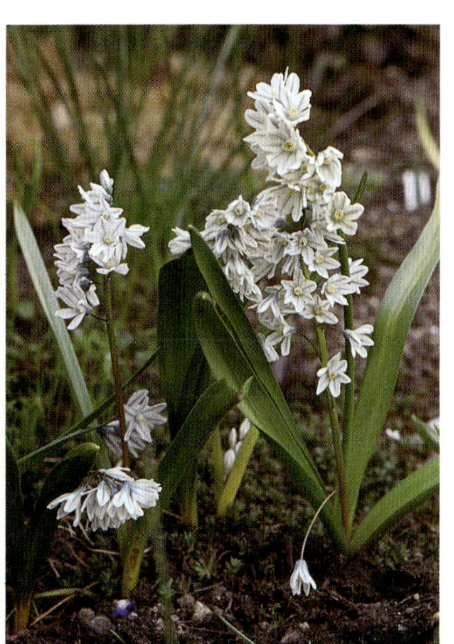

◁ **Puschkinia scilloides var. libanotica** *(P. libanotica)*, Puschkinie, Hyacinthaceae (Liliaceae), Hyazinthengewächse. Die Gattung besteht nur aus dieser einen, zwiebelbildenden Art, die wegen ihrer frühen eisblauen Blüten gepflanzt wird. Sie wächst problemlos in jedem Boden mit gutem Wasserabzug, wobei sommerliche Trockenheit das Ausreifen der Zwiebeln fördert. Die Pflanze besitzt meist 2 Blätter. Der Blütenstand wird bis 20 cm hoch und trägt 4–10 Blüten in lokkerer Traube, bei der abgebildeten Sorte 'Alba' in Weiß. Die Varietät *P. scilloides* var. *libanotica* hat etwas größere, leuchtend hellblaue Blüten. Gepflanzt werden die Zwiebeln im September–Oktober, auch in lichten Laubgehölzen und in Wiesen, die jedoch nicht gemäht werden dürfen, bevor das Laub abwelkt. Vermehrung durch Nebenzwiebeln, an zusagenden Standorten auch durch Selbstaussaat. (3, 10, 11, 32)

△

Ramonda myconi (*R. pyrenaica*), Ramonda, Felsenteller, Gesneriaceae, Gesneriengewächse. 4 Arten sind in den Pyrenäen und auf dem Balkan verbreitet. Es sind Felsspaltenpflanzen für absonnige Lagen, die mit dem Usambaraveilchen verwandt sind und sich ebenfalls durch Blattstecklinge, aber auch durch Aussaat vermehren lassen. Das Abtrennen von Seitensprossen ist wenig ergiebig. *R. nathaliae* besitzt 4teilige, *R. serbica* 5teilige, mehr glockige Blüten. Beide stammen vom Balkan und blühen im Mai. Bei allen 3 genannten Arten gibt es weiß- und rosablühende Formen. Sie wachsen am besten in senkrechten oder etwas geneigten Flächen in humosem, lehmigem Boden in Steinspalten (siehe Bild). Sommertrockenheit überstehen sie zwar durch Einrollen der Blätter, doch entwickeln sie sich besser, wenn der Standort im Sommer nicht zu trocken wird. (24)

Ranunculus acris 'Multiplex' (syn. 'Flore Pleno'), Goldranunkel, Goldknöpfchen, Ranunculaceae, Hahnenfußgewächse. Etwa 400 Hahnenfuß-Arten auf der ganzen Erde, besonders in arktischen Gebieten und Hochgebirgen. Diese gefüllte Form des Scharfen Hahnenfußes – auch Butterblume genannt – ist eine alte Bauerngartenpflanze. Die Art kommt auf frischfeuchten, nährstoffreichen Wiesen vor. Sie wird etwa 1 m hoch und ist in Europa und Nordasien verbreitet. Die Grundblätter sind 3- bis 7teilig. 'Multiplex' eignet sich gut für den Schnitt, aber auch zum Auspflanzen in Blumenwiesen. Sie hat eine lange Blütezeit von Mai–September. Für den gleichen Standort, aber auch für quellfeuchte Stellen eignet sich *R. aconitifolius* 'Pleni Florus', eine von Mai–Juni gefüllt blühende Form des Silberhahnenfußes. Vermehrung beider Arten durch Teilung. (1, 10, 26 bzw. 10, 27) ▷

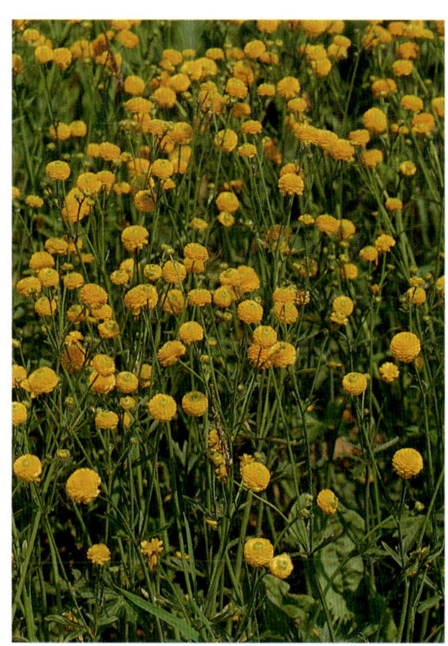

Ranunculus alpestris, Alpenhahnenfuß. In den Pyrenäen, den Alpen, den Karpaten und im Apennin verbreitet. Die etwa 2 cm großen, weißen Blüten öffnen sich bereits im April. Verwendung im Alpinum an nicht sonnigen, feuchten, nährstoffreichen Stellen. Ähnlich zu verwenden ist *R. montanus*, der Berghahnenfuß aus den Alpen, dem Jura und dem Schwarzwald. Er trägt von Mai–September goldgelb glänzende Blüten. 'Molten Gold' ist eine niedrigbleibende großblumige Sorte. *R. calandrinioides* aus dem Atlasgebirge Nordafrikas entwickelt 5–7 cm große, schalenförmige, weiße, außen rosa überhauchte Blüten, die sich von März–April öffnen. Diese Art benötigt sonnige, geschützte Stellen im Steingarten mit ausreichender Frühjahrsfeuchtigkeit und außerdem Sommertrockenheit für die Ruhepause der Pflanze. Vermehrung der Arten durch Aussaat. (32) ▷

Ranunculus aquatilis, Wasserhahnenfuß. Diese heimische, kosmopolitisch verbreitete Art gehört zu den im Wasser wachsenden oder als Schwimmpflanze lebenden Hahnenfuß-Arten und blüht von Juni–August. Die schwimmenden Stengel können bis 2 m lang werden. Die Unterwasserblätter sind fein geteilt, die Schwimmblätter nierenförmig und unterschiedlich stark gelappt. Die weißen Blüten haben einen gelben Schlundfleck. Die Art ist sehr anpassungsfähig und kann bei sinkendem Wasserstand im Schlamm wurzelnde oder im Feuchtbereich wachsende Landtypen ausbilden. Verbreitung in stehenden oder langsam fließenden, nährstoffreichen, meist kalkarmen Gewässern. Ähnlich ist der ebenfalls weißblühende Flutende Hahnenfuß, *R. fluitans*. Er bildet bis 6 m lange, verzweigte Triebe und wächst in mäßig bis stark strömenden Gewässern. Vermehrung beider Arten durch Teilung. (28) ▷

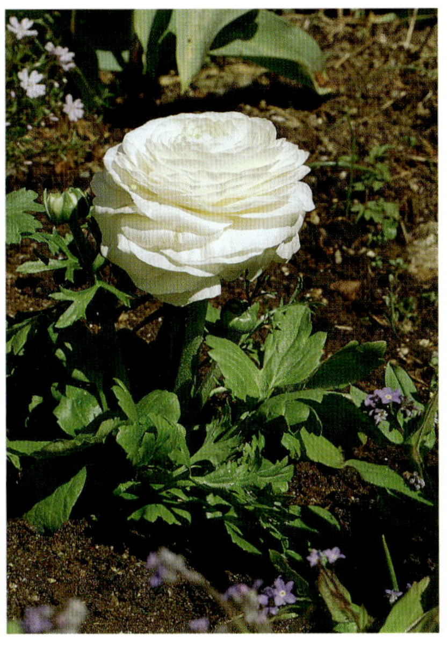

◁ **Ranunculus asiaticus** (*R. hortensis*), Ranunkel. Die ersten gefülltblühenden Ranunkeln wurden von Clusius gegen Ende des 16. Jahrhunderts aus der Türkei eingeführt. Wie gefüllte Mohnblüten wirken die Persischen Ranunkeln, von denen es viele Farbsorten gibt. Sehr großblumig, gefüllt oder halbgefüllt blühen die paeonienblütigen Ranunkeln. Die Turbanranunkeln sind großblättrig und besitzen kugelige, gefüllte, oft 10–15 cm große Blüten. Dazu gehört die aus Samen gezogene Mischung 'Bloomingdale' (ähnlich Abbildung) für Topfkultur. 'Victoria' ist eine samenvermehrte, 50–60 cm hohe Schnittsorte. Die Ranunkelknollen werden eingeweicht und dann 6–10 cm tief an sonniger, nährstoffreicher Stelle ohne Staunässe gelegt, normalerweise im März–April. Bei Herbstpflanzung ist eine Laubabdeckung gegen Frost notwendig. Vermehrung durch Teilung oder Aussaat. (2, 14, 30)

Ranunculus bulbosus 'Pleniflorus' (*R. bulbosus* 'Speciosus Plenus', *R. constantinopolitanus* 'Flore Pleno'), Gefülltblühender knolliger Hahnenfuß. Diese heimische, bis 50 cm hohe Pflanze ist in ganz Europa und in Nordwestasien verbreitet. Ihre gefüllte Gartenform blüht gelb mit deutlich grüner Mitte. Es ist eine Art der Halbtrockenrasen auf kalkhaltigen, nährstoffreichen, warmen Böden. Für ähnliche Bereiche sowie für feuchtere Blumenwiesen eignet sich auch die gefülltblühende Form unseres heimischen Wolligen Hahnenfußes, *R. lanuginosus* 'Pleniflorus'. Sie entwickelt von Mai–Juni bis 4 cm große, sattgelbe Blüten auf bis 80 cm hohen Stielen. Es ist eine Waldpflanze, die in humosem Boden im leichten Schatten gut gedeiht und sich besonders an etwas frischeren Stellen wohlfühlt. Vermehrung beider Arten durch Teilung. (13, 32 bzw. 1, 10, 18)
▽

Ranunculus ficaria 'Flore Pleno' (*Ficaria verna* 'Flore Pleno'), Gefülltblühendes Scharbockskraut. Mit dieser Art lassen sich im Frühjahr frischgrüne, glänzend goldgelb blühende Flächen zaubern. Die Pflanzen ziehen im Juni ein und machen damit Platz für höhere Sauden oder Zwiebelblumen, die den glänzend grünen Blätterteppich dann schon durchwachsen haben. Die goldgelben Blütensterne öffnen sich nur am Tage. Es gibt viele Sorten mit unterschiedlichen Blütenfarben und -formen und Blattfleckungen, z. B. 'Albus', weiß, 'Cuprea' (syn. 'Aurantiaca'), orangegelb, mit braundunkel marmorierten Blättern, 'Grandiflorus', sehr großblütig und kräftigwachsend, wohl eine Form aus dem Mittelmeergebiet, oder 'Green Petal', grün, gefüllt. Vermehrung durch die zahlreichen kleinen Knollen in den unteren Blattachseln oder durch Teilung. (7, 10, 22, 25)
▽

Ranunculus gramineus, Grasblättriger ▷ Hahnenfuß. Diese aus dem Mittelmeergebiet stammende Art wird etwa 30 cm hoch. Von Mai–Juni bildet sie 2–3 cm große, gelbe Blüten; nach der Blüte sterben die oberirdischen Teile ab. Der Neuaustrieb erfolgt im Herbst. Der Grasblättrige Hahnenfuß eignet sich für sonnige bis halbschattige Lagen auf durchlässigem Boden und braucht in Gegenden mit strengen Wintern einen leichten Schutz. Er wächst willig und ist eine für Steingärten sehr empfehlenswerte Art. *R.* × *arendsii*, eine etwa 15 cm hohe Steingartenstaude für frischfeuchte Bereiche, ist eine Kreuzung von *R. gramineus* mit *R. amplexicaulis*. Sie besitzt breit-lanzettliche Blätter und hellgelbe bis weißliche Blüten, die sich von Mai–Juni öffnen. Vermehrung der Art und ihrer Hybride durch Teilung, bei der Art auch durch Aussaat. (3, 10, 32 bzw. 32)

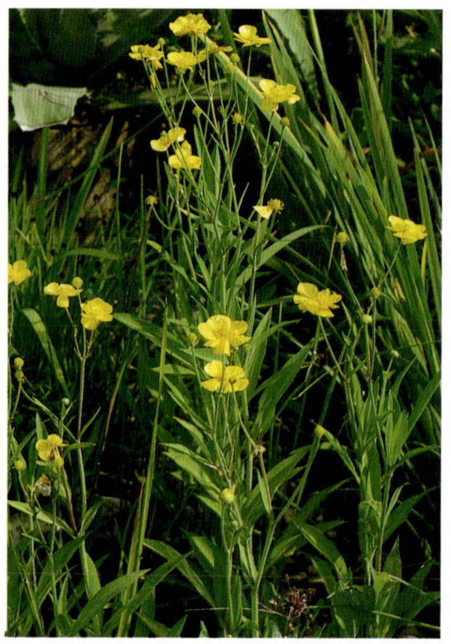

△

Ranunculus lingua, Großer Hahnenfuß, Sumpfhahnenfuß. Mit ihren 4 cm großen, goldgelben Blüten bietet diese bis 1,5 m hohe Staude von Juni–August einen prächtigen Anblick. Durch ihre bis 80 cm langen Ausläufer kann sie auch kräftig wuchern und Feuchtbereiche wie auch Flachwasserzonen in wenigen Jahren durch Verdrängung aller anderen Pflanzen besetzen. Für flachen Wasserstand oder Feuchtbereiche ist auch der nicht wuchernde Brennende Hahnenfuß, *R. flammula*, geeignet, der allerdings höchstens 70 cm hoch wird und kleinere, hellgelbe Blüten bildet. Er blüht von Juni–Oktober, besonders hübsch wirkt er zusammen mit Sumpfvergißmeinnicht. Beide Arten sind bei uns heimisch und von Nordeuropa bis in das westliche gemäßigte Asien verbreitet. Sie eignen sich auch für die Bepflanzung von Wasserkübeln. Vermehrung durch Teilung. (26, 27, 38)

Reseda odorata, Gartenreseda, Resedaceae, Resedagewächse. Etwa 50 Arten sind mit Schwerpunkt im Mittelmeergebiet bis Indien und Ostafrika verbreitet. Die Blüten stehen in dichter, endständiger Traube oder Ähre. Für vollsonnige bis halbschattige Standorte und nährstoffreiche, nicht zu trokkene Böden. Vermehrung durch Aussaat. Unsere Gartenreseda stammt aus Nordafrika und blüht von Juli–September. Sie ist eine leicht verholzende, bis 60 cm hohe Staude, die bei uns als Sommerblume mit Vorkultur gezogen wird. Direktsaat im April ist ebenfalls möglich. Sie läßt sich gut für die Vase schneiden und duftet. Dekorativ sind die roten, aus den grünlichen Blüten hervorragenden Staubgefäße. Resedaduft und Resedapflanzen waren ein „Muß" im 18. und 19. Jahrhundert. 'Goliath' ist eine großwachsende Sorte mit rötlichen Blütentrauben. (2, 35, 36 bzw. 3, 29) ▷

◁ **Rhazya orientalis**, Apocynaceae, Hundsgiftgewächse. 2 Arten sind in Südeuropa und Vorderasien verbreitet. Es sind Stauden mit lederartigen, wechselständigen, ganzrandigen Blättern. Die Pflanzen führen Milchsaft und werden durch Teilung vermehrt. Verwendung an sonnigen, warmen Plätzen mit gutem Wasserabzug. *R. orientalis* kommt in Griechenland und in der Nordwesttürkei vor, wird 30–50 cm hoch und blüht von Juli–September blauviolett. Ganz ähnlich und in der gleichen Familie zu Hause sind *Amsonia angustifolia* mit schmalen Blättern und *A. tabernaemontana* mit breiteren Blättern, die bis 1 m hoch werden und beide aus Nordamerika stammen. Sie blühen mit hellblauen, mehr sternförmigen Blüten von Juni–Juli und lassen sich an sonnigen bis halbschattigen Standorten, auf feuchten schweren Böden als Gartenstauden verwenden. (3, 4, 10 bzw. 10, 26, 27)

△

Reynoutria japonica *(R. cuspidatum)*, Polygonaceae, Knöterichgewächse. 15 Arten im gemäßigten Asien. *R. japonica* ist eine ostasiatische, bis 2 m hoch wachsende, wuchernde Staude mit weißen, achselständigen, verzweigten Blütenähren. Für sonnige und halbschattige Stellen auf allen Böden. Blütezeit Juli–Herbst. *R. japonica* var. *compacta (Polygonum cuspidatum* var. *compactum)* ist eine alpine Zwergform aus Japan, die nur 60 cm hoch wird und von August–Oktober als männliche Pflanze weiß, als weibliche Pflanze rosa blüht. Sie ist „harmlos" im Vergleich zum Sachalinknöterich, *R. sachalinensis*, der von September–Oktober blüht, bis über 3 m hoch wird und herzförmige, lang zugespitzte, bis 30 cm lange Blätter besitzt: bei guter Wasser- und Nährstoffversorgung auch eine Pflanze für größere Kübel. Vermehrung durch Teilung. (4, 8, 26, 27)

◁ **Rheum palmatum**, Chinesischer Rhabarber, Medizinalrhabarber, Polygonaceae, Knöterichgewächse. Etwa 50 Arten sind im gemäßigten Asien verbreitet. Es sind Stauden mit einem dicken, verholzten Erdstamm und fleischigen Wurzeln. Der Chinesische Rhabarber bildet im Gegensatz zu unserem Garten-Gemüserhabarber, *R. rhabarbarum*, tief eingeschnittene Blätter und bis über 2,5 m hohe Blütentriebe mit dichten, rahmgelben Blütenständen. *R. palmatum* var. *tanguticum* (*R. palmatum* var. *dessectum*), der Kronrhabarber, ist im Austrieb rötlich, vergrünt aber später; seine um 2 m hohen Triebe blühen im Juni rot. Es ist der schönste Zierrhabarber. *Rheum* liebt kräftigen, tiefgründigen, gut gedüngten Boden und einen freien Standort, damit die Gestalt dieser Solitärstaude richtig wirken kann. Vermehrung durch Teilung oder Aussaat. (8, 26, 27, 29)

Rhodiola rosea (*Sedum roseum*), Rosenwurz, Crassulaceae, Dickblattgewächse. ▷ 50 Arten dieser Gattung sind in den nördlichen temperierten Klimagebieten zu Hause. Ein knappes Dutzend Arten ist in Kultur. Am häufigsten zu finden ist die abgebildete Rosenwurz, eine zirkumpolar beheimatete Gebirgspflanze mit einem dicken, fleischigen, 4köpfigen Wurzelstock, der getrocknet nach Rosen duftet – daher der Name. Die aufrechten, unverzweigten, dicht beblätterten Triebe werden bis 30 cm hoch und tragen an ihrem Ende gelbliche Blüten in einer halbkugeligen Trugdolde. Sie öffnen sich von Mai–Juni. Die Abbildung zeigt eine rote Form aus Kanada. Die Rosenwurz eignet sich für eine Pflanzung in Verbindung mit Stein an nicht austrocknender Stelle, die jedoch auch nicht staunaß sein darf. Als Hochgebirgspflanze ist sie im Flachland manchmal eigenwillig. (24, 32)

Rhodohypoxis baurii, Hypoxidaceae, Hypoxisgewächse. Die Gattung besteht nur aus dieser einen Art, die in den Gebirgen Südafrikas verbreitet ist. Die niedrige Staude besitzt ein zylindrisches bis eiförmiges Rhizom und schmale, grasartige Blätter. Die bis 3 cm großen, sternförmigen, einzeln stehenden, rosaroten Blüten öffnen sich von Juli–August. Abgebildet ist eine der vielen Sorten, die heute in Farben von Weiß über alle Rotschattierungen bis zu dunklem Rot angeboten werden. Etwa 2 Dutzend kann man zusammentragen. Vermehrung durch Teilung oder Aussaat. Besser ist es, die Pflanze als Sommerblume zu behandeln, d. h. von Herbst bis Frühjahr frostfrei, trocken und kühl zu überwintern und Ende April wieder auszupflanzen. Dieses Vorgehen vereinfacht die Kultur, die außerdem kalkfreien Boden mit ausreichender Sommerfeuchtigkeit erfordert. (14, 32)
▽

◁ **Rhodochiton atrosanguineus** (*R. volubile*), Rosenkelch, Rosenmantel, Scrophulariaceae, Braunwurzgewächse. Die Gattung besteht nur aus dieser einen, in Mexiko verbreiteten Art. Sie ist ein bezaubernder, staudiger, im Laufe der Jahre im unteren Bereich verholzender Schlinger, der als Sommerblume mit Vorkultur im Balkonkasten oder als frostfrei zu überwinternde Kübelpflanze gezogen werden kann. Bei hellsonniger Überwinterung und 10–15 °C blüht die Pflanze den ganzen Winter hindurch. Sie kann mehr Trockenheit als Feuchtigkeit und Nässe vertragen und bedarf einer kräftigen Nachdüngung. Sie hält sich mit den Blattstielen fest und klettert bis über 3 m hoch. Die schirmartigen, rosafarbenen Kelchblätter bleiben noch lange an der Pflanze – an den Trieben wie an Schnüren aufgereiht – und behalten ihre Farbe fast bis zur Samenreife. (15, 35, 36, 38)

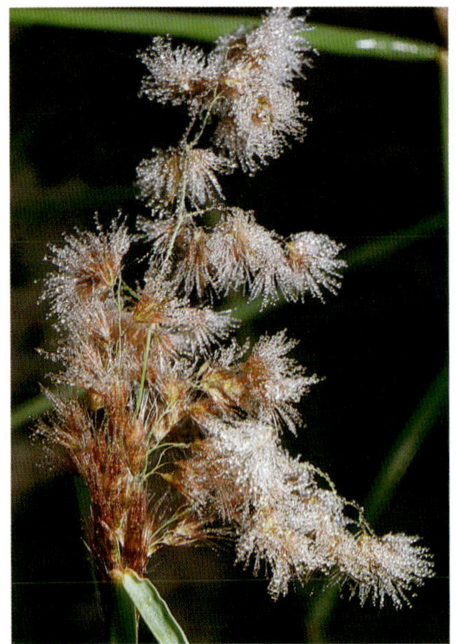

△

Rhynchelytrum repens *(R. roseum, Tricholaena repens)*, Natalgras, Poaceae (Gramineae), Gräser. Etwa 37 *Rhynchelytrum*-Arten sind im tropischen Afrika, auf Madagaskar und von Arabien bis Indochina verbreitet. *R. repens* ist eine kurzlebige Staude, die bei uns einjährig mit Vorkultur gezogen wird. Sie eignet sich für eine Verwendung im Sommerblumenbeet ebenso wie zusammen mit Stauden als Sommerzwischenpflanzung. Außerdem kann man die Blütenstände für die Vase schneiden und auch getrocknet in Sträußen oder Gestecken verarbeiten. Beheimatet ist *R. repens* im tropischen und südöstlichen Afrika. Es wird 50–100 cm hoch, hat schmale Blätter und bis 20 cm lange, lockere Blütenstände. Die seidigen Ährchen sind zuerst leicht rosa, später beim Verblühen verfärben sie sich purpurn. Die Vermehrung erfolgt durch Aussaat. (35, 36)

Ricinus communis 'Carmencita', ▷ Rizinus, Wunderbaum von Sansibar, Palma Christi, Euphorbiaceae, Wolfsmilchgewächse. Nur diese eine Art aus Indien. Sie wächst krautig, halbstrauchig bis baumartig und kann bis 8 m hoch werden. Die 7- und mehrlappigen, langgestielten Blätter wie auch die Blüten sind je nach Sorte grün bis rot oder kupferfarben. Der Rizinus ist eine alte Heil- und Nutzpflanze. Als dekorative Blattpflanze eignet er sich für Sommerblumenbeete oder große Kübel. Vermehrung durch Aussaat mit Vorkultur. Wichtig ist, daß die Sämlinge nicht im Wachstum stocken; sie sind dann kaum wieder in Gang zu bringen. Blütenstand bei beginnnendem Fruchtansatz ausbrechen, da die Samen giftig sind. 'Gibsonii', bis 1,5 m hoch, hat rötliche Blätter und Triebe, 'Zanzibariensis', 2–3 m hoch, bis 60 cm große, leuchtendgrüne Blätter. (8, 16, 34, 36)

△

Rodgersia podophylla, Saxifragaceae, Steinbrechgewächse. Je nach botanischer Zuordnung sind 4 oder 6 Arten im gemäßigten Ostasien verbreitet. Die Stauden besitzen einen Erdstamm und langgestielte, handförmig geteilte oder gefiederte Blätter. Die kleinen rosa oder weißen Blüten bilden große, verzweigte Rispen. Verwendung an halbschattigem bis schattigem Standort auf frischem, kühlem Boden. Sommerliche Trokkenheit wird vertragen, mindert aber die Wuchskraft und führt schon im Spätsommer–Frühherbst zum Vergilben der Blätter. *R. podophylla* aus Japan und Korea blüht von Juni–Juli und wird bis 1 m hoch. Die bis 50 cm breiten Blätter sind im Austrieb bronzefarben. Die gelblichweißen Blüten stehen in überhängenden Rispen. Sorten davon sind 'Rotlaub', 'Smaragd' und 'Pagode'. Vermehrung durch Aussaat, Teilung oder Wurzelschnittlinge. (4, 8, 18, 21, 26)

Romanzoffia unalaschcensis, Wasserblatt, Hydrophyllaceae, Wasserblattgewächse. 4 Arten von Alaska bis Kalifornien. Es sind rasenartig wachsende Stauden, die Blüten erinnern an kleine Löwenmaulblüten. *R. unalaschcensis*, verbreitet auf den Aleuten-Inseln, blüht von Mai–Juni und wird etwa 10 cm hoch. Am Westrand der USA finden wir *R. sitchensis* auf nassen Felsen und Felsbänken im Gebirge. Sie wird bis 20 cm hoch und hat einen knollig verdickten Wurzelstock. Die weißen, trichterförmigen Blüten öffnen sich von Mai–Juni. Nach der Blüte machen die Pflanzen oft eine Ruhezeit durch, während der die Blätter absterben; sie treiben im Herbst wieder aus. Verwendung im Steingartenbereich auf feuchtkühlem, kalkarmem Humusboden in halbschattiger bis schattiger Lage. Vermehrung durch Aussaat, Teilung oder Abnahme der knolligen Rhizome. (4, 21, 32) ▷

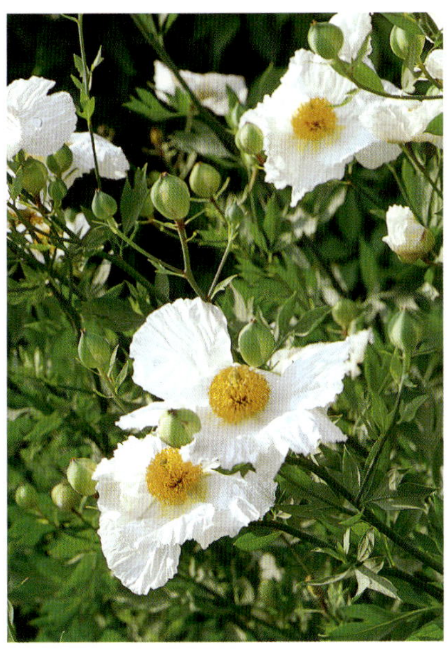

◁ **Romneya coulteri**, Kalifornischer Baummohn, Papaveraceae, Mohngewächse. 2 Arten sind in Kalifornien und Mexiko verbreitet. Es sind Stauden bis Halbsträucher mit fiederteiligen oder 3zähligen, geschlitzten Blättern. Die etwa 10 cm großen, weißen, einzeln stehenden Blüten erinnern an Mohn oder Zistrosen. Verwendung an Stellen mit maximaler Sonneneinstrahlung und Wärme, auf durchlässigem, trockenem Boden. Nur als Jungpflanze versetzbar. Obwohl bei uns Winterschutz erforderlich ist, sollte man die Gelegenheit ergreifen, wenn *R. coulteri* angeboten wird. Sie wird bis 1 m hoch, blüht von Juli–September und hat blaugrüne Blätter. Die weißen Blüten duften. Man kann die Pflanzen auch frostfrei, hell und relativ trokken überwintern und erst im Mai ins Tropen-Sommerblumenbeet auspflanzen. Vermehrung durch Aussaat oder Wurzelschnittlinge. (12, 14, 16, 35)

Roscoea humeana. Diese Art stammt aus China, blüht von Juni–Juli und wird 30 cm hoch. Die bis 7 cm langen, lilapurpurnen Blüten stehen zu 4–8 in einer endständigen Ähre. *R. alpina* ist ein 10–20 cm hoher Zwerg aus dem Himalaja, der von Juli–August kleine rosa Blüten bildet und sich selbst aussät. *R. purpurea* var. *procera* aus dem Himalaja wird bis 30 cm hoch und hat lilafarbene, unregelmäßig weiß gestreifte Blüten, die sich von Juli–August öffnen. Ähnlich exotisch wirkt *Cautleya gracilis* (*C. lutea*), wie eine Minicanna mit einem gelben Blütenstand. Sie wird etwa 50 cm hoch und hat seitlich von einem rötlich überlaufenen Stengel abstehende Blätter. Sie blüht von August–September, ist aber weniger winterhart als die *Roscoea*-Arten. Schön zu verwenden zwischen Schattengräsern und Farnen. Frostfreie Überwinterung. (30, 31, 32 bzw. 30)
▽

△
Roscoea cautleoides, Gelbe Ingwerorchidee, Zingiberaceae, Ingwergewächse. Etwa 15 Arten sind im Himalaja und in China beheimatet. Es sind Stauden mit büscheligen, fleischigen Wurzeln. Die ineinander steckenden Blätter bilden einen Scheinstamm. Als interessante Blütenpflanzen eignen sie sich für halbschattige Stellen auf humosem, frischem Lehmboden. Mit Winterschutz sind sie langlebiger, besser noch ist frostfreie Überwinterung der Wurzelklumpen und Auspflanzen Ende April–Anfang Mai in 10 cm Tiefe. *R. cautleoides* aus China wird 40 cm hoch und bildet im Juni–Juli bis 7 cm lange, gelbe Blüten. *R. purpurea* aus dem Himalaja wird 40–60 cm hoch und trägt im August–September etwa 4 cm große, dunkelpurpurne Blüten. Sie ist besonders üppig und robust, aber nicht die schönste Art. Vermehrung durch Aussaat oder Teilung. (30, 31, 32)

Rosularia sedoides (*Sempervivella sedoides*), Himalajahauswurz, Crassulaceae, Dickblattgewächse. Etwa 25 Arten sind vom östlichen Mittelmeer bis nach Zentralasien verbreitet. Die Himalajahauswurz sieht ähnlich aus wie unsere Hauswurz, entwikkelt aber viele kleine, lockere Blattrosetten, die sie durch Ausläuferbildung ausbreitet. Bei hoher Lichtintensität färben sich die Blätter oft rötlich. Sie bringt von Juli–August weiße, 6- bis 8sternige Blüten hervor. Was als *R. aizoon* oder *R. persica* im Handel ist, sind meist üppigwachsende Formen von *Sempervivum calcareum*, der Hauswurz aus den französischen Alpen, die aber festere Rosetten mit dunklen Blattspitzen besitzt. Verwendung in Steingarten und Alpinum mit Schutz vor Winternässe in gut wasserdurchlässigem Boden. Vermehrung durch Abtrennen der Seitenrosetten. (14, 24, 31, 32, 33) ▷

◁ **Rubus calycinoides**, Rosaceae, Rosengewächse. Etwa 250 *Rubus*-Arten sind weltweit überwiegend auf der Nordhalbkugel verbreitet. Dieses an den Trieben wurzelnde, bodendeckende Sträuchlein wird 5–10 cm hoch, ist dicht belaubt und immergrün. Die breiten, 3lappigen Blätter sind am Grunde tief herzförmig, 2–4 cm lang und breit, am Rand gewellt und unregelmäßig gesägt, unterseits meist weiß bis bräunlich filzig. Die kleinen, weißlichen Blüten stehen an bis 10 cm hohen Kurztrieben und öffnen sich von Mai–Juni. Aus ihnen entwickeln sich bis 1,5 cm lange, orange, fleischige Brombeerfrüchte. *R. calycinoides* stammt von Formosa und ist bedingt winterhart, etwa wenn sie mit Efeu vergesellschaftet an vor Wintersonne geschützter Stelle die Bodendecke bildet. Auch die Verwendung mit Stein sagt ihr zu. Vermehrung durch Stecklinge. (3, 4, 22, 32)

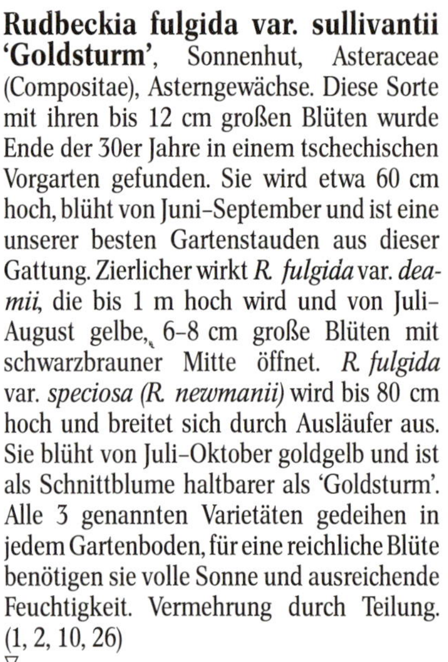

Rudbeckia fulgida var. sullivantii 'Goldsturm', Sonnenhut, Asteraceae (Compositae), Asterngewächse. Diese Sorte mit ihren bis 12 cm großen Blüten wurde Ende der 30er Jahre in einem tschechischen Vorgarten gefunden. Sie wird etwa 60 cm hoch, blüht von Juni–September und ist eine unserer besten Gartenstauden aus dieser Gattung. Zierlicher wirkt *R. fulgida* var. *deamii*, die bis 1 m hoch wird und von Juli–August gelbe, 6–8 cm große Blüten mit schwarzbrauner Mitte öffnet. *R. fulgida* var. *speciosa* (*R. newmanii*) wird bis 80 cm hoch und breitet sich durch Ausläufer aus. Sie blüht von Juli–Oktober goldgelb und ist als Schnittblume haltbarer als 'Goldsturm'. Alle 3 genannten Varietäten gedeihen in jedem Gartenboden, für eine reichliche Blüte benötigen sie volle Sonne und ausreichende Feuchtigkeit. Vermehrung durch Teilung. (1, 2, 10, 26)
▽

Rudbeckia hirta 'Rustica', Sommerblumen-Rudbeckie. Die zweijährige Art ist in ganz Nordamerika verbreitet. Sie wird bei uns als Sommerblume mit Vorkultur verwendet; Direktsaat ist selten erfolgreich. Blüte von Juni oder Juli–September. 'Rustica' hat etwa 10 cm große Blüten und wird etwa 70 cm hoch. Die meisten zweifarbigen Blüten sind gelb bis rot und braun in unterschiedlicher Mischung bzw. Zeichnung. Weitere Sorten: 'Herbstwald' mit kupfernen, roten und braunen Tönen, bis 80 cm hoch; 'Goldilocks', groß, gelb mit schwarzer Mitte und halb- bis ganz gefüllten Blüten, etwa 50–60 cm hoch; 'Marmalade', tief goldgelb, lange blühend, mit etwa 8 cm großen, einfachen Blüten; 'Meine Freude', leuchtend orangegelb, etwa 80 cm hoch. Für Sommerblumenpflanzungen und in Kombination mit Stauden oder auch in lockeren Stauden-Sommerblumenwiesen. (2, 10, 29, 36)
▽

◁ **Rudbeckia-Laciniata-Hybride 'Goldquelle'**. Diese standfeste, 70–80 cm hohe Sorte bildet von August–September etwa 7 cm große, zitronengelbe Blüten. Sie ist eine Kreuzung von *R. nitida* × *R. laciniata*. Verbreitet war dieser Rudbeckien-Typ durch die Sorte 'Goldball', die ihre hellgelb gefüllten Blüten von Juli–September auf 1,3–2,5 m hohen, verzweigten Stengeln trägt. Es ist eine alte Bauerngartenpflanze, die Ende des vorigen Jahrhunderts in England entstand. 'Goldkugel' entwickelt im August-September auf 1,3–1,6 m hohen Stielen goldgelb gefüllte Blüten. *R. laciniata* und ihre Sorten wachsen in jedem Gartenboden. Wie am Heimatstandort der Art vertragen sie aber auch feuchtfrischen bis nassen, ja leicht überfluteten Boden und gedeihen dort besonders prächtig. Die älteren, hohen Sorten wuchern. Vermehrung durch Teilung. (1, 2, 26, 27)

◁ **Rudbeckia triloba**. Diese Art ist eine zierliche, locker verzweigte, bis 1,2 m hohe Rudbeckie mit wohlriechenden, kleinen, tiefgelben Blüten mit schwarzer Mitte, die von August–September erscheinen. Sie liefert haltbare Schnittblumen. Es lohnt sich, die kurzlebige Staude immer wieder nachzupflanzen. Sie bevorzugt frischfeuchte, halbschattige Gehölzrand- bis Wiesenbereiche. Etwas trockenere Standorte liebt *R. subtomentosa*, die etwa 1,3 m hoch wird und von Juli–September gelbe Blüten mit brauner Mitte bildet. Das Laub dieser nicht wuchernden, haltbaren Schnittstaude für den sonnigen Gehölzrand verströmt einen leichten Anisduft. Vermehrung durch Teilung. Etwa 30 *Rudbeckia*-Arten sind meist als Präriepflanzen in Nordamerika verbreitet. Alle eignen sich gut als Schnittblumen, Grund genug, weitere Arten in Gartenkultur zu nehmen. (1, 2, 10, 26)

△
Rudbeckia nitida 'Herbstsonne'. *R. nitida* stammt von feuchten Plätzen im östlichen Nordamerika und blüht wie ihre Sorten von August–Oktober. 'Herbstsonne' wächst sich zu großen, bis 2 m hohen Büschen aus und bevorzugt wie die Art frische, feuchte Standorte. Es handelt sich bei ihr wahrscheinlich auch um eine Kreuzung zwischen *R. nitida* × *R. laciniata*. Die gelben, bis 12 cm großen Blüten werden von dem grünen Mittelkegel deutlich überragt. Die Sorte 'Juligold' mit goldgelben Blüten und grünbraunem Mittelkegel bleibt etwas niedriger und blüht bereits von Juli–August. *R. maxima* aus den nördlichen USA bildet sehr große gelbe Blüten mit schwarzem Mittelkegel und gedeiht in feuchten bis nassen Bereichen in voller Sonne. Die Pflanzen werden bis 3 m hoch und wachsen horstig. Vermehrung durch Teilung. (1, 2, 8, 26, 27)

Ruta graveolens, Weinraute, Rutaceae, Rautengewächse. Etwa 60 Arten umfaßt die Gattung, die vom Mittelmeergebiet bis Ostsibirien verbreitet ist. Es sind Stauden oder am Grunde verholzende Halbsträucher mit fiederschnittigen Blättern und Trugdolden als Blütenstand. Auch unsere Weinraute, die von Italien bis zum Balkan vorkommt, verholzt im Laufe der Jahre im unteren Bereich und wird halbstrauchig. Sie ist eine kräftig aromatisch duftende, alte Kulturpflanze. Von Juni–September entwickelt sie gelbgrüne Blüten in verzweigten Blütenständen. Die unpaarig gefiederten Blätter sind attraktiv blaugrün. 'Jackmans Blue' ist eine besonders kräftig blaugrüne Auslese. Verwendung an warmen, sonnigen Standorten auf durchlässigem, trockenem Boden. Rückschnitt im Frühjahr bis ins alte Holz. Vermehrung durch Aussaat oder Stecklinge. (1, 2, 5, 40) ▷

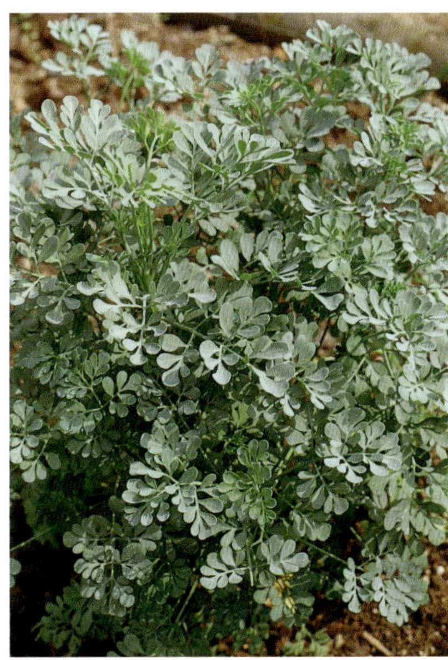

◁ **Sagina subulata**, Sternmoos, Caryophyllaceae, Nelkengewächse. Etwa 30 Arten sind in den gemäßigten Gebieten der Nordhalbkugel sowie in den westlichen Küstengebirgen Südamerikas verbreitet. Es sind einjährige oder staudige Pflanzen von rasenartigem bis moosähnlichem Wuchs mit meist kleinen, weißen Blüten. Als Gartenpflanze wird die heimische *S. subulata* verwendet, die von Juli–August weiß blüht und höchstens 10 cm hoch wird. Sie entwickelt dichte, grüne Polster und läßt sich durch Aussaat oder Teilung vermehren. Verwendung überall dort, wo solch flache Polster benötigt werden, sei es auf Gartenwegen, Terrassen oder auch Gräbern, oder wo Pflasterfugen an sonnigen Standorten auf frischem Boden begrünt werden sollen. An sonnigerer Stelle ist der Wuchs dichter und geschlossener polsterförmig als auf der Abbildung. (25, 32)

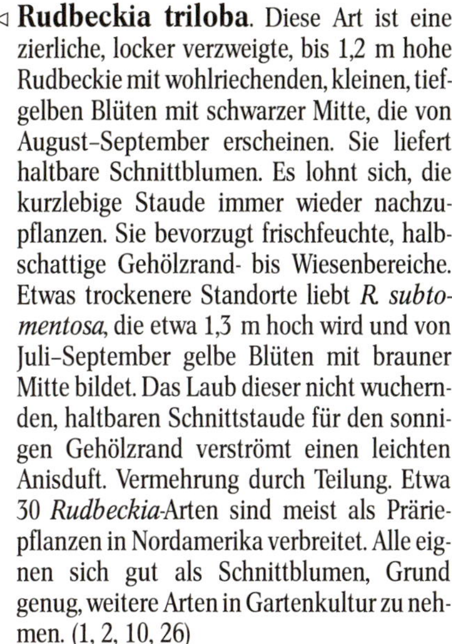

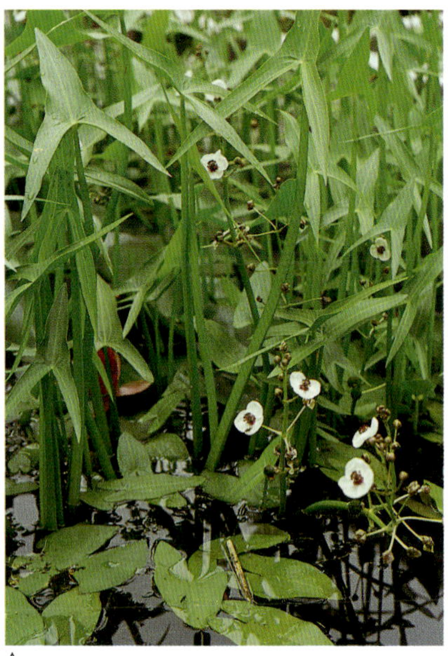

△

Sagittaria sagittifolia, Pfeilkraut, Alismataceae, Froschlöffelgewächse. Etwa 20 Arten in den gemäßigten und tropischen Gebieten der Erde mit Schwerpunkt in Amerika. Es sind dekorative Sumpfstauden für Wassertiefen bis 40 cm. *S. sagittifolia*, unser heimisches Pfeilkraut, ist von Europa bis Asien verbreitet und blüht von Juni–August. Es wird bis 80 cm hoch und breitet sich durch knollenbildende Ausläufer aus. Die Unterwasserblätter sind bandförmig, die Überwasserblätter langgestielt und pfeilförmig. *S. sagittifolia* blüht weiß mit roten Staubgefäßen und unterscheidet sich dadurch von *S. latifolia* aus Nordamerika, die gelbe Staubblätter und rosa bis blaue Überwinterungsknollen besitzt. *S. graminea*, das Grasblättrige Pfeilkraut, ist nur in tiefem Wasser ausreichend winterhart. Vermehrung durch Aussaat oder über die Knollen. (27, 28)

Salpiglossis sinuata, Trompetenzunge, ▷ Solanaceae, Nachtschattengewächse. 5 Arten dieser klebrigen, weichhaarigen, einjährigen Pflanzen sind in Südamerika verbreitet. Sie bilden langgestielte, große, blaue, gelbe, rötliche, bräunliche oder mehrfarbige Blüten. Die verzweigte *S. sinuata* aus Chile wird bis 1 m hoch und blüht von Juni–August. Meist werden Mischungen angeboten, die auch mehrfarbig gezeichnete Blüten enthalten. Man vermehrt die Trompetenzunge durch Aussaat mit Vorkultur oder Direktsaat Ende April–Anfang Mai an Ort und Stelle. Sie eignet sich für sonnige Lagen und warme, nicht anhaltend feuchte Böden. In kühlen Sommern entwickelt sie sich nur schlecht. Die Trompetenzunge ist eine sehr haltbare, schöne Schnittblume, wenn sie vom Garten direkt in die Vase kommt, da sie sich schlecht transportieren läßt. (2, 5, 35, 36)

◁ **Salvia farinacea 'Victoria'**, Ährensalbei. Etwa 700 *Salvia*-Arten sind besonders in den Tropen und Subtropen mit Schwerpunkten im Mittelmeergebiet und in Mexiko verbreitet. Es sind ein- und zweijährige, aber auch staudige und halbstrauchige bis strauchige Pflanzen. Diese staudige bis halbstrauchige Art stammt aus Texas und blüht bei uns von Mai–Oktober. Die Pflanzen werden je nach Sorte 60–80 cm hoch und eignen sich ebenso für Sommerblumenpflanzungen wie auch für den Schnitt. Sie werden durch Aussaat mit Vorkultur vermehrt und als einjährige Sommerblumen verwendet. Als Schnittblumen eignen sich besonders die dunkelblauen Sorten 'Gruppenblau', bis 90 cm, und 'Bläuähre', bis 70 cm hoch. Weitere Sorten sind 'Catima', nachtblau, und 'Silberweiß', beide 50–60 cm hoch. Die abgebildete Sorte 'Victoria' wird 30–50 cm hoch. (2, 29, 36)

△

Salvia viridis (*S. horminum*), Buntschopfsalbei, Lamiaceae (Labiatae), Taubnesselgewächse. Diese Art stammt aus dem Mittelmeergebiet und ist von Spanien und Algerien bis nach Persien verbreitet. Sie wächst ein- oder zweijährig und wird bei uns als einjährige Sommerblume mit Vorkultur gezogen. Ihr Schmuck sind die bunten Deckblätter, die sie über die Blütezeit von Juni–August hinaus zieren. Die Pflanzen werden etwa 60 cm hoch. 'White Swan' trägt weiße Deckblätter mit grünen Adern, 'Oxford Blue' blauviolette und 'Pink Sundae' rosafarbene. Die abgebildete Mischung 'Claryssa' wächst kompakter und bleibt mit etwa 40 cm relativ niedrig. Verwendung in Sommerblumenpflanzungen und zwischen frühjahrsblühenden Stauden als Sommerflor. Dieser Salbei läßt sich auch getrocknet verwenden, da die Deckblätter ihre Farbe behalten. Vermehrung durch Aussaat. (2, 36)

◁ **Salvia nemorosa 'Ostfriesland'**, Steppensalbei. Diese bis 70 cm hohe Art warmer, trockener Rasen und steppenartiger Bereiche ist von Mitteleuropa bis Sibirien und Persien verbreitet. Hierzu gehören neben 'Ostfriesland' viele weitere Sorten, von denen einige auch auf Kreuzungen mit anderen Arten hinweisen. So die Sorten 'Blaukönigin', dunkelviolett, 40 cm, und 'Rosakönigin', rosa, 60 cm, die als *S.* × *superba* bezeichnet werden und von Juni–September blühen. Sie werden durch Aussaat vermehrt. Durch Teilung oder Stecklinge vermehrt man die übrigen Sorten: 'Blauhügel', reinblau, 50 cm; 'Mainacht', leuchtend schwarzblau, 50 cm; 'Negrito', blau, 40 cm; 'Vesuve', tiefviolett, 60 cm; sowie die locker wachsenden Sorten 'Tänzerin', tiefviolett, 60–80 cm, und 'Viola Klose', dunkelblau, 40 cm. Die letzten 3 blühen oft schon ab Mai. (1, 2, 3, 10, 29)

△
Salvia officinalis 'Tricolor', Dreifarbiger Gartensalbei. Von dem als Würzpflanze angebauten Gartensalbei gibt es auch buntblättrige Sorten. 'Tricolor' mit graugrün-violett und purpurrosa gefärbten Blättern ist eine der schönsten davon. 'Aurea' besitzt goldgelb panaschierte Blätter, 'Purpurascens' stumpfviolette und 'Variegata' gelbgrün gescheckte. Die Sorte 'Berggarten' wird etwa 50 cm hoch und blüht von Juni–Juli lilablau über breiten, graugrünen Blättern. Die zierlichere Ausgabe des Gartensalbeis ist die nur etwa 20 cm hohe, im Juni blau blühende *S. lavandulifolia* aus dem spanisch-nordafrikanischen Mittelmeerbereich. Alle buntblättrigen Formen können in gleicher Weise wie die grünen in der Küche verwendet werden. An warmer, sonniger Stelle sind sie außerdem wertvolle Zierstauden. Vermehrung durch Stecklinge. (3, 5, 12, 29, 32, 40)

△
Salvia patens. Diese Salbei-Art stammt aus Mexiko und hat büschelige, verdickte Wurzeln, die man wie Dahlienknollen frostfrei überwintern kann. Die Pflanzen werden etwa 75 cm hoch und blühen mit bis 6 cm großen, marineblauen Blüten von Juli–September. Die Sorte 'Cambridge Blue' beginnt mit ihrer himmelblauen Blüte bereits im Juni. Vermehrung durch Aussaat. Verwendung als einjährige Sommerblume mit Vorkultur. Ebenso kultiviert wird die leuchtend scharlachrot blühende *S. coccinea* 'Lady in Red', auch wenn sie in ihren Heimatländern Mexiko und Texas strauchig wächst. Sie ist bei uns nicht winterhart, könnte aber als Kübelpflanze gezogen werden. Im südwestlichen Teil der USA und in Mexiko gibt es noch viele Salbei-Arten, die als einjährige Sommerblumen mit Vorkultur gezogen werden können und einen Versuch in unseren Gärten wert sind. (2, 5, 36)

Salvia pratensis var. haematodes, ▷ Wiesensalbei. Diese Varietät des Wiesensalbeis ist ein Typ aus seinem weiten Verbreitungsgebiet, das sich von den meisten Teilen Europas bis in das nördliche mittlere Rußland erstreckt. Sie ähnelt sehr der meist nur zweijährigen *S. bicolor* aus Südwestspanien und Nordwestafrika, die aber bei uns nicht in Kultur ist. Sie eignet sich besonders für warme, sonnige Lagen in Naturgärten. Dazu rechnet man neben 'Indigo' mit kräftigblauen Blüten auch die verbreitete himmelblaue Gartensorte 'Mittsommer'. Sie wird bis 1 m hoch und ist dadurch auch zum Schnitt geeignet. Der Wiesensalbei und seine Formen können violettblau, blauweiß, reinweiß oder auch rosa blühen. Die Pflanzen eignen sich gut für Staudenwiesen, steppenartige Bereiche und den Staudenübergang sonniger Gehölzränder. Vermehrung durch Aussaat. (1, 3, 10, 29)

◁ **Salvia sclarea**, Muskatellersalbei. Er stammt aus dem Mittelmeerraum und wurde im Mittelalter zur Herstellung des damals beliebten Muskatellerweines verwendet, da der echte Muskatellerwein aus dem Mittelmeergebiet selten und teuer war. Aus der Blattrosette des ersten Jahres entwickelt sich im zweiten Jahr ein reichverzweigter, klebrig behaarter Blütenstand, der bis 1,5 m hoch wird. Wenn die weiß-lila Blüten im Juli–August verblüht sind, ziert er immer noch durch die rosarot-bunten Hochblätter, die bis zum Absterben der Pflanze im Herbst erhalten bleiben. *S. sclarea* 'Turkestanica' blüht reinweiß an rotüberlaufenen Zweigen und wirkt sehr dekorativ. An heißen, warmen, trockenen Stellen sät sich der Muskatellersalbei selbst aus. Er eignet sich für offene, trockene, steppenartige Bereiche. Die Vermehrung erfolgt durch Aussaat. (5, 12, 29, 40)

△

Sandersonia aurantiaca, Chinalaterne, Weihnachtsglöckchen, Colchicaceae (Liliaceae), Herbstzeitlosengewächse. Nur diese Art in Natal. Sie klettert durch Festhalten mit den Blattspitzen bis 1,5 m hoch. Die Knollen gleichen denen der *Gloriosa.* Erst nach mehreren Jahren sind die Pflanzen voll entwickelt. Dann blühen sie im Juni reichlich, mit goldorangen Blütenlaternen an langen Stielen. Die Samenkapsel entwickelt sich in dieser Hülle, die lange gelblich, später gelbgrünlich wie ein Schutzschirm erhalten bleibt. Vermehrung durch Aussaat oder Teilung der Knollen. Frostfreie Überwinterung und sommerliche Freilandkultur in Beeten an geschützter Stelle, besser in großen Kübeln oder auch in Balkonkästen. Ausreichende Wasser- und Nährstoffversorgung sind Voraussetzung für eine gute Entwicklung, die durch Sonne und Wärme gefördert wird. (2, 5, 30, 38) ▷

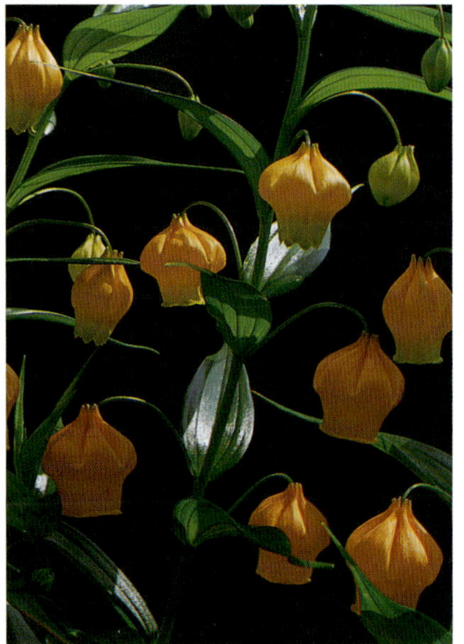

Salvia splendens, Feuersalbei. Die Salvien unserer Sommerblumenbeete stammen ursprünglich aus Brasilien. Es sind krautige ausdauernde, 50–150 cm hohe Stauden mit 4kantigen, ästigen Stengeln. Die scharlachroten, 4–7 cm langen Blüten stehen in einfachen oder verzweigten endständigen Trauben. Da die Pflanzen nicht winterhart sind werden sie als einjährige Sommerblume mit Vorkultur gezogen und nach den Eisheiligen Ende Mai ausgepflanzt. Die Gartensorten schwanken zwischen 25–45 cm Höhe. Ihre Blütenfarben zeigen neben einem grünlichen bis cremefarbenen Weiß alle Töne von Lachs über Rosa und Rot bis Leuchtendscharlach und ebenso unterschiedlichste Schattierungen von Violett. Im Garten ist es schwierig, sie zu kombinieren. Zu dieser Farbengruppe gehören z. B. die Sorten 'Cleopatra Violett', 'Phoenix' und 'Laser Purple' (2, 16, 36)

Sanguinaria canadensis 'Multiplex', Gefülltblühende Blutwurz, Papaveraceae, Mohngewächse. Die Gattung besteht nur aus dieser einen Art, die im atlantischen Nordamerika verbreitet ist und von April–Mai blüht. Die Staude wird 15–25 cm hoch, besitzt einen kriechenden Wurzelstock und führt roten Milchsaft. Die grundständigen, langgestielten, handförmig gelappten Blätter sind kräftiggrün mit leicht bläulichem Hauch. Die großen weißen Blüten stehen einzeln langgestielt zwischen den Blättern und sind bei der abgebildeten Sorte 'Multiplex' dicht gefüllt. Verwendung an halbschattigem bis schattigem Standort auf lockerem, humosem Boden. Die Pflanze zieht bereits im Juni–Juli ein und macht bis zum Wiederaustrieb im nächsten Frühjahr eine Ruheperiode durch. Die Vermehrung erfolgt durch Aussaat, bei der Sorte 'Multiplex' durch Teilung. (4, 21) ▷

Santolina chamaecyparissus, Heiligenkraut, Asteraceae (Compositae), Asterngewächse. 10 Heiligenkraut-Arten sind im westlichen Mittelmeergebiet verbreitet. Es sind immergrüne, aromatisch duftende Halbsträucher mit gegenständigen, gefiederten Blättern. Die bis 50 cm hohe *S. chamaecyparissus* wird auch Zypressenkraut genannt und blüht von Juli–August. Die ganze Pflanze ist silbergrau-filzig, die Blütenkörbchen sind gelb, langgestielt und einzeln endständig. Sie können in der Trockenbinderei genutzt werden. Die Pflanze läßt sich auch als niedrige Hecke schneiden, z. B. als Einfassung, blüht dann aber nicht. Verwendung an sonnigen, geschützten Standorten auf Böden mit guter Wasserdurchlässigkeit. In Gegenden mit strengen Wintern sollte man die Pflanze als Sommerblume mit Vorkultur behandeln. Vermehrung durch Aussaat oder Stecklinge. (5, 12, 24, 32)
▽

Sanguisorba tenuifolia 'Alba', Rosaceae, Rosengewächse. Je nach Zuordnung 2–3 oder etwa 30 Arten in den gemäßigten Gebieten der Nordhalbkugel. Die Stauden besitzen unpaarig gefiederte Blätter und rote oder weiße Blüten in dichten Ähren. *S. tenuifolia*, verbreitet in Japan, Sibirien, der Mandschurei und Korea, wächst dort auf nassen Wiesen und an Flüssen und Bächen. Sie wird bis 1,5 m hoch und hat zylindrische, erst aufrechte, dann nickende Ähren mit rötlichen Blüten. Bei 'Alba' hängen die grünlichweißen Blütenähren immer über; sie öffnen sich von August–September. Eingewachsene Pflanzen wirken in Einzelstellung ausgesprochen dekorativ. Die heimische *S. officinalis*, der Große Wiesenknopf, ist für feuchtnasse Wiesenstandorte geeignet. Er wird bis 1 m hoch und blüht von Juni–August blutrot. Vermehrung durch Aussaat oder Teilung. (10 bzw. 27) ▷

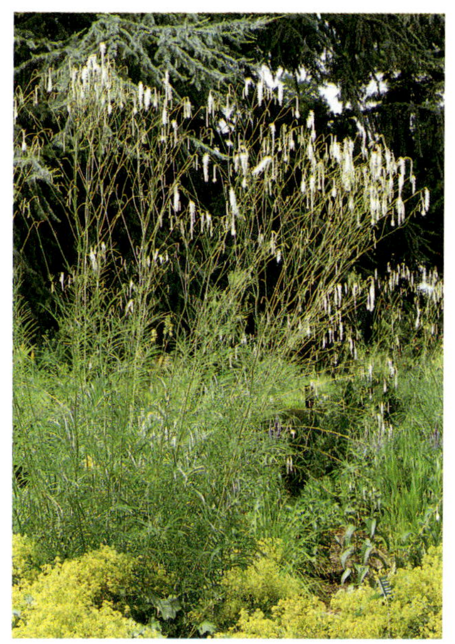

Saponaria ocymoides, Teppichseifenkraut, Caryophyllaceae, Nelkengewächse. Diese heimische Art ist eine der etwa 30 Arten dieser Gattung, die vorwiegend im Mittelmeergebiet und in den Gebirgen der gemäßigten Gebiete Europas und Asiens verbreitet sind. Die einjährigen Pflanzen oder Stauden haben rosa, rote oder weiße Blüten. Sie werden durch Aussaat oder Stecklinge vermehrt und eignen sich besonders für Mauerkronen und Steingartensituationen an sonnigem Standort auf trockenem Boden. Das reinrosa blühende Teppichseifenkraut wird etwa 15–20 cm hoch und blüht von Mai–Juli. Die bis 60 cm großen Polster liegen gern Steinen auf und wirken besonders schön auf Mauerkronen. Die Sorte 'Splendens' blüht kräftig rosarot, die dicht wachsende 'Rubra Kompakta' dunkelrot. Beide Sorten können nur durch Stecklinge vermehrt werden. (25, 29, 31, 32)
▽

◁ **Sanvitalia procumbens**, Husarenknopf, Asteraceae (Compositae), Asterngewächse. Die 7 Arten der Gattung sind vor allem in Mexiko, aber auch im Südwesten der USA verbreitet. Es sind einjährige Kräuter mit niederliegenden Stengeln und großen, gelben, einzeln stehenden Blütenkörbchen. Vermehrung durch Aussaat. Verwendung an sonnigen Stellen auf lockerem, durchlässigem Boden. *S. procumbens* blüht von Juli–Oktober und wird etwa 15 cm hoch. Neben der abgebildeten Art gibt es auch Sorten mit orangen Zungenrandblüten, zum Beispiel 'Mandarin', oder die gefülltblühende 'Plena' · Sie eignen sich zur Bepflanzung von Sommerblumenbeeten sowie für Gräber, Pflanzgefäße, Balkonkästen und als Einfassung. Man vermehrt sie durch Aussaat Anfang Mai an Ort und Stelle oder durch Aussaat mit Vorkultur und Auspflanzen Mitte Mai. (25, 32, 35, 36)

◁ **Saponaria officinalis 'Rosea Plena'**, Gefülltblühendes Seifenkraut. Die Art ist von Mittel- und Südeuropa bis Westsibirien und in Vorderasien verbreitet sowie in Nordeuropa und Nordamerika eingebürgert. Sie wurde früher angebaut, da man mit ihren Wurzeln seifenähnlich waschen kann; noch heute verwendet man diesen sanften Schaum zum Reinigen kostbarer Stoffe. Gartensorten sind die abgebildete 'Rosea Plena', die weiße, gefüllte 'Alba Plena' und die rote, gefüllte 'Rubra Plena'. Mit 'Variegata' ist außerdem ein Typ mit panaschierten Blättern vorhanden. Die Art selbst blüht einfach rosa, aber auch weiß bis dunkelrot; auch die Pflanzen können rosa oder dunkelrote Stengel haben. Meistens duften die Blüten und eignen sich auch gut als Schnittblumen. Blütezeit ist von Juni-September. Die Pflanzen wuchern etwas. Vermehrung durch Teilung. (2, 4, 10, 26, 27)

Saponaria × lempergii. Diese Gartenhybride ist eine Kreuzung aus *S. cypria* × *S. haussknechtii.* Sie wächst stark verzweigt mit flach aufliegenden, sich bis 30 cm aufrichtenden Trieben und blüht von August-September karminrot. Die Sorte 'Max Frei' wird nur 20-30 cm hoch und blüht von Juni-September hellrosa. Beide eignen sich für Felssteppenbereiche und werden durch Stecklinge oder Teilung vermehrt. Wertvoll sind sie wegen der späten Blüte, besonders in größeren Steingärten. Schöne Partner sind der blaublühende Kleinstrauch *Caryopteris* × *clandonensis* oder Perovskien als kräftiger Farbkontrast und mit gleichen Ansprüchen an Boden, Wärme, Licht und Feuchtigkeit. Oder man läßt durch die aufliegenden Triebe Sommerenzian, *Gentiana septemfida*, blühen. (7, 24, 25, 31, 32)

▽

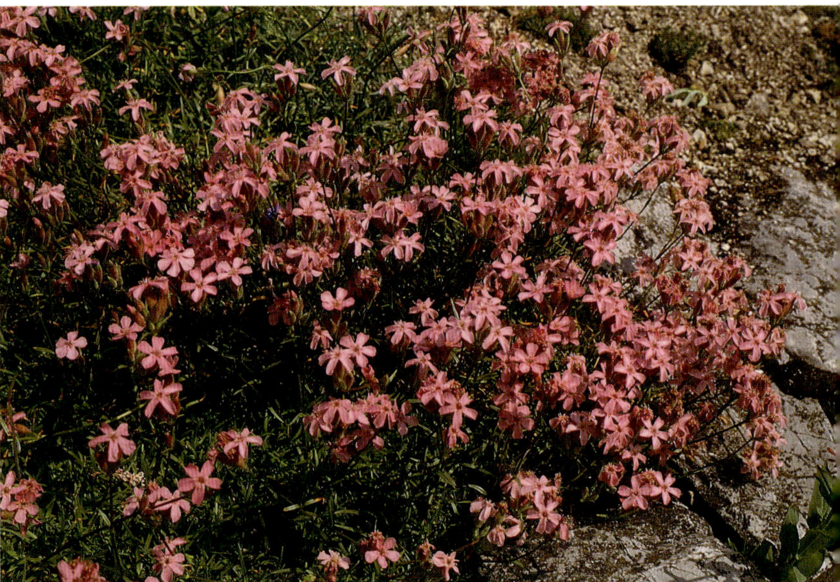

Saponaria × olivana. Dies ist eine Kreuzung von *S. caespitosa* mit *S. pumilio.* Sie bildet dichte, feste, fast stengellose Polster, die etwa 5 cm hoch werden. Die Pflanze blüht von Juni-Juli mit bis 2 cm großen, rosa Blüten. *S. pumilio* kommt in den Alpen und in den Karpaten vor und bildet ebenfalls 5 cm hohe Polster, die von Juli-August rosa blühen. In den mittleren und südwestlichen Alpen ist *S. lutea* verbreitet. Dieses bis 7 cm hohe Seifenkraut blüht von Juli-August hellgelb. Aus einer Kreuzung von *S.* × *olivana* mit *S. ocymoides* entstand die Sorte 'Bressingham', die von Juni-August karminrot mit weißem Auge über einem 3 cm hohen, festen Polster blüht. Das sind nur 4 Beispiele für eine Vielzahl weiterer Seifenkraut-Typen für den Steingarten, die zu sammeln es sich lohnt. Vermehrung durch Teilung. (24, 25, 31, 32)

▽

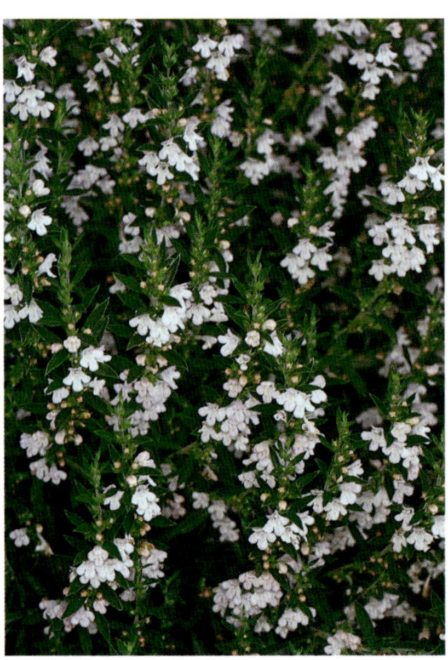

◁ **Satureja montana**, Winterbohnenkraut, Ausdauerndes Bohnenkraut, Bergminze. Lamiaceae (Labiatae), Taubnesselgewächse. Etwa 200 Arten, besonders im Mittelmeergebiet und in Vorderasien, aber auch in den Anden. Die Gattung enthält sowohl einjährige Pflanzen wie unser Gartenbohnenkraut, *S. hortensis,* als auch Stauden oder Halbsträucher wie *S. montana.* Letztere ist in Nordafrika und Südeuropa bis zum Kaukasus verbreitet und blüht von Juli-September. Beide Arten werden bis 40 cm hoch. Sie besitzen rosa, lila oder weiße Blüten und kleine, wintergrüne Blättchen. Vermehrung durch Aussaat, Stecklinge oder Teilung. Das Winterbohnenkraut ist eine anspruchslose Polsterpflanze für warme Standorte auf trokkenen, warmen, nährstoffarmen Böden ohne Winternässe. Neben der Nutzung als Gewürz wirkt es auch zierend. 'Coerulea' blüht dunkellila. (12, 24, 32, 40)

Saxifraga × apiculata 'Gregor Mendel' *(S. × apiculata),* Karl Foesters 'Elfenbeinsteinbrech'. Bei den vielen im Handel befindlichen 'Kabschia'-Hybriden (Porophyllum-Sektion) gibt es nicht nur große Unterschiede in Form und Blütenfarbe, sondern auch hinsichtlich ihrer Größe. Auf der einen Seite gibt es echte Zwergformen, deren Rosettendurchmesser nicht einmal 10 cm beträgt, auf der anderen Seite wüchsige, die am zusagenden Platz 40 cm oder gar einen halben Meter erreichen können. Zu diesen Riesen unter den Kabschias gehört auch die abgebildete wüchsige *Saxifraga × apiculata* 'Gregor Mendel'. Aus festen grünen Matten entwickeln sich im März–April die hellgelben bis elfenbeinfarbenen Blüten. Bekannt ist auch eine weißblütige Form, die in allen anderen Eigenschaften dem hellgelben Typ entspricht. (24, 31, 32)

▽

Saxifraga-Arendsii-Hybriden, Moos- ▷ steinbrech-Hybriden, Saxifragaceae, Steinbrechgewächse. Umfangreiche Gattung mit mehr als 500 verschiedenen Arten, die sich morphologisch sehr unterscheiden. Bei den moosartigen Typen gibt es bereits schöne, gartenwürdige Formen. Eine Steigerung gelang Georg Arends mit seinen Hybriden. Sie bilden mehr oder weniger lockere Polster, die aus Rosetten stark geschlitzter Blätter zusammengesetzt sind. Aus diesen treiben zur Blütezeit je nach Sorte 5–20 cm hohe Stengel, die die Blütendolde tragen. Blütezeit April–Mai. Viele Sorten mit weißen, rosaroten und zartgelben Blüten sind vorhanden. Sie lieben etwas bodenfeuchtere Plätze. Schöne Sorten sind 'Blütenteppich', rosa, auch Aussaat, 'Peter Pan', dunkelrosa, 'Ingeborg', dunkelrot (Bild), 'Triumph', rot, und 'Schwefelblüte', hellgelb. (18, 20, 21, 32)

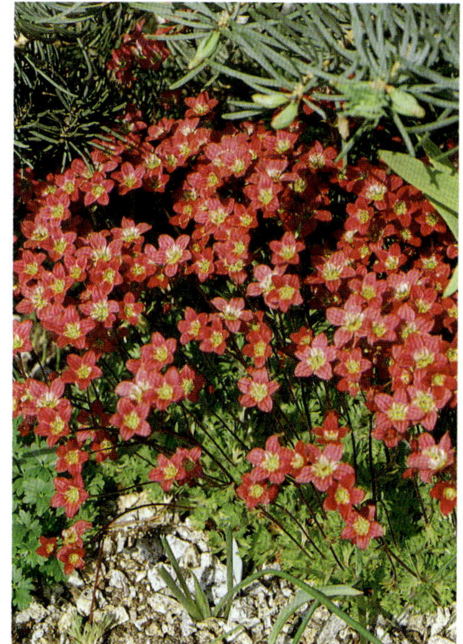

Saxifraga cebennensis, Cebennensteinbrech. Südfrankreich. Eine bessere, nicht sehr verbreitete Steinbrech-Art, nahe verwandt mit *S. pubescens.* Sie bildet kleine, faustgroße, halbkugelige Polster, die aus vielen, lichtgrünen, 3- bis 5lappigen Blättern zusammengesetzt sind. Aus ihnen entwickeln sich zahlreiche, 5–8 cm hohe Blütenstiele, die oft rötlich gefärbt und dicht drüsenhaarig sind. Die 3–4 Stengelblätter sind meist ganzrandig, bis auf das unterste, das 3lappig ist. Jeder Stengel trägt 2–3 reinweiße Blüten. Blütezeit Mai–Juni. Eine attraktive kleine Pflanze, die etwas mehr Aufmerksamkeit benötigt. Sie liebt besonders etwas absonnige Plätze, aber keinesfalls stehende Nässe. Das Substrat sollte etwas kalkhaltig sein. Für bessere Steingartenplätze geeignet. Sie wird hin und wieder von Alpenpflanzengärtnereien angeboten. (32)

▽

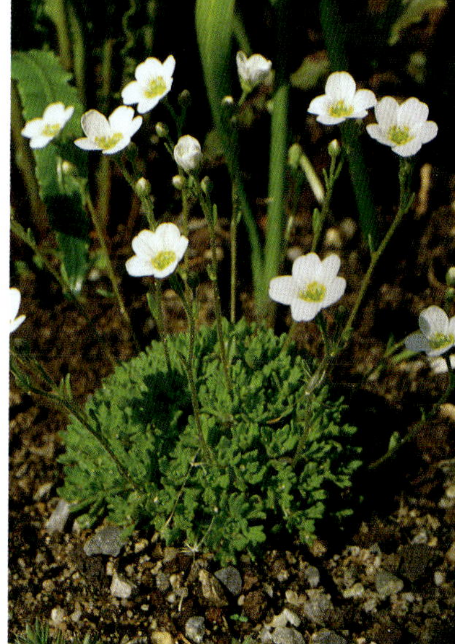

◁ **Saxifraga callosa,** Schwieliger Silberrosetten-Steinbrech. Seealpen, Apennin, Sardinien, Pyrenäen. Die wüchsige, schöne, krustige, variable Steinbrech-Art bildet büschelige Rosetten mit rinnigen, blaugrauen, an der Basis rötlichen, nach außen gekrümmten, lineal-spateligen Blättern, etwa 9 cm lang und 4 mm breit. Der Rand ist kalkbekrustet. Der doldenrispige, überhängende Blütenstand wird bis 35 cm hoch. Die länglichen Kronblätter sind weiß mit roten Tupfen am Grund. Blütezeit Juni. Sie liebt sonnige Plätze und anlehmigen Boden, dem etwas Kalksplitt zugesetzt wurde, stehende Nässe verträgt sie nicht. Es gibt eine ganze Reihe von Unterarten, Formen und Hybriden. Hübsch sind 'Albertii', *S. c.* var. *bellardii* (Bild), *S. c.* ssp. *catalaunica, S. c.* var. *lantoscana.* Ideale Pflanzen für Steingärten, Trockenmauerfugen, Tröge. (24, 31, 32)

Saxifraga cochlearis, Krustiger Süd-westalpen-Steinbrech. Dieser Silberrosetten-Steinbrech variiert in Größe und Form von Standort zu Standort, beidseitig der italienisch-französischen Grenze. Alle Formen bilden schöne, hochgewölbte Hügel-Polster aus kleinen, halbkugeligen Rosetten. Sie haben zahlreiche ungezähnte Blätter, die stark mit krustigen Kalkausscheidungen bedeckt sind. Die löffelförmigen Blätter unterscheiden sie von anderen Arten dieser Sektion (außer von *S. valdensis*). Der Blütenstengel kann eine Höhe von 20 cm oder auch 25 cm erreichen, ebenso variiert die Größe der Pflanze. Der lichte Blütenstand trägt perlartige Knospen und im Mai–Juni reinweiße Blüten. Erwähnt werden muß auch die Zwergform *S. cochlearis* 'Minor', eine nur 10 cm hohe Miniaturausgabe. Für Steingärten und Tröge sehr gut geeignet. (24, 31, 32) ▷

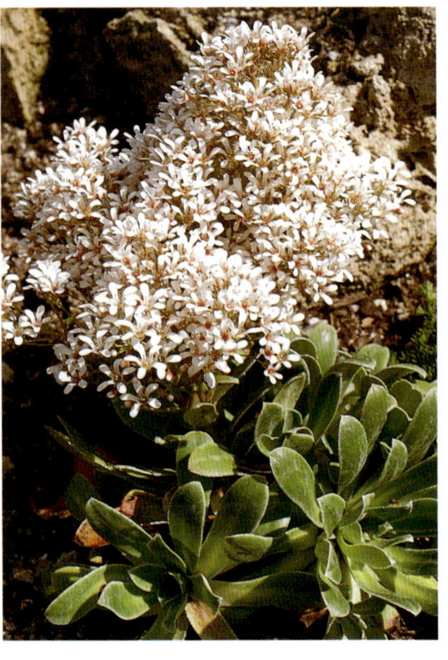

◁ **Saxifraga cotyledon,** Prachtsteinbrech. Zentralalpen, Skandinavien. Attraktivster mehrrosettiger Silberrosetten-Steinbrech. Er bildet schöne flache Rosetten, die einen Durchmesser bis zu 12 cm haben können, manchmal bis 15 cm. Die Blätter sind breitlinealisch, zur Spitze zu spatelig verbreitert, ledrig-kahl und fein gezähnt. Die blühenden Rosetten sterben nach der Blüte ab, von der Grundachse aus bilden sich aber kleine Kolonien oder Polster. Der Blütenstengel steht aufrecht, ist durchschnittlich 60 cm hoch, die Höhe kann aber zwischen 15 und 80 cm schwanken. Zahlreiche zerstreut stehende Stengelblätter. Der Blütenstand hat eine bogig-rispige, pyramidale Form. Die Kronblätter sind weiß mit rötlichen Nerven, oft auch rot punktiert. Er liebt ein kalkfreies bis -armes Substrat und einen halbschattigen bis absonnigen Platz. Für Steingärten. (31, 32)

△ **Saxifraga cortusifolia var. fortunei,** Herbststeinbrech. Japan, China, Korea, Mandschurei. Nicht ausläufertreibende Steinbrechart, die 7lappige, bräunlichgrüne, etwas fleischige Blätter entwickelt. Die Blütenstände können bis 40 cm hoch werden, sie tragen eine Vielzahl von Einzelblüten aus 5 schmalen, weißen, ungepunkteten Kronblättern. Ein oder manchmal zwei Kronblätter sind gezähnt und stehen nach unten. Die anderen vier zeigen nach oben und sind länger als die nach unten geneigten. Völlig winterhart, doch ist der Blattaustrieb im Frühling durch Spätfröste und die Blüte im Herbst durch Frühfröste gefährdet. Die Pflanze erholt sich aber wieder. Als ostasiatische Waldpflanze liebt sie halbschattige oder absonnige Lagen, der Boden sollte humos und möglichst kalkfrei sein. Die Form 'Rubrifolia' hat rötlichbraune Blätter. (4, 18, 20, 21, 32)

Saxifraga ferdinandi-coburgi, Ferdinandsteinbrech, Bulgarien, Mazedonien. Bei den reizenden Porophyllum-Steinbrechen spielen die vielen Hybriden eine wesentlich größere Rolle als die Arten. Von den letztgenannten dürfte diese hier mit am leichtesten zu kultivieren sein. Sie bildet feste, blaugrüne Polster mit kleinen, dichtgedrängten Rosetten aus sehr kurzen, spitzen Blättchen. Die Blütenstiele sind etwa 5 cm hoch und verzweigt. Sie tragen zahlreiche Blüten, meist 7–12 Stück, manchmal auch mehr. Blütenfarbe kräftig goldgelb, die Knospen sind rötlich. Von der Pflanze gibt es auch einige leicht abweichende Varietäten. Alle sind für 'Kabschia'-Saxifragen wenig empfindlich, sie lieben Kalk, durchlässigen Boden, mögen keine stauende Nässe und vertragen mehr Sonne als andere. Für Steingärten, aber auch für Schalen und Tröge. (31, 32) ▷

Saxifraga granulata 'Plena', Gefüllter ▷ Knöllchensteinbrech. Die einfachblühende Art ist in Europa als Wiesenpflanze weit verbreitet. Sie bildet lockere Rosetten langgestielter Blätter mit nierenförmiger, tiefgekerbter Spreite. Der Stengel ist 30–40 cm hoch, an der Spitze locker-rispig verzweigt. Stengel und Blütenstand sind drüsig-klebrig. Die milchweißen Blüten erscheinen im Juni. Die Pflanzen tragen kleine Knöllchen zwischen den Wurzeln und in den Blattwinkeln (Name). Bei der abgebildeten, gefülltblühenden *S. granulata* 'Plena' handelt es sich um eine in Steingärten gepflanzte Form. Die gefüllten Blüten erinnern etwas an die Levkojenblüte. Pflanzplatz kennzeichnen oder entsprechende Partnerpflanze geben, da dieser Steinbrech schon bald nach der Blüte einzieht. Er liebt neutrale bis leicht basische Böden und eine gute Sonnenlage. (3, 32)

△
Saxifraga grisebachii, Hängetrauben-Steinbrech, Grisebachs Steinbrech. Balkangebirge. Einer der Engleria-Steinbreche, die zur Sektion Porophyllum gehören. Mehrere Rosetten stehen zusammen, ohne daß sie größere Polster bilden. Die silbrigen Pflanzen wachsen flach-aufstrebend und werden verhältnismäßig groß (Rosettendurchmesser 3,5–5 cm, manchmal auch bis 7 cm). Die Rosettenblätter sind spatelig-zungenförmig und graugrün. Bereits ab März entwickeln sich die bis 15 cm hohen, seidig behaarten und drüsigen Stengel. Die Stengelblätter sind rötlich mit grünlicher Spitze. Der nikkende Blütenstand ist traubig und leuchtend karminpurpur. Die Blütezeit dauert bis 4 Wochen. Attraktive Pflanze für bessere Pflanzplätze in Steingärten oder für Tröge. Durchlässige Böden mit einem entsprechenden Humusanteil und Kalkschotter sind geeignet. (31, 32)

△
Saxifraga-Kabschia-Hybriden, Kabschiasteinbrech. Aus den in europäischen und asiatischen Gebirgen vorkommenden Porophyllum-Saxifragen wurden viele Hybriden gezüchtet, allgemein als „Kabschias" bekannt. Alle bilden kleine, flache Polster, je nach Sorte zwischen 5 und 25 cm Durchmesser, nur wenige werden größer. Auf kurzen Blütenstengeln stehen im März–April einzelne oder mehrere Blüten, je nach Sorte. Es gibt weiß-, rosa-, rot- und gelbblühende Sorten, die reichlich oder auch nur wenige Blüten hervorbringen. Pflanzensammler können mehr als 100 verschiedene Typen zusammentragen. Sie benötigen etwas bessere Steingartenplätze, vertragen keine pralle Mittagssonne und brauchen gute Dränage, trotzdem mildfeuchten Boden und möglichst hohe Luftfeuchtigkeit. Bodenverdichtung führt zum Tod. Bild: *S.* × *boydii*-Sorte *S. burserana* 'Lutea'). (31, 32)

Saxifraga longifolia, Pyrenäensteinbrech. ▷ Pyrenäen. Imposante monocarpe Steinbrech-Art. Im Laufe einiger Jahre bildet sich eine große Rosette, die bis 15 cm Durchmesser haben kann, vereinzelt auch 20 und 25 cm. Die steifen Blätter sind dicht und gleichmäßig angeordnet, sie sind schmal und mehr als 10 cm lang, ungezähnt, glatt und kalkbekrustet. Auch ohne Blüte ist die Pflanze ein Schmuckstück. Der Blütenstengel wird bis 70 cm lang. Der konisch-zylindrische Blütenstand besteht aus einer Unmenge von weißen Blüten, es wurden schon bis zu 1000 Einzelblütchen gezählt. Die Pflanze stirbt nach der Samenreife. Da bei der echten Art keine Nebenrosetten gebildet werden, ist nur Samennachzucht möglich. Leider kreuzt sich die Art sehr leicht mit anderen krustigen Steinbrech-Arten. Sie benötigt Kalk und soll nicht ganztags volle Sonne erhalten. (24, 31, 32)

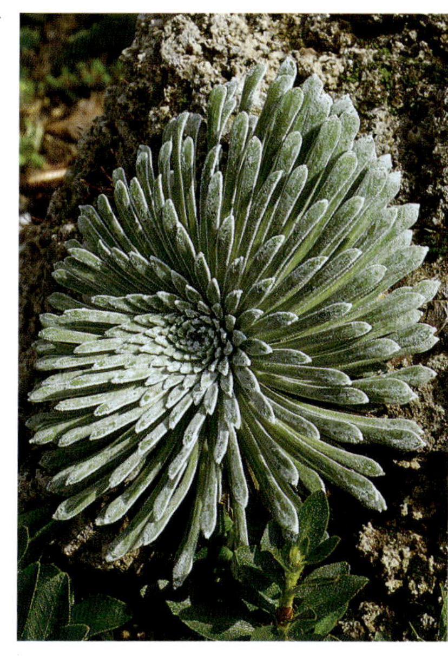

Saxifraga mutata, Kiessteinbrech. ▷ Alpen, Karpaten. Ebenfalls eine monocarpe Art, die innerhalb einiger Jahre eine größere Rosette bildet, dann blüht und nach Blüte und Samenreife abstirbt. Sie ist weniger attraktiv als der Pyrenäensteinbrech. Die stumpf-dunkelgrünen Rosetten, ohne Kalkausscheidungen, die einachsig mit kurzer unverzweigter Grundachse wachsen, bilden eine unverwechselbare Gestalt. Es dauert 2–3 Jahre bis zur Blüte. Die Rosetten erreichen dann einen Durchmesser von 4–13 cm. Die mehr oder weniger aufstrebenden Rosettenblätter sind spatelig-linealisch stumpf, dick-lederig und 3–7 cm lang. Die zahlreichen, 1,3 cm langen Stengelblätter stehen zerstreut an einem 30–50 cm hohen Stengel mit lockerer, schmal-pyramidaler Blütenrispe aus orangefarbigen Einzelblüten. Blüte im Mai–Juni. Gedeiht in durchlässigem Boden im Halbschatten. (31, 32)

△

Saxifraga paniculata, Trauben- oder Rispensteinbrech. Viele Gebirge Europas. Durch das große Verbreitungsgebiet bedingt, gibt es viele Unterarten und Standortvarietäten. Sie bilden Polster oder kleine Rasen, zusammengesetzt aus vielen Blattrosetten, wobei der Durchmesser der Einzelrosette 0,8–6 cm betragen kann. Die Rosetten sind silbrig-kalkbekrustet. Die blühenden, aufrechten Stengel zeigen ebenfalls eine große Variationsbreite. Sie werden 2–45 cm hoch, ab der Mitte sind sie rispig verzweigt. Der Blütenstand besteht aus 1–3 blühenden Ästen, manchmal auch mehr. Die meist weiße Farbe der Blüten variiert, so gibt es gelblichweiße und stark purpurrot punktierte Typen. Wichtige Steingartenpflanze für sonnige, absonnige und halbschattige Plätze, extrem heiße Standorte sollten gemieden werden. Sie stellt an den Boden geringe Ansprüche. (24, 31, 32)

△

Saxifraga rotundifolia, Rundblättriger Steinbrech. Alpen, Gebirge Südeuropas, Kaukasus. Von anderen kultivierten Steinbrech-Arten ziemlich abweichende Gestalt. *S. rotundifolia* ist eine buschige Kleinstaude mit kurzem, knolligem Wurzelstock und rundlichen bis nierenförmigen, kerbig gezähnten, hellgrünen und langgestielten Blättern. Auf 30–50 cm hohen Blütenstengeln stehen die Blüten in einer lockeren, reichblühenden Rispe. Die kleinen Blüten sind weiß und haben gelbe und purpurrote Punkte. Keine spektakuläre Schönheit, aber eine willig wachsende, sich gut einfügende Wildstaude. Am passenden Standort sät sie sich selbst aus, ohne lästig zu werden. Sie liebt Halbschatten, kommt aber auch noch an sonnigen Plätzen zurecht. Das Substrat sollte etwas humos und mildfeucht sein. Steingärten, Halbschattenpflanzungen unterschiedlicher Art. (3, 4, 18, 20, 32)

Saxifraga stolonifera 'Cuscutiformis' *(S. sarmentosa),* Hängender Steinbrech, Judenbart. ▷ Besonders winterharte Form des auch als Zimmerpflanze bekannten Steinbrechs, welcher ausgepflanzt nicht immer völlig winterhart ist. Die lockeren Rosetten treiben viele lange, verzweigte Ausläufer. Die rundlichen, nierenförmigen Blätter sind gewölbt und wellig gelappt. Die olivgrüne Oberseite ist von einem silbergrauen Adernetz durchzogen. Unterseite und Blütenstengel sind rötlich getönt, Blütenstengel und Blattstiele behaart. Der rispig verzweigte Blütenstand trägt zygomorphe, weiße, rot gepunktete Blüten. Blütezeit Juli–August. Besonders ideal für absonnige Steinfugen, wo er sich, einmal angesiedelt, schnell durch seine Ausläufer verbreitet. Auch Flächenpflanzung ist möglich. Er stellt keine großen Ansprüche an Boden und Reaktion. (18, 24, 32)

◁ **Saxifraga trifurcata,** Gabelsteinbrech. Pyrenäen, nördliches Spanien. Wichtigster Vertreter der Moossteinbrech-Arten. Er bildet sehr große, stumpfgrüne Polster, teils locker gewölbt, mit dünnen und zerbrechlichen Trieben. Die langgestielten, ledrigen Blätter sind im Umriß nierenförmig und 3teilig. Der etwa 15–20 cm lange Blütenstengel trägt einen doldenrispigen Blütenstand. Die großen Polster bringen im Mai–Juni sehr viele weiße Blüten hervor. Der Gabelsteinbrech ist widerstandsfähig gegen volle Sonne und verträgt auch ein gewisses Maß an Trockenheit. Wegen seines raumgreifenden Wuchses benötigt er Platz. In Fugen gepflanzt, wächst er an senkrechten Mauern und an Felsen hoch. Er kann auch als Einfassungspflanze verwendet werden, deren Rand geschnitten wird. Völlig winterhart. Größere Steingärten, sonnige Gehölzvorpflanzungen. (3, 4, 20, 24, 32)

Saxifraga umbrosa, Schattensteinbrech. Pyrenäen. Was in den Gärten unter diesem Namen verbreitet ist, ist meist die Hybride *S.* × *urbium* und nicht die reine Art, die Unterschiede sind allerdings nicht sehr gravierend. Das Bild zeigt die echte Art. Sie bildet dichte Rasen aus flachen Rosetten, die aus lederartigen, verkehrteiförmigen bis länglich-ovalen Blättern zusammengesetzt sind. Diese haben breite Einkerbungen mit einem deutlich knorpeligen Rand. Die weißen Kronblätter der Blüten tragen viele rote Punkte. Die Hybride *S.* × *urbium*, eine Kreuzung mit *S. spathularis*, steht im Aussehen in der Mitte zwischen den Eltern und entwickelt lockerrosettige, dunkelgrüne, dichte Blatteppiche mit unterseits rötlich getönten Blättern. Schattige und halbschattige Steingartenpartien, für Spalten und flächige Pflanzung. (4, 18, 20, 21, 32) ▷

Scabiosa caucasica, Gartenskabiose. Diese Art stammt aus dem Kaukasus und blüht von Juli–September. Es ist eine ausdauernde, bis 80 cm hohe Staude mit großen, lilablauen Blütenköpfen auf langen Stielen. Dazu gehören 'Blauer Atlas', dunkelblau, 'Clive Greaves', lavendelblau, 'Nachtfalter', violett, 'Miss Willmott', weiß, 'Prachtkerl', leuchtendblau, und 'Stäfa' mit großen, dunkelblauen Blüten. Die Gartenskabiosen sind ausgesprochene Beet- und Schnittstauden, von denen es auch samenvermehrte Einzelfarben und Mischungen gibt wie 'Fama', intensiv lavendelblau, 50 cm, 'Kompliment', dunkellavendel, 60 cm, oder 'Perfecta Weiß', weiß, 50 cm. Violettblaue Blüten bildet von September–Oktober die zierliche, 50 cm hohe *S. japonica* var. *alpina*. Für sonnige Standorte auf fast allen Böden. Vermehrung durch Aussaat, Stecklinge oder Teilung. (1, 2, 3) ▽

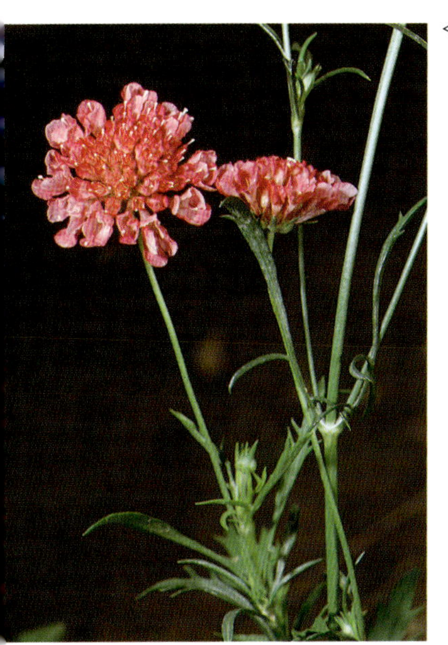

◁ **Scabiosa atropurpurea**, Purpurskabiose, Dipsacaceae, Kardengewächse. Etwa 100 Skabiosen-Arten sind in Europa, Asien und Afrika, vor allem aber im Mittelmeergebiet verbreitet. Die Purpurskabiose ist eine zweijährige Pflanze aus Südeuropa, die bis 90 cm hoch wird und von Juli–Oktober blüht. Sie blüht auch bei schlechtem Sommerwetter reichlich und lange und liefert schöne und gut haltbare Schnittblumen. Man kann sie im Freien direkt säen, besser aber als Sommerblume mit Vorkultur behandeln. Direkt gesäte Pflanzen blühen 4 Wochen später. Beide Vermehrungsweisen kann man auch für *S. stellata*, die Sternskabiose, anwenden. Bei ihr entwickeln sich die Kelche so, daß eine interessante Sternkugel entsteht. *S. ochroleuca*, die zweijährige Gelbe Skabiose, ist eine heimische Pflanze der Trockenrasen und warmen Wald- und Wegeränder. (2, 3, 35, 36)

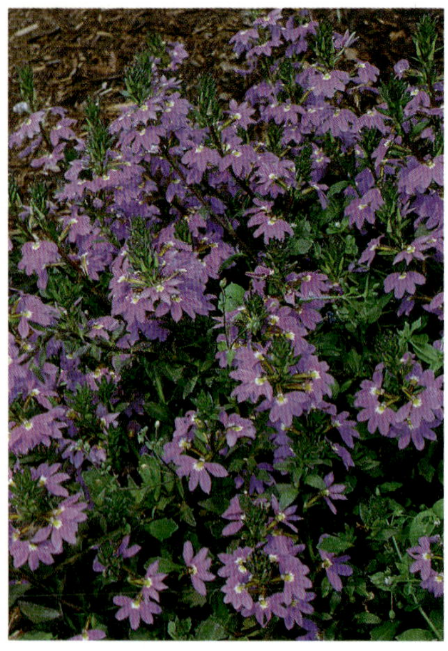

◁ **Scaevola saligna 'Blue Wonder'** *(Scaevola aemula)*, Blaue Fächerblume, Gocdeniaceae, Gocdeniengewächse. 80–100 Arten sind in den tropischen und subtropischen Gebieten Australiens und Polynesiens verbreitet. Die Sorte 'Blue Wonder' mit etwa 2,5 cm großen, zart lilablauen, fächerartigen Blüten ist eine Auslese aus *S. saligna*, die aus Neukaledonien stammt. Sie wurde in den letzten Jahren als Pflanze für den Balkon, für Ampeln und Beete angeboten. Sie bewährt sich ausgezeichnet und blüht auch auf der Balkonkastenseite, die nicht dem Licht ausgesetzt ist, vom Juni bis zum Frost. Beim Auspflanzen als Sommerbodendecker sollte die Pflanzstelle sonnig bis halbschattig sein und der Boden nicht naß, aber ausreichend mit Feuchtigkeit versorgt. Ein Nachdüngen während des Sommers fördert den Blütenflor. Vermehrung durch Stecklinge. (7, 32, 36, 38)

△

Schivereckia doerfleri *(S. bornmuelleri)*, Brassicaceae (Cruciferae), Kohlgewächse. 5 Arten sind von Nordrußland bis zum Balkan und nach Kleinasien verbreitet. Sie bilden kleine, feste Polster mit den typischen Blüten der Kreuzblütler. *S. doerfleri* ist die bekannteste dieser Zwerggänsekresse-Arten. Sie stammt aus Südwestjugoslawien, kommt aber auch in Kleinasien vor, wächst an felsigen Stellen und blüht von April–Mai weiß. Diese Art und *S. podolica* aus der Westukraine bis Nordwestrumänien sind kalbedürftig. *S. podolica* wächst dichtrasig und bildet von April–Mai bis 30blütige Trauben auf 25 cm hohen Blütenstengeln. Beide eignen sich für die Verwendung im Steingarten, im Alpinum oder für Spalten in Mauern sowie für Tröge und Kübel, immer aber in voller Sonne. Vermehrung durch Aussaat, Teilung oder Stecklinge. (24, 31, 32, 38)

△

Schizanthus-Wisetonensis-Hybride 'Disco', Spaltblume, Solanaceae, Nachtschattengewächse. Die 15 Arten dieser Gattung sind in Chile verbreitet. Ihre großen, herrlichen Blüten und die unkomplizierte Kultur haben der Spaltblume auch die Namen „Orchidee des kleinen Mannes" und „Schmetterlingsblume" eingetragen. Als Sommerblume mit Vorkultur wird sie in schönen Sommern ihre volle Pracht entfalten. Direktsaat ist im April möglich. Wenn man sie rechtzeitig auf 20–30 cm Abstand ausdünnt, blühen die Pflanzen dann im Juli und August. Sie wollen vollsonnig und geschützt stehen und brauchen lehmighumosen, nährstoffreichen Boden. Sie halten auch geschnitten gut, lassen sich aber schlecht transportieren. Verwendung als Sommerblume zur kurzfristigen Schalenbepflanzung und in Verbindung mit Stauden zur farblichen Akzentuierung. (2, 34, 35, 36)

Schizopetalon walkeri, Brassicaceae ▷ (Cruciferae), Kohlgewächse. Die 8 Arten dieser Gattung sind behaarte Kräuter und in Chile verbreitet. *S. walkeri* ist eine einjährige, etwa 30 cm hohe Pflanze, deren fedrig eingeschnittene, über 2 cm große, weiße Blüten einen köstlichen Mandelduft verströmen. Die unteren Blätter können 10–13 cm lang werden. Sie eignet sich für eine direkte Aussaat Ende März–Anfang April ebenso wie zur Kultur in Töpfen, um sie später als interessante Ergänzung auszupflanzen. Bei Vorkultur kommen 3 Sämlinge in einen Topf mit kräftiger, aber wasserdurchlässiger Erde. Blütezeit ist dann von Juni bis Ende August. Aber auch Aussaat im Herbst mit Überwinterung im Kalthaus ist möglich, wodurch die Blütezeit schon im Vorfrühling liegt. Ein hübscher Lückenbüßer für viele Situationen im Garten. (2, 35, 36)

Schizostylis-Coccinea-Hybriden, ▷ Iridaceae, Schwertliliengewächse. Die beiden Arten der Gattung, mehrjährige, rhizombildende Kräuter mit schwertförmigen Blättern, sind in Südafrika verbreitet. *S. coccinea* blüht im Herbst und wird bis 60 cm hoch. Die sternförmigen, bis 5 cm breiten Blüten sind bei der Art feuerrot, bei den Hybriden reichen die Farbtöne von Rot bis Schneeweiß. Am besten ist eine Vorkultur im Topf mit anschließendem Einsenken im Garten, auch im Naß- bis Feuchtbereich des Sumpfbeckens, oder ein Auspflanzen in nasses, saures Substrat, das nie austrocknen darf. Im Wachstum oder in Blüte befindliche Pflanzen können im Herbst an ein helles Fenster gestellt werden und blühen dann oft bis Weihnachten weiter. Die Töpfe sollten dann in einem Untersatz mit etwas Wasser stehen. Die *Schizostylis* hält geschnitten mehrere Wochen. (27, 30)

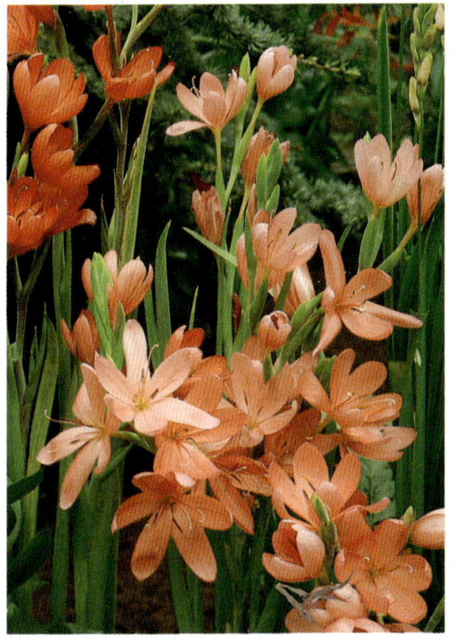

Scilla mischtschenkoana 'Zwanenburg' (*S. tubergeniana*). Diese Blaustern-Art kommt in Persien in der Nähe von Täbris und im Kaukasus vor. 'Zwanenburg' ist eine kräftiger wachsende, fast weiße Auslese, bei der die „Blütenblätter" außen nur eine ganz schwachblaue Mittelrippe besitzen. Jede Zwiebel treibt 1–3 Blütenstände mit 2–6 etwa 2 cm großen, breitglockigen Blüten. Sie sind bei der Art hellblau oder blauweiß mit kräftiger gefärbter Mittelrippe. Die Blüten öffnen sich im Februar, wenn der Blütenstand noch ziemlich niedrig ist. Er verlängert sich bis zum Verblühen im April auf bis 20 cm. Sie werden wie alle *Scilla* nicht von Wühlmäusen gefressen. Da 'Zwanenburg' etwas kräftiger wächst, kann sie auch in Staudenwiesen eingebracht werden, die erst Ende Juni–Anfang Juli das erste Mal gemäht werden. Vermehrung durch Nebenzwiebeln. (10, 11, 31)
▽

△
Scilla bifolia, Zweiblättriger Blaustern, Hyacinthaceae (Liliaceae), Hyazinthengewächse. Etwa 80 *Scilla*-Arten sind in Europa und in den gemäßigten Gebieten Asiens verbreitet. Es sind schöne, winterharte Vorfrühlings- und Frühlingsblüher. Pflanzung der Zwiebeln im Herbst 8–10 cm tief. Sie eignen sich zum Verwildern sowohl für Freiflächen als auch für lichte Gehölzbereiche, da die Pflanzen zur Belaubungszeit bereits einzuziehen beginnen. Der heimische Zweiblättrige Blaustern besitzt meist nur 2 Blätter und eine bis 8blütige, endständige Traube, die je nach Dichte der Krautschicht bis 20 cm hoch sein kann. Die blauen, seltener lila oder weißen Blüten öffnen sich von März–April. 'Alba' blüht weiß, 'Rosea' rosa. Es ist eine Pflanze feuchtfrischer, nährstoffreicher Auwälder und Wiesen. Die heimischen Vorkommen sind geschützt. (4, 10, 11, 27, 29)

Scilla siberica, Sibirischer Blaustern. Von ▷ Mittelrußland bis zum Kaukasus und nach Vorderasien verbreitet. Die 1- bis 5blütige Traube entwächst der Zwiebel mit 2–4 Laubblättern und wird bis 20 cm hoch. Blüte März–April. Die breitglockigen, nickenden Blüten sind azurblau, bei der Sorte 'Alba' reinweiß, bei 'Spring Beauty' (syn. 'Atrocoerulea') ebenfalls leuchtendblau. Diese Auslese ist in allen Teilen größer und wüchsiger. 'Grace Lofthouse' ist eine noch wenig verbreitete violettblaue Variante. *S. siberica* fühlt sich in Dickichten auf schwerem Boden wohl und sät sich an zusagenden Stellen stark aus, so daß sich bald geschlossene Bestände bilden. Vom Gehölzrand wandert sie dann bis in naturnahe Wiesenbereiche und an helle, schüttere Rasenplätze unter großen Bäumen. Die Zwiebeln werden im Herbst 8–10 cm tief in Gruppen gelegt. (3, 4, 10, 11)

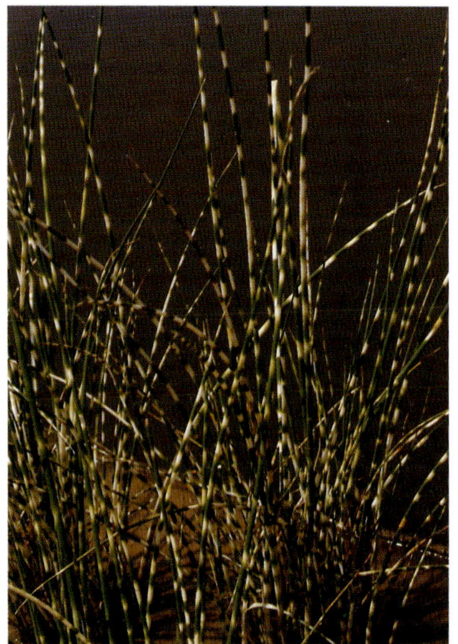

◁ **Scirpus lacustris ssp. tabernaemontani 'Zebrinus'** (*Juncus zebrinus* hort.), Zebrasimse, Cyperaceae, Zypergrasgewächse. Etwa 250 Simsen-Arten sind auf der ganzen Erde verbreitet. Die Zebrasimse mit lebhaft quergestreiften Halmen besitzt bis 1,5 m hohe Stengel und eignet sich für flachen Wasserstand (0–15 cm). Sie gehört zur heimischen Art *S. lacustris*, der Teich- oder Seebinse, die große Horste mit 1–3 m hohen, dunkelgrünen Halmen bildet, die auch heute noch zu Flechtarbeiten verwendet werden. Sie wird am Wasserrand oder bis 80 cm Wassertiefe gepflanzt. Die Sorte 'Albescens' wird etwa 1,5 m hoch und ist gelblichgrün längsgestreift. Vermehrung durch Teilung. *S. mucronatus*, die Stachelspitzige Binse mit 3kantigen Stengeln und fast waagerecht abstehendem Hüllblatt, braucht feuchten Boden. Sie wird etwa 80 cm hoch. (6, 8, 26, 27, 28)

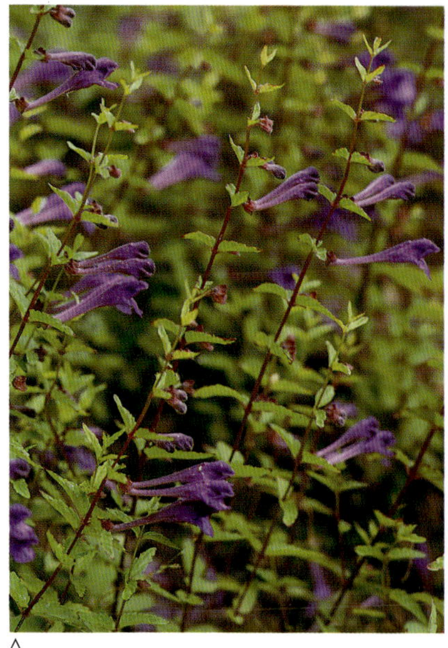

△

Scutellaria orientalis, Gelbes Helmkraut, Lamiaceae (Labiatae), Taubnesselgewächse. Etwa 300 Arten, Stauden oder Halbsträucher mit auffallenden Blüten, kommen auf der ganzen Erde vor; ein gutes Dutzend ist in Kultur. *S. orientalis* ist von Albanien bis zur Krim, in Kleinasien, im Iran und in den Gebirgen Südspaniens auf trockenen, meist kalkhaltigen, felsigen Plätzen verbreitet. Sie bildet dichte, bis 30 cm hohe Matten und von Juli–September bis 3 cm lange Blüten in dichten Trauben. *S. alpina*, das Alpenhelmkraut, blüht mit 2 cm langen, violetten Blüten von Mai–Juli. *S. baicalensis* aus Ostasien wird bis 60 cm hoch und blüht von Juni–September lilablau. Verwendung der niedrigen Arten im Steinbereich, der hohen am Waldrand oder in der Staudenwiese sowie im Feuchtbereich. Vermehrung durch Aussaat, Teilung oder Stecklinge. (32 bzw. 3, 10) ▷

Scutellaria scordiifolia, Sibirisches Helmkraut. Diese Art kommt in Sibirien vor. Sie blüht von Juni bis August, wird um 20 cm hoch und breitet sich durch unterirdisch kriechende Ausläufer aus. Die Blätter sind länglich, bis 2,5 cm lang und kerbiggesägt. Es ist ein wertvoller Dauerblüher für den Steingarten, der mit aufrechten Stengeln dichte Büsche bildet. *S. altissima*, von Mittel- und Südeuropa bis zum Kaukasus verbeitet, ist eine Pflanze lichter Laubwälder und Magerwiesen und wird 50–100 cm hoch. Die Blüten sind blau und weiß und öffnen sich im Juni–Juli. *S. incana* aus den mittleren und südöstlichen USA ist eine Pflanze feuchter Wälder und Gebüsche. Sie wird bis 100 cm hoch und blüht im August-September hellblau. Verwendung im Staudenbeet bzw. in Feuchtbereichen. Vermehrung durch Aussaat, Teilung oder Stecklinge. (31 bzw. 4, 10, 26, 27)

Sedum acre, Mauerpfeffer, Scharfe Fetthenne, Crassulaceae, Dickblattgewächse. Gattung mit annähernd 500 Arten. Weit verbreitet in Europa, Nordasien und Afrika. *S. acre* bildet 5 cm hohe, bronzegrüne Rasen und Polster, wenn das Substrat nicht zu nahrhaft ist. Die Triebe sind dicht mit dreieckig-eiförmigen, fleischigen Blättchen besetzt, 4- bis 6zeilig angeordnet. Die Blättchen haben einen scharfen Geschmack (Name). Die leuchtendgelben, beblätterten, sternförmigen Blüten, die in trugdoldigen Wickeln stehen, erscheinen im Juni–Juli. Es gibt einige Formen, mit kleineren, größeren und auch gelbköpfigen Trieben. Ideale Pflanze zur Extensiven Dachbegrünung. Die Pflanze kann zum Unkraut werden, da jedes Triebteil, ja sogar jedes Blatt wurzelt und auch Aussaat zur unmäßigen Verbreitung beiträgt. Im Steingarten eher die Form *S. acre* 'Aureum' verwenden. (3, 5, 7, 12, 25) ▷

Sedum alboroseum 'Medio-variegatus', Buntblättriges Japansedum. Art aus Japan, China und der Mandschurei, die Form ist eine alte japanische Gartenpflanze. 30–50 cm hohe Staude. Aus dem karottenartigen Wurzelstock kommmen mehrere aufrechte Triebe. Sie sind kräftig, rund, fahlgrün, zur Basis zu manchmal leicht violett und tragen gegenständige, abstehende, fleischige Blätter in Hellgrün mit einem gelben Zentrum. Die grünlichweißen bis rosa Blüten stehen in ungleich hohen Trugdolden. Blütezeit im September. Bei dieser Form steht nicht die Blüte im Vordergrund, sondern die gesamte Pflanze mit den panaschierten Blättern. Sie wird als Vorpflanzung bei Staudenbeeten verwendet. Sie ist anspruchslos und wächst am besten in lichtem Schatten, in durchlässigem humosen Boden. Vegetative Vermehrung durch Teilung oder Triebteilstecklinge. (4, 18, 20, 21)
▽

◁ **Sedum aizoon,** Großes Goldsedum. Japan, China, Sibirien. Ein höheres Sedum, mit 30–50 cm Höhe und dickem Wurzelstock. Die aufrechten, unverzweigten Triebe sind grün gefärbt, an der Basis bräunlich, mit wechselständigen, lanzettlichen bis breitovalen, gezähnten Blättern. Dicht beblätterte Doldentrauben mit gelben Blüten erscheinen im Juli. Die alte Gartenpflanze wirkt etwas steift. Hübsch ist *S. aizoon* 'Aurantiacum' mit dunklerem Laub und orangen Blüten. In England ist eine kompakte Form als *S. aizoon* 'Euphorbioides' verbreitet. Attraktiver als die Art ist auch *S. aizoon* ssp. *maximowiczii* mit rötlichen Stengeln und tiefgrünem Laub; die Blüten stehen in einem flachen, kompakten Blütenkopf. Volle Sonne, stellt an den Boden nur geringe Ansprüche. Für große Steingärten, Gehölzvorpflanzungen, sonnige Wildstaudenpflanzungen. (3, 18, 32)

Sedum cauticola *(S. cauticolum)*, Buntlaubiges Septembersedum. Japan. Staude mit büscheligen Trieben, die etwa 10–12 cm hoch und bis 30 cm lang werden. Die Stiele sind rotbraun, die Blätter gegenständig, gestielt, rundlich bis spatelig, stark blaugrau bereift, rötlich gerandet, leicht gekerbt. Die anfangs bläulichpurpurnen Blüten werden später karminrot, sie stehen in dichtblühenden Trugdolden. Wegen der Blütezeit im August–September sehr wertvolle Steingartenpflanze. Sie besticht durch die Farbkombination blaugrau/karminrot ihrer Blätter und Blüten. Sie gedeiht gut in sonnigen, aber nicht brandheißen Mauerfugen, in alpinen Trögen und Schalen, in flachen Beeten vor Gehölzrändern. Es gibt eine sich nur unwesentlich unterscheidende Form, *S. cauticola* f. *lidakense*, die gleichermaßen zu verwenden ist. (3, 13, 24, 31, 32)
▽

Sedum album, Weißer Mauerpfeffer, ▷ Dickblättriges Schnellpolstersedum. Mitteleuropa. Wichtiges *Sedum* für den Garten, von dem es einige Unterarten und Formen gibt. Es bildet lockere, gleichmäßige Rasen aus kriechenden Trieben, etwa 10–15 cm hoch. Die Blätter sind 4–12 mm lang, fast zylindrisch, aber an der Oberfläche etwas abgeflacht, kahl, stumpf, lineal-lanzettlich, grün, meist etwas gerötet, wechselständig. Die weißen Blüten erscheinen von Juni–August in Doldenrispen. Die eigentliche Art ist gärtnerisch weniger wichtig, da sie in heißen Lagen „ausbrennt". Verschiedene Auslesen zeigen ein stärker rötlich getöntes Laub, sie gehören zu den wichtigsten *Sedum*-Typen, so 'Murale' und 'Coral Carpet'. Wegen ihrer Schnellwüchsigkeit, Sonnen- und Trockenheitsresistenz ideale Pflanze zur Extensiven Dachbegrünung. (3, 5, 7, 25, 31)

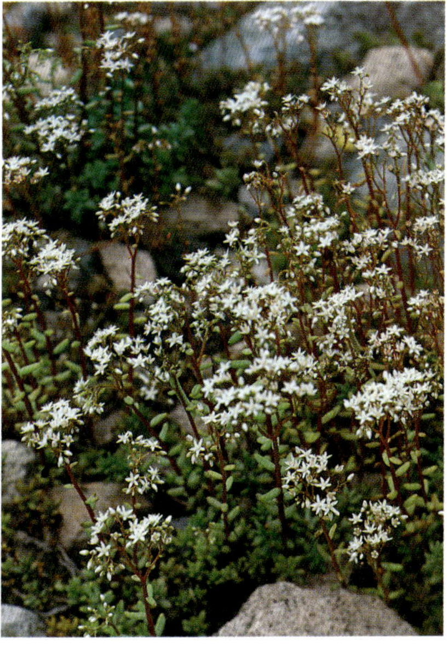

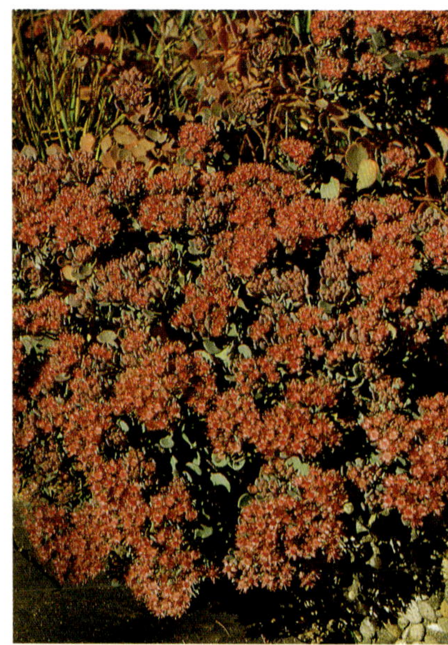

◁ **Sedum elwesii,** Himalajasedum. Westhimalaja, Mongolei, Altai. Dieses *Sedum* bildet 10 cm hohe Teppiche aus niederliegenden bis aufstrebenden Trieben. Die Stengel sind unverzweigt, rotbraun und dicht beblättert. Die Grundtriebe verholzen. Die Blätter sind gegenständig sitzend, bläulichgrau, 15–20 mm lang, breit, eiförmig-kreisrund, ganzrandig bis schwach gezähnt. In trockenen Lagen fein rotbraun gesäumt. Die rosa Blüten erscheinen im August in einem dicht halbkugeligen Blütenstand. Die Pflanze ist wegen der späteren Blütezeit interessant, wirkt jedoch auch vom Frühling bis Anfang September hübsch. Ende August werden meist schon die Blätter abgeworfen, und ein weniger attraktives Stengelgewirr bleibt zurück. Zu diesem Zeitpunkt ist ein Rückschnitt möglich. Liebt volle Sonne und einen nicht zu schweren Boden. Ziemlich dauerhaft am gleichen Platz. (3, 24, 31, 32)

△
Sedum dasyphyllum, Kleines Zapfensedum, Zwergkugelsedum. Spanien, Alpen, Balkan. Diese *Sedum*-Art bildet zierliche, 2–5 cm hohe, blaugrüne, dichtrasige Matten. An den dünnen Trieben, die leicht brechen, sitzen dicht die 3–7 mm langen, graugrünen, bereiften, fast kugeligen Blättchen. Die bräunlichen Blütentriebe tragen zartrosa Blütenknospen. Die sternförmigen, weißlichen Blüten haben rötlichbraune Narben. Blütezeit Juni–Juli. An sehr trockenen, sonnigen Stellen sind die Pflanzen insgesamt oft rosa überhaucht. Ideale Art für Tröge und Kübel, ebenso für bessere Steingartenplätze. Die kleinen, flachen Matten sind etwas empfindlich gegen Winternässe und extrem heiße Lagen. Gute Dränage und leichter Boden sind wichtig. Das Substrat ist möglichst mager zu halten. Es gibt einige Varietäten, die sich aber nur unwesentlich unterscheiden. (31, 32)

△
Sedum floriferum 'Weihenstephaner Gold'. Nordostchina. Die eigentliche Art ist in den Gärten kaum verbreitet, um so mehr die wertvolle Sorte 'Weihenstephaner Gold'. Sie steht im Aussehen zwischen *S. kamtschaticum* und *S. hybridum.* 20–25 cm lange Triebe bilden etwa 10 cm hohe Polster (zur Blütezeit etwa 20 cm hoch). Verholzender Wurzelstock, knotig. Vieltriebig, reich und dicht beblättert. Die Blätter sind sitzend, spatelig bis lanzettlich, kerbzähnig und dunkelgrün. Die goldgelben Blüten bilden flache Trugdolden. Idealer, reichblütiger Teppichbildner, der im Gegensatz zu anderen *Sedum*-Arten auch nach der Blüte ordentlich aussieht. Purpurfarbene Herbstfärbung. Für Steingärten, Einfassungen, Dachgärten, sonnige Gehölzvorpflanzungen und steppenartige, flächige Pflanzungen. Die Pflanze verträgt aber auch viel Feuchtigkeit. (3, 7, 18, 25, 32)

Sedum glaucophyllum *(S. nevii, S. beyrichianum).* ▷ Östliche USA. Leider herrscht bei dieser kleinen, „besseren" *Sedum*-Art ein ziemliches nomenklatorisches Durcheinander. Sie bildet niedrige, lockere Rasen von etwa 3 cm Höhe. Die leicht aufstrebenden Triebe sind zur Spitze hin rosettenartig beblättert. Die Blätter sind kurz, ganzrandig, spatelförmig, rötlichgrün. Blütenstand 3- bis mehrästig, mit weißen Blüten, Blütezeit Juni–Juli. Für sonnige, aber nicht zu heiße Plätze und durchlässigen, leicht humusangereicherten Boden. Da sie am selben Standort nicht über längere Zeit ausdauert, muß man von Zeit zu Zeit ein Teilstück abtrennen und an einen neuen Platz setzen, um die Pflanze nicht zu verlieren. Für Steingärten, wo sie vor raumgreifenden Nachbarn zu schützen ist. Sehr hübsch in Trögen, die Erde darf aber nicht austrocknen. (31, 32, 33)

△

Sedum pilosum. Kleinasien, Iran, Kaukasus. Eine in der Form sehr abweichende Art, die eher an Hauswurz erinnert als an *Sedum*. Die monocarpe Pflanze mit meist 2jährigem Lebensrhythmus stirbt nach der Blüte ab. Sie bildet im ersten Jahr eine rundliche, dichte, haarige Rosette von 3–4 cm Durchmesser aus schmalen, graugrünen Blättern. Diese Rosetten überwintern, schieben sich im zweiten Jahr nach oben und bilden den 5–10 cm hohen, gewölbten Blütenstand, der aus vielen rosa Einzelblütchen besteht. Manchmal entwickelt sich noch eine Nebenrosette, was aber nicht die Regel ist. Nach der Blüte im Mai–Juni stirbt die Rosette oder die Pflanze ab. Auch die vertrockneten Samenstände wirken noch zierend. Liebhaberpflanze für bessere Steingartenplätze, Tröge, Steinspalten, Tuffsteinlöcher. Sie braucht sonnigen Stand. (24, 31, 32, 33)
▽

Sedum kamtschaticum var. middendorffianum, Braunes Amursedum. Ostsibirien, Mandschurei. 20 cm hoch, mit aufrechten, unverzweigten Trieben, die reich beblättert sind. Der Wurzelstock ist dick, stark verzweigt, die Blätter schmal-lanzettlich, zur Spitze hin stark gezähnt, hellgrün bis bräunlich. Gabeliger, verzweigter Blütenstand. Die gelben Blüten erscheinen im Juli–August. In Katalogen ist die Pflanze meist noch als *S. middendorffianum* geführt. Häufiger angeboten wird *S. middendorffianum* f. *diffusum* (Grünes Amursedum). Es hat schmalere und längere Blätter, wirkt insgesamt grünlicher und blüht reich schon Wochen vor der oben genannten Art. Sonniger Gartenplatz, wobei der Boden auch schwerer sein kann. Für größere Steingärten, Gehölzvorpflanzungen. Die Samenstände zieren bis in den Winter. Eine sehr dauerhafte *Sedum*-Art. (3, 18, 32)

Sedum reflexum, Tripmadam, Nickende ▷ Fetthenne. Mittel- und Südeuropa, Norwegen, Ukraine. Niederliegende bis aufsteigende, leicht verholzende Stengel, die wurzeln und sich verzweigen, sind mit linealischen Blättern, fast dachziegelartig übereinanderliegend, besetzt. Sie sind aufwärts gerichtet, blaugrün, spitz, besonders gleichmäßig an den sterilen Trieben. Bildet lockere, 15–30 cm hohe Rasen. Die Blüten mit eingerollten Spitzen (fast kugelig) sind goldgelb, meist siebenzählig. Blütezeit im Juli. Hübsche *Sedum*-Art für Steingärten und für sonnige Gehölzränder. Nach der Blüte wirkt die Pflanze etwas unordentlich und man zieht besser die leicht zu entfernenden Samenstände aus dem Polster. Die Sorte 'Elegant' hat eine besonders schöne bläuliche Tönung. Es gibt auch eine Cristata-Form, die breite „Hahnenkämme" entwickelt. (3, 7, 18, 31, 32)

Sedum oreganum, Oregonsedum. Nicht zu verwechseln mit *S. oregonense*. Washington, Oregon, Nordkalifornien. Bildet lockere, 5–7 cm hohe Polster, breitet sich bei passendem Standort ziemlich aus. Immergrün mit kleinen, glänzenden, fleischigen Rosetten. Die Blättchen sind keil-spatelförmig, die Stiele rot gefärbt. Die dunkelgrüne Farbe wird an exponierten Stellen mehr rötlich überhaucht. Blütenstand 2- bis 3ästig, spitze, gelbe Blütenblätter, Blüte trichterförmig. Blütezeit Juli–August. Für sonnige, aber nicht brandheiße Plätze. Wächst auch gut an halbschattigen Stellen. Kann vielseitig eingesetzt werden, für flächige Pflanzungen, bessere Steingartenplätze, Tröge und ähnliche Standorte. Im Handel ist eine etwas abweichende Form unter der Bezeichnung *S. oreganum* 'Metallicum'. Sie zeigt eine stärker bronze-kupferfarbene Laubtönung. (31, 32, 33)

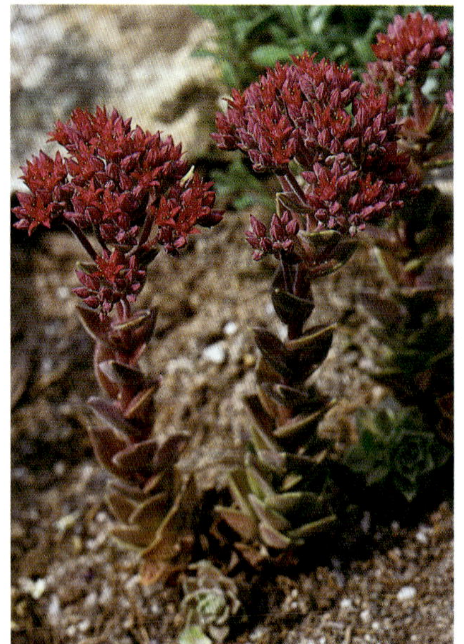

◁ **Sedum sempervivoides,** Hauswurzartiges Sedum. Gegenstück zu *S. pilosum.* Kaukasus. Ebenfalls monocarp, stirbt nach der Blüte ab, meist im Zweijahresrhythmus. Die Rosetten, die sich im ersten Jahr bilden, gleichen in ihrer Form in noch stärkerem Maße als die von *S. pilosum* den Rosetten von *Sempervivum.* Die breitblättrigen, graugrün-rötlichen, fleischigen Rosetten wirken etwas eckiger. Im zweiten Jahr schiebt sich der Blütenstand aus den Rosetten nach oben. Die Blüten selbst stellen trotz der geringen Größe der Pflanze einen auffallenden Blickpunkt dar. Sie sind leuchtendrot und bilden einen guten Kontrast zu dem Rest der Pflanze. Die Pflanze stirbt mit der Ausbildung der Samen ab, hin und wieder entwickelt sich aber auch eine Nebenrosette, die das Weiterleben garantiert. Bessere Steingartenplätze, Tröge. Samenvermehrung. (31, 32, 33)

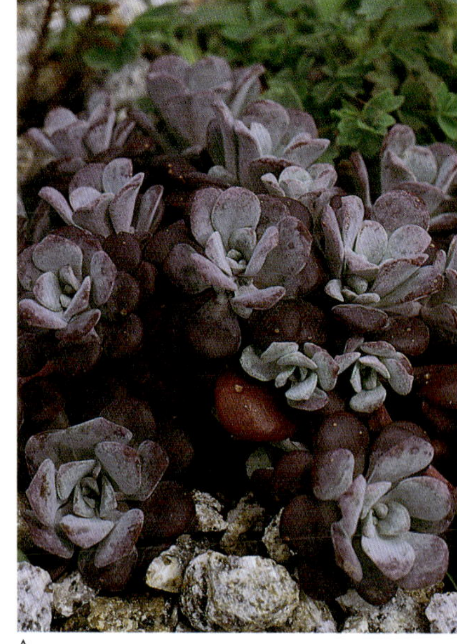

△ **Sedum spathulifolium,** Spatelsedum. Britisch Kolumbien bis Kalifornien. Sehr hübsche Art, die auch ohne Blüte attraktiv wirkt und die es mit verschiedenen Blatt-Tönungen gibt. Die flachen Rosetten bilden Nebensprosse und werden 5–7 cm groß. Die Blätter sind fleischig, breit-spatelförmig, glatt, graugrün, aufwärts kurz zugespitzt. Die gelben Blüten sitzen in flachen, 3ästigen Trugdolden auf 10 cm hohen Stengeln. Blütezeit Juni. Für schattige und sonnige Plätze, die allerdings nicht brandheiß und trocken sein sollten. Die bunten Blattpolster wirken sehr zierend, sie eignen sich für bessere Steingartenplätze und Tröge. Neben 'Cape Blanco' mit silberweißen Rosetten und rosa getönten Stengeln, 'William Pascoe' (auch oft 'William Pascade') mit rotblaugrünlichen Rosetten (Bild) und 'Aureum' in Gelblichweiß gibt es noch andere Typen. (31, 32, 33)

◁ **Sedum spurium,** Kaukasussedum, Teppichsedum. Kaukasus, nördlicher Iran. Bekannte teppichbildende *Sedum*-Art mit kriechenden, leicht wurzelnden Trieben. Die sterilen Stengel sind kurz, die Blütentriebe länger. Die Blätter sind gegenständig, kurz gestielt, verkehrt-eiförmig bis rhombisch-keilförmig, etwa 2,5 cm lang und 1,2 cm breit. Die 5zähligen rosa Blüten sind trichterförmig und sitzen in flachen Trugdolden. Dauerhafter Bodendecker, unter dem Kleinblumenzwiebeln gedeihen. Einfassungs- und Mauerspaltenpflanze, Bienenfutterpflanze, für Sonne und Halbschatten. Mehrere Sorten sind im Handel: 'Album Superbum', weiß, selten blühend, 'Purpurteppich', 'Purpureum' (Bild), 'Schorbuser Blut', 'Erdblut'. Die vier letztgenannten haben bräunlichrötliches Laub. 'Tricolor' ist eine hübsche Liebhaberpflanze mit weiß-rot-grünen Blättern. (3, 4, 7, 22, 32)

Sedum spectabile, Prachtsedum. Korea, ▷ Mandschurei. Gärtnerisch verbreitete und wichtige *Sedum*-Art. Dieses schöne herbstblühende *Sedum* bildet 30–50 cm hohe, kugelige Büsche aus aufrechten, kräftigen, unverzweigten Stengeln. Die graugrünen Blätter sitzen gegenständig oder in Quirlen zu 3 und sind breit-oval, fleischig und etwas gezähnt. Die Blüten stehen in flachen, 10–15 cm breiten Trugdolden. Die Staubblätter sind etwa doppelt so lang wie die Petalen. Die hellrosa Blüten erscheinen im August–September. Liebt volle Sonne und einen nahrhaften, aber nicht frisch gedüngten Boden, der auch etwas anlehmig sein kann. Ist ein guter Ziergras-Nachbar, geeignet für Randzonen von Staudengruppen, Wildstaudenpflanzungen und viele andere Gartenplätze. Schöne Auslesen sind 'Brillant', 'Carmen', 'Meteor', 'Rosenteller' und 'Humile' (Bild). (1, 3, 5, 18, 29)

◁ **Sedum tatarinowii,** Tatarinows Sedum. China, Mongolei. Hübsche, aber nicht sehr verbreitete *Sedum*-Art, die aus der zentralen Basis heraus lockere halbkugelige Blütenkissen bildet. Sie wird nur etwa 10–15 cm hoch, mit einfachen, fast senkrechten Sprossen. Die an den Trieben entlang stehenden Blätter sind linealisch-lanzettlich, kurz gestielt und an den Rändern mit einigen großen Zähnen versehen. Die rötlichweißen Blüten sitzen in einem dichten Blütenstand. Da die Dolden der einzelnen Triebe dicht an dicht stehen, bilden sich hübsche Blüten-Halbkugeln. Blütezeit Juli–August. Trotz der Zierlichkeit ziemlich robust und ausdauernd. Für bessere Steingartenplätze sehr interessant, da zu dieser Zeit dort wenig blüht; für Geröllbeete, Tröge und Schalen. Für sonnige Standorte mit durchlässigen Böden. Vermehrung hauptsächlich durch Aussaat. (31, 32, 33)

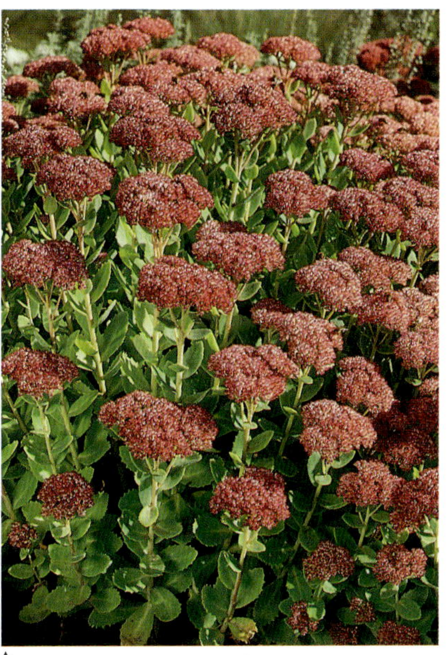

△

Sedum telephium, Hohes Herbstsedum. Europa, Kaukasus, Sibirien. Nach *S. spectabile* weitere wichtige *Sedum*-Art für den spätsommerlichen und herbstlichen Garten. Mehrere Varietäten sind bekannt. Die Art wird 30–40 cm hoch, mit aufrechten, reich beblätterten Stengeln. Die Blätter sind oval, wechsel- bis gegenständig, unregelmäßig gezähnelt, bläulichgrau. Blüten purpurrot, in dichten achsel- und endständigen Trugdolden. Blüte im August–September. Bedeutender als die Art sind einige Formen und Hybriden. So hat 'Munstead Dark Red' rotbraune Blätter und rötlichbraune Blüten, Schmetterlingspflanze. Besonders bekannt ist 'Herbstfreude' (Bild), eine Kreuzung zwischen *S. telephium* und *S. spectabile*, 40–50 cm hoch, mit großen Blüten, die etwas später erscheinen. Ansprüche und Verwendung gleichen denen des sehr ähnlichen *S. spectabile*. (1, 3, 5, 17, 29)

Semiaquilegia ecalcarata (*Aquilegia ecalcarata*), Scheinakelei, Ranunculaceae, Hahnenfußgewächse. ▷ Die kleine, 7 Arten umfassende Gattung ist in Ostasien verbreitet. Sie steht botanisch und im Aussehen der Akelei sehr nahe, doch sind die Pflanzen zarter und feingliedriger. Verwendung auf kühlfeuchten Böden im Halbschatten, wobei das Bild zeigt, daß sie sich bei ausreichender Feuchtigkeit auch an sonnigeren Stellen sehr wohl fühlen können. *S. ecalcarata* aus Westchina, mit kleinen violettpurpurnen, nickenden Blüten, unterscheidet sich von der Akelei dadurch, daß die äußeren „Blütenblätter" nur einen Höcker und keinen Sporn besitzen, wie dies bei der Akelei der Fall ist. Sie eignet sich für die Verwendung im Steingartenbereich. Der Boden muß ausreichend kühlfeucht, darf jedoch nie dauerfeucht oder staunaß sein. Vermehrung durch Aussaat. (32)

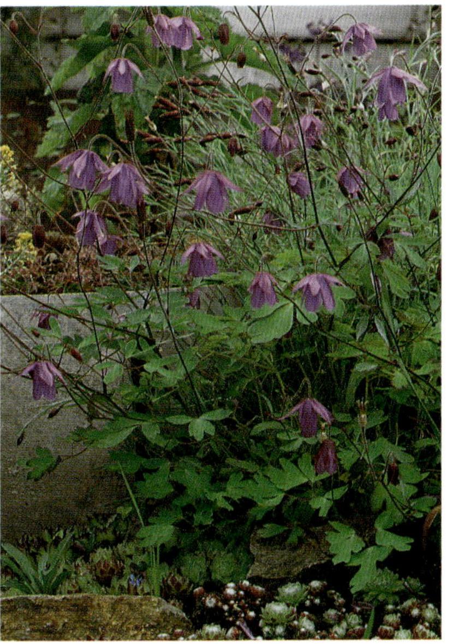

Sempervivum arachnoideum, ▷ Spinnwebhauswurz, Crassulaceae, Dickblattgewächse. Zur Gattung *Sempervivum* gehören 30–35 Arten (Neuentdeckungen erhalten immer schnell den Artstatus). Der Spinnwebhauswurz ist in den Gebirgen zwischen den Pyrenäen und dem Kaukasus beheimatet. Sehr variable Art, die mit Rosetten zwischen 0,5 und 2,5 cm Durchmesser bald dichte Matten bildet. Man erkennt die Art leicht an den weißen, spinnwebartigen Haaren an der Rosettenoberseite. Die Rosettenblätter sind nach innen gebogen, elliptisch bis verkehrt-lanzettlich, etwa 8 mm lang und 4 mm breit. Es ist die einzige Art, die die typische Behaarung aufweist; sie kann allerdings bei einigen Unterarten im Winter fehlen. Blütenstiel dicht belaubt, die Stengelblätter haben rote Spitzen. Die Blütendolden zeigen ein prächtiges Rosenrot. Steingärten, Tröge. (24, 31, 32, 33)

△
Sempervivum ciliosum. Bulgarien, Griechenland, Jugoslawien. Ebenfalls eine kaum zu verwechselnde *Sempervivum*-Art. Sie bildet kugelige, geschlossene Rosetten von grünlichgrauer Farbe, die mit langen Haaren besetzt sind. Diese gehen nicht, wie beim Spinnwebhauswurz, von Blattspitze zu Blattspitze, sondern sind entlang der Blätter zu finden. Rosettendurchmesser etwa 3–5 cm. Die Einzelblättchen überlappen sich stark; sie sind 2–2,5 cm lang und 5–6 mm breit, verkehrt länglich-lanzettlich. Die Tochterrosetten sitzen an kräftigen, etwas belaubten Stolonen. Die äußeren Blätter können an exponierten Stellen rötlich getönt sein. Der Blütenstiel wird etwa 10 cm hoch und die Blütendolde hat einen Durchmesser von etwa 2,5 cm. Die grünlichgelben Einzelblüten bestehen aus 10–12 Blumenblättern. Es gibt viele Standortvarietäten. (24, 31, 32, 33)

Sempervivum montanum, Berghauswurz. Weit verbreitete Art in den Gebirgen West-, Zentral- und Osteuropas. Kommt in der Natur meist auf Urgestein vor, verträgt im Garten aber auch gut Kalk. Ansehnliche Matten aus vielen kleinen, mehr kugeligen Rosetten. Je nach Typ treiben diese kürzere oder längere, kräftige Stolonen, an denen die Tochterrosetten sitzen. Die Größe der Rosetten variiert und kann 1–4 cm betragen. Oft zeigen die Rosetten dunkle Spitzen. Als Blütenfarbe findet man ein mehr schmutziges oder stumpfes Rosa (im Gegensatz zu *S. arachnoideum*). Das abgebildete *S. montanum* ssp. *burnatii* ist ein großrosettiger Typ (bis 10 cm Durchmesser) aus den Südwestalpen, der gute Wüchsigkeit und eine mehr frischgrüne Farbe aufweist. Die Rosetten stehen im Gegensatz zu der Art mehr offen. Kräftiger Blütenstiel, bis 30 cm hoch. (31, 32, 33) ▷

△
Sempervivum-Hybriden, Hauswurz-Sorten. Sammler dieser liebenswerten Sukkulenten können 1000 und mehr Arten, Standortvarietäten, Naturhybriden und Gartensorten zusammentragen. Die gute Fertilität und Kreuzbarkeit macht es möglich, daß immer neue Hybriden entstehen. Bei vielen sind die Eltern nicht mehr festzustellen, da oft das „Blut" von mehr als 2 Arten in ihren Adern fließt. Die Rosettengröße kann von 0,5 cm bis annähernd 15 cm reichen, wobei sie sich in der Form sehr unterscheiden können. Eine große Bandbreite gilt auch für die Farbe der Rosetten: Hell- und Dunkelgrün, die unterschiedlichsten Rottöne, Ockergelb und Olivgrün und sogar schwärzliche und violette Töne sind vorhanden. Färbung je nach Jahreszeit verschieden. Die beste Ausfärbung wird im Mai–Juni erreicht. Es gibt viele geeignete Gartenplätze, sofern sie sonnig sind. (31, 32, 33)

Sempervivum wulfenii, Wulfens Hauswurz. Schweizer und österreichische Alpen. Ein Urgesteinshauswurz, der neutrale bis leicht saure Bodenreaktion vorzieht, aber auch leicht alkalische Gartenböden noch akzeptiert. Er bildet glatte Rosettenblätter, ähnlich wie *S. tectorum*, ist aber von diesem leicht zu unterscheiden. Die Rosettenblätter sind weniger zahlreich, die inneren Blätter meist kugel- oder kegelförmig geschlossen. Sie sind mehr gräulich gefärbt und besitzen eine leicht purpurrote Basis. Die Blütenfarbe ist gelb und nicht rötlich. Rosettendurchmesser 5–9 cm. Tochterrosetten an kräftigen Stolonen. Der Zuwachs ist allgemein geringer als bei anderen Hauswurz-Arten und -Sorten. Normalerweise auch nicht reichblühend, was bei den schönen Rosettenpolstern kein großer Nachteil ist. Schutz vor Winternässe ist angebracht. (31, 32, 33)
▽

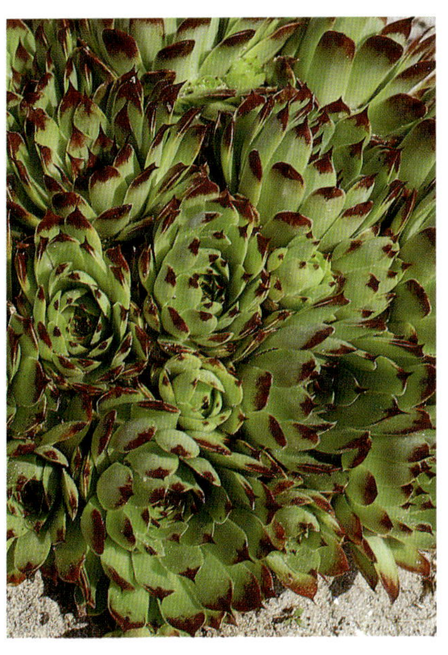

◁ **Sempervivum × calcaratum** *(Sempervivum calcareum)*, Rotspitzsteinwurz. Italienische und französische Seealpen. Von Botanikern oft umbenannte, hübsche und typische Naturhybride, die lange als Art angesehen wurde. Sie ist sehr attraktiv durch die exakt abgesetzten, hell- oder dunkelbraunen Blattspitzen, die gut zu dem gräulichen Blaugrün der restlichen Rosette kontrastieren. Durchschnittsgröße der Rosetten etwa 6 cm. Die Rosettenblätter sind linealisch-länglich, kurz gespitzt, 3 cm lang und 9–10 mm breit. Es gibt mehrere Typen, die sich in der Rosettengröße, der Tönung und dem Kontrast von Rosette und Blattspitze unterscheiden. Die rötlichen Blüten erscheinen nur spärlich. Dankbare Art, für viele sonnige Gartenplätze geeignet, wie Steingärten, Tröge, flächige Vorpflanzungen vor Gehölzen und Hauswänden. Sie liebt Kalk. (3, 31, 32, 33)

Senecio bicolor *(S. cineraria, S. maritima)*, Silbergreiskraut, Asteraceae (Compositae), Asterngewächse. 2000–3000 Arten umfassende Riesengattung. *S. bicolor* aus dem Mittelmeergebiet wächst staudig bis halbstrauchig. Wir ziehen die Pflanze einjährig, da uns die fiederteiligen, silbergrau behaarten Blätter als Kontrast in vielen Pflanzungen wichtig sind. Anzucht und Verwendung wie eine Sommerblume mit Vorkultur. Die dichte Behaarung bildet sich am besten in voller Sonne aus. Es gibt unterschiedlich hohe Sorten. 'Fasolt' wird etwa 30 cm hoch und besitzt ungeteilte Blätter. Verwendung in Sommerblumenpflanzungen und zur Herbstbepflanzung mit Topferiken *(Erica gracilis)* in Kübeln, Schalen, Balkonkästen und Beeten als silberweißer Kontrast zu der violettroten Farbe. Vermehrung durch Aussaat, obwohl auch Stecklinge möglich sind. (35, 36, 38)
▽

Senecio doronicum 'Sunset', Gemswurzgreiskraut. Das Gemswurzgreiskraut stammt aus den Alpen und den Gebirgen Südeuropas und bildet von Juni–Juli bis 7 cm große einzeln endständige Blüten auf bis 40 cm hohen Stielen. Verwendung an sonnigem Standort im Steingarten und auf schotterigem Boden. Vermehrung durch Aussaat oder Teilung. Die Sorte 'Sunset' hat besonders intensiv orangegelbe Blüten. Einige weitere heimische Greiskraut-Arten sind für naturnahe Staudenwiesen oder Feuchtbereiche gut geeignet. Dazu gehört *S. nemorensis* ssp. *fuchsii*, das Fuchssche Greiskraut, eine bis 1,5 m hohe, von Juli–September in großen gelben Dolden blühende Waldstaude frischfeuchter Böden. *S. aquaticus*, das Wassergreiskraut mit gelben Blüten von Juni–August und 60 cm Höhe, liebt saure, feuchte bis nasse Böden. Vermehrung durch Teilung. (32 bzw. 4, 10, 27)
▽

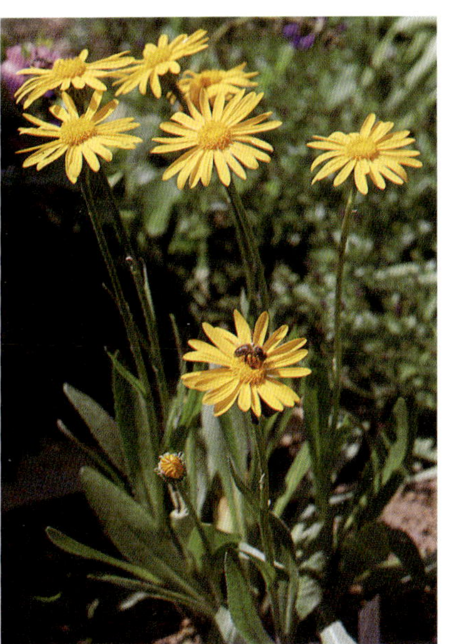

Serratula seoanei *(S. shawii* hort.), ▷ Scharte, Asteraceae (Compositae), Asterngewächse. Die etwa 70 Arten umfassende Gattung ist von Europa mit Schwerpunkt im Mittelmeergebiet bis nach Ostasien verbreitet. Es sind Stauden mit wechselständigen, gezähnten oder zerteilten Blättern und purpurnen, rosafarbenen oder violetten Blütenköpfchen. *S. seoanei* kommt von Nordportugal über Nordwestspanien bis nach Südfrankreich vor. Die Pflanze wird 20–30 cm hoch, wächst im Alter dichtbuschig und blüht reich von September–Oktober. Sie ist eine schön belaubte und spätblühende Steingartenstaude, die erst im Alter ihre volle Schönheit entwickelt und auch stark von Schmetterlingen beflogen wird. Sie braucht einen vollsonnigen Platz in Anlehnung an Gestein und Boden mit guter Wasserdurchlässigkeit. Vermehrung durch Aussaat oder Teilung. (24, 32)

◁ **Sesleria heufleriana**, Grünes Kopfgras, Poaceae (Gramineae), Gräser. Interessante, 33 Arten starke Gräsergattung, die von Europa bis Ostasien verbreitet ist. Das Grüne Kopfgras aus Südosteuropa entwickelt dichte, bis 50 cm hohe Horste. Die bis 70 cm hohen Halme tragen im April bis 3 cm lange schwarze Rispenähren mit gelbgrünen Staubgefäßen. Für schattige Felsbereiche und lichte Wälder oder Gehölzränder, auch auf Kalkböden bei ausreichender Feuchtigkeit. Das Herbstkopfgras, *S. autumnalis*, aus Nord- und Ostitalien und Albanien blüht ab September. Es bildet etwa 30 cm hohe Horste und 40 cm hohe Halme mit 5–10 cm langen, lockeren, anfangs silbrigweißen Ähren. Für naturnahe Situationen an Waldrändern und in Steppen- und Steinbereichen in Verbindung mit Frühjahrsblühern. Vermehrung aller Arten durch Aussaat und Teilung. (3, 6, 10, 32)

Setaria italica, Italienische Borstenhirse, ▷ Vogelhirse, Poaceae (Gramineae), Gräser. 140 Arten in den tropischen und warmen temperierten Gebieten der Erde, einige im Mittelmeergebiet als alte Kulturpflanzen. Schon in alten Märchen kommt der Hirsebrei vor. Es sind bis 1 m hohe Pflanzen mit bis 20 cm langen und bis zu 3 cm breiten, reichblütigen Ährenrispen, den „Hirsekolben" für Kanarienvögel. Die einjährige *S. italica* kann man direkt säen oder als Sommerblume mit Vorkultur verwenden. Die einzige staudige Borstenhirse-Art ist *S. plicatilis* aus Ostafrika mit bis 30 cm langen und 7 cm dicken Ährenrispen, deren lange Borsten seidig rosa bis grün glänzen. Da sie Winterschutz braucht, ist es einfacher, sie als Sommerblume mit Vorkultur zu ziehen und an warme, feuchte Plätze in nährstoffreichen Boden zu setzen. Vermehrung durch Aussaat. (35, 36)

Silene acaulis, Stengelloses Leimkraut, Caryophyllaceae, Nelkengewächse. Über 500 Leimkraut-Arten sind in den gemäßigten Gebieten der Nordhalbkugel, in Afrika und mit Schwerpunkt im Mittelmeergebiet verbreitet. In Kultur sind meist staudige, aber auch einige als einjährige Sommerblumen gezogene Arten. Das Stengellose Leimkraut bildet flache, dichte grüne Polster, die im Mai und Juni mit rosaroten Blüten bedeckt sind. Diese Gebirgspflanze sollte alle 2 Jahre geteilt und umgepflanzt werden. Sie benötigt schotterigen, nicht zu trockenen Boden im Steingartenbereich. Im Handel sind die Sorten 'Alba', weiß, 'Correvon's Variety', rosarot gefüllt, 'Plena', tiefrosa gefüllt, sowie 'Feuerstein' und 'Floribunda', beide rosarot, reichblühend. *S. acaulis* ssp. *exscapa* ist eine zierlichere, rosablühende Unterart. Die Vermehrung erfolgt durch Teilung. (7, 31, 32)

▽

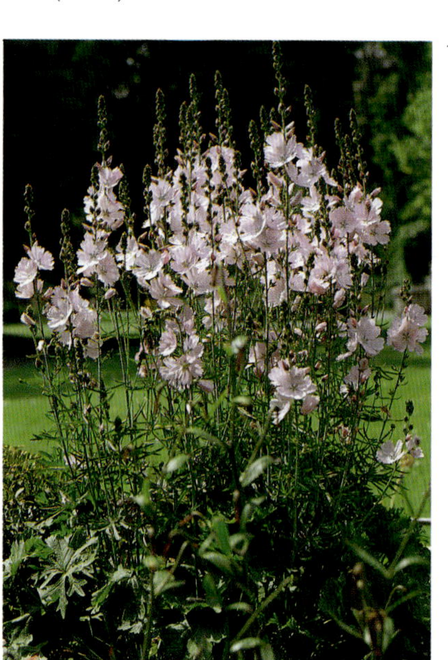

◁ **Sidalcea-Hybride 'Elsie Heugh'**, Präriemalve, Malvaceae, Malvengewächse. Etwa 35 Arten im westlichen Nordamerika. Es sind Stauden mit kurzem, mehr oder weniger kriechendem Wurzelstock und aufrechtem, buschigem Wuchs. Die Blüten stehen in Ähren oder Trauben und sind rosa, rot, purpurn oder weiß. Im Garten verwendet werden *Sidalcea*-Hybriden, die je nach Sorte 60–100 cm hoch werden. Bis 60 cm Höhe erreichen 'Brilliant', karminrosa, oder 'Elsie Heugh', hellrosa. Beispiele samenvermehrter Sorten sind 'Bianca', weiß, bis 90 cm, 'Partygirl', karminrosa, bis 100 cm, 'Rosanna', rosenrot, bis 100 cm. *S. malviflora* 'Starks Hybriden' blühen rosarot und werden bis 100 cm hoch. Verwendung in voller Sonne auf leichten, kalkarmen, humosen Böden mit gutem Wasserabzug. Blütezeit von Juni oder Juli–September mit Rückschnitt direkt nach der Blüte. (1, 2, 10)

Silene coeli-rosa *(Viscaria oculata)*, ▷ Himmelsröschen. Diese einjährige Art stammt aus dem Mittelmeergebiet und wird 30–80 cm hoch. Sie entwickelt an reichverzeigten Stengeln 2–4 cm große, einzeln stehende Blüten. Abgebildet sind die beiden Sorten 'Blauer Engel' und 'Roter Engel'. Anzucht als Sommerblume mit Vorkultur mit Blütezeit von Juni–August, was auch bei Direktaussaat im März–April möglich ist. In milden Wintern am Leben gebliebene Pflanzen von der Herbstaussaat blühen bereits von Mai–Juli. Rückschnitt nach der Blüte mit Düngung und Wässerung ergibt bei geeigneter Witterung noch einen zweiten Flor bis in den Herbst hinein. Ähnlich einjährig kultivier wird auch *S. pendula*, die in Mischungen angeboten wird. Sie bildet von Juni–August 2 cm große Blüten in Rosa, Rot und Weiß mit allen Zwischentönen. (2, 29, 35, 36)

△ **Silene maritima** *(S. vulgaris* ssp. *maritima)*. Diese Art ist ein locker rasenartig wachsendes, bis 20 cm hohes Leimkraut von den Küsten West- und Nordeuropas sowie Nordafrikas. Zur Blütezeit von Juni–August ist der Kelch aufgeblasen und bräunlich, bei der Sorte 'Weißkehlchen' hellgrün. 'Plena' ist eine Sorte mit nelkenartigen, gefüllten weißen Blüten. 'Rosea' blüht hellrosa und bleibt niedriger. Verwendung in naturnahen Gehölzrand- und Wiesenbereichen an sonnigen, nicht zu feuchten Stellen. Vermehrung durch Aussaat oder Teilung. Gleich geeignet sind die heimischen, 30–100 cm hohen Taglichtnelken. Die zweijährige *Silene pratensis (Melandrium album)* blüht weiß von Juni–September. *Silene dioica (Melandrium dioicum)* ist eine von April–Juli rosarot blühende Staude. Vermehrung beider Arten durch Aussaat. (3, 10, 32 bzw. 4, 10)

◁ **Silene schafta 'Shell Pink'**. Dies ist eine nur bis 10 cm hohe, locker rasenartig wachsende Leimkaut-Art aus dem Kaukasus. Ihre Stengel sind aufsteigend, die Blätter lanzettlich, zugespitzt und grün. Von Juli–September öffnet sie rosa Blüten mit 2spaltigen Kronblättern. Die Sorte 'Splendens' blüht dunkelrosa. Es ist eine anspruchslose, wegen der späten Blütezeit sehr wertvolle Steingartenstaude. *S. zawadzkii (Melandrium zawadzkii)* stammt aus den Ostkarpaten und wird mit 20 cm etwa doppelt so hoch wie die vorige Art. Über den rosettenartig angeordneten Blättern stehen die weißen, rispigen Blütentrauben. Der bauchig aufgeblasene Kelch der Einzelblüte ist blaßgrün. Diese Art liebt es halbschattig und nicht zu trocken, wächst aber ebenfalls problemlos. Die Vermehrung beider Arten erfolgt durch Aussaat, Teilung oder Stecklinge. (31, 32)

Silphium perfoliatum, Becherpflanze, ▷ Asteraceae (Compositae), Asterngewächse. 15 Arten in den östlichen USA. Bis auf *S. perfoliatum* sind es Präriepflanzen mit meist großen, gelben Blütenköpfchen. Bei der Becherpflanze sind die gegenständigen Blätter am Grunde zu einem Becher verwachsen, in dem sich Wasser sammelt. Es ist eine Pflanze feuchter Stellen in lichten Wäldern. Ihr 4kantiger, im oberen Teil verzweigter Stengel wird bis 2,5 m hoch. Die etwa 8–10 cm breiten Blütenköpfchen öffnen sich von Juli–September. *S. laciniatum*, die Kompaßpflanze, ist nur wenig kleiner, aber ihre Blüte, die von Juli–August erscheint, wird mit über 10 cm deutlich größer. Die grundständigen, bis 60 cm hohen Blätter von *S. laciniatum* erinnern entfernt an die Wedel des Perlfarns. Vermehrung durch Aussaat oder Teilung an vollsonnigen Stellen. (4, 27 bzw. 1, 10)

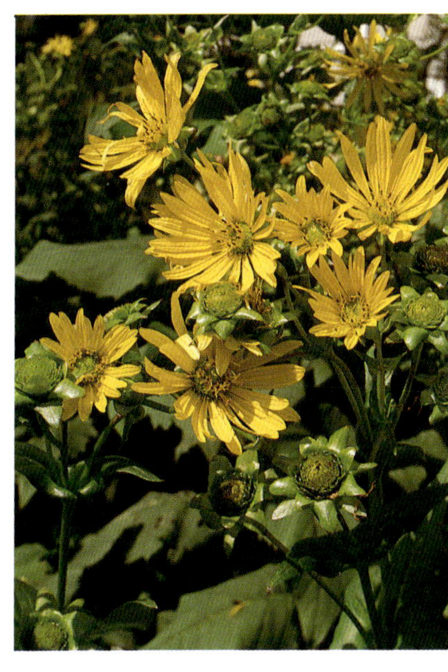

Sisyrinchium angustifolium *(S. gramineum, S. anceps)*, Iridaceae, Schwertliliengewächse. Etwa 100 Arten der Gattung Binsenlilien gibt es in Nord- und Südamerika und auf den Westindischen Inseln. Nur wenige Arten sind bei uns ausreichend winterhart. Viele lassen sich aber als Sommerblumen mit Vorkultur oder bei frostfreier Überwinterung als reichblühende Pflanzen im Steingarten, in feuchteren Staudenwiesen und steppenartigen Feuchtbereichen verwenden. *S. angustifolium* aus Nordamerika gilt als die am besten winterharte Art, die sich an zusagenden Standorten auch oft selbst aussät. Sie bildet dichte Horste dunkelgrüner, oft leicht bläulich bereifter, schmaler Blätter. Die 1,5 cm großen, violettblauen, gelbgeäugten Blüten öffnen sich im Mai und Juni in reicher Zahl. Die Vermehrung erfolgt durch Aussaat oder Teilung. (10, 27, 32, 35) ▷

△ **Sisyrinchium striatum**. Diese Art aus Chile und Argentinien wächst steif aufrecht, wird bis 70 cm hoch und blüht cremefarben mit dunkler geäugten Blüten im Juni und Juli. *S. californicum* (*S. brachypus* hort.) ist in den USA von Oregon bis Kalifornien verbreitet. Die bis 20 cm hohe Art bildet von Mai–Oktober gelbe, bis 1,5 cm breite Blüten. Sie braucht noch feuchteren, nasseren Stand als *S. striatum* und neigt dazu, sich durch Selbstaussaat zu erhalten. Gleichfalls gelb und reichlich blüht von Mai–Juni *S. graminifolium* aus Chile, etwa 25 cm hoch mit verzweigtem Blütenstengel. Alle 3 Arten sollten frostfrei überwintert werden, da sie unsere Winter in der Regel nicht aushalten. Dies oder eine Anzucht als Sommerblume mit Vorkultur ermöglicht die Verwendung vieler nicht winterharter Arten. Vermehrung durch Aussaat oder Teilung. (26, 27, 32)

△ **Smilacina racemosa** *(Maianthemum racemosum)*, Schattenblume, Duftsiegel, Convallariaceae (Liliaceae), Maiglöckchengewächse. Etwa 25 Arten in Nord- und Mittelamerika und in den gemäßigten Gebieten Asiens. Es sind Stauden mit Rhizom und kleinen, grünlichweißen oder weißen, duftenden Blüten in Trauben. *S. racemosa* aus Nordamerika ist eine bis 1 m hohe Pflanze mit bis zum Blütenstand beblättertem Stengel. Die endständigen, bis 20 cm langen Trauben öffnen ihre weißen Blüten im Mai und Juni und schmücken sich später durch hellrote Früchte. *S. stellata* wird 40–60 cm hoch, blüht ebenfalls weiß und bildet große, schwarz-weiß gestreifte, sich oft ganz schwarz verfärbende Beeren. Empfehlenswerte, aber wuchernde *(S. stellata)* Schattenstauden für frische Böden, die auch im Sommer nicht austrocknen. Vermehrung durch Aussaat oder Teilung. (4, 18, 21)

Solanum jasminoides 'Album', Jasminblütiger Nachtschatten, Solanaceae, Nachtschattengewächse. Eine mit 1700 Arten riesengroße Gattung. Diese Art aus Brasilien ist bei uns ein staudiger Kletterer, der sich mit seinen Blattstielen festhält und blaßviolett blüht. In besonders geschützten Lagen mit reichlicher Laubdecke übersteht die Pflanze normale Winter durchaus. Sicherheitshalber sollte man immer einige bewurzelte Stecklinge frostfrei überwintern. Bei reichlicher Wasser- und Nährstoffversorgung wachsen sie in einem Sommer 2–3 m hoch und blühen mit 2–3 cm großen Blüten in 5–10 cm großen Büscheln ab Juli bis zum Frost. Die manchmal im Mittelmeergebiet zu sehenden schwarzen Beeren entwickeln sich bei uns selten und reifen bedingt durch geringere Wärme und kürzere Sommer nicht aus. Vermehrung durch Stecklinge, die auch im Wasser bewurzeln. (15, 27, 36) ▷

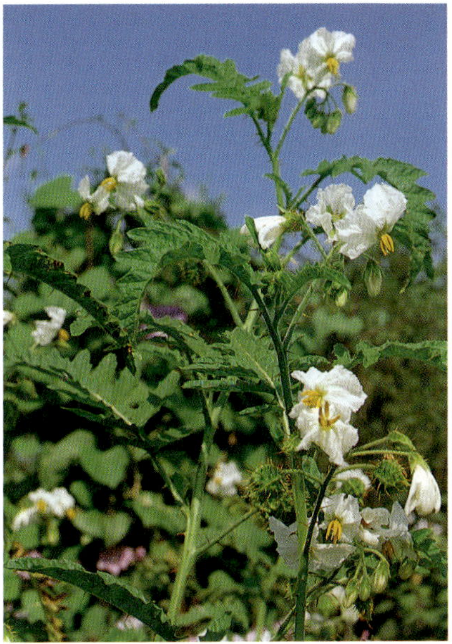

◁ **Solanum sisymbriifolium**. In dieser großen Gattung gibt es auch viele einjährige oder wegen fehlender Winterhärte einjährig kultivierte Nachtschatten-Arten. Sie blühen meist sehr attraktiv und weisen interessante Blattformen mit und ohne dekorative Bestachelung auf. *S. sisymbriifolium* aus Süd- und Mittelamerika wird etwa 1,2 m hoch, wächst sparrig verzweigt, weit ausladend und hat hellgrüne, drüsig klebrige, mit gelbgrünen oder gelben Stacheln besetzte, tief fiederteilige Blätter. Die Art blüht blau und bildet gelbliche, eßbare, in den stark gestachelten Kelch eingehüllte Beeren. Die abgebildete Pflanze wurde unter diesem Namen auf einer Landesgartenschau zur Attraktion der Sommerblumenpflanzung. Es kann sich dabei um eine weißblütige Variante oder um eine sehr nah mit *S. sisymbriifolium* verwandte Art handeln. Vermehrung durch Aussaat. (35, 36)

△
Solanum rantonnetii. Diese strauchige Art ist erst in den letzten Jahren in Kultur genommen worden. Es sind unterschiedlich blau- und violettfarbene Typen im Handel, die mit Namen wie 'Enzianblume' oder 'Königsrobe' bezeichnet werden. Sie liefern für Sommerblumenpflanzungen eine sehr schöne blauviolette Farbe, die kaum durch andere Arten zu erzielen ist. Bedingung allerdings ist, daß wüchsige Pflanzen in nährstoffreiche, tiefgründige Böden gesetzt und auch während des Sommers reichlich gewässert und gedüngt werden. Sie eignen sich nur für vollsonnige Stellen, denn im Schatten blühen die Pflanzen kaum. Überwinterung hell um 10 °C (oder dunkel um 5 °C). Ähnlich ist *S. laciniatum* zu verwenden. Diese Art besitzt handförmig tief eingeschnittene Blätter und nicht giftige, gelbe Beeren. Vermehrung beider Arten durch Stecklinge. (36, 38)

△
Soldanella montana, Bergtroddelblume, Bergfransenglöckchen, Primulaceae, Primelgewächse. Westliche Pyrenäen, östliche Alpen bis Böhmerwald, Karpaten und Balkangebirge. Die Blätter sind rundlich bis nierenförmig, mit tiefer basaler Einbuchtung, hellgrün, unten oft violett gefärbt. Der behaarte Blütenschaft wird 10–15 cm hoch, an gut geeigneten Plätzen auch bis zu 30 cm. 3- bis 8blütig, mit glockigen, hängenden, violettblauen Blüten, die bis über die Hälfte geschlitzt sind. Im Garten gut kultivierbares Fransenglöckchen, wenn Standort und Substrat stimmen. Da die Pflanze in der Natur immer auf kalkarmen, humusreichen Böden von Nadelwäldern wächst, wünscht sie auch im Garten ein ähnliches Substart. Alte, verrottete Fichtennadelerde, halbschattige oder absonnige Steingartenplätze und lichte Stellen zwischen Gehölzen eigenen sich gut. (31, 32)

Soldanella minima, Kleines Fransenglöckchen, Kleines Alpenglöckchen, Kleine Troddelblume. ▷ Etwa 6 Arten in den Gebirgen Mittel- und Südeuropas. Nur etwas für Liebhaber der alpinen Flora. Die abgebildete kleine Art wächst auf kalkhaltigem Untergrund in den Abruzzen und in den südlichen und östlichen Kalkalpen. Die Blatt- und Blütenstiele sind in ihrer Jugend reichlich mit Haaren bedeckt. Die jungen Blätter weisen normalerweise keine Einkerbung auf der Stengelseite auf, sie sind kreisrund oder breit-elliptisch und etwa 6 mm breit. Der Blütenschaft wird je nach Standort 2–10 cm hoch und trägt blaß lilarosa bis weiße Blüten. Diese Art liebt höhere Luftfeuchtigkeit und milde Bodenfeuchte bei guter Dränage. Sie ist wesentlich schwieriger zu kultivieren als *S. montana*. Für bessere Steingartenplätze und Tröge in nicht zu warmer, absonniger Lage. (32)

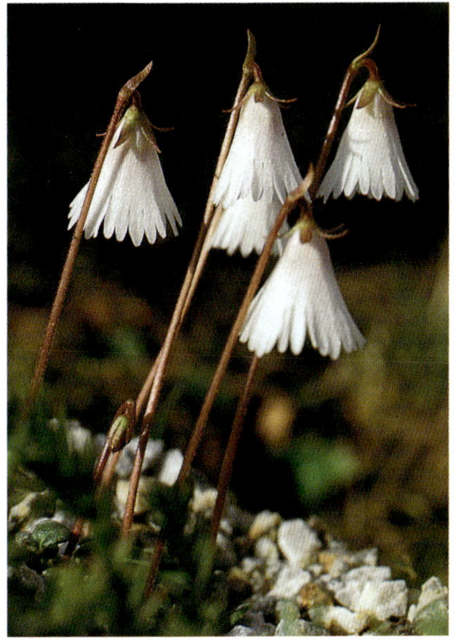

◁ **Solidago virgaurea ssp. minuta var. minutissima**. Wenn man die bei uns verwilderte Riesengoldrute *(Solidago gigantea)* mit bis 2 m hohen Blütenständen vor Augen hat, dann ist diese niedrige Form aus Japan das extreme Gegenteil. Diese Steingartengoldrute wird nur etwa 5 cm hoch und blüht von September–Oktober. *S. virgaurea* ssp. *minuta* wird mit 20–30 cm etwas höher, blüht von August–September und ist in den Gärten meist durch die Sorte 'Goldzwerg' vertreten. Die heimische Goldrute, *S. virgaurea*, blüht von Juli–September und kann bis 70 cm hoch werden. Es ist eine Pflanze für Gehölzränder und steinige, felsige Bereiche, wenn es nicht zu sommertrocken wird. *S. caesia* und ihre Sorte 'Robusta' werden 60–70 cm hoch und blühen von September–Oktober oder gar November. Vermehrung aller Arten durch Teilung. (31, 32 bzw. 1, 2, 3)

△
Solidago-Hybride 'Strahlenkrone', Gartengoldrute, Asteraceae (Compositae), Asterngewächse. Diese säulenförmig wachsende Gartengoldrute mit breitem, flachem Blütenstand wird etwa 70 cm hoch und blüht von August–September. Zu den locker aufrechtwachsenden Typen gehört 'Goldwedel' mit 80 cm Höhe und Blütezeit von Juli–August. Mimosenartig locker blühen 'Golden Shower' und 'Ledsham' von August–September. Beide werden etwa 80 cm hoch. Etwa 100 Goldruten-Arten sind in Nordamerika, nur wenige davon in Südamerika, Europa und Asien verbreitet. Sie lieben sonnige, warme Standorte auf nährstoffreichem frischem Boden, vertragen aber auch viel Trockenheit und bleiben dann niedriger. Der invasive Charakter der Goldruten sollte uns nicht abhalten, sie als Gartenstauden und auch für den Schnitt zu verwenden. Vermehrung durch Teilung. (1, 3, 8, 26, 29)

△
× **Solidaster luteus**, Asteraceae (Compositae), Asterngewächse. Es soll sich hier um eine Gattungshybride aus einer *Solidago*-Art mit *Aster ptarmicoides* handeln, die um 1910 entstanden ist. Dies wird neuerdings bezweifelt, vielleicht ist es doch eine Goldruten-Hybride. Unabhängig von ihrer Herkunft ist diese nicht ganz standfeste, etwa 60 cm hohe, von Juli–September blühende Staude in den letzten Jahren zu einem bevorzugten Beiwerk für Sommersträuße geworden. Sie ist anspruchslos und bringt ein Hellgelb in Staudenpflanzungen und Sommersträuße, das durch keine andere Staude erreicht wird. Gleichzeitig ist sie als Schnittblume gut haltbar. Verwendung in voller Sonne und auch am sonnigen Gehölzrand. Die Vermehrung erfolgt durch Teilung. Ähnlich mit weißen, rosa bis roten oder auch lilablauen Tönen sind die vielen Sorten von *Aster ericoides*. (1, 2, 3)

Sparaxis-Tricolor-Hybriden, Iridaceae, Schwertliliengewächse. 6 Arten sind in Südafrika verbreitet. Es sind Stauden mit Knollen und wenigen schwertförmigen oder linealischen Blättern. *S. tricolor* ist der Hauptelternteil der vielen, meist als Mischungen angebotenen Sorten. Die kleinen Knollen werden im Herbst 5–10 cm tief in etwa 10 cm Abstand gelegt und mit Laub abgedeckt. Die Pflanzen werden bis etwa 40 cm hoch und blühen von Juni–Juli. Die Grundfarben von *S. tricolor*, Rot, Schwarz und Gelb, sind bei den Hybriden zum Teil in unterschiedlicher Weise gemischt. Die Blüten sind bis 5 cm breit, öffnen sich am Morgen und schließen sich abends wieder – vorausgesetzt, es ist ein heller, sonniger Tag. In Gegenden mit strengen Wintern ist es besser, die Knollen erst im April zu legen oder nach Vorkultur in Töpfen Ende Mai auszupflanzen. (30, 36) ▷

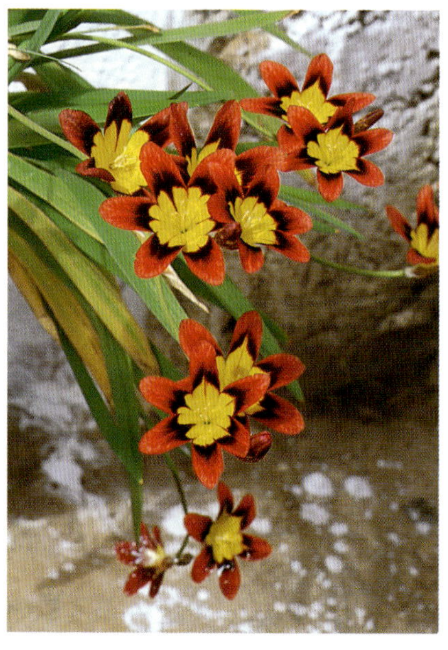

Sparganium erectum *(S. ramosum)*, ▷ Ästiger Igelkolben, Sparganiaceae, Igelkolbengewächse. Etwa 20 Arten in den temperierten Gebieten der Nordhalbkugel sowie in Australien und auf der nördlichen Insel Neuseelands. Der heimische Ästige Igelkolben wächst kräftig und wuchernd, bis 1,2 m hoch, in Gewässerrandzonen mit schlammigem, nährstoffreichem Untergrund. In dem verzweigten Blütenstand sind oben die männlichen, unten die weiblichen Blüten zu finden, aus denen sich die stachelig wirkenden Igelkolben entwickeln. In kleinen Gewässern ist eine Kultur in Gefäßen, die den Ausdehnungsdrang begrenzen, erforderlich. Nicht ganz so stark wuchert der heimische Einfache Igelkolben, *S. emersum (S. simplex)*, der etwa 60 cm hoch wird und sich für saure, moorige Feuchtbereiche bis 20 cm Wassertiefe eignet. Vermehrung aller Arten durch Teilung. (26, 27, 28, 38)

Sprekelia formosissima, Jakobslilie, Amaryllidaceae, Amaryllisgewächse. Die Gattung besteht nur aus dieser einen Art, die in Mexiko und Guatemala verbreitet ist. Es ist eine zwiebelbildende Staude mit ausgeprägter Ruheperiode. Wir pflanzen die Zwiebel Mitte Mai 2–5 cm tief an warmer, vollsonniger Stelle im Freiland aus, vorzugsweise im Steingartenbereich. Die Pflanze treibt dann meist nur 2 etwa 30–40 cm lange Blätter und schiebt danach einen 1blütigen, etwa 30 cm hohen Blütenschaft. Die bis 12 cm große, kräftige rote Blüte öffnet sich im Juli–August. Vor den ersten Frösten ist die Zwiebel wieder aus der Erde zu nehmen und frostfrei, trocken und warm (um 20 °C) zu überwintern. Damit sie im Folgejahr blüht, muß sie während der Wachstumszeit durch Wässern und Düngen gestärkt werden. Vermehrung durch Nebenzwiebeln. (30, 32)
▽

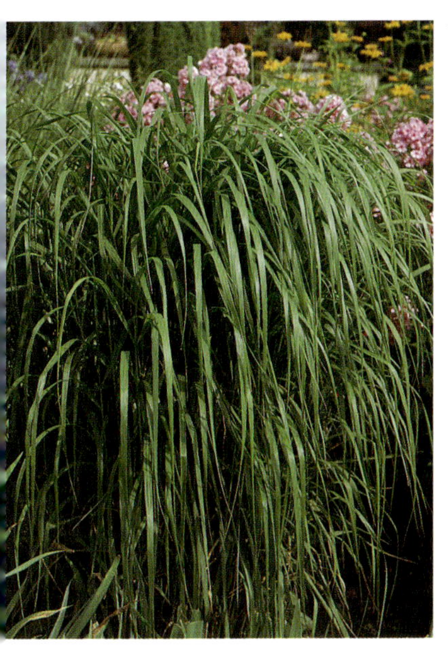

◁ **Spartina pectinata** *(Spartina michauxiana)*, Süßwasserseilgras, Poaceae (Gramineae), Gräser. 16 Arten in West- und Südeuropa, in Nordwest- und Südafrika sowie in Amerika. Es sind horstbildende Staudengräser mit kriechendem Rhizom und steifen, aufrechten Halmen. Sie eignen sich für alle Gartenböden, wachsen aber besonders gut auf feuchtfrischen oder auch salzhaltigen Böden. *S. pectinata* aus Kanada und den USA bildet Horste mit kurzen Ausläufern und beeindruckt durch die bis 1 m langen, elegant überhängenden Blätter. Der Blütenstand besteht aus 5–30 etwa 10 cm langen, gedrängten Ähren, die an bis 1,8 m hohen Halmen stehen. Sie wirken auch im Winter sehr dekorativ. Die Blätter der Sorte 'Variegata' (syn. 'Aureo-marginata'), auch Goldleistengras genannt, besitzen schmale, goldgelbe Ränder. Vermehrung durch Teilung. (1, 2, 6, 8)

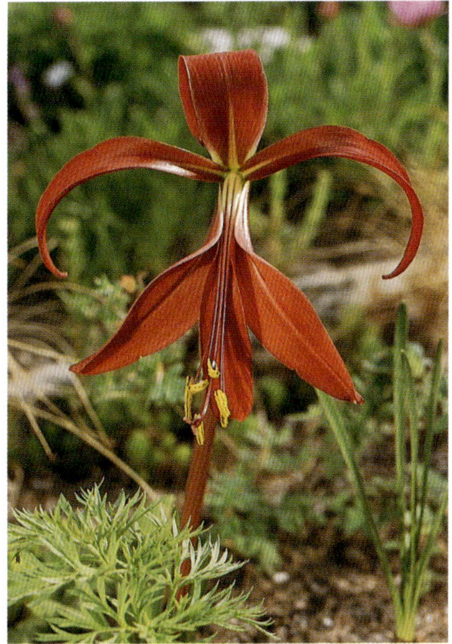

Stachys byzantina *(S. olympica, S. lanata)*, ▷ Wollziest, Eselsohren, Lamiaceae (Labiatae), Taubnesselgewächse. Etwa 300 Arten in den gemäßigten Gebieten der Erde mit Schwerpunkt im Mittelmeerraum. Der Wollziest ist vom Kaukasus bis Nordpersien verbreitet und besitzt dicht weißwollig behaarte Blätter in einer bis 20 cm großen Rosette. Die bis 40 cm hohen, ebenfalls weißwollig behaarten Blütentriebe tragen kleine rosa, in Quirlen angeordnete Blüten. Verwendung als Einfassung oder Bodendekker für sonnige, trockene, heiße Stellen. Wenn man das silbergraue Blattpolster ungestört erhalten möchte, schneidet man die Blütentriebe aus. 'Silver Carpet' ist ein schwachblühender Typ, 'Cotton Boll' (syn. 'Sheila Macqueen') eine Verbesserung davon. Die Blütentriebe sind auch für die Trockenbinderei geeignet. Vermehrung durch Teilung. (7, 22, 31, 32)

◁ **Stachys grandiflora** *(S. macrantha, Betonica grandiflora).* Diese bis 60 cm hohe Staude ist vom Kaukasus bis nach Persien verbreitet und blüht von Juli–August mit großen, purpurrosa, in quirligen Scheinähren angeordneten Blüten. Ihre Blätter sind langgestielt, breit-gekerbt und runzelig. 'Superba' ist eine besonders großblütige Auslese, die manchmal auch als 'Robusta' angeboten wird. Die Sorte 'Alba' blüht weiß und 'Rosea' rosa. Dieser Ziest ist eine ausgezeichnete, langlebige Gartenstaude, die sowohl an sonniger wie auch an halbschattiger Stelle gut wächst und bald dichte Bestände bildet. Sie läßt sich auf Staudenbeeten ebenso verwenden wie an warmen, locker bewachsenen Waldrändern im Übergang zu Staudenwiesen. Zusätzlich liefert sie gut haltbare Schnittblumen. Die Vermehrung erfolgt durch Teilung. (1, 2, 3, 4, 10)

Sternbergia lutea, Sternbergie, Goldkrokus, Amaryllidaceae, Amaryllisgewächse. ▷ 8 Arten im Mittelmeergebiet mit Schwerpunkt in Kleinasien. Es sind zwiebelbildende Stauden mit riemenförmigen Blättern und einzeln endständigen Blüten. *S. lutea*, der Goldkrokus aus dem Mittelmeergebiet, ist die einzige mit etwas Schutz bedingt winterharte Art. Sie blüht von September–Oktober, wobei zuerst die Blüten und dann die Blätter erscheinen. Die becherförmigen, bis 5 cm langen, goldgelben Blüten stehen auf etwa 10–15 cm hohen Schäften. Für eine gute Blüte sind nicht nur eine frostgeschützte Überwinterung, sondern auch sommerlich heiße, warme Perioden zum Ausreifen der Zwiebeln erforderlich. *S. lutea* ist Artenschutzregeln unterworfen, so daß nur gärtnerisch vermehrte Zwiebeln erworben werden sollten. Reichliche Vermehrung durch Nebenzwiebeln. (12, 14, 30)

Stipa pennata, Flauschfedergras. Dieses schmalblättrige Horstgras stammt aus Süd- und Mitteleuropa. Es wird nur etwa 40 cm hoch und hat eine kurze, etwa 10 cm lange Rispe mit bis 20 cm langen Grannen. Ebenfalls in Mittel-, Süd- und Osteuropa verbreitet ist *S. tirsa (S. stenophylla)*, das Roßschweiffedergras. Es wächst locker horstig bis rasenbildend. Seine eingerollten Blätter können bis 1 m lang sein. Die bis 60 cm hohen Halme tragen kurze Ähren mit bis 20 cm langen Grannen. *S. ucrainica*, das Ukrainische Federgras, verbreitet in der Ukraine und Rumänien, wächst ebenfalls horstig. Seine zusammengerollten Blätter hängen stark über. Die Halme werden 60 cm hoch und blühen bereits von Mai–Juni. *S. tenuifolia* hat haarförmige, hellgrüne, überhängende Blätter und wird nur etwa 30 cm hoch. Vermehrung aller Arten durch Aussaat. (6, 8, 12, 29) ▽

Stipa pulcherrima f. nudicostata ▷ *(S. barbata)*, Reiherfedergras, Poaceae (Gramineae), Gräser. Etwa 300 Federgras-Arten sind in den gemäßigten bis tropischen Trockengebieten der Erde verbreitet. Sie eignen sich für sonnige Lagen auf trockenen, kalkhaltigen, wasserdurchlässigen Böden. Vermehrung durch Aussaat oder Teilung. Die abgebildete Art stammt aus dem Mittelmeergebiet und blüht von Juli–August. Die Horste werden etwa 80 cm hoch. Die Rispen sind weizenähnlich und haben fedrige, silbrig-seidige, bis 40 cm lange Grannen. Bei Schnitt für Trockensträuße dürfen die Grannen gerade ausgebildet sein. *S. capillata*, das Büschelhaargras, ist ein horstig wachsendes, bis 1 m hohes Gras mit eingerollten Blättern. Es hat unbehaarte, aber nur bis 20 cm lange, hellbraune Grannen und wirkt auch nach der Blüte von Juni–Juli noch dekorativ. (6, 8, 12, 29)

◁ **Stokesia laevis**, Kornblumenaster, Asteraceae (Compositae), Asterngewächse. Die Gattung besteht nur aus dieser einen Art, die im östlichen Bereich der USA verbreitet ist. Die bis 40 cm hohe Staude besitzt lanzettliche Blätter und verzweigte Stengel mit endständigen, lilablauen, 5–10 cm großen Blütenkörbchen. Es gibt auch einige Sorten mit blauen oder weißen Blüten, so 'Alba', weiß, 'Blue Cloud' und 'Blue Star', blau. Die Kornblumenaster eignet sich für sonnige, warme Stellen auf durchlässigem Boden. Wir verwenden sie in Staudenpflanzungen, im Zusammenhang mit Stein, oder auch am Übergang von Staudenwiesen zu lockeren sonnig-warmen Waldrandsituationen. Lokkerer Laubschutz den Winter über ist in Gegenden mit strengen Wintern empfehlenswert. Die Vermehrung erfolgt durch Aussaat, Teilung oder Wurzelschnittlinge. (1, 3, 10, 29, 32)

Stratiotes aloides, Wasseraloe, Krebsschere, Hydrocharitaceae, Froschbißgewächse. Die Gattung besteht nur aus dieser einen Art, die von Europa bis Nordwestasien verbreitet ist. Ihre Blätter stehen bromelienähnlich in einer dichten Rosette. Sie tauchen zur Blütezeit der Pflanze über Wasser auf, wie auf der Abbildung deutlich zu erkennen ist. Im Winter sinken die Blattrosetten in Wassertiefen bis 1,5 m. Die Blätter werden bis 40 cm lang, sind sehr derb und stachelig gezähnt. Die 3–4 cm großen, zu zweit an kurzen Stielen stehenden, weißen Blüten öffnen sich von Juni–August. Die Krebsschere ist für stehendes oder kaum fließendes, weiches Wasser geeignet. Für die winterliche Ruheperiode der Pflanze muß die Wassertiefe mindestens 80 cm betragen. Vermehrung durch Ausläufer, an deren Ende sich neue Blattrosetten bilden oder durch Winterknospen. (28)
▽

Symphyandra hofmannii, Hofmanns Steinglocke, Campanulaceae, Glockenblumengewächse. Etwa 8 Arten. Diese Art aus Jugoslawien ist nur 2jährig oder monocarp. Ist sie erst einmal angesiedelt, verliert man sie aber kaum, wenn man die Blütenstände bis zur Samenreife an den Pflanzen beläßt. Dabei wird sie keinesfalls lästig. Die drüsenhaarige Pflanze wird etwa 60 cm hoch. Die Blätter sind 5-10 cm lang, eiförmig bis lanzettlich, zur Basis hin gleichmäßig sich verschmälernd und am Rand grob gesägt. Die unteren Blattstiele sind geflügelt, die oberen Blätter aufsitzend. Die hängenden, cremeweißen Blüten sind 2-3 cm lang und bilden einen einseitswendigen Blütenstand. Blütezeit Juli–August. Leicht durch Samen zu vermehren. Eignet sich für größere Steingärten in sonnigen und halbschattigen Lagen, stellt kaum besondere Ansprüche an den Boden. (3, 18, 19, 20, 32)
▽

◁ **Symphyandra wanneri,** Wanners Steinglocke. Gebirge Bulgariens, Rumäniens, Ostjugoslawiens. An geeigneten Standorten etwas besser ausdauernd als *S. hofmannii.* Die drüsenhaarige Staude wird 10–40 cm hoch, die Blätter sind 2–11 cm lang, länglichlineal bis lanzettlich, zur Basis hin gleichmäßig verschmälert, am Rand gesägt. Untere Blätter mit geflügeltem Stiel, obere aufsitzend, dunkelgrün, glänzend. Die Blüten bilden eine verzweigte, einseitswendige Traube. Sie sind 2–3,5 cm lang, trichterförmig-glockig und violett gefärbt. Die Kelchzipfel sind rötlichbraun getönt. Blütezeit Mai–Juni. Im Garten nicht für vollsonnige Plätze, sondern mehr für halbschattige bis absonnige Stellen. Besonders hübsch in Steinfugen, so in nördlich oder nordwestlich geneigten Mauern im Steingarten. Kultur in nicht zu feuchten, durchlässigen Böden. (24, 31, 32)

△

Symphytum caucasicum, Kaukasusbeinwell, Boraginaceae, Rauhblattgewächse. Etwa 25 Arten in Europa, Westasien und Nordafrika. Es sind rauhborstig behaarte Stauden. Vermehrung durch Aussaat, Teilung oder Wurzelschnittlinge. *S. caucasicum* blüht von April–Juli hellblau, wird 60 cm hoch und ist durch unterirdische Ausläufer invasiv. Dieser Beinwell eignet sich für volle Sonne oder auch Halbschatten. Nach einem Rückschnitt im Sommer entwickelt er noch einen zweiten Flor im Herbst. Ebenfalls hellblau blüht *S. asperum*, der Comfrey, eine vom Kaukasus bis nach Persien verbreitete, bis 1,5 m hohe Art mit anfangs rötlichen, im Verblühen blauen Blüten von Juni–August. Dazu gehört die goldgelb panaschierte Sorte 'Aureovariegatum'. Geeignet für den Gehölzrand und für naturnahe Wiesen- oder Steppenbereiche, die nicht sommertrocken werden. (4, 26, 29)

△

Symphytum ibericum (*S. grandiflorum* hort.). Dieser Beinwell stammt aus dem Kaukasus. Er wird etwa 30 cm hoch und breitet sich durch Ausläufer zu dichten Teppichen aus. Dadurch ist er ein hervorragender Bodendecker für schattige Bereiche, wo er auch unerwünschte Kräuter und Gräser wirkungsvoll unterdrückt. Die Pflanzen blühen von Mai–Juni cremefarben. Dazu gehören die Sorten oder Hybriden 'Blaue Glokken', reinblau, 'Hidcote Blue', zartblau, heller verblühend, und 'Hidcote Pink', reinrosa. Zwei südeuropäische Arten eignen sich ebenfalls als Bodendecker für schattige Stellen, nämlich der Knotige Beinwell, *S. tuberosum*, 30 cm hoch, mit gelben Blüten und der Knollige Beinwell, *S. bulbosum*. Beide blühen von April–Juni oder Juli. Diese Beinwell-Arten und -Sorten sollten als Bodendecker mehr verwendet werden. (4, 7, 21, 26)

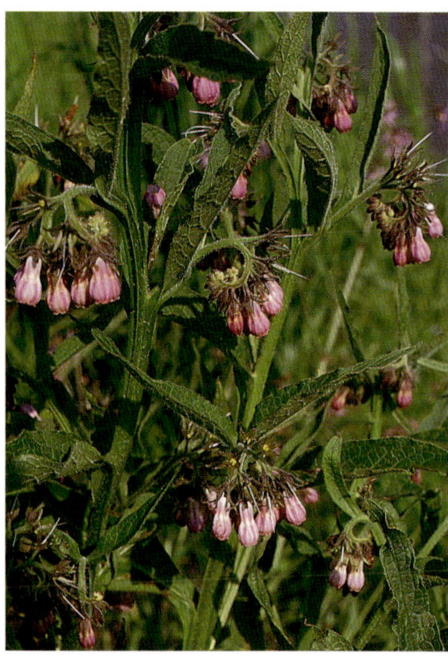

△

Symphytum officinale, Beinwell. Der heimische Beinwell ist eine reichverzweigte, bis 1 m hohe Staude. Sie besiedelt feuchte Wiesen und offene Bereiche in Auen und Bruchwald auf nährstoffreichen Böden. In Europa und Westasien ist er eine alte Heilpflanze. Die Blütenfarben reichen von schmutzig violetten Tönen über rosa und rote bis zu weißgelblichen. Ein Rückschnitt nach der Blüte im Mai-Juli ergibt noch einen Herbstflor. Die Sorte 'Coccineum' blüht kräftigrot. Zusammen mit *S. ibericum* bildet sie das Elternpaar von *S. × rubrum* hort., einer kräftigrot blühenden, etwa 50 cm hohen Gartenform. Unser Beinwell und *S. asperum* sind die Eltern von *S. × uplandicum* (*S. peregrinum* hort.), dem Futter-Comfrey, der bis 1,2 m hoch wird und von Juni–August blaue, röhrenförmige Blüten trägt. (1, 10, 26, 27)

Synthyris stellata (*S. reniformis* hort.), ▷ Frühlingsschelle, Scrophulariaceae, Braunwurzgewächse. 15 Arten in den Bergen Nordamerikas. *S. stellata* ist von Oregon bis Washington verbreitet. Die bis 20 cm hohe, dichtbuschige Staude besitzt grundständige, langgestielte, rundliche, scharfgezähnte, glänzende Blätter. Von den glockigen, violettblauen Blüten erscheinen bis zu 40 dichtgedrängt in pyramidalen Trauben von März–April, zusammen mit dem Blattaustrieb. Die Pflanze ist wegen der zeitigen blauen Blüte und auch wegen der bis weit in den Winter hinein frischgrünen Blattbüschel interessant. Verwendung in halbschattigen und schattigen Lagen auf humosem, kühlfeuchtem Boden. Erst über viele Jahre eingewachsene, alte Pflanzen entwickeln ihre volle Schönheit und eine reiche Blüte. Vermehrung durch Aussaat, einfacher durch Teilung. (4, 18, 20, 21)

Tagetes-Erecta-Hybride. Hohe Studentenblume, Asteraceae (Compositae), Asterngewächse. Etwa 50 Arten in Amerika. Als einjährige Sommerblume mit Vorkultur gezogen, Auspflanzung nach den Eisheiligen. *T. erecta* stammt aus Mexiko und ist ein einjähriges, bis 90 cm hohes, stark verzweigtes Kraut. Sie ist die Elternart der *T.*-Erecta-Hybriden, deren Schnittsorten bis über 1 m hoch werden können. Diese und die halbhohen, 50–70 cm hohen Beetsorten gehören zu unseren reichblütigsten Sommerblumen. Sie erreichen bis über 10 cm Blütendurchmesser und liefern gut haltbare, jedoch nicht transportfähige Schnittblumen mit hohlem Stengel. Die niedrigen Beetsorten werden etwa 25–30 cm hoch. Durch Wurzelausscheidungen sind sie zur Nematodenbekämpfung geeignet. Im Handel sind eine Vielzahl von für Schnitt und Beetbepflanzung geeigneten Sorten und Sortengruppen. (2, 34, 36) ▷

△

Tagetes-Patula-Hybride, Sammetblume, Studentenblume. Die Stammart, *T. patula*, ist eine einjährige Pflanze aus Mexiko. Sie wird bis 50 cm hoch und besitzt viele fiederschnittige Blätter. Die Art selbst ist nicht in Kultur. Dagegen sind viele Sorten dieser Hybridgruppe in unseren Gärten in Sommerblumenbeeten oder als Beeteinfassung verbreitet. Sie werden 15–25 cm hoch und besitzen einfache oder gefüllte Blütenkörbchen und Blütenfarben von Zitronengelb über Orange bis samtig Rotbraun. Die Blüten können 2farbig oder dunkler gezeichnet sein und sind 6–8 cm groß. Die Studentenblume ist eine bodendeckende Sommerblume, von der man auch ganze Pflanzen als kleinen Strauß schneiden kann. Blühende Pflanzen lassen sich auch im Sommer bei feuchttrübem Wetter gut versetzen, um damit Staudenbeete im Blühablauf des Sommers farblich zu ergänzen. (2, 36)

△

Tagetes tenuifolia *(T. signata)* ist die zierlichste Studentenblume. Die Wildart ist von Mexiko bis Kolumbien verbreitet. Als Einzelpflanze wächst diese einjährige Sommerblume zur dauerblühenden Kugel heran, wenn man ihr genügend Platz zur Entwicklung gibt. Und sie eignet sich auch gut als Schnittblume – frisch aus dem Garten, da sie Transport schlecht verträgt. Diese Art und *T. patula* lassen sich auch ab Ende Mai direkt aussäen und vereinzeln, vorausgesetzt die zum Keimen nötige Wärme von 13–15 ° C ist gegeben. Nicht die 60–70 cm hohe Wildart, sondern niedrige Sorten sind in Kultur, so die altbewährte 'Gnom', 30 cm, tiefgoldgelb, 'Lulu', 30 cm, zitronengelb, 'Ornament' 25 cm, rotbraun, oder 'Carina' kräftigorange. Sie eignen sich für Rabatten, Gräber, Einfassungen, Schalen und Balkonkästen. Am günstigsten ist ein sonniger Standort und mittelschwerer, nährstoffreicher, aber nicht zu nasser Boden. (2, 31, 36)

Talinum okanoganense, Portulacaceae, Portulakgewächse. Etwa 50 *Talinum*-Arten sind in den warmen Gebieten Amerikas, besonders in Mexiko, aber auch in Afrika und Asien verbreitet. Sie sind nahe mit der Gattung *Calandrinia* verwandt. *T. okanoganense* stammt aus dem Nordwesten der USA. Die niedrigen, kaum 2 cm hohen, mattenbildenden sukkulenten Pflanzen besitzen graugrüne, nur etwa 0,5 cm lange Blätter, die sich im Herbst röten. Sie sitzen an kriechenden, dem Boden flach aufliegenden Stengeln. Die kleinen, flachen, weißen Blüten sind etwa 1 cm breit und öffnen sich von Juni–August. Die Pflanzen erfordern eine Kultur in durchlässigem Substrat in voller Sonne und mit Schutz vor Winternässe. Wer *Delosperma*-Arten im Garten kultiviert, sollte es auch mit *Talinum* versuchen. Vermehrung durch Teilung und Stecklinge. (12, 14, 24, 32) ▷

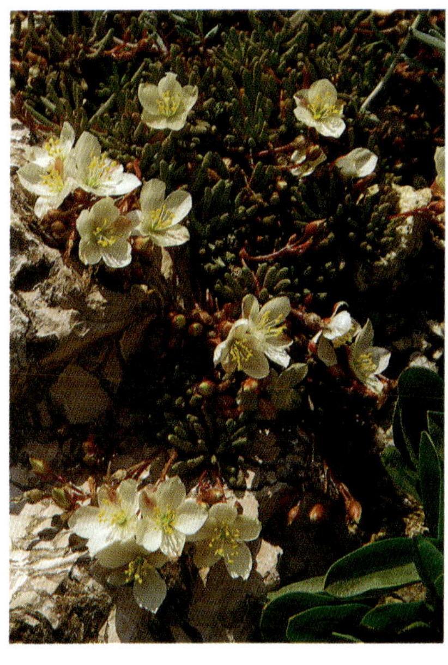

Tanakaea radicans, Tanakäa, Saxifragaceae, Steinbrechgewächse. 2 Arten sind in China und Japan verbreitet. Bei uns ist *T. radicans* aus Japan hin und wieder in Kultur. Diese immergrüne Kleinstaude bildet oberirdische Ausläufer und besitzt langgestielte, fleischig-ledrige, länglich-lanzettliche, spitze und am Grunde herzförmige Blätter mit doppelt gesägtem Rand. Die Blüten stehen an bis 20 cm hohen, pyramidalen Rispen und erblühen im Juni und Juli. Es ist eine Staude für halbschattige warme Lagen in sehr humosem Boden mit ausreichender, auch im Sommer nicht nachlassender Feuchtigkeit, also eine ausgesprochene Waldpflanze. Sorgfältige Bodenverbesserung mit Laub- oder Rindenkompost ist sehr hilfreich, in vielen Gegenden Deutschlands empfiehlt sich Winterschutz aus trockenem Laub. Vermehrung durch Abtrennen der Ausläufer. (4, 18, 21) ▷

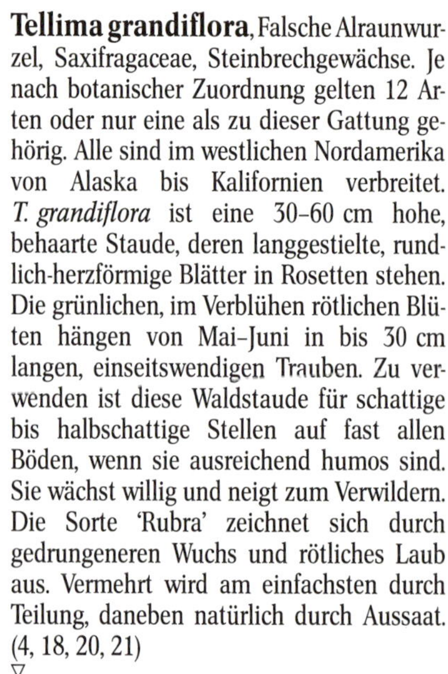

Tellima grandiflora, Falsche Alraunwurzel, Saxifragaceae, Steinbrechgewächse. Je nach botanischer Zuordnung gelten 12 Arten oder nur eine als zu dieser Gattung gehörig. Alle sind im westlichen Nordamerika von Alaska bis Kalifornien verbreitet. *T. grandiflora* ist eine 30–60 cm hohe, behaarte Staude, deren langgestielte, rundlich-herzförmige Blätter in Rosetten stehen. Die grünlichen, im Verblühen rötlichen Blüten hängen von Mai–Juni in bis 30 cm langen, einseitswendigen Trauben. Zu verwenden ist diese Waldstaude für schattige bis halbschattige Stellen auf fast allen Böden, wenn sie ausreichend humos sind. Sie wächst willig und neigt zum Verwildern. Die Sorte 'Rubra' zeichnet sich durch gedrungeneren Wuchs und rötliches Laub aus. Vermehrt wird am einfachsten durch Teilung, daneben natürlich durch Aussaat. (4, 18, 20, 21) ▽

◁ **Telekia speciosa**, Telekie, Asteraceae (Compositae), Asterngewächse. 2 Arten sind von Mitteleuropa bis zum Kaukasus verbreitet. *T. speciosa* (früher *Buphthalmum speciosum*) ist in den Südostalpen, den Karpaten, im Kaukasus und in Kleinasien zu Hause. Sie ist eine bis 1,8 m hohe, dekorative Waldstaude für naturnahe Pflanzungen auf frischfeuchtem Boden. Ihre Blätter sind herzförmig und unterseits flaumig, die gelben, bis über 6 cm breiten Blüten erscheinen von Juni–August. *T. speciosissima* kommt nur in einem kleinen Verbreitungsgebiet zwischen Lugano und dem Gardasee vor. Sie wird nur bis 30 cm hoch und öffnet von Juli–September endständige, bis 7 cm breite, gelbe Blütenköpfe. Steingartenpflanze für vollsonnige Lagen in Felsfugen mit ähnlichen Ansprüchen wie *Aster alpinus*. Vermehrung beider Arten durch Aussaat. (3, 10, 26, 27 bzw. 32)

Tetragonolobus maritimus *(Lotus siliquosus)*, Spargelklee, Fabaceae (Leguminosae), Hülsenfrüchtler. 3 Arten in Europa. Der Spargelklee findet sich in Mittel-, Ost- und Südeuropa, in Kleinasien, im Kaukasus und in Nordafrika. Die kahle bis behaarte, etwa 40 cm hohe Staude bildet von Juni–September etwa 3 cm große, hellgelbe Blüten. Sie wächst in vollsonniger Lage in jedem Gartenboden und läßt sich in naturnahen Pflanzungen und im Steinbereich gut verwenden. Vermehrung durch Aussaat. Ein Gegenstück mit blauen Schmetterlingsblüten ist der Blauklee, *Parochetus communis*, der im Himalaja und in Ostafrika vorkommt. Er wächst im sonnigen und halbschattigen Bereich, braucht aber ausreichend feuchten, humosen Boden. Im Herbst überwintert man bewurzelte Teilstücke frostfrei bis zum Wiederauspflanzen Ende Mai. (10, 29, 32 bzw. 10, 27, 32) ▷

◁ **Teucrium pyrenaicum**, Pyrenäengamander, Lamiaceae (Labiatae), Taubnesselgewächse. Etwa 300 Arten in den gemäßigten Gebieten der Erde mit Schwerpunkt im Mittelmeerraum und in Vorderasien. *T. pyrenaicum* aus den Pyrenäen wächst mit Ausläufern mattenbildend. Die Pflanze wird bis 10 cm hoch und trägt von Juni–Juli rotviolette Blüten mit gelblichweißer Lippe. Weit verbreitet ist *T. massiliense* (*T. chamaedrys* hort.) aus dem Mittelmeergebiet. Diese Art wird bis 40 cm hoch, hat immergrüne Blätter und blüht purpurn von Mai–Oktober. Der heimische Edelgamander, *T. chamaedrys*, kommt auf trocknen Felshängen, besonders auf Kalk, vor und ist ein sommergrüner, etwa 25 cm hoher Halbstrauch mit Wurzelausläufern, der purpurn in einseitswendiger Scheintraube von Juli–August blüht. Vermehrung durch Aussaat, Teilung oder Stecklinge. (2, 10, 12, 29, 32)

Thalictrum aquilegifolium, Amstelraute, Akeleiblättrige Wiesenraute, Ranunculaceae, Hahnenfußgewächse. Etwa 150 Wiesenrauten-Arten gibt es auf der Nordhalbkugel der Erde sowie im tropischen Südamerika und südlichen Afrika. Die heimische Amstelraute finden wir auch in Nordamerika. Sie kann bis 1,5 m hoch werden und blüht von Mai–Juli. Ihre 2- bis 3zähligen Blättchen sind kahl und glänzend blaugrün. Für sonnige bis halbschattige Stellen mit frischem bis feuchtem, humosem Boden. Gleich zu verwenden ist *T. flavum* ssp. *glaucum* (*T. speciosissimum, T. glaucum*) aus Spanien, Portugal und Nordwestafrika, bis über 1,5 m hoch, mit blaugrün bereiften Blättern und schwefelgelben Blüten von Juli–August. Die Sorte 'Illumination', gut 1 m hoch, bildet mehr zopfige, zitronengelbe Blütenrispen. Vermehrung durch Aussaat oder Teilung. (1, 4, 8, 18, 26) ▷

△ **Thalictrum dipterocarpum**. Diese Art ist eine Wiesenraute aus Westchina, die in hohen Rispen auf bis 1,8 m hohen, meist leicht überhängenden Blütenstielen von Juli–August blüht. Ihre zarten, rosaviolettenBlüten sind etwa 12 mm breit, werden aber übertroffen von den noch größeren Blüten von *T. delavayi*. Sie blüht zur gleichen Zeit, ist ebenfalls in Westchina zu Hause, wird aber nur bis etwa 1,5 m hoch. Zu dieser Art gehören die weißblühende Sorte 'Album' und 'Hewitts Double' mit dunkleren, dichtgefüllten Blüten, die auch als Schnittblume gut halten. *T. minus* 'Adiantifolium' blüht von Juni–August und wird nur 40 cm hoch. Die grünlichgelben Blüten stehen in lockeren Rispen. Blüten wie Blätter sind gut für den Schnitt geeignet. Diese Art verträgt mehr Trockenheit als alle anderen Wiesenrauten. (4, 18, 26 bzw. 3, 10)

◁ **Thamnocalamus spathaceus** (*Sinarundinaria murieliae, Arundinaria murieliae*), Poaceae (Gramineae), Gräser. Etwa 5 Arten in Ostasien. Die am meisten verbreitete Gartenbambus-Art, *T. spathaceus*, stammt aus Mittelchina, wird etwa 2 m hoch und besitzt gelbe, in der Jugend bereifte Triebe. Die 7–12 cm langen Blätter sind 1–1,5 cm breit. Sehr ähnlich wirkt *T. nitida* aus Mittel- und Westchina, ein bis 4 m hoher Strauch mit rötlichen Stämmchen und etwas überhängender Verzweigung. Die Blätter sind 5–8 cm lang, 0,5–1,5 cm breit und fallen im Herbst meist ab. Beide benötigen im Frühjahr ausreichend Feuchtigkeit, im Spätsommer-Herbst Trockenheit zum Ausreifen der Triebe. Im Winter beeinflußt zu hohe Bodenfeuchtigkeit die Winterhärte negativ. Verwendung in hohen Staudenpflanzungen, an Gehölzrändern oder in Einzelstellung. (1, 4, 6, 20, 21, 26)

Themeda triandra var. japonica (*T. japonica*), Rotschopfgras, Poaceae (Gramineae), Gräser. 10 Arten dieser Gattung sind im warmen Afrika und in Asien verbreitet. Die abgebildete Art ist in China, in der Mandschurei, in Korea, Indien und Japan zu Hause. Ihre oft am Grunde verzweigten Halme werden bis 1,2 m hoch. Sie färben sich im Spätsommer allmählich kräftigrot, wie die Abbildung zeigt, und bilden so auch abgestorben im Winter einen farbenkräftigen Akzent in der Staudenpflanzung. Der in den Gärten verbreitete Klon blüht selten (Blütenstand rispig, 20–40 cm lang) und sollte an geschützte, warme, vollsonnige Stellen gepflanzt werden. Bei lockerem, gut wasserdurchlässigem Boden ist die Winterhärte meist ausreichend. Verwendung in südlichen Pflanzengruppen und in Einzelstellung. Vermehrung durch Teilung. (6, 8, 16, 17)
▽

◁ **Thelypteris phegopteris** (*Dryopteris phegopteris, Gymnocarpium phegopteris, Phegopteris vulgaris*), Buchenfarn, Thelypteridaceae, Lappenfarngewächse. Je nach Zuordnung oder Zusammenfassung wird von 800 Arten oder auch nur von einer kosmopolitisch verbreiteten Art gesprochen. Der auch in unseren Laubwäldern heimische Buchenfarn, der sich mit dünnem, kriechendem, verzweigtem Rhizom ausbreitet, besitzt 20–40 cm lange, 3eckige, einfach gefiederte Wedel. Er wächst nur auf kalkarmen Humusböden und eignet sich zur flächigen Unterpflanzung in Halbschatten bis tiefem Schatten. Durch Wuchern kann er lästig werden. *Thelypteris palustris (Dryopteris thelypteris)*, der Sumpffarn, wird bis 1 m hoch und wächst in feuchtnassen, kalkfreien Moorbereichen bis in etwa 30 cm tiefes Wasser. Vermehrung durch Teilung. (4, 18, 21 bzw. 27)

Thlaspi rotundifolium, Rundblättriges Täschelkraut, Brassicaceae (Cruciferae), Kohlgewächse. Etwa 60 Arten auf der Nordhalbkugel und in Südamerika. *T. rotundifolium* ist in den Alpen und in den Karpaten beheimatet. Es wird 5–15 cm hoch und besitzt dickliche blaugrüne Blätter. Die hellvioletten, dunkler geaderten Blüten sitzen in dichten Trauben. Es ist eine Staude fürs Alpinum, wo sie im Kalkgeröll gut wächst. Langlebiger ist *T. montanum* aus den Gebirgen Mittel- und Südeuropas. Die Pflanze wird bis 15 cm hoch und breitet sich durch ausläuferartige Seitenäste aus. Von April–Mai bildet sie große weiße Blüten. Sie liebt Sonne bis Halbschatten auf flachgründigen, steinig-humosen Böden, besonders auf Kalk. Guter Wasserabzug und Schutz vor Winternässe sind Grundvoraussetzungen. Vermehrung durch Aussaat oder Stecklinge. (14, 24, 32)
▽

◁ **Thladiantha dubia**, Quetschblume, Cucurbitaceae, Kürbisgewächse. 15 Arten in Ostasien und in Malaysia. *T. dubia* ist in Nordchina und im Amurgebiet zu Hause, in Teilen Mittel- und Südosteuropas stellenweise verwildert. Es ist eine absolut winterharte Kletterstaude mit gelblichen, kleinen, kartoffelähnlichen Knollen. Die ganze Pflanze ist weich behaart, klettert bis 9 m hoch und kann mit ihren kräftiggrünen Blättern schnell größere Flächen bedecken. Sie ist 2häusig, so daß männliche und weibliche Pflanzen vorhanden sein müssen, um Früchte mit keimfähigen Samen auszubilden. Manchmal entstehen die erst grün-rötlich gestreiften, dann orangeroten Früchte an den weiblichen Pflanzen auch, ohne daß sie Samen enthalten. Schnellwachsende Kletterstaude für volle Sonne sowie für Schatten. Vermehrung durch Tochterknollen. (9, 16, 21, 38)

◁ **Thunbergia alata**, Schwarzäugige Susanne, Acanthaceae, Bärenklaugewächse. 200 Arten in den Tropen und Subtropen der Alten Welt, besonders in Afrika. *T. alata* aus Südostafrika ist eine krautige, bis 1,5 m hoch schlingende Kletterpflanze mit 3eckigen bis herzförmigen Blättern und hellgelben Blüten mit dunklem Schlund. Sie wird bei uns als Sommerkletterer mit Vorkultur verwendet und ist auch mit weißen, reingelben, reinorangen Blüten, zum Teil auch mit dunklem Schlund im Handel. Pflanzen mit wellig geflügelten Blattstielen und orangen Blüten ohne dunklen Schlund auf etwa 10 cm langen Stielen gehören zu *T. gregorii. T. gibsonii* ist durch noch größere Blüten, eine seidige Behaarung, ungeflügelte Blattstiele und gerippte, rot überlaufende Stengel gekennzeichnet. Beide sind wärmebedürftiger und nicht so robust wie *T. alata*. Vermehrung durch Aussaat. (15, 35, 36)

Thymus × citriodorus, Zitronenthymian, Lamiaceae (Labiatae), Taubnesselgewächse. 300–400 Thymian-Arten sind in Eurasien und Nordafrika verbreitet. Alle sind aromatisch duftende Stauden oder Halbsträucher. Der Zitronenthymian, ein Naturbastard aus *T. pulegioides × T. vulgaris*, wurde in Südfrankreich gefunden. Er wird etwa 30 cm hoch und blüht von Juli–August blaßrosa. Es gibt gut 1 Dutzend Sorten: 'Argenteus' besitzt weißbunte Blätter, gelbbunte Blätter sind bei 'Aureus' und 'Golden Dwarf' zu finden. Der aus Südwestspanien und Südportugal stammende *T. villosus* hat eingerollte, weißbewimperte Blattränder, wird etwa 10–20 cm hoch und blüht im Juli und August dunkelrosa. Beiden Thymian-Arten ist Winterschutz zu geben. Wichtig ist ein sonniger Standort mit gutem Wasserabzug, etwa im Steinbereich oder auf Mauerkanten. (7, 24, 32, 40)
▽

Thymus serpyllum, Quendel, Feldthymian. Diese heimische Art ist in Europa auf rockenen, kalkarmen, warmen Böden verbreitet. Sie wird bis 10 cm hoch, wächst kriechend und blüht von Mai–Oktober purpurrot. Viele der ihr zugeordneten Sorten gehören zu *T. praecox* oder *T. pulegioides. T. praecox* aus dem mittleren Europa blüht im Juni rosa und wird auch nur 10 cm hoch. Es ist eine Mager- und Trockenrasenpflanze, die heute bei der Dachbegrünung häufig verwendet wird. Zu *T. doerfleri* aus Nordalbanien gehört 'Bressingham Seedling', eine im Mai–Juni reinrosa blühende robuste Gartensorte. *T. pseudolanuginosus* wächst ganz flach kriechend mit graubehaarten Blättern. Die dadurch entstehende immergrüne Fläche blüht selten im Juni–Juli. Alle genannten Arten sollten zwischen Steinen gepflanzt werden. Vermehrung durch Stecklinge oder Teilung. (7, 24, 32, 40)
▽

◁ **Thymus vulgaris**, Gartenthymian. Diese aus dem westlichen Mittelmeergebiet stammende Art ist die bei uns als Gewürzpflanze bekannte. Schon seit dem Altertum ist sie in Kultur. Es ist ein bis 30 cm hoher, aromatisch duftender Halbstrauch mit kräftiger Pfahlwurzel. Die linealen bis elliptischen Blätter sind kurzgestielt und unterseits dicht filzig, ihre Ränder sind eingerollt. Der Gartenthymian blüht von Mai–Oktober hell lilarosa und wird am besten mit Vorkultur gezogen. Die Sorte 'Deutscher Winter' übersteht die meisten unserer Winter, vorausgesetzt, sie wird in sonniger Lage auf wasserdurchlässigem Boden gepflanzt. *T. pulegioides (T. montanus)* ist eine in Europa und Kaukasien verbreitete Art zur Verwendung im Trockenrasenbereich. Sie wird 5–35 cm hoch und blüht von Mai–Oktober lila. Vermehrung durch Teilung oder Stecklinge. (7, 24, 32, 40)

◁ **Tiarella cordifolia 'Moorgrün'**, Schaumblüte, Saxifragaceae, Steinbrechgewächse. 5 Arten im Himalaja, in Ostasien und Nordamerika. Sie sind gute Bodendekker im Halbschatten und Schatten, vorausgesetzt, der Standort wird auch im Sommer nicht zu trocken. *T. cordifolia* aus Nordamerika wird 10–30 cm hoch und breitet sich durch Ausläufer aus. Die weißen, vielblütigen Trauben erscheinen von April–Juni. Im Herbst und Winter zeigen die Blätter eine schöne rötlichbronzene Färbung, die Sorte 'Moorgrün' bleibt grün. 'Purpurea' trägt purpurfarbene Blätter. *T. wherryi* hat hellgrüne, braun gezeichnete Blätter und rahmweiße Blüten, wird etwa 30 cm hoch und blüht von Juni–Juli. Sie bildet keine Ausläufer. Ihre 3- bis 9lappigen Blätter färben sich im Herbst rötlich. Die weißen, leicht rosa Blüten duften. Vermehrung durch Teilung. (4, 17, 18, 22)

Tithonia rotundifolia, Tithonie, Asteraceae (Compositae), Asterngewächse. 10 Arten sind in Mittelamerika mit Schwerpunkt Mexiko verbreitet. Die bei uns einjährig mit Vorkultur gezogene *T. rotundifolia* aus Mexiko wächst in ihrer Heimat ausdauernd und wird dort bis 5 m hoch; bei uns erreicht sie 1–2 m. Die 5–8 cm großen, rotorangen Blütenkörbchen auf keulenförmig verdickten Blütenstielen öffnen sich von August–Oktober. Die großen, herzförmigen, beiderseits rauhen, ungeteilten oder 3lappigen Blätter bilden einen guten Kontrast zu der leuchtenden Blütenfarbe. Die Sorte 'Torch' (syn. 'Fackel') hat leuchtendrote Zungenblüten und eine gelbe Mitte. 'Goldfinger' ist eine zart orangefarbene, nur etwa 75 cm hohe Auslese. Zusammen mit Rizinus, Schwarznessel und Scheinhanf können Tithonien einer Pflanzung subtropischen Charakter verleihen. (16, 34, 36)
▽

Tigridia pavonia, Tigerblume, Pfauenblume, Iridaceae, Schwertliliengewächse. 12 Arten von Mexiko bis Chile. Es sind Stauden mit knolligem Wurzelstock und grundständigen, schwertförmigen Blättern. Die bis 15 cm breiten Blüten sitzen einzeln oder zu mehreren auf einem langen Schaft. Sie können rosa, rot, orange, gelb und weiß mit allen Zwischentönungen und auch dunkler gezeichnet oder gefleckt sein. Verwendung als nicht winterharte Sommerblume, deren Blüten zwar nur einen Tag lang halten, aber reichlich erscheinen, wenn man in Gruppen pflanzt. Bei *T. pavonia* bringt ein Stiel bis zu 4 Blüten hervor. Die Pflanzen werden etwa 40–60 cm hoch. Man legt die Knollen im März–April an sonniger, ausreichend sommerfeuchter Stelle etwa 10 cm tief. Da sie nur selten zur Blühfähigkeit ausreifen, lohnt es sich kaum, sie wie Gladiolen zu überwintern. (30, 27) ▷

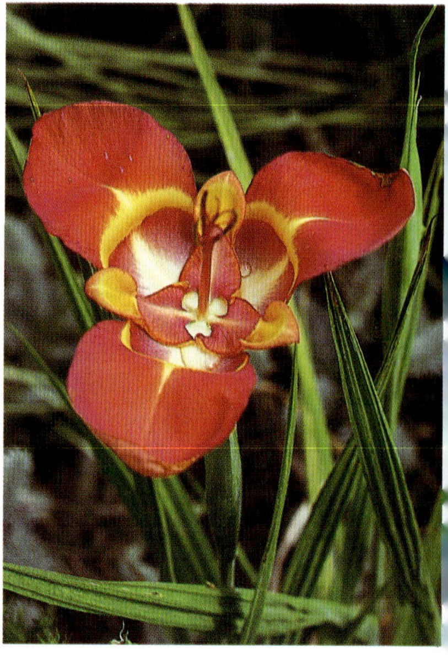

◁ **Tofieldia calyculata**, Alpenliliensimse, Liliaceae, Liliengewächse. Die 20 Arten dieser Gattung sind in der nördlichen temperierten Hemisphäre sowie in Venezuela und Guayana verbreitet. Die heimische *T. calyculata*, die auch als Kelchsimse bezeichnet wird, ist je nach Standort und Entwicklung 10–40 cm hoch und besitzt schmal-lineale, sehr spitze, grundständige Blätter. Sie geben ihr ein grasähnliches Aussehen. Die kleinen Blüten stehen in einer zylindrischen Traube, sind bis 4 mm breit und grünlichgelb. Die Pflanze blüht von Juni–August und kommt in Flachmooren, in Kalksümpfen und in nassen und nährstoffreichen Sumpfhumusböden, meist in höheren Lagen vor. Sie eignet sich für nasse, moorig-torfige Bereiche im Alpinum, die auch im Sommer ausreichend feucht bleiben. Die Vermehrung erfolgt durch Teilung und Aussaat. (32)

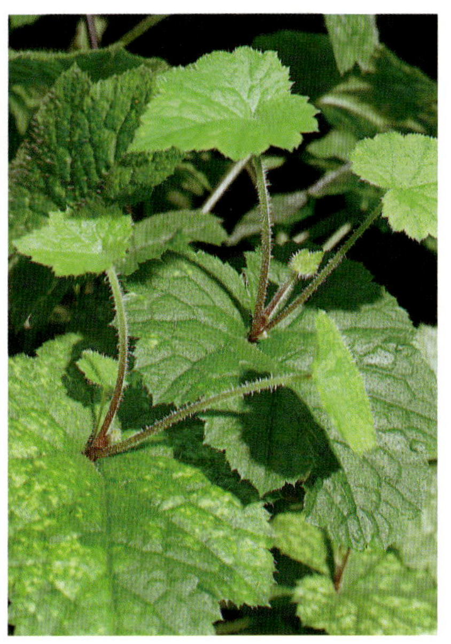

◁ **Tolmiea menziesii 'Taff's Gold'**, Henne und Küken, Saxifragaceae, Steinbrechgewächse. Nur diese eine Art an der Westküste Nordamerikas. Sie bildet von Mai–Juni bis 60 cm hohe Blütenstiele, an denen die unscheinbaren, grünbraunen Blüten in 25 cm langer Traube sitzen. Die Blätter sind langgestielt, rund bis herzförmig, oft auch unregelmäßig gelappt und gesägt. Am Blattgrund älterer Blätter entwickeln sich junge Pflanzen, die man zur Vermehrung benutzen kann. Problemlose Pflanzen an halbschattigen bis schattigen Stellen, die auch im Sommer frischfeucht bleiben. 'Taff's Gold' ist als Ampelpflanze für das Zimmer verbreitet, läßt sich aber auch im Freien verwenden. Sollte sie durch einen strengen Winter ausgefallen sein, pflanzt man sie im Frühjahr neu. Die Blütenstände der *Tolmiea* ergeben elegantes Beiwerk für sommerliche Staudensträuße. (20, 21)

Townsendia exscapa *(T. sericea, T. wilcoxiana)*, Felsenmargerite, Asteraceae (Compositae), Asterngewächse. Eine Gattung mit 20 von Kanada bis Mexiko verbreiteten Arten. Es sind niedrige Pflanzen, die bei uns von Mai–Juni blühen und deren Problem nicht unsere Winterkälte, sondern unsere Winterfeuchtigkeit ist. Sie sollten in Felsspalten in voller Sonne mit Schutz vor Winternässe und in Substrate mit bester Wasserdurchlässigkeit gepflanzt werden. Die Vermehrung erfolgt durch Aussaat. Manche Arten tun dies auch selbst, wenn ihnen der Standort zusagt. *T. exscapa* hat schmale, graue, dicht und glatt anliegend behaarte Blätter, zwischen denen die Blütenknospen schon im Herbst deutlich sichtbar sind. Sie ist mit ihren etwa 5 cm großen, hellrosa Blüten eine der schönsten Arten. Etwa 1 Dutzend Arten sind in Kultur. (12, 14, 24, 32)
▽

Trachelium caeruleum, Campanulaceae, Glockenblumengewächse. Gattung mit 7 Arten, Stauden und Halbsträucher des Mittelmeergebiets und des Balkans. Einige sind Pflanzen für den Steingarten, wo sie in Steinfugen gedeihen, sie sind ohne große Bedeutung. Wichtiger für den Garten ist *T. caeruleum*, eine nicht völlig winterharte Staude, die mehr als Sommerblume gezogen wird. In letzter Zeit hat *T. caeruleum* 'Blaue Grotte' (Bild) größere Bedeutung erlangt. Die Pflanze wird 80–100 cm hoch und hat 8–10 cm große, flache Blütenstände. Verwendung im Hintergrund von Sommerblumengruppen, besonders für annuelle Schnittblumenbeete. Längere Vorkultur ist nötig: Aussaat im November–Februar, Blütebeginn dann im Juni–September. Weitere ähnliche Sorten: 'Blauer Samt', 'Blütenschleier', 'Blauer Schirm' und entsprechende weißblütige Typen. (34, 36)
▽

Tradescantia-Andersoniana-Hybriden, Dreimasterblume, Commelinaceae, Tagblumengewächse. Etwa 60 einjährige oder staudige Arten in Nord- und Südamerika. Blüten in den Achseln endständiger, hochblattartiger Blätter. Vermehrung durch Aussaat, Teilung oder Stecklinge. Die *T.*-Andersoniana-Hybriden eignen sich gut für sonnige, warme Stellen mit guter Wasserversorgung im Sommer. Sie entstanden durch Kreuzungen mit *T. virginiana*. Blüte von Mai–Oktober. Ausschneiden der abgeblühten Blütenstände verhindert Selbstaussaat mit unterschiedlichsten Farb- und Wuchstypen. Sortenbeispiele sind 'Gisela', 'Eva' und 'Osprey', weiß, 'Zwanenburg Blue', dunkelblau, 'J. C. Weguelin', himmelblau, 'Blue Stone', blau, 'Karminglut', leuchtend karminrot, und 'Leonora', tief violett. *T. brevicaulis* wird 30 cm hoch und blüht von Juni–Juli karminrot. (1, 2, 3, 26, 29) ▷

◁ **Trapa natans**, Wassernuß, Trapaceae, Wassernußgewächse. Je nach Zuordnung eine oder 30 Arten, die von Europa über Asien und bis nach Nordafrika verbreitet sind. Die einjährigen Schwimmpflanzen besitzen eine bis 4 m lange, verzweigte Hauptachse mit einer jeweils endständigen Blattrosette. Die rhombischen Blätter mit etwas geschwollenem Blattstiel verfärben sich im Herbst rot. Die unscheinbaren, achselständigen, wenig über das Wasser herausragenden Blüten öffnen sich von Juni–August. Die Steinfrucht wurde früher als Wasserkastanie gesammelt oder angebaut und als Fastenspeise verzehrt. Geeignet für Wassertiefen von 50–350 cm, nicht in kalkreichem Wasser. Da das Ansiedeln in kleinen Gartengewässern schwierig ist, sollte man im Frühjahr jeweils neue Jungpflanzen kaufen und einsetzen. So kann man sie auch in Wasserkübeln verwenden. (28)

Trichosanthes kirilowii var. japonica *(T. japonica)*, Haarblume, Cucurbitaceae, Kürbisgewächse. 15 Arten im indomalaysisch-australischen Raum. *T. cucumerina* var. *anguina*, die Schlangenhaargurke, ist als Nutzpflanze in den Tropen weit verbreitet. Ihre bis 2 m langen, schlangenartig gewundenen Früchte kommen auch bei uns hier und da auf den Markt. Sie sind jung grün-weiß gestreift, reif orangefarben und werden wie Zucchini verwendet. *T. kirilowii* var. *japonica* und *T. ovigera (T. cucumeroides)* besitzen eine fleischige Knolle, die man wie Dahlien überwintern kann. Beide Arten klettern 3–4 m hoch und haben große, weiße Blüten mit geschlitzten Blütenblättern. Die abgebildete Art entwickelt grüne Früchte, *T. ovigera* grün-weiß gestreifte, die leuchtendrot reifen. Vermehrung durch Aussaat, Stecklinge oder Teilknollen. (9, 15) ▷

Trifolium repens 'Purpurascens', Vierblättriger purpurner Weißklee, Fabaceae (Leguminosae), Hülsenfrüchtler. Etwa 300 Arten in den gemäßigten und subtropischen Gebieten, außer in Südostasien. Diese Form unseres heimischen Weißklees kann ähnlich invasiv sein wie die Art, hat aber purpurne, grün gerandete Blättchen. Sie liefert das ganze Jahr hindurch 4blättrige Kleeblätter. Für naturnahe Wiesen und Waldrandsituationen sowie überall dort, wo sonst Weißklee ihre Stelle einnehmen würde. Vermehrung durch Teilung. *T. alpinum* mit rosafarbenen, stark duftenden und *T. badium* mit gelbbraunen Blütenköpfchen sind 2 von Juni–August blühende Steingartenpflanzen, die zu den wenigen kultivierten *Trifolium*-Arten gehören. *T. alpinum* braucht kalkfreien und *T. badium* kalkhaltigen Boden. Die Vermehrung erfolgt durch Aussaat. (10, 22, 29 bzw. 31, 32)
▽

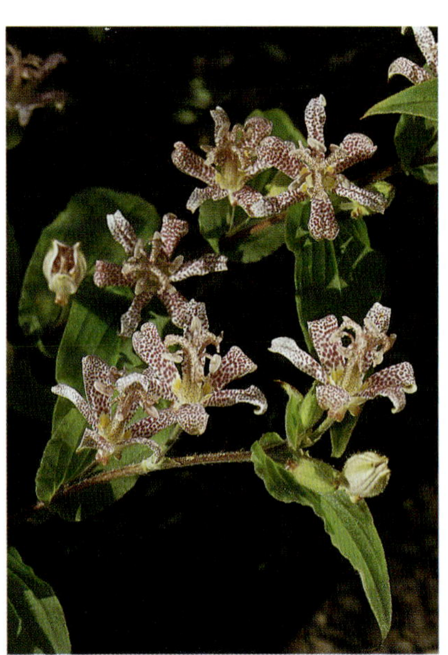

◁ **Tricyrtis hirta**, Krötenlilie, Liliaceae, Liliengewächse. Gattung mit 18 Arten, die vom Himalaja bis Japan und Korea beheimatet sind. Die abgebildete Art ist in Japan zu Hause. Sie wird 40–80 cm hoch und bildet Blüten in Weiß mit Lila, oft mit Zeichnungen, manchmal aber auch reinweiße ('Alba'). Aus Japan ist manchmal Samen von Hybriden erhältlich (Bild). Die Krötenlilien haben keine sehr auffallenden, aber etwas ungewöhnlich geformte Blüten. Interessant ist die Staude besonders wegen ihrer späten Blütezeit, bei der genannten Art liegt sie im September–Oktober. Alle *Tricyrtis* haben einen kriechenden Wurzelstock und einen aufrechten oder bogig überhängenden Stengel, der mit wechselständigen Blättern besetzt ist. Die Blüten stehen endständig oder in den Achseln der oberen Blätter. Die Pflanzen lieben saure, anmoorige Böden und halbschattige Lagen. (4, 18, 20, 21)

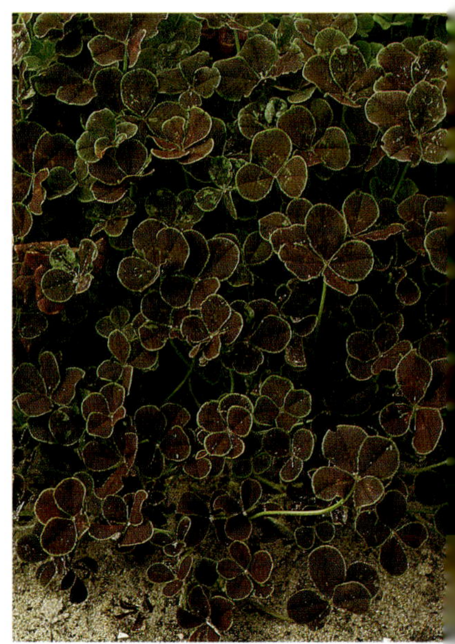

Trillium grandiflorum, Großblütiges ▷ Dreiblatt, Liliaceae, Liliengewächse. Gattung mit etwa 30 Arten, die in Nordamerika und im nichttropischen Asien verbreitet sind. Diese Art kommt im östlichen Nordamerika vor und gehört zu den bekanntesten und auffallendsten *Trillium*-Arten für die Gartenkultur. Das große Verbreitungsgebiet von Quebec bis Florida führte auch zu verschiedenen Formen. Die kurz gestielten Blätter sind rhombisch und tiefgrün. Die Blüte hat einen kurzen Stiel, die Sepalen sind kurz, breit und grün, die Petalen weiß, breit, mit gewelltem Rand und bis 9 cm lang. Die Blütezeit liegt im Mai–Juni. Manche Blüten werden im Verblühen rosa, es gibt aber auch die sehr begehrten, von Beginn an rosa getönten Typen. Auch weiß gefüllte werden manchmal angeboten, und besonders rar ist die rosa gefülltblühende Form. (4, 18, 20, 21)

△

Trillium luteum *(T. erectum* f. *luteum)*, Gelbblütiges Dreiblatt, Gelbe Waldlilie. Von manchen Botanikern wird diese Art zu dem variablen Kreis von *T. erectum* gerechnet, von manchen wird sie als eigene Art anerkannt. Das Vorkommen liegt in den Wäldern von Kentucky und Missouri und reicht bis Alabama und Arkansas. Die Pflanzen werden etwa 25–30 cm hoch, die Blätter tragen oft purpurrote Flecken. Die Blüte ist gelbgrünlich. Sie gilt nicht als auffallendste und attraktivste Art, wird aber von Liebhabern und Sammlern gesucht. Wie alle *Trillium* liebt auch dieser Typ halbschattige bis schattige Lagen und einen frischen, humosen Boden. *Trillium* benötigen sowohl bei der Anzucht aus Samen als auch bei vegetativer Vermehrung ziemlich viel Zeit, bis sich ein größerer Bestand im Garten bildet. Blütezeit Mai. (4, 18, 20, 21)

△

Trillium sessile, Östliches Nordamerika. Nicht alle Pflanzen, die unter diesem Namen im Handel sind, gehören zur echten Art. Die 8–12 cm langen Blätter sind eiförmig bis rund und sitzen ohne Stiel auf dem kurzen Stengel *(sessile)*. Sie können weiß, blaßgrün und bronzefarben gefleckt sein. Die Blüte sitzt aufrecht und verströmt einen leichten Duft. Sie besteht aus grünen, an der Basis braun getönten Sepalen, aufrechten braunroten Petalen und purpurfarbenen Pollen. Die Petalen können bis 5 cm lang sein. Die ungewöhnliche aufrechtstehende Form der Blüte macht *T. sessile* für den Staudenliebhaber interessant. Auch bei ihr ist die Vermehrung äußerst zeitaufwendig, was zu höheren Preisen führt. Sie wünscht einen schattigen oder absonnigen Platz, saure Bodenreaktion und humoses Substrat mit Laub- und Nadelholzerde. (4, 18, 20, 21)

△

Trillium undulatum, Gewelltes Dreiblatt. Östliches Nordamerika von Quebec bis Georgia. Das Gewellte Dreiblatt ist eine nicht zu verwechselnde Art mit blaugrün-gräulichen Blättern, die am Rande gewellt und vorne zugespitzt sind. Blätter und Blüten sitzen auf kurzen Stielen. Tiefrote Flecken oder eine hellrosa Streifung hat dieses Dreiblatt auf den weißen, wellig gerandeten Petalen, wobei die Zeichnung unterschiedlich sein kann. Die Sepalen sind grün mit rotem Rand und 1 cm lang. Die Blüten tragen sich gut über dem Laub. Die roten Beerenfrüchte tragen ebenfalls zum Schmuckwert bei. Die Kultur dieser Art ist nicht ganz einfach. Sie benötigt einen sauren und sehr humosen Boden mit einer gewissen Frische, der aber andererseits keine Staunässe bildet. Sie liebt kühle Gartenplätze an halbschattigen bis schattigen Stellen. (4, 18, 20, 21)

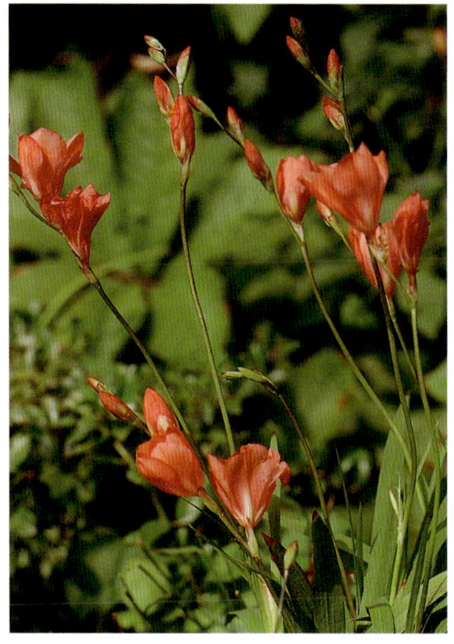

◁ **Tritonia crocata 'Incomparabilis'** (syn. 'Orange Delight'), Tritonie, Iridaceae, Schwertliliengewächse. Die 55 Arten dieser Gattung sind im tropischen Afrika mit Schwerpunkt in Südafrika verbreitet. Sie ähneln den Ixien und bilden Knollen. *T. crocata*, die Stammart vieler Sorten, ist in Südafrika zu Hause. Sie blüht von Mai–Juli, wird etwa 30 cm hoch und ist nicht winterhart. Wir behandeln sie wie Ixien, Freesien oder *Sparaxis* und legen die Knollen im April an sonnige Stellen mit frischem Boden, aber gutem Wasserabzug. Die drahtigen Blütenstiele tragen bis 10 weit becherförmig geöffnete, bis 5 cm große, dunkelorange Blüten – bei 'Incomparabilis' in kräftigem Orange. Nach Absterben der Blätter kann man die Knollen wie Gladiolen überwintern. Tritonien sind farbenkräftige Ergänzungen sowohl für sonnige wie halbschattige Bereiche. (2, 30, 32)

△
Triteleia × tubergenii, Alliaceae (Liliaceae), Lauchgewächse. 16 Arten im Westen Nord- und Südamerikas. Es sind mehrjährige zwiebelbildende Kräuter, die sich als ausgesprochen zierliche Pflanzen selbst zwischen Kleinstauden nicht störend oder die Nachbarn beeinträchtigend entwickeln. Keine der Arten ist verläßlich winterhart, so daß man die preisgünstigen Zwiebeln jedes Frühjahr neu legen sollte. Sie eignen sich für jeden sonnigen Standort auf durchlässigem Boden sowohl am Waldrand wie auch im Steppenbereich oder in Steingartensituationen. Bei *T. × tubergenii* sitzen bis zu 20 der breit-trichterförmigen Blüten am Stiel. Sie öffnen sich von Juni–August. Die Stiele werden je nach Standort 30–60 cm hoch und eignen sich auch gut für den Schnitt. Die Sorte 'Königin Fabiola' hat schmalere Blüten, die sternförmiger wirken. (1, 3, 29, 30, 32)

Trollius chinensis (*T. ledebourii* hort.), ▷ Chinesische Trollblume, Ranunculaceae, Hahnenfußgewächse. Etwa 25 Trollblumen-Arten sind in den gemäßigten bis arktischen Teilen der Nordhalbkugel verbreitet. Sie sind Stauden mit handförmig geteilten Blättern. Als Feuchtwiesenpflanzen eignen sie sich für eine Pflanzung in Sonne oder Halbschatten in tiefgründigen, feuchtfrischen Böden mit guter Wasserversorgung. Sie ergeben auch gute Schnittblumen. Früher Rückschnitt und Düngung können eine zweite Blüte hervorbringen. *T. chinensis* ist meist in der samenvermehrten Sorte 'Golden Queen' verbreitet, die 80–100 cm hoch wird und von Juni–Juli blüht. Sie bildet große leuchtendorange Blüten. *T. chinensis* unterscheidet sich von den heimischen Trollblumen durch seine offenen, schalenförmigen Blüten. Vermehrung durch Aussaat oder Teilung. (10, 26, 27)

Trollius europaeus, Heimische Trollblume. ▷ Während die Art auf feuchten Wiesen zu finden ist, sind in unseren Gärten samenvermehrte Sorten oder die Auslese 'Superbus', die durch Teilung vermehrt wird, verbreitet. Die gelben kugeligen Blüten öffnen sich im Mai und Juni. Die Pflanzen werden 30–60 cm hoch. Sie eignen sich gut für Staudenwiesen, die ausreichend feucht sind. Kreuzungen aus dieser Art mit *T. chinensis* und *T. asiaticus* ergaben die *Trollius*-Hybriden. Beispiele dafür sind: 'Alabaster', rahmweiß, 60 cm, Juli; 'Helios', zitronengelb, 60 cm, Mai–Juni; 'Earliest of All', hellorange, 60 cm; 'Hohes Licht', kanariengelb, 80 cm, Juni–Juli; 'Maigold', hell goldgelb, 40 cm, Juni; 'T. Smith', zitronengelb, 70 cm, Juli. Vermehrung der Hybriden durch Teilung, bei der 70 cm hohen, im Juni hellorange blühenden 'Orange Globe' durch Aussaat. (10, 20, 26, 27)

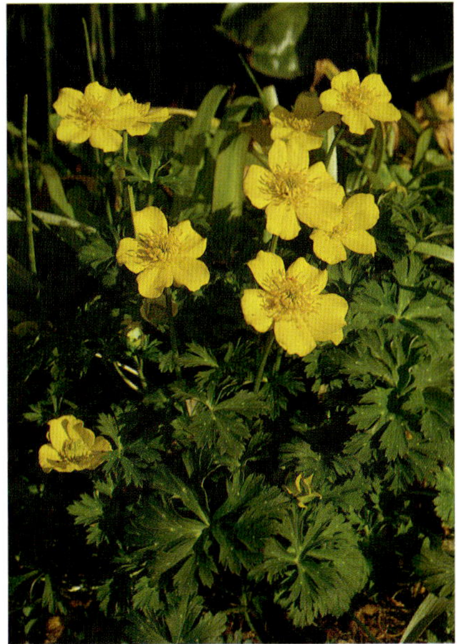

◁ **Trollius pumilus**, Himalajatrollblume. Diese nur 20–25 cm hohe Art aus dem Himalaja besitzt tief eingeschnittene, etwas gekrauste Blätter. Die schalenförmigen, hell buttergelben, einzeln stehenden Blüten sind langgestielt und öffnen sich von Mai–Juni oder Juli. *T. pumilus* ist eine Trollblumen-Art für Freiflächen mit feuchterem Boden oder auch für Stellen im Steingarten, die den Sommer über nicht austrocknen. 'Albus' ist eine seltene, weißblühende Sorte mit gleichen Ansprüchen. Clay erwähnt in seinem Werk „The Present Day Rockgarden" Pflanzen, deren „Blütenblatt"-Außenseiten blutrot gewesen seien und deren Innenseiten auch rötlich waren. Die weite Verbreitung von *T. pumilus* läßt noch interessante Formen für die Kultur erwarten. Vermehrung durch Teilung oder Aussaat. (26, 31, 32)

△
Trollius yunnanensis *(T. pumilus* var. *yunnanensis)*, Yunnantrollblume. Diese aus Westchina, nämlich aus Yunnan stammende Art wird 30–60 cm hoch. Ihre Blätter sind feingezähnt und stachelspitzig, nur 1–2 je Stengel. Die 1-bis 3blütigen Stengel tragen gelbe flache Blüten, deren Blütenblätter oft leicht nach unten geneigt sind. Sie öffnen sich im Juni–Juli. Es sind zierliche Feuchtwiesenpflanzen, die auch im ausreichend frisch-feuchten Beetbereich gut wachsen. Es sind mehrere Typen in Kultur, die sich durch Höhe, Blütengröße und Sepalenform voneinander unterscheiden. Ähnliche Arten sind *T. ranunculinus*, *T. vaginatus* mit duftenden Blüten, *T. papaveraceus* oder auch *T. farreri*, die auch *T. pumilus* ähnelt. Vermehrung durch Aussaat oder Teilung. (26, 27, 31)

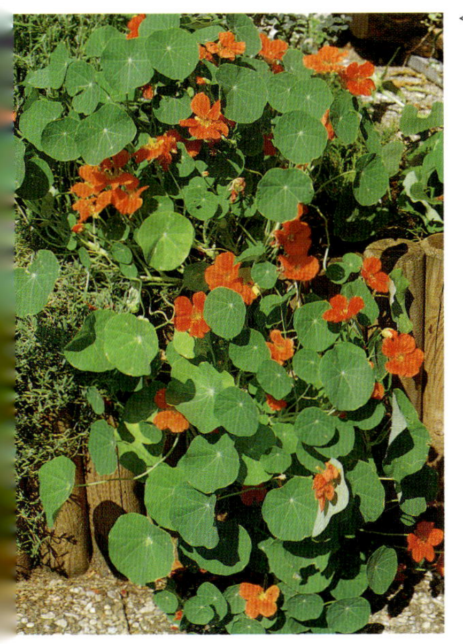

◁ **Tropaeolum-Hybride 'Whirlybird'.** Dies ist eine nur etwa 25–30 cm hohe Sorte, deren Blüten nach oben geöffnet sind und gut in Laubhöhe oder über dem Laub getragen werden. Eine nicht rankende, als Mischung angebotene Sorte mit halbgefüllten Blüten ist 'Bunte Juwelen'. Kräftig wächst die aus Kolumbien stammende Art *T. peltophorum (T. lobbianum)* mit roten, orangen und gelben Tönen sowie etwa 3 m langen, auch kletternden Trieben. Hierzu gehören auch die 'Doppelten Glanzhybriden' mit halbgefüllten Blüten. Diese Art und ihre Sorte haben den Vorteil, daß sie das ganze Jahr hindurch blühen und bewurzelte Triebspitzen auch im Winter an einem Sonnenfenster bei 15–18 °C gut weiterblühen. Pflanzen der Kapuzinerkresse sind auch für Balkonkästen geeignet. Die unreifen Früchte werden wie Kapern 3 Tage in Salzlösung und dann in Essig eingelegt. (35, 36, 38)

△
Tropaeolum-Hybride 'Peach Melba', Kapuzinerkresse, Tropaeolaceae, Kapuzinerkressegewächse. Etwa 90 Arten von Mexiko bis in die gemäßigten Gebiete Südamerikas. Unsere Gartenhybriden sind Kreuzungen zwischen *T. majus*, *T. minus* und *T. peltophorum*. Sie werden als einjährige Sommerblumen vorgezogen oder im April–Mai direkt gesät. Sie blühen von Anfang Juli bis zum Oktober oder November. Es gibt langtriebige, mit den Blattstielen kletternde Sorten ebenso wie kurz und gedrungen wachsende. Bei allen sind die Blätter langgestielt und schildförmig. Blütenfarben sind Cremeweiß, Gelb, Orange oder Rot in allen Schattierungen und Mischungen, wobei die Blüten meist duften und einfach oder gefüllt sein können. Blüten und Blätter oder ganze Triebe halten auch gut in der Vase. 'Alaska Mixed' ist eine Kuriosität mit weiß panaschierten Blättern. (15, 35, 36)

△

Tropaeolum peregrinum *(T. canariense)*. Diese zierliche Kapuzinerkressen-Art stammt aus Peru und Ecuador und klettert bis 4 m hoch. Sie wächst einjährig und verzweigt sich. Die handförmigen, 5- bis 7teiligen Blätter sind mit ihren windenden Blattstengeln die Kletterorgane und ersetzen so fehlende Ranken. Die gefransten, zitronengelben Blüten öffnen sich von Juni–Oktober. *T. peregrinum* blüht auch im Halbschatten gut. Sie wird Ende März, Anfang April an Ort und Stelle ausgesät, kann aber auch als Sommerblume mit Vorkultur verwendet werden. Einen guten Kontrast bildet die zu den *T.*-Hybriden gehörende Sorte 'Empress of India', mit ihren samtigroten Blüten eine der wenigen Farbsorten, die noch im Handel sind. Manchmal wird sie auch als 'Kaiserin von Indien' oder 'Kaiserin Victoria' angeboten. Sie klettert und wächst kräftig. (15, 16, 21, 35, 36)

△

Tropaeolum speciosum. In Chile zu Hause ist diese Art mit kriechendem, fleischigem Wurzelstock. Ihre im Grundriß schildförmigen Blätter sind bis zum Blattstielansatz 6lappig. Die bis 3 m langen Triebe klettern mit Hilfe der Blattstiele und sind an geeigneten Standorten überdeckt von leuchtend zinnoberroten, gespornten Blüten, aus denen sich blauschwarze, fleischige Früchte entwickeln. *T. speciosum* ist eine Waldstaude für geschützte, halbschattige bis schattige, luftfeuchte Bereiche ohne große Sommerhitze. Sie gedeiht also besser in kühlen Gegenden und auf Nordseiten, und braucht in unseren Breiten einen guten Winterschutz. Sicherer ist es bei uns, die Rhizome frostfrei, aber feucht zu überwintern. Die Pflanzung erfolgt etwa 10–15 cm tief in humosen, gleichmäßig feuchten Boden, der nicht kalkhaltig sein darf. (9, 21, 30 bzw. 30, 32)

△

Tropaeolum tricolor. Diese Art ist in Bolivien und Chile verbreitet. Sie bildet kleine, braunschwarze Knollen, aus denen im Herbst schwarzkupferfarbene, blattlose, bis 2 m lange Triebe wachsen. Sie vergrünen nach 20–40 cm und erstem Kontakt mit Kletterhilfen und bringen dann 5- bis 7teilige, kleine Blätter hervor. Die langgespornten Zipfelmützen-Blüten öffnen sich von März–Mai. Die Pflanze erfordert frostfreie Überwinterung am Fenster oder im Alpinenhaus, kann im Frühsommer dann im Freien stehen und macht von Juli–September eine Ruhezeit durch. Ähnlich, aber orangegelb bis scharlach, mit langem Sporn und an langen Stielen blüht *T. tuberosum* von August–September; 'Ken Aslet', die sommerblühende Form, im Juli. Sie klettern mit Hilfe der Blattstiele bis über 3 m hoch. Die Knollen sind ebenfalls frostfrei zu überwintern. (30, 38)

Tulipa batalinii 'Bronze Charm', ▷ Liliaceae, Liliengewächse. Etwa 100 Arten in Eurasien, insbesondere in den asiatischen Steppen. Diese bis 15 cm hohe Zwergtulpe blüht von April–Mai und wird in mehreren Sorten angeboten wie 'Bright Gem', schwefelgelb mit orange, 'Red Jewel', zinnoberrot, oder 'Yellow Jewel', gelb mit rosa Hauch und grüngelber Mitte. *T. batalinii* wird als Klon zu *T. linifolia* gerechnet, die in Buchara und im Pamirgebirge vorkommt. Sie hat scharlachrote Blüten mit schwarzer Mitte, blüht etwas später (Anfang Mai) und wird etwa gleich hoch. Auch *T. maximowiczii* wird als Klon von *T. linifolia* angesehen. Sie blüht im April–Mai heller rot als diese, mit weißgerandeter schwarzer Mitte. Alle benötigen einen sonnigen Standort mit gutem Wasserabzug und sommerliche Wärme zum Ausreifen. Vermehrung durch Brutzwiebeln. (5, 31, 32)

Tulipa-Darwin-Hybriden. Dies ist die hochwüchsigste und großblütigste Gruppe der Gartentulpen. 30–40 cm hoch werden die Mitte April einfach- oder gefülltblühenden Frühen Tulpen. Ihnen folgen Mitte bis Ende April die Triumph-Tulpen und Mendel-Tulpen mit 40–50 cm Höhe, anschließend im Mai die einfach- oder gefülltblühenden Späten Tulpen einschließlich der Darwin-Tulpen, alle etwa 50–60 cm hoch. Darwin-Hybriden können bis 1 m hoch werden und blühen ebenfalls im Mai. Mit langen Stielen und großen Blüten sind sie die kräftigsten Schnittblumen unter den Gartentulpen. Verwendung auf Beeten in größeren flächigen Pflanzungen, zum Teil gemischt mit anderen Frühjahrsblühern wie Vergißmeinnicht, Stiefmütterchen oder Goldlack. Eine Besonderheit sind die mehrblütigen Tulpen, die Mitte April–Anfang Mai 3–5 Blüten auf etwa 50 cm hohen Stengeln tragen. (37)
▽

Tulipa clusiana, Damentulpe, Lady ▷ Tulip. Bis 40 cm hohe Tulpe aus Persien, Kaschmir, Afghanistan und dem Irak. Ihre Knospen wirken weiß-rot gestreift, da die bei Tulpen blütenblattähnlichen äußeren drei Kelchblätter außen rot sind. Die Blüten öffnen sich jedoch weiß. *T. clusiana* var. *chrysantha* ist innen und an den Blütenrändern gelblich statt weiß. *T. clusiana* var. *stellata* unterscheidet sich von *T. clusiana* var. *chrysantha* dadurch, daß sie rötlich gezeichnete innere Blütenblätter und hellgrüne Staubgefäße und Pollen besitzt. Diese Art und ihre Sorten benötigen besonders geschützte und warme, sandige Pflanzstellen. Nur an sommerwarmen Stellen können Tulpen ausreichend ausreifen und allmählich stärkere Horste bilden. Neupflanzungen Ende Oktober–Anfang November blühen in der Regel 4–6 Wochen später. (5, 12, 29, 37)

Tulipa-Greigii-Hybride 'Cape Cod'. Die Stammart *T. greigii* kommt aus Turkestan und blüht leuchtend orangescharlachrot mit schwarzer Mitte. Bei vielen Sorten vererbtes Merkmal sind die kräftig rötlichbraun längsgestreiften Blätter. Art und Sorten werden um 30 cm hoch und blühen von April–Mai. Die Art ist ebenso interessant für den Garten wie etwa 2 Dutzend angebotene Sorten. Verbreitet ist 'Red Riding Hood' (syn. 'Rotkäppchen'), leuchtend scharlachrot mit schwarzem Grund und kräftig gezeichneten Blättern. Als eine der besten Sorten gilt 'Red Reflection', tief scharlachrot mit schwarzem Grund und starker Leuchtkraft. 'Plaisir', eine cremegelbe, hellzinnoberrot gestreifte, zierliche Sorte wird nur etwa 15 cm hoch. Greigii-Hybriden eignen sich auch gut für Schalen und Balkonkästen. Mischungen werden oft als Pfauentulpen angeboten. (5, 29, 31, 37, 38)
▽

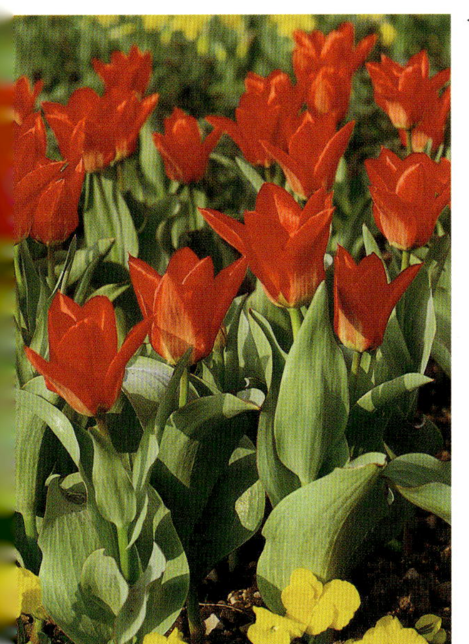

◁ **Tulipa-Fosteriana-Hybride 'Madame Lefeber'** (syn. 'Red Emperor'), Pfauentulpe. Typisch für die aus Turkestan stammende Art sind die sehr großen, leuchtendroten, sich in der Sonne tellerartig öffnenden Blüten. Dieses Merkmal hat sich auch auf die Fosteriana-Hybriden vererbt, etwa auf die ähnliche goldgelbe 'Golden Emperor', die orangefarbene 'Orange Emperor' oder die weiße 'Purissima'. 'Juan' ist tieforange mit gelbem Grund und rötlich gestreiften Blättern, einem Erbteil von *T. greigii.* Neben diesen 40–50 cm hohen Sorten gibt es etwa 20 cm hohe, für den Steingarten geeignete: etwa 'Cantata', scharlachrot, 'Rockery Beauty', brennendrot, oder die leuchtend scharlachrote Auslese 'Princeps'. Für nährstoffreiche, warme Stellen mit gutem Wasserabzug, auch in Kombination mit niedrigen, aber nicht dicht bodendeckenden Stauden. (3, 29, 37 bzw. 31)

◁ **Tulipa-Kaufmanniana-Hybriden**, Seerosentulpen. Diese Gruppe von rund 20 cm hohen Tulpen beginnt bereits im März als eine der ersten zu blühen. *T. kaufmanniana* aus Zentralasien öffnet eine cremeweiße, breitglockige, außen meist rot getönte Blüte mit breitem, sattgelbem Grundfleck. Beispiele sind 'Goldstück' (richtig 'Goudstuck') mit sehr großen Blüten in Scharlach mit goldfarbenem Rand und innen tief goldgelber Färbung oder 'Shakespeare', karminrot mit lachsfarbenem Rand, innen lachsrosa mit gelbem Grund. Eine der spätestblühenden ist 'Daylight', orangescharlachfarben mit schwarzem Grund. 1–2 Dutzend Sorten stehen für Steingärten und Staudenrabatten zur Verfügung. Als erste Tulpen im Jahr werden sie zu Leckerbissen für Schnecken. Für warme steinige Stellen, wo sie bei ausreichender Sommertrockenheit bald kleine Gruppen bilden. (5, 12, 13, 31)

Tulipa praecox *(T. marjolettii)*. Diese 40–50 cm hohe Tulpe stammt aus Savoyen. Die gelben Blütenblätter sind am Rand zum Grund hin rot geflammt. Mit ihrer Blütezeit Ende Mai–Anfang Juni gehört sie zu den spätblühenden Tulpen. Noch später blüht *T. sprengeri*, die ihr natürliches Vorkommen im Pontusgebirge hat. Diese etwa 40 cm hohe scharlachrote Tulpe schließt die Tulpensaison ab. Sie ist eine dauerhafte Gartenpflanze, die tief gepflanzt werden sollte und sich im Halbschatten wohlfühlt. An passender Stelle vermehrt sie sich auch durch Aussaat. Von ähnlicher Gestalt ist *T. acuminata* aus der Türkei mit ganz schmalen, hornartig gedrehten rotgelben Blütenblättern – daher oft Horntulpe genannt. Sie blüht von April–Mai. Alle drei Arten sind für lockere Staudenpflanzungen in warmen, wasserdurchlässigen Böden geeignet. (1, 3, 4, 29)
▽

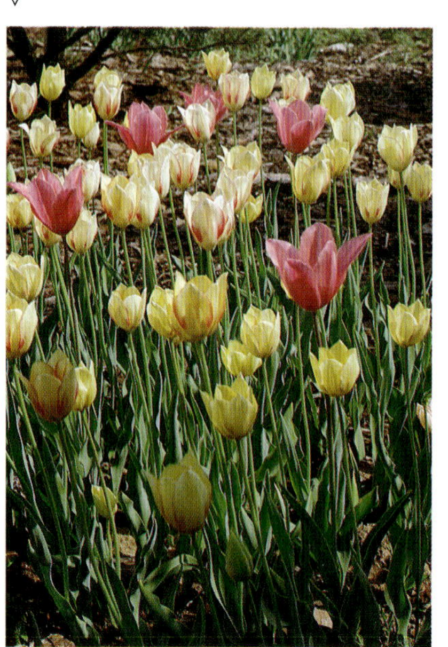

Tulipa – Lilienblütige Tulpen. Die ▷ langen, schmalen, zugespitzten und oben nach außen gebogenen Blütenblätter sind das Kennzeichen dieser im Mai und in späten Jahren bis in den Juni hinein blühenden Gruppe. Ein gutes Dutzend 50–60 cm hoher Sorten steht zur Verfügung. Tulpen des Vorjahres blühen bereits Ende April, frisch gelegte Zwiebeln erst im Mai. Sie lassen sich elegant mit lockerwachsenden Stauden und Farnen kombinieren und vertragen auch leichten Schatten, jedoch keinen dauerfeuchten Boden oder gar Staunässe. Sortenbeispiele sind: 'Aladdin', scharlachrot mit gelbem Rand; 'China Pink', rosa mit weißem Grund; 'Dyanito', glühend orangerot; 'Marietta', rosa; 'Queen of Sheba', bräunlichrot mit orangefarbenem Rand, sehr großblumig; 'White Triumphator', reinweiß. Lilienblütige Tulpen sind auch gut als Schnittblumen geeignet. (1, 3, 10, 13, 18)

Tulipa orphanidea 'Flava'. Diese aus ▷ der Westtürkei, Griechenland und Bulgarien stammende Tulpe ist meist als Sorte 'Flava' im Handel, die etwa 15–25 cm hoch wird und im April blüht. Die Art blüht bronzeorangefarben. *T. hageri* wird *T. orphanidea* als Farbvariante, d. h. als Klon zugerechnet. Sie hat mattrote, an den Außenseiten kräftiggrün getönte Blütenblätter mit schwarzer, gelb markierter Basis, wird 20 cm hoch und blüht von April–Mai. *T. hageri* 'Splendens' bildet 3–5 kupferbronzefarbene Blüten pro Stiel. *T. whittallii* mit orangeroten, außen bronzegrün getönten Blüten mit schwarz-gelbem Mittelfleck, wird um 30 cm hoch und blüht im April. Auch sie wird *T. orphanidea* zugeordnet. Alle bieten kräftige Frühlingsfarbtupfer im Steingartenbereich und fühlen sich an offenen, steinigen, sommerwarmen Stellen wohl. (5, 12, 32)

◁ **Tulipa praestans 'Unicum'**. Diese Sorte mit den cremefarben gerandeten Blättern und mit paprikaroten Blüten entstand als Sport aus der orangescharlach blühenden Sorte *T. praestans* 'Füsilier'. Orangescharlach blüht auch 'Van Tubergens Variety' und zinnoberrot 'Zwanenburg Variety'. Alle diese Sorten gehören zu der ebenfalls vielblütigen, ziegelrot blühenden Stammart *T. praestans* aus dem Pamirgebirge Zentralasiens. Art und Sorten blühen im April, die Art etwas später. *T. praestans* eignet sich gut für kleine Sträuße, da schon drei Stengel mit je 3–5 Blüten genügen. In Steingartensituationen ebenso wie für Beete mit lockerer, niedriger Staudenbepflanzung passend, sollten sie an sommerwarmen Stellen als signalroter Frühlingsfarbfleck viel öfter verwendet werden – nicht zuletzt auch in Balkonkästen und Kübeln. (3, 5, 29, 31, 38)

△

Tulipa-Papageientulpe 'Estella Rijnveld'. Diese Gruppe der Gartentulpen hat sehr große Blüten, deren Blütenblätter gewellt und gekräuselt, häufig grün geflammt und am Rande oft tief fiederartig eingeschnitten sind. Sie werden um 60 cm hoch, blühen im Mai und sind aparte Schnittblumen, die auch als einzelne Stiele wirken. Verwendung als Blickfang oder als bizarre, farbenprächtige Ergänzung in Verbindung mit lockerer Pflanzung von Rosen und Stauden. Ein gutes halbes Dutzend Sorten werden regelmäßig angeboten, so 'Blue Parrot', heliotropblau, 'Fantasy', lachsrosa mit grünen Flecken, 'Flaming Parrot', bariumgelb und rot geflammt, 'Karel Doorman', kirschrot mit schmalem gelbem Rand, 'Orange Favourite', orange mit gelber Mitte, oder 'Texas Flame', gelb, karminrot geflammt. Sie vertragen leichten Schatten, wachsen aber besser in voller Sonne. (2, 3, 37)

◁ **Tulipa sylvestris 'Täbriz'**. Dies ist eine zitronengelbe Form der Weinbergstulpe aus der Gegend von Täbriz. Sie blüht von Mitte bis Ende April. *T. sylvestris* kam früher auch bei uns vor und ist heute so weit von Europa und Nordafrika bis in den mittleren Osten und nach Sibirien verbreitet, d. h. eingebürgert, daß ihre ursprüngliche Heimat nicht mehr sicher festgestellt werden kann. Zu ihr gehören auch *T. australis* mit außen rötlich überlaufenen Blütenblättern und *T. celsiana* mit flach auf dem Boden liegenden Blättern und späterer Blüte. 'Major' besitzt acht statt sechs „Blütenblätter". *T. sylvestris* duftet und vermehrt sich durch Ausläufer. Man sollte sie in lockerem, nicht zu humus-, aber nährstoffreichem Boden tief genug pflanzen. Sie eignet sich gut zum Verwildern an Stellen, die nicht naß und kalt sein dürfen. (3, 10, 29, 31)

△

Tulipa saxatilis. Diese aus Kreta und der Westtürkei stammende Art bildet 1–4 duftende, zart lilarosa Blüten mit gelbem, weißgerandetem Grund. Sie erblühen im April auf 20–25 cm hohen Stielen. *T. bakeri* mit dunkleren, mehr purpurrosa Blüten wird ihr als Farbvariante zugeordnet. Sehr ähnlich ist *T. humilis* aus dem Nordwestiran, die ihre violetten Blüten mit großem gelbem Grund im April auf 10–15 cm hohen Stielen entfaltet. Oft werden auch *T. violaceae*, mit violettrosa Blüten und gelbem oder blauschwarzem Grund, *T. aucheriana*, mit rosa Blüten und gelbem Grund, sowie *T. pulchella*, mit purpurnen Blüten und gelb-blauschwarzem Grund, und ihre Sorten dazugerechnet. Alle sind niedrige, gute Steingartentulpen, die auch in steppenartiger Situation bei ausreichender Wasserdurchlässigkeit und kräftiger Sommerwärme Bestand haben. (5, 12, 29, 31)

◁ **Tulipa tarda** (*T. dasystemon* hort.). Diese Tulpe kommt im Tien Schan-Gebirge vor. Jede Zwiebel entwickelt 6–8 rosettenartig angeordnete Blätter und 1–8 cremefarbene, außen grünliche Blüten mit großem, hellgelbem Mittelfleck. Es ist eine anspruchslose Pflanze, die im Mai blüht und nur 10–15 cm hoch wird. Ähnlich anspruchslos ist *T. turkestanica* aus Zentralasien und Nordwestchina: über blaugrünen Blättern blühen bereits im Februar–März auf 20–30 cm hohen Stielen bis zu 5 cremeweiße, duftende, sich sternförmig öffnende Blüten mit goldgelbem Grund. *T. urumiensis*, eine ebenfalls mehrblütige, goldgelbe, außen bräunlichrotgrün fleckige Tulpe, wird etwa 15 cm hoch und blüht von April–Mai. Alle drei eignen sich für heiße, sonnige Steingarten- und Steppensituationen ohne Pflanzendecke während ihrer sommerlichen Reifezeit. (5, 12, 29, 31, 32)

Typha latifolia, Rohrkolben, Typhaceae, ▷ Rohrkolbengewächse. Je nach Zuordnung sind 10–20 Arten weltweit verbreitet. Es sind Stauden mit dickem, kriechendem Rhizom und aufrechten, linealischen Blättern. Die Blüten stehen in kolbenförmigen Blütenständen am Triebende. Bei *T. latifolia* bleibt nach der Blüte im Juni–August der weibliche Blütenkolben erhalten, während vom männlichen (oberhalb) nur noch die abgetrocknete Mittelachse zu sehen ist. Die Pflanze wird über 2 m hoch, ihre Blätter sind graugrün. Sie eignet sich für Feuchtbereiche mit Staunässe oder zeitweise überflutete Stellen, jedoch nur in größeren Anlagen, da sie stark wuchert. Die osteuropäisch-asiatische *T. laxmannii* wird etwa 1,5 m hoch und hat schmale, halbrunde Blätter. Der männliche Blütenkolben ist etwa 3mal so lang wie der weibliche. Vermehrung durch Teilung. (26, 27)

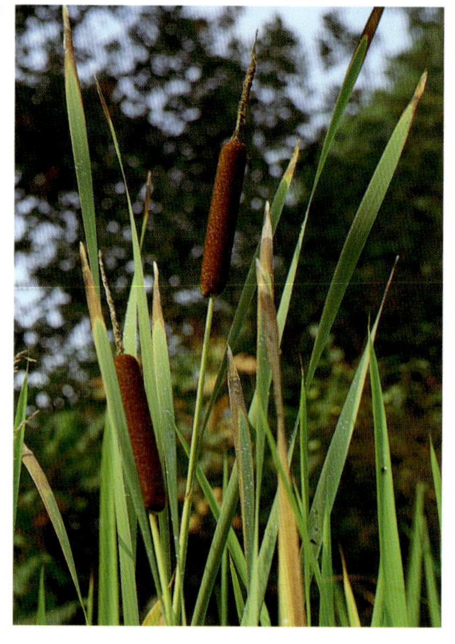

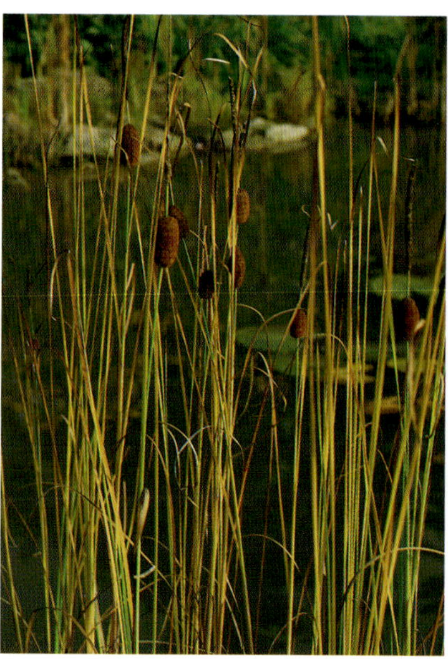

◁ **Ursinia anethoides**, Asteraceae (Compositae), Asterngewächse. 80 Arten in Afrika mit Schwerpunkt in Südafrika. *U. anethoides* blüht von Juni–August und ist ein 30–60 cm hoher Halbstrauch, den wir als Sommerblume mit Vorkultur ziehen oder Anfang April direkt aussäen. Seine Blüten bleiben bis zum Abend offen, während die anderer *Ursinia*-Arten nur bei Sonnenschein geöffnet sind. *U. anthemoides* und *U. versicolor* sind einjährig und werden 20–40 cm hoch. *U. anthemoides* besitzt feinere Blätter und von Juni–September 2–3 cm große, außen violett überlaufene Blüten. Bei *U. versicolor* werden die Blüten bis 5 cm breit, die Randzungenblüten sind leuchtendgelb mit purpurfarbenem Grundfleck. Aussaat auf nährstoffarmem, wasserdurchlässigem Boden in warmen, vollsonnigen, geschützten Lagen, besser Pflanzung nach Vorkultur. (2, 12, 32, 35, 36)

△

Typha gracilis, Zierlicher Rohrkolben. Der auch bei uns vorkommende Zierliche Rohrkolben wird nur 30–60 cm hoch und blüht im August–September. Charakteristische Merkmale sind, daß die Kolben von den Blättern überragt werden und die männlichen Kolben mit deutlichem Abstand über den weiblichen sitzen. Die weiblichen Kolben sind klein und eiförmig, der männliche Blütenkolben vergeht nach der Blüte. Diese kleine Art wächst im naßfeuchten Bereich bis in 10 cm Wassertiefe und eignet sich bestens für Wasserbecken, Wasserkübel und Tröge. *T. shuttleworthii* wird 60–150 cm hoch. Sie ist eine „zierliche Ausgabe“ von *T. angustifolia*. Ihre Blätter überragen die Kolben ebenfalls, und weibliche und männliche Blütenkolben sitzen ohne Abstand aneinander. Blütezeit ist Juli–August. Wassertiefen bis 40 cm sind möglich. Vermehrung durch Teilung. (26, 27, 38)

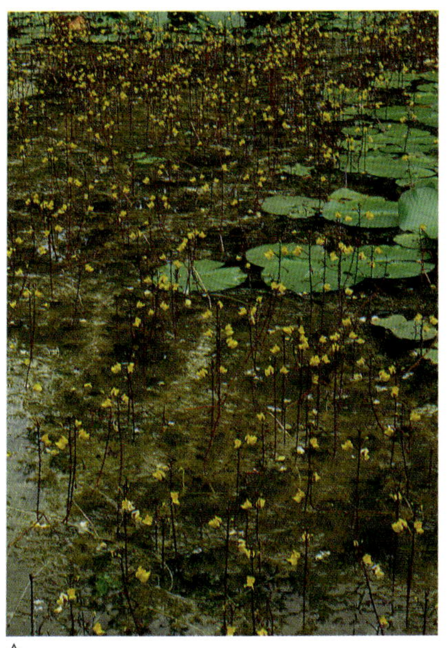

△

Utricularia vulgaris, Gemeiner Wasserschlauch, Lentibulariaceae, Wasserschlauchgewächse. Etwa 120 Arten in den tropischen und temperierten Gebieten der Erde. *U. vulgaris*, bei uns heimisch, ist eine vollkommen wurzellose, im Wasser schwimmende Pflanze mit untergetauchten, 30–200 cm langen Trieben, an denen vielfach gegabelte Blätter mit kleinen runden Fangblasen sitzen. Wenn ein Wasserinsekt, etwa eine Mükkenlarve, an das „Türchen" der Fangblase stößt, klappt diese nach innen, die Mückenlarve wird eingesaugt und in der Fangblase verdaut. Die Pflanze verschafft sich so den nötigen Stickstoff. Im Juni–August entwikkelt sie bis über 30 cm hohe Blütenstände mit löwenmaulähnlichen Blüten. Sie braucht nährstoffreiche, sich im Sommer gut erwärmende, etwa 30 cm tiefe Gewässer. Den Winter übersteht sie mit auf den Schlamm absinkenden Winterknospen. (28)

Uvularia perfoliata, Durchwachsende ▷ Trauerglocke, Convallariaceae (Liliaceae), Maiglöckchengewächse. 4 Arten im östlichen Nordamerika. Sie sind für halbschattige bis schattige Waldpartien und Steingartensituationen mit ausreichend humosen, auch im Sommer nicht austrocknenden Böden zu empfehlen. Vermehrung durch Teilung. *U. grandiflora* wird 30–50 cm hoch. Die breit-länglichen, etwas zugespitzten Blätter sind knapp stengelumfassend. Die großen gelben Blüten mit meist stark gedrehten Blütenblättern stehen einzeln an den verzweigten Triebenden und erscheinen von Ende April bis Mai oder Juni. Die abgebildete *U. perfoliata*, die Durchwachsende Trauerglocke, ist ähnlich, hat aber kleinere, duftende, glockenförmige Blüten. Die Blätter sind deutlich durchwachsen. Sie bleibt mit 25–40 cm kleiner und liebt etwas feuchtere Standorte als *U. grandiflora*. (4, 18, 21)

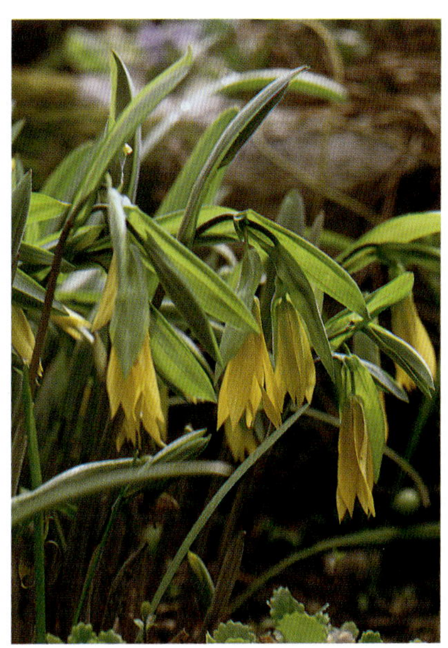

△

Vaccaria hispanica (*V. pyramidata, V. vulgaris, V. grandiflora*), Kuhkraut, Caryophyllaceae, Nelkengewächse. Die Gattung umfaßt 4 Arten, die von Mittel- und Osteuropa über das Mittelmeergebiet bis in den Irak verbreitet sind. *V. hispanica* ist eine einjährige, manchmal auch bei uns eingeschleppte, bis 70 cm hohe Pflanze. Sie ist stark verzweigt und blaugrün beblättert. Die vielen Ästchen tragen je ein etwa 2 cm großes, fleischfarbenes Nelkenblütchen, das im Juni und August erblüht. Sie sind als Schnittblumen geeignet, und werden manchmal in bunten Sommersträußen angeboten. Aussaat ab Ende März an warme, sonnige Stellen mit gutem Wasserabzug. Die Aussaat in Reihen erleichtert das Schneiden. Man kann eine Kultur auch an sonnigen Gehölzrändern und in schütter bewachsenen naturnahen Staudenwiesenbereichen versuchen. (2, 3, 10, 35)

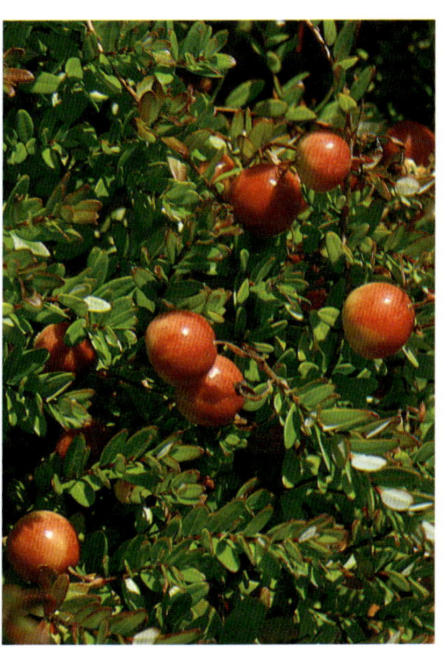

◁ **Vaccinium macrocarpon**, Großfrüchtige Moosbeere, Ericaceae, Heidekrautgewächse. 300–400 Arten dieser Gattung sind auf der Nordhalbkugel verbreitet. Es sind kleine, immergrüne oder auch sommergrüne Sträuchlein, die wie Stauden verwendet werden. Die abgebildete Art stammt aus Nordamerika, und ist von Neufundland bis Indiana eingebürgert. Es ist eine Hochmoorpflanze, die unserer Moosbeere, *Vaccinium oxycoccos*, ähnelt und wie diese feuchtmoorige und vollsonnige Plätze für eine gute Entwicklung benötigt. Unter solchen Bedingungen bildet der immergrüne Zwergstrauch mit niederliegenden, weit kriechenden Zweigen große flache Matten. Die langgestielten, hellpurpurnen Blüten sitzen im Juni–August zu wenigen in den Blattachseln. Die 1–2 cm großen roten Beeren, käuflich unter dem Namen „Cranberry", sind für Konfitüre sehr gut geeignet. (4, 21, 29)

Vaccinium vitis-idaea, Preiselbeere. ▷ Die heimische Preiselbeere ist in Mittel- und Nordeuropa, in Asien und Nordamerika als Unterholz trockener Kiefernwälder wie auch in Mooren verbreitet. Sie wächst in sonnigen bis halbschattigen Lagen auf saurem, humosem, frischem, im Sommer nicht austrocknendem Boden. Es wurden eine Reihe von Kultursorten ausgelesen, so daß die Pflanze heute als hervorragender und gleichzeitig ertragreicher Bodendecker genutzt werden kann. Sie entwickelt sich zu einem immergrünen, bis 30 cm hohen Sträuchlein, das sich durch unterirdisch kriechende Triebe ausbreitet. Die Blätter sind derb ledrig und glänzend dunkelgrün. Aus den weißen, rot überlaufenen, von Mai–August erscheinenden Blüten entwickeln sich rote Beerentrauben, die sich gut für Konfitüre eignen. Die Vermehrung erfolgt durch Teilung oder Stecklinge. (4, 21, 29)

Valeriana supina, Zwergbaldrian. Der Zwergbaldrian ist in den östlichen und mittleren Alpen verbreitet und wächst auf nährstoffarmem, frischem Kalkschotterboden in lockeren Rasen, sowohl in sonnigen wie in absonnigen Bereichen. Er blüht im Juni–Juli rosa und wird etwa 10 cm hoch. Ein etwas größerer Bruder ist *V. montana*, der Gebirgsbaldrian, der von Nordspanien über die Alpen bis zum Balkan beheimatet ist. Er ist ebenfalls eine Kalkschotterpflanze, die etwa 20–40 cm hoch wird. Die weißen, manchmal auch rosa oder hellila Blüten öffnen sich von Mai–Juni in einer langgestielten, lockeren Trugdolde. Der Gebirgsbaldrian besitzt ein kriechendes Rhizom, das auch ohne Ausläuferbildung größere Flächen und Steinspalten besiedeln kann. Beide Arten werden durch Aussaat oder durch Teilung vermehrt. Wir verwenden sie im Steingartenbereich. (31, 32)
▽

△
Valeriana officinalis, Gemeiner Baldrian, Valerianaceae, Baldriangewächse. Die Gattung ist mit etwa 200 Arten in Eurasien, in Südafrika und in den gemäßigten Klimagebieten Nordamerikas verbreitet. Die altbekannte Heilpflanze *V. officinalis* wird bis 1,5 m hoch. Ihre duftenden hellrosa-weißen Blüten erscheinen von Juni–August in schirmförmigen Trugdolden. Die Pflanze wächst sowohl in der Sonne wie auch im Halbschatten und auf trocknem wie auf feuchtem Boden. Der vielköpfige Wurzelstock bildet manchmal kurze Ausläufer. Baldrian-Arten lassen sich gut an Waldrändern, in naturnahen Wiesenbereichen und in Feuchtbereichen sowie in Steppen und Heidegärten verwenden. Wenn sie sich wohl fühlen und reichlich versamen, muß man dies durch Abschneiden der abgeblühten Blütenstände verhindern. Vermehrung durch Aussaat oder Teilung. (10, 20, 26, 27, 29)

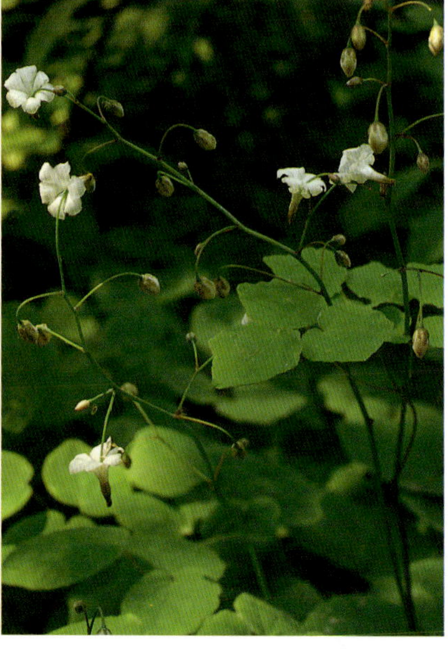

◁ **Vancouveria hexandra**, Vancouverie, Berberidaceae, Sauerdorngewächse. 3 Arten in Nordamerika an der Pazifikküste. Ähnlich *Epimedium*, auch in den Ansprüchen. *V. hexandra* kommt in ihrer Heimat in schattigen Nadelwäldern vor. Die Pflanze wird bis 40 cm hoch, die Blätter sind 2- bis 3fach 3zählig geteilt und sommergrün. Die weißen, nickenden Blüten öffnen sich im Juni. Mit der Vancouverie lassen sich in schattigen Waldsituationen dichte, sommergrüne Teppiche schaffen, die wie mit Mädchenhaarfarnblättern besetzt aussehen. *V. chrysantha* blüht gelb und hat immergrüne, am Rand gewellte Blättchen. Sie wächst viel langsamer als *V. hexandra*. *V. planipetala* blüht weiß, hat bei ausreichendem Schutz fast immergrüne Blätter, ist insgesamt empfindlich und liegt in der Wuchskraft zwischen den beiden anderen Arten. Vermehrung durch Teilung. (18, 21)

◁ × **Venidioarctotis hort.**, Asteraceae (Compositae), Asterngewächse. Durch Kreuzung von *Venidium fastuosum* mit *Arctotis grandis* und *Arctotis breviscapa* aus Südafrika entstanden diese farbenkräftigen Hybriden. Es sind einjährige Sommerblumen für warme, geschützte, vollsonnige, trockene und nährstoffarme Plätze, wo man sie nach Vorkultur pflanzt. Hin und wieder kommen besonders schöne Auslesen, vermehrt durch Stecklinge, auf den Markt. Sie eignen sich gut für Schalen und Kübel, Pflasterfugen und Mauerspalten. *Venidium fastuosum* ist ähnlich zu verwenden und blüht auch von Juni–September. Seine Blüten sind mehr bräunlich purpurn mit einem orangegelben Kranz von Zungenblüten, die Pflanze ist meist dicht weißwollig behaart. Vermehrung ebenfalls durch Aussaat oder Stecklinge und Verwendung als Sommerblume mit Vorkultur. (12, 24, 25, 31, 38)

Veratrum album, Weißer Germer, Melanthiaceae (Liliaceae), Höckerblumengewächse. Etwa 25 Arten sind in Europa, Asien und Nordamerika verbreitet. Es sind Stauden mit kräftigem Rhizom und breiten bis lanzettlichen, gefalteten Blättern. Die kleinen Blüten sitzen zu vielen in endständigen, breitverzweigten Rispen; die Blütenschäfte sind beblättert. Vermehrung durch Teilung. Verwendung als Solitärstaude auf frischem, nährstoffreichem, tiefgründigem Boden. Der Weiße Germer aus den Gebirgen Europas und Asiens wird über 1,5 m hoch und bildet von Juli–August grünweißliche Blüten. *V. californicum* aus dem westlichen Nordamerika blüht zur gleichen Zeit mit weißlichen Blüten in sehr großem Blütenstand und wird bis 2,5 m hoch. *V. nigrum*, der Schwarze Germer aus Südeuropa und Asien, blüht schwarzpurpurn, ebenfalls von Juli–August. (1, 8, 10) ▷

Verbascum chaixii 'Album'. Diese Königskerze kommt in Nordostspanien, in Südeuropa und im südlichen Mitteleuropa sowie von Osteuropa bis Südpolen und Mittelrußland vor. Sie wächst zweijährig bis staudig, wird etwa 1 m hoch und ist nur wenig flockig-wollig behaart. Die hellgelben Blüten sitzen zu 2–5 in einer vielästigen Rispe und öffnen sich von Juli–August. Die Sorte 'Album' bildet mit weißen Blütenblättern und rötlich gebärteten Staubfäden einen attraktiven, kontrastreichen Blütenkandelaber. *V. chaixii* ist eine kalkliebende Pflanze. *V. nigrum*, die heimische Schwarze Königskerze, blüht von Juni–September leuchtendgelb und besitzt violett gebärtete Staubfäden: eine attraktive Art für sonnige Wiesen und Steppenbereiche. Vermehrung beider Arten durch Aussaat, bei *V. nigrum* auch durch Nebenrosetten. (3, 10, 29)
▽

Verbascum bombyciferum 'Polarsommer', Scroplulariaceae, Braunwurzgewächse. Diese vom Bithynischen Olymp stammende, zweijährige Königskerze wird bis 1,8 m hoch und ist dicht silberwollig behaart. Sie bildet im ersten Jahr eine große Blattrosette, im zweiten Jahr von Juli–August oder September schwefelgelbe Blüten, die zu 5–7 in Knäueln an dem wenig verzweigten Blütenstand sitzen. Sie läßt sich auch gut als Trockenblume nutzen. Eine interessante Sorte ist 'Silberkandelaber', die aus einer Kreuzung mit *V. olympicum* entstand. 'Polarsommer' ist eine gute Auslese, die sich nur für vollsonnige, trockene und gut wasserdurchlässige Stellen eignet, da sie nässeempfindlich ist. Von den etwa 360 Königskerzen-Arten, die von Europa und Nordafrika bis Nordwestindien verbreitet sind, gibt es viele schöne Arten für den Garten. (5, 12, 29) ▷

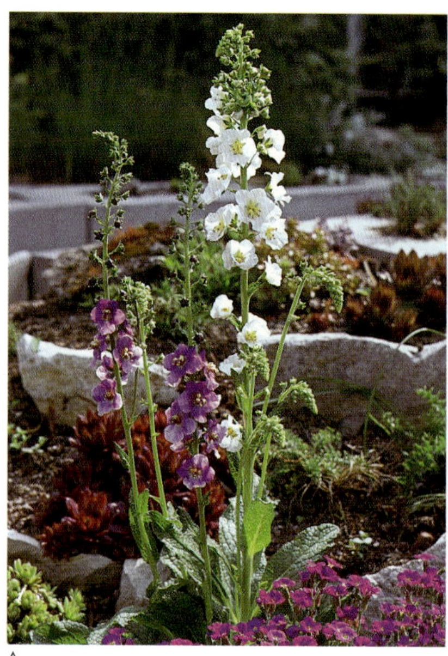

△
Verbascum-Dumulosum-Hybride 'Letitia'. Eltern dieser leuchtendgelb blühenden, halbstrauchigen Königskerze sind *V. dumulosum* aus Antalya in der Südwesttürkei und *V. spinosum* von Kreta. Sie wird nur 30 cm hoch und entwickelt eine dicht verzweigte, kugelige Form. Ihre Blütezeit reicht von Mai–Juli. 'Letitia' und eine Reihe anderer Hybriden mit gleichen oder ähnlichen Eltern sind bei uns nur im Alpinenhaus verläßlich winterhart oder an warmen, geschützten, überdachten Stellen, da Winternässe ihr größter Feind ist. Auch geeignete Trockenmauerfugen können gute Kulturerfolge ermöglichen. Eine Hybride zwischen *V. spinosum* und unserer heimischen *V. nigrum* ist die bis 60 cm hohe 'Golden Bush' mit aufstrebender, reingelber Blütenrispe. Vermehrung in der Regel durch Stecklinge, 'Golden Bush' durch Wurzelschnittlinge. (5, 12, 14, 24)

△
Verbascum olympicum. Diese ebenfalls vom Bithynischen Olymp stammende Königskerze wird wegen des Aufbaues ihres Blütenstandes auch Kandelaber-Königskerze genannt. Sie blüht im zweiten oder dritten Jahr und stirbt dann ab. Mit ihren bis zu 2 m hohen Blütenkandelabern wirkt sie als bestimmende Pflanze sommertrockener Beete und Steppensituationen. Von den vielen, immer wieder entstehenden *Verbascum*-Hybriden sei hier noch die ähnlich stattliche Sorte 'Densiflorum' genannt. Sie stellt eine Kreuzung aus den heimischen Arten *V. nigrum* und *V. densiflorum* dar. Letztere ist manchmal noch als *V. thapsiforme* in Büchern zu finden. Die Hybride ist durch den zweijährigen Elternteil *V. densiflorum* kurzlebig, hat aber die Vitalität von *V. nigrum* geerbt und läßt sich durch Nebentriebe und Wurzelschnittlinge problemlos vermehren. (1, 5, 8, 29)

△
Verbascum phoeniceum, Violette Königskerze. Diese zweijährige bis staudige, 60–100 cm hohe Königskerze blüht von Mai–Juli in kräftigem Violett. Ihre Blätter bilden eine dem Boden flach aufliegende Rosette, der untere Teil des Stengels und die Blütenstiele sind meist rotviolett angelaufen. Sie kommt in trockenwarmen Gegenden Mittel- und Südeuropas vor und ist bis nach Vorderasien und zum Altaigebirge verbreitet. *V. phoeniceum* ist Elternteil einer ganzen Reihe von Sorten, wie 'Boadicea', kupferviolett, 1,8 m, 'Cotswold Queen', bernsteinfarben, 1,5 m, 'Gainsborough', hellgelb, 1,2 m, 'Pink Domino', rosa, 1 m, und 'Mont Blanc' (Bild), weiß, 1 m. *V. phoenicum* spielt beim angebotenen Saatgut in den Blütenfarben Weiß, Rosa, Rot und Violett. Vermehrung der Art durch Aussaat, der Sorten durch Nebenrosetten oder Wurzelschnittlinge. (3, 10, 29, 32)

Verbena-Hybriden, Gartenverbenen, ▷ Verbenaceae, Verbenengewächse. Bis zum Frost reichblühende Sommerblumen aus Kreuzungen von *V. incisa*, *V. peruviana*, *V. phlogiflora* und *V. platensis*. Es sind staudige bis halbstrauchige Pflanzen, die aber einjährig mit Vorkultur gezogen werden. Die Blüten stehen zu vielen in doldenartigen Ähren und sind weiß, rosa, rot, purpurn, violett oder blau, oft mehrfarbig oder auch weißgeäugt. Viele Farbsorten und Mischungen sind im Handel, so daß man sie zum Bepflanzen von Sommerblumenbeeten oder auch Balkonkästen, Schalen und Kübeln nach Farben auswählen kann. Sie entwickeln sich am besten an vollsonnigen, trockenen, warmen Stellen auf Böden mit gutem Wasserabzug. Die meisten Sorten werden 25–30 cm hoch. Beispiele für Farbsorten sind: 'Blaze', scharlachrot; 'Amethyst', blau; 'Kristall', weiß. (35, 36, 38)

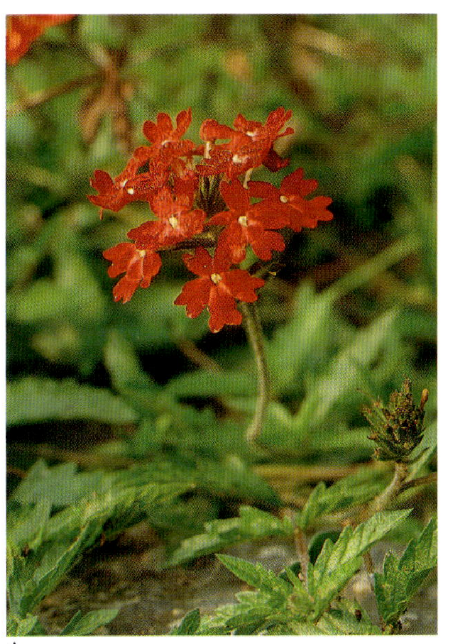

△

Verbena peruviana *(V. chamaedrifolia).* Diese Art ist von Peru bis Bolivien und von Brasilien bis Argentinien verbreitet. Sie bildet lange, dem Boden aufliegende Triebe und blüht leuchtend scharlachrot. Sie fühlt sich an besonders heißen Stellen wohl und eignet sich gut zur Überrankung von Trockenmauern oder zur Pflanzung sommerlicher Sukkulentenbeete. In wintermilden Gegenden ist sie mit Laubabdeckung oft winterhart und beginnt dann schon im Mai mit ihrer bis zum Herbst dauernden Blüte. Nicht winterhart ist *V. tenera* aus Brasilien, Uruguay und Argentinien. Sie wird etwa 30 cm hoch und hat niederliegende, wurzelnde Stengel. Die Blüten sind violettrosa, bei 'Maonettii' dunkellila und weiß gestreift, und erscheinen von Juni–Oktober. Die Pflanze war um die Jahrhundertwende weit verbreitet; damals hieß sie Italienische Verbene. (12, 24, 31, 34)

Verbena rigida *(V. venosa).* Diese Art ▷ stammt aus Mittel- und Südamerika, wird bis 45 cm hoch und blüht von Juni–Oktober. Es ist eine rauhhaarige Staude mit Knollen, die man wie Dahlienknollen frostfrei überwintern kann. Die lilafarbenen, bei 'Alba' weißen, Blüten sitzen in doldenähnlichen, endständigen Ähren und halten auch als Schnittblumen gut. Ebenfalls als einjährige Sommerblume zu kultivieren ist *V. bonariensis* aus Nord- und Südamerika. Sie wird über 1 m hoch und bildet von Juli–Oktober lila oder violette Blüten, die in dichten Köpfchen zusammenstehen. Sie läßt sich in naturnahen Pflanzungen oder auch zwischen Rosen verwenden und erscheint nach milden Wintern oft durch Selbstaussaat. Für feuchte bis nasse Plätze eignet sich die etwa 1,5 m hohe *V. hastata.* Vermehrung aller genannten Arten durch Aussaat. (2, 3, 35, 36 bzw. 26, 27)

△

Veronica armena, Armenischer Ehrenpreis, Scrophulariaceae, Braunwurzgewächse. Die Gattung *Veronica* umfaßt etwa 1000 ein- oder mehrjährige Arten, die meist auf der Nordhalbkugel und in tropischen Gebirgen, in Australien und Neuseeland verbreitet sind. Diese Art ist in Kleinasien und Armenien zu Hause und bildet 5–10 cm hohe, ausdauernde Polster. Die leuchtendblauen Blüten öffnen sich im Mai–Juni. Da der Armenische Ehrenpreis, seinem Heimatstandort gemäß, nässeempfindlich ist, empfiehlt er sich für Steingartensituationen und Tröge in magerem Boden mit guter Wasserdurchlässigkeit und sonnigem Standort. Ein trockener Winterschutz ist anzuraten. Die Sorte 'Rosea' blüht rosa. In England werden neuerdings Auslesen vermehrt, die ein besonders leuchtendes Blau zeigen. Vermehrung durch Teilung oder Stecklinge, um gute Typen zu erhalten. (24, 29, 32, 38)

Veronica austriaca ssp. vahlii. Dies ▷ ist eine Unterart aus dem weiten Verbreitungsgebiet des Österreichischen Ehrenpreises, *V. austriaca*, das sich von Mittel- und Südosteuropa über den Kaukasus bis nach Kleinasien erstreckt. Er wächst auf trockenen und meist kalkhaltigen Böden. Die Unterart *V. austriaca* ssp. *vahlii* ist in Süd- und Westeuropa, nordwärts bis Belgien und östlich bis Jugoslawien verbreitet. Die Pflanze wird 15–30 cm hoch und bildet niederliegende bis aufsteigende Triebe. Ihre Blätter sind meist 15–30 cm lang und 5–12 mm breit. Zum Österreichischen Ehrenpreis gehört außerdem die Unterart *V. austriaca* ssp. *teucrium* mit vielen Sorten, die auf Seite 305 beschrieben ist. Die gesamte Gattung Ehrenpreis bietet mit etwa 1000 Arten ein weites Feld für die Verwendung im Garten und die Züchtung neuer Sorten. (3, 24, 29, 32)

△

Veronica longifolia *(V. exaltata)*, Langblättriger Ehrenpreis. Diese Art kommt von Europa bis Sibirien und Ostasien vor und ist im nordöstlichen Nordamerika eingebürgert. Es ist eine bis 1,5 m hohe, am Grunde verholzende Staude mit lavendelblauen Blüten in schlanken Ähren, die an Flußufern und anderen feuchten bis nassen Stellen vorkommt. Dazu gehören die von Juni–September blühenden Gartensorten 'Blauer Sommer', tiefblau, 60 cm, 'Blauriesin', blau, 80 cm, 'Blaubart', dunkler als die vorhergehende Sorte, 70 cm, 'Schneeriesin', reinweiß, 90 cm, 'Weißriesin', reinweiß, 70 cm, und 'Sunny Border Blue', dunkelviolett, 45–60 cm. Auf naßfeuchten Stellen, bis in Flachwasser und flache Wassergräben ist die Bachbunge, *V. beccabunga*, verbreitet, die sich auch gut in Wasserkübeln kultivieren läßt und von Mai–August hellblau blüht. (10, 26, 27, 38)

Veronica prostrata (*V. rupestris* hort.), ▷ Niederliegender Ehrenpreis. Es ist eine 15–20 cm hohe, dichte Matten bildende Staude, die von Mitteleuropa bis Sibirien und Kleinasien verbreitet ist. Sie blüht von Mai–Juni blaulila in gedrungenen endständigen Trauben. Hierzu gehören die Sorten 'Alba', weiß, 'Pallida', zart lavendelfarben, und 'Rosea', rosa. Die bis 10 cm hohe, im Mai–Juni rosa blühende 'Optima', eine Hybride von *V. officinalis* × *V. fruticulosa*, bildet durch ihre Ausläufer wintergrüne dichte Matten. Beide Typen eignen sich für Heide- und Steingärten, trockene Böschungen, Hänge und Flächen mit kleinen Blumenzwiebeln und Knollengewächsen. *V. officinalis*, der Waldehrenpreis, blüht von Juni–August hellila mit dunkleren Adern und wird 10–30 cm hoch. Dazu gibt es eine weiße Sorte 'Alba' und eine rosa, 'Rosea'. (7, 22, 29, 32)

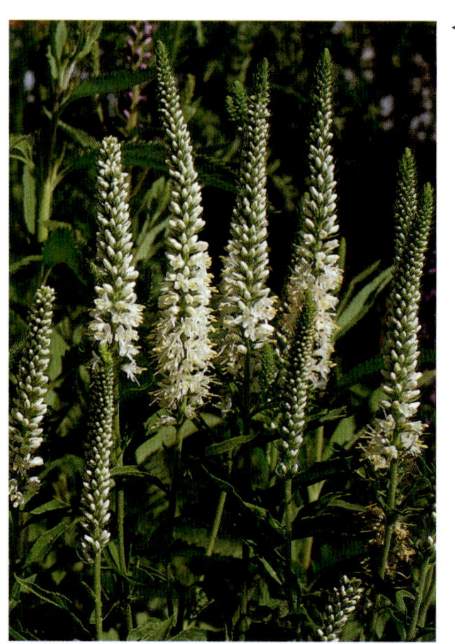

◁ **Veronica spicata 'Alba'**. Der Ährige Ehrenpreis ist mit vielen Sorten in unseren Gärten verbreitet. Sie blühen von Juni–August und lassen sich gut als Bodendecker verwenden: 'Alba', reinweiß, 40 cm; 'Baccarole', dunkelrosa, 50 cm; 'Blaufuchs', blauviolett, 20 cm; 'Blauteppich', leuchtendblau, 5 cm; 'Erika', dunkelrosa, 30 cm; 'Heidekind', leuchtend weinrot, 20 cm; 'Rotfuchs', leuchtend dunkelrosa, 30 cm; 'Romeley Purple', violettpurpurn, 30 cm. Manche unter dieser Art angebotenen Sorten gehören zur heimischen *V. longifolia*, dem Langblättrigen Ehrenpreis, der von Juli–September blüht: 'Blaubündel', mittelblau, 60 cm; 'Blauriesin', kräftig blau, 80 cm; 'Blaubart', dunkler blau und gedrungener als vorige Sorte; 'Spitzentraum', hellblau, 60 cm; 'Weißriesin', reinweiß, 70 cm. Vermehrung aller Sorten durch Teilung. (7, 29, 32)

△

Veronica spicata ssp. spicata. Dieser Ehrenpreis ist von Mitteleuropa bis Südrußland und von Kleinasien bis Mittel- und Ostasien verbreitet. Es ist eine Unterart des Ährigen Ehrenpreises, die um 50 cm hoch wird und von Juli–September in dichten, bis 30 cm langen Ähren blaulila oder azurblau blüht. Der Stengel ist unten dicht behaart. Dazu gehören viele Gartensorten (siehe links). Eine andere Unterart ist *V. spicata* ssp. *incana (V. incana)*, die im gleichen Verbreitungsgebiet vorkommt und bei der die ganze Pflanze silberfilzig dicht behaart ist. Sie wird etwa 20 cm hoch und blüht im Juni und Juli dunkelblau. Eine besonders auffallende Auslese ist 'Silberteppich'. Verwendung in Steppen und Trockenrasenbereichen, an felsigen Abhängen sowie in lockeren Steinkies- und Sandböden. Vermehrung von Auslesen und Sorten durch Teilung. (7, 29, 32)

Veronica austriaca ssp. teucrium ▷ *(V. teucrium)*, Gamander-Ehrenpreis. Diese Unterart des Österreichischen Ehrenpreises ist durch ihre mehr oder weniger stengelumfassenden Blätter gekennzeichnet. Sie wächst auf trockenen und meist kalkhaltigen Böden, wird 0,3–1 m hoch und blüht himmel- bis azurblau mit dunklen Nerven. Sie hat eine Reihe interessanter, farbenkräftiger Gartensorten hervorgebracht, die von Mai–Juli blühen. Dazu gehören 'Kapitän', leuchtendblau, 30 cm, 'Knallblau', tief enzianblau, 30 cm, 'Royal Blue' (syn. 'Königsblau'), tiefblau, 45 cm, 'Shirley Blue', himmelblau, 30 cm, und 'Crater Lake Blue', leuchtendblau, 25 cm. Diese Art kann mit *V. latifolia* L. aus Mittel- und Südeuropa verwechselt werden, die sich als Wildstaude am Gehölzrand wohlfühlt und von Juni–August blaßrosa blüht. Vermehrung durch Teilung. (3, 7, 22, 29)

△

Vinca major 'Variegata', Großes Immergrün, Apocynaceae, Hundsgiftgewächse. Die 5 Arten dieser Gattung sind in Europa und Vorderasien verbreitet. Es sind immergrüne, kriechende Halbsträucher mit gegenständigen Blättern und farbenkräftigen, großen, achselständigen Blüten. *V. major* ist von Südeuropa bis Vorderasien beheimatet und blüht von Mai–September. Die Pflanze wird bis 30 cm hoch, die eiförmigen Blätter sind bis 7 cm lang und glänzend dunkelgrün. Die abgebildete Sorte 'Variegata' besitzt cremefarben gerandete und gefleckte Blätter, die Blätter von 'Reticulata' sind gelb geadert. Die 4 cm großen Blüten sind blau. Wir verwenden diese weniger winterharte Art als fast immergrünen Bodendecker an wärmeren, halbschattigen und trockeneren Stellen mit Winterschutz. Die Vermehrung erfolgt durch Teilung oder Stecklinge. (4, 7, 20, 23)

▽

Vinca minor, Immergrün, Singrün. Verbreitet von Mitteleuropa bis zum Kaukasus und nach Kleinasien. Die niederliegenden Triebe durchwachsen im Frühjahr das Laub und halten es fest. Das Immergrün schafft sich auf diese Weise eigene Laubhumuspolster, die den Wurzelbereich schützen und frisch halten. Blütezeit ist von Mai–September. Die kleinen, immergrünen Blätter vertragen auch Sonne, fühlen sich aber im Halbschatten–Schatten wesentlich wohler. Die normalerweise blauen Blüten sind bei der Sorte 'Alba' weiß, bei 'Atropurpurea' violett, bei 'Multiplex' purpurrot gefüllt und bei 'Azurea Plena' blau gefüllt. 'Gertrude Jekyll' wächst langsam und blüht leuchtendweiß, 'Bowles Variety' bildet dichte Teppiche und große tiefblaue Blüten. 'Darlington Star' ist sehr großblättrig und hat sternförmige blaue Blüten. Vermehrung durch Teilung oder Stecklinge. (4, 7, 22)

▽

Veronica virginica 'Alba' *(Veronicastrum virginicum, Leptandra virginica)*. Diese wüchsige, 1–2 m hohe Staude ist in Nordamerika von Massachusetts bis Manitoba und südlich bis Florida und Texas auf nassen oder schlammigen Wiesen, in feuchten Wäldern und Gebüschen verbreitet. Sie blüht von Juni–September blau, in vielen end- und achselständigen Trauben, und eignet sich ebenso für Sonne wie für Halbschatten, wenn der Boden ausreichend feucht und nährstoffreich ist. An Sorten gehören 'Alba' mit weißen und 'Rosea' mit zartrosa Blüten dazu. Diese stattliche Art ist wegen ihrer späten Blütezeit wertvoll für naturnahe Pflanzungen von sonnigen Standorten bis in lichten Schatten hinein. Sie verträgt sich gut mit im Herbst blühendem Eisenhut, mit Purpurdost und Silberkerzen. Die Vermehrung erfolgt durch Teilung. (21, 26, 27)

△

Viola biflora, Zweiblütiges Veilchen, Violaceae, Veilchengewächse. Etwa 500 Veilchen-Arten sind in den gemäßigten Gebieten der Nordhalbkugel sowie im subtropischen und tropischen Amerika, in Afrika, Australien und Neuseeland verbreitet. Es sind meist mehrjährige Kräuter, selten Halbsträucher mit grund- oder wechselständigen, ei- oder herzförmigen Blättern. Die Blüten entwickeln sich meist einzeln in den Blattachseln und sind recht ansehnlich. Die Vermehrung erfolgt durch Aussaat, Teilung oder Stecklinge. Das Zweiblütige Veilchen trägt zwei Blüten an einem Stengel und kommt in den Gebirgen der nördlichen gemäßigten Zone vor. Es blüht von Mai–Juli. Die Pflanze liebt lockeren, feuchten, humosen Boden und wächst gut im Halbschatten. Im Steingarten, an feuchten, schattigeren Waldrändern und in Mauernischen versamt sie sich leicht. (4, 7, 21, 31)

△

Viola calcarata, Alpenstiefmütterchen. Dies ist die violettblühende Form dieser in den Alpen, im südlichen Jura und im westlichen Balkan vorkommenden Art. Die Blütenfarbe kann sehr unterschiedlich ein- oder mehrfarbig, von Violett bis Gelb reichen. Die Blüten besitzen einen geraden oder schwach aufwärts gebogenen Sporn und öffnen sich von Mai–Juni. Die Pflanze breitet sich mit unterirdischen Ausläufern aus. Die Kultur im Garten ist schwierig, da meist der lockere Gesteinsschuttboden mit ausreichender Feuchtigkeit und nächtlicher Kühle fehlt. Vermehrung durch Stecklinge oder Aussaat. Eine ähnliche Wirkung im Steingartenbereich läßt sich auch durch kleinblumige Gartenstiefmütterchen-Sorten erzielen, die jetzt aus England wieder zu uns kommen. Sie müssen aber durch Stecklinge vermehrt und regelmäßig wieder ausgepflanzt werden. (32)

△

Viola calcarata. Abgebildet ist die gelbe Form des Alpenstiefmütterchens, die gleiche Ansprüche stellt wie die violette Form. Selten angeboten wird auch eine weißblühende Sorte 'Alba'. Ein anderes gelbblütiges Veilchen, allerdings mit bräunlicher Strichzeichnung zum Blütenschlund hin ist *V. gracilis* 'Lutea'. Es kommt in Jugoslawien, Bulgarien, Albanien, Griechenland und in der Westtürkei in grasigen Bergwäldern und auf alpinen Wiesen vor und blüht dort von Mai–August. Die Blüten sind etwa 2–3 cm groß. Die Pflanze bildet mit ihren etwa 15 cm langen, schwach behaarten Trieben mehrjährige dichte Matten und läßt sich gut im Garten ziehen. Manchmal schlägt sie wieder in die purpurblütige Stammart zurück. 'Lord Nelson' ist eine purpurviolett blühende Auslese der Art. Die Vermehrung erfolgt durch Stecklinge. (19, 29, 31, 32)

Viola cornuta, Hornveilchen. Die Art ist ▷ in den Pyrenäen zu Hause, wird etwa 25 cm hoch und blüht von Juni–August blauviolett. Bedeutender sind die *V.*-Cornuta-Hybriden, die aus Kreuzungen des Hornveilchens mit *V. gracilis* und unseren Gartenstiefmütterchen entstanden. Bei diesen Sorten verbindet sich die Farbenvielfalt der Gartenstiefmütterchen mit dem Staudencharakter. Sie werden 10–15 cm hoch und blühen von April–Oktober. Beispiele sind: 'Altona', cremegelb; 'Angerland', zart lilablau; 'Apricot', aprikosenfarben; 'Blaue Schönheit', blau; 'Gelber Prinz', gelb; 'König Heinrich', blau-gelb; 'Rubra', braunrot; 'Hansa', dunkelblau; 'Ilona', purpurviolett; 'White Superior', weiß. Hornveilchen eignen sich zur Beetbepflanzung wie für Steingartenbereiche und Wegekanten. Vermehrung durch Stecklinge, manche Sorten auch durch Aussaat. (1, 2, 3, 7, 31)

◁ **Viola × florariensis**. Dieses hübsche, zierliche Gartenstiefmütterchen ist mit den Hornveilchen eng verwandt, denn seine Eltern sind *V. cornuta* und *V. rothomagensis*. Es ist im Alpengarten Floraire bei Genf entstanden und hat alle guten Eigenschaften eines Hornveilchens, versamt sich aber im Steingarten, ohne lästig zu werden. Es blüht hell und dunkel violettblau von Juni–August. Kleinblumige alte Stiefmütterchensorten lassen sich sortenrein nur durch Stecklinge vermehren. Wenn sie sich versamen, sind ihre bunten Nachkömmlinge liebenswerte Gartenvagabunden. Die Übergänge zu den staudigen Hornveilchen sind fließend. Es lohnt sich immer, ein paar spontane Sämlinge von *Viola × florariensis* im zeitigen Frühjahr zu topfen, um später kahle Zwiebelblumenplätze zu bepflanzen. Vermehrung durch Stecklinge oder Aussaat. (19, 31)

Viola odorata 'Alba'. Das Duftveilchen ▷ oder Märzveilchen ist in Westeuropa, vom Mittelmeergebiet bis zum Kaukasus, in Nordwestafrika und in Mittelamerika verbreitet. Die großen violetten, duftenden Blüten öffnen sich von März–April. Später bilden die Pflanzen oft noch cleistogame Blüten, d. h. Blüten, die grün bleiben, sich nicht öffnen und ohne vollständige Entwicklung und Bestäubung Samen ansetzen. Das Märzveilchen breitet sich durch wurzelnde Ausläufer aus und bildet schnell große Teppiche auf frischen und nährstoffreichen Böden, an Waldrändern, Gebüschen, Wegrainen und Zäunen. Es gibt eine ganze Reihe von Gartensorten, wie 'Albiflora', reinweiß, 'Heidi', blau gefüllt, 'Irish Elegance', orangegelb, 'Königin Charlotte', hell violettblau, 'Red Charm', rotpurpurn, und 'Triumph', violettblau, großblumig. Vermehrung durch Teilung. (3, 7, 18, 19)

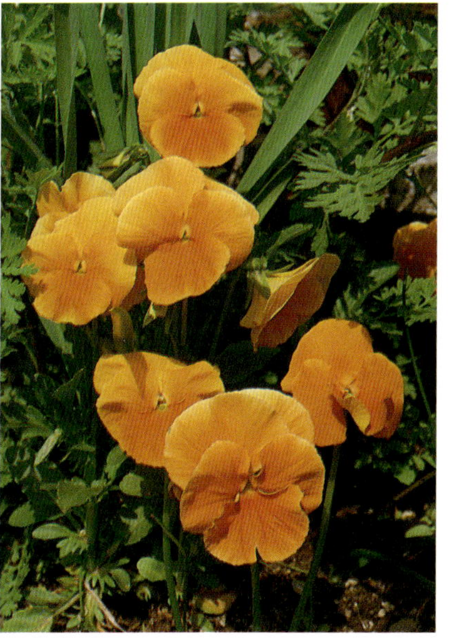

◁ **Viola-Wittrockiana-Hybride 'Vorbote Tangerine'**. Neuere Gartenstiefmütterchen-Sorte mit faszinierendem Orange als Blütenfarbe. In unsere Gartenstiefmütterchen sind in den gut 100 Jahren Züchtungsarbeit als Elternteile *V. tricolor*, das Ackerstiefmütterchen, *V. lutea*, das Gelbe oder Galmeiveilchen, wie auch *V. altaica* und *V. cornuta*, das Hornveilchen, eingekreuzt worden. Es sind die am weitesten verbreiteten Frühjahrsblüher, deren Blüten sich auch für kleine Sträuße eignen. Es gibt Sorten mit kleinen, dem Hornveilchen ähnlichen Blüten, wie auch riesenblütige, etwa die 'Schweizer Riesen'. Wenn Tage und Nächte im Spätfrühling wärmer werden, setzen die Pflanzen Samen an, werden länger, blühen weniger und sterben in der sommerlichen Wärme ab. Sie benötigen sonnige Pflanzstellen und nicht zu trockenen, nährstoffreichen Boden. (21, 37, 38)

△
Viola sororia 'Prisceana'. Dieses sehr großblütige Veilchen stammt aus dem östlichen Nordamerika, von Quebec bis Wyoming und von North-Carolina bis Oklahoma. Es wächst in feuchten Wiesen und an schattigen Ufern und blüht von April–Mai. Dazu gehört die Sorte 'Freckles', die weiß-violett feingepunktete Blüten besitzt. Besonders schön aber ist 'Prisceana' mit blaßblauen Blüten mit blauen Adern. Ähnlich verwendbar ist auch *V. labradorica* 'Purpurea', das purpurne Labradorveilchen aus Nordamerika, das sich mit kurzen Ausläufern ausbreitet und in einer purpurn überlaufenen Form mit purpurvioletten Blüten in Kultur ist. Es ähnelt sehr unserem heimischen Waldveilchen *V. reichenbachiana*, das allerdings grünes Laub hat und von April–Juni violett blüht. Vermehrung der Arten durch Aussaat, der Sorten durch Teilung oder Stecklinge. (4, 7, 26)

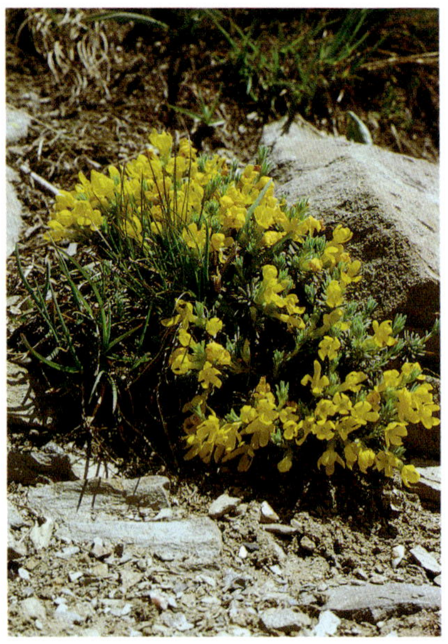

◁ **Vitaliana primuliflora** *(Douglasia vitaliana)*, Goldprimel, Primulaceae, Primelgewächse. Die 5 Arten dieser Gattung sind in den Gebirgen Süd- und Ostspaniens, in den Pyrenäen und in den Alpen verbreitet. Sie werden manchmal auch unter dem Artnamen *V. primuliflora* zusammengefaßt. Die abgebildete Art oder Unterart kommt in den südöstlichen Alpen vor und blüht von April–Mai. Es ist eine bezaubernde, im Flachland aber schwierig in Kultur zu haltende Pflanze für das Alpinum, das Steinbeet oder zur Trogbepflanzung. Der Standort kann sonnig oder halbschattig sein. Das Bild zeigt deutlich, daß die Pflanze im hängigen Geröllbereich wächst, wo sie im Frühjahr gut mit Feuchtigkeit versorgt wird, andererseits aber guter Wasserabzug gewährleistet ist. Kalkgehalt im Boden wird schlecht vertragen. Vermehrung durch Aussaat, Teilung oder Stecklinge. (24, 32)

Waldsteinia ternata, Golderdbeere. Diese Art ist von Osteuropa bis Japan verbreitet. Sie wird etwa 20 cm hoch und trägt wintergrüne, 3lappige, ledrige und ziemlich dicht behaarte, langgestielte Blätter. Von den gelben, bis 1,5 cm großen Blüten stehen bis zu 10 an einem kurzen Schaft. Sie öffnen sich von April–Mai. Die Pflanze breitet sich mit Hilfe kriechender Ausläufer aus. Dadurch kann mit dieser Art im halbschattigen bis schattigen Bereich eine dichte Bodendecke geschaffen werden. Besonders wertvoll als Bodendecker ist *W. ternata* durch ihr wintergrünes Laub. An den Boden stellt sie die gleichen Ansprüche wie *W. geoides*: humos und frischfeucht ist er ideal, ziemlich trockene Böden werden jedoch vertragen. Vermehrung durch Teilung im Frühjahr oder Herbst. Die Ausläufer können während des ganzen Jahres abgenommen werden. (7, 18, 20, 21, 22)
▽

Waldsteinia geoides, Golderdbeere, ▷ Rosaceae, Rosengewächse. 6 Arten sind in Nordamerika, Ostasien, Transkaukasien und Südosteuropa verbreitet. *W. geoides* ist vom Balkan bis Südrußland zu Hause und blüht von April–Mai. Die Pflanzen werden etwa 25 cm hoch und wachsen horstig. Die herzförmigen, 3- bis 7lappigen Blätter sind tief gesägt. Die gelben Blüten stehen zu 3–7 in lockeren Blütenständen. Verwendung als Bodendecker an halbschattigen bis schattigen Stellen mit frischem, humosem Boden, obwohl auch Trockenheit vertragen wird. Da die Pflanze keine Ausläufer bildet, sollte der Pflanzabstand, um eine geschlossene Bodendecke zu erreichen, höchstens 30 cm betragen. Vermehrung durch Teilung. Ähnlich verwendbar ist *W. fragarioides* aus Nordamerika, die bis 20 cm hoch wird, 3- bis 5teilige Blätter besitzt und auch keine Ausläufer treibt. (7, 18, 20, 21, 22)

◁ **Woodsia polystichoides**, Felsenfarn, Fernost-Wimperfarn, Woodsiaceae, Wimperfarngewächse. Etwa 40 Arten sind im alpinen und arktischen Bereich auf der Nordhalbkugel sowie in Südamerika und Südafrika verbreitet. *W. polystichoides* ähnelt, wie der Name sagt und das Bild zeigt, einer kleinen *Polystichum*-Art. Das Verbreitungsgebiet reicht von der Amur- und Usurugegend bis nach Sachalin, China, Korea und Japan einschließlich der Mandschurei. Die Pflanze wird etwa 20 cm hoch. Die Wedel sind 2–2,5 cm breit und sommergrün. Vermehrung durch Teilung oder Sporenaussaat. *W. alpina*, der Geröllwimperfarn, hat in Nordeuropa, Nordasien und Nordamerika ein großes Verbreitungsgebiet und kommt auch bei uns vor. Er bildet bis 15 cm lange, gelblichgrüne Wedel. Alle Arten sind Felsspaltenfarne absonniger Lagen, die sich auch für Tröge eignen. (24, 32, 38)

Wulfenia carinthiaca, Kärntner Kuhtritt, Scrophulariaceae, Braunwurzgewächse. Je nach Abgrenzung 1-5 Arten in Südosteuropa und im Westhimalaja. Es sind ausdauernde Rosettenpflanzen mit dickem Rhizom. Die blauen Blüten stehen in dichten, endständigen Ährentrauben. *W. carinthiaca* kommt in Kärnten auf hängigen, frischfeuchten, nährstoffreichen, humosen, aber kalkarmen Böden vor. Die Pflanze wird bis 30 cm hoch und blüht von Juli-August blauviolett. *W. baldaccii* aus Nordalbanien ist eine Geröllpflanze, die bis 15 cm hoch wird und von Mai-Juni große, violettblaue Blüten in lockerem Blütenstand bildet. Sie lebt in schattigen Bereichen und verträgt auch Kalk. Die Kreuzung beider Arten, *W.* × *suendermannii*, ist eine wüchsige und reichblühende Hybride. Vermehrung durch Teilung. Verwendung in halbschattiger bis absonniger Lage. (24, 32) ▷

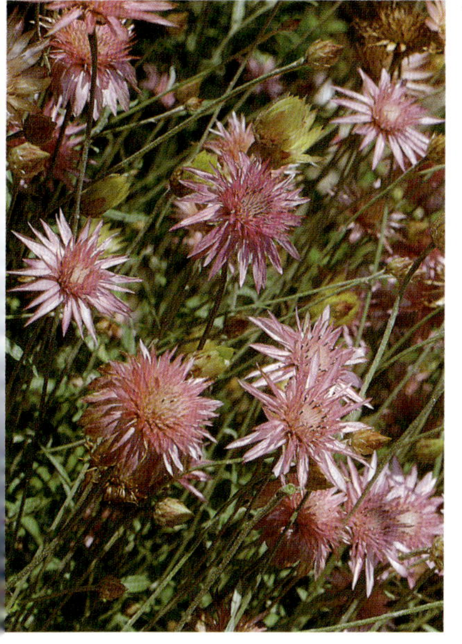

◁ **Xeranthemum annuum**, Papierblume, Asteraceae (Compositae), Asterngewächse. 6 Arten sind vom Mittelmeergebiet bis Vorderasien verbreitet. Es sind einjährige, stark verzweigte, grauhaarige Kräuter mit endständigen Blütenkörbchen. Die papierartigen Hüllblätter, daher der Name Papierblume, können weiß, rosa oder rot sein und bringen damit beste Voraussetzungen für die Nutzung dieser Pflanze als Trockenblume mit. Geschnitten werden muß zu diesem Zweck sofort nach dem Aufblühen, da später geschnittene Blüten sich beim Trocknen oft bräunlich verfärben. *X. annuum* ist in Südeuropa zu Hause und blüht von Juli-September. Die Pflanzen werden bis 1 m hoch, die Blütenköpfchen stehen einzeln und sind langgestielt. Angeboten werden Farbmischungen gefüllter Blüten, die sich zum Trocknen besonders gut eignen. Vermehrung durch Aussaat. (24, 29, 35, 36)

Yucca filamentosa, Agavaceae, Agavengewächse. 40 Palmlilien-Arten sind im südlichen Nordamerika und besonders in Mittelamerika verbreitet. Es sind Solitärstauden für heiße, vollsonnige Stellen mit gutem Wasserabzug. Vermehrung meist durch Teilung, seltener durch Aussaat. *Y. filamentosa* treibt im Hochsommer aus dem bis 50 cm hohen, aufrechten, blaugrünen Blattschopf einen gut meterhohen, wenig verzweigten Blütenstand. Die Blätter tragen am Rande lockige Fasern. Die Sorte 'Fontäne' wird nur 1,2 m hoch, 'Glockenriese' über 1,5 m. Ihre Blüten sind außen meist leicht bräunlich getönt. 'Schneetanne' wird ebenso hoch, mit weißen bis leicht gelbgrünen Blüten in elegant lockerem Blütenstand. *Y. glauca* hat bis 90 cm lange Blätter mit weißlichem, fädig ablösendem Blattrand und einen bis 2 m hohen Blütenstand. (1, 5, 8, 12, 29)
▽

Xerophyllum tenax, Bärengras, Melanthiaceae (Liliaceae), Höckerblumengewächse. 2 Arten sind in Nordamerika verbreitet und werden bei uns als interessante, aber etwas schwierig zu kultivierende Stauden hin und wieder angeboten. Aus einem kräftigen, dichten Schopf sehr schmaler, bis 70 cm langer Blätter erwächst ein bis 1,5 m hoher Stiel, der am Ende eine dichte, breite, kopfige Blütentraube trägt. Blütezeit Mai-August. *X. tenax* kommt im westlichen Nordamerika in offenen Wäldern und auf Kahlschlägen vor. Sie braucht feuchte, saure Böden in voller Sonne. Etwas trockeneren, aber ebenso sauren Boden braucht *X. asphodeloides* (bis 1,2 m hoch, Blätter 50 cm lang) aus dem östlichen Nordamerika, wo sie im Kiefernwald oder in Bergwäldern vorkommt. Vermehrung durch Aussaat, die aber erst nach 5-7 Jahren blühende Pflanzen ergibt. (27, 29) ▷

◁ **Zantedeschia aethiopica**, Kalla, Araceae, Aronstabgewächse. 6 Arten sind im südlichen Afrika verbreitet. *Z. aethiopica* läßt sich den Sommer über im Flachwasser oder Sumpf an vollsonnigen Stellen gut kultivieren. Sie bildet einen fleischigen Wurzelstock. Kräftige Sorten können bis über 1 m hoch werden. Diese Art wächst bei Temperaturen über 10 °C und vollem Licht den ganzen Winter hindurch. Sie läßt sich aber auch ruhend, bei etwa 5–8 °C in dunklen Kellerräumen frostfrei überwintern. Die oft als härter angesehene Sorte 'Crowborough' wächst kompakter, bis 60 cm hoch. Man kann sie vom Frühjahr an daran gewöhnen, daß ihr Wurzelstock und auch die ausgetriebenen Blätter bis 10 cm tief im Wasser stehen. Der Standort sollte möglichst windgeschützt sein, damit die großen Blätter und Blüten nicht abbrechen. Vermehrung durch Teilung. (8, 16, 26, 27, 38)

Zantedeschia elliottiana, Gelbe Kalla. ▷ Diese kräftig wachsende, bis 1 m hohe Pflanze macht eine Winterruhe durch, bei der sie nur leicht feucht, nicht naß gehalten werden darf. Sie entwickelt etwa 15 cm große, leuchtend goldgelbe Blüten. Von anderen gelbblühenden Kalla-Arten unterscheidet sie sich durch die zurückgebogene Spitze des gelben Hochblattes und das Fehlen des dunklen Flecks am Grunde der Spatha. Ein dunkelpurpurner Fleck und eine nicht zurückgebogene Spathaspitze kennzeichnen die ebenfalls gelbe *Z. pentlandii (Z. angustiloba)*. Alle Arten besitzen knollige Rhizome und brauchen, außer *Z. elliottiana*, die sich auch durchkultivieren läßt, eine Winterruhe. Verwendung in Kübeln oder an Wasserrändern an sonniger, windgeschützter Stelle mit ausreichender Sommerfeuchtigkeit ohne Staunässe. Vermehrung durch Teilung. (26, 38 bzw. 2, 38)

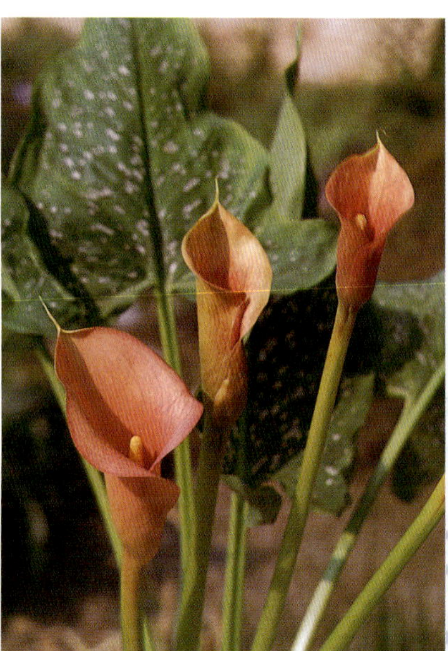

△

Zantedeschia rehmannii. Rote Calla. Diese bis 60 cm hohe Pflanze besitzt schmaltütenförmige, weißrosa bis kräftig karminrote Hochblätter. Die langgestielten Blätter sind schmal-lanzettlich mit allmählich in den Stiel auslaufendem Blattgrund. Die Blätter in der Abbildung gehören wahrscheinlich zu *Z. elliottiana*. In den 80er Jahren kamen viele Farbsorten von goldgelb bis rosa und dunkelkarminrot in den Handel. Diese Sorten sind als sommerblühende Knollengewächse geeignet und gedeihen auch in normalem Gartenboden in der Staudenrabatte, müssen aber frostfrei und relativ trocken überwintert werden. Die rötlichen Sorten sind ebenso wie *Z. rehmannii* auch für schattigere Standorte geeignet. Die gekauften oder frostfrei überwinterten Knollen werden ab April vorgetrieben, wobei das Substrat feucht, aber nicht naß sein sollte. Direkt im Freiland gelegte Knollen kommen sehr spät zur Blüte. (2, 26, 30, 38)

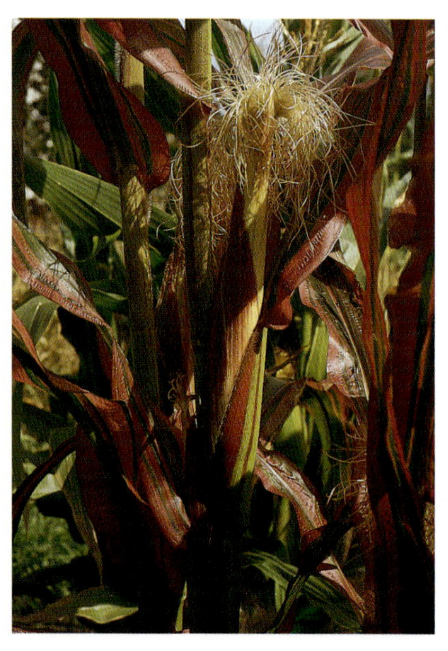

◁ **Zea mays 'Gigantea Quadricolor'**, Gramineae, Gräser. Die Gattung besteht nur aus dieser einen Art, die als Kulturpflanze Mittel- und Südamerikas schon über 5000 Jahre bekannt ist und heute weltweit als Nahrungsmittel- und Futterpflanze angebaut wird. Für Sommerblumenbeete mit Direktaussaat Ende März oder mit Vorkultur kann die abgebildete Sorte verwendet werden, deren Blätter gelb, rosa und dunkelrot gebändert sind. Bei guter Ernährung und ausreichend warmem Sommer kann sie durchaus 2 m erreichen. Die 'Amero-Hybriden' werden bis 2 m hoch und haben gelbe, rote, schwarze oder orangefarbene Samenkörner. Nur etwa 1 m hoch werden 'Gelbe Beere' mit kurzen gelbsamigen Kolben und 'Rote Beere' oder der Erdbeermais mit kurzen rotsamigen Kolben. 'Gracillima Variegata' wird nur etwa 1 m hoch und hat cremefarben gestreifte Blätter. (34, 35, 36)

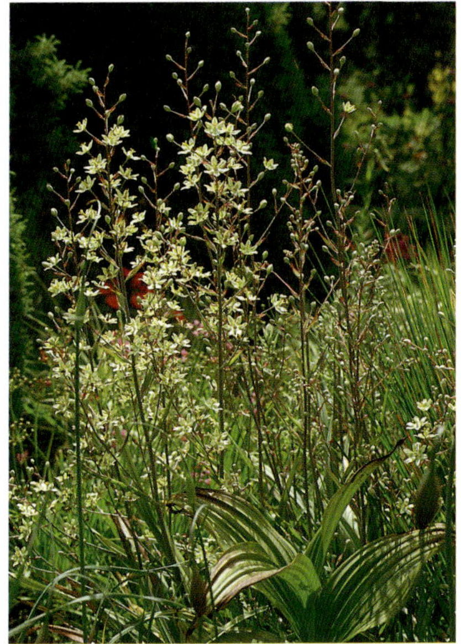

◁ **Zigadenus elegans**, Jochlilie, Melanthiaceae (Liliaceae), Höckerblumengewächse. Etwa 15 Arten in Mittel- und Ostsibirien, in Ostasien sowie in Nord- und Mittelamerika. Die Jochlilie, verbreitet in Nordamerika von Manitoba bis Alaska und südlich bis Missouri, Neu-Mexiko und Arizona, ist eine bis 90 cm hohe Zwiebelstaude, die an feuchten Stellen gedeiht. Die gekielten, bis etwa 1 m breiten Blätter wachsen horstig. Aus ihnen treiben lockere Blütentrauben mit grünlich-weißen Blüten im Juni–August. Die Jochlilie zieht sonnige bis halbschattige Stellen vor und läßt sich gut in naturnahen Pflanzungen verwenden. Erst alteingewachsene Exemplare entfalten ihre volle Schönheit. Alle *Zigadenus*-Arten sind winterharte Sumpfpflanzen, deren Laub für Tiere giftig ist. Sie sind eine Bereicherung für Wasserrandsituationen und naturnahe Feuchtbereiche. (26, 27)

△
Zephyranthes candida, Zephirblume, Amaryllidaceae, Amaryllisgewächse. Etwa 60 Arten sind von den südlichen USA bis in die wärmeren Gebiete Südamerikas verbreitet. *Z. candida* von feuchten Flußufern aus Argentinien und Uruguay ist am häufigsten in Kultur. Ihre weißen oder leicht rötlich überlaufenen, bis 6 cm langen, aufrechten Blüten stehen einzeln auf gut 20 cm langen Stielen und öffnen sich im Juni. Wie alle Zephirblumen besitzt sie kleine, amaryllisähnliche Zwiebeln. Überwinterung von Oktober oder November–März frostfrei in nicht ganz trockenem Substrat. *Z. grandiflora (Z. carinata)* aus Mittelamerika und von den Westindischen Inseln blüht blaß purpurrosa mit weißem Schlund im Juni und ist ähnlich verwendbar. Dies gilt auch für *Z. atamasco* mit weißen, manchmal leicht purpurn überlaufenen, etwa 7,5 cm großen Blüten im Juni. (27, 30, 32)

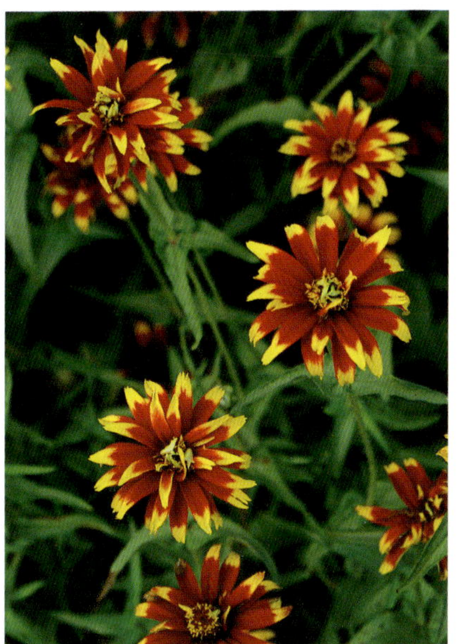

◁ **Zinnia angustifolia** (*Z. linearis, Z. haageana* hort.), Schmalblättrige Zinnie, Asteraceae (Compositae), Asterngewächse. 20 Zinnien-Arten sind von Nordamerika bis Brasilien und Chile mit Schwerpunkt in Mexiko verbreitet. Aus Mexiko stammt auch die Schmalblättrige Zinnie mit meist 2farbigen Blüten, von der die Sorte 'Persian Carpet' (syn. 'Perserteppich') am stärksten verbreitet ist. Alle Zinnien sind einjährige Sommerblumen, die man im April direkt aussäen kann, besser aber nach Vorkultur pflanzt. Sie bevorzugen warme, sonnige Stellen mit nährstoffreichem, durchlässigem Boden. Späte Pflanzung fördert ihr Wachstum, da sie dazu mindestens 15 °C benötigen. Es sind gut haltbare Schnittblumen. *Z. angustifolia* mit ihren Sorten wird etwa 30 cm hoch. Die Blüten sind etwa 5 cm groß. Die Blütezeit dauert von Juni bis über den September hinaus. (35, 36)

Zinnia elegans, Sommerblumen-Zinnie. ▷ Sie stammt aus Mexiko. Nährstoffreiche Böden mit guter Wasserdurchlässigkeit an warmen, vollsonnigen Stellen sagen ihr zu. Sie liefert mit den niedrigen Typen gute Beetpflanzen oder auch Topfpflanzen und Material für Schalen und Balkonkästen: zum Beispiel 'Thumbelina' mit 15–20 cm Höhe oder Liliput-Zinnien, die etwa 40 cm hoch werden und Blüten von 3–5 cm Durchmesser entwickeln. Die hohen Typen sind für Sommerblumenbeete und als gut haltbare Schnittblumen geeignet. Dahlienblütige, scabiosenblütige oder kaktusdahlienähnlich blühende Zinnien werden 80–100 cm hoch und bilden 10 cm große Blüten. Die 'Kalifornischen Riesen' haben bis 15 cm große Blüten und werden in guten Sommern mannshoch. All diese Zinnien-Sortenklassen gibt es einfarbig oder mehrfarbig in Farbsorten oder auch in Mischungen. (35, 36)

Weiterführende Literatur zu Stauden und Sommerblumen

Ahlburg, M.: Helleborus. Verlag Eugen Ulmer, Stuttgart 1989.

Classified List and International Register of Tulip Names. KAVB, Hillegom 1981.

Die Freiland-Schmuckstauden, neu hrsg. von W. Schacht und A. Feßler. Verlag Eugen Ulmer, Stuttgart 1990, 4. Aufl.

Encke, F. (Hrsg.): Pareys Blumengärtnerei. Verlag Paul Parey, Berlin und Hamburg 1958–1961, 2. Aufl.

Feßler, A.: Der Staudengarten. Verlag Eugen Ulmer, Stuttgart 1991.

Floren der Bundesrepublik Deutschland und der Heimatländer der beschriebenen Pflanzen.

Foerster, K. und B. Röllich: Einzug der Gräser und Farne in die Gärten. Neumann Verlag, Radebeul 1988, 7. Aufl.

Frank, R.: Päonien, Pfingstrosen. Verlag Eugen Ulmer, Stuttgart 1989.

Gartenpraxis, hrsg. von A. Feßler. Verlag Eugen Ulmer, Stuttgart, erscheint monatlich.

Gray-Wilson, C.: The Genus Cyclamen. Timber Press, Portland 1988.

Hansen, R. und F. Stahl: Die Stauden und ihre Lebensbereiche. Verlag Eugen Ulmer, Stuttgart 1990, 4. Aufl.

Hegi, G.: Illustrierte Flora von Mitteleuropa (soweit bisher erschienen). Verlag Paul Parey, Berlin und Hamburg 1958, 2. Aufl.

International Checklist for Hyacinths and Miscellaneous Bulbs. KAVB, Hillegom 1991.

Köhlein, F.: Enziane und Glockenblumen. Verlag Eugen Ulmer, Stuttgart 1986.

Köhlein, F.: Freilandsukkulenten. Verlag Eugen Ulmer, Stuttgart 1984, 2. Aufl.

Köhlein, F.: Iris. Verlag Eugen Ulmer, Stuttgart 1981.

Köhlein, F.: Nelken. Verlag Eugen Ulmer, Stuttgart 1990.

Köhlein, F.: Primeln. Verlag Eugen Ulmer, Stuttgart 1984.

Köhlein, F.: Saxifragen und andere Steinbrechgewächse. Verlag Eugen Ulmer, Stuttgart 1992, 2. Aufl.

Kummert, F.: Pflanzen für das Alpinenhaus. Verlag Eugen Ulmer, Stuttgart 1989.

Maatsch, R.: Das Buch der Freilandfarne. Verlag Paul Parey, Berlin und Hamburg 1980.

Mathew, B.: The Genus Lewisia. Timber Press, Portland 1989.

Menzel, I. und P.: Das Kletterpflanzenbuch. Verlag Eugen Ulmer, Stuttgart 1989.

Polunin, O.: Flowers of Greece and the Balkans. Oxford University Press 1980.

Polunin O.: Pflanzen Europas. BLV Verlagsgesellschaft, München 1980, 3. Aufl.

Polunin, O. und B. E. Smythies: Flowers of South-West Europe. Oxford University Press 1973.

Sieber, J.: Die Sichtung der Stauden. FGG Bonn, Postfach 20 14 63.

Synge, P.: Dictionary of Gardening. Vol. 1–4. Clarendon Press, Oxford 1965, Suppl. 1969, 2. Aufl.

Tangermann, E. und H. Simon: Wildstauden für Wiesen und andere Freiflächen, BdB Handbuch Teil VII A, und Wildstauden für Schattenflächen und Sonne, BdB Handbuch Teil VII B. Fördergesellschaft „Grün ist Leben" Pinneberg, Bismarckstr. 49.

Tutin, T. G. u. a. (Hrsg.): Flora Europaea. Vol. 1–4. University Press, Cambridge 1964–76.

Wehrhahn, H.R.: Die Gartenstauden. Neudruck Koeltz Scientific Books, Königstein 1988.

Wocke, E.: Die Kulturpraxis der Alpenpflanzen und ihre Anwendung in Steingarten und Alpinum. Neudruck Koeltz Scientific Books, Königstein 1977.

Wohlschlager, J.: Unser Garten, meisterlich bepflanzt. Verlag Eugen Ulmer, Stuttgart 1982, 3. Aufl.

Yeo, F.: Geranium. Verlag Eugen Ulmer, Stuttgart 1988.

Zander, Handwörterbuch der Pflanzennamen. Neubearb. von F. Encke und G. Buchheim unter Mitarbeit von S. Seybold. Verlag Eugen Ulmer, Stuttgart 1994, 15. Aufl.

Bildquellen (Stauden und Sommerblumen)

Andreas Bärtels, Waake: Seite 72or, 94m, 160u, 243m, 245ur.
Browne, N.: Seite 5.
Walter Erhardt, Neudrossenfeld: Seite 40ur, 41om, 42ul, 53or, 56o, 58um, 64or, 65om, 66m, 82o, 105o, 108o, m, 114mr, u, 115or, 119ur, 121ur, 122u, 126m, um, 128m, 130u, 135or, m, 136u, 138or, 142o, 152or, m, 153m, 157m, 159o, 164ul, 165o, 166o, 170ur, 189mr, 216ul, 217o, ul, 227o, 228ul, 243ol, 248m, 252m, 256ol, 257m, 297m, 299or.
Alois Felbinger, Leinfelden-Echterdingen: Seite 20o, 22o.
Ellen Fischer, Unterentersbach: Seite 2, 19, 180.
Hermann Fuchs, Hof: Seite 29u, 33m, 34o, 35ml, 37ol, or, 41u, 43ml, 44m, 48om, 49ml, 50ur, 51u, 53u, 55u, 56mr, 59ol, or, 60or, 63o, 70m, 71ml, 71u, 73u, 77ul, 87m, 88um, 92o, m, 93u, 94ml, 95ul, 96ol, m, 98ur, 100or, 102u, 103mr, 105ur, 107om, 112om, u, 115ol, m, 118ur, 124m, 127um, 128or, 129ul, 130o, 131or, 133m, u, 134o, m, 135u, 136m, 137ul, 138ol, 139ur, 140o, 142m, 143o, 145ur, 146ul, 149o, 151ml, 153m, 156or, 159ur, 162ol, 169u, 174u, 175m, 178ul, 179m, 181ur, 182ol, or, m, 183u, 184o, 185ol, 186o, 187o, 188or, 191ml, 192ul, 194or, 195or, ul, 196o, ul, 199ul, 200m, u, 201om, 202m, 203o, 208o, 210ur, 211um, 213or, 217m, um, 218m, 223o, ur, 228m, ur, 233o, m, 234om, 235or, 240or, 242o, 244m, ur, 247m, ul, ur, 250or, 251ml, 252o, 253ol, 256u, 257o, ul, 258m, 260om, 261m, 263ur, 268om, 274ul, 280ur, 282u, 283u, 284mr, 286ur, 287ul, um, 288o, 291m, 292u, 293om, 295m, 298m, 299ul, 301m, 303ol, 304ol, 306om, or, 311om.
Martin Haberer, Nürtingen: Seite 38 ul, 41or, 73m, 76m, 79mr, 111ol, 119um, 148mr, 161m, 171um, ur, 178m, 200mr, 211ur, 219om, 230o, 242ur, 250ol, 266ol, 280o, 286m, ul, 298u, 301um.
Kaspar Heißel, Gammertingen: Seite 72ol.
Dieter Herbel, München: Seite 68u.
Hans E. Laux, Biberach: Seite 35mr, 40ul, 70u, 72u, 83m, 99m, 105m, ul, 123m, 136ol, 154ol, 160m, 161o, 169ol, 171or, 192m, 196m, 197u, 198u, 206m, 224ur, 230m, 232m, 237ur, 239m, 258um, 284u, 285u, 304or, 305om, or, 308mr.
Irene Lehmann, Kippenheim: Seite 12o, 19u, 81m, 104m, 276u.
Peter Menzel, Sinzig-Bad Bodendorf: Seite 29o.
Eberhard Morell, Dreieich: Seite 12u, 13(2), 32or, 35u, 59m, 60om, m, 74u, 75ul, 80m, 82m, 91ur, 92ur, 120u, 144u, 150ol, 175or, 187um, 192um, 199um, 204ul, ur, 205om, 222u, 229o, 240ol, 271ol, 275o, m, 281o, 287o, 289o, 294or, 304m, 308m.
Erich Pasche jun., Velbert: Seite 88ul, 200o.
Hans Reinhard, Heiligkreuzsteinach-Eiterbach: Seite 4u, 10(2), 11o, 18u, 20u, 28o, 33u, 39ul, 47u, 54mr, 67u, 72m, 74ol, 86om, u, 87ur, 100om, 103o, 120ol, 125m, 132or, ur, 133ol, 141o, 144ol, 147ol, 154or, 156m, 161ul, 162or, 172u, 174or, m, 177ur, 180u, 186mr, u, 187ul, 193ol, 206ol, 207n, 208m, 210m, 214m, 216m, ur, 220ol, 226ul, 236ml, 238u, 246or, 255ol, 269ur, 278ol, 279o, 282om, 288ul, um, 289ur, 290o, m, 292m, 300m.
Wilhelm Schacht, München: Seite 98o, 168om, 260u, 289m, 294om.
Ernst Reiser, Wetzlar: Seite 86u.
Wolfgang Redeleit, Bienenbüttel: Seite 4o.
Erwin Schmidt, Wetzlar: Seite 48ol, 104mr, 126o, 143ml, 181ol, 218or, 237o, 239ul, 285mr, 286o, 292ol, 310.
Heinz Schrempp, Breisach-Oberrimsingen: Seite 67mr, 95o, 144m, 191o, 220m, 234u, 263ul, 276or, 300mr, 306ol.
Sebastian Seidl, München: Seite 32ur, 62m, 64u, 65or, 70om, 77ur, 83ur, 84m, 90ul, 101o, 106or, 125om, ol, 132um, 145m, 146o, 150or, 154m, 170m, 189o, 193m, 201ur, 204o, 210ul, 214o, 218ol, 235ol, 236o, 248or, 251o, 258ul, 265u, 266or, 267um, 271or, 273m, 281m, 291ml, 294ol, 295ul, 296m, 297ol.
Daan Smit, Haarlem (NL): Seite 14u, 17u, 22u, 34m, ur, 35o, 39o, ur, 40m, 44ur, 45m, 46u, 47m, 52m, 53m, 54m, 62u, 66ur, 67ml, 68ol, or, 69ur, 70ol, 71m, 73ol, 74or, 76or, 77or, 81ol, 84o, um, 85m, 88o, m, 90ur, 93o, 94o, 95ur, 97o, ml, 104u, 107ol, 110o, 117om, or, u, 118ul, 121or, 122ol, 124o, 125u, 127m, 133or, 140ml, mr, 142ul, ur, 150u, 159m, ul, 164m, ur, 173o, 175ol, 176o, m, 177or, 178o, ur, 188u, 189ml, 193or, 195m, 196ur, 197ol, 199o, 205or, u, 206om, 207or, 208ul, 212ol, 216o, 222m, 227ul,, 228o, 231o, 234m, 243or, 248u, 254m, u 255u, 256m, 258o, 259m, 264u, 265o, ml, 266m, 267o, 271m, 272or, 273o, 274o, m, 275ml, u, 276om, 281um, 282ol, 284o, ml, 290ur, 299ol, m 300u, 301ur, 302om, 303u, 304u, 308u, 310o, u.
Julius Wagner GmbH, Heidelberg: Seite 144or.

Alle übrigen Fotos stammen von Fritz Köhlein.

Verzeichnis zusätzlich erwähnter Arten und Synonyme (Stauden und Sommerblumen)

Verzeichnis der deutschen Pflanzennamen (Stauden, Sommerblumen und Ziergehölze)

Nicht enthalten sind Namen, die kaum von den botanischen abweichen, wie Lilie, Narzisse oder Primel, da diese ohne weiteres unter *Lilium, Narcissus* oder *Primula* zu finden sind. Außerdem wurde auf die Namen von Arten verzichtet, die sich leicht über den Gattungsnamen auffinden lassen: Die Bauernpfingstrose wäre zu suchen unter Pfingstrose, der Blutrote Storchschnabel unter Storchschnabel.

Abelie – *Abelia*
Abendländischer Lebensbaum – *Thuja occidentalis*
Affodill – *Asphodelus*
Afghanische Fiederspiere – *Sorbaria aitchisonii*
Afghanischer Flieder – *Syringa afghanica*
Ahorn – *Acer*
Ahornblatt – *Aceriphyllum*
Ahornblättrige Platane – *Platanus* × *hispanica*
Ährenheide – *Bruckenthalia*
Akebie – *Akebia quinata*
Akelei – *Aquilegia*
Alant – *Inula*
Albrechts Azalee – *Rhododendron albrechtii*
Algerien-Tanne – *Abies numidica*
Algiermalve – *Malva sylvestris*
Alpenaurikel – *Primula auricula*
Alpenbalsam – *Erinus alpinus*
Alpenglöckchen – *Soldanella*
Alpenglöckel – *Cortusa matthioli*
Alpen-Heckenkirsche – *Lonicera alpigena*
Alpen-Heckenrose – *Rosa pendulina*
Alpen-Johannisbeere – *Ribes alpinum*
Alpen-Kreuzdorn – *Rhamnus alpinus*
Alpenliliensimse – *Tofieldia calyculata*
Alpenrose – *Rhododendron*
Alpen-Seidelbast – *Daphne alpina*
Alpenveilchen – *Cyclamen*
Alpen-Waldrebe – *Clematis alpina*
Alraunwurzel, Falsche – *Tellima grandiflora*
Amberbaum – *Liquidambar styraciflua*
Amerikanische Eberesche – *Sorbus americana*
Amerikanische Linde – *Tilia americana*
Amerikanischer Schlangenhaut-Ahorn – *Acer pensylvanicum*
Amstelraute – *Thalictrum aquilegifolium*
Andenpolster – *Azorella*
Andentanne – *Araucaria araucana*
Andorn – *Marrubium*
Angelicabaum – *Aralia*
Apfelbaum – *Malus*
Apfelbeere – *Aronia*
Apfel-Rose – *Rosa villosa*
Arizona-Zypresse – *Cupressus arizonica*
Armands Kiefer – *Pinus armandii*
Aronstab – *Arum*
Artischocke – *Cynara*
Aschgrauer Spierstrauch, *Spiraea* × *cinerea*
Asch-Weide – *Salix cinerea*
Atlasblume – *Godetia*
Atlas-Zeder – *Cedrus atlantica* 'Glauca'
Augenwurz – *Athamanta cretensis*
Augustines Alpenrose – *Rhododendron augustinii*
Aukube – *Aucuba*

Backenklee – *Dorycnium*
Baldrian – *Valeriana*
Ballonglocke – *Platycodon*
Balsamine – *Impatiens*
Balsam-Pappel – *Populus balsamifera*
Balsam-Weide – *Salix pyrifolia*
Bambus – *Arundinaria, Indocalamus, Phyllostachys, Pleioblastus, Pseudosasa, Sasa, Semiarundinaria, Shibataea, Sinarundinaria*
Bärengras – *Xerophyllum*
Bärenohr – *Arctotis*
Bärentraube – *Arctostaphylos*
Bartblume – *Caryopteris*
Bartfaden – *Penstemon*
Bärwurz – *Meum*
Basilikum – *Ocimum basilicum*
Bastardindigo – *Amorpha fruticosa*
Bastard-Mehlbeere – *Sorbus hybrida*
Bastardzypresse – × *Cupressocyparis leylandii*
Baumartige Fiederspiere – *Sorbaria arborea*
Baumhasel – *Cornus colurna*
Baum-Heckenkirsche – *Lonicera maackii*
Baum-Heide – *Erica arborea*
Baum-Kraftwurz – *Kalopanax pictus*
Baummohn, Kalifornischer – *Romneya*
Baumschlinge – *Periploca graeca*
Baumwürger – *Celastrus*
Bechermalve – *Lavatera trimestris*
Becherpflanze – *Silphium perfoliatum*
Becherschwertel – *Cypella*
Beeren-Apfel – *Malus baccata*
Behaarte Alpenrose – *Rhododendron hirsutum*
Behaarte Himbeere – *Rubus lysiostylos*
Beifuß – *Artemisia*
Beinwell – *Symphytum*
Belgischer Spierstrauch – *Spiraea* × *vanhouttei*
Belladonnalilie – *Amaryllis belladonna*
Berberitze – *Berberis*
Berg-Ahorn – *Acer pseudoplatanus*
Berg-Blumen-Hartriegel – *Cornus nuttallii*
Berghähnlein – *Anemone narcissiflora*
Berg-Hemlock-Tanne – *Tsuga mertensiana*
Berg-Kirsche – *Prunus sargentii*
Berg-Mammutbaum – *Sequoiadendron giganteum*
Bergminze – *Calamintha*
Bergphlox – *Linanthus grandiflorus*
Bergscharte – *Leuzea*
Berg-Ulme – *Ulmus glabra*
Berg-Waldrebe – *Clematis montana*
Bergwohlverleih – *Arnica montana*
Berliner Pappel – *Populus* × *berolinensis*
Berufkraut – *Erigeron*
Besenginster – *Cytisus scoparius*
Besenheide – *Calluna vulgaris*
Bibernelle – *Pimpinella*
Bibernell-Rose – *Rosa pimpinellifolia*
Bienenfreund – *Phacelia*
Binse – *Juncus*
Binsenlilie – *Sisyrinchium*
Birke – *Betula*
Birkenblättriger Schneeball – *Viburnum betulifolium*
Birkenblättriger Spierstrauch – *Spiraea betulifolia*
Birken-Pappel – *Populus simonii*
Birnbaum – *Pyrus*
Bischoffkappe – *Mitella*
Bitterklee – *Menyanthes trifoliata*
Bitternuß – *Carya cordiformis*
Bitterorange – *Poncirus trifoliata*
Bitterwurz – *Lewisia*
Blasenbaum – *Koelreuteria paniculata*
Blasenfarn – *Cystopteris*
Blasenspiere – *Physocarpus opulifolius*
Blasenstrauch – *Colutea*
Blaubart – *Caryopteris incana*
Blaublume – *Cyananthus*
Blaue Heckenkirsche – *Lonicera coerulea*
Blau-Fichte – *Picea glauca*
Blauglöckchen – *Mertensia*
Blauglockenbaum – *Paulownia tomentosa*
Blaugurke – *Decaisnea fargesii*
Blauheide – *Phyllodoce caerulea*
Blaukissen – *Aubrieta*
Blaulilie – *Ixiolirion*
Blauminze – *Nepeta* × *faassenii*
Blauröhre – *Cyananthus*
Blauspiere – *Sibiraea altaiensis*
Blaustern – *Scilla*
Blaustrahlhafer – *Helictotrichon sempervirens*
Bleiwurz – *Ceratostigma plumbaginoides*
Blumenbinse – *Butomus*
Blumen-Esche – *Fraxinus ornus*
Blumen-Hartriegel – *Cornus florida*
Blut-Buche – *Fagus sylvatica*
Blutgras, Japanisches – *Imperata cylindrica*
Blut-Johannisbeere – *Ribes sanguineum* 'Swat Magret'
Blut-Lambertsnuß – *Corylus maxima* 'Nigra'
Blut-Pflaume – *Prunus cerasifera* 'Atropurpurea'
Blutwurz – *Sanguinaria*
Bocksdorn – *Lycium barbarum*
Bodnant-Schneeball – *Viburnum* × *bodnantense*
Bogen-Flieder – *Syringa reflexa*
Bogen-Zwergmispel – *Cotoneaster conspicuus* 'Decorus'
Bohnenkraut – *Satureja*
Boretsch – *Borago*
Bornmüllers Tanne – *Abies bornmuelleriana*
Borstenhirse – *Setaria*
Borstige Robinie – *Robinia hispida*
Brandkraut – *Phlomis*
Braunelle – *Prunella*
Braut-Spiere – *Spiraea* × *arguta*
Breitblättriger Spindelstrauch – *Euonymus latifolius*
Brennende Liebe – *Lychnis chalcedonica*
Brennwinde – *Caiophora*
Brombeere – *Rubus*
Bronzeblatt – *Galax*
Bruch-Weide – *Salix fragilis*
Brunnenkresse – *Nasturtium*
Buche – *Fagus*
Buchenfarn – *Thelypteris phegopteris*
Buchsbaum – *Buxus sempervirens*
Buchsblättrige Berberitze – *Berberis buxifolia*
Büffelbeere – *Shepherdia argentea*
Buntnessel – *Coleus*-Blumei-Hybriden
Burgen-Ahorn – *Acer monspessulanum*
Burgunderröschen – *Rosa* × *centifolia* 'Pompon de Bourgogne'
Buschbambus – *Pleioblastus*
Büschelglocke – *Edraianthus*
Büschelhaargras – *Stipa capillata*
Buschgeißblatt – *Diervilla sessilifolia*
Buschklee – *Lespedeza thunbergii*
Buschwindröschen – *Anemona nemorosa*
Buschwindröschen, Gelbes – *Anemona ranunculoides*
Butterblume – *Ranunculus acris*

Carolina-Alpenrose – *Rhododendron carolinianum*
Carolina-Roßkastanie – *Aesculus* × *neglecta*
Catawba-Alpenrose – *Rhododendron catawbiense*
Chiletanne – *Araucaria araucana*
Chinalaterne – *Samlersonia*
Chinaschilf – *Miscanthus*
Chincherinchee – *Ornithogalum thyrsoides*
Chinesische Birke – *Betula albosinensis*
Chinesische Eberesche – *Sorbus serotina*
Chinesische Wisterie – *Wisteria sinensis*
Chinesische Zaubernuß – *Hamamelis chinensis*
Chinesischer Blumen-Hartriegel – *Cornus kousa* var. *chinensis*
Chinesischer Duft-Schneeball – *Viburnum farreri*
Chinesischer Flieder – *Syringa* × *chinensis*
Chinesischer Schneeball – *Viburnum macrocephalum*
Chinesischer Surenbaum – *Toona sinensis*
Chinesischer Wacholder – *Juniperus chinensis*
Chinesisches Rotholz – *Metasequoia glyptostroboides*
Christophskraut – *Actaea*
Christrose – *Helleborus niger*
Cissusblättriger Ahorn – *Acer cissifolium*
Cornwall-Heide – *Erica vagans*

Damaszener-Rose – *Rosa* × *damascena*
Daurische Alpenrose – *Rhododendron dauricum*
Davids Schlangenhaut-Ahorn – *Acer davidii*
Deutzie – *Deutzia*
Diamantgras – *Achnatherum brachitricha*
Dichtblütiger Spierstrauch – *Spiraea densiflora*
Dicknarbe – *Paxistima canbyi*
Diels Zwergmispel – *Cotoneaster dielsianus*
Diptam – *Dictamnus*
Doldige Ölweide – *Elaeagnus umbellata*
Doppelblüte – *Disanthus cercidifolius*
Doppelschild – *Dipelta floribunda*
Dornige Ölweide – *Elaeagnus pungens*
Dotterblume – *Caltha*
Douglasie – *Pseudotsuga menziesii*
Drachenkopf – *Dracocephalum*
Drachenmaul – *Horminum*
Drachen-Weide – *Salix sachalinensis* 'Sekka'
Drachenwurz – *Dracunculus*
Dreh-Kiefer – *Pinus contorta*
Dreiblatt – *Trilium*
Dreiblattspiere – *Gillenia*
Dreifarbige Himbeere – *Rubus tricolor*
Dreiflügelfrucht – *Tripterygium regelii*
Dreilappiger Spierstrauch – *Spiraea trilobata*
Dreimasterblume – *Tradescantia*
Dreispitziger Ahorn – *Acer buergerianum*
Drüsen-Kirsche – *Prunus glandulosa* 'Albo Plena'
Duftloser Pfeifenstrauch – *Philadelphus inodorus*
Duftnessel – *Agastache*
Duftsiegel – *Smilacina*
Duftsteinrich – *Lobularia maritima*
Dünen-Rose – *Rosa pimpinellifolia*

Eberesche – *Sorbus aucuparia*
Eberraute – *Artemisia abrotanum*
Eberwurz – *Carlina*
Echte Mehlbeere – *Sorbus aria*
Echtes Geißblatt – *Lonicera caprifolium*
Edelweis – *Leontopodium*
Edle Tanne – *Abies procera* 'Glauca'
Efeu – *Hedera*
Ehrenpreis – *Veronica*
Eibe – *Taxus*
Eibisch – *Althaea, Hibiscus*
Eiche – *Quercus*
Eichenblättrige Hortensie – *Hydrangea quercifolia*
Eichenfarn – *Currania dryopteris*
Eingriffliger Weißdorn – *Crataegus monogyna*
Eisenholz – *Parrotia persica*
Eisenhut – *Aconitum*
Elfenbeindistel – *Eryngium giganteum*
Elfenbeinginster – *Cytisus* × *praecox*
Elfenblume – *Epimedium*
Elfenspiegel – *Nemesia*
Elsbeere – *Sorbus torminalis*
Engelmanns Fichte – *Picea engelmannii*
Engelsüß – *Polypodium vulgare*
Engelwurz – *Angelica archangelica*
Enzian – *Gentiana*

Erbsenstrauch - *Caragana arborescens*
Erdbeere - *Fragaria*
Erdbeerspinat - *Chenopodium foliosum*
Erdbirne - *Apois*
Erle - *Alnus*
Esche - *Fraxinus*
Eschen-Ahorn - *Acer negundo*
Eselsdistel - *Onopordum*
Eskallonie - *Escallonia* × *langleyensis*
Eßkastanie - *Castanea sativa*
Europäische Lärche - *Larix decidua*
Europäischer Pfeifenstrauch - *Philadelphus coronarius*
Explodiergurke - *Cyclanthera*

Fächer-Ahorn - *Acer palmatum*
Fächerblume - *Scaevola*
Fächer-Zwergmispel - *Cotoneaster horizontalis*
Fackelträger - *Caiophora*
Fackellilie - *Kniphofia*
Färberdistel - *Carthamus tinctorius*
Färber-Eiche - *Quercus velutina*
Färber-Ginster - *Genista tinctora*
Färberhülse - *Baptisia*
Färberkamille - *Anthemis tinctoria*
Färbermeier - *Asperula tinctoria*
Farges Waldrebe - *Clematis fargesii*
Farges Weide - *Salix fargesii*
Faselbohne - *Dolichos*
Faulbaum - *Prunus padus, Rhamnus frangula*
Federbuschstrauch - *Fothergilla*
Federgras - *Stipa*
Federmohn - *Macleaya*
Feenmoos - *Azolla*
Feigenbaum - *Ficus carica*
Feigenkaktus - *Opuntia*
Felberich - *Lysimachia*
Feld-Ahorn - *Acer campestre*
Feld-Ulme - *Ulmus minor*
Felsenbirne - *Amelanchier*
Felsengebirgs-Tanne - *Abies lasiocarpa*
Felsenmargerite - *Townsendia*
Felsennelke - *Petrorhagia*
Felsenteller - *Ramonda*
Felsskabiose - *Pterocephalus*
Fetthenne - *Sedum*
Feuer-Ahorn - *Acer ginnala*
Feuerbohne - *Phaseolus*
Feuerdorn - *Pyracantha*
Feuerkolben - *Arisaema*
Fichte - *Picea*
Fieberbaum - *Sassafras albidum*
Fieberklee - *Menyanthes trifoliata*
Fiederpolster - *Cotula*
Fiederspiere - *Sorbaria*
Fingeraralie - *Eleutherococcus sieboldianus*
Fingerhut - *Digitalis*
Fingerkraut - *Potentilla*
Fingerstrauch - *Potentilla fruticosa*
Flachstieliger Spindelstrauch - *Euonymus planipes*
Flaschenbürstengras - *Hystrix*
Flaschenkürbis - *Lagenaria*
Flatter-Ulme - *Ulmus laevis*
Fleischbeere - *Sarcococca humilis*
Fleißiges Lieschen - *Impatiens walleriana*
Flieder - *Syringa*
Flockenblume - *Centaurea*
Flockenblume, Duftende - *Amberboa moschata*
Flügel-Ginster - *Genista sagittalis*
Flügel-Spindelstrauch - *Euonymus alatus*
Flügelstorax - *Pterostyrax hispida*
Forrests Johanniskraut - *Hypericum forrestii*
Forsythie - *Forsythia*
Fortunes Rhododendron - *Rhododendron fortunei*
Franchets Zwergmipsel - *Cotoneaster franchetii*
Frauemantel - *Alchemilla*
Frauenfarn - *Athyrium*
Frauenschuh - *Cypripedium*
Freilandgloxinie - *Incarvillea*
Froschbiß - *Hydrocharis*
Frühlingslichtblume - *Bulbocodium*
Frühlingsplatterbse - *Lathyrus vernus*
Frühlingsschelle - *Synthyris*
Fuchsbohne - *Thermopsis fabacea*
Fuchsie - *Fuchsia*
Fuchsschwanz - *Amaranthus*
Fuchsschwanzgras - *Alopecurus*
Fuji-Kirsche - *Prunus incisa*
Fünferling - *Phygelius*
Funkie - *Hosta*
Fußblatt - *Podophyllum*

Gabelförmiger Schneeball - *Viburnum furcatum*
Gagelstrauch - *Myrica gale*
Gamander - *Teucrium*
Gänseblümchen - *Bellis perennis*
Gänseblümchen, Blaues - *Brachyscome multifida*
Gänseblümchen, Gelbes - *Dyssodia tenuiloba*
Gänseblümchen, Spanisches - *Erigeron karvenskianus*
Gänsefuß - *Chenopodium*
Gänsekresse - *Arabis*
Ganzblättrige Waldrebe - *Clematis integrifolia*
Garten-Hortensie - *Hydrangea macrophylla*
Gauchheil - *Anagallis*
Gauklerblume - *Mimulus*
Gedenkemein - *Omphalodes*
Gefülltblühende Roßkastanie - *Aesculus hippocastanum* 'Baumannii'
Gefüllter Schneeball - *Viburnum opulus* 'Roseum'
Geißbart - *Aruncus*
Geißblatt - *Lonicera*
Geißfuß - *Aegopodium*
Geißklee - *Cytisus*
Gelb-Birke - *Betula alleghaniensis*
Gelbblütige Gurken-Magnolie - *Magnolia cordata*
Gelbblütige Weigelie - *Weigela middendorffiana*
Gelbe Rose - *Rosa foetida*
Gelbe Roßkastanie - *Aesculus flava*
Gelbholz - *Cladrastis kentukea, Maakia amurensis, Zanthoxylum simulans*
Gelbhorn - *Xanthoceras sorbifolium*
Gelb-Kiefer - *Pinus ponderosa*
Gelbwurz - *Xanthorhiza simplicissima*
Gelenkblume - *Physostegia*
Gemeine Brombeere - *Rubus fruticosus*
Gemeine Eibe - *Taxus baccata*
Gemeine Esche - *Fraxinus excelsior*
Gemeine Felsenbirne - *Amelanchier ovalis*
Gemeine Fichte - *Picea abies*
Gemeine Himbeere - *Rubus idaeus*
Gemeine Kiefer - *Pinus sylvestris*
Gemeine Robinie - *Robinia pseudoacacia*
Gemeine Waldrebe - *Clematis vitalba*
Gemeine Zwergmispel - *Cotoneaster integerrimus*
Gemeiner Efeu - *Hedera helix*
Gemeiner Flieder - *Syringa vulgaris*
Gemeiner Schneeball - *Viburnum opulus*
Gemeiner Seidelbast - *Daphne mezereum*
Gemeiner Spindelstrauch - *Euonymus europaeus*
Gemeiner Wacholder - *Juniperus communis*
Gemswurz - *Doronicum*
„Geranie" - fälschlich für *Pelargonium*
Germer - *Veratrum*
Geweihbaum - *Gymnocladus dioicus*
Gewöhnliche Berberitze - *Berberis vulgaris*
Gewöhnliche Roßkastanie - *Aesculus hippocastanum*
Gewürzrinde - *Cassia*
Gewürzstrauch - *Calycanthus*
Giersch - *Aegopodium*
Ginkgobaum - *Ginkgo biloba*
Ginster - *Cytisus, Genista*
Glanzblättrige Rose - *Rosa nitida*
Glanzmispel - *Photinia*
Glatthafer - *Arrhenatherum*
Gleditsie - *Gleditsia triacanthos*
Glockenblume - *Campanula*
Glockenheide - *Erica*
Glocken-Heide - *Erica tetralix*
Glockenrebe - *Cobaea*
Glockenscilla - *Hyacinthoides*
Glockenwinde - *Nolana*
Gnadenkraut - *Gratiola*
Goldaster - *Chrysopsis*
Goldauge - *Chrysopsis*
Goldbaldrian - *Patrinia*
Gold-Birke - *Betula ermanii*
Golddistel - *Carlina acanthifolia*
Gold-Eiche - *Quercus robur* 'Concordia'
Golderdbeere - *Waldsteinia*
Goldglöckchen - *Forsythia*
Gold-Johannisbeere - *Ribes aureum*
Goldkeule - *Orontium*
Goldknöpfchen - *Ranunculus acris* 'Multiplex'
Goldkörbchen - *Chrysogonum virginianum*
Goldkrokus - *Sternbergia*
Goldlack - *Cheiranthus*
Goldlärche - *Pseudolarix amabilis*
Goldmohn - *Eschscholzia*
Goldnessel - *Lamiastrum*
Goldprimel - *Vitaliana*
Goldregen - *Laburnum*
Gold-Robinie - *Robina pseudoacacia* 'Frisia'
Goldrute - *Solidago*
Goldschuppenfarn - *Dryopteris*
Goldstern - *Actinella*
Goldteller - *Hacquetia epipactis*
Goldtröpfchen - *Chiastophyllum*
Goldtropfen - *Onosma*
Gold-Ulme - *Ulmus minor* 'Wredei'
Götterbaum - *Ailanthus altissima*
Götterblume - *Dodecatheon*
Graslilie - *Anthericum*
Grasnelke - *Armeria*
Graue Heide - *Erica cinerea*
Grau-Erle - *Alnus incana*
Graues Rhododendron - *Rhododendron hippophaeoides*
Grau-Pappel - *Populus* × *canescens*
Greiskraut - *Senecio*
Griechische Tanne - *Abies cephalonica*
Griechischer Berg-Ahorn - *Acer heldreichii*
Großblatt-Pappel - *Populus lasiocarpa*
Großblättrige Magnolie - *Magnolia macrophylla*
Großblättrige Waldrebe - *Clematis heracleifolia*
Großblumiger Duft-Schneeball - *Viburnum* × *carlcephalum*
Großblütige Waldrebe - *Clematis macropetala*
Große Küsten-Tanne - *Abies grandis*
Grossers Schlangenhaut-Ahorn - *Acer grosseri*
Großfrüchtige Moosbeere - *Vaccinium macrocarpon*
Grün-Erle - *Alnus viridis*
Gundelrebe - *Glechoma*
Günsel - *Ajuga*
Gurken-Magnolie - *Magnolia acuminata*

Haarblume - *Trichosanthes*
Haarschotengras - *Bouteloua gracilis*
Habichtskraut - *Hieracium*
Hahnenfuß - *Ranunculus*
Hahnensporn-Weißdorn - *Crataegus crus-galli*
Hainblume - *Nemophila*
Hainbuche - *Carpinus*
Hakenlilie - *Crinum*
Hanf-Weide - *Salix viminalis*
Hänge-Buche - *Fagus sylvatica* 'Pendula'
Hängepolsterglocke - *Campanula poscharskyana*
Hänge-Silber-Linde - *Tilia petiolaris*
Hänge-Weide - *Salix alba* 'Tristis'
Hartriegel - *Cornus*
Haselnuß - *Corylus avellana*
Haselwurz - *Asarum*
Hasenglöckchen - *Hyacinthoides non-scripta*
Hasenohr - *Bupleurum*
Hasenschwanzgras - *Lagurus*
Hauswurz - *Sempervivum*
Hebe - *Hebe*
Hechtkraut - *Pontederia*
Heckenkirsche - *Lonicera*
Heide - *Erica*
Heidekraut - *Calluna*
Heidelbeere - *Vaccinium myrtillus*
Heiligenblume - *Santolina chamaecyparissus*
Heiligenkraut - *Santolina*
Helmbohne - *Dolichos*
Helmkraut - *Scutellaria*
Hemlocktanne - *Tsuga*
Henne und Küken - *Tolmiea menziessi*
Henrys Linde - *Tilia henryana*
Herbstzeitlose - *Colchicum*
Herkuleskraut - *Heracleum*
Herzblatt - *Parnassia*
Herzblättrige Erle - *Alnus cordata*
Herzblattschale - *Jeffersonia, Plagiorhegma*
Hiba-Lebensbaum - *Thujopsis dolabrata*
Hickory, Schindelborkige - *Carya ovata*
Higan-Kirsche - *Prunus subhirtella*
Himalaja-Birke - *Betula jaquemontii*
Himalaja-Eberesche - *Sorbus cashmiriana*
Himalajahauswurz - *Rosularia*
Himalaja-Zeder - *Cedrus deodara*
Himbeere - *Rubus*
Himmelsleiter - *Polemonium*
Himmelsröschen - *Silene coelirosa*
Hinoki-Magnolie - *Magnolia hypoleuca*
Hinoki-Scheinzypresse - *Chamaecyparis obtusa*
Hiobstränе - *Coix lacryma-jobi*
Hirschkolben-Sumach - *Rhus typhina*
Hirschzunge - *Phyllitis*
Hirse - *Panicum*
Holländische Linde - *Tilia* × *vulgaris*
Holländische Ulme - *Ulmus* × *hollandica*
Holunder - *Sambucus*
Holz-Birne - *Pyrus communis*
Honiggras - *Holcus*
Hookers Berberitze - *Berberis hookeri*
Hopfen - *Humulus*
Hopfenbuche - *Ostrya carpinifolia*
Hornklee - *Lotus*
Hornkraut - *Cerastium*
Hornmohn - *Glaucium*
Hortensie - *Hydrangea*
Hufeisenfarn - *Adiantum pedatum*
Hügelmeier - *Asperula cynanchia*
Hülse - *Ilex aquifolium*
Hundskamille - *Anthemis*
Hunds-Rose - *Rosa canina*
Hundszahn - *Erythronium*
Hungerblümchen - *Draba*
Husarenknopf - *Sanvitalia*

Igelgurke - *Echinocystis*
Igelkolben - *Sparganium*
Igelpolster - *Acantholimon*
Igelschlauch - *Baldellia ranunculoides*
Ilexfarn - *Cyrtomium*
Immenblatt - *Melittis*
Immergrün - *Vinca*
Immergrüne Kriech-Heckenkirsche - *Lonicera pileata*
Immergrüne Magnolie - *Magnolia grandiflora*
Immergrüne Strauch-Heckenkirsche - *Lonicera nitida*
Immergrüner Kissen-Schneeball - *Viburnum davidii*
Immergrünes Geißblatt - *Lonicera henryi*
Immergrünes Johanniskraut - *Hypericum calycinum*
Immortelle - *Lonas annua*
Indianernessel - *Monarda*
Indigolupine - *Baptisia*
Indigostrauch - *Indigofera heterantha*
Ingwerorchidee - *Roscoea*
Inkalilie - *Alstroemeria*
Irische Heide - *Daboecia*
Irischer Efeu - *Hedera hibernica*
Ismene - *Hymenocallis*
Italienische Pappel - *Populus nigra* 'Italica'
Italienische Waldrebe - *Clematis viticella*
Italienischer Ahorn - *Acer lobelii*

Jacobsleiter - *Polemonium*
Jacobslilie - *Sprekelia*
Japandistel - *Cirsium japonicum*
Japanische Azalee - *Rhododendron japonicum*

Japanische Blüten-Kirsche – *Prunus serrulata*
Japanische Eberesche – *Sorbus commixta*
Japanische Eibe – *Taxus cuspidata*
Japanische Kaiser-Eiche – *Quercus dentata*
Japanische Lärche – *Larix kaempferi*
Japanische Rot-Kiefer – *Pinus densiflora*
Japanische Spierstrauch – *Spiraea japonica*
Japanische Stechpalme – *Ilex crenata*
Japanische Weinbeere – *Rubus phoeniculasius*
Japanische Wisterie – *Wisteria floribunda*
Japanische Zaubernuß – *Hamamelis japonica*
Japanische Zelkove – *Zelkova serrata*
Japanischer Ahorn – *Acer japonicum*
Japanischer Blumen-Hartriegel – *Cornus kousa*
Japanischer Kriech-Wacholder – *Juniperus procumbens*
Japanischer Lebensbaum – *Thuja standishii*
Japanischer Schneeball – *Viburnum plicatum*
Japanischer Schnurbaum – *Sophora japonica*
Jeffreys Kiefer – *Pinus jeffreyi*
Jochlilie – *Zigadenus*
Johannisbeere – *Ribes*
Johanniskraut – *Hypericum*
Jonquille – *Narcissus jonquilla*
Judasbaum – *Cercis*
Julianes Berberitze – *Berberis julianae*
Jungfer im Grünen – *Nigella damascena*
Jungfernrebe – *Parthenocissus*
Junkerlilie – *Asphodeline*

Kaempfers Azalee – *Rhododendron kaempferi*
Kahle Felsenbirne – *Amelanchier laevis*
Kaiserkrone – *Fritillaria imperialis*
Kalifornische Flußzeder – *Calocedrus decurrens*
Kalifornische Heckenkirsche – *Lonicera ledebourii*
Kalla – *Zantedeschia*
Kalmus – *Acorus*
Kamelie – *Camellia japonica*
Kamminze – *Elsholtzia stauntonii*
Kammschmiele – *Koeleria*
Kamtschatka-Alpenrose – *Rhododendron camtschaticum*
Kanadische Alpenrose – *Rhododendron canadense*
Kanadische Hemlocktanne – *Tsuga canadensis*
Kanadische Pappel – *Populus* × *canadensis*
Kanadischer Hartriegel – *Cornus canadensis*
Kanadischer Holunder – *Sambucus canadensis*
Kanadischer Schneeball – *Viburnum lentago*
Kanonierblume – *Pilea*
Kapfuchsie – *Phygelius*
Kapmargerite – *Euryops*
Kapringelblume – *Dimorphoteca*
Kapuzinerkresse – *Tropaeolum*
Kardendistel – *Morina*
Kärntener Spierstrauch – *Spiraea decumbens*
Kartoffel-Rose – *Rosa rugosa*
Kaspische Tamariske – *Tamarix ramosissima*
Kaspische Weide – *Salix acutifolia*
Katsurabaum – *Cercidiphyllum japonicum*
Katzenpfötchen – *Antennaria*
Kaukasische Flügelnuß – *Pterocarya fraxinifolia*
Kaukasische Zelkove – *Zelkova carpinifolia*
Kaukasusvergißmeinnicht – *Brunnera*
Keisukes Rhododendron – *Rhododendron keiskii*
Kermesbeere – *Phytolacca*
Kibitzei – *Fritillaria meleagris*
Kiefer – *Pinus*
Kilikische Tanne – *Abies cilicica*
Klebrige Robinie – *Robina viscosa*
Klebschwertel – *Ixia*
Klee – *Trifolium*
Kleinblättrige Zwergmispel – *Cotoneaster microphyllus*
Kleinblättriger Flieder – *Syringa microphylla* 'Superba'
Kleinblütige Tamariske – *Tamarix parviflora*
Kletter-Hortensie – *Hydrangea anomala* ssp. *petiolaris*
Kletternde Himbeere – *Rubus henryi*
Kletternder Spindelstrauch – *Euonymus fortunei*
Knabenkraut – *Dactylorhiza*
Knack-Weide – *Salix fragilis*
Knäuelfrüchtige Berberitze – *Berberis aggregata*
Knäuelgras – *Dactylis*
Knöterich – *Polygonum*
Kobushi-Magnolie – *Magnolia kobus*
Kohldistel – *Cirsicum oleraceum*
Kokardenblume – *Gaillardia*
Kolchischer Ahorn – *Acer colchicum*
Kolchischer Berg-Ahorn – *Acer trautvetteri*
Kolchischer Efeu – *Hedera colchica*
Kolibritrompete – *Epilobium canum*
Kolkwitzie – *Kolkwitzia amabilis*
Kolorado-Tanne – *Abies concolor*
Kompaßpflanze – *Silphium laciniatum*
König-Boris-Tanne – *Abies borisii-regis*
Königsblume – *Daphne blagayana*
Königsfarn – *Osmunda*
Königs-Flieder – *Syringa* × *chinensis*
Königskerze – *Verbascum*
Kopfblume – *Cephalanthus occidentalis*
Kopfeibe – *Cephalotaxus*
Kopfgras – *Sesleria*
Kopoubohne – *Pueraria lobata*
Korallenbeere – *Symphoricarpos orbiculatus*
Korb-Weide – *Salix viminalis*
Korea-Kiefer – *Pinus koraiensis*
Koreanischer Duft-Schneeball – *Viburnum carlesii*
Koreanischer Lebensbaum – *Thuja koraiensis*
Koreanischer Schlangenhaut-Ahorn – *Acer tegmentosum*
Korea-Tanne – *Abies koreana*
Korkbaum – *Phellodendron amurense*
Korkenzieher-Robinie – *Robinia pseudoacacia* 'Tortuosa'
Korkenzieher-Weide – *Salix matsudana* 'Tortuosa'
Korkenzieher-Weide, Gelbholzige – *Salix* × *erythroflexuosa*
Kork-Spindelstrauch – *Euonymus phellomanus*
Kornblume – *Centaurea cyanus*
Kornblumenaster – *Stokesia laevis*
Kornelkirsche – *Cornus mas*
Kornrade – *Agrostemma*
Kornwicke – *Coronilla*
Korolkows Heckenkirsche – *Lonicera korolkowii*
Krähenbeere – *Empetrum nigrum*
Krannbeere – *Vaccinium macrocarpon*
Kranzspiere – *Stephanandra*
Kratzdistel – *Cirsium*
Kreuzblume – *Polygala*
Kreuzdorn – *Rhamnus*
Kriechende Himbeere – *Rubus calycinoides*
Kriechender Wacholder – *Juniperus horizontalis*
Kriech-Weide – *Salix repens* ssp. *argentea*
Krim-Linde – *Tilia* × *euchlora*
Kronen-Apfel – *Malus coronaria*
Kronwicke – *Coronilla emerus*
Krötenlilie – *Tricyrtis*
Krummholz-Kiefer – *Pinus mugo* ssp. *mugo*
Kubaspinat – *Montia perfoliata*
Kübler-Weide – *Salix* × *sericans*
Küchenschelle – *Pulsatilla*
Kugel-Ahorn – *Acer platanoides* 'Globosum'
Kugelamarant – *Gomphrena*
Kugelblume – *Globularia*
Kugeldistel – *Echinops*
Kugel-Robinie – *Robina pseudoacacia* 'Umbraculifera'
Kuhschelle – *Pulsatilla*
Kuhtritt – *Wulfenia*
Kupfer-Felsenbirne – *Amelanchier lamarckii*
Kuppelglocke – *Campanula lactiflora*
Kürbis – *Cucurbita*
Kurilen-Kirsche – *Prunus kurilensis* 'Brillant'
Küsten-Mammutbaum – *Sequoia sempervirens*
Kyushu-Azalee – *Rhododendron kiusianum*

Labrador-Rose – *Rosa blanda*
Laichkraut – *Potamogeton*
Lampenputzergras – *Pennisetum*
Lampionblume – *Physalis*
Langlebige Kiefer – *Pinus longaeva*
Lanzenfarn – *Polystichum lonchitis*
Lärche – *Larix*
Lauben-Ulme – *Ulmus glabra* 'Camperdownii'
Lauch – *Allium*
Lavendel – *Lavandula angustifolia*
Lavendelheide – *Andromeda, Pieris*
Lavendel-Weide – *Salix elaeagnos*
Lawsons Scheinzypresse – *Chamaecyparis lawsoniana*
Lebensbaum – *Thuja*
Leberbalsam – *Ageratum*
Leberblümchen – *Hepatica*
Lederblättriger Weißdorn – *Crataegus* × *lavallei*
Lederstrauch – *Ptelea trifoliata*
Lein – *Linum*
Leinkraut – *Linaria*
Lenzrose – *Helleborus orientalis*-Hybride
Lerchensporn – *Corydalis*
Levkoje – *Matthiola*
Leycesterie – *Leycesteria*
Libanon-Eiche – *Quercus libani*
Libanon-Zeder – *Cedrus libani*
Lichtnelke – *Lychnis*
Liebliche Weigelie – *Weigela florida*
Liguster – *Ligustrum*
Linde – *Tilia*
Lindenblättrige Birke – *Betula maximowiczii*
Lorbeerblättriger Schneeball – *Viburnum tinus*
Lorbeer-Kirsche – *Prunus laurocerasus*
Lorbeermispel – *Stranvaesia davidiana*
Lorbeerrose – *Kalmia*
Lorbeer-Seidelbast – *Daphne laureola*
Lorbeer-Weide – *Salix pentandra*
Losbaum – *Clerodendrum trichotomum*
Lotos – *Nelumbo*
Lotwurz – *Onosma*
Löwenmaul – *Antirrhinum*
Lungenkraut – *Pulmonaria*
Lydischer Ginster – *Genista lydia*
Lyonie – *Lyonia*

Mädchenauge – *Coreopsis*
Mädchen-Kiefer – *Pinus parviflora*
Mädesüß – *Filipendula*
Magnolie – *Magnolia*
Mähnengerste – *Hordeum jubatum*
Mahonie – *Mahonia*
Maiapfel – *Podophyllum*
Maiglöckchen – *Convallaria*
Mai-Rose – *Rosa majalis*
Mais – *Zea*
Majoran – *Origanum*
Makinos Rhododendron – *Rhododendron makinoi*
Malabarspinat – *Basella alba*
Mammutbaum – *Sequoia, Sequoiadendron*
Mammutblatt – *Gunnera*
Mandarin-Rose – *Rosa moyesii*
Mandelbaum – *Prunus dulcis*
Mandelbäumchen – *Prunus triloba*
Mandel-Weide – *Salix triandra*
Mänderle – *Paederota*
Mandschurische Trauben-Kirsche – *Prunus maackii*
Manna-Esche – *Fraxinus ornus*
Männertreu – *Lobelia erinus*
Mannsblut – *Hypericum androsaemum*
Mannsschild – *Androsace*
Mannstreu – *Eryngium*
Marbel – *Luzula*
Margerite – *Chrysanthemum*
Mariendistel – *Silybum*
Marokkokamille – *Anacyclus pyrethrum*
Märzbecher – *Leucojum vernum*
März-Kirsche – *Prunus incisa*
Mauerpfeffer – *Sedum acre*
Mauerraute – *Asplenium ruta-muraria*
Maulbeerbaum – *Morus*
Mauseohr, Spanisches – *Marrubium supinum*
Meerkohl – *Crambe*
Meerlavendel – *Psylliostachys*
Meerträubel – *Ephedra distachia*
Mehlbeere – *Sorbus*
Melde – *Atriplex*
Menzies Spierstrauch – *Spiraea menziesii*
Menziesie – *Menziesia ciliicalyx*
Mexikanische Kiefer – *Pinus ayacahuite*
Milchstern – *Ornithogalum*
Milzfarn – *Ceterach*
Minze – *Mentha*
Mispel – *Mespilus germanica*
Mittagsblume – *Delosperma*
Mittelmeer-Zypresse – *Cupressus sempervirens*
Modoc-Zypresse – *Cupressus bakeri*
Mohn – *Papaver*
Mohn, Japanischer – *Hylomecon japonicum*
Mohnmalve – *Callirhoe*
Moltkie – *Moltkia petraea*
Mondsame – *Menispermum canadense*
Mondsichelfarn – *Cyrtomium*
Mongolische Waldrebe – *Clematis tangutica*
Montbretie – *Crocosmia*
Moor-Birke – *Betula pubescens*
Moorheide – *Erica tetralix*
Moosbeere – *Vaccinium oxycoccos*
Moosglöckchen – *Linnaea*
Moosheide – *Phyllodoce coerulea*
Morgenländischer Lebensbaum – *Thuja orientalis*
Moskitogras – *Bouteloua curtipendula*
Mummel – *Nuphar*
Muschelblume – *Isopyrum, Molluccella*

Nachtkerze – *Oenothera*
Nachtschatten – *Solanum*
Nachtviole – *Hesperis*
Nanshan-Zwergmispel – *Cotoneaster praecox*
Natalgras – *Rhynchelytrum*
Nelke – *Dianthus*
Nelkenwurz – *Geum*
Netz-Weide – *Salix reticulata*
Nevada-Zirbel-Kiefer – *Pinus flexilis*
Niederliegender Geißklee – *Cytisus decumbens*
Nieswurz – *Helleborus*
Nikko-Tanne – *Abies homolepis*
Nippon-Spierstrauch – *Spiraea nipponica*
Nootka-Scheinzypresse – *Chamaecyparis nootkatensis*
Nordjapanische Hemlocktanne – *Tsuga diversifolia*
Nordmanns-Tanne – *Abies nordmanniana*
Numidische Tanne – *Abies numidica*
Nußeibe – *Torreya nucifera*
Nuß-Kiefer – *Pinus monophylla*

Ochsenzunge – *Anchusa*
Ohio-Roßkastanie – *Aesculus glabra*
Ohr-Weide – *Salix aurita*
Ölweide – *Elaeagnus*
Orangenkirsche – *Idesia polycarpa*
Oregon-Ahorn – *Acer macrophyllum*
Oregon-Pfeifenstrauch – *Philadelphus lewisii*
Oregon-Spierstrauch – *Spiraea douglasii*
Orientalische Buche – *Fagus orientalis*
Orientalische Waldrebe – *Clematis orientalis*
Orient-Fichte – *Picea orientalis*
Ostasiatische Zwerg-Kiefer – *Pinus pumila*
Österreichische Schwarz-Kiefer – *Pinus nigra* ssp. *nigra*

Pagoden-Hartriegel – *Cornus controversa*
Palma Christi – *Ricinus*
Palmlilie – *Yucca*
Pampasgras – *Cortaderia*
Pantoffelblume – *Calceolaria*
Panzer-Kiefer – *Pinus heldreichii*
Panzerwurz – *Orostachys*
Papageienfeder – *Myriophyllum aquaticum*
Papier-Birke – *Betula papyrifera*
Papierblume – *Xeranthemum*
Papierknöpfchen – *Ammobium*
Papiermaulbeerbaum – *Broussonetia papyrifera*
Pappel – *Populus*
Paradieslilie – *Paradisea*
Pechnelke – *Lychnis viscaria*
Peking-Flieder – *Syringa pekinensis*
Peking-Zwergmispel – *Cotoneaster acutifolius*
Perlen-Flieder – *Syringa* × *swegiflexa*
Perlfarn – *Onoclea*
Perlgras – *Melica*
Perlpfötchen – *Anaphalis*
Perovskie – *Perovskia abrotanoides*
Persische Eiche – *Quercus macranthera*
Persischer Flieder – *Syringa* × *persica*
Perückenstrauch – *Cotinus coggygria*
Pestwurz – *Petasites*
Petterie – *Petteria ramentacea*
Pfahlrohr – *Arundo*
Pfauenblume – *Tigridia*
Pfauenradfarn – *Adiantum pedatum*
Pfeifengras – *Molinia*
Pfeifenstrauch – *Philadelphus*
Pfeifenwinde – *Aristolochia*
Pfeilkraut – *Sagittaria*
Pfennigkraut – *Lysimachia nummularia*
Pfingstrose – *Paeonia*
Pfirsichbaum – *Prunus persica*
Pflaumenblättriger Spierstrauch – *Spiraea prunifolia*
Pflaumenblättriger Weißdorn – *Crataegus persimilis*
Pimpernuß – *Staphylea*
Pippau – *Crepis*
Platane – *Platanus*
Pontische Azalee – *Rhododendron luteum*
Pontische Eiche – *Quercus pontica*
Porzellansternchen – *Houstonia*
Prachtglocke – *Enkianthus*
Prächtige Tanne – *Abies magnifica*
Prachtkerze – *Gaura*
Prachtlilie – *Gloriosa*
Prachtscharte – *Liatris*
Prachtspiere – *Astilbe*
Pracht-Weide – *Salix magnifica*
Prachtwinde – *Pharbitis*
Prager Schneeball – *Viburnum* 'Pragense'
Prärie-Apfel – *Malus ionensis*
Präriekerze – *Camassia*
Präriemalve – *Sidalcea*
Preiselbeere – *Vaccinium vitis-idaea*
Prophetenblume – *Arnebia*
Prunkblume – *Chlidanthus fragans*
Purgier-Kreuzdorn – *Rhamnus catharticus*
Purpurdost – *Eupatorium purpureum*
Purpurglöckchen – *Heuthera*
Purpur-Magnolie – *Magnolia liliiflora*
Purpurrudbeckie – *Echinacea purpurea*
Purpur-Tanne – *Abies amabilis*
Purpur-Weide – *Salix purpurea*
Pyramideneiche – *Quercus robur* 'Fastigiata'
Pyramiden-Pappel – *Populus nigra* 'Italica'

Quendel – *Thymus serphyllum*
Quetschblume – *Thladiantha*
Quitte – *Cydonia*

Radbaum – *Trochodendron aralioides*
Radspiere – *Exochorda*
Ranunkelstrauch – *Kerria japonica*
Rasselblume – *Catananche*
Rauhe Fichte – *Picea asperata*
Rauhe Hortensie – *Hydrangea aspera*
Rauschbeere – *Vaccinium uliginosum*
Raute – *Ruta*
Rautenblättrige Stechpalme – *Ilex pernyi*
Rebe – *Vitis*
Redwood – *Sequoia sempervirens*
Reichblütige Ölweide – *Elaeagnus multiflora*
Reichblütige Weigelie – *Weigela floribunda*
Reif-Weide – *Salix daphnoides*
Reiherschnabel – *Erodium*
Reitgras – *Calamagrostis*
Rhabarber – *Rheum*
Riesen-Lebensbaum – *Thuja plicata*
Riesenlilie – *Cardiocrinum*
Riesenrhabarber – *Gunnera*
Rindsauge – *Buphtalmum*
Ringelblume – *Calendula*
Rippenfarn – *Blechnum*
Rispelstrauch – *Myricaria germanica*
Rispenblütige Waldrebe – *Clematis maximowicziana*
Rispen-Hortensie – *Hydrangea paniculata*
Rittersporn – *Consolida, Delphinium*
Robinie – *Robinia*
Rohrkolben – *Typha*
Rose – *Rosa*
Rosenginster – *Cytisus purpureus*
Rosenkelch – *Rhodochiton atrosanguineum*
Rosenmantel – *Rhodochiton atrosanguineum*
Rosenpappel – *Malva alcea*
Rosenwurz – *Rhodiola rosea*
Rosmarinheide – *Andromeda*
Rosmarin-Seidelbast – *Daphne cneorum*
Rosmarinweide – *Itea virginica*
Roßkastanie – *Aesculus*
Rostblättrige Alpenrose – *Rhododendron ferrugineum*
Rostnerviger Schlangenhaut-Ahorn – *Acer rufinerve*
Rostrote Rebe – *Vitis coignetiae*
Rot-Ahorn – *Acer rubrum*
Rotblättrige Rose – *Rosa glauca*
Rot-Buche – *Fagus sylvatica*
Rotdorn – *Crataegus laeviata* 'Paul's Scarlet'
Rote Heckenkirsche – *Lonicera xylosteum*
Rot-Eiche – *Quercus rubra*
Roter Hartriegel – *Cornus sanguinea*
Roter Schlangenhaut-Ahorn – *Acer capillipes*
Rot-Erle – *Alnus glutinosa*
Rötliches Rhododendron – *Rhododendron russatum*
Rotschleierfarn – *Dryopteris erythrosora*
Rotschopfgras – *Themeda*
Rotzeder – *Juniperus virginiana*
Ruhmeslilie – *Gloriosa*
Rumelische Kiefer – *Pinus peuce*
Rundblättrige Mehlbeere – *Sorbus latifolia*
Rundblättriges Rhododendron – *Rhododendron orbiculare*
Runzelblättriger Schneeball – *Viburnum rhytidophyllum*
Runzelige Zwergmispel – *Cotoneaster bullatus*
Russische Zwergmandel – *Prunus tenella*

Säckelblume – *Ceanothus*
Sadebaum – *Juniperus sabina*
Saflor – *Carthamus tinctorius*
Salbei – *Salvia*
Salomonssiegel – *Polygonatum*
Sal-Weide – *Salix caprea*
Salzstrauch – *Halimodendron halodendron*
Sammetblume – *Tagetes*
Sammetmalve – *Abutilon*
Samt-Hortensie – *Hydrangea aspera* ssp. *sargentiana*
Samtpappel – *Althaea*
Sand-Birke – *Betula pendula*
Sanddorn – *Hippophae rhamnoides*
Sand-Ginster – *Genista pilosa*
Sandglöckchen – *Jasione*
Sandimmortelle – *Ammobium*
Sand-Kirsche – *Prunus pumila* var. *depressa*
Sandkraut – *Arenaria*
Sargents Eberesche – *Sorbus sargentii*
Sauerbaum – *Oxydendrum*
Sauerklee – *Oxalis*
Säulen-Birke – *Betula pendula* 'Fastigiata'
Säulen-Eiche – *Quercus robur* 'Fastigiata'
Sawara-Scheinzypresse – *Chamaecyparis pisifera*
Schachbrettblume – *Fritillaria meleagris*
Schachtelhalm – *Equisetum*
Schafgarbe – *Achillea*
Schaftdolde – *Hacquetia epipactis*
Scharbockskraut – *Ranunculus ficaria*
Scharlach-Roßkastanie – *Aesculus* × *carnea*
Scharlach-Sumach – *Rhus glabra*
Scharlach-Weißdorn – *Crataegus pedicellata*
Scharte – *Serratula*
Schattenblümchen – *Maianthemum*
Schattenblume – *Smilacina*
Schattengrün – *Pachysandra terminalis*
Schattenhartheu – *Hypericum*
Schaumblüte – *Tiarella*
Schaumkraut – *Cardamine*
Schaumspiere – *Holodiscus discolor*
Scheinakelei – *Semiaquilegia*
Scheinanemone – *Anemonopsis*
Scheinbeere – *Gaultheria*
Scheinbuche – *Nothofagus antarctica*
Scheincalla – *Lysichiton*
Scheinerdbeere – *Duchesnea*
Scheinhanf – *Datisca*
Scheinhasel – *Corylopsis*
Scheinkamelie – *Stewartia pseudocamellia*
Scheinkerrie – *Rhodotypos scandens*
Scheinmohn – *Meconopsis*
Scheinparrotie – *Parrotiopsis jacquemontiana*
Scheinrebe – *Ampelopsis*
Scheinveilchen – *Jonopsidium*
Scheinzypresse – *Chamaecyparis*
Schellenblume – *Adenophora*
Schildblatt – *Darmera*
Schildblume – *Chelone*
Schildfarn – *Polystichum*
Schilf – *Phragmites*
Schindel-Eiche – *Quercus imbricaria*
Schirm-Magnolie – *Magnolia tripetala*
Schirmtanne – *Sciadopitys verticillata*
Schlafmützchen – *Eschscholzia*
Schlangenbart – *Ophiopogon*
Schlangenkopf – *Chelone*
Schlehe – *Prunus spinosa*
Schleierkraut – *Gypsophila*
Schleifenblume – *Iberis*
Schlippenbachs Azalee – *Rhododendron schlippenbachii*
Schlüsselblume, Echte – *Primula veris*
Schlüsselblume, Hohe – *Primula elatior*
Schmalblättrige Esche – *Fraxinus angustifolia*
Schmalblättrige Ölweide – *Elaeagnus angustifolia*
Schmetterlingsstrauch – *Buddleja davidii*
Schmiele – *Deschampsia*
Schmucklilie – *Agapanthus*
Schneeball – *Viburnum*
Schneeballblättriger Ahorn – *Acer opalus*
Schneebeere – *Symphoricarpos*
Schneeflockenstrauch – *Chionanthus virginicus*
Schneeforsythie – *Abeliophyllum distichum*
Schneeglanz – *Chionodoxa*
Schneeglöckchen – *Galanthus*
Schneeglöckchenbaum – *Halesia*
Schneeheide – *Erica carnea*
Schneeige Berberitze – *Berberis candidula*
Schneekissen – *Iberis*
Schneerose – *Helleborus niger*
Schneespiere – *Spiraea* × *arguta*
Schönfrucht – *Callicarpa bodinieri*
Schönhäutchen – *Hymenocallis*
Schönranke – *Eccremocarpus*
Schopflilie – *Eucomis*
Schöterich – *Erysimum*
Schriftfarn – *Ceterach*
Schuppenheide – *Cassiope*
Schuppen-Wacholder – *Juniperus squamata*
Schwarzäugige Susanne – *Thunbergia alata*
Schwarz-Birke – *Betula nigra*
Schwarzdorn – *Prunus spinosa*
Schwarzer Geißklee – *Cytisus nigricans*
Schwarzer Holunder – *Sambucus nigra*
Schwarz-Erle – *Alnus glutinosa*
Schwarz-Fichte – *Picea mariana*
Schwarznessel – *Perilla*
Schwarznuß – *Juglans nigra*
Schwarz-Weide – *Salix nigricans*
Schwedische Mehlbeere – *Sorbus intermedia*
Schweifähre – *Stachyurus praecox*
Schweizer Weide – *Salix helvetica*
Schwerins Kiefer – *Pinus* × *schwerinii*
Schwertlilie – *Iris*
Schwingel – *Festuca*
Seekanne – *Nymphoides*
Seerose – *Nymphaea*
Segge – *Carex*
Seidelbast – *Daphne*
Seidenakazie – *Albizia julibrissin*
Seidenpflanze – *Asclepias*
Seifenkraut – *Saponaria*
Septemberkraut – *Aster ericoides*
Serbische Fichte – *Picea omorika*
Sibirische Fiederspiere – *Sorbaria sorbifolia*
Sicheltanne – *Cryptomeria japonica*
Siebenbürger Heide – *Bruckenthalia spiculifolia*
Siebolds Magnolie – *Magnolia sieboldii*
Silberährengras – *Achnatherum calamagrostis*
Silberdistel – *Carlina acaulis*
Silbergefieder – *Chrysanthemum haradjanii*
Silberimmortelle – *Anaphalis margaritacea* var. *margaritacea*
Silberkerze – *Cimicifuga*
Silber-Linde – *Tilia tomentosa*
Silberling – *Lunaria*
Silber-Ölweide – *Elaeagnus commutata*
Silber-Pappel – *Populus alba*
Silberstrauch – *Perovskia abrotanoides*
Silber-Weide – *Salix alba*
Silberwurz – *Dryas*
Simons Pappel – *Populus simonii*
Simse – *Scirpus*
Singrün – *Vinca*
Siskiyou-Fichte – *Picea breweriana*
Sitka-Fichte – *Picea sitchensis*
Skimmie – *Skimmia*
Smirnows Rhododendron – *Rhododendron smirnowii*
Sommeraster – *Callistephus*
Sommerflieder – *Buddleja*
Sommerhyazinthe – *Galtonia*
Sommerknotenblume – *Leucojum aestivum*
Sommer-Linde – *Tilia platyphyllos*
Sommerzypresse – *Kochia*
Sonnenauge – *Heliopsis*
Sonnenblume – *Helianthus*
Sonnenbraut – *Helenium*
Sonnenflügel – *Helipterum*
Sonnenhut – *Echinacea, Rudbeckia*
Sonnenröschen – *Helianthemum*
Sonnentau – *Drosera*
Spalier-Zwergmispel – *Cotoneaster adpressus*
Spaltblume – *Schizanthus*
Spalthortensie – *Schizophragma hydrangeoides*
Spaltkölbchen – *Schisandra*
Spanische Tanne – *Abies pinsapo*
Spanischer Ginster – *Genista hispanica*
Spargelklee – *Tetragonolobus*
Sparrige Zwergmispel – *Cotoneaster divaricatus*
Späte Trauben-Kirsche – *Prunus serotina*
Speierling – *Sorbus domestica*
Spierstaude – *Filipendula*
Spießtanne – *Cunninghamia lanceolata*
Spieß-Weide – *Salix hastata* 'Wehrhanii'
Spindelstrauch – *Euonymus*

Spinnenpflanze – *Cleome hassleriana*
Spitz-Ahorn – *Acer platanoides*
Spitzkiel – *Oxytropis*
Spornblume – *Centranthus*
Spottnuß – *Carya tomentosa*
Stachelnüßchen – *Acaena*
Statice – *Goniolimon, Limonium*
Staudenflieder – *Polygonum polystachium*
Stechapfel – *Datura*
Stech-Fichte – *Picea glauca*
Stechginster – *Ulex europaeus*
Stechpalme – *Ilex*
Stechwinde – *Smilax aspera*
Steinbrech – *Saxifraga*
Steineibe – *Podocarpus nivalis*
Steinfeder – *Asplenium trichomanes*
Steinglocke – *Symphyandra*
Steinkraut – *Alyssum*
Steinkraut – *Ptilotrichum spinosum*
Steinquendel – *Acinos, Calamintha*
Steinsame – *Buglossoides*
Steinschmückel – *Petrocallis*
Steintäschel – *Aethionema*
Steinweichsel – *Prunus mahaleb*
Steinwinde – *Quamoclit*
Steppenkerze – *Eremurus*
Steppen-Kirsche – *Prunus fruticosa*
Stern von Bethlehem – *Ornithogalum umbellatum*
Sternblume – *Ipheion*
Sterndolde – *Astrantia*
Sterngladiole – *Acidanthera*
Stern-Magnolie – *Magnolia stellata*
Sternmoos – *Sagina subulata*
Sterntaler – *Melampodium*
Stiefmütterchen – *Viola*
Stiel-Eiche – *Quercus robur*
Stinkendes Johanniskraut – *Hypericum hircinum*
Stinkesche – *Euodia hupehensis*
Stockrose – *Alcea*
Storaxbaum – *Styrax*
Storchschnabel – *Geranium*
Strahlen-Ginster – *Genista radiata*
Strahlengriffel – *Actinidia*
Strand-Wacholder – *Juniperus conferta*
Strauch-Birke – *Betula humilis*
Straucheibisch – *Hibiscus*
Strauch-Päonie – *Paeonia suffruticosa*
Strauch-Roßkastanie – *Aesculus parviflora*
Strauchveronica – *Hebe*
Strohblume – *Helichrysum*
Studentenblume – *Tagetes*
Stumpfblättrige Weide – *Salix retusa*
Südjapanische Hemlocktanne – *Tsuga sieboldii*
Sumpfazalee – *Rhododendron viscosum*
Sumpfblume – *Limnanthes*
Sumpf-Eiche – *Quercus palustris*
Sumpffarn – *Thelypteris palustris*
Sumpfgarbe – *Achillea ptarmica*
Sumpfporst – *Ledum palustre*
Sumpfwurz – *Epipactis palustris*
Sumpfzypresse – *Taxodium distichum*
Süße Eberesche – *Sorbus aucuparia* 'Edulis'
Süßwasserseilgras – *Spartina pectinata*
Sweginzows Flieder – *Syringa sweginzowii*
Swenginzows Rose – *Rosa sweginzowii*

Tabak – *Nicotiana*
Tafelblatt – *Astilboides*
Tagblume – *Commelina*
Taglilie – *Hemerocallis*
Tamariske – *Tamarix*
Tangutische Himbeere – *Rubus cockburnianus*
Tanne – *Abies*
Tannenwedel – *Hippuris*
Täschelkraut – *Thlaspi*
Tatarische Heckenkirsche – *Lonicera tatarica*
Tatarischer Steppen-Ahorn – *Acer tataricum*
Taubenbaum – *Davidia involucrata*
Taubnessel – *Lamium*
Teichrose – *Nuphar*
Tempel-Kiefer – *Pinus bungeana*
Tempel-Wacholder – *Juniperus rigida*
Teppich-Zwergmispel – *Cotoneaster dammeri*
Teufelsfarn – *Osmunda claytoniana*
Teufelskralle – *Phyteuma*
Texas-Waldrebe – *Clematis texensis*
Thunbergs Berberitze – *Berberis thunbergii*
Thunbergs Spierstrauch – *Spiraea thunbergii*
Thüringer Mehlbeere – *Sorbus × thuringiaca*
Tibetanische Kirsche – *Prunus serrula*
Tibetorchidee – *Pleione*
Tigerblume – *Tigridia*
Tigerglocke – *Codonopsis*
Torfmyrte – *Pernettya mucronata*
Tragant – *Astragalus*
Tränendes Herz – *Dicenta spectabilis*
Tränen-Kiefer – *Pinus wallichiana*
Trauben-Eiche – *Quercus petraea*
Trauben-Heide – *Leucothoe walteri*
Trauben-Holunder – *Sambucus racemosa*
Traubenhyazinthe – *Muscari*
Trauben-Kirsche – *Prunus padus*
Traubenspiere – *Neillia*
Traubiges Rhododendron – *Rhododendron racemosum*
Trauer-Birke – *Betula pendula* 'Tristis'
Trauerglocke – *Uvularia*
Trauer-Weide – *Salix alba* 'Tristis'
Trespe – *Bromus*
Trichterfarn – *Matteuccia*
Trichtermalve – *Malope*
Tripmadam – *Sedum reflexum*
Troddelblume – *Soldanella*
Trollblume – *Trollius*
Trompetenbaum – *Catalpa*
Trompetenblume – *Campsis*
Trompetenzunge – *Salpiglossis sinuata*
Tulpenbaum – *Liriodendron tulipifera*
Tulpen-Magnolie – *Magnolia × soulangiana*
Tupelobaum – *Nyssa silvatica*
Tüpfelfarn – *Polypodium*
Türkenbundlilie – *Lilium martagon*
Türkische Hasel – *Cornus colurna*

Ulme – *Ulmus*
Ume – *Prunus mume*
Ungarische Eiche – *Quercus frainetto*
Ungarischer Flieder – *Syringa josikaea*
Üppige Robinie – *Robinia luxurians*
Urweltmammutbaum – *Metasequoia glyptostroboides*

Vaseys Azalee – *Rhododendron vaseyi*
Veilchen – *Viola*
Veitchs Tanne – *Abies veitchii*
Venushaarfarn – *Adiantum venustum*
Veränderliche Eiche – *Quercus variabilis*
Vergißmeinnicht – *Myosotis*
Vexiernelke – *Lychnis coronaria*
Vielblütige Rose – *Rosa multiflora*
Vielblütige Zwergmispel – *Cotoneaster multiflorus*
Vielblütiger Apfel – *Malus floribunda*
Viermännige Tamariske – *Tamarix tetrandra*
Virginische Rose – *Rosa virginica*
Virginische Zaubernuß – *Hamamelis virginica*
Vogelbeerbaum – *Sorbus aucuparia*
Vogel-Kirsche – *Prunus avium*

Wacholder – *Juniperus*
Wachsblume – *Cerinthe*
Wachsglocke – *Kirengeshoma*
Walddickblatt – *Chiastophyllum*
Wald-Geißblatt – *Lonicera periclymenum*
Waldhirse – *Milium effusum*
Waldmeister – *Galium odoratum*
Waldrebe – *Clematis*
Walnußbaum – *Juglans regia*
Wandelröschen – *Clarkia, Lantana*
Wards Rhododendron – *Rhododendron wardii*
Warzige Berberitze – *Berberis verruculosa*
Warziger Spindelstrauch – *Euonymus verrucosus*
Wasseraloe – *Stratiotes*
Wasserblatt – *Romanzoffia*
Wasserdost – *Eupatorium*
Wasserhyazinthe – *Eichhornia crassipes*
Wasserlinse – *Lemna*
Wassermohn – *Hydrocleys*
Wassernuß – *Trapa*
Wassersalat – *Pistia*
Wasserschlauch – *Utricularia*
Wasserschwaden – *Glyceria*
Wasserstern – *Callitriche*
Wechselblättriger Hartriegel – *Cornus alternifolia*
Wegerich – *Plantago*
Weichselrohr – *Prunus mahaleb*
Weide – *Salix*
Weidenblättrige Birne – *Pyrus salicifolia*
Weidenblättrige Zwergmispel – *Cotoneaster salicifolius*
Weidenröschen – *Epilobium*
Weiderich – *Lythrum*
Weigelie – *Weigela*
Weihnachtsglöckchen – *Sandersonia*
Weinblatt-Ahorn – *Acer circinatum*
Wein-Raute – *Ruta graveolens*
Weinrebe – *Vitis vinifera*
Weißdorn – *Crataegus*
Weiße Rose – *Rosa × alba*
Weiß-Eiche – *Quercus alba*
Weißer Hartriegel – *Cornus alba*
Weißfrüchtige Eberesche – *Sorbus koehneana*
Weißstämmige Zirbel-Kiefer – *Pinus albicaulis*
Weiß-Tanne – *Abies alba*
Wermut – *Artemisia absinthium*
Westliche Hemlocktanne – *Tsuga heterophylla*
Westliche Rotzeder – *Juniperus scopulorum*
Wetterdistel – *Carlina acaulis*
Weymouths-Kiefer – *Pinus strobus*
Wicke – *Lathyrus*
Wiesenknopf – *Sanguisorba*
Wiesenraute – *Thalictrum*
Wilde Kletterrose – *Rosa arvensis*
Williams Rhododendron – *Rhododendron williamsii*
Wilsons Großblatt-Pappel – *Populus wilsonii*
Wilsons Magnolie – *Magnolia wilsonii*
Wimperfarn – *Woodsia*
Winde – *Convolvulus*
Winterbeere – *Ilex verticillata*
Winterblüte – *Chimonanthus praecox*
Winter-Eiche – *Quercus petraea*
Wintergrüne Eiche – *Quercus × turneri* 'Pseudoturneri'
Wintergrüne Zwerg-Mispel – *Cotoneaster sternianus*
Wintergrüner Duft-Schneeball – *Viburnum × burkwoodii*
Winterheliotrop – *Petasites fragans*
Winter-Jasmin – *Jasminum nudiflorum*
Winter-Linde – *Tilia cordata*
Winterling – *Eranthis*
Winterpostelein – *Montia perfoliata*
Wisterie – *Wisteria*
Wohlriechende Himbeere – *Rubus odoratus*
Wolfsmilch – *Euphorbia*
Wollgras – *Eriophorum*
Wolliger Schneeball – *Viburnum lantana*
Wollknöterich – *Eriogonum*
Woll-Weide – *Salix lanata*
Wucherblume – *Chrysanthemum*
Wunderbaum – *Ricinus*
Wunderblume – *Mirabilis*
Wundklee – *Anthyllis*
Wurmfarn – *Dryopteris*
Wüstengoldaster – *Eriophyllum lanatum*

Yakushima-Rhododendron – *Rhododendron yakushimanum*
Yoshino-Kirsche – *Prunus yedoensis*
Ysander – *Pachysandra*
Ysop – *Hyssopus officinalis*
Yulan-Magnolie – *Magnolia denudata*

Zahnwurz – *Dentaria*
Zaubernuß – *Hamamelis*
Zaunrübe – *Bryonia*
Zeder – *Cedrus*
Zelkove – *Zelkova*
Zenobia – *Zenobia pulverulenta*
Zephirblume – *Zephyranthes*
Zerr-Eiche – *Quercus cerris*
Zierbanane – *Ensete ventricosum*
Zierkohl – *Brassica oleraceae*
Zierquitte – *Chaenomeles*
Ziest – *Stachys*
Zigarettenblümchen – *Cuphea ignea*
Zimbelkraut – *Cymbalaria*
Zimt-Ahorn – *Acer griseum*
Zimterle – *Clethra*
Zimtfarn – *Osmunda cinnammomea*
Zimt-Rose – *Rosa majalis*
Zimtwein – *Apois*
Zirbel-Kiefer – *Pinus cembra*
Zittergras – *Briza*
Zoeschener Ahorn – *Acer × neglectum*
Zucker-Ahorn – *Acer saccharum*
Zuckerhut-Fichte – *Picea glauca* 'Conica'
Zürgelbaum – *Celtis australis*
Zweiblatt – *Maianthemum*
Zweifarbige Fichte – *Picea bicolor*
Zweigriffliger Weißdorn – *Crataegus laevigata*
Zwerg-Alpenrose – *Rhodothamnus chamaecistus*
Zwerg-Balsam-Tanne – *Abies balsamea* 'Hudsonia'
Zwerg-Birke – *Betula nana*
Zwerg-Elfenbeinginster – *Cytisus × kewensis*
Zwerg-Flieder – *Syringa meyeri* 'Palibin'
Zwerg-Kiefer – *Pinus mugo* ssp. *pumilio*
Zwerg-Kreuzdorn – *Rhamnus pumilus*
Zwerglebensbaum – *Microbiota decussata*
Zwerglilienrasen – *Ophiopogon japonicus*
Zwergmaßliebchen – *Bellium minutum*
Zwerg-Mehlbeere – *Sorbus chamaemespilus*
Zwergmispel – *Cotoneaster*
Zwerg-Spindelstrauch – *Euonymus nana*
Zypern-Zeder – *Cedrus brevifolia*
Zypresse – *Cupressus*

Andreas Bärtels

Ziergehölze

Nützliche Hinweise zu Ziergehölzen

Ziergehölze, also Bäume, Sträucher und Kletterpflanzen, bilden das Grundgerüst eines jeden Gartens. Nur sie können einem Garten Struktur verleihen, kühlenden Schatten spenden und den Gartenraum nach außen abschließen. Sie geben anderen Gartenpflanzen, den Stauden und Sommerblumen, Rahmen und Halt. Keine andere Pflanzengruppe erreicht ein so hohes Alter wie Baum und Strauch. Sie können Jahrzehnte alt werden und müssen lange an einem ihnen zugewiesenen Platz aushalten. Ganz anders als die meisten Stauden lassen sie sich in höherem Alter nicht mehr verpflanzen. Um ihnen den richtigen Platz im Garten zuweisen zu können, ist es also wichtig, nicht nur die dekorativen Eigenschaften der Gehölze zu kennen, sondern auch deren Ausmaß und Größe sowie deren Ansprüche an Boden, Klima und Belichtung.

In den knappen, aber präzisen Beschreibungen von 930 Gehölzarten und -sorten werden vor allem die dekorativen Eigenschaften der Bäume und Sträucher beschrieben: Wuchsform und -höhe, Form und Farbe der Blätter über Sommer und im Herbst, Blütenform und -farbe, Blütezeit und Fruchtschmuck. Darüber hinaus wird auch die natürliche Verbreitung der Gehölze erwähnt. Vorgestellt werden alle in Mitteleuropa heimischen Baum- und Straucharten, von den fremdländischen Arten diejenigen, die in unserem Klima gedeihen können und die bei uns teilweise seit Jahrhunderten kultiviert werden. Neben den allgemein bekannten Arten des Standardsortiments werden auch interessante, empfehlenswerte seltenere Gehölze beschrieben.

Eine umfassende Auskunft über die Ansprüche der Bäume und Sträucher an ihren Standort, an Bodenfeuchtigkeit und den Nährstoffgehalt des Bodens, an Luftfeuchtigkeit, Wärme und Kälte, Sonne und Schatten, sind an den von Prof. Dr. P. Kiermeier entwickelten Kennziffern der Lebensbereiche abzulesen, die im Anschluß ausführlich dargestellt und erläutert werden.

Neben den beschriebenen Gehölzarten mit den dazugehörigen Texten werden zusätzliche Bildtafeln für große Sortengruppen eingeschaltet, die nicht einzeln beschrieben werden. Das trifft unter anderem zu für *Acer palmatum, Berberis thunbergii, Calluna vulgaris,* die Großblumigen *Clematis,* alle *Erica*-Arten, die Strauch-Päonien, die verschiedenen *Rhododendron*- und Rosengruppen, die Zierkirschen und für viele Gattungen unter den Nadelgehölzen. So kommt die stattliche Anzahl von 1520 Abbildungen zustande, mehr als in nahezu jedem anderen beschreibenden Gehölzbuch deutscher Sprache.

Bodenvorbereitung

Die Kennziffern zu den Lebensbereichen der Gehölze am Ende jedes Textes geben Auskunft über die von den Gehölzen bevorzugten oder tolerierten physikalischen und chemischen Eigenschaften, den Nährstoffgehalt und die Feuchtstufen des Bodens, nicht aber über seinen Pflegezustand. Es versteht sich fast von selbst, daß man vor dem Pflanzen der langlebigen Gehölze den Boden gründlich vorbereitet. Dazu gehört eine möglichst tiefe Lockerung des Bodens, vor allem bei durch Baumaßnahmen verdichteten Böden, und notfalls die Zufuhr von Humus in Form von Kompost, Rindenhumus oder Rhodohum.

Eine Sonderstellung in der Bodenvorbereitung nehmen Rododendron und andere Ericaceen ein. Sie sind ausgesprochene Flachwurzler und brauchen für ihre feinen Faserwurzeln leicht durchdringbare, lockere, frische, humose, saure Böden mit einem pH-Wert (Säuregrad) von 4,2 bis 5,5. Den pH-Wert eines Bodens zu verbessern, ist nur in begrenztem Umfang möglich. Zu niedrige pH-Werte lassen sich durch Gaben von kohlensaurem Kalk anheben, dessen Höhe von einer Bodenuntersuchung abhängig gemacht werden muß. Zu hohe pH-Werte können durch physiologisch saure Dünger verbunden mit hohen Torfgaben abgesenkt werden. Mit einer in den Boden eingearbeiteten 15 cm hohen Torfmullschicht kann man z.B. pH-Werte zwischen 6,0 und 7,0 auf etwa 5,5 bringen.

Pflanzung

Die meisten Gehölze werden stets so tief gepflanzt, wie sie vorher im Freiland oder im Container gestanden haben. Veredelte Rosen pflanzt man so tief, daß die Veredlungsstelle eine Handbreit unter die Bodenoberfläche kommt. Auch einige andere veredelte Arten kann man so tief pflanzen, daß sich die Veredlung bewurzeln kann und so unabhängig wird von der Unterlage, das gilt z.B. für Strauch-Päonien und Flieder. Größere Gehölze müssen nach dem Pflanzen so an einen Baumpfahl angebunden werden, daß der Anwachsprozess der Wurzeln nicht gestört wird. Ein Mulchen der Baumscheibe mit organischem Material hält den Boden feucht und schafft günstige Voraussetzungen für eine rasche Wurzelneubildung.

Düngung

Über Höhe und Zeitpunkt der Nährstoffaufnahme von Gehölzen liegen bisher noch keine allgemein verbindlichen Ergebnisse vor. Der Nährstoffbedarf von Garten- und Parkgehölzen dürfte kaum höher sein als der von Waldbeständen, die pro Hektar und Jahr einen Nährstoffbedarf von 40 bis 80 kg Stickstoff, 10 bis 20 kg Phosphor und 30 bis 60 kg Kali haben; das entspricht einer Menge von 20 kg Phosphor und 35 bis 70 g/m^2 Nitrophoska blau. Unter Berücksichtigung der Nachlieferung aus dem Boden und dem Eintrag durch Schwebestoffe in der Luft sollte die jährliche Stickstoffmenge auf 50 kg pro Hektar beschränkt werden. Man verteilt die Gesamtdüngermenge auf mehrere Gaben im Laufe der Vegetationsperiode, beginnt mit der Düngung, besonders mit Stickstoffgaben, erst im späten Frühjahr und hört damit im Spätsommer so rechtzeitig auf, daß die Gehölze noch vor dem Winter zum Triebabschluß kommen. Grundsätzlich gilt, daß niemals mehr als notwendig mineralische Düngemittel zugeführt werden. Nährstoffverluste durch Auswaschungen sind umweltbelastend und müssen vermieden werden.

Gehölzschnitt

Über Form und Ausmaß des Gehölzschnittes besteht offenbar wenig Klarheit, sonst würden nicht regelmäßig Blütensträucher durch unsachgemäßen Schnitt verstümmelt. Grundsätzlich gilt, daß einem starken Rückschnitt von Zweigen stets auch ein starker Neutrieb folgt, daß man also durch Rückschnitte die natürliche Entwicklung und Wuchshöhe eines Baumes oder Strauches nur um den Preis einer Verstümmelung verändern oder begrenzen kann. Alle sommergrünen Sträucher, die an der Basis neue Langtriebe bilden, werden nur regelmäßig in Abständen von 2 bis 3 Jahren so ausgelichtet, daß jeweils einige der älteren Astpartien bis zum Boden herausgenommen werden. Nur Blütensträucher, die wie die Beetrosen, am Ende der diesjährigen Triebe blühen, werden regelmäßig im Frühjahr bis zum Boden zurückgeschnitten. Zu dieser Strauchgruppe gehören u.a. sommerblühende Arten wie *Buddleja davidii, Calluna vulgaris, Caryopteris, Ceanothus, Elsholtzia, Fuchsia, Perovskia, Spiraea japonica* sowie alle Beet- und Zwergrosen.

Straucharten, die wie *Calycanthus, Fothergilla* oder *Hamamelis* aus der Basis kaum neue Triebe entwickeln, bleiben stets ungeschnitten. Das gilt auch für alle immergrünen Arten. Baumförmig wachsende Arten brauchen nur in den ersten Jahren einen Aufbauschnitt, der aber in der Regel schon in der Baumschule erfolgt. Danach sollte man sie möglichst ungehindert wachsen lassen.

Zuordnung der Gehölze nach Lebensbereichen

Von Peter Kiermeier

Definition
Was ist ein Lebensbereich? Darunter versteht man eine Gruppe von Pflanzen mit gleichen oder sehr ähnlichen Ansprüchen. Es sind Pflanzen, die aus vergleichbaren Pflanzengesellschaften stammen und im Siedlungsbereich oder – wenn heimisch – in der freien Landschaft nach gemeinsamen Ansprüchen und Eigenschaften verwendet werden. Andere Begriffe für Lebensbereich sind: Wuchsgemeinschaft oder pflanzliche Lebensgemeinschaft.
Der Lebensbereich ist der Typ des Idealstandorts.

Eingruppierung
Für die Eingruppierung nach Lebensbereichen gab das natürliche Vorkommen der Pflanzen den wichtigsten, aber nicht den entscheidenden Hinweis. Denn zahlreiche Gehölze kommen am Naturstandort nicht dort vor, wo sie sich am wohlsten fühlen, sondern dort, wo ihnen die stärkeren Konkurrenten Platz lassen. Für die Verwendung ist zudem maßgebend, wie die Gehölze z.B. im Siedlungsbereich sinnvoll eingesetzt werden können, dort, wo die Konkurrenz dank des menschlichen Einwirkens meist fehlt.

Vereinfachung
Eine zum Teil unüberwindliche Schwierigkeit der Zuordnung zu einem bestimmten Lebensbereich stellt die Anpassungsfähigkeit derjenigen Gehölze dar, die nicht nur an einem einzigen Standort vorkommen, sondern manchmal an mehreren. Hier galt es, sich im Interesse einer praktikablen Lösung nur für eine einzige Möglichkeit, für den optimalen Standort zu entscheiden. Derartige Vereinfachungen sind unerläßlich, werden aber der Vielfalt der Pflanzen nicht immer gerecht. Außerdem ist es nicht immer leicht zu entscheiden, welcher Standort aus einer möglichen Vielzahl der optimale wäre.

Beschränkung auf Standortfaktoren
Eine Einteilung nach Lebensbereichen kann nur diejenigen Faktoren berücksichtigen, die zum Überleben oder besseren Gedeihen der Gehölze notwendig sind. Ausgeklammert werden müssen alle optischen Signale (Blüten, Farben, Duft usw.) und pflanzliche Details (Blattbehaarung, Zweigstellung u.ä.) der Gehölze, da diese ein solches Kennziffernsystem überfrachten und verunklären würden.

Kein Ersatz für Pflanzenkenntnisse
Das Kennziffernsystem nach Lebensbereichen kann zwar Hinweise für die Auswahl der Pflanzen zum richtigen Standort geben und Fehler in der Pflanzenkombination verhindern, aber sie kann niemals eine fachkundige Pflanzenkenntnis ersetzen. Es lassen sich die Gehölze für eine bestimmte Situation in reichlicher Auswahl schneller finden, aber die Frage nach einer guten Wirkung oder einem guten Erscheinungsbild muß vom Pflanzenverwender selbst abgewogen werden.

Ordnungssystem der Kennziffern
Das Prinzip des Kennziffernsystems entspricht etwa dem der alten Postleitzahlen. Es ist eine Abfolge von 4 Ziffern, die den Gehölzen zugeordnet werden.

1. Ziffer = Hauptgruppe: Sie kennzeichnet das optimale Vorkommen. Hierunter finden sich Gehölze identischer oder sehr ähnlicher Herkünfte. Insgesamt gibt es 9 Hauptgruppen, siehe Übersicht.

2. Ziffer = Untergruppe: Die zweite Ziffer stellt im weiteren Sinne die Faktoren des Bodens dar, also den Bereich, wo die Wurzeln, der unterirdische Teil des Gehölzes, seine Lebensgrundlagen sucht.

- voran die Abstufungen der Feuchtigkeitsgrade
  (Abfolge: trocken, mäßig trocken, frisch, feucht, naß),
- gefolgt von den Säurestufen des Substrates
  (Abfolge: stark sauer, sauer, schwach sauer, neutral, schwach alkalisch, alkalisch, stark alkalisch),
- abschließend die Bodenarten
  (Abfolge: Sand, lehmiger Sand, sandiger Lehm, Lehm, schwerer Lehm, Ton; zudem humos oder mineralisch).

Die Faktoren können nicht beliebig getrennt werden, sondern sie bedingen sich gegenseitig, wie in der Natur zu sehen ist. Deshalb sind immer bestimmte Faktorengruppen dargestellt.

3. Ziffer = Spezielle Gruppe: Die dritte Ziffer vertritt eine spezielle Gruppe, in der die Ansprüche noch weiter differenziert werden. Sie gibt die Bedingungen der Belichtung und der Temperatur an; somit den Bereich, in dem Baumkronen und Strauchkörper den oberirdischen Faktoren ausgesetzt sind.

- voran die Abstufungen der Besonnung bzw. der Beschattung
  (Abfolge: sonnig, absonnig, lichtschattig, halbschattig, schattig),
- gefolgt von den Temperaturabstufungen
  (Abfolge: hitzeverträglich, wärmeliebend, gemäßigt, kühl, kalt),
- abschließend Frostempfindlichkeit und Spätfrostgefährdung
  (Abfolge: sehr frostempfindlich, frostempfindlich, mäßig frosthart, meist frosthart, frosthart).

Die Faktoren können nicht beliebig getrennt gesehen werden, sondern sie bedingen sich gegenseitig, wie in der Natur zu sehen ist. Deshalb sind immer bestimmte Faktorengruppen dargestellt.

4. Ziffer = Wuchsgruppe: Die Wuchsgruppe stellt das einzige Merkmal dar, das sich zwar mit dem Äußeren der Gehölze befaßt, dennoch ist die Wuchsgröße auch ein Faktor des Überlebens oder anders: der Konkurrenz, des Unterliegens des Schwächeren gegenüber dem Stärkeren, wenn die Pflanzen miteinander vergemeinschaftet werden.

Wichtig: Bei fremden Gehölzen ist nicht die maximale Wuchshöhe am Naturstandort angegeben, sondern die Größe, die in mitteleuropäischen Gärten oder Parkanlagen erfahrungsgemäß erreicht wird. Extremgrößen wurden nicht berücksichtigt. In den Beschreibungen sind dagegen in der Regel die Wuchshöhen angegeben, die die Bäume und Sträucher im Alter an ihren natürlichen Standorten erreichen. An günstigen Standorten werden gelegentlich auch bei uns ähnliche Höhen erreicht.

- Bäume
  (Abfolge: Großbaum = Baum I. Ordnung, Mittelgroßer Baum = Baum II. Ordnung, Kleinbaum = Baum III. Ordnung),
- Sträucher
  (Abfolge: Großstrauch = auch Übergang zu vorigem, Normalstrauch = mittlere Größe = ab Menschengröße, Kleinstrauch = unter Menschengröße, Zwergstrauch),
- Sonderformen
  (Abfolge: Halbstrauch = Übergang zu den krautigen Stauden, Klettergehölze = Sonderform, Stauden = krautige Pflanzen, nur in Ausnahmefällen genannt).

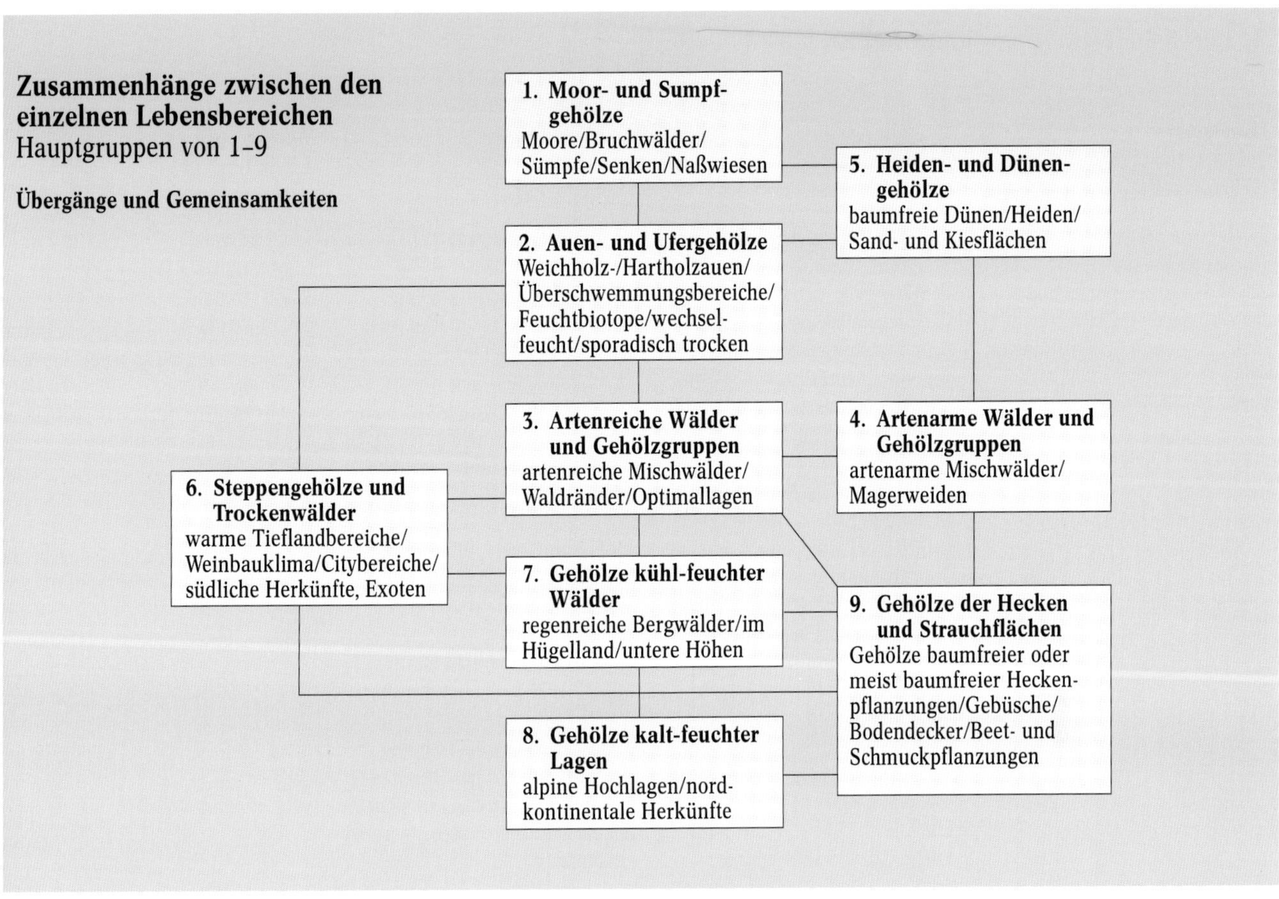

1. Lebensbereich: Moor- und Sumpfgehölze

Gehölze nasser Lagen

Hauptgruppe 1. Ziffer (Lebensbereich)	Untergruppe -. 2. Ziffer (Bodenfaktoren)	Spezielle Gruppe -.-. 3. Ziffer (Klimafaktoren)	Wuchsgruppe -.-.-. 4. Ziffer
1. Gehölze der Moore, Bruchwälder, Naßwiesen, vernäßten Senken und sumpfigen Plätze.	-.1. moorige oder naß-torfige Standorte, feucht bis naß, gelegentlich auch nur frisch; sauerhumose, nährstoffarme Böden; -.2. Bruchwälder, Feucht- und Naßwiesen, Feuchtbiotope, Sumpfstandorte; frisch bis naß, torfige oder sauermineralische, z.T. verdichtete und vernäßte Böden.	-.-.1. sonnig, absolut schattenunverträglich, wärmemeidend, kühl bis kalt, frosthart; -.-.2. gelegentlich sonnig, sonst lichtschattig oder halbschattig, kühl, mäßig frosthart bis meist frosthart, spätfrostgefährdet; -.-.3 sonnig bis lichtschattig, frosthart; -.-.4. lichtschattig bis halbschattig, wärmeverträglich, meist frosthart, u.U. spätfrostgefährdet.	1. Großbaum > 20 m 2. Mittelgroßer Baum > 15 m 3. Kleinbaum > 7 m 4. Großstrauch > 3 m 5. Normalstrauch > 1.5 m 6. Kleinstrauch > 0.5 m 7. Zwergstrauch > 0.1 m 8. Halbstrauch (= Übergang zu den Stauden) 9. Klettergehölz

Eignung und Verwendung
- für moorige, sumpfige und sonstige Landschaftselemente mit hohem Grundwasserstand, in vernäßten Wiesen und Senken,
- an Gräben und Teichrändern und Ufern langsamfließender Gewässer (wenn heimisch),
- für naß-saure Lagen in Garten- und Grünflächen sowie Parkanlagen,
- in Feuchtgebieten, Biotopen sowie Naturgärten (wenn heimisch),
- für Moor- und Sumpfbeete sowie Pflanzungen in nassen oder feuchten Plätzen.

2. Lebensbereich: Auen- und Ufergehölze

Gehölze feuchter Lagen

Hauptgruppe 1. Ziffer (Lebensbereich)	Untergruppe -. 2. Ziffer (Bodenfaktoren)	Spezielle Gruppe -.-. 3. Ziffer (Klimafaktoren)	Wuchsgruppe -.-.-. 4. Ziffer
2. Gehölze der Weichholz- und Hartholzauen, potentieller Überschwemmungsbereiche und Feuchtgebiete; meist wärmeliebend, nährstoffreiche Böden von schwach saurer bis alkalischer Reaktion bevorzugend.	-.1. Gehölze frischer bis feuchter Standorte (Weichholzaue), gelegentlich naß, verträglich gegenüber regelmäßigen Frühjahrs- oder Winterüberschwemmungen; sauer bis neutral, gelegentlich schwach alkalisch; sandig-kiesig, sandig-lehmig, auch Tonböden; -.2. Gehölze frischer bis feuchter Standorte, (Weichholzaue) gelegentlich naß, verträglich gegenüber regelmäßigen Frühjahrs- oder Winterüberschwemmungen; schwach sauer bis alkalisch, auf vielen Substraten – meist Sand, Kies oder Schotter, auch Lehm oder Ton; -.3. Gehölze gelegentlich mäßig trockener, sonst frischer bis feuchter Standorte, (Hartholzaue), kurzzeitig überschwemmt; schwach sauer oder neutral, gelegentlich auch schwach alkalisch, auf ± nährstoffreichem, sandigem oder sandig-humosem Lehm; -.4. Auenbereiche der Hartholzaue; Gehölze kurzzeitig mäßig trockener, sonst frischer bis feuchter Standorte, gelegentlich kurzzeitig überschwemmt; neutral bis alkalisch, gelegentlich auch schwach sauer; tiefgründig, sehr nährstoffreich, z.T. sandig-kiesig, bevorzugt Lehm oder Ton; -.5. Auenrandbereiche, Schotterterrassen; Gehölze mäßig trockener bis frischer Standorte, gelegentlich mäßig feucht, nur selten überschwemmt, eher längere Trockenheit gut ertragend; schwach sauer bis stark alkalisch; durchlässig, ± nährstoffreich, sandig, kiesig, lehmig.	-.-.1. sonnig, hitzeverträglich und wärmeliebend; frostempfindlich (wenn besonders nährstoffreich) bis mäßig frosthart, spätfrostgefährdet; -.-.2. sonnig, gelegentlich hitzeverträglich, wärmeliebend; meist frosthart bis frosthart, spätfrostgefährdet; -.-.3. sonnig, z.T. hitzeverträglich, wärmeliebend, noch in kühlen Lagen; frosthart; -.-.4. sonnig bis lichtschattig, kühle bis kalte Lagen; frosthart; -.-.5. bevorzugt lichtschattig, auch sonnig, z.T. halbschattig, wärmeliebend; mäßig frosthart bis meist frosthart; u.U. spätfrostgefährdet; -.-.6. lichtschattig bis halbschattig, gelegentlich sonnig, kühl bis kalt; frosthart.	1. Großbaum > 20 m 2. Mittelgroßer Baum > 15 m 3. Kleinbaum > 7 m 4. Großstrauch > 3 m 5. Normalstrauch > 1.5 m 6. Kleinstrauch > 0.5 m 7. Zwergstrauch > 0.1 m 8. Halbstrauch (= Übergang zu den Stauden) 9. Klettergehölz

Eignung und Verwendung

- für Ufer- und Randzonen der Gewässer,
- auf grundwassernahen Standorten,
- in Auenbereichen der freien Landschaft (wenn heimisch),
- als Pioniere in feuchten Sand- und Kiesgruben,
- für ehemalige Auenbereiche in den Siedlungsgebieten,
- für alle frische bis feuchte Wuchsorte ohne stagnierende Nässe,
- an feuchten Plätzen in den Gärten.

3. Lebensbereich: Artenreiche Wälder und Gehölzgruppen

Gehölze gutversorgter, nährstoffreicher Böden

Hauptgruppe
1. Ziffer
(Lebensbereich)

3. Gehölze bestandsbildend in artenreichen Mischwäldern, an Waldrändern und als Sträucher auch im Unterholz auf gut versorgten, kräftigen, nährstoffreichen Böden, meist schwach sauer bis alkalisch, mit ausreichender Luft- und Bodenfeuchtigkeit und ausgeglichenen Temperaturen.

Untergruppe -.
2. Ziffer
(Bodenfaktoren)

-.1. Gehölzgruppen mit robusten, stadtklimaverträglichen Arten mit weiter Standortamplitude, auch für schwierigere Situationen geeignet; auf allen mäßig trockenen bis frischen Böden, schwach sauer bis alkalisch; alle ± nährstoffreichen Böden, außer leichten Sand- oder schweren Tonböden;

-.2. Gehölzgruppen mit anspruchsvollen, in extremen Situationen wenig widerstandsfähigen Arten mit enger Standortamplitude; bevorzugt auf frischen bis feuchten Standorten, Trockenheit schlecht vertragend; sauer bis neutral, nur ausnahmsweise schwach alkalisch; meist gute, sandig-humose oder lehmighumose Böden;

-.3. Gehölzgruppen mit anspruchsvollen, aber anpassungsfähigen Arten; auf frischen bis feuchten Standorten; schwach sauer bis alkalisch; gute bis beste, meist lehmige Böden.

Spezielle Gruppe -.-.
3. Ziffer
(Klimafaktoren)

-.-.1. sonnig bis lichtschattig, meist hitzeverträglich, sonst wärmeliebend; frostempfindlich, spätfrostgefährdet;

-.-.2. sonnig bis lichtschattig, wärmeliebend; meist frosthart, gelegentlich spätfrostgefährdet;

-.-.3. sonnig bis lichtschattig, kühl-ausgeglichen, z.T. wärmeverträglich; frosthart;

-.-.4. sonnig bis halbschattig, wärmeverträglich; frosthart;

-.-.5. sonnig bis halbschattig, wärmeverträglich; meist frosthart, gelegentlich spätfrostgefährdet;

-.-.6. sonnig bis halbschattig, kühl-ausgeglichen, z.T. wärmeverträglich; frosthart;

-.-.7. lichtschattig bis halbschattig, gelegentlich sonnig, selten vollschattig; mäßig frosthart, gelegentlich spätfrostgefährdet.

Wuchsgruppe -.-.-.
4. Ziffer

1. Großbaum > 20 m
2. Mittelgroßer Baum > 15 m
3. Kleinbaum > 7 m
4. Großstrauch > 3 m
5. Normalstrauch > 1.5 m
6. Kleinstrauch > 0.5 m
7. Zwergstrauch > 0.1 m
8. Halbstrauch (= Übergang zu den Stauden)
9. Klettergehölz

Eignung und Verwendung

- für gut versorgte, nährstoffreiche Lagen in der freien Landschaft (wenn heimisch),
- im Siedlungsbereich in Grünanlagen, gepflegten Gärten und Gartenteilen,
- bedingt im innerstädtischen Verkehrsbegleitgrün bei sehr guter Standortvorbereitung,
- in Ausnahmefällen auch in extremen Lagen möglich, sofern es anpassungsfähigere Gehölze sind.

4. Lebensbereich: Artenarme Wälder und Gehölzgruppen
Gehölze nährstoffarmer Böden

Hauptgruppe 1. Ziffer (Lebensbereich)	Untergruppe -. 2. Ziffer (Bodenfaktoren)	Spezielle Gruppe -.-. 3. Ziffer (Klimafaktoren)	Wuchsgruppe -.-.-. 4. Ziffer
4. Gehölze der locker aufgebauten, artenarmen Mischwälder, an lichten Waldrändern, auf Magerweiden u.ä. mit Buschgesellschaften.	-.1. genügsame Gehölze saurer, nährstoffarmer Wälder, auf mäßig trockenen bis frischen, z.T. feuchten Standorten, sauer bis neutral; sandig, sandig-humos bis sandig-lehmig (Übergang zu Lb 5); -.2. anpassungsfähige, aber anspruchsvollere Gehölze trockener bis frischer Standorte, sauer bis schwach alkalisch; sandig-humos bis lehmig; -.3. anspruchsvollere Gehölze mäßig trocken bis feucht, schwach sauer bis schwach alkalisch, kiesig- oder sandig-lehmig bis lehmig.	-.-.1. sonnig bis lichtschattig, hitzeverträglich, wärmeliebend; frostempfindlich und häufig spätfrostgefährdet; -.-.2. sonnig, gelegentlich lichtschattig, wärmeliebend; meist frosthart bis frosthart, gelegentlich spätfrostgefährdet; -.-.3. sonnig; frosthart; -.-.4. lichtschattig bis halbschattig, gelegentlich sonnig; frosthart; -.-.5. halbschattig, mäßig frosthart bis meist frosthart, häufig spätfrostgefährdet.	1. Großbaum > 20 m 2. Mittelgroßer Baum > 15 m 3. Kleinbaum > 7 m 4. Großstrauch > 3 m 5. Normalstrauch > 1.5 m 6. Kleinstrauch > 0.5 m 7. Zwergstrauch > 0.1 m 8. Halbstrauch (= Übergang zu den Stauden) 9. Klettergehölz

Eignung und Verwendung
- zur Begrünung minderwertiger oder durchschnittlicher, nicht überdüngter Standorte in der freien Landschaft (wenn heimisch),
- für spezielle Begrünungsmaßnahmen auf minderwertigen Wuchsorten,
- im Siedlungsbereich auf verhagerten, nährstoffarmen bis ± nährstoffhaltigen Böden,
- bevorzugt auf sauren bis neutralen Böden, bei höherem Kalkgehalt chlorotisch,
- auf schweren oder verdichteten Böden nicht frohwüchsig,
- teilweise als Pioniergehölze möglich.

5. Lebensbereich: Heiden und Dünen
Gehölze sandiger, baumfreier, offener Lagen

Hauptgruppe 1. Ziffer (Lebensbereich)	Untergruppe -. 2. Ziffer (Bodenfaktoren)	Spezielle Gruppe -.-. 3. Ziffer (Klimafaktoren)	Wuchsgruppe -.-.-. 4. Ziffer
5. Gehölze der Dünen und sonstigen Sandflächen, Sand- und Kiesbänke, sowie der Heiden.	-.1. Gehölze der Dünen und Sandfelder, trocken bis frisch, selten mit Überschwemmungen; meist nährstoffreiche Böden; schwach sauer bis stark alkalisch, sandig, sandig-feinkiesig, auch schottrig (nicht so günstig); -.2. Gehölze der Sandheiden und anmoorigen Dünensenken; mäßig trocken bis frisch, gelegentlich feucht; nährstoffarme bis mäßig nährstoffhaltige Böden; sauer bis schwach sauer, gelegentlich neutral; sandig-humos, humos (Übergang zu Lb 1); -.3. Gehölze der Heiden und verbuschten Sand- und Kiesflächen; trocken bis frisch, selten feucht; mäßig nährstoffreich, schwach sauer bis schwach alkalisch, sandig-kiesig, sandig-humos bis lehmig, auf schweren Böden nicht frohwüchsig, z.T. pilzanfällig (Übergang zu Lb 6).	-.-.1. sonnig, z.T. hitzeverträglich, wärmeliebend, wintermild; frostempfindlich bis mäßig frosthart, gelegentlich spätfrostgefährdet; -.-.2. sonnig, hitzeverträglich, wärmeliebend; frosthart; -.-.3. sonnig bis lichtschattig, kühl; frosthart; -.-.4. lichtschattig bis halbschattig; wärmeliebend bis kühl-gemäßigt; frostempfindlich bis mäßig frosthart, spätfrostgefährdet.	1. Großbaum > 20 m 2. Mittelgroßer Baum > 15 m 3. Kleinbaum > 7 m 4. Großstrauch > 3 m 5. Normalstrauch > 1.5 m 6. Kleinstrauch > 0.5 m 7. Zwergstrauch > 0.1 m 8. Halbstrauch (= Übergang zu den Stauden) 9. Klettergehölz

Eignung und Verwendung
- für extreme Lagen in der freien Landschaft (wenn heimisch),
- für sandige Halden, Schüttungen u.ä.,
- teilweise für Straßenränder und Böschungen,
- für besondere Anpflanzungen im öffentlichen oder privaten Grün (meist in Verbindung mit Wildstauden, Gräsern oder Spontanvegetation).

6. Lebensbereich: Steppengehölze und Trockenwälder

Gehölze warm-trockener Lagen (xerotherme Lagen)

Hauptgruppe
1. Ziffer
(Lebensbereich)

6. Gehölze wärmster Tieflandbereiche (Weinbauklima) oder südlicher Herkünfte; meist hitzeverträglich, wärmebedürftig und frostgefährdet; durchlässige, nicht zu feuchte und zu nährstoffreiche Substrate bevorzugend; schwere, feuchte und sehr nährstoffreiche Böden provozieren Frostschäden; bevorzugt auf alkalischen bis stark alkalischen Böden wachsend.

Untergruppe -.
2. Ziffer
(Bodenfaktoren)

-.1. sehr locker aufgebaute Gehölzgruppen mit weiten Abständen der Einzelpflanzen; Gehölze trockener bis frischer, kurzzeitig auch feuchter Standorte, aber nässeempfindlich; Luft und Bodentrockenheit liebend oder gut vertragend; ± nährstoffreich, schwach sauer bis stark alkalisch; sandig, sandig-kiesig oder kiesig-lehmig;

-.2. locker aufgebaute Gehölzgruppen, mäßig trocken bis frisch, z. T. feucht, Luft- und Bodentrockenheit vertragend, aber nicht liebend; mäßig nährstoffreich, sauer bis neutral; sandig bis sandig-humos, nicht zu schwer;

-.3. locker aufgebaute Gehölzgruppen; mäßig trocken bis frisch, gelegentlich feucht, Luft- und Bodentrockenheit vertragend, ± nährstoffreich, schwach sauer bis alkalisch; sandig-lehmig bis lehmig;

-.4. dichtere Gehölzgruppen periodisch feuchter Pflanzenbestände, meist frisch bis ausnahmsweise feucht, aber kurzzeitig Luft- und Bodentrockenheit vertragend; mäßig nährstoffreich, schwach sauer bis schwach alkalisch; sandig-lehmig bis lehmig.

Spezielle Gruppe -.-.
3. Ziffer
(Klimafaktoren)

-.-.1. sonnig-heiß, schattenunverträglich; wärmeliebend bzw. wärmebedürftig; frostempfindlich, spätfrostgefährdet, nur in geschützten Lagen oder bevorzugten Klimabereichen; Sträucher oft bis zum Boden zurückfrierend, aber wieder durchtreibend;

-.-.2. sonnig bis lichtschattig, hitzeverträglich und wärmeliebend; mäßig frosthart bis meist frosthart, gelegentlich spätfrostgefährdet;

-.-.3. sonnig bis lichtschattig, hitzeverträglich und wärmeliebend; frosthart;

-.-.4. gelegentlich sonnig, sonst lichtschattig bis halbschattig, wärmeliebend; frostempfindlich bis mäßig frosthart, spätfrostgefährdet.

Wuchsgruppe -.-.-.
4. Ziffer

1. Großbaum > 20 m
2. Mittelgroßer Baum > 15 m
3. Kleinbaum > 7 m
4. Großstrauch > 3 m
5. Normalstrauch > 1.5 m
6. Kleinstrauch > 0.5 m
7. Zwergstrauch > 0.1 m
8. Halbstrauch (= Übergang zu den Stauden)
9. Klettergehölz

Eignung und Verwendung
- für milde, warm-temperierte Lagen in der freien Landschaft (wenn heimisch),
- am Rande von Wein- und Obstbaugebieten (wenn heimisch),
- für den baulich verdichteten Siedlungsraum,
- für begünstigte warme Hangzonen, grundsätzlich außerhalb von Kaltluftstaus oder harten Frostlagen,
- für Citybereiche und sonstige hitze-, strahlungs- und trockenheitsbeeinträchtigte Standorte,
- teilweise für hitze- und trockenheitsbelastetes Verkehrsbegleitgrün, Straßen- und Alleebäume,
- speziell für vollsonnige Innenhöfe, teilweise Dachbegrünungen oder Fassadenbegrünungen in heißen Lagen,
- in Nischen für schutzbedürftige Raritäten, botanische Besonderheiten und außergewöhnliche Schmuckgehölze,
- für Gärten oder Gartenteile in geschützter oder heiß-trockener Lage.

7. Lebensbereich: Gehölze kühl-feuchter Wälder

Gehölze kühl-regenreicher, luftfeuchter Lagen

Hauptgruppe 1. Ziffer (Lebensbereich)	Untergruppe -. 2. Ziffer (Bodenfaktoren)	Spezielle Gruppe -.-. 3. Ziffer (Klimafaktoren)	Wuchsgruppe -.-.-. 4. Ziffer
7. Gehölze kühl-regenreicher Bergwälder mittlerer Höhenlagen sowie nördlicher Nadelmischwälder.	-.1. Gehölzbestände kühltrockener Lagen, mäßig trocken bis frisch, selten feucht; auf allen durchschnittlichen, nicht zu nährstoffreichen und zu schweren Böden, schwach sauer bis alkalisch; -.2. Gehölze kühler Lagen mit hoher Luft- und Bodenfeuchtigkeit; durchlässige, aber frische bis feuchte Böden, sandig-humos, kiesig-humos oder sauer-mineralisch, mäßig nährstoffreich, sauer bis neutral, empfindlich gegen höheren Kalkgehalt; -.3. Gehölze kühler Lagen mit hoher Luft- und Bodenfeuchtigkeit; schwach sauer bis alkalisch; ± nährstoffreiche Böden, humos- oder sandig-lehmig, auch kiesig-lehmig oder lehmig; -.4. Gehölze milder, begünstigter Lagen mit hoher Luft- und Bodenfeuchtigkeit; sauer bis schwach alkalisch; nährstoffreiche Böden, humos, auch sandig-lehmig bis lehmig.	-.-.1. sonnig, wärmeliebend, wintermild; frostempfindlich bis mäßig frosthart, spätfrostgefährdet; -.-.2. sonnig bis lichtschattig; meist frosthart, spätfrostgefährdet; -.-.3. sonnig bis lichtschattig, sommerkühl und winterkalt; frosthart; -.-.4. lichtschattig, gelegentlich halbschattig, Baumartige im Alter sonnig, wintermild; frostempfindlich, spätfrostgefährdet; -.-.5. lichtschattig bis halbschattig, gelegentlich sonnig, Sträucher im Unterwuchs auch schattig, wärmeverträglich; meist frosthart, spätfrostgefährdet; -.-.6. lichtschattig bis halbschattig, gelegentlich sonnig, Sträucher im Unterwuchs auch schattig, kühl bis kalt; frosthart.	1. Großbaum > 20 m 2. Mittelgroßer Baum > 15 m 3. Kleinbaum > 7 m 4. Großstrauch > 3 m 5. Normalstrauch > 1.5 m 6. Kleinstrauch > 0.5 m 7. Zwergstrauch > 0.1 m 8. Halbstrauch (= Übergang zu den Stauden) 9. Klettergehölz

Eignung und Verwendung

- für Pflanzungen in der freien Landschaft, wie Aufforstungen, Feldgehölze, Gehölzstreifen und -inseln (wenn heimisch),
- in dörflichen und aufgelockerten Stadtrandbereichen (möglichst heimische Arten),
- in innerstädtischen Lagen nur mit Einschränkungen verwendbar,
- im verdichteten Siedlungsraum meist nur in zusammenhängenden Grünzügen, in größeren Grünanlagen, Parkanlagen u.ä.,
- für begünstigte Hofsituationen an kühlen, lichtbeschatteten Plätzen,
- für Gärten als Schmuckpflanzungen bei spezieller Standortvorbereitung und fachgerechter Pflege.

8. Lebensbereich: Bergwälder und Sträucher alpiner Bereiche

Gehölze kalt-feuchter Lagen

Hauptgruppe 1. Ziffer (Lebensbereich)	Untergruppe -. 2. Ziffer (Bodenfaktoren)	Spezielle Gruppe -.-. 3. Ziffer (Klimafaktoren)	Wuchsgruppe -.-.-. 4. Ziffer
8. Gehölze subalpiner und alpiner Hochlagen sowie nordkontinentaler Herkunft aus Wäldern und Gebüschformationen nahe oder bis zur Baumgrenze.	-.1. Gehölze der Hochlagen, gelegentlich mäßig trocken, sonst frisch bis feucht, für besonders luftfeuchte Lagen; sauer bis neutral, selten schwach alkalisch; sandig-humose, -kiesige oder -lehmige, auch felsige und flachgründige Böden; -.2. Gehölze der Hochlagen, mäßig trocken bis frisch, kurzzeitig feucht, z.T. sommertrocken, Lufttrockenheit gut vertragend; schwach sauer bis stark alkalisch; sandig-kiesige oder -lehmige, auch felsige und flachgründige Böden, auf schweren Böden nicht frohwüchsig.	-.-.1. sonnig, sommerheiß, aber winterkalt; frosthart; im Tiefland gut möglich; -.-.2. sonnig bis lichtschattig, mäßig wärmeverträglich, kühl, wintermild, mäßig frosthart bis meist frosthart, gelegentlich spätfrostgefährdet; im kühl-gemäßigten Tiefland möglich; -.-.3. sonnig bis absonnig, Sträucher auch lichtschattig; sommerkühl, winterkalt, frosthart; im Tiefland noch möglich, außer an hitzebelasteten Standorten; -.-.4. absonnig bis lichtschattig, gelegentlich halbschattig, in kalten Lagen ausnahmsweise sonnig; kühl, in schneearmen Lagen frostempfindlich sonst mäßig frosthart; im kühl-regenreichen Tiefland möglich; -.-.5. absonnig bis gelegentlich lichtschattig, im Unterwuchs noch halbschattig; kalt, absolut frosthart; im Tiefland an Spezialstandorten möglich.	1. Großbaum > 20 m 2. Mittelgroßer Baum > 15 m 3. Kleinbaum > 7 m 4. Großstrauch > 3 m 5. Normalstrauch > 1.5 m 6. Kleinstrauch > 0.5 m 7. Zwergstrauch > 0.1 m 8. Halbstrauch (= Übergang zu den Stauden) 9. Klettergehölz

Eignung und Verwendung
- für kühl-temperierte bis kalte Standorte,
- zur Begrünung von Berglagen und Nordhängen (wenn heimisch),
- in hochgelegenen dörflichen Siedlungen (möglichst heimisch),
- im Siedlungsbereich für besonders harte Bedingungen, unter Hitzeeinfluß meist versagend,
- in besonders ausgewählten Fällen auch in kontinentaleren Gebieten für sowohl hitze- als auch kältebelastete Plätze,
- in den Gärten meist möglich, aber im wechselhaften Tieflandklima nicht immer frohwüchsig (die meisten Arten im Weinbauklima versagend oder nur mit Kümmerwuchs).

9. Lebensbereich: Gehölze der Hecken und Strauchflächen

Kultur- und Zierformen

Hauptgruppe 1. Ziffer	Untergruppe -. 2. Ziffer	Spezielle Gruppe -.-. 3. Ziffer	Wuchsgruppe -.-.-. 4. Ziffer
9. Gehölze baumfreier oder meist baumfreier Hecken, Strauch-, Beet- und Bodendeckerflächen.	-.1. Hecken- und Strauchflächen in trockener bis frischer Lage: sauer bis neutral; nährstoffarm, sandig bis sandig-lehmig; -.2. Hecken und Strauchflächen in trockener bis frischer Lage; selten schwach sauer, sonst neutral bis stark alkalisch; mäßig nährstoffreich, sandig- oder lehmig-humos; -.3. Hecken und Strauchflächen in frischer bis feuchter Lage: Luft- und Bodenfeuchtigkeit liebend; sauer bis neutral, selten schwach alkalisch; ± nährstoffreich, sandig- bis lehmig-humos; -.4. Hecken und Strauchflächen in frischer bis feuchter Lage, Luft- und Bodenfeuchtigkeit liebend; schwach sauer bis alkalisch, nährstoffreich, alle Substrate, außer ärmste Böden.	-.-.1. Sonnig; hitzeverträglich, wärmeliebend; frostempfindlich bis mäßig frosthart, spätfrostgefährdet; -.-.2. sonnig bis lichtschattig; sommerkühl; meist frosthart, spätfrostgefährdet; -.-.3. sonnig bis lichtschattig; frosthart; -.-.4. sonnig bis halbschattig; frosthart; -.-.5. absonnig oder lichtschattig bis halbschattig, wintermild; frostempfindlich bis mäßig frosthart, spätfrostgefährdet; -.-.6. absonnig, lichtschattig bis halbschattig, gelegentlich sonnig; meist frosthart bis frosthart.	1. Großbaum > 20 m 2. Mittelgroßer Baum > 15 m 3. Kleinbaum > 7 m 4. Großstrauch > 3 m 5. Normalstrauch > 1.5 m 6. Kleinstrauch > 0.5 m 7. Zwergstrauch > 0.1 m 8. Halbstrauch (= Übergang zu den Stauden) -- 9. Klettergehölz --

Eignung:
- für Feldgehölze, Landschaftshecken und Strauchvegetationen aller Art (wenn heimisch);
- im öffentlichen Grün für Blüten- und Schutzhecken, zur Bodenbedeckung und Flächenbegrünung, dazu erlesene Zierbäume für Solitär- und Schmuckgehölzgruppen;
- in Gärten als Zier- und Decksträucher, anpassungsfähig auf allen Böden, ausgenommen arme Sandböden und schwere, kalte Tonböden; mäßig trocken bis feucht, meist schwach sauer bis alkalisch.

Weiterführende Literatur (Ziergehölze)

Albrecht, H.-J. und Sommer, S.: Rhododendron. Deutscher Landwirtschaftsverlag, Berlin 1991.

Bärtels, A.: Zwerggehölze. Verlag Eugen Ulmer, Stuttgart 1983.

Bärtels, A.: Kostbarkeiten aus ostasiatischen Gärten. Verlag Eugen Ulmer, Stuttgart 1987.

Bärtels, A.: Gartengehölze, 3. Aufl. Verlag Eugen Ulmer, Stuttgart 1991.

Bärtels, A.: Gehölze für den Garten. Verlag Eugen Ulmer, Stuttgart 1993.

Bärtels, A.: Schöne Clematis, 2. Aufl. Verlag Eugen Ulmer, Stuttgart 1996.

Berg, J. und Heft, L.: Rhododendron und andere immergrüne Laubgehölze, 3. Aufl. Verlag Eugen Ulmer, Stuttgart 1993.

Boerner, F. und Scheller, H.: Blütengehölze für Garten und Park, 3. Aufl. Verlag Eugen Ulmer, Stuttgart 1985.

Callaway, D.-J.: Magnolias. B. T. Badsford, London 1994.

Denkewitz, L.: Heidegärten. Verlag Eugen Ulmer, Stuttgart 1987.

Fitschen, J.: Gehölzflora, 10. Aufl. Bearbeitet von F.-H. Meyer, U. Hecker, H.-R. Höster und F.-G. Schroeder. Quelle und Meyer Verlag, Heidelberg 1994.

Hecker, U.: Nadelgehölze, wildwachsende und häufig angepflanzte Arten. BLV Verlagsgesellschaft, München 1985.

Hecker, U.: Laubgehölze, wildwachsende Bäume, Sträucher und Zwerggehölze. BLV Verlagsgesellschaft, München 1985.

Krüssmann, G.: Handbuch der Laubgehölze, 2. Aufl. Verlag Paul Parey, Berlin und Hamburg 1979.

Krüssmann, G.: Handbuch der Nadelgehölze, 3. Aufl. Verlag Paul Parey, Berlin und Hamburg 1979.

Laar, H.-J. van de, Jong, de P.C.: Namenliste Gehölze, 4. Aufl. Proefstation voor de Boomkwekerij, Boskoop 1995.

Menzel, P.: Das Kletterpflanzenbuch. Verlag Eugen Ulmer, Stuttgart 1988.

NN.: Darthuizer Vademecum. Darthuizer Boomkwekerijen, Leersum 1994.

NN.: Kataloge der Baumschulen Joh., Bruns, Bad Zwischenahn, L. von Ehren, Hamburg, H.Hachmann, Barmstedt, Kordes Jungpflanzen, Bilsen, W. Kordes' Söhne, Sparrieshoop, D. Lappen, Nettetal-Kaldenkirchen, Rosen Tantau, Uetersen.

NN.: The Hillier Manual of Trees and Shrubs, Sixth Edition. Hillier Nurseries, Winchester 1991.

Noack, H.: Wild- und Parkrosen. Verlag Neumann-Neudamm, Melsungen 1989.

Pirc, H.: Ahorne. Verlag Eugen Ulmer, Stuttgart 1994.

Roloff, A. und Bärtels, A.: Gartenflora, Band 1: Gehölze. Bestimmung, Herkunft und Lebensbereiche, Eigenschaften und Verwendung. Verlag Eugen Ulmer, Stuttgart 1995.

Schmalscheidt, W.: Rhododendron- und Azaleenzüchtung in Deutschland, 2. Aufl. Verlag Gartenbild Hansmann, Rinteln 1991.

Vertrees, J.-D.: Japanische Ahorne. Verlag Eugen Ulmer, Stuttgart 1993.

Zander: Handwörterbuch der Pflanzennamen, 15. Aufl. Neubearb. von F. Encke, G. Buchheim und S. Seybold. Verlag Eugen Ulmer, Stuttgart 1994.

Bildquellen (Ziergehölze)

Die Abbildungen stammen von Andreas Bärtels, Waake, mit Ausnahme der folgenden:

Leonore Albrecht, Berlin: Abb. Seite 336 Mitte links.

Hans Hachmann, Barmstedt: Abb. Seite 508 (2. Reihe Mitte; 3. Reihe links; 4. Reihe links, rechts), 510 (2. Reihe links, Mitte; 4. Reihe rechts), 511 (1. Reihe rechts; 2. Reihe links, Mitte, rechts; 3. Reihe links; 4. Reihe links, Mitte, rechts), 512 (oben; 2. Reihe Mitte, rechts; 3. Reihe links, Mitte; 4. Reihe Mitte), 513 (1. Reihe links; 4. Reihe links), 514 (1. Reihe Mitte; 2. Reihe Mitte und rechts; 3. Reihe Mitte, rechts), 515 (3. Reihe rechts), 516 (1. Reihe Mitte, rechts; 2. Reihe Mitte; 3. Reihe Mitte, rechts; 4. Reihe links), 517 (3. Reihe Mitte; 4. Reihe Mitte), 518 (1. Reihe links; 4. Reihe links, Mitte, rechts).

Günter Kordes, Bilsen: Abb. Seite 451 oben links, 490 Mitte, 560 oben rechts, 561 oben rechts.

Kurt Kramer, Edewecht: Abb. Seite 411 unten links, unten Mitte, 412 (1. Reihe links, rechts; 2. Reihe links, Mitte, rechts; 3. Reihe links, rechts; 4. Reihe Mitte, rechts), 414 oben, unten links, Mitte links, unten rechts.

Eberhard Morell, Dreieich: Abb. Seite 558 oben.

Sebastian Seidl, Altdorf: Abb. Seite 399 oben, 410 oben links, 496 oben, 519 oben, 544 oben, 560 oben links, 581 oben links, 592 oben, 594 Mitte, 635 oben rechts.

Daan Smit, NL-Haarlem: Abb. Seite 358 unten rechts, 379 oben links, 399 unten links, 402 unten rechts, 403 unten rechts, 408 oben rechts, 409 oben rechts, 443 oben Mitte, 451 unten rechts, 474, 1. Reihe links, rechts, 2. Reihe links, Mitte, 4. Reihe links, Mitte, 479 oben Mitte, unten Mitte, unten rechts, 481 unten rechts, 501 unten links, 552 oben links, Mitte, 554 unten, 563 Mitte, 589 unten.

Hans-Dieter Warda, Ellerhoop: Abb. Seite 396 oben, 399 unten rechts, 438 Mitte, 472 Mitte links, 480 unten rechts, 487 oben links, 527 oben links, 559 Mitte.

Lexikon der Laubgehölze

Abelia × 'Edward Goucher', Caprifoliaceae, Geißblattgewächse. Aus einer Kreuzung zwischen *A.* × *grandiflora* und *A. schumannii* entstand diese wintergrüne Hybride. In Wuchs und Belaubung erinnert sie an *A.* × *grandiflora*, mit ihren großen, röhrenförmigen, lavendelrosa, im Schlund orange gefärbten, duftenden Blüten an die bei uns nicht frostharte, in Mittelchina heimische *A. schumannii.* Die Winterhärte dieser Hybride ist mindestens so gut wie die von *A.* × *grandiflora,* in ihrer Blühwirkung übertrifft sie ihre Mutter bei weitem. Die Blütezeit dauert von Juli–September. Selten in Kultur, aber mindestens im Frankfurter Raum ausreichend frosthart ist die Chinesische Abelie, *A. chinensis.* Der sommergrüne, breitwüchsige Strauch trägt von Juni–Oktober eine Fülle kleiner, weißer bis leicht rosa gefärbter Blüten in dichten, end- und achselständigen Trauben. Lb 6.3.1.5 ▷

◁ **Abelia schumannii,** Schumanns Abelie. In den humiden, wintermilden Regionen von Mittelchina hat dieser wintergrüne, knapp mannshohe Strauch seine Heimat. Er hat purpurn gefärbte Triebe und wächst schlank aufrecht. Die gegenständigen, einfachen Blätter sind eiförmig, 1,5–3 cm lang, vorne stumpf mit aufgesetzter kleiner Spitze und an der Basis keilförmig. Der Blattrand ist ganzrandig oder flach gezähnt. Die Blattoberseite ist glänzend dunkelgrün, die Unterseite etwas heller.Von Juni–September blüht der Strauch unermüdlich. Er entfaltet dann in den Blattachseln der kurzen Seitentriebe die meist einzeln stehenden, duftenden, rosa gefärbten Blüten. Sie haben eine etwa 3 cm lange, trichterförmig-glockige, am Saum 5zipfelige Krone, die zur Basis hin ausgeweitet und leicht drüsig behaart ist. Die besonders schöne Art ist leider etwas frostempfindlich. Lb 6.2.1.6

△
Abelia mosanensis, Koreanische Abelie. Erst seit wenigen Jahren ist die Koreanische Abelie bei uns in Kultur. Ihre ursprüngliche Verbreitung liegt in Nordkorea. In diesem Gebiet herrschen trockene, kalte Winter mit Temperaturen unter −20 °C. *A. mosanensis* ist ein sommergrüner, breit-aufrecht wachsender, 1 bis 1,5 m hoher Strauch mit elegant überhängenden Zweigen. Die 4 bis 10 cm langen, elliptischen, dunkelgrünen, anfangs rötlich überlaufenen Blätter färben sich im Herbst prächtig orangerot. Von Ende Mai – Mitte Juni erscheinen die 1,5 cm breiten, weißen Blüten mit der karminroten, 10–12 mm langen Röhre und der flach ausgebreiteten, am Saum zartrosa gefärbten Blütenkrone. Die intensiv duftenden, von Bienen und Hummeln eifrig beflogenen Blüten sitzen an den Triebenden zu 12–15 in 4–5 cm breiten, büscheligen Ständen zusammen. Lb 3.2.4.5

Abeliophyllum distichum, Schneeforsythie, Oleaceae, Ölbaumgewächse. Aus Korea kam dieser kleine, sommergrüne, sparrig verzweigte, bis 1,5 m hohe Strauch zu uns. Er trägt an 4kantigen, grünlichen Zweigen gegenständige, einfache, schmal-eiförmige, 3–8 cm lange, mattgrüne Blätter. An den vorjährigen Zweigen öffnen sich schon im März–April, lange vor der Laubentfaltung, 1,5–2 cm breite, trichterförmige, weiße bis zartrosa, stark nach Mandeln duftende Blüten. Sie sind schon im Herbst vollkommen ausgebildet und sitzen zu 2–5 in achselständigen Trauben zusammen. Mit ihren 4 stark zurückgeschlagenen Kronblättern erinnern die Blüten an die der nahe verwandten Forsythien. Der attraktive Vorfrühlingsblüher stammt aus einer Region mit kalten Wintern und warmen Sommern. Er zeigt sich auch bei uns ausreichend frosthart und gedeiht auf jedem gepflegten Gartenboden. Lb 6.3.1.6 ▷

◁ **Acer buergerianum,** Dreispitziger Ahorn, Aceraceae, Ahorngewächse. In Japan und im östlichen China ist dieser eigenartige Ahorn beheimatet. In seiner Heimat kann er sich zu mächtigen Bäumen entwickeln, hierzulande wächst er langsam und wird wohl kaum mehr als 15 m hoch. An alten Bäumen ist die Borke tief gefurcht und in rechteckige Platten gefeldert. Unverwechselbar sind seine 3lappigen, 4–8 cm langen, von der Basis an 3nervigen Blätter. Sie sind oberseits glänzend dunkelgrün, unten hell- oder blaugrün gefärbt. Die 3 Lappen sind 3eckig und nach vorne gerichtet. Die kleinen, gelblichen Blüten sind ohne Schmuckwert. Der Baum fällt besonders im Herbst auf, wenn sich sein Laub prächtig hochrot verfärbt. In Europa ist die Färbung vielleicht nicht ganz so intensiv wie in Japan. Der kleine, zierlich belaubte Baum ist in Mitteleuropa ausreichend frosthart. Lb 3.1.3.3

Acer campestre, Feld-Ahorn. Verbreitet ▷ von Europa und Nordafrika bis Kleinasien, dem Kaukasus und Nordiran. Der 10–15 m hohe Baum wächst nicht selten auch als mehrstämmiger Großstrauch, er hat eine rundliche, meist unregelmäßige Krone, die Zweige tragen oft flügelartige Korkleisten. Sehr variabel sind die 3- bis 5lappigen, 5–10 cm breiten Blätter, die bis zu einem Drittel oder bis zur Hälfte eingeschnitten sein können. Die oberseits stumpfgrünen Blätter färben sich im Herbst intensiv gelb. Im Mai, gleichzeitig mit den Blättern, entfalten sich die grünlichgelben Blüten in aufrechten Rispen. Der Feld-Ahorn ist ein sehr wertvolles, anspruchsloses und robustes Flurgehölz, dank seiner Schnittverträglichkeit auch eine wichtige Heckenpflanze. Mit 'Elsrijk' wird eine Sorte angeboten, die sich mit ihrem durchgehenden Stamm besonders gut als Straßenbaum eignet. Lb 6.3.3.2

Acer cappadocicum 'Aureum'. Die Wildform des Kolchischen Ahorn hat ihre natürliche Verbreitung im Kaukasus und von Westasien bis zum Himalaja und China. Der 12–15 m hohe, dichtkronige Baum hat 5- bis 7lappige, bis 14 cm breite Blätter, deren Lappen lang zugespitzt sind. Die oberseits matt dunkelgrünen Blätter färben sich im Herbst schön gelb. Mit den Blättern erscheinen Ende Mai die hellgelben Blüten. Meist wird nicht die Art selbst kultiviert, sondern 2 Formen. Bei 'Rubrum' sind die Blätter im Austrieb herrlich blutrot, im Sommer nur noch am Rand gerötet, im Johannistrieb wieder rot und im Herbst auffallend goldgelb. Bei der ziemlich schwachwüchsigen 'Aureum' sind die Blätter im Frühjahr und Herbst leuchtend gelb, ab August vergrünen sie allmählich. Mit ihrem mäßig starken Wuchs eignet sich gerade die Sorte 'Aureum' besonders gut für kleinere Gärten. Lb 3.2.3.2
▽

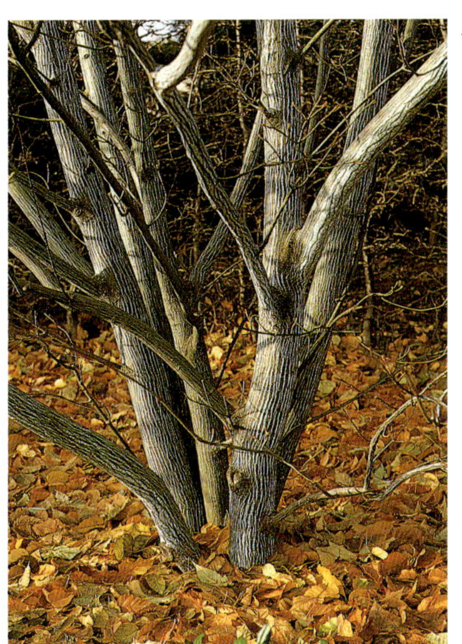

◁ **Acer capillipes,** Roter Schlangenhaut-Ahorn. Wie alle Schlangenhaut-Ahorne entwickelt sich auch diese japanische Art zu einem 8–12 m hohen Baum oder Großstrauch, der mit schräg aufstrebenden, locker verzweigten Ästen eine breit-trichterförmige Krone aufbaut, in der die jungen Triebe rot und bereift sind. Weil die olivgrüne Rinde von Zweigen und Ästen lange glatt bleibt und vom 2. Jahr an von schmalen, weißen Längsstreifen durchzogen wird, ist das Rindenbild besonders attraktiv, vor allem im Winter. Die 3lappigen, 6–12 cm langen, im Austrieb rötlichen Blätter haben zugespitzte, seitlich abstehende Lappen. Oberseits sind die Blätter glänzend dunkelgrün, Blattnerven und -stiele sind rötlich gefärbt. Im Herbst färben sich die Blätter leuchtend gelborange bis karmin. Durchaus ansehnlich sind im Mai die 6–8 cm langen, grünlichgelben, hängenden Blütentrauben. Lb 7.2.1.3

Acer circinatum, Weinblatt-Ahorn. Im pazifischen Nordamerika, von Alaska südlich bis Kalifornien, ist der Weinblatt-Ahorn einer der wenigen Laubbaumarten der ausgedehnten Nadelholzwälder. Der meist vom Boden an mehrstämmige, im Alter weit ausladende Großstrauch ist mit dünnen, blaßgrünen, oft weißlich bereiften Trieben ziemlich dicht verzweigt. Im Umriß rundlich und an der Basis herzförmig sind die 6–12 cm breiten, 7- bis 9lappigen Blätter. Die spitzen, unregelmäßig doppelt gesägten Lappen sind etwa bis auf ein Drittel der Blattspreite eingeschnitten. Die dünnen, zierlichen, hellgrünen Blätter färben sich im Herbst schön gelb bis karminrot. Sehr auffällig sind die etwa 1,2 cm breiten Blüten mit ihren kleinen, weißen Kronblättern und den größeren, purpurn gefärbten Kelchblättern, sie blühen im April–Mai auf und sitzen in kahlen Trauben zusammen. Lb 2.2.6.4 ▷

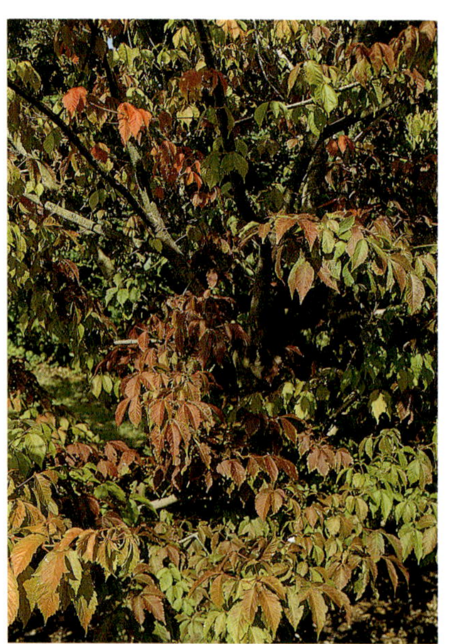

◁ **Acer cissifolium,** Cissusblättriger Ahorn. Wie *A. carpinifolium* ist auch *A. cissifolium* auf allen japanischen Inseln ein Element der sommergrünen Bergwälder. Er baut sich zu einem kleinen Baum oder Großstrauch von etwa 10 m Höhe auf. Die Triebe sind in der Jugend behaart, später kahl und olivgrün. Nur wenige Ahornarten haben wie *A. cissifolium* 3zählige Blätter. Die Blättchen sind 4–8 cm lang, verkehrt-eiförmig, scharf gesägt und meist deutlich gewimpert. Die hellgrünen Blätter färben sich im Herbst meist gelb, selten scharlachrot. Mit den Blättern entfalten sich im Mai die kleinen, hellgrünen Blüten, die in 5–10 cm langen Trauben stehen. Mit seinen 3lappigen Blättern steht *A. cissifolium* dem 3- bis 5blättrigen amerikanischen Eschen-Ahorn sehr nahe, ist im Wuchs aber ungleich zierlicher und deshalb für den Garten besser geeignet als dieser. Lb 7.2.4.3

Acer ginnala, Feuerahorn. Der Feuer-Ahorn hat in Ostasien ein sehr weites Verbreitungsgebiet, das von Mittel- und Nordchina durch die Mandschurei bis Japan und Korea reicht. 5–7 m hoch und im Alter nahezu gleich breit kann dieser Großstrauch werden. Er trägt an dünnen Trieben 3lappige, 4–8 cm lange, an der Basis schwach herzförmige Blätter, die teilweise auch ungelappt sein können. Stets sind die Mittellappen deutlich länger als die Seitenlappen. Aus der glänzend dunkelgrünen Sommerfarbe der Blätter entwickeln sich im Herbst leuchtende, orange bis karminrote Farben. Sehr zahlreiche kleine, duftende Blüten sitzen in Mai in 4 cm breiten Rispen zusammen. Die parallelen bis spitzwinklig gespreizten Fruchtflügel sind anfangs auffällig hochrot gefärbt. Die robuste und anspruchslose Art gehört zu den besonders häufig gepflanzten strauchigen Ahornarten. Lb 6.3.3.4

▽

Acer davidii, Davids Schlangenhaut-Ahorn. ▷ *A. davidii* stammt aus den chinesischen Provinzen Yunnan, Hubei und Sichuan. Der Artname erinnert an den in China tätigen Missionar A. David. Bis 12 m Höhe erreicht dieser schöne Schlangenhaut-Ahorn, der als Großstrauch oder Kleinbaum eine vergleichsweise schmale, sparsam verzweigte Krone aufbaut. Wie bei allen Arten dieser Gruppe bleibt auch hier die graugrüne Rinde lange glatt und ist mit schmalen, weißen Streifen durchzogen. Von anderen Schlangenhaut-Ahornen unterscheidet sich dieser durch seine fast ungelappten, länglich-eiförmigen, 8–12 cm langen, kerbig gesägten Blätter, die sich im Herbst in leuchtend gelben bis roten Farben präsentieren. Die gelblichen Blüten sitzen im Mai zu vielen in kahlen, hängenden Trauben. Gilt als einer der schönsten aus der kleinen Gruppe der Schlangenhaut-Ahorne. Lb 3.2.2.3

◁ **Acer griseum,** Zimt-Ahorn. Die in China heimische Art ist für den Ahornliebhaber ein Muß. Keine andere Art hat ein ähnlich eindrucksvolles Rindenbild. An der lange glatt bleibenden, zimtbraunen Rinde, rollen sich die äußeren Rindenpartien in papierdünnen Streifen auf. Das typische Rindenbild zeigt sich schon an jungen Stämmen. Bei langsamem Wuchs erreicht der schlanke Baum bestenfalls Höhen von 10–12 m. Er hat 3zählige Blätter mit dünnen, 3–6 cm langen, eiförmig-länglichen Blättchen, von denen das mittlere jederseits mit 2–4 Lappen fiedrig gelappt ist. Die Blätter sind oberseits dunkelgrün und behaart, unten bläulichgrün. Der Austrieb ist hell orangebraun, die Herbstfärbung karminrot. Aus gelben, etwa 1,5 cm breiten Blüten im Mai entwickeln sich dicke Früchte mit nahezu parallel stehenden Flügeln, die fast den ganzen Winter über hängen bleiben. Lb 3.2.1.3

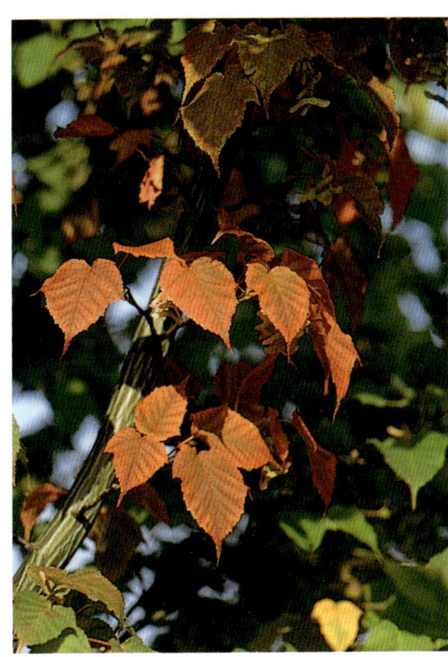

△

Acer grosseri, Grossers Schlangenhaut-Ahorn. Die chinesischen Provinzen Henan und Shaanxi sind die Heimat dieser Art, deren Name an den deutschen Botaniker C. H. Grosser erinnert. In unserem Klima erreicht der zierliche Baum mit seiner schmal-trichterförmigen Krone Höhen von 6–9 m. Nicht selten wächst er vom Boden an mehrstämmig und dann als Großstrauch. Die graugrüne Rinde bleibt lange glatt, sie ist in Längsrichtung weiß gestreift und deshalb sehr lebhaft gezeichnet. Oft werden die regelmäßigen Streifen durch markante Lentizellen unterbrochen, sie sind auch an älteren Ästen noch sichtbar. Die 3lappigen, frischgrünen Blätter sind an der Basis herzförmig, der Mittellappen ist 3eckig-eiförmig, die abstehenden Seitenlappen kurz, spitz und scharf doppelt gesägt. Die frischgrüne Blattfarbe nimmt im Herbst gelbe, orange und karminrote Farben an. Lb 3.2.7.4

Acer heldreichii, Griechischer Berg-Ahorn. ▷ In den Bergwäldern von Italien, dem Balkan und Vorderasien hat der Balkan-Ahorn seine Heimat. Er ist ein stattlicher, 15–20 m hoher Baum mit einer schmalen, hochgewölbten Krone und einem dunklen, fein gefurchten Stamm. Der Baum treibt erst spät aus, im Austrieb sind seine Blätter leuchtend grün, die Knospenschuppen hochrot gefärbt. Die dünnen, 5lappigen Blätter sind 8–12 cm breit, oberseits glänzend dunkelgrün und auf der Unterseite gelb- bis bläulichgrün. Die 3 Hauptlappen sind fast bis zur Basis der Blattspreite eingeschnitten und jederseits mit 2–3 scharfen, 3eckigen Zähnen versehen. Die beiden Basallappen sind nur halb so tief eingeschnitten. Im Herbst färben sich die schön geschnittenen Blätter goldgelb. Erst Ende Mai öffnen sich die kleinen gelben Blüten in aufrechten, langgestielten Rispen. Lb 6.3.2.3

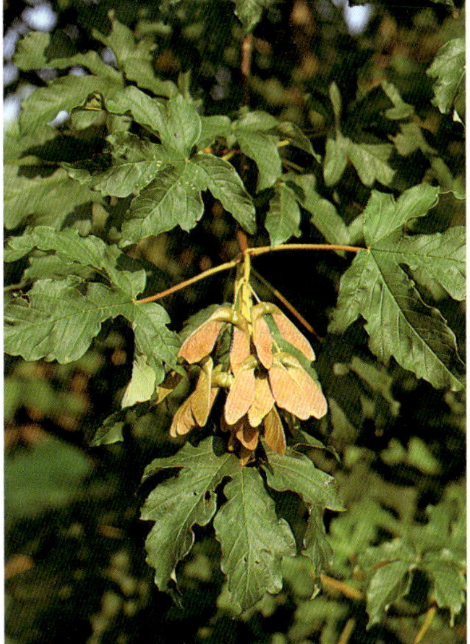

Acer japonicum 'Aconitifolium'. Die ▷ Wildform dieser in Mittel- und Nordjapan heimischen Art ist bei uns meist nur in dendrologischen Sammlungen in Kultur. Häufig wird dagegen die schon über 100 Jahre alte 'Aconitifolium' kultiviert. *A. japonicum* gehört zur Gruppe der Fächer-Ahorne. Sie haben alle dünne, im Umriß kreisförmige, fächerartige Blätter, die tief und fein gelappt sind, bei *A. japonicum* mit 7–11 Lappen. Bei 'Aconitifolium' sind die einzelnen, fast bis zur Basis eingeschnittenen Lappen noch einmal geteilt und scharf gesägt. Die sehr dekorativen, 8-14 cm breiten Blätter erinnern in ihrer Form an die Blätter des Eisenhutes. Wertvoll wird die Form vor allem durch ihre jährlich zuverlässig einsetztende, leuchtend karminrote Herbstfärbung. Der malerisch und locker aufgebaute, im Alter breit ausladende Strauch kann Höhen und Breiten von 3–5 m erreichen. Lb 7.2.2.4

◁ **Acer lobelii,** Italienischer Ahorn. In Italien, in den Bergwäldern am Golf von Neapel hat der Italienische Ahorn sein natürliches Vorkommen. Er gehört zu den wenigen Baumarten, die als natürliche Art eine schmalsäulenförmige Krone aufbauen. Erst ältere Bäume werden im Spitzenbereich etwas breiter. Sie haben dann eine dunkelgraue, fein gefelderte Borke. Die 5lappigen, glänzend dunkelgrünen, 10–15 cm breiten Blätter sind breiter als lang und an der Basis herzförmig oder gestutzt. Von den 3eckigen, lang zugespitzten Lappen sind sich die 3 oberen sehr ähnlich, während das untere Blattpaar deutlich kleiner ist. Mit der Laubentfaltung blühen im Mai die kleinen, hellgrünen Blüten auf, sie stehen in aufrechten Doldentrauben. Die Art, die auch als Kalabrischer Spitz-Ahorn bezeichnet wird, ist nahe mit dem Kolchischen Ahorn, *A. cappodocicum,* verwandt. Lb 6.3.2.2

△ **Acer macrophyllum,** Oregon-Ahorn. Im Küstenbereich des pazifischen Nordamerika, von Alaska südwärts bis Kalifornien, ist der Oregon-Ahorn ein häufiger Beleiter der ausgedehnten Nadelholzwälder. In seiner Heimat ist er ein sehr stattlicher, bis 30 m hoher, breitkroniger Baum mit einer tief zerrissenen Borke, der bei hohen Niederschlägen oft mit langen Flechtenbärten behangen ist und dann sehr urig aussieht. Mit einer Breite von 20–30 cm sind die dünnen, tief 5lappigen Blätter ungewöhnlich groß. Die 3 mittleren Lappen sind jederseits mit 2–3 Sekundärlappen ausgestattet. Im Herbst färben sich die glänzend dunkelgrünen Blätter meist nur gelb bis mattbraun. Sehr auffällig sind im Mai die 10–20 cm langen, grünlichgelben, duftenden, hängenden Blütentrauben. Gilt als einer der schönsten baumförmigen Ahorne und verdient eine weitere Verbreitung. Lb 2.3.5.2

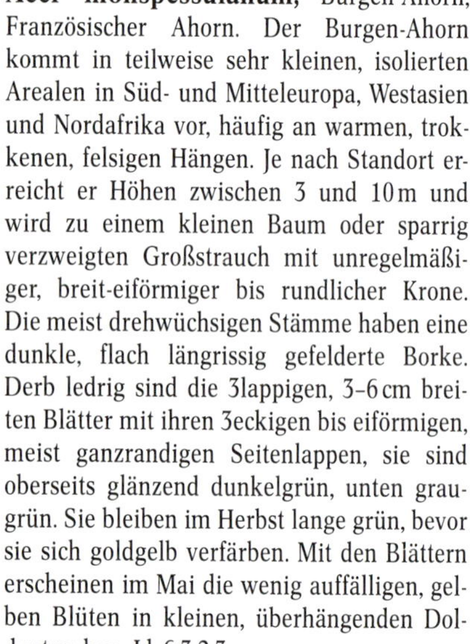

Acer monspessulanum, Burgen-Ahorn, ▷ Französischer Ahorn. Der Burgen-Ahorn kommt in teilweise sehr kleinen, isolierten Arealen in Süd- und Mitteleuropa, Westasien und Nordafrika vor, häufig an warmen, trockenen, felsigen Hängen. Je nach Standort erreicht er Höhen zwischen 3 und 10 m und wird zu einem kleinen Baum oder sparrig verzweigten Großstrauch mit unregelmäßiger, breit-eiförmiger bis rundlicher Krone. Die meist drehwüchsigen Stämme haben eine dunkle, flach längrissig gefelderte Borke. Derb ledrig sind die 3lappigen, 3–6 cm breiten Blätter mit ihren 3eckigen bis eiförmigen, meist ganzrandigen Seitenlappen, sie sind oberseits glänzend dunkelgrün, unten graugrün. Sie bleiben im Herbst lange grün, bevor sie sich goldgelb verfärben. Mit den Blättern erscheinen im Mai die wenig auffälligen, gelben Blüten in kleinen, überhängenden Doldentrauben. Lb 6.3.2.3

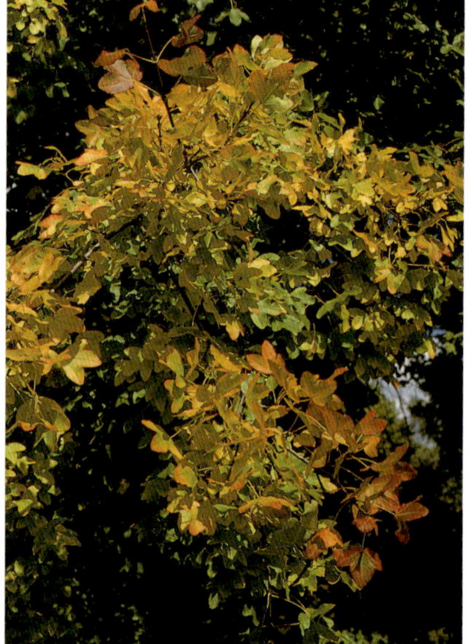

Acer × neglectum 'Annae'. Früher trug ▷ die Hybride den Namen *A. × zoeschense* und damit den deutschen Namen Zoeschener Ahorn. Die Hybride entstammt einer Kreuzung zwischen *A. campestre* und *A. lobelii.* In Kultur ist nahezu ausschließlich die rotlaubige 'Annae'. Sie entwickelt sich zu einem meist mehrstämmigen, malerischen Kleinbaum von 8–15 m Höhe mit einer breit ausladenden Krone. An fein behaarten Trieben sitzen 5lappige, ledrige, an der Basis herzförmige, 8–12 cm breite Blätter. Die 3 größeren Lappen sind meist schmal zugespitzt und zur Basis hin verschmälert. Bei 'Annae' sind die Blätter im Austrieb leuchtend dunkelrot. Später geht die Blattfärbung in ein glänzendes Olivgrün über. Die Herbstfärbung setzt ziemlich spät ein, sie ist leuchtend goldgelb. Erst nach der Laubentfaltung erscheinen die gelbgrünen Blüten in aufrechten Doldentrauben. Lb 6.1.3.3

Acer negundo, Eschen-Ahorn. Im mittleren ▷ und östlichen Nordamerika hat der Eschen-Ahorn ein weites Verbreitungsgebiet. Obwohl er in seinen natürlichen Arealen bevorzugt in Auewäldern wächst, erträgt er erstaunlich viel Bodentrockenheit. Der raschwüchsige, 15–20 m hohe Baum hat eine breite, unregelmäßig gewölbte, sparrig verzweigte Krone. An grünen, meist bläulich bereiften Trieben sitzen gefiederte Blätter mit meist 5 Blättchen. Sie sind eilänglich, 5–10 cm lang, zugespitzt und unregelmäßig grob, teilweise doppelt gesägt. Die dünnen, lichtgrünen Blättchen färben sich im Herbst meist nur blaßgelb. Schon im März–April, lange vor der Laubentfaltung, öffnen sich die Blüten des 2häusigen Baumes. Auffällig sind die zahlreichen männlichen Blüten, die in dünnen, hängenden Büscheln sitzen. Die variationsfreudige Art hat uns eine Reihe von Gartenformen beschert. Lb 2.4.3.2

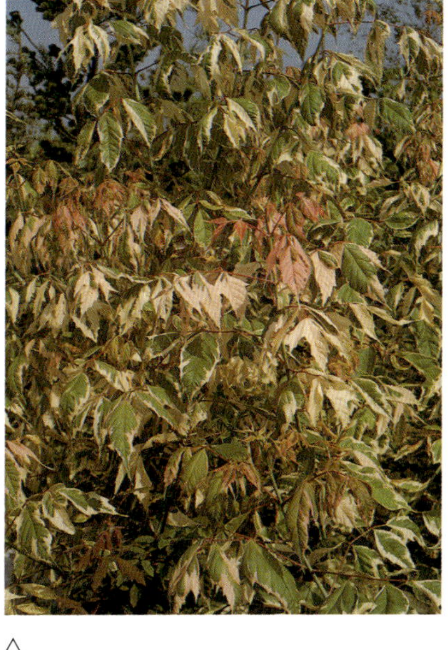

△
Acer negundo 'Flamingo'. Die mittelstark wachsende, lebhaft gefärbte Sorte wird meist als Kleinbaum gezogen, der dann Höhen von 5–8 m erreichen kann. Die Zweige sind anfangs glänzend grün und stark blau bereift. Die meist 5zählig gefiederten Blätter sind in der Spreitenmitte matt mittelgrün gefärbt, am Rand haben sie unregelmäßig breite, weiße bis rosaweiße Zonen. Im Austrieb sind die Blätter oft völlig zart flamingorosa gefärbt. Die noch junge 'Flamingo' ist ein Beispiel für Sorten mit panaschierten Blättern, die bei *A. negundo* nicht selten vorkommen. Als älteste weißbunte Sorte ist 'Variegatum' bekannt. Hier sind die Blättchen in der Mitte grün und außen unterschiedlich breit weiß gefärbt. Die weißen Felder nehmen den größten Teil der Blattfläche ein. Beide Sorten sind trotz des teilweise fehlenden Blattgrüns durchaus wüchsig und wenig anspruchsvoll. Lb 2.4.6.3

△
Acer negundo 'Odessanum'. Schon länger als 100 Jahre ist die, von H. Rothe in Odessa in den Handel gebrachte Sorte 'Odessanum' ist Kultur. Bei starkem Jugendwachstum erreicht der Kleinbaum Höhen von 8–10 m. Seine jungen Triebe sind dicht weißlich behaart, später kahl und dunkelgrün. Die 5zähligen Blätter sind im Austrieb bronzefarben, später an sonnigen Standorten leuchtend goldgelb. An schattigen Plätzen bleiben die Blätter nur grün. Nahezu gleich alt ist die ebenfalls gelblaubige 'Auratum'. Sie unterscheidet sich von 'Odessanum' vor allem durch die fehlende Behaarung an den jungen Trieben. Sie färbt sich nicht ganz so attraktiv und hat sich deshalb gegenüber 'Odessanum' nicht durchsetzen können. Nur am Rande unregelmäßig breit gelb panaschiert sind die langen, spitzen Blättchen von 'Aureo-variegatum', einem mittelstark wachsenden, kleinkronigen Baum. Lb 2.4.6.3

Acer opalus, Schneeballblättriger Ahorn. ▷ Von Südeuropa bis Südwestdeutschland kommt *A. opalus* in lichten Buchen- und Eichenwäldern vor. Der 8–15 m hohe Baum hat eine breite, gewölbte Krone und einen meist dicken, knorrigen Stamm mit grob abschuppender Borke. Die Triebe sind glänzend rotbraun. Von den 5 breiten, stumpfen Lappen der 6–10 cm breiten Blätter sind die 3 mittleren Lappen wesentlich größer als die beiden Basallappen. Die derben, dunkelgrünen Blätter haben auf der Oberseite vertieft liegende Nerven, die Unterseite ist blaugrün und nur anfangs dicht behaart. Die Herbstfärbung ist leuchtend goldgelb bis orangerot. Schon im März–April öffnen sich die großen, gelben, sehr auffälligen Blüten, sie hängen in vielblütigen Doldentrauben unter den sich gerade entfaltenden Blättern. Der Baum gedeiht auch noch auf trockenen, kalkhaltigen Böden gut. Lb 6.3.2.3

◁**Acer palmatum,** Echter Fächer-Ahorn. Mit Ausnahme von Nordjapan ist *A. palmatum* auf allen japanischen Inseln, außerdem in Korea und China zu finden. Die zierliche Art entwickelt sich zu einem baumartigen Großstrauch, der mit dünnen, purpurroten Trieben dicht verzweigt ist. Im Umriß rundlich und meist unter 10 cm breit sind die feinen, 5- bis 7lappigen Blätter. Die schwanzartig zugespitzten, fein und scharf gesägten Lappen sind meist bis unter die Blattmitte eingeschnitten, bei Gartenformen auch tiefer. Die frischgrüne Sommerfarbe wandelt sich im Herbst zu leuchtend orangen und roten Tönen. Erst im Juni erscheinen die 6–8 mm breiten, purpurnen Blüten in kleinen Doldentrauben. Von der überaus variationsfreudigen Art kennen wir weit mehr als 100 Gartenformen, die sich in ihrem Habitus sowie in Form und Färbung der Blätter oft ganz beträchtlich unterscheiden. Lb 7.2.2.3

Acer palmatum-Sorten

'Atropurpureum'

'Aureum'

'Bloodgood'

'Cap. Mac Eachran'

'Corallinum'

'Dissectum'

Acer palmatum-Sorten

'Garnet' 'Herbstfeuer' 'Linearilobum'

ssp. *matsumurae* 'Nicholsonii' 'Oridonishiki'

'Ornatum' 'Red Pygmy' 'Sangokaku'

Acer pensylvanicum, Amerikanischer ▷ Schlangenhaut-Ahorn. Die kleine Gruppe der Schlangenhaut-Ahorne hat in der Gehölzvegetation des östlichen Nordamerika nur einen Vertreter, alle anderen Arten stammen aus Ostasien. *A. pensylvanicum* ist ein 8–12 m hoher Baum mit einer breit-trichterförmigen Krone und lange glatt bleibender, grünlicher Rinde, die von schmalen weißen Längsstreifen durchzogen ist. 12–18 cm breit sind die 3lappigen, im Umriß verkehrt-eirundlichen Blätter. Die Seitenlappen sind weit oberhalb der Mitte angesetzt, nach vorn gerichtet, zugespitzt und doppelt gesägt. Im Austrieb sind die Blätter leuchtend grün, später stumpfgrün und unten anfangs weich rostgelb behaart. Die goldgelbe Herbstfärbung setzt meist früh ein. Gleich nach der Laubentfaltung kommen die gelblichen, 6 mm breiten Blüten in 10–12 cm langen, hängenden Trauben. Lb 3.2.7.3

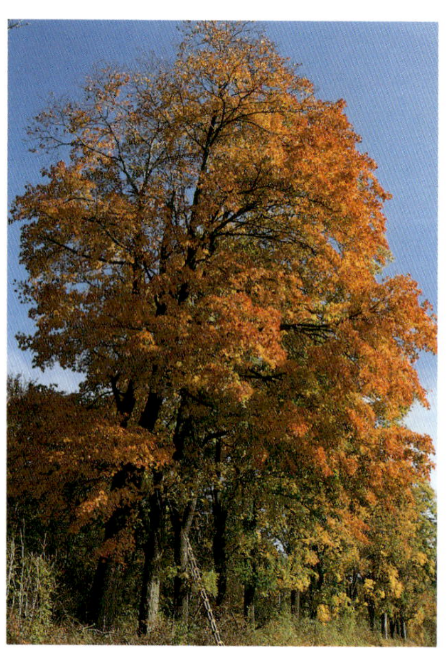

△
Acer platanoides, Spitz-Ahorn. In Europa, Kleinasien und dem Nordiran ist der Spitz-Ahorn ein häufiger Vertreter verschiedener Waldgesellschaften. Er entwickelt sich zu einem 20–30 m hohen, breitkronigen Baum mit starken Ästen und einer längsrissigen, dunklen Borke. 5lappig und 12–18 cm breit sind die dünnen, glänzend dunkelgrünen Blätter mit den zugespitzten, weitbogig gezähnten Lappen. Im Herbst färben sich die Blätter goldgelb bis tiefrot. Im April öffnen sich die sehr zahlreichen, 10–12 mm breiten Blüten in vielblütigen, aufrechten, 4–8 cm langen Doldentrauben. Die Blüten sind eine gute Bienenweide. Der Spitz-Ahorn gehört zu unseren wichtigsten einheimischen Park- und Straßenbäumen. Neben der Art werden gegenwärtig einige grünlaubige Sorten kultiviert, etwa 'Almira', 'Charles F. Irish', 'Cleveland', 'Columnare', 'Emerald Queen' und 'Farlake's Green'. Lb 3.1.3.1

Acer platanoides 'Drumondii'. Die Form ▷ wurde 1903 von Drummond, Stirling, England in den Handel gebracht. Sie entwickelt sich zu einem mittelgroßen, 10–15 m hohen Baum mit einer anfangs regelmäßigen, breitkegelförmigen, später rundlichen Krone. In Form und Größe entsprechen die Blätter denen der Art, in der Färbung weichen sie deutlich von ihr ab. Sie sind im Austrieb hellrosa, später in der Grundfarbe hellgrün, aber sehr breit weiß bis cremeweiß gerandet. Die gesunde und wüchsige, sehr lebhaft gefärbte Form wird gegenwärtig wieder häufiger kultiviert. Andere Spitz-Ahorn-Formen mit panaschierten Blättern sind dagegen in Vergessenheit geraten. Nur 'Walderseei' ist noch in Spezialbaumschulen zu finden. Hier sind die etwas unregelmäßigen, nur wenig tief eingeschnittenen Blätter im Austrieb graugrün, später auf der ganzen Spreite dicht weiß punktiert. Lb 3.1.2.3

◁ **Acer platanoides 'Faassen's Black'.** Die heute häufig kultivierte Sorte ist 1936 von Tips in Herke-Stad, Belgien, gefunden und 1946 an die Baumschule Faassen-Hekkens, Niederlande abgegeben worden. Der mittelstark wachsende Baum erreicht eine Höhe von 12–15(–20) m und einen Kronenbreite von 8–10 m. Die Krone ist mit ihren aufrechten Ästen und ausgebreiteten, kaum überhängenden Zweigen breit-eiförmig bis rundlich. Die 10–16 cm breiten, fünflappigen, am Rand etwas nach oben gekrümmten, oberseits stark glänzenden Blätter treiben leuchtend rot aus und bleiben bis zum Herbst konstant dunkel purpurbraun. Vor dem Laubaustrieb öffnen sich im April die zart süß duftenden Blüten in aufrechten Trugdolden. Blattstiele und Hüllblätter sind glänzend purpurrot gefärbt, in einem schönen Kontrast dazu stehen die gelben Blütenblätter und Staubgefäße. Lb 3.1.2.2

◁ **Acer platanoides 'Globosum',** Kugel-Ahorn. Der Kugel-Ahorn ist eine meist hochstämmig veredelte Sorte, die ohne Schnitt ganz regelmäßige, dicht verzweigte, anfangs rundliche, im Alter mehr abgeflachte Kronen bildet. Äste und Zweige stehen regelmäßig strahlenförmig nach allen Seiten ab. Bei Wuchshöhen von 4–6 m werden Kronenbreiten von 3–5 m erreicht. Die hellgrün gefärbten Blätter gleichen in Form und Größe denen der Art. Die schwachwüchsige Form wurde aus einer Zweigmutation gewonnen. Bei ihr weichen sowohl die Länge der Sprosse als auch die Zahl der austreibenden Knospen deutlich vom Normalfall ab, bei dem immer nur wenige Blattknospen eines Jahrestriebes austreiben. Mit seiner gleichmäßig geometrischen Kronenform ist der Kugel-Ahorn gegenwärtig ein bevorzugter Kleinbaum zur Gestaltung von Stadtplätzen oder zur Begrünung kleinerer Stadt- und Dorfstraßen. Lb 3.1.3.3

Acer pseudoplatanus 'Atropurpureum'. Die bekannte Baumschule Späth, Berlin, brachte 1883 die rotlaubige 'Atropurpureum' in den Handel. Sie wird in Holland noch unter dem alten Namen 'Spaethii' angeboten. (Die echte 'Spaethii' hat im Austrieb rein grüne Blätter, die später sehr große, hellgelbe Flecke tragen.) 'Atropurpureum' wächst kaum schwächer als die Art, die Bäume können durchaus Höhen von 20–25 m und Kronenbreiten um 20 m erreichen. Die normal geschnittenen, 5lappigen Blätter sind im Austrieb rotbraun, später oberseits dunkelgrün, unten dunkel violettpurpurn. Auch die Fruchtflügel sind dunkelrot gefärbt. Ein anderer rotlaubiger Berg-Ahorn ist wohl nur noch in alten Parkanlagen zu finden. 'Purpurascens' hat im Austrieb meist hellgrüne Blätter, die später oberseits dunkelgrün, unten anfangs rotfleckig sind und dann allmählich ganz rot werden. Lb 7.3.3.1

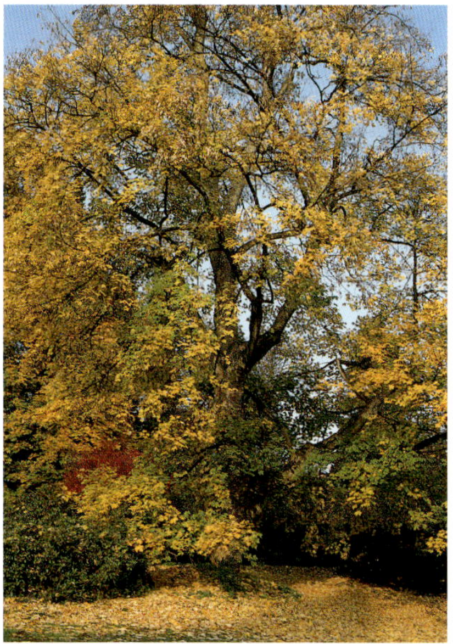

◁ **Acer pseudoplatanus,** Berg-Ahorn. Von der Hügelstufe bis in die subalpine Zone von Europa, Kleinasien und dem Kaukasus hat der Berg-Ahorn seine natürliche Verbreitung. Der bis 30 m hohe, prachtvolle Baum hat eine breite, länglich-runde Krone und eine silbrige bis graue Schuppenborke. Seine derben, 5lappigen Blätter werden bis 20 cm lang. Die breit-eiförmigen Lappen sind etwa bis zur Hälfte der Blattspreite eingeschnitten. Die oberseits dunkelgrüne Blattfarbe wandelt sich im Herbst zu einem intensiven Goldgelb. Zur Zeit der Laubentfaltung stehen im Mai die gelblichgrünen Blüten in walzenförmigen, 6–12 cm langen, hängenden Trauben. Der in der Jugend schattenverträgliche Baum ist einer der stattlichsten einheimischen Parkbäume. Von den zahlreichen bekannten Gartenformen sind unter den grünlaubigen 3 Formen von Bedeutung, 'Erectum',' Negenia' und 'Rotterdam'. Lb 7.3.3.1

Acer pseudoplatanus 'Brillantissimum'. ▷ Seit 1905 ist die Sorte in England bekannt und dort häufig in den Gärten anzutreffen. Der schwachwüchsige Baum wird meist hochstämmig veredelt und bildet dann eine aufgelockerte, rundliche bis hochgewölbte Krone. Hochstämmig veredelte Bäume erreichen Höhen von 6–8 m und Kronenbreiten von 3–5 m. Die 5lappigen Blätter sind im Austrieb blaß- bis lachsrosa, dann oberseits goldfarben und später hellgelb gefleckt, die Blattunterseite bleibt grün. In Wuchs und Belaubung ähnlich ist 'Leopoldii', eine Sorte, die nach König Leopold I. von Belgien benannt worden ist. Hier sind die Blätter im Austrieb kupfrigrosa und gelb, später oberseits dicht hellgelb bis weißgelb punktiert und gefleckt, die Blattunterseite ist rot gefärbt. Auch 'Worleei' ist eine ganz schwach wachsende Sorte, deren Blätter einheitlich goldgelb gefärbt sind. Lb 7.3.3.3

Acer rufinerve, Rostnerviger Schlangenhaut-Ahorn. Mit Ausnahme von Hokkaido ist *A. rufinerve* auf allen japanischen Inseln Bestandteil der sommergrünen Bergwälder. Der 8–12 m hohe, sparsam verzweigte Baum hat, wie fast alle Schlangenhaut-Ahorne, über einem kurzen Stamm eine regelmäßige, breittrichterförmige Krone. Die lange glatt bleibende Rinde ist entweder grün mit grauweißen Streifen oder grau mit rosa Streifen. An anfangs blauweiß bereiften Trieben sitzen 3lappige, 6–15 cm breite Blätter. Die abstehenden, scharf und regelmäßig gesägten Seitenlappen sind oberhalb der Mitte angesetzt. Die Blätter sind oben dunkelgrün, unten heller, anfangs sind Nerven und Nervenwinkel rostbraun behaart. Die Herbstfärbung ist orange bis karminrot. Mit dem Austrieb der Blätter öffnen sich im Mai die gelbgrünen Blüten in aufrechten, rostrot behaarten Trauben. Lb 7.2.2.3
▽

Acer rubrum, Rotahorn. In östlichen Nordamerika besiedelt der Rot-Ahorn sehr unterschiedliche Standorte. Der bei uns mittelgroße, 15–20 m hohe Baum hat eine schmale, ziemlich unregelmäßige Krone, in der die unteren Äste und Zweige lang überhängen. 3- bis 5lappig und 6–10 cm breit sind die im Austrieb rötlichgrünen Blätter. Die 3eckig-eiförmigen, kurz zugespitzten Lappen sind etwa bis zur Hälfte der Blattspreite eingeschnitten. Im Sommer sind die beiderseits glänzenden Blätter auf der Oberseite dunkelgrün, unten deutlich blau- oder silbergrün, im Herbst färben sich die Blätter schon früh prachtvoll scharlachrot oder goldgelb. Mit ihrer dunkelroten Farbe sind die kleinen Blütenbüschel im März–April recht auffällig. Neuerdings werden auch bei uns amerikanische Sorten wie 'Armstrong', 'October Glory', 'Red Sunset' und 'Scanlon' angeboten. Lb 2.3.2.2 ▷

Acer saccharum, Zucker-Ahorn. Im östlichen Nordamerika hat der Zucker-Ahorn ein sehr weites Verbreitungsgebiet. Der stattliche, 25–40 m hohe Baum hat eine unregelmäßig gewölbte Krone und im Alter eine dunkelgraue, flach gefurchte Borke. Die ziemlich dünnen, an der Basis herzförmigen, 15–18 cm breiten Blätter sind 3- bis 5lappig, die Lappen zugespitzt. Die stumpfgrüne Blattfarbe nimmt im Herbst intensiv goldgelbe bis feurig rotorange Töne an. Schon im April öffnen sich die grünlichgelben, etwa 5 mm breiten Blüten in fast sitzenden Doldentrauben. Der Zucker-Ahorn ist nicht nur ein interessanter Parkbaum, er war bis zur Einführung der Zuckerrübe in Nordamerika und Kanada ein wichtiger Zuckerlieferant. Ein Baum kann jährlich 50–150 Liter Zuckersaft liefern, aus dem 12–35 kg Zucker gewonnen werden können. Das Blatt des Baumes ziert das kanadische Wappen. Lb 3.2.6.1
▽

Acer saccharinum 'Laciniatum Wieri'. ▷ Der Silber-Ahorn ist ein Vertreter der ostamerikanischen Laubwälder. Er ist ein stattlicher Baum von 20–30 oder gar 40 m Höhe mit einer hochgewölbten Krone, weitausladenden Hauptästen, durchhängenden Zweigen und einer silbergrauen, abschuppenden Borke. Trotz seiner Größe wirkt der Baum mit seinen tief 5lappigen, 7–14 cm breiten, hellgrünen, unterseits silbergrauen bis -weißen Blättern sehr zierlich. 'Laciniatum Wieri' ist in Aufbau und Belaubung noch graziler als die Art. Der bis 20 m hohe Baum baut mit locker aufrechten, weitausladenden Ästen eine breite Krone auf, in der die äußeren Ast- und Zweigpartien tief und schleppenartig herabhängen. Die Blätter sind mit ihren langen, schmalen Lappen besonders fein geschnitten, sie werden vom Johannistrieb an immer schmaler und sind dann teilweise fadenförmig. Lb 2.3.3.2

Acer shirasawanum 'Aureum'. Die bisher zu *A. japonicum* gestellte Form gehört tatsächlich zu *A. shirasawanum,* denn Blüten und Früchte stehen aufrecht und über dem Laub. Die in Japans Bergwäldern heimische Art gehört zu den Fächer-Ahornen. Ihre im Umriß kreisförmigen, etwa 6 cm breiten Blätter sind 9- bis 11lappig. Erst im Mai–Juni öffnen sich die hellgelben Blüten in aufrechten Doldentrauben. Die besonders in der Jugend sehr langsamwüchsige 'Aureum' entwickelt sich zu einem kleinen, baumartigen Strauch mit kurzem Stamm und dichter, flachrundlicher Krone, der im Alter Höhen und Breiten um 5 m erreichen kann. Die Blätter treiben leuchtend hellgelb aus, über den Sommer bleibt die Farbe erhalten, im Herbst können auch orange und rötliche Farben auftreten. Im Sommer stehen die roten Fruchtflügel in einem schönen Kontrast zum gelben Laub. Lb 7.2.2.4 ▷

△
Acer tataricum, Tatarischer Steppen-Ahorn. Vom östlichen Mitteleuropa bis nach Südosteuropa und Westasien reicht das Verbreitungsgebiet von *A. tataricum,* einem meist hohen Strauch, der sich selten zu einem bis 10 m hohen Baum aufbaut. Er ist aus der Entfernung in seiner Tracht einem Weißdorn ähnlich. Breit-eiförmig bis eilänglich und zugespitzt sind die 6–10 cm langen, meist ungelappten Blätter. Gelegentlich haben die Blätter auch 1–2 undeutliche Seitenlappen, an Jungpflanzen sind sie stets 3lappig. Die oberseits lebhaft grünen Blätter färben sich im Herbst gelb bis orangerot. Zahlreiche kleine, grünlichweiße Blüten sitzen im Mai in aufrechten, langgestielten Rispen zusammen. Die fast parallel laufenden Fruchtflügel sind im Sommer häufig dunkelrot gefärbt. Die sehr robuste, anpassungsfähige Art wird meist in Hecken und Schutzpflanzungen verwendet. Lb 6.3.3.4

Acer tegmentosum, Koreanischer Schlangenhaut-Ahorn. Die Mandschurei und Korea, sowie das untere Amur- und Ussurigebiet sind die Heimat von *A. tegmentosum.* Der bis 6 m hohe Kleinbaum baut über einem kurzen Stamm eine trichterförmige, wenig verzweigte Krone auf. Die lange glatt bleibende Rinde ist graugrün gefärbt und von hellen Längsstreifen durchzogen. Meist 3lappig sind die 7–15 cm langen, an der Basis mehr oder weniger herzförmigen Blätter, die oft an der Basis noch 2 kleine Sekundärlappen haben. Die Lappen sind zugespitzt und doppelt gesägt, die Seitenlappen viel kleiner als der Mittellappen. Im Austrieb sind die Blätter hellgrün, später oberseits dunkel-, unten blaßgrün. Im Herbst färben sie sich gelb. Im Mai öffnen sich die kleinen gelben Blüten in 7–10 cm langen, schmalen, nickenden Trauben. Wird seltener gepflanzt als andere Schlangenhaut-Ahorne. Lb 7.2.2.3 ▷

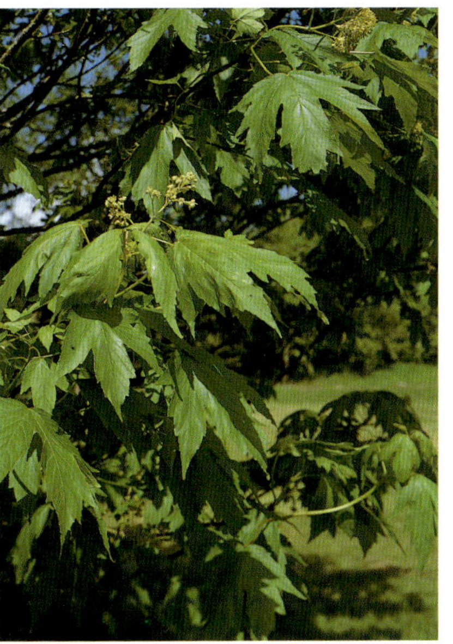

◁ **Acer trautvetteri,** Kolchischer Berg-Ahorn. Vom westlichen Kaukasus bis zum nördlichen Anatolien reicht das Verbreitungsgebiet des Kolchischen Berg-Ahorn. Er ist ein bis 15 m hoher, breitkroniger Gebirgsbaum mit tief braunroten Trieben. Seine 5lappigen, bis etwas über die Mitte eingeschnittenen Blätter sind 10–15 cm breit und an der Basis herzförmig. Die Lappen sind eilänglich und vorne zugespitzt. Die Blattoberseite ist glänzend tiefgrün, die Unterseite blaugrün und anfangs entlang der Nerven behaart. Im Herbst färben sich die Blätter schön rot. Im Mai, nach dem Austrieb der Blätter, öffnen sich die weißlichgrünen Blüten in aufrechten, langgestielten, kegelförmigen Rispen. 4–5 cm lang und anfangs oft hochrot gefärbt sind die anfangs behaarten Früchte mit ihren spitzwinklig bis fast parallen stehenden, sich oft überlappenden Flügeln. Lb 8.1.3.3

◁ **Actinidia arguta,** Scharfzähniger Strahlengriffel, Actinidiaceae, Strahlengriffelgewächse. Die Kurilen, Sachalin, Mandschurei, Korea und Japan sind die Heimat von *A. arguta,* einem sommergrünen, linkswindenen Kletterstrauch, der an geeigneten Klettergerüsten 8–10 m hoch klettern kann. Seine breit-eiförmigen, 8–12 cm langen, scharf gesägten Blätter sind glänzend dunkelgrün und unten auf den Nerven borstig behaart. Etwa 2 cm breit sind die attraktiven, reinweißen, duftenden Blüten, die am Grunde einen gelblichen Fleck und purpurne Staubblätter haben, sie blühen im Juni auf. Die stachelbeerähnlichen, 2–2,5 cm langen, eiförmigen, süßsauren Früchte sind eßbar, sie haben einen hohen Vitamin C-Gehalt. 'Weiki' ist eine in Weihenstephan ausgelesene Fruchtsorte mit walnußgroßen, glattschaligen Früchten, einem sehr hohen Ertrag und einer sehr guten Frosthärte. Lb 3.3.4.9

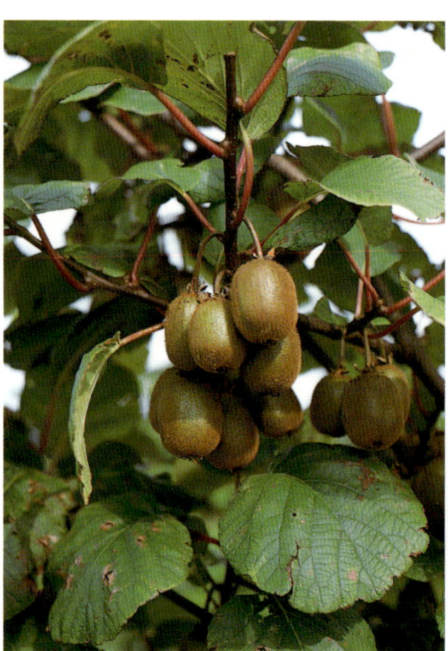

△ **Actinidia chinensis,** Chinesischer Strahlengriffel, Kiwipflanze. In ihrer chinesischen Heimat ist *A. chinensis* seit mehr als 1200 Jahren als Fruchtgehölz in Kultur. Weltweit bekannt wurden ihre Früchte aber erst durch eine von Neuseeland ausgehende, plantagenmäßige Kultur. Wildpflanzen klettern mit ihren auffällig braunrot-filzigen Trieben 8–10 m hoch. Die derben Blätter sind herz- bis eiförmig oder rundlich, 8–12 cm breit, oberseits dunkelgrün und unten dicht graufilzig. Die zwittrigen Pflanzen öffnen im Juni ihre 3–5 cm breiten, gelblichweißen Blüten mit ihren gelben Staubblättern. Bei Wildpflanzen sind die eiförmigen, dicht mit bräunlichen Haaren bedeckten, angenehm süßen Früchte 3–5 cm lang, bei Fruchtsorten oft viel größer. Die weltweit wichtigste Sorte ist die abgebildete 'Hayward', bei uns sind außerdem Sorten wie 'Abbot' und 'Starella' in Kultur. Lb 6.4.1.9

△ **Actinidia kolomikta,** Amur-Strahlengriffel. Die auf den Kurilen, in Sachalin, Japan und Korea heimische Art wächst fast strauchig und wird kaum mehr als 3 m hoch. Bemerkenswert sind ihre breit-eilänglichen, lang zugespitzen, 10–15 cm breiten, dünnen und weichen Blätter. Besonders ausgeprägt bei männlichen, aber auch bei weiblichen Pflanzen, ist ein Teil der Blattspreite in der oberen Hälfte auf der Oberseite zunächst ohne Blattgrün und erscheint dadurch weißlich. Dieser Teil färbt sich später hell- und dunkelrosa bis violett. Im Juni öffnen sich die 1–1,5 cm breiten, weißen, duftenden Blüten. Ihnen folgen gelbgrüne, 2 cm lange, wohlschmeckende Früchte. Während die beiden anderen Arten genügend große Klettergerüste benötigen, kommt die schwachwachsende *A. kolomikta* auch mit einem Spalier an niedrigen Mauern oder mit einer freistehenden Pyramide aus. Lb 7.3.3.9

Aesculus × carnea 'Briotii', Scharlach-Roßkastanie, Hippocastanaceae, Roßkastaniengewächse. Von der gewöhnlichen Roßkastanie, einem Elternteil dieser Hybride, unterscheidet sie sich zunächst durch die nicht klebrigen Winterknospen und den nicht wollig behaarten Austrieb. Der mittelgroße, 10–20 m hohe Baum hat eine geschlossene, rundliche bis kegelförmige Krone. Während *A. × carnea* echt aus Samen fällt, wird 'Briotii' meist hochstämmig veredelt. Ihre handförmig geteilten Blätter haben meist 5 keilförmig-längliche, 10–20 cm lange, etwas wellige, derbe, dunkelgrüne Blättchen, die sich im Herbst gelbbraun verfärben. Die Blüten öffnen sich im Mai in 10–20 cm langen, länglich-eiförmigen, aufrechten Rispen an den Zweigenden. Sie sind bei *A. × carnea* fleischrot bis rot, bei 'Briotii' leuchtend blutrot gefärbt, die Einzelblüten sind außerdem etwas größer. Lb 3.3.3.3 ▷

Aesculus flava, Gelbe Roßkastanie, Gelbe ▷ Pavie. Aus dem östlichen Nordamerika stammt *A. flava.* Der bis 20 m hohe Baum hat eine schmale, gewölbte Krone mit überhängenden Zweigen. Die Triebe sind glänzend graubräunlich, die Winterknospen glatt und nicht klebrig. Die Blätter sind in der Regel aus 5 länglichen bis schmal-elliptischen, 10–22 cm langen Blättchen zusammengesetzt. Sie sind oberseits dunkelgrün, oft löffelförmig vertieft, unten heller und anfangs behaart. Die Herbstfärbung ist orange bis tiefgelb. Im Mai–Juni öffnen sich die sattgelben Blüten in 10–15 cm langen Rispen. Die 4 Kronblätter sind sehr unterschiedlich lang. Die stachellosen, rundlichen bis länglichen Früchte sind 5–7 cm lang. Neben der Art wird häufig auch die Sorte 'Vestita' gepflanzt, ihre Blüten sind hellgelb mit purpurrosa Flecken, die Blattunterseiten dicht behaart. Lb 3.3.3.2

Aesculus hippocastanum 'Baumannii', Gefülltblühende Roßkastanie. Seit 1819 ist eine gefülltblühende Form der Roßkastanie bekannt. Sie wurde von Baumann als Mutation an einer Pflanze in Genf entdeckt und von ihm in den Handel gebracht. Die Gefülltblühende Roßkastanie ist ein großer Baum mit einer hochgewölbten, regelmäßigen Krone. Sie ist im Habitus der Normalform ähnlich, erreicht aber in Höhe und Breite nicht deren Ausmaße. 10–20 cm lang sind die 5- bis 7teiligen, dunkelgrünen Blätter, die sich im Herbst leuchtend gelb bis braun verfärben. Ganz verschieden von der Art sind die Blüten, die sich im Mai öffnen. Sie sind reinweiß, überwiegend gefüllt und deshalb steril. Sie halten sich deutlich länger als die der Art. Weil Früchte nicht oder kaum angesetzt werden, wird die Sorte gerne dort gepflanzt, wo herabfallende Früchte stören. Lb 7.3.2.1

▽

△

Aesculus hippocastanum, Gewöhnliche Roßkastanie. Aus den Gebirgen der nördlichen Balkanhalbinsel (Albanien, Südjugoslawien, Ostbulgarien und Nordgriechenland) kam die Gewöhnliche Roßkastanie schon 1576 nach Wien, sie wurde bald über ganz Europa verbreitet. Der bis 25 m hohe Baum hat eine dicht verzweigte, hochgewölbte Krone, deren untere Astpartien im Alter malerisch durchhängen. Aus glänzend rotbraunen, klebrigen Winterknospen treiben die 5- bis 7teiligen, dunkelgrünen Blätter braunwollig aus. Sie färben sich im Herbst in satten, gelben bis braunen Farben. Im Mai stehen an den Zweigenden zahlreiche 20–30 cm lange, aufrechte Rispen mit 2 cm breiten, weißen Blüten. Von den 5 Kronblättern tragen die beiden oberen ein Saftmal, das anfangs gelb, dann ziegelrot und schließlich karminrot gefärbt ist. Die 6–8 cm dicken, grünen Früchte sind dicht bestachelt. Lb 7.3.2.1

◁ **Aesculus × neglecta 'Erythroblasta'.** Aus den beiden nordamerikanischen Arten *A. flava* und *A. sylvatica* entstand die Carolina-Roßkastanie, *A. × neglecta.* Sie entwickelt sich bei uns zu einem kleinen, kaum mehr als 8 m hohen Baum mit grauen Zweigen und hellgrünen Knospen. Die Blättchen der 5teiligen, oberseits hellgrünen, unten gelblichgrünen Blätter sind länglich verkehrt-eiförmig und 10–16 cm lang. Im Mai–Juni öffnen sich die hellgelben Blüten in 10–15 cm langen Rispen. Die sehr ungleich langen Blütenblätter sind an der Basis stark rot geadert. Die rundlichen, meist 1samigen Früchte sind 2,5–3 cm dick. Mit dem eigenartigen Austrieb ist 'Erythroblasta' eine besonders attraktive Sorte. Der Austrieb und die jungen Blätter sind prachtvoll karminrosa gefärbt. Nach einigen Wochen vergrünen die Blätter völlig. Sonst gibt es keine Unterschiede zum Typ. Lb 3.3.3.3

◁ **Aesculus parviflora,** Strauch-Roßkastanie. Im östlichen Nordamerika ist *A. parviflora* ein Element der lichten Wälder und Waldränder. Sie wächst mit wenig verzweigten, bogig aufstrebenden Ästen strauchig und kann im Alter 3–4 m hoch werden. Der Strauch breitet sich durch unterirdische Ausläufer aus, wird mit zunehmendem Alter immer dichter und kann viel breiter als hoch werden. Die langgestielten Blätter haben 5 sattgrüne, 8–20 cm lange Blättchen, sie sind im Austrieb bronzefarben, im Herbst leuchtend gelb gefärbt. Erst im Juli–August entwickeln sich über dem Laub die zahlreichen schlanken, 20–30 cm langen Blütenkerzen. Aus den weißen Blüten ragen die Staubblätter mit den roten Staubbeuteln weit heraus. Die Blüten werden von Nachtschmetterlingen bestäubt, sie duften deshalb am Abend besonders intensiv. Gehört zu unseren wertvollsten Sommerblühern. Lb 2.3.5.4

Ailanthus altissima, Götterbaum, Simaroubaceae, Bitterholzgewächse. Das nördliche China ist die ursprüngliche Heimat des Götterbaumes. Der stattliche, breitkronige Baum hat eine helle, längsstreifig gemusterte Borke und dicke, braune bis rötlichbraune Zweige mit auffallend großen Blattnarben. Sehr dekorativ sind die 45–60 cm langen, gefiederten Blätter, die aus 7–25 länglich-lanzettlichen, 7–12 cm langen Blättchen zusammengesetzt sind. Sie sind oberseits dunkel-, unten bläulichgrün. Jedes Blättchen ist an der Basis mit einigen Zähnen versehen, die unterseits eine große Drüse tragen. Aus kleinen, unscheinbaren, grünlichen, unangenehm riechenden Blüten, die im Juni–Juli in 10–20 cm langen Rispen zusammenstehen, entwickeln sich sehr auffällige, lange haftende Fruchtstände mit 3–4 cm langen, hellbraun bis leuchtendrot gefärbten Früchten. Lb 6.1.2.1 ▷

△
Aethionema grandiflorum, Großblütiges Steintäschel, Brassicaceae, Kohlgewächse. In den Gebirgen von Anatolien, dem Kaukasus und Nordiran kommt *A. grandiflorum* vor. Es ist ein 25–35 cm hoher, vieltriebiger Halbstrauch, dessen dünne Sprosse nur an der Basis verzweigt sind. Wechselständig und ganzrandig sind die länglich-linealischen, 2–3 cm langen, stark blau bereiften Blätter. Im Juni–Juli ist das ganze Sträuchlein von den großen, hell-lilarosa Blüten bedeckt, sie haben kreuzweise angeordnete Blütenblätter und sitzen in einer verlängerten Traube zusammen. *A. grandiflorum* ist die schönste und für den Garten wertvollste der insgesamt 70 Arten, die vom Mittelmeer bis Kleinasien verbreitet sind. Der hübsche Zwergstrauch gedeiht am besten im Steingarten, auf Steinbeeten und in Trockenmauern auf sandigen, durchlässigen Böden und an vollsonnigen Plätzen. Lb 6.1.2.8

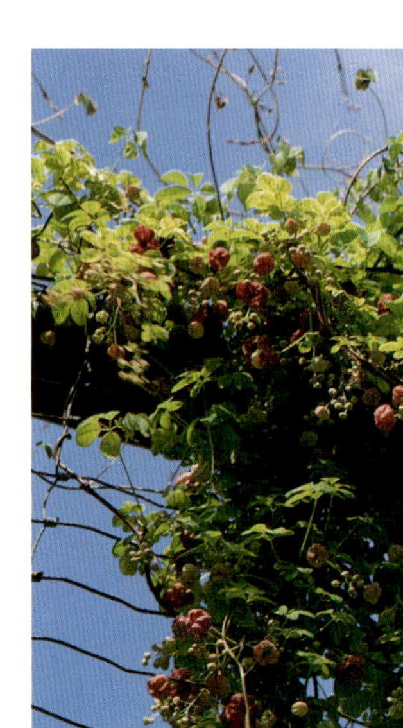

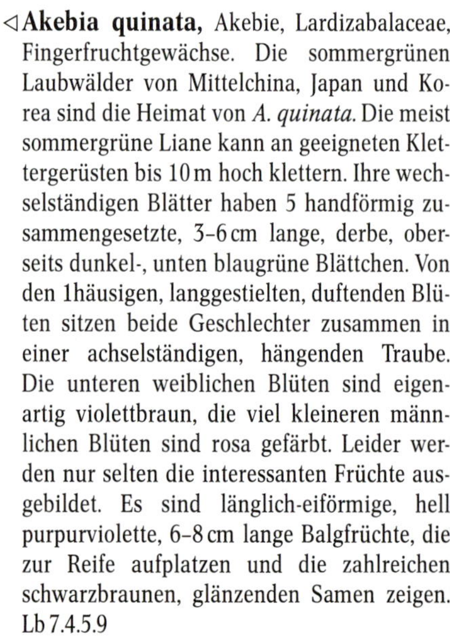

◁ **Akebia quinata,** Akebie, Lardizabalaceae, Fingerfruchtgewächse. Die sommergrünen Laubwälder von Mittelchina, Japan und Korea sind die Heimat von *A. quinata.* Die meist sommergrüne Liane kann an geeigneten Klettergerüsten bis 10 m hoch klettern. Ihre wechselständigen Blätter haben 5 handförmig zusammengesetzte, 3–6 cm lange, derbe, oberseits dunkel-, unten blaugrüne Blättchen. Von den 1häusigen, langgestielten, duftenden Blüten sitzen beide Geschlechter zusammen in einer achselständigen, hängenden Traube. Die unteren weiblichen Blüten sind eigenartig violettbraun, die viel kleineren männlichen Blüten sind rosa gefärbt. Leider werden nur selten die interessanten Früchte ausgebildet. Es sind länglich-eiförmige, hell purpurviolette, 6–8 cm lange Balgfrüchte, die zur Reife aufplatzen und die zahlreichen schwarzbraunen, glänzenden Samen zeigen. Lb 7.4.5.9

Albizia julibrissin, Seidenakazie, Mimosaceae, Mimosengewächse. Die meisten der 100–150 Arten kommen in den Tropen und Subtropen der Alten Welt vor. Nur die von Abessinien bis Japan und Mittelchina heimische *A. julibrissin* ist in Mitteleuropa an klimatisch günstigen Plätzen ausreichend frosthart, das gilt vor allem für die Sorte 'Ernest Wilson'. Der raschwüchsige Kleinbaum entwickelt eine breitausladende, ganz flach gewölbte Schirmkrone. An kantigen Trieben sitzen die sommergrünen, doppelt gefiederten, 20–30 cm langen, fedrigen Blätter mit ihren zahlreichen winzigen Blättchen, die sich nachts in Schlafstellung zusammenfalten. Über dem zierlichen Blätterdach stehen an den Zweigenden im Juli–August die zahlreichen kleinen, hellrosa Blüten in 2,5–3 cm breiten Köpfchen. Die 4 cm langen Staubblätter verleihen den Blüten ein pinselartiges Aussehen. Lb 6.1.1.3 ▷

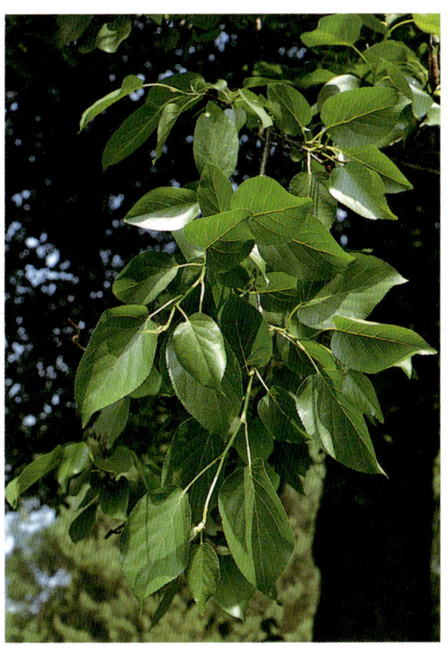

△
Alnus cordata, Herzblättrige Erle, Italienische Erle, Betulaceae, Birkengewächse. In Süditalien und Korsika hat die Herzblättrige Erle ihre Heimat. Der 10–15 m hohe Baum hat eine lockere, kegel- bis eiförmige Krone, kantige, klebrige Triebe und im Alter eine graubraune, längsrissige Borke. Mit ihrer herzförmigen Basis sind die rundlichen bis eiförmig-länglichen Blätter ganz charakteristisch. Sie sind 4–10 cm lang, oberseits glänzend dunkelgrün, unten heller und bis auf braune Achselbärte kahl. Die derbe, ledrige Struktur der Blätter deutet schon darauf hin, daß der Baum hitzeverträglich und stadtklimaresistent ist. Die Blätter treiben früh aus und sind deshalb gelegentlich spätfrostgefährdet. Bis in den November hinein bleibt das Laub haften. Mit ihrer Länge von 2,5–3 cm sind die Fruchtzapfen größer als bei den meisten anderen Erlen. Lb 2.4.2.3

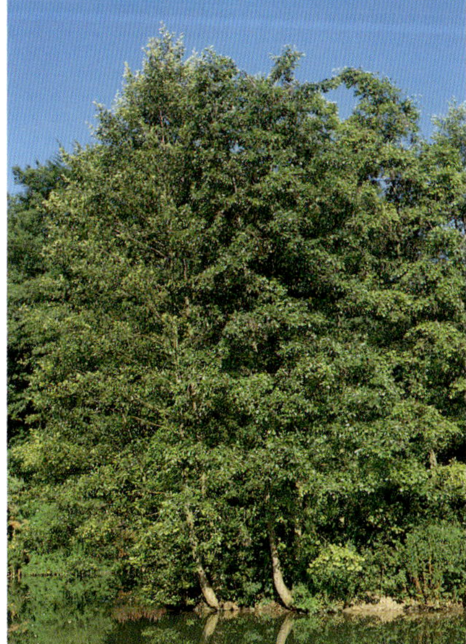

△
Alnus glutinosa, Schwarz-Erle, Rot-Erle. Als Saumgehölz an Bächen und Flüssen oder in Auewald-Gesellschaften finden wir die Schwarz-Erle von Europa bis nach Westsibirien, Westasien und Nordafrika. Der 10–25 m hohe Baum hat eine lockere, kegelförmige Krone und eine schwarzbraune, längsrissig zerklüftete Borke. Seine verkehrt-eiförmigen, 4–9 cm langen, vorne ausgerandeten Blätter sind oberseits glänzend dunkelgrün, kahl und klebrig. Lange vor der Laubentfaltung, im März–April, strecken sich die 6–12 cm langen, männlichen Kätzchen. Ab September–Oktober reifen die verholzenden Fruchtzapfen. *A. glutinosa* ist eines der wertvollsten Pioniergehölze. Als Ziergehölze sind eher einige Formen mit geschlitzten Blättern interessant, wie 'Imperialis' und 'Laciniata' oder die schwachwachsende 'Aurea', deren Blätter vor allem im Austrieb gelb gefärbt sind. Lb 1.2.2.2

△
Alnus incana, Grau-Erle. Auch die Grau-Erle ist eine gewässerbegleitende Baumart, die von Europa bis zum Kaukasus verbreitet ist. Der vom Boden an oft mehrstämmige, 10–20 m hohe Baum hat eine dichte, kegelförmige Krone. Seine glatte, weißgraue Rinde reißt auch im Alter kaum auf. Eiförmig bis elliptisch, 5–10 cm lang und grob doppelt gesägt sind die oberseits dunkelgrünen, unten blaugrauen bis graugrünen, anfangs dicht graufilzigen Blätter. Auch hier öffnen sich die Blüten im März–April, die männlichen in 7–10 cm langen, schlaff herabhängenden Kätzchen. Die Grau-Erle wird häufig als Pioniergehölz eingesetzt. Als Ziergehölz ist die Gold-Erle, *A. incana* 'Aurea', von größerer Bedeutung. Ihre jungen Triebe sind hellgelb oder orange, die männlichen Kätzchen auffallend orange bis kupfrigrot und die Blätter im Austrieb gelb, später gelbgrün gefärbt. Lb 2.2.4.2

◁ **Alnus × spaethii.** Die japanische *A. japonica* und die kaukasische *A. subcordata* sind die Eltern dieser Hybride, die 1908 im Arboretum der Baumschule Späth, Berlin, gefunden wurde. Der gesunde, raschwüchsige, 10–20 m hohe Baum baut mit anfangs aufrechten Ästen eine aufgelockerte, kegelförmige Krone auf. Die jungen Triebe sind zerstreut weich behaart. Die Borke ist graubraun und längsrissig. Etwas lederartig und leicht glänzend sind die großen, 6–16 cm langen, lanzettlichen bis eiförmigen, dunkelgrünen Blätter. Sie treiben braunpurpurn bis dunkelviolett aus, vergrünen langsam und bleiben im Herbst auffallend lange haften. Die braungelben, bis 5,5 cm langen, männlichen Kätzchen öffnen sich nicht selten schon Ende Januar. Der schöne und wertvolle Park- und Straßenbaum wurde bei einer Sortimentsprüfung in Boskoop mit der höchstmöglichen Note bewertet. Lb 2.4.3.3

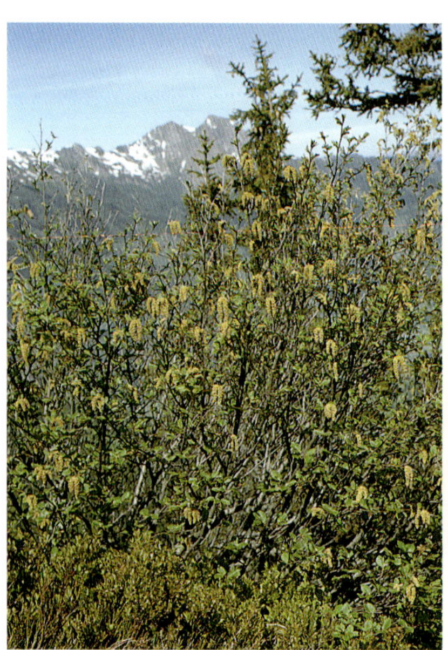

△
Alnus viridis, Grün-Erle. Die europäischen Hochgebirge und die Hochlagen der Mittelgebirge sind die Heimat der Grün-Erle, die stets auf wasserzügigen, sickerfeuchten Böden wächst. Der vielstämmige, ausladende, vom Grunde an verzweigte Strauch wird 0,5–3 m hoch. Breit-eiförmig bis rundlich-eiförmig sind die 5–8 cm langen, scharf doppelt gesägten, dunkelgrünen, anfangs klebrigen Blätter. Die männlichen Blütenkätzchen werden schon im Sommer des Vorjahres angelegt, sie stehen in der Knospe aufrecht, sind von einer weißlichen Harzkruste bedeckt und überwintern nackt. Zur Blütezeit im April–Mai hängen sie schlaff herab und sind dann bis 6 cm lang. Die in den Alpen oft mit Lärchen, Arven und den beiden Alpenrosen vergesellschaftete Art gilt als eine der härtesten Laubholzarten Europas. Sie wird unter anderem zur Festigung von Lawinenhängen eingesetzt. Lb 8.1.5.5

△
Amelanchier laevis, Rosaceae, Rosengewächse, Kahle Felsenbirne. Im östlichen Nordamerika ist die Kahle Felsenbirne in der sommergrünen Laubwaldzone weit verbreitet, neben *A. lamarckii* ist sie die am häufigsten gepflanzte Felsenbirne. In ihrer Heimat wächst die Art eher baumförmig und wird bis 10 m hoch, bei uns begnügt sie sich mit Höhen von 3–5 m, baut sich mit mehreren Grundstämmen zu einem lockeren, aufrechten Strauch auf oder hat einen bäumchenförmigen Wuchs mit überhängenden Zweigen. Die eiförmigen, 4–6 cm langen, fast vom Austrieb an kahlen Blätter treiben schön bronzerot aus, sind später dunkelgrün und färben sich im Herbst prachtvoll kirschrot, aber auch gelb und orangescharlach. Zu 5–9 sitzen die weißen Blüten im April in reicher Fülle in 5–9 cm langen Trauben. Die 1 cm dicken, purpurrot bis blauschwarz gefärbten Früchte sind sehr schmackhaft. Lb 3.1.4.4

Amelanchier lamarckii, Kupfer-Felsenbirne. ▷ Aus dem östlichen Nordamerika kam *A. lamarckii* nach Europa. Schon seit über 100 Jahren ist sie im nordwestlichen Mitteleuropa eingebürgert. Der meist 4–6 m hohe Strauch kann sich auch zu mehrstämmigen, bis 10 m hohen Bäumen entwickeln. Zur Blütezeit sind die Blätter meist in ihrer Entfaltung begriffen, sie sind dann unten weißlich seidenhaarig, später dunkelgrün, länglich-elliptisch und 4,5–8 cm lang. Im Austrieb sind die Blätter kupferrot überlaufen, im Herbst ganz prachtvoll gelb und orange bis karmin gefärbt. Im April–Mai setzt die überreiche Blüte ein. Die weißen Blüten sitzen zu 8–10 in lockeren Trauben. Die etwa 1 cm dicken, purpurroten bis blauschwarzen, wohlschmekkenden Früchte wurden früher als Korinthenersatz verwendet. 'Ballerina' ist eine sehr reichblühende Sorte mit großen Blüten und Früchten. Lb 3.2.6.4

◁ **Amelanchier ovalis,** Gemeine Felsenbirne. Von Süd- und Mitteleuropa bis Kleinasien und Nordafrika ist *A. ovalis* verstreut auf sonnigen, warmen, trockenen Hängen und in lichten Gebüschen auf oft kalkhaltigem Gestein zu finden. Der locker verzweigte, rundliche Strauch kann Höhen und Breiten von 1-3 m erreichen. Er hat rundliche bis eiförmige, 2,5-5 cm lange, mattgrüne, unten dicht weißfilzig behaarte Blätter. Zur Blütezeit, je nach Standort von April-Juni, entfalten sich die zahlreichen Blüten mit ihren schmalen Kronblättern zu 3-6 in aufrechten, filzig behaarten Trauben. Die 8-10 mm dikken, blauschwarzen, bereiften Früchte sind eßbar. *A. ovalis* hat weder eine auffallende Blüte, noch eine spektakuläre Herbstfärbung. Sie ist in Kultur daher weit seltener anzutreffen als ihre sehr dekorativen und gleichzeitig anspruchslosen amerikanischen Schwestern. Lb 6.3.3.5

Amorpha fruticosa, Bastardindigo, Papilionaceae, Schmetterlingsblütler. Der locker aufgebaute, 2-3 m hohe Strauch kommt in seiner amerikanischen Heimat sowohl auf sumpfigen, wie auf trockenen Böden vor. In Mittel- und Südeuropa ist er seit langem eingebürgert. Sein volkstümlicher Name deutet darauf hin, daß Teile des Strauches von den ersten Siedlern zum Blaufärben benutzt wurden, als Ersatz für den Echten Indigo. Der Bastardindigo hat sehr brüchige Triebe, deren Spitzen in jedem Winter ein Stück absterben, deshalb sieht der Strauch immer etwas »unordentlich« aus. Seine Blätter sind aus 11-25 eiförmigen bis elliptischen, 1,5-4 cm langen, unterseits hell graugrünen Blättchen zusammengesetzt. Die purpurblauen Blüten mit ihren lebhaft gefärbten Staubbeuteln entwikkeln sich im Juni-August an den Zweigenden in 15-20 cm langen, schmalen Doppeltrauben. Lb 2.5.2.5 ▷

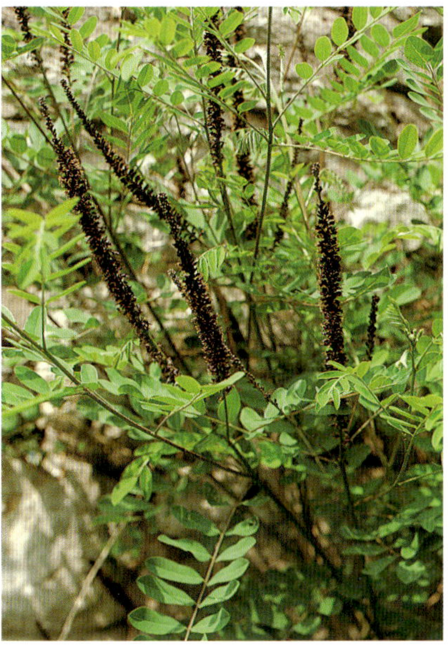

Ampelopsis megalophylla, Großblättrige Scheinrebe. Die sommergrünen Laubwälder des westlichen China sind die Heimat von *A. megalophylla.* Die sommergrüne, üppige Liane kann mit ihren dicken, kahlen Zweigen bis 10 m hoch klettern. Die Zweige sind durch große Winterknospen und lange Internodien gekennzeichnet. Die sehr lang gestielten, 20-30 cm langen Blätter sind mit 7-9 meist eiförmigen, grob gekerbten, bis 10 cm langen Blättchen gefiedert. Während das untere, größte Blättchenpaar wiederum gefiedert ist, sind die oberen Blättchen meist ungeteilt. Oberseits sind die Blättchen glänzendgrün, unten blaugrün. Die Herbstfärbung ist gelb bis rotbraun. Die kleinen, unscheinbaren Blüten sitzen im Juli-August in breiten, reichverzweigten und langgestielten Ständen. Die kreiselförmigen, etwa 8 mm dicken Früchte sind anfangs purpurn, später schwarz. Lb 3.3.2.9 ▽

Ampelopsis brevipedunculata, Ussuri-Scheinrebe, Vitaceae, Weinrebengewächse. In ganz Japan, einschließlich der Südkurilen, Korea, China, der Mandschurei und dem Ussurigebiet ist *A. brevipedunculata* eine sommergrüne Liane der Bergwälder. Mit langen Sprossen, die sich mit verzweigten Ranken anklammern, kann der üppig wachsende Kletterstrauch Höhen von 8 m erreichen. Die an der Basis breit-herzförmigen, bis 12 cm langen, grob gesägten und lang zugespitzen Blätter sind meist 3-, selten 5lappig. Nach dem violetten Austrieb sind die Blätter oberseits sattgrün gefärbt, unten hellgrün und borstig behaart. Die Herbstfärbung ist gelbrot. Kleine, grüne Blüten sitzen im Juli-August in ziemlich unscheinbaren Rispen zusammen. Auffälliger sind dagegen die rundlichen, erbsengroßen, vor der Reife amethystblauen oder türkisfarbenen, später violettblauen Beeren. Lb 7.3.3.9 ▷

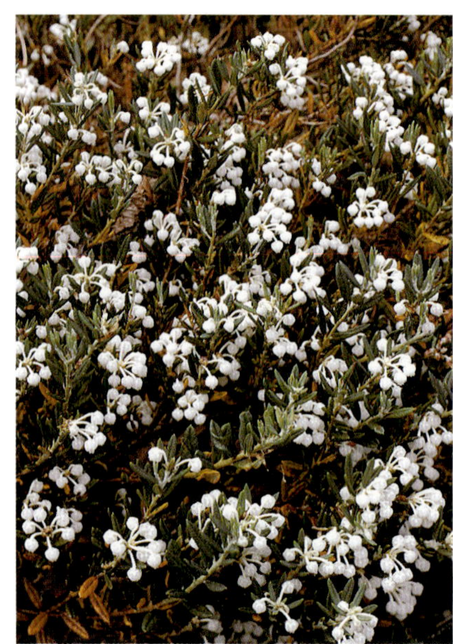

◁**Andromeda polifolia,** Kahle Rosmarinheide. Der zierliche, 10–20 cm hohe, wintergrüne Zwergstrauch ist in Mittel- und Nordeuropa, östlich bis Sibirien, in Nordamerika und Westgrönland eine Charakterpflanze der Torfmoos- und Heidemoore. Er braucht auch im Garten feuchte, luftkühle Standorte auf humosen, stark sauren, nährstoffarmen Böden. Das schwach verzweigte Sträuchlein breitet sich mit kriechenden Ästen und bogig aufsteigenden, bereiften Zweigen aus. Die linealischen, stark nach unten eingerollten, 1,5–3 cm langen Blätter sind oberseits dunkelgrün, unten silbern bis hellblau. Kugelig bis glockig sind die 8 mm langen, zartrosa Blüten, die von Mai–August erscheinen. In Mitteleuropa ist die in allen Teilen giftige Rosmarinheide als Eiszeitrelikt sehr selten geworden. Neben der Art werden auch Sorten wie 'Compacta', 'Compacta Alba' oder 'Nikko' kultiviert. Lb 1.1.1.7

△
Andromeda glaucophylla 'Latifolia', Behaarte Rosmarinheide, Ericaceae, Heidekrautgewächse. Wie die europäische Rosmarinheide, *A. polifolia,* ist auch *A. glaucophylla* eine Charakterpflanze sumpfiger Torfmoore. Ihre Verbreitung reicht von Grönland, Neufundland und Labrador bis Saskatchewan und südlich bis New Jersey, Indiana und Minnesota. Mit seinen weitstreichenden Ausläufern bildet der immergrüne Zwergstrauch 10–30 cm hohe Teppiche. Seine derbledrigen, am Rand stark eingerollten, 2–3,5 cm langen Blätter sind oberseits stumpf dunkelgrün, unten dicht weichfilzig behaart. Zur Blütezeit im Mai–Juni schmücken sich die zierlichen Sträucher mit zahlreichen kleinen, weißlichen, glockigen Blüten, die an den Zweigenden in nickenden Trauben sitzen. Statt der Art wird meist die Sorte 'Latifolia' gepflanzt, eine breitblättrige Selektion mit silberblauen Blättern. Lb 1.1.1.7

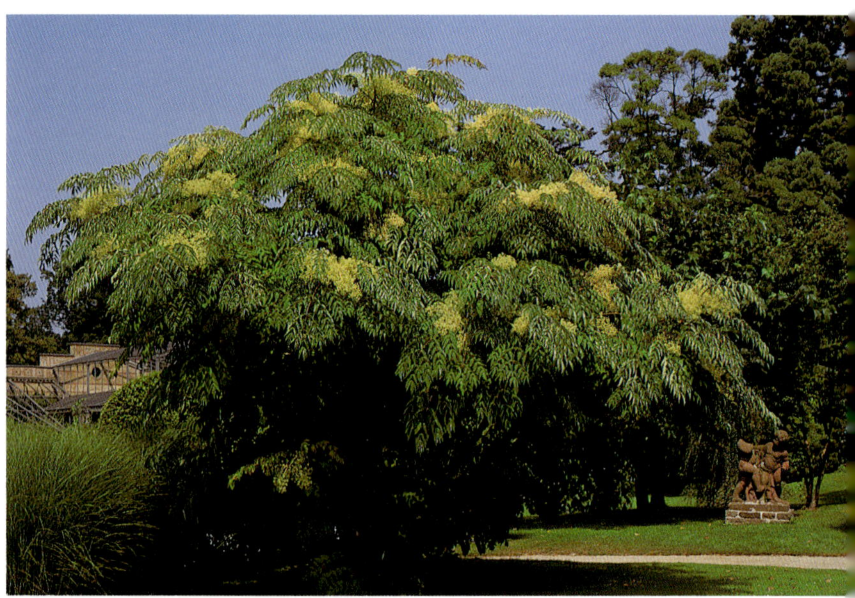

△
Aralia mandshurica, Japanischer Angelicabaum, Araliaceae, Araliengewächse. Das Verbreitungsgebiet von *A. mandshurica,* noch besser unter dem alten Namen *A. elata* bekannt, erstreckt sich über Japan, Korea, Sachalin und die Mandschurei. Der Japanische Angelicabaum ist ein ornamentaler, mehrstämmiger, dickastiger Großstrauch von 3–5 m Höhe. Seine nahezu schirmförmige Krone kann die gleiche Breite erreichen. An den stark bestachelten, dicken Trieben werden die doppelt gefiederten Blätter bis 1 m lang. Jedes Fiederblatt besteht aus 5–7 dünnen, 8–12 cm langen, eiförmigen oder elliptischen Blättchen, die mit breiten Zähnen entfernt gesägt und unterseits bläulich sind. Im August erscheinen an den Zweigenden die kleinen weißen Blüten in 30–40 cm breiten, vielfach verzweigten, rispenartigen Dolden. Daraus entwickeln sich rundliche, 3 mm dicke, schwarze Steinfrüchte. Lb 7.3.2.4

Aralia mandshurica 'Variegata'. Auch ▷ die weißbunte Form des Japanischen Angelicabaumes entwickelt sich zu einem stattlichen, mehrstämmigen und dicktriebigen Strauch mit großen, ornamentalen Fiederblättern. Wie bei der Art entwickeln sich aus den dicken, fleischigen, flach ausgebreiteten Wurzeln Ausläufer. Mit einer Höhe von 3 und einer Breite von etwa 2 m bleibt die Form kleiner als die grünlaubige Art. In ihrer schirmförmigen Anordnung, in ihrer Größe und Textur gleichen die Blätter denen der Art. Die bis 12 cm langen, dunkelgrünen Blättchen sind aber sehr unregelmäßig weiß gerandet und dadurch sehr auffällig. Auch bei der Form erscheinen im August–September die kleinen, stark von Insekten angeflogenen Blüten in sehr großen, endständigen Rispen. Beide sind hervorragende Solitärsträucher, sie gedeihen am besten in einem gepflegten, frischen Boden. Lb 7.3.5.4

◁ **Arctostaphylos uva-ursi,** Gemeine Bärentraube, Ericaceae, Heidekrautgewächse. Im Flachland besiedelt die Bärentraube vor allem lichte Kiefernwälder, im Hochgebirge Lärchen-, Arven- und Legföhrenbestände, oberhalb der Waldgrenze kommt sie in Zwergstrauchheiden vor. Ihre zirkumpolare Verbreitung reicht von Südeuropa bis nach Nordamerika. Der immergrüne Spalierstrauch bildet mit zähen, rotbraunen Ästen und dicht beblätterten, aufwärtsgebogenden Zweigen dichte Teppiche. Die derbledrigen, spatelförmigen Blätter sind 1-3 cm lang und glänzend dunkelgrün. Im April–Mai öffnen sich an den Zweigenden die 5-6 mm langen, urnenförmigen, weißen, zur Spitze hin rosa gefärbten Blüten. Die erbsengroßen, kugeligen, mehlig-fleischigen Früchte sind zur Reife glänzend rot gefärbt. Die Bärentraube wird in der Roten Liste als »stark gefährdet« geführt und ist deshalb geschützt. Lb 8.2.3.6

Aronia arbutifolia, Filzige Apfelbeere, Rosaceae, Rosengewächse. Das östliche Nordamerika ist die Heimat von *A. arbutifolia.* Der sommergrüne, 1,5-2 m hohe Strauch wächst mit aufrechter bis übergeneigter Verzweigung sehr locker. Schmal-elliptisch bis elliptisch sind die 4-8 cm langen, oberseits tiefgrünen und kahlen, unten dicht filzig behaarten Blätter, die sich im Herbst brennend rot färben. Die etwa 1 cm breiten, rötlichweißen Blüten haben 5 abstehende Kronblätter, sie stehen im Mai–Juni zu 9-20 in kleinen Doldenrispen zusammen. Blütenstiele und Kelchblätter sind anfangs dicht filzig behaart. Die rundlichen, 4-7 mm dicken, leuchtend roten Apfelfrüchte reifen im August–September, sie bleiben bis zum Dezember hängen. Die Filzige Apfelbeere ist mit der auffälligen Herbstfärbung und dem lange haftenden Fruchtschmuck ein attraktiver Zierstrauch. Lb 1.2.2.5 ▷

△ **Aristolochia macrophylla,** Amerikanische Pfeifenwinde, Aristolochiaceae, Osterluzeigewächse. Aus den sommerwarmen Laubwäldern des östlichen Nordamerika stammt *A. macrophylla.* Die üppige, sommergrüne, linkswindende Liane windet sich bis 10 m hoch. Ihre Triebe sind auffallend dunkelgrün gefärbt. Fast subtropisch wirken die großen, 10-30 cm langen, nierenförmigen, an der Basis herzförmigen, dunkelgrünen Blätter. Im Mai öffnen sich die eigenartigen Blüten einzeln oder paarweise in den Blattachseln. Sie sind pfeifenartig gebogen, am Grunde bauchig erweitert, 3 cm lang, am purpurbraunen Saum 2,5 cm breit, außen gelbgrün gefärbt und im Mund punktiert und gestreift. Die Blüten sind als sogenannte Kesselfallen ausgebildet. In ihnen werden kleine Insekten für kurze Zeit gefangen gehalten, ein Entkommen wird ihnen erst nach der Bestäubung ermöglicht. Lb 2.4.6.9

Aronia melanocarpa, Schwarzfrüchtige ▷ Apfelbeere. Der schwach Ausläufer treibende Strauch stammt aus dem östlichen Nordamerika. Er wird mit seinen aufrechten, im Alter etwas übergeneigten Trieben 1-2 m hoch. An fast kahlen Trieben trägt er elliptische bis breit-elliptische, 2-6 cm lange, glänzend grüne Blätter, die sich im Herbst früh braunrot färben. Im Mai sitzen die etwa 1,5 cm breiten, reinweißen Blüten zu 10-20 in Doldenrispen zusammen. Ab September färben sich die 6-8 mm dicken, zur Reife glänzend schwarzen, eßbaren Früchte, die nicht selten rasch von Vögeln gefressen werden. Dank ihres starken Färbevermögens werden die Früchte seit einigen Jahren industriell zu Färbesäften und zu Halbfabrikaten für die Süß- und Backwarenindustrie verarbeitet. Das gilt vor allem für großfrüchte, reichtragende Sorten wie 'Nero' (Foto), 'Sarina' und 'Viking'. Lb 4.2.2.5

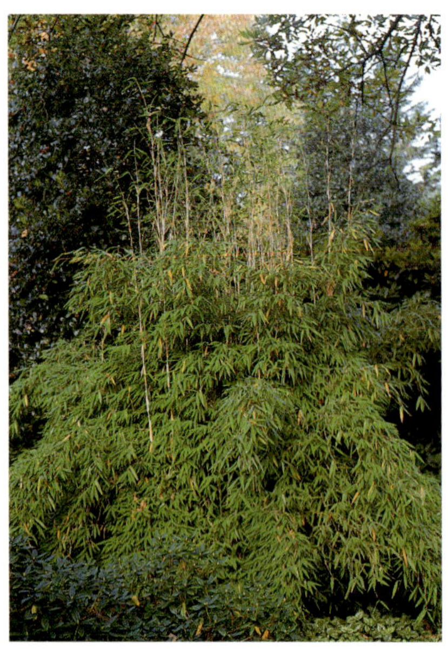

◁ **Arundinaria spathacea** (= *Arundinaria murielae, Fargesia spathacea, Thamnocalamus spathaceus, Sinarundinaria murielae*), *Bambus*, Gramineae, Gräser. Die sommerwarmen, humiden Laubwälder im mittleren China sind die Heimat von *A. spathacea,* die unter verwirrend vielen Namen in Kultur ist. Je nach Klon wird diese horstig wachsende Art 1,5–4 m hoch. Ihre Halme können einen Umfang von 4 cm erreichen. Sie sind grünlich mit Weiß und unter jedem Knoten wachsartig bereift, sie wachsen zunächst aufrecht und neigen sich später über. Die Halmscheiden sind knapp so lang wie die Internodien, sie sind anfangs grünlichpurpurn und flaumig behaart, verkahlen später und werden strohgelb. Die zahlreichen Seitenzweige entstehen im 1. Jahr. Die Blätter sind bis 15 cm lang und 2 cm breit, häufig aber kleiner. Blattscheiden und Blattstiele sind in der Sonne purpurn gefärbt. Lb 2.3.5.5

Aucuba japonica 'Variegata', Aukube, Cornaceae, Hartriegelgewächse. Von Japan bis zum Himalaja reicht das Verbreitungsgebiet von *A. japonica,* einem immergrünen, 2–2,5 m hohen, dicktriebigen Strauch, der bei uns nur selten in seiner natürlichen Art in Kultur ist. Meist werden Sorten mit gelb panaschierten Blättern kultiviert, vor allem 'Variegata', deren Blätter mit ungleich großen, gelben Flecken dicht punktiert sind. Auch Sorten wie 'Crotonifolia' und 'Picturata' haben gelb panaschierte Blätter, während sich 'Rozannie' durch grüne Blätter und zahlreiche große Früchte auszeichnet. Alle tragen an gabelig verzweigten Trieben dicke, ledrige, glänzende, 8–20 cm lange Blätter. Die kleinen, purpurbraunen Blüten sind recht unscheinbar. Von erheblichem Schmuckwert sind dagegen die 1,2–1,5 cm dicken, scharlachroten, oft sehr lange haftenden Steinfrüchte. Lb 6.3.4.5

▽

Berberis aggregata, Knäuelfrüchtige Berberitze, Berberidaceae, Berberitzengewächse. Aus den chinesischen Provinzen Gansu und Sichuan kam die sommergrüne *B. aggregata* nach Europa. Sie ist ein kleiner, 50–70 cm hoher Strauch mit stark kantigen Trieben und dünnen, 3teiligen Dornen. Die stachelig gezähnten Blätter sind verkehrt-eiförmig, 1–2,5 cm lang, oberseits mittelgrün, unten bläulich und im Herbst gelb bis rot gefärbt. In großer Fülle erscheinen im Juni die hellgelben, 6 mm breiten Blüten in kurzen, dichten, fast kugeligen Rispen. Die rundlichen, 6–7 mm dicken Früchte sind anfangs gelblichweiß, zur Reife zinnoberrot gefärbt und bereift. Der regelmäßig und sehr reich fruchtende Strauch behält seine Früchte bis weit in den Herbst. Die *B. aggregata* var. *prattii* ist in allen Teilen größer als die Art, sie ist wertvoll durch ihren reichen Fruchtansatz. Lb 6.3.2.6

▽

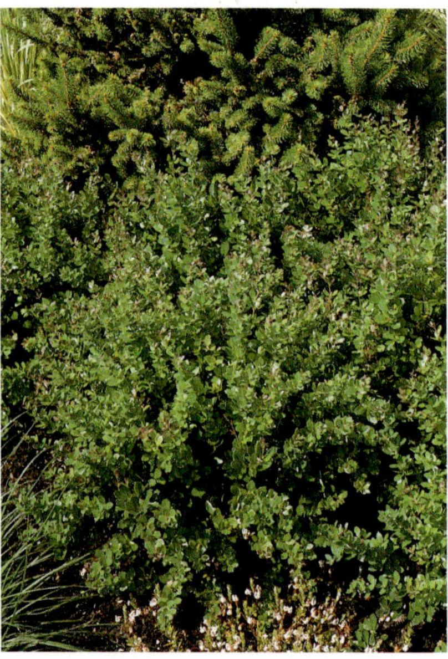

◁ **Berberis buxifolia 'Nana',** Buchsblättrige Berberitze. Die natürliche Art, ein immergrüner, 1–3 m hoher, aufrechter, aufgelockerter Strauch, ist in Chile und Argentinien heimisch und bei uns nur selten in Kultur. Häufig wird dagegen die zwergig wachsende 'Nana' kultiviert. Sie bildet mit drahtartig dünnen, rötlichbraunen Trieben einen schwachwachsenden, sehr dichtbuschigen rundlichen Zwergstrauch aus, der etwa 80 cm hoch und breit wird. Die etwas ledrigen, dunkelgrünen, rötlich gerandeten Blätter sind 1–2 cm lang. Erst nach mehreren Standjahren, die der kleine Strauch ohne Frostschäden und Rückschnitt überstanden haben muß, erscheinen die leuchtend orangegelben 1–1,6 cm breiten, nickenden Blüten, die zu 1–2 an langen Stielen stehen. Die Blütezeit liegt im Mai. Die schwarzroten, blau bereiften Früchte werden nur selten ausgebildet. Lb 7.3.2.6

◁ **Berberis candidula,** Schneeige Berberitze. Aus den Bergwäldern der westchinesischen Provinz Hubei stammt *B. candidula.* Der immergrüne Strauch baut sich mit leicht abwärts gebogenen Zweigen zu einem dichten Kleinstrauch auf, der bei einer Höhe von etwa 1 m die doppelte Breite erreichen kann. Im Gegensatz zur habituell ähnlichen *B. verruculosa* sind hier die Zweige nur locker mit schwärzlichen Warzen bedeckt. Die 3teiligen, hellgelben Dornen werden bis 2 cm lang. Die elliptischen, 1,5–3 cm langen Blätter sind am Rand eingerollt, sie sind oberseits hellgrün und stark glänzend, unten schneeweiß gefärbt. Die goldgelben, etwa 1,5 cm breiten, meist einzeln stehenden Blüten sind oft etwas unter dem Laub versteckt. Die elliptischen, blauschwarzen, stark bereiften Früchte sind ohne Zierwert. Als besonders winterhart gilt die schmalblättrige Sorte 'Jytte'. Lb 7.1.5.6

Berberis gagnepainii var. lanceifolia. ▷ Die typische, in der chinesischen Provinz Sichuan heimische Art ist nicht in Kultur, sondern nur die *B. gagnepainii* var. *lanceifolia.* Sie ist ein immergrüner, 1,5–3 m hoher und gleich breiter, reich verzweigter Strauch mit aufrechten Grundästen und übergeneigten Zweigen. Die gelben, leicht behaarten, runden Triebe sind mit sehr dünnen, 3teiligen Dornen bewehrt, sie tragen lanzettliche, 3–10 cm lange Blätter, die am leicht gewellten Rand jederseits 6–20 vorwärts gerichtete Stachelzähne haben. Oberseits sind die Blätter stumpfgrün, unten glänzend gelbgrün. In stark verkürzten, deshalb büscheligen Trauben stehen im Mai–Juni 3–7 etwa 1 cm breite, leuchtend goldgelbe Blüten. Die etwa 1 cm langen, eiförmigen Früchte sind blauschwarz bereift. Die sehr winterharte Sorte zeichnet sich durch einen lockeren, gefälligen Habitus aus. Lb 6.4.4.6

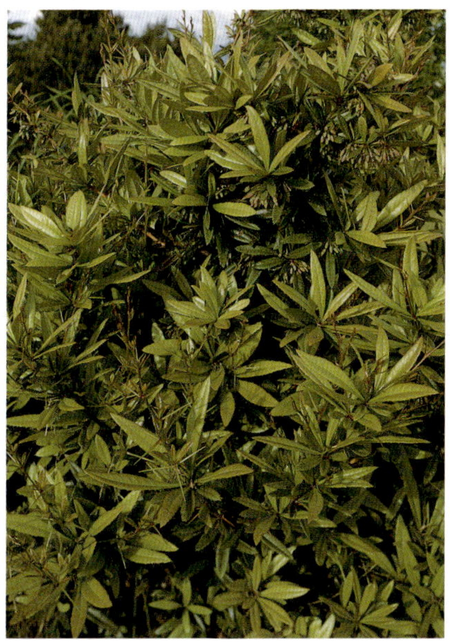

△ **Berberis × frikartii.** Die beiden immergrünen Arten *B. candidula* und *B. verruculosa* sind die Eltern dieser Hybride, die zuerst bei K. Frikart in Stäfa, Schweiz, gefunden wurde und die den Namen 'Stäfa' trägt. Später kamen weitere Sorten hinzu. Sie entwickeln sich zu 1–1,5 m hohen, dichten Sträuchern, deren bräunlichgelbe Triebe mehr oder weniger dicht warzig behaart sind. Die Blätter sind elliptisch, 1,5–3,5 cm lang, tragen jederseits 2–4 scharfe Zähne und sind am Rand oft eingerollt. Oberseits sind die derbledrigen Blätter glänzendgrün, unten grauweiß gefärbt. Im Mai–Juni erscheinen die hellgelben Blüten, die oft vorzeitig abfallen. Die eilänglichen Früchte sind blauweiß bereift. Neben 'Stäfa', dem besonders winterharten Typ dieser Hybride, werden auch Sorten wie 'Amstelveen', 'Telstar' und 'Verrucandi' kultiviert, sie werden alle kaum mehr als 1 m hoch. Lb 9.4.5.6

◁ **Berberis hookeri,** Hookers Berberitze. *B. hookeri* ist ein immergrüner Strauch, der in höheren Berglagen vom Himalaja, von Nepal, Sikkim, Assam und Bhutan, sowie in China vorkommt. Der bis 1,5 m hohe und gleich breite, steif aufrechte, dichttriebige Strauch hat erst im Alter leicht überhängende Zweige. Seine braunen Triebe sind kantig, die bis 3 cm langen, starken Dornen 3teilig. Seine elliptisch-lanzettlichen, 3–7 cm langen Blätter tragen jederseits 7–15 nach vorn gerichtete Stachelzähne. Die dünnen, ledrigen Blätter sind oberseits glänzend dunkelgrün, unten mehr oder weniger weißlich. Die schwefelgelben, 1,5–2 cm breiten Blüten stehen im Mai zu 2–6 in stark verkürzten, büscheligen Doppeltrauben. Die länglichen, bis 1,5 cm langen, schwarzpurpurnen Früchte sind nicht oder nur wenig bereift. Eine der gärtnerisch wichtigsten immergrünen Arten. Lb 6.3.4.5

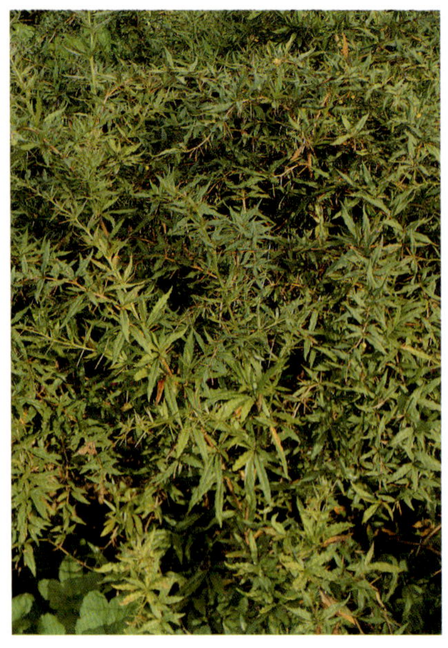

◁ **Berberis × hybrido-gagnepainii.** Zu dieser Hybride (*B. gagnepainii × B. verruculosa*) gehören einige gärtnerisch wichtige Sorten, die in ihren Merkmalen zwischen den Eltern stehen. Die immergrünen Sträucher können mannshoch werden. Ihre schmalen, elliptisch-lanzettlichen Blätter sind 2–6 cm lang, oberseits dunkelgrün und unten grünlichweiß bereift, sie haben am Rand jederseits 3–12 abstehende Stachelzähne. Die etwa 1,5 cm breiten, einzeln stehenden Blüten sind intensiv gelb gefärbt, sie blühen im Mai auf. Die länglichen, schwarzen Früchte sind blau bereift. 'Barmstedt' ist eine schwachwüchsige Sorte mit ziemlich kleinen, glänzend dunkelgrünen Blättern. 'Chenault' (Foto) ist die am häufigsten kultivierte Sorte dieser Gruppe, ein 1,5 m hoher und bis 2 m breiter Strauch mit schmal-ovalen, 3–5 cm langen, stark glänzenden, dornig gezähnten Blättern. Lb 9.2.5.6

Berberis julianae, Julianes Berberitze. In den Bergwäldern der chinesichen Provinzen Sichuan und Hubei hat *B. julianae* ihre Heimat. Der immergrüne, aufrechte, dicht verzweigte Strauch wird 2–4 m hoch, im Alter sind seine Zweige außen bogig übergeneigt. Die leicht kantigen Triebe sind bräunlichgelb, die bis 4 cm langen Dornen 3teilig. Elliptisch bis verkehrt-eiförmig und 5–9 cm lang sind die derben, ledrigen, oberseits glänzend dunkelgrünen, unten helleren und deutlich netznervigen Blätter, die jederseits mit 15–30 abstehenden, begrannten Sägezähnen ausgerüstet sind. Ein Teil der Blätter färbt sich im Herbst hochrot. Reingelb und bis 12 mm breit sind die Blüten, die im April–Mai zu 8–15 in Büscheln sitzen. Die elliptischen, 7–8 mm langen Früchte sind blauschwarz und bereift. Die besonders frostharte Art wird nicht selten als Heckenpflanze verwendet. Lb 6.3.4.5

▽

Berberis × lologensis 'Apricot Queen'. Die immergrüne Hybride (*B. darwinii × B. linearifolia*) wurde 1927 zwischen ihren Eltern am Lologsee in Argentinien gefunden. Sie wächst zu einem kaum mehr als 1 m hohen, locker aufgebauten Strauch heran. Die kaum gefurchten Triebe sind graubraun, die 3teiligen Dornen kurz. Die Blätter sind rhombisch-elliptisch, 1–4,5 cm lang, am Rand meist stark gewellt und etwas umgebogen, oberseits glänzend grün und unten blaugrün. Die jederseits 1–5 abstehenden Stachelzähne sind sehr ungleich verteilt. Tief orangegelb und außen rötlich gefärbt sind die Blüten, die im Mai zu 3–8 in hängenden Doldentrauben stehen. Gedeiht am besten in sommerwarmen, wintermilden Lagen und braucht bei strengem Frost Winterschutz. 'Apricot Queen' wächst straffer aufrecht als die ursprüngliche Hybride, ihre Blüten sind schön orange gefärbt. Lb 7.2.4.6

▽

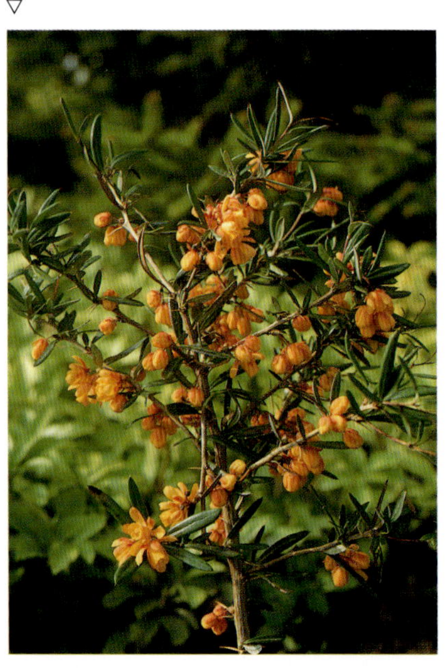

Berberis × media 'Parkjuwel'. 'Parkjuwel' gilt als Typ dieser Hybride (*B. × hybrido-gagnepainii × B. thunbergii*). Der halbimmergrüne Strauch bildet rundliche, geschlossene, 1,5–2,5 m hohe Büsche, die meist breiter sind als hoch. Die Zweige sind rot- bis graubraun und gefurcht, die rotbraunen, glänzenden, bis 2,5 cm langen Dornen 1- bis 3teilig. Die Blätter sind länglich-eiförmig, 2–4 cm lang, haben jederseits 3–4 Zähne, sind oberseits glänzend dunkelgrün und unten blaugrün. Die gelben Blüten erscheinen im Mai einzeln oder zu 4 in kleinen Büscheln. Die kleinen, länglichen Früchte sind schwarz gefärbt. 'Red Jewel' ist ein Abkömmling von 'Parkjuwel'. Die Sorte unterscheidet sind von 'Parkjuwel' im wesentlichen durch etwas breitere Blätter, die zunächst metallisch glänzend bronzefarben bis rotbraun sind und später mehr oder weniger vergrünen. Lb 9.1.2.6 ▷

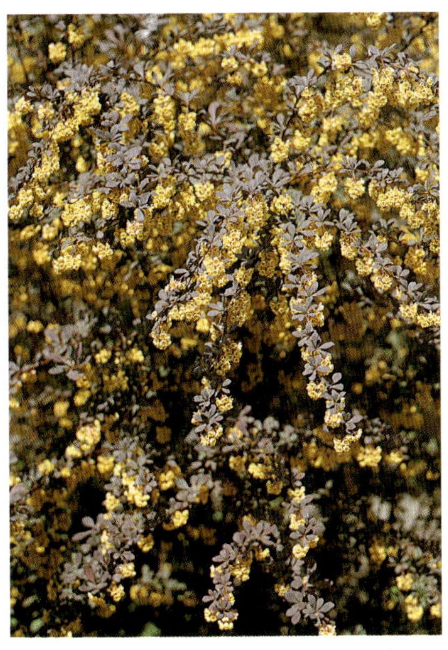

◁ **Berberis × ottawensis 'Superba'.** Seitdem die rotlaubige 'Superba' in Kultur ist, wird die ursprüngliche, grünlaubige Hybride (*B. thunbergii × B. vulgaris*) kaum mehr kultiviert. 'Superba' ist ein sommergrüner, starkwüchsiger, 3–4 m hoher, dichter Strauch mit aufrechten Ästen und übergeneigten Seitenzweigen. Die rotbraunen Triebe tragen 1- oder 3teilige Dornen. Die rundlichen Blätter sind 5 cm lang, beständig tief dunkelrot gefärbt und von einem bläulich-metallischen Glanz überzogen. Sie färben sich im Herbst leuchtend orange bis hellrot. In großer Fülle erscheinen im Mai die 1 cm breiten, gelben, rot überhauchten Blüten in hängenden Dolden. Die hellroten Früchte bleiben bis zum Winter haften. Aus Frankreich kam mit 'Auricoma' eine neue, zierlicher wachsende Sorte, deren Blätter intensiv purpurrot gefärbt sind, besonders an jungen Trieben. Lb 9.2.3.5

Berberis × stenophylla. Die südamerikanischen Arten *B. darwinii* und *B. empetrifolia* sind die Eltern dieser immergrünen Hybride, die mit ihren locker ausladenden, weitbogig überhängenden Zweigen sicher die eleganteste Erscheinung unter den immergrünen Berberitzen ist. Sie erreicht Höhen von 2–3 m und kann deutlich breiter werden. Ihre rotbraunen Zweige tragen spitze, 3teilige Dornen. Schmal-lanzettlich bis lanzettlich sind die zierlichen, 1–2,5 cm langen, oberseits glänzend dunkelgrünen, unten bläulichweißen Blätter mit den umgerollten Rändern. Im Mai bedeckt eine so große Blütenfülle den Strauch, daß die Blätter kaum mehr zu sehen sind. Die 1,2 cm breiten Blüten sind goldgelb bis orange, in der Knospe gelegentlich rötlich gefärbt, sie sitzen bis zu 14 in kurzen Doldentrauben. Mit 'Crawley Gem' und 'Irwinii' sind auch schwachwachsende Sorten in Kultur. 7.2.4.5
▽

Berberis verruculosa, Warzige Berberitze. Aus den Gebirgswäldern der chinesischen Provinz Sichuan stammt *B. verruculosa,* ein immergrüner, 1–1,5 m hoher Strauch von kugeligem bis breit-aufrechtem Habitus und bogig übergeneigten Seitenzweigen. Die 2jährigen Zweige sind dicht mit braunen, später schwarzbraunen Warzen bedeckt. Die braunen Dornen sind 3teilig und 1–2 cm lang. Die ledrigen, an den Rändern stark gewellten und etwas umgebogenen Blätter sind elliptisch, 1,5–2,5 cm lang, oberseits glänzend dunkelgrün und unten weißlichblau. Im Herbst färben sich einzelne Blätter oder alle Blätter kleiner Zweigabschnitte scharlachrot. Einzeln oder zu 2 sitzen im Mai die großen, bis 2 cm breiten, hellgelben Blüten an den Zweigen. Die Früchte sind länglich-eiförmig, tief purpurn und blau bereift. Gehört zu den schönsten und wertvollsten immergrünen Arten. Lb 7.1.5.6
▽

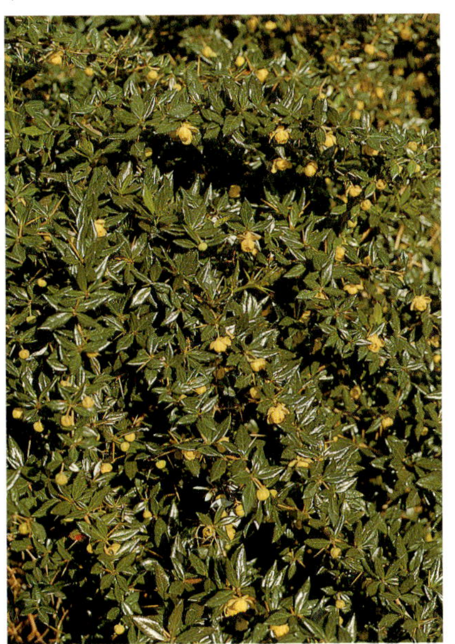

Berberis vulgaris, Gewöhnliche Berberitze, ▷ Sauerdorn. Von West-, Mittel-, Süd- und Südosteuropa bis zur Krim und zum Kaukasus reicht das Verbreitungsgebiet des Sauerdorns. Der sommergrüne, 2–3 m hohe Strauch wächst mit übergeneigten Zweigen sparrig und ausladend. Verkehrt-eiförmig oder spatelförmig sind die 3–6 cm langen Blätter mit ihrem grannig gezähnten Blattrand und der frischgrünen Blattspreite, die sich im Herbst orangerot verfärbt. In reicher Fülle erscheinen im Mai die gelben, duftenden Blüten in kurzen Trauben. Die scharlachroten, elliptischen, 10–12 mm langen Früchte sind eßbar. Sie enthalten Apfelsäure und reichlich Vitamin C. Früher wurden sie häufiger zur Herstellung von Marmeladen, Fruchtsäften und Obstwein verwendet. Der Sauerdorn ist Zwischenwirt des Getreiderostes, das früher gültige Anbauverbot ist nicht mehr in Kraft. Lb 9.1.3.5

◁**Berberis thunbergii,** Thunbergs Berberitze. Das natürliche Verbreitungsgebiet von *B. thunbergii* sind die sommergrünen Laubwälder Japans. Die sommergrüne Art wächst zu einem etwa 2 m hohen, dicht verzweigten Strauch mit übergeneigten, kantigen, rotbraunen Trieben heran. Sehr variabel sind die verkehrt-eiförmigen bis spatelförmigen, 1–2 cm langen Blätter. Sie sind oberseits hellgrün, unten bläulich und im Herbst prachtvoll scharlachrot bis orange gefärbt. Die etwa 1 cm breiten, gelben Blüten sind außen oft etwas gerötet, sie sitzen einzeln oder zu 2–5 in kurzen Dolden. Die Blütezeit liegt im Mai. Besonders dekorativ ist der Strauch im Herbst mit seinen zahlreichen, bis in den Winter haftenden, leuchtend roten Früchten. Zu der sehr variablen Art gehören zahlreiche gärtnerisch wichtige Sorten, die in Laubfärbung und Habitus vom Typ abweichen.
Lb 9.3.4.6

Berberis thunbergii-Sorten

'Artropurpurea Nana'

'Aurea'

'Hellmond Pillar'

'Kobold'

'Red Chief'

'Rose Glow'

◁ **Betula albosinensis,** Chinesische Birke, Betulaceae, Birkengewächse. In den höheren Lagen der chinesischen Provinzen Shaanxi, Westyunnan, Gansu und Sichuan kommt diese attraktive Birkenart vor. Sie wächst zu einem sehr grazilen, 10–20 m hohen Baum heran, der an seiner Stammfärbung leicht von anderen Arten zu unterscheiden ist. Die dünn abrollende Rinde ist bis in die Äste hinein auffällig orange bis rotorange gefärbt und meist weißlich bereift. Das eigenartige Stammbild bleibt lange erhalten. Eiförmig bis länglich-eiförmig sind die 5–8 cm langen, lang zugespitzen und an der Basis meist abgerundeten Blätter. Sie sind unregelmäßig doppelt gesägt, oberseits gelbgrün und unten heller. Im Herbst schmückt sich der Baum mit einer leuchtend gelben Blattfärbung. Mit seiner geringen Höhe und der schlanken Krone ist die Art auch für den Hausgarten geeignet. Lb 4.2.3.3

Betula alleghaniensis, Gelb-Birke. In den Laubwäldern des östlichen Nordamerika, von Neufundland südlich bis Georgia und Tennessee, ist die Gelb-Birke ein Baum höherer, kühler Gebirgslagen. Sie kann eine Höhe von 20–25 m erreichen und entwickelt eine breite Krone. Die gelbbraune bis glänzend graubraune, an einen Kirschenstamm erinnernde Rinde rollt in krausen, lange haftenden Streifen ab. Die Gelb-Birke unterscheidet sich von anderen Arten u.a. durch den beim Ankratzen der Rinde sich bemerkbar machenden aromatischen Duft und durch den bitteren Geschmack der Rinde, der an amerikanische Zahnpaste erinnert. Die Blätter sind eiförmig bis länglich-eiförmig, 6–11 cm lang, vorne spitz und an der Basis abgerundet oder herzförmig. Sie sind am Rand scharf doppelt gesägt und beiderseits stumpfgrün. Im Herbst färben sich die Blätter früh lebhaft gelb. Lb 3.3.4.2
▽

Betula ermanii, Gold-Birke. Das natürliche Vorkommen der Gold-Birke erstreckt sich in Ostasien über Japan, die Kurilen, Sachalin und Kamtschatka bis nach Korea. Der 15–20 m hohe Baum wächst vom Boden an oft mehrstämmig oder trägt auf einem kurzen Stamm eine breite, aufgelockerte Krone. Schon an jungen, armdicken Bäumen ist der Stamm auffallend cremeweiß gefärbt, die äußeren Rindenschichten rollen ganz dünn ab. Der Stamm behält lange sein attraktives Rindenbild. Die Blätter sind breit-eiförmig, 5–8 cm lang, lang zugespitzt, an der Basis gestutzt bis herzförmig und grob gesägt, sie sind oberseits glänzend dunkelgrün, unten fein blaßbraun behaart und mit Achselbärten versehen. Die leuchtend goldgelbe Herbstfärbung setzt schon früh ein. Gehört mit dem dekorativen Stamm und der prachtvollen Herbstfärbung zu den attraktivsten Birken unserer Gärten. Lb 8.1.3.2
▽

Betula humilis, Strauch-Birke. Auf feuchten, nährstoffarmen Torfböden, auf Zwischenmooren und Flachmoorwiesen im norddeutschen Tiefland, dem nördlichen Voralpengebiet, in den Alpen und vom Altai bis Kamtschatka ist die Strauch-Birke verbreitet. Der vom Boden an verzweigte Strauch wird kaum mehr als mannshoch, kann auf nährstoffarmen Böden auch niedriger bleiben. Elliptisch, eiförmig oder verkehrt-eiförmig sind die 1–3,5 cm langen, an der Basis keilförmigen, ungleich grob gesägten und beiderseits mittelgrünen, kahlen Blätter, deren gelbe Herbstfärbung ohne besonderen Zierwert ist. *B. humilis* ist neben der Sand-, Moor- und Zwerg-Birke die vierte heimische Birkenart. Sie ist außerordentlich frosthart und anspruchslos. In naturnahen Gärten kann sie auf feuchten und nährstoffarmen Böden, etwa in einem Heidegarten oder Moorbeet einen Platz finden. Lb 1.1.1.6 ▷

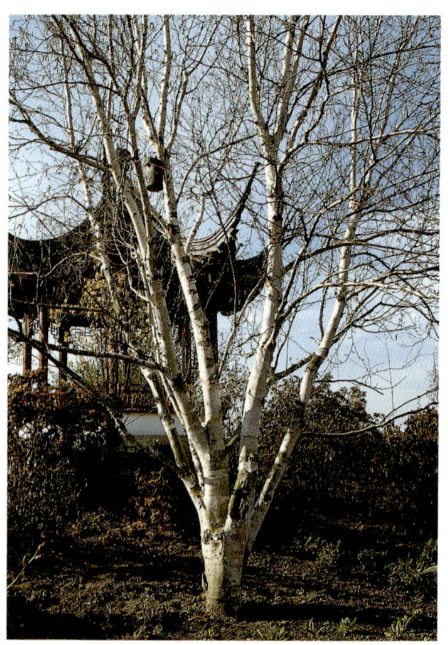

◁ **Betula jacquemontii,** Weißrindige Himalaja-Birke. Aus dem westlichen Himalaja stammt diese Art, die früher oft unter dem Namen *B. utilis* geführt wurde und neuerdings auch unter dem Namen *B. utilis* 'Doorenbos' zu finden ist. Der 10–20 m hohe, oft vom Boden an mehrstämmige Baum baut mit anfangs trichterförmig ansteigenden Ästen eine zunächst kegelförmige, später aufgelokkerte Krone auf, in der die Seitenzweige überhängen. Schon an armdicken Stämmen zeigt sich die glatte, glänzende Rinde, die das reinste Weiß aller Bäume hat. Bis auf die Zeit des Ablösens breiter Rindenpartien ist die Stammoberfläche glatt und reinweiß, nur stellenweise rahmweiß getönt. Eiförmig sind die 7–8 cm langen, spitzen, unregelmäßig gesägten Blätter, sie sich im Herbst schön gelb verfärben. Die ungewöhnlich helle Stammfarbe verleiht dieser Birke ihren besonderen Reiz. Lb 7.2.3.2

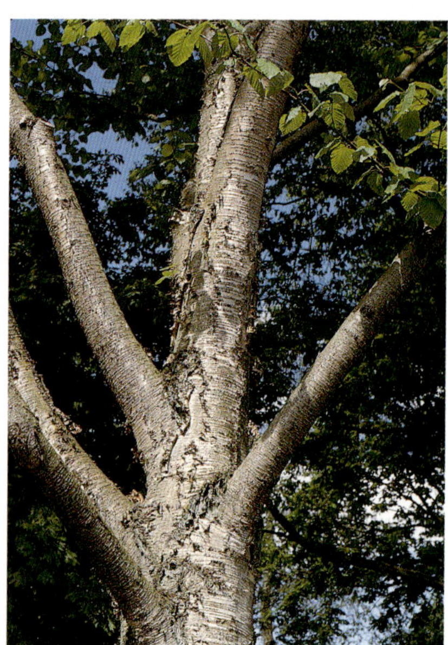

△
Betula maximowicziana, Lindenblättrige Birke. Im nördlichen und mittleren Japan und auf den Kurilen ist die Lindenblättrige Birke zu Hause. Der raschwüchsige Baum gehört mit seiner Wuchshöhe von 20–30 m zu den stattlichsten Birken. Anfangs ist der Wuchs regelmäßig kegelförmig, später werden mit unregelmäßig gestellten Ästen ausladende Kronen aufgebaut. Die Triebe sind glänzend braun, kahl und warzig. Die Rinde ist an jungen Bäumen orangebraun, später nur grau bis weißlich-orange, die äußeren Schichten rollen dünn ab. Vergleichsweise groß und lindenblättrig sind die 8–16 cm langen, zugespitzten, an der Basis tief herzförmigen, doppelt gesägten Blätter. Sie sind oberseits dunkel mattgrün und färben sich im Herbst goldgelb. Die stattliche Birke hat zwar keinen attraktiven Stamm, ist dafür aber mit unverwechselbaren Blättern prachtvoll belaubt. Lb 7.2.2.1

△
Betula nana, Zwerg-Birke. Das Verbreitungsgebiet der Zwerg-Birke reicht von Mittel- und dem arktischen Europa bis nach Sibirien und zum nördlichen Nordamerika, nach Süden über die Höhenlagen der Mittelgebirge bis zu den Alpen. Sie siedelt in offenen Hoch- und Kiefernmooren, an moorigen Standorten und in Zwergstrauchheiden auf nassen, nährstoffarmen, sauren Torfböden. Der niederliegend-aufstrebende Strauch wird 50–100 cm hoch. Seine jungen Triebe sind anfangs feinfilzig behaart, später kahl und grau bis glänzend rotbraun. Die kaum abblätternde Borke ist schwarzgrau gefärbt. Charakteristisch sind die runden, 5–15 mm breiten, oberseits glänzend dunkelgrünen, unten netznervigen, am Rand grob gekerbten Blätter. Im Norden und im Gebirge färben sie sich im Herbst gelborange bis leuchtend rot. Der zierliche Strauch paßt gut in jeden Heidegarten. Lb 1.1.1.7

Betula nigra, Schwarz-Birke. Feuchte, zeitweise überflutete Standorte an Flüssen und Sümpfen im östlichen Nordamerika sind die natürlichen Lebensräume der Schwarz-Birke. Sie gedeiht in Kultur aber auch auf weniger feuchten Böden. Der oft vom Boden an mehrstämmig gezogene Baum wird 10–20 m hoch. Er hat im Alter eine lockere, zierliche Krone mit überhängenden Zweigen. An jungen Bäumen ist die Rinde schön rot- bis gelbbraun gefärbt, sie rollt sich in dichten Kräuseln auf. Mit zunehmendem Alter des Baumes wird die Borke dunkler, sie ist zuletzt grob gefurcht, hart und schwarz. Die Blätter sind rauten- bis eiförmig, 4–9 cm lang, doppelt gesägt oder schmal gelappt, oberseits glänzend grün, unten blaugrün und auf den Nerven bleibend behaart. Die Herbstfärbung ist leuchtend gelb. Die Schwarz-Birke ist mit ihrem interessanten Stamm eine ausgesprochene Jugendschönheit. Lb 2.1.3.2 ▷

◁ **Betula papyrifera,** Papier-Birke. An reich bewaldeten Hängen, Flußufern und Seen stockt die Papier-Birke in Nordamerika von Neufundland, Labrador und Alaska südlich bis Pennsylvania, Südcarolina, Nevada, Montana und Oregon oft in Reinbeständen. Der stattliche Baum kann Höhen von 20–25 m erreichen. Mit geradem Stamm und aufstrebenden Ästen wird zunächst eine kegelförmige, später eine unregelmäßige, aufgelokkerte Krone aufgebaut. Die Rinde ist bis in die Wipfeläste blendend weiß mit rahmfarbenen, rosa oder blaßrosa Stellen, sie löst sich in breiten, papierartigen Lappen. Am Fuß alter Stämme ist die Borke rissig und dunkel. Breit-eiförmig und etwas derb sind die 5–11 cm langen, zugespitzten, grob doppelt gesägten, oberseits mattgrünen und kahlen, unten helleren und mit Achselbärten ausgestatteten Blätter, die sich im Herbst leuchtend goldgelb färben. Lb 2.4.4.1

△ **Betula pendula,** Sand-Birke. Die Sand-Birke hat in Europa, Sibirien, Kleinasien, dem Kaukasus und Nordiran eine weite Verbreitung. Sie ist ein Pioniergehölz auf Kahlschlägen und Brachflächen und besiedelt gern lichte Wälder, Moore und Heiden. Der raschwüchsige, 10–15 m hohe Baum hat eine lokkere Krone mit ausgebreiteten Hauptästen und oft lang herabhängender Verzweigung. Die Triebe sind dicht mit warzigen Harzdrüsen, später mit zahlreichen Korkwarzen bedeckt. Die anfangs glänzend hellbraune Rinde wird später weiß, bis auf die Stammbasis, die eine schwarze, tiefgefurchte Borke hat. Die zunächst klebrigen, 4–7 cm langen, früh austreibenden Blätter sind rautenförmig bis 3eckig, lang zugespitzt, regelmäßig doppelt gesägt und oberseits lebhaft grün, sie färben sich im Herbst goldgelb. Von der gärtnerisch wichtigen Art sind einige Sorten in Kultur. Lb 4.2.3.2

Betula pendula 'Fastigiata', Säulen-Birke. ▷ Wie eine schlanke Pyramiden-Pappel wächst die Säulen-Birke, ein 10–15 m hoher Baum, der mit straff aufstrebenden Ästen säulenförmige Kronen von 4–6 m Breite aufbaut. Ältere Kronen verlieren etwas von ihrem regelmäßigen Aufbau, weil einzelne Äste spiralig verdreht oder wellenförmig gebogen sind und so etwas aus der geschlossenen Kronenperipherie herausragen. Zu den hochwachsenden Formen gehört auch 'Darlecarlica', die Önas-Birke. Sie entwickelt sich zu einem 10–15 m hohen Baum mit durchgehendem Stamm, spitzwinklig angesetzten Ästen und zierlich überhängenden Seitenzweigen. Der zierliche Charakter des Baumes wird durch die tief gelappten Blätter unterstrichen, deren Lappen unregelmäßig gesägt sind. 'Purpurea', die Blut-Birke, hat im Austrieb dunkelrote Blätter, die sich dunkelpurpurn bis bronze verfärben. Lb 4.2.3.3

Betula pendula 'Youngii'. Die Trauer-Birke ▷ ist ein meist hochstämmig veredelter, langsamwüchsiger Kleinbaum, der bei Höhen von 4–8 m annähernd gleiche Kronenbreiten erreichen kann. Zunächst entwickelt sich oberhalb der Veredlungsstelle eine ziemlich regelmäßige, deutlich schirm- oder pilzförmige Krone mit ausgebreitet-überhängenden Ästen und oft bis zum Boden hängenden Zweigen. In älteren Kronen kann sich gelegentlich ein Ast aufrichten, dessen Zweige dann später ebenfalls herabhängen – so entstehen malerische Kronenformen. Zu den Hängeformen gehört auch 'Tristis', die Hänge-Birke. Sie hat aber einen völlig anderen Charakter. Der zierliche Baum kann Höhen von 15–25 m erreichen, er hat einen durchgehenden Stamm und ansteigende Äste, die sich im oberen Bereich unter der Last der mähnenartig und senkrecht herabhängenden Zweige leicht nach außen neigen. Lb 4.2.3.3

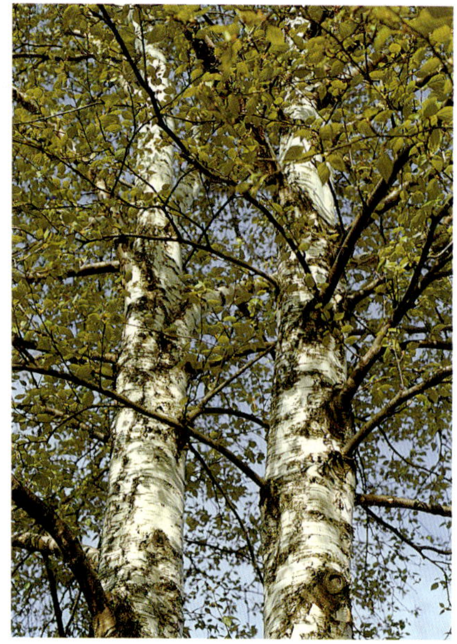

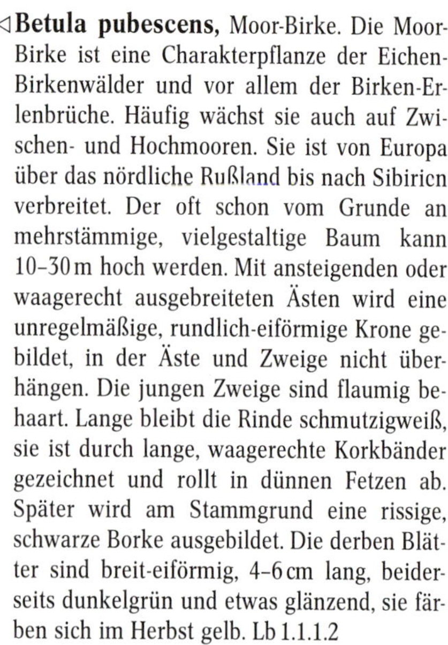

◁ **Betula pubescens,** Moor-Birke. Die Moor-Birke ist eine Charakterpflanze der Eichen-Birkenwälder und vor allem der Birken-Erlenbrüche. Häufig wächst sie auch auf Zwischen- und Hochmooren. Sie ist von Europa über das nördliche Rußland bis nach Sibirien verbreitet. Der oft schon vom Grunde an mehrstämmige, vielgestaltige Baum kann 10–30 m hoch werden. Mit ansteigenden oder waagerecht ausgebreiteten Ästen wird eine unregelmäßige, rundlich-eiförmige Krone gebildet, in der Äste und Zweige nicht überhängen. Die jungen Zweige sind flaumig behaart. Lange bleibt die Rinde schmutzigweiß, sie ist durch lange, waagerechte Korkbänder gezeichnet und rollt in dünnen Fetzen ab. Später wird am Stammgrund eine rissige, schwarze Borke ausgebildet. Die derben Blätter sind breit-eiförmig, 4–6 cm lang, beiderseits dunkelgrün und etwas glänzend, sie färben sich im Herbst gelb. Lb 1.1.1.2

△
Betula platyphylla, Mandschurische Birke. Im Bergland der japanischen Inseln Hokkaido und Honshu, in der Mandschurei und Nordchina kommt diese Birke in borealen Klimazonen vor. Sie ist ein 10–20 m hoher, schlanker Baum mit durchgehendem Stamm, einer lichten Krone und einer weißen, bemehlten Rinde, die bei Berührung abfärbt. Dreieckig bis eiförmig sind die 4–10 cm langen, grob gesägten, oberseits tiefgrünen, unterseits etwas helleren und mit kleinen, bräunlichen Drüsen besetzten Blätter. Die Mandschurische Birke treibt sehr früh aus, oft drei Wochen vor anderen Birkenarten. Im Herbst färben sich die Blätter schön gelb. Bei uns in Kultur ist häufig *B. platyphylla* var. *japonica.* Sie kommt auf Hokkaido und Honshu in höheren Berglagen vor, nicht selten zusammen mit *B. ermanii,* von der sie sich durch die weiße Rinde und den schlanken Wuchs unterscheidet. Lb 4.2.3.2

Broussonetia papyrifera, Papiermaulbeerbaum, Moraceae, Maulbeerbaumgewächse. In sommerwarmen Klimazonen von Japan, Taiwan, China, Malakka, Thailand und Burma ist der sommergrüne Papiermaulbeerbaum heimisch. Er wurde schon im frühen 18. Jahrhundert eingeführt und ist in Südeuropa eingebürgert. In seiner Heimat wächst er zu einem bis 15 m hohen Baum heran, bei uns ist er ein mehrstämmiger, 3–5 m hoher Strauch mit dicken, anfangs stark behaarten Zweigen. Die großen, breit-eiförmigen Blätter sind in Form und Größe sehr variabel und nicht selten am gleichen Trieb ungeteilt oder 3lappig. Sie sind 7–20 cm lang, weich, oberseits dunkelgrün und rauh, unten wollig behaart. Die 2häusigen Blüten sind unscheinbar, die männlichen bilden hängende Ähren, die weiblichen kleine Köpfchen. Aus Ihnen entwickeln sich die 2 cm breiten, orangeroten oder roten Sammelfrüchte. Lb 6.3.1.3 ▷

◁ **Bruckenthalia spiculifolia,** Siebenbürger Heide, Ericaceae, Heidekrautgewächse. In den Gebirgen des Balkans und Kleinasiens wächst die Siebenbürger Heide, eine mit *Erica* und *Calluna* nahe verwandte Gattung, die nur aus einer Art besteht. Der immergrüne, heideähnliche, vielästige Zwergstrauch wird mit seinen dünnen, aufrechten, dicht beblätterten Trieben 10–25 cm hoch. Die nadelförmigen, linealischen, stachelspitzigen, 3–5 mm langen, glänzend dunkelgrünen Blätter sind am Rand umgerollt. Im August öffnen sich die glockigen, 3 mm langen Blüten, die zu vielen in 2–3 cm langen Trauben an den Zweigenden stehen. Der hübsche Zwergstrauch wird meist in kleinen Gruppen im Stein- oder Heidegarten gepflanzt, er braucht einen lockeren, durchlässigen, sandig-humosen Boden. 'Balkan Rose' ist eine holländische Selektion mit dunkelrosa Blüten. Lb 4.1.1.7

◁**Buddleja alternifolia,** Schmalblättriger Sommerflieder, Buddlejaceae, Sommerfliedergewächse. Aus Nordwestchina stammt diese Art, ein starkwüchsiger, sommergrüner Strauch, der Höhen und Breiten von 2–4 m erreichen kann. Er baut sich mit starken, aufrechten Hauptästen auf und läßt seine langen, dünnen, grau behaarten Seitenzweige in weiten, eleganten Bögen überhängen. Schmal-elliptisch und 3–9 cm lang sind die oberseits stumpfgrünen, unten silbergrauen, sternhaarig-filzigen Blätter. Im Juni werden auf der ganzen Länge der Zweige in großer Fülle die stark duftenden, hellvioletten, etwa 2,5 cm breiten Blütenbüschel angelegt. Der elegante, winterharte Strauch braucht einen freien, sonnigen, warmen Platz und einen durchlässigen, eher trockenen Boden. Im Gegensatz zu *B. davidii* wird er nicht regelmäßig zurückgeschnitten, sondern nur ausgelichtet. Lb 6.3.2.5

Buddleja davidii 'Summer Beauty', ▷ Sommerflieder, Schmetterlingsstrauch. China ist die Heimat des Sommerflieders, in West- und Mitteleuropa ist er inzwischen eingebürgert. Der starkwüchsige Strauch kann mit seinen trichterförmig-aufrechten bis ausgebreiteten Hauptästen und leicht übergebogenen Seitenzweigen Höhen und Breiten von 3–5 m erreichen. Er friert bei uns aber häufig zurück oder wird im Frühjahr regelmäßig stark zurückgeschnitten. Er bleibt deshalb deutlich niedriger und wächst meist steif aufrecht. Seine eilanzettlichen, 5–10 cm langen Blätter sind oberseits dunkelgrün, unten mehr oder weniger weiß. Von Juli–September werden an den Spitzen der Haupt- und Nebentriebe die stark duftenden Blüten in 10–30 cm langen Rispen angelegt, sie werden gern von Schmetterlingen besucht. In Kultur sind Sorten mit Blütenfarben in Weiß, Violett und Purpurrot. Lb 6.3.2.5

Buddleja davidii-Sorten

'Ile de France'

'White Bouqet'

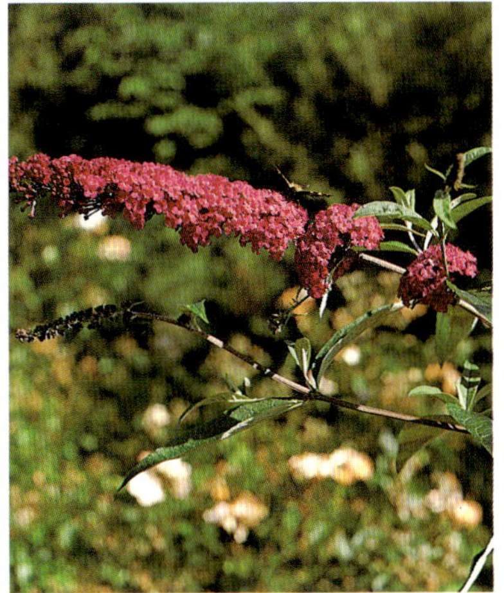

'Royal Red'

Buxus sempervirens, Buchsbaum, Buxaceae, Buchsbaumgewächse. Auf durchlässigen, kalkhaltigen Steinschuttböden in Mitteleuropa, Nordafrika und Westasien kommt der Buchsbaum vor. Die Wildform ist ein immergrüner, dicht verzweigter Strauch oder kleiner, 2–8 m hoher Baum mit ledrigen, 1,2–2 cm langen, dunkelgrünen, eiförmigen bis länglich-elliptischen Blättern. Unscheinbar sind die gelblichgrünen, 2häusigen Blüten, die sich im April–Mai in achselständigen Büscheln entwickeln. Auch die ledrig-runzeligen, bis 12 mm langen Früchte sind ohne Zierwert. Dank seiner hohen Schnittverträglichkeit ist der Buchsbaum mit seinen zahlreichen Gartenformen seit Jahrhunderten eine häufig verwendete, robuste, anpassungsfähige, schattenverträgliche und langlebige Gartenpflanze. Sie wird freiwachsend verwendet, als Hecke gezogen oder zu Figuren geformt. Lb 6.3.3.4 ▷

△ **Buxus sempervirens 'Suffruticosa'.** Von den zahlreichen Gartenformen des Buchsbaumes wird die auch als Einfassungs-Buchsbaum bezeichnete Form 'Suffruticosa' am häufigsten gepflanzt. Sie wächst langsam und gedrungen und wird kaum mehr als 1 m hoch. In allen anderen Teilen gleicht sie der Wildart. Seit Jahrhunderten wird diese Form in Bauerngärten zur Einfassung von Gemüsebeeten verwendet, in Barockgärten dient sie ebenfalls der Begrenzung von Beeten aber auch zur Herstellung von Ornamenten. Von der Form gibt es inzwischen eine Auslese, die in Herrenhausen gefunden worden ist. Sie heißt 'Blauer Heinz', hat bläulichgrüne Blätter, wächst noch etwas langsamer und gedrungener und ist deutlich frosthärter als 'Suffruticosa'. Ihre Blätter verfärben sich im Winter nicht, ganz im Gegensatz zu den Blättern von 'Suffruticosa', die sich nicht selten bräunlich verfärben. Lb 9.4.2.7

◁ **Callicarpa bodinieri 'Profusion',** Schönfrucht, Verbenaceae, Eisenkrautgewächse. Von den etwa 100 *Callicarpa*-Arten wird bei uns nahezu ausschließlich die Sorte 'Profusion' gezogen. Sie ist eine vegetativ vermehrte Auslese aus *C. bodinieri* var. *giraldii,* die ihre Heimat in Mittel- und Westchina hat. 'Profusion' ist ein sommergrüner, lockerer, 2–3 m hoher Strauch. Seine elliptisch-eiförmigen, 5–12 cm langen, stumpfgrünen Blätter färben sich im Herbst hellgelb bis orange. Unscheinbar und meist unter dem Laub versteckt sind die kleinen, lila Blüten, sie öffnen sich im Juli–August. Sehr dekorativ sind dagegen die kugeligen, 3–4 mm dicken, trockenen, beerenartigen Steinfrüchte. Sie sitzen zu 30–40 in dichten Büscheln in den Blattachseln. Sie werden schon an jungen Pflanzen angelegt, bleiben bis weit in den Winter haften und liefern einen ausgezeichneten Vasenschmuck. Lb 9.2.5.5

Calluna vulgaris, Besenheide, Ericaceae, Heidekrautgewächse. Die Besenheide bildet in den atlantisch beeinflußten Teilen Europas, vom Nordkap bis zu den Azoren stellenweise großflächige, landschaftsprägende Heiden, die aber keineswegs alle ursprünglich sind. Die meist gesellig wachsende, immergrüne Pflanze ist ein dichtverzweigter, 20–50 cm hoher Zwergstrauch mit niederliegend-aufsteigenden Zweigen. In 4 deutlich ausgeprägten Längsreihen sitzen die nadelförmigen, 1–3 mm langen, sich dachziegelig deckenden Blätter an den Trieben. Die 4zähligen, violettrosa gefärbten, glockigen Blüten entfalten sich von Juli–September in reichblütigen, einseitswendigen, 5–10 cm langen Doppeltrauben an den Zweigenden. Statt der Art kultivieren wir zahlreiche Sorten, die sich durch unterschiedliche Wuchshöhen, Blütezeiten, Blüten- und Laubfärbung unterscheiden. Lb 4.1.2.7 ▷

Calluna vulgaris-Sorten

'Alba Erecta' 'Allegro' 'Annemarie'

'Carmen' 'Dart's Brillant' 'Elsie Purnell'

'Gold Haze' 'Guinea Gold' 'H.E. Beale'

Calluna vulgaris-Sorten

'J.H. Hamilton'

'Long White'

'Mullion'

'Peter Sparkes'

'Red Favorite'

'Schurig's Sensation'

'Silver Cloud'

'Spring Cream'

'Wickwar Flame'

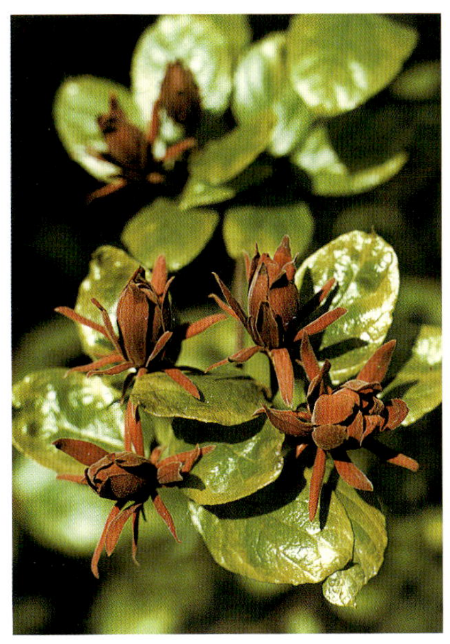

◁ **Calycanthus,** Gewürzstrauch, Calycanthaceae, Gewürzstrauchgewächse. Die beiden abgebildeten Gewürzsträucher, rechts **C. fertilis**, links **C. floridus**, sind Vertreter der sommerwarmen Laubwälder im südöstlichen Nordamerika. Beide sind sommergrüne Sträucher mit einer Wuchshöhe von 1–3 m und eiförmig-elliptischen, 5–12 cm langen, dunkelgrünen Blättern. Beide entfalten im Mai–Juni ihre eigenartigen, rotbraunen, 3,5–5 cm breiten Blüten, die einzeln an kurzen Seitentrieben sitzen. Die Blüten sind nicht in Kelch- und Blütenblätter differenziert, sie sind vielmehr aus zahlreichen schmalen Blütenblättern zusammengesetzt. Bei *C. floridus,* dem Echten Gewürzstrauch, enthalten nicht nur die Blüten, sondern auch Triebe, Wurzeln und Blätter ätherische Öle, die einen starken, angenehmen Duft verbreiten, der bei warmem Wetter weithin durch den Garten zieht. Lb 6.4.3.5 ▷

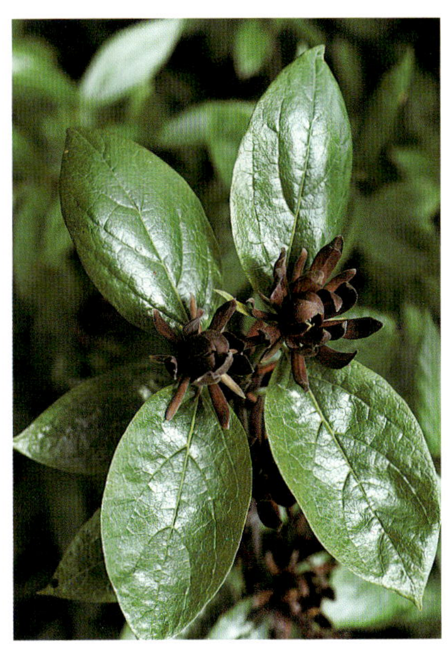

Camellia japonica, Kamelie, Theaceae, Teestrauchgewächse. Das mittlere und südliche Japan sowie Korea sind die Heimat der Kamelie. Der immergrüne Strauch wird an klimatisch günstigen Standorten zu einem 7–10 m hohen Baum, bleibt oft aber nur strauchig. Seine breit-elliptischen oder eiförmigen, 6–12 cm langen Blätter sind derbledrig, oberseits dunkelgrün und glänzend. Von Februar–April trägt die Kamelie eine Fülle meist einzeln stehender Blüten. Sie sind bei der Art einfach, rot und 3–4 cm breit. In Kultur sind statt der Art zahlreiche einfache oder verschieden stark gefüllte Sorten in Farben von Weiß über Rosa und Tiefrot, auch mehrfarbige Blüten sind nicht selten (auf dem Foto die Sorte 'Adolphe Anduson'). Die Wärmeansprüche der Kamelie lassen eine erfolgreiche Freilandkultur nur in geschützten Lagen des Weinbauklimas oder in küstennahen, wintermilden Lagen zu. Lb 7.2.4.5 ▷

Camellia japonica-Sorten

'Chitose-Jiki'

'Demi Tasso'

'Donckelarii'

Camellia japonica-Sorten

'Esugota'

'Fred Sander'

'Kanko'

'Kouroukoku'

'Magnoliaeflora'

'Rosenzome'

'Usu-Otome'

'Soshiarai'

'Yoki-Botan'

◁ **Campsis grandiflora,** Chinesische Trompetenblume, Bignoniaceae, Klettertrompetengewächse. In den sommerwarmen, humiden Laubwäldern Chinas ist *C. grandiflora* heimisch. Ihre Zweige sind mit Haftwurzeln ausgestattet. Da diese aber nur schwach entwickelt sind, braucht sie im Garten entsprechende Klettergerüste, an denen sie 3–6 m hoch klettern kann. Die sommergrünen, gegenständigen Blätter sind mit 7–9 Blättchen unpaarig gefiedert. Sie sind 4–7 cm lang, lang zugespitzt, beiderseits kahl und grob gezähnt. Von August–September produziert die üppige Liane ihre großen, trompetenförmigen Blüten mit dem breiten, 5lappigen Saum. Die Blüten sitzen zu 6–12 in endständigen Rispen, sie sind scharlach- bis karminrot gefärbt, haben eine trichterförmige Krone und sind am Saum 6–8 cm breit. Die prachtvolle Art braucht geschützte Lagen im Weinbauklima. Lb 2.4.1.9

Campsis radicans, Amerikanische Trompetenblume. Die sommerwarmen, humiden Laubwälder im südöstlichen Nordamerika sind die Heimat von *C. radicans.* Sie kann mit ihren zahlreichen Haftwurzeln auch ohne Kletterhilfen bis 10 m hoch klettern, aber nur an rauhen Unterlagen finden die Haftwurzeln ausreichend Halt. Die bis 25 cm langen Blätter haben 9–11 elliptische, 3–6 cm lange Blättchen, die unterseits besonders auf den Nerven behaart sind. Orange bis hellorange und am Saum scharlachrot sind die bis 7 cm langen und am Saum etwa 3,5 cm breiten Blüten mit ihrer langröhrig-trichterförmigen Krone. Sie blühen von Mai–Juni auf und sitzen zu 4–12 in endständigen Büscheln. Neben der Art werden auch einige Sorten kultiviert, vor allem 'Flava', die Gelbe Trompetenblume. Ihre Blüten sind außen orangegelb bis gelb, im Innern der Kronröhre orange mit roten Längsstreifen. Lb 2.4.2.9
▽

Campsis × tagliabuana 'Mme. Galen'. Aus einer Kreuzung zwischen der Chinesischen und Amerikanischen Trompetenblume entstanden mehrfach Hybriden. Aus diesen wurde 1889 die Sorte 'Mme. Galen' ausgelesen. Sie klettert weniger stark als die beiden anderen Arten, oft wächst sie eher strauchig und sollte deshalb an Klettergerüsten angeheftet werden. Die üppigen Blätter können mit ihren 15 glänzend grünen Blättchen eine Länge von 45 cm erreichen. Die röhrig-glockigen, bis 8 cm langen und am Saum bis 7 cm breiten Blüten sind außen orange, innen jasperrot gefärbt und entlang der Nerven dunkler schattiert. Die üppige Blüte dauert von Juli–September. Wie alle Trompetenblumen braucht auch diese einen vollsonnigen, warmen, geschützten Platz. Sie gedeiht auf jedem durchlässigen Gartenboden. Die langen Triebe schneidet man am besten wie bei Weinreben jährlich stark zurück. Lb 6.3.2.9
▽

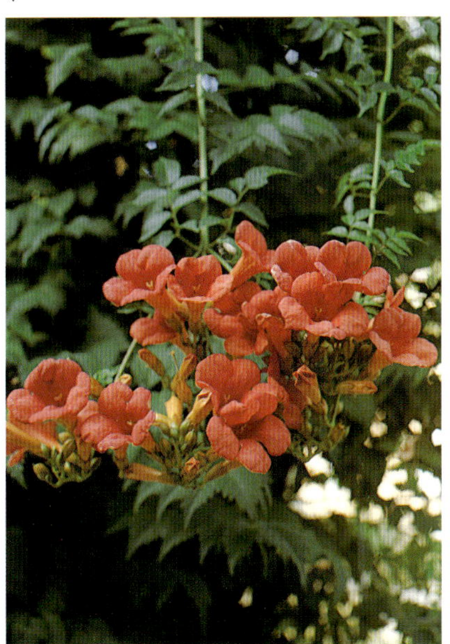

Caragana arborescens 'Walker', Erbsenstrauch, Papilionaceae, Schmetterlingsblütler. ▷ Die Steppengebiete Sibiriens und der Mandschurei sind die Heimat dieses sommergrünen, bis 6 m hohe Strauches, der mit wenig verzweigten Ästen und olivgrünen Zweigen straff aufrecht wächst. Die bis 15 cm langen Blätter sind mit 8–12 elliptischen bis verkehrt-eiförmigen, beiderseits gelbgrünen Blättchen paarig gefiedert. Die 1,5–2 cm langen, gelben Schmetterlingsblüten blühen im Mai–Juni auf. Neben dem sehr robusten und anpassungsfähigen Gruppenstrauch werden auch einige attraktive Sorten kultiviert. 'Lorbergii' ist eine zierliche Form mit fedrigen, schmal-lanzettlichen, bis 3,5 cm langen Blättchen. 'Pendula' wird meist hochstämmig veredelt und läßt die Zweige dann in kurzen Bögen abwärts wachsen. 'Walker' ist im Wuchs ähnlich 'Pendula', in der Belaubung ähnlich 'Lorbergii'. Lb 6.3.3.4

◁ **Carpinus betulus,** Hainbuche, Weißbuche, Betulaceae, Birkengewächse. Von Europa bis Kleinasien, dem Kaukasus und Nordiran ist die Hainbuche eine Charakterpflanze der Eichen-Hainbuchen-Mischwälder. Der sommergrüne, reichverzweigte, 20–25 m hohe Baum hat zunächst eine kegelförmige, im Alter eine weitausladende, rundliche Krone und oft einen drehwüchsigen Stamm mit einer glatten, grauen Borke, die durch ein netzartiges Muster gezeichnet ist. Die dunkelgrünen Blätter sind 5–10 cm lang, elliptisch bis eiförmig und am Rand gleichmäßig doppelt gesägt. Die Herbstfärbung ist leuchtend gelb. Nicht selten bleiben die Blätter bis zum Frühjahr hängen. Aus den weiblichen Blüten entwickeln sich die 5–10 mm langen Nußfrüchte mit dem 3lappigen Flugorgan. Die Hainbuche ist in unseren Gärten vor allem eine robuste, langlebige Heckenpflanze, die jeden Schnitt toleriert. Lb 3.1.6.2

Carpinus betulus 'Fastigiata', Säulen-Hainbuche. ▷ Die Gartenformen der Hainbuche unterscheiden sich vom Typ vor allem durch ihren abweichenden Habitus und ihren Blattschnitt. Die schon seit über 100 Jahren bekannte 'Fastigiata' ist ein mittelgroßer, 15–20 m hoher Baum mit einem bis zum Wipfel durchgehenden Stamm und einer geschlossenen, zunächst schlanken, säulen- bis kegelförmigen Krone, die im Alter deutlich breiter wird. Viel seltener wird die Sorte 'Columnaris' gepflanzt. Sie wächst langsamer als 'Fastigiata' und bildet mit dichtstehenden Zweigen und Blättern eine anfangs säulenförmige, später fast eiförmige Krone mit abgerundetem Gipfel. 'Quercifolia', die Eichenblättrige Hainbuche ist ein mittelgroßer, rundkroniger Baum mit kleinen, schmalen, unregelmäßig tief gelappten Blättern. 'Pendula' ist eine meist hochstämmig veredelte Hängeform. Lb 3.1.4.3

Carya ovata, Schindelborkige Hickory. Im südöstlichen Nordamerika kommt diese Hikkoryart vor. Der mächtige Baum erreicht in seiner Heimat Höhen von 30–40 m, bleibt bei uns aber viel kleiner. Er ist leicht an seinem Stammbild zu erkennen. Schon an jüngeren Bäumen löst sich die hellgraue Borke in 10–20 cm langen, später in 50–60 cm langen, schmalen, schindelartigen Streifen ab, die oft weit vom Stamm abstehen. Bis 35 cm lang werden die gefiederten Blätter mit den 5 elliptischen bis länglich-lanzettlichen, 10–15 cm langen gelbgrünen Blättchen, die sich im Herbst leuchtend goldgelb verfärben. Ziemlich groß, 4–6 cm lang sind die verkehrt-eiförmigen, dickschaligen Früchte mit dem dünnschaligen Steinkern und dem süßen, eßbaren, aromatisch duftenden Samen. Der Baum ist in seiner Heimat weit verbreitet und wird häufig zur Fruchtgewinnung angebaut. Lb 6.2.2.1
▽

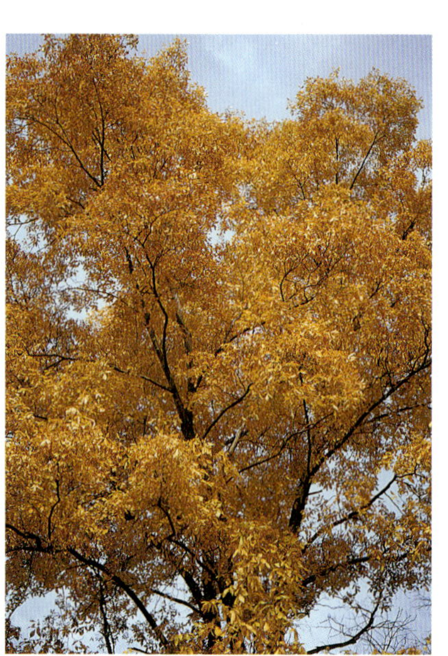

◁ **Carya cordiformis,** Bitternuß, Juglandaceae, Walnußgewächse. Die Bitternuß ist ein Bestandteil der Trocken-Sommerwälder im südöstlichen Nordamerika. Der stattliche, sommergrüne Baum erreicht Höhen von 20–30 m und bildet eine elegante, kegelförmige Krone. Die hellbraune Borke ist anfangs glatt, später löst sie sich in dünnen, muschelartigen Schuppen ab. Die unpaarig gefiederten, 15–25 cm langen Blätter sind aus 5–9 Blättchen zusammengesetzt. Diese sind 8–15 cm lang, eiförmig-lanzettlich, an beiden Enden zugespitzt und oberseits mittelgrün. Sie färben sich im Herbst prachtvoll goldgelb. Wie bei vielen windbestäubten Baumarten sind auch hier die einhäusigen Blüten sehr unscheinbar. Die birnenförmigen oder kugeligen, 2–3,5 cm langen Steinfrüchte haben eine dünne Schale und bitter schmeckende Früchte. Ein prachtvoller Parkbaum für tiefgründige Böden. Lb 6.2.2.1

◁ **Carya tomentosa,** Spottnuß. Auf trocken Hängen und Bergrücken im südöstlichen Nordamerika kommt die Spottnuß vor, ein stattlicher, in seiner Heimat bis 30 m hoher Baum mit einer unregelmäßigen, breiten Krone und einem zunächst glatten, grauen Stamm. Später ist die silbergraue Borke flach gefurcht und schwarz gemustert. Die 23–30 cm langen, aromatisch duftenden Blätter haben 7–9 längliche bis länglich-lanzettliche, dunkelgrüne, unterseits gelbliche, filzig behaarte Blättchen. Die Blattspindel weist eine dichte, harte Behaarung auf. Ende Oktober färben sich die Blätter prachtvoll goldgelb. Kugelig bis birnenförmig und 3,5–5 cm lang sind die Früchte mit dem dickschaligen, hellbraunen Steinkern und dem glänzend dunkelbraunen, süßen Samen. Das dunkle, harte, sehr elastische Holz wird unter anderem zur Herstellung von Axtstielen und Baseballschlägern verwendet. Lb 6.2.2.1

Caryopteris × clandonensis 'Heavenly Blue', Bartblume, Verbenaceae, Eisenkrautgewächse. Bei *C.* × *clandonensis* handelt es sich um eine kleine Gruppe von Hybriden, deren typische Form den Namen 'Athur Simmonds' trägt. 'Heavenly Blue' ist die wohl am häufigsten kultivierte Sorte, ein kleiner, etwa 1 m hoher, sommergrüner, straff aufrecht wachsender Strauch mit grauen, rutenartigen Zweigen. Die aromatisch duftenden Blätter sind länglich-lanzettlich, 5–8 cm lang, oberseits mattglänzend tiefgrün, unten graugrün und kurzfilzig behaart. Im August–September trägt der hübsche Kleinstrauch an den diesjährigen Trieben in den Achseln der oberen Blätter zahlreiche kleine, leuchtend blaue Blüten in verzweigten Büscheln. Braucht einen vollsonnigen, geschützten Platz, in strengen Wintern einem Laubumschlag im Wurzelbereich und einen regelmäßigen Rückschnitt im Frühjahr. Lb 6.1.1.8
▽

Cassiope 'Edinburgh', Schuppenheide, Ericaceae, Heidekrautgewächse. Alle *Cassiope*-Arten sind immergrüne, oft nicht mehr als handbreit hohe, gelegentlich mattenförmig wachsende Zwergsträuchlein. 'Edinburgh' ist eine Hybride nicht ganz geklärter Herkunft. Sie wird nicht selten kultiviert, weil *Cassiope*-Hybriden oft wüchsiger sind und sich leichter halten lassen als natürliche Arten. 'Edinburgh' wird mit ansteigenden Sprossen 25–30 cm hoch. Ihre tiefgrünen, an den Triebspitzen hellgrünen Schuppenblätter sitzen in 4 Reihen dachziegelig dicht übereinander. Im Mai öffnen sich die kleinen, etwa 7 mm breiten, glockigen, nickenden, reinweißen Blüten, sie sitzen bis zu 12 an den Zweigenden. Eine andere Hybride, *Cassiope* 'Muirhead', wächst mit niederliegenden, wurzelnden Sprossen breit und niedrig, sie zeichnet sich durch eine sehr reiche Blüte aus. Lb 1.1.4.7
▽

Castanea sativa, Eßkastanie, Fagaceae, Buchengewächse. In sommergrünen, lichten Laubmischwäldern vom südlichen Europa bis zum Kaukasus kommt die Eßkastanie vor. Im Gefolge des Weinbaues ist sie wahrscheinlich durch die Römer nördlich der Alpen eingebürgert worden. Der sommergrüne, stattliche, bis 30 m hohe Baum baut mit starken Ästen eine breite, ausladende Krone auf. Sein oft drehwüchsiger Stamm hat eine dunkle, tief längsrissige Borke. Die derben Blätter sind länglich-lanzettlich, 15–30 cm lang, grannenartig grob gesägt und glänzend dunkelgrün. Die 1häusigen, unscheinbaren, streng riechenden Blüten sitzen in köpfchenartigen Teilblütenständen zusammen, die zu 15–20 cm langen Ständen vereint sind. Die 2–3 cm langen Nußfrüchte sitzen in einem stacheligen, 8–10 cm großen Fruchtbecher. Im Mittelmeergebiet sind die Früchte ein wichtiges Nahrungsmittel. Lb 6.2.2.1 ▷

◁ **Catalpa bignonioides,** Gewöhnlicher Trompetenbaum, Bignoniaceae, Trompetenbaumgewächse. *C. bignonioides* ist im südöstlichen Nordamerika ein Baum der Auenwälder. Der 15–18 m hohe, sommergrüne Baum trägt auf einem meist kurzen Stamm eine ausladende, rundliche Krone. Sehr üppig sind die eiförmigen, 10–20 cm langen, weichen, dunkelgrünen Blätter, die gerieben unangenehm riechen. Sie färben sich im Herbst nur fahlgelb und fallen früh ab. Prachtvoll sieht der Baum zur Blütezeit im Juni–Juli aus, wenn sich an den Zweigenden sie 10–20 cm langen, vielblütigen Blütenrispen entfalten. Die Einzelblüten haben eine schiefe, 5lappige, weiße Krone, die im Schlund durch purpurne Flecken und 2 gelbe Längsstreifen gezeichnet ist. Im Herbst trägt der Baum zahlreiche zigarren- oder bohnenförmige, bis 40 cm lange und 5–7 mm breite, dünnwandige Fruchtkapseln. Lb 2.4.1.3

Catalpa bignonioides 'Aurea', Gold-Trompetenbaum. ▷ Die gelblaubige Form des Trompetenbaumes ist eine häufiger gepflanzte Sorte, die nicht selten auf einen mehr oder weniger hohen Stamm veredelt wird, aber auch vom Boden an gezogen werden kann. 'Aurea' entwickelt sich zu einem mittelgroßen Baum mit breit gewölbter bis rundlicher Krone aus weitausladenden Ästen. Bei vom Boden an gezogenen Exemplaren können die Äste alter Bäume schleppenartig dem Boden aufliegen. Bei Wuchshöhen von 8–10 m und Kronenbreiten von 6–8 m bleibt der Baum in erträglichen Grenzen. In Anordnung, Größe und Textur sind die Blätter denen der Art gleich. Sie unterscheiden sich durch ihren leuchtend goldgelben Austrieb. Im Laufe des Sommers werden die Blätter hellgrün, im Herbst färben sie sich schön gelb. Der Blattfall setzt, wie bei der Art, früh ein. Lb 2.4.1.3

Catalpa speciosa, Westlicher Trompetenbaum. In den mittleren USA ist *C. speciosa* ein Baum der Talauen und Flußufer. Mit Höhen von 20–30 m ist er die stattlichste Art seiner Gattung. Seine Krone bleibt meist schmal-kegelförmig. Die dunkelgraue, dicke Borke ist tief in schuppige Leisten zerrissen. Eiförmig bis ei-länglich und 15–30 cm lang sind die lang zugespitzten, oberseits dunkelgrünen und kahlen, unten dicht behaarten Blätter, die keinen auffälligen Geruch haben. Die Blüten sitzen im Juni zu wenigen in bis 15 cm langen, sehr lockeren Rispen. Mit einer Länge von 4–6 cm sind die am Saum nur wenig schiefen, duftenden, außen reinweißen Blüten recht groß. Sie sind innen mit 2 gelben Streifen und sehr kleinen, purpurnen Flecken gezeichnet. Bis 15 mm dick und sehr dickwandig sind die 20–40 cm langen Fruchtkapseln, die meist bis in den Winter hängen bleiben. Lb 2.5.2.2
▽

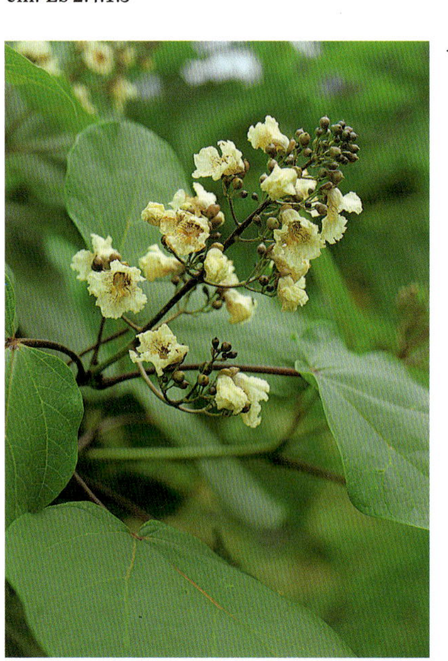

◁ **Catalpa ovata,** Chinesischer Trompetenbaum. In den Gebirgswäldern des westlichen China ist *C. ovata* heimisch, ein kleiner, 10–15 m hoher Baum mit einer ausladenden Krone und kahlen, bräunlichen Trieben. Die breit-eiförmigen, 10–25 cm langen Blätter sind meist deutlich 3-, selten 5lappig, sie sind oben dunkelgrün, unten heller und kurz behaart. Am Ansatz des Blattstieles trägt die Blattspreite 2 dunkle Drüsenflecken. Im Juli stehen an den Zweigenden die 10–25 cm langen Blütenrispen. Die Einzelblüten sind vergleichsweise klein, nur 1,5–2,5 cm lang, gelblichweiß gefärbt und im Schlund mit violetten Punkten und gelben, später rotbraunen Streifen gekennzeichnet. Die zylindrischen, 8 mm dicken Fruchtkapseln werden 20–40 cm lang. Der Chinesische Trompetenbaum ist in seiner Heimat nicht selten als Tempelbaum zu finden, oft in alten, knorrigen Exemplaren. Lb 6.4.1.3

△
Ceanothus americanus, Amerikanische Säckelblume, Rhamnaceae, Kreuzdorngewächse. Von den zahlreichen amerikanischen *Ceanothus*-Arten, die oft immergrün sind und schön blau blühen, ist in Mitteleuropa nur *C. americanus* zuverlässig frosthart. Der etwa 1 m hohe, sommergrüne Strauch ist mit aufrechten, schlanken, rutenförmigen, rötlichen bis bräunlichen Trieben verzweigt. Seine eiförmigen bis länglichen, 3–8 cm langen, abgerundeten bis zugespitzten, fein gesägten Blätter sind oberseits lichtgrün und unten etwas behaart. Im Juni–Juli entwickeln sich in den Blattachseln an den Spitzen der diesjährigen Triebe weiße Blüten in großen, zusammengesetzten Rispen. Die Einzelblüten sind nur klein und 5zählig, ihre genagelten Kronblätter sind kapuzenartig zusammengeneigt. Im Spätsommer schmücken braunrote, kapselartige Steinfrüchte die zierlichen Kleinsträucher. Lb 4.2.2.6

△
Ceanothus × delilianus 'Glorie des Versailles'. Aus einer Kreuzung zwischen *C. americanus* und der in Mexiko heimischen *C. coeruleus* entstanden vor 1880 in Frankreich einige Sorten, die alle durch ihre mehr oder weniger intensive blaue Blütenfarbe gekennzeichnet sind. Da alle der sommerlichen Blüte wegen regelmäßig stark zurückgeschnitten werden, erreichen sie kaum mehr als 1 m Höhe und entwickeln sich zu sommergrünen, lockeren, aufrechten Sträuchern. Ihre Blätter sind elliptisch bis eilänglich, 4–8 cm lang, oberseits dunkelgrün und unten filzig behaart. 'Glorie des Versailles' ist die am häufigsten kultivierte Sorte dieser Gruppe, sie wächst stark und blüht von Juli–Oktober mit violetten bis puderblauen Blüten in locker verzweigten Ständen. 'Henry Desfosse' wächst mittelstark und hat dunkel- oder violettblaue Blüten in großen Sträußen. Lb 9.1.1.6

△
Ceanothus × pallidus 'Marie Simon'. Die Eltern dieser Hybridgruppe sind nicht genau bekannt. Vermutet wird eine Kreuzung zwischen der weißblühenden amerikanischen *C. ovatus* und einer Sorte von *C. × delilianus.* Man faßt in dieser Gruppe meist die weiß- und rosablühenden Sorten zusammen. Die meisten von ihnen sind vor 1900 in Frankreich entstanden. In ihrem Wuchscharakter und im Blühverhalten sind sie den blaublühenden Sorten gleich. Auch sie sollten regelmäßig im Frühjahr zurückgeschnitten werden und zur Vermeidung von Frostschäden im Winter einen Laubumschlag im Wurzelbereich erhalten. Alle wachsen und blühen am besten in warmen, sonnigen Lagen. Die am häufigsten kultivierte Sorte ist 'Marie Simon', sie wächst breitbuschig, wird bis 1,5 m hoch und hat blaßrosa Blüten in kegelförmigen bis rundlichen Ständen. Bei 'Perle Rose' sind die Blüten karminrosa. Lb 9.1.1.6

Celastrus orbiculatus, Baumwürger, Celastraceae, Spindelstrauchgewächse. In Japan, der Mandschurei, Sachalin und China ist der Baumwürger heimisch. Die starkwachsende, sommergrüne Liane kann bis 12 m hoch winden. Ihre Blätter sind rundlich bis breit-eiförmig, 5–10 cm lang, kerbig gesägt und beiderseits blaßgrün, im Herbst färben sie sich leuchtend gelb. Die 2häusigen Pflanzen tragen im Juni in ihren Blattachseln sehr unscheinbare, blaßgrüne Blüten in kleinen Trugdolden. Sehr auffällig ist dagegen der reiche, bis in den Winter haftende Fruchtschmuck mit den kugeligen, 8 mm dicken, 3klappigen Fruchtkapseln. Nach dem Aufspringen der leuchtend gelben Außenhaut wird der hellrote Samenmantel sichtbar, der die schwarzen Samen umgibt. Nur wenn zu weiblichen auch einige männliche Pflanzen gestellt werden, ist ein reicher Fruchtansatz zu erwarten. Lb 7.1.3.9 ▷

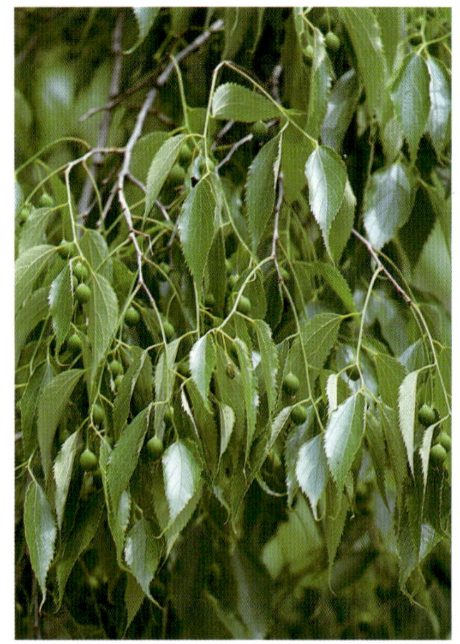

◁ **Celtis australis,** Südlicher Zürgelbaum, Ulmaceae, Ulmengewächse. In Südeuropa, der Südschweiz, Madeira, Nordafrika und Vorderasien ist *C. australis* ein Baum wintermilder, submediterraner Zonen. Der bis 25 m hohe Baum hat eine breite, ausladende Krone und einen grauen, fast buchenartig glatten Stamm. Die derben Blätter sind elliptisch-länglich, 5–14 cm lang, lang zugespitzt, an der schiefen Basis breit-keilförmig oder abgerundet und am Rand scharf gesägt. Oberseits sind die dunkelgrünen Blätter durch kurze, steife Haare rauh, unten graugrün und weich behaart. Die unscheinbaren, zwittrigen oder 1häusigen Blüten sitzen einzeln oder bis zu 3 in den Blattachseln. Die 1–1,2 cm dicken, rundlich-eiförmigen Früchte haben ein süßes, eßbares, mehlig-fleischiges Fruchtfleisch. In ausreichend warmen Regionen ist *C. australis* ein prachtvoller Park- und Straßenbaum. Lb 6.3.1.2

Ceratostigma plumbaginoides, Bleiwurz, Plumbaginaceae, Grasnelkengewächse. Aus Westchina stammt die Bleiwurz, in Nordwestfrankreich und Nordwestitalien ist sie eingebürgert. Der staudenähnliche, sommergrüne, 20–30 cm hohe Halbstrauch breitet sich durch unterirdische Ausläufer aus und bildet dichte Teppiche aus zahlreichen dünnen, kantigen, etwas borstigen Trieben. Erst spät treiben die verkehrt-eiförmigen, 2–6 cm langen, dünnen, fein gewimperten Blätter aus. Sie sind im Austrieb rötlich, später oberseits sattgrün, unten graugrün und im Herbst leuchtend rotbraun gefärbt. Gleichzeitig mit der beginnenden Herbstfärbug, erst im September–Oktober, öffnen sich die tiefblauen, etwa 2 cm breiten Blüten in dichten Büscheln über dem Laub. Die Bleiwurz ist reizender, wärmeliebender Halbstrauch für kleinflächige Pflanzungen auf durchlässen, kalkhaltigen Böden. Lb 6.3.2.8 ▷

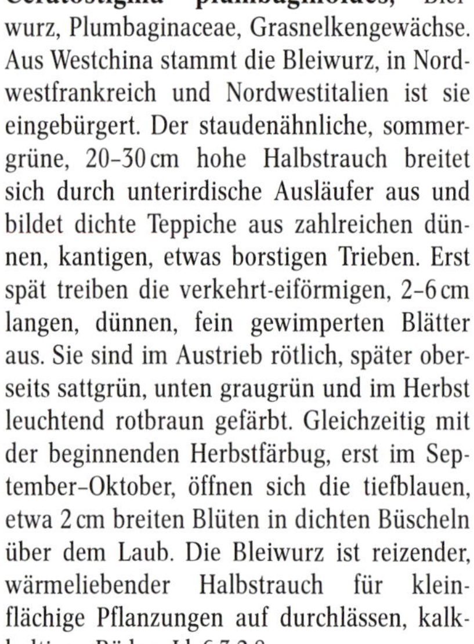

△
Cephalanthus occidentalis, Kopfblume, Rubiaceae, Rötegewächse. In den sommerwarmen Laubwäldern des südlichen Nordamerika, in Mexiko und Westindien kommt der Kopfbusch oft im unmittelbaren Uferbereich stehender Gewässer vor. Der sommergrüne, bis 2 m hohe, buschige Strauch hat braune oder graue Triebe. Seine eiförmigen bis länglich-elliptischen, 6–15 cm langen Blätter stehen gegenständig oder zu 3 in Quirlen. Sie sind oberseits glänzend grün, unten heller und am Rand fein borstig gewimpert. Im Juli–September werden end- oder achselständig an den diesjährigen Trieben die kleinen, gelblichweißen Blüten angelegt, die in 2–3 cm breiten, dichten, gestielten Köpfchen stehen. Aus den röhrenförmigen, 4zipfeligen Blütenkronen ragen die Griffel mit ihrer großen Narbe weit heraus. Ein selten kultivierter, hübscher Strauch für nasse bis feuchte Plätze. Lb 2.2.1.5

Cercidiphyllum japonicum, Katsurabaum, Cercidiphyllaceae, Kuchenbaumgewächse. Nur verstreut kommt der Katsurabaum in den sommergrünen Laubwäldern von Japan, China und Taiwan vor. Er entwickelt sich zu einem imposanten, 20–30 m hohen, breit-kegelförmigen Baum, der von der Basis an oft mehrstämmig ist. Die Borke ist flach und unregelmäßig gefurcht. An den rotbraunen Langtrieben sitzen die 5–8 cm langen, eiförmig-elliptischen Blätter gegenständig. Die Kurztriebe tragen jeweils nur 1 rundlich-herzförmiges Blatt. Im Austrieb sind die Blätter violettrot, später oberseits bläulichgrün, unten bläulichgrün bis weißlich. Im Herbst sind sie intensiv rot und orange gefärbt und ihnen entströmt ein charakteristischer, kuchenähnlicher Duft. Aufbau, Blattschnitt und Herbstfärbung machen den Katsurabaum zu einem der prachtvollsten Park- und Gartenbäume. Lb 2.3.2.3 ▷

△
Cercis canadensis, Kanadischer Judasbaum, Caesalpiniaceae. In sommerwarmen Laubwäldern von Nordamerika, von Connecticut bis Ontario, Wisconsin und Nebraska, südlich bis Florida und Texas kommt *C. canadensis* vor. Der sommergrüne, meist mehrstämmige, breitkronige, sehr winterharte Kleinbaum kann Höhen von 6–10 m erreichen, bei uns ist er meist nur ein großer Strauch. Breit-eiförmig bis fast kreisförmig sind die 7–12 cm langen und bis 16 cm breiten Blätter. Sie sind an der Basis seicht herzförmig bis fast abgestutzt, oben glänzend grün, unten graugrün und spärlich behaart. Im Herbst färben sie sich gelb. Im April–Mai öffnen sich die 10–12 mm langen, rosa bis blaßroten Blüten, die zu 4–8 in Büscheln sitzen. Die Blüten entwickeln sich nicht nur an den vorjährigen Zweigen, sondern gelegentlich auch aus älteren Ästen und Stämmen. Lb 6.4.2.3

△
Cercis siliquastrum, Gemeiner Judasbaum. Die mediterranen Hartlaubwälder vom Mittelmeergebiet bis Vorderasien sind die Heimat von *C. siliquastrum.* In ihrer Heimat entwickelt sich die Art zu kleinen, bis 12 m hohen Bäumen, nördlich der Alpen bleibt sie meist strauchig. Sie ist viel wärmebedüftiger als der Kanadische Judasbaum und braucht in Kultur warme, geschützte Standorte. Die Blätter sind fast kreisförmig, 10–13 cm lang, vorn abgerundet und an der Basis tief herzförmig, sie sind oben matt bläulichgrün und beiderseits kahl. Blattstiele und Nerven sind rot gefärbt. Im Mai, noch vor oder gerade mit der Laubentfaltung, erscheinen die 2 cm langen, purpurrosa Blüten, die zu 4–10 in Büscheln stehen. Auch bei *C. siliquastrum* tritt regelmäßig das Phänomen der Kauliflorie (Stammblütigkeit) auf, die wir sonst nur von tropischen Baumarten kennen. Lb 6.1.1.4

Chionanthus virginicus, Virginischer Schneeflockenstrauch, Oleaceae, Ölbaumgewächse. In sommerwarmen Regionen von Nordamerika, von New Jersey bis Missouri und Oklahoma, südlich bis Florida, Louisiana und Texas ist *C. virginicus* verbreitet. Die sommergrüne Art wird zu einem großen Strauch oder zu einem bis 10 m hohen Kleinbaum. Die schmal-elliptischen bis eilänglichen, derben, glänzend dunkelgrünen Blätter werden 8–20 cm lang, sie färben sich im Herbst hellgelb. Im Mai–Juni entfalten sich über dem Laub an den Zweigenden die 10–30 cm langen, lockeren, zierlichen Blütenstände mit den leicht duftenden, weißen Blüten. Auch die 1,5–3 cm langen Einzelblüten sind mit ihren sehr schmalen Kronblättern sehr zierlich. Zur Blütezeit sind die ganzen Sträucher in ein duftiges Blütenmeer getaucht, sie sind prachtvolle Solitärgehölze für Garten und Park. Lb 2.3.2.4
▽

◁ **Chimonanthus praecox,** Winterblüte, Calycanthaceae, Gewürzstrauchgewächse. Der 2–3 m hohe, sommergrüne, wärmebedürftige, chinesische Strauch wächst mit braunen Zweigen etwas sparrig. Seine beiderseits glänzend hellgrünen, oberseits rauhen, elliptisch-länglichen bis eilanzettlichen Blätter werden 7–20 cm lang. Bei milder Witterung entfalten sich schon im Februar–März die bis 2,5 cm breiten, abwärts geneigten, stark duftenden Blüten. Die einfache Blütenhülle besteht aus zahlreichen fleischigen Blütenblättern. Die äußeren sind fast durchscheinend hellgelb, die inneren kleiner und unregelmäßig braunrot gestreift bis gefleckt. Der interessante Strauch kommt nur dann regelmäßig zur Blüte, wenn tiefe Wintertemperaturen die Blütenknospen nicht zerstören. In klimatisch weniger günstigen Regionen läßt sich der langtriebige Strauch gut als Spalier an Wänden ziehen. Lb 6.3.1.4

Chaenomeles japonica, Japanische Zierquitte, Rosaceae, Rosengewächse. Von den 3 ostasiatischen Arten der Gattung sind bei uns neben *C. japonica* auch *C. speciosa* und eine Hybride aus diesen beiden Arten in Kultur, teilweise mit zahlreichen Sorten. *C. japonica* ist ein sommergrüner, bis etwa 1 m hoher, breitbuschiger, sparrig verzweigter Strauch mit dornigen, warzigen Zweigen und rauhzottig behaarten Trieben. Seine Heimat hat er in japanischen Bergwäldern auf Honshu und Kyushu. Breit-eiförmig, 3-5 cm lang und grob kerbig gesägt sind die glänzend grünen Blätter. Noch vor der Laubentfaltung, im März-April, öffnen sich die 2,5-3 cm breiten Blüten mit ihren etwas zusammengeneigten Blütenblättern. Die rundlichen, 3-4 cm breiten, gelben, meist dunkler punktierten, intensiv aromatisch duftenden, eßbaren Früchte bleiben bis in den Winter hängen. Lb 9.2.2.6 ▷

△
Chaenomeles speciosa 'Simonii'. Chinesische Zierquitte. Die in China heimische Art wächst zu einem dichtbuschigen, oft ausladenden, bis über 2 m hohen, dornigen Strauch heran. Die Triebe sind glatt und kahl. Eiförmig bis länglich sind die 3-8 cm langen, zugespitzten, scharf gesägten, glänzend grünen Blätter mit ihren breiten, schief-nierenförmigen Nebenblättern. Bei der Wildform blühen im März-April die 3-4 cm breiten, weit geöffneten, scharlachroten Blüten auf. Auch hier sind die 3-7 cm langen, meist länglichen, gelben oder gelbgrünen, aromatisch duftenden Früchte eßbar. Zu *C. speciosa* gehören rosablühende Sorten wie 'Diane', 'Exima' und 'Umbilicata', rotblühende Sorten wie 'Josef Arends', 'Josef Keller', 'Rubra' und 'Simonii' sowie die weißblühende 'Nivalis'. Mit ihren leuchtenden Farben gehören sie zu den beliebtesten Frühjahrsblühern. Lb 9.2.2.5

△
Chaenomeles × superba 'Andenken an Carl Ramcke'. Die beiden bisher besprochen Arten sind die Eltern dieser Hybride. Der dicht verzweigte Strauch wird etwa 1,5 m hoch, er hat aufstrebende Zeige mit dünnen, verdornten Kurztrieben, die Triebe sind mehr oder weniger dicht mit feinen Warzen bedeckt. In Form, Größe und Randzähnung sind die Blätter sehr veränderlich. Die mittelgroßen, mehr oder weniger weit geöffneten Blüten sind weiß, rosa, rot oder orange gefärbt, sie blühen im März-April auf. Zu *C. × superba* gehören die wichtigsten der gegenwärtig kultivierten Zierquitten. Viele Sorten blühen rot, etwa 'Andenken an Carl Ramcke', 'Crimson and Gold', 'Elly Mossel', 'Etna', 'Fascination', 'Fire Dance', 'Nicoline', und 'Rowallance'. Die Blüten von 'Clementine' sind orangerot, die von 'Pink Lady' dunkelrosa und die von 'Youki Gotin' cremeweiß und gefüllt. Lb 9.2.2.5

Cladrastis kentukea, Gelbholz, Papilionaceae, Schmetterlingsblütler. In den sommerwarmen Laubwäldern des östlichen Nordamerika ist das Gelbholz weit verbreitet. Die Art entwickelt sich zu einem etwa 10 m hohen, oft mehrstämmigen, breitkronigen Baum mit einem glatten, grauen Stamm und gelbem Holz. Die unpaarig gefiederten Blätter sind bis 40 cm lang, die 7-11 Blättchen breit-eiförmig bis elliptisch, 7-11 cm lang, oberseits frischgrün und unten graugrün, sie färben sich im Herbst schön gelb. Im Mai-Juni trägt der Baum eine Fülle von 2,5-3 cm langen, weißen, duftenden Schmetterlingsblüten in 20-40 cm langen, überhängenden Doppeltrauben. Leider braucht der interessante Blütenbaum einige Standjahre ehe er zu blühen anfängt. Aber auch dann kann man nicht jährlich mit einer Blüte rechnen. Der Baum ist in der Jugend etwas frostempfindlich, später ausreichend frosthart. Lb 2.5.2.3
▽

◁ **Clematis alpina,** Alpen-Waldrebe, Ranunculaceae, Hahnenfußgewächse. Von den Pyrenäen, durch die Alpen und Karpaten ist die Alpen-Waldrebe bis zum nördlichen Balkan verbreitet. Die zierliche Liane durchschlingt mit ihren dünnen Trieben gern niedrige Gebüsche und kann so ein Höhe von etwa 2 m erreichen. Ihre Blätter sind meist doppelt 3zählig, die Blättchen schmal-eiförmig bis lanzettlich, 2–5 cm lang und oberseits dunkelgrün. Im Mai–Juni sitzen die glockigen Blüten mit ihren 4 schmalen, gespreizten Blütenblättern, die in verschiedenen Schattierungen blau gefärbt sind mit hellen Staminodien, einzeln an langen Stielen in den Blattachseln. Neben der Art und der weißblühenden *C. alpina* var. *sibirica* sind auch einige Sorten in Kultur. 'Frances Rivis', mit großen, tiefblauen Blüten und 'Pamela Jackman' mit sehr schmalen, tief azurblauen Blütenblättern. Lb 8.1.5.9

Clematis heracleifolia, Großblättrige ▷ Waldrebe. Das nordöstliche China ist die Heimat dieser Art, einer 1–1,5 m hohen, aufrechten Staude, deren geriefte, fuchsrot wollflaumige Triebe an der Basis verholzen. Die 3zähligen Blätter sind aus 5–14 cm langen, breit-eiförmigen, an der Basis abgerundeten oder breit-keilförmigen, ungleichmäßig grob gesägten und oft etwas gelappten Blättchen zusammengesetzt. Die blaß- bis dunkelblauen, außen behaarten, 2–2,5 cm langen, röhrenförmigen, hyazinthenähnlichen Blüten haben 4 Blütenblätter, die an den Spitzen zurückgeschlagen sind. Die Blüten sitzen im August–September in reichblütigen, achselständigen Büscheln. Zu *C. heracleifolia* gehören Sorten wie 'Cote de Azur' mit hyazinthenblauen Blüten oder 'Wyvale' mit breiten, tief eingeschnittenen Blättern und kleinen, tiefblauen, duftenden, hyazinthenähnlichen Blüten. Lb 6.3.2.8

△ **Clematis fargesii,** Farges Waldrebe. Aus dem westlichen China kam diese Art 1911 nach Europa. Mit ihren purpurn gefärbten, stark gerieften Trieben kann sie bis 6 m hoch klettern. Die bis 23 cm langen, schwach seidig behaarten, stumpfgrünen Blätter sind doppelt gefiedert. Von den 5–7 eiförmigen, 2,5–7 cm langen, unregelmäßig gesägten und gelappten Blättchen sind die unteren oft 3lappig. Von Juni–September erscheinen die reinweißen, 3,5–5 cm breiten Blüten einzeln oder zu 3 an bis 18 cm langen Stielen. Die Blüten haben meist 6 verkehrt-eiförmige, spitze, außen gelblich flaumig behaarte Blütenblätter und gelbe Staubgefäße. *C. fargesii* ist eine wüchsige, ausreichend frostharte Art, die durch ihre zarten, reinweißen, satinartig schimmernden Blüten und durch eine lange Blütezeit besticht. Über zehn Wochen entfalten sich kontinuierlich neue Blüten. Lb 2.5.5.9

Clematis integrifolia, Ganzblättrige Waldrebe. ▷ Von Mittel- und Südosteuropa bis Kleinasien und Rußland kommt *C. integrifolia* vor. Die staudige oder halbstrauchige Art kann bis 1 m hoch werden, lehnt sich mit ihren rotbraunen, weißlich behaarten Trieben aber meist an größere Steine an. Die ungeteilten, eiförmigen bis länglich-eiförmigen, zugespitzten, ganzrandigen, beiderseits grünen Blätter sind 6–10 cm lang. Im Juni–August erscheinen die einzeln stehenden, nickenden, dunkelvioletten oder blauen, selten weißen Blüten. Mit ihren 4 eiförmigen, flach ausgebreiteten, am Rand oft welligen, außen filzigen Blütenblättern werden sie bis 5 cm breit. Der reiche Blütenflor wird von einem ebenso reichen Fruchtschmuck aus fedrigen, silbrig glänzenden Fruchtständen abgelöst. Die zierliche, anspruchslose und langlebige Art gedeiht am besten im Steingarten. Lb 2.5.5.8

Clematis × jackmanii 'Superba'. Aus der ▷ chinesischen *C. lanuginosa* und der südeuropäischen *C. viticella* entstand 1860 in England diese Hybride, die erste Sorte mit tellerförmigen Blüten von blauer Farbe, sie ist eine der wichtigsten Vorfahren unserer großblumigen Hybriden. *C. × jackmanii* ist eine sehr robuste, 3–4 m hoch kletternde Liane. Die Blätter sind einfach oder 3teilig, die Blättchen bis 12 cm lang, breit-eiförmig, spitz, an der Basis leicht herzförmig, oberseits dunkelgrün, unten heller und leicht behaart. Von Juli–August werden unermüdlich die zahlreichen, 10–12 cm breiten, langgestielten, dunkel violettpurpurnen Blüten angelegt, sie haben meist 4, selten 6 verkehrt-eiförmige, flach ausgebreitete Blütenblätter und braune Staubgefäße. Die Sorte 'Superba' wird häufiger gepflanzt als die etwas blasser blühende, ursprüngliche Hybride. Lb 9.3.2.9

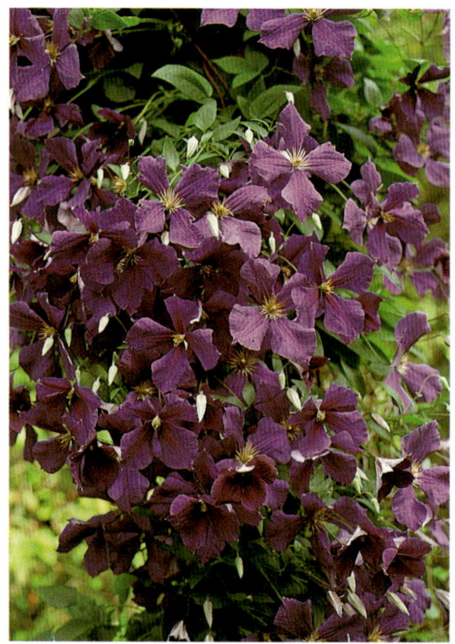

Clematis × jouiniana 'Mrs. Robert Brydon'. Aus *C. heracleifolia × C. vitalba* entstand diese halbstrauchig oder staudig wachsende Hybride, deren stark geriefte Triebe meist dem Boden aufliegen. Die Blätter sind 3zählig oder gefiedert, die 3–5 Blättchen eiförmig, 5–10 cm lang und grob gesägt. Die duftenden, bis 3 cm breiten Blüten stehen in bis 15 cm langen Büscheln, die zu bis 60 cm langen, end- und achselständigen Rispen zusammengesetzt sind. Die Einzelblüten sind mit ihren 4 linealisch-länglichen, blaßlila Blütenblättern zunächst röhrenförmig, später spreizen die Blütenblätter ab und sind an der Spitze zurückgeschlagen. Die Blütezeit dauert von August–Oktober. Die starkwachsende Sorte bedeckt rasch eine recht große Fläche und kann so als interessanter Bodendecker verwendet werden. Die Sorte 'Praecox' hat hellblaue, hyazinthenartige Blüten. Lb 6.3.2.8

▽

Clematis macropetala 'Maidwell Hall'. Großblütige Alpen-Waldrebe. Aus Nordchina und Ostsibirien stammt *C. macropetala*. Die schwachwüchsige Art klettert mit dünnen, kantigen Trieben etwa 1–2 m hoch. Ihre bis 15 cm langen Blätter sind meist doppelt 3zählig, die 9 Blättchen eiförmig bis lanzettlich, unregelmäßig grob gesägt und tief gelappt. Im Mai–Juli sitzen die nickenden Blüten einzeln an dünnen Stielen. Ihre 4 länglich-lanzettlichen Blütenblätter sind 4–5 cm lang und blau- oder blauviolett gefärbt. Die Blüten erhalten ihren besonderen Reiz durch die zahlreichen Staminodien, die fast so lang sind wie die Blütenblätter, aber deutlich heller gefärbt sind als diese. Einige Sorten dieser Art haben abweichende Blütenfarben, etwa 'Blue Bird' (fast schwarzblau), 'Maidwell Hall' (lavendelfarben), 'Markhams Pink' (purpurrosa), 'White Moth' (reinweiß). Lb 7.2.2.9

▽

Clematis maximowicziana, Rispenblütige Waldrebe. ▷ In Ostchina, Japan, Korea und Taiwan ist diese ungewöhnliche Art verbreitet. Sie wächst sehr stark, bildet massige, dichte Büsche, klettert bis 9 m hoch und hat geriefte, weich behaarte Triebe. Ihre Blätter sind 3zählig oder gefiedert, die 3–5 glänzend grünen Blättchen lang gestielt, stumpf, an der Basis abgerundet oder herzförmig und meist ganzrandig. Erst im September–Oktober öffnen sich die weißen, 3 cm breiten, wohlriechenden Blüten mit ihren 4 linealischen Blütenblättern in vielblütigen, end- und achselständigen Rispen. Der interessante Herbstblüher kann überreich blühen, wenn der Standort ausreichend warm und sonnig ist. Die Art bildet nur wenige Ranken aus, sie benötigt deshalb engmaschige Klettergerüste. In strengen Wintern können die Pflanzen stark zurückfrieren, regenerieren sich aber rasch wieder. Lb 6.3.2.9

◁ **Clematis montana.** Berg-Waldrebe, Anemonen-Waldrebe. Bergregionen vom Himalaja, von Mittel- und Westchina sind die Heimat von *C. montana.* Sie wächst stark und klettert bis 8 m hoch. Ihre Blätter sind stets 3zählig, die Blättchen eiförmig bis länglicheiförmig, 3–10 cm lang, manchmal tief 3lappig und scharf gesägt. Im Mai entfaltet sich die Blütenfülle und bedeckt die Pflanzen dicht mit bis 8 cm breiten Blüten, in denen die 4 elliptisch-länglichen Blütenblätter weit gespreizt sind. Bei der natürlichen Art sind die 2,5–5 cm breiten Blüten weiß gefärbt. Meist werden Sorten mit rosa Blüten gepflanzt, etwa 'Tetrarosa' (rechtes Foto) mit ihren großen, lilarosa Blüten, dem starken Wuchs, den bronzefarbenen Blättern und der reichen Blüte oder *C. montana* var. *rubens* mit purpurnen Blättern und den rosaroten, 5–6 cm breiten Blüten. Sorten wie 'Alba' und 'Alexander' blühen weiß. Lb 7.2.2.9 ▷

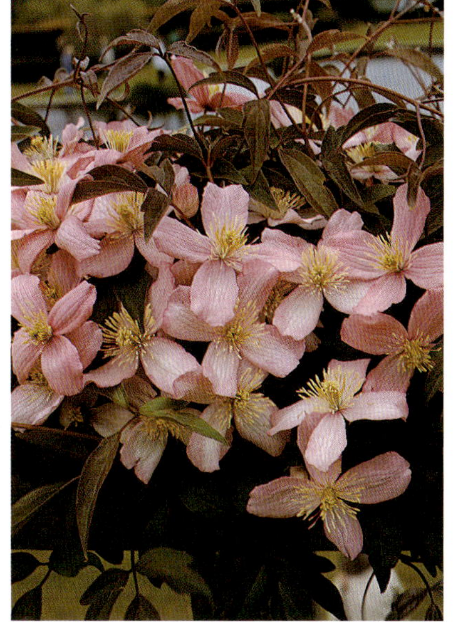

Clematis orientalis, Orientalische Waldrebe. Von Südostrußland und der Ukraine reicht das Verbeitungsgebiet von *C. orientalis* bis in die Ägäis und nach Westasien. Die zierliche Art klettert 3–5 m hoch. Ihre 15–20 cm langen Blätter sind einfach oder doppelt gefiedert, die Blättchen länglich-eiförmig oder lanzettlich, 1,5–5 cm lang und deutlich blaugrün gefärbt. Im August–September öffnen sich die gelben, 3,5–5 cm breiten, glockigen Blüten. Ihre 4 elliptischen, spitzen Blütenblätter sind dick und fleischig, anfangs abgespreizt und zuletzt zurückgebogen. Gegen Ende der Blütezeit schmücken sich die Lianen mit einer Fülle großer, duftiger Fruchtstände. Von der wärmeliebenden Art sind einige Auslesen mit leicht abweichenden Blütenfarben bekannt, etwa 'Bill Mac Kenzie' (zitronengelb), 'Bravo' (hellgelb) und 'Orange Peel' (tiefgelb bis orangegelb). Lb 6.1.2.9 ▷

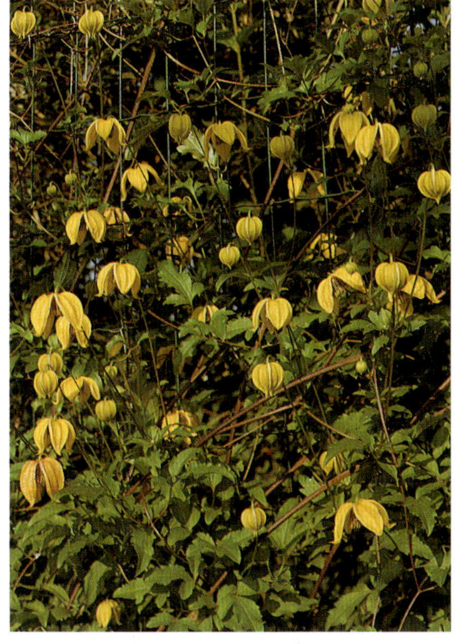

Clematis tangutica, Mongolische Waldrebe. Die Mongolei und Nordwestchina sind die Heimat der Mongolischen Waldrebe, die 4–6 m hoch klettern kann. Ihre gefiederten oder doppelt gefiederten, glänzend grünen Blätter haben 5–7 länglich-lanzettliche, 4–8 cm lange, gelegentlich tief 2- bis 3lappige Blättchen. Leuchtend gelb sind die breit-glokkigen Blüten, die einzeln an langen Stielen stehen. Die 4 eiförmigen bis lanzettlichen Blütenblätter stehen zuletzt etwas ab, sie sind weniger fleischig als die von *C. orientalis.* Die Hauptblütezeit liegt im Juni–August, im September–Oktober gibt es eine reiche Nachblüte. Gleichzeitig mit der 2. Blüte erscheinen auch die großen, silbrig-fedrigen Fruchtstände. 'Aureolin' ist eine Auslese mit größeren, kräftiger gefärbten Blüten. Beide sind robuster und frosthärter als *C. orientalis* und deshalb besonders wertvoll. Lb 7.1.3.9

▽

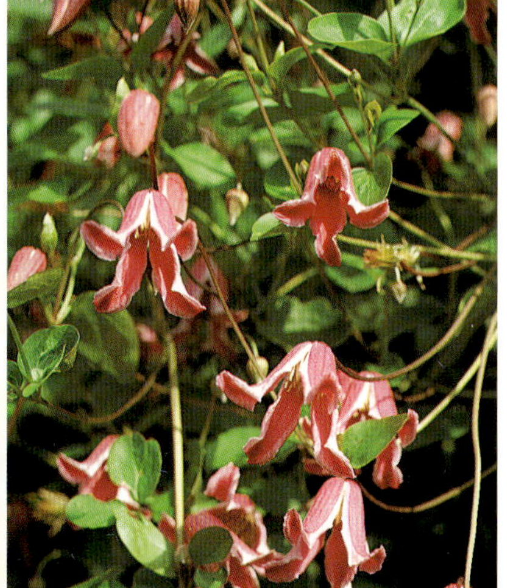

◁ **Clematis × pseudococcinea 'Etoile Rose'.** In dieser Hybride (*C. × jackmanii × C. texensis*) werden einige Sorten zusammengefaßt, die sich von *C. texensis* unter anderem durch einen etwas stärkeren Wuchs, besser verholzende Triebe und größere, etwas weiter geöffnete Blüten unterscheiden. Alle haben noch ein wenig von Charakter der Texas-Waldrebe. Ihre glockigen oder breit-glockigen Blüten sind mehr oder weniger weit geöffent, die Blütezeit dauert von Juli–Oktober. Sie werden an Klettergerüsten gepflanzt oder so, daß sie robuste Sträucher durchschlingen können. 'Duchess of Albany' (Blüten rosarot mit hellerem Randstreifen), 'Etoile Rose' (Blüten etwas geöffnet, groß, kirschrosa mit silbrigem Rand, anfangs aufrecht, später nikkend), 'Pagode' (Blüten klein, lilarosa, gestreift und punktiert), 'Prince of Wales' (Blüten sehr groß, leicht geöffnet, magentarot). Lb 9.3.5.9

Clematis vitalba, Gemeine Waldrebe. Von ▷ Westeuropa bis nach Kleinasien und dem Kaspischen Meer ist die Gemeine Waldrebe häufig in Auewäldern, an Waldrändern sowie an halbschattigen und schattigen Hängen zu finden. Sie wächst sehr stark und kann Höhen von 30 m erreichen. Die Borke der bis zu 3 cm dicken Stämme löst sich in langen Streifen ab. Die jungen Triebe sind kantig gerieft. Die gefiederten Blätter haben meist 5 Blättchen, von denen das unterste Paar oft 3blättrig ist. Die Blättchen sind 3–10 cm lang und grob gezähnt oder ganzrandig. Von Juli–September werden unermüdlich die zahlreichen Blüten angelegt, sie duften schwach, sind weiß, 2 cm breit und stehen in end- und achselständigen Büscheln zusammen. Die 4 abstehenden Blütenblätter sind an der Spitze zurückgeschlagen. Die silberweiß behaarten Fruchtstände bleiben über den Winter hängen. Lb 2.5.3.9

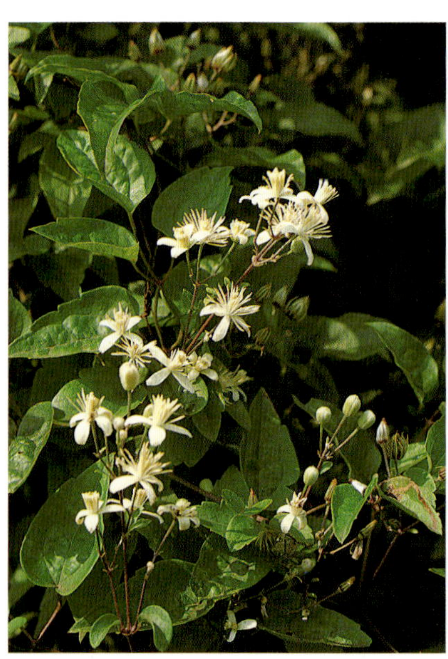

△
Clematis texensis, Texas-Waldrebe. Die sommerwarmen Laubwälder von Texas sind die Heimat von *C. texensis.* Die halbstrauchige Art wird kaum mehr als 2 m hoch. Sie trägt an rötlichen Trieben gefiederte Blätter mit 4–8 Blättchen. Das Endblättchen ist meist zu einer Ranke umgebildet. Die derben Blättchen sind breit-eiförmig, 3–8 cm lang, vorne stumpf, an der Basis leicht herzförmig, ganzrandig oder gelegentlich gelappt und blaugrün gefärbt. Von Juni–September erscheinen die 2–3 cm langen Blüten einzeln an langen Stielen. Die krugförmigen, oben verschmälerten Blüten sind karmin- bis scharlachrot gefärbt, die 4 dicken Blütenblätter stehen an der Spitze leicht ab. Die Triebe der wärmeliebenden Texas-Waldrebe verholzen nur wenig, sie wird deshalb meist wie eine Staude behandelt und jährlich zurückgeschnitten. Sorten siehe bei *C.* × *pseudococcinea.* Lb 6.4.1.8

△
◁ **Clematis viticella,** Italienische Waldrebe. Von Südeuropa bis Kleinasien, Syrien und dem Iran reicht das Verbreitungsgebiet von *C. viticella.* Sie ist in Mitteleuropa seit Jahrhunderten in Kultur. Die zierliche Liane wird etwa 4 m hoch. Die bis 12,5 cm langen Blätter sind meist doppelt, selten einfach gefiedert. Die 5–7 eiförmigen bis eilanzettlichen, 1,5–5 cm langen Blättchen sind ganzrandig oder 3lappig. Im August–September sitzen die 3–5 cm breiten, langgestielten Blüten einzeln in den Blattachseln. Sie haben 4 eiförmige, flach ausgebreitete, purpurrosa bis violett gefärbte Blütenblätter. Zu *C. viticella* gehören nicht nur zahlreiche großblumige Hybriden, sondern auch einige kleinblumige Sorten wie 'Abudance' (weinrot), 'Alba Luxurians' (weiß), **'Kermesina'** (Foto links, 6 Blütenblätter), 'Purpurea Plena' (purpurblau, gefüllt) und 'Rubra' (weinrot). Lb 6.3.4.9

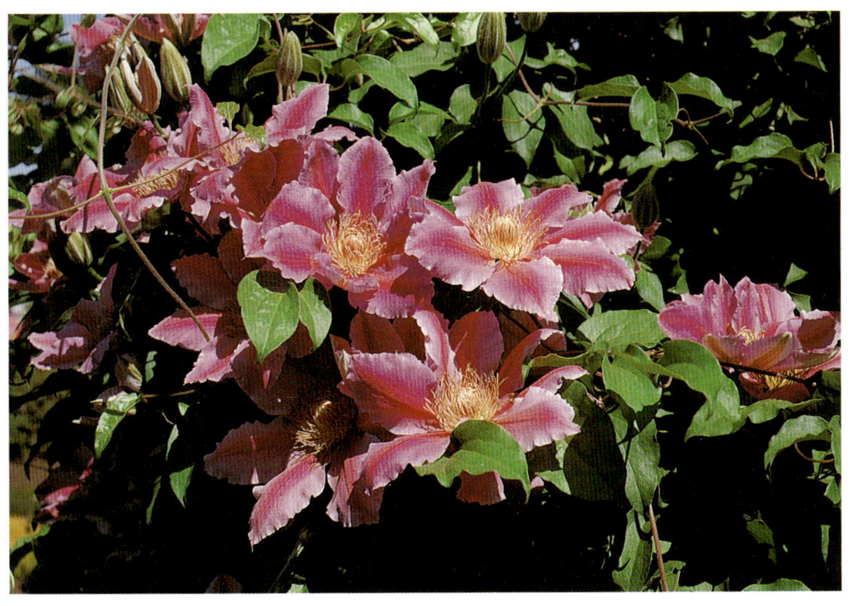

◁**Clematis, Großblumige Hybriden** (Foto 'Dr. Ruppel'). Neben den wenigen Arten sind für die Gartenkultur vor allem die sogenannten Großblumige Hybriden von Bedeutung. Wir verstehen darunter zahlreiche Sorten mit meist großen, tellerförmig ausbreiteten, pastellfarbenen Blüten in sehr verschiedenen Tönungen. An der Entstehung dieser Hybriden waren ursprünglich nur wenige Arten beteiligt. Die Abstammung jüngerer Sorten ist sehr komplexer Natur, nicht selten sind deren Eltern schon Hybriden. Insgesamt stellen die Hybriden etwas größere Ansprüche an den Standort als die robusteren Wildarten. Sie gedeihen am besten auf durchlässigen, krümeligen, nährstoffreichen, ausreichend frischen, schwach sauren Lehmböden und an windgeschützten Plätzen, an denen sich ihr Wurzelbereich im kühlen Schatten befindet, der Rest der Pflanze aber in der Sonne oder im Halbschatten steht. Lb 9.4.2.9

Großblumige Clematis-Hybriden

'Blue Gem'

'Capitaine Thuilleaux'

'Edomurasaki'

'Fujimusume'

'General Sikorski'

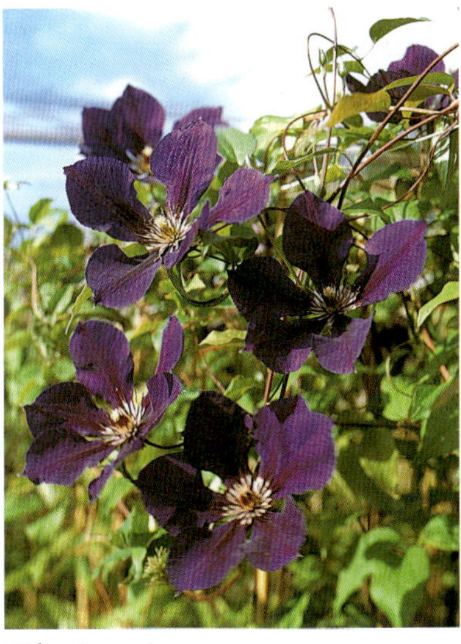

'Gibsy Queen'

Großblumige Clematis-Hybriden

'Guiding Star'

'Hagley Hybrid'

'Hisa'

× *jackmannii*

'John Huxtable'

'Kacper'

'Kardynal Wyszynski'

'Königskind'

'Lasurstern'

Großblumige Clematis-Hybriden

'Madame Edouard Andre'

'Madame Le Coultre'

'Mrs. N. Thompson'

'Multi Blue'

'Nelly Moser'

'Prins Hendrik'

'Rhapsody'

'Schneeglanz'

'The President'

Großblumige Clematis-Hybriden

'Ulrique'

'Ville de Lyon'

'Vino'

'Violet Charm'

'Vyvyan Pennell'

'Warszawska Nike'

'Wilhelmina Tull'

'William Kennet'

'Yukokomachi'

Clerodendrum trichotomum, Losbaum, ▷ Verbenaceae, Eisenkrautgewächse. In den Hartlaubwäldern Japans und Ostchinas hat der Losbaum seine Heimat. Seine Herkunft deutet schon darauf hin, daß er sehr wärmebedürftig ist und sich nur in klimatisch günstigen Regionen gut entwickelt. Der sommergrüne, bis 8 m hohe, baumartige Strauch hat eiförmige bis elliptische, 10–20 cm lange, dunkelgrüne, unterseits weichhaarige Blätter. Erst im August–September öffnen sich die weißen, duftenden, 3 cm breiten Blüten in lockeren, 12–24 cm breiten, achselständigen Büscheln an den Triebenden. Die Reiz der tief 5teiligen Blüten wird durch die weit herausragenden Griffel und Staubfäden erhöht. Zur Fruchtreife werden die rot gefärbten Kelchblätter fleischig und sind weit ausgebreitet, sie präsentieren dann die 6–8 mm breiten, stahlblauen, saftig-fleischigen Beerenfrüchte. Lb 6.3.1.4

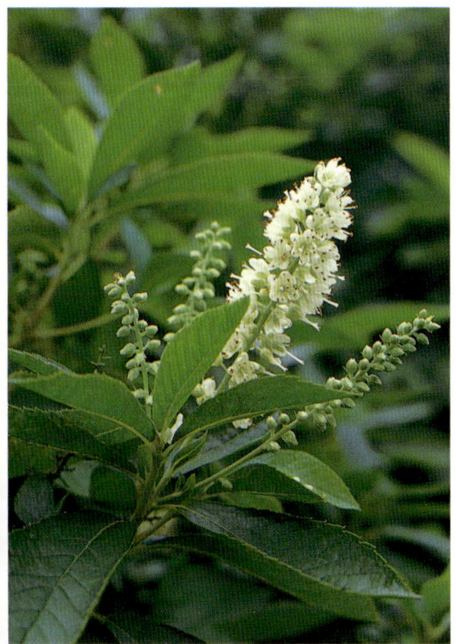

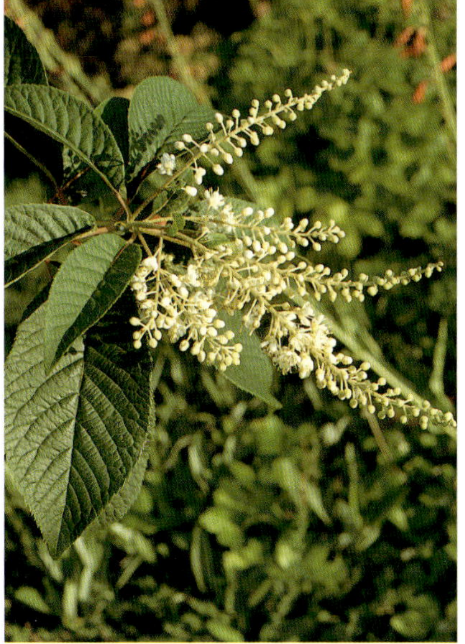

◁ **Clethra barbinervis,** Japanische Zimterle. In ganz Japan ist *C. barbinervis* als ostasiatisches Pedant zu den nordamerikanischen Arten verbreitet, ein bis 10 m hoher Strauch, der bei uns Höhen und Breiten von 4–5 m erreichen kann. An den Stämmen löst sich die kaffeebraune Borke wie bei Platanen in Schuppen ab und hinterläßt eine glatte, gelb- bis hellbraune Rinde, die von einem bläulichweißen Schimmer überzogen ist. Der prachtvolle Strauch trägt an rotbraunen Trieben verkehrt-eiförmige, lang zugespitzte, 10–15 cm lange, etwas rauhe, schön strukturierte Blätter, die sich im Herbst oft prachtvoll rot und gelb färben. Im Juli–September stehen die kleinen, weißen, duftenden Blüten in 10–15 cm langen, dichten, abstehenden Trauben aus 3–6 Rispen über dem dunkelgrünen Laub. Unter den sommergrünen Arten ist *C. barbinervis* sicher die attraktivste Zimterle. Lb 3.2.2.4

△
Clethra alnifolia, Erlenblättrige Zimterle, Clethraceae, Zimterlengewächse. Die sommerwarmen Laubwälder des östlichen Nordamerika sind die Heimat von *C. alnifolia.* Der straff aufrechtwachsende Strauch wird etwa 3 m hoch. Seine einfachen, wechselständigen Blätter sind verkehrt-eiförmig, 4–10 cm lang, kurz zugespitzt und scharf gesägt. Von Juli–September blüht der Strauch. Seine kleinen, weißen, duftenden Blüten stehen in 5–10 cm langen, aufrechten, behaarten Trauben an den Zweigenden. Die kleinen Fruchtkapseln sind ohne Zierwert. Neben der natürlichen Art wird nicht selten auch die Sorte 'Rosea' gepflanzt. Ihre Blüten sind in der Knospe schön rosa, später hellrosa gefärbt. In den Bergwäldern des südöstlichen Nordamerika ist auch *C. acuminata,* die Berg-Zimterle verbreitet. Ihre weißen Blütentrauben werden 8–20 cm lang und stehen etwas ab. Lb 1.1.3.5

Colutea arborescens, Gewöhnlicher Blasenstrauch, Papilionaceae, Schmetterlingsblütler. Von Südeuropa bis Mittelfrankreich und Nordafrika ist der Blasenstrauch ein Bewohner sonniger Waldränder und Hecken sowie lichter Eichen- und Kiefernwälder. Der aufrechte, reichverzweigte, sommergrüne Strauch wird 2–4 m hoch. Seine Äste haben eine glatte bis flach längsfurchige, graubraune Rinde. Die unpaarig gefiederten Blätter sind 7–10 cm lang, sie haben 9–13 breitelliptische bis verkehrt-eiförmige, 1,3–3 cm lange, frischgrüne, unterseits blaugrüne und anliegend behaarte Blättchen. Vom Mai–August erscheinen an den Langtrieben die gelben Schmetterlingsblüten zu 3–8 in achselständigen, langgestielten Trauben. Bis zum Spätherbst bleiben die 6–8 cm langen und 2–3 cm dicken, blasig vergrößerten, silbrigen Hülsen mit ihren pergamentartig dünnen Fruchtwänden haften. Lb 6.1.2.5 ▷

◁ **Colutea × media 'Copper Beauty'.** *C. arborescens* und *C. orientalis* sind die Eltern dieser Hybride, die in Wuchshöhe und Aufbau dem Gewöhnlichen Blasenstrauch ähnlich ist. Die Blätter haben 11–13 verkehrt-eiförmige, 1,5–2,5 cm lange, unterseits behaarte und bläulichgrün gefärbte Blättchen. Die etwa 1,5 cm langen Blüten sind rotbraun bis tief orange gefärbt, die Blütezeit dauert von Juni–September. 'Copper Beauty' ist eine reichblühende Selektion mit braunroten Blüten, eine schöne Ergänzung zu den gelbblühenden Arten. Seltener in Kultur ist *C. orientalis*, ein zierlicher, mannshoher Strauch aus dem Kaukasus. Seine 4–8 cm langen Blätter haben 7–11 dickliche, fast rundliche Blättchen, die beiderseits hell blaugrün gefärbt sind. Orange bis rötlichbraun sind die 10–15 cm langen Blüten, die im Juni–Juli zu 2–3 in kleinen Trauben sitzen. Lb 6.1.2.5

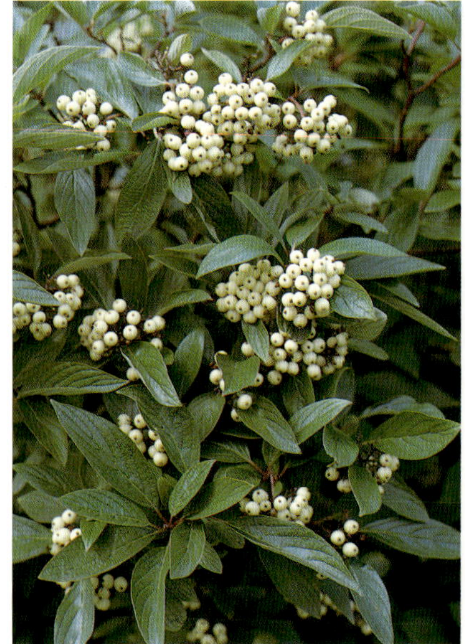

△
Cornus alba, Weißer Hartriegel, Tatarischer Hartriegel, Cornaceae, Hartriegelgewächse. Von Nordrußland durch Sibirien und die Mandschurei reicht das Verbreitungsgebiet von *C. alba* bis nach Nordkorea. Der robuste und anspruchslose Strauch wird bis 3 m hoch, seine Zweige sind auffallend blut- oder korallenrot gefärbt. Er wächst in der Jugend breit aufrecht. Später liegen die Äste dem Boden auf und bewurzeln sich an der Berührungsstelle mit dem Boden. Diese sogenannte Schleppenbildung kann sich mehrfach wiederholen. Eiförmig-elliptisch sind die 4–8 cm langen, lebhaft grünen, unterseits bläulichen Blätter. Die kleinen, gelblichweißen, 4zähligen Blüten sitzen im Mai–Juni in 3,5–5 cm breiten Schirmrispen. Auffälliger sind im Sommer die zahlreichen weißen bis bläulichweißen Steinfrüchte. Neben der Art werden häufig einige Sorten gepflanzt. Lb 3.3.6.5

△
Cornus alba 'Elegantissima'. Diese gelblaubige Form wird häufig noch unter dem Namen 'Argenteomarginata' geführt. Sie ist schon seit etwa 200 Jahren in Kultur und wächst zu einem mittelhohen, breitbuschigen, aufrechten Strauch heran, der Höhen und Breiten von etwa 3 m erreichen kann. Auch hier sind die Zweige anfangs dunkel-, später schwarzrot gefärbt. Die regelmäßig geformten Blätter sind in der Blattmitte graugrün gefärbt, am Rand sind sie unregelmäßig breit gelblichweiß panaschiert. Im Herbst färben sich die Blätter gelb bis hellbraun. Von *C. alba* kennen wir auch andere buntlaubige Sorten. Bei 'Gouchaultii' haben die Blätter im Austrieb einen rosa Rand, zur Mitte hin sind sie rosa und grün gefärbt, später aber nur grün mit gelben Flecken. Bei der schwach wachsenden 'Spaethii' sind die Blätter im Austrieb bronzegelb, später breit goldgelb gerandet. Lb 9.4.3.5

Cornus alba 'Sibirica'. Schon vor 1830 ist ▷ aus der Wildpopulation eine Sorte ausgelesen worden, die sich durch eine korallenrote Färbung der Rinde auszeichnet. Die Färbung kommt naturgemäß im winterkahlen Zustand der Sträucher besonders gut zur Geltung. Die Form wächst etwa wie die Art, sie wird bis 3 m hoch und gleich breit, wächst zunächst aufrecht, später breitbuschig und locker, die äußeren Astpartien liegen dem Boden auf und bewurzeln sich. Da die Rindenfärbung nur an jungen Zweigen gut ausgeprägt ist, sollte man die Sträucher gelegentlich durch einen starken Rückschnitt verjüngen. Eine vom Typ abweichende Rindenfärbung hat auch die Sorte 'Kesselringii', ihre jungen Zweige sind schwarzbraun gefärbt. Bei 'Sibirica Variegata' haben die großen, oft unregelmäßig geformten oder etwas verkrüppelten Blätter einen schmalen weißen Saum. Lb 9.4.3.5

◁ **Cornus alternifolia 'Argentea',** Wechselblättriger Hartriegel. Aus dem östlichen Nordamerika stammt *C. alternifolia.* Meist wächst die Art baumförmig und wird bis 8 m hoch. Die waagerecht ausgebreiteten Äste stehen in mehr oder weniger regelmäßig angeordneten Etagen übereinander. Im Gegensatz zu den meisten anderen Hartriegelarten stehen die Blätter hier wechselständig und meist an den Triebenden gehäuft, sie sind breit-eiförmig bis elliptisch, 6–12 cm lang, plötzlich kurz zugespitzt, oberseits glänzend dunkelgrün, unten blaugrün gefärbt, im Herbst nehmen sie eine dunkelviolette Färbung an. Die weißen Blüten stehen im Mai-Juni in 4–6 cm breiten Schirmrispen an den Zweigen. Aus ihnen entwickeln sich blauschwarze, bereifte Früchte mit roten Stielen. 'Argentea' ist eine mehr buschig wachsende, lebhafte Form mit kleinen, weißbunten Blättern. Lb 2.3.5.3

Cornus canadensis, Kanadischer Hartriegel. Obwohl nur eine Staude, gehört *C. canadensis* zum Standardsortiment der Baumschulen. Die zierliche Art hat ein ausgedehntes Verbreitungsgebiet, das von Grönland und Labrador bis nach Alaska, Japan, Sachalin, Kamtschatka und Korea reicht. Sie wächst dort auf frischen bis feuchten, sauren Moor- und Waldböden. Aus einem kriechenden, verholzenden Wurzelstock entwickeln sich die aufrechten Triebe, die an den Enden die dunkelgrünen, quirlständigen Blätter tragen. Sie stehen jeweils zu 6, sind 2–4 cm lang, eiförmig bis lanzettlich und bilden einen dichten, gleichmäßig hohen Teppich. Über dem Laub entfalten sich im Juni die kleinen, grünlichen bis rotvioletten Blütenköpfchen, die von 4–6 großen, 1–2 cm langen, weißen Hochblättern umgeben sind. Selten werden auch die hellroten, 6 mm dicken Früchte entwikkelt. Lb 1.1.2.8
▽

Cornus controversa, Pagoden-Hartriegel. Die in Japan, Korea und China heimische Art wird zu einem 10–20 m hohen Baum mit waagerecht abstehenden Ästen, die in regelmäßigen Etagen übereinanderstehen. Mit seinen weitschwingenden Ästen erinnert der Pagoden-Hartriegel tatsächlich an die geschwungenen Dächer ostasiatischer Pagoden. Seine wechselständigen Blätter sind breit-elliptisch bis elliptisch, 7–12 cm lang, plötzlich kurz zugespitzt, oberseits glänzend dunkelgrün, unten bläulich gefärbt. Sie färben sich im Herbst früh purpurn, fallen aber spät ab. Im Mai-Juni schmücken weiße, 13 mm breite Blüten in zahlreichen, 10–18 cm breiten, flachen, aufrechtstehenden Schirmrispen dieses attraktive Solitärgehölz, das in seinem Habitus unverwechselbar ist. Recht zahlreich werden auch die blauschwarzen, 6 mm dicken Früchte angelegt. Lb 2.3.4.3

▽

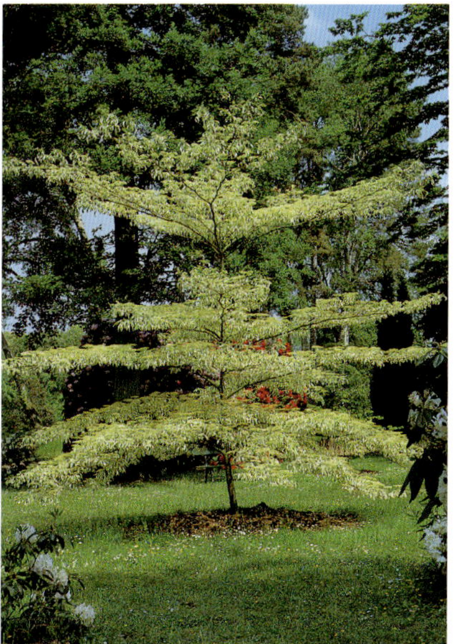

◁ **Cornus controversa 'Variegata'.** Die weißbunte Form des Pagoden-Hartriegels gehört sicher zu den ganz exquisiten Gestalten unter unseren Gartengehölzen. Sie gleicht in der Blattstellung und dem Zweigaufbau der natürlichen Art und erreicht so in der Regel auch deren lockeren, gefälligen Habitus. Es sind aber auch Exemplare bekannt, die vergleichsweise dicht und breit-kegelförmig wachsen. Die weißgerandeten Blätter machen den Kleinbaum zu einem auffallenden, weithin sichtbaren Solitärgehölz. Seine ganze Schönheit entwickelt die Form aber nur unter günstigen Standortbedingungen, in wintermilden Klimazonen und an leicht beschatteten Standorten auf gepflegten, frischen Böden. Besonders schöne Exemplare sieht man deshalb in den Tessiner Gärten, in Frankreich, England und Irland. Unter günstigen Klimabedingungen gedeiht diese interessante Form aber auch bei uns. Lb 3.2.4.4

Cornus florida, Blumen-Hartriegel. Die ▷ sommerwarmen Laubwälder des östlichen Nordamerika sind die Heimat von *C. florida.* Die Art entwickelt sich zu einem 4–6m hohen und gleich breiten, gelegentlich auch bis 12m hohen Baum. An grünen, bereiften Trieben sitzen die eiförmig-elliptischen, 8–15cm langen, plötzlich zugespitzten, an der Basis breit-keilförmigen, oberseits stumpfgrünen, unten weißflaumigen Blätter, die sich im Herbst prachtvoll scharlachrot bis violett verfärben. Die eigentlichen Blütenköpfchen sind grünlichweiß oder gelblich und ganz unscheinbar. Sie werden aber von 4 weißen, verkehrt-eiförmigen, 3–5cm langen, vorn ausgerandeten Hochblättern umgeben. Die elliptischen, scharlachroten Früchte sind bis 1cm dick. Neben dem Typ sind auch selektierte Formen in Kultur, etwa 'Cherokee Princess' oder 'Cloud Nine' mit sehr großen, weißen Hochblättern. Lb 3.2.5.4

△
Cornus florida 'Rubra'. In ihren natürlichen Arealen haben längst nicht alle Individuen des Blumen-Hartriegels reinweiße Hochblätter. Es kommen auch Pflanzen mit mehr oder weniger intensiv rosafarbenen Hochblättern vor, sie werden als f. *rubra* bezeichnet. Aus diesen Populationen sind Sorten mit intensiven »Blütenfarben« ausgelesen, vegetativ vermehrt und mit Sortennamen versehen worden. In Wuchs, Belaubung und Herbstfärbung unterscheiden sie sich nicht wesentlich vom Typ: 'Apple Blossom' (apfelblütenrosa), 'Purple Glory' (rot, Blätter purpurn), 'Rubra' (hell- bis dunkelrosa), 'Cherokee Chief' (tiefrosa) und 'Sweetwater' (rosa). Neben Sorten mit grünen Blättern kennen wir auch Sorten mit farbigem Laub. Die bekannteste Sorte ist 'Rainbow' mit hell- bis dunkelgrünen, gelb gefleckten Blättern, die sich im Herbst lavendelfarben, rot und scharlach verfärben. Lb 3.2.5.4

△
Cornus kousa, Japanischer Blumen-Hartriegel. In den sommerwarmen Wäldern Japans und Koreas ist *C. kousa* heimisch, ein eleganter, 5–7m hoher Baum mit anfangs vasenförmig aufstrebendem, später ausgebreitetem Wuchs. An braunen Trieben sitzen die eiförmig-elliptischen, 6–9cm langen, lang zugespitzten, am Rand meist welligen, oberseits dunkelgrünen, unten blaugrünen Blätter, die sich im Herbst leuchtend gelb bis scharlachrot verfärben. Wie bei allen Blumen-Hartriegeln werden auch hier die kleinen, grünlichgelben Blütenköpfchen von 4 weißen, länglich-elliptischen, lang zugespitzten, 3–5cm langen Hochblättern umgeben. Sie stehen im Juni in Massen über dem Laub. Die kleinen Früchte sind hier zu einer etwa 2cm dicken, dunkelrosa, himbeerähnlichen, dekorativen Scheinfrucht verwachsen. Zeigt sich im Garten meist anspruchsloser und wüchsiger als *C. florida.* Lb 2.3.5.4

Cornus kousa var. chinensis, Chinesi- ▷ scher Blumen-Hartriegel. Die in China heimische Form wächst stärker, offener und mehr baumförmig als *C. kousa,* sie kann Höhen von 10m erreichen. Die Blätter sind hellgrün, am Rand kaum gewellt, meist größer und stärker behaart, die Haartuffs in den Nervenwinkeln fehlen oder sind undeutlich ausgebildet. Größer, bis 6cm lang, sind auch die 4 sehr unterschiedlich geformten Hochblätter, die die grünlichgelben Blütenköpfchen umgeben. Sämlingspflanzen von *C. kousa* haben nicht selten kleine, wenig auffällige »Blüten«. Deshalb sind heute häufig ausgelesene, großblumige, vegetativ vermehrte Sorten in Kultur. Weiße Hochblätter haben Sorten wie 'Milky Way', 'China Girl' und 'Selektion Kordes', mit rosaroten Hochblättern überraschen Sorten wie 'Satomi' und 'Rubra'; 'Goldstar' ist eine Sorte mit gelb panaschierten Blättern. Lb 3.2.5.4

Cornus mas, Kornelkirsche. Die Kornelkirsche ist von Europa bis nach Kleinasien und dem Kaukasus ein Vertreter sommerwarmer, trockener Standorte. Sie entwickelt sich zu einem 3–6 m hohen, sparrigen Strauch oder kleinen Baum mit überhängenden Zweigen und schuppig abblätternder Borke. Die dunkelgrünen Blätter sind eiförmig bis elliptisch, 8–10 cm lang, zugespitzt und an der Basis breit-keilförmig. Lange vor der Laubentfaltung, schon im März–April, öffnen sich die gelben Blüten in 1,5–2 cm breiten Dolden. Die Kornelkirsche gehört damit zu den ersten heimischen Blütengehölzen. In den 4zähligen Blüten sind die 10 mm langen Knospenschuppen als Schauapparat ausgebildet. Im August–September reifen die elliptischen, 2 cm langen, glänzend roten Früchte mit dem eßbaren Fruchtfleisch. Ein anspruchsloser Blüten- und Fruchtstrauch, aber auch eine robuste Heckenpflanze. Lb 6.3.3.4 ▷

Cornus nuttallii, Berg-Blumen-Hartriegel. Auch im Florengebiet des westlichen Nordamerika kommt ein Blumen-Hartriegel vor, oft im Unterholz lichter Nadelwälder. In seiner Heimat wächst er zu einem bis 25 m hohen Baum heran, bei uns bleibt er oft nur strauchig, wächst breit aufrecht und wird kaum mehr als 3–6 m hoch. Die Blätter sind eiförmig-elliptisch bis verkehrt-eiförmig, 8–12 cm lang, kurz zugespitzt und an der Basis breit-keilförmig, sie färben sich im Herbst prachtvoll gelb bis orangerot. Die kleinen Blüten sitzen in 2 cm breiten, halbkugeligen, grünlich-purpurnen Köpfchen zusammen. Sie werden von 4–8 (meist 6) großen, bis 7,5 cm langen, ovalen bis verkehrt-eiförmigen, grünlichweißen bis cremefarbenen, später rosa überhauchten Hochblättern umgeben. Der prachtvolle Blütenbaum ist anspruchsvoller an den Standort als andere Blumen-Hartriegel. Lb 7.2.2.4
▽

Cornus sanguinea, Roter Hartriegel. Von Europa bis zum nördlichen Kleinasien und dem Kaukasus kommt der Rote Hartriegel in lichten, krautreichen Laubmisch- und Auenwäldern vor. Der bis 4 m hohe und im Alter gleich breite, reichverzweigte, robuste und anpassungsfähige Strauch baut sich mit aufrechten Grundästen und dünnen, überhängenden Seitenzweigen auf. Die jungen Zweige sind besonders im Vorfrühling dunkel blutrot gefärbt. Breit-elliptisch bis eiförmig, 4–8 cm lang, zugespitzt und an der Basis keilförmig sind die dunkelgrünen, unten helleren und besonders auf den Nerven behaarten Blätter, die sich im Herbst leuchtend weinrot bis gelborange verfärben. Nach der Laubentfaltung öffnen sich im Mai–Juni die kleinen, weißen, streng riechenden Blüten in 4–5 cm breiten, dichten, behaarten Schirmrispen. Die schwarzblauen Früchte sind weiß punktiert. Lb 2.4.6.4
▽

Cornus sericea 'Kelsey'. Der Baileys Hartriegel, häufig noch unter dem ungültigen Namen *C. stolonifera* beschrieben, hat in Nordamerika eine weite Verbreitung. Der vieltriebige, bis 2,5 m hohe Strauch hat dunkel purpurrote Zweige, die schleppenartig ausgebreitet sind, dem Boden aufliegen, sich bewurzeln, weiterwachsen und so dickichtartige Gebüsche bilden. Eiförmig-länglich bis länglich-lanzettlich sind die 6–12 cm langen, dunkelgrünen, unterseits blaugrünen Blätter. Aus gelblichweißen Blüten im Mai–Juni entwickeln sich weiße, 7–9 mm dicke Früchte. Häufig in Kultur ist die Sorte 'Flaviramea' mit den leuchtend hell grüngelben Zweigen, die besonders im Winter auffallen. 'Kelsey' ist ein 75 cm hoher, breitwüchsiger, dichter, feintriebiger Strauch, der sich durch bewurzelte Bodentriebe ausbreitet und für flächige Begrünungen eingesetzt wird. Lb 9.4.4.6 ▷

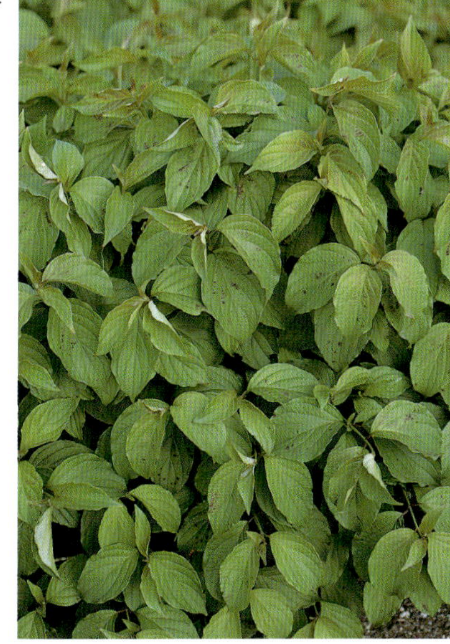

Coronilla emerus, Strauch-Kronwicke, Papilionaceae, Schmetterlingsblütler. Auf sommerwarmen und -trockenen Felshängen und in lichten Eichen- und Kiefern-Mischwäldern ist *C. emerus* von Südeuropa über die Balkanhalbinsel bis Westasien und Nordafrika zu finden. Der sommergrüne, 0,5–2 m hohe, straff aufrechte Strauch hat grüne, geriefte Triebe. Die Rinde reißt später netzartig auf. Die unpaarig gefiederten, 4–6 cm langen Blätter haben 7– 9 verkehrt-eiförmige bis herzförmige, 10–15 mm lange, smaragdgrüne Blättchen. Von März–Mai erscheinen in blattachselständigen, 3- bis 5blütigen Dolden an jungen und alten Trieben die gelben, 2 cm langen, duftenden Schmetterlingsblüten mit den lang genagelten Blütenblättern. Die zylindrischen Fruchthülsen sind 5–11 cm lang. Der zierliche, trockenresistente Kleinstrauch findet seinen besten Platz im Steingarten. Lb 6.3.4.6 ▷

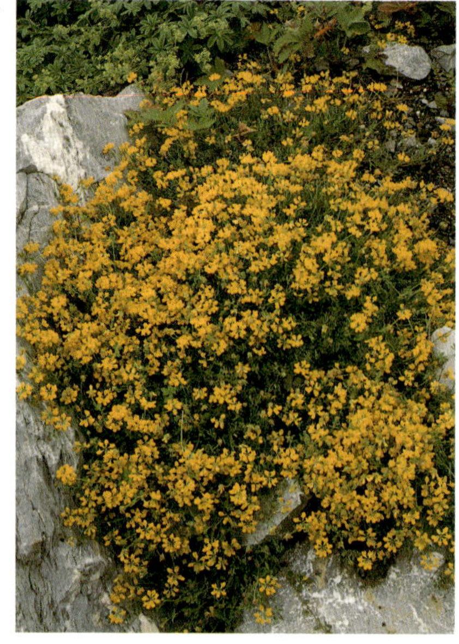

Corylopsis spicata, Ährige Scheinhasel. In den Gebirgswäldern des südlichen Japan ist die Ährige Scheinhasel zu Hause. Der aufrechte, locker und etwas sparrig verzweigte Strauch wird im Alter 2–3 m hoch und ebenso breit. Er trägt an behaarten Trieben eiförmige, bis verkehrt-eiförmige, zugespitzte, an der Basis abgerundete bis herzförmige, fein borstig gezähnte Blätter, die unterseits blaugrün und fein behaart sind, sie färben sich im Herbst gelb bis orange. Auch *C. spicata* blüht schon im März–April, die hellgelben Blüten sitzen zu 7–10 in 2–4 cm langen, hängenden Ähren. Der Blütenstand ist von einem rötlichgrünen Tragblatt umgeben, die zarten Tragblätter der Einzelblüten sind meist behaart. Sehr attraktiv sind auch Arten wie *C. glabrescens, C. platypetala, C. sinensis* und *C. veitchiana,* sie haben oft größere Blüten oder längere Blütentrauben. Lb 7.2.4.6

▽

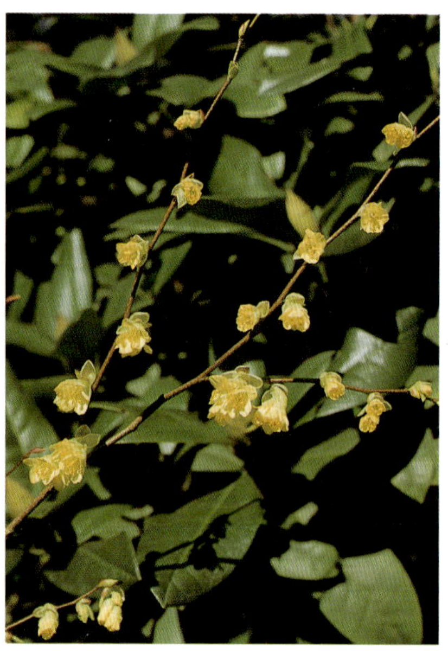

△

Corylopsis pauciflora, Armblütige Scheinhasel, Hamamelidaceae, Zaubernußgewächse. Alle 12 sommergrünen Scheinhaselarten stammen aus Ostasien, *C. pauciflora* hat ihre Heimat in den Bergwäldern von Japan und Taiwan, sie ist ein dichtverzweigter, breitbuschiger, feintriebiger Strauch, der im Alter eine Höhe von 1,5–2 m und annähernd die gleiche Breite erreicht. Die eiförmigen, 3–7 cm langen, an der Basis mehr oder weniger herzförmigen Blätter sind buchtig gezähnt, die Zähne mit kurzen Borsten ausgestattet. Die oberseits hellgrüne, unten blaugrüne Blattfarbe wird im Herbst meist schön gelb. Schon im März–April öffnen sich die zarten, primelgelben, fein duftenden, glockigen Blüten, die zu 2–3 in kurzen, hängenden Ähren sitzen. Die Blüten und der frühe Austrieb können unter Spätfrösten leiden, deshalb ist ein geschützter Platz notwenig. Lb 7.2.4.5

Corylus avellana, Haselnuß, Betulaceae, Birkengewächse. Von Europa bis nach Kleinasien und dem Kaukasus kommt die Haselnuß in lichten Laubwäldern, an Waldrändern und Gebüschsäumen vor. Der sommergrüne, vom Grunde an vielstämmige Strauch wird 2–6 m hoch. Die rundlichen bis verkehrt-eiförmigen, plötzlich zugespitzten und doppelt gesägten, etwas gelappten Blätter werden 5–10 cm lang. Schon im Februar–April öffnet die Haselnuß als erstes blühendes Gehölz unserer Breiten ihre Blüten. Die männlichen Blüten sind in 8–10 cm langen, schlaff nach unten hängenden Kätzchen zusammengefaßt, die weiblichen sind bis auf die roten, fädigen Narben in den Knospen geborgen. Aus ihnen entwickeln sich die 16–18 mm großen Nüsse, die in einem zerschlitzten, tütenförmigen Fruchtbecher sitzen. Zur Fruchtgewinnung werden meist großfrüchtige Sorten gepflanzt. Lb 3.1.6.4 ▷

◁ **Corylus avellana 'Contorta'**, Korkenzieher-Hasel. Unter den wenigen Gartenformen der Haselnuß ist die Korkenzieherhasel sicher die eigenwilligste und interessanteste Form. Sie entwickelt sich zu einem 4–5 m hohen, schirm-förmig-aufrechten, im Alter dicht verzweigten Strauch, dessen Äste und Zweige mehr oder weniger stark korkenzieherartig gedreht sind. Die meist breitrundlichen Blätter sind kraus und eingerollt. Der bizarre Strauch ist während des ganzen Jahres sehr reizvoll, besonders aber im Frühjahr mit den langen, gelben, männlichen Kätzchen und im Winter, wenn die Zweige von Schnee und Rauhreif bedeckt sind. Einige andere Sorten der Haselnuß werden gelegentlich gepflanzt. 'Aurea' hat orangefarbene Wintertriebe und im Austrieb gelbe Blätter. 'Pendula' ist eine meist hochstämmig veredelte Form, deren Äste und Zweige bogenförmig überhängen. Lb 3.1.3.5

△ **Corylus colurna,** Baumhasel, Türkische Hasel. Von Südosteuropa und Kleinasien bis zum Kaukasus ist die Baumhasel verbreitet. Der bis 25 m hohe Baum hat eine schmalkegelförmige bis breit-eiförmige, im Alter bis 12 m breite Krone mit einem geraden, bis zum Wipfel durchgehenden Stamm, dessen grauweiße Borke rauh und korkig ist. Die breit-eiförmigen, 5–15 cm langen, dunkelgrünen Blätter sind vorne plötzlich zugespitzt, an der Basis herzförmig, doppelt gesägt und etwas gelappt, sie färben sich im Herbst goldgelb. Im März–April öffnen sich die Blüten, die männlichen in bis 12 cm langen, hängenden Kätzchen. Die bis 2 cm langen, sehr dickschaligen Nüsse sind von einer tief geteilten, drüsigen Hülle umgeben und sitzen in großen, ballförmigen Büscheln zusammen. Der sehr robuste Park- und Straßenbaum ist wärmeliebend, hitzetolerant und trockenresistent. Lb 3.1.3.2

Corylus maxima 'Purpurea', Blut-Lambertsnuß. Die natürliche Art hat ihre Verbreitung in Südosteuropa, Kleinasien und dem Kaukasus. Sie wächst zu einem vielstämmigen, bis 5 m hohen Strauch heran. Die Blätter sind rundlich-eiförmig bis verkehrt-eiförmig, 5–12 cm lang, plötzlich zugespitzt, an der Basis herzförmig, doppelt gesägt und leicht gelappt. Sie sind wie bei der Art dunkelgrün und im Herbst gelb gefärbt. Die 2–2,5 cm dicken Nüsse sind von einem tief zerschlitzten, samtig behaarten Fruchtbecher umgeben. Statt der Art wird häufig die Sorte 'Purpurea' gepflanzt. Ihre Blätter sind im Austrieb leuchtend hellrot, später bleibend tief schwarzrot. Auch die männlichen Kätzchen und Fruchthüllen sind rot gefärbt. Die Haselnüsse des Handels stammen meist von *C. maxima.* In unseren Gärten pflanzen wir großfrüchtige Sorten wie 'Cosford' oder 'Hallesche Riesen'. Lb 9.2.3.4 ▷

Cotinus coggygria, Perückenstrauch, Anacardiaceae, Sumachgewächse. Trockene, sonnige und warme Hänge sind die bevorzugten Standorte des Perückenstrauches. Seine Verbreitung reicht vom östlichen Mittelmeergebiet bis nach Mittelasien. Der sommergrüne, 3–5 m hohe, breit ausladende Strauch hat eine dichte, rundliche Krone. Die hell- bis rotbraunen oder roten Zweige tragen zahlreiche kleine Korkwarzen. Oval bis verkehrteiförmig sind die 5–8 cm langen, frischgrünen, beiderseits mehr oder weniger bläulich bereiften Blätter. Sie treiben spät aus und färben sich im Herbst prachtvoll gelborange bis scharlachrot. Aus kleinen, unscheinbaren Blüten, die in 15–20 cm breiten Rispen stehen, entwickeln sich im Spätsommer auffällige, perückenartige Fruchtstände, die durch die stark behaarten Blütenstiele ein fedrig leichtes Aussehen bekommen. Lb 6.3.2.4 ▷

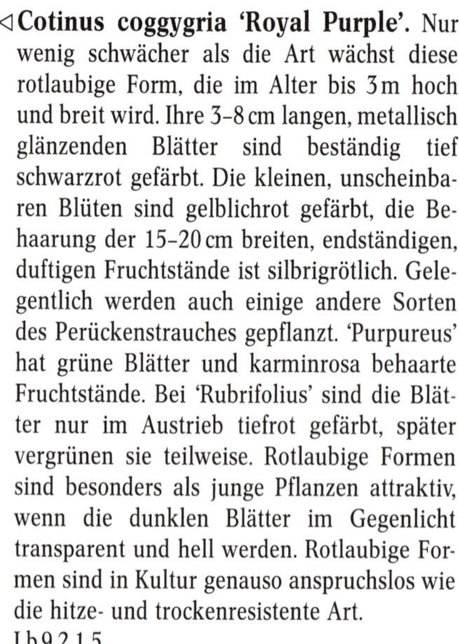

◁ **Cotinus coggygria 'Royal Purple'.** Nur wenig schwächer als die Art wächst diese rotlaubige Form, die im Alter bis 3 m hoch und breit wird. Ihre 3–8 cm langen, metallisch glänzenden Blätter sind beständig tief schwarzrot gefärbt. Die kleinen, unscheinbaren Blüten sind gelblichrot gefärbt, die Behaarung der 15–20 cm breiten, endständigen, duftigen Fruchtstände ist silbrigrötlich. Gelegentlich werden auch einige andere Sorten des Perückenstrauches gepflanzt. 'Purpureus' hat grüne Blätter und karminrosa behaarte Fruchtstände. Bei 'Rubrifolius' sind die Blätter nur im Austrieb tiefrot gefärbt, später vergrünen sie teilweise. Rotlaubige Formen sind besonders als junge Pflanzen attraktiv, wenn die dunklen Blätter im Gegenlicht transparent und hell werden. Rotlaubige Formen sind in Kultur genauso anspruchslos wie die hitze- und trockenresistente Art. Lb 9.2.1.5

Cotoneaster acutifolius, Peking-Zwergmispel, Rosaceae, Rosengewächse. Aus Nordchina stammt *C. acutifolius.* Der sommergrüne, reichverzweigte Strauch wächst zunächst straff aufrecht, später wird er breiter und hat dann überhängende Zweigspitzen. Elliptisch bis eiförmig, 3–5 cm lang und vorne zugespitzt sind die oberseits stumpfgrünen und anfangs etwas behaarten, unten helleren und dünn behaarten Blätter, sie färben sich im Herbst auffallend leuchtend braunrot. Im Mai–Juni stehen die kleinen, rötlichen Blüten mit ihren aufrechten Kronblättern zu 2–5 in kurzen, behaarten Doldentrauben. Die elliptischen, 1 cm langen, schwarzen Früchte haben 2 Steinkerne. *C. acutifolius* ist eine sehr frostharte, anspruchslose und anpassungsfähige Art, die gern in freiwachsenden Hecken verwendet wird. Die Blüten stellen eine ausgezeichnete Bienenwiede dar. Lb 6.3.3.5 ▷

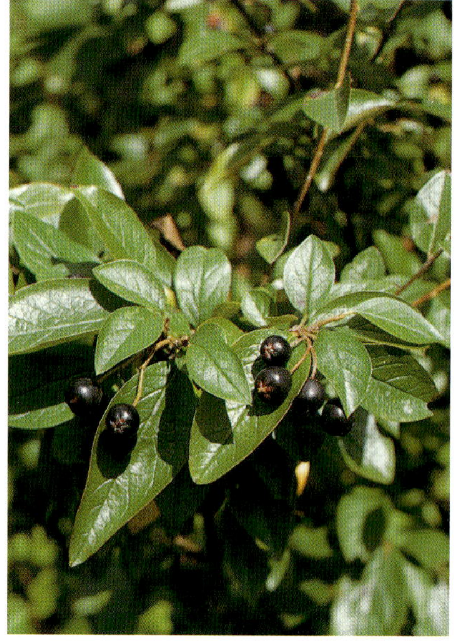

Cotoneaster bullatus, Runzelige Zwergmispel. Die in Westchina heimische Art gehört zu den starkwüchsigen, sommergrünen Arten. Sie erreicht mindestens eine Höhe von 3 m, kann aber auch deutlich höher und breiter werden. Der Wuchs ist locker und breit ausladend, die Seitenzweige stehen weit ab. Die etwas ledrigen, oberseits dunkelgrünen und runzeligen, unten graugrünen und filzig behaarten, im Herbst orange bis braunrot gefärbten Blätter sind elliptisch-eiförmig bis eiförmig-lanzettlich und 3,5–8 cm lang. Die weißen, rötlich angehauchten Blüten stehen im Mai–Juni zu 10–30 in 5 cm breiten Doldentrauben. Die kugeligen, hellroten Früchte sind 7–8 mm dick, sie werden meist in großen Mengen produziert und bleiben bis zum Winter hängen. Die robuste Art wird besonders gern in freiwachsenden Hecken gepflanzt, ist aber auch eine dekorative Solitärpflanze. Lb 9.3.2.4
▽

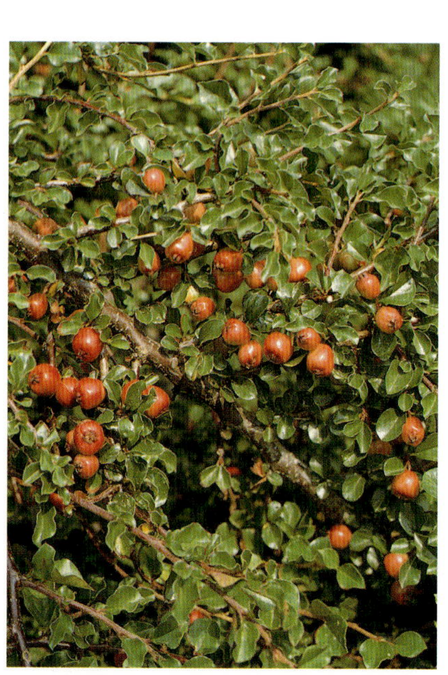

◁ **Cotoneaster adpressus,** Spalier-Zwergmispel. Die Gebirge des westlichen China sind die Heimat von *C. adpressus.* Die sommergrüne Art ist ein schwachwüchsiger, kaum mehr als 25 cm hoher, breitwüchsiger Strauch mit mehr oder weniger niederliegenden, fächrig verzweigten Trieben. Breit-eiförmig bis verkehrt-eiförmig sind die oberseits stumpfgrünen, unten hellgrünen und anfangs gewimperten, 5–15 mm langen, spitzen oder abgestumpften, am Rand welligen Blätter, die sich im Herbst dunkel weinrot verfärben. Die rötlichen Blüten haben aufrechte Kronblätter, sie sitzen im Mai–Juni zu 1–2 an den Trieben. 6–7 mm dick sind die eirundlichen, roten Früchte, sie werden bei uns nicht immer reichlich ausgebildet. Eignet sich hervorragend für die Bepflanzung von Stein- und Troggärten oder von Gräbern. 'Little Gem' ist in allen Teilen kleiner als die Art. Lb 8.2.1.7

◁ **Cotoneaster conspicuus 'Decorus',** Bogen-Zwergmispel. Die immergrüne Art hat ihre Heimat in höheren Gebirgslagen von Südosttibet. Der etwas sparrig wachsende, sehr dicht verzweigte Strauch wird 1–2 m hoch und bildet mit seinen bogig übergeneigten Zweigen halbkugelige, mehr oder weniger geschlossene Büsche. Nur 6–10 mm lang sind die länglich-elliptischen, vorne meist stumpfen, oberseits mattgrünen, unten bleibend dicht anliegend behaarten Blätter. Überreich blüht der zierliche Strauch im Mai–Juni mit einzeln stehenden, etwa 1 cm breiten, weißen Blüten. Genauso zahlreich sind auch die elliptischen, hell- oder orangeroten, lange haftenden Früchte. Statt der Art wird oft die Sorte 'Decorus' gepflanzt. Sie bleibt niedriger als der Typ und wächst meist mattenförmig mit übergeneigten Trieben, die sich an den Spitzen bewurzeln und in Bögen weiterwachsen. Lb 7.1.2.6

Cotoneaster dammeri, Teppich-Zwergmispel. Die Gebirge des westlichen China sind die Heimat von *C. dammeri.* Der immergrüne, weithin kriechende Spalierstrauch läßt seine Zweige dem Boden dicht aufliegen, so wird die Art kaum mehr als handhoch. Die ledrigen, 2zeilig gestellten Blätter sind elliptisch-länglich, 1–3 cm lang und glänzend dunkelgrün. Im Mai–Juni öffnen sich die zahlreichen weißen, 13 mm breiten, meist einzeln stehenden Blüten, ihnen folgen kugelige, 7 mm dicke, hellrote Früchte. *C. dammeri* ist ein wichtiger Bodendecker, von dem es zahlreiche Sorten gibt. Die häufig gepflanzte 'Major' wächst wie der Typ, hat aber etwas größere Blätter. 'Coral Beauty' wird bis 60 cm hoch und zeichnet sich durch einen reichen Fruchtbehang aus, sie ist ein guter Ersatz für die starkwüchsige 'Skogholm'. 'Eichholz' ist besonders winterhart und wird etwa 25 cm hoch. Lb 7.1.2.7 ▷

Cotoneaster divaricatus, Sparrige Zwergmispel. Das westliche China hat uns auch diese sommergrüne Art beschert. Der sparrig verzweigte Strauch wird 2–3 m hoch, im Alter nicht selten bis 5 m breit. Seine Hauptzweige wachsen anfangs breit aufrecht, später stehen sie bogig ab und bilden so eine schirmförmige Krone, in der die Seitenzweige weit abstehen. Elliptisch bis breit-elliptisch sind die bis 2 cm langen, spitzen, oberseits glänzend dunkelgrünen, unten helleren und etwas behaarten Blätter. Sie färben sich in Herbst braunorange bis scharlachrot. Im Mai–Juni stehen die kleinen, rosa Blüten mit ihren aufrechten Kronblättern (die Blüten einiger Zwergmispelarten haben abstehende Kronblätter) zu 2–4 an den Zweigen. Sehr lange haften die elliptischen, 8–10 mm dicken, tiefroten Früchte. Ein robuster Solitär- und Heckenstrauch. Lb 6.3.2.5

▽

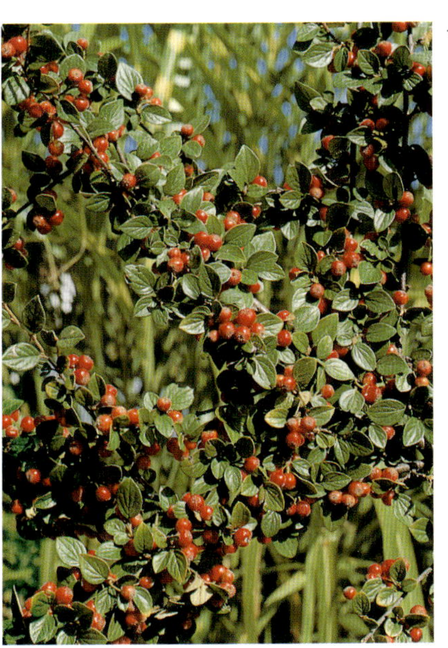

◁ **Cotoneaster dielsianus,** Diels Zwergmispel. Wie viele andere Zwergmispeln stammt auch diese sommergrüne Art aus China. Sie ist ein etwa 2 m hoher und im Alter ebenso breiter, aufrechter, locker verzweigter Strauch, dessen dünne Zweige an älteren Exemplaren abstehen oder weitbogig überhängen. An dicht behaarten Trieben sitzen die derben, elliptischen bis eiförmigen, 1–2,5 cm langen, oberseits dunkelgrünen und behaarten, unten dicht gelb- bis graufilzigen Blätter. Sie färben sich im Herbst schön gelb bis braunrot. Im Mai–Juni trägt der Strauch zahlreiche rosa oder weiße Blüten, die zu 3–7 in kurzen, behaarten Doldentrauben sitzen. Rundlich und 6 mm dick sind die scharlachroten, lange haftenden Früchte. Mit ihrem lockeren Wuchs eignet sich die robuste und anpassungsfähige, sehr frostharte Art besonders gut für freiwachsende Hecken. Lb 6.3.2.5

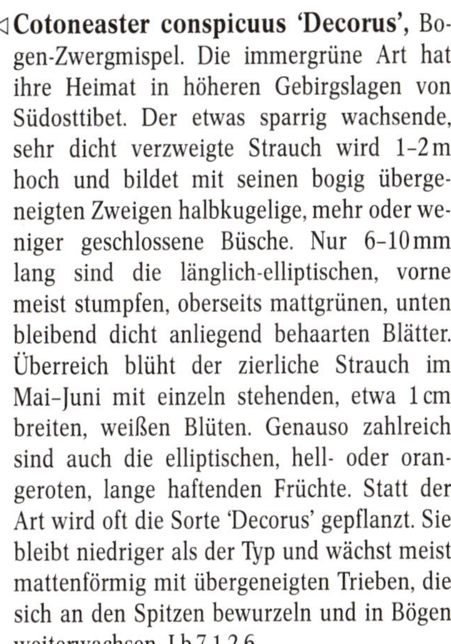

Cotoneaster franchetii, Franchets Zwergmispel. Im südwestlichen China, in den Provinzen Sichuan und Yunnan und in Oberburma ist dieser wintergrüne Strauch ein Vertreter immergrüner Hartlaubwälder. Dies erklärt seine hohen Wärmeansprüche und die relativ geringe Frosthärte. Der bis 2 m hohe Strauch baut sich mit trichterförmig aufrechten Grundästen und elegant überhängenden Seitenzweigen auf. Die jungen Triebe sind dicht behaart. Die etwas ledrigen, elliptischen bis eiförmigen, 2–3 cm langen, zugespitzten Blätter sind oberseits mattglänzend mittelgrün, unten dicht gelb- bis silbrigfilzig. Im Herbst färben sich immer nur wenige Blätter gelb bis orangerot. Im Mai–Juni sitzen weiße bis rosa Blüten mit aufrechten Kronblättern zu 5–15 auf filzigen Stielen. Die eiförmigen, 6–7 mm langen, sehr lange haftenden Früchte sind orangerot bis hochrot gefärbt. Lb 6.3.4.5 ▷

Cotoneaster horizontalis, Fächer-Zwergmispel. Aus den Bergen des westlichen China kam *C. horizontalis* in unsere Gärten. Der sommergrüne Strauch wird nur etwa 1 m hoch, mit seinen leicht ansteigenden bis horizontal ausgebreiteten Ästen aber deutlich breiter. An Mauern oder Wände gepflanzt, schieben sich die deutlich fischgrätenartig gestellten Zweige bis 2 m hoch und breiten sich weit aus. Die rundlichen bis breit-elliptischen, 5–12 mm langen, oberseits glänzend dunkelgrünen Blätter stehen 2zeilig. Sie färben sich im Herbst scharlach- oder braunrot. Rötlich oder weiß sind die Blüten, die im Juni zu 1–2 an den Zweigen stehen, sie werden gern von Bienen besucht. Auffälliger als die Blüten sind die zahlreichen, sehr lange haftenden, rundlich-elliptischen, 5–6 mm dicken, leuchtend roten Früchte. 'Saxatilis' wird nur etwa 30 cm hoch und doppelt so breit. Lb 7.1.2.6 ▽

Cotoneaster integerrimus, Gemeine Zwergmispel. Von Europa bis nach Nordasien und zum Altai, in Anatolien und dem Iran kommt die Gemeine Zwergmispel an vollsonnigen, südexponierten, sommerwarmen und -trockenen Felshängen unterschiedlichen Gesteins und auf steinigen, humusarmen Böden vor. Der sommergrüne, reichverzweigte Strauch wird 1–2 m hoch, er ist mit aufrechten bis überhängenden Zweigen locker und etwas sparrig aufgebaut, die jungen Triebe sind anliegend wollig behaart. Breit-eiförmig bis elliptisch und 2–5 cm lang sind die spitzen, oberseits stumpfgrünen, unten gelblichen und filzig behaarten Blätter. Im Mai öffnen sich weißlichrosa Blüten mit ihren aufrechten Kronblättern zu 2–4 in nickenden, kahlen Doldentrauben. Die rundlichen, 6 mm dicken Früchte sind rot. Die Gemeine Zwergmispel gehört nicht zum Standardsortiment unserer Baumschulen. Lb 6.1.2.6 ▽

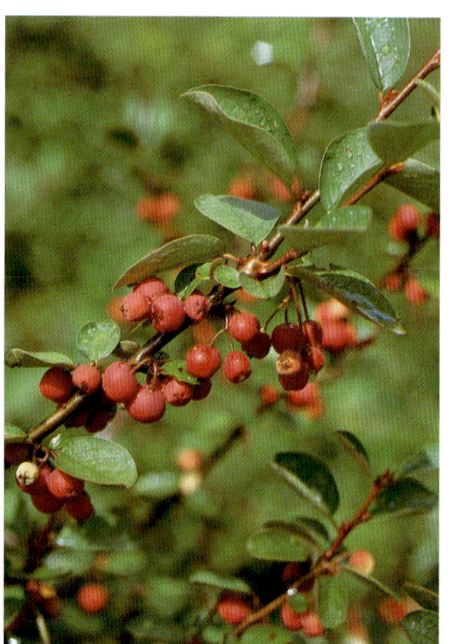

Cotoneaster microphyllus 'Cochleatus'. Die Wildform der Kleinblättrigen Zwergmispel ist vom Himalaja bis Südwestchina ein Vertreter der borealen Gebirgsstufen. Der immergrüne, meist niederliegende, dicht und etwas verworren verzweigte Strauch wird etwa 1 m hoch, die häufiger kultivierte, frosthärtere Form 'Cochleatus' nur 30–50 cm hoch und mindestens doppelt so breit. Ihre steifen, niederliegenden Zweige sind bogig nach unten gekrümmt, bewurzeln sich an den Spitzen und wachsen weiter. 5–10 mm lang sind die länglichen bis verkehrt-eiförmigen, an den Rändern nach unten umgebogenen, oberseits glänzend dunkelgrünen, unten weiß behaarten Blätter. Meist stehen die weißen, 1 cm breiten Blüten einzeln, ihre Kronblätter sind ausgebreitet, die Staubblätter purpurn gefärbt. Die Blütezeit liegt im Mai–Juni. 6 mm dick, rot und kugelig sind die Früchte. Lb 6.2.2.6 ▷

◁ **Cotoneaster multiflorus.** Vielblütige Zwergmispel. Vom Kaukasus bis Ostasien reicht das Verbreitungsgebiet von *C. multiflorus.* Der sommergrüne, aufrechte, locker aufgebaute, 2–4 m hohe und im Alter oft viel breiter werdende Strauch hat schlanke, bogig überhängende Zweige und anfangs dicht flaumig behaarte Triebe, die später kahl und glänzend rotbraun sind. Breit-eiförmig bis eiförmig und 2–5 cm lang sind die oberseits lebhaft grünen, unten hell graugrünen Blätter, die im Austrieb oft bräunlich überlaufen sind und sich im Herbst gelblich bis rotbraun verfärben. Im Mai–Juni ist der Strauch übersät mit weißen, 10–12 mm breiten Blüten mit ausgebreiteten Kronblättern, sie sitzen zu 10–20 in lockeren, aufrechten Rispen. Sehr reich ist auch der Fruchtschmuck mit den 6–9 mm dicken, kirschroten, rundlich-eiförmigen Früchten. Lb 6.3.2.5

Cotoneaster salicifolius var. floccosus, Weidenblättrige Zwergmispel. In wintermilden Regionen des südwestlichen China finden wir diese immergrüne, etwa 3 m hohe und ebenso breite Art. Mit den mehr oder weniger aufrechten Ästen und den schlanken, weitbogig überhängenden Zweigen gehört diese Zwergmispel zu den elegantesten Arten. Die elliptisch-lanzettlichen, 3–8 cm langen, an den Rändern umgebogenen Blätter sind oberseits glänzend dunkelgrün und durch die eingesenkten Nerven ziemlich rauh, die Blattunterseite ist anfangs weißflockig filzig. Im Juni sitzen die weißen Blüten mit den violetten Staubblättern zu vielen in 3–4 cm breiten Doldenrispen. Lange haften die sehr zahlreichen 4–6 mm dicken, korallenroten Früchte. Mit 'Herbstfeuer', 'Parkteppich' und 'Repens' stehen uns auch starkwüchsige, flachwachsende Bodendecker zur Verfügung. Lb 6.3.4.4
▽

Cotoneaster praecox, Nanshan-Zwergmispel. In den Gebirgen Westchinas kommt *C. praecox* vor. Der sommergrüne, sparrige, unregelmäßig verzweigte Kleinstrauch wird 50–80 cm hoch. Die bis 1 m langen Zweige stehen weitbogig ab oder liegen dem Boden auf und bewurzeln sich an den Spitzen. Die 1–2,5 cm langen, dunkelgrünen Blätter sind rundlich bis breit-eiförmig und an den Rändern stark wellig, sie färben sich im Herbst leuchtend braunrot, fallen aber rasch ab. Im Mai–Juni stehen zahlreiche große, rosa Blüten mit aufrechten Kronblättern an den Zweigen. Sehr groß, 8–12 mm dick, sind die kugeligen, orangeroten Früchte, die schon im August–September reifen und bald abfallen. Ein sehr robuster, frostharter Kleinstrauch für Steingärten und Tröge. Als 'Hessei' ist eine Hybride zwischen *C. horizontalis* und *C. praecox* im Handel, ein etwa 60 cm hoher Strauch. Lb 7.1.2.7 ▷

Cotoneaster sternianus, Wintergrüne Zwergmispel. Höhere Lagen in Südosttibet und Nordburma sind die Heimat dieses wintergrünen, 2–3 m hohen, aufrechten Strauches. Seine locker verteilten, dünnen Zweige stehen ab oder hängen über. Die Triebe sind anfangs filzig behaart, 3–4 cm lang sind die derben, ledrigen, elliptischen, zugespitzten Blätter, die oberseits glänzend dunkelgrün, unten heller und dicht weiß-zottig behaart sind. Im Mai–Juni blüht der Strauch mit weißen Blüten, die an den Rändern der aufrechten Kronblätter rötlich gefärbt sind, sie stehen zu 7–15 in kurzgestielten Doldentrauben. In dichten Büscheln stehen die lange haftenden, rundlichen, 8–10 mm dicken, hellroten Früchte. Der prachtvolle Fruchtstrauch ist nicht besonders frosthart, er gedeiht am besten in wintermilden Regionen, mindestens braucht er einen warmen, windgeschützten Platz. Lb 6.3.4.5 ▷

◁ **Cotoneaster × watereri.** Zu dieser Hybride werden eine Anzahl von Sorten hybriden Ursprungs gestellt, die aus Kreuzungen verschiedener Arten entstanden sind. Es sind immergrüne, oft aber nur wintergrüne, starkwachsende Sträucher. *C. × watereri* wird bis 4 m hoch und genauso breit. Die weit ausladenden Hauptäste sind schräg aufwärts gerichtet, die dunkelbraunen Seitenzweige stehen waagerecht ab. So entstehen malerische Solitärsträucher. Die elliptischen bis länglich-lanzettlichen, stumpfen oder spitzen Blätter sind oberseits stumpfgrün und nur wenig runzelig, unten anfangs behaart. Im Juni öffnen sich die streng duftenden weißen Blüten in großen Doldentrauben. In milden Wintern bleiben die glänzend hellroten, 8–9 mm dicken Früchte den Winter über haften. Einen ähnlichen Charakter haben auch Sorten wie 'Cornubia' und 'Exburiensis'. Lb 9.3.1.4

Crataegus laevigata, Zweigriffliger Weißdorn. Von Nordwesteuropa bis zum Balkan kommt der Zweigriffelige Weißdorn an Wald- und Gebüschrändern und als Pioniergehölz auf unbewirtschafteten Wiesen, Feldern und Weinbergen vor. Er entwickelt sich zu einem bis 10 m hohen, sparrig verzweigten Großstrauch oder kurzstämmigen Baum. An oliv- bis graugrünen Trieben sitzen bis 2,5 cm lange Dornen. Die verkehrt-eiförmigen, 3–5 cm langen, im oberen Teil unregelmäßig gelappten oder nur tief gekerbten, etwas ledrigen Blätter sind oberseits glänzend dunkelgrün, unten mattgrün. Im Mai–Juni öffen sich die etwa 1,5 cm breiten, weißen Blüten mit ihren roten Staubblättern, sie stehen zu 5–10 in endständigen Schirmrispen. Die rundlichen bis elliptischen, 10–12 mm dicken, scharlachroten Früchte haben meist 2 Steinkerne. Wird im Garten vor allem als Heckenpflanze verwendet. Lb 3.3.4.4
▽

Crataegus crus-galli, Hahnensporn-Weißdorn, Rosaceae, Rosengewächse. Das östliche Nordamerika ist die Heimat von *C. crus-galli.* Wie alle Weißdorne ist auch diese Art sommergrün. Sie entwickelt sich zu einem bis 12 m hohen Baum oder mehrstämmigen Großstrauch mit einer breiten, flachrunden, etwas sparrigen Krone, in der die weitausladenden Ästen horizontal und sehr dicht übereinanderstehen. Die graubraunen Zweige tragen zahlreiche schlanke, bis 8 cm lange Dornen. Länglich verkehrt-eiförmig und etwas ledrig sind die 2–8 cm langen, nicht gelappten, von der Mitte an fein gesägten, glänzend dunkelgrünen Blätter, die sich im Herbst gelb bis orangerot verfärben. Im Mai öffnen sich die 1,5 cm breiten, weißen Blüten in vielblütigen, kahlen Ständen. Dunkelrot, rundlich und bis 1,5 cm dick sind die Früchte, die nicht selten bis zum Frühjahr hängen bleiben. Lb 6.4.3.4 ▷

◁ **Crataegus laevigata 'Paul's Scarlet'.** Der Echte Rotdorn wird meist hochstämmig gezogen und entwickelt sich dann zu einem kleinen, 6–8 m hohen Baum mit einer breitkegelförmigen bis mehr rundlichen Krone und weit ausladenden Seitenästen. Die Kronen können schließlich 3–6 m breit werden. Nur selten wird die Form auch als Großstrauch gezogen. Die breit-eiförmigen Blätter sind 3- bis 5lappig, oberseits glänzend dunkelgrün, unten hellgrün. Der Baum überrascht im Mai–Juni mit einer Fülle von karmesinroten, gefüllten Blüten. 'Paul's Scarlet' ist nicht nur ein gartengerechter Kleinbaum, die Sorte, schon seit 1866 in Kultur, wird nicht selten auch als Stadtstraßenbaum verwendet. Andere Formen der Art, etwa 'Candidoplena' mit gefüllten weißen Blüten oder 'Rubra Plena' mit gefüllten karminrosa Blüten, sind weitgehend aus den Sortimenten verschwunden. Lb 9.4.3.3

Crataegus × lavallei, Lederblättriger ▷ Weißdorn. Die um 1870 in Frankreich entstandene Hybride wird nicht selten auch als *Crataegus* 'Carrierei' geführt. Die Hybride wird als Großstrauch oder Kleinbaum gezogen, erreicht eine Höhe von etwa 7 m und entwickelt anfangs eine kugelige, später eine flach gewölbte Krone. Die starken, braunroten Dornen werden bis 5 cm lang. Elliptisch bis länglich verkehrt-eiförmig sind die 5–12 cm langen, von der Mitte an unregelmäßig gesägten, derbledrigen, oberseits glänzend dunkelgrünen Blätter, die fast wie immergrüne Blätter aussehen und meist bis zum Dezember sitzen bleiben, vorher färben sie sich gelbbraun bis orange. Etwa 2 cm breit sind die weißen Blüten, die im Mai in vielblütigen, graufilzigen Ständen sitzen. Die elliptischen, etwa 2 cm dicken, ziegel- oder orangeroten Früchte bleiben nicht selten bis zum Frühjahr haften. Lb 6.3.3.3

Crataegus monogyna, Eingriffliger Weißdorn. Von Europa bis nach Nordafrika, Kleinasien, dem Kaukasus und Armenien reicht das Verbreitungsgebiet des Eingriffligen Weißdorns, der an Waldrändern, in Gebüschen, Hecken und Knicks, in Laub- und Nadelmischwäldern vorkommt. Er wächst zu einem großen Strauch oder bis 8 m hohen, rundkronigen Baum heran. Alte Bäume haben eine flachgewölbte Krone. Die Dornen sind bis 2,5 cm lang. Breit-eiförmig bis rautenförmig sind die tief 3- bis 7lappigen, glänzend mittelgrünen, unterseits blaugrünen Blätter. 8–15 mm breit sind die weißen Blüten, die im Mai–Juni in mittelgroßen Ständen stehen. Die rundlichen, 8–9 mm dicken, dunkelroten Früchte haben nur einen Steinkern. 'Stricta' ist ein bis 6 m hoher Kleinbaum mit einer zunächst regelmäßigen, säulenförmigen Krone, die später aufgelockert und breiter wird. Lb 3.1.6.4
▽

Crataegus pedicellata, Scharlach-Weißdorn. Die Art kommt von Natur aus im östlichen Nordamerika vor, sie wird nicht selten auch unter dem Namen *C. coccinea* geführt. Mit dünnen Zweigen wird ein bis 7 m hoher, mehrstämmiger Großstrauch oder Kleinbaum mit einer regelmäßigen, rundlichen Krone aufgebaut. Die geraden oder nur leicht gebogenen Dornen sind 3–5 cm lang, sehr hart und scharf. 5–10 cm lang sind die breiteiförmigen, oberseits dunkelgrünen und rauhen, grob und oft doppelt gesägten Blätter mit den 4–5 Paar kurzen, spitzen Lappen oberhalb der Blattmitte, sie färben sich im Herbst leuchtend gelb bis orange. Bis 2 cm breit sind die weißen Blüten mit ihren blaßrosa bis roten Staubbeuteln, sie sitzen im Mai in großen, lockeren Ständen zusammen. Birnenförmig bis elliptisch sind die 1 cm langen, glänzend scharlachroten Früchte. Lb 3.1.4.3

▽

Crataegus persimilis, Pflaumenblättriger ▷ Weißdorn. Die Herkunft dieses Weißdorns, der oft unter den Namen *C. × prunifolia* geführt wird, ist nicht genau bekannt, seit 1783 ist er in Deutschland in Kultur. Der hohe Strauch oder kleine Baum wächst mit straff aufrechten Hauptästen und ausladenden Seitenästen, er wird 6–7 m hoch und im Alter genauso breit. Bis 4 cm lang sind die leicht gebogenen Dornen. Verkehrt-eiförmig bis fast rundlich sind die bis 8 cm langen, scharf gesägten, oberseits glänzend dunkelgrünen, unten helleren Blätter. Sie färben sich im Herbst flammend gelbrot bis rot. Im Mai–Juni stehen die weißen Blüten zu vielen in dichten, behaarten Ständen. Ihnen folgen zahlreiche kugeligen, 1,5 cm dicke, scharlachrote Früchte, die oft schon früh abfallen. Ein sehr robuster Weißdorn für die Einzelstellung sowie für freigewachsene und geschnittene Hecken. Lb 9.1.3.4

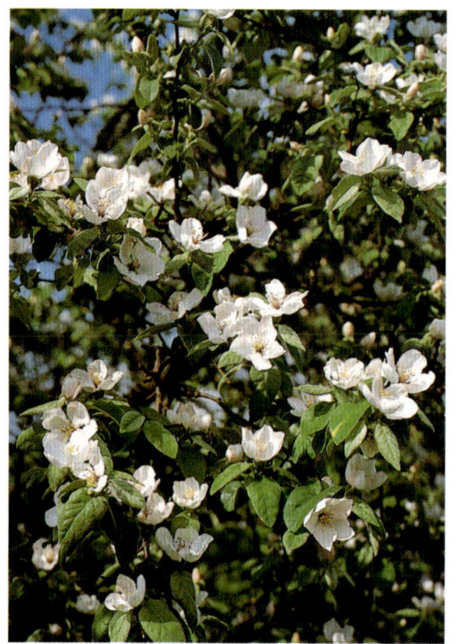

◁ **Cydonia oblonga,** Quitte, Rosaceae, Rosengewächse. Im Transkaukasus, Iran und Turkestan liegt die ursprüngliche Heimat der Quitte, sie ist seit langem bei uns in Kultur. Sie ist nicht nur als Obstgehölz oder als Unterlage für schwachwachsende Birnbäume von Bedeutung, sie ist auch ein attraktives Ziergehölz. Sie wird meist als breitkroniger Strauch gezogen, der im Alter eine Höhe von 6 m erreichen kann. Triebe, Blattunterseiten, Blütenstiele und Kelchblätter sind bleibend filzig behaart. Die 5–10 cm langen Blätter sind eiförmig bis länglich und oberseits stumpfgrün, im Herbst schön gelb gefärbt. Im Mai entfalten sich die 4–5 cm breiten, rosa oder weiß gefärbten Blüten. Die gelben, duftenden, apfel- oder birnförmigen Früchte werden 4–12 cm lang, sie haben ein hartes Fruchtfleisch mit zahlreichen körnigen Einschlüssen und sind deshalb nur gekocht eßbar. Lb 6.4.2.4

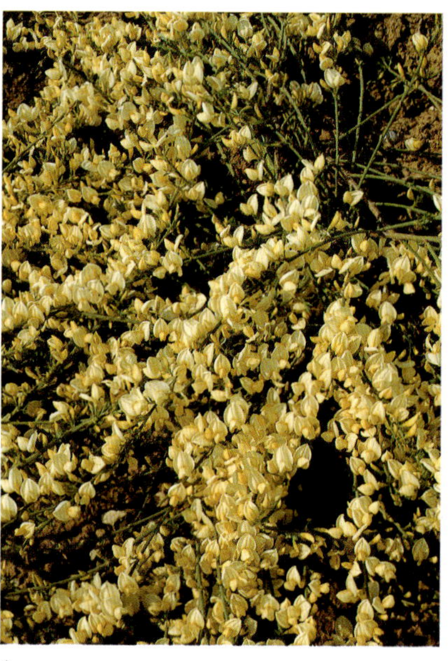

△
Cytisus × beanii, Papilionaceae, Schmetterlingsblütler. Aus *C. ardoini* und *C. purgans* ist diese Hybride um 1900 in Kew Gardens, England entstanden. Wie alle Ginsterarten ist auch diese Form sommergrün. Sie wächst mit niederliegend-ansteigenden, rauh behaarten Trieben zu einem bis 40 cm hohen und doppelt so breiten Zwergstrauch heran. Die linealischen Blätter sind einfach, knapp über 1 cm lang, dunkelgrün und rauh behaart. Tief goldgelb sind die zahlreichen schmetterlingsförmigen Blüten, die zu 1–3 zusammensitzen und im Mai den Strauch schmücken. Braucht wie alle Ginster einen vollsonnigen Platz und einen sandig-humosen, durchlässigen Boden. *C. ardoini* ist leider nicht in Kultur. Er kommt in den Alpes Martimes auf Kalkfelsen vor und ist ein niederliegendes, 10–20 cm hohes Sträuchlein mit zottig behaarten Trieben, winzigen, 3zähligen Blättern und goldgelben Blüten. Lb 5.1.1.7

Cytisus decumbens, Niederliegender ▷ Geißklee. Von Mittelfrankreich und der Schweiz reicht das Verbreitungsgebiet von *C. decumbens* bis nach Süditalien und Albanien. Er kommt vor allen in Magerwiesen sowie in lichten Kiefern- und Eichenwäldern auf kalkhaltigen Böden vor. Mit niederliegenden, oft wurzelnden, spärlich zottig behaarten Trieben wird ein bis 20 cm hoher und bis 80 cm breiter, mattenförmiger Zwergstrauch gebildet. Seine einfachen Blätter sind länglich, 8–20 mm lang, dunkelgrün und unterseits weichhaarig. Ein Fülle leuchtend gelber, 1–1,5 cm langer Blüten bedeckt der aparten Zwergstrauch im Mai–Juni. Mit den zahlreichen Blüten ist *C. decumbens* einer der schönsten Zwerg-Ginster, er ist völlig frosthart, hitzeverträglich und trockenresistent. Man sollte ihn einzeln oder in kleinen Gruppen und in Verbindung mit Steinen pflanzen. Lb 6.1.2.7

Cytisus × kewensis, Zwerg-Elfenbeinginster. ▷ *C. ardoini* und *C. multiflorus* sind die Eltern dieser Hybride, die 1891 in Kew Gardens, England entstanden ist. Der Zwergstrauch wird mit seinen ausgebreitet-ansteigenden, an den Spitzen überhängenden Zweigen 30–50 cm hoch, aber viel breiter. Seine Blätter sind meist 3zählig, gelegentlich auch einfach, die Blättchen sind linealisch-länglich, behaart und grau- bis hellgrün. Rahmweiß bis hell schwefelgelb sind die 1,5 cm langen Blüten, die im Mai den Strauch völlig bedecken. Ein schöner Zwergstrauch für überhöhte, ausreichend große Pflanzplätze im Stein- und Heidegarten. Seine Reichblütigkeit und die hellen Blüten hat er von *C. multiflorus,* dem leider bei uns nicht ausreichend frostharten, 2–3 m hohen, rutenförmig verzweigten Spanischen Ginster, der mit reinweißen Blüten sehr schön und überreich blüht. Lb 6.3.2.7

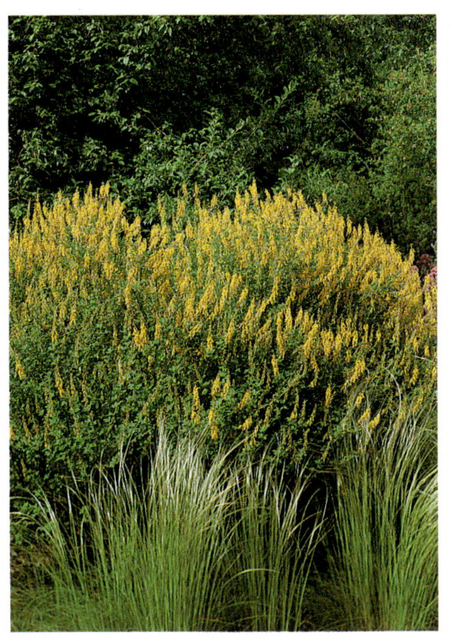

◁ **Cytisus nigricans,** Schwarzer Geißklee. Von Mittel- und Südosteuropa reicht das Verbreitungsgebiet des Schwarzen Geißklees bis Mittelrußland. Es ist ein aufrechter, vieltriebiger, 50–200 cm hoher Strauch mit stielrunden, rauhhaarigen Zweigen. Die 3zähligen, dunkelgrünen Blätter sind aus länglich verkehrt-eiförmigen, 1–3 cm langen, angedrückt behaarten Blättchen zusammengesetzt. Der Strauch blüht im Juni–Juli mit etwa 1 cm langen, gelben Blüten, die an den Zweigenden in 8–30 cm langen, reichblütigen Trauben zusammenstehen. Seitdem mit der Sorte 'Cyni' eine dänische Selektion zur Verfügung steht, hat die Art eine größere gärtnerische Bedeutung erlangt. 'Cyni' wächst sehr dicht und kompakt und kann eine Höhe von 1,5 m erreichen. Sie blüht mit dunkelgelben Blüten im Juni–August überaus reich in sehr langen Trauben an den Enden der diesjährigen Triebe. Lb 6.1.2.6

△ **Cytisus × praecox 'Allgold',** Elfenbeinginster. *C. multiflorus* und *C. purgans* sind die Eltern dieser Hybride, die 1867 in einer englischen Gärtnerei gefunden wurde. Der Elfenbeinginster ist ein vieltriebiger, 70–150 cm hoher Strauch mit schlanken, rutenförmigen, graugrünen Zweigen, die oft in Bögen bis zum Boden überhängen. Die meist einfachen, lanzettlichen, 8–20 mm langen Blätter fallen rasch ab. Im April–Mai entfalten sich auf der ganzen Länge der Zweige etwa 1 cm lange, reingelbe, streng riechende Blüten in überreicher Fülle. 'Allgold' ist die am häufigsten gepflanzte Sorte dieser Hybride. Bekannt sind außerdem 'Albus' mit weißen Blüten, 'Goldspeer' mit kleinen, tiefgelben Blüten und etwas schwächerem Wuchs, 'Hollandia' mit purpurroter Fahne und dem rahmweiß gesäumten Kiel, sowie die starkwachsende 'Frisia' mit sehr bunten Blüten. Lb 5.2.1.6

Cytisus purpureus, Rosenginster, Purpurginster. ▷ Auf Felshängen und in Felsheiden, an Waldrändern und in lichten Gebüschen auf meist kalkhaltigem Gestein in den Süd- und Südostalpen, in Jugoslawien und Albanien hat der Purpurginster seine natürliche Verbreitung. Der bis 60 cm hohen Zwergstrauch hat graugrüne, ansteigend-niederliegende Zweige und breitet sich durch unterirdische Ausläufer langsam aber stetig aus. Seine Blätter sind 3zählig, die Blättchen verkehrt-eiförmig bis länglich-elliptisch, 1,5–2 cm lang und dunkelgrün. Im Mai–Juni bedecken zahlreiche 2–2,5 cm lange, purpurrote bis rosa Blüten die gesamte Zweiglänge. Die Fahne trägt in der Mitte einen dunkleren Fleck. Der Purpurginster ist eine der langlebigsten und robustesten aller Ginsterarten. Er ist frosthart, hitzeverträglich und trockenresistent und hält sehr gut in größeren Pflanztrögen aus. Lb 6.3.2.7

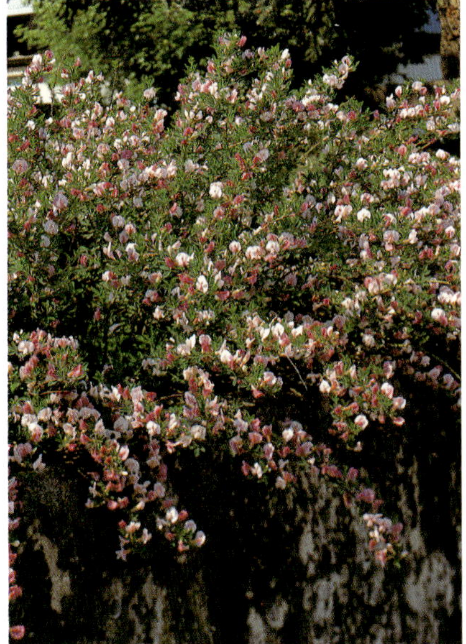

Cytisus scoparius, Besenginster. ▷ Von Natur aus kommt der Besenginster von West-, Süd- und Mitteleuropa nördlich bis Südschweden und östlich bis zur Ukraine vor, meist auf sauren Sand- und Steinböden. Mit grünen, kantigen, rutenförmigen, aufrechten oder bogig ansteigenden Trieben werden 1–2 m hohe Büsche aufgebaut. Zur Blütezeit im Mai–Juni können die Sträucher mit ihren goldgelben, streng riechenden Blüten ganze Landschaften prägen. Gärtnerisch wichtiger als die Wildart sind die zahlreichen Gartenformen, die häufig als »Edelginster« bezeichnet werden. Sie gleichen in Wuchs und Standortansprüchen weitgehend der Wildart, warten aber mit ein- und mehrfarbigen Blüten, kräftigen Blütenfarben und reichem Blütenflor auf. Züchtung und Auslese begannen vor mehr als 100 Jahren in Frankreich, heute stehen uns zahlreiche wertvolle Sorten zur Verfügung. Lb 4.1.1.5

◁**Cytisus scoparius-Hybriden.** In seiner natürlichen Art hat der Besenginster keine besondere Bedeutung als Zierstrauch. Zu *C. scoparius* werden aber eine große Zahl von Gartenformen gestellt, die oft als »Edelginster« bezeichnet werden. Die Züchtung nahm bereits 1884 ihren Anfang, nachdem E. Andre in der Normandie eine Pflanze fand, deren Blüten tiefbraun und gelb gefärbt waren, sie erhielt später den Namen 'Andreanus'. Etwa 15 Jahre später wurde diese Pflanze mit der reinweiß blühenden, in Spanien und Nordafrika heimischen, in unserem Klima nicht winterharten *C. multiflorus* gekreuzt. Später befaßten sich zahlreiche Gärtner in England, Deutschland, Irland und Holland mit der Züchtung neuer Sorten. Heute steht uns eine Fülle überaus reichblühender Sorten mit sehr kräftigen, leuchtenden Blütenfarben zur Verfügung. Links die niedrige Sorte 'Dukaat'. Lb 9.1.1.5

Cytisus scoparius-Hybriden

'Andreanus Splendens'

'Boskoop Beauty'

'Luna'

'Maria Burkwood'

'Palette'

'Roter Favorit'

Daboecia cantabrica 'Alba', Irische ▷ Heide, Ericaceae, Heidekrautgewächse. In den Heidegebieten der ozeanischen Küstenlandschaften von Nordportugal bis Westirland ist die Irische Heide zu Hause. Der immergrüne Zwergstrauch wird mit seinen niederliegend-ansteigenden Zweigen 20–50 cm hoch. Seine elliptischen, am Rand etwas eingerollten, oberseits glänzend dunkelgrünen, unten weißfilzigen Blätter sind 6–12 mm lang. Über einen langen Zeitraum, von Juli–September, entwickeln sich an den Enden der diesjährigen Zweige die kleinen, 8–12 mm langen, nikkenden, bauchig-krugförmigen Blüten in 10 cm langen, lockeren Trauben. Neben der Wildform mit ihren purpurrosa Blüten kennen wir auch Sorten wie 'Atropurpurea' (purpurrosa), 'Bicolor' (weiß und rosa), 'Cinderella' (weiß mit rosa Tönung), 'Cupido' (rosarot), 'Globosa Pink' (rosaviolett) und 'Praegerae' (lachsrosa). Lb 5.2.1.7

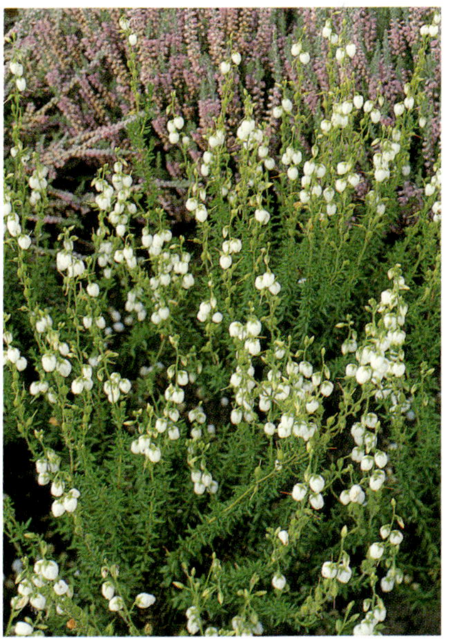

Daboecia × scotica 'William Buchanan'. *D. azorica* und *D. cantabrica* sind die Eltern dieser Hybride. Dieser heidekrautähnliche Zwergstrauch bleibt etwas niedriger und wird nur etwa 20–30 cm hoch. In ihrer Form ähneln die nadelförmigen Blätter denen von *D. cantabrica,* sie stehen aber dichter zusammen. Die purpurrosa Blüten sind zwar nur etwa 8 mm lang, die Form blüht aber überreich und über einen sehr langen Zeitraum, von Ende Juli bis Ende Oktober. Sie ist außerdem frosthärter als *D. cantabrica* und wird deshalb gern gepflanzt. Die nicht ganz zuverlässig winterharte Irische Heide wird am besten im Heidegarten kleinflächig in größere Flächen von *Erica* und *Calluna* eingestreut. Sie benötigt einen leichten, frischen, durchlässigen, humosen, kalkfreien Boden, eine sonnige bis absonnige Lage und Schutz vor kalten und austrocknenden Winden. Lb 5.2.1.7.
▽

Daphne alpina, Alpen-Seidelbast, Thymelaeaceae, Seidelbastgewächse. Der Alpen-Seidelbast ist in den Pyrenäen, in Südfrankreich, im Jura und von Tirol bis Dalmatien von der Hügelstufe bis zur subalpinen Stufe auf nicht zu trockenen, kalkreichen Felslehnen und Geröllhalden zu finden. Er ist ein 15–50 cm hoher, sommergrüner Zwergstrauch mit bogig ansteigenden, wirr verzweigten Ästen und 1–4 cm langen, graugrünen, länglich bis verkehrt-eiförmigen Blättern, die oft an den Zweigenden gehäuft stehen. In den Achseln der oberen Blätter entfalten sich im Mai–Juni weiße, etwa 1,5 cm breite, nach Vanille duftende Blüten, sie stehen zu 6–8 in köpfchenartigen Dolden. Die länglichen Früchte sind rot oder gelblichorange gefärbt. *D. alpina* ist ein besonders robuster, langlebiger Seidelbast, den man im Alpinum an sonnige Plätze und auf durchlässige, kalkgesättige Böden setzt. Lb 7.1.2.7
▽

◁ **Daphne blagayana,** Königsblume. Mittelpunkt des Verbreitungsgebietes der Königsblume sind Bosnien und Serbien, von dort strahlt die Verbreitung bis in die Untersteiermark, nach Siebenbürgen und Albanien, Bulgarien und Rumänien aus. Sie kommt vor allem in Kiefernwäldern und unter *Picea omorika* auf Kalk-, Dolomit- und Serpentinböden vor. *D. blagayana* ist ein immergrüner, bis 30 cm hoher Zwergstrauch mit niederliegend-ansteigenden Zweigen und 2–5 cm langen, ledrigen, stumpf dunkelgrünen, verkehrt-eiförmigen Blättern, die an den Zweigenden gehäuft stehen. Sehr stark duften die gelblichweißen Blüten, die im April–Mai zu 10–20 in endständigen, köpfchenartigen Dolden stehen. Die weißlichen Früchte werden in Kultur nur selten ausgebildet. Braucht im Alpinum eine halbschattige Lage und lockere, grobsteinige, kalkgesättige Humusböden mit gutem Wasserabzug. Lb 7.2.4.7

Daphne cneorum, Rosmarin-Seidelbast. D. cneorum ist in der montanen und alpinen Stufe der mittel- und südeuropäischen Gebirge, östlich bis zur Mittelukraine, ein typischer Vertreter der an thermophilen Arten reichen Steppenwiesengesellschaften der sonnigen Lehnen und dürftigen Halden. Der Rosmarin-Seidelbast ist ein immergrüner, 10–30 cm hoher, polsterartiger Zwergstrauch mit niederliegend-ansteigenden, dunkelbraunen Zweigen. Die länglich-lanzettlich bis spatelförmigen, 12–15 mm langen, ledrigen, an den Triebenden dicht gedrängten Blätter sind oberseits glänzend dunkelgrün, unten blaugrün. In endständigen, köpfchenartigen Dolden stehen im April–Mai die sehr zahlreichen, stark nach Nelken duftenden, karminrosa Blüten über dem Laub. Neben der Wildart werden vegetativ vermehrte, reichblühende und wüchsige Sorten wie 'Exima' und 'Major' angeboten. Lb 6.3.2.7
▽

Daphne × burkwoodii 'Somerset'. *D. caucasica* und *D. cneorum* sind die Eltern dieser sommergrünen, im milden Wintern wintergrünen Hybride, die sich zu einem dichtbuschigen, aufrechten, bis 1 m hohen Strauch entwickelt. 3–5 cm lang sind die verkehrt-lanzettlichen, derben, dunkelgrünen, unterseits blaugrünen Blätter. Die Zweigenden verschwinden im Mai unter einer Fülle stark duftender Blüten. Die sitzen zu 6–16 in Dolden zusammen, sind in der Knospe rosa und später weißlich. Die Blütezeit dauert vergleichsweise lange, im Spätsommer blüht der Strauch, der schon als junge Pflanze zu blühen beginnt, regelmäßig nach. Der wunderschöne, leider durch häufig auftretenden Pilzbefall oft nur kurzlebige Blütenstrauch paßt im Heidegarten gut zu Kiefern und Wacholder. Er liebt sonnige Plätze und gedeiht in jedem gut dränierten, neutralen Gartenboden. Lb 9.3.3.6 ▷

Daphne mezereum, Gemeiner Seidelbast, Kellerhals. *D. mezereum* hat das größte Verbreitungsgebiet aller Seidelbastarten, es reicht von den Pyrenäen über ganz Westeuropa bis nach Westsibirien. Der sommergrüne, aufrechte, etwa 1 m hohe, mäßig stark verzweigte Strauch hat auffallend dicke, biegsame Zweige. Dünn und lebhaft grün, unterseits bläulichgrün sind die 3–8 cm langen, länglich-lanzettlichen, meist an den Zweigenden gehäuft stehenden Blätter. Lange vor der Laubentfaltung, im Februar–April, stehen die purpurrosa oder purpurlila gefärbten, stark duftenden Blüten zu 2–3 an den vorjährigen Zweigen. Aus ihnen entwickeln sich im Sommer länglich-eiförmige, 8 mm lange, scharlachrote, fleischige, stark giftige Früchte. Echt aus Samen fällt *D. mezereum* var. *alba* mit weißen Blüten und gelben Früchten. 'Rubra Select' ist eine Auslese mit dunkelrosa bis roten Blüten. Lb 3.3.6.6
▽

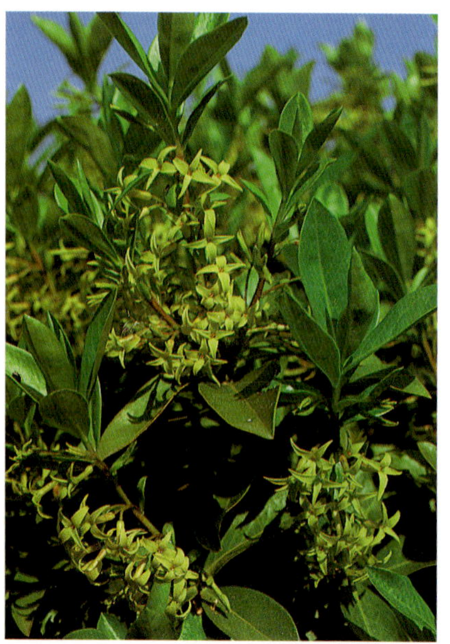

◁ **Daphne laureola,** Lorbeer-Seidelbast. Als typische Waldpflanze ist der Lorbeer-Seidelbast vor allem in den submediterran-atlantischen Buchenwäldern des westlichen Mittelmeergebietes verbreitet. *D. laureola* ist ein immergrüner, aufrechter, 50–100 cm hoher, lorbeerartig belaubter Strauch. An den Zweigenden gehäuft stehen die verkehrt-eiförmigen bis lanzettlichen, 3–10 cm langen, ledrigen, dunkelgrünen, unterseits hell- bis gelbgrünen Blätter. In den Blattachseln der Triebspitzen stehen im März–April die grünlichgelben, kaum duftenden Blüten zu 5–10 in Trauben. Auffallend sind die elliptischen, schwarzen, bis 10 mm langen Früchte. Frosthärter als die Art ist die in den Pyrenäen heimische *D. laureola* var. *philippi*, die nur etwa 20–30 cm hoch wird. Der in Mitteleuropa nicht ganz frostharte Lorbeer-Seidelbast braucht einen geschützten, halbschattigen Platz. Lb 6.3.4.6

Decaisnea fargesii, Blaugurke, Lardizabalaceae, Fingerfruchtgewächse. Aus den Bergwäldern des westlichen China ist dieser sommergrüne, etwa 3 m hohe Strauch zu uns gekommen. Mit seinen dicken, steif aufrechten Ästen und den blau bereiften Trieben ist er unbelaubt etwas staksig. Im Sommer wirkt er mit seinen 50–80 cm langen, unpaarig gefiederten Blättern mit ihren 15–25 Fiedern recht üppig. Die Blätter färben sich im Herbst goldgelb. Recht unscheinbar sind die kleinen, grünlichen Blüten, die im Mai–Juni in 25–50 cm langen, lockeren, einfachen oder doppelten Trauben an den Zweigenden stehen. Umso auffälliger sind dagegen, vor allem im Herbst an den kahlen Zweigen, die walzenförmigen, 6–10 cm langen, kobaltblau gefärbten, weiß bereiften Beerenfrüchte. Ihre schwarz glänzenden Samen sind in einem gallertartigen, eßbaren Fruchtfleisch eingebettet. Lb 6.4.4.5 ▷

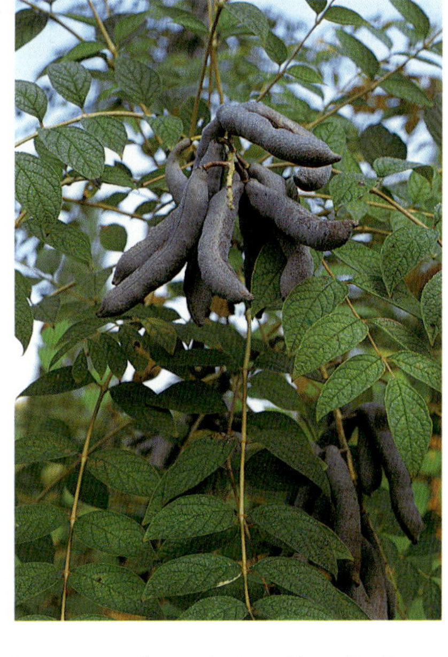

△ **Davidia involucrata,** Taubenbaum, Davidiaceae, Taubenbaumgewächse. In Westchina ist der Taubenbaum heimisch, er ist die einzige Art seiner Gattung. Der sommergrüne, 10–15 m hohe, oft vom Boden an mehrstämmige Baum wächst anfangs regelmäßig breitkegelförmig, später ist die Krone mehr rundlich. Die dicken Triebe haben auffallend große, rotbraune Winterknospen. Lang gestielt sind die 8–15 cm langen, frischgrünen, unterseits dicht seidig behaarten Blätter mit ihren grannenartig zugespitzten Zähnen. Die unscheinbaren, etwa 2 cm breiten Blütenköpfchen sind von 2 gegenständigen, ungleich großen, bis 16 cm langen, hängenden, anfangs gelblichen, späterer weißen, kahnartig geformten Hochblättern umgeben. Sie verleihen den im Mai–Juni blühenden Bäumen ein einzigartiges Aussehen. Leider blüht der interessante Baum erst im Alter von 15–20 Jahren. Lb 3.2.1.3

◁ **Deutzia × elegantissima 'Rosalind',** Hydrangeaceae, Hortensiengewächse. *D. purpurascens* und *D. scabra* sind die Eltern dieser Hybride, die, wie so viele andere Deutzienhybriden, bei Lemoine in Frankreich entstanden ist. *D.* × *elegantissima* ist ein aufrechter, gut mannshoher Strauch mit schlanken Zweigen. Die Blätter sind eiförmig bis verkehrteiförmig, 5–6 cm lang, kurz zugespitzt, unregelmäßig scharf gesägt und oberseits stumpfgrün und runzelig. Wie bei allen Deutzien ist die Herbstfärbung ohne Bedeutung. Im Juni öffnen sich die 2 cm breiten, weißen, rosa überhauchten Blüten in vielblütigen, lockeren, aufrechten, seitenständigen Trugdolden. Wurde 1954 in England mit einem Award of Garden Merit ausgezeichnet. In Kultur ist heute vor allem die Sorte 'Rosalind', ein 1–1,5 m hoher Strauch mit zierlich überhängenden Zweigen und dunkel karminroten Blüten. Lb 9.3.2.5

Deutzia gracilis, Zierliche Deutzie. Die in Japan verbreitete und sehr variable *D. gracilis* gehört zu den wenigen natürlichen Arten der Gattung, die gegenwärtig bei uns kultiviert werden. Der straff aufrechtwachsende, dichtbuschige Zwergstrauch wird kaum mehr als 80 cm hoch. An seinen dünnen Trieben sitzen länglich-eiförmige bis länglich-elliptische, 3–7 cm lange, lang zugespitzte, unregelmäßig gesägte, hellgrüne Blätter. Im Mai–Juni bedeckt einer Fülle weißer Blüten den kleinen Strauch. Die glockigen, 1–2 cm breiten Blüten sitzen in 4–9 cm langen, aufrechten Trauben oder Rispen zusammen. Die zierliche Art läßt sich gut als Einzelstrauch in größeren Steingärten unterbringen, aber ebenso als Gruppenstrauch oder auch in breiten, niedrigen Blütenhecken verwenden. Wie bei allen anderen Deutzien sind die Standortansprüche recht gering. Lb 7.2.2.6 ▷

◁ **Deutzia × hybrida 'Perle Rose'.** Auch diese Gruppe von Hybriden (*D. discolor* × *D. longifolia)* ist ein Resultat der Züchtungsarbeit der Familie Lemoine in Nancy. Die verschiedenen Sorten dieser Gruppe kamen zwischen 1925 und 1936 in den Handel. Es sind aufrechte, 1–1,5 m hohe Sträucher mit eiförmig-länglichen, 6–8 cm langen Blättern. In großer Fülle erscheinen im Juni die malvenfarbenen, am Saum etwas helleren, weit geöffneten Blüten mit ihren leicht gekräuselten Kronblättern und den auffallend gelben Staubblättern. 'Mont Rose' ist der Typ der Kreuzung. Außerdem sind gelegentlich in Kultur: 'Contraste', Blüten sehr groß, stark gekräuselt, 'Magicien', Blüten ähnlich 'Contraste', auf der Rückseite aber dunkler, 'Perle Rose', Blüten klein, aber zahlreich, malvenrosa, 'Pink Pompon', Blüten kräftig rosa, in sehr dichten Ständen. Lb 9.3.2.6

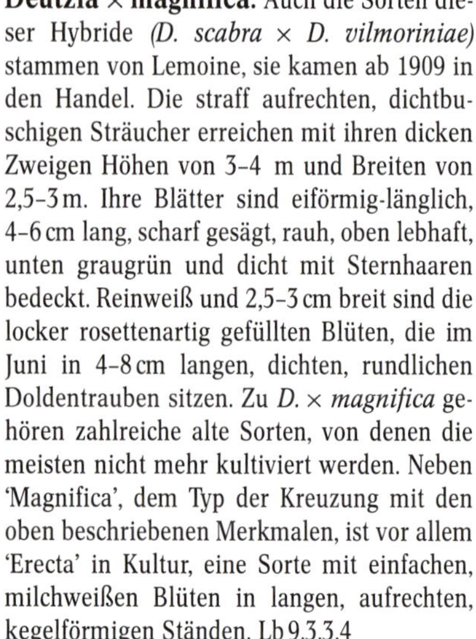

Deutzia × magnifica. Auch die Sorten dieser Hybride *(D. scabra × D. vilmoriniae)* stammen von Lemoine, sie kamen ab 1909 in den Handel. Die straff aufrechten, dichtbuschigen Sträucher erreichen mit ihren dicken Zweigen Höhen von 3–4 m und Breiten von 2,5–3 m. Ihre Blätter sind eiförmig-länglich, 4–6 cm lang, scharf gesägt, rauh, oben lebhaft, unten graugrün und dicht mit Sternhaaren bedeckt. Reinweiß und 2,5–3 cm breit sind die locker rosettenartig gefüllten Blüten, die im Juni in 4–8 cm langen, dichten, rundlichen Doldentrauben sitzen. Zu *D. × magnifica* gehören zahlreiche alte Sorten, von denen die meisten nicht mehr kultiviert werden. Neben 'Magnifica', dem Typ der Kreuzung mit den oben beschriebenen Merkmalen, ist vor allem 'Erecta' in Kultur, eine Sorte mit einfachen, milchweißen Blüten in langen, aufrechten, kegelförmigen Ständen. Lb 9.3.3.4 ▷

△ **Deutzia × kalmiiflora.** Diese Hybride wurde von V. Lemoine um 1900 aus *D. parviflora* × *D. purpurascens* gezüchtet. Der kleine, aufrechte, 1–2 m hohe und gleich breite Strauch baut sich mit zierlich überhängenden Zweigen locker auf. Er hat eiförmig-längliche bis eiförmig-lanzettliche, 3–6 cm lange, zugespitzte, fein gesägte, hellgrüne, unterseits mit Sternhaaren besetzte Blätter (die bei allen Deutzien auftreten). Zur Blütezeit im Juni bedeckt eine Fülle von Blüten den zierlichen Strauch. Die glockigen, etwa 2 cm breiten, innen weißlichen, außen kräftig rosa bis blaurot gefärbten Blüten mit ihren rundlichen, gewellten Kronblättern sitzen zu 5–12 in aufrechten Trugdolden. Diese Hybride gehört zu den schönsten aller Deutzien. Wie alle anderen Deutzien braucht sie vor allem zur Blütezeit reichlich Bodenfeuchtigkeit, sonst welken Blätter und Blüten rasch. Lb 9.3.2.5

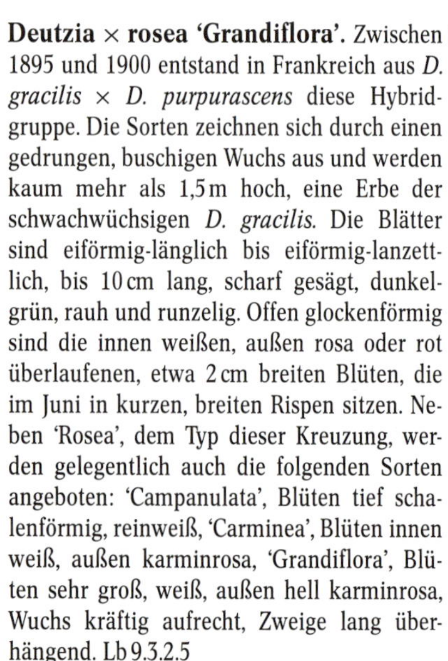

Deutzia × rosea 'Grandiflora'. Zwischen 1895 und 1900 entstand in Frankreich aus *D. gracilis* × *D. purpurascens* diese Hybridgruppe. Die Sorten zeichnen sich durch einen gedrungen, buschigen Wuchs aus und werden kaum mehr als 1,5 m hoch, eine Erbe der schwachwüchsigen *D. gracilis.* Die Blätter sind eiförmig-länglich bis eiförmig-lanzettlich, bis 10 cm lang, scharf gesägt, dunkelgrün, rauh und runzelig. Offen glockenförmig sind die innen weißen, außen rosa oder rot überlaufenen, etwa 2 cm breiten Blüten, die im Juni in kurzen, breiten Rispen sitzen. Neben 'Rosea', dem Typ dieser Kreuzung, werden gelegentlich auch die folgenden Sorten angeboten: 'Campanulata', Blüten tief schalenförmig, reinweiß, 'Carminea', Blüten innen weiß, außen karminrosa, 'Grandiflora', Blüten sehr groß, weiß, außen hell karminrosa, Wuchs kräftig aufrecht, Zweige lang überhängend. Lb 9.3.2.5 ▷

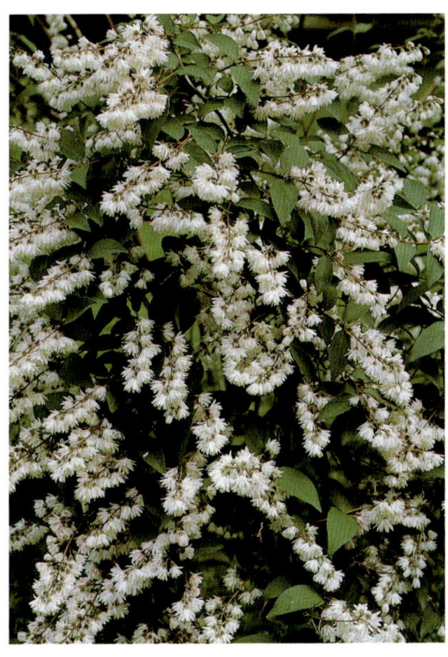

◁ **Deutzia scabra 'Pride of Rochester'.** D. scabra ist in Japan weit verbreitet. Der straff aufrechte, dicht verzweigte Strauch wird 2,5–3 m hoch. Seine Blätter sind eiförmig bis länglich-lanzettlich, 5–19 cm lang, spitz, kerbig gesägt, stumpfgrün und beiderseits auffallend rauh. Zur Blütezeit im Mai–Juni ist der Strauch übersät mit weißen oder außen rosa getönten, 1,5–2 cm breiten Blüten in schmalen, aufrechten, sternhaarigen Rispen. Statt der Wildart werden meist vegetativ vermehrte, besonders reichblühende Sorten mit gefüllten Blüten angeboten: 'Candidissima', Blüten reinweiß, rosettenartig gefüllt, 'Codsoll Pink', Blüten malvenrosa, gefült, 'Plena', Blüten außen rosa, gefüllt, 'Pride of Rochester', Blüten innen weiß, außen schwach rosa gestreift, dicht gefüllt, Kronblätter sehr schmal. 'Watereri', Blüten innen weiß, außen rosa getönt, einfach. Lb 9.3.2.4

Deutzia schneideriana, Schneiders Deutzie. Aus der westchinischen Provinz Hubei kam diese Art 1907 nach Europa. Sie ist ein etwa 2 m hoher, üppig wachsender Strauch mit aufrechten bis übergeneigten Zweigen und brauner Rinde, die erst spät abblättert. Elliptisch bis länglich-lanzettlich und vorne zugespitzt sind die 3–7 cm langen, am Rand scharf gesägten, oberseits stumpfgrünen Blätter, die unterseits von den vielstrahligen Sternhaaren weiß bis grau gefärbt sind. Entlang der Zweige öffnen sich im Juni die weißen Blüten in breit-kegelförmigen, lockeren Rispen. Die schmalen Blütenblätter sind 10 mm lang. *D. schneideriana* wird bei uns nur sehr selten kultiviert, obwohl sie mit ihrer reichen Blüte und dem gefälligen Wuchs sehr dekorativ ist. Sie teilt dieses Schicksal mit vielen anderen Wildarten, die ihre natürliche Verbreitung in Japan und China haben. Lb 9.4.3.4
▽

Diervilla sessilifolia, Buschgeißblatt, Caprifoliaceae, Geißblattgewächse. Die 3 Arten der Gattung sind alle im östlichen Nordamerika heimisch. *D. sessilifolia* ist ein sommergrüner, bis 1 m hoher, dichtbuschiger Strauch mit mehr oder weniger 4kantigen Trieben. Die Blätter sind eiförmig-lanzettlich, 6–15 cm lang, zugespitzt und am Rand gesägt. Im Juni–August blüht der Strauch an den Enden und im Spitzenbereich der Triebe mit kleinen, schwefelgelben, 2lippigen Blüten, aus denen Griffel und Staubblätter weit herausragen. Neben *D. sessilifolia* wird nicht selten auch *D. lonicera* angeboten, ein ebenfalls etwa 1 m hoher, Ausläufer bildender Strauch mit grünlichgelben Blüten. Beide haben als Blütensträucher keine besondere Bedeutung, sie sind aber sehr robuste und anspruchslose, frostharte und hitzeverträgliche Gruppensträucher für alle trockenen bis frischen Böden. Lb 4.2.4.6
▽

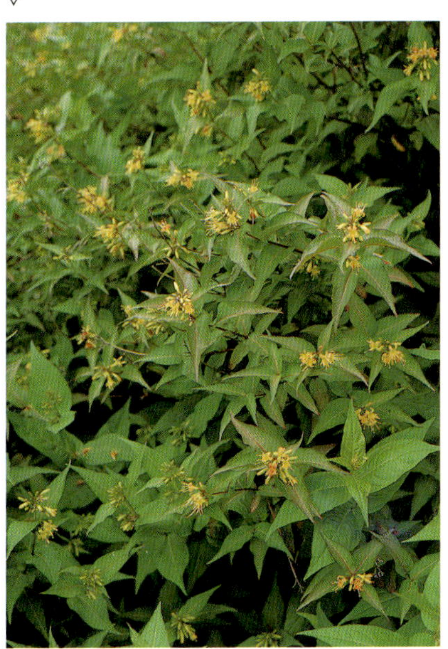

Dipelta floribunda, Doppelschild, Caprifoliaceae, Geißblattgewächse. Die sommerwarmen Laubwälder des westlichen China sind die Heimat von *D. floribunda.* Der in seiner Heimat bis 5 m hohe, reich und auffallend blühende, sommergrüne Strauch bleibt bei uns meist deutlich niedriger. Die hellbraune Rinde der Äste löst sich in Streifen ab. Eiförmig bis elliptisch-lanzettlich sind die 5–10 cm langen, zugespitzten, meist ganzrandigen Blätter. Im Mai–Juni öffnen sich die duftenden, nickenden Blüten, die einzeln oder zu wenigen in Büscheln stehen. Sie haben eine 2lippige, trichterförmig-glockige Krone mit einer 2lappigen Oberlippe und einer 3lappigen Unterlippe, sind hellrosa gefärbt und im Schlund mit einem orangegelben Saftmal gezeichnet. Die Blüten werden von mehreren auffälligen, ungleichen Hochblättern umgeben, die sich zur Fruchtzeit deutlich vergrößern. Lb 4.3.2.4 ▷

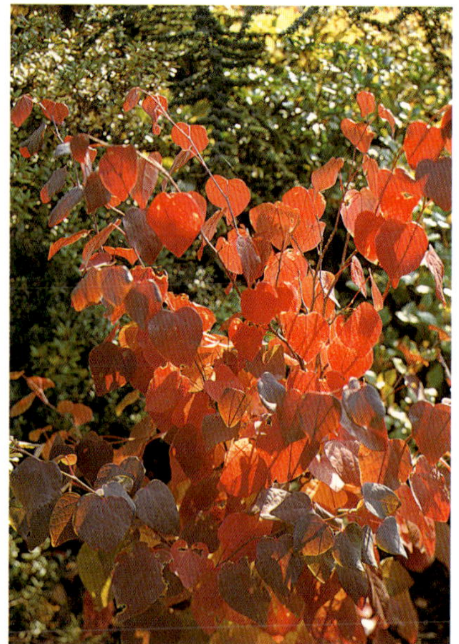

△
Disanthus cercidifolius, Doppelblüte, Hamamelidaceae, Hamamelisgewächse. Die Doppelblüte gehört zu den größten Kostbarkeiten, die aus Japan zu uns gekommen sind. Der sommergrüne, 2–3 m hohe Strauch ist die einzige Art seiner Gattung. Er wächst langsam und ist nur sparsam verzweigt. Seine unverwechselbaren, handnervigen (alle Hauptnerven gehen vom Blattstiel aus) Blätter sind eirundlich, 5–12 cm lang, an der Basis herzförmig, ganzrandig, oberseits blaugrün und unten heller. Sie färben sich im Herbst ganz prachtvoll karmin und orangerot, kaum ein anderer Strauch kann da mithalten. Zu einer ganz ungewöhnlichen Zeit, erst im Oktober, öffnen sich die kleinen, hamamelisähnlichen Blüten, die jeweils zu 2 in achelständigen Köpfchen stehen. Leider läßt sich die Doppelblüte nur schwer vermehren und ist deshalb in unseren Baumschulen kaum zu haben. Lb 7.2.4.5

Dryas octopetala, Alpen-Silberwurz, Rosaceae, Rosengewächse. *D. octopetala* ist zirkumpolar in den Hochgebirgen der nördlichen Halbkugel, vor allem auf frischem Grob- und Feinschutt, auf Kalk- und Dolomitgestein bis in Höhen von 3000 m verbreitet. Als typischer Spalierstrauch bildet die Silberwurz dichte, rasenartige Polster, die sich jeder Unebenheit anschmiegen. Die immergrünen, oberseits sattgrünen, unten weißlichen, 0,5–4 cm langen, runzeligen, gekerbten Blätter sind am Rand etwas eingerollt. Von Juni–August öffnen sich die zahlreichen weißen, bis 4 cm breiten, langgestielten Blütenkelche. Von hohem Schmuckwert sind auch die silberweißen, fedrigen Fruchtstände, die bis zum Winter erhalten bleiben. *D. octopetala* und die Hybride *D. × suendermanni* sind hübsche, langlebige, mattenbildene Zwergsträucher für Steingärten, Steinbeete und Pflanztröge. Lb 8.2.3.7 ▷

Elaeagnus commutata, Silber-Ölweide. ▷ Der sommergrüne, 2,5–3 m hohe, aufrechte, stark Ausläufer treibende Strauch kommt von Natur aus in Nordamerika vor, in den Trockengebieten des westlichen Gebirgssaumes und in den Steppengebieten des Mittleren Westens. Seine rotbraunen, unbewehrten Zweige und Knospen sind braunschülferig. Die derben, eiförmig-länglichen, 2–10 cm langen, spitzen oder stumpfen, beiderseits silberschülfrigen Blätter tragen auf der Unterseite eingesprengte bräunliche Schüppchen. Stark süßlich duften die außen silbrigen, innen goldgelben, 12–15 mm langen, zylindrischen Blüten mit ihren gespreizten Zipfeln, sie blühen im Mai–Juni auf. Breit-elliptisch, 1 cm lang und silbrig sind die Früchte mit ihrem trocken-mehligen Fruchtfleisch. Der robuste und anspruchslose Strauch braucht mit seinen Ausläufern Platz zum Verwildern. Lb 6.1.2.4

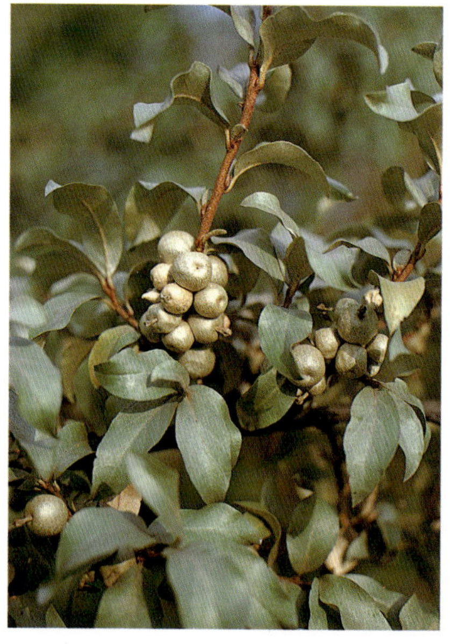

△
Elaeagnus angustifolia, Schmalblättrige Ölweide, Elaeagnaceae, Ölweidengewächse. Trocken- und Steppengebiete von West- und Mittelasien, im Himalaja und China sind die Heimat von *E. angustifolia.* Die sehr trockenresistente, sommergrüne Art entwickelt sich zu einem bis 7 m hohen Strauch oder breitkronigen Kleinbaum mit ausladenden, sparrigen Ästen und oft überhängenden Zweigen. Triebe, Knospen und Blätter sind dicht mit silbrigen Schuppen bedeckt. Schmal-lanzettlich und 4–8 cm lang sind die oberseits mattgrünen, unten dicht sternhaarigen Blätter. Die recht unscheinbaren, aber angenehm duftenden, etwa 1 cm langen, 4zipfeligen Blüten öffnen sich im Juni. Sie sind außen silbrig, innen gelb gefärbt und sitzen zu 2–3 in den Blattachseln junger Triebe. Die elliptischen, hellgelben, 7–14 mm langen, mehlig-fleischigen Steinfrüchte sind eßbar. Lb 6.1.2.4

Elaeagnus × ebbingei 'Limelight'. *E. macrophylla* und *E. pungens* sind die Eltern dieser wintergrünen, im milden Gebieten immergrünen Hybride, die sich zu einem bis 3 m hohen, straff aufrechten Strauch entwickelt. Die jungen Triebe sind braunschülferig, die Zweige später braun und schuppig. 10–16 cm lang sind die elliptischen, oberseits dunkelgrünen, unten silbrigen, mit glänzend braunen Schuppen durchsetzten Blätter. Erst im Oktober–November öffnen sich die cremeweißen, wachsartigen, intensiv duftenden Blüten, die zu 3–6 in zahlreichen Büscheln stehen. Die allgemein kultivierte, großblättrige Form dieser Hybride wird auch unter dem Namen 'Albert Doorenbos' geführt. Daneben werden auch buntlaubige Formen wie 'Limelight' (Blätter in der Mitte mit gelbgrünen Flecken) oder 'Gilt Edge' (Blätter am Rand mit einem schmalen hellgelben Streifen) angeboten. Lb 6.1.1.5 ▷

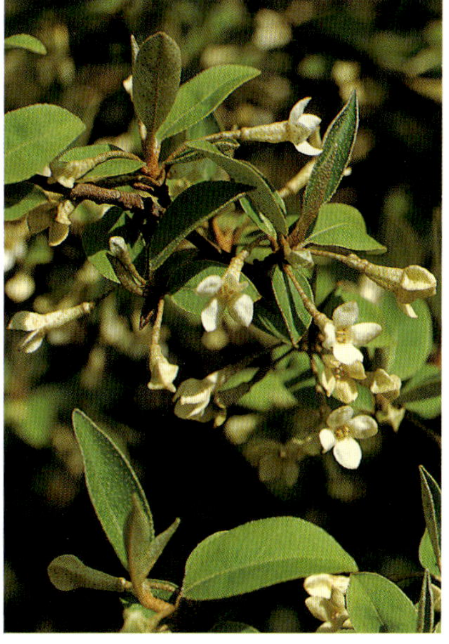

△
Elaeagnus multiflora, Reichblütige Ölweide. In humiden Regionen von Japan, Korea und China ist *E. multiflora* heimisch. Sie ist ein sommergrüner, 3–5 m hoher und gleich breiter, unbewehrter Strauch mit sparrig abstehenden Ästen, im Alter locker übergeneigten Zweigen und rotbraun-schülferigen Jungtrieben. Die Blätter sind elliptisch oder eiförmig bis verkehrt eiförmig-länglich, 2,5–6 cm lang, oberseits dunkelgrün und kahl, unten silbrig mit wenigen braunen Schüppchen. Anfangs weiß und im Verblühen gelb sind die 1–1,5 cm langen Blüten, die im April–Mai zu 1–2 in Büscheln sitzen. Die länglichen, 1,5 cm langen, dunkel rotbraunen, an dünnen Stielen hängenden Früchte haben ein saftiges, sehr saures Fruchtfleisch, sie können zu Konserven und zu einem alkoholischen Getränk verarbeitet werden. Die sehr reichblühende Art gilt als gute Bienenweide. Lb 6.1.2.5

△
Elaeagnus pungens 'Maculata', Dornige Ölweide. Die natürliche Art hat ihre Heimat in sommerwarmen Zonen von Nordchina und Japan. Der immergrüne, sparrig verzweigte, dornige, meist unregelmäßig gewachsene Strauch wird in klimatisch günstigen Lagen bis 4 m hoch, die buntlaubigen Formen bleiben meist deutlich kleiner. Elliptisch bis länglich sind die 5–10 cm langen, am Rand meist welligen und oft krausen, oberseits glänzend dunkelgrünen, unten grauweiß beschuppten Blätter, die bei 'Maculata' in der Mitte einen unterschiedlich großen, dunkelgelben Fleck tragen. Im September–November blüht der Strauch mit 1,2 cm langen, duftenden, silbrigweißen Blüten, die zu 1–3 in Büscheln zusammensitzen. Selten werden bei uns die elliptischen, 1,5 cm langen, zunächst braunen, später roten Früchte ausgebildet. Gedeiht am besten in wintermilden, sommerwarmen Klimazonen. Lb 6.1.2.5

Elaeagnus umbellata, Doldige Ölweide. ▷ Die Verbreitung von *E. umbellata* reicht von Japan und Korea bis nach China. Der sommergrüne, breit und sparrig verzweigte Strauch wird bis 4 m hoch und breit. Seine oft dornigen Zweige sind gelblichbraun, teilweise auch silbrig. Relativ klein, 3–7 cm lang sind die elliptischen bis eiförmig-länglichen, am Saum oft krausen, oberseits graugrünen Blätter, deren silbrige Unterseite reichlich mit braunen Schüppchen durchsetzt ist. Der anspruchslose Strauch blüht im Mai–Juni sehr reich mit gelblichweißen, duftenden, 1,2 cm langen, nickenden Blüten, die zu 1–3 zusammenstehen. Reich ist auch der Fruchtschmuck mit den 6–8 mm dicken, zunächst silbrigbraunen, später rötlichen Früchten. 'Cardinal' ist eine sehr reich fruchtende Sorte, bei 'Red Wing' sind die sehr früh reifenden Früchte größer und süßer als bei der Wildart. Lb 6.2.2.5

◁ **Eleutherococcus sieboldianus.** Fingeraralie, Araliaceae, Araliengewächse. Diese Fingeraralie, eine von insgesamt 50 Arten, stammt aus den Laubwäldern Japans und Chinas. Sie ist ein sommergrüner, sparsam verzweigter, 1–3 m hoher, sparriger Strauch mit aufrechten Ästen und bogig abstehenden Zweigen. Langtriebe tragen unterhalb des Blattansatzes je einen 5–10 mm langen Dorn. Die fingerartigen, an Kurztrieben rosettig stehenden Blätter sind aus 5–7 fast sitzenden, länglich verkehrt-eiförmigen, kerbig gesägten, glänzend grünen, kahlen Blättchen zusammengesetzt. Die Blätter haften sehr lange am Strauch, haben aber keine nennenswerte Herbstfärbung. Aus unscheinbaren, gelblichgrünen, 5 mm breiten Blüten im Juni–Juli entwickeln sich im September 6–8 mm dicke, schwarze Früchte, die an den Zweigenden in dichten, kugeligen Ständen stehen, auch sie bleiben sehr lange haften. Lb 6.1.2.5

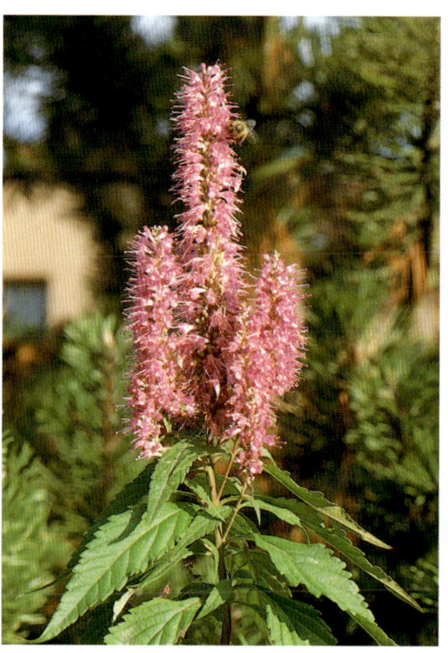

△
Elsholtzia stauntonii, Kamminze, Labiatae, Lippenblütler. Nordchina ist die Heimat dieses sommergrünen, rutig verzweigten Strauches, der Höhen von 1,5 m erreichen kann, bei uns aber regelmäßig im Frühjahr stark zurückgeschnitten wird und deshalb niedriger bleibt. Angenehm aromatisch duften die gegenständigen, eiförmig-länglichen bis länglich-lanzettlichen, 6–15 cm langen, scharf gesägten, oberseits glänzend grünen, unten helleren und dicht drüsenhaarigen Blätter, die sich im Herbst leicht purpurn verfärben. Erst im September–Oktober entfaltet der Kleinstrauch seine purpurrosa gefärbten, 7–8 mm langen, röhrig-glockigen Blüten in 10–20 cm langen, oft rispenartig gehäuften, dichten, einseitswendigen Scheinähren an den Enden der Zweige. Braucht einen sonnigen, warmen Platz und in ungünstigen Lagen im Winter einen Laubumschlag im Wurzelbereich. Lb 6.1.1.8

△
Empetrum nigrum, Krähenbeere, Rauschbeere, Empetraceae, Krähenbeerengewächse. In Nordasien, Nordamerika und Nordeuropa, in Deutschland von der Nord- und Ostseeküste bis zum Alpenvorland, reicht die Verbreitung der Krähenbeere. Sie gedeiht in den Dünengebieten der Nord- und Ostsee ebenso wie in den arktisch-alpinen Zwergstrauchheiden auf nährstoffarmen, sauren, humosen Sand- und Torfböden. Der immergrüne, heideartige, kaum mehr als 25 cm hohe Zwergstrauch bildet mit weit kriechenden, reich verästelten, niederliegenden bis bogig ansteigenden Zweigen mehr oder weniger dichte, rasenartige Polster. An den 4–8 mm langen, glänzend tiefgrünen, nadelartigen Blättern sind die Ränder nach unten umgerollt. Aus blaß- bis purpurroten, kleinen, unscheinbaren Blüten werden kugelige, erbsengroße, saftige, aber fade schmeckende, schwarz glänzende Steinfrüchte gebildet. Lb 5.2.3.7

Enkianthus campanulatus, Prachtglocke, ▷ Ericaceae, Heidekrautgewächse. In Japan, in den Bergwäldern von Hokkaido und Honshu, ist die Prachtglocke heimisch. Sie ist ein sommergrüner, aufrechter, schlanker, bis 3 m hoher Strauch mit anfangs deutlich etagenförmig gestellten Ästen, später werden breit aufrechte, aufgelockerte Kronen gebildet. Die an den Triebenden auffallend quirlig gehäuften Blätter sind verkehrt-eiförmig bis elliptisch, 3–7 cm lang, scharf zugespitzt und lebhaft grün. Sie färben sich im Herbst prachtvoll leuchtend rot bis scharlach und gelb. Im Mai, mit der Laubentfaltung, öffnen sich auch die zahlreichen kleinen, glockigen, 5 mm breiten Blüten. Sie stehen zu 5–15 in hängenden Doldentrauben, sind hellgelb bis hellrosa gefärbt und lachsfarben bis rostbraun geadert. Andere Arten der Gattung sind leider kaum in Kultur. Lb 7.2.2.5

◁ **Erica arborea,** Baum-Heide, Ericaceae, Heidekrautgewächse. Die Verbreitung der Baum-Heide reicht von Südeuropa und dem Mittelmeergebiet bis nach Kleinasien und zum Kaukaus und von Nordafrika bis auf zahlreiche Hochgebirge im östlichen Afrika, einschließlich des Kilimandscharo. Die immergrüne Art entwickelt sich zu dicht verzweigten Sträuchern oder kleinen, bis 5 m hohen Bäumen. Die 3–6 mm langen, fast nadelförmigen, dunkelgrünen, an den Rändern umgerollten Blätter stehen zu 3–4 in Wirteln. Grauweiß sind die etwa 4 mm langen, nach Honig duftenden, glockenförmigen Blüten, die im März–April zu großen, 30–40 cm langen, rispenartigen Ständen vereint sind. Aus dem harten Holz der Baum-Heide werden die bekannten französischen Bruyere-Pfeifen hergestellt. In Kultur ist meist die frosthärtere *E. arborea* var. *alpina*. Sie wird kaum mehr als 1 m hoch und hat weiße Blüten. Lb 4.1.1.4

Erica carnea, Schnee-Heide. Das Hauptverbreitungsgebiet der Schnee-Heide liegt im östlichen und mittleren Teil der Alpenkette, in den Seealpen, im Apennin und auf der nördlichen Balkanhalbinsel. Auf basischen bis neutralen Böden ist sie in lichten, montanen bis submontanen Kiefernwäldern die vorherrschende Bodendecke. Mit seinen niederliegend-aufsteigenden Zweigen wird der immergrüne, reich verzweigte Zwergstrauch kaum mehr als 30 cm hoch. Seine schmalelliptischen, 4–8 mm langen Blätter sind lebhaft grün gefärbt. Schon im Herbst werden die rosa bis fleischfarbenen, 6 mm breiten, zylindrisch-glockigen, nickenden Blüten gebildet, die in 3–10 cm langen, endständigen, einseitswendigen Trauben stehen, noch während oder unmittelbar nach der Schneeschmelze blühen sie auf. Statt der Wildart werden heute zahlreiche Sorten mit verschiedenen Blütenfarben kultiviert. Lb 8.2.3.7 ▷

Erica carnea-Sorten

'Golden Starlet'

'March Seedling'

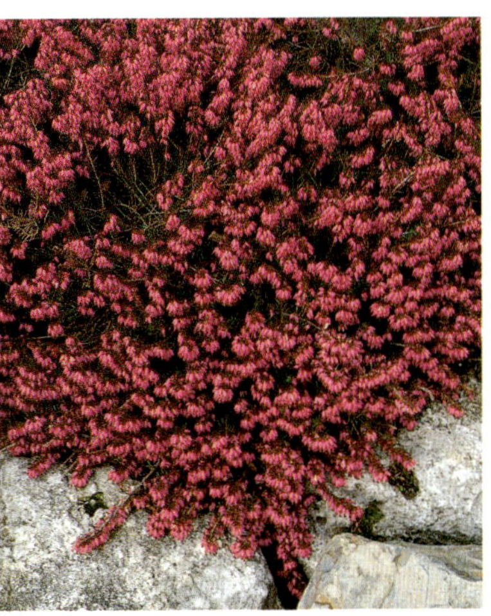

'Myretoun Ruby'

Erica carnea-Sorten

'Nathalie'

'Prince of Wales'

'Rosalie'

'Rosantha'

'Rotes Juwel'

'Schneekoppe'

'Snow Queen'

'Springwood White'

'Whisky'

'Winter Beauty'

'Winterfreude'

'Vivellii'

◁**Erica cinerea,** Graue Heide. In den humiden Klimazonen von England und im Bereich der atlantischen Küste von Skandinavien bis zum Nordwesten der Iberischen Halbinsel ist die Graue Heide auf sauren, humosen, nährstoffarmen, sandigen oder steinigen Böden verbreitet, zusammen mit Heidekraut, Behaartem Ginster, Stechginster und Adlerfarn. Mit ihrem niederliegend-aufsteigenden Wuchs wird der Zwergstrauch 20–60 cm hoch. Er trägt an graufilzigen Trieben dunkelgrüne, nadelförmig-lanzettliche, 4–7 mm lange, an den Rändern umgerollte Blätter, die zu 3 in Wirteln stehen. Zur Blütezeit im Juli–August stehen fleischfarbene oder violettrote, etwa 7 mm lange, urnenförmige Blüten in lockeren Büscheln an den Zweigenden. Auch die Graue Heide wird in zahlreichen Sorten kultiviert. Alle sind frostgefährdet und brauchen im Winter eine Decke aus Reisig oder Vlies. Lb 5.2.1.7

Erica cinerea-Sorten

'Alba'

'Cevennes'

'Golden Sport'

'G. Osmond'

'Pallas'

'Pink Ice'

◁ **Erica × darleyensis 'Darley Rose'.** Diese Hybride *(E. carnea × E. erigena)* läßt sich auf den ersten Blick kaum von *E. carnea* unterscheiden. Der buschige, vieltriebige, immergrüne Strauch wird aber mit einer Wuchshöhe von 25–50(–90) cm deutlich höher. Die dunkelgrünen, im Austrieb hellgrünen Blätter werden bis 13 mm lang. Ein großer Unterschied besteht aber im Beginn und in der Dauer der Blütezeit. Sorten dieser Hybride fangen nicht selten schon im November an zu blühen. Die Hauptblütezeit der meisten Sorten beginnt Mitte bis Ende Januar und dauert bis zum Mai. Ein deutlicher Unterschied besteht auch in der Frosthärte, die Sorten der Hybride sind bei weitem nicht so frosthart wie die der Schnee-Heide. Eine der schönsten Sorten ist 'Kramer's Rote' mit ausgesprochen roten Blüten. Andere Sorten blühen weiß, hell-, lila- oder purpurrosa. Lb 5.2.1.7

Erica tetralix, Glocken-Heide. Die Glocken-Heide ist im atlantischen Europa von Portugal und Nordspanien bis England, Irland, Mittelschweden und bis in die baltischen Länder in Heide- und Torfmooren, auf nassen, nährstoffarmen, sauren Torf- und Sandböden verbreitet. Mit seinen niederliegend-aufrechten Zweigen und den graufilzig behaarten Trieben wird der immergrüne, reich verzweigte Zwergstrauch 20–50 cm hoch. Seine nadelförmig-linealischen, 3–6 mm langen, an den Rändern nach unten gebogenen, graugrünen Blätter stehen in 3zähligen Wirteln. Zur Blütezeit im Juni–Juli stehen die bauchig-röhrigen, 6–7 mm langen, blaßrosa bis weißen Blüten zu 5–10 in endständigen, köpfchenartigen Doldentrauben über dem Laub. Neben der Wildart werden zahlreiche Sorten mit weißen, purpurroten und in verschiedenen Tönungen rosafarbenen Blüten gepflanzt. Lb 5.2.1.7 ▷

Erica tetralix-Sorten

'Foxhome'

'Helma'

'Hookstone Pink'

◁ **Erica vagans 'Holden Pink',** Cornwall-Heide. Im atlantischen Küstenbereich Europas, von Zentralspanien bis Südwestengland und Nordwestirland, kommt die Cornwall-Heide auf sauren, nährstoffarmen Humusböden vor. Der immergrüne Zwergstrauch wächst mit niederliegend-aufrechten Zweigen breitbuschig und wird bis 50 cm hoch. Seine linealischen, 4–10 mm langen, tiefgrünen, kahlen Blätter stehen zu 4–5 in Wirteln. Breit-glockenförmig sind die purpurrosa, 4 mm langen Blüten, die meist zu 2 in den Blattachseln stehen und an den Triebenden eine mehr oder weniger zylindrische Scheintraube bilden. Die Blütezeit dauert von Juli–September. Statt der Wildart werden in der Regel Sorten mit Blütenfarben von weiß über rosa in verschiedenen Tönungen bis kirschrot und hellila verwendet. Alle sind nicht zuverlässig winterhart und brauchen eine leichte Reisigdecke. Lb 5.2.1.7

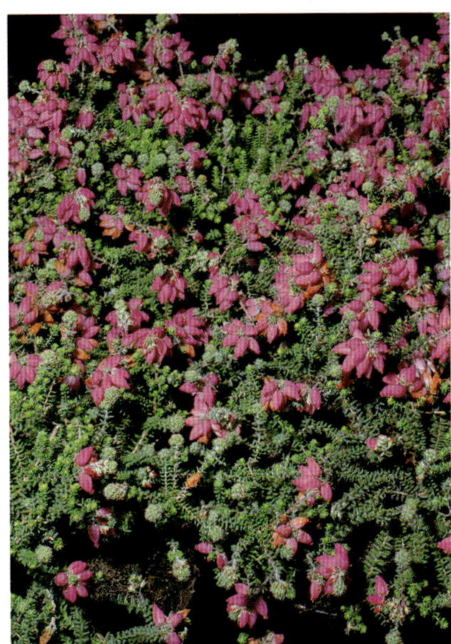

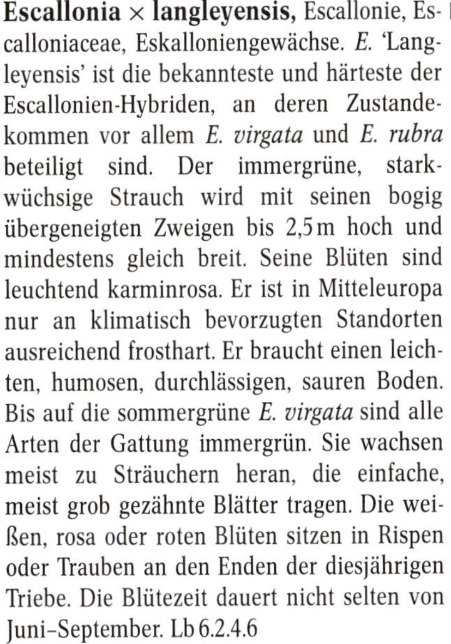

Escallonia × langleyensis, Escallonie, Escalloniaceae, Eskalloniengewächse. *E.* 'Langleyensis' ist die bekannteste und härteste der Escallonien-Hybriden, an deren Zustandekommen vor allem *E. virgata* und *E. rubra* beteiligt sind. Der immergrüne, starkwüchsige Strauch wird mit seinen bogig übergeneigten Zweigen bis 2,5 m hoch und mindestens gleich breit. Seine Blüten sind leuchtend karminrosa. Er ist in Mitteleuropa nur an klimatisch bevorzugten Standorten ausreichend frosthart. Er braucht einen leichten, humosen, durchlässigen, sauren Boden. Bis auf die sommergrüne *E. virgata* sind alle Arten der Gattung immergrün. Sie wachsen meist zu Sträuchern heran, die einfache, meist grob gezähnte Blätter tragen. Die weißen, rosa oder roten Blüten sitzen in Rispen oder Trauben an den Enden der diesjährigen Triebe. Die Blütezeit dauert nicht selten von Juni–September. Lb 6.2.4.6 ▷

△
Erica × watsoniana 'Mary'. *Erica × watsoniana (E. ciliaris × E. tetralix)* ist eine Hybridgruppe, die überwiegend in der »Großen Heide« zwischen Wareham und Studland auf der englischen Halbinsel Purbek im südlichen Dorset gefunden wurde. Die erste, schon 1839 gefundene Hybride, trägt heute den Namen 'Truro'. Blätter und Blüten der Hybriden gleichen denen von *E. ciliaris*, den Habitus und die lange Blütezeit (Frühsommer bis Spätherbst) haben sie von *E. tetralix* geerbt. Bei allen Sorten sind die später hell- bis tiefgrünen Blätter im Austrieb mehr oder weniger intensiv gelb gefärbt. Neben 'Mary', einer ganz neuen Sorte, sind weitere Sorten bekannt. 'Dawn', Blüten tief rosarot, 'F. White', Blüten ziemlich schmal, weiß, mit tiefrosa Spitzen, 'Gwen', Wuchs zwergig, Blüten hell rosa-lavendel, 'H. Maxwell', Blüten tiefrosa, 'Truro', Blüten tief malvenrosa. Lb 5.2.1.7

Euodia hupehensis, Stinkesche, Rutaceae, Rautengewächse. In sommerwarmen Regionen der chinesischen Provinz Hubei hat diese Stinkesche ihre Heimat. Der Name Stinkesche bezieht sich auf die bei Berührung unangenehm riechenden, eschenähnlichen Blätter. Der sommergrüne Baum kann Höhen von 20 m erreichen. Seine unpaarig gefiederten Blätter sind 15–25 cm lang, die 7–9 Blättchen sind eiförmig bis eiförmig-länglich, 6–12 cm lang, lang zugespitzt und glänzend dunkelgrün. Die kleinen, weißen Blüten sitzen im Juli–August in 8–18 cm breiten, breit-kegelförmigen Rispen an den Zweigenden. Sie sind eine ganz hervorragende Bienenweide. Von erheblichem Zierwert sind auch die rotbraunen, 5 mm langen Früchte. Der hitzeverträgliche Baum gedeiht am besten in sommerwarmen, wintermilden Regionen. *E. hupehensis* ist die am häufigsten kultivierte der insgesamt 45 *Euodia*-Arten. Lb 6.3.2.3 ▷

Euonymus alatus, Flügel-Spindelstrauch, ▷ Celastraceae, Spindelbaumgewächse. Lichte Wälder und Gebüsche in Japan, China, der Mandschurei, Korea, Sachalin und Ussuri sind die Heimat von *E. alatus,* einer der am häufigsten gepflanzten Arten der Gattung. Der sommergrüne, dicht verzweigte, langsam wachsende Strauch wird 2–3 m hoch und im Alter wesentlich breiter. Seine grünen Zweige sind gewöhnlich mit 4 schmalen, flügelartigen Korkleisten versehen. Elliptisch bis eiförmig sind die 3–5 cm langen, fein und scharf gesägten, dunkelgrünen Blätter, die sich im Herbst leuchtend karminrot bis lilarot verfärben. Die Herbstfärbung setzt meist schon sehr früh ein. Grünlichgelb, klein und unscheinbar sind die Blüten, die sich im Mai-Juni öffnen. In unseren Breiten werden nur selten die purpurnen Früchte mit dem orangeroten Arillus (Samenmantel) ausgebildet. Lb 3.1.6.5

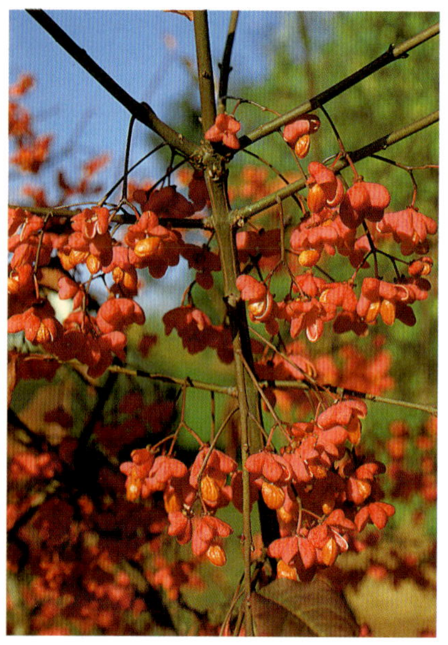

△
Euonymus europaeus 'Red Cascade', Gemeiner Spindelstrauch, Pfaffenhütchen. Laubmischwälder, Auenwälder, Waldsäume und Gebüsche, von Europa bis Kleinasien, dem Kaukasus, Turkestan und Westsibirien, mit dauerfeuchten bis sommertrockenen Böden sind die natürlichen Lebensräume des Pfaffenhütchens. Sein Volksname erinnert daran, daß die rosaroten bis karminroten Fruchtkapseln mit ihren 4 Leisten an ein Birett, der Kopfbedeckung katholischer Geistlicher erinnern. Der sommergrüne, aufrechte Strauch kann 2–6 m hoch werden. Seine grünen Triebe sind oft 4kantig oder gerieft. Die Blätter sind länglich-lanzettlich oder eiförmig, 5–8 cm lang und dunkelgrün, sie färben sich im Herbst leuchtend gelb bis rot. Aus grünlichen, etwa 1 cm breiten Blüten im Mai entwickeln sich die zahlreichen dekorativen Fruchtkapseln mit dem orangen Arillus und den weißen Samen. Lb 2.4.6.4

Euonymus fortunei 'Colorata'. *E. fortunei,* der Kletternde Spindelstrauch, ist eine sehr vielgestaltige, immergrüne Art, die ihre Heimat in West- und Mittelchina, Japan und Korea hat. Die Wildart klettert mit Haftwurzeln an Baumstämmen empor oder breitet sich mit niederliegend-aufstrebenden Ästen am Boden aus. Statt der Wildart werden in der Regel vegetativ vermehrte Sorten kultiviert. 'Colorata' ist eine ältere Form mit lang kriechenden Zweigen, die kaum Haftwurzeln ausbilden. Sie kann bis 50 cm hoch und doppelt so breit werden. Die 3–5 cm langen, grob gesägten Blätter sind oberseits dunkelgrün, unterseits auch im Sommer mehr oder weniger rötlich, sie nehmen im Herbst eine dunkel purpurne Farbe an. Zu den grünlaubigen Formen von *E. fortunei* gehören auch die *E. fortunei* var. *radicans* und die Sorte 'Dart's Blanket', beide sind wichtige, schattenverträgliche Bodendecker. Lb 3.1.7.9 ▷

Euonymus fortunei 'Emerald Gaiety'. ▷ Zu *E. fortunei* gehören eine Reihe von Formen mit mehrfarbigen Blättern. Die Sorte 'Emerald Gaiety' steht als Beispiel für Sorten mit weißbunten Blättern, die wohl alle als Mutation aus der alten, aus Japan eingeführten Sorte 'Variegata' (= 'Gracilis') hervorgegangen sind. 'Emerald Gaiety' stammt aus den USA, sie ist ein robuster Kriechstrauch mit zunächst aufsteigenden, später dicht mattenförmig ausgebreiteten Zweigen, der an Mauern oder Bäumen auch bis 2 m hoch klettern kann. 'Variegata' kann als Kletterstrauch auch größere Höhen erreichen. 'Emerald Gaiety' hat breit-elliptische bis rundlich-eiförmige, bis 4 cm lange, graugrüne Blätter, die am Rand einen schmalen, weißen Streifen tragen. Weißbunte Blätter haben auch Sorten wie 'Silver Gem', die mehrere Meter hoch klettern kann und 'Silver Queen', die eher strauchig wächst. Lb 3.1.7.9

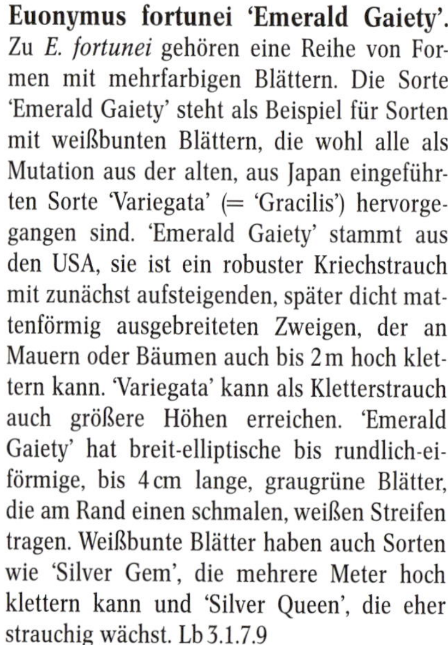

Euonymus fortunei 'Emerald'n Gold'. ▷ Auch diese Sorte stammt aus den USA. Sie ist ein kräftig wachsender, breitbuschiger Strauch, der mit aufrechten Zweigen Höhen von etwa 60 cm erreichen kann und meist mehr als doppelt so breit wird. Auch diese Sorte kann klettern und dabei Höhen von 3 m erreichen. Ihre eiförmig-elliptischen, bis 3 cm langen, in der Mitte grau- bis dunkelgrün marmorierten Blätter haben einen 2–4 mm breiten, hell- bis zitronengelb gefärbten Rand, der sich im Winter etwas rötlich verfärbt. Gelbbunte Blätter haben außerdem Sorten wie 'Gold Tip', Blätter ziemlich groß, grün, mit goldgelbem Rand, 'Sheridan Gold', Blätter im Sommer gelb, grüngelb oder gelb gefleckt, 'Sunshine', Blätter ziemlich groß, graugrün, mit breitem, goldgelbem Rand und 'Sunspot', Blätter klein, stumpf dunkelgrün, in der Mitte mit auffallend gelbem Fleck. Lb 3.1.7.9

Euonymus fortunei 'Vegeta'. Aus Japan stammt diese Form, die in Tracht und Belaubung deutlich von anderen Formen der Art abweicht. Sie wächst mit auffallend dicken, leicht brechenden, dunkelgrünen, locker aufrechten oder dem Boden aufliegenden Zweigen zu einem breitbuschigen, bis 1 m hohen Strauch heran. Als Kletterpflanze kann 'Vegeta' durchaus Höhen von 2–3 m erreichen. Wie die Zweige, sind auch die rundlichen, 2,5–4 cm langen, kerbig gesägten, einfarbig dunkelgrünen Blätter auffallend dick und steif. Im Gegensatz zu vielen anderen Formen der Art verfärben sie sich im Herbst nicht. Im Mai–Juni blüht der Kleinstrauch überreich mit grünlichgelben, unscheinbaren Blüten. In der Regel werden auch reichlich Früchte angesetzt, sie haben eine eigenartige, weißlichgelbliche Farbe mit einem leuchtend orangefarbenen Arillus und weißen Früchten. Lb 3.1.7.9 ▽

Euonymus latifolius, Breitblättriger Spindelstrauch. Krautreiche Laubmischwälder, und luftfeuchte, warme Lagen sind die bevorzugten Standorte von *E. latifolius.* Die Verbreitung reicht von Europa bis nach Kleinasien, dem Kaukasus, Nordpersien und Nordwestafrika. Der sommergrüne, aufrechte, nur mäßig verzweigte Strauch kann bis 5 m hoch werden. Seine grünlichen Triebe sind schwach 4kantig, die grünlichen bis rotbraunen Winterknospen vergleichsweise groß. Breit-oval und zugespitzt sind die 3–7 cm langen, oberseits frischgrünen, unten hellgrünen, am Rand fein und gleichmäßig gesägten Blätter. Grünlichgelb sind die 7–9 mm breiten Blüten, sie sitzen im Mai–Juni zu 6–15 an den jungen Trieben in blattachselständigen Dolden. Im September–Oktober reifen die 2,5 cm breiten, karmin- bis purpurroten, geflügelten Früchte mit dem orangeroten Arillus. Lb 7.3.6.4 ▽

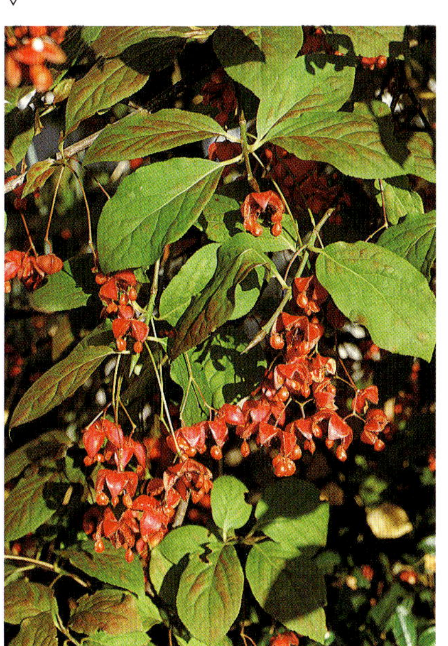

Euonymus nana var. turkestanica, ▷ Zwerg-Spindelstrauch. In Steppen- und Trokkengebieten vom Kaukasus bis Westchina kommt der Zwerg-Spindelstrauch vor. Der sommergrüne, locker verzweigte Kleinstrauch wird mit seinen kantigen, rutenförmigen, niederliegend-aufsteigenden Zweigen nur 50–80 cm hoch. Im Gegensatz zu allen anderen Spindelstraucharten stehen seine Blätter wechselständig. Sie sind linealisch-länglich, 1,5–3 cm lang, am Rand eingerollt und entfernt gezähnt oder ganzrandig. Bräunlich-purpurn gefärbt sind die 4 mm breiten Blüten, die zu 1–3 an langen Stielen hängen, sie blühen im Mai–Juni auf. Rosarot sind die Früchte gefärbt, orange der Arillus und braun die Samen. Die *E. nana* var. *turkestanica* wächst mehr aufrecht, wird etwas höher und hat größere, am Rand nicht eingerollte Blätter. Beide sind aparte Kleinsträucher für trokken-sonnige Plätze. Lb 6.1.3.7

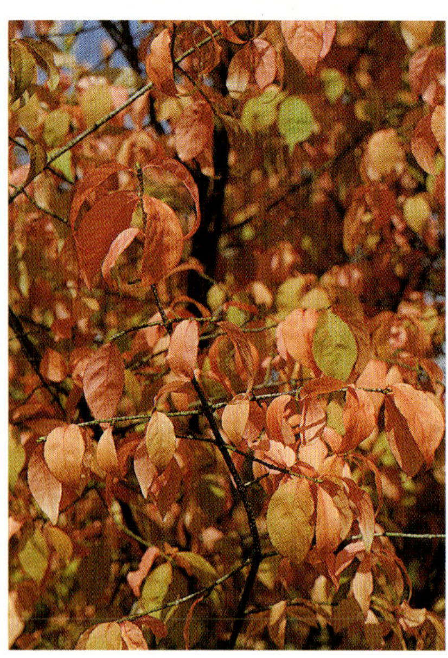

△
Euonymus phellomanus, Kork-Spindelstrauch. Im nördlichen und westlichen China ist *E. phellomanus* zu Hause. Die sommergrüne Art wird mit bogig abstehenden Ästen 3–5 m hoch. Ihre 4kantigen Zweige tragen hohe, flügelartige Korkleisten. Die Blätter sind länglich-eiförmig bis länglich-lanzettlich, 6–10 cm lang, fein kerbig gesägt, oberseits runzelig und stumpfgrün. Aus gelblichen Blüten, die im Mai zu 7–14 in Büscheln sitzen, entwickeln sich 4kantige, rosa Früchte mit einem roten Arillus. In Aufbau und Zweigstruktur erinnert die Art an *E. alata,* sie unterscheidet sich aber durch ihren reichen Fruchtschmuck. Gelegentlich in Kultur ist auch *E. hamiltoniana* var. *sieboldii,* ein in Japan und Korea heimischer, 2–3 m hoher Strauch mit mittelgrünen Blättern, die sich im Herbst in rosa bis rötlichorangen Tönen färben und zahlreichen hell- bis karminrosa Früchten. Lb 3.3.5.4

△
Euonymus planipes, Flachstieliger Spindelstrauch. In Japan, dem Ussuri-Gebiet, in der Mandschurei und in Korea ist *E. planipes* verbreitet. Der sommergrüne, sparsam verzweigte Strauch wächst locker und breit aufrecht, er wird 3–4 m hoch und im Alter genauso breit. Wie bei *E. latifolia* sind auch hier die Winterknospen sehr groß, bis 2 cm lang und purpurrot gefärbt. Eiförmig bis eilanzettlich sind die lang zugespitzten, 5–12 cm langen, dunkelgrünen Blätter. Sie treiben früh aus und färben sich im Herbst früh auffallend gelb bis orangerot. Grünlichgelb sind die etwa 1 cm breiten Blüten, sie blühen im Mai auf, riechen unangenehm und sitzen zu 10–30 in lockeren, reichverzweigten Ständen. 10–18 mm breit, 5kantig, aber kaum geflügelt sind die langgestielten, karminroten Früchte, der Arillus ist orange, die Samen weiß. Gehört zu den attraktivsten Arten der Gattung. Lb 3.3.6.4

△
Euonymus verrucosus, Warziger Spindelstrauch. Lichte Buchen-, Eichen-, Laubmisch- und Nadelwälder, Gebüsche und Felshänge und feuchte bis trockene Standorte sind die Lebensräume von *E. verrucosus.* Die Verbreitung reicht von Ost- und Südosteuropa bis zur Wolga, zum Ural und dem Kaukasus. Der sommergrüne, 0,5–2 m hohe Strauch hat eine reiche, fast rechtwinklig abstehende Verzweigung und dünne, graugrüne Zweige, die dicht mit dunkelbraunen Korkwarzen bedeckt sind. Die Blätter sind länglich-eiförmig bis länglich-elliptisch, 3–6 cm lang, zugespitzt und fein gesägt, sie färben sich im Herbst eigenartig hellviolett. Im Mai–Juni öffnen sich die gelbgrünen, fein rötlich punktierten, 6–10 mm breiten Blüten. Die 10–12 mm breiten, tief 4lappigen Früchte sind bleichrosa bis rötlich, die schwarzen Samen sind nur unvollständig vom orangefarbenen Arillus umgeben. Lb 4.3.4.4

Exochorda racemosa, Chinesische Radspiere. ▷ Aus dem östlichen China stammt diese Radspiere. Sie entwickelt sich mit trichterförmig aufrechten Grundästen und im oberen Bereich mit weit abstehender, im Alter bogig überhängender Verzweigung zu einem 3–4 m hohen, sommergrünen Strauch. Die rotbraunen Zweige tragen zahlreiche weiße Lentizellen. Die früh austreibenden Blätter sind elliptisch bis länglich-verkehrt-eiförmig, 3–6 cm lang, oben hellgrün und unten weißlich. Bis 4 cm breit sind die reinweißen, weit geöffneten Blüten mit den 5 genagelten Kronblättern und den 15 Staubblättern, sie erscheinen im Mai und sitzen zu 6–10 in Trauben zusammen. Die 5rippigen, braunen Fruchtkapsel hängen oft lange an den Zweigen. Der prachtvolle, reichblühende Strauch braucht einen sonnigen Platz, er gedeiht auf jedem nährstoffreichen, tiefgründigen Gartenboden. Lb 3.2.2.4

◁ **Exochorda × macrantha 'The Bride',** Radspiere, Rosaceae, Rosengewächse. *E. korolkowii* und *E. racemosa* sind die Eltern dieser Hybride, die vor allem mit der sehr reichblühenden 'The Bride' in Kultur ist. Der sommergrüne Strauch wird kaum mehr als mannshoch und etwa gleich breit. Er wächst mit stark überhängender Verzweigung locker aufrecht. Seine Blätter sind verkehrt-eiförmig, 3–7 cm lang, hellgrün und ganzrandig. Ungewöhnlich groß, 3–4,5 cm breit sind die reinweißen, breit-schüsselförmigen, weit geöffneten Blüten, sie sitzen zu 6–11 in sehr dichten, bis 10 cm langen, übergeneigten, endständigen Trauben zusammen. Die Blütezeit liegt im Mai. Blüht schon als junge Pflanze sehr reich und paßt dank seiner geringen Größe auch in den kleinsten Garten. Von den 4 Arten der Gattung ist außer dieser Hybride nur noch eine weitere Art in Kultur. Lb 9.1.2.5

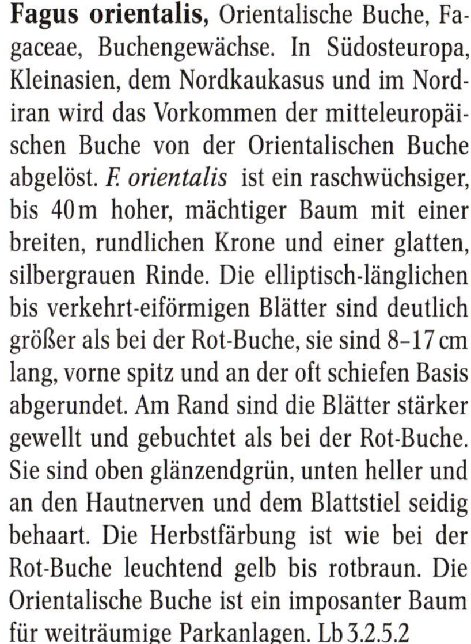

Fagus orientalis, Orientalische Buche, Fagaceae, Buchengewächse. In Südosteuropa, Kleinasien, dem Nordkaukasus und im Nordiran wird das Vorkommen der mitteleuropäischen Buche von der Orientalischen Buche abgelöst. *F. orientalis* ist ein raschwüchsiger, bis 40 m hoher, mächtiger Baum mit einer breiten, rundlichen Krone und einer glatten, silbergrauen Rinde. Die elliptisch-länglichen bis verkehrt-eiförmigen Blätter sind deutlich größer als bei der Rot-Buche, sie sind 8–17 cm lang, vorne spitz und an der oft schiefen Basis abgerundet. Am Rand sind die Blätter stärker gewellt und gebuchtet als bei der Rot-Buche. Sie sind oben glänzendgrün, unten heller und an den Hautnerven und dem Blattstiel seidig behaart. Die Herbstfärbung ist wie bei der Rot-Buche leuchtend gelb bis rotbraun. Die Orientalische Buche ist ein imposanter Baum für weiträumige Parkanlagen. Lb 3.2.5.2

▽

Fagus sylvatica, Rot-Buche. In Mitteleuropa, vom Tiefland bis in 1600 m Höhe, ist die Rot-Buche der wichtigste waldbildende Laubbaum. Sie stockt auf lockeren, mittelgründigen, kalkhaltigen bis sauren Böden. Ihre Verbreitung reicht von Westeuropa östlich bis zur Krim und südlich bis Griechenland, Sizilien und Mittelspanien. Die Rot-Buche ist ein 25–30 m hoher, im Freistand breitkroniger Baum mit einer glatten, silbergrauen Rinde, starken Ästen und bis zum Boden hängender Verzweigung. Im Bestand bildet sie lange Schäfte und schmale Kronen. Die glänzend dunkelgrünen, im Herbst leuchtend gelb bis rotbraun gefärbten Blätter sind eiförmig bis elliptisch, 5–10 cm lang und am Rand meist wellig gebuchtet. Der stattliche Wald- und Parkbaum, der sich auch gut als Heckenpflanze eignet, hat uns zahlreiche Gartenformen mit Abweichungen in Habitus und Laubfärbung beschert. Lb 3.3.5.1

▽

◁ **Fagus sylvatica 'Dawyck Gold',** Gelblaubige Säulen-Buche. Von der Baumschule Hesse wurde die ursprüngliche, grünlaubige Säulen-Buche 1913 in den Handel gebracht. Gefunden wurde sie 1864 in den Wäldern von Dawyck, Schottland. Der säulenförmig wachsende Baum kann bei einer Kronenbreite von etwa 3 m Höhen von 15–20 m erreichen. Sein Stamm löst sich bald in mehrere Hauptäste auf, die dicht nebeneinander stehen und straff aufrecht wachsen. In der Belaubung gleicht die Form der Art. Seitdem sich van Hoey Smith in Rotterdam mit der Auslese und Züchtung von Buchenformen beschäftigt, stehen uns mit 'Dawyck Gold' und 'Dawyck Purple' auch säulenförmig wachsende Formen mit gelben und purpurbraunen Blättern zur Verfügung. Die normal großen, im Austrieb goldgelben Blätter von 'Dawyck Gold' vergrünen im Sommer und werden im Herbst wieder gelb. Lb 3.3.5.2

◁ **Fagus sylvatica 'Laciniata',** Fiederblättrige Buche. Seit 1795 ist die Fiederblättrige Buche in Deutschland bekannt. Sie wächst gleich stark wie die Art, erreicht Höhen von 20–25 m und im Alter gleiche Kronenbreiten. Freistehende Bäume bilden bald eine dichte, breit-kegelförmige Krone. Die sehr variablen, 8–12 cm langen, lebhaft grünen Blätter sind meist breit-lanzettlich, lang zugespitzt und fein fiederteilig gespalten. Dazwischen kommen nicht selten auch ganz normale oder lanzettliche Blätter vor. Sie färben sich im Herbst gelb bis rotbraun. Im Gegensatz zu 'Laciniata' wächst 'Asplenifolia', die Farn-Buche, zunächst deutlich langsamer als die Art, kann im Alter aber stattliche Bäume bilden. Ihre Blätter sind ganz unterschiedlich gelappt und eingeschnitten, teilweise auch schmal-linealisch (bis 10 cm lang und 6 mm breit) oder fiederschnittig. Lb 3.3.5.2

Fagus sylvatica 'Pendula', Hänge-Buche. 1836 wurde die Hänge-Buche in England gefunden. Sie wächst anfangs langsam, entwickelt sich im Alter aber zu eindrucksvollen Bäumen mit Höhen und Kronenbreiten von 15–25 m. In der Baumschule wird der Wipfeltrieb stets senkrecht aufgebunden. Der Baum kann sich dann mit einem bis zum Wipfel durchgehenden Stamm aufbauen, häufiger löst sich die Krone aber in mehrere Hauptäste auf. Meist stehen die Hauptäste waagerecht ab, einzelne Äste können aus der Krone aber auch wieder aufrecht wachsen, bevor sie sich dann wieder in einem eleganten Bogen neigen. So können unregelmäßige, malerische Kronenformen entstehen. Die Seitenverzweigung hängt regelmäßig in weit ausladenden Bögen bis zum Boden herab. Sie bilden ein dichtes, domartiges Dach. In Größe und herbstlicher Verfärbung gleichen die Blätter der Art. Lb 3.3.5.2
▽

Fagus sylvatica 'Purpurea Pendula', Hänge-Blut-Buche. Schon um 1865 ist die Hängeform der Blut-Buche in Deutschland entstanden. Seitdem gehört sie zum Standardsortiment der Baumschulen. Sie baut sich ganz anders auf als die grünlaubige Hänge-Buche. Sie wird stets auf einen mehr oder weniger hohen Stamm veredelt und bildet dann eine meist schmale, gleichmäßige Krone aus, in der alle Äste in einem kurzen Bogen abwärts wachsen. Nie wird ein durchgehender Mitteltrieb gebildet. Nur selten richtet sich ein Ast etwas auf und durchbricht den sonst regelmäßigen, etwas steifen Aufbau der Krone. Anfangs kommt die Krone kaum über die Veredlungshöhe hinaus, im Alter kann der Baum Höhen von 6–10 und Kronenbreiten von 3–5 m erreichen. Die Blätter sind im Austrieb tiefrot, später schwarzrot und im Herbst braunrot gefärbt. Lb 3.3.5.3

▽

Fagus sylvatica 'Swat Magret', Blut-Buche. ▷ Veredelte Blut-Buchen werden gelegentlich, nicht ganz korrekt, noch unter dem Sammelnamen 'Atropunicea' beschrieben. Die bei uns am häufisgten kultivierte Blut-Buche ist 'Swat Magret', andere veredelte Sorten sind 'Purpurea Latifolia' und 'Riversii'. Sie unterscheiden sich von den durch Samen vermehrten Blut-Buchen (f. *purpurea*) durch beständig rote Blätter, die bei Sämlingspflanzen im Sommer mehr oder weniger stark vergrünen. Alle Blut-Buchen entwickeln sich zu stattlichen Bäumen, die in Wuchshöhe und Kronenbreite der natürlichen Art nicht nachstehen. Auch sie entwickeln hochgewölbte bis rundliche Kronen mit weitausladenden Hauptästen und oft bis zum Boden herabhängenden Seitenzweigen. In Größe, Form und Textur sind die Blätter denen der Art gleich, sie sind im Austrieb glänzend dunkelrot und im Sommer schwarzrot. Lb 3.3.5.2

◁ **Ficus carica,** Echter Feigenbaum, Moraceae, Maulbeerbaumgewächse. Der Echte Feigenbaum ist eine von insgesamt 700 meist tropischen Arten der Gattung. Er hat seine ursprüngliche Heimat in Mittel- und Süditalien, Griechenland, Vorderasien und Nordwestindien, ist aber auch nördlich der Alpen seit Jahrhunderten als Obstgehölz in Kultur. Die sommergrüne Art baut sich mit dicken, wenig verzweigten Ästen zu Sträuchern oder kleinen Bäumen auf. Sehr dekorativ sind die großen, tief 3- bis 5lappigen, selten ungeteilten, 10–20 cm langen Blätter mit den verkehrt-eiförmigen, stumpfen, unregelmäßig gezähnten, oberseits rauhen, unten weich behaarten Blattlappen. Aus unscheinbaren, eingeschlechtlichen Blüten entwickeln sich die grünlichen bis violetten, wohlschmeckenden Feigen. Wird in klimatisch weniger günstigen Regionen am besten als Spalier an einer warmen Wand gezogen. Lb 6.4.1.5

Forsythia ovata, Koreanische Forsythie. Die in Korea heimische Forsythie ist ein 1–2 m hoher, rundlicher, kompakter Strauch mit graugelben Trieben und dünnen, eiförmigen bis breit-eiförmigen, 5–7 cm langen, lang zugespitzten, fein gesägten bis ganzrandigen Blättern. Im März–April, 2–3 Wochen vor allen anderen Forsythien-Sorten, öffnen sich die kleinen, 1,5 cm langen, hellgelben Blüten. Darin liegt der besondere Wert dieser Art. Mit 'Dresdener Frühling', einer Auslese aus der ehemaligen DDR, steht uns eine dicht und straff aufrecht wachsende, reichblühende Sorte mit hellgelben, 3–4 cm breiten Blüten zur Verfügung. 'Robusta' wächst breit aufrecht, wird höher als die Art und blüht reich mit lebhaft gelben Blüten. 'Tetragold' wächst buschig und wird etwa 1 m hoch, ihre tiefgelben Blüten sind 3 cm breit, sie blühen noch einige Tage früher auf als bei der Art. Lb 6.3.2.5
▽

Forsythia × intermedia 'Goldzauber', ▷ Forsythie, Goldglöckchen, Oleaceae, Ölbaumgewächse. 'Goldzauber' (Blüten goldgelb, sehr zahlreich, groß und fest, sollen Spätfröste besser ertragen als andere Sorten) ist eine vergleichsweise junge Sorte dieser Hybride (*F. suspensa* × *F. viridissima*), die schon 1878 im Botanischen Garten in Göttingen entstanden ist. Andere wichtige Sorten sind die schon etwas älteren 'Beatrix Farrand', 'Lynwood', 'Spectabilis' und 'Spring Glory'. Neu sind Sorten wie 'Melisa' (Wuchs buschig und kompakt, Blüten groß, goldgelb) und 'Weekend' (Blüten zahlreich, groß, goldgelb, schon im März). Alle sind sommergrüne, mittelgroße, 2–4 m hohe, aufrechte bis breitausladende Sträucher. Mit ihrer leuchtenden, hell- bis dunkel- und goldgelben Blütenfülle können die Forsythien von Ende April–Anfang Mai ganze Gartenlandschaften prägen. Lb 9.3.2.5

◁ **Forsythia suspensa** var. **fortunei,** Hänge-Forsythie. Die Hänge-Forsythie wird in 2 geographische Rassen aufgeteilt. In der Regel wird die in China heimische *F. suspensa* var. *fortunei* gezogen. Sie ist ein bis 3 m hoher und gleich breiter, breit aufrechter Strauch, dessen hellbraune, hohle Zweige erst im Alter abstehen, bogig überhängen und mit den Spitzen den Boden berühren. Die Zweige bewurzeln sich, treiben aus und können so ausgedehnte Schleppen bilden. Die Blätter sind eiförmig bis länglich-eiförmig, 6–10 cm lang, scharf gesägt und oft 3lappig oder 3teilig. Die dunkelgelben Blüten haben 1–1,3 cm lange, schmale, ausgebreitete und oft gedrehte Zipfel. *F. suspensa* var. *sieboldii* ist nur aus japanischen Gärten bekannt. Sie wird von allen Forsythien am längsten kultiviert, ist aber heute nicht mehr in den Sortimenten vertreten, weil die Blütenfülle zu wünschen übrig läßt. Lb 6.3.2.5

◁ **Fothergilla major,** Großer Federbuschstrauch. Die zweite von insgesamt 4 amerikanischen Arten der Gattung kommt von Nordcarolina bis Alabama in der gleichen Klimaregion vor wie *F. gardenii.* Der langsam wachsende, 1,5–3 m hohe Strauch baut meist mit aufrechten Grundästen und vieltriebigen Zweigen eine geschlossene, halbkugelige Krone auf. Die derben, etwas ledrigen Blätter sind rundlich bis breit-eiförmig, 5–10 cm lang, an der Basis keil- oder herzförmig, oberseits dunkelgrün und unten grün- oder blaugrün. Sie färben sich im Herbst flammend orangegelb bis scharlachrot. Mit den Blättern erscheinen im Mai die nach Honig duftenden, cremeweißen Blüten in 3–6 cm langen, aufrechten Ähren an den Enden kurzer Seitenzweige. Auch hier bestimmen die bis 2,5 cm langen, vorn deutlich verdickten Staubblätter mit den gelben Staubbeuteln das Aussehen der Blüten. Lb 4.1.2.5

Fothergilla gardenii, Erlenblättriger Federbuschstrauch, Hamamelidaceae, Hamamelisgewächse. In sommerwarmen, humiden Regionen von Virginia bis Georgia und Alabama kommt *F. gardenii* vor. Sie ist ein sommergrüner, bis 1 m hoher, breitbuschig wachsender, schwach Ausläufer bildender Strauch mit anfangs straff aufrechten, später ausladenden Ästen. Die Triebe und die Schuppen der Winterknospen sind mit Sternhaaren bedeckt. Verkehrt-eiförmig bis oval und 2–5 cm lang sind die in der oberen Hälfte unregelmäßig gezähnten, oberseits dunkelgrünen, unten blaugrünen Blätter. Sie färben sich im Herbst prachtvoll leuchtend gelb bis scharlachrot. Im April–Mai, noch vor der Laubentfaltung, öffnen sich die cremeweißen, duftenden Blüten in 2–3 cm langen, endständigen Ähren. Den Blüten fehlen die Kronblätter, ihre Schmuckwirkung geht allein von den langen Staubblättern aus. Lb 1.2.5.6 ▷

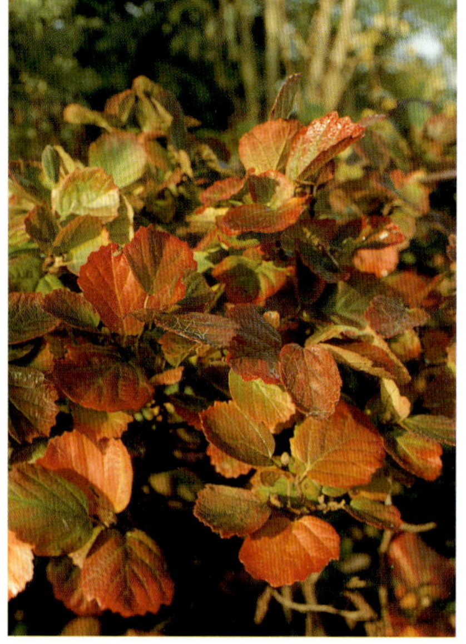

Fraxinus excelsior, Gemeine Esche. Von Europa bis zum Kaukasus und Nordanatolien kommt die Gemeine Esche in Auen-, Laubmisch- und Schluchtwäldern, an Bächen und Flüssen vor. Der 25–40 m hohe, raschwüchsige Baum hat eine eiförmige bis rundliche Krone und eine graue, längsrissige, breit gerippte Borke. 20–40 cm lang sind die unpaarig gefiederten Blätter mit den 9–13 schmal-eiförmigen bis breit-lanzettlichen, 4–10 cm langen Blättern. Im April–Mai, vor der Laubentfaltung, sitzen die unscheinbaren, zwittrigen oder eingeschlechtigen Blüten in seitenständigen Rispen. Von den zahlreichen baumförmig wachsenden Sorten fällt vor allem 'Diversifolia', die Einblatt-Esche, aus dem Rahmen. Bei der Einblatt-Esche, einem 10–25 m hohen Baum mit schmal-eiförmiger Krone, sind die Fiederblätter bis auf das vergrößerte, 14–18 cm lange Endblättchen reduziert. Lb 2.4.2.1 ▽

Fraxinus angustifolia, Schmalblättrige Esche, Oleaceae, Ölbaumgewächse. *F. angustifolia,* in den Baumschulkatalogen oft unter dem Namen *F. oxycarpa* geführt, ist in Südeuropa, von der Atlantikküste bis zum Kaukasus und in Nordafrika verbreitet. Sie ist ein 15–20 m hoher Baum mit einer feinzweigigen Krone. Die Zweige sind dünn, kahl und oliv gefärbt, die Endknospe klein und braun. Die Borke alter Stämme ist sehr grob und tief gefurcht. 8–20 cm lang sind die Blätter mit den 5–13 mehr oder weniger sitzenden, 4–10 cm langen, schmal-lanzettlichen Blättern. Die unscheinbaren, zwittrigen Blüten erscheinen vor den Blättern im April in seitenständigen Trauben. 'Raywood' ist ein Selektion mit mäßig starkem Wuchs, durchgehenden Stamm und lockerer, dicht und zierlich belaubter Krone. Die Blätter sind anfangs dunkelgrün, im Herbst violettpurpurn gefärbt. Lb 6.3.2.3 ▷

◁ **Fraxinus excelsior 'Pendula'.** Seit 1838 ist die Hänge-Esche in Kultur. Sie entwickelt sich zu einem mäßig wüchsigen, malerischen, 10–12 m hohen Kleinbaum mit einer unregelmäßigen, schirmartigen oder etwas gestuften Krone, in der Äste und Zweige im weiten Bögen kaskadenartig herabhängen und dabei nicht selten den Boden berühren. Die Kronen können recht schmal, im Alter aber auch sehr breit sein. Die Hänge-Esche kann zu einem Laubenbaum erzogen werden, wenn die Äste über ein Gestell geleitet werden. Eine andere Form der Gemeinen Esche mit ganz abweichenden Habitus ist die Form 'Nana', die Kugel-Esche. Sie wird, wie die Hänge-Esche meist hochstämmig veredelt und entwickelt sich dann zu einem 4–6 m hohen, langsamwüchsigen Kleinbaum, dessen dichte, kugelförmige Krone schließlich einen Durchmesser von 2–4 m erreicht. Die Blätter sind kleiner als bei der Art. Lb 2.4.2.3

Fraxinus ornus, Blumen-Esche, Manna-Esche. ▷ In Südeuropa und Kleinasien kommt die Manna-Esche meist an sonnigen, trockenen Hängen, auf trockenen, basenreichen Lehm- und Steinböden vor. Sie ist ein kleiner, rundkroniger, oft mehrstämmiger, 10–15 m hoher Baum mit grauer, dunkler Borke und graubraunen Winterknospen. Die 10–15 cm langen, unpaarig gefiederten, spät austreibenden Blätter haben 5–9 elliptische bis eiförmige, 4,5–10 cm lange, oberseites dunkelgrüne, unten hellere und längs der Mittelrippe braunfilzig behaarte Blätter. Sie fallen im Herbst grün ab oder färben sich gelegentlich bronzeviolett bis orangebraun. Im Mai-Juni, meist gleichzeitig mit der Laubentfaltung, erscheinen an den Zweigenden die cremeweißem, zart duftenden Blüten in reichblütigen, fedrigen Ständen. Ein schöner Blütenbaum für sonnige Plätze und trockene bis frische Böden. Lb 6.3.1.3

× **Gaulnettya wisleyensis,** Ericaceae, Heidekrautgewächse. *Gaulnettya* ist eine Gattungshybride (*Gaultheria shallon* × *Pernettya mucronata*), die 1929 im Garten der Royal Horticultural in Wisley gefunden wurde. Die Sorte 'Wisley Pearl' gilt als Typ dieser Kreuzung. Sie ist ein immergrüner, bis 1 m hoher, buschiger, dicht verzweigter Strauch. Derbledrig sind die länglich-elliptischen, 4–6 cm langen, am Rand seicht gezähnten, dunkelgrünen Blätter. Im Juni blühen die Sträucher überreich mit weißen, krugförmigen Blüten, die an den Triebenden zu 6–15 in kurzen, drüsig behaarten Trauben sitzen. Die rundlichen, rotbraun oder weinrot gefärbten Früchte sind beerenähnlich. Wie bei *Gaultheria* wird der 5lappige Kelch nach dem Verblühen größer und saftig-fleischig, er umschließt die 5fächrige, weichwandige Fruchtkapsel und täuscht so eine Beere vor. Lb 7.2.4.6 ▽

◁ **Fuchsia magellanica 'Gracilis',** Fuchsie, Onagraceae, Nachtkerzengewächse. Von Chile und Argentinien bis zur Magellanstraße ist *F. magellanica* verbreitet. Sie ist ein sommergrüner, 3–5 m hoher, dicht verzweigter, breitbuschiger Strauch, der in Kultur meist viel niedriger ist als an seinen natürlichen Standorten. Die Blätter sind gegenständig oder stehen zu 3 in Quirlen, sie sind eiförmig-lanzettlich, 1,5–5 cm lang, dunkelgrün und purpurrötlich geadert. Über einen langen Zeitraum, von Juni–September blüht der Strauch unermüdlich mit hängenden Blüten, die einzeln oder bis zu 4 an den diesjährigen Trieben sitzen. Die schlanken, zierlichen Blüten haben eine lange, trichterförmige, leuchtend scharlachrot gefärbte Kelchröhe und violettblaue Kronblätter. In Kultur ist überwiegend die Form 'Gracilis'. Sie hat karminrote Blüten mit einer purpurnen Krone. Lb 7.2.4.6

△
Gaultheria miqueliana, Weißfrüchtige Scheinbeere, Ericaceae, Heidekrautgewächse. *G. miqueliana* ist ein Zwergehölz alpiner Stufen in Japan, auf Sachalin, den Kurilen und Aleuten. Das immergrüne, dicht und buschig wachsende Sträuchlein wird mit anfangs behaarten Trieben bis 30 cm hoch. Die breitelliptischen, 2–4 cm langen, ledrigen, drüsig gesägten, unterseits braundrüsig punktierten Blätter sitzen an den Triebenden gehäuft. Erst im Juni–Juli erscheinen die kleinen, 6 mm langen, weißen, nickenden Blüten. Sie sind glockig-krugförmig und sitzen in kleinen Trauben an den Zweigenden. Die 6 mm dikken Früchte sind weiß bis hellrosa gefärbt. Bei den beerenähnlichen Früchten handelt es sich um vielsamige Fruchtkapseln, bei denen der Blütenkelch nach dem Verblühen größer und saftig-fleischig wird. Der hübsche Zwergstrauch braucht einen Platz im Steingarten. Lb 1.1.2.7

△
Gaultheria procumbens, Niederliegende Scheinbeere. Auf sandig-sterilen Böden, in lichten Wäldern und auf Lichtungen kommt diese Art im östlichen Nordamerika vor. Der immergrüne Zwergstrauch bildet mit seinen zahlreichen unverzweigten Trieben und unterirdischen Ausläufern dichte, handhohe Teppiche. Auch hier sitzen die ledrigen Blätter an den Triebenden gehäuft. Sie sind verkehrt-eiförmig bis elliptisch, 2–5 cm lang, glänzend dunkelgrün und vom Herbst an auffallend bronzerot gefärbt. Von Juni–August blüht der kleine Strauch mit seinen weißen oder leicht rötlich überlaufenden, 4–7 mm langen, nickenden, kegel- bis urnenförmigen Blüten, die meist einzeln in den Blattachseln sitzen. Sie werden gern von Hummeln besucht. Größeren Zierwert haben die zahlreichen hellroten, 8–10 mm dicken, kugeligen Scheinbeeren, die sich bis zum späten Frühjahr halten. Lb 4.1.5.7

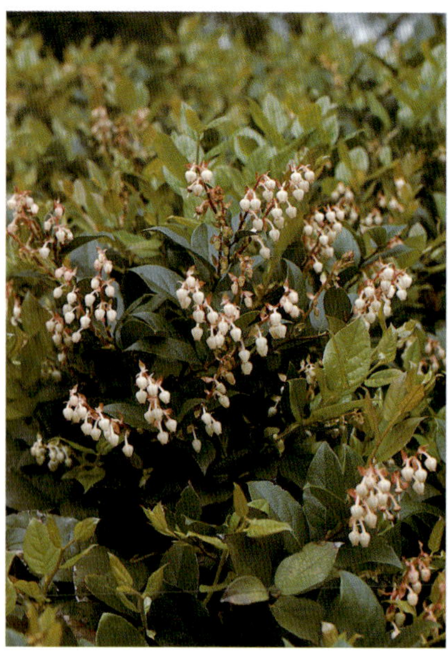

△
Gaultheria shallon, Hohe Scheinbeere. Von Alaska bis Kalifornien reicht die Verbreitung dieser Scheinbeere, die wie alle anderen Arten auch als Rebhuhnbeere bezeichnet wird. Sie hat zottig behaarte, leicht hin und her gebogene Triebe und wird in Kultur kaum mehr als 60 cm hoch. Mit ihren zahlreichen Ausläufern kann sie ausgedehnte Bestände aufbauen. Stumpf dunkelgrün sind die immergrünen, ei- oder kreisrunden, 5–12 cm langen, borstig gesägten Blätter. Im Juni–Juli sitzen die weiß oder rosa gefärbten, 8–12 mm langen, breit krugförmigen Blüten bis zu 15 in blattachselständigen, einseitswendigen, drüsenhaarigen Trauben. Den dekorativen Blüten folgen wenig auffällige, 10 mm dicke, rundliche, blauschwarze, etwas drüsig behaarte Früchte, die, wie bei allen Scheinbeerarten, ungiftig sind. In größeren Gärten als Bodendecker unter Bäumen zu verwenden. Lb 1.1.4.6

Genista hispanica, Spanischer Ginster, Papilionaceae, Schmetterlingsblütler. Auf warmen und trocken, felsigen Kalkböden von Nordspanien bis Südfrankreich kommt der Spanische Ginster vor. Es ist ein sehr dicht verzweigter, rundlicher, 30–70 cm hoher, sommergrüner Strauch, dessen Triebe dicht abstehend behaart sind. Aus allen Blattachseln entstehen die bis 1 cm langen, verdornten Kurztriebe. Nur die Blütentriebe sind unbewehrt. Die einfachen, lanzettlichen, sattgrünen, unterseits behaarten Blätter werden 6–10 mm lang. Im Mai–Juni stehen die goldgelben, etwa 12 mm langen Schmetterlingsblüten zu 2–12 in Köpfchen an den Triebenden über dem Laub. Mit seinem eigenwilligen Wuchs und den zahlreichen Blüten gehört der Spanische Ginster zu den schönsten *Genista*-Arten. Er ist etwas frostempfindlich und benötigt einen warmen, geschützten Platz im Steingarten. Lb 6.1.1.6 ▷

Genista lydia, Lydischer Ginster. Auf Kalkfelsen in den Gebirgen des östlichen Balkan und in der kleinasiatischen Landschaft Lydien kommt diese Art von Natur aus vor. Es ist ein niedergestreckter, bis 50 cm hoher und etwa 1 m breiter, unbewehrter (nur die Zweigspitzen sind etwas dornig), stark und dicht verzweigter Strauch, dessen graugrüne, oft bläulich bereifte, 4kantige Triebe bogig nach unten gekrümmt sind. 5–10 mm lang sind die einfachen, linealisch-elliptischen Blätter. Zur Blütezeit im Mai–Juni bedecken zahlreiche große, goldgelbe Blüten den Strauch, sie sitzen zu wenigen in kurzen, dichtblütigen Trauben. Wie zahlreiche andere Ginster ist auch diese hitze- und trockenresistente Art frostempfindlich, sie braucht einen geschützten, sonnigen Platz und einen durchlässigen, nährstoffarmen Boden. Nur dann reifen die Triebe genügend aus. Lb 6.1.2.7 ▷

△
Genista pilosa 'Goldilocks', Sand-Ginster. Von Südwestschweden und Südwestpolen bis Nordostspanien und Südosteuropa kommt der Sand-Ginster auf nährstoffarmen, meist sauren Stein-, Sand- und Torfböden vor. Der sommergrüne, reich verweigte, unbewehrte Zwergstrauch wird mit seinen niederliegend-aufsteigenden, knotig verdickten, oft etwas wirr wachsenden und wurzelnden Zweigen 10–30 cm hoch. Seine einfachen, 3–10 mm langen, dunkelgrünen, unten dicht anliegend behaarten Blätter stehen an Langtrieben wechselständig, an Kurztrieben rosettig. Im Mai–Juni entfalten sich die goldgelben, 8–10 mm langen Blüten, sie stehen zu 1–3 in den Blattachseln der vorjährigen Zweige. Fahne und Schiffchen sind außen dicht seidig behaart. Statt der Art wird häufig die Sorte 'Goldilocks' gepflanzt, eine sehr wüchsige, breitbuschige, 40–60 cm hohe, sehr reichblütige Selektion. Lb 5.2.1.7

△
Genista radiata, Strahlen-Ginster. Von den Südalpen bis Südosteuropa gedeiht der Strahlen-Ginster meist auf trockenen, flachgründigen Kalkböden, gelegentlich auch auf Urgestein. Die eigenartig strahlig angeordnete Verzweigung der Haupttriebe gab dem sommergrünen Zwergstrauch seinen Namen. Seine achselständigen Kurztriebe sind gegenständig angeordnet. Mit einem aufrechten Wuchs werden Höhen von 80 cm erreicht, im Alter ist der Strauch mit seinem dann breitlagernden Wuchs oft mehr als doppelt so breit. Er trägt gegenständige, 3zählige Blätter mit 5–20 mm langen, länglich-lanzettlichen, unten seidig behaarten Blättchen, die meist schon im Sommer abfallen. Im Mai–Juni stehen die zahlreichen gelben Blüten zu 3–10 in endständigen Köpfchen über dem Laub. *G. radiata* ist eine ausgesprochen robuste und langlebige Art, sie stellt keine besonderen Ansprüche an den Standort. Lb 6.1.2.7

△
Genista sagittalis, Flügel-Ginster. Von Mitteleuropa und Südostbelgien bis nach Spanien, Italien und Griechenland ist der Flügel-Ginster meist ein Bewohner von mäßig trockenen, mehr oder weniger nährstoffreichen und neutralen bis mäßig sauren, humosen oder sandigen Böden. Mit kriechenden, wurzelnden Ästen werden rasenartige, 10–15 cm hohe, dichte Polster gebildet. Die aufrechtstehenden, immergrünen Triebe sind mit 2 breiten, langen, glänzendgrünen Flügeln ausgestattet, die an den Sproßknoten unterbrochen sind. Nur wenig zahlreich sind die einfachen, lanzettlichen, 5–10 mm langen Blätter. Sehr reich blüht der Zwergstrauch im Mai–Juni mit goldgelben, 10–12 mm langen Schmetterlingsblüten in kurzen, dichten, aufrechten, endständigen Trauben. Gedeiht im Garten am besten an sonnigen Plätzen und auf nicht zu nährstoffreichen, durchlässigen Böden. Lb 5.3.1.6

◁ **Genista tinctoria 'Plena',** Färber-Ginster. Von Europa bis zum Ural und Westsibirien, im Mittelmeergebiet, Kleinasien und dem Kaukasus stockt der Färber-Ginster auf wechseltrockenen bis feuchten, humosen, kalkhaltigen bis mäßig sauren Böden. Der sommergrüne, unbewehrte, locker verzweigte Strauch wird mit niederliegend-aufsteigenden Ästen bis etwa 80 cm hoch. Seine jungen Triebe sind grün und tief gefurcht. Die einfachen, wechselständigen, lanzettlichen, 1–5 cm langen, hellgrünen Blätter sind beiderseits behaart. Im Juni–Juli werden an den diesjährigen Trieben die goldgelben, 1–2 cm langen Blüten angelegt, sie stehen in vielblütigen, bis 6 cm langen Trauben. Gedeiht im Garten sowohl auf kalkhaltigen wie auf sauren Böden. 'Plena' ist eine niedrige, nur 30–50 cm hohe, vieltriebige Sorte mit zahlreichen großen, goldgelben, gefüllten Blüten von Juli–September. Lb 5.3.1.6

Gleditsia triacanthos, Amerikanische ▷ Gleditsie, Caesalpiniaceae. Von den 11 Arten der Gattung ist nur die im östlichen Nordamerika auf trockenen, nährstoffarmen Böden verbreitete Art in Kultur. Der sommergrüne, 10–25(–30) m hohe Baum baut mit unregelmäßig und locker stehenden Ästen eine lichte, malerische Schirmkrone auf. Stamm, Äste und Zweige sind mit zahlreichen langen, einfachen oder verzweigten Dornen bestückt. Die rotbraunen Triebe tragen einfach und doppelt gefiederte, bis 20 cm lange Blätter mit 20–30 hellgrünen, länglich-lanzettlichen Blättchen, die sich im Herbst früh goldgelb verfärben. Ziemlich unscheinbar sind die hellgrünen, duftenden, honigreichen Blüten, die im Juni–Juli zu 5–7 in Trauben stehen. Recht dekorativ sind dagegen die bis 40 cm langen, sichelförmig gekrümmten, glänzend dunkelbraunen Fruchthülsen. Lb 2.5.1.1

Gymnocladus dioicus, Geweihbaum, Caesalpiniaceae. Täler und Flußniederungen im östlichen Nordamerika sind die Heimat des sommergrünen Geweihbaumes. Der in Kultur kaum mehr als 15–20 m hohe Baum baut mit dicken, sparsam verzweigten Ästen eine breite, lockere Krone auf. Die dicken, knotigen Triebe sind anfangs blauweiß bereift. Sie tragen doppelt gefiederte, bis 80 cm lange und 50 cm breite, sehr spät austreibende Blätter, die aus 3–7 Fiederpaaren und zahlreichen Blättchen zusammengesetzt sind. Die Blättchen sind eiförmig bis eiförmig-elliptisch, 5–8 cm lang und bläulichgrün, sie färben sich im Herbst meist leuchtend goldgelb. Unscheinbar sind die grünlichweißen, einhäusigen Blüten mit den bis 25 cm langen, weiblichen und den viel kürzeren männlichen Blütenständen. Die rotbraunen, bereiften Fruchthülsen werden 10–15 cm lang. Lb 3.1.2.1
▽

◁ **Gleditsia triacanthos 'Sunburst'.** Aus Nordamerika sind zahlreiche Gleditsien-Sorten zu uns gekommen. Unter anderem auch 'Sunburst', die sich mit ihrem schwachen Wuchs auch für kleinere Gärten empfiehlt. Sie entwickelt sich zu einem 8–12 m hohen, unbewehrten Baum mit einer schmalen bis breit kegelförmigen Krone. Auch hier sind die Blätter einfach oder doppelt gefiedert. Die 20–30 Blättchen sind im Austrieb goldgelb, später hellgrün und im Herbst bräunlich gefärbt. Verbreitet sind bei uns auch andere amerikanische Sorten, etwa die starkwüchsige 'Shademaster', die vergleichsweise schmalkronige 'Skyline' oder die schwachwachsende 'Rubylace', deren Blätter im Austrieb braunrot, später bronzegrün sind. Seit langer Zeit ist *G. triacanthos* f. *inermis* in Kultur. Sie unterscheidet sich von der Art vor allem durch die fehlende Bedornung an Zweigen, Stamm und Ästen. Lb 2.5.2.2

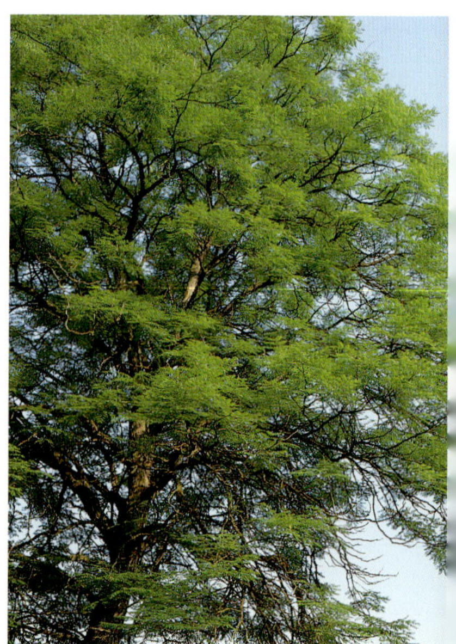

◁**Halesia carolina,** Carolina-Schneeglöckchenbaum, Styracaceae, Storaxgewächse. Im östlichen Nordamerika kommt *H. carolina* in Wäldern, an Ufern und Gebirgshängen auf frischen, nährstoffreichen, sauren Böden vor. Die sommergrüne Art entwickelt sich zu einem 6–8(–10) m hohen Baum oder großen Strauch mit breiter, abgerundeter Krone, ausladenden Ästen und sparrig abstehenden bis überhängenden Zweigen. Die Blätter sind eiförmig oder elliptisch, 5–12 cm lang, oberseits mattgrün, unten gelbgrün und behaart. Die herbstliche Färbung ist ohne Bedeutung. Im April–Mai, mit der Laubentfaltung, öffnen sich die sehr attraktiven, weißen, glockenförmigen, 1,5–2 cm langen Blüten, sie hängen an dünnen Stielen und sitzen an den vorjährigen Trieben zu 2–5 in Büscheln. Die großen, harten, braunen, 4flügeligen Steinfrüchte bleiben bis zum Frühjahr hängen. Lb 3.2.4.4

◁**Halesia monticola,** Berg-Schneeglöckchenbaum. In den Bergwäldern des südöstlichen Nordamerika, von Nordcarolina und Tennessee südlich bis Georgia, Arkansas und Oklahoma ist *H. monticola* zu Hause. Auch sie stockt auf frischen, sauren Böden. Sie wächst aufrecht und bildet eine breit-kegelförmige Krone. An ihren natürlichen Standorten kann sie Höhen von 25 m erreichen, wird in Kultur aber kaum mehr als 6–12 m hoch. Am Stamm blättert die Borke in großen, platanenähnlichen Schuppen ab. Die Blätter sind eiförmig bis elliptisch, 8–16 cm lang und mattgrün gefärbt. Etwas größer als bei *H. carolina* sind die weißen, glockigen Blüten, die sich im April–Mai entfalten und in der Knospe leicht rosa gefärbt sind. Die selten kultivierte Sorte 'Rosea' hat blaßrosa Blüten. Beide Arten sind prachtvolle Blütengehölze, die humose, durchlässige, frische, saure Böden brauchen. Lb 3.2.3.5

Halimodendron halodendron, Salzstrauch, Papilionaceae, Schmetterlingsblütler. Der Salzstrauch ist ein Vertreter der Trockengebiete und Salzsteppen in der Südostukraine, in Südostrußland sowie vom Transkaukasus bis Turkestan und zum Altai. Mit seinen dünnen, kantigen, hellgrauen, bewehrten Zweigen wird der aufrechte, sommergrüne Strauch gut mannshoch. Er bildet eine schmale, rundliche Krone, in der die äußeren Zweige elegant überhängen. Er trägt wechselständige, paarig gefiederte Blätter mit meist 4 sitzenden, verkehrt-lanzettlichen, 1,5–3,5 cm langen, grau oder blaugrün gefärbten Blättchen. Die pfriemlichen Nebenblätter verdornen ebenso wie die bleibende Blattspindel. Hellpurpurn bis lila und 1,5–1,8 cm lang sind die schmetterlingsförmigen Blüten, die im Juni–Juli zu 2–4 in seitenständigen Trauben sitzen. Der attraktive Strauch braucht einen vollsonnigen Platz. Lb 5.1.1.5
▽

Hamamelis × intermedia 'Hiltinbury', ▷ Zaubernuß, Hamamelidaceae, Hamamelisgewächse. Die beiden ostasiatischen Arten *H. japonica* und *H. mollis* sind die Eltern dieser Hybride, die heute in zahlreichen Sorten in Kultur ist. Der sommergrüne, 3–4 m hohe Strauch ist sehr locker aufgebaut und wächst mit schräg ansteigenden Ästen trichterförmig bis breit ausladend. Seine verkehrt-eiförmigen, 10–15 cm langen, dunkelgrünen Blätter färben sich im Herbst prachtvoll gelb bis orangerot. Schon im Januar–März öffnen sich die interessanten Blüten mit den schmallinealischen, bandförmigen, in der Knospe zu sammengerollten Kronblättern. Sie sind je nach Sorte recht unterschiedlich gefärbt. Gelbe Blüten haben die Sorten 'Arnold Promise', 'Barmstedt', 'Primavera' und 'Westerstede', orangegelb sind die Blüten von 'Jelena' und weinrot die von 'Diane', 'Feuerzauber' und 'Ruby Glow'. Lb 9.2.2.4

Hamamelis × intermedia-Sorten

'Feuerzauber'

'Orange Beauty'

'Jelena'

△

Hamamelis japonica, Japanische Zaubernuß. In ganz Japan ist *H. japonica* verbreitet. Auch diese Art baut sich mit wenigen, trichterförmig gestellten Ästen zu einem 3–4 m hohen und im Alter mindestens gleich breiten Strauch auf, dessen aschgraue Triebe anfangs sternhaarig sind. Die derben, bis auf die Nerven kahlen, oberseits mittelgrünen, unten hellgrünen Blätter sind breit- bis verkehrteiförmig, 5–10 cm lang, vorn spitz oder abgerundet, an der Basis schief abgerundet oder schwach herzförmig. Sie färben sich im Herbst prachtvoll gelb bis orangerot. Je nach Witterung öffnen sich die Blüten von Januar–März. Ihr Kelch ist innen rötlich oder braun gefärbt, die bis 2 cm langen, lebhaft gelben, bandförmig schmalen Kronblätter sind gestreckt, aber geknittert. Zu *H. japonica* gehört die Sorte 'Zuccariniana', sie blüht erst Ende März mit schwefelgelben Blüten. Lb 7.2.2.4

Hamamelis mollis 'Pallida', Chinesische ▷ Zaubernuß. Die eigentliche Art hat ihre Verbreitung in den chinesischen Provinzen Hubei und Jiangxi. Bis 5 m hoch und nahezu gleich breit wird der Strauch mit seinen wenigen, breit-trichterförmig gestellten Hauptästen, der lockeren Verzweigung und den dicht weich behaarten Trieben. Rundlich bis breit verkehrt-eiförmig sind die 8–12 cm langen, kurz zugespitzten, an der Basis mehr oder weniger schief herzförmigen, dunkelgrünen, etwas glänzenden, unten dicht graufilzig behaarten Blättern, die sich im Herbst schön goldgelb bis rot verfärben. Auch die Chinesische Zaubernuß öffnet ihre wohlriechenden Blüten im Januar–März. Der außen braunfilzige Kelch ist innen, wie Staubblätter und Griffel, purpurn, die an der Basis rötlichen Kronblätter goldgelb gefärbt. Bei 'Pallida' sind die Blüten schwefelgelb, bei 'Brevipetala' orangegelb. Lb 7.1.5.4

◁ **Hamamelis virginiana,** Virginische Zaubernuß. In den Laubwäldern des östlichen Nordamerika hat die Virginische Zaubernuß ihre Heimat. Sie wächst meist stärker aufrecht und wird nicht ganz so breit wie die anderen Arten. Sie kann an ihren natürlichen Standorten zu einem kleinen, bis 9 m hohen, locker verzweigten Baum werden, begnügt sich bei uns aber mit Höhen von 3–5 m. Verkehrt-eiförmig bis elliptisch sind die 8–15 cm langen, grob gekerbten, hell stumpfgrünen, unten helleren und schwach behaarten Blätter, die sich im Herbst schön gelb verfärben. Im Gegensatz zu den anderen bekannten Arten öffnen sich die etwas streng duftenden Blüten erst im September–Oktober, meist gleichzeitig mit dem Laubfall. Ihr Kelch ist innen stumpf gelbbraun, die 1,5–2 cm langen Kronblätter hellgelb gefärbt. Rinde und Blätter werden in Medizin und Pharmazie verwendet. Lb 3.2.6.4

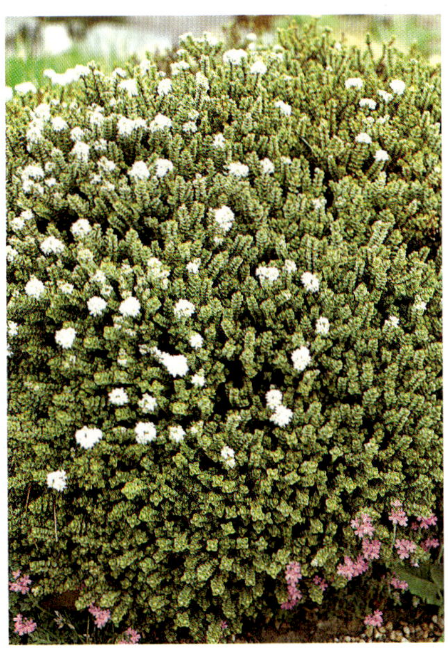

◁ **Hebe buchananii,** Scophulariaceae, Braunwurzgewächse. In offenen, trockenen, montanen Lagen der Canterbury Alps auf der Südinsel Neuseelands kommt *H. buchananii* vor. Der immergrüne Zwergstrauch wächst dicht gedrungen und bildet etwa 20 cm hohe Büsche, die etwa 90 cm breit werden können. Die schwarzen, gedrehten Zweige entstehen dicht an der Basis. An kantigen, behaarten Trieben sitzen dicht gedrängt die etwa 7 mm langen, abstehenden, eiförmigen und konkaven, dicken, glänzenden, stumpf dunkelgrünen, bereiften Blätter. Die kleinen, weißen Blüten stehen im Juni–Juli in einfachen, bis 2 cm langen, achselständigen Trauben an den Zweigenden. Die 4zähligen Blüten haben eine kurze Kronröhre und ausgebreitete Zipfel. Die trockenen Fruchtkapseln sind ohne Zierwert. Gedeiht am besten im Steingarten an einem sonnigen Platz und auf einem durchlässigen Boden. Lb 5.1.2.7

△
Hebe buxifolia. Die Buchsbaumblättrige Hebe kommt auf der Nord- und Südinsel Neuseelands in Höhenlagen über 1200 m vor. Sie ist ein immergrüner, aufrechter, 0,5–1 m hoher, buschiger, nahezu rundlicher Zwergstrauch mit dichtstehenden, kahlen, hellgrünen Zweigen. Nur 8–12 mm lang sind die länglich verkehrt-eiförmigen, vorne zugespitzten, an der Basis abgerundeten, gekielten Blätter, die in 4 regelmäßigen Reihen in dichter, dachziegeliger Anordnung an den Zweigen sitzen. Die feinen Blätter sind oberseits dunkelgrün gefärbt, unterseits heller und ganz fein punktiert. Die 6–8 mm breiten, weißen Blüten sitzen in dichten, 1,5–2,5 cm langen Trauben an den Zweigenden und in den Achseln der oberen Blätter, sie blühen im Juni–Juli auf. Der kleine Strauch blüht regelmäßig, aber nicht besonders auffällig, er gehört zu den frosthärtesten Arten der Gattung. Lb 8.1.2.6

△
Hebe ochracea. Hauptsächlich auf der Südinsel Neuseelands, aber auch im Tongariro National Park auf der Nordinsel kommt *H. ochracea* in offenen, niedrigen Strauchgesellschaften vor. Die immergrüne Art wird etwa 60 cm hoch und ist mit ihren dicken, steifen, dunklen, auswärts gebogenen bis waagerecht abstehenden Ästen ganz typisch verzweigt. Die olivgrünen bis ockerfarbenen Triebe entstehen auf der Unterseite der Zweige, sie tragen winzige, etwa 1,5 mm lange, olivgrüne bis ockerfarbene Schuppenblätter. Sie sind dicht den Trieben angedrückt und in eine gekielte, stumpfe Spitze verschmälert. In ihrer Heimat blühen die Sträucher im Dezember–Januar, bei uns im Mai. Die kleinen, weißen Blüten sitzen an den Zweigenden in kurzen, bis 2,5 cm langen Trauben zusammen. *H. ochracea* ist die bekannteste und härteste unter den mehr als 100 *Hebe*-Arten. Lb 5.2.1.7

Hebe pinguifolia. Von Nelson im Süden bis ▷ zu den Canterbury Alps auf der Südinsel Neuseelands reicht die Verbreitung von *H. pinguifolia.* Die Art kommt vor allem in trokkenen, subalpinen bis alpinen Lagen vor. Mit niederliegenden oder ansteigenden Ästen und dicken, auffallend narbigen Zweigen wird sie bis 1 m hoch. An seegrünen, weich behaarten Trieben sitzen die 15 mm langen, dicken, sich überlappenden bis abspreizenden, verkehrt-eiförmigen bis elliptischen, konkaven, ganzrandigen, blaugrünen, bereiften Blätter, die am Rand oft rötlich gefärbt sind. Die zahlreichen kleinen, 8 mm breiten, weißen Blüten sitzen im Mai (in der Heimat im Dezember–Januar) dicht gedrängt in einfachen, kompakten, bis 2,5 cm langen Trauben. Die in England kultivierten Sorten, 'Godefroyana', 'Pagei', 'Pageboy' oder 'Sutherlandii' sind bei uns wohl nicht in Kultur. Lb 5.2.1.7

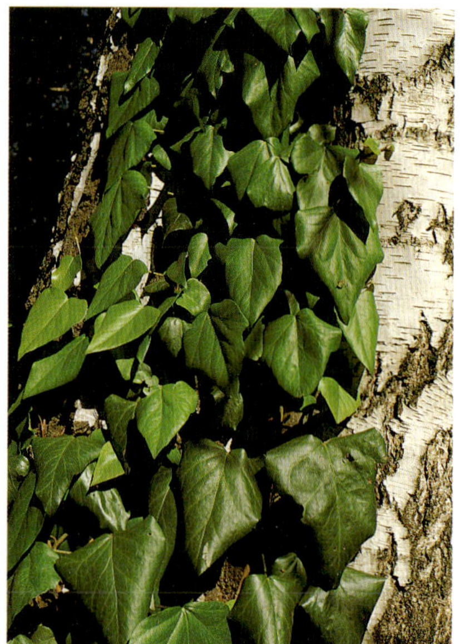

△

Hedera colchica, Kolchischer Efeu, Araliaceae, Araliengewächse. Im Kaukasus und Nordanatolien besiedelt der Kolchische Efeu sommerwarme und wintermilde Regionen. Mit seinen steifen, grünen, dicht schuppig behaarten Trieben kriecht er am Boden oder klettert an Bäumen empor. Seine immergrünen, dickledrigen Blätter sind breit-eiförmig bis elliptisch, 10–15 cm lang, meist ganzrandig, nur selten schwach gelappt, an der Basis herzförmig oder abgerundet und oben stumpf dunkelgrün mit hellem Nervennetz. Gerieben duften die Blätter schwach nach Sellerie. Erst im September–Oktober erscheinen die kleinen, 5zähligen, grünlichgelben Blüten in dichten Dolden. Die blauschwarzen, kugeligen Früchte reifen im Frühjahr. 'Arborescens' ist eine buschig wachsende, nicht kletternde Altersform, 'Dentata Variegata' eine häufig gepflanzte Form mit rahmweiß gerandeten Blättern. Lb 6.4.4.9

△

Hedera helix, Gemeiner Efeu. Von Europa bis Westasien besiedelt der Gemeine Efeu vor allem in Buchen-, Eichen- und Auenwäldern feuchte und wintermilde Lagen. Der immergrüne Strauch kriecht am Boden oder klettert mit seinen Haftwurzeln an Bäumen und Felsen bis 20 m hoch. Blütentragende Zweige bilden keine Haftwurzeln aus, sie stehen von der Unterlage ab und hängen zuletzt über. In Form und Größe sind die ledrigen, dunkelgrünen Blätter sehr variabel, sie stehen an sterilen Sprossen 2zeilig und sind deutlich 3- bis 5lappig, an blütentragenden Sprossen stehen sie wechselständig und sind meist ungelappt. Im September–Oktober öffnen sich die kleinen, grünlichgelben Blüten in endständigen, 6–10 cm langen Rispen. Die blauschwarzen Früchte reifen im folgenden Frühjahr. Die große Variabilität der Blätter hat zur Auslese zahlreicher Sorten geführt. Lb 3.1.5.9

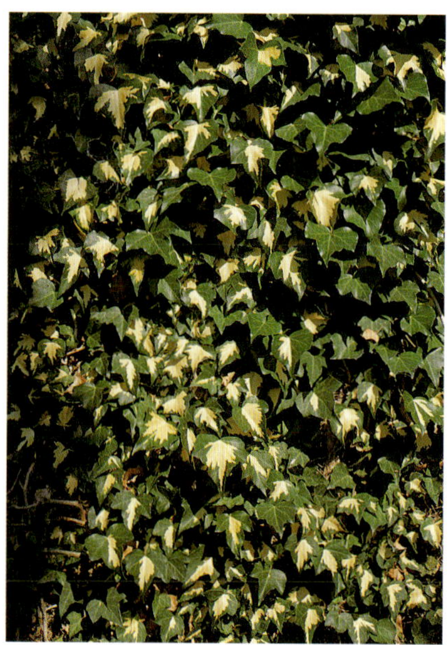

△

Hedera helix 'Goldheart'. 'Goldheart' ist die am häufigsten gepflanzte Sorte mit gelb panaschierten Blättern. Sie ist ein anfangs gedrungen und langsam wachsender Kriech- oder Kletterstrauch, der an Bäumen oder anderen rauhen Unterlagen 3–5 m hoch klettern kann. Die jungen Triebe sind rosa bis gelblichrosa gefärbt. Die immergrünen Blätter sind 4–6 cm lang und meist 3lappig, der fein zugespitzte Mittellappen ist deutlich länger als die Seitenlappen, die Blattbasis ist gestutzt. In der Grundfarbe sind die Blätter dunkelgrün, sie tragen in der Mitte einen großen, ausgeprägt gelben Fleck. 'Goldheart' ist eine vorzügliche Kletterpflanze für schattige Plätze. Sie bildet gelegentlich Triebe mit grünen Blättern, die rasch entfernt werden sollten. Als Kriechpflanze bildet die Sorte fast ausschließlich Neutriebe mit einfarbig grünen Blättern. Lb 3.1.7.9

Hedera hibernica, Irischer Efeu. Wie der ▷ Gemeine Efeu, ist auch der im atlantischen Küstenbereich verbreitete Irische Efeu ein Kletterstrauch, der sich mit seinen Haftwurzeln an Bäumen und rauhen Mauern anklammern und dabei Höhen von 6–20 m erreichen kann. Die raschwüchsige Art eignet sich sehr gut auch als Bodendecker für die Begrünung größerer Flächen an halbschattigen bis schattigen Plätzen. In ihrer gesamten Tracht und in ihrer gärtnerischen Verwendung bestehen zwischen beiden Arten keine Unterschiede. Unterscheiden lassen sie sich durch ihren Chromosomensatz und durch die unterschiedliche Stellung der weißen Schuppenhaare auf der Blattunterseite. Bei *H. helix* sind deren Strahlen in alle Richtungen ausgebreitet, bei *H. hibernica* liegen sie parallel zur Blattoberfläche. Außerdem ist der Blütenstand wesentlich größer als beim Gemeinen Efeu. Lb 3.1.7.9

◁**Helianthemum nummularium ssp. grandiflorum,** Gemeines Sonnenröschen, Cistaceae, Zistrosengewächse. Fast in ganz Europa, im Atlas, in Kleinasien, Armenien und im Kaukasus kommt das Gemeine Sonnenröschen vor. Es ist ein wintergrüner, 10–50 cm hoher, dichte Polster bildender Halbstrauch mit niederliegend-ansteigenden bis aufrechten Trieben. Linealisch bis länglich-oval sind die 1–3 cm langen, oberseits grünen, unten mehr oder weniger graufilzigen Blätter. Von Mai–September erscheinen die gelben, etwa 2,5 cm breiten, 5zähligen Blüten in endständigen, traubenartigen Wickeln. Die Blüten öffnen sich am frühen Morgen, die Kronblätter fallen bereits am Nachmittag ab. Häufiger als die natürlichen Arten werden Gartenhybriden mit großen, leuchtenden Blüten gepflanzt, die in der Hauptsache aus Kreuzungen zwischen *H. nummularium* und *H. apenninum* entstanden sind. Lb 6.3.3.6

Helianthemum-Sorten

'Ben Hope'

'Ben Nevis'

'Fire Dragon'

'Hentfield Brillant'

'Sudbury Gem'

'Wisley Primrose'

◁**Hibiscus syriacus 'Violet Clair',** Strauch-Eibisch, Malvaceae, Malvengewächse. In sommerwarmen Klimaregionen von Süd- und Ostasien ist der Strauch-Eibisch zu Hause. Es ist ein sommergrüner, straff aufrecht wachsender, etwas steif wirkender, 2–3 m hoher Strauch mit weich behaarten Trieben. Die mittelgrünen, handnervigen Blätter sind rhombisch-eiförmig, mehr oder weniger 3lappig, 5–10 cm lang und mit spitzen oder stumpflichen Zähnen grob gezähnt. Von Ende Juni–Ende September entfalten sich nach und nach die großen, 6–10 cm breiten, weit geöffneten, malvenähnlichen Blüten, die stets einzeln stehen. Sie sind bei der Wildform einfach und violett gefärbt, bei der abgebildeten 'Violet Clair' rosa und gefüllt. Statt der Wildform werden längst zahlreiche reichblühende Gartenformen mit einfachen oder gefüllten Blüten in vielen Farben kultiviert. Lb 6.4.2.5

Hibiscus syriacus-Sorten

'Oiseau Bleu' ('Blue Bird')

'Duc de Brabant'

'Hamabo'

'Helena'

'Monstrosus'

'Pink Flirt'

'Pink Giant'

'Red Heart'

'Rubis'

'Speciosus'

'Totus Albus'

'Woodbridge'

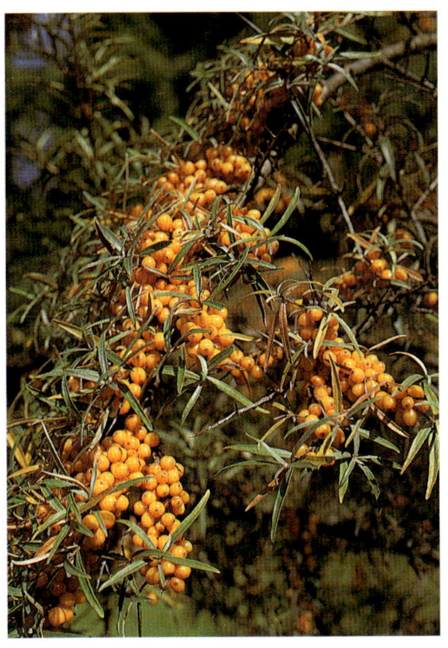

△
Hippophae rhamnoides, Sanddorn, Elaeagnaceae, Ölweidengewächse. Von den Küsten der Nord- und Ostsee bis zum Kaukasus und von Zentralasien bis zur Wüste Gobi und zum Altai finden wir den Sanddorn als lichtbedürftiges Pioniergehölz u.a. auf Sand oder in Schotterauen und Flußbetten. Der sommergrüne Sanddorn wächst zu einem sparrigen, unregelmäßigen Großstrauch oder Kleinbaum heran, er kann Höhen von 6–10 m erreichen und zahlreiche Ausläufer bilden. Seine silbergrauen Zweige sind stark bewehrt. Lineal-lanzettlich und 5–7 cm lang sind die anfangs beiderseits silbrigweißen Blätter. Aus unscheinbaren Blüten im März–April entwickeln sich an weiblichen Pflanzen die fleischigen, sehr vitaminreichen, wirtschaftlich verwertbaren, orangefarbenen, beerenartigen Steinfrüchte. Seit einigen Jahren werden vegetativ vermehrte weibliche und männliche Sorten angeboten. Lb 5.1.2.4

Holodiscus discolor var. ariaefolius, ▷ Schaumspiere, Rosaceae, Rosengewächse. Die Schaumspiere besiedelt lichte Standorte an den Rändern der ausgedehnten Nadelwälder des westlichen Nordamerika, von Britisch Kolumbien bis Kalifornien, Idaho und Montana. Der sommergrüne, 2–4 m hohe Strauch wächst mit braunen oder graubraunen Ästen breit aufrecht, seine dünnen Zweige hängen oft weit und elegant über. Die wechselständigen Blätter sind eiförmig, 4–10 cm lang, meist fiedrig gelappt, oberseits kahl, etwas runzelig und stumpfgrün, unten mehr oder weniger grau bis weißlich krauswollig behaart. Nur 4–5 mm breit sind die gelblichweißen Blüten, sie sitzen aber zu vielen in 10–20 cm langen, überhängenden Rispen an den Zweigenden und bedecken den dekorativen Strauch im Juli–August oft völlig mit Blütenkaskaden, deshalb auch der Name Kaskadenstrauch. Lb 2.2.4.5

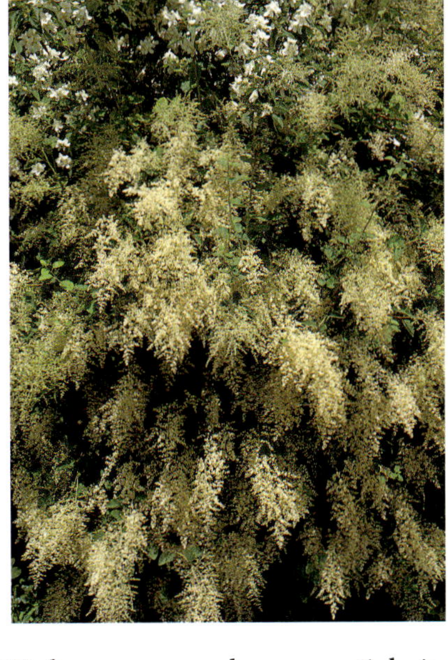

◁ **Hydrangea anomala ssp. petiolaris,** Kletter-Hortensie, Hydrangeaceae, Hortensiengewächse. Die Kletter-Hortensie besiedelt humide Gebirgswälder in Japan, Taiwan, Südkurilen, Sachalin und Südkorea. Die sommergrüne Kletterpflanze kann mit Hilfe ihrer Haftwurzeln 10–20 m hoch an Bäumen oder anderen rauhen Unterlagen hochklettern. An den hellrotbraunen Zweigen blättert die Rinde in dünnen Schichten ab. Die gegenständigen, langgestielten Blätter sind breiteiförmig bis rundlich, 5–10 cm lang, gleichmäßig scharf gesägt, oberseits glänzend dunkelgrün und unten etwas heller, sie färben sich im Herbst schön gelb. Zur Blütezeit im Juni–Juli ist der schattenverträgliche Kletterstrauch dicht bedeckt mit flachen, 15–25 cm breiten, weißen Blütenständen, die aus kleinen, fertilen Innenblüten und 3 cm breiten, sterilen Außenblüten zusammengesetzt sind. Lb 7.2.6.9

Hydrangea arborescens 'Anabella'. Die ▷ Wald-Hortensie ist in den Laubwaldgebieten des östlichen Nordamerika verbreitet. In Kultur sind aber nur die sogenannten gefülltblühenden Formen. 'Anabella' ist eine relativ neue Sorte mit außerordentlich großen Blütenständen, in denen alle Blüten steril und so zu großen Schauapparaten umgebildet sind. Die an den Zweigenden stehenden, schweren, flachkugeligen Blütenstände erreichen einen Durchmesser von 15–25 cm, die etwa 2 cm breiten, dicht gedrängt stehenden Blüten sind zunächst grünlich, später rahmweiß. Die Blütezeit dauert von Ende Juni–Anfang September. Der kleine Strauch baut sich mit zahlreichen Grundtrieben und wenigen kurzen Ausläufern breitbuschig auf und erreicht eine Höhe von etwa 1,5 m. Die hell- bis mittelgrünen Blätter sind breit-eiförmig bis elliptisch und 6–20 cm lang. Lb 3.2.7.6

◁ **Hydrangea arborescens 'Grandiflora'.** Während die Sorte 'Anabella' noch relativ neu im Sortiment ist, wird 'Grandiflora' schon mehr als 90 Jahre lang in unseren Gärten kultiviert. Sie ist vor 1900 am natürlichen Standort in Ohio gefunden worden. Der kleine Strauch wächst mit zahlreichen Grundzweigen breitbuschig aufrecht. Er wird 1,5–2 m hoch, kann im Alter aber durch die Bildung zahlreicher Bodentriebe wesentlich breiter werden und gelegentlich kleine Bestände bilden. Auch hier bestehen die 12–18 cm breiten, flachrunden Blütenbälle (Doldenrispen) ausschließlich aus sterilen Blüten, die anfangs grünlich, später cremeweiß sind. Die Blütenstände sind nicht ganz so schwer wie bei 'Anabella', sie bleiben deshalb bei Regen besser aufrecht. Die Blütezeit dauert von Anfang Juli–Ende August. Beide Sorten gedeihen auch an schattigen Gartenplätzen gut. Lb 3.2.7.6

Hydrangea aspera ssp. aspera, Rauhe Hortensie. *H. aspera* ist mit 3 Subspecies in Ostasien verbreitet, sie werden nicht selten auch als eigene Art geführt, diese Subspezies z. B. als *H. villosa.* Sie hat ihre Heimat in hohen Gebirgslagen von Südwestchina bis zum Himalaya. Der mittelgroße, 2–3 m hohe, kaum Ausläufer bildende, aufrechte Strauch ist mit wenigen dicken, locker gestellten Grundästen und grau behaarten Trieben sehr sparsam verzweigt. Die Blätter sind schmaleiförmig bis lanzettlich, 5–25 cm lang, lang zugespitzt, an der Basis keilförmig bis rundlich, am Rand mit wimperartig ausgezogenen Zähnen gesägt, oberseits samtig dunkelgrün und unten dicht grauweiß wollig behaart, sie fühlen sich rauh an. Der flachgewölbte Blütenstand ist 13–20 cm breit, die fertilen Blüten sind blau, die großen, sterilen Randblüten weißblau gefärbt und blau geadert. Lb 3.1.7.5

▽

Hydrangea aspera 'Macrophylla'. 'Macrophylla' ist eine häufig kultivierte Sorte dieser Art, ein mittelgroßer, etwa 2,5 m hoher, wenig verzweigter Strauch mit dicken, rötlichbraunen Grundästen und locker ausgebreiteten Seitenästen, die Triebe sind kurz behaart. Auffallend groß, bis 35 cm lang, sind die ovalen bis eiförmigen, vorn zugespitzen, an der Basis etwas verschmälerten und abgerundeten Blätter. Sie sind oberseits dunkelgrün und kurz behaart, unten graufilzig mit gekräuselten und aufrechten, fein verfilzten Haaren. Im Juli–August entfalten sich an den Zweigenden die 15–30 cm breiten, flachgewölbten Blütenstände, in denen die kleinen, fertilen Innenblüten rosalila bis hellviolett gefärbt sind und im Verblühen blauer werden, während die bis 4 cm breiten, sterilen, am Rand leicht gesägten Randblüten weiß gefärbt sind. Lb 3.1.7.5

▽

◁ **Hydrangea aspera ssp. sargentiana,** Samt-Hortensie. In der westchinesischen Provinz Hubei kommt die Samt-Hortensie vor. Auch sie ist ein sparsam verzweigter, bis 3 m hoher, aufrechter Strauch mit wenigen dikken, etwas steifen Ästen. Durch kurze Ausläufer können im Alter breite Büsche entstehen. Die dicken Jungtriebe sind dicht mit abstehenden, borstig-rauhen, 2–5 mm langen, anfangs rosaroten Zottenhaaren bedeckt. Diese finden sich auch am Blattstiel und auf der Blattunterseite. Die im Austrieb rötlichen Blätter sind breit-eiförmig bis länglich-eiförmig, 15–35 cm lang, an der Basis abgerundet bis herzförmig, oberseits mittelgrün und samtig behaart. Die 15–25 cm breiten Blütenstände sind ganz flach bis leicht gewölbt, die fertilen Innenblüten sind rosalila, die bis 2,5 cm breiten Außenblüten weiß gefärbt. Die Blütezeit dauert von Juli–Mitte September. Lb 3.1.5.5

◁**Hydrangea macrophylla,** Garten-Hortensie. In den japanischen Gebirgswäldern hat die Garten-Hortensie ihre Heimat. Sie ist ein 1–3 m hoher Strauch mit zahlreichen dicklich-fleischigen, kaum verzweigten Trieben. Auch die Blätter sind dicklich, breit-eiförmig bis elliptisch, 15–20 cm lang, grob gesägt, oberseits glänzend dunkelgrün, unten hellgrün. Zur Blütezeit im Juni–August stehen an den Zweigenden die flachen, 10–20 cm breiten Blütenstände. Ihre kleinen, fertilen Innenblüten sind blau oder rosa, die 1–3 cm breiten, sterilen Außenblüten rosa oder blau gefärbt. Nur selten noch wird die Wildform gepflanzt. In Kultur sind Sorten mit mehr oder weniger ballförmigen Blütenständen aus sterilen Blüten, aber auch Sorten, die sogenannten Lacecap-Hortensien, mit mehr »natürlichen«, tellerförmigen Blütenständen, die am Rand große, sterile Blüten tragen.
Lb 2.1.5.6

Hydrangea macrophylla-Sorten

'Alpenglühen'

'Ayesha'

'Blue Wave'

'Bouquet Rose'

'Holstein'

'Lanarth White'

'Mariesii'

'Mariesii Perfecta'

'White Wave'

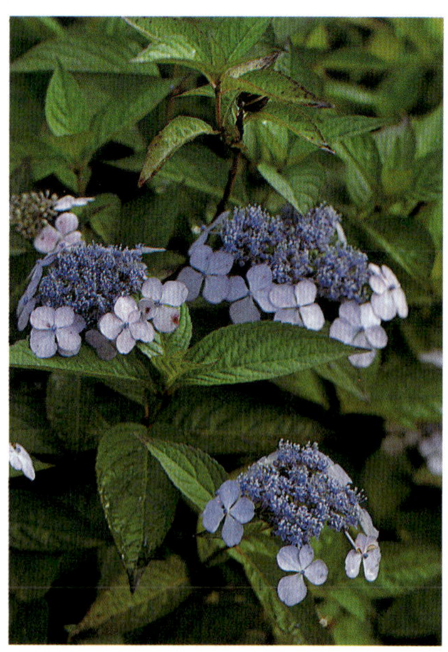

◁ **Hydrangea macrophylla ssp. serrata 'Blue Bird'.** Diese Subspecies, heimisch in den Gebirgswäldern Japans, wird gelegentlich auch als eigene Art geführt. Alle Sorten der Art sind kleine, meist dünntriebige, 1-1,5 m hohe, breitbuschige Sträucher mit mehr oder weniger straff aufrechten, wenig verzweigten Grundtrieben. Die dünnen Blätter sind elliptisch bis lanzettlich, 5-15 cm lang, vorn spitz oder zugespitzt, an der Basis keilförmig, oberseits kahl und unten auf den Nerven fein behaart. Die Blüten der natürlichen Art sind zu flachen oder gewölbten, 5-15 cm breiten, endständigen Schirmrispen geordnet. Die fertilen Blüten sind, je nach Bodenreaktion, blau oder weiß, die meist wenigen, ziemlich kleinen, sterilen Randblüten weiß, rosa oder blau. 'Blue Bird' hat blaue fertile Blüten und große, rötlichpurpurne, auf sauren Böden blaue Randblüten. Lb 4.1.5.6

Hydrangea quercifolia, Eichenblättrige Hortensie. In sommerwarmen Regionen des südöstlichen Nordamerika finden wir *H. quercifolia.* Es ist ein wärmebedürftiger, 1-2 m hoher, aufrechter bis ausgebreiteter Busch mit zimtbraunen Trieben. Mit ihrer fiedrigen Lappung weichen die Blätter völlig vom gewohnten Bild der Hortensienblätter ab. Sie sind 8-20 cm lang und haben an jeder Seite 2-3 eiförmige bis 3eckige, spitze Lappen. Die Oberseite ist tiefgrün und runzelig, die Unterseite mehr oder weniger dicht weißlich filzig. Im Herbst färben sich die Blätter schön orangerot und dunkel weinrot bis violettbraun. Von Juli-September stehen an den Zweigenden die 15-20 cm langen, kegelförmigen bis fast rundlichen, weißen Blütenstände, in denen neben den fertilen Blüten auch zahlreiche 3-4 cm breite sterile Blüten sitzen, die sich später rötlich färben. Lb 6.3.2.6

▽

△
Hydrangea paniculata 'Grandiflora', Rispen-Hortensie. Die natürliche Art kommt in Japan, Südostchina und Sachalin vor und kann dort Höhen von 9-10 m erreichen. Statt der natürlichen Art kultivieren wir Formen mit großen Blütenständen, die nahezu ausschließlich aus sterilen Blüten bestehen. Sie entwickeln sich zu 2-3 m hohen, durch häufigen Rückschnitt oft sehr dicht verzweigten Sträuchern. Die Blätter sind elliptisch bis eiförmig, 5-15 cm lang, oberseits mattgrün und fast kahl, unten graugrün und borstig behaart. Die Blütezeit dauert von August bis September, dann stehen an den Zweigenden die schweren, 15-30 cm langen, breit-kegelförmigen Rispen mit ihren weißen Blüten, die sich im Verblühen rosa verfärben. Neuerdings sind neben der alten 'Grandiflora' auch Sorten wie 'Kyushu' mit schlanken und 'Unique' mit sehr breiten Blütenständen in Kultur. Lb 2.1.5.5

Hypericum androsaemum, Mannsblut, ▷ Hypericaceae, Hartheugewächse. Von West- und Südeuropa bis Kleinasien, zum Kaukasus und Tunesien kommt das Mannsblut in lichten Gebüschen vor. Der sommergrüne oder wintergrüne, buschige Strauch wird 30-70 cm hoch. An 2kantigen Trieben trägt er sitzende, länglich- bis verkehrt-eiförmige, 4-15 cm lange, oberseits stumpfgrüne, unten weißliche Blätter. Sie sind fein durchsichtig punktiert und riechen gerieben angenehm aromatisch. Von Juni-September blüht der Strauch mit kleinen, 2-2,5 cm breiten, goldgelben sternförmigen Blüten, die einzeln oder bis zu 11 in endständigen Trugdolden sitzen. Schon gegen Ende der Blütezeit reifen die 8 mm dicken, beerenartigen, anfangs rotbraunen, später glänzend schwarzen Fruchtkapseln. Neben der Wildart sind prachtvolle Sorten wie 'Autumn Blaze', 'Orange Flair' und 'Red Glory' in Kultur. Lb 6.3.4.6

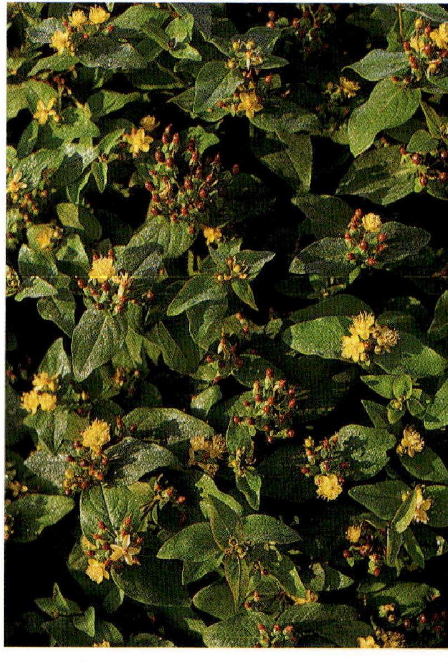

◁ **Hypericum calycinum,** Immergrünes Johanniskraut. Von Südostbulgarien bis Nordanatolien kommt die immergrüne Art oft in Buchenwäldern vor. Sie breitet sich durch unterirdische Ausläufer stark aus und bildet dichte Teppiche, die durch regelmäßigen Rückschnitt kaum höher als 30 cm werden. Die 4kantigen Triebe sind sonnenseits meist gerötet. Die ledrigen, oberseits stumpfgrünen Blätter sind länglich bis elliptisch oder schmal-eiförmig und 4,5–10 cm lang. In strengen Wintern sterben sie regelmäßig ab. Die großen, 5–8 cm breiten, goldgelben, schalenförmigen Blüten stehen meist einzeln, selten zu 2–3 an den Triebenden, sie blühen ununterbrochen von Juli–September auf. Der Reiz der Blüten wird noch durch die bis 3 cm langen Staubblätter mit den roten Staubbeuteln gesteigert. Die Fruchtkapseln sind ohne Zierwert. Treibt nach Frostschäden und Rückschnitt stets wieder aus. Lb 6.4.4.6

△
Hypericum forrestii, Forrests Johanniskraut. In den chinesichen Provinzen Yunnan und Westsichuan, im Himalaya, in Assam und Oberbirma ist die Heimat von *H. forrestii,* die auch unter dem Namen *H. patulum* var. *henryi* geführt wird. Der sommergrüne, dicht verzweigte, reichblühende Strauch wird mit seinen stielrunden Zweigen bis 1,5 m hoch. Er wächst zunächst straff aufrecht, später stehen die Zweige waagerecht ab oder sind übergeneigt. Die oberseits mattgrünen, unten hellgrünen, kurzgestielten Blätter sind lanzettlich oder 3eckig-eiförmig bis breit-eiförmig und 2–6 cm lang. Sie färben sich im Herbst orange und rot. Leuchtend goldgelb sind die bis 4 cm breiten, tief becherförmigen Blüten, die im Juli–August zu 1–20 in endständigen Büscheln sitzen. Die Staubblätter sind etwa halb so lang wie die Blütenblätter. Die Früchte sind anfangs bronzerot gefärbt. Lb 7.2.1.5

△
Hypericum 'Hidecote'. Der Ursprung dieser reichblühenden Hybride ist nicht bekannt, sie ist seit etwa 1920 in England in Kultur. Der wintergrüne, buschige, bis 1,75 m hohe Strauch hat aufrechte Grundäste und abstehende bis leicht überhängende, braune, drehrunde Zweige. In unserem Klima sind die kurzgestielten, 3eckig-lanzettlichen, 3–6 cm langen, spitzen bis stumpfen, oberseits dunkelgrünen, unten bläulichen Blätter nur wintergrün, in wintermilden Klimazonen immergrün. 5–7 cm breit sind die leuchtend gelben, becherförmigen Blüten mit ihren kurzen Staubblättern und den orangefarbenen Staubbeuteln. Die zahlreichen Blüten erscheinen ununterbrochen von Juni–Oktober. 'Hidecote' kann wie viele andere sommergrüne Kleinsträucher regelmäßig im Frühjahr zurückgeschnitten werden. Sie hat ein hohes Ausschlagvermögen und ist ausreichend frosthart. Lb 6.3.5.6

△
Hypericum hircinum, Stinkendes Johanniskraut. Vom Mittelmeergebiet aus ist *H. hircinum* inzwischen in Westeuropa eingebürgert. Es ist ein wintergrüner, in milden Regionen immergrüner, bis 1 m hoher, rundlicher Strauch mit aufrechten, bräunlichen, 2kantigen, im oberen Teil reich verzweigten Zweigen. Mit dunklen Drüsen sind die sitzenden oder fast sitzenden, breit-eiförmigen bis 3eckig-lanzettlichen, 2–7,5 cm langen, spitzen oder abgerundeten Blätter ausgestattet. Sie riechen gerieben bocksartig. Unermüdlich blüht der kleine Strauch von Juli–September mit 2–4 cm breiten, sternförmigen, hell- bis goldgelben Blüten, die an den Enden der zahlreichen Triebe zu 3–20 in Büscheln sitzen, die Staubblätter sind 2–3 cm lang. Die gelegentlich zu *H. hircinum* gestellte Sorte 'Loke' gehört zu *H. inodorum.* Lb 6.2.4.6

Hypericum × moserianum. Diese wintergrüne Hybride endstand 1887 bei Moser in Versailles aus den Arten *H. calycinum* und *H. patulum.* Der kleine, buschige Halbstrauch wird mit straff aufrechten Grundtrieben und übergeneigten Triebenden 30–70 cm hoch und breit. An rötlichen Trieben trägt er kurz gestielte, länglich-lanzettliche bis länglich-eiförmige, 2,5–6 cm lange, dünn ledrige, mattgrüne Blätter. Sternförmig oder leicht becherförmig sind die 5–6 cm breiten, leuchtend hellgelben Blüten, die zu 1–8 an den Triebenden in Büscheln sitzen. Die kurzen, dicht gedrängt stehenden Staubblätter haben kleine, rote Staubbeutel. Der kleine Strauch blüht unermüdlich von Juni–Oktober. Die hitze- und trockenresistente Hybride ist frostempfindlicher als 'Hidecote', treibt nach Frostschäden und einem Rückschnitt aber stets wieder aus. Lb 9.1.5.7

▽

◁ **Hypericum inodorum 'Rheingold'.** H. inodorum, das Duftlose Johanniskraut, ist im Kaukasus, im Iran und auf Madeira heimisch. Es ist ein wintergrüner, 0,6–2 m hoher, buschiger Strauch mit 2kantigen Trieben und sitzenden bis fast sitzenden, länglich-lanzettlichen bis breit-eiförmigen, 3,5–11 cm langen Blättern. Zu 3–23 sitzen die stern- oder becherförmigen, 2,5 cm breiten Blüten in end- oder achselständigen Büscheln an den Zweigen. Die Blütezeit dauert von Juli–Oktober. Die beerenartigen Früchte sind eiförmig, rötlich oder dunkelbraun und punktiert. Statt der natürlichen Art sind einige Sorten in Kultur: 'Elstead', hoch bewertete, frostharte Auslese mit schönen, scharlachroten Früchten. 'Loke', großblättrige, winterharte, dänische Selektion. 'Rheingold', Selektion mit besonders schönen Blüten und Früchten, sie ist außerdem wenig anfällig gegen Rost. Lb 4.3.1.6

Ilex × altaclarensis 'Belgica Aurea', Aquifoliaceae, Stechpalmengewächse. Mit *I. × altaclarensis* wird eine Gruppe von Hybriden zwischen *I. aquifolium* und *I. perado* bezeichnet, deren Herkunft nicht bekannt ist. Die Einkreuzung der bei uns nicht winterharten *I. perado* hat dazu geführt, daß die Sorten weniger frosthart sind als *I. aquifolium.* 'Belgica Aurea' ist eine der am häufigsten gepflanzten Sorten, ein immergrüner, 3–6 m hoher, aufrechter, breit kegelförmiger Strauch mit starkem Mitteltrieb. Die wechselständigen, meist unbedornten, elliptischen, 6–10 cm langen Blätter sind in der Mitte dunkel- und graugrün, der Rand ist unregelmäßig breit goldgelb gefärbt. Auch bei 'Golden King', einer weiblichen, regelmäßig fruchtenden Sorte, sind die etwas kleineren, glänzend dunkelgrünen Blätter breit goldgelb gerandet, einzelne Blätter sind ganz gelb. Lb 9.2.5.5

▽

Idesia polycarpa, Orangenkirsche, Flacourtiaceae. ▷ Die Gattung *Idesia* besteht nur aus dieser einen Art, die in Japan, Taiwan, Nord- und Mittelchina sowie in Korea heimisch ist. Der wärmebedürftige, sommergrüne Baum wird etwa 15 m hoch. Mit seinen quirlständigen, waagerecht ausgebreiteten Ästen ist er sehr regelmäßig aufgebaut. Die glatte, grauweiße Rinde wird von querlaufenden Lentizellenbändern durchzogen. Wechselständig stehen die breit-eiförmigen, 12–25 langen, zugespitzten, oberseits dunkelgrünen, unten blaugrünen Blätter. Ihr bis 20 cm langer Stiel ist rot gefärbt. Unscheinbar sind die grünlichgelben, duftenden, 2häusigen Blüten, die im Mai–Juni in 10–30 cm langen, end- und achselständigen, hängenden Rispen sitzen. Sehr dekorativ sind dagegen die rundlichen, 7–8 mm dicken, orangeroten Beerenfrüchte mit dem mehlig-fleischigen Fruchtfleisch. Lb 6.3.1.3

Ilex aquifolium, Gemeine Stechpalme, ▷ Hülse. Im atlantischen Europa, im westlichen und zentralen Mittelmeergebiet, in Nordafrika und von Kleinasien bis Persien kommt die Gemeine Stechpalme oft als Unterwuchs in Buchen-, Buchen-Tannen- und Eichen-Hainbuchenwäldern vor. Sie entwickelt sich zu einem immergrünen, schmal bis breit-kegelförmigem Strauch oder zu einem 10–15 m hohen Baum. An grünen Trieben sitzen die elliptischen bis lanzettlichen, 5–9 cm langen, dickledrigen, am Rand mehr oder weniger stark gewellten und stachelig gezähnten bis ganzrandigen Blätter. Im Mai–Juni blühen die zweihäusigen Sträucher mit kleinen, weißen, duftenden Blüten, die in den Achseln der vorjährigen Blätter sitzen. Die dekorativen, lange haftenden, kugeligen Früchte sind 7–8 mm dick und glänzend rot gefärbt. Neben der Art werden zahlreiche Sorten kultiviert. Lb 3.2.7.4

Ilex aquifolium-Sorten

'Alaska'

'Golden Queen'

'J. C. van Tol'

'Madame Briot'

'Myrtifolia'

'Rubicaulis Aurea'

◁**Ilex crenata 'Golden Gem',** Japanische Stechpalme. Von Nord- bis Südjapan kommt *I. crenata* in humiden Klimaregionen vor. Die natürliche Art ist ein immergrüner, dicht und sparrig verzweigter, sehr unregelmäßig wachsender Strauch mit breit-ausladenden Ästen, der Höhen und Breiten von 2–3,5 m erreichen kann. Die kleinen, zierlichen Blätter sind elliptisch bis länglich-lanzettlich, 1,5–3 cm lang, fein kerbig gesägt, oben glänzend dunkelgrün und unten dunkel gepunktet. Die kleinen, weißen Blüten sind sehr unscheinbar, auch die 6 mm dicken, schwarzen, kugeligen Früchte fallen kaum auf. Neben der sehr schatten- und schnittverträglichen Art werden auch einige schwach und kompakt wachsende Sorten wie 'Convexa', 'Golden Gem', 'Green Lacruste', 'Hetzii', 'Rotundifolia' und 'Stokes' kultiviert. Neuerdings auch die sehr schlanke, säulenförmig wachsende 'Fastigiata'. Lb 7.2.2.5

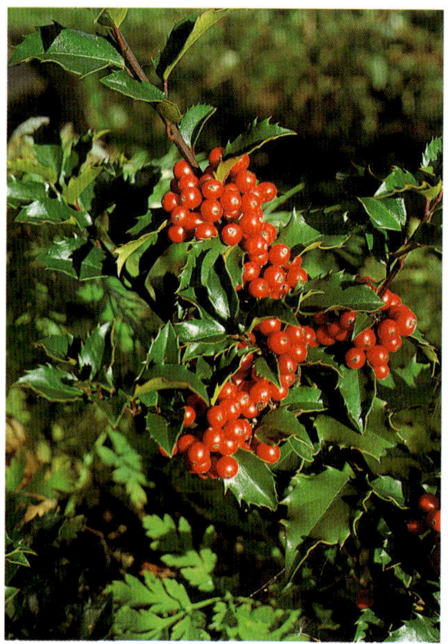

△
Ilex × meserveae 'Blue Princess'. In Nordamerika entstanden aus einer Kreuzung zwischen *I. aquifolium* und der sehr winterharten *I. rugoa* einige Sorten, die sich vor allem durch eine sehr hohe Frosthärte und sehr dunkle Blätter auszeichnen. In Kultur sind vor allem die männliche Sorte 'Blue Prince' und die beiden weiblichen Sorten 'Blue Angel' und 'Blue Princess'. Alle wachsen kompakt und breitbuschig aufrecht. Ihre Triebe und Blattstiele sind mehr oder weniger dunkel violettbraun gefärbt. Die Blätter sind breit-eiförmig, 3–4 cm lang, am Rand mehr oder weniger stark gewellt und stachelig gezähnt. Sie sind oberseits glänzend dunkelgrün, unten hellgrün. Im Mai–Juni erscheinen zahlreiche weiße bis rosaweiße Blüten in Büscheln an den vorjährigen Zweigen. Die beiden weiblichen Sorten tragen leuchtend rote, kugelige, 5–7 mm dicke, sehr lange haftende Früchte. Lb 9.3.2.5

△
Ilex pernyi, Rautenblättrige Stechpalme. In humiden, sommerwarmen Klimazonen von Mittel- und Westchina hat die Rautenblättrige Stechpalme ihre Heimat. Sie ist ein immergrüner, straff aufrecht wachsender, locker aufgebauter, schmal kegelförmiger, in der Heimat 5–7 m hoher Strauch oder kleiner Baum, der in Kultur meist niedriger bleibt. An grünen, fein behaarten Trieben sitzen dicht gedrängt die eigenartigen, rhombischen bis fast quadratischen, 1,5–3 cm langen, ledrigen, oberseits glänzend dunkelgrünen Blätter, die jederseits 1–3 starre Stachelzähne tragen. Die beiden oberen Stachelzähne sind am größten, aber kleiner als der Endstachel. Im Mai sitzen hellgelbe Blüten in dichten Büscheln an den vorjährigen Zweigen. Die roten, eirunden, 6–8 mm dicken Früchte bleiben lange haften. Die auffallend beblätterte Art braucht einen warmen, geschützten Platz. Lb 3.2.7.5

△
Ilex verticillata, Rote Winterbeere. Im östlichen Nordamerika finden wir die Winterbeere an Waldrändern und in feuchten Niederungen. Im Gegensatz zu vielen anderen *Ilex*-Arten ist diese Art ein sommergrüner, bis 3 m hoher und breiter Strauch mit sparrig abstehenden Ästen und Zweigen. Elliptisch bis länglich-lanzettlich und 3,5–7 cm lang sind die an beiden Ende spitzen, einfach oder doppelt gesägten, oberseits mattgrünen Blätter, die sich im Herbst schön gelb bis orange verfärben. Zur Blütezeit im Juni–Juli sitzen die kleinen, weißen Blüten in Büscheln in den Achseln der Blätter diesjähriger Triebe. Weibliche Pflanzen tragen auf der ganzen Zweiglänge eine Fülle von rundlichen, 6 mm dicken, leuchtend roten Früchten. Sie färben sich schon früh im Herbst und bleiben bis zum Spätwinter haften. Die Zweige sind ein hervorragender Vasenschmuck. Lb 1.2.1.5

◁ **Indigofera heterantha,** Indigostrauch, Papilionaceae, Schmetterlingsblütler. In der Vegetationszone der Trocken-Sommerwälder des Himalaja kommt der Indigostrauch vor. Es ist ein sommergrüner, vieltriebiger, sparrig verzweigter, trockenresistenter, wärmeliebender Strauch mit abstehenden Zweigen. Weil seine Zweige in strengen Wintern nicht selten Frostschäden erleiden und die Blüten an den jungen Trieben angelegt werden, können die Sträucher regelmäßig stark zurückgeschnitten werden, sie werden dann kaum mehr als 1 m hoch. Die leicht gerillten Triebe tragen 5–10 cm lange Fiederblätter mit 13–21 verkehrt-eiförmigen, 1–1,5 cm langen, beiderseits angedrückt behaarten Blättchen. Zwischen dem zierlichen Laub stehen auf der ganzen Zweiglänge von Juli–September die etwa 1 cm langen, purpurrosa Blüten zu 24 oder mehr in 7–15 cm langen, aufrechten Trauben. Lb 6.1.1.6

Indocalamus tessellatus, Bambus, Gramineae, Gräser. Die Gattung ist mit 20 Arten in China und Malaysia verbreitet. Sie bilden mit dünnen, grünen Halmen lockere Bestände und tragen ungewöhnlich große, derbe Blättern. *I. tessellatus*, auch unter dem Namen *Sasa tessellata* bekannt, wird etwa 1 m hoch und bildet mit ihren Ausläufern lockere Bestände. Ihre dünnen, einzeln stehenden, stielrunden, grünen Halme werden durch das Gewicht der Blätter heruntergebogen. Die Halmscheiden sind dick, anfangs purpurn oder rötlich, sie fallen bald ab. Die oberseits lichtgrünen, unten bläulichen Blätter sind 30–50 cm lang und 5–11 cm breit. Die Art verträgt halbschattige bis schattige Standorte und eignet sich für Unterpflanzungen von hohen Bäumen und Sträuchern. Sie hat unter allen Baumbusarten die größten Blätter und ist so eine unverwechselbare Erscheinung. Lb 2.1.5.6
▽

Itea virginica, Rosmarinweide, Escalloniaceae, Escalloniengewächse. Die Rosmarinweide ist ein sommergrüner Strauch der sommerwarmen, humiden Klimaregionen im südöstlichen Nordamerika. Mit dünnen, rutenförmigen, in der Jugend behaarten Zweigen, die ein gefächertes Mark haben, entwickelt sich die Art zu einem etwa 1 m hohen, breitbuschigen Strauch, der sich durch kurze Ausläufer langsam ausbreitet. Die wechselständigen, einfachen, hellgrünen Blätter sind schmal-elliptisch bis länglich, 4–10 cm lang, spitz oder kurz zugespitzt, an der Basis keilförmig und fein scharf gesägt, sie färben sich im Herbst leuchtend rot. Im Juni stehen über dem Laub die kleinen, 5zähligen, weißen, duftenden Blüten in 5–15 cm langen, endständigen, dicht behaarten, aufrechten bis abstehenden Trauben. Braucht in Kultur einen frischen, humosen, sauren Boden. Lb 1.2.2.6
▽

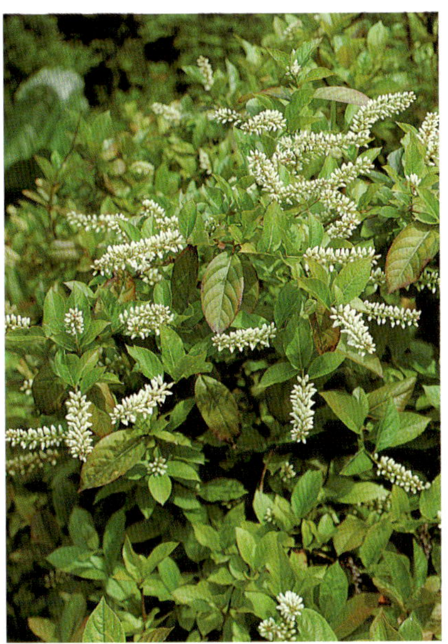

Jasminum nudiflorum, Winter-Jasmin, ▷ Oleaceae, Ölbaumgewächse. Aus Westchina kam der Winter-Jasmin in unsere Gärten. Der sommergrüne Spreizklimmer klettert mit seinen langen, dünnen, rutenförmigen, 4kantigen, dunkelgrünen, bogig überhängenden Trieben an Klettergerüsten bis 3 m hoch. Er bildet oft dichte, wirre Kissen. Oberhalb von Mauern, an Geländer oder Treppenaufgänge gepflanzt, läßt er seine peitschenartigen Zweige weit herabhängen. Seine gegenständigen Blätter sind 3zählig, die Blättchen eilänglich, 1–3 cm lang, oben glänzend tiefgrün, unten mattgrün. Bei entsprechender Witterung öffnen sich die ersten Blüten stets schon im Dezember, die Blütezeit zieht sich bis zum April hin. Die primelgelben, 2–2,5 cm breiten Blüten sitzen meist einzeln in den Blattachseln an den vorjährigen Trieben, sie haben eine lange Kronröhre und 5–6 abstehende Kronzipfel. Lb 6.1.3.9

◁**Juglans regia,** Walnuß. Die ursprüngliche Heimat des Walnußbaumes ist die Balkanhalbinsel bis Südwestasien und Persien. Durch die Römer wurde er in weiten Teilen Süd-, West- und Mitteleuropas eingebürgert. Der sommergrüne, 10–30 m hohe Baum bildet mit starken Hauptästen eine rundliche, oft unregelmäßige Krone. Die grau- bis schwarzbraune Rinde bleibt lange glatt. Die 20–50 cm langen, glänzend dunkelgrünen Blätter sind aus 5–9 elliptischen bis eiförmigen, 5–12 cm langen, derben Blättchen zusammengesetzt, sie riechen gerieben sehr aromatisch. Mit der Laubentfaltung im Mai erscheinen die Blüten, die männlichen in 5–10 cm langen Kätzchen aus Achselknospen an den vorjährigen Zweigen, die weiblichen zu 2–5 an der Spitze beblätterter Jungtriebe. Ziemlich dünnschalig sind die 4–6 cm dicken, kugeligen, glatten Früchte mit ihren eßbaren, ölreichen Samen. Lb 3.3.1.2

△
Juglans nigra, Schwarznuß, Juglandaceae, Walnußgewächse. Auf tiefgründigen, fruchtbaren Schwemmlandböden und in sommerwarmen Klimaregionen des östlichen Nordamerika kommt die Schwarznuß vor. Sie entwickelt sich zu einem sehr stattlichen, 30–50 m hohen, rundkronigen Baum mit einem starken Stamm und einer braunen, tiefrissigen Borke. Die wechselständigen, unpaarig gefiederten Blätter werden 30–60 cm lang. Die 13–23 Blättchen sind eiförmig-länglich bis eiförmig-lanzettlich, 6–12 cm lang, vorn zugespitzt, an der Basis abgerundet, oberseits kahl und leicht glänzend mittelgrün, unten flaumig behaart. Die männlichen Blütenkätzchen werden 5–12 cm lang, die weiblichen Blüten sitzen zu 2–5. Kugelig und 4–5 cm dick sind die sehr dickschaligen, rauhen Früchte mit dem ebenfalls sehr dickschaligen, grob und unregelmäßig gefurchten Steinkern. Lb 3.3.2.1

△
Kalmia angustifolia 'Rubra', Schmalblättrige Lorbeerrose, Ericaceae, Heidekrautgewächse. Von Labrador bis Manitoba, südwärts bis Virginia, Georgia und Michigan reicht das Verbreitungsgebiet von *K. angustifolia.* Sie wächst dort in sommerkühlen Regionen auf feuchten bis nassen, nährstoffarmen, sauren Torf- und Sumpfböden. Der immergrüne, zierliche Kleinstrauch wird mit seinen zahlreichen, dicht stehenden, wenig verzweigten Grundtrieben bis 1 m hoch. Mit kurzen, unterirdischen Ausläufern breitet er sich langsam aus. Die 2–6 cm langen, länglich-lanzettlichen, matten, grau- oder bläulichgrünen Blätter stehen gegenständig oder zu 3 in Quirlen. Im Juni–Juli sitzen die schüsselförmigen, 1–1,5 cm breiten, intensiv blaurosa gefärbten Blüten an den Zweigenden in seitenständigen Doldentrauben. Die Blüten der natürlichen Art sind tief rosarot bis rot gefärbt. Lb 1.1.2.6

Kalmia latifolia, Breitblättrige Lorbeerrose, Berglorbeer. ▷ Der Berglorbeer ist ein Vertreter der sommergrünen Laubwälder des östlichen Nordamerika. Die immergrüne Art wird bei uns kaum mehr als 2–3 m hoch, in der Natur deutlich größer. Sie wächst breitbuschig aufrecht und ist dicht und etwas sparrig verzweigt. Die ledrigen, glänzend dunkelgrünen, unten gelbgrünen Blätter sind 5–10 cm lang. Über dem Laub stehen im Mai-Juni die 2–2,5 cm breiten, schüsselförmigen Blüten in großen Doldenrispen. Die Blüten sind außen weiß bis tief rosa gefärbt und innen mit purpurnen Punkten gezeichnet. Neben der Art stehen uns heute eine Fülle von Sorten mit dunkelrosa bis roten und purpurnen, stets dunkler pigmentierten Blüten zur Verfügung. Eine häufig gepflanzte Sorte ist 'Osbo Red' mit glühend roten, im Innern hellrosa bis rosigweißen Blüten, die sich nur langsam öffnen. Lb 5.2.4.6

Kalmia latifolia-Sorten

'Freckels'

'Goodrich'

'Ostbo Red'

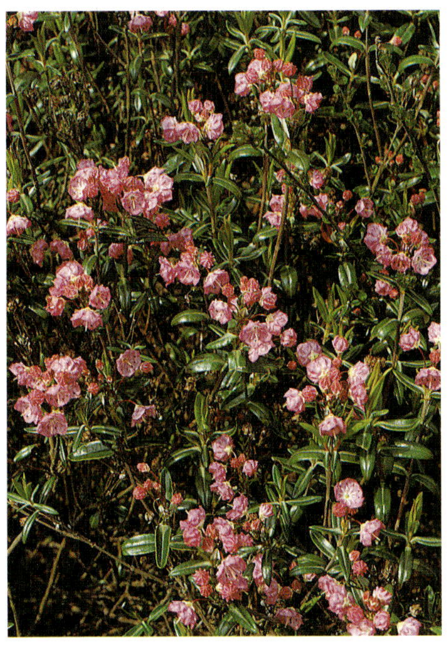

△
Kalmia polifolia, Poleiblättrige Lorbeerrose. Zusammen mit dem Labrador-Porst besiedelt *K. polifolia* kalte Torfmoore im borealen Nordamerika, von Labrador und der Hudson Bay bis Alaska und südlich bis Idaho und Georgia. In Südostengland ist der Zwergstrauch eingebürgert. Der locker aufgebaute, immergrüne Strauch wird 50–70 cm hoch. An 2kantigen Trieben trägt er gegenständig oder zu dritt in Wirteln seine ledrigen, länglich-lanzettlichen, 2–3,5 cm langen, am Rand nach unten umgerollten, unterseits weißlich-blaugrünen Blätter. Im Mai–Juni öffnen sich an den Triebenden die 1,5 cm breiten, glockig-trichterförmigen, rosapurpurn gefärbten Blüten, sie sitzen in kleinen Doldentrauben zusammen. Der zierliche Lieberhaberstrauch gedeiht am besten auf frischen bis feuchten, humusreichen, sauren, nährstoffarmen Böden und an leicht beschatteten Plätzen. Lb 1.1.2.7

Kalopanax pictus, Baumaralie, Araliaceae, ▷ Araliengewächse. Das Verbreitungsgebiet von *K. pictus* reicht von Japan über die Südkurilen bis nach Sachalin, Korea, die Mandschurei, China und das Ussurigebiet. Die sommergrüne Art ist mit dicken Ästen und Zweigen nur sparsam verzweigt, sie wächst langsam zu Höhen von 8–25 m heran. Die Zweige sind mit kurzen, breiten Stacheln besetzt. Wechselständig und an den Zweigenden mehr oder weniger rosettig genähert stehen die im Umriß runden, 10–25(–30) cm breiten Blätter, die in meist 5–7 breit-3eckige, gesägte, dunkelgrüne Lappen geteilt sind. Die Blätter färben sich im Herbst goldgelb. Die kleinen, weißen Blüten sind im Mai zu 20–40 cm breiten, endständigen Ständen zusammengefaßt. Die kleinen, kugeligen Früchte sind schwarz. Die Blätter von *K. pictus* var. *maximowiczii* sind bis weit über die Blattmitte eingeschnitten. Lb 7.4.1.3

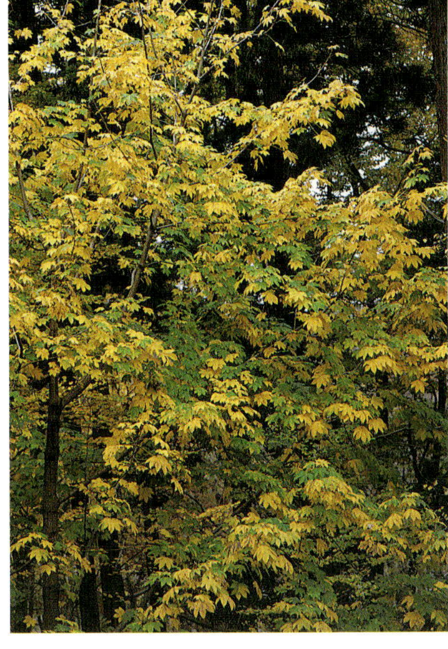

◁ **Kerria japonica 'Pleniflora',** Gefüllter Ranunkelstrauch, Rosaceae, Rosengewächse. In den Gebirgen Mittel- und Westchinas kommt die natürliche Art vor. Sie unterscheidet sich von 'Pleniflora' nur durch ihre einfachen, 3 cm breiten, schalenförmigen Blüten, die bei 'Pleniflora' dicht röschenartig gefüllt sind. Die Blütezeit dauert von Mai–Anfang Juni. Der sommergrüne, gut mannshohe, buschige Strauch baut sich mit zahlreichen rutenförmigen, wenig verzweigten Grundtrieben auf, die bis ins 2. Jahr glänzend grün bleiben. Mit kurzen, unterirdischen Ausläufern werden nicht selten dichte, horstartige Bestände gebildet. Bei der gefülltblühenden Form ist die Ausläuferbildung meist weniger stark. Die früh austreibenden Blätter sind eiförmig bis elliptisch, 3–6 cm lang, doppelt gesägt, oberseits glänzend grün und kahl, unten heller und leicht behaart. Lb 3.2.2.6

◁ **Koelreuteria paniculata,** Blasenbaum, Sapindaceae, Seifenbaumgewächse. Der sommergrüne Blasenbaum besiedelt sommerwarme Regionen in Japan, Korea und China. Er wächst nicht selten etwas schief, erreicht bei uns Höhen von 6–8(–15)m und bildet eine breite, lockere Krone, die im Alter flach gewölbt bis schirmförmig sein kann. Seine wechselständigen, unpaarig gefiederten, dunkelgrünen Blätter werden bis 35 cm lang, die 7–15 Blättchen sind eiförmig-länglich, 3–8 cm lang, unregelmäßig kerbig gesägt und am Grunde oft eingeschnitten gelappt. Sie färben sich im Herbst gelb bis orangebraun. Erst im Juli–August entfalten sich an den Zweigenden die gelben, etwa 10 mm breiten Blüten in breiten, lockeren, bis 35 cm langen, vielblütigen, aufrechten Rispen. Bald darauf folgen die 3,5–5 cm langen, papierdünnen, lampionartigen, lange haftenden Fruchtkapseln. Lb 6.1.1.4

Kolkwitzia amabilis, Kolkwitzie, Caprifoliaceae, Geißblattgewächse. Aus den Gebirgswäldern Mittelchinas kam die prachtvolle Kolkwitzie erst zu Anfang dieses Jahrhunderts nach Europa. Der sommergrüne, aufrechte Strauch wird 2–4 m hoch und gleich breit. Seine Äste sind locker ausgebreitet, die Zweigspitzen hängen über. Die jungen Triebe sind dicht behaart, die Äste haben eine braunrote, abblätternde Borke. Gegenständig sind die 3–9 cm langen, lang zugespitzten, am Rand gewimperten, oberseits dunkelgrünen Blätter angeordnet. Sie färben sich im Herbst bräunlich. Paarweise sind die zahlreichen, 1,5 cm langen, zart duftenden, stark von Bienen und Hummeln beflogenen Blüten zu 5–7 cm breiten Doldentrauben an den Enden kurzer Seitenzweige vereint. Sie haben eine etwas schiefe Blütenkrone, die außen zartrosa, im behaarten Schlund gelborange gefärbt ist. Lb 3.1.3.5
▽

Laburnum anagyroides, Gemeiner Goldregen, Papilionaceae, Schmetterlingsblütler. In Frankreich, in den Gebirgen des südlichen Mitteleuropa und in Westjugoslawien kommt der sehr giftige Gemeine Goldregen in lichten Buschwäldern, Eichen- und Kiefernwäldern auf meist kalkhaltigen, nährstoffreichen Böden vor. Die sommergrüne Art baut sich mit wenigen, trichterförmig gestellten Grundästen zu einem 5–7 m hohen Strauch oder Kleinbaum auf. Auffallend ist die auch an älteren Zweigen noch grünliche bis grünlichbraune Rinde. Die wechselständigen, an seitlichen Kurztrieben rosettig angeordneten, langgestielten, 3zähligen Blätter haben 4–8 cm lange, elliptisch-längliche, glänzend frischgrüne Blättchen. Bis 2 cm groß sind die goldgelben Blüten, die zu 10–30 in 10–20 cm langen, bogig überhängenden Trauben vereint sind. Ihre breite Fahne ist am Grunde braun gezeichnet. Lb 7.1.2.4
▽

◁ **Laburnum × watereri 'Vossii'.** Die beiden europäischen Goldregenarten *L. alpinum* und *L. anagyroides* sind die Eltern dieser Hybride. Hybriden zwischen diesen beiden Arten sind nicht nur in der Gartenkultur entstanden, sondern auch am natürlichen Standort zwischen den Eltern gefunden worden. Seit 1875 ist die Sorte 'Vossii' bekannt, heute der gärtnerisch wichtigste Goldregen. Die starkwüchsige, sehr reichblühende 'Vossii' baut sich mit wenigen, straff aufrechten bis leicht trichterförmig gestellten Grundästen zu einem schmalkronigen Kleinbaum auf, der Höhen von 5–6 m erreichen kann. Auch hier bleiben die vergleichsweise dicken Zweige lange grün. Die 3zähligen Blätter haben 2,5–7 cm lange, elliptische, oberseits glänzend grüne Blättchen. Im Mai–Juni öffnen sich die goldgelben, duftenden Blüten in reich besetzten, bis 50 cm langen Trauben. Lb 7.1.2.4

◁ **Lavandula angustifolia 'Hidecote',** Lavendel, Labiatae, Lippenblütler. Vom westlichen Mittelmeergebiet bis Dalmatien und Griechenland ist der Lavendel an sonnigen Plätzen und meist auf kalkhaltigen, nährstoff- und humusarmen Stein- und Lehmböden zu finden. Der immergrüne, reich verzweigte, aufrechte, aromatisch duftende Strauch wird mit seinen 4kantigen Zweigen 20–60 cm hoch. Die ganze Pflanze ist dicht mit Sternhaaren bedeckt. Linealisch-lanzettlich und 2–6 cm lang sind die oberseits graugrünen, unten weiß- bis graufilzigen, an den Rändern stark eingerollten Blätter. Im Juni–August stehen die kleinen Lippenblüten in 15–20 cm langen Scheinähren über dem Laub. Sie haben eine etwa 1 cm lange, blaue bis violette, behaarte Krone und violett überlaufende Tragblätter. 'Hidecote' ist eine Sorte mit großen, tiefblauen bis violetten Blüten in dichten Ständen. Lb 6.1.2.8

Ledum palustre, Sumpf-Porst, Ericaceae, ▷ Heidekrautgewächse. In Mitteleuropa, im östlichen Skandinavien, in Nordosteuropa, in Nordasien und dem nördlichen Nordamerika kommt der Sumpf-Porst in Kiefern- und Waldmooren auf nassen, nährstoffarmen, sauren Torfböden und rohhumusreichen Sandböden vor. Der immergrüne, aufrechte, fast quirlig verzweigte Strauch wird 1–1,5 m hoch. Seine wechselständigen, am Rand stark eingerollten Blätter sind linealisch bis lanzettlich, 2–3,5 cm lang, oberseits mattglänzend olivgrün, unten rostrot wollig behaart und mit Drüsen bedeckt. Im Mai–Juni blüht der Strauch mit 10–15 mm breiten, 5zähligen, duftenden, weißen Blüten in endständigen, reichblütigen, gedrungenen Trauben. Der Sumpf-Porst riecht intensiv nach Bohnerwachs und Kampfer, deshalb wurde er früher auch als Mittel zur Abwehr von Wanzen und Motten verwendet. Lb 1.1.2.6

◁ **Lespedeza thunbergii,** Buschklee, Papilionaceae, Schmetterlingsblütler. Mitteljapan und Nordchina sind die Heimat von *L. thunbergii,* einem kleinen, sommergrünen, 1–2 m hohen und gleich breiten Strauch. Er wird in unseren Klimaregionen meist regelmäßig stark zurückgeschnitten und bildet dann zahlreiche lange, rutenförmige, wenig verzweigte, gerinnte Grundtriebe, die zunächst aufsteigen, unter der Last der Blüten aber weit überhängen, wenn der Strauch auf einem erhöhten Platz steht, sonst aber dem Boden aufliegen. Die gegenständigen, 3zähligen Blätter haben meist schmal-längliche, 3–5 cm lange, scharf zugespitzte, oberseits hellgrüne und kahle, unten angedrückt behaarte Blättchen. Purpurrosa sind die 1,2 cm langen Schmetterlingsblüten, die im September–Oktober in 8–20 cm langen, achselständigen Trauben stehen, die in bis zu 80 cm langen Rispen vereint sind. Lb 6.2.1.5

Leucothoe walteri, Traubenheide, Ericaceae, Heidekrautgewächse. In den Gebirgswäldern des östlichen Nordamerika ist die Traubenheide heimisch. Sie ist ein immergrüner, bis 1,5 m hoher, dichttriebiger Strauch mit bogig übergeneigten Zweigen, die in der Jugend rötlich gefärbt sind. Mit kurzen, unterirdischen Ausläufern werden kleine Horste gebildet. Die wechselständigen Blätter sind eilanzettlich, 9–15 cm lang, oberseits glänzend dunkelgrün und auf der Unterseite bräunlich punktiert. Sie nehmen im Spätherbst und Winter eine rötliche oder bronzerote Farbe an. Zur Blütezeit im Mai sitzen die weißen, eiförmig-zylindrischen, 6 mm langen, duftenden Blüten in 4–7 cm langen, achselständigen Trauben. 'Scarletta' ist eine Hybride zwischen *L. axillaris* und *L. walteri.* Ihre Blätter sind im Austrieb scharlachrot und im Herbst auffallend hell- bis bronzerot gefärbt. Lb 1.1.2.6
▽

Ligustrum obtusifolium var. regelianum, Stumpfblättriger Liguster, Oleaceae, Ölbaumgewächse. In Japan wächst die sommergrüne Art in Gebüschen und lichten Wäldern von der Ebene bis ins Hügelland. Der breitbuschige, dicht verzweigte Strauch wird mit seinen horizontal abstehenden Ästen und leicht bogig geneigten Zweigen 1,5–2 m hoch und breit. Die meist 2zeilig stehenden, lange haftenden Blätter sind elliptisch bis länglich oder länglich verkehrt-eiförmig, 2–6 cm lang, vorne spitz oder stumpf, an der Basis breitkeilförmig, oberseits tiefgrün und kahl, unten ganz oder nur auf dem Mittelnerv behaart. Sie färben sich im Herbst bräunlich- oder bläulichviolett. Die kleinen weißen Blüten sitzen im Juni in mehr oder weniger nickenden, 2–3 cm langen Rispen, die zu vielen an kurzen Seitenzweigen sitzen. Die 6 mm dikken, rundlichen Früchte sind schwarz gefärbt. Lb 9.1.4.5
▽

Leycesteria formosa, Leycesterie, Caprifoliaceae, Geißblattgewächse. Aus dem Himalaja stammt die sommergrüne Leycesterie, ein 1–2 m hoher, straff aufrechter Strauch mit hohlen, kahlen, anfangs grünen und bereiften Zweigen. Die einfachen, gegenständigen, dunkelgrünen, rot geaderten Blätter sind breit-eiförmig bis länglich-eiförmig, 5–18 cm lang, sehr lang zugespitzt und an der Basis herzförmig. Über einen langen Zeitraum, von Juni–September, trägt der Strauch in den Blattachseln der jungen Triebe seine 3–10 cm langen, überhängenden Blütentrauben. Die 1,5–2 cm langen, weißlich bis purpurn gefärbten Blüten sitzen in den Achseln großer, purpurvioletter Tragblätter. Sehr dekorativ sind auch die rundlichen, etwa 1 cm dicken, purpurroten, drüsig bewimperten, bis zum Frost haftenden Beeren, die von den bleibenden Tragblättern umhüllt sind. Lb 6.1.2.8 ▷

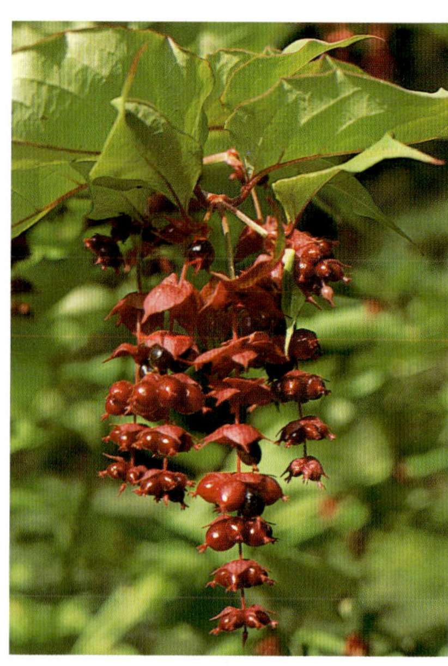

Ligustrum vulgare, Gemeiner Liguster. Die Verbreitung von *L. vulgare* reicht von Europa bis zur Ukraine, nach Nordafrika, Kleinasien und bis zum Kaukasus. Die sommergrüne Art besiedelt unter anderem lichte Eichen- und Kiefernwälder, Trockengebüsche und Niederwald. Der aufrechte, reich verzweigte Strauch wird 5–7 m, als Heckenpflanze kaum mehr als 2 m hoch. Seine Zweige liegen häufig dem Boden auf und bewurzeln sich. Die lange haftenden, derben, dunkelgrünen Blätter sind länglich-eiförmig bis lanzettlich und 3–6 cm lang. Die kleinen, weißen bis gelblichweißen Blüten stehen im Juni–Juli in 6–8 cm langen, kegelförmigen Rispen. Die kugeligen Steinfrüchte sind 5–6 mm dick und glänzend schwarz. Bei 'Atrovirens' bleiben die Blätter bis zur Entfaltung der neuen Blattgeneration haften. 'Lodense' wird mit ihrem dichten, buschigen Wuchs kaum über 70 cm hoch. Lb 9.1.4.4
▽

Ligustrum ovalifolium 'Aureum', Wintergrüner Liguster. Die natürliche Art kommt in Japan, in sommerwarmen Regionen von Honshu bis Kyushu, in Gebüschen in Meeresnähe vor. Sie ist ein straff aufrechtwachsender, 3–5 m hoher, immergrüner oder nur wintergrüner Strauch. Die derben, gegenständigen Blätter sind elliptisch-eiförmig bis elliptisch-länglich, 3–6 cm lang, vorne spitz, an der Basis breit-keilförmig, oberseits glänzend dunkelgrün, unten gelbgrün. Die Blätter von 'Aureum' sind breit goldgelb gerandet, gelegentlich auch ganz gelb. Sonst unterscheidet sie sich nicht von der Art. Rahmweiß sind die 8 mm breiten, stark duftenden Blüten, die zu 5–10 cm langen, gedrungenen, aufrechten Rispen zusammengefaßt sind. Sie blühen im Juni–Juli auf und werden stark von Faltern, Hummeln und Bienen besucht. Die rundlichen, etwa 8 mm dicken Früchte sind purpurschwarz. Lb 6.3.4.5 ▷

◁ **Liquidambar styraciflua,** Amberbaum, Hamamelidaceae, Hamamelisgewächse. Im östlichen Nordamerika und in höheren Lagen von Mexiko und Guatemala finden wir den Amberbaum oft in sommergrünen Laubwäldern und auf nährstoffreichen Schwemmlandböden. Der sommergrüne Baum wird bei uns kaum mehr als 10–20, in der Heimat bis 45 m hoch. Er hat anfangs eine schmal kegelförmige, später eine eiförmige Krone mit durchgehendem Stamm und eine tief gefurchte Borke. Die Zweige sind oft mit unregelmäßigen Korkleisten bedeckt. Die wechselständigen, ahornähnlichen Blätter sind 10–18 cm lang und meist 5lappig mit länglich-3eckigen Lappen. Die glänzend dunkelgrünen Blätter färben sich im Herbst früh und prachtvoll violettbraun, tiefrot, orange und gelb. Unauffällig sind im Mai die grünlichgelben Blütenköpfchen und später die kugeligen Fruchtstände. Lb 2.3.2.1

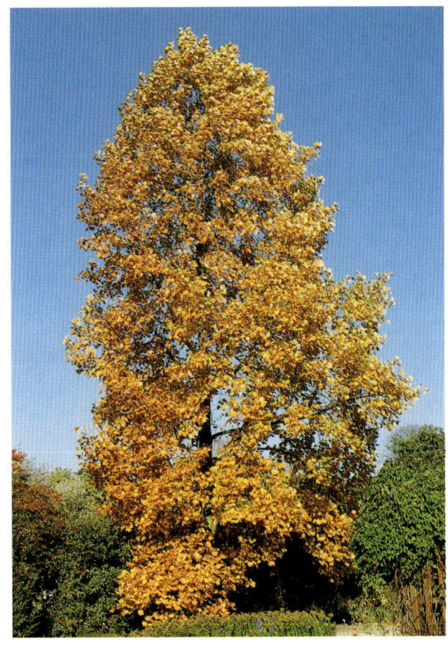

△ **Liriodendron tulipifera,** Tulpenbaum, Magnoliaceae, Magnoliengewächse. Im südöstlichen Nordamerika besiedelt der Tulpenbaum tiefgründige, nährstoffreiche, frische Böden. Der stattliche Baum erreicht Höhen von 25–30 m, er hat einen geraden Stamm, eine tief und regelmäßig gefurchte Borke und eine hochgewölbte bis ausladend rundliche Krone. Im unteren Kronenbereich hängen die Zweige oft bis zum Boden über. Die langgestielten Blätter sind im Umriß fast 4eckig und 8–15 cm lang und breit. Der Mittellappen ist quer abgestutzt oder hat eine sattelförmige Einbuchtung, die 2 großen Seitenlappen sind kurz zugespitzt. Oberseits sind die Blätter frischgrün, unten leicht bläulichgrün, im Herbst färben sie sich prachtvoll goldgelb. Die tulpenförmigen Blüten sind 4–5 cm breit, ihre grünlichgelben Kronblätter tragen innen an der Basis ein orangefarbenes Saftmal. Lb 2.3.2.1

Lonicera alpigena, Alpen-Heckenkirsche, ▷ Caprifoliaceae, Geißblattgewächse. In den Gebirgen Mittel- und Südosteuropas kommt *L. alpigena* bis in Höhen von 2000 m in Buchen- und Bergmischwäldern und in Hochstaudenfluren auf frischen, humosen, lockeren, nährstoffreichen Böden vor. Der sommergrüne, aufrechte, nur mäßig verzweigte Strauch wird 1–3 m hoch. Seine Blätter sind elliptisch bis verkehrt-eiförmig, 5–12 cm lang, vorne zugespitzt, an der Basis breit-keilförmig und glänzend dunkelgrün. Im Mai–Juli blüht der Strauch mit wenig auffälligen, gelblichgrünen bis schmutzig roten, 10–18 mm langen, trichterförmigen, gelippten Blüten, die in Paaren in den Blattachseln junger Triebe sitzen. Die nektarreichen Blüten werden vor allem von Bienen und Wespen bestäubt. Im August–September reifen die 10 mm dicken, kugeligen, glänzend roten, saftigen Doppelbeeren. Lb 7.3.6.5

Lonicera × americana. Diese Hybride (*L. caprifolium* × *L. etrusca*) stammt nicht, wie ▷ der Name vermuten läßt, aus Amerika, sie wurde vielmehr schon vor 1730 als Naturhybride in Südfrankreich und Istrien wild gefunden. Das dekorative, reich blühende, mittelhoch windende Geißblatt hat große Ähnlichkeit mit *L. caprifolium*. Denn auch bei der Hybride verwachsen die oberen Blattpaare zu becherförmigen Scheiben. Die unteren, breit-eiförmigen bis elliptischen, bis 8 cm langen, unterseits bläulichen, kahlen Blätter sind stärker zugespitzt als bei *L. caprifolium*. Die rötlich gefärbten Triebe sind kahl. In den Achseln der oberen Blätter sitzen die zahlreichen, duftenden Blüten in gedrängten Quirlen. Sie blühen im Juni–August auf und haben eine schlanke, 5 cm lange, gelbe Kronröhre, die außen meist mehr oder weniger stark gerötet und drüsig behaart ist. Lb 3.3.7.9

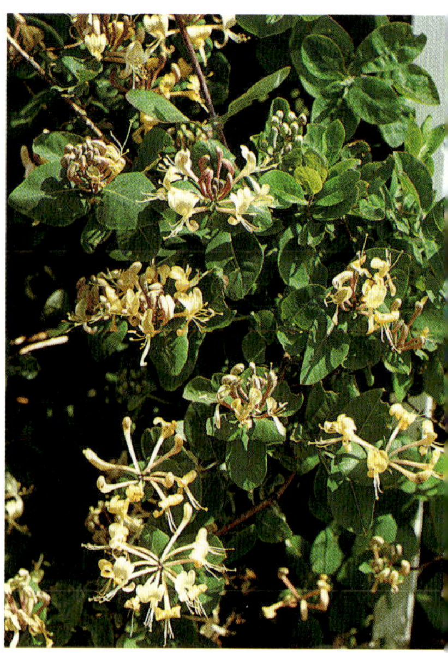

△ **Lonicera × brownii 'Dropmore Scarlet'.** Aus einer Kreuzung zwischen *L. hirsuta × L. sempervirens* endstand diese Hybride. Sie ist ein sommergrüner, schwach windender, anfangs trägwüchsiger Schlingstrauch von etwa 3 m Höhe. An blaugrünen, sonnenseits rötlich überlaufenden Trieben sitzen die elliptischen bis eiförmigen, 6–8 cm langen, oberseits mittelgrünen, unten blaugrünen, lange haftenden Blätter. Die oberen Blattpaare sind zu stengelumfassenden, nahezu runden Scheiben verwachsen. In großer Fülle erscheinen von Juni–September, teilweise bis zum Oktober, die 2lippigen, lang trompetenförmigen, bis 4,5 cm langen, leuchtend scharlachroten Blüten, sie sitzen an den Triebenden zu mehreren in Quirlen übereinander. Ab September reifen die erbsengroßen, orangefarbenen Früchte. 'Fuchsioides' ist eine etwas schwächer wachsende Sorte mit orangescharlachroten Blüten. Lb 6.4.4.9

△ **Lonicera caerulea,** Blaue Heckenkirsche. In den europäischen Hochgebirgen und von Nordeuropa bis Sibirien und Nordostasien ist die Blaue Heckenkirsche in Kiefern-Hochmooren, lichten Bergwälder, Legföhrengebüschen und Alpenrosen-Gesellschaften auf feuchten, nährstoffarmen, sauren Böden verbreitet. Der sommergrüne, reich verweigte Strauch wird 1–2 m hoch. Seine rotbraunen Zweige sind bläulich bereift. An den Ästen löst sich die Rinde in Streifen ab. Die Blätter sind eiförmig bis elliptisch, 2–8 cm lang, oberseits dunkelgrün und unten blaugrün. Während der Laubentfaltung, von April–Juli, erscheinen die gelblichweißen, fast radiären, röhrig-trichterförmigen 1,5–2 cm langen Blüten in blattachselständigen Paaren. Kugelig bis elliptisch sind die 6–12 mm dicken, schwarzen, hellblau bereiften Doppelbeeren. Sie sind zwar eßbar, aber nicht wohlschmeckend. Lb 8.1.5.6

△ **Lonicera caprifolium,** Echtes Geißblatt, Jelängerjelieber. Lichte Eichen- und Mischwälder, Waldsäume und Gebüsche von Südosteuropa bis zur Krim und zum Kaukasus sind die bevorzugten Standorte von *L. caprifolium,* die in weiten Teilen Europas verwildert ist. Der sommergrüne Schlingstrauch kann bis über 5 m hoch werden. Seine Blätter sind breit-elliptisch bis elliptisch, 4–10 cm lang, oberseits dunkelgrün und unten bläulichgrün. Die oberen Blattpaare sind zu stengelumfassenden, elliptischen Scheiben verwachsen. In den Achseln der obersten Blattpaare sitzen im Mai–Juli die 6zähligen Blütenquirle aus 4–5 cm langen, angenehm duftenden, weißen bis cremefarbenen, außen oft rötlich überlaufenden Blüten. Sie haben eine schmal-trichterförmige Kronröhre und deutlich 2lippige Kronzipfel. Die bis 8 mm langen, korallenroten Früchte reifen im August–September. Lb 3.3.2.9

Lonicera × heckrottii. *L. × americana* ▷ und *L. sempervirens* sind die Eltern dieser sommergrünen Hybride. Sie ist ein nur schwach windender, oft buschig wachsender Strauch, der an Klettergerüsten Höhen von 2–4 m erreichen kann. Die jungen Triebe sind purpurrot gefärbt. Elliptisch sind die derben, fast sitzenden, 3–6 cm langen, spitzen, bläulichgrünen Blätter. Die oberen Blattpaare sind an der Basis verwachsen und bilden so rundliche Teller. Von Juni–September dauert die Blütezeit. Dann stehen in den Achseln der oberen Blattpaare in reichblütigen, quirlartigen Ständen die etwa 4 cm langen, 2lippigen, außen purpurroten, innen hellgelben Blüten, die einen angenehm süßen, vanilleähnlichen, weitstreichenden Duft verbreiten. 'Goldflame' ist eine etwas stärker wachsende Sorte mit dunkel bläulichgrünen Blättern und dunkel purpurnen, innen gelblichweißen Blüten. Lb 6.4.4.9

◁ **Lonicera henryi,** Immergrünes Geißblatt. In den Gebirgen des westlichen China hat diese immergrüne Art ihre Heimat. Sie ist ein starkwachsender Schlingstrauch, der an Klettergerüsten oder in Bäumen Höhen von 4–6 m erreichen kann. Nicht selten hängen die langen Zweige schleppenartig 2–3 m lang über. Die glänzend braunen Triebe sind dicht angedrückt behaart. Länglich-lanzettlich bis lanzettlich und 4–9 cm lang sind die mattgrünen, zugespitzten, an der Basis abgerundeten bis schwach herzförmigen, bewimperten, unterseits auf der Mittelrippe behaarten Blätter. In achselständigen Paaren sitzen die wenig auffälligen Blüten im Juni–August auf kurzen Stielen. Sie sind 1,5–2 cm lang, gelb bis purpurrot gefärbt, haben eine leicht bauchige Kronröhre und 2lippige Kronzipfel. Ab September reifen die kugeligen, schwarzen, blau bereiften Beeren. Lb 6.4.4.9

Lonicera japonica 'Aureoreticulata'. In Japan, China, der Mandschurei und Korea ist die natürliche Art verbreitet. Sie ist ein halbimmergrüner, windender oder niederliegender Strauch mit behaarten Trieben. Die Blätter sind eiförmig oder länglich-eiförmig, 3–8 cm lang, spitz oder kurz zugespitzt, an der Basis abgerundet oder fast herzförmig und anfangs beiderseits behaart. Im Juni–Juli erscheinen die weißen, purpurn überlaufenen, im Verblühen gelben, stark und angenehm duftenden, 3–4 cm langen Blüten in achselständigen Paaren. Bei uns wird in der Regel nur die Sorte 'Aureoreticulata' kultiviert. Sie wächst schwächer als die Art, ihre langen, rotbraunen Zweige kriechen meist über den Boden. Die dunkelgrünen Blätter haben auffallend goldgelb gefärbte Blattnerven. Sie ist nicht überall ausreichend frosthart und braucht einen geschützten, halbschattigen Platz. Lb 7.4.5.9
▽

Lonicera korolkowii, Korolkows Heckenkirsche. In den Steppengebieten von Turkestan, Afghanistan und Pakistan kommt diese sommergrüne Art vor. Der breit aufrechte, fein verzweigte Strauch wird etwa 3 m hoch. An fein behaarten Trieben trägt er eiförmige bis elliptisch, 1–2,5 cm lange, spitze, an der Basis keilförmige, oberseits hell graugrüne und leicht behaarte, unten bläulichgrüne und stärker behaarte Blätter. Nicht besonders auffällig sind die hellrosa gefärbten, 1,5 cm langen Blüten mit der 2lippigen Blütenkrone. Sie sitzen im Mai–Juni paarweise in den Blattachseln. Im Sommer reifen die glänzend roten Früchte. Die in der Regel kultivierte *L. korolkowii* var. *zabeliana* ist ein bis 2 m hoher Strauch mit eiförmigen, 3–3,5 cm langen Blättern. Die Blüten sind weiß mit rosa Anflug oder rosa gefärbt. Beide sind robuste, anspruchslose Sträucher für freiwachsende Hecken. Lb 9.1.4.5
▽

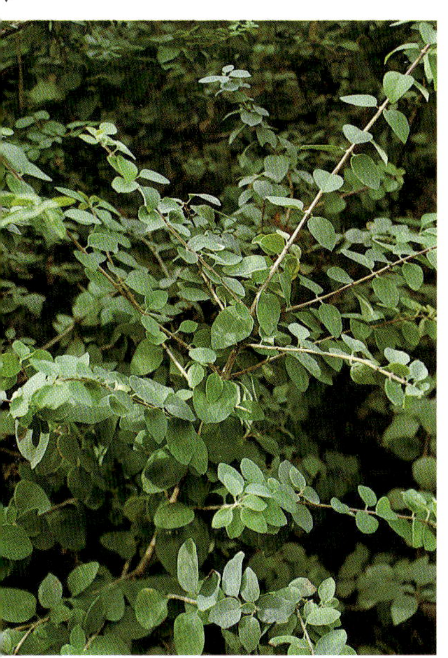

Lonicera ledebourii, Kalifornische Heckenkirsche. ▷ In den Gebirgen Kaliforniens ist diese sommergrüne Heckenkirsche heimisch. Sie ist ein aufstrebender, breit ausladender, 3–4 m hoher, wenig verzweigter, anspruchsloser Strauch mit langen, rutenförmigen Zweigen. Die derben Blätter sind länglich-eiförmig bis länglich-lanzettlich, 6–12 cm lang, vorn zugespitzt, an der Basis breit-keilförmig bis abgerundet, oberseits dunkelgrün und leicht glänzend, unten bleibend weich behaart. Von Mai–August stehen die 1,5––2 cm langen, tiefgelben, außen orange und scharlach überlaufenden, röhrig-trichterförmigen Blüten paarweise in den Blattachseln. Die Blüten tragen an ihrer Basis gelb oder rötlich gefärbte Tragblätter. Sehr dekorativ sind die 1 cm dicken, kugeligen, glänzend schwarzen Früchte mit den zur Reife stark vergrößerten, purpurroten Tragblättern. Lb 2.4.4.5

◁ **Lonicera maackii,** Baum-Heckenkirsche. In den Gebirgen von Mittel- und Nordjapan, in der Manschurei, Korea und China kommt *L. maackii* vor. Sie ist eine der schönsten Heckenkirschen, ein sommergrüner aufrechter, weit ausladender, im Alter fast schirmförmiger, 4–6 m hoher und gleich breiter Großstrauch. An den grauen Ästen fasert die Rinde in langen Streifen ab. Die dunkelgrünen, beiderseits auf den Nerven behaarten Blätter sind eiförmig-elliptisch bis eiförmig-lanzettlich, 5–8 cm lang, vorne zugespitzt und an der Basis breit-keilförmig. Zur Blütezeit im Juni ist der Strauch mit der Fülle seiner Blüten sehr dekorativ. Die duftenden, 2 cm langen, weißen, im Verblühen gelben Blüten sitzen in kurzgestielten Paaren in den Blattachseln. Sie haben eine sehr kurze Röhre und einen breiten, 2lippigen Saum. Die zahlreichen kugeligen Früchte sind 4 mm dick und dunkelrot. Lb 7.3.3.4

Lonicera nitida 'Maigrün', Immergrüne ▷ Strauch-Heckenkirsche. Aus dem westlichen China stammt die immergrüne Art, die nur in einigen Sorten in Kultur ist. Es sind 1–1,5 m hohe, reich verzweigte, breitbuschige Sträucher mit straff aufrechten Grundtrieben und waagerecht abstehenden Seitenzweigen, die sich bei Bodenkontakt bewurzeln. Die zierlichen, ledrigen, meist 2zeilig stehenden Blätter sind breit-eiförmig bis eiförmig-länglich, 6–12 mm lang, oben glänzend dunkelgrün und unten heller. Eher unscheinbar sind die rahmweißen, 6–12 mm langen, duftenden, röhrig-trichterförmigen Blüten, die im Mai paarweise in den Blattachseln stehen. Auch die 6 mm dicken, rundlichen, purpurvioletten Früchte fallen kaum auf. Kann in strengen Wintern zurückfrieren, regeneriert sich jedoch rasch. Die Sorte 'Maigrün' ist frosthärter und verträgt mehr Schatten als 'Elegant'. Lb 6.4.2.6

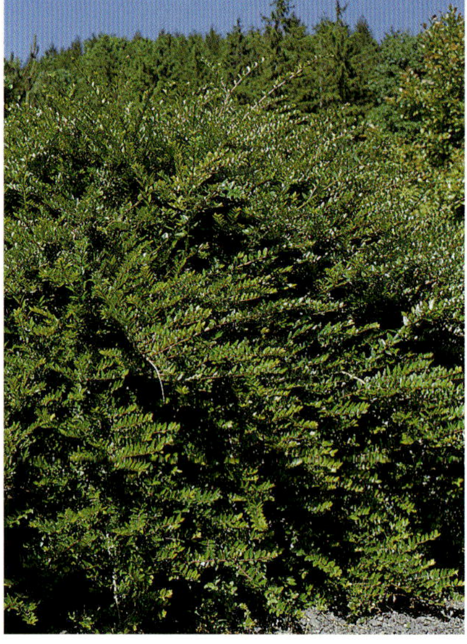

Lonicera pileata, Immergrüne Kriech-Heckenkirsche. In den Gebirgen Mittel- und Westchinas hat *L. pileata* ihre Heimat. Der immergrüne Kleinstrauch wird mit seinen flach ausgebreiteten, dünnen Zweigen und den behaarten Trieben etwa 80 cm hoch und bis 1,5 m breit. 2zeilig stehen die eiförmig bis lanzettlichen, 1,5–3 cm langen, vorne abgestumpften, an der Basis keilförmigen, oberseits glänzend dunkelgrünen, unten helleren Blätter. Sie treiben sehr früh aus, oft schon Ende Februar. Wenig ansehnlich sind die blaßgelben, 7–8 mm langen, duftenden, röhrig-trichterförmigen Blüten, die paarweise in den Blattachseln stehen. Die Blütezeit liegt im Mai–Juni. Die durchscheinend amethystfarbenen, kugeligen Früchte sind 5 mm dick. *L. pileata* ist etwas frosthärter als *L. nitida* 'Elegant'. Beide werden oft als Gruppenpflanzen oder in flächigen Pflanzungen verwendet. Lb 7.1.6.6
▽

◁ **Lonicera periclymenum,** Wald-Geißblatt. Der Verbreitungsschwerpunkt des Wald-Geißblattes liegt im atlantischen Europa. Es kommt in Wäldern, Gebüschen und Hecken auf feuchten, nährstoff- und kalkarmen Böden vor. Der sommergrüne Kletterstrauch erreicht Höhen von 4–6 m. Seine jungen Triebe sind hellbraun und an der Sonnenseite gerötet. Die oberseits dunkelgrünen, unten blaugrünen und anfangs behaarten Blätter sind eiförmig bis schmal-elliptisch und 4–6 cm lang. Die obersten Blätter sind nicht zu Blattscheiben verwachsen. Im Mai–Juni stehen die Blüten in kopfartigen Büscheln an den Enden kurzer, beblätterter Triebe. Die besonders abends und nachts stark duftenden, 4–6 cm langen Blüten sind gelblichweiß und außen oft purpurn getönt, ihre schlanke Kronröhre ist leicht gebogen. Im August–September reifen die roten, kugeligen, 7–8 mm dicken Beeren. Lb 3.2.7.9

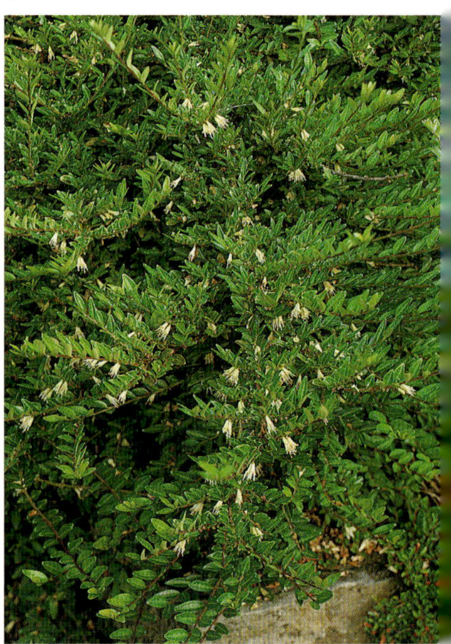

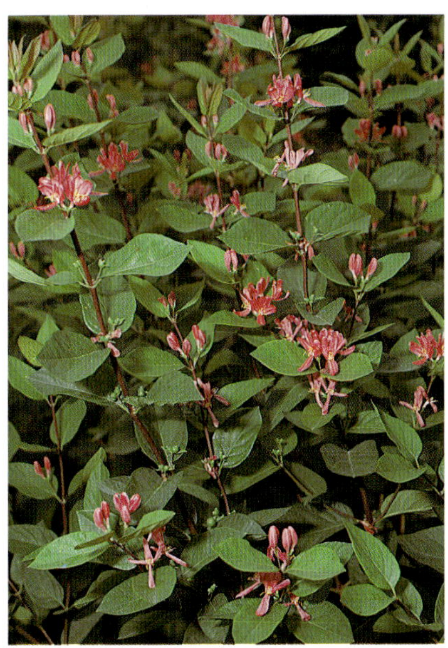

◁ **Lonicera tatarica 'Arnold Red',** Tatarische Heckenkirsche. *L. tatarica* ist ein Vertreter der Steppengebiete vom südlichen Mittelrußland bis zum Altai und Turkestan. Der straff aufrechte, buschig verzweigte, sommergrüne, 2-4 m hohe Strauch baut mit waagerecht oder bogig abstehenden Ästen eine schirmartige oder trichterähnliche Form auf. Eiförmig oder eiförmig-lanzettlich sind die 3-6 cm langen, spitzen oder zugespitzten, an der Basis fast herzförmigen, oberseits dunkelgrünen, unten hell- bis bläulichgrünen, sehr früh austreibenden Blätter. Weiß bis rot sind die 1,5-2 cm langen, 2lippigen Blüten mit der sehr tief gespaltenen Oberlippe, die im Mai-Juni paarweise in den Blattachseln stehen. Die kugeligen Früchte sind meist hellrot, bei 'Lutea' gelb gefärbt. Auslesen wie 'Arnold Red', 'Hack's Red' und 'Zabelii' warten mit purpurrosa bis dunkelroten Blüten auf. Lb 4.2.3.4

Lonicera × tellmanniana. Aus *L. sempervirens* × *L. tragophylla* entstand 1920 in Budapest dieser sommergrüne, kräftig wachsende Schlingstrauch, der Höhen von 4-6 m erreichen kann und dessen Seitenzweige waagerecht abstehen. Die jungen Triebe sind bräunlichgrün und kahl. Elliptisch bis eiförmig sind die 5-10 cm langen, oberseits tiefgrünen, unten weißlich bereiften, lange haftenden Blätter, die sich im Herbst gelb verfärben. Die obersten Blattpaare sind zu elliptischen Scheiben verwachsen. Ende Mai-Anfang Juli produziert der Kletterstrauch eine Fülle von Blüten, die am Ende der Triebe in quirlartigen Ständen stehen. Die 2lippigen, röhrigen, 4-5 cm langen Blüten sind gelborange gefärbt und außen schwach hellrot überlaufen. Auch die erbsengroßen Beerenfrüchte sind orange gefärbt. Braucht einen geschützten Pflanzplatz und einen kühlen, beschatteten Wurzelfuß. Lb 6.4.2.9 ▽

Lonicera xylosteum, Rote Heckenkirsche. Von Europa bis Mittelasien und im Kaukasus wächst die Rote Heckenkirsche in krautreichen Wäldern, an Waldsäumen und in Gebüschen auf frischen, nährstoffreichen Böden. Der sommergrüne, reich verzweigte, breitbuschige Strauch wird 1-3 m hoch, seine Seitenzweige stehen ab oder sind übergeneigt. Die sehr früh austreibenden Blätter sind breit-elliptisch, 3-6 cm lang, vorne stumpf oder kurz zugespitzt, an der Basis abgerundet, oberseits stumpfgrün, unten graugrün und beiderseits behaart. Im Mai-Juni blüht der Strauch mit gelblichweißen, außen oft rötlich getönten, im Verblühen gelblichen, 2lippigen Blüten, die paarig in den Blattachseln junger Triebe stehen. In Massen werden die 5-7 mm dicken, rundlichen, sehr saftreichen, glänzend roten Früchte angesetzt. Lb 3.1.6.5

▽

Lycium barbarum, Bocksdorn, Solanaceae, ▷ Nachtschattengewächse. Die ursprüngliche Heimat des Bocksdorns ist China. Er wurde 1772 nach Europa eingeführt und ist in Süd- und Mitteleuropa vielfach verwildert, dort besiedelt er vorwiegend Hänge in sommerwarmen, sonnigen Lagen. Der sommergrüne, dornig bewehrte, 2-3 m hohe Strauch bildet mit seinen langen, bogig überhängenden Rutenzweigen oft dichte, wirre Büsche. Auf Mauerkronen gepflanzt, können die Zweige 3-4 m lang überhängen. Die in Größe und Form sehr veränderlich Blätter sind meist schmallanzettlich, 3-10 cm lang, beiderseits graugrün und anfangs behaart. Wenig ansehnlich sind die purpurn bis violett gefärbten, etwa 1 cm langen, trichterförmigen Blüten, die von Mai-September meist zu 1-4 an stark gestauchten Kurztrieben sitzen. Die Früchte sind 1-2 cm lange, elliptische, glänzendrote Beeren. Lb 2.1.3.5

◁ **Lyonia ligustrina,** Rispige Lyonie, Ericaceae, Heidekrautgewächse. Im östlichen Nordamerika reicht die Verbreitung von *L. ligustrina* von Maine bis New York, Arkansas und Oklahoma und südlich bis Florida, Louisiana und Texas. Der sommergrüne, reich verzweigte Strauch kann bis über 2 m hoch werden, bleibt in Kultur aber meist niedriger. An kahlen oder leicht behaarten Trieben sitzen wechselständig die elliptischen bis länglichen, 3–7 cm langen, an beiden Enden spitz zulaufenden, fast ganzrandigen Blätter, die unterseits auf den stark hervortretenen Nerven behaart sind. Im Mai–Juni stehen sehr zierliche, eirunde bis urnenförmige, 3–4 cm lange, weißliche Blüten in 6–15 cm langen, endständigen, unbeblätterten Doppeltrauben. Die rundlichen Kapselfrüchte sind ohne Zierwert. Der seltene Strauch wird am besten in Verbindung mit *Rhododendron* gepflanzt. Lb 5.2.4.5

△ **Maackia amurensis,** Asiatisches Gelbholz, Papilionaceae, Schmetterlingsblütler. Verbreitet ist das Asiatische Gelbholz in der Mandschurei, am Amur, im Ussurigebiet, in Taiwan und Korea. Der sommergrüne, nur sparsam verzweigte Baum kann 10–15 m hoch werden. Die unpaarig gefiederten Blätter sind 20–30 cm lang, die 7–11 kahlen Blättchen sind elliptisch bis länglich-eiförmig, 5–8 cm lang, vorne kurz zugespitzt und an der Basis abgerundet. Durchaus ansehnlich sind die etwa 8 mm langen, weißen, schmetterlingsförmigen Blüten. Sie stehen in 10–20 cm langen, aufrechten Trauben zusammen, die zu rispenartigen Ständen formiert sind. Die Blütezeit liegt im Juli–August. Die hellbraunen, bis 5 cm langen Fruchthülsen sind ohne Zierwert. Der nur selten gepflanzte Kleinbaum gedeiht am besten an warmen, sonnigen Plätzen auf nährstoffreichen, gut dränierten Böden. Lb 6.3.2.3

Magnolia acuminata, Gurken-Magnolie, ▷ Magnoliaceae, Magnoliengewächse. In der montanen Laubwaldstufe des östlichen Nordamerika ist die Gurkenmagnolie verbreitet. Sie ist ein stattlicher, sommergrüner, 15–20 m hoher Baum mit einem kräftigen, tiefgefurchten Stamm und einer anfangs regelmäßig kegelförmigen, im Alter ausladenden, gewölbten Krone. Die Blätter sind eiförmig bis länglich, 12–24 cm lang, oberseits dunkelgrün, unten hellgrün und weich behaart. Im Juni–Juli stehen an den Triebenden die aufrechten, glockigen, 5–8 cm langen, grünlichgelben Blüten, die sich nie ganz öffnen. Ihre 9 Blütenblätter (Tepalen) stehen überwiegend aufrecht und sind an der Spitze zusammengeneigt. Die 5–8 cm langen, zapfenähnlichen, meist asymmetrischen Fruchtstände sind rot gefärbt. Die großen Samen sind von einem scharlachroten, fleischigen Samenmantel umgeben. Lb 3.2.2.2

Magnolia cordata, Gelbblütige Gurken- ▷ Magnolie. *M. cordata* ist ein Vertreter der sommerwarmen Laubwälder des östlichen Nordamerika, der Küstenebenen und des Piedmont. Ihre Verbreitung beschränkt sich auf Nordcarolina, Georgia und Alabama. Sie ist ein kleinkroniger, 5–7 m hoher Baum mit einer lockeren Krone, läßt sich in unseren Gärten viel besser unterbringen als die großkronige Gurken-Magnolie. Ihre eiförmigen bis elliptischen Blätter sind 5–8 cm lang, kurz zugespitzt oder stumpf, an der Basis breitkeilförmig bis abgerundet und unterseits blaugrün und behaart. Im Herbst färben sie sich meist sattbraun. Im Mai–Juni öffnen sich an den Enden kurzer Seitenzweige die kanariengelben, glockigen, 4–5 cm langen Blüten mit ihren 9 Blütenblättern. Im Gegensatz zu *M. acuminata* öffnen sich die Blüten ganz. Die dunkelroten Fruchtzapfen werden 2,5–3 cm lang. Lb 4.3.2.4

△
Magnolia denudata, Yulan-Magnolie. In sommerwarmen, humiden Klimazonen Mittelchinas hat die Yulan-Magnolie ihre Heimat. Sie ist ein sommergrüner, langsam wachsender, 8–12 m hoher, reich verzweigter, anfangs kegelförmiger, später eher rundkroniger Baum mit behaarten Trieben und Blütenknospen. Verkehrt-eiförmig bis länglich und 10–15 cm lang sind die kurz zugespitzten, an der Basis abgerundeten bis keilförmigen, beiderseits etwas behaarten Blätter. Schon im April–Mai öffnen sich die glockigen, reinweißen, duftenden Blüten. Ihre 9 gleichgroßen, dicken Blütenblätter öffnen sich weit, die Blüten sind dann 12–15 cm breit. Die 8–12 cm langen, zylindrischen Fruchtstände sind bräunlich gefärbt. Die Yulan- oder Lilien-Magnolie ist in China seit mehr als 1300 Jahren in Kultur, sie war ihrer schlichten, weißen Blüten wegen den Buddhisten ein religiöses Symbol. Lb 3.2.1.4

Magnolia grandiflora, Immergrüne Magnolie. ▷ Das natürliche Areal der Immergrünen Magnolie zieht sich in Nordamerika an der südöstlichen und südlichen Küste entlang. Der stattliche, immergrüne Baum erreicht an klimatisch bevorzugten Standorten Höhen von 25 m. Seine oft bis zum Boden reichende Krone ist dicht geschlossen und regelmäßig kegelförmig aufgebaut. Triebe und Knospen sind rostbraun filzig behaart. Verkehrt eiförmig-länglich oder elliptisch sind die derb ledrigen, 10–20 cm langen, kurz zugespitzten, an der Basis keilförmigen, oberseits glänzend dunkelgrünen, unten rostbraun filzigen Blätter. Von Mai–August erscheinen nach und nach die großen, 15–20 cm breiten, schalenförmigen, weißen, duftenden Blüten. Sie haben 9–12 dicke, fleischige Blütenblätter und purpurne Staubblätter. Die 7–10 cm langen, eiförmigen Fruchtstände sind braunfilzig. Lb 3.2.1.3

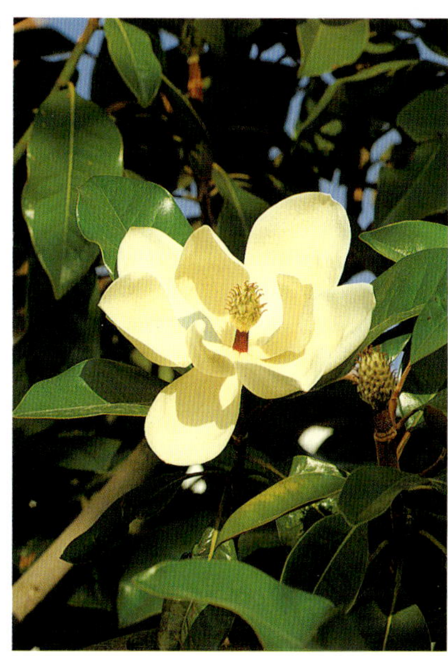

Magnolia hypoleuca, Honoki-Magnolie. ▷ Honoki ist der japanische Name dieser sommergrünen Art, die ihre Heimat in den Bergwäldern Japans hat. Der bei uns bis 15 m hohe, meist einstämmige, sparsam verzweigte Baum kann an seinen natürlichen Standorten bis 30 m hoch werden. Er hat eine regelmäßige, breit-kegelförmige Krone und dicke, purpurne Zweige. Verkehrt-eiförmig und 20–40 cm lang sind die vorne stumpfen, an der Basis spitz zulaufenden, oberseits hell graugrünen, unten bläulichen Blätter. Sie sitzen an den Zweigenden gedrängt und sind schirmförmig ausgebreitet. Im Mai–Juni, nach der Laubentfaltung, öffnen sich die weißen, duftenden, becher- bis schalenförmigen, 14–16 cm breiten Blüten mit ihren 9–12 ledrigen Blütenblättern. Die äußeren sind etwas kürzer und gelegentlich rosa getönt. 12–20 cm lang sind die zylindrischen, scharlachroten Fruchtstände. Lb 7.2.2.3

Magnolia kobus, Kobushi-Magnolie. In ▷ den Hügeln und Vorbergen Japans hat die Kobushi-Magnolie, so lautet ihr japanischer Name, ihr natürliches Areal. Sie entwickelt sich zu einem kleinen, kurzstämmigen, bis 10 m hohen Baum oder zu einem baumartigen Großstrauch mit zunächst aufstrebenden, später ausladenden Ästen und abstehenden, kahlen Zweigen. Die oberseits dunkelgrünen, unten helleren und auf den Nerven behaarten Blätter sind verkehrt-eiförmig, 6–12 cm lang, plötzlich zugespitzt und zur Basis hin verschmälert. Im April–Mai, lange vor der Laubentfaltung, öffnen sich die sehr zahlreichen, aufrecht stehenden, weißen, duftenden, weit geöffneten, bis 10 cm breiten Blüten. Sie haben 6–9 aufrechte bis ungleichmäßig zurückgeschlagene Blütenblätter. Blüht oft erst nach etwa 15 Standjahren. Hellrot und 7–10 cm lang sind die zylindrischen Fruchtstände. Lb 3.2.2.3

◁ **Magnolia liliiflora 'Nigra',** Purpur-Magnolie. Die sommerwarmen, humiden Klimazonen Mittelchinas sind die Heimat der natürlichen Art, die meist in der Form 'Nigra' in Kultur ist. Sie ist ein sommergrüner, breit aufrechter, oft vielstämmiger, langsam wachsender Großstrauch von 3-4 m Höhe und Breite. Die Form 'Nigra' wächst etwas kompakter und dichter als die natürliche Art. Die oberseits dunkelgrünen, unten helleren und auf den Nerven behaarten Blätter sind verkehrt-eiförmig und 10–18 cm lang. Mit der Laubentfaltung im Mai–Juni öffnen sich auch die 7 cm breiten, vasenförmigen Blüten mit den 8–10 cm langen Blütenblättern, die sich nicht abspreizen. Sie sind bei der natürlichen Art außen purpurn und innen weiß, bei 'Nigra' außen dunkel purpurrot, innen rosaweiß gefärbt. Sie ist eine häufig gepflanzte Sorte mit der dunkelsten Blütenfarbe aller Magnolien. Lb 9.2.1.4

Magnolia × loebneri 'Leonard Messel'. ▷ 'Leonard Messel' ist eine Auslese aus einer Kreuzung zwischen *M. kobus* × *M. stellata* 'Rosea'. Sie entstand in Nymanns Garden in Sussex und erhielt 1969 ein First Class Certificate der Royal Horticultural Society. 'Leonard Messel' ist ein aufrechter, meist locker und etwas sparrig verzweigter Großstrauch oder kleiner Baum, der im Alter eine rundlich-abgeflachte Krone mit abstehenden Hauptästen hat. Bei langsamem Wuchs erreicht die Sorte eine Höhe von 3-5 m, die Krone kann noch etwas breiter werden. Ende April–Mai öffnen sich an den Zweigenden die zahlreichen Blüten. Sie sind in der Knospe dunkelpurpurn gefärbt, aufgeblüht innen weiß bis schwach rosa, außen dunkelrosa bis purpurn. Die sternförmigen, zart erscheinenden Blüten werden bis 14 cm breit, ihre 12 linealischen Blütenblätter werden bis 7 cm lang. Lb 3.2.2.3

△ **Magnolia × loebneri 'Merrill',** M. × *loebneri* ist eine Hybride zwischen *M. kobus* × *M. stellata,* die um 1900 von Max Loebner gezüchtet worden ist. Die Sorte 'Merrill' entstand 1939 im Arnold Arboretum, USA. In der Sorte 'Merrill' sind die positiven Eigenschaften beider Arten vereint. Von *M. kobus* kommt der kräftige Wuchs, von *M. stellata* die reiche Blüte. Der meist einstämmig wachsende Kleinbaum wird 6–8 m hoch, er baut mit starken, aufstrebenden Seitenästen eine lockere, kegelförmige, im Alter eher rundliche Krone auf. Die mittelgrünen Blätter sind verkehrt-lanzettlich bis verkehrt-eiförmig und 7–14 cm lang. Im April–Mai öffnen sich die sehr zahlreichen weißen, duftenden, bis 10 cm breiten, weit geöffneten, sternförmigen Blüten mit ihren 15 schlanken, bis 6,5 cm langen Blütenblättern. Im Gegensatz zu *M. kobus* blüht 'Merrill' schon in jungen Jahren Lb 3.2.2.3

◁ **Magnolia sieboldii,** Siebolds Magnolie. In den Bergwälder vom mittleren bis südlichen Japan und von Korea hat *M. sieboldii* ihre natürliche Verbreitung. Sie ist ein sommergrüner, aufrechter, 3–4 m hoher Strauch, in der Heimat ein bis 10 m hoher Baum, mit flach ansteigenden Hauptästen. Junge Triebe und Knospen sind angedrückt behaart. Die oberseits dunkelgrünen unten bläulichen und zerstreut behaarten Blätter sind breit-elliptisch bis verkehrt-eiförmig, 6–15 cm lang, plötzlich zugespitzt und an der Basis breitkeilförmig. Erst nach der Laubentfaltung erscheinen im Juni–Juli die weißen bis rahmweißen, duftenden, nickenden Blüten. Sie haben 9 Blütenblätter, sind schalenförmig und 7–10 cm breit. In schönem Kontrast zu den hellen Blüten stehen die leuchtend karminroten Staubblätter. Die zylindrischen, 2–7 cm langen Fruchtstände sind anfangs hellrot gefärbt. Lb 7.2.5.4

◁**Magnolia × soulangiana 'Amabilis',** Tulpen-Magnolie. Anfang des vergangenen Jahrhunderts entstand in Frankreich aus *M. denudata* × *M. liliiflora* diese sommergrüne Hybride. Sie ist ein langsam wachsender, prachtvoller Großstrauch oder kurzstämmiger Kleinbaum, der mit ausladenden Hauptästen eine anfangs trichterförmige, später rundliche Krone aufbaut und Höhen und Breiten von 3–6 m erreichen kann. Verkehrteiförmig bis mehr lanzettlich sind die 10–15 cm langen, frischgrünen Blätter. Noch vor dem Laubausbruch öffen sich im April-Mai an den Enden oft etwas knorriger Kurztriebe die großen, glockigen, tulpenförmigen Blüten in dichter Fülle. Ihre 8–10 dicken, fleischigen Blütenblätter sind außen mehr oder weniger rosa bis purpurn, selten fast weiß, innen weiß gefärbt. Zu der wertvollen Hybride gehören mehrere Sorten mit unterschiedlichen Blütenfarben. Lb 9.2.1.4

Magnolia × soulangiana-Sorten

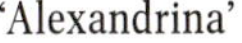

'Alexandrina'

'Lennei'

'Brozzonii'

'Norbertii'

'Verbania'

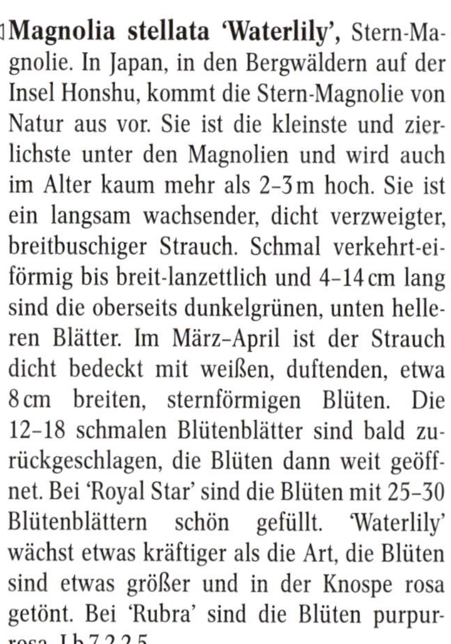

◁ **Magnolia stellata 'Waterlily',** Stern-Magnolie. In Japan, in den Bergwäldern auf der Insel Honshu, kommt die Stern-Magnolie von Natur aus vor. Sie ist die kleinste und zierlichste unter den Magnolien und wird auch im Alter kaum mehr als 2–3 m hoch. Sie ist ein langsam wachsender, dicht verzweigter, breitbuschiger Strauch. Schmal verkehrt-eiförmig bis breit-lanzettlich und 4–14 cm lang sind die oberseits dunkelgrünen, unten helleren Blätter. Im März–April ist der Strauch dicht bedeckt mit weißen, duftenden, etwa 8 cm breiten, sternförmigen Blüten. Die 12–18 schmalen Blütenblätter sind bald zurückgeschlagen, die Blüten dann weit geöffnet. Bei 'Royal Star' sind die Blüten mit 25–30 Blütenblättern schön gefüllt. 'Waterlily' wächst etwas kräftiger als die Art, die Blüten sind etwas größer und in der Knospe rosa getönt. Bei 'Rubra' sind die Blüten purpurrosa. Lb 7.2.2.5

Magnolia 'Susan'. 'Susan' ist eine von ▷ zahlreichen Hybriden jüngeren Datums, die 1955 und 1956 von F. de Vos und W. F. Korsar in National Arboretum in Washington aus *M. liliiflora* × *M. stellata* erzielt worden sind. 'Susan' fällt unter den Sorten dieser Gruppe besonders auf. Sie blüht schon als junge Pflanze sehr reich und hat eine ungewöhnlich lange Blütezeit, die von Ende April bis Mai-Juni reicht. Die streng duftenden, 10–15 cm breiten Blüten öffnen sich vor oder mit den Blättern. Ihre 6 Blütenblätter sind 10–15 cm lang, außen purpurrot und innen purpur- bis rosarot gefärbt, im Verblühen verblassen sie etwas. 'Susan' ist ein breit aufrechter, vielstämmiger Strauch, der anfangs kegelförmig, später rundlich aufgebaut ist. Die dunkelgrünen Blätter sind verkehrt-eiförmig bis elliptisch und 6–10 cm lang. Lb 9.2.1.4

Magnolia wilsonii, Wilsons Magnolie. Von Natur aus kommt *M. wilsonii* in den Bergwäldern der westchinesischen Provinzen Sichuan und Yunnan vor. Sie gilt als schönste der sommerblühenden Magnolien und entwickelt sich zu einem 5–7 m hohen, aufrechten Baum oder Strauch, der, im Gegensatz zu vielen anderen Magnolien, kalktolerant ist. Die jungen Zweige sind hellbraun behaart, sie werden im 2. Jahr kahl und dunkel purpurbraun. Die oberseits tief seegrünen, unten blaugrünen und seidigfilzig behaarten Blätter sind eilänglich bis länglich-lanzettlich, Im Mai-Juni hängen die zierlichen, 7–10 cm breiten, duftenden, schalenförmigen Blüten mit den 9 Blütenblättern an langen, behaarten Stielen frei unter den Blättern. Die karmin gefärbten Staubblätter stehen in einem schönen Kontrast zu den hellen Blüten. Nicht selten gibt es im August eine Nachblüte. Lb 3.2.1.4
▽

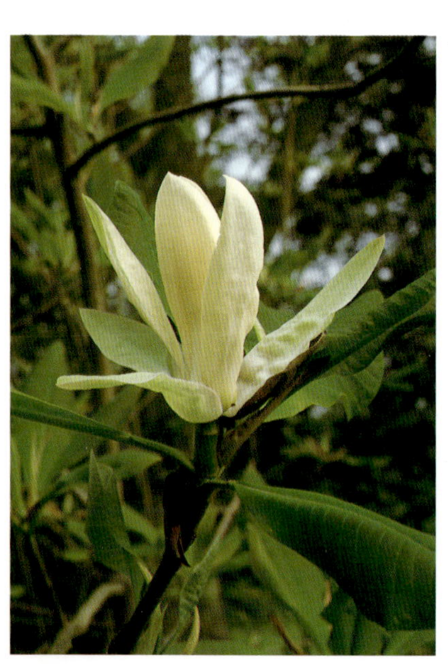

◁ **Magnolia tripetala,** Schirm-Magnolie. Tiefgründige Auenwälder in humiden, sommerwarmen Regionen im südöstlichen Nordamerika sind die bevorzugten natürlichen Standorte der Schirm-Magnolie. Sie ist ein sommergrüner, bis 12 m hoher, mehrstämmiger, aber sparsam verzweigter Großstrauch mit ansteigenden Hauptästen und abstehenden Zweigen, die eine etwas sparrige Krone bilden. Die großen, hellgrünen Blätter stehen an den Zweigenden schirmartig gedrängt. Sie sind verkehrt-eilänglich, 12–60 cm lang, spitz oder kurz zugespitzt und zur Basis hin allmählich verschmälert. Im Mai–Juni, nach der Laubentfaltung, öffnen sich die großen, milchweißen, 20–25 cm breiten, etwas unangenehm riechenden, schüsselförmigen Blüten mit den 6–9 Blütenblättern, die sich gelegentlich nicht ganz öffnen. Die eiförmig-länglichen, rosaroten, 6–10 cm langen Fruchtstände sind sehr dekorativ. Lb 3.2.1.4

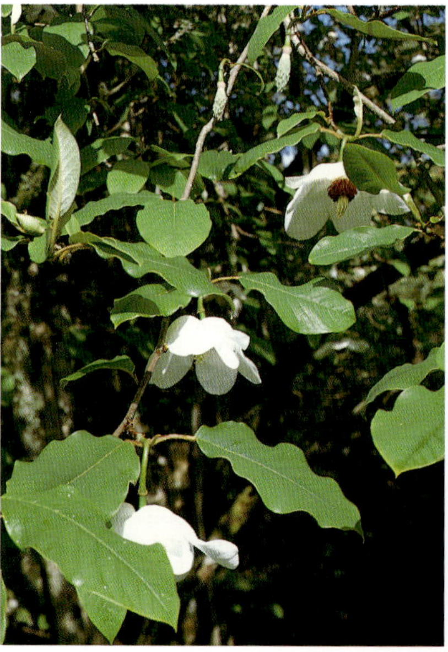

Mahonia aquifolium, Mahonie, Berberidaceae, Berberitzengewächse. Im pazifischen Nordamerika kommt die Mahonie als Unterholz in Nadelwäldern vor. Der immergrüne, buschige Kleinstrauch wird mit seinen zahlreichen, aber kaum verzweigten Zweigen etwa 1 m hoch und breit. Durch eine schwache Ausläuferbildung können kleine, dikkichtartige Gebüsche entstehen. Die unpaarig gefiederten, derbledrigen Blätter werden bis 20 cm lang. Die 5–13 glänzend dunkelgrünen Blättchen sind eiförmig bis eilänglich, 3,5–8 cm lang und am Rand mehr oder weniger stark gewellt. Im Winter färben sich die Blätter intensiv bronzerot. Im April–Mai stehen an den Triebenden zahlreiche 5–8 cm lange Blütentrauben aus goldgelben Blüten. Ihnen folgen etwa 8 mm dicke, schwarzpurpurne, bereifte Beeren. 'Apollo' bleibt etwas niedriger als die Art und hat etwas größere Blütentrauben. Lb 7.2.5.6 ▷

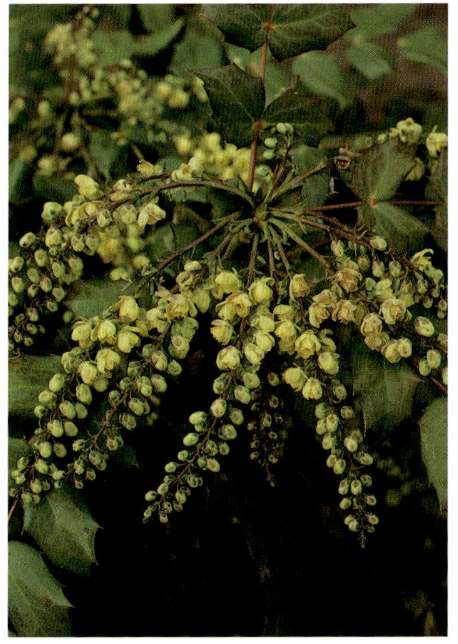

◁ **Mahonia bealei,** Beals Mahonie. Das natürliche Areal von *M. bealei* liegt in den sommerwarmen Regionen der westchinesischen Provinz Hubei. Der immergrüne, etwas steif aufrechte, dicktriebige, sparsam verzweigte, etwas bizarr wirkende Strauch wird in Mitteleuropa kaum mehr als mannshoch, in seiner Heimat erreicht er Höhen von 4 m. Sehr dekorativ sind die 30–40 cm langen, abstehenden Fiederblätter mit den 9–15 eiförmigen bis eilänglichen, 5–12 cm langen, oberseits dunkelgrünen und bläulich überlaufenden, unten blau- bis gelbgrünen Blättchen, die jederseits 5 große, dornige Zähne tragen. Schon im Februar–Mai stehen an den Zweigenden die hellgelben, duftenden Blüten in 8–20 cm langen, mehr oder weniger aufgerichteten bis überhängenden Trauben. Dekorativ sind auch die großen Fruchtstände mit den blauschwarzen, bläulich bereiften Beeren. Lb 6.4.4.5

Mahonia nervosa, Nervige Mahonie. In den Nadelwäldern des westlichen Nordamerika, von Britisch Kolumbien bis Kalifornien, kommt sie an lichten Stellen als bodendekkendes Zwerggehölz vor. Mit seinen unterirdischen Ausläufern breitet sich der bis 40 cm hohe Strauch langsam aus. Seine gefiederten Blätter werden bis 40 cm lang. Sie sind aus 11–19 eiförmigen bis eiförmig-lanzettlichen, 4–8 cm langen, ledrigen Blättchen zusammengesetzt. Die am Rand gebuchteten und jederseits mit 10–18 dornigen Zähnen ausgestatteten, 3- bis 5nervigen Blättchen sind oben glänzend graugrün, unten gelbgrün. Die auch als Rachis bezeichnete Blattspindel ist auffallend braunrot, einzelne Blätter sind oft hochrot gefärbt. Von April–Juni öffnen sich die grünlich- bis hellgelben Blüten in aufrechten, lockeren, 17–25 cm langen Trauben. Die länglich-eiförmigen, 7–9 mm langen Früchte sind blauschwarz. Lb 4.1.5.7 ▽

Mahonia × media 'Charity'. Aus einer Kreuzung zwischen *M. japonica* und der in Mitteleuropa nicht winterharten *M. lomariifolia* entstand 1970 in Irland diese Hybride, von der neben 'Charity' auch die Sorte 'Winter Sun' in Kultur ist. Die immergrünen, aufrechten, mit dicken Grundtrieben sparsam verzweigten Sträucher werden bei uns etwa 1,5 m hoch, im wintermilden Regionen auch höher. Die 40–60 cm langen, gefiederten Blätter sind aus 15–21 schmal-eiförmigen, oberseits stumpf graugrünen bis dunkelgrünen, unten helleren Blättchen zusammengesetzt, die am Rand jederseits 2–5 spitze Blattdornen tragen. Die Blütezeit ist abhängig von der Witterung, erste Blüten können sich schon im Januar öffnen. Sie sind hellgelb und sitzen in 20–30 cm langen, schmalen, aufrechten bis abstehenden Trauben zusammen. Braucht einen gegen Wind und Wintersonne geschützten Platz. Lb 6.4.4.5 ▷

Malus baccata 'Nigra', Beeren-Apfel, Rosaceae, Rosengewächse. Von Natur aus ist der Beeren-Apfel in Nordostasien und China verbreitet. Der bis 5 m hohe Baum hat eine dicht verzweigte, rundliche Krone. Elliptisch bis eiförmig-länglich sind die dünnen, 3–8 cm langen, zugespitzten, fein und regelmäßig gesägten Blätter. Im April–Mai stehen die zahlreichen weißen, 3–3,5 cm breiten Blüten auf dünnen Stielen. Aus ihnen entwickeln sich die rundlichen, 1 cm dicken, roten oder gelben Apfelfrüchte. 'Gracilis' ist eine meist hoch veredelte Hängeform mit dünnen, überhängenden Zweigen und kleinen glänzend grünen Blättern. In der Knospe sind die Blüten hellrosa, aufgeblüht weiß. Erst spät reifen die rahmgelben, rotbackigen Früchte. 'Street Parade' ist ein mäßig hoher Baum mit einer schmalen, eiförmigen Krone, großen, 4–5 cm breiten, weißen Blüten und glänzend purpurroten Früchten. Lb 2.4.2.4 ▷

Malus coronaria 'Charlottae', Kronen-Apfel. Die natürliche Art hat im östlichen Nordamerika ihre ursprüngliche Verbreitung, sie wird in der Regel nur in dieser Sorte kultiviert. Der kleine, 5–7 m hohe Baum baut mit steifen, anfangs filzig behaarten, späten Trieben eine breit ausladende Krone auf. Seine oberseits glänzend dunkelgrünen, unten flockig-filzigen Blätter sind eiförmig bis elliptisch, 5–10 cm lang, vorne spitz, an der Basis abgerundet, unregelmäßig gesägt und an Langtrieben grob gelappt. Sie färben sich im Herbst schön orange bis scharlachrot. Erst im Mai–Juni öffnen sich die großen, bis 5 cm breiten, zartrosa gefärbten, duftenden Blüten, die mit ihren 18 Kronblättern halbgefüllt sind. Die rosa Blütenknospen sind pastellrot geadert. Die flachrunden, 3 cm breiten, an der Spitze gerippten Früchte sind gelbgrün gefärbt. Lb 3.3.3.3

▽

Malus floribunda, Vielblütiger Apfel. Die ursprüngliche Heimat von *M. floribunda* ist nicht sicher bekannt. Die Art wurde 1862 aus Japan nach Europa eingeführt. Der 4–10 m hohe Baum hat eine dicht verzweigte, breit gewölbte Krone, in der die äußeren Äste und Zweige überhängen. Die rotbraunen Triebe sind anfangs behaart. Die dunkelgrünen, etwas glänzenden Blätter sind elliptisch bis eiförmig, 4–8 cm lang, mit grannenspitzigen Zähnen scharf gesägt, an Langtrieben größer und eingeschnitten gesägt und ungelappt oder unterhalb der Mitte mit 2 flachen Lappen ausgestattet. Zur Blütezeit im Mai tragen die Bäume eine überwältigende Fülle einfacher, 2,5–3 cm breiter Blüten, mit einem reichen Farbspiel. Sie sind in der Knospe tief karmin, aufgeblüht rosa und bald rosaweiß gefärbt. Die rundlichen, 6–8 mm dicken, gelblichgrün bis rot gefärbten Früchte fallen bald ab. Lb 3.3.4.3

▽

Malus ionensis, Prärie-Apfel. Die Laubwaldgebiete des östlichen Nordamerika sind die Heimat dieser Art. *M. ionensis* ist ein bis 6 m hoher, meist kurzstämmiger Baum mit einer locker aufgebauten Krone und mit anfangs filzig behaarten, später kahlen, braunen Trieben. Die 5–10 cm langen, derben Blätter sind eiförmig bis länglich, vorne spitz oder kurz zugespitzt und an der Basis breit-keilförmig bis abgerundet. Der Blattrand ist doppelt gesägt, an Langtrieben können die Blätter auch leicht gelappt sein. Sie färben sich im Herbst dunkelrot bis gelb. Zur Blütezeit im Mai–Juni trägt der kleine Baum zahlreiche 4 cm breite, duftende, weiße Blüten mit einem zartrosa Anflug. Unter den Zieräpfeln ist *M. ionensis* wohl die einzige Art mit duftenden Blüten. Im Herbst schmücken rundliche oder breit-elliptische, 2,5–3 cm dicke, grünliche, duftende Früchte den Baum. Lb 9.2.4.3 ▷

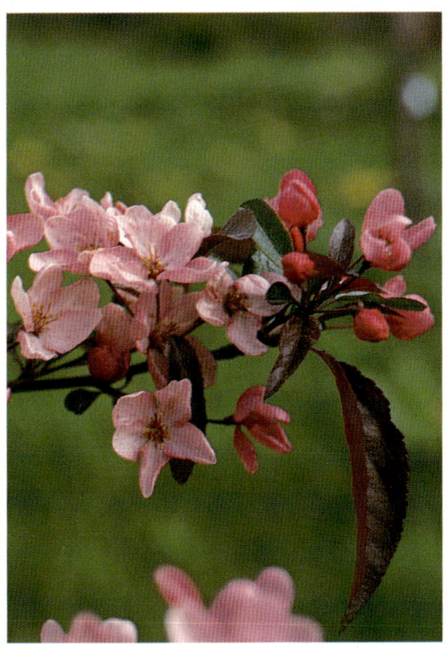

◁ **Malus × moerlandsii 'Liset'.** Aus *M. purpurea* 'Lemoine' × *M. toringo* ist *M. × moerlandsi* entstanden. 'Liset' ist ein 5–7 m hoher und gleich breiter Großstrauch oder kleiner Baum mit einer zunächst kompakten, rundlichen, später unregelmäßigen Krone und purpurnen Trieben. Die elliptischen bis eiförmigen, an Langtrieben gelappten, bis 11 cm langen Blätter sind im Austrieb dunkelpurpurn, später überwiegend dunkelgrün und glänzend und im Herbst orangerot. Die außerordentlich reich blühende Sorte entfaltet im Mai eine Fülle von blauroten, 3–4 cm breiten Blüten, die Blütenknospen sind rosenrot gefärbt. Die 1–1,5 cm dicken, flachkugeligen Früchte sind auf der Sonnenseite rubin, auf der Schattenseite dunkler gefärbt. Bei der ähnlichen Sorte 'Profusion' sind die Blätter über Sommer bronzegrün, die rasch heller werdenden Blüten karminrot, die Früchte rotbraun. Lb 3.3.3.4

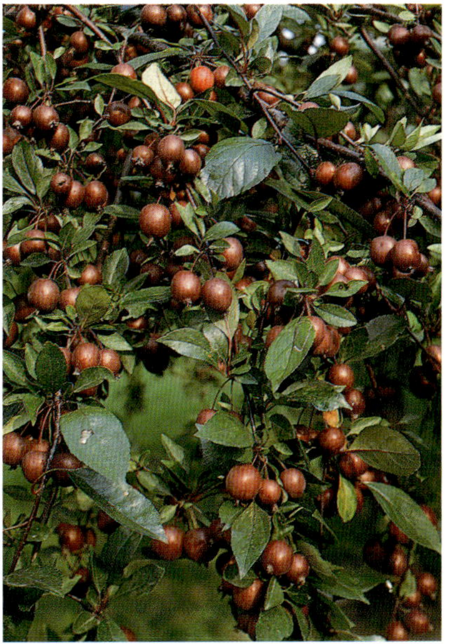

△
Malus × purpurea 'Eleyi'. Die Eltern dieser Hybride sind *M. × atrosanguinea × M. sylvestris* 'Niedzwetzkyana'. 'Eleyi' ist ein 4–6 m hoher Kleinbaum oder großer Strauch mit einer reich verzweigten, unregelmäßigen, flachrunden Krone und schwarzroten Zweigen. Eiförmig und 8–10 cm lang sind die glänzenden, im Austrieb purpurnen, später bronze- bis dunkelgrünen Blätter. Schon früh, im April–Mai, öffnen sich die sehr zahlreichen, 3–3,5 cm breiten, einfachen, dunkel weinroten bis blauroten Blüten, deren Blütenblätter am Ansatz etwas heller sind. An dünnen Stielen hängen die eiförmigen bis rundlichen, 1,5–2 cm dicken, tiefroten Früchte, die bis zum Oktober haften und leider schorfanfällig sind. 'Aldenhamensis' ist eine weitere rotlaubige, sehr reichblühende Sorte dieser Hybride, ihre purpurroten Blüten sind mit 6–10 Blütenblättern leicht gefüllt. Lb 3.3.2.4

△
Malus toringo var. sargentii. Nicht selten wird die in Japan und Nordchina heimische Art noch unter dem Namen *M. sargentii* geführt. Sie wird heute ausschließlich aus Veredelungen kultiviert und ist dann ein schwachwachsender, nur 2–3 m hoher, breitbuschiger, dicht verzweigter Strauch mit waagerecht ausgebreiteten oder bogig überhängenden Ästen und Zweigen. An filzig behaarten Trieben sitzen die eiförmigen, 5–8 cm langen, zugespitzten, an der Basis fast herzförmigen, scharf gesägten, an Langtrieben seicht 3lappigen, mittelgrünen Blätter, die sich im Herbst orangegelb verfärben. Überaus reich blüht der Strauch im Mai mit einfachen, reinweißen, 2,5 cm breiten, in der Knospe zartrosa Blüten. Knapp 1 cm dick sind die sehr zahlreichen, dunkelroten, langgestielten Früchte, die bald abfallen. 'Tina' ist eine schwachwüchsige, überaus reichblühende Sorte. Lb 2.3.3.5

Malus × zumi 'Professor Sprenger'. *M. baccata* var. *mandshurica × M. toringo* sind die Eltern dieser Hybride. 'Professor Sprenger' ist ein 5–8 m hoher Kleinbaum mit breitkegelförmiger, im Alter aufgelockerter Krone. Eiförmig bis länglich sind die 3–9 cm langen, kerbig gesägten, an Langtrieben auch seicht gelappten, stumpfgrünen Blätter, die sich im Herbst gelbrot verfärben. Aus rosa Knospen öffnen sich im Mai reinweiße Blüten in sehr großer Fülle. Die sehr zahlreichen, lange haftenden und sehr gesunden Früchte sind 1,5–2 cm dick und leuchtend gelborange bis orange gefärbt. Zur gleichen Hybridgruppe gehört auch 'Golden Hornet', ein Sorte mit hell rosaweißen Blüten und tiefgelben, lange haftenden Früchten. Auf den folgenden Bilder sind Zieräpfel zu sehen, die teilweise nicht mehr einer bestimmten Art oder Hybride zugeordnet werden können. Lb 2.4.3.3 ▷

Malus-Sorten

'Butterball'

'Evereste'

'Golden Hornet'

'Gorgeous'

'Hillieri'

'John Downie'

'Radiant'

'Red Jade'

'Van Eseltine'

Menispermum canadense, Amerikanischer Mondsame, Menispermaceae, Mondsamengewächse. Aus den sommergrünen Laubwäldern des östlichen Nordamerika stammt der Amerikanische Mondsame. Es ist ein sommergrüner, linkswindender, üppig wachsener Strauch mit dünnen, hellgrünen Zweigen und fein behaarten Trieben. Die langgestielten, wechselständigen, oberseits dunkelgrünen, unten etwas helleren Blätter sind eirundlich, 10–20 cm lang, ungeteilt oder seicht stumpf gelappt. Die Blattstiele sind nahe dem Blattrand angeheftet. Sehr unscheinbar sind die 2häusigen, gelbgrünen Blüten, die im Mai–Juni in lockeren, 2–6 cm langen Rispen in den Blattachseln stehen. Wie kleine Weintrauben sehen die 8 mm dikken, bläulichschwarzen Steinfrüchte aus. Mit der üppigen, völlig frostharten, anspruchslosen Liane lassen sich rasch Mauern, Zäune und Pergolen begrünen. Lb 2.1.2.9 ▷

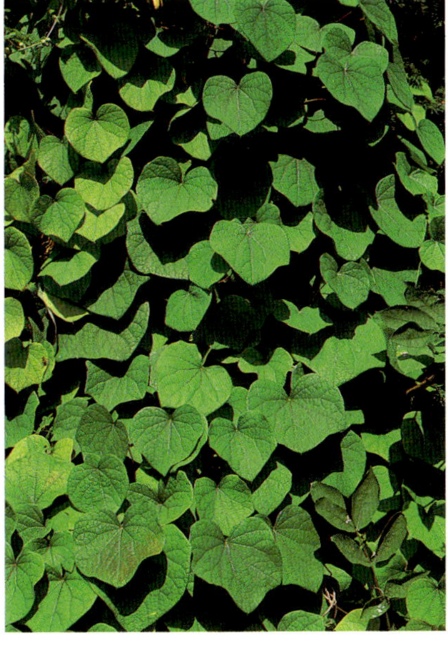

Mespilus germanica, Mispel, Rosaceae, Rosengewächse. Vom nördlichen Persien, dem Kaukasusgebiet und dem nördlichen Kleinasien reicht die natürliche Verbreitung der Mispel bis nach Südost- und Südeuropa. Sie wird seit altersher in Mitteleuropa kultiviert und ist stellenweise verwildert. Der sommergrüne, dornig bewehrte, nur mäßig verzweigte, breit aufrechte Baum wird 3–6 m hoch und im Alter gleich breit. Seine oberseits glänzend dunkelgrünen, unten feinfilzig behaarten Blätter sind breit-länglich bis länglich-lanzettlich und 6–12 cm breit. Sie färben sich im Herbst gold- bis bräunlichgelb. Über dem Laub stehen im Mai–Juni die ansehnlichen, 4–5 cm breiten, weißen Blüten einzeln und endständig an Kurztrieben. Im Oktober reifen die breit-kreiselförmigen, 3–4 cm breiten, rauh behaarten Früchte, die nach Frosteinwirkung teigig werden und dann eßbar sind. Lb 6.3.2.4 ▽

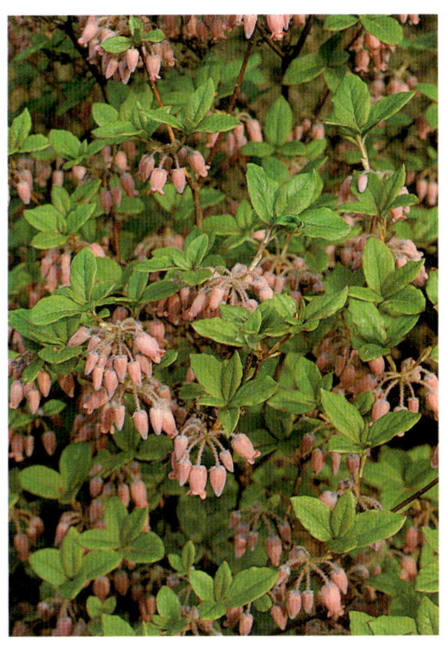

◁ **Menziesia ciliicalyx var. purpurea,** Gewimperte Menziesie, Ericaceae, Heidekrautgewächse. In den Gebirgen des Hakone National Parkes auf der japanischen Hauptinsel Honshu ist *M. ciliicalyx* var. *purpurea* zu finden, die eigentliche Art ist im Hügel- und Bergland auf ganz Honshu verbreitet. Der aufrechte, sommergrüne, locker verzweigte Strauch wird etwa 1 m hoch. Die eilänglichen, 2–2,5 cm langen, spitzen, zur Basis hin verschmälerten, gewimperten Blätter sind oberseits rauh und lang behaart. Die zarten, röhrig-krugförmigen, 13–17 mm langen Blüten sitzen zu 3–8 in nickenden, lockeren Dolden. Die sind bei der Art gelblichgrün und purpurn bereift, bei der *M. ciliicalyx* var. *purpurea* purpurrosa, in der Knospe bläulich gefärbt. Die Blütezeit liegt im Mai–Juni. Sie ist die schönste unter den 7 Arten der Gattung. Sie wird am besten in Verbindung mit *Rhododendron* gepflanzt. Lb 7.2.4.6

Moltkia petraea, Moltkie, Boraginaceae, Braunwurzgewächse. *M. petraea* ist ein Vertreter der subalpinen bis alpinen Kalkfelstriften in den Gebirgen Griechenlands, Montenegros und Nordalbaniens. Sie kommt aber auch im Mittelgebirge und bis in Küstennähe vor. Der halbimmergrüne, buschige, dicht verzweigte, rauh behaarte Halbstrauch, dessen steife, etwas sparrige Zweige nur an der Basis verholzen, wird 15–30 cm hoch. Die wechselständigen, hellgrünen, unterseits dicht weißlich behaarten Blätter sind schmalelliptisch bis länglich-lanzettlich, 2,5–4 cm lang und am Rand eingerollt. Von Mai–August erscheinen in dichten, endständigen Wikkeln die kleinen, röhrig-trichterförmigen, amethystblauen Blüten. Der hübsche Zwergstrauch gedeiht am besten in Trockenmauern, Stein- und Troggärten und an sonnigen bis halbschattigen Plätzen auf durchlässigen Kalkhumusböden. Lb 6.1.2.8 ▷

◁ **Morus alba 'Pendula',** Weißer Maulbeerbaum, Moraceae, Maulbeerbaumgewächse. Von Nordindien und von Mittelasien bis China reicht die Verbreitung des Weißen Maulbeerbaumes. Er wurde schon im 12. Jahrhundert in den Mittelmeerraum eingeführt und ist dort eingebürgert. Der sommergrüne, meist kurzstämmige Baum wird mit seiner dichten, rundlichen Krone 10–15 m hoch. Ganz charakteristisch sind seine sehr unterschiedlich gelappten Blätter. Sie sind im Umriß breit-eiförmig, 6–19 cm lang, oberseits glatt oder nur schwach rauh und unten auf den Nerven behaart. Die Blätter sind die bevorzugte Nahrung der Seidenraupen. Aus unscheinbaren grünlichen Blüten entwickeln sich die brombeerähnlichen, weißen, süßen, fade schmeckenden Früchte. 'Pendula' ist eine schwachwachsende Hängeform mit einer schirmartigen Krone und bis zum Boden hängenden Zweigen. Lb 6.3.1.3

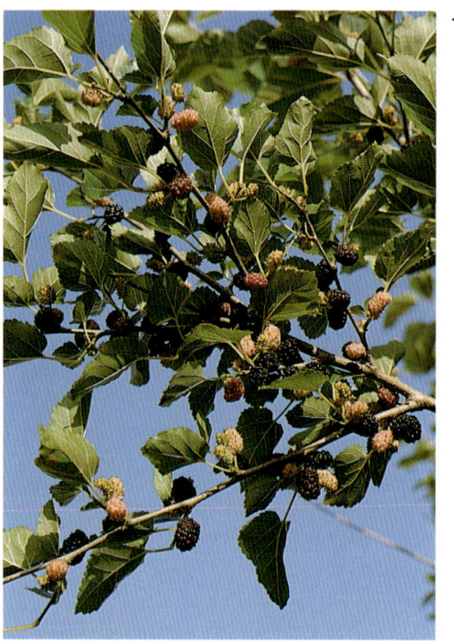

◁ **Morus nigra,** Schwarzer Maulbeerbaum. Noch früher als der Weiße kam der Schwarze Maulbeerbaum in den Mittelmeerraum, auch er ist dort längst eingebürgert. Er wurde seiner saftigen, süßen Früchte wegen als Obstbaum kultiviert. Als ursprüngliche Heimat wird Vorderasien und der Transkaukasus angenommen. Bis 15 m hoch wird der meist kurzstämmige, sehr breitkronige Baum, der im Mittelmeergebiet häufig als Hof- und Schattenbaum gehalten wird. Seine 6–12 cm langen, grob gesägten und oft 2- bis 3lappigen Blätter sind breit-eiförmig, an der Basis tief herzförmig, oberseits glänzend dunkelgrün und sehr rauh, unten heller und behaart. Hellgrün und 2–2,5 cm lang sind die männlichen Blütenkätzchen, die sich im Mai–Juni entfalten. Die purpurn bis dunkel violett gefärbten, 2–2,5 cm langen Fruchtstände sind aus 1samigen Steinfrüchten zusammengesetzt. Lb 6.4.1.4

Myricaria germanica, Rispelstrauch, Tamaricaceae, Tamariskengewächse. In den montanen und subalpinen Stufen von den Pyrenäen über die Alpen bis zur Balkanhalbinsel, auf der Krim und von Klein- bis Mittelasien besiedelt der Rispelstrauch vor allem Grobsande sowie Kies- und Geröllbänke entlang der Flüsse und Bäche. Der sommergrüne, straff aufrechte, rutenartig verzweigte Strauch wird bis 2 m hoch. An sehr biegsamen, gelbgrünen bis rötlichbraunen Zweigen sitzen an den Hauptsprossen 4–7 mm lange, pfriemliche, an den Seitensprossen linealische, dickliche, 2 mm lange, dicht dachziegelig angedrückte, bläulich bereifte Blätter. An den Enden der jungen Langtriebe entfalten sich im Juni–August die kleinen, hellrosa Blüten in 10–20 cm langen, einfachen oder verzweigten Trauben. Die Früchte sind kleine Kapseln mit zahlreichen Samen, die einen langen Haarschopf tragen. Lb 2.2.2.6
▽

Myrica gale, Gagelstrauch, Myricaceae, Gagelstrauchgewächse. Der Gagelstrauch wächst oft in großen Kolonien in Heidemooren, Kiefernwäldern und Weidesümpfen auf nassen bis mäßig feuchten und moorigen Sandböden. Seine natürliche Verbreitung hat er im atlantischen West- und Nordeuropa, bis Nordpolen und zum Baltikum sowie im nördlichen Nordamerika. Der sommergrüne, reich verzweigte, aromatisch duftende, straff aufrecht wachsende Strauch wird mit seinen dunkelbraunen, rutenförmigen Zweigen bis 1,25 m hoch. Die ledrigen, oberseits glänzend dunkelgrünen, unten blaßgrünen, verkehrt länglich-eiförmigen Blätter werden 2,5–6 cm lang. Im April–Mai erscheinen am Ende der noch kahlen, vorjährigen Triebe die 10–15 mm langen männlichen, bernsteinfarbenen und die kürzeren weiblichen Blütenkätzchen. Die kleinen Steinfrüchte sind dicht mit goldgelben Harzdrüsen besetzt. Lb 4.1.1.4 ▷

△
Neillia thibetica, Tibetanische Traubenspiere, Rosaceae, Rosengewächse. Mit 12 Arten ist diese Gattung vom östlichen Himalaya bis nach Korea, Indochina, Sumatra und Java verbreitet. Die Tibetanische Traubenspiere ist die schönste unter den winterharten Arten der Gattung. Sie ist ein etwa 2 m hoher Strauch mit dünnen, abstehend-überhängenden Zweigen. Die wechselständigen, meist zweizeilig stehenden, frischgrünen Blätter sind eiförmig, 5–8 cm lang, vorne lang zugespitzt und an der Basis fast herzförmig. Der Blattrand ist doppelt gesägt und gelappt. Im Mai erscheinen die 8 mm langen, rosa Blüten in 8–15 cm langen, dichten Trauben. Form und Farbe der Blüten werden vor allem durch den fein behaarten, röhrenförmigen Blütenbecher geprägt, der die Kelch- und Kronblätter als kleine Anhängsel trägt. Wird meist als Gruppen- oder Heckenstrauch verwendet. Lb 7.2.2.6

Nothofagus antarctica, Scheinbuche, Fagaceae, Buchengewächse. Die Scheinbuche hat ihre Heimat in den Bergen Chiles. Sie gehört zu den wenigen Baumarten der südlichen Hemisphäre, die in Mitteleuropa ausreichend frosthart sind. Bei uns wird sie kaum mehr als 6 m hoch. Sie entwickelt sich meist zu einem mehrstämmigen Großstrauch mit einem ganz eigenwilligen, charaktervollen Wuchs. An den meist aufstrebenden Stämmen stehen Äste und Zweige waagerecht ab. Die jungen Zweige sind ganz regelmäßig fischgrätenartig gestellt. Die dunkelbraune Rinde ist durch auffällige, helle Lentizellen gezeichnet. Wie die Zweige, stehen auch die zierlichen Blätter zweizeilig und sehr dicht. Sie sind nur 1,5–3 cm groß, breit-eiförmig und am Rand fein und unregelmäßig gezähnt. Im Herbst färben sie sich prachtvoll goldgelb. Die Blüten und Früchte sind ganz unscheinbar. Lb 7.2.1.4 ▷

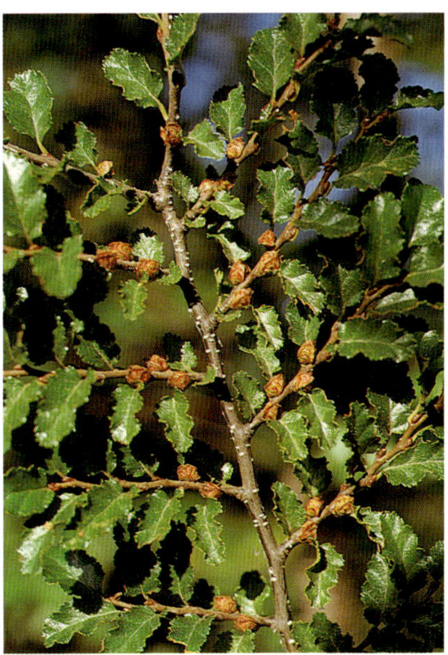

△
Nyssa sylvatica, Tupelobaum, Nyssaceae, Tupelogewächse. Der Tupelobaum kommt an seinen natürlichen Standorten, den Laubwäldern des südöstlichen Nordamerika, in Niederungen und an feuchten Berghängen vor, gedeiht bei uns aber auch an etwas trockeneren Standorten. Er kann zu einem prächtigen, mittelgroßen bis großen Baum mit kegelförmiger Krone heranwachsen. Der meist gerade Stamm hat eine dunkle, tiefgefurchte Borke. Im oberen Kronenbereich streben die Äste aufwärts, die mittleren stehen horizontal ab, während die unteren Äste stark überhängen können. Verkehrt-eiförmig bis elliptisch sind die bis 12 cm langen, derben, oberseits glänzend grünen, unterseits bläulichen Blätter, die sich im Herbst ganz prachtvoll orangerot bis leuchtend scharlach verfärben. Kaum ein anderer Baum kann da mithalten. Blüten und Früchte sind ohne Schmuckwert. Lb 2.3.1.3

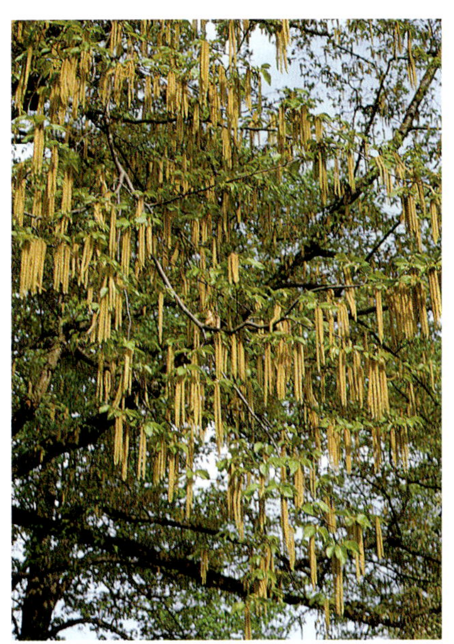

◁ **Ostrya carpinifolia,** Gemeine Hopfenbuche, Betulaceae, Birkengewächse. In Europa, Nord- und Mittelamerika sowie in West- und Ostasien, kommen 10 Hopfenbuchenarten vor. Bei uns wird nahezu ausschließlich die von Südeuropa bis Kleinasien verbreitete Gemeine Hopfenbuche gepflanzt. Sie ist ein mittelgroßer sommergrüner Baum mit einer anfangs kegelförmigen, im Alter gleichmäßig rundlichen Krone. Sehr lange bleibt die Rinde glatt, die Borke wird erst im Alter schwarzgrau, längsgefurcht und schuppig. Wechselständig sind die eiförmigen bis elliptischen, 4–10 cm langen Blätter angeordnet. Sie sind vorne zugespitzt, am Rand scharf doppelt gesägt und oberseits dunkelgrün, im Herbst färben sie sich gelb. Mit der Laubentfaltung erscheinen auch die getrenntgeschlechtlichen Blüten in 4–12 cm langen Kätzchen. Die nußartigen Samen sind von einer sackartigen Hülle umgeben. Lb 6.3.3.3

◁**Oxydendrum arboreum,** Sauerbaum, Ericaceae, Heidekrautgewächse. Der Sauerbaum ist der einzige, ausreichend winterharte, sommergrüne Laubbaum in der Familie der Heidekrautgewächse. Er hat seine ursprüngliche Verbreitung in den Laubbaumwäldern des südöstlichen Nordamerika. Bei uns bleibt er ein Kleinbaum mit einer sehr locker aufgebauten Krone, mit mehr oder weniger abstehenden Ästen und übergeneigten Zweigen. Wechselständig stehen die eleganten, elliptisch-länglichen, bis 20 cm langen Blätter. Sie sind oberseits glänzend grün und färben sich im Herbst prachtvoll scharlachrot. Die Blätter schmecken übrigens sauer, daher hat die monotypische Gattung ihren Namen. Im Juli-August entfalten sich die kleinen weißen Blüten. Sie sind zu 5–15 cm langen Trauben geordnet, die zu 10–25 cm langen, abstehenden, rispenartigen Ständen vereinigt sind. Lb 4.1.2.4

Pachysandra terminalis, Schattengrün, ▷ Buxaceae, Buchsbaumgewächse. Die Verwandtschaft mit dem Buchsbaum sieht man diesem immergrünen Zwergstrauch nicht an. Er wächst in den Laubwäldern seiner japanischen Heimat als Bodenpflanze. Er wird nur etwa 20 cm hoch, breitet sich mit seinen flachstreichenden, fadenförmigen, unterirdischen Rhizomen weit aus und bildet auf lokkeren, humosen, frischen Böden und an halbschattigen bis schattigen Plätzen bald dichte Teppiche. Die Wurzeln sind gegen Bodenverdichtungen sehr empfindlich. Die dicken, fleischigen Sprosse tragen am Ende einen Schopf aus ledrigen, dunkelgrünen 5–8 cm langen, länglich-rhombischen Blätter, die in der oberen Hälfte grob gezähnt sind. Im April stehen über dem Laub die weißen, einhäusigen Blüten in aufrechten, reichblütigen Ähren. *P. terminalis* gehört zu den wichtigsten Bodendeckern. Lb 3.2.7.8

Paeonia lutea, Gelbe Pfingstrose. Die Gebirgswälder von China und Tibet sind die Heimat dieser strauchigen Art. Auch sie baut sich mit nahezu unverzweigten, dicken und steifen Trieben auf und wird kaum mehr als 1 m hoch. Ausläufer werden kaum gebildet. Die Blätter erinnern in Schnitt und Größe an die von *P. delavayi. P. lutea* unterscheidet sich von ihrer Schwester durch gelbe, 5–10 cm breite Blüten, die meist einzeln oder in Gruppen zu 3 oder mehr aufrecht an den Zweigenden stehen. Die Blüten bestehen aus 5–8 fast kreisrunden Kronblättern, die an der Basis einen rötlichen Fleck, ein Saftmal, tragen. Größere, 13–15 cm breite Blüten hat die Tibetanische Paeonie, die *P. lutea* var. *ludlowii.* Sie wird in ihrer Heimat bis 2,5 m hoch, erreicht aber bei uns nur Höhen von etwa 1 m. Die becherförmigen, aufrechtstehenden Blüten sitzen meist zu 4 auf einem Trieb. Lb 6.3.2.6
▽

Paeonia delavayi, Delavays Pfingstrose, ▷ Paeoniaceae, Päoniengewächse. Im temperierten Eurasien und im westlichen Nordamerika sind 33 Pfingstrosenarten verbreitet. Die meisten von ihren sind staudige Pflanzen, nur wenige haben verholzte Triebe. *P. delavayi* kam aus den chinesischen Provinzen Yunnan und Xinjiang in unsere Gärten. Der bis 1,6 m hohe, schwach Ausläufer treibende Strauch baut sich mit steifen, dicken, nahezu unverzweigten Trieben auf. Er hat bis 35 cm lange, fast fiederig zerteilte, dunkelgrüne Blätter mit 5–10 cm langen, eiförmigen bis länglichen Blattabschnitten, deren Basis flügelartig am Stiel herabläuft. Im Mai entfalten sich die großen Blüten, die einzeln an den Triebenden stehen. Sie sind becherförmig, 5–9 cm breit und dunkel karminrot. Von der dunklen Blütenfarbe heben sich die zahlreichen gelben Staubblätter schön ab. Lb 6.3.2.6

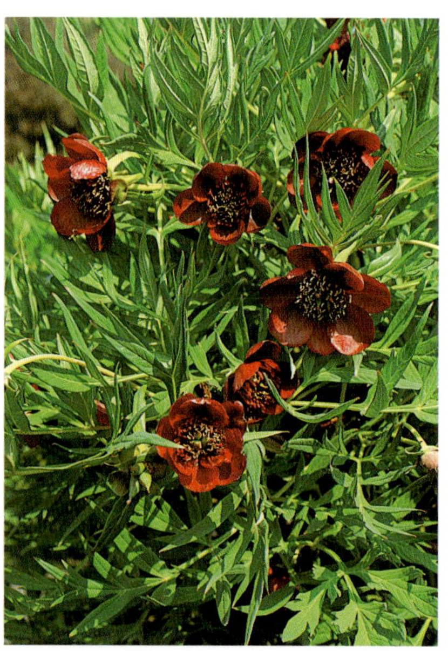

Paeonia suffruticosa, Strauch-Päonie. Die ▷ wichtigste Art unter den Strauch-Päonien stammt aus Nordwestchina, Tibet und Bhutan. Sie ist in China seit mehr als 2000 Jahren in Kultur, zunächst als Heilpflanze, später als d i e Blume der Kaiser, als »Königin aller Blumen«. Tatsächlich sind die 10–25 cm breiten, endständigen, weißen Blüten mit ihren plissierten Blütenblättern und dem kräftig dunkel violettroten Basalfleck von großer Schönheit. Mit wenig verzweigten Ästen kann die wilde Form der Strauch-Päonie Höhen und Breiten von annähernd 2 m erreichen. Sorten mit mehr oder weniger gefüllten Blüten bleiben dagegen viel kleiner, sie sind in der Regel auch weniger robust als die aus Samen gezogene Wildform. Mir gefällt die Wildform mit ihren einfachen weißen Blüten mindestens so gut wie veredelte Sorten mit ihren farbenprächtigen, gefüllten Blüten.
Lb 6.3.4.

Paeonia suffruticosa-Sorten

'Chi-chi-bu'

'Giant de Twickle'

'Heaven Sent'

'Hoki'

'Jeanne de Arc'

'Jitsu-getsu-nishiki'

Paeonia suffruticosa-Sorten

'Jules Pirlot'

'Madame Stuart Loo'

'Madame Thibault'

'Red Currant'

'Renkaku'

'Shichi-fukuji'

'Shin Abowkin'

'Yabiyotsuoki'

'Zizyi-guan-dai'

△ **Parrotia persica,** Eisenholz, Hamamelidaceae, Hamamelisgewächse. Zur Gattung *Parrotia* gehört nur diese Art. Sie hat ihre natürliche Verbreitung in den sommerwarmen Wäldern des nördlichen Iran. Der sommergrüne, breitkronige, bis 10 m hohe Baum oder Großstrauch baut sich meist vom Boden an mit mehreren Stämmen auf. An den nicht selten miteinander verwachsenen Stämmen blättert die Borke wie bei Platanen in Schuppen ab. Der langsamwachsende Strauch hat sehr dekorative, verkehrt-eiförmige, bis 10 cm lange, tiefgrüne Blätter. Sie sind im Austrieb rot gerandet und färben sich im Herbst in prachtvollen gelben und orangeroten bis scharlachroten Tönen. Nicht ohne Reiz sind auch die im März-April erscheinenden Blütenköpfchen, die von einem samtigbraunen Hochblatt umgeben sind. Sie haben keine Blütenblätter, aber zahlreiche lange Staubblätter mit roten Staubbeuteln. Lb 2.3.2.4

Parrotiopsis jacquemontiana, Scheinparrotie, Hamamelidaceae, Hamamelisgewächse. Wie bei *Parrotia,* besteht auch dieser Vertreter der Hamamelisgewächse nur aus einer Art, die in den Bergwäldern des Himalaja zu Hause ist. In ihrer Heimat erreicht die wärmebedürftige Art mit ihrem anfangs straff aufrechten Wuchs Höhen von etwa 7 m, bei uns wächst sie langsam und bleibt viel niedriger. Ihre wechselständigen, mittelgrünen Blätter sind verkehrt-eiförmig bis rundlich, 5–8 cm lang und scharf gesägt, sie färben sich im Herbst schön goldgelb. Im April–Mai öffnen sich die kleinen, duftenden Blüten mit ihren 15 Staubblättern in endständigen, mehrblütigen Köpfchen, die von mehreren weißen, 1,5–2 cm großen, abstehenden, unterseits braunschälferigen Hochblättern umgeben sind. Sie machen den Schauapparat der Blüten aus, denn ihnen fehlen die Kronblätter. Lb 6.4.4.5 ▷

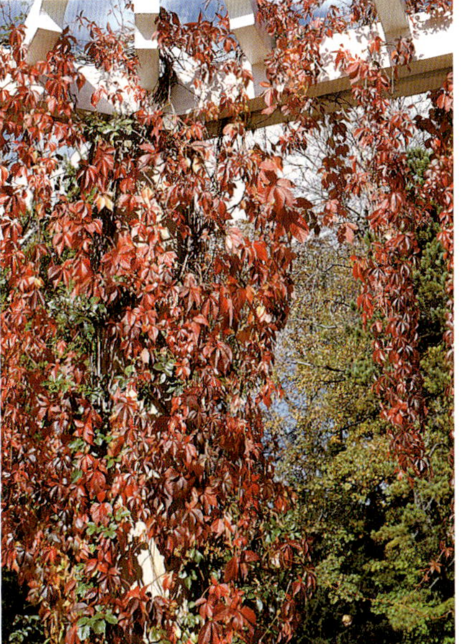

◁ **Parthenocissus quinquefolia,** Selbstkletternde Jungfernrebe, Vitaceae, Weinrebengewächse. In den Laubwäldern des östlichen Nordamerika klettert diese Jungfernrebe an Bäumen empor oder überzieht Gebüsche. Ihre Haftscheiben sind nicht so gut entwickelt wie die von *P. tricuspidata,* sie braucht deshalb zum Klettern rauhe Unterlagen oder Klettergerüste. An Lauben und Pergolen hängt das Zweigwerk oft weit über und bildet dichte Schleppen. Die meist 5zähligen Blätter haben elliptische bis längliche, 5–12 cm lange, glänzend dunkelgrüne Blättchen, die sich im Herbst leuchtend scharlachrot verfärben. Die unscheinbaren Blüten stehen im Juni–Juli in weißlichen Rispen. Blauschwarz und bereift sind im Herbst die Beeren. Statt der Art ist häufig die kräftig wachsende *P. quinquefolia* var. *engelmannii* in Kultur, ihre Blättchen sind schmaler und zierlicher als die der Art. Lb 2.4.3.9

Parthenocissus tricuspidata, Dreispitz-Jungfernrebe. Japan, Korea und China sind die Heimat dieser Art. Auch sie braucht in ihrem Lebensbereich Bäume zum Klettern. Da ihre Haftscheiben sehr gut ausgebildet sind und fest haften, kann die Art auch an relativ glatten Wänden emporklettern. Sie kann Höhen von etwa 20 m erreichen. Die Zweige wachsen nicht nur aufwärts, sondern breiten sich an Mauern und Wänden fächerförmig senkrecht und waagerecht aus. Die langgestielten Blätter sind sehr variabel, sie werden 10–20 cm lang und sind meist 3lappig mit zugespitzten, grob gesägten Lappen, aber auch eiförmig und ungelappt oder 3zählig mit gestielten Blättchen. Im Austrieb sind die Blätter bronzefarben bis braunrötlich, im Sommer glänzend grün und im Herbst feurig gelborange bis scharlachrot und dunkelkarmin. In Kultur ist oft die kleinblättrige Sorte 'Veitchii'. Lb 7.3.2.9 ▷

◁ **Paulownia tomentosa,** Blauglockenbaum, Scrophulariaceae, Braunwurzgewächse. In sehr warmen, lockeren Tieflandwäldern Chinas hat der Blauglockenbaum seine natürliche Verbreitung. Er gedeiht bei uns zwar auch unter weniger günstigen klimatischen Bedingungen, kommt aber nur dort zur Blüte, wo im Winter die schon im Herbst angelegten Blütenknospen nicht zerstört werden. Der mittelgroße Baum hat eine lockere Krone mit starken Ästen und auffallend dicken, steifen Zweigen. Breit-eiförmig sind die bis 25 cm langen, vorne spitzen, an der Basis herzförmigen, gelegentlich etwas 3lappigen Blätter, die an starken Jungtrieben bis 80 cm groß werden können. Unmittelbar vor der Laubentfaltung erscheinen an den Zweigenden 5–6 cm lange hellviolette, innen gelb gestreifte, trichterförmige, schwach 2lippige, duftende Blüten in 20–30 cm langen, rispigen Blütenständen. Lb 6.1.1.3

Paxistima canbyi, Dicknarbe, Celastraceae, Spindelstrauchgewächse. In den Laubwäldern des östlichen Nordamerika, in Virginia, Kentucky und Ohio wächst *P. canbyi* an offenen, lichten Stellen, nicht selten auf felsigen Standorten. Der zierliche, immergrüne Strauch wird mit seinen niederliegend-aufsteigenden Zweigen nur etwa 25 cm hoch, er breitet sich durch unterirdische Ausläufer kräftig aus. Die gegenständigen, derbledrigen, dunkelgrünen Blätter sind schmal-länglich, 1–2,5 cm lang, im oberen Teil fein gesägt und am Rand etwas eingerollt. Recht unscheinbar sind die bräunlichroten, 3 mm breiten Blüten, die im April in Büscheln in den Blattachseln stehen. *P. canbyi* wird nur recht selten gepflanzt, obwohl sie ein hübscher, zierlicher Zwergstrauch für den Steingarten und ein interessanter Bodendecker für kleinere Flächen auf gepflegten Böden ist.
Lb 7.1.4.7
▽

Periploca graeca, Baumschlinge, Asclepiadaceae, Seidenpflanzengewächse. Die sommerwarmen, lichten Laubwälder vom östlichen Mittelmeergebiet bis zum Balkan und Nordafrika sind die natürlichen Standorte der Baumschlinge. Die sommergrüne, Milchsaft führende, giftige Kletterpflanze kann sich mit ihren kräftigen, linkswindenen Trieben an Bäumen und Klettergerüsten bis 15 m hoch winden. Ihre einfachen, gegenständigen Blätter sind eiförmig oder elliptisch bis lanzettlich und 2,5–5 cm lang. Ihre glänzend dunkelgrüne Färbung bleibt bis zum Laubfall erhalten. Erst im Juli–August erscheinen in den Blattachseln oder an den Triebenden in lockeren Trugdolden etwa 2,5 cm breite Blüten mit radförmig ausgebreiteten Kronblättern. Sie sind außen gelblichgrün, innen bräunlichpurpurn gefärbt. Die Samen tragen einen 3–4 cm langen, weißglänzenden Haarschopf.
Lb 6.3.2.9
▽

Pernettya mucronata, Torfmyrte, Ericaceae, Heidekrautgewächse. ▷ Von Südchile bis Feuerland reicht das Verbreitungsgebiet der Torfmyrte. Der immergrüne, buschige, dicht verzweigte Zwergstrauch wird kaum mehr als 50 cm hoch, er breitet sich durch unterirdische Ausläufer aus. An den flaumhaarigen Zweigen stehen die kleinen, glänzend grünen, dickledrigen Blätter nahezu 2zeilig. Sie sind 1–2 cm lang, eiförmig-lanzettlich und vorne dornig zugespitzt. Die zweihäusigen Pflanzen haben kleine, 5 mm lange, weiße, rosa angehauchte, krugförmige, nickende Blüten, die im Mai–Juni meist einzeln in den Blattachseln stehen. Bei der Wildform sind die 8–12 mm dicken, beerenartigen, gehäuft an den Trieben sitzenden, lange haftenden Früchte rot, bei Gartenformen auch weiß, rosa oder purpurn gefärbt. Die Früchte enthalten das giftige Acetylandromedol.
Lb 1.1.4.6

◁**Perovskia abrotanoides,** Perovskie, Silberstrauch, Labiatae, Lippenblütler. Vom Iran über Turkestan, Afghanistan, Pakistan und Kaschmir bis Tibet reicht das Verbreitungsgebiet des Silberstrauches, der bevorzugt Steppen und Trockenwälder besiedelt. Der sommergrüne Strauch wächst mit rutenförmigen, kaum verzweigten, graufilzigen Trieben lokker und breitbuschig. Da seine Triebe im Winter häufig Schaden leiden und die Blüten ohnedies an diesjährigen Trieben angelegt werden, wird der Strauch regelmäßig bis zum Boden zurückgeschnitten. Im Winter schützt man den Wurzelbereich durch einen Laubumschlag. Die aromatisch duftenden, graugrünen, 4-6 cm langen Blätter sind fein fiederschnittig zerteilt. Im August-September stehen an den Zweigenden kleine, lilablaue Lippenblüten in Scheinwirteln, sie bilden zusammen einen bis 40 cm langen, rispenartigen Blütenstand. Lb 6.1.1.8

Phellodendron amurense, Amur-Korkbaum, Rutaceae, Rautengewächse. Der Amur-Korkbaum, eine von 10 ostasiatischen Arten, ist in Japan, Korea, Nordchina, der Mandschurei und am Amur verbreitet. Der mittelgroße, meist kurzstämmige Baum bildet eine breite, lockere, malerische Krone aus. Der Stamm ist von einer hellen, tief gefurchten, dicken, korkigen Borke bedeckt. Die gegenständigen, unpaarig gefiederten, aromatisch duftenden Blätter werden bis 35 cm lang. Die 9-13 glänzend dunkelgrünen Blättchen sind eiförmig-lanzettlich, 5-10 cm lang und vorne lang zugespitzt. Bevor das Laub im Herbst relativ früh fällt, färbt es sich goldgelb. 2häusig und unscheinbar sind die kleinen, gelblichgrünen Blüten in ihren reichverzweigten, endständigen Rispen. Aus ihnen entwickeln sich etwa 1 cm dicke, schwarze Steinfrüchte, die gerieben streng terpentinartig riechen. Lb 3.1.2.3
▽

◁**Petteria ramentacea,** Petterie, Papilionaceae, Schmetterlingsblütler. In den wintermilden, lichten Laubwäldern von Istrien bis Albanien finden wir die Petterie als sommergrünen, breitbuschigen, mannshohen Strauch. Er trägt an anfangs angedrückt behaarten, grünen Trieben wechselständig seine 3zähligen Blätter mit den fast sitzenden, länglich-elliptischen, 2-6 cm langen, oberseits dunkelgrünen, unterseits bleibend behaarten Blättchen. Zur Blütezeit im Mai-Juni ist der Strauch mit gelben, duftenden, 2 cm langen Schmetterlingsblüten bedeckt, die an den Zweigenden zu 10-20 in 4-7 cm langen, aufrechten Trauben stehen. Er erinnert mit seinen gelben Blütentrauben an den nahe verwandten Goldregen, bei dem die Blütentrauben aber hängen. Die Petterie ist in unseren Gärten selten vertreten, an ihr zusagenden Standorten verdient sie aber durchaus einen Platz. Lb 6.1.1.6

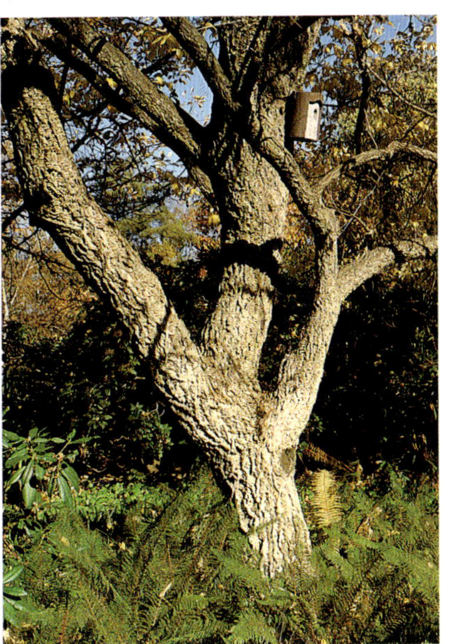

Philadelphus coronarius, Europäischer ▷ Pfeifenstrauch, Hydrangeaceae, Hortensiengewächse. Vor allem in Ostasien sind die rund 75 Arten dieser Gattung verbreitet. Neben einigen natürlichen Arten sind zahlreiche Gartenformen in Kultur. Der Europäische Pfeifenstrauch stammt aus sommerwarmen Landstrichen Kleinasiens. Es ist ein straff aufrechtwachsender, im Alter leicht überhängender, bis 3 m hoher und etwa 2 m breiter Strauch mit einer kastanienbraunen, abblätternden Rinde. Gegenständig stehen die eiförmigen, 4-8 cm langen, deutlich gezähnten, etwas rauhen, matt tiefgrünen Blätter. Im Mai-Juni trägt der Strauch einfache, cremeweiße, bis 3,5 cm breite, stark duftende Blüten, sie stehen zu 5-7 in Trauben zusammen. 'Zeyheri' ist eine alte, besonders reichblühende Sorte mit reinweißen, bis 5 cm breiten Blüten, sie wird häufiger kultiviert als die Art. Lb 3.1.3.5

△

Philadelphus inodorus var. grandiflorus, Duftloser Pfeifenstrauch. Die artenreichen Laubwälder des östlichen Nordamerika sind die Heimat dieses locker aufrechtwachsenden, etwa mannshohen Strauches, der sich mit schlanken Trieben aufbaut und dessen Zweige im Alter breit überhängen. Die Rinde älterer Zweige ist kastanienbraun, sie blättert in Streifen ab. Eiförmig und 4–7(–12) cm lang sind die spitzen oder zugespitzten, ganzrandigen oder gezähnten Blätter, die oberseits stumpfgrün gefärbt sind. Wie bei allen Pfeifensträuchern fallen sie im Herbst ohne besondere Färbung ab. Zur Blütezeit im Juni-Juni ist der Strauch dicht bedeckt mit einfachen, sehr großen, bis 5,5 cm breiten, schneeweißen, duftlosen Blüten, die meist einzeln oder bis zu 3 in kleinen Ständen stehen. Die Blüten sind mit besonders zahlreichen, 60–90 gelben Staubblättern ausgestattet. Lb 3.2.4.4

Philadelphus × lemoine 'Dame Blanche'. ▷ 'Dame Blanche' gehört zu einer Hybridgruppe (*P. coronarius* × *P. microphyllus*), die schon vor der Jahrhundertwende von dem französischen Gärtner und Züchter Lemoine erzielt wurde. 'Dame Blanche' ist ein kleiner, kaum mehr als 1 m hoher, gedrungener Strauch, der sich mit zahlreichen aufrechten, dicht verzweigten Grundtrieben aufbaut. Seine Blätter sind nur 1,5–2 cm lang und dunkelgrün. Meist zu 5 stehen im Juni die zahlreichen kleinen, scheibenförmigen, einfachen bis halbgefüllten, cremeweißen, sehr stark duftenden Blüten an den Zweigen. Schwachwüchsig, kaum über 1 m hoch, sind auch andere Sorten dieser Hybridgruppe, etwa 'Manteau d'Hermine' mit 2,5–3 cm breiten, locker bis dicht gefüllten, kaum duftenden Blüten oder 'Silberregen' mit sehr zahlreichen einfachen, 4 cm breiten, sternförmigen Blüten. Lb 9.3.4.6

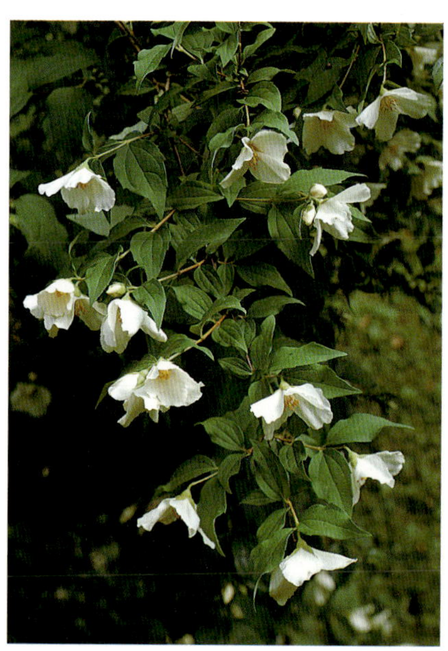

Philadelphus × purpureomaculatus. ▷ 1902 ist diese Hybride bei Lemoine in Frankreich entstanden. Zu dieser Hybridgruppe (*P. × lemoine* × *P. coulteri*) gehören zahlreiche alte, kaum mehr kultivierte Sorten, aber auch Sorten des gegenwärtigen Sortimentes wie 'Belle Etoile' oder 'Etiole Rose'. Sträucher dieser Gruppe wachsen langsam und gedrungen, sie werden mit ihren aufrechten Grundtrieben kaum mehr als 1 m hoch. Die eiförmigen, 1–3,5 cm langen Blätter sind ganzrandig oder haben jederseits 1–2 Zähne. Die Hybride blüht im Juni–Juli mit 3–5 cm breiten, weißen, duftenden Blüten, die einzeln oder zu 3–5 in Büscheln stehen. Die flach ausgebreiteten Kronblätter tragen an der Basis einen purpurroten Fleck. 'Belle Etolie' und 'Etolie Rose' haben beide große, etwas glockige, angenehm duftende Blüten mit dem typischen Basalfleck dieser Hybridgruppe. Lb 9.3.2.6

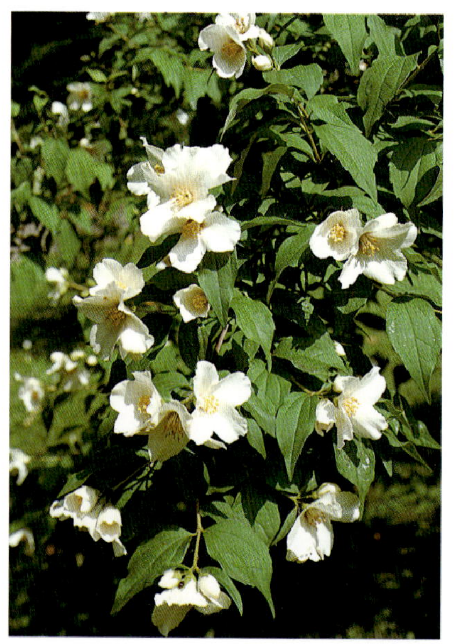

△

Philadelphus lewisii var. gordonianus, Oregon-Pfeifenstrauch. Von Britisch Kolumbien bis Nordkalifornien reicht die Verbreitung dieses 2–3 m hohen Strauches, der mit steifen Zweigen straff aufrecht wächst. Die Rinde ist meist rotbraun gefärbt, sie blättert an älteren Ästen in kleinen Schuppen ab. Die dunkelgrünen, eiförmigen Blätter sind 3–7 cm lang, oberseits kahl und unten mehr oder weniger behaart. Sie tragen jederseits 4–5 grobe Zähne mit auswärts zeigenden Spitzen. Zu 7–11 stehen im Juni–Juli die reinweißen, kreuzförmigen, 3,5–4 cm breiten, nicht oder nur schwach duftenden Blüten an den vorjährigen Zweigen. Alle Pfeifensträucher sollen regelmäßig in Abständen von 3–4 Jahren ausgelichtet werden. Die jeweils ältesten Astpartien werden entfernt, damit Platz für die aus der Basis nachwachsenden Jungtriebe geschaffen wird. Lb 2.2.3.4

◁ **Philadelphus × virginalis.** Auch diese Hybride stammt aus der Werkstatt von Lemoine. Es ist ein zunächst straff aufrechtwachsender, 2–3 m hoher Strauch, dessen Seitenzweige im Alter überhängen. Die zimtbraune Rinde der Zweige blättert erst spät ab. Eiförmig bis eilanzettlich sind die 4–10 cm langen, oberseits dunkelgrünen, unterseits dicht weichfilzigen Blättern. Die Hybride, sie wird auch unter dem Sortennamen 'Virginal' angeboten, unterscheidet sich von anderen Pfeifensträucher durch ihre dicht gefüllten, weißen Blüten, die voll aufgeblüht 5 cm breit sind. Die stark duftenden Blüten sitzen zu 3–7 in dichten Trauben, sie erscheinen im Juni in großer Fülle. Von den zahlreichen Sorten dieser Hybridgruppe werden gegenwärtig vor allem die Sorten 'Girandole' und 'Schneesturm' kultiviert. Beide warten mit großen, dicht gefüllten, reinweißen Blüten auf. Lb 9.3.4.5

Photinia × fraseri 'Red Robin', Rotblättrige Glanzmispel, Rosaceae, Rosengewächse. Seit einigen Jahren gehört die in Neuseeland entstandene 'Red Robin' zum Sortiment gut sortierter Baumschulen. Sie ist nur in sehr wintermilden Regionen ausreichend winterhart, sonst muß sie als Kübelpflanze gehalten werden. 'Red Robin' ist ein immergrüner, breitbuschig und locker wachsender, im Alter sehr breiter, 1,5–3 m hoher Strauch. Die wechselständigen, verkehrt-eiförmigen, 8–15 cm langen, vorne plötzlich zugespitzten, am Rand scharf gesägten, glänzenden, ledrigen Blätter treiben leuchtend rot aus, später werden sie kupfrig grün. In 10–12 cm breiten Trugdolden stehen im Mai–Juni die kleinen, weißen Blüten an den Enden kurzer Triebe über den Blättern. Nur selten werden bei uns die kugeligen, 5 mm dicken, roten Früchte ausgebildet. Lb 9.1.1.5

▽

Photinia villosa, Warzige Glanzmispel. In den artenreichen Laubwäldern Japans, Koreas und Chinas ist diese sommergrüne Art zu Hause. Sie entwickelt sich zu einem lockeren, breitbuschigen, 3–5 m hohen Strauch oder kleinem Baum mit waagerecht ausgebreiteten Ästen und übergeneigten Seitenzweigen. An kahlen, rötlichen Trieben sitzen wechselständig verkehrt-eiförmige bis eilanzettliche, 3–8 cm lange, zugespitzte, fein und scharf gesägte Blätter. Sie sind oberseits glänzend dunkelgrün, unterseits blau- bis graugrün, im Herbst färben sie sich prachtvoll leuchtend gelb bis orangerot. Im Mai–Juni stehen die 1–1,2 cm breiten, weißen, weißdornähnlichen, streng riechenden Blüten zu 5–20 in 3–5 cm breiten Trugdolden an den Enden kurzer Zweige. Im Herbst schmücken sich die Sträucher mit elliptischen, etwa 8 mm langen, leuchtend roten Apfelfrüchten. Lb 3.2.5.4

▽

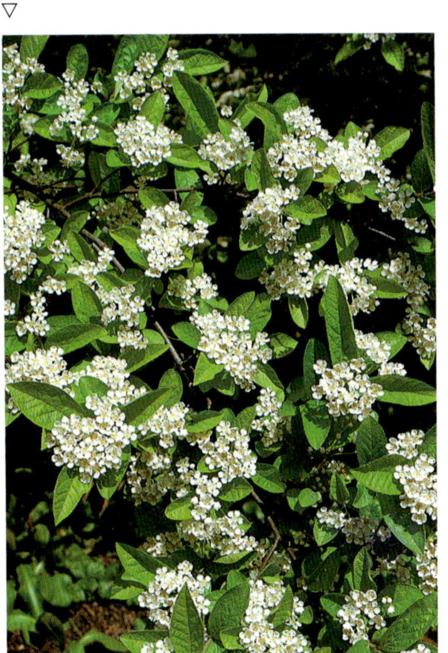

Phyllodoce caerulea, Blauheide, Moosheide, Ericaceae, Heidekrautgewächse. *P. caerulea* ist ein Vertreter arktisch-alpiner Regionen von Europa, Nordamerika und Nordasien. Als Glazialrelikt kommt sie in Mitteleuropa nur im Schottischen Hochland und in den Zentralpyrenäen vor. Die Gattung ist mit 7 Arten in arktischen und alpinen Gebieten der nördlichen Hemisphäre verbreitet. Der immergrüne, heidekrautähnliche, dicht verzweigte Zwergstrauch wächst aufrecht bis ausgebreitet und wird 10–35 cm hoch. Die wechselständigen, nadelförmigen Blätter sind linealisch, 4–9 mm lang, fein gezähnt und glänzend dunkelgrün. Im April–Mai stehen die kleinen, 7–12 mm langen, krugförmigen, lila oder purpurn gefärbten Blüten zu 3–4 in lockeren Köpfchen über dem Laub. Die Moosheide gedeiht am besten im Steingarten, sie ist ein idealer Beleiter für Zwerg-Rhododendron. Lb 8.1.4.7 ▷

Phyllostachys aurea, Knoten-Bambus, ▷ Kranichknie-Bambus, Gramineae, Gräser. Der Knoten-Bambus hat seine Heimat in den artenreichen, sommerwarmen, humiden Laubwäldern des südöstlichen China. Er wächst mit sehr dicht stehenden Halmen horstartig und schmal trichterförmig aufrecht, erst im Alter neigen sich die Halme etwas über. Die Art erreicht Höhen von 2,5–4 m, sie bildet nur kurze Ausläufer. Die Halme sind gelblichgrün oder graugrün, sie können 2–3 cm dick werden. Im basalen Bereich sind die Internodien gestaucht und oberhalb der Knoten oft sehr dekorativ kropfartig verdickt und angeschwollen. Oberhalb der Knoten sind die Halme bei allen *Phyllostachys*-Arten abgeflacht bis rinnig. Die Blätter sind 6–15 cm lang und 1-2 cm breit, gelblichgrün und unterseits nahe der Mittelrippe flaumig behaart. Braucht vor Wintersonne und Zugluft geschützte Plätze. Lb 3.2.1.5

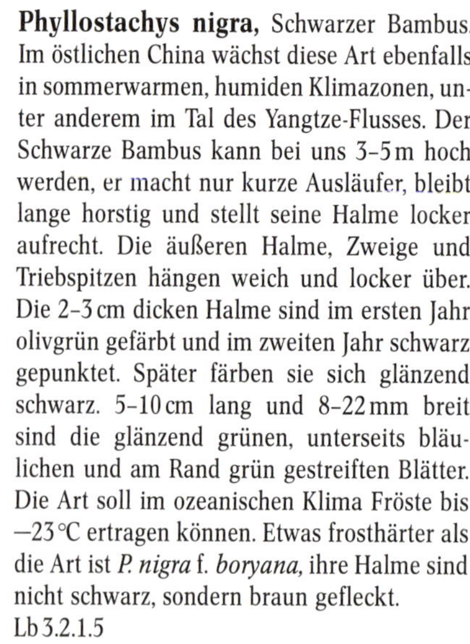

Phyllostachys nigra, Schwarzer Bambus. Im östlichen China wächst diese Art ebenfalls in sommerwarmen, humiden Klimazonen, unter anderem im Tal des Yangtze-Flusses. Der Schwarze Bambus kann bei uns 3–5 m hoch werden, er macht nur kurze Ausläufer, bleibt lange horstig und stellt seine Halme locker aufrecht. Die äußeren Halme, Zweige und Triebspitzen hängen weich und locker über. Die 2–3 cm dicken Halme sind im ersten Jahr olivgrün gefärbt und im zweiten Jahr schwarz gepunktet. Später färben sie sich glänzend schwarz. 5–10 cm lang und 8–22 mm breit sind die glänzend grünen, unterseits bläulichen und am Rand grün gestreiften Blätter. Die Art soll im ozeanischen Klima Fröste bis −23 °C ertragen können. Etwas frosthärter als die Art ist *P. nigra* f. *boryana,* ihre Halme sind nicht schwarz, sondern braun gefleckt. Lb 3.2.1.5

▽

◁ **Phyllostachys aureosulcata.** Auch diese Art ist in den sommerwarmen, humiden Wäldern des südöstlichen China verbreitet. Es ist ein Bambus mit langen Ausläufern und kräftigen, 2,5–3,5 cm dicken, meist locker stehenden, straff aufrechten Halmen. Sie können bei uns Höhen von 4–6 m erreichen. Im Alter sind die äußeren Seitenzweige und Stämme elegant übergeneigt. Die jungen Halme sind sehr rauhhaarig und dunkelgrün, an der flachen Stelle, dem Sulcus, gelb, später ganz gelb gefärbt. Im basalen Bereich sind die Halme oft stark zickzackförmig oder knieartig gebogen. Die Halmscheiden sind blaß oliv, rot und creme gestreift. Bis 15 cm lang und 2 cm breit werden die locker stehenden Blätter. *P. aureosulcatus* gehört zu den allerhärtesten *Phyllostachys*-Arten, sie soll bis −25 °C ertragen können. Empfohlen wird die Art zur Anlage von Bambushainen oder als Windschutz. Lb 3.3.2.5

Phyllostachys viridiglaucescens. Auch ▷ diese Art hat ihre natürliche Verbreitung in sommerwarmen, humiden Klimabereichen des östlichen China. Sie wächst sehr stark, an warmen Tagen bis 50 cm in 24 Stunden, und kann unter günstigen klimatischen Bedingungen auch bei uns 6–10 m hoch werden. Sie bildet teilweise sehr lange Ausläufer, unter günstigen klimatischen Bedingungen bis 6 m in einem Jahr, und kann so ausgedehnte Haine bilden. Die 2–5(−7) cm dicken Halme stehen in kühleren Regionen steif aufrecht, in klimatisch günstigen Regionen sind die äußeren Halme und Zweige elegant und weit übergeneigt. Die jungen Halme sind glänzend gras- bis dunkelgrün gefärbt, später werden sie stumpf gelbgrün. Unter den mattgrünen, rot geaderten und dunkel gefleckten Halmscheiden sind die Halme bläulich bemehlt. Die Art soll bis −23 °C frosthart sein. Lb 2.4.1.4

Physocarpus opulifolius, Blasenspiere, ▷ Rosaceae, Rosengewächse. Mit 10 Arten ist die Gattung in Nordostasien und Nordamerika vertreten. Alle sind sehr robuste, anpassungsfähige, sommergrüne Gruppen- und Heckensträucher. Die hier beschriebene Art stammt aus den artenreichen Laubwäldern des östlichen Nordamerika. Sie wird mit ihren aufrechten bis ausgebreiteten Ästen, die eine auffällige Streifenborke haben, bis 3 m hoch. Im Freistand neigen sich die äußeren Zweigspitzen nicht selten bis zum Boden, bewurzeln sich und bilden Schleppen. Die mittelgrünen, wechselständigen Blätter sind rundlich-eiförmig, 2–7 cm lang und meist 5lappig mit stumpfen oder spitzen, kerbig gesägten Lappen. Im Mai–Juni stehen an den Enden beblätterter Kurztriebe die kleinen, etwa 1 cm breiten, kurzlebigen, weißen Blüten in 3–5 cm breiten, vielblütigen Ständen. Lb 3.1.6.4

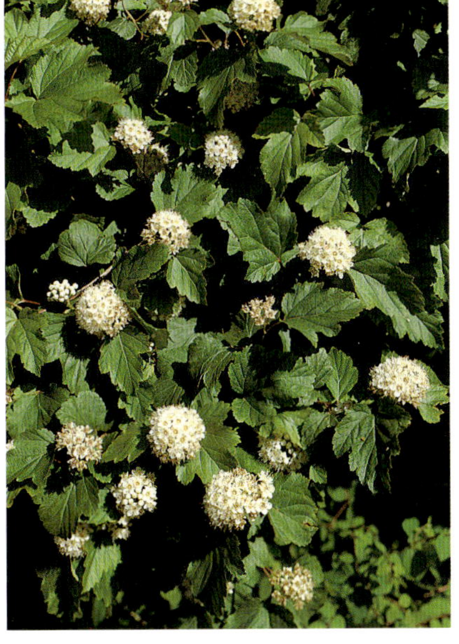

Pieris 'Forest Flame'. Die Sorte 'Forest Flame' ist eine Auslese aus einer Kreuzung zwischen der bei uns nicht ausreichend winterharten *P. formosa* var. *forrestii* × *P. japonica*. Von *P. formosa* var. *forrestii* hat die Sorte ihren farbenprächtigen Austrieb geerbt. Die an den Triebenden quirlig gehäuft stehenden, lanzettlichen bis länglich-ovalen, 3–6 cm langen, ledrigen Blätter sind im Austrieb krapprot gefärbt. Später verfärben sich die Blätter von hellrot bis lachsfarben über rosa bis gelbgrün zur glänzend dunkelgrünen Sommerfarbe. Die Wandlung der Blattfärbung zieht sich über einige Wochen hin. 'Forest Flame' blüht im April–Mai mit weißen, krugförmigen Blüten in 10–12 cm langen, übergeneigten, endständigen Rispen. Die Sorte ist frostempfindlicher als andere Lavendelheiden, sie wird in unseren Gärten kaum mehr als 1–1,5 m hoch. Lb 7.2.5.6

▽

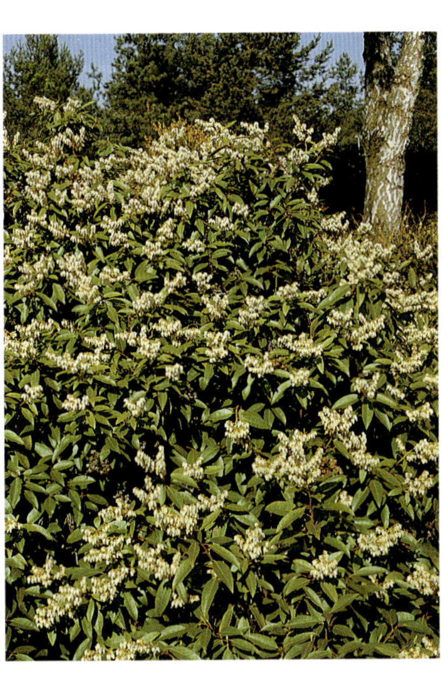

◁ **Pieris floribunda,** Vielblütige Lavendelheide, Ericaceae, Heidekrautgewächse. Mit 10 immergrünen Straucharten ist die Gattung in Ostasien und Nordamerika verbreitet. In den Gebirgen des östlichen Nordamerika finden wir *P. floribunda* meist an offenen Stellen auf oft flachgründigen Böden. Sie ist ein höchstens mannshoher, langsam wachsender, breitbuschiger, dicht verzweigter, im Alter aufgelockerter Strauch. Wechselständig sind die ledrigen, mattgrünen, elliptischen bis länglich-lanzettlichen, 3–8 cm langen, am Rand kerbig gesägten und gewimperten Blätter, die auf der Unterseite bräunliche Drüsenpunkte tragen. Zur Blütezeit im April–Mai tragen die Sträucher über dem Laub zahlreiche kleine, 5–6 mm lange, krugförmige, weiße Blüten in 5–10 cm langen Rispen. Alle Lavendelheiden werden am besten in Verbindung mit *Rhododendron* gepflanzt. Lb 4.1.4.5

Pieris japonica, Japanische Lavendelheide. ▷ Im sommerwarmen Hügelland der japanischen Inseln Honshu, Shikoku und Kyushu kommt *P. japonica* häufig vor. Sie ist ein 2–3 m hoher, locker aufrechtwachsender Strauch. Die an den Zweigenden gehäuft stehenden Blätter sind länglich-lanzettlich, 3–8 cm lang und am Rand kerbig gesägt, oberseits sind sie glänzend dunkelgrün, unterseits mit feinen, schwärzlichen Drüsenpunkten besetzt. Die Blätter treiben oft bräunlich bis rot aus. Von März–Mai entfalten sich an den Zweigenden die kleinen, 6–8 mm langen, eiförmigen, weißen, nickenden Blüten in ziemlich lockeren, 12–15 cm langen, ausgebreitet-überhängenden Rispen. Von *P. japonica* sind inzwischen zahlreiche Sorten in Kultur. Sorten mit besonders großen, weißen Blüten, Sorten mit mehr oder weniger rosa gefärbten Blüten und Sorten mit einem farbenprächtigen Austrieb. Lb 7.2.5.5

Pieris japonica-Sorten

'Blush'

'Brouwer's Beauty'

'Chaconne'

'Cupido'

'Debutante'

'Dorothy Wyckhoff'

'Flaming Silver'

'Prelude'

'Red Mill'

'Valley Fire'

'Valley Valentine'

'White Cascade'

◁ **Platanus × hispanica,** Ahornblättrige Platane, Platanaceae, Platanengewächse. Die bei uns am häufigsten kultivierte Platane wird als Hybride zwischen der Amerikanischen und Morgenländischen Platane angesehen. Die raschwüchsige Hybride entwickelt sich zu einem stattlichen, 20–30 m hohen Baum mit einer weit ausladenden, hochgewölbten Krone, in der die äußeren Äste und Zweige weit überhängen können. An den Stämmen löst sich die Borke in großen Platten ab und hinterläßt farbige Muster. Langgestielt sind die 12–25 cm breiten, 3- bis 5lappigen, ledrigen, mittelgrünen Blätter mit ihren breit-3eckigen Lappen. Die unscheinbaren, 1häusigen Blüten, die in gelblichgrünen, langgestielten, kugeligen Köpfchen stehen, erscheinen mit den Blättern. In der Regel werden 2, selten 3 kugelige, 2,5 cm dicke Fruchtstände entwickelt, die lange am Baum hängen bleiben. Lb 2.5.2.1

Platanus occidentalis, Amerikanische ▷ Platane. Im östlichen Nordamerika, südlich bis Florida, Texas und Nordostmexiko kommt die Art an Flußufern und in Talniederungen vor. Auch die Amerikanische Platane entwickelt sich zu einem mächtigen, bis 40 m hohen Baum mit rundlicher bis eiförmige Krone und mehr aufwärts gerichteten Ästen. Die Borke löst sich meist nur in kleinen Platten ab. 10–22 cm breit sind die meist 3- seltener 5lappigen, ledrigen Blätter. Ihre Lappen sind breit-3eckig und breiter als lang. Die Blätter färben sich im Herbst oft nur gelbgrün. Auch hier erscheinen mit den Blättern im Mai die langgestielten, kugeligen Blütenstände, die meist einzeln, selten zu 2–3 stehen. Die bis 3 cm dicken Fruchtstände sind aus kleinen, 1samigen Nüßchen zusammengesetzt, die am Grunde mit einem langen, gelben Haarschopf als Flugorgan versehen sind. Lb 2.4.2.1

△

Platanus orientalis, Orientalische Platane. Auch die Orientalische Platane siedelt sich gerne an Flußläufen an. Ihre natürliche Verbreitung hat sie vom Balkan und Kleinasien bis Westasien und zum Himalaja. Im südöstlichen Europa sieht man nicht selten an Stadt- und Dorfplätzen mächtige, jahrhundertealte Bäume. Der Baum kann bis 30 m hoch werden, er hat meist einen vergleichsweise dicken, kurzen Stamm und eine weit ausladende, breit-rundliche Krone mit starken Ästen. Die Borke löst sich meist in großen Platten ab. Tief 5- bis 7lappig und 15–30 cm breit sind die Blätter, ihre Lappen sind länger als an der Basis breit, die Buchten reichen fast bis zur Blattmitte. Die kugeligen, 2–2,5 cm dicken Blüten- und Fruchtstände hängen an langen Stielen zu 3–6 in lockeren Ständen. Die Morgenländische Platane ist weniger frosthart als die beiden anderen Arten. Lb 6.4.1.1

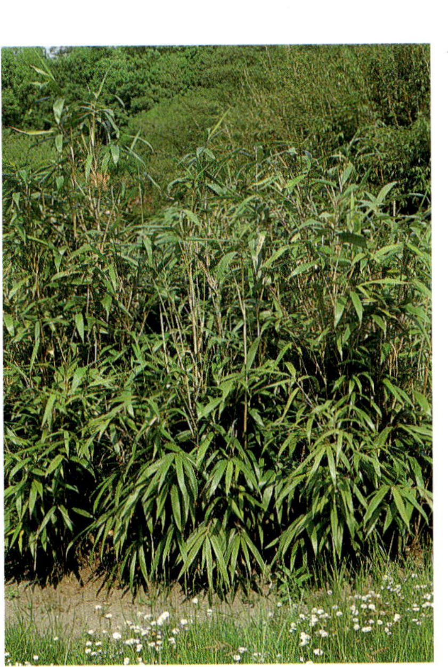

◁ **Pleioblastus simonii,** Medake-Bambus, Gramineae, Gräser. Auf den japanischen Inseln Honshu, Kyushu und Shikoku kommt diese Bambusart vor. Die Art wird bei uns 3–5 m hoch, sie bildet nur kurze Ausläufer. Die hohlen, dickwandigen, 1–3 cm dicken, kahlen, grünen Halme stehen aufrecht, die äußeren hängen in flachen Bögen über. Die lange haftenden, bis 25 cm langen, ledrigen Halmscheiden sind mit ihrer gut entwickelten Spreite anfangs purpurn gefärbt. Im Laufe der Jahre bilden sich an jedem Knoten mehrere (5–10) abstehende oder bogig übergeneigte Seitenzweige mit bis 25 cm langen und 3,5 cm breiten, schmal-lanzettlichen bis breit-linealischen Blättern. Sie sind oberseits hellgrün und weiß oder weißlich gestreift, unterseits auf einer Seite der Mittelrippe blaugrün, auf der anderen Seite grün gefärbt. Braucht an trocken-heißen Standorten halbschattige Lagen. Lb 2.3.1.4

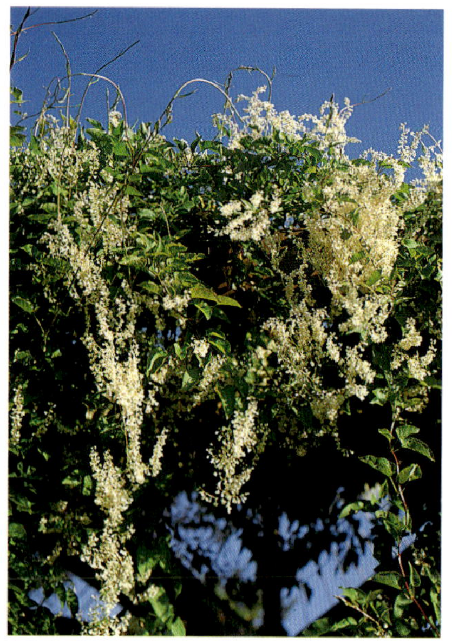

◁ **Polygonum aubertii,** Chinesischer Knöterich, Polygonaceae, Knöterichgewächse. Von den rund 300 Arten der Gattung sind nur wenige verholzende Kletterpflanzen. Von diesen kultivieren wir in der Regel nur *P. aubertii.* Die sommergrüne, in den Gebirgswäldern Chinas heimische Schlingpflanze, wächst besonders rasch. Sie kann in Bäumen oder an Klettergerüsten Höhen von 15 m erreichen und Jahrestriebe von 3–5 m Länge bilden. Nicht selten hängt das Zweigwerk auch lang über und bildet einen dichten Vorhang. Die wechselständigen, frischgrünen Blätter sind länglich-eiförmig, 3–10 cm lang, am Rand meist gewellt und im Austrieb rötlich gefärbt. Im Herbst färben sie sich wenig spektakulär hellgelb bis gelbbraun. Über einen langen Zeitraum, von Juli–Oktober, erscheinen die kleinen, weißen Blüten in großen, reich verzweigten, end- oder achselständigen Rispen. Lb 7.3.2.9

Poncirus trifoliata, Bitterorange, Rutaceae, Rautengewächse. Die Gattung *Poncirus* besteht nur aus einer Art. Sie ist von Nordchina bis zur westchinesischen Provinz Hubei verbreitet und in Japan eingebürgert. Der sommergrüne, 1–4 m hohe Strauch baut sich mit kahlen, steifen, deutlich abgeflachten, mattglänzend dunkelgrünen Zweigen zu einem dicht verzweigten, breit-rundlichen Busch auf. Die Zweige tragen 1-4 cm lange, steife, abgeflachte, grüne Dornen und 3zählige, dunkelgrüne Blätter, deren Blattstiel geflügelt ist. Die Blättchen sind verkehrt-eiförmig, bis 6 cm lang und durchscheinend punktiert. Im Herbst färben sich die Blätter schön goldgelb. Im April–Mai öffnen sich an den vorjährigen Zweigen zahlreiche weiße, 3,5–5 cm breite Blüten. Im Herbst hängen an den Zweigen kugelige, goldgelbe, 3–5 cm dicke, filzig behaarte, ungenießbare Zitrusfrüchte. Lb 6.3.1.5
▽

Populus alba, Silber-Pappel, Salicaceae, Weidengewächse. Von den 35–40 Pappelarten ist keine so schwachwüchsig, daß sie als Gartenbaum von Bedeutung wäre. Sie werden bestenfalls als Parkbäume oder als Pioniergehölze in der freien Landschaft verwendet. Das Vorkommen der Silber-Pappel reicht von Mitteleuropa bis nach Westsibirien und Mittelasien. Der raschwüchsige, 25–30 m hohe Baum hat eine lockere, breit-rundliche Krone und einen meist kurzen, oft schiefen Stamm, dessen Borke anfangs weißlichgrau, im Alter längsrissig und schwärzlich wird. Die jungen Triebe sind stark weißfilzig behaart, später olivbraun bis grünlich. An Langtrieben sind die sehr variablen, 6–12 cm langen Blätter 3- bis 5lappig, am Rand unregelmäßig wellig und gezähnt. Sie sind oberseits dunkelgrün und kahl, unterseits graufilzig. Die 2häusigen Bäume tragen ihre Blüten in Kätzchen. Lb 2.4.2.1
▽

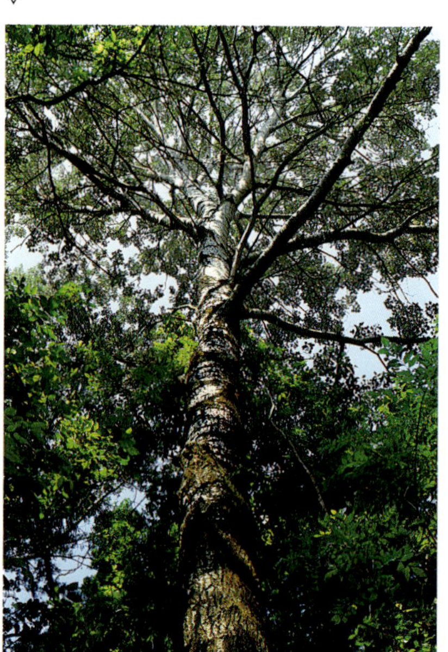

Populus balsamifera, Balsam-Pappel. Von ▷ Labrador und Alaska reicht das Verbreitungsgebiet der Balsam-Pappel südwärts bis nach Neuengland, Nebraska, Colorado und Oregon. Der bis 30 m hohe, anfangs sehr raschwüchsige Baum baut mit regelmäßig quirlig gestellten, ansteigenden Ästen eine relativ schmale Krone mit durchgehendem Stamm auf. Die Borke ist grau und im Alter stark rissig. An stielrunden oder leicht kantigen Zweigen sitzen große, bis 2,5 cm lange Winterknospen, die mit einem gelblichen, duftenden Harz bedeckt sind. 5–12 cm lang sind die eiförmigen bis breit-eiförmigen, ziemlich derben, kerbig gesägten und fein bewimperten Blätter. Sie sind oberseits dunkelgrün und kahl, unten leicht behaart. Die Blätter treiben früh aus und färben sich im Herbst gelb. Die männlichen Kätzchen werden 5–7, die weiblichen 12–20 cm lang. Lb 2.2.3.1

◁ **Populus × berolinensis,** Berliner Pappel. Die Lorbeerblättige Pappel, *P. laurifolia*, und die Säulenpappel sind wahrscheinlich die Eltern dieser Hybride, die vor 1870 im Botanischen Garten in Berlin gefunden worden ist. Die in der Jugend sehr raschwüchsige Pappel ist ein bis 25 m hoher Baum mit einer dicht belaubten, breit-säulenförmiger Krone mit durchgehendem Stamm und zahlreichen ansteigenden Ästen. Die Borke ist mattgrau mit unregelmäßigen, schmalen Furchen. Die Triebe sind etwas kantig und behaart, im 2. Jahr gelblichgrau. Die grünlichen Winterknospen sind etwas klebrig, sie duften intensiv aromatisch. Eiförmig bis rhombisch-eiförmig sind die 7–10 cm langen, lang zugespitzten, am Rand kerbig gesägten Blätter. Sie sind im Austrieb hellgrün, später oberseits glänzend dunkelgrün, unterseits blaßgrün bis weißlich und im Herbst gelblich gefärbt. Lb 2.5.3.1

Populus × canescens, Grau-Pappel. Die in Europa heimischen Silber- und Zitter-Pappeln sind die Eltern dieser Hybride, die von Mittel- und Südosteuropa bis nach Westasien verbreitet ist. Höhen von 35 m kann der raschwüchsige Baum erreichen. Er trägt auf einem oft kurzschaftigen Stamm eine anfangs schmal-kegelförmige, später eine mehrteilige, gewölbte Krone, die meist nur aus wenigen, starken, ansteigenden Ästen besteht. Die dunkelgraue Borke ist anfangs durch rautenförmige Korkwülste gezeichnet, alte Stämme haben eine dunkelgraue bis fast schwarze Borke mit einem regelmäßigen Netzwerk aus dikken Leisten. Im oberen Bereich ist die Borke silber- bis rahmweiß. Die variablen Blätter sind auch an Langtrieben nur schwach gelappt, 3eckig bis eiförmig und 6–12 cm lang. Sie sind oberseits dunkelgrün, unterseits graufilzig behaart. Lb 2.5.3.1

▽

Populus lasiocarpa, Großblatt-Pappel. Sommerwarme, humide Landstriche in Mittel- und Westchina sind die Heimat der Großblatt-Pappel. Sie wächst vergleichsweise langsam und wird nur etwa 20 m hoch. Anfangs hat sie eine kegelförmige, später eine aufgelockerte, lichte Krone mit wenig verzweigten, waagerecht abstehenden bis aufsteigenden Ästen. Die dicken, grünen, anfangs dichtfilzig behaarten Triebe tragen große, lang zugespitzte, etwas klebrige Knospen. Die Borke ist bräunlichgrau und anfangs leicht senkrecht gefurcht, ältere Stämme haben starke, an Eichen erinnernde Leisten. Ungewöhnlich groß, 15–30 cm lang, sind die eiförmigen, zugespitzten, an der Basis herzförmigen, drüsig gesägten Blätter. Ihr bis 20 cm langer Stiel ist abgeflacht und sonnenseits rot gefärbt. Auch die Nerven sind zur Basis hin rot gefärbt. Lb 3.3.2.3

▽

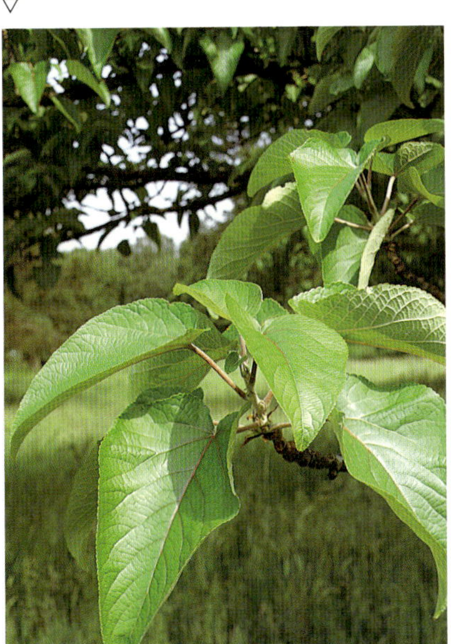

Populus nigra 'Italica', Pyramiden-Pappel, Italienische Pappel. ▷ In der 2. Hälfte des 18. Jahrhunderts ist diese sehr häufig gepflanzte Form der Schwarz-Pappel in der Lombardei gefunden wurden. Der raschwachsende Baum kann 25–30 m hoch werden. Er hat eine auffallend schmale, säulenförmige Krone mit spitz auslaufendem Gipfel, die sich entweder mit mehreren bis zum Wipfel durchgehenden Hauptästen oder mit einem durchgehenden Stamm und straff aufrechten Seitenästen aufbaut. Am rauhen, tief gefurchten Stamm entstehen nicht selten zahlreiche Wasserreiser. An glänzend gelblichbraunen Trieben sitzen die 6–8 cm langen, 3eckigen bis eiförmigen, kurz zugespitzten, frischgrünen Blätter. Die meist als männlicher Klon gepflanzte Pappel bekommt im Alter brüchiges Holz und ist deshalb nicht als Straßenbaum geeignet, auch nicht als Heckenpflanze für den Garten. Lb 2.4.3.1

△
Populus simonii, Simons Pappel, Birken-Pappel. Die im nördlichen China heimische Pappel hat tätsächlich etwas von der Feingliedrigkeit einer Birke. Sie wird nur etwa 10–15 m hoch und hat eine schmale, lichte Krone mit einem bis zum Wipfel durchgehenden Stamm. Die vergleichsweise dünnen Äste streben aufwärts, die seitliche Verzweigung hängt locker über. Die dünnen, kahlen Triebe sind stielrund und rötlichbraun gefärbt, die spitzen Winterknospen sind klebrig. Die Borke alter Stämme ist grau und längsrissig. Früher als bei anderen Pappeln treiben die Blätter aus. Sie sind rhombisch-elliptisch bis verkehrt-eiförmig, 4–12 cm lang, kurz zugespitzt, an der Basis keilförmig bis abgerundet und beiderseits kahl. Die oberseits dunkelgrünen, unterseits hellgrünen bis weißlichen Blätter färben sich im Herbst unauffällig hellgelb. Lb 2.5.2.2

△
Populus tremula, Zitter-Pappel, Espe. Von Europa bis nach Nordafrika, Kleinasien, dem Kaukasus und Sibirien reicht das riesige Verbreitungsgebiet der Zitter-Pappel. Sie kann mit Hilfe von Wurzelsprossen dichte Bestände bilden. Der 10–30 m hohe, im Alter breitkronige Baum hat anfangs eine glatte, gelbbraune Rinde, später eine schwarzgraue, längsrissige Borke. Rundlich bis breit-eiförmig sind die 3–8(–15) cm langen, stumpf gezähnten, oberseits glänzend grünen, unterseits blaugrünen Blätter. Sie sitzen auf einem langen, dünnen Stiel. Der Stiel ist, anders als bei den meisten anderen Laubgehölzen, nicht in der Ebene der Blattspreite abgeflacht, sondern senkrecht dazu. So kommt es schon beim geringsten Windhauch zum »Zittern« des Espenlaubes. 'Erecta' ist mit ihrem straff aufrechten, schmal-säulenförmigen Wuchs für den Garten besser geeignet als die Art. Lb 4.2.3.2

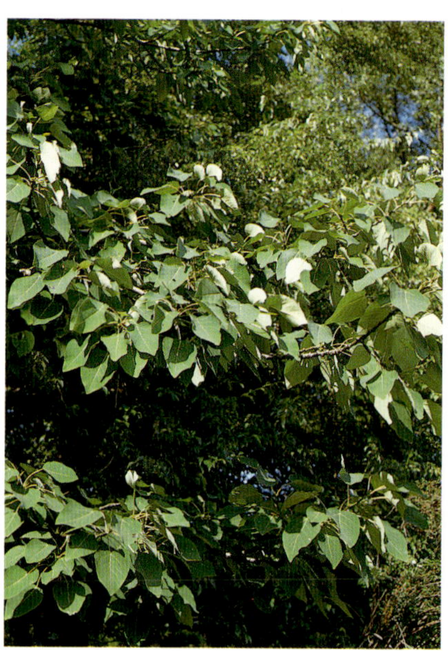

△
Populus wilsonii, Wilsons Großblatt-Pappel. In den sommerwarmen, artenreichen Laubwälder der chinesischen Provinzen Hubei und Sichuan kommt diese Großblatt-Pappel natürlich vor. Sie entwickelt sich zu einem bis 25 m hohen Baum mit einer sparsam verzweigten, kegelförmigen Krone und dikken, kahlen, anfangs rötlichen, später graubraunen Trieben. Die großen, glänzenden Knospen sind von einem klebrigen Harz überzogen. Die 8–22 cm langen Blätter sind breit-eiförmig bis breit-eilänglich, vorne abgestumpft, an der Basis herzförmig bis abgerundet, am Rand fein gesägt und wellig, oberseits stumpf hellgrün, unterseits blau- bis graugrün und beiderseits bald kahl. Der Blattstiel ist bis 15 cm lang. Zur Fruchtreife sind die dünnen, anfangs wollig behaarten Kätzchen bis 15 cm lang. Die schöne Art ist schwierig zu vermehren und deshalb seltener in Kultur als *P. lasiocarpa*. Lb 3.3.1.3

Potentilla fruticosa 'Goldfinger', Fingerstrauch, Rosaceae, Rosengewächse. Der Fingerstrauch ist in Europa, Nordasien und Nordamerika weit verbreitet. Er gehört zu den wenigen verholzenden Arten unter den insgesamt etwa 300 meist staudigen Arten der Gattung. Der sommergrüne, dicht verzweigte Kleinstrauch kann etwas mehr als 1 m hoch werden. Er trägt meist 5zählig gefiederte Blätter mit elliptischen bis linealischen, 1,2–5 cm langen, oft seidig behaarten, an den Rändern eingerollte Blätter. Von Mai–September produziert der Strauch unermüdlich seine gelben, schalenförmigen, 2–4 cm breiten Blüten, die zu wenigen bis vielen in ziemlich dichten, end- oder seitenständigen Büscheln stehen. Wir kultivieren längst nicht mehr die Wildform mit ihren relativ kleinen Blüten, sondern zahlreiche reichblühende Sorten mit gelb, weiß, rosa, kupfrig oder rot gefärbten Blüten. Lb 4.2.2.6 ▷

Potentilla fruticosa-Sorten

'Abbotswood' 'Blink' 'Goldteppich'

'Hachmann's Gigant' 'Jolina' 'Manchu'

'Red Ace' 'Sommerflor' 'Tangerine'

◁ **Prunus 'Accolade',** Japanische Zier-Kirsche, Rosaceae, Rosengewächse. Zu den mehr als 400 Arten der Gattung *Prunus* gehören nicht nur die Japanischen Zierkirschen, sondern auch Pflaume, Kirschpflaume, Pfirsich und Mandel. Die häufig kultivierte 'Accolade' entstammt einer Kreuzung zwischen *P. sargentii* × *P. subhirtella*. Der kleine, nicht selten hochstämmig veredelte, 7–10 m hohe Baum hat eine anfangs zierliche, lockere Krone mit trichterförmig ansteigenden Ästen, später wird die Krone sehr breit und fast schirmförmig, die äußeren Zweige hängen dann leicht über. 8–12 cm lang sind die elliptischen, einfach bis doppelt gesägten, mittelgrünen Blätter, die sich früh im Herbst gelb bis gelborange verfärben. Sehr zeitig, schon im April, trägt der Baum in Massen seine gebüschelten, etwa 4 cm breiten, leicht gefüllten, leuchtend rosa gefärbten Blüten. Lb 9.4.2.3

Prunus avium, Vogel-Kirsche. Das Verbreitungsgebiet der Vogel-Kirsche reicht von Europa bis nach Westsibirien und von Kleinasien bis zum Kaukasus. Die Wildart ist ein 15–20(–30) m hoher Baum mit regelmäßig angeordneten, abstehenden Ästen, einer eirundlichen Krone und einer auffälligen, glänzend rötlichbraunen Ringelborke. Eiförmig-länglich sind die vorne zugespitzten bis geschwänzten, unregelmäßig gesägten, dunkelgrünen Blätter, sie verfärben sich im Herbst nicht selten gelborange bis scharlachrot. Vor der Laubentfaltung, im April–Mai, schmückt sich der Baum überreich mit einfachen, reinweißen, 2,5–3,5 cm breiten Blüten, die zu 2–3 zusammenstehen. Schon ab Juli reifen die roten, kugeligen, bei Fruchtsorten bis 2,5 cm dicken Früchte. 'Plena' ist ein etwa 10 m hoher Baum mit sehr zahlreichen weißen, rosettenartig gefüllten Blüten. Lb 3.3.3.2

▽

Prunus × amygdalopersica 'Pollardii'. ▷ Mandel und Pfirsich sind die Eltern dieser Hybride, die schon vor 1623 entstanden ist und zuerst in der Schweiz bekannt wurde. 'Pollardii' ist der Typ der heute in Kultur befindlichen Kreuzung. Die Sorte wurde vor 1904 von Pollard in Australien erzielt, sie kam 1904 in den Handel. Der kleine Baum oder Großstrauch hat eine locker aufgebaute Krone mit ansteigenden Ästen und gelegentlich etwas verdornenden Kurztrieben. Die Blätter erinnern in Färbung, Schnitt und Größe an die der Mandel, sind am Rand aber etwas schärfer gesägt. Im April öffnen sich die sehr großen, 4–5 cm breiten, einfachen, weit geöffneten Blüten. Sie sind hellrosa, die Staubblätter dunkelrosa gefärbt, jedes der 5 Blütenblätter hat an der Basis einen sehr dunklen Fleck. Eine reizende, empfehlenswerte Sorte für milde Klimazonen. Lb 6.3.2.4

Prunus cerasifera 'Nigra', Blut-Pflaume. ▷ Die als Kirsch-Pflaume bezeichnete Wildart ist vom Balkan über die Krim und den Kaukasus bis nach Südwestsibirien verbreitet. Sie wird in den Baumschulen oft als Unterlage für Pflaumen verwendet. Von den zahlreichen Sorten der Art wird am häufigsten 'Nigra' kultiviert. Sie ist ein kleiner, reich verzweigter, anfangs rasch und straff aufrechtwachsender Baum oder hoher Strauch, der durch seine großen, tief schwarzroten, kaum verblassenden Blätter auffällt. Im April–Mai öffnen sich die einfachen 2–2,5 cm breiten, rosa Blüten. Nicht selten wird auch die Sorte 'Pissardii' (früher häufig als 'Atropurpurea' bezeichnet) kultiviert. Sie hat weiße, mitunter ganz leicht rosa getönte Blüten. Ihre Blätter sind rotbraun, später werden sie allmählich trüb purpurrot. Beide Sorten werden leider viel zu häufig gepflanzt. Lb 9.4.1.4

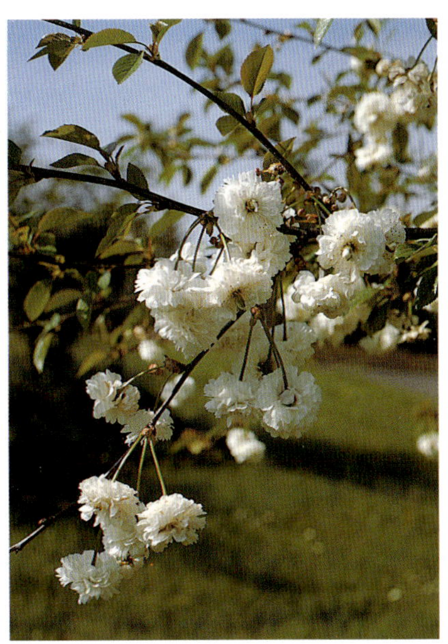

◁ **Prunus cerasus 'Rhexii',** Gefülltblühende Sauer-Kirsche. Die Sauer- oder Weichsel-Kirsche hat ihre ursprüngliche Heimat in Südwestasien. In Europa und Nordamerika ist sie vielfach eingebürgert. Seit alters her ist sie als Fruchtbaum in Kultur. Sie ist ein 5–10 m hoher, rundkroniger, dicht verzeigter Baum, dessen dünne Zweige oft weit überhängen. Die derben Blätter sind elliptisch bis eiförmig, 5–8 cm lang, fein gesägt und oberseits glänzend dunkelgrün. Die Wildart blüht gleichzeitig mit dem Blattaustrieb, im April-Mai, mit einfachen, weißen, 2,5 cm breiten Blüten, die zu 3–4 in dichten Dolden sitzen. 'Rhexii' ist leider eine selten kultivierte Sorte. Sie hat große, dicht rosettenartig gefüllte, langgestielte Blüten, die im Mai aufblühen und in Büscheln zusammenstehen. 'Rhexii' ist in England seit 1594 bekannt und vermutlich auch dort entstanden. Lb 9.1.3.4

Prunus × cistena. *P. cerasifera* 'Atropurpurea' und *P. pumila* sind die Eltern dieser Hybride, die um 1910 von N. E. Hansen, USA erzielt wurde. »Cistena« soll in der Sprache der Sioux-Indianer ein Wort für Baby sein. Die Hybride ist bei einer Verwendung von schwachwüchsigen Veredlungsunterlagen ein schwachwüchsiger, 2–3 m hoher Strauch. Er wird meist in Bodennähe veredelt, ist dann vom Boden an verzweigt und wächst mit mehreren gleich starken Ästen schräg aufrecht, später werden meist rundliche, dicht verzweigte Kronen gebildet. An dunklen Trieben sitzen lanzettliche bis verkehrt-eiförmige, 3–6 cm lange, zugespitzte, anfangs hellrote, später dunkel braunrote, oberseits glänzende Blätter. Zu 1–2 sitzen im Mai die zahlreichen einfachen, weißen Blüten an den Zweigen, sie bilden einen starken Kontrast zu den sich gerade entfaltenden Blättern. Lb 6.3.3.6

▽

Prunus domestica, Haus-Pflaume, Zwetsche. Die ursprüngliche Heimat der Pflaume liegt im Kaukasus und im Mittelmeergebiet, in Mitteleuropa ist sie seit langem eingebürgert. Der meist dornenlose, oft Ausläufer bildende Baum wird 10–12 m hoch. Elliptisch bis verkehrt-eiförmig sind die 5–10 cm langen, kerbig gesägten Blätter. Weißlich oder grünlichweiß sind die 1,5–2 cm breiten Blüten, die meist zu zweit zusammenstehen und im April-Mai aufblühen. 4–7,5 cm lang sind die länglichen, purpurroten bis blauschwarzen Früchte, deren fast glatter Steinkern sich leicht vom süßen Fruchtfleisch löst. *Prunus domestica* begegnet uns in der Regel nur in den zahlreichen Fruchtsorten, die Abkömmlinge der Haus-Pflaume sind. Zu ihnen gehören neben den Rund- und Eierpflaumen auch die Renekloden, Halbzwetschen und Zwetschen, von denen die 'Hauszwetsche' die größe Bedeutung hat. Lb 9.3.1.3

▽

Prunus dulcis, Mandelbaum. In semihumiden, wintermilden Landstrichen Mittel- und Vorderasiens hat der Mandelbaum seine ursprüngliche Heimat. Mit ihren süßschmeckenden Samen ist *P. dulcis* var. *dulcis* seit Jahrhunderten in Kultur. Die Samen von *P. dulcis* var. *amara,* des Bittermandelbaumes, schmecken dagegen bitter und sind giftig. Der Mandelbaum kann 8–10 m hoch werden, er hat im Alter meist eine breite Krone. Eiförmig-lanzettlich bis länglich-lanzettlich sind die 7–12 cm langen, lang zugespitzten, fein gesägten, hellgrünen Blätter. Lange vor der Laubentfaltung, im März-April, öffnen sich die zahlreichen blaßrosa bis weißen, einfachen, 3–5 cm breiten Blüten. Die Samen sind von einem wenig gefurchten Steinkern umgeben, der in einem trocken-ledrigen, außen samtig behaarten Fruchtfleisch eingebettet ist. Im Weinbauklima ist der Mandelbaum ein prachtvoller Blütenbaum. Lb 6.3.1.3 ▷

△
Prunus fruticosa 'Globosa', Kugel-Steppen-Kirsche. Von Mittel-, Südost- und Osteuropa bis Westsibirien reicht die natürliche Verbreitung der Steppenkirsche. Sie ist ein kaum mehr als 1 m hoher, dichtverzweigter, Ausläufer treibender Strauch mit dünnen, kahlen Trieben und derben, elliptischen bis verkehrt-eiförmigen, 3–5 cm langen, kerbig gesägten, oberseits glänzend dunkelgrünen Blättern. Die kleinen, 1,5 cm breiten, weißen, langgestielten Blüten stehen zu 2–4 in Dolden, sie blühen im Mai auf. Die kugeligen, 1 cm dicken, dunkelroten Früchte schmecken säuerlich. In Kultur ist nur die Sorte 'Globosa'. Sie wird meist hochstämmig veredelt und bildet dann eine sehr dichte, auffallend kurztriebige, regelmäßig kugelige Krone. Hochstämme erreichen, je nach Veredlungshöhe, eine Höhe von 3–5 m, die Kronen werden im Alter 2–3 m breit. Lb 6.1.2.3

Prunus glandulosa 'Albo Plena'. Gefülltblühende Drüsen-Kirsche. ▷ Die Wildform der Drüsen-Kirsche stammt aus Nordchina, Korea und den südlichen Teilen der Ussuri-Region. Sie ist ein ein etwa 1,5 m hoher, rundkroniger Strauch mit meist kahlen Trieben. Die von der breit-keilförmigen Basis an dicht drüsig gesägten Blätter sind 3–9 cm lang und eilänglich bis länglich-lanzettlich. Im April stehen entlang der vorjährigen Zweige die 1–2 cm breiten, weißen bis hellrosa Blüten. In Kultur sind nur 2 Formen mit dicht gefüllten Blüten. Bei 'Alboplena' sind die etwa 2,5 cm breiten Blüten weiß, bei 'Sinensis' rosa. Da die Blüten an den vorjährigen Langtrieben angelegt werden, schneidet man die Sträucher am besten unmittelbar nach der Blüte stark zurück. Man erreicht dadurch eine reiche Blüte und vermeidet die durch *Monilia laxa* verursachte Spitzendürre der Zweige. Lb 6.3.2.6

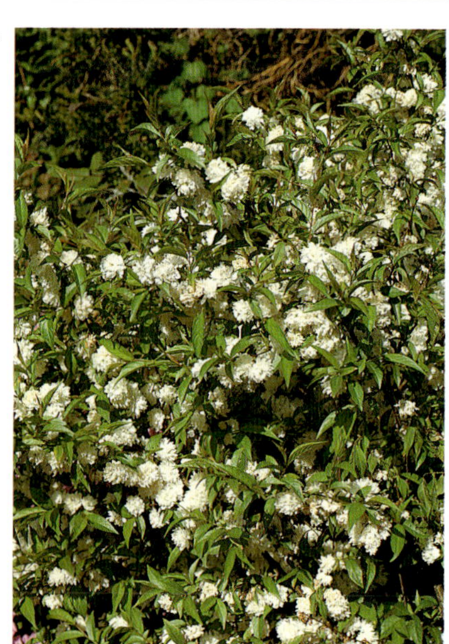

◁ **Prunus × hillieri 'Spire'.** Aus *P. incisa* × *P. sargentii* ist um 1935 in der Baumschule Hillier, England, diese Hybride entstanden. Die Sorte 'Spire' gilt als Typ dieser Kreuzung. Sie wächst anfangs mit straff aufrechten Ästen und Zweigen schmal säulenförmig, im Alter werden die Kronen mehr breit-kegelförmig. Endhöhen von 5–8 m und Kronenbreiten von 2–3 m werden kaum überschritten. Eiförmig, zugespitzt und doppelt gesägt sind die Blätter, die sich im Herbst prachtvoll gelb, orange und rot verfärben. Im April, vor der Laubentfaltung, öffen sich aus rosa Knospen die einfachen, aufgeblüht fast reinweißen, 3 cm breiten Blüten mit ihren hellen Staubblättern und dem bronzeroten Kelch. Die langgestielten Blüten sitzen zu 1–4 in Büscheln. 'Spire' ist als sehr reichblühende, langsam wachsende Sorte auch für kleinere Gärten gut geeignet. Lb 9.3.3.3

△
Prunus 'Hally Jolivette'. *P. subhirtella* × *P. yedoensis* × *P. subhirtella* sind die Eltern dieser reizenden Zierkirsche. Sie wird 3–4 m hoch und gleich breit. Mit dünnen, rotbraunen, fein warzig punktierten Zweigen wird eine zwar dicht verzweigte, aber sehr zierliche, außen stark aufgelockerte Krone aufgebaut. Relativ klein, nur 4–6 cm lang, sind die eiförmigen, einfach bis doppelt gesägten Blätter. 'Hally Jolifette' fängt im April–Mai an zu blühen, über einen Zeitraum von 2–3 Wochen öffnen sich dann nacheinander aus rosa Blütenknospen die überaus zahlreichen, halbgefüllten, etwa 3 cm breiten, weißen, in der Mitte rosa gefärbten Blüten. 'Hally Jolivette' ist sicher eine der zierlichsten Blütenkirschen. Leider tritt an den reichblühenden Zweigen nicht selten die Zweigdürre auf, man muß das dichte Zweigwerk deshalb häufig auslichten. Lb 9.3.3.3

◁ **Prunus incisa 'February Pink'.** Die als Fuji-Kirsche oder März-Kirsche bezeichnete Wildform ist in den Bergwäldern Japans, im mittleren und nördlichen Honshu, zu Hause. Der schwachwüchsige, zierliche, elegante, rundkronige Baum wird mit seinen dünnen Zweigen etwa 5–10 m hoch. Seine eiförmigen bis verkehrt-eiförmigen, 3,5–5 cm langen Blätter sind im Austrieb rötlich. Sie sind ziemlich derb und unregelmäßig grob doppelt. Weiß bis blaßrosa und 1–2 cm breit sind die zahlreichen einfachen, nickenden, kurz gestielten Blüten mit den ausgerandeten Kronblättern, die sich schon im März-April öffnen. Bei 'February Pink' sind die sternförmigen Blüten, die sich bei günstiger Witterung schon im Februar öffen können, außen rosa, innen überwiegend weiß, am Grunde auch rosa gefärbt. Die dunkel gefärbten Staub- und Kelchblätter tragen viel zur Farbigkeit der Blüten bei. Lb 7.2.2.4

△
Prunus kurilensis 'Brillant', Kurilen-Kirsche. Auf den Kurilen, Sachalin und Hokkaido ist die Kurilen-Kirsche verbreitet. Der kaum mehr als mannshohe, schwachwüchsige Strauch hat schmal-eiförmige, 7–9 cm lange, lang zugespitzte, grob gesägte Blätter. Im Mai öffnen sich die 2,5–3 cm breiten, weiß bis weißlichrosa gefärbten Blüten. Die abgeflacht kugeligen, 7 mm dicken Früchte sind purpurschwarz. Viel häufiger als die Art wird die Sorte 'Brillant' vermehrt. Auch sie wird kaum mehr als mannshoch und ist damit eine der kleinsten Blütenkirschen. Sie blüht schon als ganz junge Pflanze sehr reich mit weit geöffneten, milchigweißen Blüten. Leider wird die Sorte mit zunehmendem Alter von *Monilia*-Spitzendürre befallen. Die Zweige sterben dann von der Spitze her ab, ein Rückschnitt wird notwendig. 'Ruby' hat zahlreiche kleine, lilarosa Blüten. Lb 8.1.2.8

△
Prunus laurocerasus 'Otto Lyken', Lorbeerkirsche. Im östlichen Balkan, in Vorderasien und dem Kaukasus ist die immergrüne Lorbeerkirsche ein Element artenreicher Laubwälder. Als Wildart ist sie ein 2–6 m hoher Strauch oder kleiner Baum mit derbledrigen, oberseits glänzend dunkelgrünen, länglichen bis verkehrt-eiförmigen, 5–15 cm langen Blättern. Kleine, weiße Blüten erscheinen im Mai in dichten, 5–12 cm langen, endständigen Trauben. Die 8 mm langen, kegelförmigen, schwarzen Früchte sind giftig. Statt der natürlichen Art kultivieren wir zahlreiche Sorten, die sich vor allem in ihrem Habitus, in ihrer Wuchshöhe und Blattgröße unterscheiden. Dicht und kompakt wachsen 'Herbergii' und 'Otto Lyken', mit flach ausgebreiteten Ästen 'Mount Vernon' und 'Zabeliana', mehr aufrecht die Sorten 'Reynvaanii', 'Rotundifolia' und 'Schipkaensis Macrophylla'. Lb 3.1.7.4

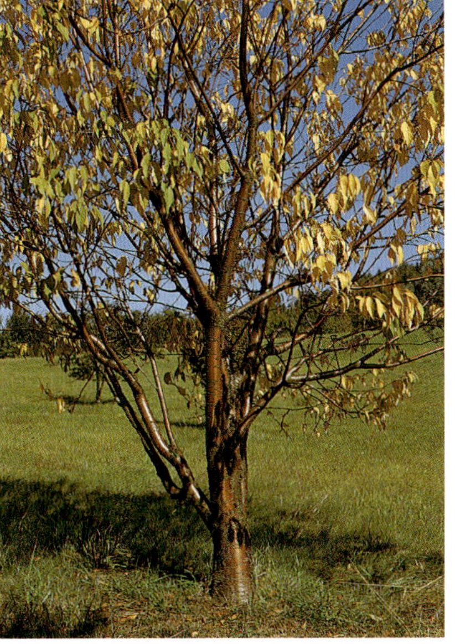

◁ **Prunus maackii,** Amur-Traubenkirsche. In den sommerkühlen Regionen der Mandschurei und Koreas wächst diese besonders winterharte Traubenkirsche. Der 10–15 m hohe, oft vom Boden an mehrstämmige Baum hat eine locker aufgebaute, breit-kegelförmige Krone. Besonders auffällig ist seine glatte, glänzend bräunlichgelbe Borke, die sich in dünnen Lagen löst und dann aufrollt. An älteren Bäumen verkorkt die Rinde und ist dann nicht mehr so attraktiv. Die länglicheiförmigen, 3–10 cm langen, zugespitzten, scharf gesägten, mittelgrünen Blätter färben sich schon Ende September schön gelb, fallen dann bald ab und geben den Blick frei auf das attraktive Astwerk. Etwa 1 cm breit sind die weißen Blüten, die im Mai zu 10–30 in 4–8 cm langen, ziemlich dichten Trauben stehen. Die 5 mm dicken, kugeligen Früchte sind schwarz gefärbt. Lb 3.3.4.3

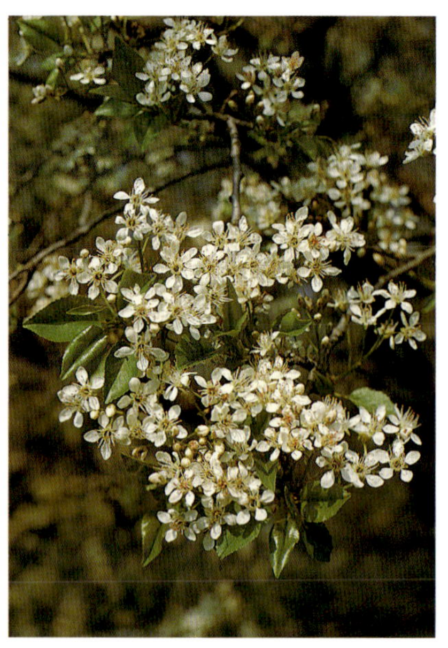

◁ **Prunus mahaleb,** Steinweichsel, Weichselrohr. In Mittel- und Südeuropa, Kleinasien, dem Kaukasus, Syrien und Iran kommt die Steinweichsel natürlich vor. Sie ist ein 3–10 m hoher, dicht verzweigter, sparriger, wärmeliebender und lichtbedürftiger Strauch oder vom Boden an mehrstämmiger Baum mit einer breit ausladenden Krone. Die Stämme bleiben lange glatt, erst spät bildet sich eine längsrissige, schmal gefelderte Borke. Die kurzgestielten, oberseits glänzend tiefgrünen Blätter sind breit-eiförmig bis rundlich, 3–8 cm lang, spitz bis abgerundet und an der Basis abgerundet bis leicht herzförmig. Sie fallen ohne besondere Färbung ab. Mit den Blättern erscheinen im Mai die 15 mm breiten, weißen, duftenden Blüten an beblätterten Kurztrieben zu 4–10 in Trugdolden. Die eiförmigen, 6–8 mm dicken, schwarzen Früchte schmecken meist etwas bitter. Lb 6.3.3.4

Prunus mume, Ume. Die Ume wird bei uns gelegentlich als Japanische Aprikose bezeichnet. Sie ist zwar nahe mit der Aprikose verwandt, stammt aber urspünglich aus den sommerwarmen Laubwäldern Chinas. Mit dem Buddhismus kam der Baum schon im 6. Jahrhundert nach Japan. Der kleine, im Alter rundkronige Baum wird kaum mehr als 10 m hoch. Er trägt an schlanken, glänzend grünen Trieben breit-eiförmige bis eiförmige, 4–10 cm lange, fein scharf gesägte, oberseits frischgrüne Blätter. Im März-April, lange vor der Laubentfaltung, öffnen sich an den vorjährigen Langtrieben einfache, weiße, besonders am Abend stark duftende, bis 3 cm breite Blüten. Die rundlichen, 2–3 cm dicken, gelb oder grünlich gefärbten Früchte haben eine saures bis bitteres Fruchtfleisch. Sie werden in Ostasien in vielfältiger Weise zubereitet und als Beilage gegessen. Lb 3.2.1.4

▽

Prunus mume 'Beni-shidon'. 'Beni-shidon' ist zur Zeit die einzige Sorte, die bei uns in Kultur ist. Ihre etwa 2,5 cm breiten, einfachen, stark duftenden Blüten sind in der Knospe dunkelrosa, später intensiv rosa gefärbt. In Japan kennt man mehrere hundert Ume-Sorten mit einfachen und gefüllten, weißen, rosa und roten Blüten. Die Ume wird in Japan hoch verehrt. Sie hat dort eine mindestens so große Bedeutung wie die Kirsche. Man schätzt sie, weil sie sehr alt werden kann, bis ins hohe Alter blüht und zu einer unwirtlichen Jahreszeit (nach dem alten japanischen Kalender schon im Winter) ihre zarten, duftenden Blüten entfaltet. *P. mume* ist in Mitteleuropa ausreichend frosthart. Auch die schon im Herbst weit entwickelten Blütenknospen überstehen normale Winter ohne Schäden. In Ostasien werden die Zweige unmittelbar nach der Blüte meist stark zurückgeschnitten. Lb 3.2.1.4 ▷

◁ **Prunus padus,** Faulbaum, Traubenkirsche. Von Europa bis nach Sibirien und Nordostasien, vom Kaukasus bis zum Himalaja ist der Faulbaum ein Element borealer und sommerkühler Laubwälder. Der meist vom Grunde an mehrstämmige, 8–18 m hohe, raschwüchsige Baum oder Strauch hat eine geschlossene, eiförmige bis rundliche Krone mit überhängenden Zweigen. Die jungen Zweige sind mit auffälligen Korkwarzen bedeckt. Die länglich-elliptischen, 6–12 cm langen, plötzlich zugespitzten, früh austreibenden Blätter sind oberseits stumpfgrün und durch vertiefte Nerven etwas runzelig. Mit dem Laub erscheinen an beblätterten Kurztrieben im April–Mai weiße, 5–15 mm breite Blüten in vielblütigen, lockeren, überhängenden Trauben. Zur Reife sind die 7–9 mm dikken, kugeligen Früchte glänzend schwarzrot. Die Sorte 'Colorata' hat im Austrieb kupfrig purpurne Blätter und rosa Blüten. Lb 2.2.4.4

Prunus 'Pandora'. Aus einer Kreuzung ▷ zwischen *P. subhirtella* 'Rosea' × *P. yedoensis* ist vor 1939 bei Waterer Sons & Crips diese Hybride entstanden. Der kleine, schwachwüchsige Baum wächst mit aufstrebenden Ästen zunächst straff aufrecht und bildet eine sehr schmale, trichterförmige Krone. Die 5–7 cm langen, oberseits runzeligen und kahlen, unterseits zerstreut behaarten Blätter sind eiförmig-elliptisch, lang zugespitzt, an der Basis abgerundet und am Rand grob und scharf doppelt gesägt. Schon Anfang April öffenen sich die überaus zahlreichen, 3–3,5 cm breiten, einzeln stehenden, weißen, rosa überhauchten Blüten, die in der Mitte ein dunkleres Auge haben. Wurde in England zweimal ausgezeichnet, 1939 mit einem Award of Merit, 1959 mit einem Award of Garden Merit. Bis jetzt haben unsere Baumschulen die reizende Blütenkirsche noch nicht entdeckt. Lb 9.3.2.4

Prunus persica 'Versicolor'. Der Pfirsichbaum ist uns allen als Fruchtbaum bekannt. Seine zahlreichen Zierformen sind leider weitgehend in Vergessenheit geraten. Unter zusagenden Bedingungen kultiviert, könnten sie aber prachtvolle kleine Blütenbäume sein. In Japan und China trifft man nicht selten auf die abgebildete 'Versicolor', eine Sorte, die vor 1863 in Frankreich entstanden und ab 1880 von der deutschen Baumschule Späth verbreitet worden ist. Der schwachwüchsige Kleinbaum oder Strauch überrascht durch seine sehr zahlreichen, dicht gefüllten Blüten, die ganz weiß oder ganz rot, aber auch mehrfarbig sein können. Meist findet man auf einem Baum Blüten in allen Farben. Auch 'Klara Mayer' ist eine Form mit gut gefüllten, etwa 4 cm breiten, leuchtend rosaroten Blüten. Gegenwärtig werden von unseren Baumschulen verschiedene Zwergformen angeboten. Lb 6.4.2.3
▽

Prunus pumila var. depressa, Kriechende Sand-Kirsche. An den Küsten der nordamerikanischen Großen Seen kommt die Sand-Kirsche vor. In ihrer typischen Form ist sie ein 1–2 m hoher Strauch mit schlanken, aufrechten Zweigen. Sie ist als Gartenpflanze nicht in Kultur. *P. pumila* var. *depressa* wird dagegen häufiger vermehrt. Sie ist ein niedergestreckter, flach dem Boden aufliegender Spalierstrauch, der nur wenige Zentimeter hoch wird. Die 3–5 cm langen Blätter sind schmal verkehrt-eiförmig bis stumpf spatelförmig, oberseits stumpfgrün und unterseits bläulichweiß. Sie färben sich im Herbst bläulich bis scharlachrot mit einem silbrigen Schimmer. Im April–Mai ist der Zwergstrauch an den vorjährigen Zweigen dicht mit zahlreichen kleinen, einfachen, weißen Blüten bedeckt. Als Hochstämmchen verdelt, entwikkelt die Varietät kleine Kronen mit abwärts gerichteten Zweigen. Lb 5.3.2.7
▽

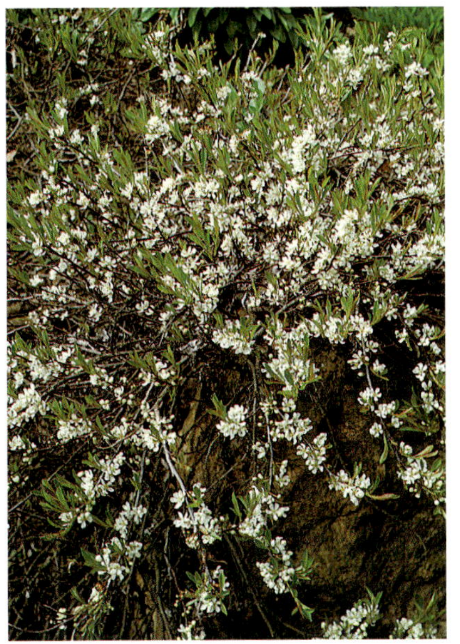

Prunus sargentii, Berg-Kirsche. Die Berg- ▷ wälder von Japan, Sachalin und Korea sind die Heimat der Berg-Kirsche. Sie entwickelt sich bei uns zu einem 15–18 m hohen Baum mit einer kegelförmigen bis breit ausladenden, aufgelockerten Krone, überhängenden Zweigen und einer glatten, kastanienbraunen Rinde. Elliptisch bis eiförmig sind die 7–12 cm langen, lang zugespitzten, mit spitzen Zähnen grob doppelt gesägten, unterseits blaugrünen Blätter. Sie sind im Austrieb bronzefarben und färben sich im Herbst in leuchtenden orangen bis karminroten Farben. Keine andere *Prunus*-Art kann sich da mit der Berg-Kirsche messen. Im April–Mai öffnen sich die zahlreichen 3-4 cm breiten, einfachen, rosarot gefärbten Blüten in sitzenden Dolden, denen ein weinrotes Hochblatt zusätzliche Farbigkeit verleiht. Eilänglich und bis 1 cm lang sind die purpurschwarzen Kirschen. Lb 3.3.2.3

◁ **Prunus × schmittii.** Aus Samen von *P. canescens* wurde 1932 im Arnold Arboretum, USA, diese Hybride (*P. avium × P. canescens*) gezogen. Der kleine, 7–12 m hohe Baum bildet mit seinen straff aufwärts strebenden Ästen und Zweigen eine schmal-eiförmige Krone. Von *P. canecens*, einer chinesischen Strauchart mit steif aufrechten Zweigen, hat der Baum an Stamm und Ästen seine schöne, mahagonibraune Spiegelrinde, die stark von querlaufenden Lentizellenbändern durchsetzt ist, und seinen straff aufrechten Habitus. Von *P. avium* stammt der vergleichsweise starke Wuchs. Die 5–8 cm langen, elliptisch-länglichen, oberseits dunkelgrünen, unterseits auf den Nerven bleibend behaarten Blätter sind lang zugespitzt, an der Basis abgerundet und am Rand unregelmäßig gesägt. Recht kurzlebig sind die einfachen, leicht rosa getönten, etwa 2 cm breiten Blüten. Lb 3.3.3.3

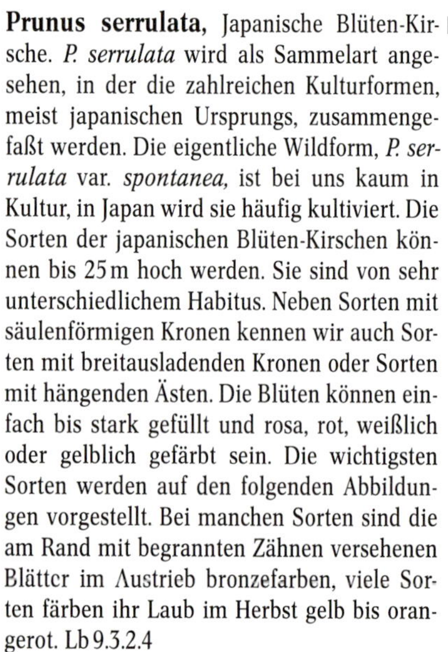

△ **Prunus serotina,** Späte Traubenkirsche. Im östlichen Nordamerika hat die Traubenkirsche eine weite Verbreitung. In Mitteleuropa ist sie stellenweise verwildert. Der raschwüchsige Baum kann Höhen bis zu 30 m erreichen, bleibt meist aber deutlich niedriger. Er hat eine schmal-längliche bis verkehrt-eiförmige Krone mit aufstrebenden Ästen und leicht überhängenden Zweigen. Der Stamm hat eine dunkelbraune, im Alter feinschuppige Borke. Derb und fast ledrig sind die oberseits glänzend dunkelgrünen, länglich-eiförmigen, 5–12 cm langen, zugespitzten, fein kerbig gesägten Blätter. Die Blätter treiben spät aus und bleiben im Herbst lange haften. Erst im Mai-Juni entfalten sich die weißen, 8–10 mm breiten Blüten in 10–14 cm langen, aufrechten, walzenförmigen Trauben. Die rundlichen, 8–10 mm dicken Früchte sind anfangs dunkelrot, zur Reife schwarz gefärbt. Lb 4.1.3.4

Prunus serrula, Tibetanische Kirsche, Mahagoni-Kirsche. In den artenreichen Bergwäldern des westlichen China hat die Art ihre natürliche Verbreitung. Sie ist ein bis 10 m hoher, meist vom Boden an verzweigter Strauch oder kleiner Baum, der mit schräg aufstrebenden Ästen eine lockere Krone bildet. Das auffallenste Merkmal der Art ist ihre auffallend glatte, glänzend mahagonibraune Rinde, die sich in schmalen Streifen ablöst. Kaum ein anderer Kleinbaum unserer Gärten hat ein ähnlich attraktives Stammbild, das sich schon an jungen Bäumen zeigt. Sehr elegant sind die lanzettlichen bis schmal-elliptischen, 4–10 cm langen, lang zugespitzten, gleichmäßig scharf gesägten, oberseits stumpfgrünen Blätter. Zu 1–4 sitzen im April-Mai die weißen, etwa 2 cm breiten, nickenden Blüten in Dolden. Die Blütenblätter der kurzlebigen Blüten fallen rasch ab. Lb 3.2.2.3 ▷

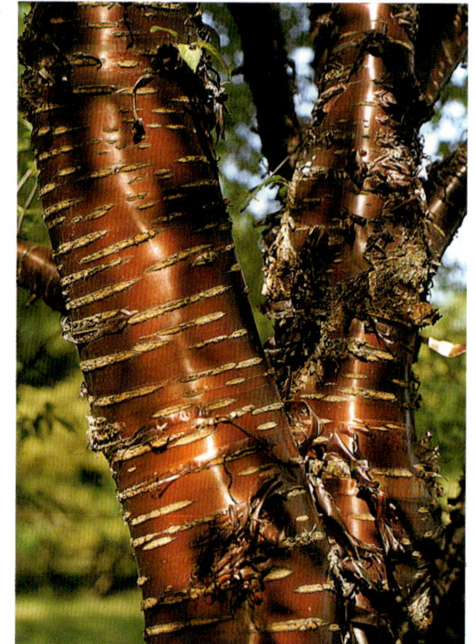

Prunus serrulata, Japanische Blüten-Kirsche. *P. serrulata* wird als Sammelart angesehen, in der die zahlreichen Kulturformen, meist japanischen Ursprungs, zusammengefaßt werden. Die eigentliche Wildform, *P. serrulata* var. *spontanea,* ist bei uns kaum in Kultur, in Japan wird sie häufig kultiviert. Die Sorten der japanischen Blüten-Kirschen können bis 25 m hoch werden. Sie sind von sehr unterschiedlichem Habitus. Neben Sorten mit säulenförmigen Kronen kennen wir auch Sorten mit breitausladenden Kronen oder Sorten mit hängenden Ästen. Die Blüten können einfach bis stark gefüllt und rosa, rot, weißlich oder gelblich gefärbt sein. Die wichtigsten Sorten werden auf den folgenden Abbildungen vorgestellt. Bei manchen Sorten sind die am Rand mit begrannten Zähnen versehenen Blätter im Austrieb bronzefarben, viele Sorten färben ihr Laub im Herbst gelb bis orangerot. Lb 9.3.2.4 ▷

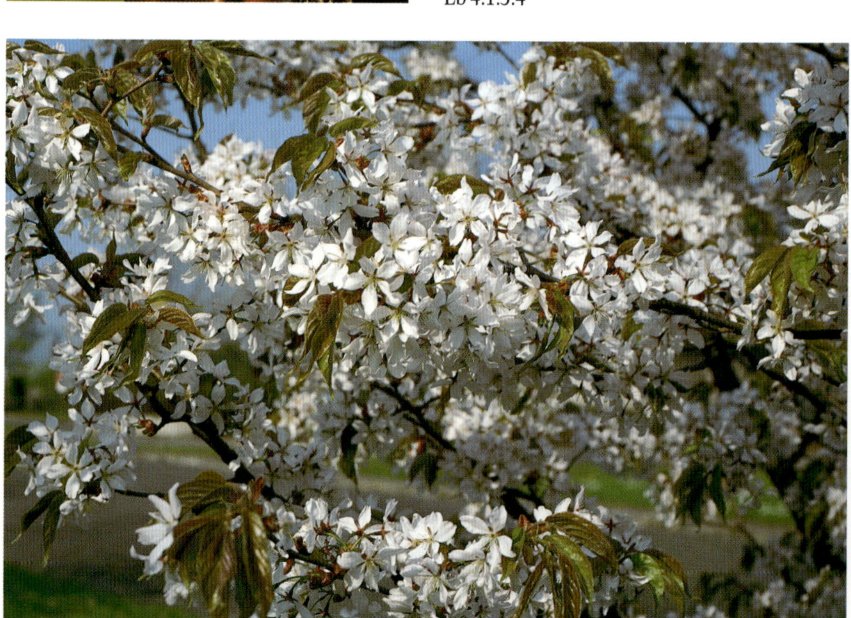

Prunus serrulata-Sorten

'Amanogawa'

'Fugenzo'

'Kiku-shidare'

'Kanzan'

'Ichyo'

'Shimidsu'

'Shirofugen'

Prunus serrulata-Sorten

'Shirotae'

'Shujaki'

var. *spontanea*

'Taihaku'

'Takasago'

'Taoyama'

'Ukon'

Prunus spinosa, Schlehe, Schwarzdorn. In ▷ Europa, Vorderasien und dem Kaukasus ist die Schlehe oft in Hecken, an sonnigen Fels- und Berghängen oder als Pioniergehölz in aufgelassenen Weiden zu finden. Sie ist ein 1–3 m hoher, sparrig verzweigter, stark dornig bewehrter Strauch, der sich durch Wurzelsprosse stark ausbreitet und so rasch undurchdringliche Dickichte bilden kann. Die oberseits dunkelgrünen Blätter sind verkehrteiförmig bis elliptisch, 3–4 cm lang und kerbig gesägt. Im April, vor der Laubentfaltung, stehen die 1–1,5 cm breiten, weißen, kurzlebigen Blüten meist einzeln, aber in Massen an schuppig beblätterten Kurztrieben. Die kugeligen, 1–1,5 cm dicken, lange an den Zweigen haftenden, herb schmeckenden Früchte sind blau bereift. Sie reifen im September–Oktober und können zu Marmeladen, Säften oder Schlehenlikör verarbeitet werden.
Lb 6.3.3.5

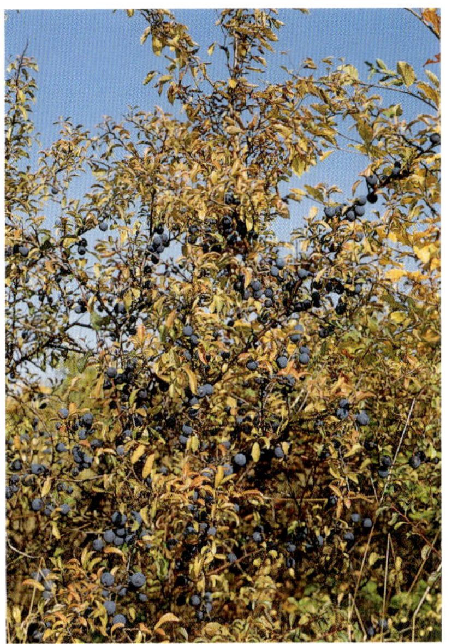

Prunus subhirtella, Higan-Kirsche. Die ursprüngliche Herkunft der Higan-Kirsche ist nicht bekannt. In Japan ist die Art seit langem in Kultur. Nicht nur in ihrer aufrechtwachsende Form, *P. subhirtella* var. *ascendens,* sondern auch in Hängeformen. Die abgebildete 'Autumnalis' ist ein kleiner, bis 5 m hoher Baum oder großer Strauch mit einer breit aufrechten, fein und dicht verzweigten Krone und leicht überhängenden Zweigen. Die frischgrünen, eiförmigen Blätter sind 3–8 cm lang und einfach bis doppelt gesägt, sie färben sich im Herbst gelborange bis braunrot. Weiß bis weißlichrosa und halbgefüllt sind die 2,5–3 cm breiten Blüten. Bei milder Witterung erscheinen die ersten Blüten schon im November–Dezember, die Hauptblüte setzt im März–April ein. Häufig in Kultur sind auch die rosablühende 'Fukubana' und die Hängeform 'Pendula'.
Lb 9.3.2.4

Prunus subhirtella-Sorten

'Autumnalis'

'Fukubana'

'Pendula Plena Rosea'

'Pendula'

'Plena'

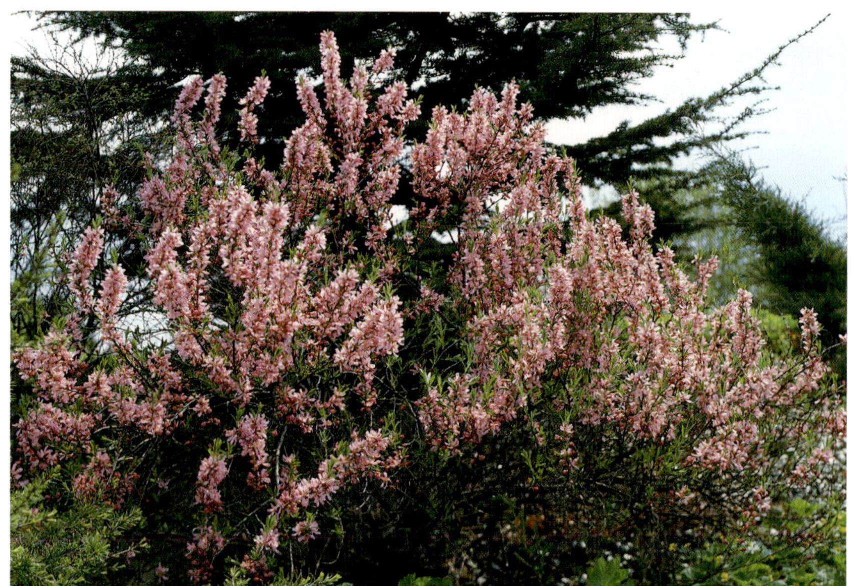

◁**Prunus tenella 'Firehill',** Russische Zwerg-Mandel. Vom östlichen Mitteleuropa bis nach Westsibirien kommt die Zwerg-Mandel in semiariden bis ariden Klimazonen vor. Der bis 1,5 m hohe, aufrechte Strauch breitet sich durch unterirdische Wurzelsprosse so langsam aus, daß die Sträucher nie lästig werden. Seine hellgrünen Blätter sind lanzettlich bis schmal verkehrt-eiförmig, 3–7 cm lang und scharf gesägt. Im April–Mai sitzen entlang der vorjährigen Langtriebe die rosaroten, 2 cm breiten Blüten zu 1–3 in Büscheln. Bei der Wildform sind die Blüten deutlich heller als bei der Sorte 'Firehill'. Die Sträucher sollten unbedingt unmittelbar nach der Blüte stark zurückgeschnitten werden. Man erreicht dadurch eine reiche Blüte im kommenden Jahr und verhindert außerdem den Befall mit *Monilia*-Spitzendürre, die sonst fast mit Sicherheit auftritt. Lb 6.1.3.6

Prunus triloba 'Rosenmund', Mandelbäumchen. ▷ 'Rosenmund' unterscheidet sich von dem bisher vermehrten Mandelbäumchen durch einen etwas stärkeren Wuchs, einen etwas früheren Blühtermin und deutlich dunkler gefärbte Blüten. Sie ist so eine wesentliche Verbesserung der bisherigen Form, die als Kulturform aus China in unsere Gärten kam. Auch die einfach blühende Wildform, *P. triloba* f. *simplex,* ist in China zu Hause. Das Mandelbäumchen wird meist als Stämmchen veredelt und bildet bei regelmäßigem Rückschnitt dicht verzweigte, rundliche Kronen aus dunkelbraunen Zweigen. Die oberseits sattgrünen Blätter sind breit verkehrt-eiförmig, 3–6 cm lang, vorne zugespitzt oder auch 3lappig und am Rand grob doppelt bis eingeschnitten gesägt. Im März–April sitzen entlang der vorjährigen Zweige die 2,5–3 cm breiten, dicht rosettartig gefüllten, rosa gefärbten Blüten. Lb 9.3.1.5

Prunus yedoensis, Yoshino-Kirsche. ▷ Die ursprüngliche Herkunft der Yoshino-Kirsche ist nicht bekannt, sie ist in Japan seit langem in Kultur. Man nennt sie Yoshino-Kirsche nach dem berühmten Kirschhain am Yoshino, einem Berg südlich von Nara. Der Legende nach ist der ganze Berg von dem aus Korea stammenden Mönch En-no Shokaku im 7. Jahrhundert mit Kirschen bepflanzt worden. *P. yedoensis* ist ein bis 15 m hoher Baum mit einer zunächst trichterförmigen, später locker ausladenden Krone. Die oberseits frischgrünen Blätter sind elliptisch bis eiförmig, 6–12 cm lang, zugespitzt und am Rand mit meist grannig zugespitzten Zähnen gesägt. Im Herbst färben sich die Blätter goldgelb bis ziegelrot. Zur Blütezeit im April–Mai trägt der Baum eine Fülle von einfachen, 3–3,5 cm breiten, schwach duftenden, weißlichen bis blaßrosa Blüten, die zu 4–6 in Dolden stehen. Lb 3.3.2.3

Prunus yedoensis 'Moerheimii'. Viel seltener als die Hängeformen von *P. serrulata* und *P. subhirtella* werden Hängeformen von *P. yedoensis* gepflanzt. Alle werden meist hochstämmig veredelt und breiten in der ursprünglichen Veredlungshöhe ihre Kronen mehr oder weniger laubenartig aus. 'Moerheimii' ist von den bekannten Formen am häufigsten in Kultur. Anfangs stehen die Äste gleichmäßig nach allen Seiten ab und hängen an den Spitzen über. Ältere Kronen sind dagegen sehr unregelmäßig aufgebaut, weil einige Äste schräg aufwärts streben und ihre Seitenzweige dann wieder hängen lassen. Die anfangs rosa, bald weißen Blüten stehen meist zu 3 in Büscheln. Bei 'Ivensii' stehen die ziemlich dünnen Äste zuerst weit waagerecht ab, bevor sie sich abwärts neigen. 'Shidare Yoshino' ist eine starkwüchsige Form, deren Äste in kurzen Bögen fast senkrecht nach unten wachsen. Lb 3.3.2.4
▽

Pseudosasa japonica, Yadakae-Bambus, ▷ Gramineae, Gräser. In sommerwarmen, humiden Zonen von Japan und Korea kommt dieser Bambus vor. Er erreicht bei uns unter günstigen Bedingungen Höhen von 3–5 m, begnügt sich meist aber mit Höhen von 2–3 m. Die in Japan als Metake bezeichnete Art wächst straff aufrecht und bildet mehr oder weniger dichte Horste, weil in kühleren Klimazonen nur wenige Ausläufer gebildet werden. Die drehrunden, dunkelgrünen Halme können einen Umfang von 6 cm erreichen. Ihre braunen Halmscheiden bleiben monatelang haften. Mit einer Länge von etwa 30 cm und einer Breite von 3,5 cm sind die Blätter dieser Art auffallend groß. Sie sind ziemlich dick, etwas ledrig, oberseits dunkelgrün und auf der Unterseite grün bis blaugrün. Sie stehen zu 4–7 an jedem Zweig. Zweige und Blätter stehen im oberen Bereich der Halme fächerartig gehäuft. Lb 2.3.5.5

Ptelea trifoliata, Lederstrauch, Kleeulme, Rutaceae, Rautengewächse. Im östlichen Nordamerika ist der Lederstrauch weit verbreitet, von Quebec im Norden bis nach Texas und Arizona. Die sommergrüne Art wird als Strauch oder kleiner Baum maximal 8 m hoch. Sie bildet mit wenig verzweigten Ästen eine rundliche, buschige Krone. Die wechselständigen, lang gestielten Blätter sind 3zählig, die Blättchen eielliptisch, 6–12 cm lang und an beiden Enden verschmälert. Im Herbst färben sich die glänzend dunkelgrünen Blätter oft goldgelb. Wenig auffällig sind im Juni die kleinen, grünlichweißen bis gelbgrünen, besonders in den Abendstunden stark duftenden Blüten, die in 4–5 cm breiten, kurzen Rispen stehen. Auffälliger sind dagegen die lange haftenden Fruchtstände mit den stark abgeflachten, rundlichen, 2–2,5 cm breiten, breit geflügelten Nußfrüchten. Lb 3.1.6.4

▽

Pterocarya fraxinifolia, Kaukasische Flügelnuß, Juglandaceae, Walnußgewächse. Die Kaukasische Flügelnuß ist Bestandteil der sommerwarmen, humiden Laubwälder vom Kaukasus bis Nordiran. Der 20–30 m hohe Baum wächst meist vom Boden an mehrstämmig und bildet eine weit ausladende Krone. Nicht selten werden zahlreiche Wurzelschosse gebildet. Ausdrucksvoll ist die schwarzgraue, tief gefurchte Borke. Aus nackten, rostbraunen Winterknospen treiben im zeitigen Frühjahr die unpaarig gefiederten, 20–45(–60) cm langen Blätter. Sie sind aus 11–21 länglich-lanzettlichen, 8–12 cm langen, dunkelgrünen Blättchen zusammengesetzt, die sich im Herbst gelb verfärben. Aus kleinen, unscheinbaren, grünlichen, 1häusigen Blüten entwickeln sich die von ledrig-holzigen, halbkreisförmigen Flügeln eingefaßten Nußfrüchte, die in 20–45 cm langen Ständen von den Zweigen hängen. Lb 2.1.1.2

▽

Pterostyrax hispida, Borstiger Flügelstorax, Styracaceae, Storaxgewächse. Auf den japanischen Inseln Honshu, Kyushu und Shikoku kommt der Borstige Flügelstorax vor. Weitere 6 Arten der Gattung sind von Japan bis Burma verbreitet. Die sommergrüne Art ist ein kaum mehr als 5 m hoher Baum oder Strauch mit abstehenden Ästen. Seine wechselständigen, kurzgestielten Blätter sind eilänglich, 7–12 cm lang, oberseits kahl und sattgrün, unterseits graugrün und leicht behaart. An kurzen Seitenzweigen sitzen in großen, 15–25 cm langen, endständigen, hängenden, sternhaarigen Rispen im Juni die duftenden, rahmweißen, glockigen Blüten. Von einigem Schmuckwert sind auch die unten abgebildeten Fruchtstände mit ihren dicht gelbsilbern behaarten Steinfrüchten. Der wunderschöne Blütenstrauch braucht in der Jugend Winterschutz, später ist er ausreichend frosthart. Ln 6.2.2.4

▽

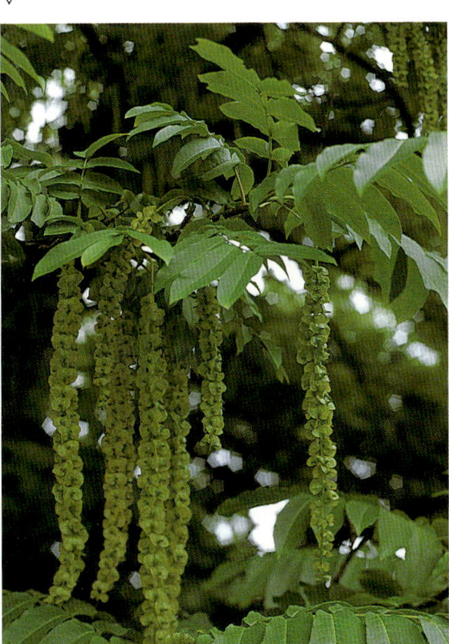

Ptilotrichum spinosum, Dorniges Steinkraut, Cruciferae, Kreuzblütler. Nicht selten wird das Dornige Steinkraut auch in die Gattung *Alyssum* einbezogen. Es kommt in Ost- und Südspanien, in Südfrankreich, Algerien und Marokko überwiegend im mediterranen Klimabereich vor, braucht also sommerwarme, geschützte, vollsonnige Standorte im Steingarten oder auf Steinbeeten und leichte Böden mit gutem Wasserabzug. Der rundliche, stark verzweigte, polsterartige Strauch wird 30–50 cm hoch. Seine Blütenstandachsen sind stechend verdornt. Die kleinen, gehäuft oder zerstreut angeordneten Blätter sind dicht mit silbrigen Sternhaaren bedeckt. Im Mai–Juni ist das ganze Sträuchlein bedeckt mit kleinen, weißen bis blaßrosa Blüten, die in kurzen, dichten Trauben über den Blättern stehen. In den zwittrigen Blüten sind die 4 Kronblätter kreuzweise angeordnet. Lb 6.1.1.7 ▷

◁**Pyracantha 'Orange Glow',** Feuerdorn, Rosaceae, Rosengewächse. Die Gattung *Pyracantha* besteht aus etwa 6 Arten, die von Südosteuropa bis zum Himalaja und Zentralchina verbreitet sind. Wir kultivieren längst keine Wildformen mehr, sondern Sorten, an deren Zustandekommen mehrere Arten und Sorten beteiligt sind. Die Feuerdorn-Sorten sind immergrüne, meist dicht und sparrig verzweigte, mehr oder weniger aufrechtwachsene Sträucher mit Wuchshöhen von 2–4 m. Die ledrigen, glänzend dunkelgrünen Blätter sind etwa 2–4 cm lang und elliptisch bis lanzettlich oder verkehrt-lanzettlich. Im Mai–Juni blühen die Sträucher überreich mit 5–10 mm breiten, weißen Blüten, die zu vielen in 2–4 cm breiten Trugdolden sitzen. Die mehr oder weniger kugeligen, 5–7 mm dicken Steinäpfel können leuchtend rot, orange oder gelb gefärbt sein. Sie bleiben meist bis spät in den Winter haften. Lb 6.3.2.5

Pyracantha-Sorten

'Red Column'

'Soleil d'Or'

◁ **Pyrus calleryana 'Chanticleer',** Rosaceae, Rosengewächse. Die Chinesische Birne ist in den artenreichen Laubwäldern Chinas verbreitet. In Kultur ist überwiegend die Sorte 'Chanticleer', ein 8–15 m hoher, unbewehrter Baum, der mit aufstrebenden Seitenästen eine anfangs geschlossene, schmal kegelförmige Krone aufbaut, die im Alter lokkerer und etwas breiter wird. Breit-eiförmig bis eiförmig und 4–8 cm lang sind die oberseits glänzend dunkelgrünen Blätter. Sie treiben im Frühjahr zeitig aus und bleiben Herbst lange haften, stellenweise bis in den Dezember hinein. Sehr spät setzt auch die prachtvolle Herbstfärbung mit gelben, orange, scharlach und purpurnen Tönen ein. Im Mai stehen die 2–2,5 cm breiten, weißen Blüten in kahlen Trugdolden zusammen. Die kugeligen, 1 cm dicken Früchte sind braun. 'Chanticleer' gedeiht am besten in warmen, sonnenreichen Regionen. Lb 6.1.1.3

△

Pyrus communis, Holz-Birne. Von Europa bis Westasien reicht die Verbreitung der Holz-Birne. In *P. communis* var. *sativa* kennen wir sie als Fruchtbaum. Die Wildform ist ein 15–20 m hoher, schwach bedornter Baum mit einer breit-kegelförmigen Krone. Rundlich bis breit-eiförmig sind die 2,5–7 cm langen, oberseits glänzend dunkelgrünen, unterseits bläulichgrünen, fein und gleichmäßig gesägten Blätter. Sie können sich im Herbst lebhaft gelb bis orangerot verfärben. Etwa 3 cm breit sind die weißen Blüten, die im April–Mai zu 3–9 in zottig behaarten oder kahlen Trugdolden stehen. Die rundlichen bis verkehrt-eiförmigen, 1,5–3,5 cm langen, gelb oder braun gefärbten Früchte sind mit ihrem herbsauren Fruchtfleisch kaum genießbar. Neuerdings kommt die Holz-Birne in der Sorte 'Beech Hill' nun auch als schmalkroniger, bis etwa 10 m hoher Blütenbaum zu Ehren. Lb 6.4.2.2

Pyrus salicifolia, Weidenblättrige Birne. ▷ Das Verbreitungsgebiet der Weidenblättrigen Birne reicht von Kleinasien durch den Kaukasus bis zum Iran. Der kleine, 5–9 m hohe Baum baut mit abstehenden Ästen und dünnen, mehr oder weniger hängenden, etwas verdornten Zweigen eine etwas wirre Krone auf. Im 1. Jahr sind die Zweige dicht grauweiß filzig behaart, sie verkahlen im Herbst und sind dann grün. Anfangs sind auch die schmal-lanzettlichen, 3–9 cm langen, an beiden Enden verschmälerten Blätter beiderseits silbergrau behaart. Sie werden später oberseits kahl und mattglänzend, unterseits bleiben sie behaart. Schon im April öffnen sich die 2 cm breiten, weißen Blüten mit ihren weißwollig behaarten Stielen und Kelchen. Sie sitzen zu 6–8 in kleinen Trugdolden an kurzen Seitenzweigen. Die grünen, harten, birnenförmigen Früchte sind 2-3 cm lang. Lb 6.1.2.3

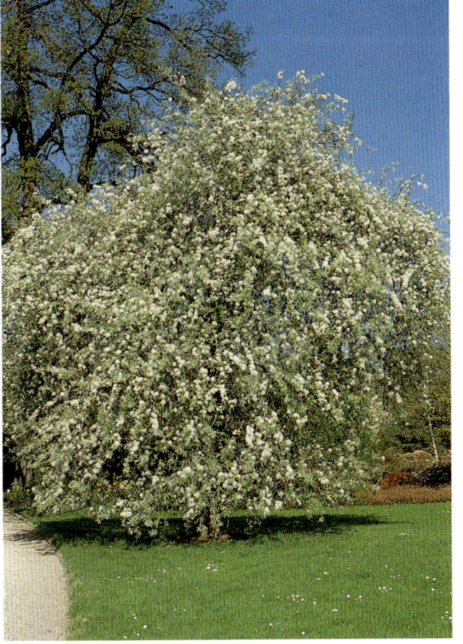

Quercus alba, Weiß-Eiche, Fagaceae, Buchengewächse. ▷ In den Laubwäldern des östlichen und mittleren Nordamerika kommt die Weiß-Eiche vor. Der bis 30 m hohe, in Kultur meist viel niedrigere Baum hat anfangs eine kegelförmige, später eine breitgewölbte Krone. Die dicke Borke ist hell grauweiß bis braun oder schwarz und tief gefurcht, sie löst sich in Platten ab. Die oberseits dunkelgrünen, unterseits blaugrünen Blätter sind in Form und Größe sehr variabel, verkehrt-eiförmig bis länglich oder elliptisch und 12–23 cm lang. Sie tragen jederseits 3–4 ganzrandige oder wenig gezähnte, tief gebuchtete Lappen. Im Herbst färben sich die Blätter eigenartig weinrot bis purpurviolett. Kurzgestielt oder sitzend sind die eilänglichen, 2–2,5 cm langen Eicheln, die zu 1/4 von einem grauweißen Becher umgeben sind. 'Elongata' ist eine Form mit löffelartig gebogenen Blättern. Lb 3.2.2.1

Quercus coccinea, Scharlach-Eiche. Im mittleren und südöstlichen Nordamerika besiedelt die Scharlach-Eiche artenarme Wälder. Der bis 25 m hohe Baum hat anfangs eine dicht kegelförmige, im Alter eine rundliche, lockere Krone mit ansteigenden, bald aber weit abstehenden Ästen und zahlreichen dünnen Zweigen. Die anfangs silbergraue, glatte, aber stark warzige Borke ist später dunkelgrau und feinrissig. An orange- bis rotbraunen Trieben sitzen die verkehrt-eiförmigen bis elliptischen, 8–15 cm langen, oberseits dunkelgrünen und kahlen Blätter, die unterseits braune Achselbärte tragen. Die Blätter tragen auf jeder Seite 3–4 abstehende, etwas gezähnte Lappen. Sie färben sich im Herbst leuchtend scharlachrot. Die Färbung beginnt häufig nur in einem Teil der Krone. Die eiförmigen, 1,3–2 cm langen Eicheln sitzen in einem napfförmigen Becher. Lb 4.4.2.2

▽

Quercus cerris, Zerr-Eiche. Im südlichen ▷ Mitteleuropa, in Südeuropa, Kleinasien und dem Libanon kommt die Zerr-Eiche in lichten Wäldern vor. Sie kann bis 30 m hoch werden und baut mit aufstrebenden Ästen eine breit kegelförmige bis breit gewölbte Krone auf. Die dicke, dunkelgraue Borke ist an alten Bäumen fein und tief gefurcht und in kleine, konvexe Platten geteilt. Die länglich-ovalen, 6–12 cm langen Blätter sind an beiden Enden verschmälert und unregelmäßig tiefbuchtig gelappt. Die jederseits 4–9 Lappen enden in einer Stachelspitze. Anfangs sind die Blätter filzig, später verkahlen sie oberseits und sind dunkelgrün, unterseits graugrün und behaart. Die Herbstfärbung ist meist schön gelbbraun. Die 2,5–3 cm langen, länglich-eiförmigen Eicheln sind zur Hälfte von einem Becher umgeben, der mit zurückgeschlagen, pfriemlichen Schuppen besetzt ist. Lb 6.3.2.1

Quercus frainetto, Ungarische Eiche. Im mittleren und südlichen Italien, in Ungarn, Rumänien und Kleinasien kommt die Ungarische Eiche in semiariden Klimazonen vor. Der stattliche Baum kann bis 30 m hoch werden. Auf einem dicken Stamm trägt er eine geschlossene, regelmäßige, breite, prachtvoll gewölbte Krone, in der die Äste weit nach außen abstehen. Die meist hellgraue Borke ist von einem Netzwerk tiefer Furchen durchzogen. Verkehrt-eiförmig, 8–20 cm lang, an der Basis verschmälert und geöhrt sind die oberseits dunkelgrünen und bald kahlen, unterseits graugrünen, sternhaarigen Blätter. Sie sind auf jeder Seite mit 6–10 länglichen Lappen auffallend tief und regelmäßig, fast symmetrisch gelappt. Die eilänglichen, 2–2,5 cm langen Eicheln, sitzen meist zu 2–5, sie sind zur Hälfte von einem halbkugeligen Becher umgeben. Lb 6.3.2.1

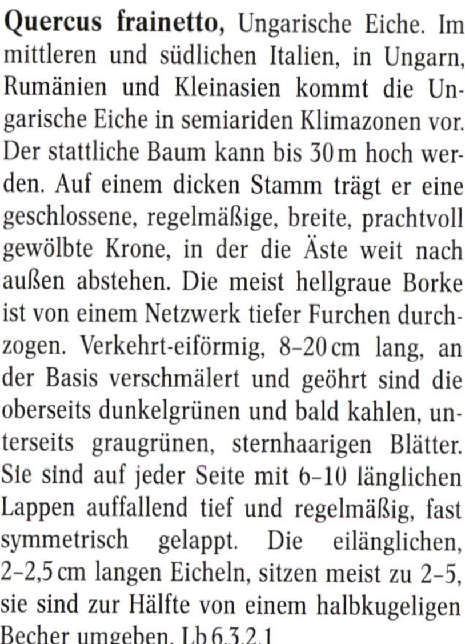

▽

◁ **Quercus dentata,** Japanische Kaiser-Eiche. Lichte Mischwälder in Japan, Korea, West- und Nordchina sind die Heimat dieser Art. Sie wächst sehr langsam und kann schließlich Höhen bis 25 m erreichen. Der oft kurzstämmige Baum hat eine offene Krone mit waagerecht abstehenden Ästen und sehr dikken, graufilzigen Trieben. Die dicke, korkige, schwärzlichgraue Borke ist grob und tiefrissig gefurcht. Länglich verkehrt-eiförmig und bis 30 cm lang sind die oberseits dunkelgrünen und anfangs behaarten, unterseits gelbgrünen, weichhaarigen Blätter. Sie haben jederseits 5–9 abgerundete Lappen oder sind nur wellig gebuchtet. Im Herbst färben sich die stattlichen Blätter schön gelb bis rotbraun, sie bleiben den größten Teil des Winters an den Trieben sitzen. Die 2 cm langen, eirundlichen Eicheln sind zur Hälfte vom Becher umgeben, der fransenartige Schuppen trägt. Lb 4.2.2.2

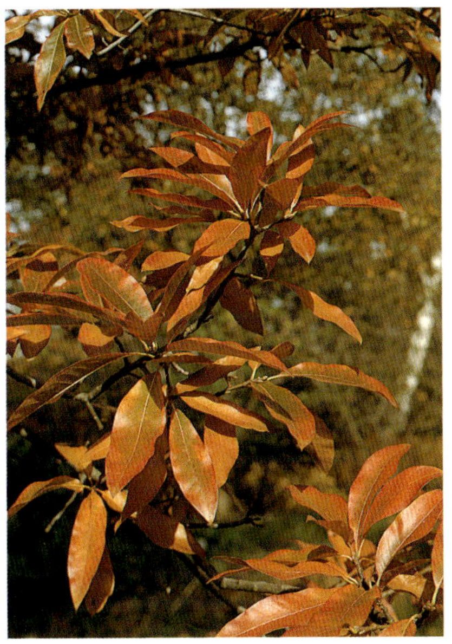

◁ **Quercus imbricaria,** Schindel-Eiche. Die Heimat der Schindel-Eiche sind die sommerwarmen Laubwälder im südöstlichen Nordamerika. Der bis 25 m hohe Baum hat eine ziemlich breite, gewölbte Krone, in der die unteren Äste waagerecht abstehen, die oberen ansteigen. Die anfangs graue Borke ist später rötlichgrau und von ganz flachen, breiten Rissen durchzogen. Schmal-oval bis länglich-eiförmig sind die 10–18 cm langen, an beiden Enden zugespitzten, oberseits glänzend dunkelgrünen, unten blaßgrünen und bleibend behaarten Blätter. Sie sind für eine Eiche etwas ungewöhnlich geschnitten, denn ihnen fehlen die Lappen, der Rand ist nur etwas gewellt. Die breite, helle Mittelrippe läuft manchmal in eine undeutliche Grannenspitze aus. Die eleganten, zierlichen Blätter färben sich im Herbst schön rotbraun. Die fast kugeligen Eicheln sitzen einem flachen Becher auf. Lb 2.3.2.2

△ **Quercus libani,** Libanon-Eiche. Die Libanon-Eiche ist ein Gebirgsbaum semiarider Gebiete in Syrien und Kleinasien. Mit einer Wuchshöhe von etwa 10 m ist sie eine zierliche Art mit einer kleinen, offenen Krone. Die dunkelgraue bis schwärzliche, mitunter leicht korkige, lange glatt bleibende Borke ist im Alter rauh und flach längsfurchig. Nur 5–10 cm lang sind die länglich-lanzettlichen, zugespitzten, oberseits dunkelgrünen und kahlen, unterseits hellgrünen, meist fein kurzhaarigen Blätter. Die am Rand leicht welligen Blätter haben jederseits 9–12 nahezu parallel verlaufende Seitennerven, sie enden in einer kurzen Granne, die den Blattzähnen aufsitzt. Die etwa 2,5 cm dicken, breit-eiförmigen Eicheln sind zu 2/3 von einem dicht beschuppten Becher umgeben. Sie sitzen auf einem kurzen, ungewöhnlich dichten Stiel und reifen im 2. Jahr. Lb 6.1.2.3

Quercus macranthera, Persische Eiche. ▷ Gebirgswälder vom südöstlichen Kaukasus bis zum Iran sind die Heimat der Persischen Eiche. Der mittelgroße, langsam wachsende Baum wird etwa 20 m hoch, er hat eine hochgewölbte, ziemlich lockere Krone mit ansteigenden Ästen und dicken, stark graufilzigen Trieben, die erst im 2. Jahr allmählich verkahlen. An den Knospen sitzen bleibende, fadenförmige Nebenblattschuppen. Der Stamm hat eine rötlichgraue, dünne, in großen Platten abblätternde Borke. Verkehrt-eiförmig und 5–10 cm lang sind die oberseits dunkelgrünen und ziemlich kahlen, unterseits stark gelblich oder rotbraun filzigen Blätter. Sie sind sehr regelmäßig geschnitten und haben jederseits 7–11flache, eiförmige Lappen. Etwa 2 cm lang sind die eiförmigen Eicheln, sie sind etwa zur Hälfte von einem mit lanzettlichen Schuppen besetzten Becher umgeben. Lb 6.1.2.2

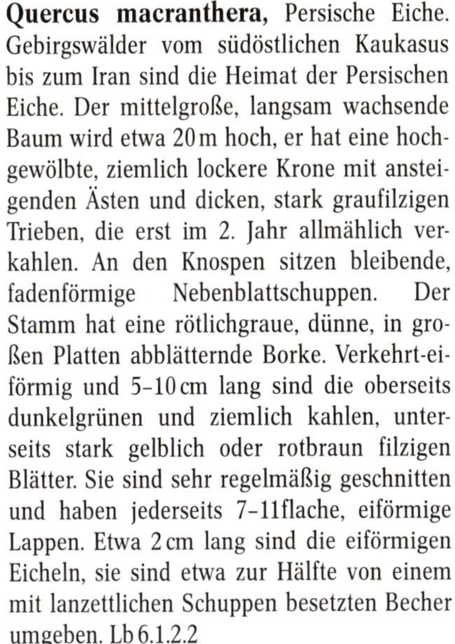

Quercus palustris, Sumpf-Eiche. Im östlichen Nordamerika stockt die Sumpf-Eiche oft am Rand von Sümpfen und Flüssen, in Kultur kommt sie aber auch mit etwas trockeneren Böden zurecht. Der Baum kann Höhen bis 25 m erreichen, er hat einen bis zum Wipfel durchgehenden Stamm mit einer schmalen, gewölbten Krone, in der die mittleren Äste abstehen, die unteren stark hängen. In älteren Kronen finden sich stets zahlreiche abgestorbene Äste und Zweige. Die lange glatt bleibende, silbergraue Borke ist schließlich rauh und flach gefurcht. Verkehrteiförmig und 8–15 cm lang sind die beiderseits lebhaft grünen und kahlen Blätter. An jeder Seite stehen 2–4 spitze, gezähnte Lappen fast waagerecht ab. Erst spät im Herbst setzt die karmin- bis dunkelrote Herbstfärbung ein. Die fast halbkugeligen 1–1,5 cm breiten Eicheln sind von einem schüsselförmigen Becher umgeben. Lb 2.3.2.2 ▷

Quercus pontica, Pontische Eiche. In den humiden Gebirgswäldern im Kaukasus und in Armenien finden sich die natürlichen Vorkommen der Pontischen Eiche. Mit einer Wuchshöhe von 4–6 m gehört die Art zu den kleinwüchsigen Eichen. Sie ist meist vom Boden an mehrstämmig und hat eine sparsam verzweigte, kompakte, rundliche Krone mit auffallend dicken, kahlen, kantigen Trieben, die eine große Endknospe tragen. Die oberseits glänzend lebhaft grünen, unterseits blaugrünen Blätter sind breit-oval bis verkehrt-eiförmig und 10–16 cm lang. Sie haben jederseits 13–17 parallel verlaufende Nerven und sind am Rand scharf und unregelmäßig gezähnt. In Blattschnitt und -zähnung erinnern die im Herbst leuchtend braungelb gefärbten Blätter an die der Eßkastanien. 2 cm lang sind die eiförmigen Eicheln, die zur Hälfte vom Becher umgeben sind. Lb 6.3.1.4

▽

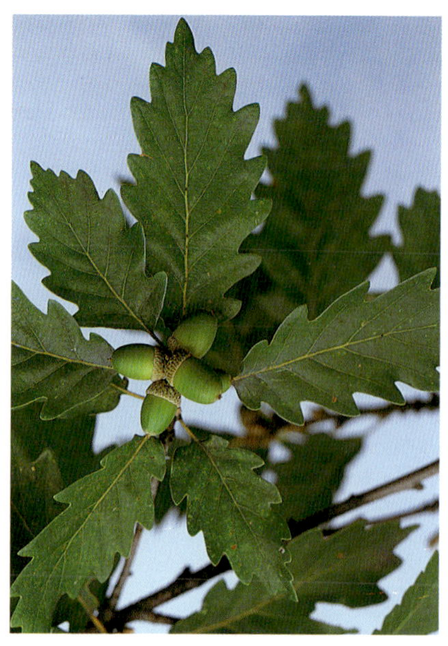

◁ **Quercus petraea,** Trauben-Eiche, Winter-Eiche. Von Europa bis Kleinasien ist die Trauben-Eiche ein Charakterbaum des Eichen-Hainbuchen-Waldes. Der stattliche, oft langschäftige Baum erreicht Höhen von 20–30 m. Er hat eine breite Krone und einen bis zum Wipfel durchgehenden Stamm. Die graubraune Borke ist gleichmäßig längsrissig und gerippt. Verkehrt länglich-oval sind die 10–12 cm langen, an der Basis breit-keilförmigen, oberseits glänzend tiefgrünen, unterseits graugrünen, mit rostroten Achselbärten versehenen Blätter. Sie haben jederseits 5–7 fast spitzlich zulaufende Lappen mit engen Buchten. Die im Herbst gelblich bis braun gefärbten Blätter bleiben an jungen Bäumen sehr lange haften. In fast ungestielten Ständen sitzen die 2-3 cm langen Eicheln, die zu 1/4 vom Becher umgeben sind. Die Gartenformen sind heute ohne gärtnerische Bedeutung. Lb 4.2.2.1

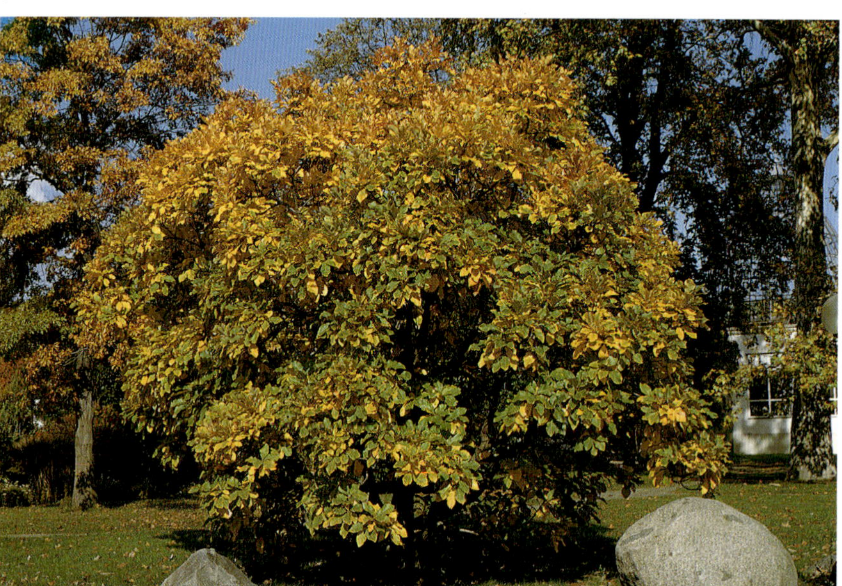

Quercus robur 'Concordia', Gold-Eiche. Schon vor 1843 ist die Gold-Eiche in der Baumschule van Geert in Belgien entstanden. Sie wächst deutlich schwächer als die natürliche Art, wird auch im Alter kaum mehr als 10 m hoch und hat eine breit-kegelförmige, stark aufgelockerte Krone. Besonders attraktiv ist die Gold-Eiche im Frühjahr, wenn die normal geformten Blätter leuchtend gelb austreiben. Die Färbung wird über Sommer zwar schwächer, bleibt aber erhalten. Eine spektakuläre Blattfarbe hat auch die ebenfalls sehr schwachwachsende Sorte 'Nigra', die Blut-Eiche. Ihre Blätter sind vom Austrieb bis zum Herbst tief purpurn gefärbt und leicht bläulich bereift. In älteren Parkanlagen findet man gelegentlich noch die Sorte 'Fürst Schwarzenberg'. Ihre Blätter sind im 1. Austrieb normal, beim Johannistrieb aber mehr oder weniger stark weißlich panaschiert. Lb 3.4.1.3

▽

Quercus robur, Stiel-Eiche. In Europa und im Kaukasus ist die Stiel-Eiche in artenreichen Eichen- und Laubmischwäldern auf tiefgründigen, nährstoffreichen Böden zu finden. Der mächtige, im Alter oft knorrige, sehr langlebige Baum kann Höhen von 30-40 m erreichen. Sein kräftiger, im Freistand meist kurzer Stamm löst sich in der breiten, hochgewölbten, lockeren Krone bald in starke Äste auf. Der Stamm hat eine dicke, tiefgefurchte, längsrissig-netzige, dunkelgraue Borke. Kurzgestielt sind die sehr variablen, unregelmäßig gelappten, verkehrt-eiförmigen, 10–15 cm langen, am Grunde geöhrten Blätter. Sie sind oberseits glänzend tiefgrün, unterseits hell blaugrün und haben jederseits 3–6 breite, rundliche Lappen. Im Gegensatz zur Trauben-Eiche sind die 2–3,5 cm langen, eiförmigen Eicheln, die zu 1/3 1/2 vom Becher umgeben sind, langgestielt. Lb 3.1.4.1 ▷

Quercus rubra, Rot-Eiche. Im östlichen ▷ Nordamerika kommt die Rot-Eiche u. a. im trockenen, sandigen Hügelland zwischen der Küstenebene und den Appalachen vor. Der raschwüchsige Baum kann bis 25 m hoch werden. Mit starken, abstehenden Ästen wird eine oft tief angesetzte, breite, rundgewölbte Krone gebildet. Der Stamm bleibt lang glatt, erst im Alter ist die Borke rauh und meist flach gefurcht. Die oberseits stumpf dunkelgrünen, unterseits gelblich- oder graugrünen Blätter sind länglich verkehrt-eiförmig und 12–22 cm lang. Die 3–5 Lappen auf jeder Seite sind breit und unregelmäßig gezähnt, die Buchten reichen höchstens bis zur Blattmitte. Im Herbst färben sich die Blätter meist prachtvoll orange- bis scharlachrot. Die im 2. Jahr reifenden, eiförmigen Eicheln sind 2–3 cm lang und zu 1/3 von einem flachen Becher umgeben. Lb 4.2.2.1

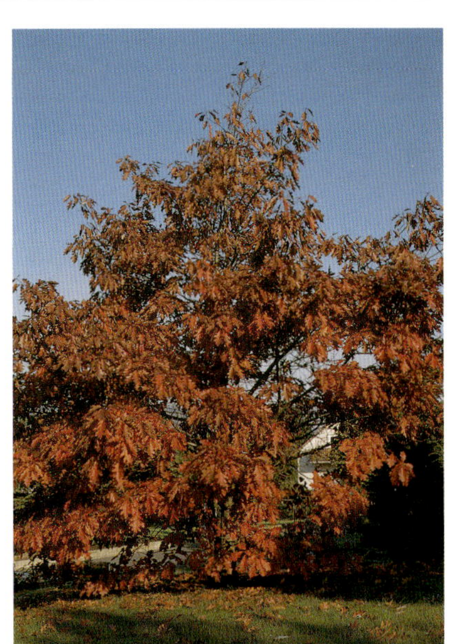

△
Quercus robur 'Fastigiata, Säulen-Eiche, Pyramiden-Eiche. Von den zahlreichen Gartenformen der Stiel- oder Sommer-Eiche wird die Säulen-Eiche bei uns am häufigsten kultiviert. Säulen-Eichen sind im Verbreitungsgebiet der Stiel-Eiche mehrfach gefunden worden. Die bei uns kultivierte Form soll von einem Baum in Harreshausen, unweit Aschaffenburg abstammen. Der Baum wurde schon 1821 von Bechstein in einem forstbotanischen Werk beschrieben. Gute, vegetativ vermehrte Formen der Säulen-Eichen entwikkeln sich mit dicht und straff aufrechtstehenden Ästen und Zweigen zu schmalsäulenförmigen, 15–20 m hohen und 2–4 m breiten Bäumen. Die Blätter sind denen der Art gleich. Säulen-Eichen lassen sich aber auch durch Samen vermehren. Sie können dann sehr uneinheitlich sein und im Alter relativ breite Kronen mit gedrehten Ästen bilden. Lb 3.1.2.2

◁ **Quercus variabilis,** Veränderliche Eiche. Der sommergrüne, in seiner Heimat bis 25 m hohe, aber meist viel niedrigere Baum stammt aus den sommergrünen Laubwaldgebieten von Nordchina, Korea und Japan. Er hat eine dicke, korkige Borke. Bei uns wird er nur sehr selten kultiviert. Die Blattspreite der eilänglichen oder länglich-lanzettlichen, 8–12(–20) cm langen und 3–4 cm breiten Blätter hat wenig Ähnlichkeit mit den Blättern der einheimischen Eichen. Die Blätter sind am Rand kerbig gesägt, die 9–12(–22) Nervenpaare enden in 5 mm lange Borsten auf den Zahnspitzen. Die zuletzt etwas ledrigen Blätter sind oberseits dunkelgrün und unterseits weißfilzig. Sie haften sehr lange an den Zweigen und fallen erst beim Austrieb der neuen Blätter ab. Die eikugeligen, 1,5–2 cm langen Eicheln sind fast ganz vom Fruchtbecher umgeben, der lange, lockige Schuppen trägt. Lb 4.1.2.2

△
Quercus × turneri 'Pseudoturneri', Wintergrüne Eiche. Vermutlich sind die immergrüne, mediterrane Stein-Eiche und die Stiel-Eiche die Eltern dieser Hybride, die in England schon um 1800 bekannt war. Sie ist die einzige wintergrüne Eiche, die im mitteleuropäischen Klima ausreichend frosthart ist. Unter günstigen Bedingungen wächst die oft vom Boden an verzweigte Form mit ihrer geschlossenen, breit-eiförmigen Krone baumartig und kann 10–15 m hoch werden. Sonst bleibt sie strauchig und wächst eher buschig. Die dünne Borke ist graubraun und klein gefeldert. Schmal-elliptisch bis verkehrt-eiförmig sind die 6–12 cm langen, oberseits dunkelgrünen, unterseits auf den Nerven behaarten, ledrigen Blätter, die an jeder Seite 4–6 breite, stumpfe Lappen haben. Die Blätter bleiben bis zum Austrieb der neuen Blätter im Frühjahr grün und fallen dann ab. Lb 6.3.1.3

Rhamnus alpinus, Alpen-Kreuzdorn, ▷ Rhamnaceae, Kreuzdorngewächse. In den Alpen und in südeuropäischen Hochgebirgen, östlich bis zu den Appeninen und im nordwestlichen Afrika kommt der Alpen-Kreuzdorn an sonnigen Plätzen auf Felsen und Geröll oder in lichten Wäldern auf kalkhaltigen Böden vor. Er ist ein 2–3 m hoher, vielgestaltiger, schwach verzweigter, unbewehrter Strauch mit kahlen oder fein behaarten Trieben. Wechselständig stehen die elliptischen, 5–10 cm langen, abgerundeten oder plötzlich zugespitzten, an der Basis abgerundeten, fein gezähnten, glänzend dunkelgrünen Blätter an den Zweigen. Ihre 9–12 Paar Seitennerven sind tief eingesenkt. Im Mai–Juni öffen sich die kleinen, unscheinbaren, 4zähligen Blüten, aus denen sich fast kugelige, 4–5 mm dicke, schwarze, beerenähnliche Steinfrüchte entwickeln. Lb 8.2.1.5

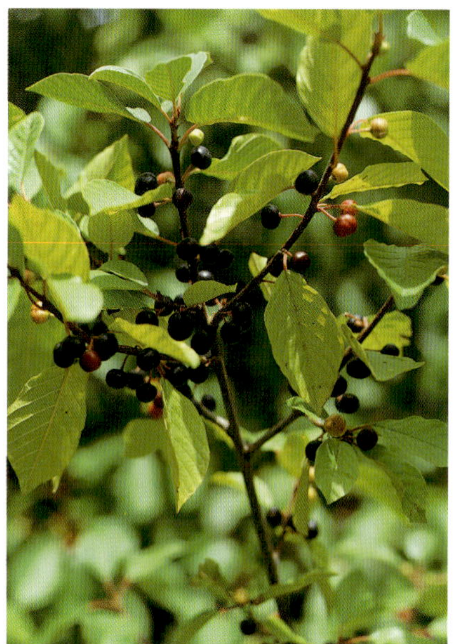

◁ **Rhamnus frangula,** Faulbaum. Nicht selten trägt der Faulbaum auch den wissenschaftlichen Namen *Frangula alnus.* Der aufrechte, unbewehrte, 1,5–7 m hohe Strauch oder kleine Baum hat seine natürliche Verbreitung von Europa bis Sibirien, in Vorder- und Mittelasien sowie in Nordwestafrika. Seine jungen Triebe sind grau bis rostrot behaart und mit zahlreichen, länglichen, hellbraunen Korkwarzen bedeckt. Wechselständig stehen die breit-eiförmigen bis breit-elliptischen, 3–6 cm langen, am Rande leicht gewellten, dunkelgrünen, etwas glänzenden Blätter. Die kleinen, grünlichen, trichterförmigen Blüten stehen im Mai–Juni zu 3–7 in achselständigen Büscheln. Die 7–8 mm dikken, kugeligen, glänzenden Früchte sind schwarzviolett. Die Rinde des Faulbaumes enthält Glucofrangulin. Die daraus gewonnene Droge wird als leichtes Abführmittel verwendet. Lb 1.2.2.4

△
Rhamnus catharticus, Purgier-Kreuzdorn, Echter Kreuzdorn. In Europa bis Westsibirien, in Vorder- und Mittelasien sowie in Nordwestafrika kommt dieser Kreuzdorn an sehr verschiedenen Standorten vor. Der aufrechte, sparrig verzweigte, dornig bewehrte Strauch wird 2–3 m hoch. Nicht selten breitet er sich durch Wurzelsprosse aus. Seine kreuzweise gegenständigen Zweige enden oft in Dornen. Die gegenständigen, 3–7 cm langen, eiförmigen Blätter sind oberseits tiefgrün, unten heller und vor allem auf den Nerven behaart. Sie sind eine wichtige Nahrungsquelle für die Raupe des Zitronenfalters. Im Mai–Juni stehen die 4–5 mm breiten, glockigen, gelblichgrünen Blüten zu 4–8 in achselständigen Büscheln. Die 6–8 mm dicken, kugeligen Früchte sind schwarzviolett. Rinde und Früchte enthalten Anthraglykoside, die als abführende Drogen verwendet werden. Lb 6.3.3.4

Rhamnus pumilus, Zwerg-Kreuzdorn. In ▷ den alpinen und subalpinen Höhenstufen von den Pyrenäen bis zum westlichen Balkan und im nordwestlichen Afrika kommt der Zwerg-Kreuzdorn an steilen und kahlen Felsen und in Felsnischen vorwiegend auf kalkhaltigem Gestein vor. Er ist ein niederliegender bis kriechender, 5–20 cm hoher, knorriger, unbewehrter, reich verzweigter Spalierstrauch, dessen Zweige sich jeder Bodenunebenheit anpassen. Die jungen Zweige sind dicht mit hellen Korkwarzen besetzt. Wechselständig stehen die länglich verkehrt-eiförmigen, 1–3 cm langen, kerbig gesägten, matt dunkelgrünen Blätter, die oberseits nur anfangs flaumhaarig, unterseits auf den Nerven bleibend behaart sind. Die kleinen, eingeschlechtigen, hellgrünen Blüten sitzen im Mai–Juni in kleinen, achselständigen Büscheln. Die 6–8 mm dicken, kugeligen Früchte sind blauschwarz. Lb 8.2.1.7

Rhododendron albrechtii, Albrechts Azalee, Ericaceae, Heidekrautgewächse, Albrechts Alpenrose. In Nord- und Mitteljapan kommt die sommergrüne Art in Bergwäldern und an felsigen Hängen bis zur alpinen Stufe vor. Der 1,5–3 m hohe, buschige Strauch wächst locker aufrecht. Kraus behaart und etwas drüsig sind die ziemlich dünnen jungen Triebe. Die Blätter stehen meist zu 5 gehäuft an den Enden von Kurztrieben, sie sind verkehrt-eiförmig bis breit-elliptisch, 4–12 cm lang, am Rand bewimpert und fein gesägt, oberseits spärlich behaart und unterseits weich grauhaarig. Sie färben sich im Herbst leuchtend gelb. Zu 3–5 sitzen die Blüten zusammen. Ihre breit-glockige Krone ist 5 cm breit und rosarot bis hellpurpurn gefärbt, sie entfalten sich mit dem Laubaustrieb im April–Mai. Gehört wegen der frühen Blütezeit zu den empfehlenswerten, sommergrünen Arten. Lb 8.1.2.5 ▷

Rhododendron ambiguum. Im Westen der chinesischen Provinz Sichuan besiedelt die immergrüne Art Höhenstufen zwischen 2500 und 4500 m. Der straff aufrechtwachsende, dicht verzweigte, in strengen Wintern schutzbedürftige Strauch wird etwa 1,5 m hoch. Seine dünnen Triebe sind dicht mit Drüsen besetzt. Die aromatisch duftenden, in Länge und Breite etwas gewölbten Blätter sind eilänglich, 3–6 cm lang, zugespitzt, an der Basis abgerundet oder schwach herzförmig. Auf der sattgrünen Oberseite sind die Blätter bleibend beschuppt, unterseits sind die Schuppen anfangs grün, später gelb und schließlich schwärzlich. Zu 3–5 sitzen Ende Mai–Anfang Juni die trichterförmigen, 3–5 cm breiten Blüten zusammen. Sie sind meist gelb bis grünlichgelb gefärbt, seltener auch blaßrötlich oder fleischfarben bis purpurn und oft dunkelgelb bis grünlich gezeichnet. Lb 8.1.2.6 ▷

Rhododendron calostrotum ssp. keleticum. Nicht selten wird diese immergrüne, zwergige Form auch als *R. radicans* beschrieben und angeboten. Sie kommt in Nordostburma und in den chinesischen Provinzen Nordwestyunnan und Südosttibet in Höhen von 4200 und 4600 m auf felsigen Hängen vor. Der zierliche, niederliegende, teppichbildende Strauch wird in Kultur kaum mehr als 15 cm hoch. In der Regel werden an den dem Boden aufliegenden Zweigen Wurzeln gebildet. Verkehrt-eiförmig bis elliptisch und 1,5 cm lang sind die oberseits unbeschuppten und glatten, unterseits dicht beschuppten Blätter. Meist einzeln oder zu 2 stehen die 2–3 cm breiten, schalen- bis radförmigen, meist rot, seltener rosa oder purpurn gefärbten, oft dunkelrot gezeichneten Blüten, die sich im Mai öffnen. Schöne, winterharte Form für den Steingarten. Lb 8.1.4.7

▽

◁ **Rhododendron augustinii,** Augustines Alpenrose. In den chinesichen Provinzen Westhubei und Sichuan kommt die immergrüne Art in Höhen zwischen 1500 und 4000 m vor. Der aufrechtwachsende Strauch wird 2–3 m, in seiner Heimat auch bis 10 m hoch. Weich behaart und drüsig sind die Triebe. Die oberseits dunkelgrünen und bald kahlen, unterseits dicht drüsigen Blätter sind lanzettlich oder schmal-elliptisch bis elliptisch und 5–10 cm lang. Meist zu 3 sitzen die breit-trichterförmigen, 3,5–5 cm breiten, tief 5lappigen Blüten zusammen, die im April–Mai aufblühen. Sie sind in ihrer Färbung sehr variabel, meist lila bis blauviolett. Leider sind die dunkelviolett blühenden Typen frostempfindlicher als Formen mit helleren Blüten. Zu der sehr variablen Art gehören 4 Unterarten, die sich in ihren Merkmalen und in ihrer Verbreitung unterscheiden. Lb 7.2.4.5

◁ **Rhododendron camtschaticum,** Kamtschatka-Azalee. Die Verbreitung der sommergrünen Art reicht von Alaska über Kamtschatka, das östliche Sibirien und Sachalin bis Nordjapan. Das breitwüchsige Sträuchlein wird mit seinen hell- bis rotbraunen, langborstigen Trieben bis 30 cm hoch. Verkehrteiförmig bis spatelig sind die dünnen, 1,5–5 cm langen, am Rand bewimperten, unterseits auf den Nerven drüsenhaarigen Blätter, die sich im Herbst schön gelb bis rot verfärben. Von der Hauptblütezeit im Mai öffnen sich bis zum Herbst vereinzelt Blüten. Sie stehen zu 1–2 an den diesjährigen Trieben. Die 3–4 cm breiten, offen-trichterförmigen, fast bis zum Grunde eingeschnittene Blüten sind purpurrot gefärbt und rotbraun gezeichnet. Die zierliche Steingartenpflanze fühlt sich dann besonders wohl, wenn sie in Verbindung mit großen Steinen gepflanzt wird. Lb 8.1.3.7

Rhododendron carolinianum 'Dora Amateis'. ▷ Die Carolina-Alpenrose kommt, zusammen mit *R. catawbiense,* in höheren Lagen von Northcarolina vor. Die immergrüne Art entwickelt sich in Kultur zu einem reich verzweigten, breit kugeligen Strauch von etwa 1,5 m Höhe, am natürlichen Standorten können weitaus größere Höhen erreicht werden. Die Blätter sind elliptisch bis schmal elliptisch, 5–8 cm lang, oberseits nicht oder nur wenig, unterseits dicht rostfarben beschuppt. Im Mai–Juni stehen die 3–4 cm breiten, breit-trichterförmigen, hell purpurrosa Blüten zu 5–10 in Dolden zusammen. Die ausreichend winterharte 'Dora Amateis' entstammt einer Kreuzung zwischen *R. carolinianum* × *R. ciliatum.* Die früh im April blühende Sorte hat weiße, mit grünen Flekken gesprenkelte Blüten und glänzend dunkelgrüne Blätter mit würzig aromatischem Duft. Lb 7.2.6.6

△
Rhododendron canadense, Kanadische Azalee. In Nordamerika, von Neufundland bis Quebec und Ontaria südlich bis New Jersey und Pennsylvania kommt die kanadische Alpenrose an Flußufern und quelligen Hängen vor. Der dünnzweigige, straff aufrechtwachsende, sommergrüne Strauch wird kaum mehr als 1 m hoch. Seine dünnen Triebe sind anfangs fein borstig behaart. Die elliptischlänglichen, 2–5 cm langen, oberseits matt bläulichgrünen, unterseits hell blaugrauen und graufilzig behaarten Blätter sind am Rand etwas eingerollt. Ganz eigenartig und unverwechselbar sind die rosa bis hellpurpurnen Blüten geformt. Die 5 Blütenblätter sind zu 2 langen, abwärts weisenden, fast bis zum Grunde freien und 3 kurzen, aufwärts gerichteten, zu einer Oberlippe verwachsenen Kronzipfel zusammengefaßt. Die Blüten entfalten sich mit Laubaustrieb im Mai–Anfang Juni. Lb 1.1.5.6

Rhododendron catawbiense 'Grandiflorum', ▷ Catawba-Alpenrose. Die natürliche Art hat ihre Hauptverbreitung im Alleghany-Gebirge. Die immergrüne Art wächst zu einem dichten, gedrungen, halbkugeligen Busch von 2–4(–7) m Höhe heran. Elliptisch bis länglich und 6–12 cm lang sind die oberseits glänzend tiefgrünen, unterseits hellgrünen Blätter. Dicht gedrängt stehen im Mai–Juni bis zu 20 breit-glockige, 5–6 cm breite Blüten in Dolden zusammen. Sie sind lilapurpurn gefärbt und olivgrün gezeichnet. In Kultur ist häufig die Sorte 'Catawbiense Grandiflorum', vermutlich eine Auslese aus der Wildart mit kräftig lila gefärbten, im Schlund rötlichbraun gezeichneten Blüten. Sie ist eine der robustesten Sorten und gab vielen Catawbiense-Hybriden ihren Namen. 'Catawbiense Album' hat weiße, 'Catawbiense Boursault' lila Blüten mit schwacher gelblichbrauner Zeichnung. Lb 7.2.6.4

◁ **Rhododendron dauricum 'Splendens',** Dahurische Azalee. In Korea, der Mandschurei und Nordjapan kommt die Art in lichten Birken-Lärchen-Zirbelkieferwäldern vor. Sie ist ein aufstrebender, locker verzweigter, bis etwa 1,5 m hoher Strauch. Während bei der eigentlichen Art die elliptischen bis lanzettlichen, oberseits dunkelgrünen, zerrieben aromatisch duftenden Blätter sommergrün sind, bleiben die Blätter von *R. dauricum* var. *sempervirens* über Winter haften. Bei ihr erscheinen die flach trichterförmigen, 2,5–3,5 cm breiten, rötlichpurpurnen Blüten erst im März–April, bei der echten Art schon im Dezember oder Januar–Februar. In Kultur sind neuerdings reichblühende Auslesen wie 'Albiflorum' (Blüten weiß), 'April Rose' (Blüten purpurrosa, dicht gefüllt), 'April Snow' (Blüten reinweiß, gefüllt) oder die abgebildete, sehr reichblühende 'Splendens'. Lb 8.1.2.6

Rhododendron fastigiatum. In China, in ▷ Nord- und Zentralyunnan, kommt die Art auf steinigen Weiden, Geröllhalden und Felsklippen oder in lockeren Wäldern in Höhen zwischen 3400 und 4400 m vor. Mit einem niederliegenden, dicht kissenartigen, meist aber aufrechten Wuchs erreicht der immergrüne Strauch mit seinen dicht schuppten Zweigen Höhen von 0,5–1,5 m. Seine beiderseits dicht beschuppten, unterseits rehbraunen bis grauen, mit weißen oder rosa Schuppen besetzten Blätter sind elliptisch bis verkehrteiförmig, vorne abgerundet, an der Basis keilförmig und 0,7–1,4 cm lang. Einzeln oder bis zu 4 sitzen die trichterförmigen, 2–2,5 cm breiten Blüten zusammen. Sie blühen im April–Mai auf und sind lavendelblau bis rosa oder purpurn gefärbt. Die zierliche, winterharte Art gedeiht am besten im Alpinum. Lb 8.1.2.7

Rhododendron forrestii 'Scarlet Wonder'. Nicht selten wird die meist in Sorten kultivierte Ausgangsart als *R. forrestii* var. *repens* bezeichnet. Sie stammt ursprünglich aus hohen Lagen in Nordwestyunnan, Südosttibet und Oberburma. Als natürliche Art erreicht der immergrüne, niederliegend-kriechende Strauch kaum mehr als 15 cm Höhe. Verkehrt-eiförmig bis rundlich sind die 1,5–3 cm langen, oberseits glänzend dunkelgrünen, unterseits purpurn bis grün gefärbten Blätter, deren Nerven auf der Oberseite deutlich eingesenkt sind. Die glockigen, 3–3,5 cm breiten, fleischigen Blüten sind dunkel karminrot gefärbt, sie blühen im April–Mai auf. Neben 'Scarlet Wonder' werden zahlreiche andere Sorten angeboten. Sie werden etwa 50–100 cm hoch und meist etwas breiter, wachsen dicht und kompakt, haben eine sattgrüne Belaubung und blühen hell- bis tiefrot. Lb 8.1.2.6
▽

◁ **Rhododendron ferrugineum,** Rostblättrige Alpenrose. In den Alpen, den Pyrenäen und dem nördlichen Appenin kommt die Rostblättrige Alpenrose von der subalpinen bis zur alpinen Stufe auf Matten, felsigen Hängen oder zwischen Granitblöcken vor. Der immergrüne, bis 1 m hohe, breit aufrechte bis niederliegende, dicht verzweigte Strauch hat rostbraun beschuppte Jungtriebe und eiförmige, bis elliptische, 2–4 cm lange, an beiden Enden spitze, oberseits glänzend dunkelgrüne, kahle und etwas runzelige, unterseits dicht rostbraun beschuppte, am Rand umgerollte Blätter. Der Blütenstand besteht aus 5–12 purpurrosa Blüten. Die schmal röhrenförmige, 1–1,5 cm breite, außen mit gelblichen Drüsenpunkten besetzte Blütenkrone hat 5 abspreizende Zipfel. Die Blütezeit liegt im Juni–Juli. In schneearmen, rauhen Lagen sollte die Art im Winter geschützt werden. Lb 8.1.5.6

◁ **Rhododendron fortunei,** Fortunes Rhododendron. In zahlreichen chinesischen Provinzen kommt diese stattliche Art in Höhenlagen zwischen 600 und 2300 m in lichten Wäldern vor. Höhen von 2–4 m und gleiche Breiten erreicht die immergrüne, ziemlich locker aufgebaute, prachtvolle, großblumige Art mit ihren hellgrünen, drüsigen Trieben. 10–17 cm lang werden die länglichen bis verkehrt-eiförmigen, ledrigen, plötzlich zugespitzten, oberseits dunkelgrünen, unterseits hell blaugrünen Blätter. Von porzellanartiger Struktur sind die intensiv duftenden, trichterförmig-glockigen, am Saum 7zipfeligen, bis 9 cm breiten Blüten, die sich im Mai–Juni öffnen. Sie sind weiß bis zartrosa oder gelblichrosa gefärbt und werden im Verblühen weiß. Zu 6–12 sitzen die Blüten in lockeren Ständen. Braucht geschützte Standorte und Winterschutz. Lb 3.2.5.5

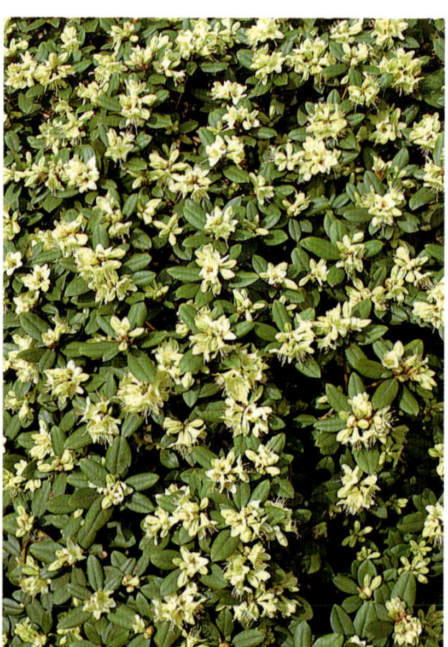

△ **Rhododendron hanceanum 'Shamrock'.** Die natürliche Art hat ihre Verbreitung in Südwest-Sichuan in Höhen zwischen 1200 und 3000 m. Sie kommt dort in lichten Gebüschen und an steinigen Plätzen vor. Der immergrüne, breit aufrechte oder abgerundete, kompakte Strauch wird 0,3–1,5 m hoch. Er trägt an beschuppten Trieben eiförmig-lanzettliche, eiförmige oder verkehrt-eiförmige, steife, 3,5–12,5 cm lange, oberseits licht- oder olivgrüne, unterseits schuppige Blätter. Trichterförmig-glockig sind die 1,5–2 cm langen, 5lappigen, cremeweißen bis hellgelben oder weißen Blüten die im April–Mai aufblühen. In Kultur sind sehr kompakt und niedrig wachsende, gelbblühende Auslesen wie die abgebildete 'Shamrock' oder 'Princess Anne', die als »beste der gelbblühenden Zwergsorten« bezeichnet wird. Sie wächst dicht und kompakt und wird in 10 Jahren nur 25 cm hoch. Lb 8.1.4.7

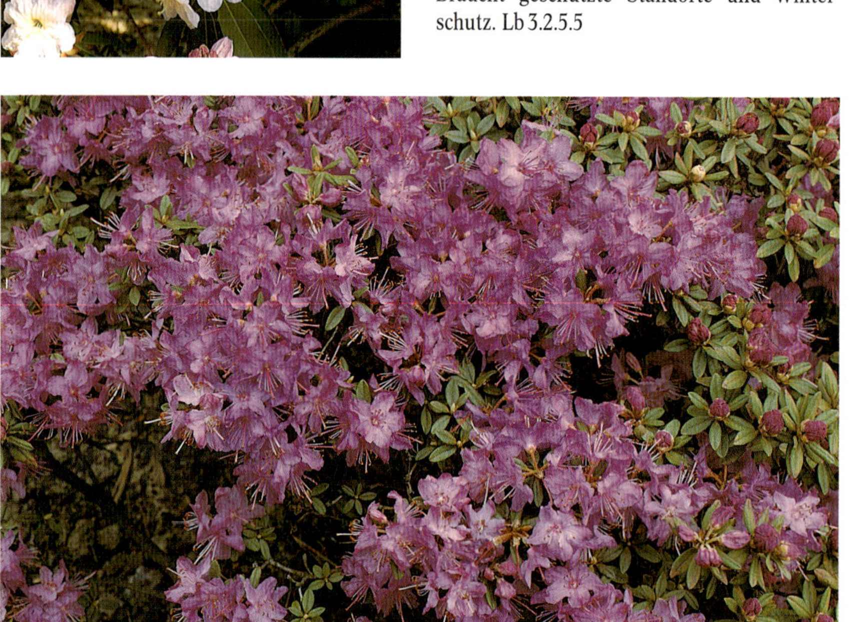

△ **Rhododendron hippophaeoides,** Graues Rhododendron. In den chinesischen Provinzen Yunnan und Westsichuan kommt die immergrüne Art in Höhen von 2400–4800 m auf offenen Hängen und in Sümpfen vor. Der zierliche, aromatisch duftende Strauch wächst aufrecht, er ist fein und dicht verzweigt und wird etwa 1 m hoch. Dicht beblättert sind die dünnen, braun beschuppten Triebe mit den lanzettlichen, 1–3 cm langen, oberseits silbergraugrünen und dicht beschuppten, unterseits zerstreut beschuppten Blättern. Im März–April erscheinen die hell lila bis purpurn gefärbten, breit-glockigen, 2,5 cm breiten Blüten, die zu 4–7 zusammenstehen. 'Blue Silver' ist eine Auslese aus der natürlichen Art. Sie wächst kompakt, wird in 10 Jahren 50 cm hoch, ist sehr winterhart und hat im Austrieb silbrig beschuppte Blätter und im Aufblühen rosapurpurne, später amthystrosa Blüten. Lb 1.2.2.6

Rhododendron hirsutum, Behaarte Alpenrose, Almrausch. Im mittleren und östlichen Bereich der Alpen und in den Gebirgen des nordwestlichen Jugoslawien kommt der Almrausch häufig und bestandsbildend im Legföhrengürtel und in Gebüschen im Bereich der Waldgrenze in Höhenlagen zwischen 1200 und 2650 m vor, oft in Gesellschaft von Schneeheide und Preiselbeere. Der immergrüne, reich verzweigte, rundliche Strauch wird etwa 1 m hoch. Elliptisch-lanzettlich bis verkehrt-eiförmig sind die 1–3 cm langen, oberseits glänzend frischgrünen und etwas runzeligen, unterseits mit zerstreuten Drüsenschuppen besetzten, am Rand bewimperten Blätter. Im Mai–Juni entfalten sich die zahlreichen, trichterförmig-glockigen, etwa 1,5 cm breiten, purpurrosa, innen weißhaarigen Blüten, die zu 3–10 in endständigen Trauben stehen. Lb 8.1.5.6 ▷

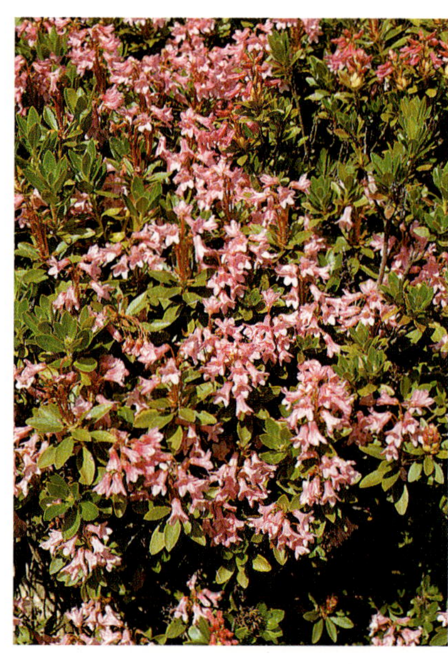

Rhododendron impeditum 'Violetta'. ▷ Die natürliche Art, das Veilchenblaue Rhododendron, kommt in den chinesischen Provinzen Yunnan und Sichuan in lichten Wäldern, auf Wiesen sowie an Hängen und Klippen in Höhen zwischen 3300 und 4600 m vor. Die immergrüne, 30–60 cm hohe, fein und dicht verzweigte Art wächst kompakt und ausgebreitet-aufrecht. Ihre braunen Triebe sind dunkelbraun bis schwarz beschuppt und dicht beblättert. Eilänglich und bis 1,5 cm lang sind die oberseits dunkelgrünen, unterseits hellgrünen, dicht braun beschuppten, im Austrieb blaugrauen Blätter. Im April–Mai öffnen sich die offen-trichterförmigen, etwa 2,5 cm breiten, mit abstehenden Zipfeln tief gelappten, purpurvioletten bis lavendelrosa Blüten, aus denen die dunkel gefärbten Staubblätter weit herausragen. Neben der Art werden Sorten mit hellblauen bis purpurvioletten Blüten angeboten. Lb 8.1.2.7

△
Rhododendron insigne. In der chinesischen Provinz Sichuan besiedelt die immergrüne Art lichte Wäldern in der Höhenstufe zwischen 2300 und 3000 m. Langsam wächst die schön beblätterte Art zu einem gedrungenen, halbkugeligen, 1,5–3 m hohen Strauch heran. Seine dicken, relativ kurzen Triebe sind graufilzig. Die ledrigen, schmal-elliptischen, 6–13 cm langen, oberseits dunkelgrünen, unterseits meist glänzend hellsilbrig-filzigen Blätter erhalten durch die etwas eingesenkten Nerven eine schöne Struktur. Zu 8–17 stehen die weit-trichterförmigen Blüten in dichten Ständen. Sie blühen im Mai auf und sind innen zartrosa, außen mehr oder weniger kräftig rosa getönt. Obwohl die Blüte erst bei älteren Exemplaren einsetzt, ist die Art in den letzten Jahren häufig für Kreuzungen eingesetzt worden. Sie Sorten zeichnen sich durch schönes Laub und hohe Winterhärte aus. Lb 7.2.5.5

△
Rhododendron japonicum, Japanische Azalee. Auf allen japanischen Inseln kommt die sommergrüne Art in lichten Bergwäldern vor. Sie ist ein 1–2 m hoher, aufstrebender, locker und etwas sparrig verzweigter Strauch mit leicht borstig behaarten Trieben. Verkehrt-eiförmig bis länglich sind die 6–10 cm langen, oberseits stumpfgrünen, unterseits bläulichgrünen, am Rand bewimperten Blätter, die sich im Herbst gelb bis leuchtend rot verfärben. Breit-trichterförmig und 5–6(–8) cm breit sind die Blüten, die sich im April–Mai vor der Laubentfaltung öffnen und zu 6–12 zusammenstehen. Ihre Färbung variiert sehr stark, von gelb bis dunkelrot, meist sind die Blüten innen mit einem großen, orangefarbenen Fleck versehen. Angeboten werden oft nach Farben sortierte Wildformen oder vegetativ vermehrte Auslesen. Außerdem sind mit der robusten Art zahlreiche Kreuzungen vorgenommen worden. Lb 1.1.2.5

Rhododendron kaempferi, Kaempfers ▷ Azalee. In humiden, sommerwarmen Bergwäldern von Nord- und Mitteljapan kommt die zierliche, in Mitteleuropa überwiegend sommergrüne Art vor. Nur an den Triebspitzen bleiben die Blätter bis zum Neuaustrieb im Frühjahr haften. Sie ist ein 1–2 m hoher, breit aufrecht wachsender Strauch mit angedrückt behaarten Trieben und 2–6 cm langen, elliptischen oder rautenförmigen bis eiförmig-lanzettlichen Blätter, die oberseits glänzend grün, unterseits hellgrün und rostrot behaart sind. Sehr verschieden können die 3–6 cm breiten, breit-trichterförmigen Blüten gefärbt sein, die sich Mitte Mai öffnen. Es kommen Blütenfarben in Rosa, Purpur und Orange vor. Häufiger als die gut winterharte Art werden die Kaempferi-Hybriden gepflanzt, die Palette ihrer Blütenfarben reicht von Rosa über Lachsrot zu Dunkellila. Lb 7.2.5.6

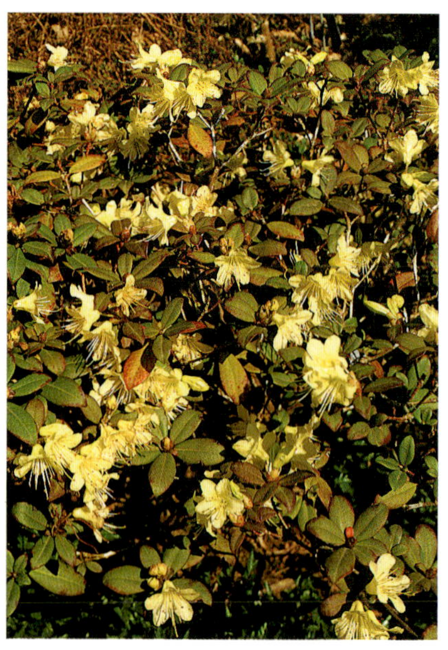

◁ **Rhododendron keiskii,** Keisukes Rhododendron. Nach dem japanischen Botaniker Ito Keisuke wurde die immergrüne, recht variable Art benannt. Sie ist ist in den Wäldern des japanischen Berg- und Hügellandes in Höhen zwischen 600 und 1900 m verbreitet. Der kleine, gedrungen wachsende Strauch wird, je nach Standort, 0,3–3 m hoch. Er hat lanzettliche bis schmal-elliptische, 4–8 cm lange, oberseits dunkelgrüne, im Austrieb bronzefarbene Blätter. Im April–Mai entfalten sich die 3–4 cm breiten, trichterförmigen Blüten. Sie sitzen zu 2–5 zusammen und sind mehr oder weniger intensiv zitronengelb gefärbt. In Amerika sind 2 sehr niedrig bleibende Sorten ausgelesen worden, 'Banana Boat' mit hell- bis zart grüngelben Blüten und 'Ginny Gee' mit aufgeblüht weißen, innen und außen rostfarben bestreiften Blüten. Für beide wird leichter Winterschutz empfohlen. Lb 7.2.5.6

Rhododendron kiusianum, Kyushu-Azalee. Nach ihrem natürlichen Vorkommen, den humiden, sommerwarmen Bergwäldern der japanischen Insel Kyushu, ist die sehr zierliche, überwiegend immergrüne Art benannt. Sie ist ein sehr dicht verzweigter, meist breit kissenartig wachsender, 60–80 cm hoher Strauch mit dunkel behaarten Trieben. Die breit-lanzettlichen bis verkehrt-eiförmigen Blätter sind 1–4 cm lang, oberseits stumpfgrün, unterseits heller und glänzend. Im Mai öffnet sich eine Fülle von trichterförmigen, 2–3 cm breiten, lachsrosa bis karmin und purpur gefärbten Blüten. Die natürliche Art wird bei uns kaum kultiviert. Sie ist aber Stammart zahlreicher Kurume- und Kiusianum-Hybriden. Die bekannten alten japanischen Sorten 'Hatsugiri' und 'Hinomayo' sind z. B. selektierte Formen von *R. kiusianum.* Für alle wird ein leichter Winterschutz empfohlen. Lb 7.2.5.6
▽

Rhododendron 'Lavendula'. Die Sorte 'Lavendula' wurde 1952 von dem bekannten und überaus erfolgreichen Rhododendron-Züchter D. G. Hobbie in Linswege erzielt. Sie entstammt einer Kreuzung zwischen *R. russatum* × *R. saluense* × *R. rubiginosum.* Die immergrüne 'Lavendula' wächst niedrig, rundlich und kompakt, sie wird in 10 Jahren etwa 80 cm hoch und 110 cm breit. Ihre elliptischen, 2,5–4,5 cm langen, vor allem im Austrieb angenehm würzig duftenden, dunkelgrünen Blätter sind im Winter bronze gefärbt. Sehr zahlreich erscheinen Mitte bis Ende Mai die großen, 5–6 cm breiten, weit geöffneten, am Saum gefransten, lavendelrosa gefärbten, grün bis bräunlich gezeichneten Blüten. Sie stehen zu 4–5 in einem lockeren Stutz. 'Lavendula' ist eine sehr schöne, winterharte, häufig gepflanzte, sehr empfehlenswerte Sorte. Lb 7.2.2.6

▽

◁ **Rodododendron luteum,** Pontische Azalee. Im mittleren und westlichen Kaukasus, in der nördlichen Türkei und in einem isolierten Vorkommen in Polen wächst die Pontische Azalee auf offenen Hängen, an Waldrändern und in lichten Wäldern in Höhen bis etwa 2500 m. Die sommergrüne Art ist ein aufstrebender, dicht verzweigter, 1–4 m hoher Strauch mit drüsig-zottigen Zweigen und klebrigen Winterknospen. Die länglich-lanzettlichen, 6–12 cm langen, oberseits grünen, unterseits hell graugrünen Blätter färben sich im Herbst gelb, orange oder leuchtend rot. Im Mai fallen die röhrig-trichterförmigen, bis 5 cm breiten, außen stark drüsig-klebrigen Blüten nicht nur durch ihre sattgelbe Farbe, sondern auch durch ihren starken Duft auf. Die Blüten sitzen zu 7–12 in lockeren Ständen. Die robuste und anspruchslose Pontische Azalee ist Stammart zahlreicher Züchtungen, z. B. der Genter-Hybriden. Lb 7.2.3.5

△
Rhododendron makinoi, Makinos Rhododendron. Die humiden Bergwälder der japanischen Hauptinsel Honshu sind die Heimat dieser immergrünen, winterharten Art, die neuerdings auch als Subspezies von *R. yakushimanum* eingestuft wird. Die dicht und rundlich wachsene, 1–1,5 m hohe Art fällt durch ihre eigenartige Belaubung auf. Die am Rand eingerollten Blätter sind linealisch-lanzettlich und bei einer Länge von 6–16 cm nur 0,8–2,2 cm breit. Oberseits sind die Blätter im 1. Jahr mit einem dünnen, flockigen Filzschleier bedeckt, später stumpf dunkelgrün gefärbt. Die Unterseite ist zuletzt von einem dichten, hellbraunen Filz bedeckt. Im Mai-Anfang Juni öffnen sich die 5–6 cm breiten, breit trichterförmig-glockigen Blüten, die zu 5–10 in einem lockeren Stutz stehen. Sie sind in der Knospe karminrosa gefärbt und werden später heller bis weiß. Lb 7.2.3.6

△
Rhododendron orbiculare, Rundblättriges Rhododendron. Im Westen der chinesischen Provinz Sichuan kommt die immergrüne Art in Wäldern und Dickichten in Höhen zwischen 2500 und 4000 m vor. Sie wächst dicht, gedrungen und halbkugelig und wird bei uns kaum mehr als 1,5 m hoch. Besonders auffällig sind die fast kreisrunden bis ovalen, 7–12 cm langen, an der Basis herzförmigen, oberseits matt glänzend grünen, unterseits bläulichgrünen Blätter. Etwa 5 cm breit und ebenso lang sind die breitglockigen, 7lappigen, nickenden Blüten. Sie öffnen sich schon im April, sind karminrosa gefärbt und sitzen zu 7–15 zusammen. Die sehr variable Art ist in der Jugend gelegentlich etwas blühfaul. Da auch die Winterhärte Schwankungen unterliegen kann, sind geschützte Standorte notwendig. Neben der Art sind Auslesen und Kreuzungen mit anderen Arten im Handel. Lb 7.2.4.5

◁ **Rhododendron 'Praecox'.** Schon um 1855 ist diese Sorte bei I. Davies, Omskirk, England aus einer Kreuzung zwischen *R. ciliatum* × *R. dauricum* entstanden. Sie wurde 1860 zum ersten Mal ausgestellt und erhielt 1926 ein Wertzeugnis der Royal Horticultural Society. Sie gehört zu den bekanntesten Frühblühern unter den immergrünen *Rhododendron.* Bei günstiger Witterung öffenen sich die Blüten schon im März–April, sie können nach dem Aufblühen von Spätfrösten zerstört werden. Der Strauch selbst ist völlig frosthart, er wächst locker aufrecht und wird 1–1,5 m hoch. Seine immergrünen oder nur wintergrünen Blätter sind elliptisch bis eiförmig, 2,5–5 cm lang und oberseits glänzend dunkelgrün. Die trichterförmigen, bis 4 cm breiten, in einem lockeren Stutz stehenden Blüten sind leuchtend lilarosa gefärbt. Lb 4.3.5.6

△
Rhododendron oreotrephes 'Exquisetum'. Bei uns wird die immergrüne, an ungünstigen Standorten nur wintergrüne Art kaum mehr als 1,5 m hoch, in ihrem natürlichen Areal, den 2700–4300 m hoch gelegenen Bergwäldern von Yunnan, Südosttibet und Südwestsichuan kommt die Art auch als Kleinbaum von 8 m Höhe vor. Der kugelige bis breit-ovale Strauch hat länglich-ovale bis verkehrt-eiförmige, 2–9 cm lange, oberseits dunkelgrüne, manchmal bläulichgrüne Blätter. Die röhrig-trichterförmigen, 4–5 cm langen Blüten öffnen sich im April–Mai und sitzen zu 3–10 beisammen. Sie sind rosa bis hellila, selten weiß gefärbt und oft dunkel gefleckt. Braucht einen geschützten Platz. Besonders schön und reichblühend ist die abgebildete, großblättrige und großblütige, in England schon 1937 ausgezeichnete Sorte 'Exquisetum', die früher als selbstständige Art geführt wurde. Lb 8.1.2.5

△
Rhododendron racemosum, Traubiges Rhododendron. In den chinesischen Provinzen Yunnan und Westsichuan wächst diese immergrüne Art im Bereich der Waldgrenze in Höhen zwischen 2500 und 3000 m. Der ungleichmäßig verzweigte, aufstrebende bis niederliegende Strauch wird 30–200 cm hoch. Er hat verkehrt-eiförmige bis länglich-elliptische, 1,5–5 cm lange, oberseits stumpfgrüne, unterseits blaugrüne bis silbergraue Blätter, die dicht mit dunkelbraunen Schuppen besetzt sind. Im April–Mai stehen die Blüten zu 2–5 in den Blattachseln entlang und vor allem an der Spitze der vorjährigen Zweige. Die dunkelrosa bis weiß gefärbten Blüten haben eine trichterförmige, bis 2 cm breite Krone. Die zierliche Art braucht Winterschutz. 'Pink Pompon' ist eine sehr reichblühende Sorte, deren hellrosa bis rosigweißen Blüten zu 18–30 in dichten Trauben stehen. Lb 6.4.4.7

△
Rhododendron 'Ramapo'. Guy Nearing in Ramsey, New Jersey, USA, ist der Züchter dieser Sorte, die 1940 erstmals ausgestellt worden ist. Sie hat sich im nördlichen Nordamerika und Südkanada als völlig winterhart erwiesen. *R. fastigiatum* und *R. carolinianum* sind die Eltern dieser immergrünen, sehr reichblühenden Zwergform, die breitrundlich und kompakt wächst und kaum mehr als 60 cm hoch wird. Ihre bläulichgrünen, glänzenden, beiderseits dicht beschuppten, im Austrieb schön blaugrünen Blätter sind breit-elliptisch und 2–3 cm lang. Im Mai öffnen sich die kleinen, 2–3 cm breiten, leuchtend blauvioletten, leicht rosa schimmernden Blüten, die zu 3–5 zusammenstehen. Die sehr gesunde und robuste Sorte, die in den Katalogen gelegentlich auch zu *R. impeditum* gestellt wird, hat sich seit vielen Jahren auch bei uns bewährt. Lb 8.1.4.6

Rhododendron russatum 'Azurwolke'. Aus der in Blüte und Habitus sehr variablen, 1917 von Forrest entdeckten Art, sind in den letzten Jahren eine Reihe von Sorten ausgelesen worden, vor allem von H. Hachmann in Barmstedt. Sie wachsen im Garten in der Regel besser als die natürliche Art. 'Azurwolke' wird als wunderschöne Sorte beschrieben, die anfangs strauchig locker, später breit-rund wächst und in 10 Jahren etwa 80 cm hoch wird. Die lanzettlichen Blätter sind dunkelgrün. Anfang–Ende Mai öffnen sich die besonders großen, leuchtenden, tief reinblauen Blüten, die zu 5–6 in dichten Büscheln sitzen. Bei 'Enziana' haben die Blüten das tiefste, nicht verblassende Blau dieser Sortengruppe. 'Gletschernacht' hat im Aufblühen blauviolette, später dunkelblaue, weit geöffnete Blüten. 'Lauretta' hat eine glänzend dunkelgrüne Belaubung und tief violettblaue Blüten. Lb 8.1.2.6
▽

Rhododendron russatum, Rötliches Rhododendron. ▷ Auf feuchten, steinigen, alpinen Matten und an Waldrändern in Höhen zwischen 3400 und 4300 m finden wir die immergrüne Art in den chinesischen Provinzen Yunnan und Sichuan. Der sehr variable, mehr oder weniger reich verzweigte, buschige, aufrechte oder ausgebreitete Zwergstrauch wird 0,3–1,5 m, bei uns kaum mehr als 0,8 m hoch. An braunen, dicht dunkelbraun beschuppten Trieben sitzen die länglich-elliptischen, 1,6–4 cm langen, oberseits graugrünen, beiderseits beschuppten Blätter. Ende April–Anfang Mai sind die zierlichen Sträucher dicht bedeckt mit etwa 2,5 cm breiten, breit-trichterförmigen, dunkel violettblauen, tief rosapurpurnen oder hellpurpurnen, im Schlund hellen Blüten, aus denen die dunklen Staubblätter weit herausragen. Die winterharte Art gedeiht am besten im Steingarten. Lb 8.1.2.6

△

Rhododendron schlippenbachii, Schlippenbachs Azalee. Die sommergrüne, in Nordostchina, dem Ussurigebiet, Korea und Japan heimische Azalee trägt den Namen des russischen Seeoffiziers Baron von Schlippenbach, der die Art 1853 an der Ostküste Koreas entdeckt hat. An ihren natürlichen Standorten kommt sie u.a. in lichten Eichen- und Birkenwäldern vor. Der breit aufrechte, regelmäßig und ziemlich locker verzweigte Strauch kann 2–4 m hoch werden. Die dünnen, verkehrt-eiförmigen, 4–10 cm langen, oberseits frischgrünen, unterseits helleren Blätter sitzen meist zu 5 an den Triebenden gehäuft. Sie färben sich im Herbst gelb bis rot. 5–8 cm breit sind die flach-trichterförmigen bis radförmigen, rosa gefärbten und rotbraun gefleckten Blüten. Sie blühen im Mai auf und stehen zu 3–6 zusammen. Die völlig winterharte Azalee gehört zu den schönsten sommergrünen Arten. Lb 3.2.5.5

Rhododendron smirnowii, Smirnows ▷ Rhododendron. Im Kaukasus kommt die immergrüne Art an Felshängen und in lichten Buchenwäldern in Höhen von 500–2300 m vor. Sie wurde nach dem russischen Arzt und Botaniker M. Smirnow benannt. Breit aufrecht wächst der 2–4 m hohe Strauch, dessen Triebe bis zum 2. Jahr dicht weißwollig-filzig sind. Länglich-lanzettlich bis elliptisch sind die 8–14 cm langen und nur 3–4 cm breiten, oberseits zuletzt kahlen, unterseits mit einem dichten weißen bis zimtbraunen Filz bedeckten Blätter. Bis 5 cm breit sind die trichterförmig-glockigen, purpurrosa bis hell karminrosa gefärbten und grünlichgelb gezeichneten Blüten, deren Blütenblätter am Rand gewellt sind. Die Blüten sitzen zu 7–15 zusammen und blühen im Mai–Juni auf. *R. smirnowii* ist eine besonders winterharte und robuste Art für größere Gärten. Lb 3.2.4.5

◁ **Rhododendron viscosum,** Sumpf-Azalee. In sommerwarmen, humiden Landstrichen des östlichen Nordamerika kommt die sommergrüne Art nicht selten in Sümpfen vor. Der dichte, aufrechtwachsende, meist quirlig verzweigte Strauch wird 2–3 m hoch. Seine Zweige sind bis ins 2. Jahr rauh behaart. Verkehrt-eiförmig bis lanzettlich sind die 3–5 cm langen, oberseits sattgrünen, unterseits graugrünen Blätter. Nach der Laubentfaltung, im Mai–Juni, blühen die stark und angenehm nach Nelken duftenden, weißen, selten rosa gefärbten Blüten auf. Sie haben eine trichterförmig-röhrige, 2,5–3 cm breite Blütenkrone mit abstehendem Saum und sitzen zu 5–10 zusammen. Die wegen der späten Blüte wertvolle Art ist winterhart, robust und langlebig. Sie wurde schon früh für Kreuzungen verwendet. Aus *R. molle* × *R. viscosum* entstand die sehr schöne Sorte 'Daviesii'. Lb 1.1.3.5

△

Rhododendron vaseyi, Vaseyes Azalee. Im östlichen Nordamerika kommt die sommergrüne Art auf steinigen Berghängen der Alleghanies vor. Sie wurde nach dem nordamerikanischen Botaniker G. S. Vasey benannt, der die Art 1878 in Nordcarolina entdeckt hat. Der bei uns 1,5–2 m, am natürlichen Standort auch 5 m hohe, aufrechte Strauch wächst locker und ist unregelmäßig verzweigt. Die 6–15 cm langen, dünnen, oberseits dunkelgrünen, unterseits helleren Blätter sind länglich-elliptisch und am gewellten Rand leicht bewimpert. Im April–Mai, vor der Laubentfaltung, öffnen sich die etwa 3 cm breiten, offen trichterförmigen, 5lappigen, tief gespaltenen und deutlich zweiseitig-symmetrischen Blüten. Sie sitzen zu 5–10 zusammen und sind zartrosa, purpurrosa, selten auch weiß gefärbt. Die 3 oberen Lappen sind rot gefleckt. Die schöne Art ist völlig winterhart. Lb 7.2.6.5

◁ **Rhododendron wardii,** Wards Rhododendron. In Südosttibet, Nordwestyunnan und Südwestsichuan kommt die immergrüne, in Wuchs und Blütenfärbung sehr variable Art in Höhen zwischen 3000 und 4300 m in Wäldern und an offenen Hängen vor. Sie baut sich zu einem breit aufrechten, bei uns etwa 2 m hohen, in der Heimat bis 8 m hohen Strauch oder kleinen Baum auf. Oval bis länglich und länglich-elliptisch sind die 6–11 cm langen, oberseits dunkelgrünen, unterseits blaugrünen, beiderseits kahlen Blätter mit den tief eingesenkten Nerven. 3–4 cm lang sind die etwas fleischigen, schalenförmigen, in unterschiedlichen Tönungen gelb gefärbten Blüten. Sie öffnen sich im Mai und sitzen zu 5–15 zusammen. Gilt als eine der schönsten gelbblühenden Arten für unseren Klimabereich. Inzwischen gibt es zahlreiche Sorten mit größerer Winterhärte und abweichenden Blütenfarben. Lb 7.2.4.5

Rhododendron wardii-Hybriden

'Belkanto'

'Brasilia'

'Ehrengold'

'Goldbukett'

'Goldika'

'Goldjuwel'

'Goldkrone'

'Goldrausch'

'Graf Lennart'

Rhododendron williamsianum 'Jackwill', Williams Rhododendron. In der chinesischen Provinz Sichuan kommt die immergrüne Art in Höhen zwischen 2500 und 3000 m vor. Der langsam wachsende, dicht verzweigte, breit-kugelige Strauch wird 0,6–1,5 m hoch, seine jungen Triebe sind mit drüsigen Borsten besetzt. Breit-eiförmig bis rundlich sind die 2–4,5 cm langen, abgerundeten, an der Basis herzförmigen, oberseits frischgrünen, unterseits blau- bis weißgrünen Blätter, die im Austrieb schön bronze getönt sind. 3–4 cm lang und breit sind die nickenden, breit-glockigen Blüten, die meist einzeln oder zu zweit sitzen. Sie sind außen dunkel-, innen hellrosa gefärbt und dunkler gezeichnet. Mit ihrem eigenartigen Blattschnitt ist die Art unverwechselbar. Sie braucht in rauhen Lagen Winterschutz. Von *R. williamsianum* sind zahlreiche Hybriden in Kultur. Lb 7.2.5.6 ▷

Rhododendron williamsianum-Hybriden

'Aprilglocke'

'August Lamken'

'Bremen'

'Gartendirektor Glocker'

'Gartendirektor Rieger'

'Görlitz'

'Gustav Lüttge'

'Rothenburg'

'Stadt Essen'

◁**Rhododendron yakushimanum,** Yakushima-Rhododendron. Nur auf der südjapanischen Insel Yakushima kommt die Art in Bergwäldern und an offenen Hängen in Höhen zwischen 500 und 2000 m vor. Der immergrüne, 0,5–1,5 m hohe, abgeflacht kugelige, dicht beblätterte Strauch wächst langsam, dicht und gedrungen. Seine dicken Triebe sind anfangs silbergrau-filzig, später mehr oder weniger kahl. Auch die jungen Blätter sind allseits dicht silbergrau behaart. Später sind die schmal- bis breit-elliptischen, 8–18 cm langen Blätter oberseits tiefgrün und auf der Unterseite mit einem dicken, weißlichen bis gelbbraunen Filz bedeckt. Im Mai stehen die Blüten zu 5–15 in lockeren Ständen zusammen. Ihre Blütenkrone ist breit trichterförmig-glockig, 5–6 cm breit, in der Knospe zartrosa, später reinweiß. Neben der Art werden zahlreiche Sorten und Hybriden kultiviert. Lb 7.2.3.6

Rhododendron yakushimanum-Hybriden

'Anuschka' 'Astrid' 'Babette'

'Bad Zwischenahn' 'Barmstedt' 'Belona'

'Festivo' 'Caroline Allbrook' 'Fantastica'

Rhododendron yakushimanum-Hybriden

'Frühlingsanfang' 'Helgoland' 'Kalinka'

'Lampion' 'Marlis' 'Morgenrot'

'Nicoletta' 'Percy Wisemann' 'Polaris'

'Rendezvous' 'Schneekrone' 'Silberwolke'

◁**Rhododendron, Großblumige Hybriden.** Zu den großblumigen, immergrünen *Rhododendron*-Hybriden gehören verschiedene Hybridgruppen, an deren Zustandekommen sehr viele natürliche Arten und Sorten beteiligt sind. Einer der wichtigsten Kreuzungspartner war das robuste, wüchsige *R. catawbiense.* Die sogenannten Catawbiense-Hybriden zeichnen sich durch hohe Winterhärte, Wüchsigkeit und gesunde Belaubung aus. Unter günstigen klimatischen Bedingungen und auf zusagenden Böden können sich viele Sorten dieser Gruppe zu großen Sträuchern entwickeln, die mehrere Meter in Höhe und Breite erreichen. Dazu sind aber oft viele Jahre notwendig. Neben der abgebildeten 'Kokardia' werden auf den folgenden Tafeln bewährte alte und auch neue Sorten gezeigt. Sie übertreffen in Wuchs- und Blühverhalten sowie Leuchtkraft ihrer Blüten oft die älteren Sorten. Lb 7.2.4.5

Großblumige Rhododendron-Hybriden

'Azurro'

'Balalaika'

'Bernstein'

'Blinklicht'

'Blutopia'

'Britannia'

'Constanze'

'Cunningham's White'

'Cynthia'

Großblumige Rhododendron-Hybriden

'Dagmar'

'Diadem'

'Dr. H. C. Dresselhius'

'Duke of York'

'Fastuosum Plenum'

'Furnivall's Daughter'

'Germania'

'Gloria'

'Gräfin Sonja'

'Hachmann's Charmant'

'Hachmann's Feuerschein'

'Homer'

Großblumige Rhododendron-Hybriden

'Jacksonii'

'Junifeuer'

'Lavender Girl'

'Nova Zembla'

'Rasputin'

'Rosabella'

'Roseum Elegans'

'Schneespiegel'

'Scintillation'

'Seestadt Bremerhaven'

'Susan'

'Vorwerk Abendsonne'

Rhododendron, Japanische Azaleen. ▷ Unter diesem Sammelbegriff werden Sorten zusammengefaßt, die ihrer Abstammung nach in verschiedene Gruppen (Arendsii-, Diamant-, Kaempferi- und Kurume-Azaleen) unterteilt werden können, deren Abgrenzung aber oft recht willkürlich gezogen wird. Japanische Azaleen werden selten mehr als 1 m hoch, es sind dichtbuschige, häufig flachwachsende, in unserem Klima oft nur wintergrüne Sorten, die durch große Reichblütigkeit auffallen. Sie benötigen für eine optimale Entwicklung neben zusagenden Bodenverhältnissen halbschattige, windgeschützte Plätze. In klimatisch weniger günstigen Gebieten ist eine winterliche Abdeckung mit Nadelholzreisig zum Schutz gegen Sonne und austrocknende Winde unbedingt notwendig. Neben der abgebildeten 'Rubinetta' sind auf den folgenden Tafeln bewährte alte und neue Sorten zu sehen. Lb 7.2.2.6

Japanische Azaleen

'Anne Frank'

'Beethoven'

'Diamant Purpur'

'Diamant Rosa'

'Diamant Rot'

'Estrella'

'Gabriele'

'Hatsugiri'

'Kathleen'

Japanische Azaleen

'Kermesina' 'Kermesina Rosé' 'Maruschka'

'Multiflorum' 'Nordlicht' 'Orange Beauty'

'Palestrina' 'Rosalind' 'Rubinstein'

'Schneeglanz' 'Signalglühen' 'Vuyk's Scarlet'

◁**Rhododendron, Sommergrüne Hybriden.** In viel größerem Umfang als sommergrüne Wildarten werden in unseren Gärten sommergrüne Hybriden verwendet. Sie werden im gärtnerischen Sprachgebrauch oft noch als Azaleen bezeichnet. Auch sie lassen sich in Gruppen (Genter-, Mollis-, Rustica-, Occidentale- und Knap-Hill-Hybriden) unterscheiden. In den letzten Jahren haben die Knap-Hill-Hybriden mit ihrem reichen Blütenflor und den großen, leuchtenden Blüten viele ältere Sorten vom Markt verdrängt. Zahlreiche sommergrüne Hybriden zeichnen sich durch kräftige Blütenfarben in Gelb, Orange und Rot aus, die in ihrer Intensität bei anderen Arten und Hybriden nicht vorkommen. Sie unterscheiden sich aber in ihren Standortansprüchen nicht von den immergrünen Arten und Sorten. Auch hier werden neben der abgebildeten 'Christopher Wren' vor allem neue Sorten gezeigt. Lb 7.2.3.5

Sommergrüne Rhododendron-Hybriden

'Adriaan Koster'

'Berry Rose'

'Cecile'

'Coccinea Speciosa'

'Feuerwerk'

'Fireball'

'Gibraltar'

'Goldpracht'

'Golden Eagle'

Sommergrüne Rhododendron-Hybriden

'Goldtopas' 'Golden Sunset' 'Honeysuckle'

'Hotspur Orange' 'Klondyke' 'Nancy Waterer'

'Narcissiflora' 'Persil' 'Pavane'

'Raimunde' 'Sarina' 'Schneegold'

Rhodothamnus chamaecistus, Zwergalpenrose, Ericaceae, Heidekrautgewächse. In der subalpinen und alpinen Stufe der östlichen Kalkalpen kommt die Zwergalpenrose, oft zusammen mit Schneeheide, Behaarter Alpenrose und Bärentraube, auf Stein- und Rohböden, auf Schutthalden und in Felsbändern vor. Der immergrüne, nur mäßig verzweigte, 20–40 cm hohe Strauch hat borstig behaarte Triebe und wechselständige, fast sitzende, an der Sproßspitze dicht gedrängt stehende, elliptische bis verkehrt-lanzettliche, 5–15 mm lange, beiderseits glänzend grüne, am Rand borstig bewimperte Blätter. Erst im Juni–Juli stehen an den Triebenden die 2–3 cm breiten, hellrosa gefärbten Blüten mit ihren radförmig ausgebreiteten Kronblättern. Der in Kultur heikle Zwergstrauch braucht stets kühl bleibende Moor- und Heideböden in halbschattigen Lagen des Alpinums. Lb 8.1.5.7 ▷

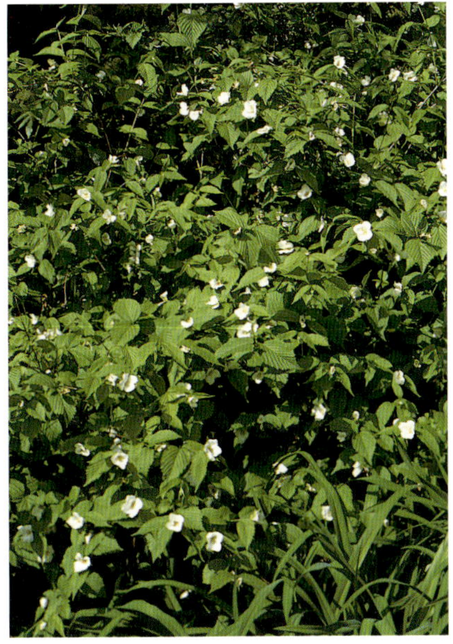

◁ **Rhodotypos scandens,** Scheinkerrie, Rosaceae, Rosengewächse. In sommerwarmen, humiden Laubwäldern von Japan, Korea und China kommt die Scheinkerrie vor, sie ist der einzige Vertreter ihrer Gattung. Der sommergrüne Strauch wird mit seinen übergeneigten, kahlen, braunen Zweigen in Kultur kaum mehr als 1–2 m hoch. Seine gegenständigen Blätter sind eiförmig, 4–8 cm lang, zugespitzt, am Rand scharf doppelt gesägt, oberseits dunkelgrün und unterseits heller. An den Enden von Kurztrieben stehen im Mai–Juni meist einzeln die 3–5 cm breiten, einfachen Blüten mit ihren 4 Kronblättern und den zahlreichen Staubblättern. Im Herbst werden die rundlich-eiförmigen, etwa 8 mm dicken, glänzend schwarzbraunen, trockenen, sehr lange haftenden Steinfrüchte von den bleibenden Kelchblättern präsentiert. Gedeiht auf jedem Gartenboden, auch in sehr schattigen Lagen. Lb 3.1.7.6

Rhus typhina, Hirschkolben-Sumach. Im östlichen Nordamerika kommt der Hirschkolben-Sumach auf sehr unterschiedlichen Böden meist an offenen, gut belichteten Standorten vor. Der mindestens 5, gelegentlich auch bis 10 m hohe, anfangs sehr raschwüchsige Strauch oder kleine Baum baut mit wenigen, sparsam verzweigten Ästen und dikken, dicht braunsamtig behaarten Zweigen eine oft schirmförmige Krone auf. Durch ihre starke Ausläuferbildung braucht die Art viel Platz. Die Blätter können 50–60 cm lang werden. Sie sind aus 11–31 länglich-lanzettlichen, 5–12 cm langen, oberseits sattgrünen, unterseits hell graugrünen Blättchen zusammengesetzt. Im Herbst färben sie sich prachtvoll und leuchtend orange bis scharlachrot. An den Enden der Triebe stehen im Juni–Juli die 15–20 cm langen Blütenstände. Scharlachrot färben sich die dicht behaarten Früchte. Lb 5.3.2.4 ▽

Rhus glabra, Scharlach-Sumach, Anacardiaceae, Sumachgewächse. Der Scharlach-Sumach, eine von insgesamt 250 Arten der Gattung, kommt im östlichen Nordamerika meist an Waldrändern, auf Ödland und an Böschungen auf sandigen Böden vor. Der 2–5 m hohe, sommergrüne, Ausläufer treibende Strauch baut sich mit wenigen, sparsam verzweigten Ästen auf. Im Gegensatz zum Hirschkolben-Sumach sind die dicken, kahlen Triebe mehr oder weniger blau bereift. Wechselständig stehen die bis 30 cm langen Fiederblätter mit ihren 13–31 länglich-lanzettlichen, eng und scharf gesägten, unterseits blaugrünen Blättchen, die sich im Herbst prachtvoll orange- bis scharlachrot verfärben. Im Juli–August stehen an den Zweigenden die 10–25 cm langen Rispen mit den kleinen, unscheinbaren, grünlichen Blüten. Scharlachrot gefärbt sind die mit klebrigen Flaumhaaren bedeckten Früchte. Lb 5.1.2.4 ▷

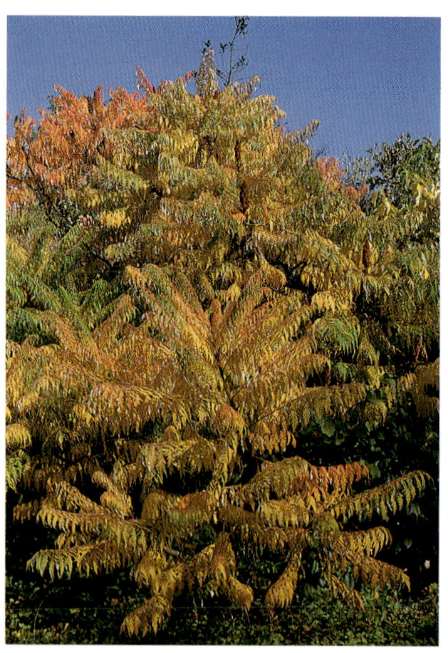

◁ **Rhus typhina 'Dissecta'.** Die geschlitzblättrige Form des Hirschkolben-Sumachs wird gelegentlich nicht zu Unrecht als Farnwedel-Sumach bezeichnet. Er baut sich, wie die natürliche Art, mit dicken, wenig verzweigten Ästen zu einem oft malerisch geformten, breit ausladenden Großstrauch auf, dessen Äste oft schleppenartig dem Boden aufliegen. Insgesamt bleibt die Form etwas niedriger als die Art, kann aber ebenfalls zahlreiche Ausläufer bilden. Bei den großen, frischgrünen, feingliedrigen Blättern sind die Blättchen fiederschnittig, fast farnartig fein zerteilt. Auch sie färben sich im Herbst in prachtvollen, leuchtenden Farben. Bei der Form 'Laciniata' sind die Blättchen tief eingeschnitten gezähnt. Außerdem ist der Blütenstand mit zahlreichen, tief eingeschnittenen Hochblättern durchsetzt. Bei 'Dissecta' gleichen Blüten- und Fruchtstand denen der Art. Lb 5.3.4.2

Ribes alpinum, Alpen-Johannisbeere, Grossulariaceae, Stachelbeergewächse. In Europa, dem Kaukasus und Nordwestafrika, im Süden nur in Gebirgslagen, kommt die Alpen-Johannisbeere vor. Sie ist ein sommergrüner, unbewehrter, reich verzweigter, 1-2 m hoher, robuster und anpassungsfähiger, Sonne und Schatten ertragender Gruppenstrauch mit straff aufrechten Ästen und später übergeneigten Zweigen. Rundlich bis eiförmig sind die 3-5 cm breiten, 3- bis 5lappigen, gezähnten, oberseits mattgrünen, unterseits glänzenden, sehr früh austreibenden Blätter. Die meist eingeschlechtigen, unscheinbaren, gelblichgrünen Blüten stehen im April in aufrechten, seitenständigen, 2-3 cm langen Trauben. Fade schmecken die 5 mm dicken, glänzend roten Früchte. In Kultur ist in der Regel die kompakter wachsende Sorte 'Schmidt', deren Blätter weniger von Rostpilzen befallen werden. Lb 7.1.6.6
▽

Ribes aureum, Gold-Johannisbeere. Im westlichen Nordamerika, von Washington südlich bis Kalifornien und New Mexico, kommt die Art vor. Sie ist ein bis 2 m hoher, anfangs straff aufrechtwachsender, im Alter leicht überhängender Strauch mit kahlen oder fein behaarten Jungtrieben. Rundlich sind die 3-5 cm breiten, dicklichen, hellgrünen Blätter, die mit 3-5 rundlichen, grob gezähnten Lappen gegliedert sind. Sie färben sich im Herbst schon sehr früh in rötlichen bis violetten Tönen. Durchaus ansehnlich sind die kleinen, goldgelben, duftenden Blüten mit dem langröhrigen Blütenbecher. Sie blühen im April-Mai auf und stehen zu 5-15 in 5-6 cm langen, hängenden Trauben. Die 6-8 mm dicken Früchte sind schwarz bis purpurbraun gefärbt. Der robuste Gruppen- und Heckenstrauch dient auch den Johannis- und Stachelbeerstämmchen als Veredlungsunterlage. Lb 7.3.3.5
▽

Ribes sanguineum 'Pulborough Scarlet', Blut-Johannisbeere. Im westlichen Nordamerika, von Britisch Kolumbien bis Nordkalifornien kommt die natürliche Art an sommerwarmen Plätzen vor. Der 2-4 m hohe, dichtbuschige Strauch wächst mit zahlreichen Grundtrieben straff aufrecht. Er trägt rundliche, 5-10 cm breite, 3- bis 5lappige, oberseits runzelige und dunkelgrüne, unterseits dicht graufilzige Blätter. Zu 10-20 stehen die bei der Art tief rosarot gefärbten Blüten in bis 8 cm langen, ansteigenden bis hängenden Trauben. Sie öffnen sich vor der Laubentfaltung im April-Mai. Lange haften die 7-9 mm dicken, schwarzen, blau bereiften Früchte. In Kultur sind nur selektierte, vegetativ vermehrte Sorten. 'Atrorubens' hat dunkelrote Blüten, bei der gedrungenen wachsenden 'King Edward VII' sind die Blüten reinrot, bei 'Pulborough Scarlet' tiefrot und in der Mitte weiß. Lb 4.3.2.5 ▷

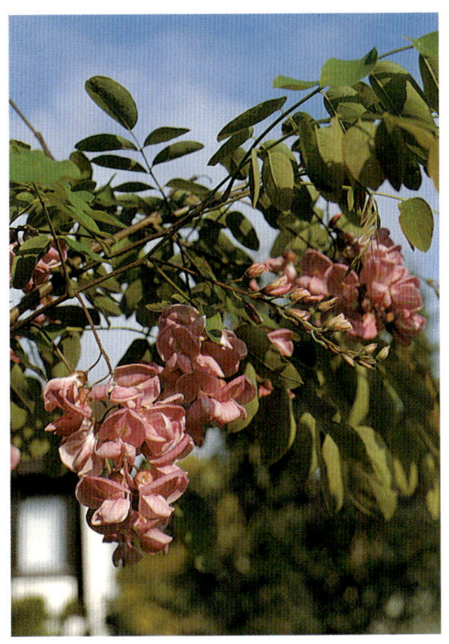

◁ **Robinia 'Casque Rouge',** Robinie, Papilionaceae, Schmetterlingsblütler. Die gelegentlich zu *R. hispida* gestellte 'Casque Rouge' unterscheidet sich von der Borstigen Robinie durch ihre glatten Triebe und den mehr oder weniger baumförmigen Wuchs. Die Form wird meist hochstämmig gezogen und entwickelt sich dann zu einem kleinkronigen, 6–10 m hohen Baum mit einer lockeren, unregelmäßigen, anfangs breit trichterförmig-aufrechten Krone. Die im Austrieb bräunlichen, unpaarig gefiederten Blätter haben 11–19 elliptische bis eiförmige, 3,5–5 cm lange, mittelgrüne Blätter. Ende Mai–Anfang Juni hängen die purpurroten Schmetterlingsblüten in etwa 15 cm langen, langgestielten Trauben an den vorjährigen Zweigen. 'Casque Rouge' ist ein interessanter, kleinkroniger Blütenbaum für vollsonnige, windgeschützte Lagen und alle durchlässigen Gartenböden. Lb 6.1.2.3

△
Robinia hispida 'Macrophylla', Borstige Robinie. Humide, sommerwarme Regionen im südöstlichen Nordamerika sind die Heimat der natürlichen Art, von der in der Regel die Sorte 'Macrophylla' kultiviert wird. Der aufrechte, sparsam und sparrig verzweigte, 1,5–3 m hohe Strauch wird meist auf *R. pseudoacacia* veredelt. Die Borstige Robinie hat sehr brüchiges Holz und braucht deshalb einen windgeschützten Platz oder sollte als Spalier an Wänden oder Mauern gezogen werden. Die Zweige sind dicht mit langen, roten Borsten besetzt. Bis 23 cm lang sind die oberseits dunkelgrünen, unterseits graugrünen Blätter mit ihren 7–15 breit-eiförmigen, 2–3,5 cm langen, stachelspitzigen Blättchen. Von der Hauptblütezeit Ende Mai zieht sich die Nachblüte bis zum September hin. Purpurrosa, etwa 2,5 cm lange Blüten stehen bis zu 15 in Trauben zusammen. Lb 6.1.2.5

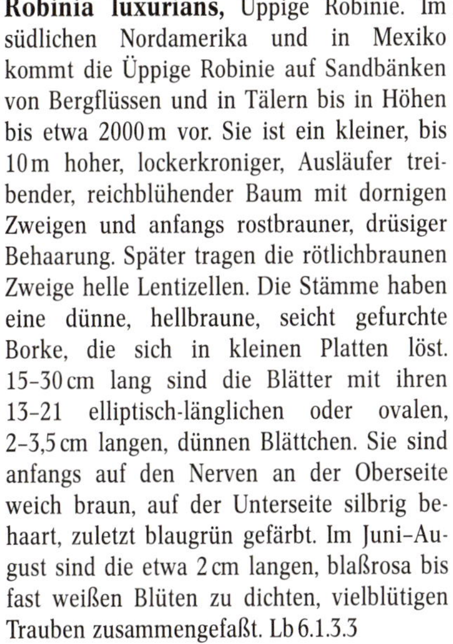

Robinia luxurians, Üppige Robinie. Im ▷ südlichen Nordamerika und in Mexiko kommt die Üppige Robinie auf Sandbänken von Bergflüssen und in Tälern bis in Höhen bis etwa 2000 m vor. Sie ist ein kleiner, bis 10 m hoher, lockerkroniger, Ausläufer treibender, reichblühender Baum mit dornigen Zweigen und anfangs rostbrauner, drüsiger Behaarung. Später tragen die rötlichbraunen Zweige helle Lentizellen. Die Stämme haben eine dünne, hellbraune, seicht gefurchte Borke, die sich in kleinen Platten löst. 15–30 cm lang sind die Blätter mit ihren 13–21 elliptisch-länglichen oder ovalen, 2–3,5 cm langen, dünnen Blättchen. Sie sind anfangs auf den Nerven an der Oberseite weich braun, auf der Unterseite silbrig behaart, zuletzt blaugrün gefärbt. Im Juni–August sind die etwa 2 cm langen, blaßrosa bis fast weißen Blüten zu dichten, vielblütigen Trauben zusammengefaßt. Lb 6.1.3.3

Robinia pseudoacacia, Gemeine Robinie. ▷ In sommerwarmen Regionen des atlantischen Nordamerika ist die Gemeine Robinie auf mäßig nährstoffreichen, lockeren Sand- und Lehmböden verbreitet. Sie kam schon um 1600 nach Paris, ist längst in Europa eingebürgert und von allen fremdländischen Gehölzen die Art mit der größten Ausbreitung in Europa. Der 20–25 m hohe Baum baut eine lockere, rundliche bis schirmförmige Krone mit stark dornigen Zweigen auf. Die graubraune bis dunkelbraune Borke ist tief längsrissig. 20–30 cm lang sind die dunkelgrünen bis blaugrünen Blätter mit ihren 9–19 länglich-elliptischen, 3–6 cm langen, nur anfangs unterseits etwas behaarten Blättchen. Die 2–3 cm langen, stark duftenden, weißen Blüten sind am Grunde der Fahne gelb gefleckt. Sie blühen im Mai–Juni auf und stehen zu 10–25 in 10–25 cm langen, dichten Trauben. Lb 6.1.3.2

△ **Robinia pseudoacacia 'Frisia',** Gold-Robinie. Von der Baumschule Willem Jansen in Zwollerkerpsel, Holland, wurde die Sorte 1935 gefunden. Sie ist ein kleiner bis mittelgroßer, anfangs sehr raschwüchsiger, 8–15 m hoher Baum mit locker aufstrebenden Ästen und einer sehr lange Zeit schmal bleibenden, lockeren Krone. An den jungen, hellbraunen Zweigen fallen die in der Jugend weinroten, später braunroten Dornen auf. Die 20–30 cm langen Blätter haben bis 21 breit-eiförmige, 4–6 cm lange Blättchen. Die Blätter treiben im Frühjahr schön orangegelb aus. Bis zum Blattfall im Herbst bleiben die Blätter dann goldgelb, nur an beschatteten Zweigen werden sie hellgrün bis grünlichgelb. 'Frisia' hat die alte, schon um 1859 in Deutschland gefundene 'Aurea' verdrängt. Deren anfangs gelbe Blätter werden in Laufe des Sommers grüngelb. Lb 6.3.1.3

△ **Robinia pseudoacacia 'Tortuosa',** Korkenzieher-Robinie. In Frankreich wurde diese Sorte schon um 1813 gefunden. Der mittelgroße, 8–15 m hohe, nur selten blühende Baum kann sehr unregelmäßige, malerische, im Alter schirmförmige Kronen aufbauen. Von den aufstrebenden bis abstehenden, hin und her gebogenen oder gewundenen Ästen hängt das Zweigwerk an den Spitzen locker über. Eigenartig korkenzieherartig gewunden sind Zweige und junge Äste. Sie erinnern mit ihren locker spiralförmigen Windungen an ähnliche Erscheinungen bei der Korkenzieher-Hasel und der Korkenzieher-Weide. Die bis 20 cm langen, oft etwas hängenden und gedrehten Blätter haben 2–3 cm lange, elliptische, dunkelgrüne, unterseits graugrüne Blättchen. Die Blätter treiben erst spät aus, färben sich im Herbst gelb und fallen relativ früh ab. Lb 6.3.1.3

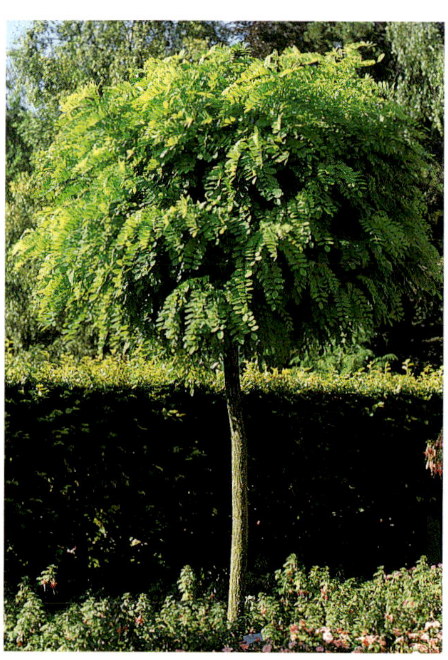

△ **Robinia pseudoacacia 'Umbraculifera',** Kugel-Robinie. Schon 1813 wurde die Kugel-Robinie in Österreich gefunden. Der häufig gepflanzte, langsam wachsende Kleinbaum wird meist hochstämmig veredelt und bildet ohne Schnitt eine anfangs kugelrunde, im Alter flachrunde, dicht verzweigte, feinastige Krone mit unbedornten Zweigen aus. Bei Wuchshöhen von 4–6 m können die Kronen im Alter nahezu gleiche Breiten erreichen. Deutlich kleiner als bei der Art sind die hellgrünen, zierlichen, bis 15 cm langen Blätter. Die Form blüht und fruchtet nicht. Von *R. pseudoacacia* werden noch weitere Formen kultiviert, die vor allem als Straßenbäume von Bedeutung sind. Etwa die Sorte 'Pyramidalis' mit anfangs schmal-kegelförmiger Krone, die reichblühende 'Semperflorens' oder 'Unifolia', bei der die Fiederblätter bis auf das vergrößerte Endblättchen reduziert sind. Lb 6.1.3.3

Robinia viscosa, Klebrige Robinie. In den ▷ humiden, sommerwarmen Laubwäldern des östlichen Nordamerika kommt die Klebrige Robinie bis in Höhen von 1200 m vor. Bis 12 m hoch wird der Baum, er hat eine lockere Krone mit dünnen, abstehenden Ästen und dunkel rotbraun gefärbten Zweigen mit kleinen, oft auch fehlenden Dornen. Der Stamm hat eine dicke, glatte, dunkelbraune Borke. Zweige, Blattstiele und Blütenstandsachsen sind dicht mit klebrigen Drüsen besetzt. Bis 25 cm lang werden die Blätter, sie sind aus 13–25 eiförmigen, 2,5–4 cm langen, stumpfen oder spitzen, oberseits dunkelgrünen, unterseits helleren Blättchen zusammengesetzt. Im Mai–Juni blüht der Baum oft sehr reich mit etwa 2 cm langen, duftlosen, rosa Blüten, die innen auf der Fahne einen hellgelben Fleck tragen. Die Blüten sitzen zu 6–16 in 5–8 cm langen Trauben. Lb 6.1.3.3

◁ **Rosa acicularis 'Dornröschen',** Nadel-Rose, Rosaceae, Rosengewächse. Die Nadel-Rose ist in der borealen Vegetationszone zirkumpolar verbreitet, in Nordosteuropa, in Sibirien und in Nordamerika von Quebec und Alaska südlich bis Colorado und New Mexico. Die Zweige des 1–2 m hohen, Ausläufer bildenden Strauches sind mit zahlreichen geraden, nadelförmigen Stacheln besetzt. Die bis 15 cm langen, oberseits stumpfgrünen, unterseits blaugrünen Blätter haben 5–7 breit-elliptische, bis schmal-längliche, bis 6 cm lange Blättchen. Meist einzeln stehen die 4–6 cm breiten, dunkelrosa, leicht duftenden Blüten, sie blühen im Mai–Juni auf. Rundlich bis birnenförmig sind die 1,5–2 cm langen, roten Früchte. 'Dornröschen' entwickelt sich zu einem mannshohen, aufrechten, gut verzweigten, öfter blühenden Busch. Ihre edelrosengleichen Blüten sind lachsrosa bis hellrot. Lb 7.2.3.6

△
Rosa × alba 'Königin von Dänemark'. Am Zustandekommen der Weißen Rose, die schon von Griechen und Römern kultiviert wurde, sind vermutlich *R. canina* und *R. × bifera* beteiligt. Der 2–3 m hohe Strauch hat überhängenden Zweige, die mit ungleich großen, hakenförmigen Stacheln besetzt sind. Bis 10 cm lang sind die Blätter mit ihren 5–7 breit-elliptischen Blättchen. Im Juni öffen sich die weißen oder zartrosa überlaufenen, mehr oder weniger gefüllten, 6–8 cm breiten, stark duftenden Blüten. Die länglich-eiförmigen, roten Früchte sind 2,5 cm lang. Von den Sorten der Weißen Rose gilt 'Königin von Dänemark' mit ihren gut gefüllten, stark duftenden, rein porzellanrosa Blüten als eine der besten und schönsten unter den alten Parkrosen. In Kultur sind auch die rosa blühende 'Maiden's Blush' sowie die weißlühenden 'Maxima', 'Semiplena' und 'Suaveolens'. Lb 9.3.3.5

△
Rosa arvensis, Feld-Rose, Wilde Kletterrose. In Süd-, West- und Mitteleuropa kommt die Feld-Rose in lückigen, sommerwarmen Eichen-Hainbuchen-Wäldern sowie an Wald- und Wegrändern vor. Der kaum mehr als 1 m hohe, Halbschatten ertragende Spreizklimmer läßt seine lange grün bleibenden Zweige weit bogig überhängen oder klettert in Gebüschen mehrere Meter hoch und kann so einen Schleier über benachbarte Pflanzen legen. Die Zweige sind mit zahlreichen kleinen, hakenförmigen Stacheln besetzt. 7–10 cm lang sind die Blätter mit den 5–7 elliptischen bis ovalen, 1–3 cm langen, oberseits glänzend sattgrünen Blättchen. Meist einzeln oder zu 2–3 sitzen die 2,5–5 cm breiten, einfachen, weißen, duftlosen, langgestielten Blüten mit ihren zahlreichen goldgelben Staubblättern im Juni–Juli an den Kurztrieben. Die kugeligen oder ovalen Hagebutten sind 10–13 mm lang. Lb 3.3.6.6

Rosa blanda, Labrador-Rose. In Nordamerika, von Neufundland bis Manitoba und südlich bis Pennsylvania und Nebraska finden wir die Labrador-Rose im Küstenbereich, an Bach- und Seeufern, an Waldrändern und auf Brandflächen. Der etwa 2 m hohe, Ausläufer bildende Strauch hat schlanke, braune, fast unbewehrte Zweige. Seine etwa 10 cm langen Blätter haben 5–7(–9) elliptische bis verkehrt-eiförmige, 2–6 cm lange, oberseits kahle und mattgrüne, unterseits hellere und fein behaarte Blätter, die sich im Herbst rötlich verfärben. Meist einzeln oder zu 3–7 sitzen die einfachen, duftenden, intensiv rosa gefärbten Blüten an den Kurztrieben. In einem schönen Kontrast zu den kräftig gefärbten Blüten stehen die zahlreichen goldgelben Staubblätter. Die rundlichen bis eiförmigen, roten Früchte sind etwa 1 cm dick. Wird in Nordamerika häufig als Zierstrauch gepflanzt. Lb 2.1.4.5 ▷

◁ **Rosa canina,** Hunds-Rose. Das Verbreitungsgebiet der Hunds-Rose reicht von Mitteleuropa bis nach Mittel- und Vorderasien und bis nach Nordafrika. In Mitteleuropa ist sie als eine der häufigstcn Rosenarten an Wald- und Wegrändern, in Feldhecken, auf Kalkmagerweiden und auf Ödland zu finden. Mit ihren weit ausladenden und überhängenden Zweigen wächst die sehr variable, Ausläufer treibende Rose im Freistand zu einem bis 3 m hohen, kuppelartigen Busch heran. Die Zweige sind mit kräftigen, hakigen Dornen ausgestattet. Bis 12 cm lang sind die Blätter mit ihren 5–7 eiförmigen oder elliptischen, 3–4 cm langen, oberseits dunkelgrünen, unten helleren Fiederblättchen. Die zahlreichen, weiß oder hellrosa gefärbten Blüten sind 4–5 cm breit, sie blühen im Mai–Juni auf. Im September–Oktober reifen die 2–2,5 cm langen, korallenroten Hagebutten. Lb 6.3.3.5

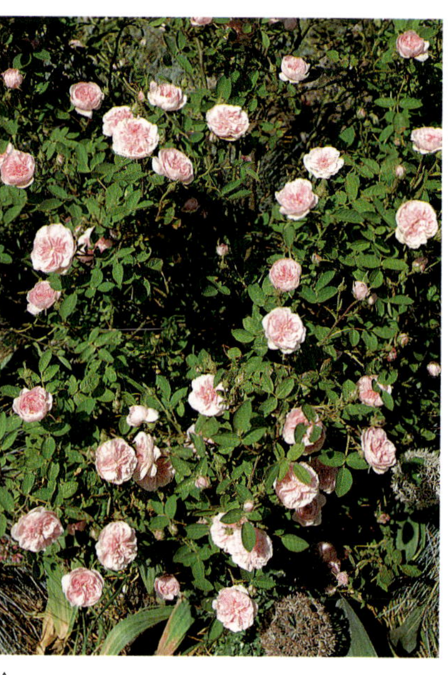

△ **Rosa × centifolia 'Pompon de Bourgogne',** Burgunderröschen. Die Herkunft von *R. × centifolia,* der Zentifolie, Provence- oder Kohl-Rose, ist ungeklärt. Es wird heute angenommen, daß es sich um eine komplexe Hybride handelt, die sich von Ende des 16. bis zu Anfang des 18. Jahrhunderts allmählich entwickelt hat. Der 2–3 m hohe, lockere wachsende, anfangs aufrechte, dann überhängende Strauch bildet nur wenige Ausläufer. Aus 5–7 eiförmig-rundlichen, 2–6 cm langen Blättchen sind die 8–12 cm langen Blätter zusammengesetzt. Oft zu mehreren sitzen die meist rosa gefärbten, stark duftenden, gefüllten, nickenden Blüten auf langen, dünnen Stielen. Neben 'Pompon de Bourgogne', einer nur etwa 60 cm hohen Sorte mit gefüllten, hellrosa Blüten, gehören weitere Sorten hierher, etwa die alte 'Muscosa', die Bauern-Rose oder 'Parkjuwel' mit gefüllten, kirschrosa Blüten. Lb 6.3.2.5

Rosa × damascena, Damaszener-Rose. Der ▷ Ursprung der Damaszener-Rose ist noch ungeklärt. Man nimmt an, daß der Kreuzritter Robert de Brie sie Anfang des 13. Jahrhunderts mit nach Europa brachte. Der bis 2 m hohe Strauch hat bogig abstehende Zweige, die mit zahlreichen, sehr kräftigen, hakenförmigen Stacheln stark bewehrt sind. Aus 5 eiförmigen, 2–6 cm langen, graugrünen Blättchen sind die 12–15 cm langen Blätter zusammengesetzt. Meist zu mehreren stehen die rosa bis roten, gefüllten, stark duftenden, meist nickenden Blüten auf schwachen Stielen. Birnenförmig und 2,5 cm lang sind die roten, borstig behaarten Früchte. Zu *R. × damascena* gehören einige alte, heute wieder begehrte Parkrosen. 'Trigintipetala' blüht einmal mit stark duftenden, gefüllten, rosa Blüten. Sie ist die wichtigste Sorte für die Ölrosenkultur in Bulgarien, der Türkei und dem Iran. Lb 6.3.5.5

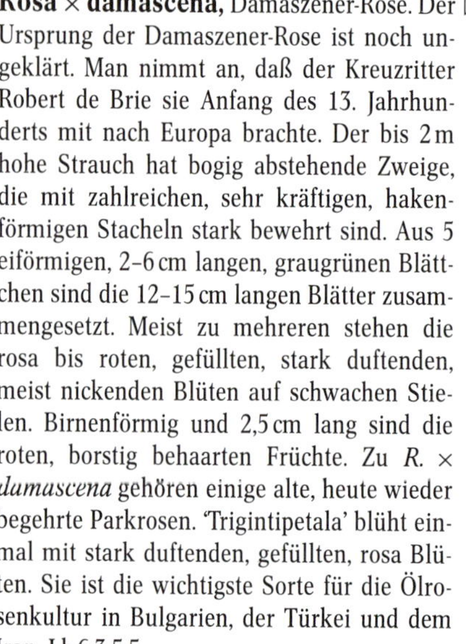

◁ **Rosa foetida,** Fuchs-Rose, Gelbe Rose. In ▷ Kleinasien und vom Iran bis Afghanistan und dem nordwestlichen Himalaja kommt die Fuchs-Rose in semihumiden Berglagen vor. Der bis 2 m hohe, schwach Ausläufer treibende Strauch hat braune, wenig bestachelte, aufrechte bis übergebogen Zweige. Oberseits glänzend dunkelgrün, unterseits drüsig und behaart sind die 5–8 cm langen Blätter mit den 5–9 breit-ovalen, 1,5–4 cm langen Blättchen. Meist einzeln oder zu zweit stehen die tiefgelben, 5–7 cm breiten Blüten zusammen. Sie blühen im Mai–Juni auf und riechen streng und etwas unangenehm. Der Strauch blüht ungewöhnlich reich, die einzelnen, auch bei starker Sonne nicht verblaßenden Blüten halten aber nur wenige Tage. In Kultur ist nicht selten auch die rechts abgebildete **'Bicolor'** mit den innen orangeroten, auf der Außenseite goldgelben Blüten. Lb 6.3.2.6

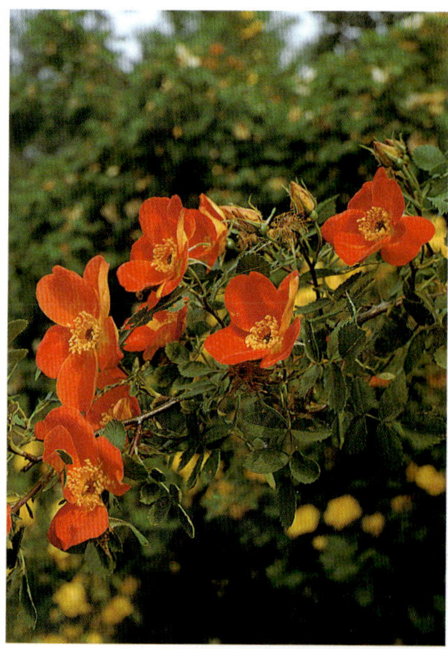

Rosa gallica 'Officinalis'. *R. gallica*, die ▷ Essig- oder Gallische Rose, ist von Mittel- und Südeuropa bis nach Vorderasien verbreitet. Der bis 1 m hohe Strauch breitet sich durch unterirdische Ausläufer weit aus. 6–12 cm lang sind die Blätter mit ihren 3–5 ledrigen, breit-elliptischen, oberseits dunkelgrünen und rauhen Blättchen. Im Juni–Juli entfalten sich an den Enden dicker, drüsiger Stiele die meist einzeln stehenden, 4–6 cm breiten, duftenden, einfachen, hellrot bis dunkel purpurfarbenen Blüten. Die rundlichen oder birnenförmigen, etwa 1,5 cm langen, ziegelroten Früchte tragen drüsige Borsten. 'Officinalis', die Apotheker-Rose, ist nachweislich schon seit 1310 in Kultur. Sie hat karminrote, halbgefüllte, wohlriechende Blüten mit gelben Staubgefäßen. 'Versicolor' ist eine zuerst 1583 von Clusius beschriebene Sorte, deren Blüten weiß-rot-rosa gestreift und gescheckt sind. Lb 6.1.3.6

Rosa glauca, Rotblättrige Rose. In den Alpen, im Jura und den Vogesen kommt die Rotblättrige Rose in montanen und subalpinen Gebüschen, auf Lesesteinhaufen und auf Schlagflächen, auf kalkreichen und kalkarmen Standorten vor. Der bis 3 m hohe, aufrechte, schlanktriebige Strauch hat auffallend rötlich bis hechtblau bereifte, wenig bestachelte Triebe. Die bis 12 cm langen Blätter haben 5–9 elliptische bis länglich-ovale, bis 4,5 cm lange, scharf gesägte Blättchen. Sie sind bläulichgrün gefärbt und mehr oder weniger purpurrot überlaufen. Die Blattunterseite ist je zur Hälfte blaurot und graugrün gefärbt. Im Juni-Juli blüht der Strauch mit 3–3,5 cm breiten, karminrosa gefärbten Blüten und goldgelben Staubgefäßen. An der Basis sind die Blütenblätter weiß gefärbt. Etwa 1,5 cm dick sind die rundlichen, orange oder scharlachrot gefärbten Früchte. Lb 6.1.3.5 ▽

Rosa majalis, Mai-Rose, Zimt-Rose. In Nord-, Mittel- und Osteuropa, sowie in Nord- und Mittelasien gedeiht die Mai-Rose vor allem auf feuchten Standorten in Auen- und Bruchwäldern oder in den Alpentälern entlang der Flüsse. Sie bildet mit dünnen, braunroten, oft unbewehrten Zweigen zahlreiche Ausläufer und wird etwa 1,5 m hoch. 4–9 cm lang sind die Blätter, die aus 5–7 länglich-elliptischen, bis 3 cm langen, oberseits stumpfgrünen und behaarten, unterseits helleren und kahlen Blättern zusammengesetzt sind. Meist einzeln stehen die 5 cm breiten, karminrot bis purpurn gefärbten, angenehm duftenden Blüten im Mai–Juni an den Zweigen. Kugelig oder abgeflacht sind die 1,5 cm dicken, scharlachroten, glatten Früchte. Im Mittelalter war die gefülltblühende, angenehm duftende Form 'Plena' sehr geschätzt, heute ist sie weitgehend vergessen. Lb 2.2.6.5

▽

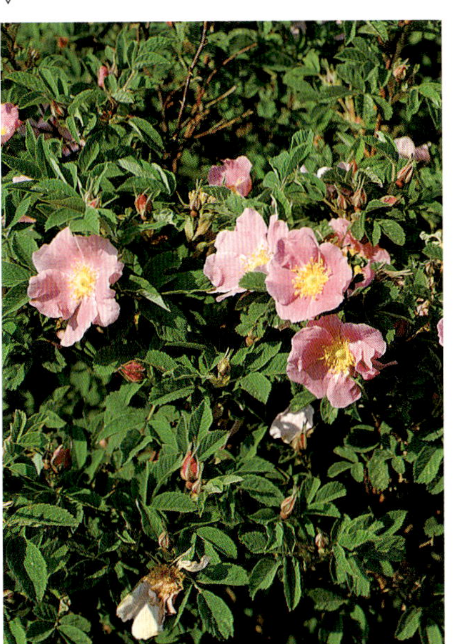

Rosa moyesii, Mandarin-Rose. In den Ge- ▷ birgen der westchinesischen Provinz Sichuan hat die Mandarin-Rose ihre Heimat. Der starkwüchsige, locker aufgebaute, mit geraden Stacheln bewehrte Strauch wird etwa 3 m hoch. Seine 7–12 cm langen Blätter haben 7–13 eiförmige oder elliptische, 1–4 cm lange, dunkelgrüne, unterseits auf der Mittelrippe behaarte Blättchen, von denen die oberen auffallend größer als die unteren sind. Die Blattspindel hat drüsige Borsten. Anfang Juni öffenen sich die 5–6 cm breiten, weinroten Blüten mit ihren goldgelben Staubgefäßen. 5–6 cm lang werden die lange haftenden, tief orangeroten, flaschenförmigen Früchte mit dem ausgeprägten Hals. Von der Mandarin-Rose, eine der schönsten Wildrosen, gibt es einige Sorten mit korallenroten, in der Mitte weißen ('Eos'), geraniumroten ('Geranium') und hell karminroten Blüten ('Highdownensis'). Lb 7.1.3.5

◁ **Rosa moyesii 'Marguerite Hilling'.** Die ▷ rechts abgebildete 'Marguerite Hilling' gehört zu unseren schönsten Parkrosen. Die ziemlich starkwüchsige, 1959 als Sport an 'Nevada' entstandene Sorte, wird etwa 2 m hoch und breit, hat einen eleganten, aufrecht-überhängenden Wuchs und mittelgrünes, oberseits etwas bronze getöntes Laub. Sie blüht im Mai überreich mit etwa 10 cm breiten, schalenförmigen, einfachen bis leicht gefüllten, karminrosa, in der Mitte etwas helleren, nicht duftenden Blüten. Bis zum Frühherbst blühen stets einige Blüten auf. Früchte werden nicht ausgebildet. **'Nevada'** (linkes Bild) ist schon 1927 entstanden. Auch sie wächst ziemlich kräftig, wird etwa 2,5 m hoch, hat einen leicht überhängenden Wuchs und hellgrüne Blätter. Auch sie blüht überreich mit weißen, leicht übergrünten, 10 cm breiten, flachen, lockeren, halbgefüllten Blüten. Lb 7.1.3.5

Rosa multiflora, Vielblütige Rose. In Japan ▷ und Korea besiedelt die Vielblütige Rose Abhänge oder Felsen und klettert in Bäume und Büsche hinein. Der sehr starkwüchsige Strauch wird mit seinen dünnen, bald übergeneigten, mäßig stacheligen oder fast unbewehrten, bräunlichen oder rötlichgrünen Zweigen bis 3 m hoch und breit oder klettert als Spreizklimmer bis 5 m hoch. 5–10 cm lang sind die bis zum Winter haftenden Blätter, 1,5–5 cm lang die verkehrt-eiförmigen bis elliptischen, oberseits glänzend grünen, unterseits mattgrünen Blättchen. Im Juni–Juli öffnen sich die zahlreichen kleinen, 1,5–2 cm breiten, weißen, nach Honig duftenden Blüten. Sie stehen zu vielen in großen, kegelförmigen Rispen zusammen. Die rundlichen, orange oder roten Früchte sind nur 5 mm dick. Wird u.a. gern für großflächige Böschungsbepflanzungen eingesetzt. Lb 5.3.3.5

Rosa omeiensis f. pteracantha. Die gelegentlich als »Stacheldraht-Rose« bezeichnete Form unterscheidet sich von der Art durch die sehr großen, in Längsrichtung der Zweige flügelartig verbreiterten, im Austrieb durchscheinend blutroten Stacheln. Der 3–4 m hohe, aufrechte Strauch kommt in den Bergen der westchinesischen Provinz Sichuan in Höhen zwischen 3000 und 3600 m vor. Auch bei der eigentlichen Art, der Omei-Rose, benannt nach dem Berg Omei in Sichuan, sind die flachen Stacheln an der Basis verbreitert. Die 7–17 Blättchen sind länglich oder elliptisch und 8–30 mm lang. Einzeln sitzen die meist 4zähligen, weißen, 2,5–3 cm breiten Blüten, sie öffnen sich im Mai–Juni. Die birnenförmigen, 1,5 cm langen Früchte sind hochrot gefärbt, sie sitzen auf einem roten, fleischig verdickten Stiel. Bei *R. omeiensis* f. *pteracantha* sind die Früchte dagegen rundlich. Lb 7.1.2.5
▽

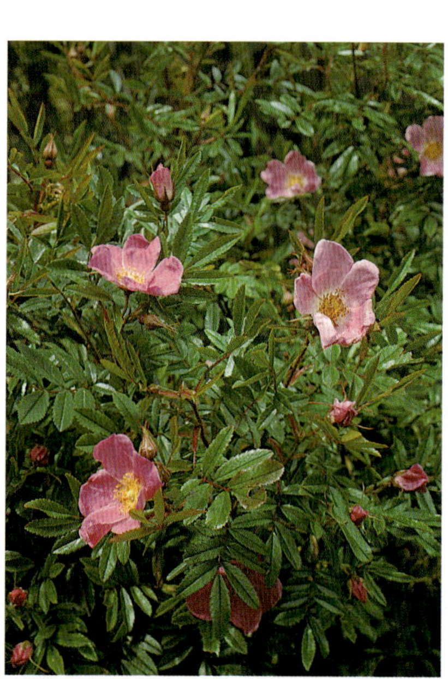

◁ **Rosa nitida,** Glanzblättrige Rose. Im nördlichen Nordamerika, von Neufundland bis Massachusetts, wächst *R. nitida* vorwiegend an Ufern von stehenden und fließenden Gewässern, aber auch in feuchten Dickichten oder Überschwemmungsgebieten. Der aufrechte, durch zahlreiche Ausläufer sehr dichtbuschige Strauch wird nur etwa 75 cm hoch. Seine rötlichen Triebe sind dicht mit dünnen, borstigen Stacheln besetzt. 5–7 cm lang sind die oberseits dunkelgrünen, stark glänzenden Blätter, die sich im Herbst schön braunrot verfärben. Die meist 7–9 Blättchen sind elliptisch bis länglich, 2–3 cm lang und deutlich gezähnt. Im Juni öffnen sich die 4–5 cm breiten, flachen, leicht duftenden, rosa gefärbten Blüten mit den goldgelben Staubblättern. Die abgeflacht-kugeligen, 5–8 mm dicken, etwas borstigen Früchte sind scharlachrot. Wird gern für flächige Pflanzungen verwendet. Lb 1.2.1.6

◁ **Rosa pimpinellifolia,** Bibernell-Rose, Dünen-Rose. Von Europa bis Westasien, im Mittelmeergebiet und Nordafrika kommt die Art in Dünen oder am Saum wärmeliebender Wälder vor. Der bis 1 m hohe Strauch kann zahlreiche Wurzelausläufer bilden. Die 7-9 elliptischen bis rundlichen Blättchen sind matt dunkelgrün gefärbt. Im Mai-Juni sitzen die zahlreichen weißen bis blaßgelben, 4-6 cm breiten Blüten an den Enden von Kurztrieben. Schwarz oder schwarzbraun gefärbt sind die rundlichen, 1-1,5 cm dicken Früchte. Aus Kreuzungen mit *R. pimpinellifolia* sind eine Reihe von Sorten gezüchtet worden, die alle sehr früh, schon im Mai, blühen und deren Sortennamen deshalb mit »Frühlings« beginnt. Die rechts abgebildete, starkwüchige **'Frühlingsgold'** wird 2-3 m hoch, hat derbes, mittelgrünes Laub und goldgelbe, bis 10 cm breite, einfache bis halbgefüllte Blüten. Lb 5.1.2.6 ▷

Rosa pendulina, Alpen-Hecken-Rose. In den Gebirgen Mittel- und Südeuropas finden wir die Alpen-Heckenrose bis in Höhen von 2500 m. Keine andere Rosen dieser Region steigt so hoch hinauf. Sie wächst häufig an exponierten Stellen in Schutthalden oder in Zwergstrauchheiden oder in Gemeinschaft mit Latschen und Grünerlen. Der 0,5-2 m hohe, aufrechte Strauch bildet zahlreiche Ausläufer, seine rötlichen oder grünlichen Triebe sind nur wenig bestachelt. Die 10-12 cm langen Blätter haben meist 7-11 elliptische bis breit-elliptische, 2-6 cm lange, mittelgrüne, scharf drüsig gesägte Blättchen. Bis zu 5 sitzen die rosaroten, 4-5 cm breiten Blüten zusammen. An der Basis sind die Blütenblätter weißlich gefärbt. Flaschenförmig sind die schmalen, 2-2,5 cm langen, ziegelroten, glatten Früchte. *R. pendulina* verträgt wie kaum eine andere Rose schattige und kühle Standorte. Lb 7.1.3.5 ▷

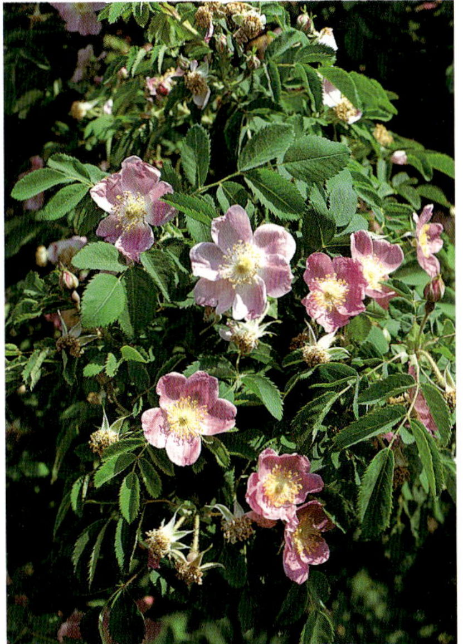

Rosa rugosa, Kartoffel-Rose. Die mit einem wenig schmeichelhaften Namen belegte Rose kommt von Natur aus von Ostasien bis zu den Kurilen, Kamtschatka und Sachalin vor. Seit vielen Jahren ist sie in Europa und Nordamerika stellenweise eingebürgert. Der dicktriebige, 1-2 m hohe, aufrechte Strauch bildet durch zahlreiche Wurzelausläufer dichte Bestände. Seine Zweige sind meist dicht mit Stacheln und Stachelborsten besetzt. Bis 15 cm lang werden die Blätter mit den 5-9 derben, dicklichen, elliptischen bis verkehrteiförmigen, 2-5 cm langen, oberseits glänzend grünen, runzeligen Blätter. Purpurn, rosa oder weiß sind die 6-9 cm breiten, duftenden, häufig einzeln stehenden Blüten. Die 2,5 cm dicken, ziegelroten, weichfleischigen, flachrundlichen Früchte sind wirtschaftlich verwertbar. Aus der sehr variablen Art sind zahlreiche Sorten ausgelesen worden.
Lb 5.2.3.5
▽

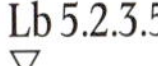

◁ **Rosa rubiginosa 'Magnifica'.** Die natürliche Art, die Wein-Rose oder Schottische Zaunrose, hat ihre natürliche Verbreitung in Europa, dem Kaukasus und Kleinasien. Sie kommt vor allem an Wald- und Gebüschsäumen, an Felshängen und auf Magerweiden, meist auf kalkhaltigen Böden, vor. Der 1-3 m hohe, dicht verzweigte Strauch hat bogig übergeneigte Äste und dicht mit gekrümmten Stacheln besetzte Zweige. Die 6-8 cm langen Blätter sind aus 5-7 breit-eiförmigen, 2-3 cm langen, blaßgrünen Blättchen zusammengesetzt, die unterseits dicht mit gelblichen, apfelartig duftenden Drüsen besetzt sind. Lebhaft rosa gefärbt sind die 3-5 cm breiten Blüten, die sich im Juni öffnen. Die scharlachroten, 3 cm langen Früchte sind eiförmig. 'Magnifica' ist eine starkwüchsige Sorte mit mittelgroßen, halbgefüllten, hellroten Blüten, die stark von Bienen beflogen werden. Lb 6.1.3.5

Rosa rugosa-Sorten

'F. J. Grootendorst'

'Repens Alba'

'White Hedge'

◁ **Rosa sweginzowii 'Macrocarpa',** Sweginzows Rose. Aus dem nordwestlichen China kam die Wildart in unsere Gärten. Sie wächst stark und kann Höhen von 5 m erreichen. Die jungen Zweige sind auffallend weinrot gefärbt, sie tragen große, 3eckige, abgeplattete Stacheln. Bis 14 cm lang werden die Blätter, 2–5 cm lang sind die 7–11 elliptischen bis eiförmig-länglichen, mittelgrünen, doppelt gesägten, oberseits kahlen, unterseits besonders auf den Nerven behaarten Blättchen. Zu 1–6 stehen die 3,5–5 cm breiten, einfachen, hellrosa Blüten zusammen, sie blühen im Juni auf. Schlank flaschenförmig sind die 3–4 cm langen, orangeroten, mit borstigen Haaren besetzten Früchte. In Kultur ist meist die viel schwächer wachsende 'Macrocarpa'. Sie wird gut mannshoch, hat bogig überhängende Zweige, karminrote Blüten und bis 5 cm lange, flaschenförmige Früchte. Lb 7.1.3.4

Rosa virginiana, Virginische Rose. Von Neufundland und Ontario reicht die Verbreitung der Virginischen Rose bis weit in die südöstlichen Staaten von Nordamerika. Sie kommt u.a. auf nährstoffarmen Böden in Wacholdergesellschaften vor. Als erste amerikanische Wildrose kam sie schon 1724 nach England. Der bis 1,5 m hohe, aufrechte, buschig verzweigte Strauch breitet sich nur schwach durch Ausläufer aus. Seine Blätter sind 8–12 cm, die 7–9 elliptischen bis verkehrt-eiförmigen Blättchen 2–6 cm lang. Oberseits sind die grob gesägten Blätter glänzend dunkelgrün. Sie färben sich im Herbst orange bis tiefgelb. Von Juni–August blüht der Strauch mit duftenden, hellrosa, 5–6,5 cm breiten Blüten. Flachkugelig sind die 1,5 cm dicken, roten, mehr oder weniger glatten Früchte. Die reichblühende Art läßt sich gut in größeren Gruppen pflanzen. Lb 5.3.2.6

Rosa villosa, Apfel-Rose. In den Gebirgen ▷ von Europa, dem Kaukasus und Kleinasien wächst die Apfel-Rose vorwiegend auf felsigen Hängen oder Lesesteinhaufen in der montanen und subalpinen Stufe. Der bis 2 m hohe, aufrechte Strauch bildet nur in der Nähe der Mutterpflanze vereinzelt Ausläufer. Seine 8–9 cm langen Blätter haben 5–7 elliptische, 3–5 cm lange, graugrüne, meist beiderseits filzig behaarte, leicht harzig duftende Blätter. Im Juni–Juli öffnen sich die 3–6,5 cm breiten, mehr oder weniger intensiv rosa gefärbten Blüten, deren Stiele und Becher dicht mit Stachel- und Drüsenborsten besetzt sind. Vergleichsweise groß, bis 3 cm dick, sind die dunkelroten, länglich-kugeligen, sehr vitaminreichen Früchte, die schon im August reifen. Der wirtschaftlich verwertbaren Früchte wegen ist die Art schon früh in Kultur genommen worden. Lb 7.1.3.5

◁ **Strauch- und Parkrosen** (auf dem Foto 'Angela'). Unter diesem Begriff werden im allgemeinen alle veredelten (im Gegensatz zu den aus Samen vermehrten Wildrosen) hochwachsenden Rosen verstanden. Tatsächlich wachsen aber alle Rosen strauchig, auch die Edel- oder Polyantharosen, die Zwerg- und Kletterrosen. Die modernen Strauchrosen gehören heute zu den remontierenden Rosen, sie blühen unermüdlich vom Frühsommer bis zu den ersten Frösten im Herbst. Ihre Blüten können den Edel- oder Beetrosen gleichen. Sie unterscheiden sich von ihnen nur durch den etwas höheren Wuchs, der bei den Edel- und Beetrosen vor allem durch den regelmäßigen Rückschnitt begrenzt wird. Strauchrosen werden durchaus um 2 m hoch und gleich breit. Sie sollten nicht regelmäßig zurückgeschnitten, können aber in Abständen von einigen Jahren stark verjüngt werden.

Strauch- und Parkrosen

'Bonanza'

'Centenaire de Lourdes'

'Dornröschen'

'Erfurt'

'Eyepaint'

'Freisinger Morgenröte'

Strauch- und Parkrosen

'Nordhausen'

'Park Wilhelmshöhe'

'Prestige'

'Robin Hood'

'Ruhm von Steinfurt'

'Robusta'

'Salzburg'

'Vogelpark Walsrode'

'Westerland'

Kletterrosen. Kletterrosen (auf dem Foto ▷ 'American Pillar') sind entweder Abkömmlinge verschiedener Wildarten oder kletternde Mutanten von Edel- oder Floribundarosen. Wir kennen Sorten mit biegsamen Zweigen, die als sogenannte Spreizklimmer in der Natur durch oder über Pflanzen wachsen und Sorten mit eher steifen Zweigen. Beide brauchen Klettergerüste, die sie durchschlingen können oder an die ihre langen Zweige angeheftet werden. Man zieht sie an Hauswänden oder Mauern oder stellt ihnen Lauben und Pergolen, Bögen oder Gestelle zur Verfügung. Wie die Strauchrosen brauchen auch die Kletterrosen viel Platz. Je nach Wuchsstärke sollen sie 1–3 m weit auseinander gepflanzt werden. Geschnitten wird auch hier nur wenig. Es sollen möglichst lange Zweige entstehen. An ihnen entwickeln sich im kommenden Jahr seitliche Kurztriebe, die dann die Blütenbüschel tragen.

Kletterrosen

'Blaze'

'Christine Wright'

'Excelsa'

'Flammentanz'

'Francis E. Lester'

'Gruß an Heidelberg'

Kletterrosen

'Laura Ford'

'Leverkusen'

'Morning Jewel'

'Mrs. F. W. Flight'

'New Rambler'

'Paul Scarlet'

'Raubritter'

'Till Eulenspiegel'

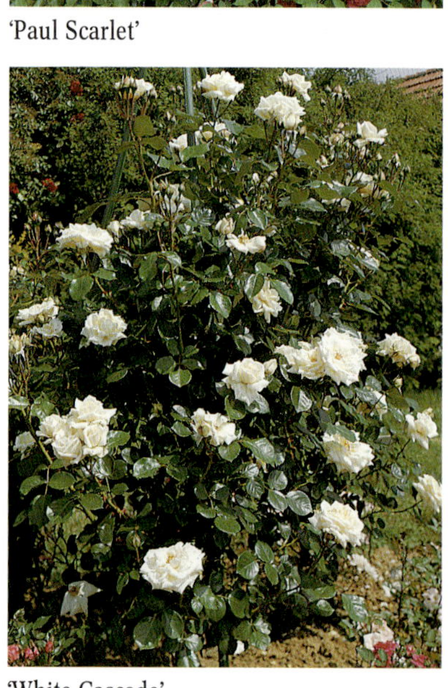

'White Cascade'

Bodendeckende Rosen (auf dem Foto ▷ 'Sommermärchen'). Unter dieser Bezeichnung werden robuste, pflegeleichte Sorten zusammengefaßt, die entweder mit zahlreichen aufstrebenden Trieben dicht und buschig wachsen oder mit langen, niederliegenden oder bogenförmig geneigten Zweigen mehr oder weniger breit wachsen und den Boden mit einem dichten Teppich bedecken. Sie werden für flächige Pflanzungen eingesetzt, sollen den Boden möglichst rasch und gleichmäßig bedecken und ihn dadurch von Unkraut freihalten, was naturgemäß nicht immer gelingt, weil Rosen mehrere Monate kein Laub tragen. Außerdem sollen sie reich und bis in den Spätherbst blühen. Sie können so eine Alternative zu den sonst oft nur grünen Bodendeckern sein. Man sollte möglichst aus Stecklingen gezogene Sorten verwenden, bei denen nicht mit Wildtrieben aus der Veredlungsunterlage zu rechnen ist.

Bodendeckende Rosen

'Candy'

'Eye Appeal'

'Fairy Changeling'

'Fairylike'

'Fleurette'

'Fiona'

Bodendeckende Rosen

'Heidekind' 'Heidekönigin' 'Lavender Dream'

'Pink Spray' 'Red Yesterday' 'Rote Max Graf'

'Swany' 'Teeny Weeny' 'Yesterday'

Beetrosen (auf dem Foto 'Dolly'). Unter der ▷ Bezeichnung Beetrosen werden einige Rosenklassen zusammengefaßt, die früher oft getrennt behandelt wurden. Viele moderne Sorten lassen sich aber kaum mehr eindeutig den Polyantha- oder Floribunda-Rosen zuordnen. Beetrosen können in Garten und Park überall dort verwendet werden, wo Licht- und Bodenverhältnisse dies zulassen. Man verwendet sie für groß- und kleinflächige Beetbepflanzungen, als niedrige Hecke, zur Bepflanzung von Gräbern und ausreichend großen Pflanzgefäßen. Sie werden aber nicht nur in geschlossenen Pflanzungen untergebracht, sie lassen sich sehr gut mit Sommerblumen, Stauden, Gräsern und kleinen Blütengehölzen kombinieren. Das gilt vor allem für Sorten mit kleineren Blüten, die sich noch einen Hauch von Natürlichkeit bewahrt haben. Je nach Wuchsstärken werden Pflanzabstände von 30–40 cm gewählt.

Beetrosen

'Amanda'

'Betty Prior'

'City of London'

'Disco'

'Fanal'

'Goldina'

Beetrosen

'Holstentor'

'Kap Kennedy'

'Maja Oetker'

'Margaret Merril'

'Münchner Kindl'

'Pink la Sevillana'

'Rock and Roll'

'Rosamunde'

'Violetta'

Miniaturrosen (auf dem Foto 'Guletta'). Unter dieser Bezeichnung werden buschig wachsende, niedrigbleibende, kleinblumige Sorten zusammengefaßt, die meist kaum höher als 20–30 cm werden. Sie können in Heide- und Steingärten oder zusammen mit Stauden gepflanzt werden. Sie eignen sich ebensogut für den Friedhof, als Beeteinfassung oder, bei ausreichender Wasserversorgung, für den Balkonkasten oder den Topf. Gerade die Kultur von kleinblumigen Topfrosen hat in den letzten Jahren stark zugenommen. Dafür werden z.T. Sorten verwendet, die für diese spezielle Verwendung gezüchtet worden sind. Im Garten werden Miniatur- oder Zwergrosen meist in kleinen Gruppen gepflanzt. Je nach Wuchsstärke werden 12–15 Pflanzen je Quadratmeter benötigt. Behandelt werden sie wie alle anderen Buschrosen: über Winter mit Nadelholzreisig abdecken und im Frühjahr zurückschneiden. ▷

Miniaturrosen

'Bluenette'

'Blue Parade'

'Fresk Pink'

'Little Artist'

'Mandarin'

'Rosabell'

◁**Edelrosen** (auf dem Foto 'Alec's Red'). Edelrosen unterscheiden sich von anderen Buschrosen dadurch, daß sie an den Triebspitzen meist nur eine oder wenige Blüten tragen. Die Blüten sollen edel und elegant geformt sein, sie sind mehr oder weniger stark gefüllt und haben im Idealfall einen ausgeprägten Duft. Wegen der gegenüber anderen Rosenklassen meist geringeren Zahl an Blüten ist ihre Gesamtwirkung auf dem Beet nicht so wirkungsvoll wie bei den vielblumigen Polyantha- und Floribundarosen. Sie sind dagegen die idealen Rosen für den Schnitt. Ihre Wuchshöhe kann je nach Sorte beträchtlich schwanken. Man pflanzt sie in Abständen von etwa 30–50 cm auf eigens für sie eingerichtete Beete oder in Verbindung mit Stauden oder Sommerblumen. Diese müssen aber farblich auf die Rosenfarben abgestimmt sein und dürfen nicht so stark wachsen, daß sie die Rosen behindern.

Edelrosen

'Agnes Bernauer'

'Anika'

'Baronne E. de Rothschild'

'Blessings'

'Caramba'

'Double Delight'

Edelrosen

'Duftzauber'

'Golden Medaillon'

'Lucy Cramphorn'

'Mauve Melodie'

'Olga Tschechova'

'Rosemarie Harkness'

'Sebastian Schultheis'

'Starlite'

'The Lady'

Rubus calycinoides, Kriechende Himbeere, Rosaceae, Rosengewächse. In hohen Gebirgslagen von Taiwan ist diese immergrüne Himbeere zu Hause. Das ganz flach über dem Boden kriechende, an den Zweigen wurzelnde Sträuchlein wird kaum 10 cm hoch. An braunzottig behaarten Trieben sitzen dicht die wechselständigen, 3lappigen, 2–4 cm breiten, mehr oder weniger rundlichen Blätter mit ihren meist 3 seichten, abgerundeten Lappen und der tief herzförmigen Basis. Oberseits sind die tiefgrünen Blätter durch die eingesenkten Nerven stark runzelig und kahl, unterseits dicht weiß- bis bräunlich-filzig. Der Blattrand ist gewellt und grob gekerbt. Die Blätter des hübschen Spalierstrauches bilden eine dicht geschlossene Decke. An bogig aufgerichteten Kurztrieben sitzen im Mai–Juni zu 1–2 die 1,5 cm breiten, weißen Blüten. Die roten Früchte sind etwa 1,5 cm dick. Lb 8.1.4.7 ▷

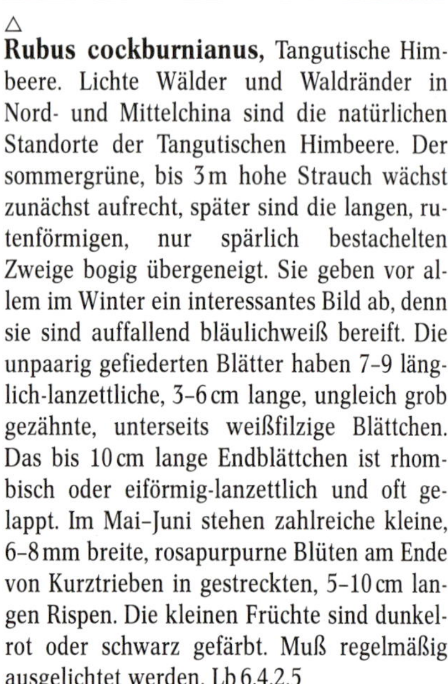

◁ **Rubus fruticosus,** Gemeine Brombeere. In Europa, vom Tiefland bis in Höhen von 1700 m in den Alpen, kommt die Gemeine Brombeere auf nährstoffreichen Böden in Wäldern, an Wald- und Gebüschrändern, in Hecken und an Hängen vor. Der stark bewehrte Strauch hat lange, bogig überhängende, bis 2 m lange Zweige, die an den Spitzen wurzeln und sich in Lagen übereinanderlegen. Die langgestielten Blätter sind meist 5zählig, selten 3- oder 7zählig. Ihre 5–10 cm langen Blättchen sind breit-elliptisch bis verkehrt-eiförmig und oberseits etwas glänzend dunkelgrün. Sie bleiben oft bis weit in den Winter haften. Weiß oder hellrosa sind die bis 2 cm breiten Blüten gefärbt, sie sitzen in vielblütigen, endständigen Rispen zusammen. Die Blütezeit dauert von Mai–August. Glänzend schwarz oder schwarzrot sind die saftreichen Früchte, die von August–Oktober reifen. Lb 9.2.5.9

△
Rubus cockburnianus, Tangutische Himbeere. Lichte Wälder und Waldränder in Nord- und Mittelchina sind die natürlichen Standorte der Tangutischen Himbeere. Der sommergrüne, bis 3 m hohe Strauch wächst zunächst aufrecht, später sind die langen, rutenförmigen, nur spärlich bestachelten Zweige bogig übergeneigt. Sie geben vor allem im Winter ein interessantes Bild ab, denn sie sind auffallend bläulichweiß bereift. Die unpaarig gefiederten Blätter haben 7–9 länglich-lanzettliche, 3–6 cm lange, ungleich grob gezähnte, unterseits weißfilzige Blättchen. Das bis 10 cm lange Endblättchen ist rhombisch oder eiförmig-lanzettlich und oft gelappt. Im Mai–Juni stehen zahlreiche kleine, 6–8 mm breite, rosapurpurne Blüten am Ende von Kurztrieben in gestreckten, 5–10 cm langen Rispen. Die kleinen Früchte sind dunkelrot oder schwarz gefärbt. Muß regelmäßig ausgelichtet werden. Lb 6.4.2.5

Rubus henryi, Kletternde Himbeere. In den sommerwarmen, humiden Wälder des mittleren China hat diese immergrüne Art ihre Heimat. Der Spreizklimmer kann mit seinen schlanken, anfangs dünn weißfilzigen Zweigen bis 6 m hoch klettern, bleibt meist aber deutlich niedriger. Meist tief 3lappig, selten 5lappig oder ungelappt sind die oberseits glänzend dunkelgrünen, unterseits weißfilzigen, 5–10 cm langen Blätter. Die schmalen Blättchen sind nur 2–2,5 cm breit. Im Juni erscheinen die 2 cm breiten, rosa Blüten in wenigblütigen Trauben an den Zweigenden und in den Blattachseln im oberen Bereich der Zweige. Die schwarzen, glänzenden Früchte sind 6,5 mm dick. Die selten gepflanzte Art braucht einen geschützten, halbschattigen Platz und natürlich ein Klettergerüst, an dem die herabhängenden Zweige auch einen dichten Vorhang bilden können. Lb 6.4.4. ▷

◁ **Rubus idaeus,** Gemeine Himbeere. In Europa sowie dem gemäßigten und subarktischen Asien kommt die Gemeine Himbeere in lichten Wäldern und an Waldrändern, auf Gesteinshalden, an Wegrändern und auf Kahlschlägen vor. Der sommergrüne, aufrechte, 1–2 m hohe Strauch kann durch seine zahlreichen Wurzelsprosse ausgedehnte Bestände bilden. Seine schwach bereiften Triebe sind mit kurzen Stacheln und Stachelborsten besetzt. Meist 3- bis 5zählig sind die eiförmigen bis breit-eiförmigen, 5–10 cm langen, oberseits dunkelgrünen, unterseits silbrigweißen Blättchen. Im Mai–Juni stehen die kleinen, weißen, meist nickenden Blüten in mehrblütigen, end- und achselständigen Trauben. Im Juli–August reifen die saftigen, halbkugeligen, wohlschmeckenden, rot oder orange gefärbten Früchte. Von der Gemeinen Himbeere stammen unsere großfrüchtigen Kultursorten ab. Lb 3.3.6.5

△
Rubus lasiostylos, Behaarte Himbeere. Die sommergrüne Art ist ein Vertreter der humiden, sommerwarmen Laubwälder des mittleren China. Mit seinen rutenförmigen Zweigen wächst der bis 2 m hohe Strauch straff aufrecht. Nur im äußeren Bereich neigen sich die Seitenzweige bogenförmig über. Wie bei *R. cockburnianus* sind die mit borstenförmigen Stacheln besetzten Zweige auffallend bläulichweiß bereift. Meist 3zählig, an Langtrieben auch 5zählig, sind die Blätter mit ihren breit-eiförmigen, 6–10 cm langen, grob doppelt gesägten, oberseits hellgrünen, unterseits graufilzigen Blättchen. Im Juni erscheinen die ziemlich kleinen, rötlichen, nickenden Blüten, sie sitzen zu 1–5 zusammen. Ihre Blütenblätter sind kürzer als die stachelspitzigen Kelchblätter. Mit einer langen, weißen Wolle sind die kugeligen, 2,5 cm dicken, roten Früchte bedeckt. Lb 3.3.2.5

△
Rubus odoratus, Wohlriechende Himbeere. In den humiden Laubwäldern des östlichen Nordamerika, von Quebec und Ontario südwärts bis Georgia und Tennessee, ist die Wohlriechende Himbeere natürlich verbreitet. Der aufrechte, Ausläufer bildende Strauch wird bis 3 m hoch. Seine Langtriebe sind in der Jugend mit zottigen Drüsen besetzt, später löst sich die hellbraune Rinde in Streifen ab. Handförmig gelappt sind die 10–30 cm breiten, an der Basis herzförmigen, am Rand unregelmäßig gezähnten, matt dunkelgrünen Blätter. Die Lappen sind breit-dreieckig und vorne plötzlich zugespitzt. Im Juni–Juli stehen die rosaroten, 4–5 cm breiten, duftenden Blüten in kurzen, vielblütigen Rispen über dem dunklen Laub. Die roten, 1–2 cm breiten, halbkugeligen Früchte sind ungenießbar. Die Wohlriechende Himbeere ist unter den *Rubus*-Arten einer der schönsten Blütensträucher. Lb 2.3.6.5

Rubus phoeniculasius, Japanische Weinbeere. ▷ In Japan, Korea und China kommt die Japanische Weinbeere in lichten Wäldern und an Waldrändern vor. Der bis 3 m hohe Strauch läßt seine Zweige weitbogig überhängen. Zweige, Blatt- und Blütenstiele und der Blütenkelch sind dicht mit roten, drüsigen Borsten und mit wenigen dünnen Stacheln besetzt. Meist 3-, selten 5zählig sind die oberseits dunkelgrünen und leicht behaarten, unterseits weißfilzigen Blätter. Die 4–10 cm langen Blättchen sind eiförmig bis breit-eiförmig, vorne zugespitzt und am Rand grob und unregelmäßig gesägt. Die hellrosa Blüten sind nur etwa 2 cm breit, sie erscheinen erst im Juni–Juli und sitzen zu 6–10 in dichten, endständigen Trauben. Saftig und wohlschmeckend sind die bis 2 cm breiten, orangeroten Früchte. Muß zur Gewinnung von Früchten an Drähten gezogen werden. Lb 4.2.4.5

◁ **Rubus tricolor,** Dreifarbige Himbeere. In den Bergwäldern des westlichen China hat diese sommergrüne Art ihre natürliche Verbreitung. Der niederliegende, schutzbedürftige Strauch breitet sich mit anfangs aufrechten, später niederliegenden Zweigen aus. Die Zweige sind dicht mit 3–4 mm langen, abstehenden, rotbraunen Borsten besetzt. Das macht besonders die jungen Zweige sehr attraktiv. Meist ungeteilt, mitunter auch leicht gelappt sind die rundlichen bis eiförmigen, an der Basis herzförmigen, am Rand unregelmäßig und scharf gesägten, oberseits stark glänzenden, dunkelgrünen Blätter, die auf der Unterseite weißfilzig und auf den Nerven borstig behaart sind. Im Juli–August stehen die weißen, 2–2,5 cm breiten Blüten in kurzen, borstig behaarten Trauben an den Enden von Kurztrieben. Hellrot sind die etwa 1,5 cm dikken, borstig behaarten, eßbaren Früchte. Lb 6.2.4.6

△

Ruta graveolens, Duftende Raute, Rutaceae, Rautengewächse. In mediterranen und sommerwarmen Regionen vom Balkan bis Siebenbürgen, in Ober- und Mittelitalien kommt die Duftende Raute vor, eine von insgesamt 7 Arten, die vom Mittelmeer bis Westasien verbreitet sind. Der etwa 30–50 cm hohe Halbstrauch wächst mit ziemlich steifen, wenig verzweigten Sprossen aufrecht. Wechselständig stehen die doppelt fiederteiligen, 6–10 cm langen, blaugrünen, durchscheinend punktierten Blätter. Gerieben duften die Blätter stark aromatisch. Fast 2 cm breit sind die gelblichen Blüten, die im Juni–August an den Zweigenden in lockeren Rispen stehen. Ihre am Rand gefransten Kronblätter sind kapuzenartig einwärts gekrümmt. Die Duftende Raute wurde schon im Altertum als Duft- und Heilpflanze verwendet. Sie braucht einen warmen, sonnigen Platz und einen eher trokkenen Boden. Lb 6.1.2.8

Salix acutifolia, Kaspische Weide, Salicaceae, Weidengewächse. ▷ Von Nordostpolen über Rußland, Sibirien, den Altai und die Dsungarei reicht die Verbreitung der Kaspischen Weide bis in die Mandschurei. Der bis 4 m hohe, locker aufgebaute, elegante Strauch hat schräg ansteigende Äste und schlanke, rotbraune Zweige, die stark bläulich bereift sind. Sehr elegant sind die lanzettlichen, 6–12 cm langen Blätter, die oberseits glänzend dunkelgrün, unterseits blaugrün sind. Sie färben sich im Herbst leuchtend gelb. Vor der Laubentfaltung, etwa im März, blühen die Kätzchen auf, die oft schon im ausgehenden Winter ihre Schuppen abwerfen. Die männlichen Kätzchen sind 4–6 cm lang, schlank und gelb gefärbt. In Kultur ist häufig die Sorte 'Pendulifolia'. Sie läßt ihre Seitenäste und Zweige in malerischen Bögen überhängen. Auch die Blätter hängen senkrecht herab. Lb 2.2.3.4

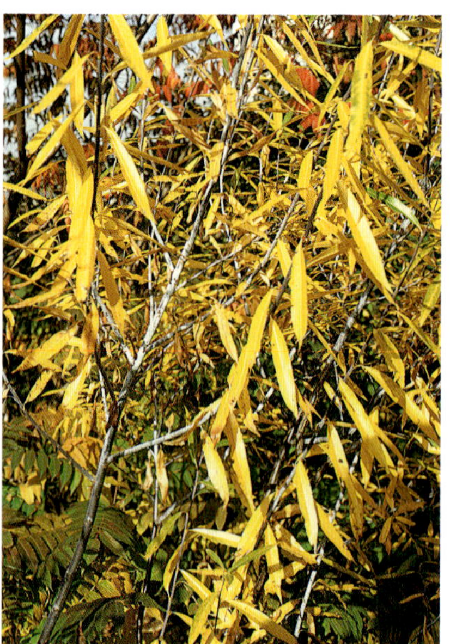

Salix alba, Silber-Weide. ▷ Die sehr weite Verbreitung der Silber-Weide reicht von Europa bis nach Westsibirien, Süd- und Westasien, dem Himalaja und Nordafrika. Sie kommt an stehenden und fließenden Gewässern und in Auenwäldern bis in Höhen von 900 m vor und kann mit ihrer reich verzweigten, breit ausladenden bis hochgewölbten Krone Höhen von 10–15 m erreichen. Der Stamm hat im Alter eine graue, tiefrissige Borke, die jungen Zweige sind seidig behaart. 6–10 cm lang sind die lanzettlichen, anfangs beiderseits dicht seidig behaarten, später oberseits grünen, unterseits blaugrünen Blätter. Mit der Laubentfaltung, im April-Mai, erscheinen die etwa 7 cm langen, etwas gebogenen Kätzchen, die bei männlichen Exemplaren gelb gefärbt sind. Durch ständigen Rückschnitt zur Gewinnung von Ruten sind von der Silber-Weide nicht selten alte Kopfweiden entstanden. Lb 2.1.3.1

Salix alba 'Tristis', Hänge-Weide, Trauer-Weide. ▷ Die Trauer-Weide gehört sicher zu den am häufigsten kultivierten Formen der Silber-Weide. Sie entwickelt sich zu einem 15–20 m hohen und im Alter gleich breiten Baum mit starken, weit ausladenden Ästen, von denen die Zweige mähnenartig bis zum Boden herabhängen. Die dünnen Zweige sind anfangs gelb, später bräunlich gefärbt. Lanzettlich sind die 6–10 cm langen, mattgrünen, im Austrieb leuchtend gelbgrünen Blätter, die sich im Herbst wieder gelbgrün verfärben. Ziemlich unscheinbar sind die schlanken, gelben Kätzchen, die mit der Laubentfaltung erscheinen. Die raschwüchsige Trauer-Weide ist ein ausgesprochener Parkbaum, der gern in der Nähe von Gewässern gepflanzt wird. Für den Garten wird er viel zu groß, außerdem stören dort die weitstreichenden Wurzeln und die ständig herabfallenden trockenen Zweige. Lb 2.2.3.1

Salix aurita, Ohr-Weide. ▷ In Europa und Westasien kommt die Ohr-Weide vor allem in Flach- und Heidemooren, in Brüchen und an Grabenrändern sowie an Ufern von Gewässern vor. Der bis 3 m hohe und gleich breite, reich verzweigte Strauch hat sparrig abstehende Äste und dünne, anfangs filzig behaarte, später etwas glänzende, rotbraune Zweige. Die bis 5 cm langen Blätter sind verkehrt-eiförmig bis verkehrt-eilanzettlich, am Rand gewellt und unregelmäßig grob gesägt. Die gedrehte Spitze ist meist zurückgebogen. Die Oberseite ist dunkelgrün und durch eingesenkte Nerven runzelig, die Unterseite ist bläulichgrün und graufilzig behaart. Auffallend groß und nierenförmig sind die Nebenblätter. Vor dem Laubaustrieb, im März–Mai, blühen die Kätzchen auf. Die männlichen Kätzchen sind eiförmig und bis 2,5 cm lang, Die anfangs purpurnen Staubblätter sind später gelb. Lb 1.2.3.5

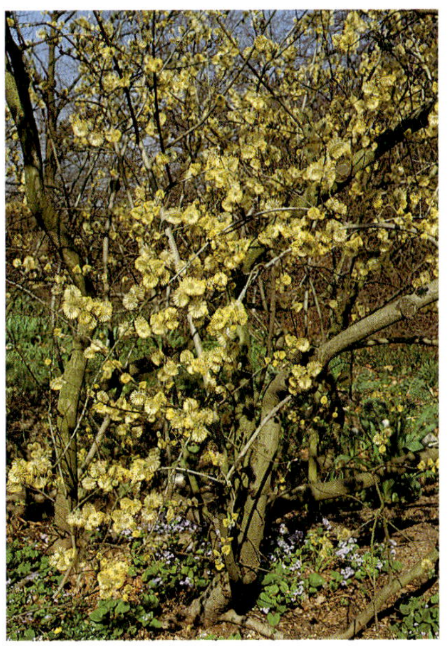

Salix cinerea, Asch-Weide. Von Europa bis Kamtschatka, im Iran und Nordafrika finden wir die Grau-Weide auf Moorwiesen, entlang von Bachläufen, im Saum von Schwarz-Erlenbrüchen, in Quellsümpfen und in Quellmooren und oft bestandsbildend in Verlandungszonen von Seen. Der 3–4, selten bis 6 m hohe Strauch wächst im Freistand dicht und halbkugelig. Seine dicken, schwarzgrauen Zweige bleiben bis ins 2. Jahr dicht kurzsamtig behaart. Aus großen, samtig behaarten Knospen treiben die Blätter hellgrün aus. Sie sind 5–12 cm lang, länglich bis verkehrt-eiförmig, beiderseits behaart, oberseits verkahlend und schmutzig grün, unterseits grau- bis blaugrün und dicht filzig behaart. Bis 5 cm lang sind die gelben, männlichen Kätzchen, die sich vor der Laubentfaltung, im März–April, öffnen. Die weiblichen Kätzchen sind zur Fruchtreife bis 9 cm lang. Lb 1.2.1.4

▽

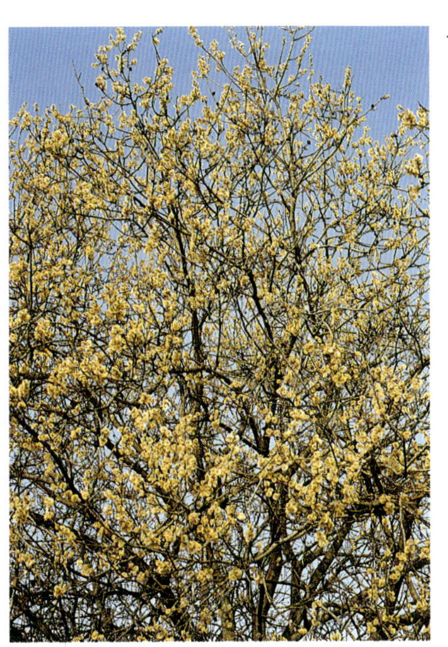

◁ **Salix caprea,** Sal-Weide. Von Europa bis Sibirien und Mittelasien, von Kleinasien bis zum Iran ist die Sal-Weide verbreitet. Sie besiedelt Wald- und Wegränder und als Pioniergehölz Waldschläge und Brachland. Der mit dicken, anfangs grau behaarten Trieben nur mäßig verzweigte Strauch oder bis 10 m hohe Kleinbaum kann im Freistand eine gewölbte, geschlossene Krone aufbauen. Bis 12 cm lang sind die länglich-elliptischen bis breit-eiförmigen, oberseits dunkelgrünen, unterseits dicht graufilzigen Blätter. Sie können sich im Herbst leuchtend goldgelb verfärben. Lange vor der Laubentfaltung, im März–April, entfalten sich die bis 4,5 cm langen, anfangs silbriggrauen, später goldgelben Kätzchen. In Kultur ist neben der männlichen Sorte 'Mas' nicht selten auch die meist als Hochstämmchen veredelte Sorte 'Pendula' mit ihren in kurzen Bögen abwärts wachsenden Zweigen. Lb 4.3.3.3

Salix elaeagnos, Lavendel-Weide. In den Gebirgen Mittel- und Südeuropas und Kleinasiens tritt die Lavendel-Weide oft bestandsbildend auf kiesig-schottrigen, grundwassernahen, kurzzeitig überschwemmten Auenstandorten von Gebirgsflüssen und gebirgsnahen Flüssen auf. Sie besiedelt auch stark austrocknende Rohböden auf Geröllhalden und Rutschhängen. Sie wächst strauchig oder wird ein bis 20m hoher Baum mit schlanken, gelblichgrünen bis dunkelbraunen, kahlen, glänzenden Zweigen und lange glatt bleibender Rinde. Sehr feingliedrig sind die 6–15cm langen, linealischen bis schmallanzettlichen, am Rand nach unten eingerollten Blätter. Sie sind oberseits matt dunkelgrün und zuletzt kahl, unterseits matt weißgraufilzig. Vor oder gleichzeitig mit der Laubentfaltung erscheinen im April–Mai die 2–3cm langen, schmal-walzlichen, gekrümmten Kätzchen. Lb 2.2.3.4
▽

Salix daphnoides, Reif-Weide. In Europa ▷ und Asien hat die Reif-Weide eine sehr weite Verbreitung. Sie kommt ursprünglich u.a. auf nur kurzzeitig überschwemmten, ständig durchfeuchteten Sand- und Kiesböden entlang der Alpenvorlandflüsse und des Rheins vor, oft in Gesellschaft von Grau- und Purpur-Weide. Bis zu 15m hoch kann der in seinem Bestand stellenweise gefährdete Baum oder Strauch werden. Die dicken, steifen, anfangs behaarten, tief rotbraunen bis purpurroten Zweige sind am Grunde brüchig, die mehrjährigen Zweige sind graublau bereift. Im Austrieb behaart sind die 4–12cm langen, eiförmigen bis lanzettlichen, oberseits glänzend dunkelgrünen, unterseits blaugrünen Blätter. Auffallend groß, bis 6cm lang, sind die zahlreichen, anfangs silbrigweißen, zur Vollblüte gelben, männlichen Kätzchen, sie werfen oft schon im Winter ihre Knospenschuppen ab. Lb 2.2.4.3

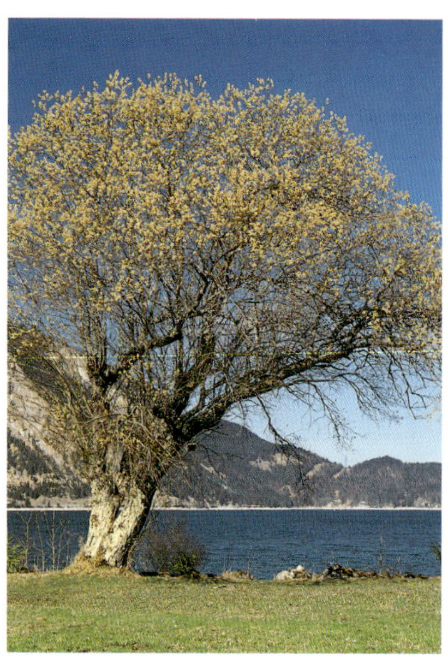

Salix fargesii, Farges Weide. In den westchinesischen Provinzen Hubei und Sichuan kommt diese attraktive Art bis in Höhen von 1800–2400m an kühl-feuchten Plätzen vor. Der bis 3m hohe, breitwüchsige Strauch hat dicke, kahle, purpurn gefärbte Zweige und große, rot gefärbte Winterknospen. Schmaleiförmig bis elliptisch, zugespitzt, an der Basis verschmälert und am Rand fein gesägt sind die 7–15cm langen, oberseits kahlen, tiefgrünen, glänzenden Blätter mit den 12–25 tief eingesenkten Nervenpaaren und dem roten Stiel. Die Blattunterseite ist hellgrün und seidig behaart. Mit dem Blattaustrieb, im April–Mai, entfalten sich die zylindrischen, aufrechtstenden, 4–10cm, zur Fruchtzeit bis 20cm langen Kätzchen. Die mit ihren eigenartigen Blättern sehr dekorative Weide wird leider nur selten kultiviert. Sie ist in der Jugend etwas frostempfindlich. Lb 7.2.3.5

▽

◁ **Salix × erythroflexuosa,** Gelbholzige Korkenzieher-Weide. Die Hänge-Weide, *S. alba* 'Tristis', und die Echte Korkenzieher-Weide, *S. matsudana* 'Tortuosa', sind die Eltern dieser Hybride, die in Argentinien entstanden ist. Sie vereinigt die Merkmale beider Elternpaare in sich. Von der Korkenzieher-Weide hat die Hybride die eigenartig gewundenen und gedrehten Zweige, von der Trauer-Weide die goldgelbe bis orange Färbung und den überhängenden Wuchs der Zweige. *S. × erythroflexuosa* ist ein kleiner, reich verzweigter, trotzdem locker aufgebauter, breitkroniger, meist vom Boden an verzweigter Baum, Die Äste sind wild hin und her gebogen. Die Zweige sind korkenzieherartig gedreht, bei älteren Bäumen hängen sie weitbogig über. Auch die Blätter sind kraus und ineinander gedreht. Die eigenartige Struktur der Äste und Zweige kommt besonders gut bei Rauhreif zur Geltung. Lb 9.3.2.4

◁ **Salix fragilis,** Knack-Weide, Bruch-Weide. Von Europa bis nach Mittelsibirien und dem Altai tritt die Bruch-Weide u.a. auf nährstoffreichen, meist kalkarmen, wechselfeuchten bis nassen, bei Hochwasser überschwemmten Sand- und Kiesrohböden in Bach- und Flußauen auf. Sie wächst als Strauch oder bis 25 m hoher, meist vom Boden an mehrstämmiger Baum mit breiter, lockerer Krone und fast rechtwinklig abstehender, starrer Verzweigung. Die Zweige brechen am Grunde leicht ab. Die 6–18 cm langen Blätter sind lanzettlich bis schmal-lanzettlich, am Rand unregelmäßig grob gesägt, oberseits glänzend dunkelgrün, unterseits blau- oder hellgrün und anfangs leicht seidig behaart. Mit dem Austrieb entfalten sich im April–Mai die bis 7 cm langen, zylindrischen Kätzchen, die auf langen Stielen sitzen. Wie bei vielen Weiden setzt der Samenflug schon Ende Mai ein. Lb 2.1.3.2

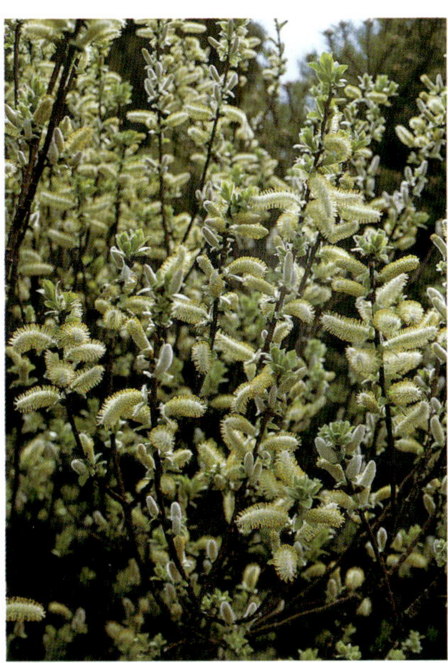

△
Salix hastata 'Wehrhanii', Spieß-Weide. Die natürliche Art ist in Nordeuropa, in den Gebirgen Mittel- und Südeuropas bis Nordostasien und Kamtschatka in der Berg- und Wandtundra auf sumpfigen Wiesen, in südlichen Gebirgen häufig an fließenden Gewässern, aber auch auf Sanddünen zu finden. Der aufrechte, etwa 1,5 m hohe Strauch hat ziemlich dicke, steife, dunkelgraue, anfangs behaarte Zweige, Die 3–8,5 cm langen Blätter sind verkehrt-eiförmig bis länglich, oberseits dunkelgrün und unterseits blaugrün. Sie haben eine weitmaschige Nervatur und große, schief-herzförmige Nebenblätter. Kurz vor oder mit dem Blattaustrieb entfalten sich die 3–5 cm langen, kugeligen bis elliptischen Kätzchen. In Kultur ist in der Regel die in Skandinavien gefundene männliche Sorte 'Wehrhanii'. Sie zeichnet sich durch große, anfangs silbrige, später goldgelbe Kätzchen aus. Lb 8.1.3.6

△
Salix helvetica, Schweizer Weide. In den Alpen, Karpaten und den Dinarischen Gebirgen kommt die Schweizer Weide oberhalb der Waldgrenze an Bächen, auf Geröllhalden und Moränen vor, fast ausschließlich auf Urgestein. Bis 1 m hoch wird der Strauch mit seinen dicken, krummen Ästen und den anfangs weißfilzig behaarten, später kahlen und etwas glänzenden Zweigen. Verkehrt-eiförmig bis lanzettlich sind die bis 4 cm langen, oberseits anfangs graufilzigen, später mehr oder weniger verkahlenden dunkelgrünen, unterseits weißfilzig behaarten Blätter. Kurz vor der Laubentfaltung öffnen sich die zylindrischen, 3–5 cm langen, dicht behaarten Kätzchen. Mit ihrem grauen Laub gehört die Schweizer Weide zu den besonders dekorativen kleinen Strauchweiden. Sie verträgt auch Trockenperioden und hat sich imTrog besser bewährt als die ebenfalls graulaubige *S. lanata.* Lb 8.1.3.6

Salix lanata, Woll-Weide. In den Hochgebirgen des südlichen Skandinaviens bis nördlich des Polarkreises und in Nordasien kommt die Woll-Weide auf frischen Wiesen, an Wasserläufen und auf Schotterböden vor. Der bis 1,5 m hohe Strauch ist mit dicken, steifen Ästen sparrig verzweigt. Die jungen Triebe und Winterknospen sind dicht weißwollig behaart. Auch die 2,5–7 cm langen, breit-elliptischen bis länglich verkehrt-eiförmigen Blätter sind in der Jugend beiderseits dicht und lang weißseidig behaart. Später verkahlen sie und sind dann oberseits trübgrün, unterseits bläulichgrün. Vor der Laubentfaltung öffnen sich die elliptischen, 2,5–5 cm langen, dicht goldgelb behaarten Kätzchen. Auffallende Blüten und grausilbriges Laub machen die Woll-Weide zu einer bemerkenswert schönen Zwergweide. Gedeiht zufriedenstellend nur auf frischen bis feuchten Standorten. Lb 7.2.3.6 ▷

Salix magnifica, Pracht-Weide. Aus den ▷ Bergwäldern des westlichen China kam die Pracht-Weide in unsere Gärten. Der bei uns kaum mehr als 2 m, in der Heimat bis 6 m hohe Strauch wächst mit wenigen, nur schwach verzweigten Ästen anfangs schmal und straff aufrecht. Seine dicken Triebe sind anfangs, wie die großen Winterknospen, purpurrot gefärbt. Dick ledrig sind die 10–20 cm langen, elliptischen bis verkehrt-eiförmigen, ganzrandigen, oberseits bläulichgrünen, unterseits graugrünen Blätter, deren Stiel und Mittelrippe auffallend rot gefärbt sind. So ungewöhnlich wie die Belaubung sind auch die schmal-zylindrischen, aufrechtstehenden, 10–20 cm langen Blütenkätzchen. Sie entfalten sich mit dem Blattaustrieb im Mai. Die Staubblätter sind anfangs purpurrot, später hellgelb gefärbt. Leider ist die prachtvolle Weide nicht überall ganz winterhart. Lb 7.1.1.4

Salix pentandra, Lorbeer-Weide. In Europa, Kleinasien, dem Kaukasus und Sibirien wächst die Lorbeer-Weide in sommerkühlen Lagen auf sicker- bis staunassen, neutralen bis mäßig sauren Torfböden und auf sandigen bis tonigen Auenböden. Sie wächst als Strauch oder bis 15 m hoher, lockerkroniger Baum, dessen graue Borke längsrissig ist. Die nahezu rechtwinklig verzweigten Zweige sind biegsam, dunkelrot, völlig kahl und stark glänzend. Elliptisch bis eilänglich und 5–12 cm lang sind die regelmäßig fein gesägten Blätter. Sie sind auf der Oberseite lebhaft grün bis dunkelgrün und lackartig glänzend, unterseits heller und nur leicht glänzend. Die bis 5 cm langen, zylindrischen, mehr oder weniger bogig überhängenden, nach Honig duftenden Kätzchen blühen nach der Laubentfaltung Ende Mai bis Mitte Juni auf. Die Fruchtreife setzt erst nach dem Laubfall ein. Lb 1.2.2.4.
▽

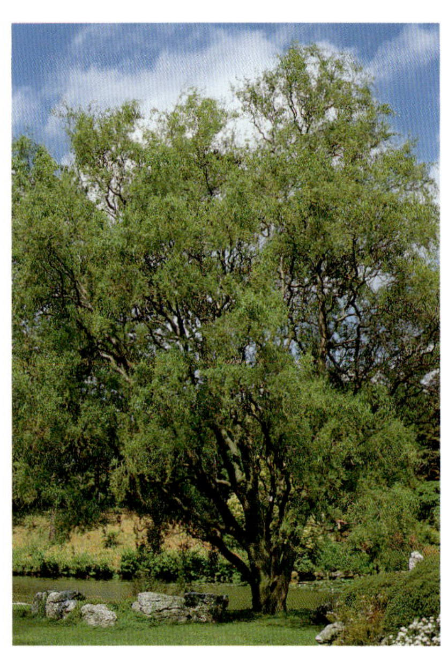

◁ **Salix matsudana 'Tortuosa',** Korkenzieher-Weide. Die natürliche Art, ein bis 13 m hoher Kleinbaum, ist in Nordchina, Korea und der Mandschurei zu Hause. Sie ist für die Gartenkultur ohne Bedeutung. Recht häufig wird dagegen die Korkenzieher-Weide gepflanzt. Sie ist ein großer Strauch oder ein kleiner, meist vom Boden an verzweigter, bis 8 m hoher, schlankkroniger Baum mit anfangs straff aufrechten, korkenzieherartig gedrehten und gewundenen Ästen und Zweigen. Im Alter können die Kronen 3–5 m breit werden. Die Triebe sind anfangs olivgrün bis gelblich, später graubraun. Schmal-lanzettlich und 5–10 cm lang sind die oberseits frischgrünen, unterseits bläulichgrünen, spiralförmig gedrehten Blätter. Weil alte Kronen oft viele trockene Zweige haben, sollten die Bäume von Zeit zu Zeit stark verjüngt werden. Das gilt auch für *S.* × *erythroflexuosa*. Lb 2.5.2.3

Salix purpurea, Purpur-Weide. Von Europa ▷ und Nordafrika bis Vorderasien, im Kaukasus, in Mittel- und Ostasien kommt die Purpur-Weide häufig vor. Sie besiedelt meist nasse bis wechseltrockene, schluffrige bis schottrige Rohböden in Flußauen und an steinigen Hängen, Quellsümpfen und aufgelassenen Kiesgruben. Meist wächst die Art strauchig und kann dann bis 6 m hoch werden. Sie ist mit dünnen, aber straffen, kahlen, rötlichgrauen Zweigen reich verzweigt. 4–12 cm lang sind die verkehrt-lanzettlichen, oberseits glänzend dunkelgrünen, unterseits bläulichen bis graugrünen Blätter. Vor dem Blattaustrieb entfalten sich die 1,5–4 cm langen, schmal-walzlichen Blüten. Anfangs sind die Staubblätter purpurrot, später goldgelb gefärbt. Als 'Nana' oder 'Gracilis' wird eine sehr feinästige, dicht verzweigte, halbkugelig wachsende, etwa mannshohe Form bezeichnet. Lb 2.2.3.4

Salix repens ssp. argentea, Kriech-Weide. Die vielgestaltige Kriech-Weide wird häufig in Unterarten aufgeteilt, in die an den atlantischen Küsten und der westlichen Ostsee verbreiteten *S. repens* ssp. *argentea* und der mehr im kontinentalen Bereich von Europa bis Sibirien verbreiteten *S. repens* ssp. *rosmarinifolia.* Die Kriech-Weide ist ein 0,2–1 m hoher Strauch mit unterirdisch kriechendem Stamm, mehr oder weniger straff bogig aufsteigenden Ästen und dünnen, grau- bis rotbraunen, anliegend behaarten Zweigen. Die 1–5 cm langen Blätter sind breit-lanzettlich bis lineal-lanzettlich, anfangs silberseidig behaart, ausgewachsen oberseits meist schwach glänzend dunkelgrün, unterseits meist dicht anliegend behaart. Kurz vor dem Blattaustrieb, von April–Anfang Juni blühen die 1–1,5 cm langen Kätzchen auf. Die Staubblätter sind anfangs purpurn, voll entfaltet gelb gefärbt. Lb 1.2.1.6
▽

Salix pyrifolia, Balsam-Weide. In Nordamerika, von Alaska bis zu den Rocky Mountains, südlich bis New York, Michigan und Süddakota wächst die Balsam-Weide in Tälern und in kalten Sümpfen. Der bis 7 m hohe Strauch hat lange, dünne, aufrechte, meist nur im oberen Bereich verzweigte Äste und glänzend rotbraune Triebe, die im 2. Jahr olivgrün werden. Die 4–9 cm langen Blätter sind eiförmig oder länglich-lanzettlich, oberseits dunkelgrün, unterseits bläulichgrün. Im Herbst färben sich die Blätter auffällig leuchtend goldgelb. Mit dem Blattaustrieb entfalten sich im April die 2–5 cm langen, zylindrischen Kätzchen, Anfangs sind die Staubblätter rötlich, später gelb gefärbt. Wird nicht selten als *S. balsamifera* 'Mas' angeboten und häufig in großen Flächen im Straßenbegleitgrün gepflanzt. Ein jährlicher Rückschnitt fördert die Verzweigung und hält die Bestände niedrig. Lb 7.2.3.4 ▷

Salix retusa, Stumpfblättrige Weide. Im gesamten Bereich der Alpen, in den Hohen Karpaten und seltener auch in den Apenninen und im nördlichen Teil der Balkanhalbinsel kommt die Stumpfblättrige Weide oberhalb der Baumgrenze auf verfestigtem Schotter und auf Moränen, gelegentlich auch auf rasigen Abhängen vor. Die Art wächst auf verschiedenen, meist auf sauren Unterlagen, kalkhaltige Böden werden gemieden. Die Äste des 5–30 cm hohen, rasenbildenden Spalierstrauches liegen dem Boden auf, bewurzeln sich und passen sich jeder Bodenbewegung an. Die verkehrt-eiförmigen bis länglich-eiförmigen, beiderseits fast gleichfarbig grünen, nur anfangs auf den Nerven behaarten, glänzenden Blätter werden 5–20 mm lang. Mit dem Blattaustrieb öffnen sich im Juni–Juli die länglich-elliptischen, 2 cm langen Kätzchen. Gehört zu den häufiger kultivierten Zwergweiden. Lb 8.1.3.7
▽

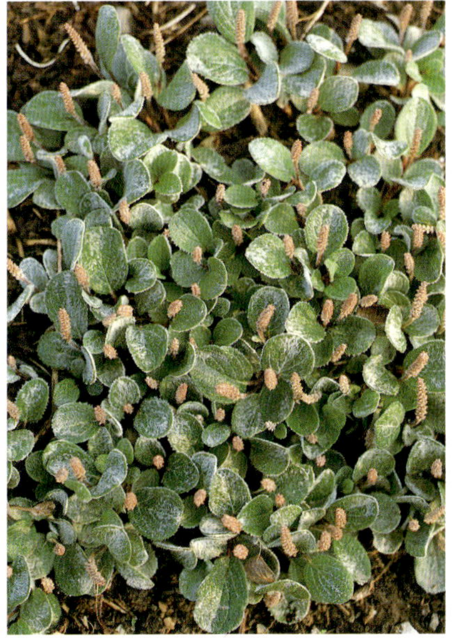

◁ **Salix reticulata,** Netz-Weide. Im arktischen und subarktischen Europa, in den Gebirgen Mittel- und Südeuropas, in Asien und Nordamerika kommt die Netz-Weide im Norden auf steinigen Stellen der Tundra, auf abbröckelnden Gesteinen und Moränen vor. Im Gebirge wächst sie von der Waldgrenze bis in hochalpine Lagen auf Felsen, verfestigtem Steingeröll und im lockeren Trockenrasen, bevorzugt auf Kalk. Die Netz-Weide ist ein 5–30 cm hoher, Matten bildender Kriechstrauch mit dem Boden aufliegenden Ästen und ziemlich dicken, wurzelnden Zweigen. Im Austrieb sind die derben, 2–5 cm langen, ovalen bis breit verkehrt-eiförmigen Blätter mehr oder weniger wollig behaart, später oberseits kahl, glänzend dunkelgrün und durch eingesenkte Nerven sehr runzelig. Nach der Laubentfaltung stehen die 1,5–3 cm langen Kätzchen am Ende beblätterter Kurztriebe über dem Laub. Lb 8.1.3.7

◁ **Salix sachalinensis 'Sekka',** Drachen-Weide. Die natürliche Art stammt aus Japan und Sachalin. Sie ist ein Strauch oder ein bis 30 m hoher Baum mit rötlichen oder gelblichbraunen, glänzenden Trieben. Bei uns wird nur die Form 'Sekka' kultiviert. Sie unterscheidet sich von der Art durch einen strauchigen Wuchs und durch die eigenartigen Zweige. An den Enden sind die oft gewundenen und rückwärts gekrümmten Zweige durch sogenannte Verbänderungen flach und bei guter Ernährung bis 5 cm breit. Diese Verbänderungen sind vor der Laubentfaltung sehr dicht mit silberweißen, bis 4 cm langen Kätzchen bedeckt. Der gesamte Strauch sieht keineswegs krankhaft aus. Er wächst meist üppig, wird bis 4 m hoch und gleich breit. Seine bis 15 cm langen Blätter sind lanzettlich, am Rand nach unten umgebogen, oberseits glänzend dunkelgrün und unterseits bläulichgrün. Lb 2.3.2.5

Salix × sericans, Kübler-Weide. Vielfach ▷ wird diese Hybride (*S. caprea* × *S. viminalis*) noch unter dem alten Namen *S.* × *smithiana* geführt. Sie ist ein großer Strauch oder kleiner, bis 9 m hoher, raschwüchsiger, im Alter rundkroniger Baum mit ziemlich dicken und steifen, anfangs behaarten, später kahlen und rötlichbraunen Trieben. Länglich-lanzettlich bis eiförmig-lanzettlich und 6–12 cm lang sind die oberseits dunkelgrünen, unterseits graugrünen und bleibend weichhaarigen Blätter mit ihren großen, eiförmigen Nebenblättern. Vor der Laubentfaltung, schon im März–April, öffnen sich die großen, dicken, rötlich überlaufenen Kätzchen. Die nur als männliche Form bekannte, sehr reichblühende Hybride ist eine wichtige Bienenweide. Ihre Triebe sind bis in die Spitzen dicht mit Kätzchen besetzt. Gilt als einer der am häufigsten vorkommenden Weidenbastarde. Lb 2.5.3.4

△

Salix triandra, Mandel-Weide. In Europa, Kleinasien und Armenien, im Iran und im Kaukasus und von Sibirien bis China und Japan besiedelt die Mandel-Weide feuchte bis nasse, häufig überschwemmte, lockere, sandig-schlickige, nährstoffreiche und kalkhaltige Auen- und Rohböden an Bächen, Flüssen und Seen. Sie ist außerordentlich resistent gegen langanhaltendes Hochwasser. Sie wächst meist strauchig, selten als Kleinbaum von 8–10 m Höhe. Die anfangs behaarten Triebe sind bald kahl und rotbraun gefärbt. Die oval-lanzettlichen bis länglichen, drüsig gezähnten Blätter sind 5–15 cm lang, oberseits dunkelgrün und glänzend, unterseits grün bis blaugrün. Die gut entwickelten Nebenblätter sind nieren- bis halbherzförmig. Gleichzeitig mit der Blattentfaltung, im April–Mai, stehen die bis 8 cm langen, zylindrischen, etwas gebogenen Kätzchen an den Zweigen. Lb 2.2.2.4

Salix viminalis, Korb-Weide, Hanf-Weide. ▷ Von Mitteleuropa östlich bis Nordostasien, im Kaukasus, Himalaja und China finden wir die Korb-Weide ursprünglich an Fluß- und Bachufern tiefer Lagen auf sandig-schlickigen, nährstoffreichen, mehr oder weniger kalkhaltigen Auen-Rohböden. Sie wächst meist strauchig und wird selten ein bis 10 m hoher Baum, dessen rutenartig schlanke, aufrechte bis abstehende, dunkel olivgrüne bis graubraune Triebe anfangs, wie die Knospen, dicht grau behaart, später kahl sind. Schmallanzettlich bis linealisch sind die 10–25 cm langen, am Rande etwas umgerollten, oberseits dunkelgrünen, unterseits entlang der Seitennerven seidig silbrigen Blätter. 3–4 cm lang sind die länglichen Kätzchen, die sich vor dem Blattaustrieb im März–April entfalten. Als eine der wichtigsten Korbweiden wird *S. viminalis* in zahlreichen Formen kultiviert. Lb 2.2.3.4

◁ **Sambucus canadensis 'Maxima',** Kanadischer Holunder, Caprifoliaceae, Geißblattgewächse. Die natürliche Art ist in Nordamerika weit verbreitet, von Nova Scotica und Manotoba südwärts Georgia, Florida, Lousiana und Texas, außerdem auf den Antillen und in Mexiko. Der Ausläufer treibende Strauch wird 3–4 m hoch und etwa gleich breit. Er hat wechselständige, unpaarig gefiederte Blätter mit meist 7 elliptischen bis lanzettlichen, 5–15 cm langen, oberseits seidig glänzenden, hellgrünen, unterseits auf den Nerven weich behaarten oder fast kahlen Blättchen. Die kleinen, hell gelblichweißen Blüten sitzen dicht gedrängt in leicht gewölbten, 20–25 cm breiten, bei 'Maxima' 30–40 cm breiten Trugdolden. 4–5 mm dick sind die purpurschwarzen, beerenartigen Steinfrüchte. Mit den großen Blüten- und Fruchtständen ist 'Maxima' ein sehr dekorativer Strauch. Lb 3.1.6.4

Sambucus nigra, Schwarzer Holunder. In ▷ Europa, Kleinasien, dem Kaukasus, in Westsibirien und Nordafrika kommt der Schwarze Holunder häufig in Siedlungsnähe auf nährstoffreichen, tiefgründigen Böden vor. 5–7 m hoch wird der Strauch mit seiner breit ausladenden Krone und den mit zahlreichen großen Korkwarzen bedeckten Trieben. Sehr zeitig, oft schon im Februar–März, treiben die 10–30 cm langen Blätter mit den 5 eiförmigen oder elliptischen, 6–10 cm langen, dunkelgrünen Blättchen aus. Gelblichweiß sind die knapp 1 cm breiten Blüten, die in 10–15 cm breiten Trugdolden zusammenstehen. Sie blühen erst im Juni–Juli auf. Im August–September reifen die 5–6 mm dicken, fast schwarzen, glänzenden Früchte, die an purpurn gefärbten Blütenstandsachsen sitzen. Die Früchte enthalten u.a. Vitamin C, sie können zu Säften und Marmeladen verarbeitet werden. Lb 3.1.6.4

◁ **Sambucus racemosa,** Trauben-Holunder. ▷ Von Mitteleuropa und dem nördlichen Südeuropa bis Westasien reicht die Verbreitung des Trauben-Holunders. Der schwach verzweigte, breitbuschige, aufrechte Strauch wird 1,5–4 m hoch und breit. Das Mark der mit breiten Korkwarzen besetzten Zweige ist zimtbraun gefärbt. Die im Austrieb rötlichen Blätter haben meist 5 lanzettliche, 5–8 cm lange, scharf gesägte, dunkelgrüne Blättchen. Im April–Mai stehen die kleinen, gelblichweißen Blüten in 5–8 cm langen, ovalen bis kegelförmigen Rispen zusammen. Im Juli–August reifen die 4–5 mm dicken, scharlachroten Steinfrüchte mit ihren giftigen Steinkernen. Bei 'Laciniata' sind die Blättchen regelmäßig tief eingeschnitten. Die Blättchen von 'Plumosa' sind etwa bis zur Mitte der Spreite eingeschnitten, die Zähne lang und schmal. Bei **'Plumosa Aurea'** (Foto rechts) sind sie zusätzlich goldgelb gefärbt. Lb 7.2.3.4

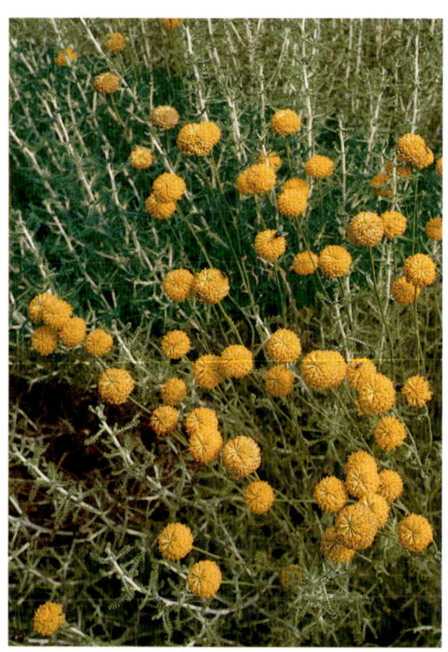

◁ **Santolina chamaecyparissus,** Graue Heiligenblume, Compositae, Korbblütler. Von den etwa zehn im westlichen Mittelmeergebiet verbreiteten Arten wird bei uns in der Regel die von den Pyrenäen bis zum nordwestlichen Italien und der Schweiz verbreitete Graue Heiligenblume kultiviert. Sie ist ein 30–50 cm hoher, dicht verzweigter, aromatisch duftender Halbstrauch mit niederliegend-aufsteigenden, anfangs dicht weißfilzigen Sprossen. Wechselständig stehen die 1–4 cm langen, fein fiedrig geschnittenen, grau- bis weißfilzigen Blätter an den Zweigen. Im Juli–August entfalten sich die tiefgelben, röhrenförmigen Blüten. Sie sind nicht von vergrößerten Randblüten umgeben und sitzen in einzelnstehenden, 1–2 cm breiten, halbkugeligen, lang gestielten Köpfchen zusammen. Braucht in Kultur sonnige, warme Plätze und gut dränierte Böden auf Trockenmauern oder Steinbeeten. Lb 6.1.2.8

△
Sarcococca humilis, Niedrige Fleischbeere, Buxaceae, Buchsbaumgewächse. *S. humilis* ist die am häufigsten kultivierte von insgesamt 16–20 *Sarcococca*-Arten, die sich in ihrer Erscheinung und in ihrer Verwendung sehr ähnlich sind. *S. humilis* hat ihre Heimat in den Bergen Nordchinas, in den Vegetationszonen immergrüner Laubwälder und sommergrüner Feucht-Sommerwälder. Der immergrüne, schwach Ausläufer treibende Strauch wird kaum mehr als 50 cm hoch. Seine wechselständigen, 3–8 cm langen, ledrigen, oberseits dunkelgrünen Blätter sind schmal-elliptisch bis schmal-lanzettlich. Von Dezember bis März entfalten sich in den Blattachseln die kleinen, weißen, sehr stark duftenden, einhäusigen Blüten in kurzen Trauben. Der nicht überall ganz frostharte Zwergstrauch braucht einen warmen, windgeschützten Platz und einen gepflegten, humosen Gartenboden. Lb 6.2.4.7

△
Sasa palmata, Bambus, Gramineae, Gräser. Mit 20–30 Arten ist die Gattung *Sasa* in Japan und Korea verbreitet. *S. palmata* stammt aus den Bergwäldern Japans, wo sie als Bodenpflanze dichte Teppiche bilden kann. Die mit reich verzweigten Rhizomen stark wuchernde Art wird 1–2 m hoch. Ihre grünen, weiß bemehlten, dicht stehenden Halme haben einen Umfang von etwa 3 cm. Die Halmscheiden werden bald trocken und stehen dann ab. Mit einer Länge von 25–40 und einer Breite von 5–9,5 cm sind die ledrigen, kahlen Blätter ungewöhnlich groß. Sie haben 10–11 Paar Nerven und eine gelbe Mittelrippe. Sie sind oberseits frischgrün, unterseits bläulichgrün mit einem grünen Randstreifen. Nicht selten stehen sie mehr oder weniger rechtwinklig ab. Die sehr winterharte Art gedeiht sowohl an sonnigen wie an vollschattigen Plätzen. Lb 2.1.5.6

◁ **Sasa veitchii.** In Japan als Kumasasa bezeichnet. Auch diese Art ist in den japanischen Bergwäldern weit verbreitet, vom Chugoku Distrikt auf Honshu südwärts bis Shikoku und Kyushu. In klimatisch weniger günstigen Regionen wird sie von den habituell sehr ähnlichen *Sasa sesanensis* und *Sasa kurilensis* abgelöst. *S. veitchii* kann mit ihren weitstreichenden Rhizomen an ihren natürlichen Standorten sehr ausgedehnte, dichte, fast undurchdringliche, 0,5–1,3 m hohe Bestände bilden. Ihre anfangs behaarten, später kahlen Halme haben einen Umfang von etwa 2 cm. Sie tragen im oberen Bereich bis 25 cm lange und 6 cm breite, schmal-längliche, plötzlich zugespitzte, oberseits dunkelgrüne, unterseits bläulichgrüne Blätter, die sich im Herbst an den Rändern strohgelb verfärben. Die stark wuchernde Art eignet sich am besten als Unterpflanzung unter hohen Bäumen. Lb 4.2.2.7

Sassafras albidum, Amerikanischer Fieberbaum, Lauraceae, Lorbeergewächse. In den sommerwarmen Laubwäldern des östlichen Nordamerika kommt der Fieberbaum auf gut dränierten, sandigen, sauren Böden vor. Der sommergrüne, schwach Ausläufer bildende Baum wird in Kultur kaum mehr als 12–15 m hoch. Seine Borke ist tief gefurcht. Wechselständig stehen die einfachen, eiförmigen bis elliptischen Blätter an den kahlen, grünen, bereiften Zweigen. Sie sind ganzrandig oder im oberen Teil 1- bis 3lappig gebuchtet. Oberseits sind die kahlen Blätter frischgrün, unterseits blaugrün. Im Herbst färben sie sich herrlich orange bis scharlachrot. Ganz unscheinbar sind die zwittrigen oder eingeschlechtigen, grünlichgelben, 7 mm breiten Blüten, die im April–Mai in 3–5 cm langen Trauben stehen. Die eiförmigen, 1 cm langen Steinfrüchte sind blauschwarz und bereift. Lb 4.1.1.3 ▷

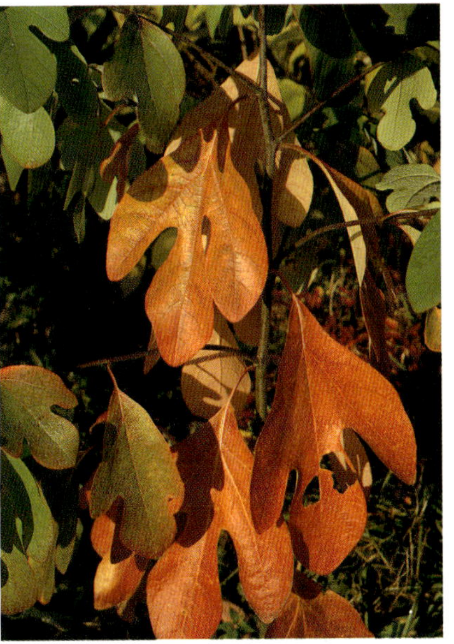

Schisandra rubriflora, Rotblühendes Spaltkölbchen. Die bei uns viel seltener kultivierte, nicht ganz so frostharte Art hat ihre Heimat in den sommerwarmen Laubwäldern von Westchina bis Nordostindien. Sie windet mit dünnen, rötlichen, kahlen Trieben 4–5 m hoch. Die 6–12 cm langen, zugespitzten, am Rand gezähnten Blätter sind verkehrt-eiförmig bis verkehrt-lanzettlich. 2,5 cm breit sind die dunkel karminroten, an roten Stielen hängenden Blüten, die einzeln in den Blattachseln an der Basis junger Triebe stehen, sie blühen im April–Mai auf. Die Blütenhülle besteht aus 5–7 gleichgroßen und -gefärbten Kelch- und Kronblättern. Rot und erbsengroß sind die kugeligen Beerenfrüchtchen, die in bis 10 cm langen, hängenden Ähren stehen. Beide Arten sind ziemlich anspruchslos, sie eignen sich sehr gut zur Bekleidung von Mauern, Pergolen und Lauben. Lb 7.4.4.9

▽

△

Schisandra chinensis, Chinesisches Spaltkölbchen, Schisandraceae. Das Chinesische Spaltkölbchen hat seine Heimat in den humiden Gebirgswäldern von Japan, Korea, China, dem Amurgebiet und Sachalin. Der sommergrüne Kletterstrauch kann 5–7 m hoch winden. Wechselständig stehen die einfachen, breit-elliptischen bis verkehrt-eiförmigen Blätter. Sie sind 5–10 cm lang, entfernt gezähnt, oberseits glänzend dunkelgrün und unterseits oft bläulich gefärbt. Die 2häusigen, duftenden Blüten stehen einzeln auf 2,5 cm langen Stielen, sie sitzen zu 2–3 in Büscheln in den Blattachseln an der Basis junger Triebe. Sie sind weiß bis blaßrosa gefärbt und etwa 1,5 cm breit. An weiblichen Pflanzen entwickeln sich die ährenartigen, bis 10 cm langen, scharlachrot gefärbten Sammelfrüchte, die aus kugeligen, saftig-fleischigen Beerenfrüchtchen zusammengesetzt sind. Lb 3.2.1.9

Schizophragma hydrangeoides, Spalthortensie, Hydrangeaceae, Hortensiengewächse. In den humiden Bergwäldern Japans klettert die Spalthortensie in Bäumen und Strauchdickichten bis 10 m hoch. Ihre aschgrauen bis braunen Zweige sind mit Haftwurzeln ausgestattet. Langgestielt sind die gegenständigen, rundlichen bis breit-eiförmigen, 5–12 cm langen, hellgrünen, unterseits blaßgrünen bis weißlichen Blätter. Im Juni entfalten sich die Blüten in 15–20 cm breiten, flachen, vielblütigen Trugdolden. Während die meisten Blüten klein, radiär und fertil sind, sind die sterilen Randblüten zygomorph (nur durch eine Symmetrieebene in spiegelgleiche Hälften teilbar) und zu einem großen, als Schauapparat dienenden, weißen bis elfenbeinfarbenen Kelchblatt ausgebildet. Die in ihrer äußeren Tracht der Kletter-Hortensie ähnliche Art wird auch wie diese verwendet. Lb 6.4.4.9 ▷

◁ **Semiarundinaria fastuosa,** Bambus, Gramineae, Gräser. Von den 20 Arten der Gattung, die ausschließlich in Ostasien verbreitet sind, ist bei uns überwiegend *S. fastuosa* in Kultur. Sie ist auf den japanischen Inseln Honshu, Shikoku und Kyushu verbreitet. Die 3–6 m hoch werdene Art hat straff aufrechtwachsende, dunkelgrüne, rötliche gezeichnete Halme mit einem Umfang von 10–25 cm. Sie sind oberhalb der Knoten leicht abgeflacht. An jedem Knoten werden 3–8 aufrechte Seitenzweige gebildet. Die dicken, bald abfallenden Halmscheiden werden bis 22 cm lang, sie sind anfangs grün und werden später purpurn. Zu 5–9 stehen die 12–15 cm langen und bis 2 cm breiten, dicken Blätter an den Seitenzweigen. Sie haben 5–6 Nervenpaare, sind dunkelgrün und unterseits auf einer Seite bläulichgrün. Mit ihren kurzen Rhizomen bildet die Art dichte Horste. Lb 4.2.2.4

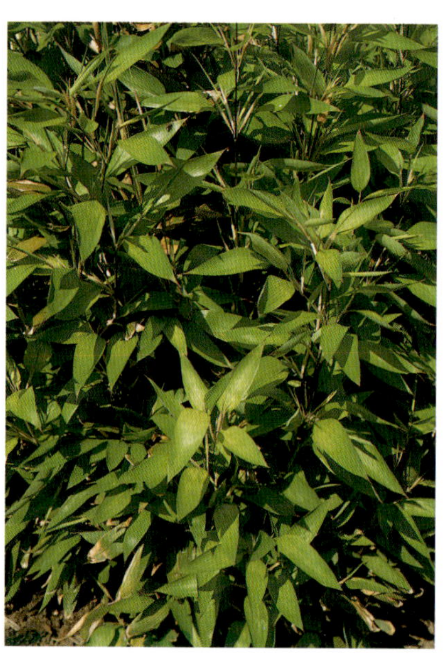

◁ **Shibataea kumasasa,** Bambus, Gramineae, Gräser. Von den 5 Arten der Gattung ist bei uns nur die im westlichen Japan heimische *S. kumasasa* in Kultur. Die anderen 4 Arten haben ihre natürliche Verbreitung in China. Die etwa 1 m hoch werdende, schwach Ausläufer bildende und meist horstig wachsende Art hat aufrechte, stark hin und her gebogene und stark abgeflachte, grüne Halme mit dicken Knoten und olivgrüne Halmscheiden, die purpurn gestreift sind. An jedem Knoten sitzen 3–5 kurze, mehr oder weniger gleich lange Seitenzweige, die den Eindruck von quirlig stehenden Blättern machen. Die 5–11 cm langen und bis 2,5 cm breiten Blätter sind oberseits glänzend dunkelgrün und unterseits leicht bläulichgrün, sie haben 6–7 Paar Nerven. Die schnittverträgliche Art wird in japanischen Gärten nicht selten in Hecken oder in größeren Flächen gepflanzt. Lb 3.2.7.6

△
Shepherdia argentea, Silberblättrige Büffelbeere, Elaeagnaceae, Ölweidengewächse. Keine der 3 in Nordamerika heimischen Arten dieser Gattung gehört zum Standardsortiment der Baumschulen, es sind ausgesprochene Liebhabersträucher. *S. argentea* ist von Natur aus in steppenartigen Landstrichen des westlichen Nordamerika verbreitet. Der sommergrüne, baumartige Strauch wächst locker aufrecht und wird 4–6 m hoch. Seine rotbraunen, meist verdornenden Zweige sind dicht mit silbrigen Schülferhaaren bedeckt. Auch die schmal-länglichen, 4–6 cm langen, gegenständigen Blätter sind auf beiden Seiten silberschülferig. Im März–April öffnen sich die kleinen, weißlichgelben, 2häusigen Blüten, sie sitzen in kurzen achselständigen Ähren zusammen. Das saftige Fruchtfleisch der orangeroten, 4–6 mm dicken, säuerlichsüß schmeckenden Steinfrüchte sind eßbar. Lb 5.3.2.4

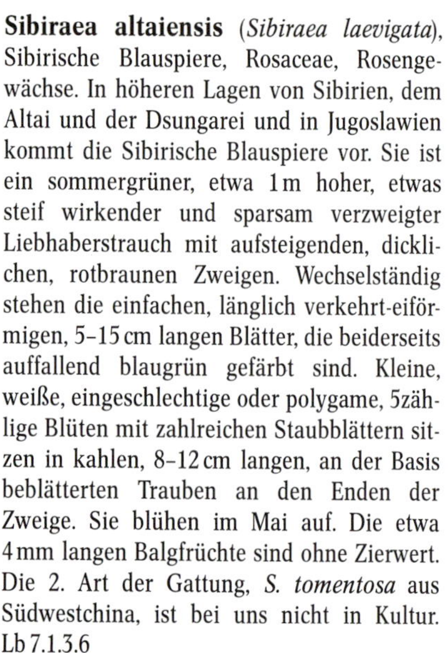

Sibiraea altaiensis (*Sibiraea laevigata*), ▷ Sibirische Blauspiere, Rosaceae, Rosengewächse. In höheren Lagen von Sibirien, dem Altai und der Dsungarei und in Jugoslawien kommt die Sibirische Blauspiere vor. Sie ist ein sommergrüner, etwa 1 m hoher, etwas steif wirkender und sparsam verzweigter Liebhaberstrauch mit aufsteigenden, dicklichen, rotbraunen Zweigen. Wechselständig stehen die einfachen, länglich verkehrt-eiförmigen, 5–15 cm langen Blätter, die beiderseits auffallend blaugrün gefärbt sind. Kleine, weiße, eingeschlechtige oder polygame, 5zählige Blüten mit zahlreichen Staubblättern sitzen in kahlen, 8–12 cm langen, an der Basis beblätterten Trauben an den Enden der Zweige. Sie blühen im Mai auf. Die etwa 4 mm langen Balgfrüchte sind ohne Zierwert. Die 2. Art der Gattung, *S. tomentosa* aus Südwestchina, ist bei uns nicht in Kultur. Lb 7.1.3.6

◁ **Sinarundinaria nitida,** Bambus, Gramineae, Gräser. In sommerwarmen, humiden Regionen Nordchinas hat diese sehr frostharte Art ihre natürliche Verbreitung. Sie wird bei uns 3-4 m hoch, entwickelt nur sehr kurze Ausläufer und wächst deshalb in dichten Horsten. Die anfangs bläulichen und hell bereiften, später dunkelgrünen oder rotbraunen Halme wachsen zunächst steif aufrecht, bei alten Pflanzen sind die Spitzen nach allen Seiten breit und schirmartig übergeneigt, aber nicht so stark wie bei *Arundinaria spathacea* (= *Sinarundinaria murielae*). Die meist purpurn gefärbten, bald abfallenden Halmscheiden sind kürzer als die Internodien, sie bleiben im Basisbereich der Halme viele Jahre lang haften. An jedem Knoten entstehen mehrere gleich lange, abstehende Seitenzweige. Sie tragen lanzettliche, 5-10 cm lange und bis 1,5 cm breite, dunkelgrüne Blätter. Lb 3.2.7.5

Skimmia japonica 'Rubella', Japanische Skimmie, Rutaceae, Rautengewächse. In den japanischen Bergwäldern ist diese Art häufig anzutreffen. Sie ist ein immergrüner, bis 1,5 m hoher, meist niedriger bleibender, breitbuschiger und dichttriebiger, lorbeerartig aussehender Strauch. Wechselständig, an den Triebenden oft gedrängt, stehen die lederartig dicken, durchscheinend punktierten Blätter. Sie sind 7-12 cm lang, elliptisch bis länglich verkehrt-eiförmig, oberseits hell- oder gelblichgrün, unterseits gelbgrün. Stark duftende, gelblichweiße, 4zählige, 5-8 mm breite, 2häusige Blüten stehen im April in 5-8 cm langen Rispen an den Zweigenden. Die kugeligen, 8 mm dicken, leuchtend roten, beerenartigen Steinfrüchte bleiben sehr lange haften. 'Rubella' ist eine männliche Sorte, deren zahlreiche Blütenknospen über Winter schön bronze bis braunrot gefärbt sind. Lb 7.2.5.6

▽

Skimmia reevesiana, Reeves Skimmie. Die humiden Bergwälder von China und Taiwan sind die Heimat dieser immergrünen Art. Der 40-70 cm hohe und gleich breite Strauch wächst breit aufrecht und ziemlich locker. Seine ledrigen, oberseits dunkelgrünen, unterseits hellgrünen Blätter sind 3-10 cm lang und lanzettlich oder verkehrteilanzettlich. Im April-Mai stehen die weißen, zwittrigen, 5zähligen Blüten an den Enden der Zweige in 5-7 cm langen, aufrechten, kegelförmigen Rispen. Sehr lange haften die birnenförmigen, bis 10 cm dicken, dunkelroten Früchte. Häufig in Kultur ist die männliche Sorte 'Ruby King'. Sie hat matt graugrüne Blätter und rahmweiße Blüten, die im Winter bronze bis braunrot gefärbt sind, aber nicht so intensiv wie bei *S. japonica* 'Rubella'. Die Blüten öffnen sich Ende April-Anfang Mai, sie stehen in großen, lockeren Rispen zusammen. Lb 7.4.5.7

▽

△

Sinofranchetia chinensis, Lardizabalaceae, Fingerfruchtgewächse. Nur diese eine Art umfaßt die Gattung, sie stammt aus humiden Bergregionen des westlichen China. Der sommergrüne Kletterstrauch kann in warmen Lagen 5-10 m hoch klettern. Er trägt an rötlich bereiften Trieben lang gestielte, 3zählige, 15-20 cm lange Blätter mit 6-10 cm langen, verkehrt-eiförmigen bis fast kreisrunden Blättchen, die oberseits tiefgrün, unterseits bläulich gefärbt sind. Meist eingeschlechtig sind die etwa 8 mm breiten, weißen Blüten mit ihren 6 gleichartigen Kelch- und Kronblättern. Sie stehen in 10-30 cm langen, hängenden, achselständigen Trauben zusammen und blühen im Mai auf. Eiförmig-elliptisch und 1-2 cm lang sind die nur am Grunde etwas miteinander verwachsenden, beerenartigen Früchte, deren schwarze Samen in einer gallertartigen Masse eingebettet sind. Lb 6.4.2.9

△
Smilax aspera, Rauhe Stechwinde, Smilacaceae, Stechwindengewächse. Auf den Kanarischen Inseln und vom Mittelmeergebiet bis Abessinien und Indien kommt die Rauhe Stechwinde vor. Sie ist ein immergrüner, an natürlichen Standorten bis 15 m hoch kletternder Strauch mit hin und her gebogenen, 4kantigen Trieben, die dicht mit Stacheln besetzt sind. Derbledrig sind die in Form und Größe sehr variablen, lanzettlichen bis 3eckig-eiförmigen, 4–12 cm langen, herzförmigen, beiderseits glänzend grünen Blätter, die oberseits oft weiß gefleckt oder marmoriert sind. Die kleinen, 2häusigen, 6zähligen, gelblichgrünen, duftenden Blüten stehen im August–September zu 5–7 in Büscheln, die zu 3–10 cm langen, end- und achselständigen Trauben vereint sind. Dunkelrot bis schwarz sind die 3–4 mm dicken, kugeligen Beerenfrüchte mit ihrem saftigen Fruchtfleisch gefärbt. Lb 6.4.4.9.

Sophora japonica, Japanischer Schnurbaum, Papilionaceae, Schmetterlingsblütler. Nicht in Japan, sondern in China und Korea ist der Japanische Schnurbaum heimisch. Der sommergrüne, 15–20 m hohe, wärmeliebende Baum bildet eine rundliche, lichte Krone. Die Zweige bleiben auffallend lange glänzend dunkelgrün. Wechselständig und unpaarig gefiedert sind die bis 25 cm langen Blätter mit den 7–11 eiförmigen, bis 5 cm langen Blättchen, die oberseits glänzend dunkelgrün, unten bläulich gefärbt sind. Im August–September erscheinen die gelblichweißen, 1–1,5 cm langen Schmetterlingsblüten in bis 30 cm langen, lockeren Rispen. Auch die 5–8 cm langen, zwischen den Samen eingeschnürten Hülsen sind nicht ohne Schmuckwert. Die unten abgebildete **'Pendula'** ist eine meist hochstämmig veredelte Form mit einer malerischen Krone und in Bögen abwärts wachsenden Zweigen. Lb 6.1.2.2 ▷
▽

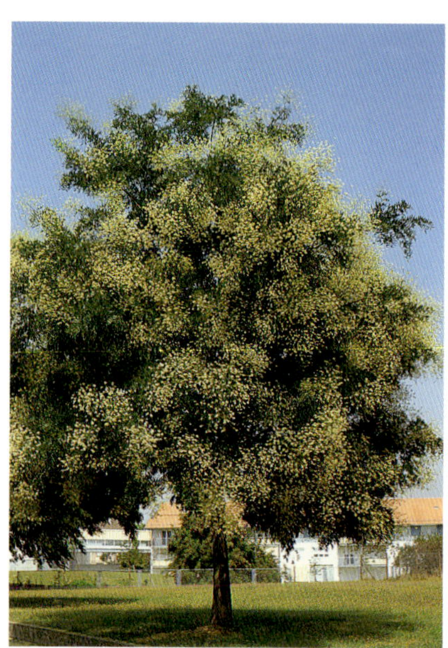

◁ **Sorbaria aitchisonii,** Afghanische Fiederspiere, Rosaceae, Rosengewächse. In semihumiden Regionen von Kaschmir, Afghanistan und Pakistan kommt dieser sommergrüne Strauch im Einflußbereich von Fließgewässern vor. Mit seinen aufrechten oder aufsteigenden, in der Jugend purpurbraunen Zweigen wird er bis 3 m hoch und breit. Bis 22 cm lang sind die unpaarig gefiederten, wechselständigen Blätter. Sie haben 15–21 lanzettliche oder lineal-lanzettliche, 4–8 cm lange, gesägte, frischgrüne Blättchen. 5–10 mm breit sind die weißen, 5zähligen Blüten mit ihren 17–30 Staubblättern. Sie blühen im Juli–August auf und stehen an den Triebenden in aufrechten, 20–25 cm langen und 10–15 cm breiten Rispen. Die 4,5 mm langen, trockenen Balgfrüchte sind ohne Zierwert. Der sehr reich blühende, dekorative, robuste Blütenstrauch wird bei uns nur selten gepflanzt. Lb 2.3.2.5

Sorbaria arborea, Baumartige Fiederspiere. ▷ Die in Südosttibet, Südwest-, Mittel- und Nordostchina heimische Art ist die stattlichste unter den 10 Arten der Gattung. Mit einer Höhe und Breite von 5–7 m ist sie ein prachtvoller, sehr reichblühender, breitwüchsiger Solitärstrauch. Bis 40 cm lang werden die stattlichen Fiederblätter mit den 7–32 eilänglichen bis lanzettlichen, 4–10 cm langen, scharf doppelt gesägten, frischgrünen Blättchen. Bis 6 mm breit sind die weißen Blüten mit ihren 20–25 Staubblättern. Sie stehen im Juli–August in 20–30 cm langen und 15–20 cm breiten Rispen an den Enden der Zweige. Die in Belaubung und Blüte sehr elegante, dekorative, reichblühende Art braucht viel Platz zur Entfaltung ihrer vollen Schönheit. Wie die meisten Arten der Gattung gedeiht sie am besten an sonnigen Plätzen und auf nährstoffreichen Böden. Lb 9.2.2.4

Sorbaria sorbifolia, Sibirische Fiederspiere. ▷ In Ostsibirien, der Mandschurei, Nordchina, Japan und Korea ist die Sibirische Fiederspiere verbreitet. Bis 2 m hoch wird der etwas steif wirkende, sehr früh austreibende, sehr häufig gepflanzte Strauch mit seinen straff aufrechten, nur wenig verzweigten Trieben. Er breitet sich durch zahlreiche Ausläufer aus und bildet rasch größere Kolonien. Bis 25 cm lang sind die Fiederblätter mit den 9–25 lanzettlichen bis eilanzettlichen, 5–10 cm langen, doppelt gesägten, mittelgrünen Blättchen. Im Juni–Juli stehen die kleinen, weißen Blüten mit ihren 20–45 Staubblättern an den Zweigenden in 10–35 cm langen und bis 15 cm breiten Rispen zusammen. Die robuste Art verträgt sonnige bis schattige Plätze (auch im Schlagschatten von Gebäuden) und gedeiht auf allen durchlässigen, mäßig trockenen bis feuchten Böden. Lb 3.3.5.5

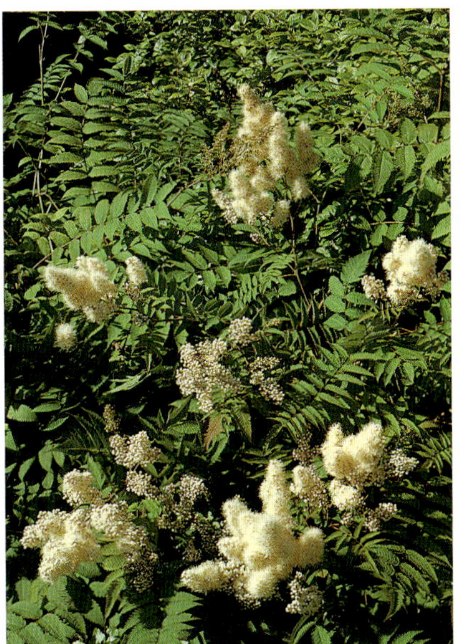

Sorbus aria, Echte Mehlbeere. In Europa und Nordafrika kommt die Echte Mehlbeere in lichten Eichen-Hainbuchenwälder, in Buchen- und Föhrenwälder oder im Saum von Gebüschen vor. Der bis 15 m hohe Baum baut anfangs eine regelmäßige eiförmige später eine mehr kugelige Krone auf. Die derben Blätter sind breit-eiförmig, 6–8 cm lang, unregelmäßig doppelt gesägt, oberseits anfangs silbrig behaart, später kahl und glänzend dunkelgrün, auf der Unterseite bleiben sie silbrig behaart. Im Mai stehen die 1,5 cm breiten, weißen Blüten in 6–8 cm breiten, filzigen Trugdolden. Im Oktober reifen die länglichen bis kugeligen, 10–13 mm dicken orange- bis korallenroten Früchte. Von der robusten, stadtklimafesten Art sind einige Sorten in Kultur. 'Lutescens' mit im Austrieb auffallend weißfilzigen Blättern und 'Magnifica' mit großen, derben, steif ledrigen Blättern. Lb 6.3.3.3

▽

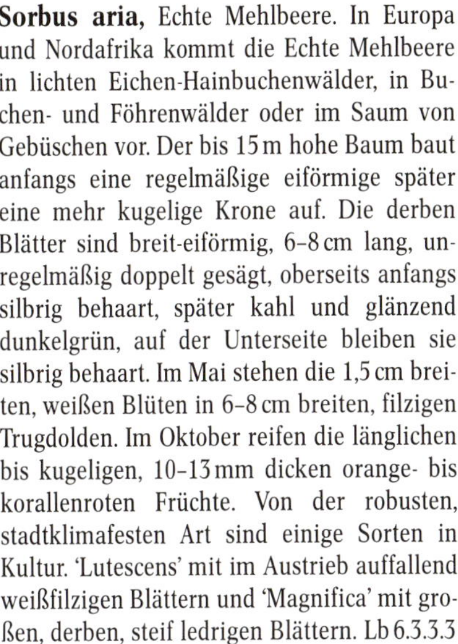

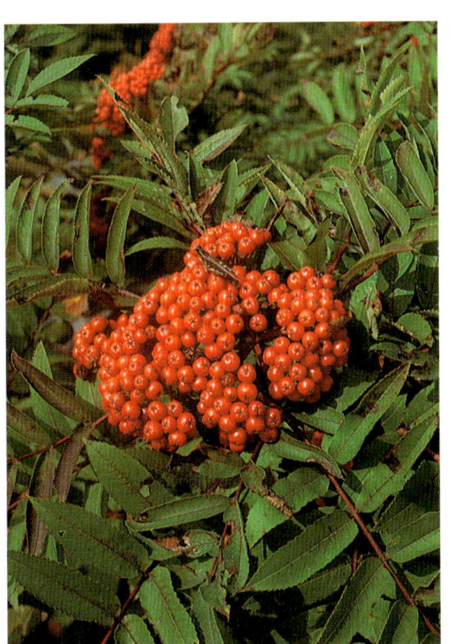

◁ **Sorbus americana,** Amerikanische Eberesche, Rosaceae, Rosengewächse. Von den etwa 80 Arten der Gattung sind zahlreiche Arten wertvolle, kleinkronige Blüten- und Fruchtbäume. Die im östlichen Nordamerika heimische *S. americana* kommt meist in lichten Laubwäldern und an Hängen vor. Der bis 10 m hohe, oft vom Boden an mehrstämmige Baum hat eine lockere, sparsam verzweigte, breit aufrechte Krone mit dicken Ästen und glänzendbraunen, klebrigen Winterknospen. Die wechselständigen, unpaarig gefiederten Blätter sind bis 25 cm lang. Die 11–17 hellgrünen, unterseits hell graugrünen, im Herbst schön gelb bis rot gefärbten Blättchen sind länglich-lanzettlich bis lanzettlich und 4–10 cm lang. Die weißen, 5–6 mm breiten Blüten sitzen im Mai–Juni in bis 14 cm breiten Trugdolden. Dicht gedrängt stehen die 4–6 mm dicken, kugeligen, scharlachroten Früchte. Lb 7.2.3.3

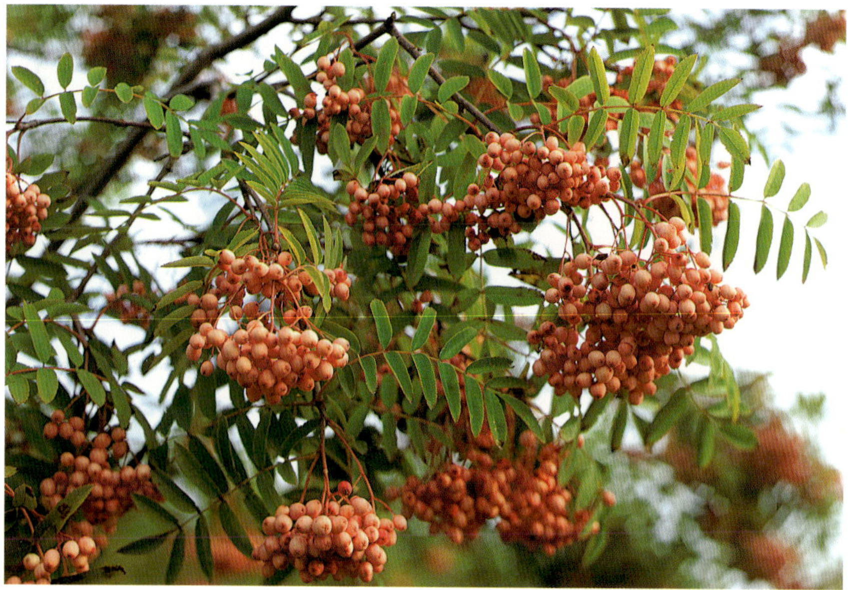

◁**Sorbus × arnoldiana 'Rose Elegans'.** Aus *S. aucuparia × S. discolor* entstand diese Hybridgruppe. Zu ihr gehören eine Reihe von Sorten, auch die sogenannten »Lombarts-Hybriden«. Sie stehen alle *S. aucuparia* sehr nahe, unterscheiden sich von ihr vor allem durch die oft mehr oder weniger kahlen Winterknospen, durch die kleineren und filigraner wirkenden, dunkelgrünen, unterseits graugrünen Blätter und durch abweichende Fruchtfarben. Von den etwa 20 bekannten, 7–10 m hoch werdenden Sorten haben folgende nach holländischen Untersuchungen den höchsten Gartenwert: 'Apricot Queen', Früchte 1 cm dick, orangegelb, eßbar. 'Golden Wonder', Früchte ockergelb, in großen, hängenden Ständen. 'Red Tip', Früchte weiß mit roten Punkten. 'Schouten' bis 6 m hoher Baum mit eiförmiger, auffallend dicht geschlossener Krone und großen, leicht wollig behaarten Blättern. Lb 7.1.3.3

Sorbus aucuparia, Gewöhnliche Eberesche, Vogelbeerbaum. In fast ganz Europa und im Kaukasus kommt die Eberesche in lichten Laub- und Nadelwäldern, auf Lichtungen und Kahlschlägen, in Gebüschen und an Waldrändern vor. Der aufrechte, oft vom Boden an mehrstämmige, sparsam verzweigte Strauch oder Baum kann bis 15 m hoch werden. Er hat eine ovale oder rundliche Krone, graubraune, verkahlende Zweige und dicht behaarte Winterknospen. Die unpaarig gefiederten Blätter sind 12–15 cm, die 9–15 linealischen Blättchen bis 4,5 cm lang, oberseits dunkelgrün und unterseits graugrün. Die Blätter färben sich im Herbst gelb bis tiefrot. Im Mai–Juni stehen die weißen, 8–10 mm breiten, unangenehm riechenden Blüten an den Enden junger Triebe in 10–15 cm breiten, flachen, filzig behaarten, ansehnlichen Trugdolden. Die kugeligen, 8–10 mm dicken Früchte sind korallenrot. Lb 7.1.3.3 ▷

△
Sorbus aucuparia 'Edulis', Süße Eberesche, Mährische Eberesche. In ihrer äußeren Erscheinung ist die Süße Eberesche kaum von der gewöhnlichen Eberesche zu unterscheiden. Mit einer Länge von 4–7 cm sind die Blättchen etwas größer. Das gilt auch für die Fruchtstände und die Einzelfrüchte, die bis 1,3 cm dick werden. Während die Früchte der gewöhnlichen Art herbsäuerlich bis leicht bitter schmecken, sind die Früchte der Süßen Eberesche nahezu frei von Bitterstoffen, sie zeichen sich außerdem durch einen hohen Zucker- und Vitamingehalt aus. 100 g eßbarer Fruchtanteil enthalten 60–100 mg Vitamin C und 2,5 g Carotin. Die Früchte enthalten außerdem 8,5 % Sorbit, ein 6wertiger Alkohol und Zuckeraustauschstoff für Diabetiker. Als schmalkronige Säulenform wird nicht selten auch die 5–8 m hoch werdende, dicktriebige Sorte 'Fastigiata' kultiviert. Lb 7.1.3.3

◁ **Sorbus cashmiriana,** Himalaja-Eberesche. In höheren Lagen vom Himalaja und in Kaschmir kommt diese Art vor. Sie ist ein 5–8 m hoher Strauch oder kleiner Baum mit ziemlich feinen, rötlichbraunen Zweigen und dunkel purpurnen Winterknospen. 10–20 cm lang sind die unpaarig gefiederten, grazilen Blätter. Die 15–19 eiförmig-elliptischen bis länglichen Blättchen sind 2–3 cm lang, oberseits matt dunkelgrün und unterseits hellgrün. Mittelrippe und Spindel sind anfangs bräunlich behart. Auffallend rosaweiß, in der Knospe dunkelrosa, sind die 1,5 cm breiten Blüten mit ihren zahlreichen, rosapurpurnen Staubblättern gefärbt. Die Blüten entfalten sich im Mai in bis 18 cm breiten, lockeren Trugdolden. Mit ihrer weißen Farbe weichen auch die großen, 1,8 cm dicken, sehr lange haftenden Früchte von den überwiegend rot gefärbten Früchten der Gattung ab. Lb 8.2.3.3

Sorbus commixta, Japanische Eberesche. ▷ In ganz Japan, auf den Kurilen und Sachalin ist die Japanische Eberesche ein Baum der lichten Gebirgswälder. Der aufrechte, locker aufgebaute Strauch oder kleine Baum kann bis 7 m hoch werden. An rotbraunen Trieben trägt er zahlreiche, auffallende Korkwarzen und kahle, klebrige Winterknospen. Bis 25 cm lang sind die Blätter mit ihren 11–15 elliptisch-lanzettlichen, 2,5–8 cm langen, scharf gesägten Blättchen. Die früh austreibenden Blätter sind anfangs bräunlich, später oberseits hellgrün, unterseits bläulich gefärbt. Mit ihrer prachtvollen gelben bis roten Herbstfärbung tragen sie wesentlich zur Farbenpracht der japanischen Herbstwälder bei. Weiße, 8 mm breite Blüten sind im Mai zu 8–12 cm breiten, kahlen, lockeren Trugdolden vereint. Die kugeligen, 6–8 mm dicken Früchte sind scharlachrot gefärbt. Lb 8.1.3.3

△
Sorbus chamaemespilus, Zwerg-Mehlbeere. In den Gebirgen Mittel- und Südeuropas kommt die Zwerg-Mehlbeere bis in Höhen von 2000 m vorwiegend an vollsonnigen, sommerwarmen Plätzen vor. Sie ist eine Charakterpflanze der Schneeheide-Alpenrosen-Gesellschaft. Der buschige, sparsam verzweigte Strauch wird in Kultur bis 3 m, in höheren Lagen oft nur 1–1,5 m hoch. An rotbraunen Trieben trägt der selten gepflanzte Strauch seine ledrigen, länglich-eiförmigen bis elliptischen, 3–7 cm langen, oberseits kahlen, glänzenden, unterseits kahlen bis etwas weißfilzigen Blätter. Im Juni–Juli stehen die knapp 1 cm breiten, rosa bis rötlich gefärbten Blüten in dichten, filzig behaarten, 3 cm breiten Trugdolden an den Enden junger Triebe. Im August–September reifen die verkehrteiförmigen bis kugeligen, 12–15 mm dicken, braunroten bis scharlachroten, eßbaren Früchte. Lb 8.2.4.6

◁ **Sorbus domestica,** Speierling. Die Verbreitung des Speierlings reicht von Ostspanien, Frankreich und Italien über Südosteuropa, die Balkanhalbinsel und die Krim nach Nordanatolien, er kommt außerdem in Nordwestafrika vor. In wärmeren Teilen Deutschlands wird er seit Jahrhunderten kultiviert. Der 10–20 m hohe Baum hat anfangs eine kegelförmige, im Alter eine breit ausladende Krone und eine graubraune, kleinschuppige Borke. Bis 20 cm lang sind die unpaarig gefiederten Blätter. Die 11–21 schmal-länglichen, 3–8 cm langen Blättchen sind oberseits mattgrün. 15 mm breit sind die weißen Blüten, sie entfalten sich im Mai–Juni in 6–10 cm breiten Trugdolden. Im September-Oktober reifen die birnen- oder apfelförmigen, grünlichgelben, sonnenseits geröteten, bis 3,5 cm dicken Früchte. Sie werden vor allem dem Apfelwein zur Geschmacksverbesserung zugesetzt. Lb 6.1.2.2

Sorbus hybrida, Bastard-Mehlbeere. Von ▷ Südwestfinnland bis Mittel- und Südnorwegen reicht die Verbreitung dieser Art. Sie ist keine Hybride, sondern gehört zu den apomiktischen Sippen der Gattung. Diese produzieren zwar sterile Pollen, können aber trotzdem keimfähige Samen entwickeln. Der 10–12 m hohe Baum hat eine kegelförmige Krone mit waagerecht abstehenden Ästen. Eiförmig bis eilänglich sind die 7–12 cm langen, vorne breit abgerundeten Blätter. Sie sind an der Basis so tief eingeschnitten, daß 1–2 Paar Fiederblättchen gebildet werden. Die Blätter sind oberseits dunkelgrün, unterseits graufilzig und zuletzt derbledrig. Im Mai–Juni entfalten sich die 1 cm breiten, weißen Blüten, sie stehen an den Enden junger Triebe in 6–10 cm breiten, filzig behaarten Trugdolden. Fast kugelig sind die 10–12 mm dicken, roten, spärlich punktierten Früchte. Lb 6.3.3.3

Sorbus 'Joseph Rock'. Bei der als 'Joseph Rock' bezeichneten Sippe handelt es sich vermutlich im eine natürliche Hybride, die in England aus Samen erzogen wurde, der von Dr. Rock 1932 in der westchinesischen Provinz Yunnan gesammelt worden ist. 'Joseph Rock' ist ein bis 12 m hoher, graziler Baum mit graubraunen Zweigen, die zahlreiche Korkwarzen tragen. Die 10–18 cm langen, unpaarig gefiederten Blätter sind aus 15–21 schmal-länglichen, oberseits kahlen und glänzenden, unterseits anfangs auf der Mittelrippe braun behaarten Blättchen zusammengesetzt. Im Herbst färben sich die Blätter prachtvoll rot, orange, kupfern und purpurn. Im Mai–Anfang Juni stehen die etwa 1 cm breiten, weißen Blüten in lockeren, 10 cm breiten Trugdolden. Die rundlichen, 1 cm dikken, bernsteinfarbenen Früchte stehen in einem schönen Kontrast zu dem buntgefärbten Laub. Lb 3.2.3.3
▽

Sorbus intermedia, Schwedische Mehlbeere. In Südschweden, auf Bornholm, in Estland und Lettland kommt die Schwedische Mehlbeere in lichten Laubwäldern und Gebüschen vor. Der bis 15 m hohe, robuste, besonders windresistente Baum hat anfangs eine kegelförmige, später ovale und im Alter eine rundliche Krone mit aufrechten, regelmäßig gestellten Ästen und olivgrünen bis braunen Zweigen mit deutlich helleren Korkwarzen. Die grünlichen oder bräunlichen Winterknospen sind klebrig. Elliptisch bis verkehrt-eiförmig und 6–10 cm lang sind die am Rand gelappten und unterhalb der Mitte fast fiederspaltigen Blätter, die oberseits glänzend grün, unterseits graufilzig sind. Zur Blütezeit im Mai–Juni stehen die weißen, 12 mm breiten Blüten in 8–10 cm breiten, filzigen Trugdolden. Im September–Oktober reifen die 10–12 mm dicken, scharlachroten Früchte. Lb 3.1.3.3 ▷

Sorbus latifolia, Rundblättrige Mehlbeere. Von den Pyrenäen bis nach Südwestdeutschland reicht das Verbreitungsgebiet der Rundblättrigen Mehlbeere. Wie die nahe verwandte Schwedische Mehlbeere gehört sie zu den erbfest gewordenen Hybriden, die in dieser Gattung nicht selten vorkommen. Der bis 15 m hohe, wärmeliebende und Trockenheit ertragende Baum hat eine breit kegelförmige Krone. Seine mehr oder weniger rundlichen Blätter sind 7–9 cm lang und nahezu gleich breit, sie sind mit breit-3eckigen Lappen fiedrig gelappt und unregelmäßig scharf gesägt. Oberseits sind die Blätter matt glänzend dunkelgrün, unterseits mit einem graugelben Filz bedeckt. Rahmgelbe, 10–15 mm breite Blüten stehen im Mai in 7–10 cm breiten, filzigen Trugdolden an den Enden junger Triebe. Die 10–14 mm dicken, kugeligen Früchte sind gelb- bis rotbraun gefärbt und punktiert. Lb 6.1.2.3
▽

Sorbus koehneana, Weißfrüchtige Eberesche. Die Bergwälder Mittel- und Westchinas sind die Heimat von *S. koehneana.* Mit einer Höhe von 2–3 m bleibt die aufrechte, strauchig wachsende Art wesentlich niedriger als viele andere Arten der Gattung. Sie kann so auch in kleinen Gärten Platz finden. Ihre Triebe sind dunkel rotbraun. Die unpaarig gefiederten, feingliedrigen Blätter sind 15–20 cm, die 17–25 länglich-lanzettlichen, unterseits graugrünen, von der Basis an scharf gesägten Blättchen 1,5–3,5 cm lang. Die Blattspindel ist leicht geflügelt. Die weißen, 1 cm breiten Blüten sind mit braunen Staubblättern ausgestattet, sie entfalten sich im Mai–Juni in 4–8 cm breiten, mehr oder weniger kahlen Trugdolden. Mit einem Durchmesser von 6–7 mm sind die porzellanweißen Früchte, die an roten Fruchtstielen sitzen, wesentlich kleiner als die von *S. cashmiriana.* Lb 7.2.2.4 ▷

◁ **Sorbus serotina,** Chinesische Eberesche. Die ursprüngliche Herkunft dieser Art ist nicht bekannt. Seit Ende des vergangenen Jahrhunderts ist sie in Europa in Kultur. Der meist kurzstämmige, bis 10 m hohe Baum oder Strauch hat eine breit aufrechte Krone mit aufsteigenden Grundästen und breit ausladenden Zweigen. Seine unpaarig gefiederten, bis 22 cm langen Blätter haben 9–13 eiförmige bis lanzettliche, 3,5–5 cm lange, scharf gesägte, oberseits glänzend dunkelgrüne, unterseits hell graugrüne Blättchen. Im Herbst färben sich die Blätter auffallend leuchtend mahagonirot. Die kleinen weißen Blüten sitzen im Mai in weißlich-bräunlich behaarten Trugdolden zusammen. Die 6–10 mm dicken Früchte sind orangerot gefärbt. Ausgenommen *S. sargentiana* färbt sich bei keiner anderen *Sorbus*-Art das Laub im Herbst so prachtvoll wie bei der Chinesischen Eberesche. Lb 7.3.3.3

△
Sorbus sargentiana, Sargents Eberesche. Aus den humiden Bergregionen Westchinas kam diese Art in unsere Gärten. Sie wird etwa 10 m hoch und ist mit sehr dicken, steifen Trieben sehr sparsam verzweigt. Die auffallend großen, rotbraunen, stark klebrigen Winterknospen erinnern an die der Roßkastanie. Bis 30 cm lang sind die Fiederblätter. Die 7–11 länglich-lanzettlichen, fein gesägten Blättchen werden 8–13 cm lang, sie sind oberseits stumpf dunkelgrün und unterseits hellgrün filzig. Im Herbst färben sie sich leuchtend orange- bis rotbraun. Vergleichsweise kleine, nur 6 mm breite, weiße Blüten sitzen dicht gedrängt in vielblütigen, dicht zottig behaarten, bis 15 cm breiten Trugdolden. Auch die kugeligen, 6 mm dicken, scharlachroten Früchte sitzen dicht gedrängt in ihren Ständen. *S. sargentiana* ist eine ganz besonders attraktive, unverwechselbare Art. Lb 7.3.3.3

Sorbus × thuringiaca 'Fastigiata', Thüringer Mehlbeere. Die Eltern dieser Hybride, die meist in der Form 'Fastigiata' angeboten wird, sind *S. aria* und *S. aucuparia,* Sie ist ein kleiner, 5–7 m hoher Baum mit einer zunächst schmal-kegelförmigen Krone und ansteigenden Ästen. Später sind die Äste mehr ausgebreitet, die Krone wird dann breiter und eiförmig. An dicken, steifen Trieben sitzen die eilänglichen, stumpf zugespitzten, 15–20 cm langen Blätter, die am Grunde mit 1–4 Fiederparen ausgestattet sind. Zur Spitze hin sind die Blätter abnehmend stark gelappt, schließlich nur noch gezähnt. Die derben, oberseits dunkelgrünen Blätter färben sich im Herbst gelb bis orangerot. Im Mai–Juni entfalten sich die etwa 12 mm breiten, weißen Blüten in Trugdolden. Lange haften die bis 12 mm dicken, kugeligen bis eiförmigen Früchte an den Zweigen. Lb 6.3.3.3 ▷

◁ **Sorbus torminalis,** Elsbeere. In Süd-, West- und Mitteleuropa, in Kleinasien, Westasien und Nordafrika kommt die wärmeliebende Elsbeere vorwiegend an sonnigen, sommerwarmen Hängen in Eichen- und Eichen-Hainbuchenwäldern vor. Der bis 20 m hohe Baum hat eine rundlich-eiförmige Krone und eine dunkel graubraune, kleinschuppige Borke. Die breit-eiförmigen, 6–12 cm langen Blätter sind jederseits mit 3–4 3eckigen, gesägten Lappen tief eingeschnitten. Die Blätter sind oberseits glänzend dunkelgrün, unterseits graugrün, im Herbst färben sie sich orangerot bis lederbraun. 10–15 mm breit sind die weißen, wenig auffälligen Blüten, die im Mai–Juni in 10–12 cm breiten, lockeren, behaarten Trugdolden sitzen. Die 10–18 mm langen, anfangs olivgrünen, zur Reife im Oktober rötlichgelben, teigig-mehligen Früchte sind durch zahlreiche Korkwarzen hell punktiert. Lb 6.1.2.2

◁ **Spiraea × arguta,** Schnee-Spiere, Braut-Spiere, Rosaceae, Rosengewächse. Seit mehr als 100 Jahren kultivieren wir diese allgemein bekannte Hybride (*S. multiflora × S. thunbergii*). Sie ist ein etwa mannshoher, dichtbuschiger, feinzweigiger Strauch, dessen dünne Seitenzweige und Triebspitzen locker und elegant überhängen. Wechselständig, wie bei allen Arten der Gattung, stehen die zierlichen, länglich verkehrt-eiförmigen oder mehr lanzettlichen, 2–4 cm langen, scharf und doppelt gesägten, lebhaft grünen Blätter sehr dicht an den Zweigen. Die Blätter treiben sehr früh aus, sie färben sich im Herbst gelblich. Ende April–Anfang Mai, vor der Laubentfaltung, ist der ganze Strauch bedeckt mit reinweißen, etwa 8 mm breiten, streng riechenden Blüten, die auf der ganzen Länge der vorjährigen Zweige in kleinen, vielblütigen, kurz gestielten Trugdolden sitzen. Lb 9.2.2.5

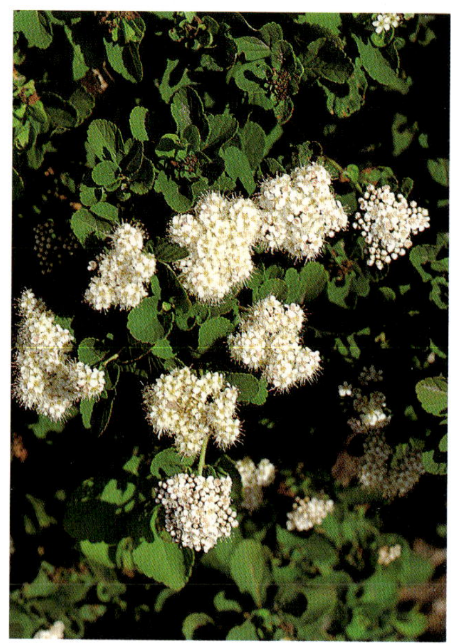

△ **Spiraea betulifolia var. aemiliana,** Birkenblättriger Spierstrauch. In Japan, Ostsibirien, auf Sachalin und den Kurilen liegen die natürlichen Verbreitungsgebiete dieser sehr robusten, frostharten Art. Der bis 1 m hohe, kompakt und breitbuschig wachsende Kleinstrauch breitet sich durch unterirdische Ausläufer stark aus. Er trägt an rotbraunen, kahlen Trieben breit-ovale bis elliptische, 2–4 cm lange, doppelt oder einfach drüsig gesägte Blätter. Sie sind oberseits dunkelgrün und unterseits graugrün. Im Juni entfalten sich die weißen, 4–8 cm breiten Blüten in dichten, 3–6 cm breiten, mehr oder weniger flachen Trugdolden an den Enden diesjähriger Langtriebe. Gelegentlich wird auch *S. betulifolia* var. *aemiliana* angeboten. Sie ist im gleichen Gebiet heimisch wie die Art, wird nur 20–30 cm hoch, hat derbe, breit-rundliche Blätter und 2–2,5 cm breite Blütenstände. Lb 8.2.3.9

Spiraea × billardii 'Triumphans'. *S. × billardii* entstand vor 1854 bei Billard in Frankreich aus *S. douglasii × S. salicifolia.* Wie ihre Eltern wächst der bis 2 m hohe dichtbuschige Strauch mit schlanken, braunen, behaarten Zweigen straff aufrecht. Er breitet sich durch Ausläufer stark aus und kann auf günstigen Standorten kleine Dikkichte bilden. Die länglichen bis länglich-lanzettlichen, unterseits dünn graufilzigen Blätter sind 5–8 cm lang, an beiden Enden spitz zulaufend und am Rand scharf und doppelt gesägt. Im Juli–September stehen die kleinen, lebhaft purpurrosa Blüten an den Enden der Langtriebe in bis 20 cm langen, an der Basis verzweigten, breit-kegelförmigen Rispen. Die zahlreichen Staubbblätter sind doppelt so lang wie die Kronblätter. Die anderen Sorten dieser robusten und anpassungsfähigen Hybride werden kaum mehr kultiviert. Lb 9.2.4.5 ▷

Spiraea × cinerea 'Grefsheim'. *S. × cinerea,* der Aschgraue Spierstrauch, hat *S. cana* und *S. hypericifolia* als Eltern. Die Sorte 'Grefsheim' wurde 1949 in der Grefsheim Planteskole in Norwegen gefunden. Sie ist ein 1,5–2 m hoher und gleich breiter, dichtbuschiger Strauch, mit dünnen, in eleganten Bögen weit nach außen überhängenen Zweigen. Die sehr reichblühende Sorte ähnelt in ihrer Tracht sehr der *S. × arguta,* wächst aber etwas kräftiger als diese und wird ihr heute nicht selten vorgezogen. Die länglichen, oberseits graugrünen, unten helleren Blätter sind 2,5–3,5 cm lang, zugespitzt und bis auf 1–2 Zähne an der Spitze ganzrandig. Etwa 10 Tage früher als bei *S. × arguta,* Ende April–Anfang Mai, öffnen sich die 6,5 mm breiten, weißen Blüten. Sie sitzen in kleinen Trugdolden an den Ende seitlicher Kurztriebe entlang der vorjährigen Langtriebe. Lb 9.2.3.5 ▷

◁ **Spiraea decumbens,** Kärntener Spierstrauch. In der montanen Stufe der südöstlichen Alpenregion kommt der Kärntener Spierstrauch verstreut an sonnigen Hängen, auf Kalkfelsen und Felsschutt vor. Der bis 25 cm hohe Zwergstrauch wächst durch seine unterirdischen Ausläufer zu dichten, bodenbedeckenden Beständen zusammen. An seinen drahtartig dünnen, kahlen, aufsteigenden Trieben trägt er elliptische bis länglich-elliptische, 1–3 cm lange, an beiden Enden spitze, einfach oder doppelt gesägte Blätter. 5–7 mm breit sind die weißen Blüten, die im Juni an den Enden der Langtriebe in 3–5 cm breiten, lockeren Trugdolden stehen. Der zierliche, reichblühende Zwergstrauch kann als Einzelpflanze oder in kleinen Gruppen im Steingarten verwendet werden, ist aber auch ein guter Bodendecker an hellen, sonnigen Plätzen. Sollte jährlich stark zurückgeschnitten werden. Lb 6.3.2.5

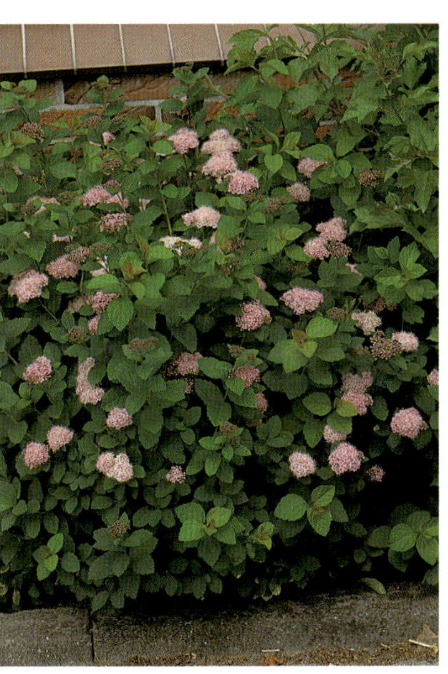

△
Spiraea densiflora, Dichtblütiger Spierstrauch. Von Britisch Kolumbien bis Montana, Wyoming und Oregon reicht das Verbreitungsgebiet von *S. densiflora.* Bis etwa 60 cm hoch und gleich breit wird der buschige, dichttriebige Strauch mit seinen kahlen, rotbraunen Zweigen. Seine Blätter sind elliptisch, 1,5–4 cm lang, an beiden Enden abgerundet, oberhalb der Mitte gekerbt oder gesägt, oberseits dunkelgrün und unterseits heller. Im Mai–Juni öffnen sich die rosa Blüten. Sie stehen in ziemlich dichten, 2-4 cm breiten, fein behaarten bis nahezu kahlen Trugdolden über dem Laub. Der hübsche, anspruchslose, frostharte, reichblühende Kleinstrauch wird erst seit einigen Jahren bei uns angeboten. *S. densiflora* ssp. *splendens,* in Oregon und Kalifornien heimisch, ist ein bis 1,2 m hoher Strauch mit eiförmigen Blättern und rosa Blüten in fein behaarten Trugdolden. Lb 7.2.2.6

Spiraea douglasii, Oregon-Spierstrauch. ▷ Bruchwälder und andere feuchte Standorte in den Bergen Oregons und Kaliforniens sind die Heimat von *S. douglasii.* Der robuste, anpassungsfähige, nur noch selten kultivierte Strauch wächst straff aufrecht, wird gut mannshoch und breitet sich durch Ausläufer stark aus. Seine schlanken, gestreiften Triebe sind rötlichbraun. Länglich bis schmal-länglich sind die 3–10 cm langen, an beiden Enden stumpfen, in der oberen Hälfte gesägten bis fast ganzrandigen, oberseits dunkelgrünen, unterseits weißfilzigen Blätter. Endständig an Langtrieben stehen im Juni–Juli die 10–20 cm langen, dichten, schmal kegelförmigen Blütenrispen mit den weißfilzigen Achsen. In den purpurrosa Einzelblüten fallen die zahlreichen Staubblätter auf, sie sind doppelt so lang wie die Kronblätter, die zurückgerollten Kelchblätter sind weißfilzig. Lb 1.2.5.5

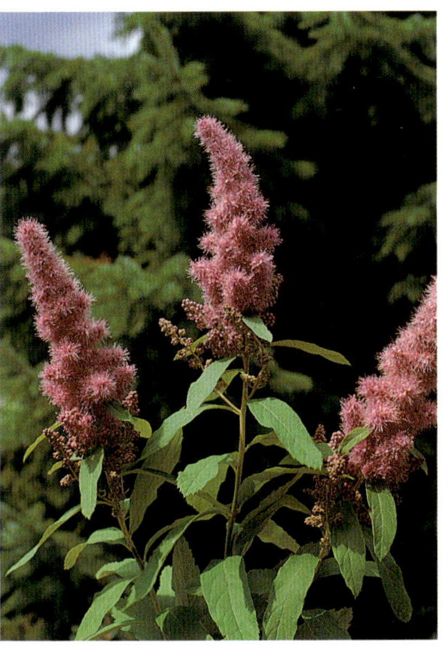

Spiraea japonica 'Anthony Waterer'. Japanischer Spierstrauch. ▷ In ganz Japan, in Korea und China kommt *S. japonica* in Bergwäldern vor. Die eigentliche Art ist nur in Botanischen Gärten zu finden. Häufig in Kultur sind dagegen eine Reihe von Sorten, die sich alle durch einen niedrigen, kompakten, buschigen Wuchs auszeichnen. Alle werden regelmäßig im Frühjahr stark zurückgeschnitten und so kaum mehr als 60–100 cm hoch. Bei allen stehen die überwiegend rosa, aber auch weißen Blüten an den Enden diesjähriger Langtriebe in flachen Trugdolden. Die Blütezeit dauert einige Wochen lang, von Juli–August. Hier werden nicht nur die sonst auch zu *S. japonica* gestellten Sorten eingereiht, sondern auch die bisher im allgemeinen zu *S.* × *bumalda,* zu *S. albiflora* und *S. bullata* gestellten Sorten. Sie gehören nach holländischer Auffassung zu Recht zu *S. japonica.* Lb 9.3.3.5

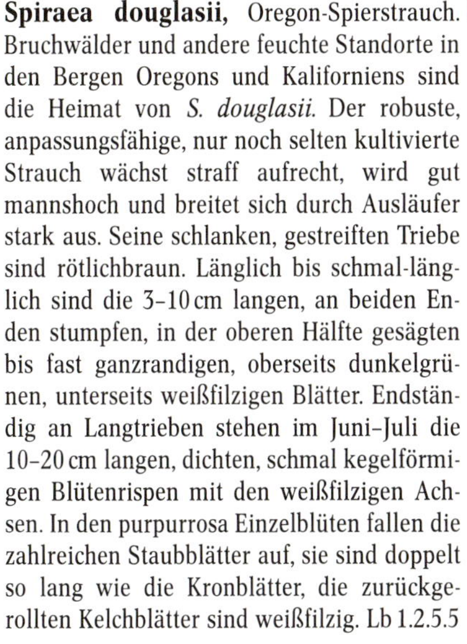

Spiraea japonica-Sorten

'Alpina'

'Concinna'

'Crispa'

'Froebelii'

'Goldmound'

'Little Princess'

'Pygmaea Alba'

'Pruhoniciana'

'Shirobana'

△ **Spiraea menziesii,** Menzies Spierstrauch. In den Bergen des westlichen Nordamerika, in Washington, Idaho und Oregon kommt diese Art von Natur aus vor. Straff aufrecht wächst der knapp mannshohe Strauch mit seinen braunen, gestreiften Trieben. Er kann sich durch Ausläufer stark ausbreiten. Länglich bis verkehrt-eiförmig sind die 3–7 cm langen, an beiden Enden meist stumpfen, oberhalb der Mitte grob gesägten, hellgrünen, unterseits kahlen oder auf den Nerven behaarten Blätter. Die kleinen, rosa Blüten stehen im Juni–August in 10–20 cm langen, ziemlich schmalen, behaarten Rispen an den Enden diesjähriger Langtriebe. Wie bei den ähnlich aufgebauten Arten S. × *billardii* und *S. douglasii* sind auch hier die Staubblätter doppelt so lang wie die Blütenblätter. Diese Arten sollen nicht regelmäßig zurückgeschnitten, sondern nur ausgelichtet werden. Lb 7.2.3.6

Spiraea nipponica, Nippon-Spierstrauch. ▷ In den Bergwäldern der japanischen Hauptinsel Honshu hat der Nippon-Spierstrauch seine Heimat. Er ist ein bis 2,5 m hoher, buschiger Strauch mit aufrechten Zweigen, die im oberen Bereich weitbogig überhängen. An rotbraunen, kantigen Trieben trägt er verkehrt-eiförmige bis ovale, 1,5–3 cm lange, an der Spitze kerbig gesägte Blätter, die oberseits dunkelgrün, unterseits blaugrün gefärbt sind. Weiße, 8 mm breite Blüten sitzen im Mai–Juni zu vielen in 4 cm breiten, halbkugeligen Trugdolden an Kurztrieben entlang der vorjährigen Zweige. Von dem überaus reichblühenden Strauch sind einige Formen in Kultur: 'Halward Silver', mit aufrechtem, sehr gedrungenen, dicht verzweigten Wuchs und weißen, halbkugeligen Blütenständen sowie 'Snowmound', im Habitus wie die Art, aber niedriger bleibend und überreich blühend. Lb 3.3.3.5

◁ **Spiraea thunbergii,** Thunbergs Spierstrauch. In China liegt die ursprügliche Heimat von *S. thunbergii,* in Japan ist die Art seit langem eingebürgert und verwildert. Der dichtbuschige, zierliche Strauch wird etwa 1,5 m hoch und breit, Seine dünnen, aufrechten bis abstehenden Zweige hängen außen elegant über. Die rotbraunen Triebe sind kantig und etwas behaart. Schmal-lanzettlich und 2–4 cm lang sind die scharf gesägten, lebhaft grünen Blätter. Sie treiben früh aus, bleiben lange haften und färben sich im Herbst gelb bis orange und scharlachrot. Im April–Mai, gelegentlich schon im März, noch vor der Laubentfaltung, stehen die reinweißen, etwa 8 mm breiten Blüten auf dünnen Stielen zu 3–5 in sitzenden Dolden an seitlichen Kurztrieben. Die besonders früh und reich blühende Art ist anspruchslos, anpassungsfähig und besonders schattenverträglich. Lb 6.2.1.6

△ **Spiraea prunifolia,** Pflaumenblättriger Spierstrauch. Die einfach blühende Wildform, *S. prunifolia* f. *simplicifolia,* stammt aus Mittelchina, Korea und Taiwan, sie hat einfache Blüten und ist bei uns kaum in Kultur. Die gefülltblühende Form ist ein bis 2 m hoher, aufrechter Strauch mit dünnen, kantigen, etwas überhängenden Trieben. Elliptisch bis länglich-elliptisch sind die an beiden Enden spitzen, 2–5 cm langen, fein gezähnten, frischgrünen, unterseits kahlen oder fein behaarten Blätter. Sie färben sich im Herbst orange bis rotbraun. Im April–Mai öffnen sich die 8–10 mm breiten, reinweißen, gefüllten Blüten. Sie sitzen zu 3–6 in leicht behaarten Dolden an seitlichen Kurztrieben entlang der vorjährigen Zweige. Die wärmeliebende, nicht ganz frostharte Art kann in strengen Winter zurückfrieren, treibt nach einem starken Rückschnitt aber wieder aus. Lb 6.2.2.6

Spiraea trilobata, Dreilappiger Spierstrauch. In semiariden Zonen von Korea und Nordchina bis Sibirien und Turkestan kommt der Dreilappige Spierstrauch vor. Er ist ein bis 1 m hoher, aufrechter, kompakter, breitwüchsiger, reichblühender, attraktiver Strauch mit dünnen, abstehenden Zweigen und kahlen, stielrunden, oft hin und her gebogenen Trieben. Fast kreisrund sind die 1,5–3 cm langen, abgerundeten, an der Basis meist etwas herzförmigen, oberseits grünen, unterseits hell bläulichgrünen Blätter, die am Rand meist seicht 3- bis 5lappig sind. Reinweiß sind die kleinen Blüten, die erst im Juni erscheinen. Sie sitzen in zahlreichen, 2–4 cm breiten, vielblütigen, kahlen Dolden an der Spitze seitlicher Kurztriebe entlang der vorjährigen Langtriebe. Lb 6.3.2.6 ▷

Spiraea × vanhouttei, Belgischer Spierstrauch. Nach dem belgischen Gärtner Louis van Houtte ist diese Hybride benannt. Sie wurde um 1862 in Frankreich aus *S. cantoniensis* × *S. trilobata* gezüchtet. Der robuste und anpassungsfähige, starkwachsende, dichtbuschige, langtriebige Strauch wird 2–3 m hoch und breit. Er wächst breitbuschig aufrecht und läßt seine Zweige an den Spitzen elegant überhängen. Rhombisch-eiförmig sind die 2–4 cm langen, kerbig gesägten, schwach 3- bis 5lappigen Blätter. Sie sind oberseits dunkelgrün, unterseits bläulichgrün und im Herbst gelblich gefärbt. Ende Mai-Anfang Juni trägt der Strauch eine überreiche Fülle reinweißer, 8 mm breiter Blüten in vielblütigen, flachen, bis 5 cm breiten Trugdolden, die an seitlichen Kurztrieben entlang der vorjährigen Zweige sitzen. Gehört zu den am häufigsten gepflanzten *Spiraea*-Formen. Lb 9.3.4.5 ▽

Stachyurus praecox, Japanische Schweifähre, Stachyuraceae, Perlschweifgewächse. Auf allen japanischen Inseln kommt die Schweifähre, auch Perlschweif genannt, in Dickichten und lichten Bergwäldern vor. Der sommergrüne, 2–4 m hohe, interessante Blütenstrauch baut sich mit schlanken, abstehenden Zweigen und glänzend rotbraunen Trieben locker und etwas sparrig auf. Seine wechselständigen, einfachen, gesägten Blätter sind elliptisch-eiförmig bis eilanzettlich, 7–14 cm lang. Schon im Herbst sind die gelben, etwa 8 mm langen, 4zähligen, glockigen, zwittrigen oder polygamen Blüten vollständig entwikkelt. Sie überwintern nackt, öffnen sich im März–April und stehen dann in starr nach unten gerichteten, 5–8 cm langen Trauben in den Blattachseln der vorjährigen Zweige. Die kugeligen, etwa 8 mm dicken, grünlichen Beerenfrüchte sind ohne besonderen Zierwert. Lb 6.3.4.5 ▽

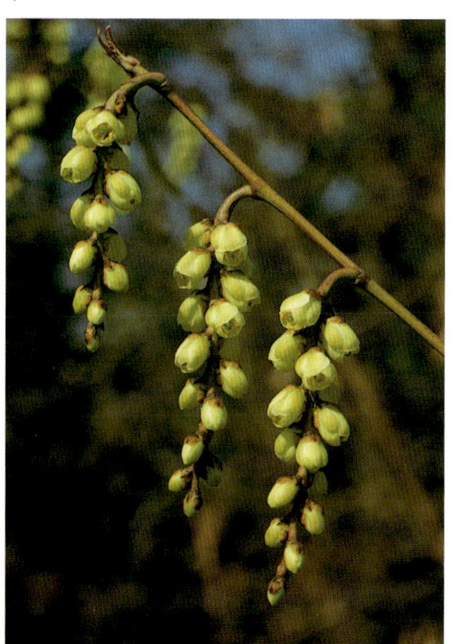

Staphylea colchica, Kolchische Pimpernuß, Staphyleaceae, Pimpernußgewächse. Aus den sommerwarmen, humiden Regionen des Kaukasus stammt diese sommergrüne Art. Sie ist ein bis 4 m hoher, locker aufgebauter, wärmeliebender Strauch mit straff aufrechten, wenig verzweigten Grundästen. Die gegenständigen, unpaarig gefiederten Blätter sind an Langtrieben meist 5zählig, an Blütentrieben meist 3zählig. Die Blättchen sind eiförmig-länglich, 3–5 cm lang, scharf gesägt, oberseits lebhaft grün und unterseits glänzend hellgrün. Weiße, 5zählige, 12–15 mm lange Blüten, in denen die Kelchblätter kronblattartig sind, sitzen im Mai–Juni in 5–10 cm langen und ebenso breiten, aufrechten bis nickenden Rispen an den Enden junger Triebe. Die 8 mm langen, harten Samen sind von einer pergamentartig dünnen, blasig aufgetriebenen, 2- bis 3zipfeligen Hülle umgeben. Lb 3.3.5.4 ▷

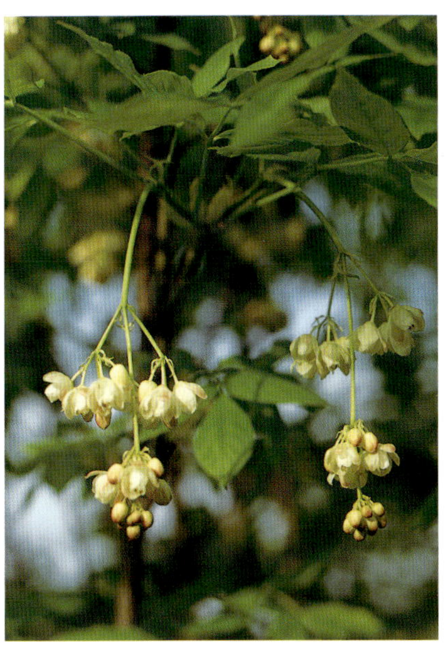

◁ **Staphylea pinnata,** Gemeine Pimpernuß. Vom Mitteleuropa bis Süditalien, in Bulgarien, der westlichen Ukraine und in Südwestasien hat diese Pimpernuß ihre natürliche Verbreitung in sommerwarmen, krautreichen Laubmischwäldern und in lockeren Gebüschen der Hügel- und Bergstufe. Der bis 5 m hohe, aufrechte Strauch ist locker verzweigt. Er hat eine graue, netzartig gemusterte Rinde. Die bis 25 cm langen Blätter sind aus 5–7 eiförmig-länglichen, 5–10 cm langen, scharf gesägten, oberseits lebhaft grünen, unterseits bläulichgrünen Blättchen zusammengesetzt. Die 10 mm langen, weißen Blüten haben stark abspreizende, weißliche, an der Basis grünliche Kelchblätter und glockig angeordnete Kronblätter. Die Blüten stehen im Mai-Juni in 5–12 cm langen, hängenden Rispen. 3–4 cm lang sind die blasig aufgetriebenen Fruchtkapseln mit den 2–3 kurzen Zipfeln. Lb 3.3.4.4

△
Stauntonia hexaphylla, Stauntonie, Lardizabalaceae, Fingerfruchtgewächse. In den humiden, sommerwarmen Klimazonen von Südjapan und Südkorea hat diese immergrüne, wärmebedürftige Kletterpflanze ihre Heimat. An klimatisch günstigen Standorten kann sie bis 10 m hoch winden. Ihre wechselständigen Blätter sind aus 3–7 derbledrigen, eiförmigen bis elliptischen, 8–14 cm langen, glänzend dunkelgrünen Blättchen zusammengesetzt. 2häusig sind die duftenden, weißlichen, violett überlaufenen, etwa 2 cm langen Blüten, die sich im April öffnen und dann in kleinen, achselständigen Trauben stehen. Den Blüten fehlen die Kronblätter, von den 6 Kelchblättern sind die äußeren fleischig und breiter als die inneren. Rundlich bis eiförmig sind die 2,5–5 cm dicken, violettpurpurnen, fleischig-saftigen, samenreiche, eßbaren Beeren. Braucht einen warmen, geschützten Platz. Lb 7.4.4.9

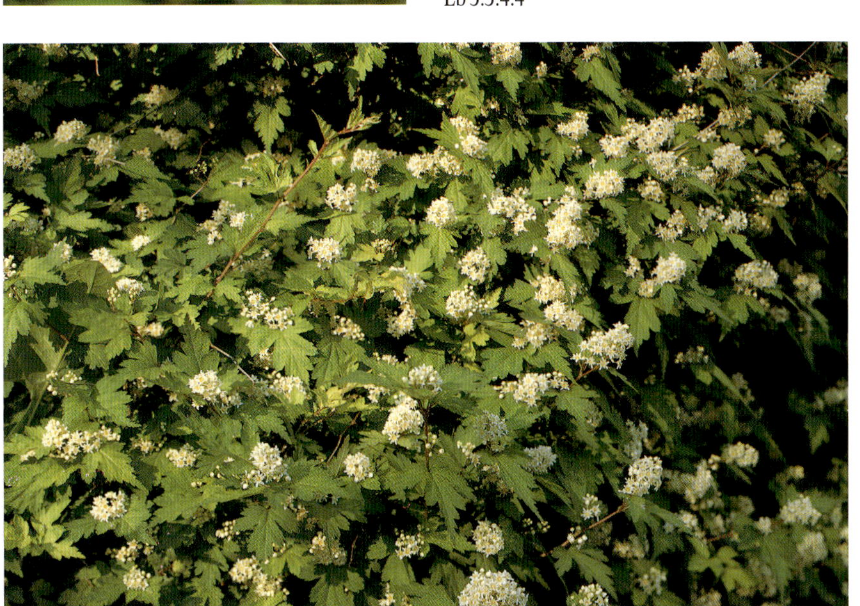

△
Stephanandra incisa, Kleine Kranzspiere, Rosaceae, Rosengewächse. In Japan und Korea kommt diese sommergrüne Art in niedrigen Berglagen an Waldrändern und in Gebüschen vor. Der zierliche, vieltriebige, breitbusche Strauch wird etwa 1,5 m hoch. Seine dünnen, braunen Triebe sind hin und her gebogen und überhängend ausgebreitet. Die wechselständigen, hellgrünen Blätter sind meist 2zeilig angeordnet, sie sind eiförmig, 2–6 cm lang, lang zugespitzt und am Rand grob und unregelmäßig tief eingeschnitten. Sie färben sich im Herbst orange- bis rotbraun. Kleine, 5zählige, grünlichweiße, zart duftenden Blüten sind zu lockeren, 2–6 cm langen, endständigen Rispen vereint, sie blühen im Juni-Anfang Juli auf. Zur flächigen Begrünung wird nicht selten die Sorte 'Crispa' gepflanzt. Sie wird mit ihren bogig nach unten gekrümmten Zweigen bis 50 cm hoch. Lb 7.2.2.6

◁ **Stephanandra tanakae,** Große Kranzspiere. Viel seltener als *S. incisa* kommt diese Art in den Bergwäldern der japanischen Hauptinsel Honshu vor. Sie ist ein bis 2 m hoher und gleich breiter, aufrechter, breitbuschiger, dicht verzweigter Strauch mit dünnen, rotbraunen Zweigen, die locker und elegant überhängen. An den älteren, dunkelgrauen Zweigen fasert die Rinde in langen Streifen ab. Eiförmig und lang zugespitzt sind die 3–8 cm langen, gleichmäßig fein gesägten Blättern mit ihren bleibenden, auffallenden, herzförmigen Nebenblättern. Im Herbst färben sich die Blätter früh orange bis rot. Cremeweiß, 8–9 mm breit und damit etwas größer als bei *S. incisa* sind die zahlreichen, hübschen, gestielten Blüten, die im Juni-Juli in 5–10 cm langen, lockeren Rispen an den Zweigen hängen. Beide Arten werden vorwiegend als Gruppensträucher eingesetzt. Lb 7.2.2.5

Stewartia pseudocamellia, Scheinkamelie, Theaceae, Teestrauchgewächse. Die Bergwälder Mittel- und Südjapans sind die Heimat dieser Scheinkamelie. Sie wächst in ihrer Heimat meist baumförmig und wird bis 18 m hoch, in Kultur ist sie strauch- oder baumförmig und meist nicht mehr als 4–6 m hoch. An dem glatten, bunten Stamm löst sich die Borke in Platten ab. Elliptisch bis verkehrteiförmig sind die 3–8 cm langen, frischgrünen Blätter, die sich im Herbst ganz prachtvoll leuchtend bis dunkelrot verfärben. Im Juli-August entfalten sich die sehr dekorativen, 5–6 cm breiten, schalenförmigen, reinweißen Blüten mit ihren zahlreichen, auffallenden, orangegelben Staubbeuteln. Weil sich die Blüten nur nach und nach öffenen, dauert die Blüte mehrere Wochen lang. Kaum ein anderes Ziergehölz kann zu allen Jahreszeiten einen vergleichbaren Reiz entfalten. Lb 3.2.5.4 ▷

△

Stranvaesia davidiana, Lorbeermispel, Rosaceae, Rosengewächse. Die immergrüne, wärmebedüftige Lorbeermispel besiedelt wintermilde, humide Bergregionen im westlichen China. Der breitbuschig aufrecht wachsende Strauch wird 2–3 m, an sehr günstigen Plätzen auch bis 8 m hoch. Er baut sich mit unregelmäßig ausgebreiteten bis waagerecht abstehenden Ästen auf. Die einfachen, wechselständigen, ganzrandigen, ledrigen, glänzend dunkelgrünen Blätter sind länglich bis länglich-lanzettlich und 6–11 cm lang. Ältere Blätter fallen im Frühjahr nach einer kirschroten Färbung ab. Etwa 7 mm breite, 5zählige, weiße Blüten mit roten Staubbeuteln stehen im Juni in 5–8 cm breiten, flachen Trugdolden an den Enden von Kurztrieben. Sehr dekorativ sind auch die fast kugeligen, 5–7 mm dikken, leuchtend roten Apfelfrüchte, ein schöner Kontrast zu dem dunkelgrünen Laub. Lb 6.4.2.4

Styrax japonica, Japanischer Storaxbaum, ▷ Styracaceae, Storaxbaumgewächse. Der Japanische Storaxbaum ist in ganz Japan in lockeren, sommerwarmen, humiden Wäldern der Berg- und Hügelstufe weit verbreitet, er kommt auch in Korea und China, auf Taiwan und den Philippinen vor. Die überaus dekorative, sommergrüne Art wächst meist baumförmig und wird 3–4(–6) m hoch. Mit waagerecht abstehenden Ästen und dünnen Zweigen wird über einem meist kurzen Stamm eine sehr breite Krone aufgebaut. Die wechselständigen, einfachen, oberseits glänzend dunkelgrünen Blätter sind breit-elliptisch bis länglich-lanzettlich und 2–8 cm lang. Im Juni tragen die Kleinbäume eine große Fülle von reinweißen, 1,5 cm langen, glockenförmigen Blüten mit einer tief 5lappigen Krone. Sie sind zu 3–6 in Büscheln zusammengefaßt und hängen an dünnen Stielen von den Zweigen herab. Lb 7.2.2.4

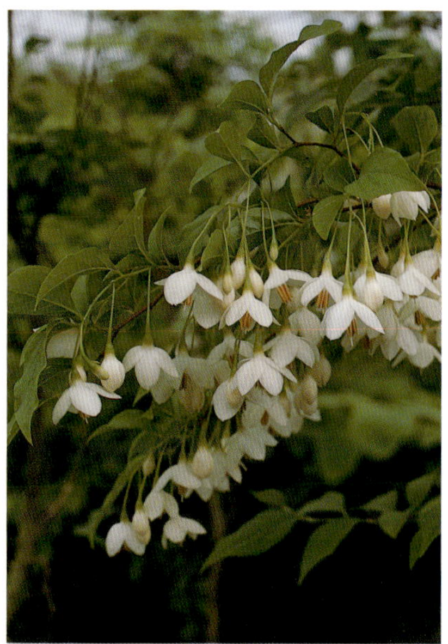

Styrax obassia, Obassia-Storaxbaum. Auch ▷ diese Art kommt in ganz Japan, in Korea, der Mandschurei und China häufig vor. In unseren Gärten ist sie nur sehr selten anzutreffen. Mit einer Wuchshöhe von 6–10 m wird der auffallend beblätterte Kleinbaum deutlich höher als *S. japonica.* Mit aufstrebenden bis abstehenden Ästen wird eine zunächst schmale, später breit ausladende Krone aufgebaut. An anfangs flockig-filzigen Trieben sitzen die großen, fast kreisrunden bis breit verkehrt-eiförmigen, bis 20 cm breiten Blätter. Sie sind oberseits lebhaft grün, unterseits dicht sternhaarig und am Rand oberhalb der Mitte fein grannig gezähnt. Im Mai-Juni entfalten sich die weißen, glockenförmigen Blüten mit ihrer tief 5lappigen Krone und den bis 2 cm langen Kronblättern. Sie stehen in 10–20 cm langen, hängenden, meist etwas gebogenen Trauben zusammen. Lb 7.4.4.4

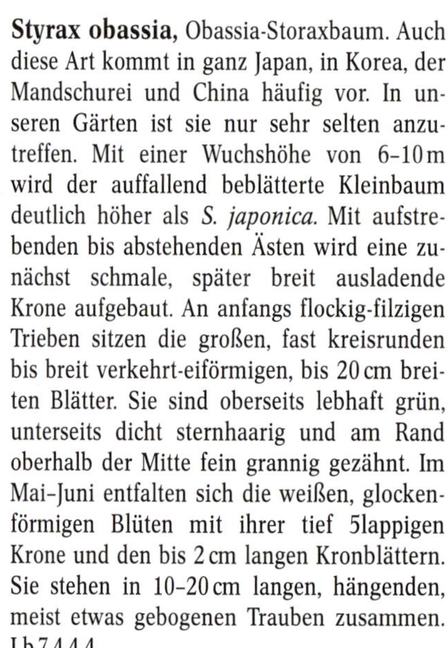

Symphoricarpos × chenaultii 'Hancock', Bastard-Korallenbeere. *S. microphyllus* und *S. orbiculatus* sind die Eltern dieser Hybride. Sie ist ein 1,5–2 m hoher, reich und anfangs locker verzweigter, zierlicher Strauch mit bis zum Boden überhängenden, rötlichen Zweigen, die, wie die ganze Pflanze, dicht weich behaart sind. Die oberseits dunkelgrünen, unterseits blaugrünen Blätter sind eiförmig und 1–2 cm lang. Aus rosa Blüten, die im Juni–Juli in kurzen, endständigen Ähren stehen, entwickeln sich sehr zahlreiche, lange haftende, rote Früchte mit weißen Punkten, die auf der Schattenseite oft weiß gefärbt und rot punktiert sind. 'Hancock' ist eine häufig für flächige Begrünungen gepflanzte, robuste und wüchsige Sorte. Sie wird mit ihren bogig ausgebreiteten, z.T. weit überhängenden, an den Spitzen sich bewurzelnden Zweigen bis 1,2 m hoch und über 1,5 m breit. Lb 9.3.4.5

▽

Symphoricarpos albus var. laevigatus, ▷ Schneebeere, Caprifoliaceae, Geißblattgewächse. Von Quebec und Alaska reicht die Verbreitung der Art südwärts bis Colorado und Arizona. Der sommergrüne, dicht verzweigte Strauch breitet sich durch Wurzelausläufer stark aus und bildet im Alter mehrere Meter breite Dickichte. Die dünnen, besenartigen Zweige stehen aufrecht bis übergeneigt. Gegenständig stehen die eiförmigen 4–6 cm langen, an Langtrieben oft größeren und buchtig gelappten Blätter. Sie sind oberseits matt dunkelgrün, unterseits heller und weich behaart. Sie bleiben im Herbst lange haften. Wenig auffällig sind die 5–6 mm langen, rötlichen Blüten, die im Juni–September in bis 4 cm breiten Ähren oder Büscheln stehen. Sehr dekorativ sind dagegen die sehr zahlreichen, rundlichen, weißen, bis 1,5 cm dicken, giftigen, sehr lange haftenden Früchte. Lb 3.3.6.5

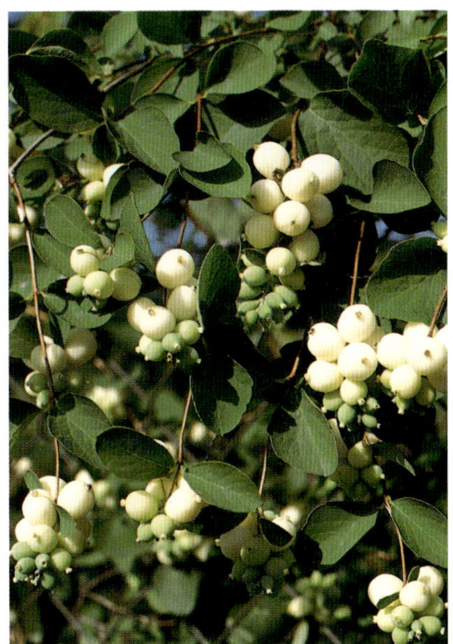

Symphoricarpos orbiculatus, Korallenbeere. Im östlichen Nordamerika, südwärts bis Mexiko, ist die Korallenbeere weit verbreitet. Der 1–2 m hohe, anspruchslose Strauch wächst mit dünnen Zweigen anfangs straff aufrecht, später hängen die Zweige locker über. Durch reiche Ausläuferbildung entstehen im Laufe der Zeit kleine Dickichte. Elliptisch bis eiförmig sind die 1,5–3,5 cm langen, oberseits stumpf dunkelgrünen, unterseits graugrünen und behaarten Blätter. Sie bleiben bis in den November grün und färben sich dann schön rot bis braunrot. Gelblichweiße, rosa überlaufende, 4 mm lange, glockige Blüten sitzen im Juni–August in kurzen, dichten Büscheln zusammen. Im September färben sich die zahlreichen, annähernd kugeligen, 4–6 mm dicken, sehr lange haftenden Früchte. Sie sind glänzend rubinrot und auf der Schattenseite rosa bis fast weiß gefärbt. Lb 2.5.4.5

▽

◁ **Symphoricarpos × doorenbosii 'Taiga'.** Doorenbos hat in Holland aus *S. albus* var. *laevigatus* × *S.* × *chenaultii* eine Gruppe von Hybriden mit interessanten Fruchtfarben gezüchtet. Die Sträucher wachsen meist breitbuschig und gedrungen, sie werden 1–2 m hoch und behalten ihr Laub sehr lange. Ihre Blüten geben eine gute Bienenweide ab. Hierzu gehören: 'Amethyst', Früchte lilarosa bis purpurviolett, 'Erect', Wuchs straff aufrecht, Früchte magentarot, 'Magic Berry', Früchte lilarot, schon im Juli Farbe zeigend, 'Mother of Pearl', Typ der Kreuzung, Früchte weiß mit rosa Wange, 'White Hedge', Früchte weiß. Hier kann man auch die in der ehemaligen DDR gezüchteten, früh- und reichfruchtenden Sorten einreihen: 'Hecona', Wuchs straff aufrecht, Früchte groß, lila überzogen, 'Taiga', Wuchs breit aufrecht, bis 80 cm hoch, Früchte weiß, an der Sonnenseite lilarosa. Lb 9.3.4.6

△
Syringa afghanica, Afghanischer Flieder, Oleaceae, Ölbaumgewächse. In höheren Lagen von Afghanistan und Tibet kommt *S. afghanica* in sommerwarmen und -trockenen Landstrichen vor. Der kleine, kaum mehr als 1 m hohe, kurzastige Strauch hat dünne, dunkle Triebe. Seine zierlichen, gegenständigen, fiederschnittigen Blätter sind lineal-lanzettlich bis eiförmig-lanzettlich, 1–3 cm lang und 2–13 mm breit, an Langtrieben können sie bis 5 cm lang sein. Sie sind ziemlich derb lederartig und kahl. Die duftenden, blaulila Blüten öffnen sich im Mai, sie stehen an den Triebenden und in den Blattachseln in schlanken, bis 4 cm langen Rispen. Wie bei allen Fliederarten hat die zylindrische Kronröhre am Ende 4 kurze, abstehende Zipfel. Eine selten gepflanzte, zierliche, trockenresistente Art für den Steingarten und andere, sonnige, eher trockene Plätze. Lb 6.1.2.6

△
Syringa × chinensis, Chinesischer Flieder, Königs-Flieder. Die Hybride stammt nicht aus China, wie der Name vermuten läßt, sondern ist um 1777 im Botanischen Garten in Rouen, Frankreich aus *S. vulgaris* × *S. persica* entstanden. 3–5 m hoch und im Alter genauso breit wird der aufrechte, locker aufgebaute Strauch mit seinen dünnen, im Alter bogig übergeneigten Zweigen. Eilanzettlich und 4–8 cm lang sind die dunkelgrünen Blätter. Sehr reich blüht der Strauch im Mai mit süßlich duftenden, purpurlila Blüten, die in großen, 15–30 cm langen, ziemlich lockeren, kahlen Rispen entlang der Zweige stehen, an den Zweigenden stehen die Rispen meist gehäuft. 'Saugeana' ist eine häufig kultivierte Sorte mit duftenden, rotlila Blüten in großen, lockeren, hängenden Rispen. 'Alba' ist eine nur selten kultivierte Liebhabersorte mit ganz hellila, fast weißen Blüten. Lb 9.3.3.4

△
Syringa josikaea, Ungarischer Flieder. In den Transsilvanischen Alpen, in der Ukraine und den Karpaten hat der Ungarische Flieder seine ursprüngliche Heimat. Seit weit über 100 Jahren ist er in Mitteleuropa in Kultur. Der 3–5 m hohe, steif aufstrebende, dickstämmige, im Alter schirmförmig ausgebreitete Strauch baut sich mit etwas steifen, ziemlich dicken Zweigen auf. Die 6–12 cm langen, oberseits dunkelgrünen und etwas glänzenden, unterseits graugrünen Blätter sind breitelliptisch bis länglich-elliptisch und 6–12 cm lang, sie haften im Herbst lange und färben sich fahl orangegelb. Aus purpurnen Knospen entfalten sich im Mai–Juni lilapurpurne, herb riechende, 10–18 mm lange Blüten mit aufgerichtet-abspreizenden Zipfeln. Die Blüten stehen an den Zweigenden in schmal-kegelförmigen, 10–18 cm langen, aufrechten bis leicht geneigten Rispen. Lb 3.2.2.4

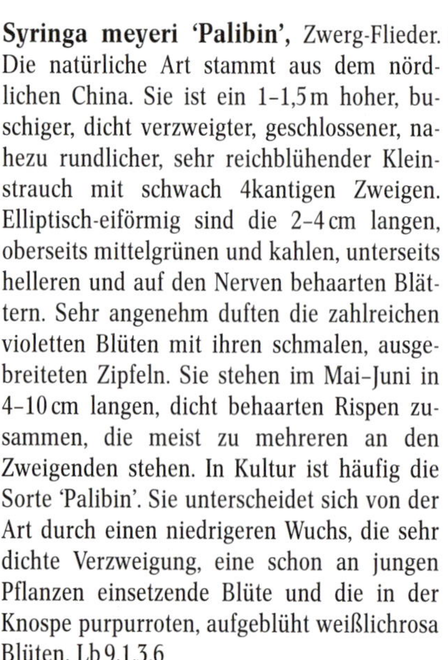

Syringa meyeri 'Palibin', Zwerg-Flieder. ▷ Die natürliche Art stammt aus dem nördlichen China. Sie ist ein 1–1,5 m hoher, buschiger, dicht verzweigter, geschlossener, nahezu rundlicher, sehr reichblühender Kleinstrauch mit schwach 4kantigen Zweigen. Elliptisch-eiförmig sind die 2–4 cm langen, oberseits mittelgrünen und kahlen, unterseits helleren und auf den Nerven behaarten Blättern. Sehr angenehm duften die zahlreichen violetten Blüten mit ihren schmalen, ausgebreiteten Zipfeln. Sie stehen im Mai–Juni in 4–10 cm langen, dicht behaarten Rispen zusammen, die meist zu mehreren an den Zweigenden stehen. In Kultur ist häufig die Sorte 'Palibin'. Sie unterscheidet sich von der Art durch einen niedrigeren Wuchs, die sehr dichte Verzweigung, eine schon an jungen Pflanzen einsetzende Blüte und die in der Knospe purpurroten, aufgeblüht weißlichrosa Blüten. Lb 9.1.3.6

◁ **Syringa microphylla 'Superba',** Kleinblättriger Flieder. Die natürliche Art ist aus Nordchina in unsere Gärten gekommen. Sie ist ein 1–1,5 m hoher, breit aufrechter, sehr reich blühender, zierlicher Strauch mit dünnen Trieben, die bis zum 2. Jahr fein behaart sind. Rundlich-eiförmig sind die 1–4 cm langen, anfangs beiderseits behaarten, oberseits sattgrünen, unterseits graugrünen Blätter. Stark duftende, blaßlila Blüten mit schmaler, bis 1 cm langer Kronröhre und lanzettlichen Zipfeln sitzen im Juni in 4–7 cm langen, fein behaarten Rispen, die meist zu zweit an den Zweigenden stehen. Die in der Regel kultivierte 'Superba' wächst etwas stärker als die Art. Sie zeichnet sich u.a. dadurch aus, daß nach der Hauptblüte im Mai, bis in den Oktober hinein ständig weitere Blütenrispen angelegt werden. Die Blüten sind rosarot, im Verblühen heller gefärbt. Lb 7.1.3.6

Syringa pekinensis, Peking-Flieder. Nordchina ist die Heimat dieser eigentümlichen Art. Sie erinnert mit ihren weißen Blüten eher an einen Liguster, wurde deshalb früher zu einer eigenen Gattung gestellt und trug den Namen *Ligustrina pekinensis.* Der 2,5–6 m hohe Strauch oder kleine Baum hat einen breit ausladenden Wuchs mit dünnen, leicht überhängenden Zweigen und bräunlichen Trieben. Die dunkle Rinde ist auffallend spiegelglatt. Eiförmig bis eiförmig-lanzettlich und 5–10 cm lang sind die oberseits dunkelgrünen, unterseits graugrünen, kahlen Blätter. Im Juni entfaltet der Strauch seine gelblichweißen Blüten in 8–15 cm langen, ziemlich dichten, kahlen, aufrechten, kegelförmigen Rispen an den Enden der Zweige. Nicht nur die Blütenfarbe, auch der unangenehme Blütenduft erinnert an Liguster. Wird meist nur in dendrologischen Sammlungen gehalten. Lb 7.1.3.4 ▷

Syringa × prestoniae 'Elinor'. Seit 1920 sind durch Isabella Preston, Ottawa, Ontario, Kanada, die Preston-Hybriden durch Kreuzungen von *S. reflexa* × *S. villosa* entstanden. Sie sind in Kanada und Nordamerika beliebt, weil sie frosthärter und großblumiger sind als unsere Gartenflieder. 'Elinor' ist die bei uns am häufigsten kultivierte Sorte dieser Hybridgruppe. Sie ist ein 3–5 m hoher und im Alter ebenso breiter, breit aufrechter, locker aufgebauter Strauch mit auffallend dicken Ästen und Zweigen. Die großen, dunkelgrünen, derben Blätter sind ähnlich denen von *S. villosa.* Bis 25 cm lang sind die schmalen, ziemlich lockeren, aufrechten bis nickenden Blütenrispen mit den innen hell violetten, außen blaßlila Blüten mit der schlank trichterförmigen Röhre. Die Blüten öffenen sich Anfang–Mitte Juni, im Anschluß an die Blüten unserer Gartenflieder. Lb 9.2.2.4

▽

◁ **Syringa × persica,** Persischer Flieder, Diese Hybride ist vermutlich eine Kreuzung zwischen *S. afghanica* × *S. laciniata.* Sie soll schon 1640 aus Vorderasien nach Europa gekommen sein. In Kleinasien ist die erbfest gewordene Hybride eingebürgert und verwildert. Der buschige, bis 2 m hohe, locker verzweigte, rundliche, zierliche Strauch hat dünne, etwas kantige, kahle Triebe. Lanzettlich und 3–6 cm lang sind die spitzen Blätter, die oft auch mit 9 Lappen fiedrig gelappt oder 3lappig sind. In 5–8 cm langen, breiten, lockeren, gelegentlich verzweigten Rispen stehen im Mai die etwa 1 cm langen, duftenden, lila gefärbten Blüten an den Zweigenden. 'Alba' hat weiße bis weißliche Blüten, bei 'Rosea' sind die Blüten hellrosa, bei 'Rubra' dunkelrosa. Bei der zierlichen Sorte 'Laciniata' sind die feingliedrigen Blätter 3- bis 9lappig oder fiederschnittig. Lb 6.3.2.5

△
Syringa reflexa, Bogen-Flieder. In sommerwarmen, humiden Regionen Mittelchinas ist der Bogen-Flieder zu Hause. Der 3–4 m hohe und gleich breite, vielastige Strauch wächst breit aufrecht bis übergeneigt, im Alter ist der Kronenaufbau fast schirmförmig. Die ziemlich dicken, grauen oder graubraunen Triebe tragen deutliche Lentizellen. Eiförmig-länglich bis länglich-lanzettlich sind die 8–15 cm langen, derben oberseits sattgrünen und kahlen, unterseits hell graugrünen und behaarten Blätter. Sie färben sich im Herbst matt orange bis gelblich. In schmalen, fast walzenförmigen, nickenden oder überhängenden, 10–25 cm langen Rispen stehen im Juni die herb riechenden Blüten an den Zweigenden. Sie sind in der Knospe karminrot, aufgeblüht innen weißlich und außen rosa gefärbt. *S. reflexa* ist eine reichblühende, wärmebedürftige, trotzdem frostharte Art. Lb 7.2.2.4

△
Syringa × swegiflexa, Perlen-Flieder. *S. reflexa* und *S. sweginzowii* sind die Eltern dieser Hybride, die 1953 in der Baumschule Herm. A. Hesse, Weener entstanden ist. Der starkwüchsige Strauch wird 3–4 m hoch und nahezu gleich breit. Er baut sich aufstrebend bis trichterförmig auf, die seitliche Verzweigung hängt meist bogig über. Eiförmig sind die 10–15 cm langen, derben, oberseits dunkelgrünen, unterseits graugrünen Blätter, die sich im Herbst gelblich verfärben. In zahlreichen üppigen, bis 30 cm langen, dichten, überhängenden Rispen stehen die Blüten im Juni–Juli an den Zweigenden. Die in der Knospe karminroten, aufgeblüht dunkelrosa Blüten verströmen einen weitstreichenden, herben Duft. Wie *S. reflexa* ist die Hybride wärmeliebend, aber ausreichend frosthart. Sie gehört zum Standardsortiment der Baumschulen, ganz im Gegensatz zu *S. sweginzowii.* Lb 9.2.2.4

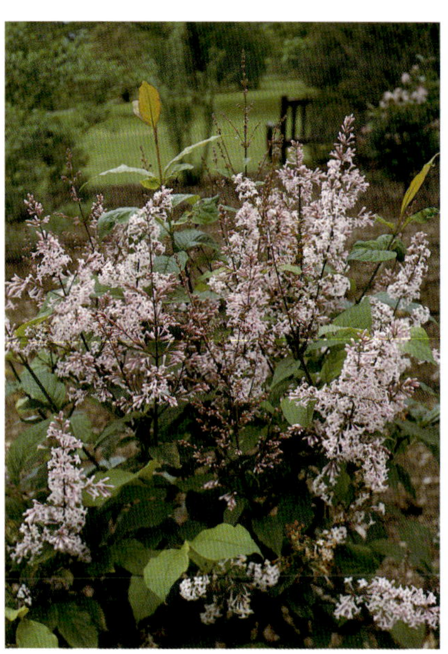

△
Syringa sweginzowii, Sweginzows Flieder. Aus dem nordwestlichen China stammt *S. sweginzowii.* Der bis 3 m hohe, schmale, elegante Strauch wächst aufrecht bis ausgebreitet. Länglich- bis eiförmig und plötzlich zugespitzt sind die 5–10 cm langen, oberseits tiefgrünen, unterseits hellgrünen Blätter. In 10–15 cm langen, aufrechten, lockeren Rispen, die oft mit seitlichen Nebenrispen ausgestattet sind, stehen die Blüten im Mai–Juni an den Enden der Zweige. Die Achseln der Blütenstände sind purpurn gefärbt und fein spärlich behaart. Hellrosa, im Schlund karmin, sind die etwa 8 mm langen, süß duftenden Blüten mit ihren ausgebreiteten Kronzipfeln gefärbt. Bei 'Superba' sind die 10–14 cm langen Blätter länglich-elliptisch und lang zugespitzt. Die Blüten sind in der Knospe lachsfarbig, aufgeblüht innen weißlich, außen zart fleischfarben. Lb 7.2.2.5

Syringa vulgaris, Gemeiner Flieder. In ▷ Südosteuropa kommt der Gemeine Flieder an Felshängen, in Gebüschen, lichten Wäldern und an Waldrändern vor. In Deutschland ist er an vielen Stellen eingebürgert und bildet dort durch seine starke Ausläuferbildung dichte Gebüsche. Er ist ein 2–6 m hoher, selten bis 10 m hoher Strauch oder Baum mit oft drehwüchsigem Stamm und längsrissiger, sich in langen Streifen ablösender Borke. Die glänzend grünen Blätter sind eiförmig bis breit-eiförmig und 5–12 cm lang. Stark duftende, bei der Wildform lila Blüten stehen im Mai in 10–20 cm langen, aufrechten, reichblütigen Rispen. Der Gemeine Flieder kam um 1560 nach Wien und wurde von dort rasch über ganz Mitteleuropa verbreitet. Wir kultivieren nur noch selten die Wildform, sondern zahlreiche Sorten mit weißen, lila oder purpurroten, einfachen oder gefüllten Blüten. Lb 6.3.3.6

Syringa vulgaris-Sorten

'Edward Harding' 'Firmament' 'Katharine Havemeyer'

'Konstantyn Karpow' 'Marceau' 'Marie Legraye'

'Michel Buchner' 'Mme Lemoine' 'Primrose'

'Princess Clémentine' 'Prodige' 'Sensation'

Tamarix pentandra 'Pink Cascade. Die natürliche Art, die Fünfmännige Tamariske, besiedelt sommertrockene, steppenartige Standorte in Südostrußland, Vorderasien, dem Mittelmeergebiet, Nordafrika und den Kanarischen Inseln. Der 3–5 m hohe, sparsam verzweigte, aufrechte, oft baumartige, reichblühende Strauch wächst locker mit bogig ausladenden, purpurn gefärbten Zweigen. Im Alter wird er oft schiefstämmig, hängt dann nach einer Seite über und nimmt ein sehr malerisches Aussehen an. Seine bläulichen oder blaßgrünen Blätter sind lanzettlich bis eiförmig und vorne spitz. Von Juli–September stehen die kleinen, 5zähligen, rosa Blüten in 3–8 cm langen, lockeren Trauben, die zu langen, endständigen Rispen vereint sind. Statt der natürlichen Art werden heute in der Regel 2 Sorten angeboten, die rosablühende 'Pink Cascade' und 'Rubra' mit dunkelrosa Blüten. Lb 6.1.1.5
▽

Tamarix parviflora, Kleinblütige Tamariske, Frühlings-Tamariske, Tamaricaceae, Tamariskengewächse. Auf dem Balkan, in der Ägäis, in Nordafrika und dem östlichen Mittelmeergebiet ist die Art unter anderem in der mediterranen Hartlaubvegetation zu Hause. Der 3–5 m hohe Strauch oder kleine, oft schiefwüchsige Baum baut sich mit aufstrebenden Ästen und dünnen, rutenförmigen, weit übergebogenen Zweigen sehr locker und elegant auf. Anfangs sind die Zweige rotbraun, imWinter fast schwarz gefärbt. Die eiförmigen, zugespitzten, halbstengelumfassenden, lange haftenden, an der Spitze trokkenhäutigen Schuppenblätter sind hellgrün gefärbt. Die kleinen, 4zähligen, rosa Blüten stehen im April–Mai in 2–4 cm langen, schmalen Trauben seitenständig an den vorjährigen Langtrieben. Die sehr reich blühende Art braucht reichlich Platz um sich voll entfalten zu können. Lb 6.3.4.2 ▷

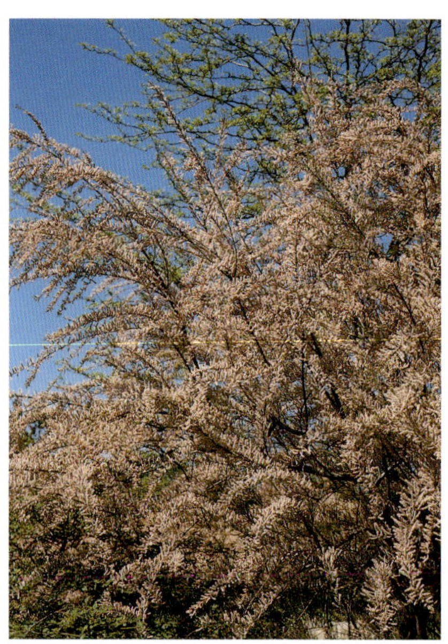

Tamarix tetrandra, Viermännige Tamariske. Auf dem östlichen Balkan, auf der Krim und in Westasien besiedelt diese Tamariske u.a. trockene, steppenartige Landstriche mit warmen Sommern und mäßig kalten Wintern. Bis 5 m hoch wird die strauchig, nicht selten aber auch baumförmig wachsende Art mit ihren weit überhängenen Seitenzweigen, die fast schwarzrindig sind. Eiförmig-lanzettlich, an der Basis verschmälert und am Rand durchscheinend sind die nadelartig erscheinenden Blätter. 4zählig sind die rosa Blüten, die im April–Mai in 4–5 cm langen, mehr oder weniger büscheligen Trauben seitenständig an den vorjährigen Zweigen stehen, ganz im Gegensatz zu den sommerblühenden Arten, deren Blütentrauben an den Zweigenden gehäuft stehen. In Habitus und Belaubung sind die Tamarisken ganz eigenwillige Sträucher. Sie werden am besten als Solitärgehölze verwendet. Lb 5.1.1.5
▽

Tamarix ramosissima, Kaspische Tamariske. Steppenartige Landstriche in der kaspischen Region sind die Heimat dieser Art. Der 2–3 m hohe und gleich breite Strauch wächst mit aufstrebenden Ästen, langen, wenig verzweigten Zweigen und und bogig überhängenden Seitenzweigen locker und unregelmäßig. Die graugrünen, am Zweig herablaufenden Blätter sind lanzettlich bis pfriemförmig. Die hellrosa Blüten sind 5zählig, sie sitzen im Juli–September in 3 cm langen, lockeren Trauben zusammen, die zu langen, endständigen Rispen vereint sind. Da sich alle Tamarisken nur schwer verpflanzen lassen, werden sie heute vorwiegend in Töpfen und Containern kultiviert und verkauft. Alle brauchen einen freien, vollsonnigen Platz, sie sind ausreichend frosthart, wärmeliebend, vertragen Hitze und trockene Böden. Sparrig gewordene Pflanzen lassen sich stark zurückschneiden. Lb 6.1.1.5 ▷

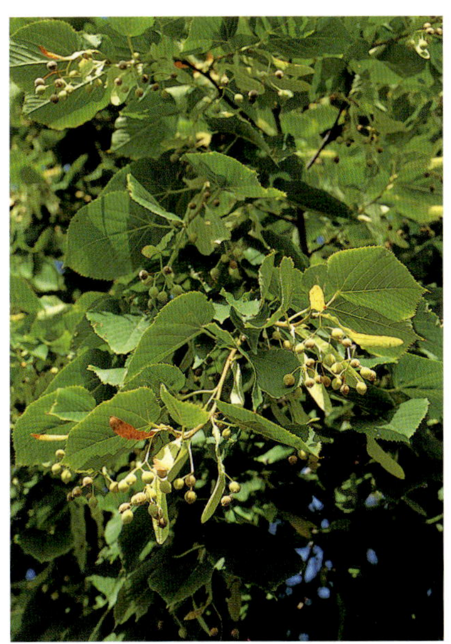

◁ **Tilia americana,** Amerikanische Linde, Tiliaceae, Lindengewächse. In den Laubwaldgebieten des östlichen Nordamerika kommt die Art nicht selten in nahezu reinen Beständen vor. Der stattliche Baum kann Höhen bis zu 30(–40) m erreichen, er hat eine hohe, eiförmige bis rundliche, gewölbte, offene Krone mit wenigen starken, aufwärts gebogenen Ästen und kahlen, olivgrünen bis bräunlichen, oft überhängenden Trieben. Der Stamm hat eine dunkelgraue Borke. Oval bis kreisförmig sind die bis 25 cm langen, plötzlich zugespitzen, an der Basis herzförmigen bis gestutzten, oberseits dunkelgrünen und etwas glänzenden, unterseits helleren und bis auf kleine Achselbärte kahlen Blätter. Bis 1,5 cm breite, duftende, hellgelbe Blüten sitzen im Juni–Juli in hängenden Trugdolden zusammen. Die als 'Nova' angebotene Form unterscheidet sich nicht wesentlich von der Art. Lb 3.3.4.1

Tilia cordata, Winter-Linde. Von Europa bis Westsibirien und Vorderasien kommt die Winter-Linde vorwiegend in sommerwarmen Eichen- und Eichen-Hainbuchen-Wäldern vor. Der 25–30(–40) m hohe Baum baut mit kräftigen Ästen und sehr feiner Verzweigung eine dichte, breitrunde Krone auf. Der Stamm hat eine längsgefurchte, schwärzlichgraue Borke. Die rundlichen, plötzlich zugespitzten, an der Basis schief-herzförmigen, 3–10 cm langen Blätter sind oberseits grün und kahl, unterseits graugrün mit rotbraunen Achselbärten entlang der Mittelrippe. Im Juni–Juli sitzen die gelblichweißen, stark duftenden Blüten zu 5–7 in überhängenden bis nahezu aufrechten Trugdolden. Sie sind, wie bei allen Linden, eine hervorragende Bienenweide. Neben der Art werden mit 'Erecta', 'Greenspire' und 'Rancho' etwas schwächer wachsende Sorten mit kleineren Kronen angeboten. Lb 3.1.3.1

▽

Tila × euchlora, Krim-Linde. *T. cordata* und *T. dasystyla* sind vermutlich die Eltern dieser Hybride, die um 1860 entstanden ist. Der bis 20 m hohe Baum hat eine ziemlich schmale, eirundliche Krone mit durchgehendem Stamm, dessen glatte Rinde hellgrau und dunkler gestreift ist. Während die oberen Äste aufstreben oder waagerecht abstehen, hängen die unteren Ästen schleppenartig herab und erreichen bei freistehenden Bäumen nicht selten den Boden. Breit-eiförmig sind die 6–10 cm langen, kurz zugespitzten, an der Basis schief herzförmigen, scharf gesägten, auffallend glänzend dunkelgrünen, unterseits helleren, im Herbst gelb gefärbten Blätter. Zu 3–7 stehen im Juli die gelben, duftenden Blüten in hängenden Trugdolden. Wird häufig als Stadt- und Straßenbaum gepflanzt, weil die Blätter weniger von der Roten Spinne befallen werden als bei anderen Linden. Lb 3.1.3.2

▽

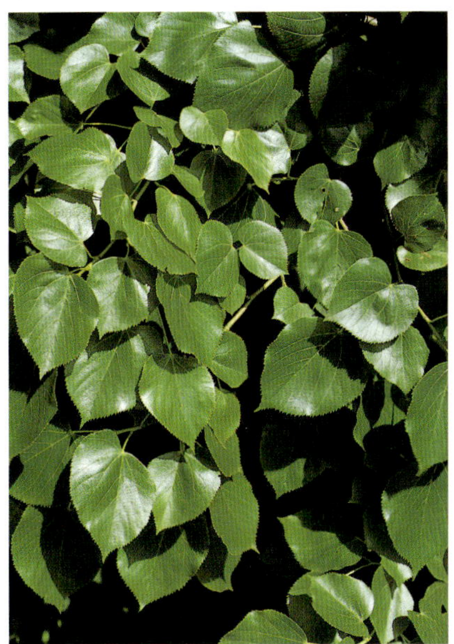

Tilia henryana, Henrys Linde. In den sommerwarmen, humiden Laubwäldern Mittelchinas kommt *T. henryana* vor. Der schwachwüchsige Baum wird kaum mehr als 10 m hoch, er hat eine lockere, offenen Krone und anfangs sternhaarige, bald kahle Triebe. Breit-eiförmig bis eiförmig und 5–12 cm lang sind die kurz zugespitzten, an der Basis schief-herzförmigen oder gestutzten Blätter, die oberseits dunkelgrün, unterseits bräunlich sternhaarig sind und braune Achselbärte tragen. Die sehr dekorativen Blätter fallen vor allem durch den fein borstig gezähnten Rand auf, die einzelnen Zähne tragen bis 1 cm lange, borstige Grannen. Erst im Juli–August erscheinen die großen, cremegelben Blüten, die zu 20 oder mehr in 10–15 cm langen, hängenden Trugdolden zusammenstehen. Der interessante Kleinbaum wird leider nur von sehr wenigen Baumschulen angeboten. Lb 6.4.2.3 ▷

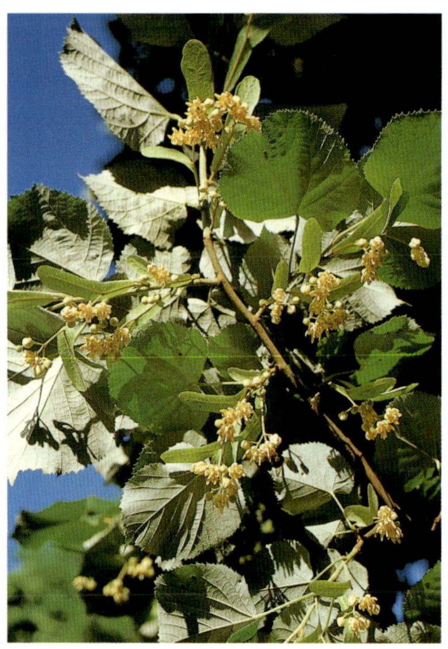

◁ **Tilia petiolaris,** Hänge-Silber-Linde. Die ursprüngliche Verbreitung der Art, die gelegentlich auch als Varietät von *T. tomentosa* angesehen wird, ist nicht sicher bekannt. Seit mehr als 150 Jahren ist sie in Kultur. Der bis 25 m hohe, trockenresistente Baum hat anfangs eine eiförmige, später eine schmale, hochgewölbte, etwas unregelmäßige Krone mit stark überhängenden Ästen und dicht weißfilzigen jungen Trieben. Die Borke ist dunkel- und hellgrau, mit glatten, flachen Furchen. Rundlich-eiförmig sind die 5–10 cm langen, zugespitzen, an der Basis schief-herzförmigen oder nahezu gestutzten, mehr oder weniger grannenspitzig gesägten Blätter. Sie sind zuletzt oberseits dunkelgrün, unterseits silbergrau sternhaarig und im Herbst goldgelb gefärbt. Im Juli stehen die cremeweißen, stark duftenden Blüten zu 3–10 in hängenden, filzig behaarten Trugdolden. Lb 6.3.2.1

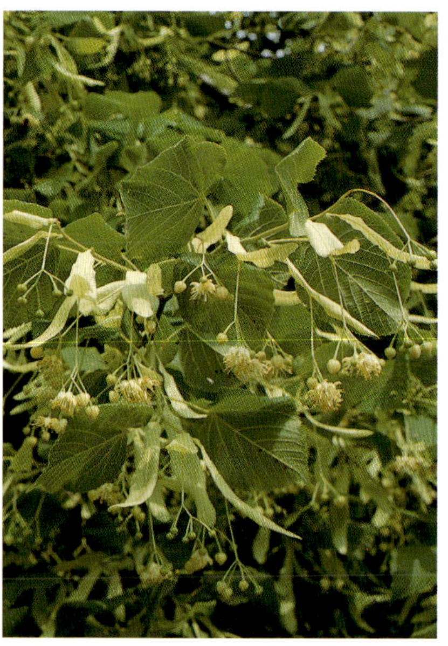

△
Tilia platyphyllos, Sommer-Linde. In West-, Mittel-, Süd- und Südosteuropa und zerstreut in Kleinasien und dem Kaukasus kommt die Sommer-Linde in Buchen-Linden-Bergwäldern, in Linden-Ahorn-Wäldern und Ahorn-Eschen-Ulmen-Berg- und -Hangwäldern bis in Höhen bis 1000 m vor. Der stattliche, bis 40 m hohe, raschwachsende Baum hat eine breite, runde Krone, einen kräftigen, im Freistand oft kurzen, im Bestand langschäftigen Stamm mit einer dicht gerippten, grau- bis schwarzbraunen Borke und olivgrüne, sonnenseits rote Triebe. Die rundlich-eiförmigen, 7–15 cm langen Blätter sind plötzlich zugespitzt, an der Basis schief-herzförmig, oberseits stumpfgrün, unterseits grün, flaumig behaart und mit zahlreichen, weißlichen Achselbärten ausgestattet. Im Juni erscheinen die hellgelben, süßlich duftenden Blüten, die zu 2–5 in senkrecht hängenden Trugdolden zusammenstehen. Lb 7.3.2.1

△
Tilia tomentosa, Silber-Linde. Von Südosteuropa bis zum nördlichen Kleinasien, auf der nördlichen Balkanhalbinsel, ostwärts bis zur Westukraine ist die Silber-Linde Bestandteil der sommerwarmen Hopfen-Orient-Hainbuchen-Mischwälder, der Eichen-Manna-Eschen- und Eßkastanienwälder. Der bis 30 m hohe Baum hat eine dichte, breit kegelförmige Krone mit starken, spitzwinklig aufstrebenden Ästen und fein graufilzigen bis grünlichen Trieben. Der Stamm hat eine längsrissige, flach gerippte, silber- bis dunkelgraue Borke. Die rundlichen, 10–15 cm langen, zugespitzen, an der Basis herzförmigen bis nahezu gestutzten, scharf gesägten Blätter sind oberseits zuletzt dunkelgrün, unterseits weißfilzig und im Herbst gelb gefärbt. Die weißlichen, stark duftenden Blüten öffnen sich im Juli–August, sie sind nach wissenschaftlichen Untersuchungen für Bienen nicht giftig. Lb 6.3.2.1

Tilia × vulgaris, Holländische Linde. Sommer- und Winterlinde sind die Eltern dieser Hybride, die oft auch unter den Namen *T. × europaea* oder *T. × intermedia* geführt wird. Bis 40 m hoch kann der stattliche Baum werden. Er hat einen geraden, durchgehenden Stamm, starke Äste und eine kegelförmige, später hochgewölbte Krone. Breit-eiförmig sind die 6–10 cm langen, kurz zugespitzten, an der Basis schief-herzförmigen, scharf gesägten Blätter. Sie sind oberseits stumpfgrün, unterseits graugrün und mit gelblichen bis weißlichen Achselbärten ausgestattet. Die lange haftenden Blätter färben sich im Herbst gelb. Zu 3–7 sitzen im Juni die gelblichweißen, duftenden Blüten in abspreizenden Ständen. Die seit alters kultivierte Sorte 'Pallida' wird als Kaiser-Linde bezeichnet. Sie zeichnet sich durch einen gleichmäßigen Wuchs und große, frischgrüne Blätter aus. Lb 3.3.3.1 ▷

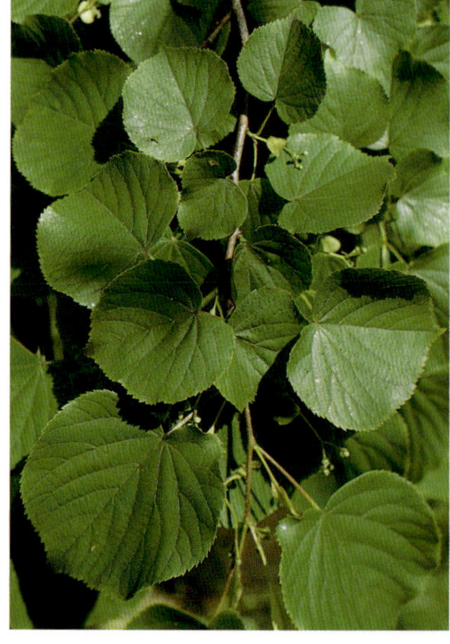

Toona sinensis, Chinesischer Surenbaum, ▷ Meliaceae, Zederachgewächse. In sommerwarmen, humiden Zonen von China, Japan und Korea kommt der Chinesische Surenbaum vor. Der raschwüchsige, sommergrüne, wärmeliebende und Hitze ertragende Baum kann an zusagenden Standorten bis 15 m hoch werden. Er baut mit wenigen starken Ästen eine breite, lichte Krone auf. Die stark rissige, hellgraue Borke löst sich in langen Streifen ab. Wechselständig stehen die paarig gefiederten Blätter an dicken, fein behaarten Trieben. Sie sind lang gestielt, können bis 50 cm lang werden und sind aus 10–26 länglichen, hellgrünen, 5–8 cm langen Blättchen zusammengesetzt. Sehr kleine, weiße bis grünlichweiße, duftende Blüten sind zu 30–50 cm langen, überhängenden Rispen vereint, sie erscheinen im Mai–Juni. Mit seinen stattlichen Fiederblättern eine sehr dekorative Erscheinung. Lb 6.3.1.2

Trochodendron aralioides, Radbaum, Trochodendraceae, Radbaumgewächse. Der Radbaum ist eine monotypische Gattung, die in der immergrünen Hartlaubvegetation von Japan, Taiwan und Südkorea zu Hause ist. Der immergrüne, in Kultur kaum mehr als 2–3 m hohe Strauch wächst mit abstehenden Zweigen aufrecht. Seine wechselständigen, glänzend dunkelgrünen Blätter sind an den Zweigenden büschelig genähert. Sie sind derb ledrig, rhombisch-eiförmig bis verkehrteiförmig und 6–12 cm lang. Im Mai–Juni stehen die eigenartigen Blüten zu 10–20 in 5–13 cm breiten, traubigen Ständen an den Zweigenden. Den bis 18 mm breiten, lebhaft grünen Blüten fehlt die Blütenhülle. Ihr Aussehen wird geprägt von den 40–70 Staubblättern, die vom Rand einer breiten, grünen Nektarscheibe abstehen. Der Radbaum ist ein Liebhaberstrauch für warme, geschützte, wintermilde Standorte. Lb 6.4.4.4
▽

◁ **Tripterygium regelii,** Dreiflügelfrucht, Celastraceae, Spindelstrauchgewächse. Nur selten wird die von der Mandschurei bis Japan in Wäldern und Gebüschen verbreitete, sommergrüne Art bei uns kultiviert. Der schwachwachsende Kletterstrauch wird in Kultur kaum mehr als 2–3 m, an seinen natürlichen Standorten gelegentlich auch bis 10 m hoch. Seine schwach kantigen Zweige sind auffallend rotbraun gefärbt und dicht mit Warzen bedeckt. Die einfachen, wechselständigen, hellgrünen Blätter sind breit-elliptisch bis eiförmig, 6–15 cm lang und kerbig gesägt. Zur Blütezeit im Juni–Juli stehen kleine, 6 mm breite, weiße, duftende, polygame, 5zählige Blüten in 10–20 cm langen, an der Basis beblätterten Rispen an den Enden von Kurztrieben. Dekorativ sind auch die knapp 2 cm langen, anfangs grünlichweißen Nußfrüchte mit ihren 3 auffallenden, elliptischen Flügeln. Lb 3.3.2.9

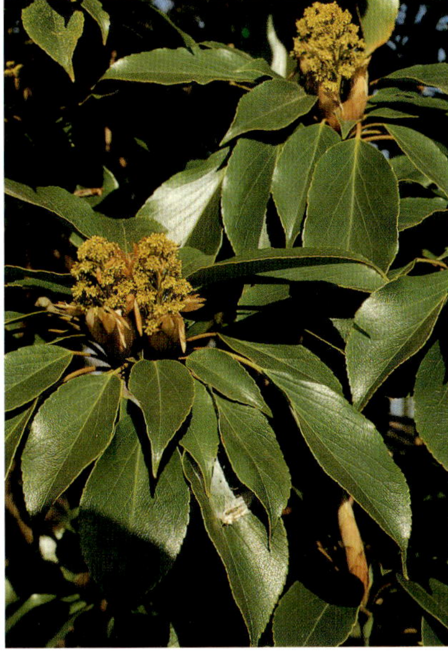

Ulex europaeus, Stechginster, Gaspeldorn, ▷ Papilionaceae, Schmetterlingsblütler. Der wärmebedürftige, frostempfindliche Stechginster ist eine Charakterpflanze der atlantischen Heiden, in denen er stellenweise ausgedehnte, undurchdringliche Dickichte bildet. Seine Verbreitung reicht von Portugal und Nordspanien über West- und Nordfrankreich und Belgien bis zu den Britischen Inseln. Der immergrüne, dicht und sparrig verzweigte Strauch kann über 1 m hoch werden. Seine dunkelgrünen Zweige sind fein gerillt. Alle Verzweigungen enden in scharfe, stechende Dornen. Nur an Keimlingspflanzen werden die 3zähligen Blätter ausgebildet. Alle späteren Laubblätter sind zu stechenden, grünen, pfriemlichen Dornblättern umgebildet. Zur Hauptblütezeit im Mai–Juni tragen die Sträucher eine überreiche Fülle aus goldgelben, meist einzeln stehenden Schmetterlingsblüten. Lb 5.2.1.5

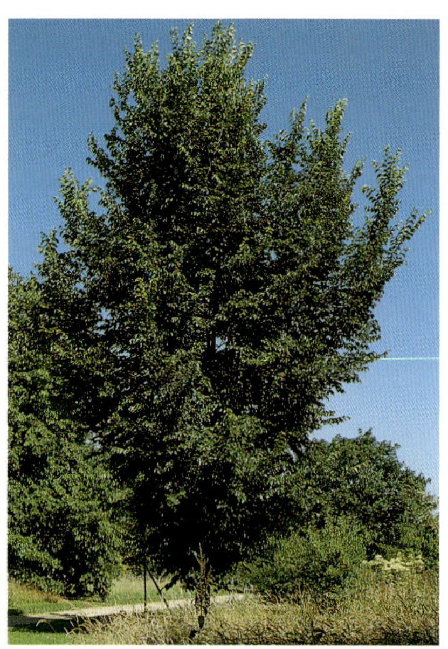

◁ **Ulmus 'Dodoens',** Ulmaceae, Ulmengewächse. 'Dodoens' ist eine der neuen Hybrid-Ulmen, von denen man hofft, daß sie sich als resistent gegen die Ulmenkrankheit erweisen. Der mittelgroße, 12–15 m hohe Baum hat anfangs eine lockere, schlanke, fast breit säulenförmige Krone, die später breit kegelförmig bis trichterförmig wird. Die dünnen Äste hängen leicht über. Länglich-eiförmig sind die 6–10 cm langen, am Rand grob gesägten, glatten, leicht glänzenden, dunkelgrünen Blätter, die sich im Herbst gelb verfärben. Als resistent gegen die Ulmenkrankheit gelten gegenwärtig auch Sorten wie 'Regal' (mit Blut von mehreren Ulmenarten), sowie 'Sapporo Gold' und 'Recerta'. Beide sind F_1-Hybriden, an deren Zustandekommen die Sibirische Ulme, *U. pumila,* beteiligt ist, bei 'Sapporo Gold' auch die als resistent geltende Japanische Ulme, *U. parvifolia.* Lb 9.4.3.2

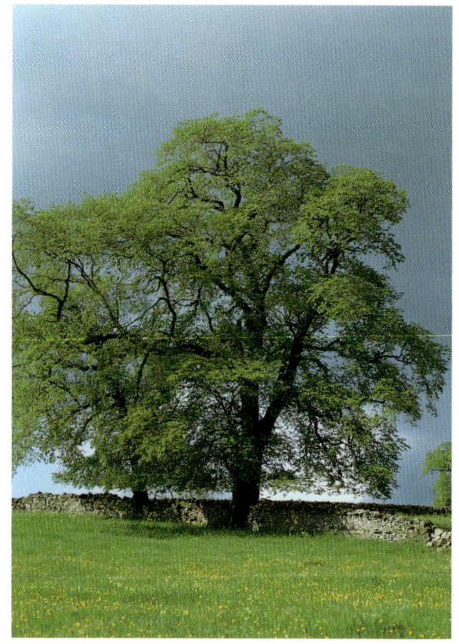

△
Ulmus glabra, Berg-Ulme. In Europa, Kleinasien, im Kaukasus, in Transkaukasien und dem nordwestlichen Iran wächst die Berg-Ulme in Schlucht- und schattigen Hangwäldern, vor allem in der Hügel- und Gebirgsstufe mit luftfeuchtem Klima. Der stattliche, 30–40 m hohe Baum hat eine rundliche Krone und eine längsrissige, graubraune Borke. Die Triebe sind rotbraun und behaart. Elliptisch bis verkehrt-eiförmig sind die 8–12 cm langen, zugespitzen oder vorne 3spitzigen, an der Basis stark asymmetrischen, doppelt gesägten Blätter. Sie sind oberseits mattgrün und sehr rauh, unterseits vor allem auf den Nerven behaart. Aus unscheinbaren, einhäusigen Blüten, die sich lange vor der Laubentfaltung öffnen, entwickeln sich einsamige Nußfrüchte mit einem gewimperten Flügelrand. Wie alle Ulmenarten ist auch die Berg-Ulme stark von der Ulmenkrankheit bedroht. Lb 2.4.4.1

△
Ulmus glabra 'Camperdownii', Lauben-Ulme. Um 1850 ist die Lauben-Ulme im Park von Camperdon bei Dundee in Schottland gefunden worden. Der meist hochstämmig veredelte Baum breitet von der Veredlungsstelle aus seine Ästen in kürzeren oder weiteren Bögen gleichmäßig nach allen Seiten aus. Auch die Zweige wachsen in Bögen abwärts, sie erreichen nicht selten den Erdboden. Die bis zu 20 cm langen und 12 cm breiten Blätter stehen sehr dicht an den Zweigen. So entsteht eine sehr dichte, mehr oder weniger regelmäßige, laubenförmige Krone. Die Sorte 'Camperdownii' darf nicht mit der Sorte 'Pendula' verwechselt werden. Bei ihr stehen die Äste breit schirmförmig und nahezu waagerecht ab, nur die Spitzen sind in leichten Bögen übergeneigt. Die Triebe sind oft nur an den Spitzen beblättert. Nur selten wird die rundliche, kaum 2 m hohe Zwergform 'Nana' kultiviert. Lb 9.4.3.3

Ulmus × hollandica 'Groeneveld', Holländische Ulme. *U. × hollandica* ist ein Sammelname für eine Reihe von mutmaßlichen Hybriden zwischen der Berg- und Feld-Ulme, zu der u.a. auch die heute häufiger kultivierte Sorte 'Groeneveld' gehört. Sie ist ein mittelgroßer, 12–15 m hoher, langsam wachsender Baum mit einer dichten, etwas gedrungenen, regelmäßigen Krone und bis zum Wipfel durchgehendem Stamm. Die bis 10 cm langen, hellgrünen, im Herbst gelb gefärbten Blätter sind an der Basis schief-herzförmig und am Rand grob gesägt. In kleinen Büscheln erscheinen die sehr zahlreichen, bräunlichvioletten Blüten lange vor der Laubentfaltung. Gilt als besonders windfest und resistent gegen die Ulmenkrankheit. Andere, bisher als resistent gegen die Ulmenkrankheit propagierte Sorten dieser Hybridgruppe, haben sich schließlich doch nicht als resistent erwiesen. Lb 2.4.4.1 ▷

Ulmus 'Jacqueline Hillier'. Diese eigen- ▷ artige Form wird gegenwärtig als Sorte der Feld-Ulme angesehen. Sie ist keine Zwergform, wie anfangs vermutet wurde. In 10 Jahren kann sie eine Höhe von 2 m erreichen. Im Alter wird sie wohl 4–5 m hoch und breit. Der stets vom Boden an verzweigte (gelegentlich auch hochstämmig veredelte), langsam wachsende Strauch baut mit wenigen, oft gedrehten und gewundenen Ästen und mit einer reichen Verzweigung eine gleichmäßige und geschlossene, halbrunde bis schirmförmige Krone auf. An den deutlich fischgrätenartig gestellten, filigranen Zweigen sitzen sehr dicht die elliptisch-lanzettlichen, 2,5–3,5 langen, an der Basis asymmetrischen, doppelt gesägten, dunkelgrünen, rauh behaarten Blätter. Leider hat die Form sehr brüchiges Holz und ist anfällig gegen die Ulmenkrankheit. Lb 9.4.3.2

Ulmus laevis, Flatter-Ulme. In Ost- und Südosteuropa, westlich bis Mittelfrankreich, im westlichen Kleinasien und dem westlichen Kaukasus tritt die Flatter-Ulme vor allem gewässerbegleitend in Auenwäldern und feuchten Mischwäldern auf. Sie braucht viel Wärme und auch im Sommer ausreichend Feuchtigkeit. Der bis 35 m hohe Baum hat eine breite, aufgelockerte Krone und eine graubraune, längsrissige Borke. Der Stamm, an dem oft typische Stockausschläge zu sehen sind, ist an seiner Basis oft deutlich brettwurzelartig verbreitert. Wir kennen diese Erscheinung sonst nur bei Bäumen des tropischen Regenwaldes und der feuchten Tropen. Die elliptischen bis verkehrt-eiförmigen, 6–12 cm langen, an der Basis stark asymmetrischen, scharf und doppelt gesägten, im Herbst gelb gefärbten Blätter sind oberseits mattglänzend grün, unterseits dicht samtigweich grau behaart. Lb 2.4.2.1
▽

Ulmus 'Lobel'. Als Schmalkronige Stadt-Ulme wird diese Hybridulme bezeichnet. Sie ist ein mittelgroßer, langsamwüchsiger, 10–15 m hoher Baum mit einer anfangs schmal säulenförmigen, später mehr kegelförmigen bis breit kegelförmigen, geschlossenen Krone, mit bis zum Wipfel durchgehendem Stamm, spitzwinklig aufstrebenden Ästen und dicht stehenden, ansteigenden, nicht überhängenden Zweigen. Verhältnismäßig klein, bis 8,5 cm lang und 3,5–5 cm breit sind die derben, spitz-eiförmigen, mattgrünen, im Herbst lange haftenden Blätter, die sich im November gelb färben. Zu den »neuen«, als relativ widerstandsfähig gegen die Ulmenkrankheit geltenden Sorten gehört auch 'Plantijn'. Sie ist eine raschwüchsige, 15–20 m hoch werdende Hybridulme mit einer kegelförmigen bis breit-eiförmigen Krone und eiförmigen, bis 16 cm langen, graugrünen, im Herbst gelben Blätter. Lb 9.4.3.2
▽

◁ **Ulmus minor,** Feld-Ulme. Die Feld-Ulme kommt in fast ganz Europa, in Kleinasien, dem Kaukasus, Nordiran und Nordafrika vor, vor allem in der Hartholzaue der großen Fluß- und Stromtäler. In den östlichen Teilen ihres Areal tritt sie bestandsbildend auf. Nicht selten kommt sie auch als stattlicher Baum in der Kulturlandschaft vor. Die Feld-Ulme kann bis 40 m hoch werden. Sie bildet eine hohe, schmale, gewölbte, dicht verzweigte Krone mit zahlreichen, fast waagerecht vom Stamm abgehenden Ästen. Der Stamm hat eine dicke, längsrissige, graue bis graubraune Borke. Die jungen Zweige sind glänzend rotbraun und mit hellen Korkwarzen besetzt. Länglich-eiförmig bis länglich-elliptisch sind die zugespitzten, an der Basis stark asymmetrischen, doppelt gesägten, oberseits dunkelgrünen, unterseits helleren, spät austreibenden Blätter mit den bräunlichen Achselbärten. Lb 2.5.2.1

◁**Ulmus minor 'Wredei',** Gold-Ulme. Die um 1877 von Inspektor Wrede in Geltow selektierte Gold-Ulme wird gelegentlich auch zu *U.* × *hollandica* gestellt. Sie ist ein 8–10 m hoher, im Alter 4–5 m breiter, langsam wachsender Kleinbaum, der mit durchgehendem Stamm und straff aufstrebenden Ästen eine anfangs regelmäßige, säulenförmige bis schmal-kegelförmige Krone aufbaut. Später werden die Kronen mehr oder weniger unregelmäßig und breit kegelförmig bis schmal trichterförmig. An den aufstrebenden Zweigen stehen dicht gedrängt die kleinen, breiteiförmigen, gedrehten und am Rand gewellten Blätter. Sie sind im Austrieb leuchtend gelb, später gelb bis gelbgrün. Gedeiht zufriedenstellend nur auf frischen bis feuchten, nährstoffreichen, tiefgründigen Böden. Bei sommerlicher Trockenheit und Hitze treten an den Blättern starke, häßliche Verbrennungen auf. Lb 9.4.2.3

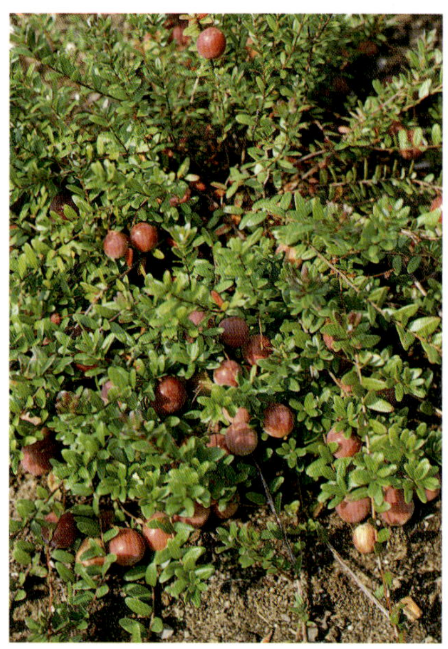

△
Vaccinium macrocarpon, Großfrüchtige Moosbeere, Cranberry. Von Neufundland und Manitoba südwärts bis Tennessee, Ohio, Illinois und Arkansas ist die Großfrüchtige Moosbeere ein Vertreter der borealen Nadelwaldstufe und sommerkühler Feucht-Sommerwälder. Der immergrüne, niederliegende, flache Matten bildende, kaum handhohe Strauch hat weithin kriechende, fadenförmig dünne Zweige. Die zierlichen, 6–18 m langen, elliptisch-länglichen Blätter sind am Rand oft leicht eingerollt. Sie sind oberseits dunkelgrün, unterseits weißlich. An 1–3 cm langen, fadenförmigen, aufrechten Stielen stehen im Mai–Juni die reizenden, hellpurpurn gefärbten, 6–10 mm langen, nickenden Blüten mit der tief 4teiligen Krone und den zurückgeschlagenen Zipfeln. 1–2 cm dick sind die roten, eßbaren, säuerlich herben Früchte, die auch bei uns als Cranberrys im Handel sind. Lb 1.1.1.7

△
Vaccinium myrtillus, Heidelbeere, Blaubeere. In fast ganz Europa bis um mittleren Sibirien und dem Kaukasus kommt die Heidelbeere häufig und oft in größeren Beständen in lichten Laub- und Nadelwäldern, in Heidemooren und Zwergstrauchheiden vom Tiefland bis in Höhen von 2800 m vor. Der sommergrüne, bis 50 cm hohe, aufrechte, reich verzweigte Strauch breitet sich mit seinen weitkriechenden, unterirdischen Grundachsen und aufstrebenden Zweigen aus. Seine Triebe sind kantig gerieft bis schwach geflügelt und grün gefärbt. Eiförmig bis elliptisch sind die 1–3 cm langen, fein gesägten, hellgrünen, im Herbst orange gefärbten Blätter. Einzeln in den Blattachseln junger Sprosse stehen die krugförmigen, 4–7 mm langen, grünen, oft rot überlaufenden Blüten. Die kugeligen, 7–8 mm dicken, dunkelblauen, blau bereiften Früchte sind eßbar und reich an Vitamin C. Lb 4.1.3.8

△
Vaccinium oxycoccos, Moosbeere. In Europa, Nordasien und Nordamerika, in den Alpen bis in Höhen von 1300 m, ist die Moosbeere eine der Charakterpflanzen von Torfmooshochmooren, wo sie auf den Bulten in Gesellschaft von Rosmarinheide und Sonnentau wächst. Die fadenförmig dünnen, bis 30 cm langen Zweige des immergrünen Zwergstrauches liegen dem Boden dicht auf. Aufrecht stehen die kurzen, dünnen Triebe mit den eiförmig-länglichen bis lanzettlichen, 5–10 mm langen, an den Rändern stark eingerollten, oberseits tiefgrünen, unterseits bläulichen Blätter. An den aufgerichteten Sproßspitzen entfalten sich im Mai–Juni die zierlichen, 5–6 mm langen, dunkel- bis blaßrosa Blüten. Ihre Krone ist tief 4teilig, die Kronzipfel sind zurückgeschlagen. Kugelig bis birnenförmig sind die 8–12 mm dicken, dunkelroten, säuerlichen, eßbaren, lange haltbaren Früchte. Lb 1.1.1.8

Vaccinium uliginosum, Rauschbeere. Wie ▷ *V. oxycoccos,* ist auch die Rauschbeere zirkumpolar in Euopa, Nordasien und Nordamerika verbreitet. Sie kommt häufig und oft in größeren Beständen in Torfmooren, Birken-, Kiefern- und Heidemooren, in lichten Arven- und Legföhrenbeständen und in den Zwergstrauchheiden der Hochgebirge auf sauren Rohhumusböden vor. Der sommergrüne, bis 90 cm hohe, buschige Strauch hat grau bis rotbraun gefärbte Zweige. Oval bis verkehrt-eiförmig sind die 1–3 cm langen, fast sitzenden, an den Rändern etwas nach unten umgerollten, oberseits mattgrünen, unterseits blaugrünen Blätter. Zu 4–5 sitzen die krugförmigen, 4–5 mm langen, weiß bis rosa gefärbten Blüten im Mai–Juni in Trauben zusammen. Von Juli–September reifen die 8–10 mm dicken, kugeligen, schwarzblauen, bereiften, säuerlich schmeckenden, giftverdächtigen Früchte. Lb 1.1.5.6

Vaccinium vitis-idaea, Preiselbeere. In ▷ Europa, Nordamerika und Nordasien ist die Preiselbeere in Nadelwäldern, Heidemooren und Zwergstrauchheiden auf sauren Rohhumusböden und in feuchten Klimalagen verbreitet, in den Alpen steigt sie bis in Höhen von 3000 m auf. Der immergrüne, buschige Zwergstrauch wird 15–30 cm hoch. Seine aufrechten Sprosse entspringen einer kriechenden, schuppig beblätterten Grundachse. Verkehrt-eiförmig bis elliptisch sind die ledrigen, 1–2,5 cm langen, an den Rändern eingerollten, glänzend dunkelgrünen, unterseits matt bläulichgrünen Blätter. Von Mai–September stehen die glockigen, 8–10 mm langen, bis zur Mitte gespaltenen, weißen, rosa überlaufenden Blüten an den Zweigspitzen in gedrängten, nickenden Trauben. Die kugeligen, 5–8 mm dicken, roten, glänzenden, säuerlich schmeckenden Früchte reifen im August–Oktober. Lb 4.1.4.8

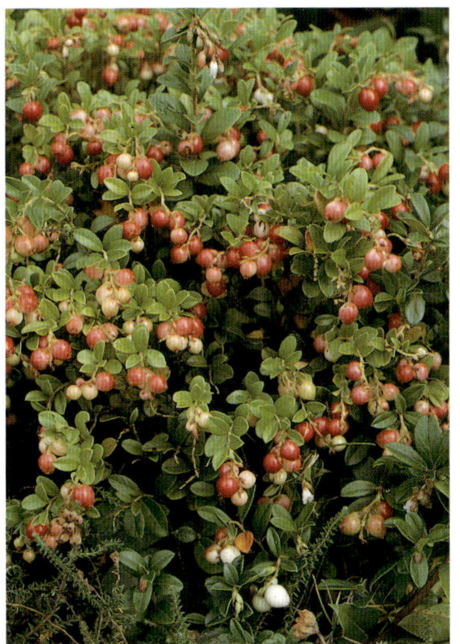

Viburnum × bodnantense, Bodnant-Schneeball. Um 1933 ist diese sommergrüne Hybride in dem berühmten Bodnant Garten, Wales, aus *V. farreri × V. grandiflorum* entstanden. Der 2–3 m hohe und gleich breite, mit seinen dicken, starren Ästen etwas steif wirkende Strauch, hat straff aufrechte bis schräg ansteigenden, sparrig verzweigte Äste und abstehende, dunkelbraune Zweige. Lanzettlich bis eiförmig oder verkehrt-eiförmig sind die 3–10 cm langen, spitzen, am Rand gesägten, rot gestielten Blätter, die sich rot bis dunkel violett verfärben. Die 1 cm breiten, röhrenförmigen Blüten sitzen in 5–7 cm breiten, dichten Büscheln an den Enden von Kurztrieben. Sie duften sehr stark, sind in der Knospe tiefrosa, aufgeblüht weißlichrosa gefärbt. Die Blütezeit beginnt im November, sie setzt sich, oft vom Frost unterbrochen, bis zum März fort. Lb 9.3.2.5

▽

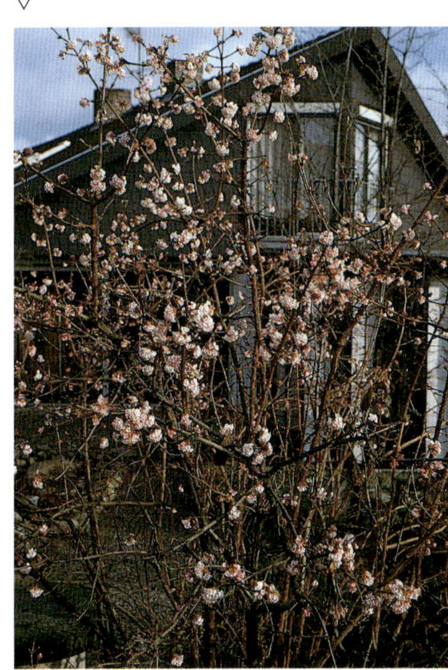

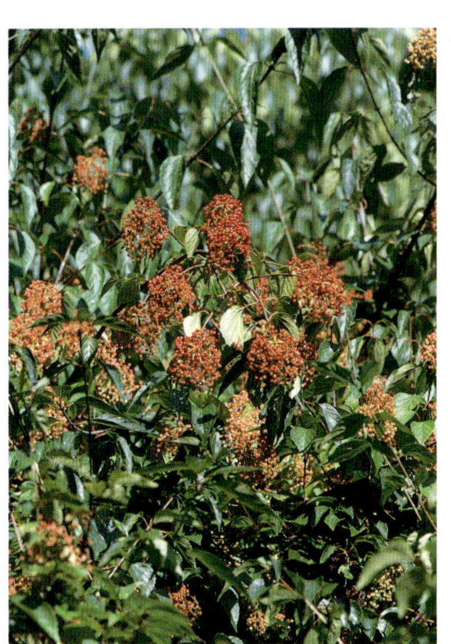

◁ **Viburnum betulifolium,** Birkenblättriger Schneeball, Caprifoliaceae, Geißblattgewächse. Aus Mittel- und Westchina kam diese stattliche, dekorative, sommergrüne Art in unsere Gärten. Sie entwickelt sich zu einem bis 4 m hohen und gleich breiten, breit aufrechten Strauch mit kahlen, rotbraunen Trieben. Bei allen Schneeballarten sind die Blätter gegenständig angeordnet. Sie sind hier eiförmig bis rhombisch-eiförmig, 3–8 cm lang, am Rand grob gezähnt, oberseits sattgrün und kahl, unterseits spärlich behaart und mit Achselbärten ausgestattet. Zur Blütezeit im Juni–Juli stehen die weißen, 5 mm breiten Blüten in ziemlich lockeren, 6–15 cm breiten Trugdolden an den Enden kurzer Seitenzweige. Überreich ist die Fruchtfülle mit den rundlich-elliptischen, 6 mm langen, hochroten, lange haftenden Früchten, die in schweren, überhängenden Ständen stehen. Lb 7.3.6.4

Viburnum × burkwoodii, Wintergrüner ▷ Duft-Schneeball. Die wintergrüne, in mildem Klima auch immergrüne Hybride ist 1924 bei Burkwood & Skipwith in England aus *V. carlesii* × *V. utile* entstanden. 2–3,5 m hoch und breit wird der locker und sparrig verzweigte, rundliche, im Alter unregelmäßige Strauch mit den dicht braunfilzig behaarten Trieben. Eiförmig bis eielliptisch sind die 3–7 cm langen, oberseits glänzend tiefgrünen, unterseits graugrün filzigen Blätter, die sich im Herbst teilweise gelb, orange oder weinrot verfärben. Sehr stark (nach Vanille) duftende, etwa 1 cm breite Blüten sitzen im März–April in etwa 6 cm breiten, ballförmigen Büscheln an den Enden von Kurztrieben. Die Blüten sind in der Knospe rosa, aufgeblüht schimmernd weiß gefärbt. Nach der reichen Blüte im Frühjahr ist im Herbst regelmäßig mit einer Nachblüte zu rechnen. Lb 3.3.1.5

△
Viburnum × carlcephalum, Großblumiger Duft-Schneeball. *V. carlesii* und *V. macrocephalum* sind die Eltern dieser sommergrünen Hybride, die um 1932 bei Burkwood & Skipwitch entstanden ist. Sie wächst langsam zu einem 2–3 m hohen und breiten, locker aufrechten, sparrig verzweigten, rundlichen Strauch mit bogig aufstrebenden Ästen heran. Rundlich-eiförmig und bis 7,5 cm breit sind die zugespitzten, grob gesägten, mattgrünen, unterseits graugrünen Blätter, die sich im Herbst gelb oder orangebraun, z.T. auch violettrot verfärben. Zur Blütezeit im Mai trägt der Strauch zahlreiche große, schwere, bis 15 cm breite Blütenbälle, in denen sich bis zu 100 trichterförmige, am Saum bis 1,7 cm breite Blüten drängen. Sie sind in der Knospe nur ganz wenig gerötet, aufgeblüht reinweiß und duften herrlich vanilleähnlich. Blüht als letzte der Duft-Schneeballarten. Lb 9.1.2.5

△
Viburnum carlesii, Koreanischer Duft-Schneeball. In luftfeuchten Klimaregionen Koreas hat die sommergrüne Art ihre Heimat. Sie wächst sehr langsam zu einem etwa 1,5 m hohen und gleich breiten, rundlichen, lockeren Strauch mit sternfilzigen Trieben und nackten Winterknospen heran. Breit-eiförmig bis elliptisch sind die 3–10 cm langen, unregelmäßig gezähnten, oberseits stumpfgrünen, unterseits auf den Nerven braun behaarten Blätter. Sie färben sich im Herbst orange bis rötlich oder nur rotbraun. Im April–Mai öffnen sich die etwa 8 mm langen, zylindrischen, am Saum bis 1,4 cm breiten Blüten mit ihrem betäubend süßen Duft in sehr dichten, 5–7 cm breiten, halbkugeligen Ständen. Die Blüten sind in der Knospe leuchtend rosarot, später weiß und außen fleischrot gefärbt. Die elliptischen, blauschwarzen Früchte sind 1 cm lang. Gehört zu den schönsten Arten. Lb 3.2.2.6

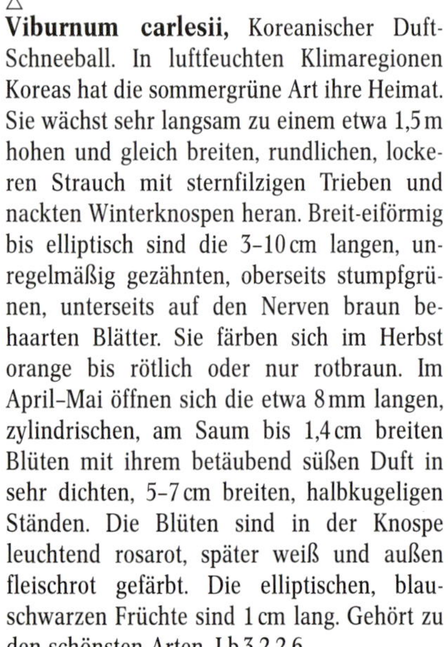

Viburnum davidii, Immergrüner Kissen- ▷ Schneeball. In luftfeuchten, immergrünen Lorbeerwäldern und sommerwarmen Feucht-Sommerwäldern der Gebirgsregionen des westlichen China wächst diese immergrüne, wärmebedürftige Art. Sie ist in unseren Breiten ein kaum mehr als 1 m hoher, dicht und gabelig verzweigter, langsam wachsender Zwergstrauch, der mit seinen dicht stehenden Blättern geschlossene, gleichmäßige, halbbis flachrunde Formen aufbaut. An warzigen Trieben sitzen die derbledrigen, elliptischen bis länglich-lanzettlichen, 5–14 cm langen, dekorativen Blätter mit den 3 fast parallel verlaufenden, eingesenkten Nerven. Sie sind oberseits tiefgrün, unterseits gelbgrün gefärbt. Im Mai stehen die rosaweißen, 5 mm breiten Blüten in dichten, 5–10 cm breiten Trugdolden über dem Laub. Eiförmig bis rundlich sind die 6 mm langen, blauen Früchte gefärbt. Lb 6.4.4.6

Viburnum farreri (*V. fragrans*), Chinesischer Duft-Schneeball. Nordchina ist die Heimat dieser sommergrünen Art. Sie wird 2–3 m hoch und baut sich mit straff aufrechten, sparrig verzweigten Ästen auf. Durch kurze Ausläufer werden zahlreiche lange Schößlinge gebildet. Die äußeren Zweige neigen sich weit über, können mit den Spitzen den Boden berühren und sich bewurzeln. So wächst der Strauch nicht selten dickichtartig. Länglich-elliptisch und 4–7 cm lang sind die mittelgrünen Blättern mit den tief eingesenkten Nerven. Im Herbst färben sie sich ziegelrot oder purpurn. Wie *V. × botnantense* beginnt auch hier die Blüte im November und setzt sich bis zum März–April fort. An den Enden kurzer Triebe sitzen dann zahlreiche, 3–5 cm breite Blütenbüschel aus stark duftenden, tellerförmigen, bis 16 mm breiten, in der Knospe rosa, später weißen Blüten. Lb 9.3.2.5 ▷

△ **Viburnum furcatum,** Gabelförmiger Schneeball. Auf allen japanischen Inseln, einschließlich der Kurilen, in Korea und auf Sachalin kommt die sommergrüne, stattliche Art häufig in feuchten, schattigen Bergwäldern und Gebüschen vor. Der 3–4 m hohe und gleich breite, aufrechte Strauch hat weich behaarte Triebe. Die oberseits dunkelgrünen Blätter sind eiförmig-rundlich bis breit-eiförmig, 7–15 cm lang, am Rand gezähnt, vorne kurz zugespitzt und an der Basis herzförmig. Die prachtvolle herbstliche Färbung setzt schon im Spätsommer ein und hält sich sehr lange. Im Mai erscheinen an den Zweigenden die weißen Blüten in ganz flachen, bis 10 cm breiten, vielblumigen Trugdolden. Die Blütenstände haben einen Kranz aus sterlien, bis 2,5 cm breiten Blüten. Die sehr dekorativen, elliptischen, stark glänzenden Früchte sind anfangs hochrot, zur Vollreife schwarz. Lb 7.3.3.4

△ **Viburnum lantana,** Wolliger Schneeball. In Mittel- und Südeuropa, östlich bis zur Mittelukraine, im Mittelmeergebiet, Kleinasien und dem Kaukasus besiedelt der Wollige Schneeball lichte Eichen- und Kiefernwälder, Waldsäume und Gebüsche. Der sommergrüne, 2–4(–5) m hohe und gleich breite, wärmeliebende Strauch wächst aufrecht bis trichterförmig und im Alter breit ausladend. Seine braunen Triebe sind dicht filzig behaart, die Winterknospen sind nackt. Breit-eiförmig bis eilänglich sind die 5–12 cm langen, fein und dicht gezähnten, oberseits dunkelgrünen und durch eingesenkte Nerven runzeligen, unterseits dicht graufilzigen Blätter. Im Mai–Juni stehen weiße, 6–8 mm breite, glockige, streng riechende Blüten in dichten, 5–10 cm breiten, filzig behaarten Rispen. Eiförmig sind die anfangs roten, später glänzend schwarzen, 7–8 mm langen Früchte. Lb 6.3.3.4

Viburnum lentago, Kanadischer Schneeball. In Nordamerika, von New Brunswick und Quebec bis Saskatchewan südwärts bis Georgia und Missouri kommt der Kanadische Schneeball an steinigen Hängen, an Waldsäumen, auf Flußbänken und an Sumpfrändern vor. Der sommergrüne, straff aufrechte, reich verzweigte, raschwüchsige, stattliche Strauch kann auch baumförmig wachsen und bis 10 m hoch werden. An braunschülferigen Trieben sitzen die eiförmigen bis elliptischen, 5–10 cm langen, fein gezähnten, oberseits glänzend hellgrünen, unterseits helleren Blätter. Sie färben sich im Herbst auffallend lebhaft rot bis rotbraun. Cremeweiße, 6 mm breite, angenehm duftenden Blüten sind im Mai–Juni zu 6–12 cm breiten Trugdolden zusammengefaßt. 12–15 mm lang sind die elliptischen, blauschwarzen, bereiften Früchte. Die attraktive Art wird leider nur selten kultiviert. Lb 2.4.6.4 ▷

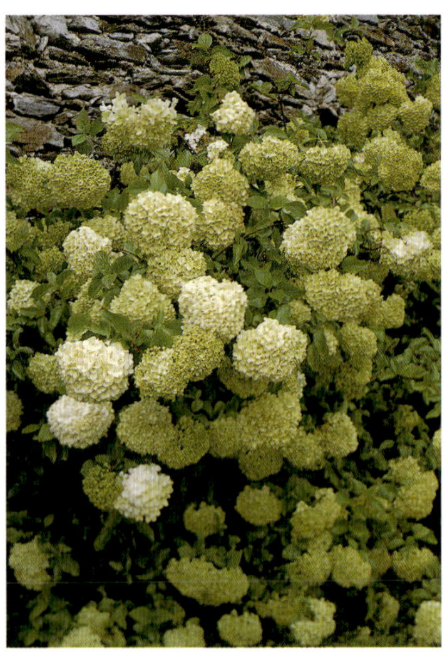

◁ **Viburnum macrocephalum,** Chinesischer Schneeball. Die meist sommergrüne, in klimatisch günstigen Regionen auch wintergrüne Art ist nur aus der chinesischen Gartenkultur bekannt. Der knapp mannshohe, an günstigen Standorten bis 4 m hohe, locker aufgebaute Strauch hat schorfig behaarte Jungtriebe. Die Blätter sind eiförmig oder elliptisch, 5–10 cm lang, oberseits dunkelgrün und kahl, unterseits sternhaarig. Im Mai–Juni stehen bis 3 cm breite, tellerförmige Blüten in ballförmigen, 8–15 cm breiten, dichten Ständen an den Enden kurzer Seitentriebe. In unseren Gärten kennen wir nur diese reichblühende, dekorative, wärmebedürftige Gartenform mit ihren sterilen Blüten, auch sie wird leider nur selten kultiviert. Die Wildform, *V. macrocephalum* f. *keteleeri,* hat flache Blütenstände aus fertilen Innen- und sterilen Randblüten, sie ist bei uns nicht in Kultur. Lb 2.2.6.4

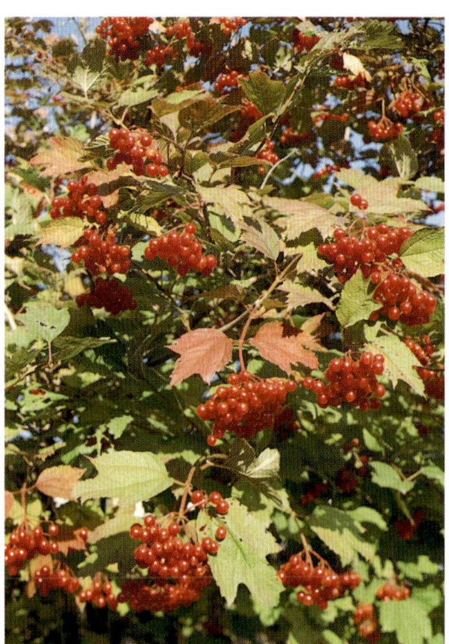

△
Viburnum opulus, Gemeiner Schneeball. In fast ganz Europa bis zum Kaukasus, in Nord- und Westasien und in Nordwestafrika besiedelt die Art Auenwälder, Hecken und Gebüsche, vom Tiefland bis in Höhen von fast 1700 m. Der sommergrüne, reich verzweigte, breitwüchsige Strauch wird bis 4 m hoch und breit. Seine Seitenzweige stehen waagerecht ab oder hängen im Alter etwas bogig über. Breit-eiförmig und bis 12 cm lang sind die 3- bis 5lappigen Blätter mit den zugespitzten, unregelmäßig buchtig gezähnten Lappen. Sie sind oberseits dunkelgrün, unterseits graugrün und färben sich im Herbst wein- bis orangerot. Zur Blütezeit im Mai–Juni stehen bis 10 cm breite, flache Trugdolden an den Enden junger Kurztriebe. Die kleinen, inneren, fertilen Blüten werden von einem Kranz aus großen, weißen, sterilen Randblüten umgeben. Die Früchte sind scharlachrot gefärbt. Lb 2.2.6.4

△
Viburnum opulus 'Roseum', Gefüllter Schneeball. Der Gefüllte Schneeball unterscheidet sich in Wuchs und Blattschnitt nicht von der natürlichen Art. Er wächst zwar etwas weniger rasch, kann im Alter aber die gleichen Ausmaße erreichen. In überreichen Fülle trägt der bereits seit 1594 bekannte Blütenstrauch seine ballförmigen, bis 8 cm breiten, anfangs grünlichweißen, dann reinweißen, im Verblühen zartrosa gefärbten Blütenstände, die nur aus großen, sterilen Blüten bestehen. Wird, wie die Art, an zu trockenen Standorten häufig von schwarzen Blattläusen befallen. Neben dieser Sorte wird seit einigen Jahren mit 'Compactum' eine schwächer wachsende, kompakt aufgebaute Sorte angeboten, die kaum mehr als mannshoch und erst in höherem Alter bis 2,5 m hoch wird. Bis auf den überaus reichen Fruchtansatz mit etwas helleren Früchten gleicht sie der Art. Lb 2.2.4.4

Viburnum plicatum, Japanischer Schneeball. ▷ Diese gefülltblühende Form der in Japan verbreiteten natürlichen Art ist nur aus japanischen Gärten bekannt. Der sommergrüne, 2–3 m hohe und gleich breite, gedrungene, langsam wachsende Blütenstrauch baut sich mit mehr oder weniger waagerecht ausgebreiteten Ästen und Zweigen auf. Die Blätter sind breit-eiförmig, 4–10 cm lang, gleichmäßig kerbig gesägt und mit deutlich hervortretenden Blattadernpaaren ausgestattet. Oberseits sind die Blätter dunkelgrün und nahezu kahl, unterseits mehr oder weniger sternhaarig, sie färben sich im Herbst dunkel weinrot bis violett. Im Mai–Juni trägt der Strauch in großer Fülle seine ballförmigen, 8–10 cm breiten Blütenbälle. Sie stehen an den Enden von Kurztrieben entlang der Zweige und sind aus weißen, im Verblühen zartrosa gefärbten, sterilen Blüten zusammengesetzt. Lb 9.3.2.5

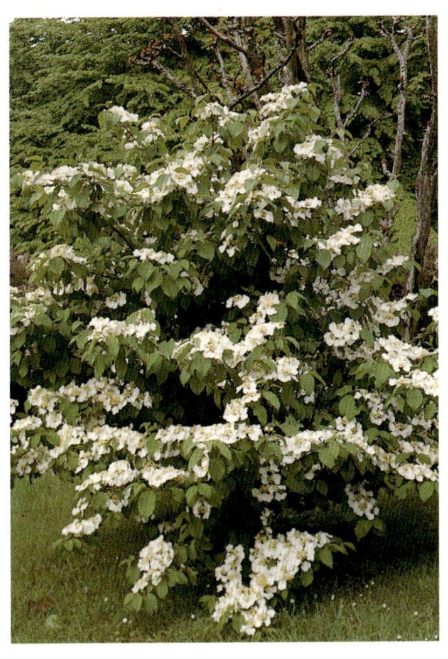

◁ **Viburnum plicatum f. tomentosum.** Die natürliche Art hat ihre Heimat in den sommerwarnem, humiden Laubwäldern Japans. Sie wird 2–3 m hoch, meist aber breiter und baut sich mit waagerecht ausgebreiteten, oft in dichten Etagen übereinanderstehenden Ästen auf. Die Blätter sind in Größe, Textur und Färbung der *V. plicatum* gleich. Ganz anderes sind dagegen die Blütenstände, sie sind flach ausgebreitet, 6–10 cm breit und bestehen aus kleinen, fertilen Innenblüten und großen, 3–4 cm breiten, weißen, sterilen Randblüten. Die Blütenstände stehen im Mai–Juni in großer Fülle aufrecht auf der ganzen Länge der Zweige. Aus der natürlichen Art sind eine Reihe von reichblühenden Sorten ausgelesen worden. Besonders häufig ist die prachtvolle 'Mariesii' in Kultur, neuerdings aber auch die schwachwachsende Sorte 'Watanabe', die regelmäßig bis zum Herbst nachblüht. Lb 3.2.5.5

Viburnum 'Pragense', Prager Schneeball. Aus *V. rhytidophyllum* × *V. utile* ist um 1955 in der Prager Stadtgärtnerei diese immergrüne Hybride entstanden. Der bis 3 m hohe und gleich breite, dicht belaubte Strauch wächst anfangs mit dünnen, sparrig abstehenden Zweigen sehr locker und unregelmäßig. Später wird der Aufbau dichter und geschlossener, der Habitus gerundet, die äußeren Äste hängen etwas über. Die Blätter verraten die intermediäre Stellung zwischen den Eltern. Sie sind eiförmig-elliptisch, 5–10 cm lang oberseits glänzend dunkelgrün und durch eingesenkte Nerven etwas runzelig, unterseits ebenfalls runzelig und dicht graufilzig. Im Mai–Juni stehen zahlreiche halbkugelige, 8–15 cm breite Blütenstände an den Enden der vorjährigen Zweige. Die Blüten sind im Herbst voll entwickelt und überwintern nackt, sie sind in der Knospe rosa, aufgeblüht cremeweiß gefärbt. Lb 6.4.4.5
▽

Viburnum rhytidophyllum, Runzelblättriger Schneeball. Sommerwarme, humide Klimaregionen in Mittel- und Westchina sind die natürlichen Verbreitungsgebiete dieser stattlichen, immergrünen Art. Der vielstämmige, anfangs straff aufrecht wachsende, sehr robuste Strauch wird 3–5(–7) m hoch und bis 4 m breit. Im Alter wächst er mit bogig überhängenden Seitenzweigen unregelmäßig trichterförmig. Die derben Blätter sind eiförmig-länglich, 8–20 cm lang, oberseits dunkelgrün und durch eingesenkte Nerven stark runzelig, unterseits dicht grau- oder gelblichfilzig. Zur Blütezeit im Mai–Juni stehen an den Zweigenden zahlreiche 10–20 cm breite, flache, schon im Herbst vollständig ausgebildete Blütenstände aus 6 mm breiten, weißen bis gelblichweißen Blüten. Reich kann auch der Fruchtschmuck mit den eiförmigen, anfangs roten, später schwarzen Früchten sein. Lb 6.4.2.
▽

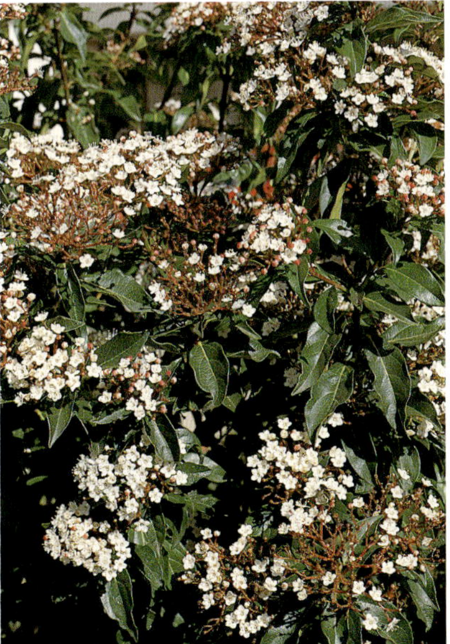

◁ **Viburnum tinus,** Lorbeerblättriger Schneeball, im Sprachgebrauch auch »Laurustinus«. In Südeuropa, dem Mittelmeergebiet und Anatolien kommt die immergrüne Art als Unterholz in immergrünen Eichenwäldern vor. Sie ist in Mitteleuropa nur in wintermilden Lagen, etwa im Weinbauklima, ausreichend frosthart. Sonst muß sie als Kübelpflanze gehalten werden. Der breit aufrechte, sehr dicht verzweigte Strauch wird 2–3,5 m hoch und gleich breit. Seine Blätter sind länglich-elliptisch bis elliptisch, 3–10 cm lang, oberseits etwas glänzend dunkelgrün mit heller Nervatur, unterseits hellgrün. Im März–April, als Kübelpflanze nicht selten schon im November, erscheinen 4–9 mm breiten, in der Knospe rosa, aufgeblüht weißen, schwach duftenden Blüten in 4–9 cm breiten Trugdolden. 7–8 mm dick sind die rundlichen, anfangs stahlblauen, zur Reife fast schwarzen Früchte. Lb 6.1.4.5

△
Vinca major, Großblättriges Immergrün, Apocynaceae, Hundsgiftgewächse. In der mediterranen Hartlaubvegatation und den angrenzenden Sommerwaldgebieten des westlichen und mittleren Mittelmeergebietes kommt das Großblättrige Immergrün natürlich vor. In Westeuropa, sowie dem südlichen und südöstlichen Europa ist die immergrüne Art stellenweise eingebürgert. Mit zunächst aufrechten, später niederliegenden Sprossen bildet der 10-30(–80) cm hohe Strauch dichte, ausgedehnte Teppiche. Seine ledrigen, glänzend dunkelgrünen Blätter sind eiförmig, 2-7 cm lang und an der Basis abgerundet bis fast herzförmig. Von Mai-September stehen in den Blattachseln aufrechter Sprosse die stieltellerförmigen, 3,5-4 cm breiten, lebhaft blau gefärbten Blüten. Kann in strengen Winter stark zurückfrieren, treibt nach einem Rückschnitt meist aber wieder gut durch. Lb 6.4.4.6

△
Vinca minor, Kleinblättriges Immergrün, Sinngrün. Im mittleren und westlichen Europa, östlich bis Litauen, auf der Krim, im Kaukasus und in Kleinasien bildet der immergrüne Zwergstrauch in artenreichen Laub- und Buchenmischwäldern von der Ebene bis in mittlere Gebirgslagen stellenweise ausgedehnte Bestände. Sie kommt dort natürlich vor, ist nicht selten aber auch verwildert. Mit dünnen, sehr langen, niederliegenden, wurzelnden Sprossen werden dichte, 15-20 cm hohe Teppiche gebildet. Länglich-lanzettlich bis elliptisch sind die 2-4 cm langen, an der Basis allmählich verschmälerten, glänzend dunkelgrünen, ledrigen Blätter. Die Hauptblüte dauert von März-Juni, eine Nachblüte erscheint häufig im September. Die blauen, stieltellerförmigen Blüten sind 2,5-3 cm breit. In Kultur sind auch Sorten mit weißen ('Alba') und purpurnen ('Atropurpurea') Blüten. Lb 3.1.1.7

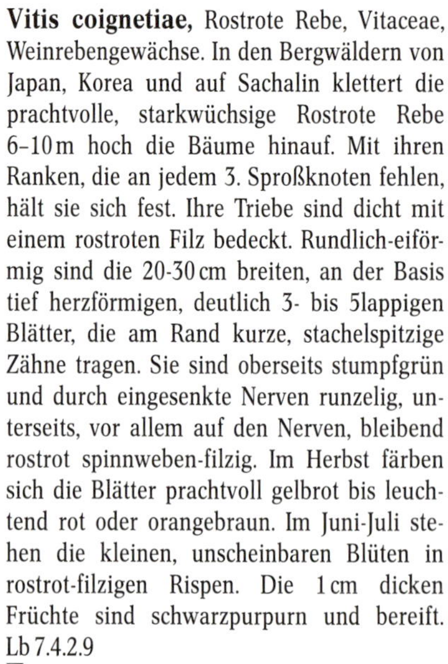

Vitis coignetiae, Rostrote Rebe, Vitaceae, Weinrebengewächse. In den Bergwäldern von Japan, Korea und auf Sachalin klettert die prachtvolle, starkwüchsige Rostrote Rebe 6-10 m hoch die Bäume hinauf. Mit ihren Ranken, die an jedem 3. Sproßknoten fehlen, hält sie sich fest. Ihre Triebe sind dicht mit einem rostroten Filz bedeckt. Rundlich-eiförmig sind die 20-30 cm breiten, an der Basis tief herzförmigen, deutlich 3- bis 5lappigen Blätter, die am Rand kurze, stachelspitzige Zähne tragen. Sie sind oberseits stumpfgrün und durch eingesenkte Nerven runzelig, unterseits, vor allem auf den Nerven, bleibend rostrot spinnweben-filzig. Im Herbst färben sich die Blätter prachtvoll gelbrot bis leuchtend rot oder orangebraun. Im Juni-Juli stehen die kleinen, unscheinbaren Blüten in rostrot-filzigen Rispen. Die 1 cm dicken Früchte sind schwarzpurpurn und bereift. Lb 7.4.2.9
▽

◁ **Vitis vinifera,** Echte Weinrebe. Die Wildform der Echten Weinrebe, *V. vinifera* ssp. *sylvestris*, ist von Südost- und dem südlichen Mitteleuropa bis Südwestdeutschland, Korsika, Nordwestafrika, Palästina und Kleinasien verbreitet, vorwiegend in Eichen-Ulmen-Auenwäldern und an Waldrändern. Die raschwüchsige Liane kann 20-30 m hoch klettern. Starke Stämme haben eine langfaserige Borke. Die Sprosse sind mit verzweigten Ranken ausgestattet. Sehr vielgestaltig und unterschiedlich tief gelappt sind die rundlichen, 5-15 cm breiten, 3- bis 5lappigen, tief eingeschnittenen und an der Basis herzförmigen Blätter. Aus unscheinbaren, bei der Wildform 2häusigen, bei der Kulturrebe zwittrigen Blüten entwickeln sich an den Kulturreben die dicken, saftreichen grün bis blauviolett gefärbten Früchte. Sie sind eher Obst- als Zierpflanzen und in verschiedenen Sorten in Kultur. Lb 2.4.2.9

Weigela florida 'Purpurea', Liebliche Weigelie. Sommerwarme Laubwälder in Nordchina, Korea, der Mandschurei und Japan sind die Heimat der natürlichen Art. Sie wächst buschig aufrecht, wird bis 3,5 m hoch und im Alter oft breiter als hoch. Elliptisch bis länglich-eiförmig sind die 4–6 cm langen, oberseits hellgrünen, unterseits mehr oder weniger dicht weich behaarten Blätter, die im Herbst lange haften. Im Mai–Juni blüht der Strauch sehr reich mit 3–3,5 cm langen, trichterförmig-glockigen Blüten, die zu 3–4 in den Blattachseln stehen. Die Blüten sind innen hellrosa bis weiß, außen rosa bis dunkelrosa gefärbt, im Verblühen werden sie dunkler. Nicht selten wird auch die Sorte 'Purpurea' mit den anfangs braunroten, später rotgrünen Blättern und dunkelrosa Blüten gepflanzt. Bei 'Variegata' sind die Blätter gelblichweiß gesäumt, die Blüten tiefrosa. Lb 9.3.3.5

▽

Weigela floribunda, Reichblühende Weigelie, Caprifoliaceae, Geißblattgewächse. In humiden, sommerwarmen Klimaregionen der japanischen Inseln Honshu und Skikoku kommt die Art vor. Sie ist ein sommergrüner, aufrechter, breitbuschiger, reich verzweigter Strauch mit behaarten Trieben. Gegenständig sind die einfachen Blätter angeordnet, sie sind elliptisch bis eilänglich oder verkehrt-eiförmig, 7–10 cm lang, mittelgrün, oberseits spärlich, unterseits besonders auf den Nerven zottig behaart. Im Mai–Juni blüht der Strauch sehr reich mit 2,5–4 cm langen, dunkel karminroten, in der Knospe bräunlichrot gefärbten Blüten, die einzeln in den Blattachseln stehen. Bei allen Weigelien haben die 5zähligen Blüten eine röhrenförmig-glockige bis trichterförmige, mehr oder weniger schiefe Krone mit 5 abstehenden Zipfeln, die deutlich kürzer sind als die Krone. Lb 7.2.2.5 ▷

Weigela 'Bristol Ruby'. 'Bristol Ruby' ist eine von zahlreichen Weigeliensorten, die als Gartengehölze seit Jahren den Wildarten vorgezogen werden. Es handelt sich dabei meist um sehr alte und neue Hybriden von oft ungeklärter Herkunft. Alle wachsen zu etwa 2–3 m hohen, reich verzweigten, im Alter meist breit ausladenden Sträuchern heran, die alle überaus reich blühen. Von den insgesamt etwa 170 Sorten, die in Frankreich, Holland und Deutschland oft schon im vorigen Jahrhundert entstanden sind, sind gegenwärtig kaum mehr als ein Dutzend Sorten in Kultur. Alle sind wertvolle, langlebige Blütensträucher, die in fast keinem Garten fehlen. Sie sind wenig anspruchsvoll und gedeihen auf jedem gepflegten Gartenboden. An Schnittmaßnahmen ist, wie bei vielen anderen basiton veranlagten Sträuchern, nur ein regelmäßiger Auslichtungsschnitt notwendig. Lb 9.4.2.5

▽

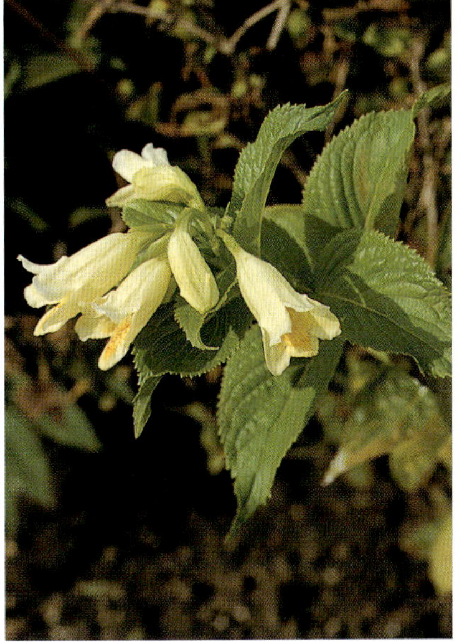

◁ **Weigela middendorffiana,** Gelbblütige Weigelie. Die sehr selten gepflanzte Art hat ihre natürliche Verbreitung in Japan (Hokkaido und Honshu), auf den Kurilen, in Sachalin, im Amurgebiet und in der Region am Ochotskischen Meer. Sie wächst auf sauren Böden in Dickichten und an alpinen Hängen. Der schwachwüchsige Strauch wird etwa 1,5 m hoch und breit. Seine graugelben Triebe sind anfangs behaart. An den Ästen blättert die Rinde in Streifen ab. Eilänglich bis eilanzettlich sind die 5–8 cm langen, oberseits frischgrünen und fein runzeligen Blätter, deren Nerven beiderseits behaart sind. Im Mai–Juni öffnen sich die schwefelgelben, innen orange gefleckten Blüten, die zu 1–3 in end- und achselständigen Büscheln stehen. Ihre trichterförmige, 3–4 cm lange Blütenröhre ist fast 2lippig. Mit der abweichenden Blütenfarbe eine interessante Art. Lb 7.2.5.6

Weigela-Sorten

'Abel Carrière'

'Carneval'

'Courtared' (= 'Lucifer')

'Gustave Mallett'

'Héroine'

'Idéal'

'Le Printemps'

'Newport Red'

'Styriaca'

Wisteria floribunda, Japanische Wisterie, ▷ Papilionaceae, Schmetterlingsblütler. In den sommergrünen Laubwäldern Japans klettert die natürliche Art durch Sträucher und Bäume bis in Höhen von über 10 m empor. Auch in Kultur erreicht die sommergrüne, rechtswindende Liane Höhen von 8–10 und Breiten von 4–6 m. Ihre unpaarig gefiederten, bis über 30 cm langen Blätter haben 11–18 elliptische bis eilängliche, 4–8 cm lange Blättchen. Im Mai–Juni sitzen in den Blattachseln der vorjährigen Zweige 20–50 cm lange, bei der Sorte 'Macrobotrys' bis 90 cm lange, schlanke, hängende Blütentrauben aus 1,5–2 cm breiten, violetten oder violettblauen, bei 'Macrobotrys' kobaltvioletten Schmetterlingsblüten. Seit einigen Jahren sind neben 'Alba' und 'Rosea' neue Sorten im Handel, die teilweise als Hybriden zwischen *W. floribunda* und *W. sinensis* angesehen werden. Lb 2.3.2.9

Wisteria floribunda-Sorten

'Alba'

'Kokkuryu Fuji'

'Macrobotrys'

'Rosea'

'Shiro Cap. Fuji'

'Showa Beni Fuji'

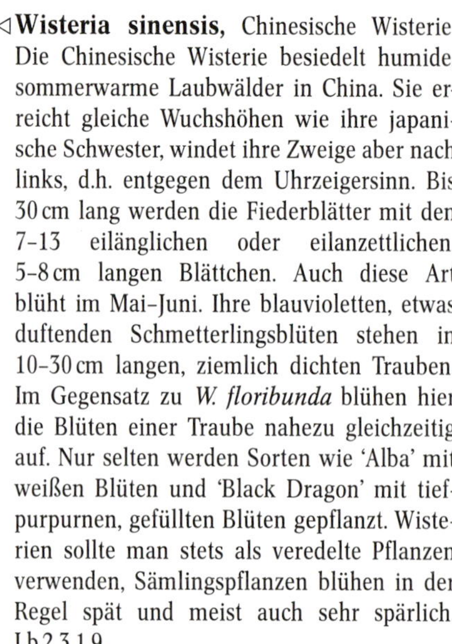

◁ **Wisteria sinensis,** Chinesische Wisterie. Die Chinesische Wisterie besiedelt humide, sommerwarme Laubwälder in China. Sie erreicht gleiche Wuchshöhen wie ihre japanische Schwester, windet ihre Zweige aber nach links, d.h. entgegen dem Uhrzeigersinn. Bis 30 cm lang werden die Fiederblätter mit den 7–13 eilänglichen oder eilanzettlichen, 5–8 cm langen Blättchen. Auch diese Art blüht im Mai–Juni. Ihre blauvioletten, etwas duftenden Schmetterlingsblüten stehen in 10–30 cm langen, ziemlich dichten Trauben. Im Gegensatz zu *W. floribunda* blühen hier die Blüten einer Traube nahezu gleichzeitig auf. Nur selten werden Sorten wie 'Alba' mit weißen Blüten und 'Black Dragon' mit tiefpurpurnen, gefüllten Blüten gepflanzt. Wisterien sollte man stets als veredelte Pflanzen verwenden, Sämlingspflanzen blühen in der Regel spät und meist auch sehr spärlich. Lb 2.3.1.9

Xanthoceras sorbifolium, Gelbhorn, Sapindaceae, Seifenbaumgewächse. In Nordchina ist diese sommergrüne, wärmeliebende Art beheimatet. Sie wird in ihrer Heimat baumförmig, ist bei uns aber meist nur ein großer, aufrechter, prachtvoll blühender Strauch, der leider nur Liebhabern bekannt ist. Wechselständig stehen die unpaarig gefiederten, 15–30 cm langen Blätter, sie haben 9–17 schmal-elliptische bis lanzettliche, 3–5 cm lange, scharf gesägte, dunkelgrüne Blättchen. Endständig an Kurztrieben stehen im Mai–Juni die auffälligen, 2–3 cm breiten, glockigen Blüten in 10–20 cm langen, aufrechten Trauben. Die 5 zarten, faltigen Kronblätter der 5zähligen Blüten sind reinweiß gefärbt, innen tragen sie am Grunde ein auffälliges, sich von gelb zu rot verfärbendes Saftmal, das zur Anlockung der Insekten dient. Lb 6.3.3.4 ▷

Yucca filamentosa, Palmlilie, Agavaceae, Agavengewächse. Die lichten, sommerwarmen, humiden Wälder des östlichen Nordamerika sind die Heimat dieser Palmlilie. Sie ist eine immergrüne, stammlose, verholzende, wärmeliebende, lichtbedürftige Pflanze, die sich durch kurze Seitensprosse an der Basis verzweigt. Dicht rosettenartig gedrängt stehen die schwertförmigen, bis 75 cm langen, aufrechten bis abstehenden, lineal-lanzettlichen, an der Spitze mitunter etwas stechenden, derben und festen, leicht blaugrünen Blätter. Im Juli–August stehen die 5–7 cm langen, nickenden, breitglockigen, 6zähligen, gelblichweißen Blüten in langen, aufrechten, endständigen, bis 1,8 m hohen Rispen über dem Blattschopf. Von den etwa 40 Arten der Gattung, die im südlichen Nordamerika, in Mexiko und Westindien verbreitet sind, wird *Y. filamentosa* bei uns am häufigsten gepflanzt. Lb 5.1.2.5 ▽

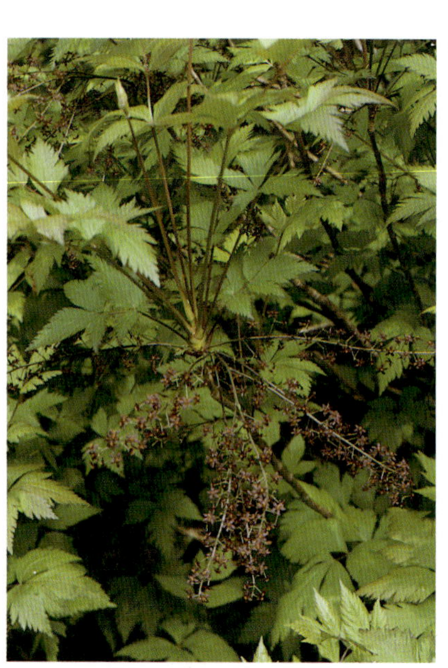

◁ **Xanthorhiza simplicissima,** Gelbwurz, Ranunculaceae, Hahnenfußgewächse. In den sommerwarmen, humiden Laubwäldern des östlichen Nordamerika ist dieser kleine, bis 60 cm hohe, sommergrüne, schattenverträgliche Zwergstrauch verbreitet. Er breitet sich durch unterirdische Ausläufer aus. Einzelpflanzen können mit ihren dünnen, kaum verzweigten, aufrechten, dicht stehenden Zweigen an zusagenden Standorten in 4 Jahren einen Durchmesser von 2 m erreichen. An den Zweigenden gehäuft stehen die wechselständigen, bis 20 cm langen Blätter, die mit meist 5(3–7) Blättchen unpaarig gefiedert sind. Die 3–9 cm langen, länglich-eiförmigen, eingeschnitten gesägten bis 3teiligen Blättchen sind im Austrieb bronzepurpurn, später frischgrün. Kleine, unscheinbare, rotbraune, polygame Blüten stehen im Juni in 5–10 cm langen, lockeren, aufrechten, endständigen Rispen. Lb 2.1.5.6

◁ **Zanthoxylum simulans,** Gelbholz, Stachelesche, Rutaceae, Rautengewächse. In Nord- und Mittelchina ist diese sommergrüne Art verbreitet, eine von insgesamt 30 Arten der Gattung, die meist nur in dendrologischen Sammlungen zu finden sind. *Z. simulans* ist ein etwa 3 m hoher, breit aufrechter Strauch, dessen Zweige mit kräftigen, 6–20 mm langen Stacheln bestückt sind. Wechselständig und unpaarig gefiedert sind die Blätter mit ihren 7–11 eiförmigen bis eilänglichen, 1,5–5 cm langen, gesägten, durchscheinend punktierten Blättchen. Blattspindel und Mittelrippe der Blättchen sind bestachelt. Zur Blütezeit im Juni–Juli sitzen die kleinen, unscheinbaren, gelblichen, 2häusigen Blüten in 4–6 cm breiten, büscheligen Rispen zusammen. An weiblichen Pflanzen entwickeln sich die kleinen, 6–8 mm dicken, runzeligen rötlichen, dunkler punktierten Balgfrüchte. Lb 6.2.2.5

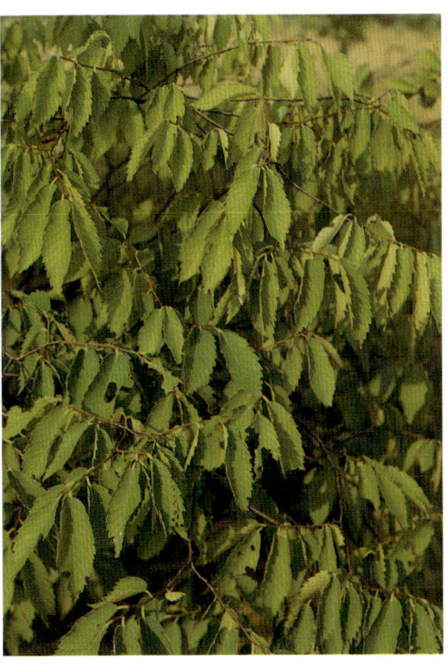

△
Zelkova carpinifolia, Kaukasische Zelkove, Ulmaceae, Ulmengewächse. In den sommerwarmen Laubwäldern des Kaukasus ist *Z. carpinifolia* zu Hause. Der sommergrüne, bis 25 m hohe, kurzstämmige oder vom Boden an oft mehrstämmige Baum hat eine riesige, eiförmige, unverwechselbare Krone aus zahlreichen, nach einem kurzen Bogen an der Basis straff aufrecht wachsenden Ästen und zahlreichen dünnen Zweigen. Die grau gefärbte Rinde löst sich in kleinen, kreisrunden Platten ab und hinterläßt orangefarbene Flecken. Die 2–5 cm langen Blätter sind elliptisch bis länglich, oberseits dunkelgrün und zerstreut behaart, unterseits auf den Nerven behaart. Sie haben jederseits 7–11 Seitennerven, die bis in die groben Zähne verlaufen. Im Herbst färben sich die Blätter hell- später orangebraun. Nur selten werden die 8 mm dicken, dünnfleischigen Steinfrüchte ausgebildet. Lb 3.3.2.1

△
Zelkova serrata, Japanische Zelkove. In Japan, Korea und China kommt die Japanische Zelkove von der Ebene bis in Berglagen in sommerwarmen, humiden Klimabereichen vor. Der bis 30 m hohe, gelegentlich vom Boden mehrstämmige Baum bildet anfangs eine rundliche, später eine breit gewölbte bis fast schirmförmige Krone mit weitwinklig abstehenden Ästen. In Japan wird der Baum nicht selten als Park- und Straßenbaum gepflanzt. An dem buchenartig glatten, grauen Stamm blättern die äußeren Borkenschichten in Platten ab und hinterlassen ein bunt gefärbtes Borkenbild. An dünnen, grauen Trieben sitzen die eiförmigen bis eilänglichen, 3–6 cm langen, oberseits dunkelgrünen, kahlen und rauhen Blätter. Sie haben jederseits 6–13 Seitennerven, die bis in die scharf zugespitzen Zähne laufen. Im Herbst färben sich die Blätter gelb bis prachtvoll orange und rot. Lb 3.1.2.2

Zenobia pulverulenta, Zenobie, Ericaceae, ▷ Heidekrautgewächse. In den sommerwarmen, humiden Laubwaldgebieten des östlichen Nordamerika kommt die monotypische Gattung von Virgina bis Südcarolina vor. Der meist sommergrüne, selten wintergrüne Strauch wird mit aufrechten oder bogig aufstrebenden Zweigen kaum mehr als 1 m hoch. Seine Triebe sind auffallend bläulich bereift. Wechselständig stehen die einfachen, ledrigen, eilänglichen bis elliptischen, 2–7 cm langen Blätter. Sie sind beiderseits oder nur unten weißlich bereift. Im Mai–Juni stehen die Blüten auf dünnen Stielen in achselständigen Büscheln am oberen Ende der vorjährigen Zweige. Die nickenden, 6–8 mm langen, weißen Blüten haben eine glockige Krone mit 5 kurzen Abschnitten. Mit seiner eigenartigen, auffälligen Blattfarbe paßt der Strauch am besten in den Heide- oder Steppengarten. Lb 1.1.2.6

Lexikon der Nadelgehölze

(einschließlich Ephedra, Ginkgo, Podocarpus)

◁**Abies alba,** Weiß-Tanne, Pinaceae, Kieferngewächse. Die Gebirge Süd- und Mitteleuropas, z.B. der Schwarzwald, sind die Heimat der Weißtanne. Sie kommt im Schwarzwald in Höhen von 400–1200, in den Pyrenäen in Höhen von 900–2000 m vor. Sie bildet Reinbestände oder ist mit Fichte, Buche oder Kiefer vergesellschaftet. Der 30–50 m hohe Baum hat eine gleichmäßig kegelförmige, im Alter abgerundete Krone, die als Storchennestkrone bezeichnet wird. Alte Stämme haben eine dünne, hellbraune bis silbergraue Schuppenborke. Deutlich in Etagen stehen die Äste, die oberen stehen aufrecht, die unteren fast waagerecht ab. Die bis 3 cm langen, dunkelgrünen Nadeln sind kamm- oder V-förmig gescheitelt. Sie tragen auf der Unterseite 2 markante, silberweiße Spaltöffnungslinien. Die aufrecht stehenden dunkelbraunen, zylindrischen Zapfen werden 10–16 cm lang.
Lb 7.3.2.1

Abies amabilis 'Spreading Star'. *A. amabilis,* die Purpur-Tanne, kommt im Kaskadengebirge des westlichen Nordamerika in mittleren Höhenlagen vor. Sie ist ein 50–80 m hoher Baum mit einer regelmäßigen, kegelförmigen Krone und einem glatten, silbrigweißen, später etwas dunkleren, gefurchten Stamm. Die dunkelgrünen, gerieben nach Orangen duftenden, bis 3 cm langen Nadeln stehen auf der Zweigoberseite dicht gedrängt und sind nach vorne gerichtet. Auf der Unterseite sind sie durch 2 weiße Spaltöffnungsstreifen aus je 5–6 Linien gezeichnet. Bis 14 cm lang sind die anfangs purpurroten, zur Reife braunen Zapfen. 'Spreading Star' ist eine in Holland entstandene, kaum 1 m hoch werdende Zwergtanne mit dunkelgrünen Nadeln, die sich mit waagerecht ausgebreiteten oder dem Boden aufliegenden Ästen zu breitausladenden, lockeren, gefälligen Formen entwickelt. Lb 7.2.2.1 ▷

◁**Abies balsamea 'Nana',** Zwerg-Balsam-Tanne. In Nordamerika, von Neufundland und Labrador südwärts bis Virginia und Minnesota kommt die Balsam-Tanne von niedrigen Berglagen bis zur Baumgrenze vor. Sie bildet reine Bestände oder ist mit Fichten vergesellschaftet. Der bis 25 m hohe, kegelförmige Baum hat einen schlanken Stamm mit zahlreichen Harzbeulen und zuletzt eine aschgraue, schuppige Borke. Die bis 4 cm langen, tiefgrünen, gerieben stark balsamisch duftenden Nadeln stehen auf der Zweigoberseite dicht gedrängt, sie bilden eine deutliche, V-förmige Furche und sind unterseits durch 2 weiße Spaltöffnungsbänder gezeichnet. Viel häufiger als die Art wird die Zwergform 'Nana' kultiviert. Sie wird kaum 1 m hoch und bildet rundlich-kissenförmige, kurz und dicht verzweigte Büsche mit ausgebreiteten Ästen und rings um den Zweig gestellte, auffallend kurze Nadeln. Lb 9.3.3.6

Abies borisii-regis, König-Boris-Tanne, ▷ Bulgarische Tanne. Die natürlichen, sehr zerstückelten Vorkommen dieser Art liegen in den bulgarischen Gebirgen, am Olymp in Thessalien und auf der Insel Thasos. Die Bulgarische Tanne ist ein prächtiger, bis 30 m hoher Baum, dessen Stamm nur im unteren Teil von Ästen entblößt ist. In seinen morphologischen Merkmalen nimmt er eine Zwischenstellung zwischen *A. alba* und *A. cephalonica* ein. Die hellgelben Triebe sind im ersten Jahr dicht und weich behaart, die Knospen leicht harzig. Die dunkelgrünen, 3 cm langen, spitzen bis fast stehenden Nadeln sind oberseits gefurcht und meist ohne Spaltöffnungslinien, unterseits tragen sie 2 weiße Spaltöffnungsbänder. Sie stehen sehr dicht zusammen, vom Zweig ab und sind auf der Zweigoberseite nicht gescheitelt. Bis 15 cm lang werden die kegelförmigen bis zylindrischen Zapfen. Lb 6.3.3.2

△
Abies bornmuelleriana, Bornmüllers Tanne. An der Südküste des Schwarzen Meeres und in der Türkei kommt diese Tanne auf einzelnen Gebirgen vor, die durch weite, tannenfreie Gebiete getrennt sind. Am Bithynischen Olymp bildet sie in der subalpinen Region zwischen 1100 und 1700 m ausgedehnte Bestände. Im ihrem Habitus gleicht die Art der Nordmanns-Tanne. Sie wird 20–30 m hoch, hat einen lange glatt bleibenden Stamm und anfangs ansteigende, später waagerecht ausgebreitete Äste. Die kahlen Triebe sind braun, die Knospen stark harzig. Sehr dicht stehen die dunkelgrünen, derben, auf der Zweigoberseite nicht gescheitelten, 2,5–3,5 cm langen, vorne meist ausgerandeten Nadeln. Sie tragen unterseits 2 deutliche, weiße Stomabänder. Die 12–15 cm langen Zapfen sind zylindrisch, ihre Deckschuppen laufen in eine lange, ausgezogene und zurückgebogene Spitze aus. Lb 6.3.3.2

△
Abies cephalonica, Griechische Tanne. Das Verbreitungsgebiet der Griechischen Tanne beschränkt sich auf Griechenland, sie kommt von Epirus und Thessalien südlich bis zum Peloponnes, südöstlich bis Euboea, im Südteil des Pindusgebirges und auf dem Parnaß vor, vorwiegend auf kalkhaltigen Unterlagen und in Höhen zwischen 760 und 2000 m. Der 20–40 m hohe Baum hat eine breit-kegelförmige, im Alter abgeflachte Krone aus waagerecht ausgebreiteten, in Etagen stehenden Ästen. Die Stämme haben im Alter eine dunkelgraue, längrissige Schuppenborke. Bis 2 cm lang sind die oberseits glänzend dunkelgrünen, unterseits durch 2 weiße Spaltöffungsbänder gezeichneten Nadeln. Sie stehen meist allseitig vom Zweig ab und sind stechend zugespitzt. 'Meyer's Dwarf' ist eine sehr unregelmäßig wachsende Zwergform, die in 10 Jahren etwa 30 cm hoch und doppelt so breit wird. Lb 6.3.3.2

◁ **Abies cilicica,** Kilikische Tanne. Im Kilikischen Taurus und im Antitaurus, in Nordsyrien und im Libanon ist die Kilikische Tanne in Höhenlagen von 1000 bis 2100 m verbreitet. Sie wächst vorzugsweise auf kalkhaltigen Böden und in Klimazonen mit milden, niederschlagsreichen Wintern, verträgt aber trockene und heiße Sommer. Bis 30 m hoch wird der Baum. Er hat anfangs eine breit-kegelförmige, im Alter eine gedrungene Krone mit waagerecht abstehenden Ästen und am Stamm eine tief gefurchte, graubraune Schuppenborke. Die bis 4 cm langen, glänzend dunkelgrünen, fast starren, aber nicht stechenden, vorne stumpfen bis abgerundeten Nadeln haben auf der Unterseite 2 Spaltöffnungslinien. Sie stehen auf der Zweigoberseite fast gleichmäßig nach allen Seiten ab oder bilden einen V-förmigen Spalt. 16–25 cm lang werden die zylindrischen, zur Reife rotbraunen Zapfen. Lb 6.4.2.1

△
Abies concolor, Kolorado-Tanne. Das Hauptareal der Kolorado-Tanne liegt in den Rocky Mountains, in Höhenlagen zwischen 2000 und 3400 m. Sie tritt dort zusammen mit der Douglasie auf. Mit *A. concolor* var. *lowiana,* kommt die vielgestaltige Art auch in den Gebirgen der pazifischen Küste vor. Die eigentliche Art wird 25–50 m hoch, sie hat eine aufgelockerte, schmal-kegelförmige, im Alter abgeflachte Krone mit waagerecht abstehenden Ästen und einen lange glatt bleibenden Stamm mit zahlreichen Harzbeulen. Später ist die hellgraue bis rötlichbraune Borke längs gefurcht, verkorkt und bis 15 cm dick. Mit einer Länge von 3–8 cm sind die beiderseits blau- oder graugrünen, meist nur undeutlich gescheitelten Nadeln auffallend lang, aber sehr unterschiedlich groß. Die Zapfen sind 8–15 cm lang. Die Kolorado-Tanne ist eine unserer wichtigsten und schönsten Schmucktannen. Lb 7.1.3.1

Abies homolepis, Nikko-Tanne. In den ▷ Bergwäldern Japans, auf der Hauptinsel Honshu und den südlicher gelegenen Inseln Kyushu und Shikoku kommt die Nikko-Tanne oft zerstreut in Laubwäldern vor. Mit einer Wuchshöhe von 30–40 m ist sie die größte der japanischen Tannenarten. Mit waagerecht ausgebreiteten Ästen bildet sie eine regelmäßige, breit-kegelförmige Krone mit einem rötlichgrauen Stamm, dessen Borke sich in feinen Schuppen ablöst. An glänzenden, gelblichbraunen, tief gefurchten Trieben stehen sehr dicht die ziemlich steifen, 1–3 cm langen, oberseits glänzend dunkelgrünen, unterseits mit 2 weißen Spaltöffnungsbändern versehenen Nadeln. Sie sind auf der Zweigoberseite nach vorne und seitwärts gerichtet und bilden eine V-förmige Furche. Die zylindrischen, dünnschuppigen Zapfen sind 7–12 cm lang, anfangs purpurn, zur Reife braun gefärbt. Lb 7.2.3.1

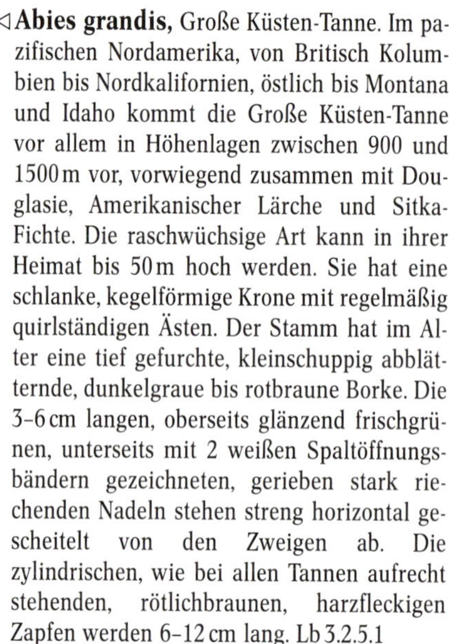

◁ **Abies grandis,** Große Küsten-Tanne. Im pazifischen Nordamerika, von Britisch Kolumbien bis Nordkalifornien, östlich bis Montana und Idaho kommt die Große Küsten-Tanne vor allem in Höhenlagen zwischen 900 und 1500 m vor, vorwiegend zusammen mit Douglasie, Amerikanischer Lärche und Sitka-Fichte. Die raschwüchsige Art kann in ihrer Heimat bis 50 m hoch werden. Sie hat eine schlanke, kegelförmige Krone mit regelmäßig quirlständigen Ästen. Der Stamm hat im Alter eine tief gefurchte, kleinschuppig abblätternde, dunkelgraue bis rotbraune Borke. Die 3–6 cm langen, oberseits glänzend frischgrünen, unterseits mit 2 weißen Spaltöffnungsbändern gezeichneten, gerieben stark riechenden Nadeln stehen streng horizontal gescheitelt von den Zweigen ab. Die zylindrischen, wie bei allen Tannen aufrecht stehenden, rötlichbraunen, harzfleckigen Zapfen werden 6–12 cm lang. Lb 3.2.5.1

◁ **Abies koreana,** Korea-Tanne. Im südlichen Korea und auf der Insel Quelaert kommt die Korea-Tanne in Höhenlagen zwischen 900 und 1850 m vor. Oft in Gesellschaft von Ajan-Fichte, Korea-Kiefer und zahlreichen Laubgehölzen. Mit Wuchshöhen von 15–20 m gehört sie zu den schwachwachsenden Arten der Gattung. Veredelte Exemplare der Korea-Tanne erreichen nur Höhen von 6–10 m. Die Korea-Tanne baut mit waagerecht abstehenden Ästen, die in dichten Etagen übereinanderstehen, eine regelmäßige, breit-kegelförmige Krone auf. Der Stamm hat im Alter eine tiefrissige, hellgraue Borke. Sehr dicht und schräg vom Zweig ab stehen die 1–2 cm langen, glänzendgrünen, unterseits mit 2 breiten Spaltöffnungslinien gezeichneten Nadeln. Sehr dekorativ sind die blaß- bis violettpurpurnen, zur Reife braunen Zapfen, die bei veredelten Pflanzen schon früh und zahlreich angesetzt werden. Lb 7.3.3.3

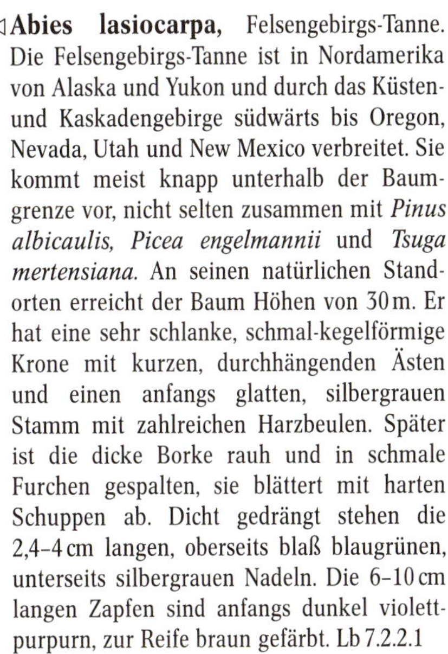

◁ **Abies lasiocarpa,** Felsengebirgs-Tanne. Die Felsengebirgs-Tanne ist in Nordamerika von Alaska und Yukon und durch das Küsten- und Kaskadengebirge südwärts bis Oregon, Nevada, Utah und New Mexico verbreitet. Sie kommt meist knapp unterhalb der Baumgrenze vor, nicht selten zusammen mit *Pinus albicaulis, Picea engelmannii* und *Tsuga mertensiana.* An seinen natürlichen Standorten erreicht der Baum Höhen von 30 m. Er hat eine sehr schlanke, schmal-kegelförmige Krone mit kurzen, durchhängenden Ästen und einen anfangs glatten, silbergrauen Stamm mit zahlreichen Harzbeulen. Später ist die dicke Borke rauh und in schmale Furchen gespalten, sie blättert mit harten Schuppen ab. Dicht gedrängt stehen die 2,4–4 cm langen, oberseits blaß blaugrünen, unterseits silbergrauen Nadeln. Die 6–10 cm langen Zapfen sind anfangs dunkel violettpurpurn, zur Reife braun gefärbt. Lb 7.2.2.1

Abies lasiocarpa 'Compacta'. Häufiger ▷ als die in Kultur anspruchsvolle natürliche Art wird bei uns diese schwachwachsende Form kultiviert. Sie gehört zur *A. lasiocarpa* var. *arizonica,* die die echte Art im südlichen Teil ihres Verbreitungsgebietes ablöst. Dort ist das Klima sommerwärmer und lufttrockener als weiter nördlich. Die Sorte 'Compacta' wächst zwar sehr langsam, ist aber keine echte Zwergkonifere, denn im Alter werden Höhen von etwa 3 m erreicht. 'Compacta' baut mit sehr dicht stehenden, aufstrebenden Ästen einen dichten, breit-kegelförmigen, im Alter etwas aufgelockerten und unregelmäßigen Busch mit einer prächtigen Benadelung auf. Die 15–25 mm langen Nadeln stehen auf der Zweigoberseite dicht gedrängt und sind spitzwinklig aufwärts gerichtet. Sie sind oberseits blaß blaugrün mit 2 durchlaufenden Spaltöffnungslinien, unterseits silbergrau gefärbt. Lb 9.4.3.5

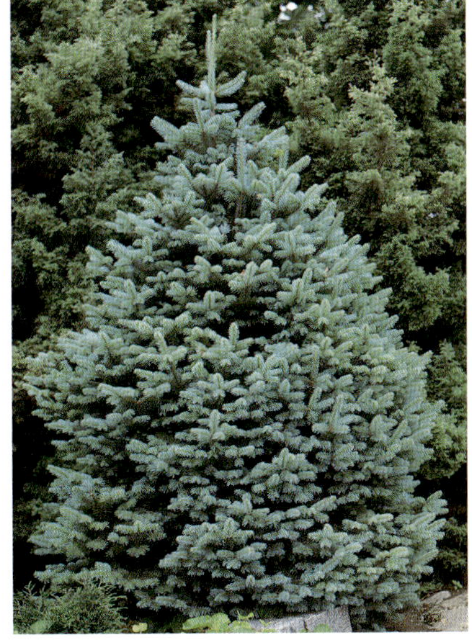

Abies nordmanniana, Nordmanns-Tanne. Die Nordmanns-Tanne gehört zu den bei uns am häufigsten gepflanzten Tannenarten. Sie hat ihre natürliche Verbreitung im westlichen Kaukasus und im Pontischen Gebirge. Sie kommt dort in Höhen zwischen 1000 und 1800 m in Reinbeständen oder zusammen mit *Picea orientalis, Pinus sylvestris, Taxus baccata* und *Fagus orientalis* vor. Der 50–60 m hohe Baum hat anfangs eine schmale, später breit-kegelförmige bis säulenförmige Krone mit waagerecht ausgebreiteten, in regelmäßigen Etagen stehenden Ästen. Die Borke ist im Alter graubraun bis schwarzbraun und blättert in Platten ab. 2–4,5 cm lang sind die sehr dicht stehenden, starren, aber nicht stechenden, oberseits dunkelgrünen, stark glänzenden, unterseits mit 2 silberweißen Stomabändern gezeichneten Nadeln. 15–20 cm lang sind die zylindrischen, anfangs grünlichen Zapfen. Lb 7.3.3.1
▽

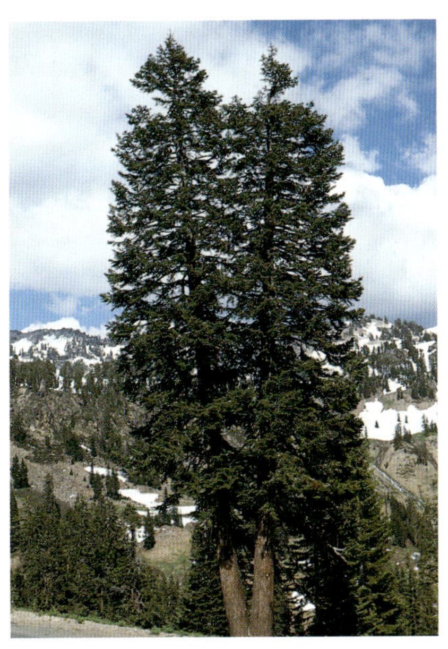

◁ **Abies magnifica,** Prächtige Tanne. Im pazifischen Nordamerika, von Oregon bis Kalifornien und Nevada ist *A. magnifica* ein Baum des Küsten- und Kaskadengebirges. Sie kommt dort in Höhen zwischen 1500 und 2100 m vor. In der Sierra Nevada besiedelt der 35–60 m hohe Baum Höhenlagen zwischen 1800 und 2700 m. Der prachtvolle Baum hat eine schmale, kegelförmige, zuletzt abgerundete Krone und im Alter eine 10–15 cm dicke, korkige, tief längs gefurchte, dunkelrote Borke. Die bräunlichen Triebe sind dicht mit feinen, rotbraunen Haaren bedeckt. 1,5–4 cm lang sind die dicken, steifen, im Querschnitt schief 4kantigen, graugrünen Nadeln, die auf allen Seiten Spaltöffungsbänder tragen. Sie stehen locker vom Zweig ab, sind oft etwas zurückgekrümmt und auf der Zweigoberseite nicht gescheitelt. Bis 22 cm lang werden die dicken, anfangs goldgrünen, zylindrischen Zapfen. Lb 7.2.2.1

△
Abies numidica, Algerien-Tanne, Numidische Tanne. Das sehr kleine Areal der Numidischen Tanne liegt in Algier. Sie kommt im Massif des Babor, auf den Bergen Babor und Thalbor in Höhen zwischen 1800–2000 m in semiariden, sommerwarmen Klimazonen vor, oft zusammen mit *Cedrus atlantica, Taxus baccata, Ilex aquifolium* und *Acer obtusatum.* Der 15–20 m hohe Baum steht in seiner Tracht zwischen *A. pinsapo* und *A. cilicica.* Er hat eine regelmäßig kegelförmige Krone mit waagerecht ausgebreiteten, stark verzweigten Ästen. Bei alten Bäumen blättert die Borke in kleinen, rundlichen Platten ab. Die sehr dicht stehenden, 2–2,5 cm langen, sehr breiten, dicklichen, steifen, vorne abgerundeten oder schwach gekerbten Nadeln sind oberseits tiefgrün, unterseits mit 2 weißen Spaltöffnungsbändern gezeichnet. Die zylindrischen, anfangs grünen Zapfen sind 15–20 cm lang. Lb 6.3.1.3

Abies pinsapo 'Glauca', Spanische Tanne. Das kleine Areal der Spanischen Tanne ist in Südostspanien in 4 Teile gegliedert. Er kommt in der Sierra del Pinar bei Granada, Serrania de Ronda, Sierra Bermeja bei Estepona und Sierra de las Nieves in Höhen zwischen 1000 und 1800 m vor. An seinen natürlichen Standorten erreicht der Baum Höhen von 20–30 m, in Kultur bleibt er deutlich niedriger. Er hat eine breit-kegelförmige, etwas starre, im Alter dicht verzweigte Krone mit etwas ansteigenden bis hängenden Ästen. Der Stamm hat eine schwarzgraue Schuppenborke. Sehr starr, dick und fast 4eckig sind die 1–2 cm langen Nadeln, die dicht und fast gleichmäßig um die Sproßachse verteilt sind und vom Zweig abstehen. Sie tragen oberseits blasse, unterseits weißliche Spaltöffnungsbänder. In Kultur sind meist weitgehend frostharte Formen mit ausgeprägt blauen Nadeln. Lb 6.3.1.2
▽

Abies pinsapo 'Horstmann'. Neben den blaunadeligen, baumförmig aufrechtwachsenen Formen wie 'Glauca' oder 'Kelleriis' sind von der Spanischen Tanne auch zwergig wachsende Formen ausgelesen worden. Eine der schönsten Formen verdanken wir der Sammelleidenschaft und Selektionsarbeit der Baumschule Horstmann in Schneverdingen. 'Horstmann' wächst in der Jugend rundlich bis kissenförmig mit nach allen Seiten abstehenden, stark verzweigten, starren, dicht benadelten Zweigen. Erst nach vielen Standjahren richten sich einige Zweige auf und wachsen senkrecht in die Höhe. Daraus entwickeln sich meist mehrstämmige, breit-kegelförmige Büsche mit einer unregelmäßigen, aufgelockerten Oberfläche. Die kurzen, starren, radiär stehenden Nadeln der Form sind von graublauer Farbe. Im Frühjahr steht der frischgrüne Austrieb dazu in einem schönen Kontrast. Lb 6.3.2.3
▽

◁ **Abies procera 'Glauca'**, Edle Tanne. Im pazifischen Nordamerika, im Kaskadengebirge von Washington und Oregon bis zum Sikiyougebirge in Nordkalifornien ist *A. procera* vorwiegend in Höhenstufen von 1000–1700 m verbreitet. Sie kommt selten in Reinbeständen vor, sie ist in der Regel mit *Tsuga heterophylla, Tsuga mertensiana, Abies amabilis* und *Pinus monticola* vergesellschaftet. Der Baum erreicht in seiner Heimat Höhen von 50–60 m, in Kultur begnügt er sich mit Höhen von 15–25 m. Mit kräftigen, regelmäßig stehenden Ästen wird eine schlanke, kegelförmige Krone aufgebaut. Der Stamm hat im Alter einer dicke, silbergraue bis rotbraune Schuppenborke. Dicht gedrängt stehen auf der Zweigoberseite die 2,5–3,5 cm langen, blaugrünen, bei 'Glauca' prachtvoll blauweißen Nadeln. Mit einer Länge von 18–25 cm sind die purpurbraunen Zapfen auffallend groß. Lb 7.2.2.2

Abies procera 'Blaue Hexe'. Die blau- ▷ nadelige Form der Edlen Tanne wird stets durch Veredlung vermehrt. Verwendet man dazu gleichmäßig mit Knospen besetzte Spitzentriebe, lassen sich aus solchen Veredlungen, regelmäßig verzweigte, aufrechtwachsende Bäume erziehen. Verwendet man für Veredlungen Seitentriebe, behalten die so erzogenen Pflanzen lange ihren Zweigcharakter bei. Werden sie nicht aufgebunden, können sie jahrzehntelang mit mehr oder weniger waagerecht ausgebreiteten Zweigen sehr dekorative, flache, unregelmäßige Formen aufbauen. Nach einiger Zeit richtet sich meist ein Trieb auf und wächst aufrecht. Bei Zwergformen der Edlen Tanne handelt es sich also nicht um Zweigmutationen, wie wir sie von zahlreichen anderen Nadelholz-Zwergformen kennen. Man muß aufstrebenden Triebe rechtzeitig entfernen, wenn solche Formen flach bleiben sollen. Lb 7.2.2.5

Abies veitchii, Veitchs Tanne. Nur auf der japansichen Hauptinsel Honshu kommt diese Art vor. Sie wächst vorzugsweise in subalpinen Höhenlagen zwischen 1500 und 1900 m. Oberhalb von 2000 m bildet sie Reinbestände, sonst kommt sie zusammen mit *Betula ermanii, Larix kaempferi, Thuja standishii* und *Picea jezoensis* vor. Der bis 30 m hohe, sehr dekorative benadelte Baum hat eine schmale, kegelförmige Krone mit ziemlich kurzen, in regelmäßigen Etagen stehenden Ästen. Alte Stämme haben eine gefurchte, dunkelgraue Borke und an den Astansätzen markante, ringförmige Rindenfalten. Die auf der Zweigoberseite sehr dicht stehenden, auf der Zweigunterseite gescheitelten, 1–2,5 cm langen, weichen, vorne gestutzten und 2spitzigen Nadeln sind oberseits gefurcht und glänzend tiefgrün, auf der Unterseite mit 2 auffallend kreideweißen Spaltöffnungsbändern gezeichnet. Lb 7.2.2.2
▽

Araucaria araucana, Chiletanne, Andentanne, Araucariaceae, Araukariengewächse. Das kleine Areal der Andentanne liegt in Südwestchile und Argentinien. Sie kommt dort an den Westängen der Anden und auf dem Gebirgsplateau im Grenzgebiet der beiden Staaten in Höhen zwischen 600 und 1800 m in lichten Beständen vor. Der etwa 30–35 m hohe, bei uns kaum mehr als 15–20 m hohe Baum hat anfangs eine steife, regelmäßige, kegelförmige, im Alter eine breite, abgerundete bis schirmförmige Krone. In regelmäßigen Etagen stehen die abstehenden bis durchhängenden Äste übereinander. Die Zweige sind völlig von den 10–15 Jahre lang lebenden, steifen, stechenden, 3eckigen Blättern bedeckt. Sie sind eckig, 2,5–5 cm lang, steif und stechend und auf beiden Seiten glänzend dunkelgrün. In kugeligen, 14–20 cm dicken Zapfen reifen die 3–4,5 cm langen, eßbaren Samen heran. Lb 7.4.1.3
▽

Calocedrus decurrens, Kalifornische ▷ Flußzeder, Cupressaceae, Zypressengewächse. Im pazifischen Nordamerika, in Oregon, Kalifornien und dem nördlichen Niederkalifornien kommt die Flußzeder an Berghängen und in feuchten Tälern vor, vorwiegend in Höhen zwischen 900 und 2500 m. Der 30–40 m hohe, in Kultur viel niedriger bleibende Baum hat meist eine geschlossene, regelmäßige, säulenförmige Krone mit kurzen, erst waagerecht abstehenden, dann steif aufsteigenden Ästen. Alte Bäume haben eine sehr dekorative, dicke, rotbraune, längsgefurchte Borke, die sich in dünnen Platten löst. Die jungen, fächerförmig in einer Ebene verzweigten Triebe sind ganz von schuppenförmigen, dem Zweig eng anliegenden, nach Terpentin riechenden Blättern bedeckt, die in 4zähligen Quirlen angeordnet sind. Sie sind auf beiden Seiten fast gleichfarbig glänzend dunkelgrün gefärbt. Lb 7.3.2.1

◁**Cedrus atlantica 'Glauca',** Atlas-Zeder, Pinaceae, Kieferngewächse. Im Atlasgebirge von Marokko und Algerien bildet die Atlas-Zeder in Höhenlagen von 1500 bis 2000 m lockere Bestände. Der mächtige, im Alter majestätische Baum kann 35–40 m hoch werden. Er hat anfangs eine lockere, durchsichtige, regelmäßige, breit-kegelförmige Krone mit unregelmäßig gestellten, aufstrebenden Ästen. Lange behalten die Kronen ihre regelmäßige Form bei, im Alter können sie breit ausladend bis schirmförmig, unregelmäßig und sehr malerisch geformt sein. Die starken Stämme haben im Alter eine dunkle, längsrissige Schuppenborke. Prächtig graublau sind die 15–25 mm langen, starren Nadeln gefärbt. (Die mehr bläulichgrün benadelte natürliche Art ist nicht in Kultur.) Sie stehen an Langtrieben entfernt spiralig und an Kurztrieben zu 40–50 in dichten, rosettenähnlichen Büscheln. Lb 6.4.1.1

Cedrus brevifolia, Zypern-Zeder. *C. brevifolia* wird nicht selten als Varietät der Libanon-Zeder angesehen. Sie hat nur ein sehr kleines Verbreitungsgebiet, denn sie kommt ausschließlich auf Zypern vor, am 1408 m hohen Tripylos des Troodosgebirges und im südlich davon gelegenen »Tal der Zedern«. Im Tal der Zedern stockt ein kleiner Reinbestand an den steilen Hängen einer engen Schlucht. Der Bestand besteht fast ausschließlich aus sehr schlanken, schmalkronigen, bis 20 m hohen Bäumen. Nur einige Bäume bilden an exponierten Standorten tafelförmige Kronen aus. An Langtrieben sind die dicken, etwas gekrümmten, kurz zugespitzten, blau- bis graugrünen Nadeln bis 15, an Kurztrieben nur 7–12 mm lang. Die Art hat damit die kürzesten Nadeln aller Zedern. Mit ihrem schlanken Wuchs und der geringen Wuchshöhe ist die Zypern-Zeder auch für kleinere Gärten geeignet. Lb 6.4.2.3
▽

Cedrus deodara, Himalaja-Zeder. Im westlichen Himalaja, vom östlichen Afghanistan über Kaschmir und den westlichen Punjab bis zum westlichen Nepal kommt *C. deodara* hauptsächlich in Höhen zwischen 1800 und 2600 m vor. Sie bildet lichte Reinbestände oder ist mit *P. wallichiana* und *Picea smithiana* vergesellschaftet. Der stattliche Baum kann am natürlichen Standort Höhen von 50 m erreichen. Er hat eine elegante, regelmäßige, breit-kegelförmige Krone mit mehr oder weniger waagerecht abstehenden Ästen. Typisch für die Art sind die elegant überhängenden Gipfeltriebe und Zweigenden. Der kegelförmige Kronenaufbau bleibt bis ins hohe Alter erhalten, wenigsten bei kultivierten Bäumen. Der bis weit in die Krone reichende Stamm hat eine schwarzgraue Plattenborke. Mit Längen von 2–6,5 cm sind die weichen, grünen bis blaugrünen Nadeln die längsten unter den Zedern. Lb 7.2.2.1
▽

△
Cedrus atlantica 'Glauca Pendula'. Kaum ein anderes Nadelgehölz wächst so malerisch und eigenwillig wie die Hängeform der Atlas-Zeder. Sie wird in der Baumschule zunächst aufrecht gezogen, stellt bei freiem Wuchs aber bald ihr Höhenwachstum ein. Die Äste stehen dann mehr oder weniger waagerecht ab und sind an den Spitzen abwärts geneigt. Von den Hauptästen hängt dann die seitliche Verzweigung in dichten Vorhängen senkrecht bis zum Boden herab. Abhängig von der Art der Anzucht können Wuchshöhen von 5–7 m erreicht werden, oft bleiben die Bäume aber wesentlich niedriger. In Anordnung, Länge und Färbung gleichen die Nadeln denen der Form 'Glauca'. Gelegentlich in Kultur ist auch die Sorte 'Aurea'. Sie ist schwachwüchsig und mit waagerecht abstehenden Ästen sehr locker verzweigt. Die Nadeln sind im 1. Jahr goldgelb gefärbt, vom 2. Jahr an vergrünen sie. Lb 6.4.2.2

Cedrus libani, Libanon-Zeder. Das Hauptverbreitungsgebiet der Libanon-Zeder liegt im Kilikischen Taurus und im Antitaurus, sie kommt außerdem im Libanon und in Syrien vor, vorzugsweise in Höhen zwischen 900 und 2100 m. Sie wächst dort in Reinbeständen oder zusammen mit *Abies cilicica* und *Pinus nigra.* Der stattliche, im Alter oft malerische Baum kann Höhen von 25–35 m erreichen. Er wächst in der Jugend regelmäßig und breit kegelförmig. Im Alter werden mit starken, waagerecht abstehenden Ästen breite, malerische, schirm- oder tafelförmige Kronen gebildet. Der starke, im Freistand oft nur kurze Stamm hat eine schwarzgraue, schuppig abblätternde Borke. 1,5–3,5 cm lang sind die grünen, zugespitzten Nadeln. Wie alle Zedern blüht auch diese erst im Oktober. Die mehr oder weniger faßförmigen Zapfen reifen im 2. oder 3. Jahr, sie zerfallen dann am Baum. Lb 6.4.1.1
▽

Cedrus deodara 'Golden Horizon'. Die ▷ schwachwachsende, 1975 in Boskoop, Holland, aus Sämlingen selektierte Form wächst mit mehr oder weniger waagerecht abstehenden bis leicht ansteigenden Ästen anfangs ganz flach und gedrungen. Im Alter können auch aufrechtwachsende Triebe gebildet werden. Die bis 4 cm langen Nadeln sind auf der Sonnenseite intensiv gelb bis grüngelb gefärbt, sonst mehr blaugrün. Leider ist die dekorative Form mindestens so frostempfindlich wie die Art selbst. Deutlich frosthärter dagegen sind Formen mit blau- oder silbergrauen Nadeln. Als frosthärteste Form gilt die auffallend blaunadelige Sorte 'Karl Fuchs'. Sie wurde aus Samen selektiert, die durch Karl Fuchs aus der Provinz Paktia, aus Höhenlagen der westlichen Ausläufer des Himalaja mit geringen Niederschlägen und Wintertemperaturen unter –20 °C, eingeführt wurden. Lb 9.3.1.4

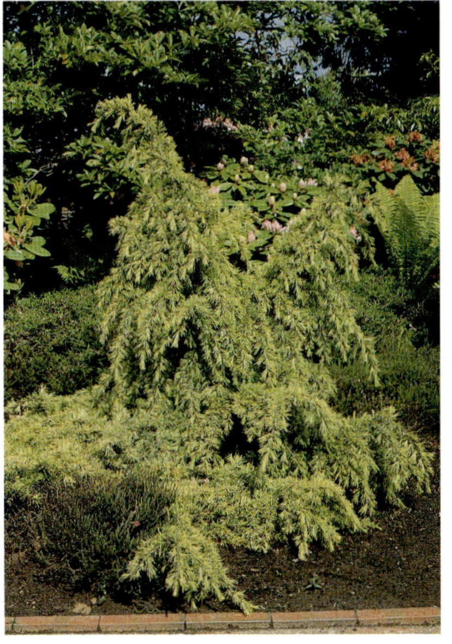

Cephalotaxus harringtoniana var. drupacea, Japanische Kopfeibe. Die natürliche Art kommt in Japan, Korea und Mittelchina in Höhen von 500 und 1000 m in feuchten, wintermilden Klimazonen vor. Selten wird bei uns die bis 10 m hoch werdende Art gepflanzt. Verwendet wird häufig die strauchig wachsende *C. harringtoniana* var. *drupacea.* Sie ist vom Boden an dicht verzweigt und kann dichte, niedrige, breitbuschige Formen entwickeln. Häufig in Kultur ist auch 'Fastigiata'. Sie wächst mit wenig verzweigten, dicht stehenden Ästen zunächst straff aufrecht, im Alter mehr trichterförmig oder breit-säulenförmig. Von der Eibe unterscheiden sich die schattenverträglichen Kopfeiben durch die längeren und breiteren (3–5 cm lang und 3–4 mm breit), oft sichelförmig aufwärts gebogenen, glänzend dunkelgrünen, unregelmäßig 2zeilig gestellten Nadeln und abweichenden Samen. Lb 6.4.4.3
▽

Cephalotaxus fortunei, Chinesische Kopf- ▷ eibe, Cephalotaxaceae, Kopfeibengewächse. Die Chinesiche Kopfeibe kommt in den Gebirgen Mittelchinas in klimatisch sehr günstigen Regionen vor. Sie gedeiht auch bei uns zufriedenstellend nur in wintermilden Regionen. Der meist vom Boden an mehrstämmige Baum wird 5–6(–10) m hoch. Sehr dekorativ sind die glatten Stämme, an denen sich die rotbraune Borke in größeren Platten löst und ein farbiges Rindenbild hinterläßt. Die 5–8 cm langen, linealischen, etwas sichelförmig gekrümmten Nadeln stehen in 2 mehr oder weniger horizontal stehenden Reihen von den Zweigen ab. Sie sind oberseits glänzend dunkelgrün gefärbt, unterseits mit 2 blassen, grauweißen Spaltöffnungsbändern gezeichnet. Aus unscheinbaren Blüten entwickeln sich die 2,5–3 cm langen, olivbraunen Samen, die von einer fleischigen Schale umgeben sind. Lb 6.4.4.4

◁ **Chamaecyparis lawsoniana 'Minima Glauca',** Lawsons Scheinzypresse, Cupressaceae, Zypressengewächse. Im Küstenbereich des pazifischen Nordamerika kommt die natürliche Art von Südoregon bis Nordwestkalifornien vor. Von der Ebene steigt sie bis in Höhen von 1700 m auf. Sie erreicht Höhen von 20–50 m, hat eine schmal-kegelförmige, geschlossene, oft bis zum Boden reichende Krone mit überhängendem Gipfeltrieb und aufrechte oder waagerecht abstehenden Ästen. Der Stamm hat eine tief purpurbraune, längsrissige Borke. Die meist fächerförmigen, in einer Ebene verzweigten Triebe sind völlig von den dicht dachziegelig und in 4 Reihen angeordneten, schuppenförmigen, dunkelgrünen Blättern umhüllt. In Garten und Park wird nur selten die natürliche Art verwendet. Uns stehen zahlreiche Formen zur Verfügung, die sich im Habitus und in ihrer Laubfärbung unterscheiden. Lb 9.4.3.5

Chamaecyparis lawsoniana-Sorten

'Alumii'

'Aurea Densa'

'Blue Surprise'

'Columnaris'

'Ellwood's Gold'

'Golden King'

Chamaecyparis lawsoniana-Sorten

'Golden Wonder'

'Intertexta'

'Lane'

'Stardust'

'Stewartii'

'Wisselii'

Chamaecyparis nootkatensis 'Pendula'. ▷ Die Nootka-Scheinzypresse kommt im pazifischen Nordamerika von Südwestalaska und dem westlichen Britisch Kolumbien bis Washington und Oregon in Höhenlagen von 650–2500 m vor. Der 20–30 m hohe Baum hat eine gleichmäßige kegelförmige Krone mit überhängendem Gipfeltrieb und hängenden Zweigen. In Kultur ist überwiegend die Form 'Pendula'. Sie gehört mit ihrem eigenartigen, malerischen Wuchs zu den elegantesten Formen unter den Nadelbäumen. An der bis 15 m hohen Form stehen die Äste locker und unregelmäßig kandelaberförmig ab, die dunkel blaugrün beblätterten Zweige hängen mähnenartig senkrecht herab. Die Sorten 'Glauca' (Blätter blaugrün) und 'Aurea' (Blätter im Austrieb hellgelb, später gelbgrün) unterscheiden sich von der natürlichen Art durch ihre abweichende Laubfärbung, im Habitus sind sie ihr sehr ähnlich. Lb 7.3.3.3

◁**Chamaecyparis obtusa 'Pygmaea',** Hinoki-Scheinzypresse. *C. obtusa* kommt in Mittel- und Südjapan und in Taiwan in regenreichen, luftfeuchten Gebirgslagen auf feuchten, aber gut dränierten Böden vor. Die natürliche Art, deren helles Holz in Japan sehr geschätzt wird, ist ein bis 40 m hoher Baum mit einer breit-kegelförmigen Krone und einem rotbraunen, gefurchten Stamm. Die Zweige sind feder- bis muschelförmig verzweigt und dicht von etwa 2,5 cm breiten Schuppenblättern umgeben. Die Blätter sind oberseits mattglänzend dunkelgrün, unterseits mit silberweißen, oft Y-förmigen Spaltöffnungslinien gezeichnet. Als Gartengehölz ist die natürliche Art bei uns ohne Bedeutung. Wir kultivieren eine Reihe von schwach oder zwergig wachsenden, aufrechten oder gedrungenen, grün- oder gelblaubigen Formen mit muschel-, faden- oder korallenförmiger Verzweigung. Lb 9.4.6.5

Chamaecyparis obtusa-Sorten

'Coralliformis'

'Crippsii'

'Kosteri'

'Nana Gracilis'

'Opaal'

'Rigid Dwarf'

◁ **Chamaecyparis pisifera 'Boulevard'.** Die Sawara-Scheinzypresse hat ihre Heimat auf den japanischen Inseln Honshu und Kyushu in niederschlagsreichen, luftfeuchten Gebirgslagen. Die natürliche Art kann bis 50 m hoch werden. Sie hat eine schmal-kegelförmige, locker beastete Krone und einen rotbraunen, längsrissigen Stamm, dessen Borke sich in Streifen löst. Die waagerecht abgeflachten Zweige sind feder- bis fächerförmig verzweigt. Die schuppenartigen Blätter sind oberseits mattglänzend dunkelgrün, unterseits durch 2 breite, silberweiße Spaltöffnungsflecken gezeichnet. Die natürliche Art spielt bei uns in der Gartenkultur keine Rolle. Die sehr variationsfreudige Art hat uns eine Fülle von Formen beschert. Sie unterscheiden sich in Habitus und Wuchshöhe, in der Laubfärbung und in der Form der Verzweigung (fadenförmig dünn bis fedrig und moosartig kraus). Lb 9.3.3.4

Chamaecyparis pisifera-Sorten

'Filifera Aurea'

'Filifera Nana'

'Plumosa Nana'

'Sungold'

◁**Cryptomeria japonica 'Compacta'** Japanische Sicheltanne, Taxodiaceae, Sumpfzypressengewächse. Die in Japan Sugi genannte natürliche Art, eine monotypische Gattung, kommt von Mittel- bis Südjapan in luftfeuchten, regenreichen, wintermilden Berg- und Hügellagen vor. Als Forstbaum nimmt sie in Japan etwa 50 % der forstwirtschaftlich genutzten Flächen ein. Sie ist in Japan außerdem der häufigste Baum an Tempel und Schreinen und dort häufig in mehrhundertjährigen, kapitalen Bäumen zu bewundern. Der bis 50 m hohe Baum hat eine schmalkegelförmige Krone aus locker stehenden Ästen und hängenden Zweigen. Die nadelförmigen, pfriemlichen, sichelartig gekrümmten, bis 25 mm langen, dunkelgrünen Blätter stehen in 5 Längsreihen spiralig um die grünen Triebe. Als Gartengehölze sind bei uns einige schwach bis zwergig wachsende Formen wichtiger als die Art. Lb 9.3.5.5

Cryptomeria japonica-Sorten

'Cristata'

'Darydioides'

'Elegans Viridis'

'Lobbii'

'Sekkan'

'Spiralis'

Cunninghamia lanceolata, Spießtanne, ▷ Taxodiaceae, Sumpfzypressengewächse. In Mittel- bis Südostchina besiedelt die Spießtanne windgeschützte, halbschattige Bergtäler und -hänge in Höhen von 800 bis 1300 m in luftfeuchten, wintermilden, sommerwarmen Klimalagen. In seiner Heimat kann der Baum 30–50 m hoch werden, bei uns wird er oft nur wenige Meter hoch. Mit abstehenden, in regelmäßigen Quirlen stehenden Ästen werden die Kronen kegel- bis säulenförmig. Der Stamm hat eine dunkelbraune Borke, die sich in schmalen Streifen löst. 3–7 cm lang und 3–4 mm breit sind die ledrigen, lang zugespitzten, stechenden Nadeln. Sie sind oberseits dunkelgrün gefärbt und unterseits mit 2 breiten, grauweißen Spaltöffnungsstreifen gezeichnet. Wird bei uns recht selten gepflanzt und entwickelt sich nur unter zusagenden Klimabedingungen zu attraktiven Bäumen. Lb 6.2.1.3

◁ × **Cupressocyparis leylandii,** Bastardzypresse, Cupressaceae, Zypressengewächse. ▷ Der Gattungsbastard ist erstmals 1888, ein zweites Mal 1911 im Park von Leighton Hall, Montgomeryshire, Wales, aus einer Kreuzung zwischen *Cupressus macrocarpa* und *Chamaecyparis nootkatensis* entstanden. Der sehr raschwüchsige, 20–30 m hohe Baum hat eine gleichmäßige, dichte, schmal-kegelförmige bis säulenförmige Krone, die meist bis zum Boden reicht. Dunkel rotbraun ist die flach längs gefurchte Borke gefärbt. Mit seinen fächerförmigen Trieben erinnert er an die Nootka-Scheinzypresse, mit den bis 2 cm dikken Zapfen an die Monterey-Zypresse. Die schuppenförmigen Nadeln sind frisch- bis dunkelgrün. Nicht selten wird auch die kompakter wachsende, 12–15 m hohe, rechts abgebildete **'Castlevellan Gold'** gepflanzt. Ihre Nadeln sind goldgelb, im Winter bronzegelb gefärbt. Lb 7.1.1.1

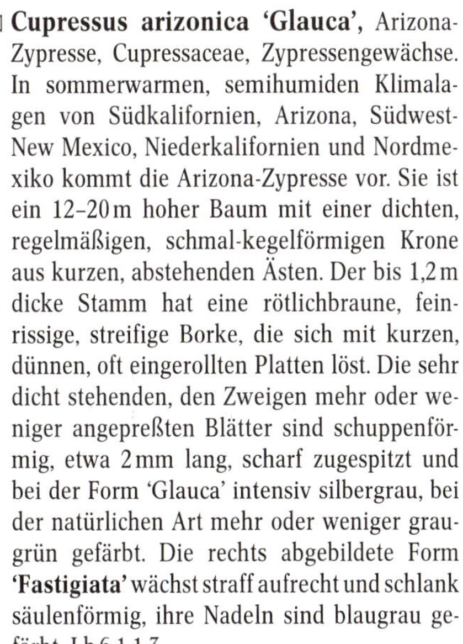

◁ **Cupressus arizonica 'Glauca',** Arizona-Zypresse, Cupressaceae, Zypressengewächse. ▷ In sommerwarmen, semihumiden Klimalagen von Südkalifornien, Arizona, Südwest-New Mexico, Niederkalifornien und Nordmexiko kommt die Arizona-Zypresse vor. Sie ist ein 12–20 m hoher Baum mit einer dichten, regelmäßigen, schmal-kegelförmigen Krone aus kurzen, abstehenden Ästen. Der bis 1,2 m dicke Stamm hat eine rötlichbraune, feinrissige, streifige Borke, die sich mit kurzen, dünnen, oft eingerollten Platten löst. Die sehr dicht stehenden, den Zweigen mehr oder weniger angepreßten Blätter sind schuppenförmig, etwa 2 mm lang, scharf zugespitzt und bei der Form 'Glauca' intensiv silbergrau, bei der natürlichen Art mehr oder weniger graugrün gefärbt. Die rechts abgebildete Form **'Fastigiata'** wächst straff aufrecht und schlank säulenförmig, ihre Nadeln sind blaugrau gefärbt. Lb 6.1.1.3

◁ **Cupressus bakeri,** Modoc-Zypresse. In Nordkalifornien und im südwestlichen Oregon kommt die Modoc-Zypresse selten und zerstreut in semiariden, sommerwarmen Klimalagen in Höhen zwischen 1200 und 1800 m vor, u.a. an trockenen Hängen und in Lavafeldern. Sie ist ein 10–15 m hoher, schlanker Baum mit abstehenden Ästen und einer dünnen, rötlichgraunen, in kleinen Platten abblätternder Borke. An dünnen, 4kantigen Trieben sitzen dicht gedrängt die spitzen, gekielten, graugrünen, schuppenförmigen, bei jungen Pflanzen z.T. nadelförmigen Blätter. Die 1,2–2 cm dicken, anfangs graugrünen, zur Reife graubraunen Zapfen haben 6 rundliche Schuppen, die plötzlich in einen kurzen, geraden Dorn auslaufen. Die bei uns selten kultivierte Art gilt als recht winterhart. Sie ist nahe verwandt mit der in der kalifornischen Sierra Nevada heimischen *C. macnabiana.* Lb 6.1.1.3

△
Cupressus sempervirens, Mittelmeer-Zypresse. Von östlichen Mittelmeergebiet bis zum Nordiran reicht das ursprüngliche Verbreitungsgebiet dieser Art. Sie kommt in Höhenlagen von 300–1300 m vor und bildet stellenweise Reinbestände. Seit Jahrhunderten wird sie im ganzen Mittelmeerraum in Gärten, an Straßen und auf Friedhöfen gepflanzt. Neben dem Ölbaum und der Pinie gehört sie zu den charakteristischen Bäumen der Region. In Kultur ist überwiegend die schmalsäulenförmig wachsende *C. sempervirens* var. *sempervirens.* Die Wildform, die *C. sempervirens* var. *horizontalis,* baut sich mit waagerecht abstehenden Ästen sehr locker auf. Die in der Regel kultivierte Form wird 20–30 m hoch, sie ist stets bis zum Boden beastet und bildet schlanke, zugespitzte Kronen mit senkrecht aufsteigenden Ästen. Die Zweige sind von kleinen, rautenförmigen, dunkelgrünen Schuppenblättern bedeckt. Lb 6.1.3.3

△
Ephedra distachia, Meerträubel, Ephedraceae, Meerträubelgewächse. Die *Ephedra*-Arten gehören zwar zu den nacktsamigen Pflanzen, aber natürlich nicht zu den Nadelgehölzen. Das Verbreitungsgebiet von *E. distachia* reicht von der Westküste Frankreichs und den mediterranen Zonen Spaniens und Italiens bis in die russischen Steppengebiete. Sie ist ein rutenförmiger Strauch mit oft niederliegender Grundachse, meist steif aufrechten, schachtelhalmartigen Zweigen und etwa 2 mm dicken, fein gestreiften, blau- oder dunkelgrünen Trieben. Die Blätter sind bis auf 2 mm lange, in der Mitte grüne, an den Rändern trockenhäutige Schuppenblätter reduziert. Aus unscheinbaren, 2häusigen Blüten entwickeln sich kugelige, 6–7 mm dicke, beerenartige, saftig-fleischige Scheinfrüchte. Ein hübscher, reichfruchtender Strauch für sonnig-trockene Plätze im Steingarten. Lb 6.1.2.7

Ginkgo biloba, Ginkgobaum, Ginkgoaceae, ▷ Ginkgogewächse. Der sommergrüne Ginkgobaum hat seine ursprüngliche Heimat in China, im Grenzgebiet der Provinzen Anhei und Tschekiang. Der stattliche, 30–40 m hohe Baum hat anfangs eine sparrige, kegelförmige, später eine elegante, aufgelockerte Krone. Das Sproßsystem ist auffallend in Lang- und stark gestauchte Kurztriebe gegliedert. Die flächigen, derben, fächerförmigen, frischgrünen Blätter haben eine nahezu parallel verlaufendene Nervatur. Sie sind bis 10 cm lang und 5–7 cm breit. An Langtrieben sind sie am oberen Rand unregelmäßig tief gespalten, an Kurztrieben fast ganzrandig. Im Herbst färben sich die Blätter leuchtend goldgelb. Aus unscheinbaren Blüten entwickeln sich an weiblichen Bäumen mirabellenähnliche, zur Reife gelblichweiße, eßbare Samen mit einer orangegelben, saftig-fleischigen Samenschale. Lb 6.3.2.1

◁**Juniperus chinensis 'Pfitzeriana Aurea',** Chinesischer Wacholder, Cupressaceae, Zypressengewächse. In China, der Mongolei, Mittel- und Südjapan und Korea kommt der Chinesische Wacholder vor. Er wird seit Jahrhunderten kultiviert. In chinesischen Tempelanlagen ist er oft in uralten, knorrigen Exemplaren zu sehen. Die natürliche Art wächst nicht selten baumförmig und wird bis 20 m hoch. In der Jugend sind die Blätter nadelförmig und stechend zugespitzt, sie sind unterseits dunkelgrün gefärbt und tragen auf der Oberseite 2 blaugrüne Spaltöffnungsstreifen. Die Altersblätter sind schuppenförmig, sie liegen den Trieben dachziegelig dicht an. Die sehr variable Art ist bei uns nicht in Kultur. Aus ihr sind aber eine Fülle von Gartenformen ausgelesen worden, die sich in ihrer Wuchshöhe, ihrem Habitus und ihrer Nadelfärbung beträchtlich unterscheiden.
Lb 6.3.3.4

Juniperus chinensis-Sorten

'Blue Alps'

'Gold Coast'

'Goldkissen'

'Kaizuka'

Juniperus chinensis-Sorten

'Keteleeri'

'Mint Julep'

'Monarch'

'Mordigan Gold'

'Olympia'

'Plumora Aurea'

Juniperus communis, Gemeiner Wacholder. *J. communis* hat ein riesiges Verbreitungsgebiet. Es reicht von Europa und Asien bis Nordamerika, Südgrönland und zum westlichen Nordafrika. Besiedelt werden vor allem nährstoffarme Standorte an Muschelkalkhängen, in Magerweiden, Zwergstrauchheiden, lichten Nadelwäldern und auf Sandfluren. Die sehr vielgestaltige Art ist meist ein vom Boden an verzweigter, mehrstämmiger Busch oder ein bis 15 m hoher Baum mit sehr unterschiedlicher Kronenform. Bei *J. communis* sind die unterseits glänzend grünen Blätter nadelförmig, sie sind linealisch bis lanzettlich, 1–2 cm lang und stehen in 3zähligen Wirteln an den Trieben. Nur selten pflanzen wir die natürliche Art. In Kultur sind vielmehr zahlreiche Sorten mit säulenförmigem, aufrecht-überhängendem oder strauchigem bis niederliegendem Wuchs und verschieden gefärbten Nadeln. Lb 4.2.3.4 ▷

Juniperus communis-Sorten

'Depressa Aurea'

'Echiniformis'

'Hornibrookii'

'Stricta'

'Suecica'

Juniperus conferta, Strand-Wacholder. Auf ▷ den japanischen Inseln Hokkaido, Honshu und Kyushu sowie auf Sachalin besiedelt der Strand-Wacholder sandige Meeresküsten. Er ist ein niederliegender, mattenförmig ausgebreiteter Strauch mit langen, rotbraunen Ästen und aufgerichteten Zweigspitzen. Dicht gedrängt stehen die nadelförmigen Blätter zu dritt in Quirlen. Sie sind 10–15 mm lang, gerade, nach vorne gerichtet und scharf zugespitzt, aber nicht stechend. Oberseits sind sie rinnig und tragen ein weißes Spaltöffnungsband, das nicht von einer grünen Mittelrippe unterbrochen wird, unterseits sind sie frischgrün und gekielt. Auffällig sind die dunkelblauen, grau bereiften, 8–12 mm dicken, kugeligen Früchte. 'Blue Placific' zeichnet sich durch eine blaugrüne Nadelfärbung aus. 'Emerald Sea' hat große, smaragdgrüne Nadeln. Beide sind hervorragende Bodendecker. Lb 5.3.1.7

◁ **Juniperus horizontalis 'Blue Chip',** Kriechender Wacholder. Das Hauptverbreitungsgebiet der Art reicht von Alaska bis Labrador und Neufundland. Einzelne Vorkommen gibt es auch südlich bis Wyoming, Nordillinois und New York. *J. horizontalis* ist ein kriechender oder niederliegender, mattenbildender Strauch mit zahlreichen kurzen, dicht stehenden, an den Spitzen aufsteigenden Zweigen. Die Blätter sind in der Jugend nadelförmig, dann locker anliegend oder abstehend, im Alter meist schuppenförmig. Sie stehen gegenständig oder zu dritt in Wirteln und sind grün oder blaugrün gefärbt. Am Grunde tragen sie eine bandförmige Drüse, die zerrieben aromatisch duftet. Auch von *J. horizontalis* wird selten die natürliche Art kultiviert. Meist sind Sorten in Kultur, die durch ihre mehr oder weniger blaue Nadelfärbung und teilweise durch eine fedrige Verzweigung auffallen. Lb 5.1.3.7

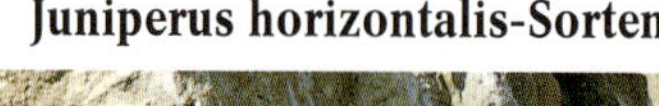

Juniperus horizontalis-Sorten

'Emerald Spreader'

'Grey Pearl'

'Wiltonii'

◁ **Juniperus procumbens 'Nana',** Japanischer Kriech-Wacholder. An den Meeresküsten der südjapanischen Insel Kyushu kommt die natürliche Art vor. Sie wird 50–70 cm hoch und wächst niederliegend-ausgebreitet mit etwas steifen, kastanienbraunen Ästen und an den Spitzen aufgericheten Zweigen. Die nadelförmigen, 6–8 mm langen, allmählich scharf zugespitzen Blätter liegen den Trieben dicht an. Sie sind oberseits rinnig und haben 2 blaugrüne Spaltöffnungsbänder, unten sind sie gewölbt, blaugrün gefärbt und haben 2 weiße Flecken nahe der Basis. Fast kugelig sind die 8–9 mm dicken, beerenartigen Zapfen. In Kultur ist meist die hübsche, schwachwachsende Sorte 'Nana'. Sie hat breitere, grüne Nadeln, bleibt deutlich niedriger und ist dicht verzweigt, die Äste sind dicht besetzt mit aufrechten Kurztrieben. Eignet sich sehr gut zur Bepflanzung von Trögen. Lb 9.2.3.7

Juniperus rigida, Tempel-Wacholder. Auf ▷ den japanischen Inseln Honshu, Kyushu und Shikoku, in Korea und China ist die Art überwiegend in der Ebene verbreitet. Nur im südlichen Japan steigt sie selten bis in Höhen von 1000 m auf. Mit seinem eigenwilligen, kandelaberförmigen Wuchs gehört dieser Wacholder zu den dekorativsten Arten der Gattung. Er ist ein oft schon vom Boden an mehrstämmiger Strauch oder ein bis 10 m hoher Baum mit einer zunächst kegel- bis säulenförmigen, im Alter breit ausladenden, aufgelockerten Krone. Von den ansteigenden bis ausgebreiteten Ästen hängen die dünnen Zweige lang und mähnenartig herab. Die 12–25 cm langen, scharf und stechend zugespitzten Nadeln stehen rechtwinklig von den Trieben ab. Sie sind oberseits tief rinnig und haben 1 schmales, weißes Mittelband mit 2 grünen Randstreifen, unterseits grün und stark gekielt. Lb 6.1.2.4

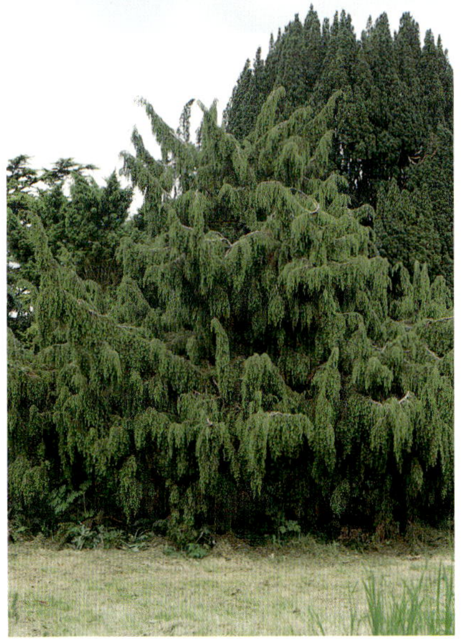

Juniperus scopulorum 'Springbank', Westliche Rotzeder. In den Trockengebieten des westamerikanischen Gebirgsraumes ist die Westliche Rotzeder von den östlichen Vorbergen der Rocky Mountains bis in Höhen von 2700 m verbreitet. Im Norden kommt sie auch in Küstennähe vor. Der bis 12 m hohe, meist vom Boden an verzweigte Baum hat eine breite Krone mit abstehenden Ästen und eine dunkel rotbraune bis graue, in schmale Streifen zerrissene Borke. Die schuppenförmigen, rhombisch-eiförmigen Blätter sind den Zweigen dicht angedrückt. Sie sind dunkel- oder hellgrün gefärbt und meist bläulich bereift. Dunkelblau und bereift sind die 6–8 mm dicken, nahezu kugeligen Früchte. 'Springbank' wächst schmal-kegelförmig, hat dünne, fast fadenförmige Zweigspitzen und intensiv silberblaue Nadeln. 'Blue Haven' wächst gedrungen kegelförmig, die Blätter sind blaugrün gefärbt. Lb 9.2.3.4 ▽

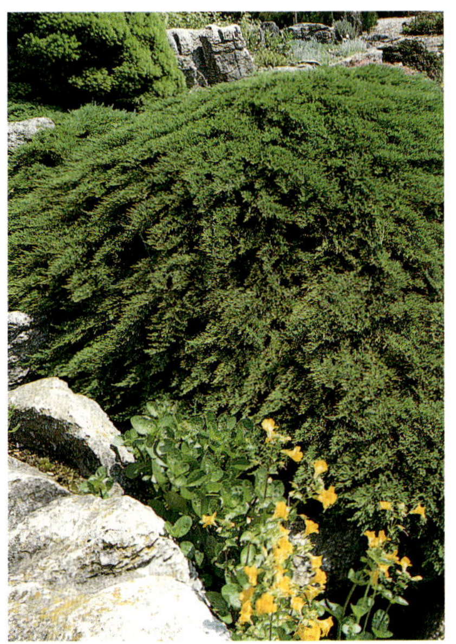

◁ **Juniperus sabina 'Tamariscifolia'.** Sadebaum, Stink-Wacholder. In den Gebirgen von Südeuropa und dem südlichen Mitteleuropa bis nach Mittelasien kommt der Sadebaum von der montanen bis zur alpinen Stufe an felsigen Hängen, in Steppenrasen sowie in lichten Kiefern- und Lärchenwäldern vor. Er ist ein etwa mannshoher, dicht buschig verzweigter, in allen Teilen giftiger Strauch oder ein kleiner, bis 5 m hoher Baum mit niederliegenden bis schräg ansteigenden Ästen, deren Rinde rotbraun gefärbt ist. Geriebene Zweige riechen unangenehm. Nadelförmige Jugendblätter und schuppenförmige Altersblätter kommen nicht selten an einer Pflanze vor. Die Blätter sind oberseits flach und mit 2 graublauen Spaltöffnungsstreifen gezeichnet, unterseits glänzend dunkelgrün, konvex und mit einer langen Drüse versehen. 'Tamariscifolia' ist die am häufigsten kultivierte Sorte. Lb 9.2.3.5

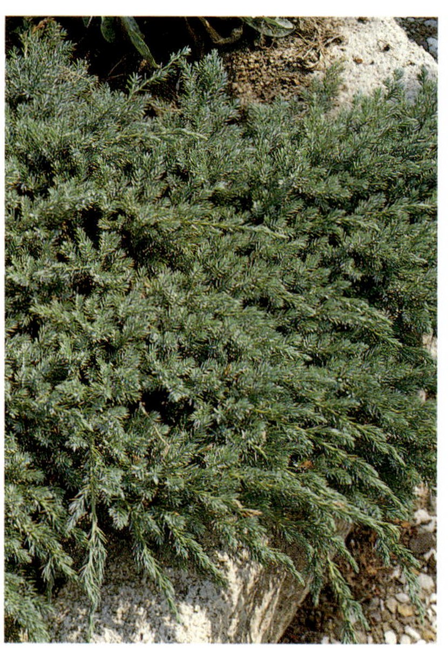

◁ **Juniperus squamata 'Blue Carpet',** ▷ Schuppen-Wacholder. Höhere, semiaride Berglagen im Himalaja, in Mittel- und Westchina sowie in Taiwan sind die Heimat der natürlichen Art, die bei uns nicht in Kultur ist. Seit Jahrzehnten wird dagegen die Sorte 'Meyeri' kultiviert. Die zunächst zwergig aussehende Form wird schließlich zu einem sehr unregelmäßigen, aufrechten bis ausgebreiteten, 5–6 m hohen Strauch mit dicht stehenden, nadelförmigen Blättern, die oberseits schneeig weiß, unterseits grün bis blaugrün gefärbt sind. Als Mutation an 'Meyeri' ist 'Blue Star' entstanden. Sie hat die gleichen Nadeln, wächst aber sehr schwach, breit halbkugelig und wird etwa 1 m hoch. 'Blue Carpet' wächst ganz flach und wird kaum mehr als 30 cm hoch. Die rechts abgebildete **'Loderi'** wächst buschig aufrecht, wird etwa 1,5 m hoch, aber deutlich breiter und hat blaugrüne Nadeln. Lb 9.1.3.6

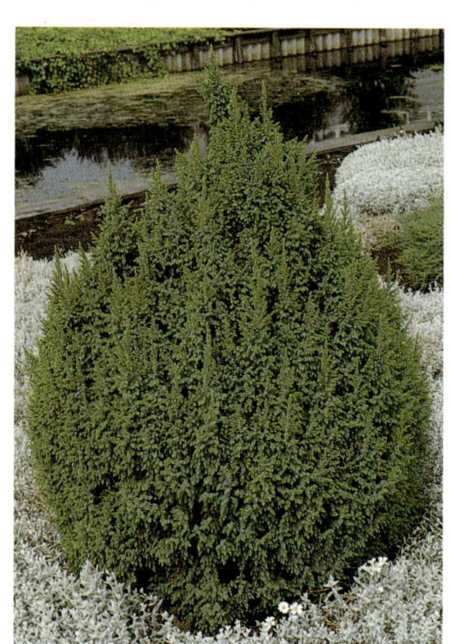

◁ **Juniperus virginiana,** Rotzeder, Virginischer Wacholder. ▷ Zusammen mit Fichten, Kiefern und Eichen kommt der Virginische Wacholder im atlantischen und mittleren Nordamerika vor, von Norddakota und Minnesota bis Maine, südlich bis Texas und Nordflorida. Der 20–30 m hohe Baum hat anfangs eine säulenförmige, später breit-kegelförmige Krone mit anfangs kurzen, steil aufstrebenden, später waagerecht ausgebreiteten Ästen. An jungen und älteren Pflanzen können nadel- und schuppenförmige Blätter vorkommen. Sie sind graugrün gefärbt, weißlich gezeichnet und tragen eine länglichen Drüse, gerieben riechen sie aromatisch. Auffällig sind die 3–7 mm dicken, blauen, bereiften, fleischigen Beerenzapfen. In Kultur sind neben der blaunadeligen 'Glauca' vor allem die schmal säulenförmig wachsenden **'Skyrokket'** (rechts) und **'Blue Arrow'** (links). Lb 5.3.2.4

◁ **Larix decidua,** Europäische Lärche, Pinaceae, Kieferngewächse. ▷ In den Alpen, Sudeten und Karpaten kommt die Europäische Lärche vorwiegend in der hochmontanen bis subalpinen Nadelwaldstufe vor. In den Alpen ist sie die Charakterart des Arven-Lärchen-Waldes. Der sommergrüne Baum kann 30–40 m hoch werden. Im Alter ist seine anfangs gleichmäßig kegelförmige Krone aufgelokkert und oft malerisch geformt. Der Stamm hat dann eine dicke, tiefgefurchte Schuppenborke. Die weichen, nadelförmigen Blätter stehen an Langtrieben spiralig, an den Kurztrieben zu 40–50 in rosettenähnlichen Büscheln. Sie treiben frischgrün aus und färben sich im Herbst leuchtend goldgelb. Von der Europäischen Lärche kennen wir nur wenige Gartenformen. Eine davon ist die rechts abgebildete **'Pendula'**, ihre Zweige hängen bei hochgezogenen Bäumen schlaff herab, sonst liegen sie dem Boden auf. Lb 8.2.3.1

◁ **Larix kaempferi,** Japanische Lärche. In Japan, auf der Hauptinsel Honshu, ist die Japanische Lärche ein Baum rauher Gebirgslagen, sie kommt vorwiegend in Höhen von 1200–2000 m vor, oft zusammen mit *Betula ermanii* und *B. platyphylla* var. *japonica*. Sie wird in Japan häufig forstlich angebaut. Der sommergrüne, bis 30 m hohe Baum hat eine regelmäßig kegelförmige, später eine breit ausladende Krone mit durchgehendem Stamm und waagrecht ausgebreiteten oder bogig aufsteigenden Ästen. Die Zweige sind rötlichbraun bis orangerot gefärbt (bei der Europäischen Lärche sind sie strohgelb bis hellbraun). Der Stamm hat eine rotbraune, später graue, tief gefurchte Schuppenborke. Bis 3,5 cm lang sind die weichen, abgeflachten, bläulichgrün gefärbten Nadeln. Auch sie treiben frischgrün aus und färben sich im Herbst leuchtend goldgelb. Die Zapfen sind eirundlich. Lb 7.2.3.1

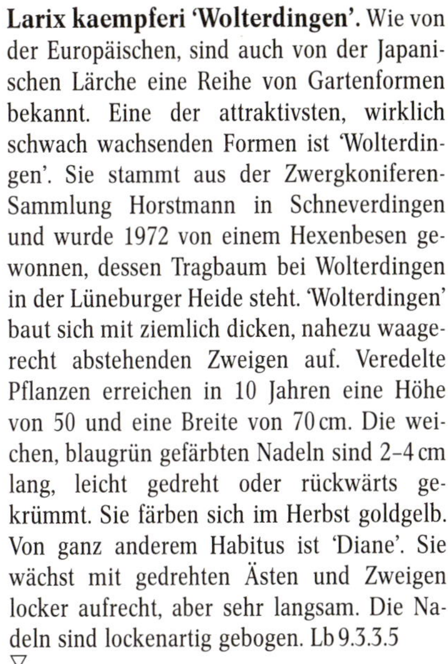

Larix kaempferi 'Wolterdingen'. Wie von der Europäischen, sind auch von der Japanischen Lärche eine Reihe von Gartenformen bekannt. Eine der attraktivsten, wirklich schwach wachsenden Formen ist 'Wolterdingen'. Sie stammt aus der Zwergkoniferen-Sammlung Horstmann in Schneverdingen und wurde 1972 von einem Hexenbesen gewonnen, dessen Tragbaum bei Wolterdingen in der Lüneburger Heide steht. 'Wolterdingen' baut sich mit ziemlich dicken, nahezu waagerecht abstehenden Zweigen auf. Veredelte Pflanzen erreichen in 10 Jahren eine Höhe von 50 und eine Breite von 70 cm. Die weichen, blaugrün gefärbten Nadeln sind 2–4 cm lang, leicht gedreht oder rückwärts gekrümmt. Sie färben sich im Herbst goldgelb. Von ganz anderem Habitus ist 'Diane'. Sie wächst mit gedrehten Ästen und Zweigen locker aufrecht, aber sehr langsam. Die Nadeln sind lockenartig gebogen. Lb 9.3.3.5
▽

Metasequoia glyptostroboides, Chinesisches Rotholz, Urweltmammutbaum, Taxodiaceae, Sumpfzypressengewächse. Der sommergrüne Baum, die einzige Art der Gattung, wurde erst 1941 in den chinesischen Provinzen Ostsichuan und Westhubei entdeckt. 1947 kamen die ersten Samen über Amerika nach Europa. Der bis 35 m hohe, wüchsige und wenig anspruchsvolle, feingliedrige Baum hat eine aufgelockerte, schmal- bis breit-kegelförmige Krone mit anfangs spitzwinklig ansteigenden Ästen. Der Stamm hat unterhalb der Astansätze häufig auffällige, tiefe Kehlungen. Die gefurchte, faserige Borke ist rotbraun bis fuchsrot gefärbt. Die weichen, nadelförmigen, 1–3,5 cm langen, an Kurztrieben 2reihig angeordneten Blätter treiben frischgrün aus und färben sich im Herbst schön kupfern bis rötlich. Die kaum verholzenden Kurztriebe fallen im Herbst mit den Blättern ab. Lb 2.4.3.1
▽

Microbiota decussata. Zwerglebensbaum, ▷ Cupressaceae, Zypressengewächse. Die monotypische, 1häusige Gattung ist erst seit 1968 bei uns in Kultur. Sie hat ihre natürliche Verbreitung in Südostsibirien im Sichote-Alinja-Gebirge zwischen Wladiwostok und Chabarowsk. Sie kommt meist oberhalb der Baumgrenze zusammem mit *Pinus pumila* auf gut dränierten Fels- und Lehmböden vor. *M. decussata* ist ein immergrüner, dicht verzweigter, kaum mehr als 30 cm hoher Strauch mit niederliegenden bis ansteigenden Ästen und übergeneigten Zweigspitzen. In 5 Jahren kann 1 Pflanze einen Durchmesser von 100 cm erreichen und dabei den Boden dicht bedecken. Die abgeflachten, 4kantigenTriebe sind völlig von den schuppenförmigen, kreuzweise gegenständigen, grünen bis gelblichgrünen, im Winter kupfrig bis purpurn gefärbten Blättern bedeckt, die eine deutliche Harzdrüse tragen. Lb 8.2.3.6

Picea abies, Gemeine Fichte, Rottanne, Pinaceae, Kieferngewächse. Von Mitteleuropa bis Ostasien reicht das Verbreitungsgebiet der Gemeinen Fichte. Sie ist vorwiegend in der montanen und subalpinen Höhenstufe verbreitet, bildet oberhalb von 800–900 m häufig Reinbestände und wächst sonst in Gemeinschaft mit Weiß-Tanne, Buche, Kiefer, Moor-Birke und Heidelbeere. Der 30–50 m hohe Baum hat eine gleichmäßige, spitz zulaufende, kegelförmige Krone mit waagerecht abstehenden bis bogig abwärts stehenden Ästen in regelmäßigen Scheinquirlen. Der Stamm ist von einer dünnschuppigen Borke bedeckt. Die 1–3 cm langen, steifen und stechenden, glänzend dunkelgrünen Nadeln stehen dicht schraubig um den Zweig. Für die Gartenkultur stehen uns zahlreiche säulen- oder kegelförmige, hängende, buschige, niederliegende oder zwergig wachsende Sorten zur Verfügung. Lb 7.1.3.1

▷ 

Picea abies-Sorten

'Acrocona'

'Compacta'

'Cupressina'

'Echiniformis'

'Frohburg'

'Inversa'

Picea abies-Sorten

'Little Gem'

'Nana'

'Nidiformis'

'Ohlendorffii'

'Procumbens'

'Reflexa'

'Repens'

◁ **Picea asperata 'Glauca',** Rauhe Fichte. Humide Berglagen in den chinesichen Provinzen Hubei, Sichuan und Yunan sind die Heimat der Rauhen Fichte, die im englischen Dragon Spruce genannt wird. Sie ist ein bis 25 m hoher Baum mit breit-kegelförmigen, im Alter aufgelockerten Kronen und starken, waagerecht abstehenden, an den Spitzen bogenförmig aufgerichteten Ästen. Die dunkelbraune bis purpurbraune Borke löst sich in großen papierdünnen Schuppen, die am Stamm hängen bleiben. An dicken Trieben sitzen auf ziemlich großen, abstehenden Blattkissen die 10–20 mm langen, steifen, spitzen, stechenden, 4kantigen Nadeln. Sie stehen nach allen Seiten ab, sind nach vorne gerichtet, blau oder blaugrün gefärbt und tragen auf allen Seiten graue Spaltöffnungsstreifen. Zylindrisch und zur Reife kastanienbraun sind die 8–16 cm langen, wie bei allen Fichten hängenden Zapfen. Lb 7.1.2.1

Picea brachytyla, Silber-Fichte. Das natürliche Verbreitungsgebiet der Silber-Fichte liegt in den humiden Bergwäldern von Mittel- und Westchina. Der bis 25 m hohe Baum hat eine regelmäßige Krone mit waagerecht abstehenden Ästen, die an den Spitzen ansteigen und hängenden Zweigen. An älteren Bäumen ist die Borke dunkel und tief aufgerissen. Die 1–2,5 cm langen und 1–1,5 mm dicken Nadeln sind auf der Oberseite der gelben oder orangebraunen Triebe nach vorne gerichtet und auf der Unterseite gescheitelt. Oberseits sind die Nadeln grün und stark gekielt, unterseits durch die 10–12 Spaltöffnungslinien kreide- bis silberweiß gefärbt. 7–14 cm lang sind die zylindrischen, zur Reife dunkelbraunen Zapfen. Die Silber-Fichte kam 1901 nach Europa. Mit ihren zweifarbigen Nadeln ist sie eine der dekorativsten Fichten. Trotzdem wird sie bei uns kaum kultiviert. Lb 7.2.2.1 ▷

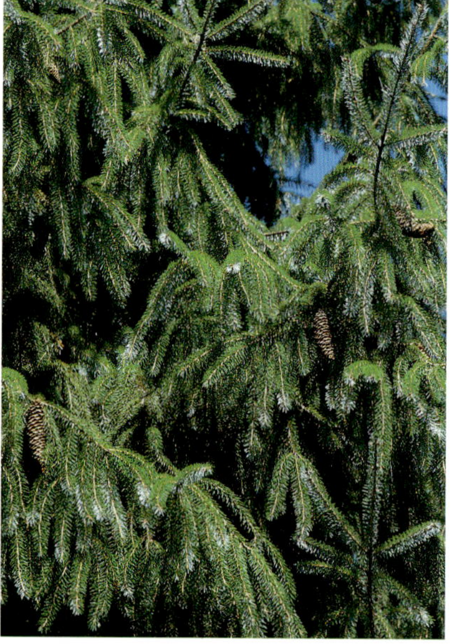

Picea engelmannii 'Glauca', Engelmanns Fichte. Im pazifischen Nordamerika, von Britisch Kolumbien und Alabama südlich bis Kalifornien, Arizona und New Mexiko bildet *P. engelmannii* in den Hochlagen der Gebirge stellenweise ausgedehnte Wälder. Im Süden steigt sie bis 1500 m, im Norden bis in Höhen von über 3000 m auf. Die meist durch Veredlung vermehrte Form 'Glauca' tritt zusammen mit dem Typ auf. Sie ist ein 20(–50) m hoher Baum mit einer schmal kegelförmigen Krone und dicht in Etagen angeordneten, waagerecht ausgebreiteten Ästen. Die dünne, schuppige Borke ist hellbraun gefärbt. Rings um den Zweig oder auf der Oberseite der Zweige gescheitelt stehen die ziemlich weichen, 15–25 mm langen, dünnen, 4kantigen, stahlblauen Nadeln. *P. engelmannii* 'Glauca' wird selten kultiviert, ist aber viel schöner als die blaunadeligen Formen der Stech-Fichte. Lb 7.2.2.1 ▽

◁ **Picea breweriana,** Siskiyou-Fichte. *P. breweriana* hat im pazifischen Nordamerika, an der Grenze zwischen Oregon und Kalifornien, nur ein ganz kleines Verbreitungsgebiet. Sie kommt nahe der Baumgrenze in Höhen bis etwa 2000 m an trockenen, felsigen Berghängen der Siskiyou Mountains vor. Der selten mehr als 20 m hohe Baum hat eine kegelförmige Krone mit waagerecht abstehenden bis leicht durchhängenden, an den Spitzen leicht ansteigenden Ästen, von denen die langen Zweige wie Gardinen herabhängen. Kaum eine andere Fichte kann mit einem derart eleganten Habitus aufwarten. In Kultur ist offenbar nur ein einziger Klon. Am natürlichen Standort findet man selten Bäume mit so langen Nadeln und eleganter Verzweigung wie in unseren Gärten. Mit einer Länge von 27 mm sind die radial und fast rechtwinklig vom Zweig abstehenden, dunkelgrünen Nadeln ungewöhnlich lang. Lb 7.2.2.3

Picea glauca-Sorten

'Alberta Globe'

'Echiniformis'

Picea glauca 'Conica', Zuckerhut-Fichte. ▷ Die natürliche Art, die Kanadische oder Schimmel-Fichte, kommt in Nordamerika von Alaska bis Labrador und Neufundland, südlich bis Montana, Wisconsin, Michigan, New York und Maine vor. Sie steigt von der Ebene bis in Höhen von 1700 m hoch, kommt oft in Reinbeständen vor und bildet die polare Baumgrenze. Der 25–35 m hohe Baum hat anfangs eine dichte, schmal-kegelförmige, später aufgelockerte, unregelmäßige Krone mit aufrechten oder waagerecht abstehenden Ästen. Der Baum ist in Kultur nur in der Jugend ansehnlich, deshalb wird er nur in Sammlungen gehalten. Häufig in Kultur ist dagegen die als Zuckerhut-Fichte bekannte Sorte 'Conica' und Mutationen an dieser Form, wie die Sorten 'Alberta Globe' und 'Blue Wonder'. Ganz anders als diese streng kegelförmig wachsenden Sorten ist 'Nana' mit ihrem kugeligen Wuchs. Lb 9.3.3.6

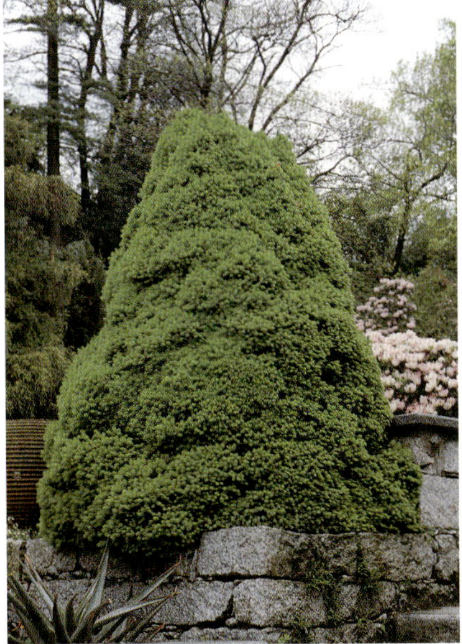

Picea × mariorika 'Machala'. Der Name dieser Hybride deutet auf ihre Herkunft hin. Sie entstand in der ehemaligen Tschechoslowakei aus einer Kreuzung zwischen der nordamerikanischen *P. mariana* und der in Jugoslawien heimischen *P. omorika.* Gelegentlich angeboten wird die Sorte 'Machala'. Sie ist eine zwergig wachsende Form, die mit ziemlich starren, waagerechten bis leicht ansteigenden Zweigen locker ausgebreitet bis flach kugelig wächst und bei einer Höhe von 30–50 cm etwa 1 m breit wird. Die 10–15 mm langen, spitzen, steifen Nadeln sind dunkelgrün gefärbt. Sie bekommen durch die breiten Spaltöffnungsstreifen auf der Unterseite einen silberweißen bis graublauen Schimmer. 'Kobold' wächst kugelig und ist sehr dicht verzweigt, sie wird in 20 Jahren etwa 1 m hoch und breit. Die Nadeln sind tiefgrün, unterseits haben sie 3–4 weiße Spaltöffnungslinien. Lb 9.3.3.5 ▽

Picea mariana 'Beissneri'. Die Schwarz- ▷ Fichte hat ihre natürliche Verbreitung im borealen Gürtel des nördlichen Nordamerika. Sie wächst im Norden auf gut dränierten Böden und an felsigen Hängen, im Süden oft in *Sphagnum*-Mooren oder Sümpfen. Der 10–20 m hohe Baum hat eine schmal-kegelförmige, oft unregelmäßige Krone und dünne, oft überhängende Äste, er wird bei uns nur in Sammlungen gehalten. In Kultur sind nur einige schwachwachsende Formen. 'Beissneri', wächst zwar sehr langsam und gedrungen, erreicht im Alter aber Höhen von 5 m. Die Krone ist anfangs regelmäßig breit-kegelförmig und geschlossen. Die Nadeln sind stahlblau gefärbt. Im Habitus ähnlich ist 'Doumetii', ihre Nadeln sind silbrig graugrün. Als echte Zwergform wird die breit-kugelige 'Nana' nur etwa 50 cm hoch, Sie ist locker und unregelmäßig verzweigt und hat stumpf blaugrüne Nadeln. Lb 9.3.3.5

◁ **Picea omorika,** Serbische Fichte. Die Serbische Fichte hat ein sehr kleines, nur rund 60 ha großes Verbreitungsgebiet. Sie kommt an den steilen Kalkfelswänden und in den Schluchten des Taragebirges im oberen Bereich der Drina, im Grenzgebiet von Bosnien und Serbien vor. Seit der Einführung der Serbischen Fichte vor gut 100 Jahren gehört sie zu den am häufigsten gepflanzten Nadelbäumen. Sie kann 30–35 m hoch werden und hat eine sehr elegante, schmal-kegelförmige bis säulenförmige, oft bis zum Boden reichende Krone mit kurzen, bogig aufsteigenden Ästen. Der gerade Stamm ist von einer dunkelbraunen, dünnschuppigen Borke bedeckt. Dicht stehen die auf der Zweigoberseite nach vorne gerichteten, deutlich abgeflachten, 12–18 mm langen Nadeln. Sie sind oberseits glänzend dunkelgrün, unterseits durch 2 breite, silberweiße Spaltöffnungsbänder gezeichnet. Lb 6.3.3.1

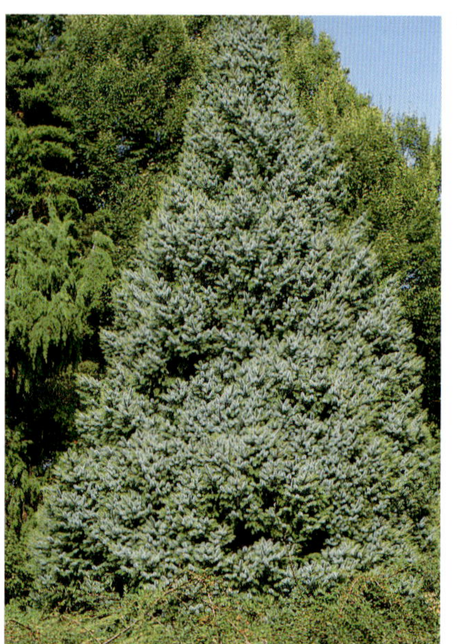

◁ **Picea omorika 'Nana'.** Im Vergleich zur Gemeinen Fichte sind von der Serbischen Fichte nur wenige Gartenformen bekannt. 'Gnom' ist eine breit-kegelförmige, dicht verzweigte Zwergform, die in 20 Jahren etwa 1,5 m hoch wird. Die 10–15 mm langen, glänzend grünen Nadeln haben unterseits weiße Spaltöffnungsbänder. 'Minima' wächst mit sehr kurzen Zweigen und aufgelockerter Oberfläche breit-kugelig bis flach gewölbt und wird in 10 Jahren etwa 20 cm hoch. 'Nana' wächst zwar deutlich schwächer als die Art, kann aber im Alter mehrere Meter hoch werden. Sie ist dicht verzweigt, wächst breit-kegelförmig und hat eine unregelmäßige Oberfläche. Die Nadeln sind etwas gedreht und zeigen dadurch dem Betrachter ihre weißen Unterseiten. 'Pimoco' entwickelt sich zu einem dicht verzweigten, rundlichen, abgeflachten Busch, der in 10 Jahren etwa 30 cm hoch und breit wird. Lb 9.2.3.5

Picea orientalis 'Aurea'. Die gelbnadelige Form der Orient-Fichte wird nur etwa 10–15 m hoch und wächst breit-kegelförmig mit locker verteilten, waagerecht abstehenden Ästen, von denen die Seitenzweige zierlich herabhängen. Besonders schön ist 'Aurea' zur Zeit des Austriebes, wenn die jungen Triebe leuchtend schwefelgelb gefärbt sind. Im Laufe des Sommers werden die Nadeln dann glänzend dunkelgrün. 'Nutans' ist eine elegante Hängeform der Orient-Fichte. Sie kann bis 20 m hoch werden und hat eine lockere, breit-kegelförmige Krone mit unregelmäßig stehenden, waagerechten bis etwas durchhängenden an den Spitzen ansteigenden Ästen, von denen die seitliche Verzweigung leicht abwärts hängt. Die zierliche 'Gracilis' wächst mit sehr dicht stehenden Ästen zwar sehr langsam, wird schließlich aber bis 6 m hoch, sie hat einen eirundlichen Habitus. Lb 9.2.2.3 ▽

Picea orientalis, Orient-Fichte, Kaukasus-Fichte. ▷ Im nördlichen Kleinasien und im Kaukasus kommt die Orient-Fichte in Höhenlagen von 600–2100 m vor, in höheren Lagen in Reinbeständen, sonst zusammen mit *Abies nordmanniana, Fagus orientalis* und *Pinus sylvestris.* Der prachtvolle, stattliche Baum kann Höhen von 40–50 m erreichen. Er hat eine dichte, schmal-kegelförmige bis säulenförmige Krone mit waagerecht abstehenden oder bogig aufsteigenden Ästen. Die dünne Schuppenborke ist dunkelbraun gefärbt. Sehr dicht stehen die ziemlich steifen, 4kantigen, im Querschnitt fast quadratischen, stumpfen Nadeln auf ausgeprägten Blattkissen. Mit einer Länge von nur 5–8 mm lang sind sie die kürzesten der ganzen Gattung. Sie sind stark glänzend dunkelgrün und tragen auf allen Seiten weiße Spaltöffnungsbänder. Die zur Reife braunen, zylindrischen Zapfen sind 5–8 cm lang. Lb 6.4.2.1

◁**Picea pungens,** Blau-Fichte, Stech-Fichte. Im westlichen Nordamerika hat die »Blautanne« ein inselartig aufgegliedertes Areal, mit einem Hauptareal in Utah und Colorado und weiteren Vorkommen in Arizona und New Mexico. Sie kommt dort in Höhen von 1800–3000 m vor. Der 25–35 m hohe Baum hat eine regelmäßige, breit-kegelförmige Krone mit regelmäßig in Etagen stehenden, waagerecht abstehenden Ästen. Die tief gefurchte Schuppenborke ist dunkel- bis schwarzgrau gefärbt. Bis 30 mm lange, starre, oft sichelartig gebogene, stechend zugespitzte, 4kantige Nadeln stehen auf der Zweigoberseite radiär ab. Sie sind dunkel mattgrün bis silbergrau gefärbt und tragen auf allen Seiten Spaltöffnungsbänder. Neben der variablen Art sind eine Fülle von Sorten in Kultur, die meist schön silberblau benadelt sind und aufrecht oder flach wachsen.
Lb 7.1.2.3

Picea pungens-Sorten

'Endtz'

'Glauca Globosa'

'Glauca Procumbens'

'Hoopsii'

'Koster'

Picea schrenckiana, Schrencks Fichte. In ▷ Mittelasien, unter anderem in den Bergen des Thianshan kommt *P. schrenckiana* natürlich vor. Sie wurde 1840 durch Schrenck entdeckt und kam um 1878 nach Europa. In seiner Heimat wird der Baum bis 35m hoch, er bildet dort sehr schlanke Kronen aus. In Kultur bleibt der Baum viel niedriger. Er hat dann eine regelmäßige, geschlossene, auffallend breit-kegelförmige Krone mit dicht und waagerecht abstehenden Ästen. Die 2–3,5cm langen, sehr starren, scharf zugespitzten, geraden oder etwas gebogenen Nadeln sind nach vorne gerichtet und rings um den Zweig verteilt, nur auf der Zweigunterseite etwas gescheitelt. Die dunkelgrünen, vierkantigen Nadeln haben oben auf jeder Seite 2–3, unten 3–4 wenig auffallende Spaltöffnungslinien. 7–10cm lang sind die zylindrischen Zapfen, die zur Reife glänzend dunkelbraun gefärbt sind. Lb 7.1.2.1

△
Picea sitchensis, Sitka-Fichte. Im Küstenbereich des pazifischen Nordamerika kommt die Sitka-Fichte von Süd- und Südwestalaska bis zum nordwestlichen Kalifornien in luftfeuchten Klimalagen von der Küste bis in Höhen von 1000m vor. Sie bildet Reinbestände oder ist mit *Pseudostuga douglasii, Thuja plicata, Tsuga heterophylla, Abies grandis* und *Chamaecyparis nootkatensis* vergesellschaftet. Der Baum kann bis 60m hoch werden, bei uns erreicht er Höhen von 20–40m. Er hat anfangs eine schmale, im Alter eine breit-kegelförmige Krone mit fast waagerecht abstehenden Ästen und mehr oder weniger hängenden Seitenzweigen. Die 15–25mm langen, starren, stechend zugespitzten Nadeln stehen radial von den Zweigen ab. Sie sind glänzend grün gefärbt und haben auf allen Seiten Spaltöffnungslinien. Wird meist als Forstbaum, selten in Park und Garten gepflanzt. Lb 4.1.3.2

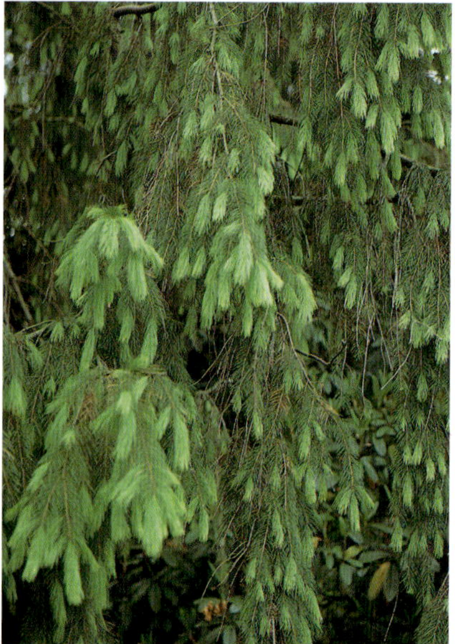

△
Picea smithiana, Himalaja-Fichte. Im westlichen Himalaja kommt diese elegante Fichte in hohen Berglagen vor. Sie kann in ihrer Heimat Höhen von 30–50m erreichen, bleibt bei uns aber viel niedriger. Von ihren weit abstehenden Ästen hängen die Zweige senkrecht herab. Der Habitus erinnert ein wenig an den der *P. breweriana*, ist aber nicht ganz so elegant. Die dünnen, glänzend hellbraunen Triebe sind gleichmäßig von abstehenden Nadeln umgeben. Die dünnen, weichen, nicht stechenden, schwach gebogenen Nadeln sind auffällig (2,5–4,5cm) lang. Sie sind vierkantig und tragen auf jeder Seite 3–5 Spaltöffnungslinien. 12–18cm lang und 3–5cm dick sind die zylindrischen, zur Reife glänzend braunen Zapfen. Die 1818 nach Schottland eingeführte Himalaja-Fichte ist bei uns nicht überall ausreichend frosthart, sie braucht einen geschützten Platz. Lb 7.4.1.1

Pinus albicaulis, Weißstämmige Zirbel-Kiefer, Pinaceae, Kieferngewächse. Wie die in den Alpen heimische Zirbel-Kiefer ist auch *P. albicaulis* eine 5nadelige Kiefer der Hochgebirge. Sie kommt unter anderem im Kaskaden- und Felsengebirge sowie in der Sierra Nevada an alpinen Hängen und anderen exponierten Standorten in Höhen zwischen 1500 und 3600m vor. Der 10(–20)m hohe, kurzstämmige Baum wächst anfangs regelmäßig schmal-kegelförmig, bildet im Alter aber breite, aufgelockerte, unregelmäßige, sehr malerische Kronen mit weit abstehenden Ästen. Die Rinde bleibt lange glatt und weißlich. An gelbbraunen Trieben stehen die 4–7cm langen, steifen, dunkelgrünen Nadeln zu 5 beisammen. Sie haben außen 2 vertiefte, innen 3–5 helle Spaltöffnungslinien. Anfangs sind die eiförmig-rundlichen, 5–7cm langen Zapfen dunkel purpurn, zur Reife braun gefärbt. Lb 8.1.3.4
▽

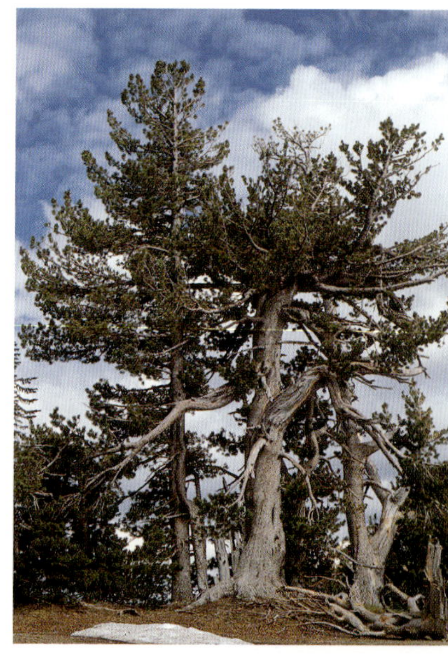

Pinus armandii, Armands Kiefer. In den ▷ Bergen von West- und Mittelchina, Korea und Taiwan hat diese Kiefer ihre ursprüngliche Verbreitung. Sie trägt den Namen des französischen Missionars und Botanikers, Père Armand David, der die Art 1873 in der chinesischen Provinz Shensi entdeckt hat. *P. armandii* ist ein bis 20 m hoher, breitkroniger Baum mit weit und waagerecht abstehenden Ästen und dünner, grünlichbrauner, lange glatt bleibender Rinde. Die jungen Zweige sind grünlichgrau. Zu 5 stehen die 8–15 cm langen, dünnen, meist hängenden und etwas abgeknickten Nadeln in Kurztrieben zusammen. Sie sind gelb- bis frischgrün, innen bläulichweiß gefärbt. Sehr dekorativ sind die 10–18 cm langen, dicken, zur Reife gelblichbraunen Zapfen mit ihren dicken, holzigen Schuppen. Kann leider, wie viele andere 5nadelige Kiefern, von Blasenrost befallen werden. Lb 6.1.1.2

Pinus ayacahuite, Mexikanische Kiefer. In ▷ Guatemala sowie im südlichen und mittleren Mexiko kommt die Art in Höhen zwischen 2400 und 3000 m vor, meist in geschützten Tälern oder an feuchten Berghängen. Seit 1840 ist die Kiefer in England in Kultur, sie hält mindestens im wintermilden Westen auch bei uns gut aus und ist damit eine der härtesten mexikanischen Kiefern. Der Baum erreicht an seinen natürlichen Standorten Höhen bis 30 m. Junge Bäume haben eine lichte, breit-kegelförmige Krone. An alten Bäumen stehen die langen Äste bogig bis waagerecht ab. Der Stamm hat im Alter eine in grobe, quadratische Platten zerklüftete, rötlichbraune Borke. Die dünnen, 13–15 cm langen, mitunter geknickten, dunkel blaugrünen, innen glänzend blauweißen Nadeln stehen zu 5 in Kurztrieben. 20-40 cm lang werden die dikken, kegelförmigen, hell orangebraunen Zapfen. Lb 6.1.1.2

Pinus cembra, Zirbel-Kiefer. In den Alpen ist die Zirbel-Kiefer oder Arve ein Charakterbaum des Arven-Lärchen-Waldes. Sie kommt außerdem in den Karpaten und vom östlichen Nordrußland über den Ural bis West- und Mittelsibirien vor. Sie wächst vorwiegend im Hochgebirge in Höhen von 1300–2750 m in kalten, lufttrockenen Klimalagen. Anfangs hat der 10–25 m hohe Baum eine regelmäßige, schmal-kegelförmige Krone, im Alter ist die Krone fast säulenförmig oder unregelmäßig gerundet. Die kurzen Äste steigen bogig an. Der Stamm hat eine grau- bis silbrigrotbraune, längsrissige, schuppige Borke. Zu 5 stehen die 5–10 cm langen, ziemlich steifen, dunkelgrünen, innen mit blauweißen Spaltöffnungsbändern gezeichneten Nadeln in Büscheln, sie sind an den Zweigenden pinselartig gehäuft. Die 5–8 cm langen, eiförmigen Zapfen haben große, bis 14 mm lange, eßbare Samen. Lb 8.2.3.2
▽

◁ **Pinus bungeana,** Tempel-Kiefer. Die Tempel-Kiefer hat ihre natürliche Verbreitung in den Bergen westlich von Peking, südostwärts bis Gansu und südlich bis Hubei. In chinesischen Tempelgärten wird sie sehr häufig ihrer schönen, hellen Rinde wegen gepflanzt. Der 25–30 m hohe Baum wächst anfangs regelmäßig kegelförmig, später wird die Krone buschig und rundlich. Nicht selten sind die Bäume am Grunde verzweigt, sie haben dann mehrere gleichstarke Stämme. Die graugrüne bis olivbraune, ziemlich glatte Rinde löst sich schon an jungen Bäumen in dünnen Schuppen ab, die Stämme sind deshalb schon früh bunt gescheckt, im Alter kalkweiß gefärbt. Zu 3 stehen die 7–9 cm langen, steifen, zugespitzen, hellgrünen Nadeln. Eiförmig sind die 5–6 cm langen und 4–5 cm dicken Zapfen. Die interessante Kiefer wächst langsam und sprengt auch den Rahmen kleiner Gärten nicht. Lb 6.3.2.2

◁ **Pinus contorta,** Dreh-Kiefer. Die variable Art kommt im westlichen Nordamerika von Kanada südwärts bis Nordmexiko, ostwärts bis Montana, South Dakota und Carolina vor. Mit ihren 3 Formen wächst sie sowohl in Küstennähe als auch im Hochgebirge bis in Höhen von 3600 m. Während die Küstenform, *P. contorta* var. *contorta,* ein nur 3–10 m hoher, kurzstämmiger und breitkroniger Baum ist, wachsen die Gebirgsformen, die Varietäten *P. contorta* var. *murrayana* und *P. contorta* var. *latifolia* zu 20–30 m hohen, langschäftigen Bäumen heran, die mit kurzen Ästen sehr schlanke Kronen aufbauen. In den Kurztrieben stehen die 2–8 cm langen, steifen, aber nicht stechenden, deutlich gedrehten, hell- bis dunkelgrünen Nadeln mit den unauffälligen Spaltöffnungstreifen zu 2 sehr dicht an den Zweigen. Eiförmig sind die 2–5 cm langen, unsymmetrischen Zapfen, die oft sehr lange hängen bleiben. Lb 4.1.2.3

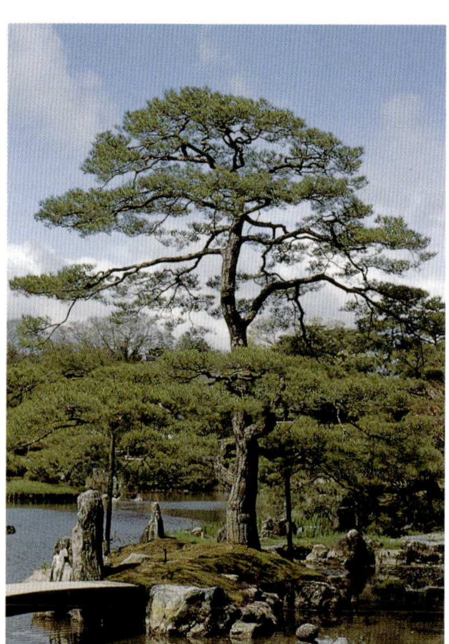

△
Pinus densiflora, Japanische Rot-Kiefer. Vom südlichen Hokkaido bis Shikoku und in Korea kommt die Japanische Rot-Kiefer häufig vor. Sie wächst vorwiegend in den Küstenebenen und in Lagen unter 400 m und steigt nur selten bis 1600 m hoch. In der japanischen Gartengestaltung ist der stets sorgfältig gestaltete Baum unentbehrlich. In Kyoto ist der Garten des alten Kaiserpalastes nahezu ausschließlich mit der Japanischen Rot-Kiefer gestaltet. In seiner Tracht ist der bis 35 m hohe Baum der Gemeinen Kiefer recht ähnlich. Er baut im Alter rundliche, oft malerische Kronen auf. Die Stämme haben eine auffallend rötliche, dünnschuppige Borke. Zu 2 stehen die 6–11 cm langen, dünnen, biegsamen, hell bläulichgrünen Nadeln zusammen, sie tragen beiderseits undeutliche Spaltöffnungslinien. Ei- bis kegelförmig und 3–5 cm lang sind die symmetrischen Zapfen. Lb 4.2.3.2

△
Pinus densiflora 'Umbraculifera'. Neben den durch ständigen Schnitt einfühlsam geformten, teilweise auch niedrig gehaltenen Japanischen Rot-Kiefern sieht man in japanischen Gärten gelegentlich auch die Form 'Umbraculifera'. Sie wird bei uns nicht selten als 'Pumila' bezeichnet. Die strauchig wachsende Form hat anfangs eine breit-kegelförmige bis rundliche, dicht verzweigte Krone. Erst im Alter zeigt sie ihr wahres Gesicht. Der vom Boden an mehrstämmige, bis 4 m hohe und 6 m breite Kleinbaum kahlt dann von unten her auf und bildet eine breite, schirmförmige Krone. Die glatten, fuchsroten Stämme stehen dann in einem schönen Kontrast zu dem frischgrünen Kronendach. Gelegentlich in Kultur ist auch 'Alice Verkade', eine etwa 70 cm hohe Zwergform mit geschlossenem, kugeligem Wuchs. Eigenartig ist 'Oculis-Draconis' mit den auffallend gelb gefleckten Nadeln. Lb 4.2.2.5

Pinus flexilis 'Firmament', Nevada-Zirbel-Kiefer. ▷ Im westlichen Nordamerika, von Norddakota bis Britisch Kolumbien, südlich bis New Mexiko, Arizona, Nevada und Kalifornien wächst *P. flexilis* in Höhen von 2550 bis 3600 m. Sie besiedelt oft exponierte Steilhänge auf trockenen, nährstoffarmen Böden und bildet nur selten reine Bestände. Der 15–25 m hohe Baum hat anfangs eine kegelförmige, später auf einem meist kurzen Stamm eine aufgelockerte, breite, am natürlichen Standort oft malerisch zerzauste Krone. Die Äste stehen meist bogig aufrecht. Die Stämme sind von einer dunklen, gefurchten Schuppenborke bedeckt. Die Zweige sind so biegsam, daß sie sich wie Weidenruten binden lassen. Blaugrün gefärbt sind die 4–9 cm langen, steifen Nadeln, die zu 5 eng zusammenstehen. Mit 'Glauca' und 'Firmament' sind auffallend blaunadelige Formen im Handel. Lb 7.1.2.3

△
Pinus heldreichii, Panzer-Kiefer. In *P. heldreichii* ist heute auch die Schlangenhaut-Kiefer, *P. leucodermis,* einbezogen, denn zwischen beiden Arten bestehen nur sehr geringe Unterschiede. Die Panzer-Kiefer hat ihre Heimat im mittleren Jugoslawien, in Albanien, Nordgriechenland, Südwestbulgarien und in Süditalien. Sie besiedelt oft steile, felsige, exponierte Hänge in Höhenlagen zwischen 800 und 2200 m. Der bis 20 m hohe Baum behält lange seine kegelförmige Krone bei, sie flacht erst bei alten Bäumen ab. Alte Stämme haben eine aschgraue, in kleine, eckige Felder zerspringende Borke. Die dicken, grauweißen bis hellgrauen Zweige sind nach dem Abfallen der Kurztriebe schlangenhautartig gefeldert. Die 6–10 cm langen, steifen, gekrümmten, glänzend grünen Nadeln stehen zu 2. 8 cm lang sind die eiförmigen, anfangs schön dunkel- bis graublau gefärbten Zapfen. Lb 6.1.3.1

△
Pinus heldreichii 'Smidtii'. Die sehr langsam wachsende, sehr dicht verzweigte Zwergform wurde 1926 von dem damaligen Sekretär der Tschechoslowakischen Dendrologischen Gesellschaft auf dem Balkan gefunden und nach ihm benannt. Smidt brachte die Pflanze in den heutigen Botanischen Garten Pruhonice bei Prag. Dort findet man die hübsche, bienenkorbförmige, dicht verzweigte Kiefer noch heute. Sie ist inzwischen kaum mehr als 100 cm hoch. Als 'Compact Gem' wird eine Form der Panzer-Kiefer angeboten, die sehr langsam und dicht geschlossen, regelmäßig kegelförmig wächst, Sie wird in 10 Jahren etwa 2 m hoch und 1,8 m breit, im Alter aber wohl deutlich höher. Sehr eigenartig ist die seltene 'Aureospica', die wegen der beständig goldgelben Nadelspitzen gelegentlich als »Meckikiefer« bezeichnet wird. Sie wächst breit aufrecht und etwas langsamer als die Art. Lb 9.2.3.5

Pinus koraiensis, Korea-Kiefer. Von Mittel- bis Südjapan, in Korea, der Mandschurei und im Amurgebiet besiedelt die Korea-Kiefer humide Bergregionen. Der bis 30 m hohe Baum hat in seiner Tracht Ähnlichkeit mit der alpinen Zirbelkiefer, unterscheidet sich von dieser aber durch die von Anfang an offene, lockere, breit-kegelförmige Krone mit abstehenden bis aufstrebenden Ästen. Die schuppige Borke ist graubraun oder braun gefärbt. An grünlichen, dicht rotbraun behaarten Trieben sitzen die Kurztriebe aus 5 steifen, von den Zweigen abstehenden, 6–12 cm langen, ziemlich stumpfen, glänzend dunkelgrünen Nadeln. Sie tragen außen keine, innen je 5–7 weiße Spaltöffnungslinien. Unter dem Sortennamen 'Glauca' sind Formen in Kultur, die sich durch dickere, stärker blau gefärbte Nadeln von der Art unterscheiden. Die kegeligeiförmigen Zapfen sind 5–12 cm lang.
Lb 7.1.3.3
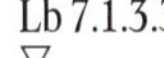
▽

◁ **Pinus jeffreyi,** Jeffreys Kiefer. Im westlichen Nordamerika, von Südoregon bis Niederkalifornien kommt *P. jeffreyi* vor, vorwiegend an den Westhängen der Sierra Nevada in Höhen zwischen 1500 und 3000 m. Sie bildet in tieferen Lagen ausgedehnte Reinbestände oder ist mit *P. lambertiana* und *P. ponderosa* vergesellschaftet. Der 30–40 m hohe, langschäftige Baum hat eine lockere, schmal-kegelförmige Krone mit kurzen, ausgebreiteten bis etwas hängenden Ästen. Die gefurchte Plattenborke ist dunkel rotbraun bis zimtrot gefärbt. Die dicken, von den Resten der Schuppenblättern rauhen, hellbraunen Zweige sind bläulich bereift. Beim Durchschneiden duften sie nach Orangen. Die Kurztriebe bestehen aus 3 graugrünen, 18–22 cm langen, scharf zugespitzten Nadeln, die auf beiden Seiten Spaltöffnungslinien tragen. Die kugelig-eiförmigen, hellbraunen Zapfen sind 14–26 cm lang.
Lb 4.2.2.1

△
Pinus longaeva, Langlebige Kiefer. Kommt im westlichen Nordamerika, in Hochlagen der White Mountains in Kalifornien, in Utah und Nevada auf trockenen, felsigen Dolomit- und Granithängen in Höhen zwischen 2400 und 3400 m vor. Im »Patriarch Grove« der White Mountains stehen 17 Bäume mit einem Alter von über 4000 Jahren. Ein Baum gilt mit einem Alter von 4600 Jahren als ältestes Lebewesen der Welt. Die Bäume werden kaum mehr als 8–10 m hoch. Sie haben anfangs einen regelmäßigen, kegelförmigen Aufbau mit aufstrebenden Ästen, später sind die Kronen aufgelockert und unregelmäßig. Die 5nadeligen Kurztriebe liegen den Zweigen dicht an. Die dunkelgrünen, innen mit weißen Stomatabändern gezeichneten, bis 3 cm langen Nadeln haben, im Gegensatz zu der sehr ähnlichen Grannen-Kiefer, *P. aristata*, keine weißen Harzflocken. Ihre Lebensdauer ist mit 30 Jahren ungewöhnlich lang. Lb 8.2.1.4

Pinus monophylla, Nuß-Kiefer. Die Nuß- ▷ Kiefer ist im westlichen Nordamerika, von Wyoming bis Idaho und Nevada, südlich bis Arizona, Kalifornien und Niederkalifornien verbreitet. Sie wächst vorwiegend in semiariden, sommerwarmen und mäßig winterkalten Regionen, meist auf trockenen steinigen Hängen in Höhen zwischen 1500 und 2100 m. Der bis 15 m hohe, kurzstämmige oder vom Boden an verzweigte Baum hat eine lichte, lockere Krone und eine tief und unregelmäßig zerklüftete, hell- oder dunkelbraune Borke. Anfangs ist der Aufbau regelmäßig breit-kegelförmig, später hängen die Äste teilweise über und bilden eine rundliche, oft pittoreske Krone. Einzeln stehen die im Querschnitt kreisrunden, 3–5 cm langen, dikken, steifen, stechend zugespitzten, meist gebogenen, graugrünen Nadeln an den Zweigen. Ist bei uns ausreichend hart, wird aber nur selten gepflanzt. Lb 6.1.1.3

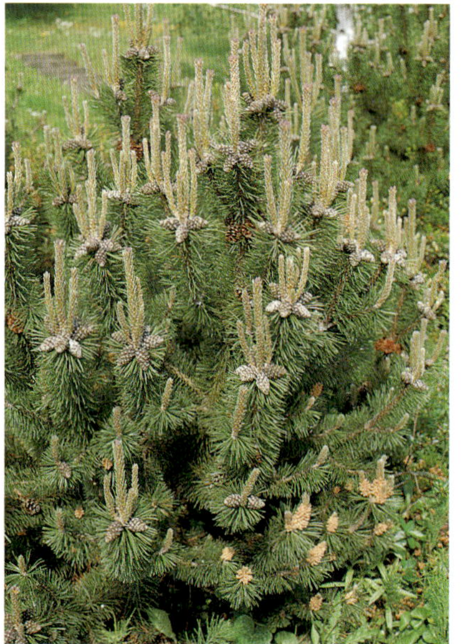

◁ **Pinus mugo ssp. mugo,** Krummholz-Kiefer, Bergföhre. *Pinus mugo* ist ein außerordentlich vielgestaltiges Gehölz, von dem mehrere geographische Sippen unterschieden werden. Die Art kommt in allen mitteleuropäischen Gebirgen, auf dem Balkan und im Apennin vor. Die anpassungsfähige Kiefer wächst auf basischen bis stark sauren Unterlagen. Sie besiedelt nicht selten Extremstandorte der montanen bis subalpinen Stufen, wo oft ausgedehnte Reinbestände gebildet werden. Nicht selten ist sie auch mit Grün-Erle und Alpenrosen vergesellschaftet. *Pinus mugo* ssp. *mugo* ist ein 3–5 m hoher und meist viel breiter werdender Großstrauch oder kleiner Baum mit niederliegenden bis aufsteigenden, reich und unregelmäßig verzweigten Ästen. Die zu 2 stehenden, fast rechtwinklig vom Zweig abstehenden, dunkelgrünen Nadeln sind 3–4 cm lang und oft sichelförmig gebogen. Lb 8.2.1.4

Pinus mugo ssp. pumilio, Zwerg-Kiefer. ▷ Während *P. mugo* ssp. *mugo* vor allem den östlichen Teil des Gesamtareals, besonders die Ostalpen und deren Vorland besiedelt, kommt *P. mugo* ssp. *pumilio* vor allem in den Gebirgen Mitteleuropas, in Italien und dem Balkan vor. Sie bildet, wie ihre Schwester, oberhalb der alpinen Waldgrenze ausgedehnte Bestände, den Latschen- oder Krummholzgürtel. Sie bleibt mit ihrem kompakten, kissenförmigen Wuchs und mit Höhen von 1–1,5 m deutlich niedriger als *P. mugo* ssp. *mugo*. Sie ist im Alter weit ausgebreitet und wird 2–3 m breit. In Kultur zeigt sich nicht selten, daß als *P. mugo* ssp. *pumilio* gekaufte Pflanzen nach einigen Standjahren höher werden als erwünscht. Man kann die Wuchshöhe leicht begrenzen, wenn man die jungen, unverholzten Mitteltriebe aller Zweigenden im Frühjahr ausbricht und nur die schwächeren Seitentriebe wachsen läßt. Lb 8.2.1.5

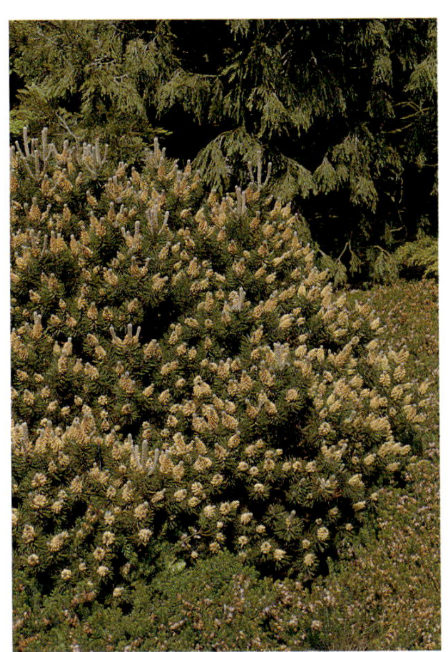

◁ **Pinus mugo 'Laurin'.** Wer Wert auf kompaktwachsende Formen von *P. mugo* legt, sollte vegetativ vermehrte Namenssorten kaufen. Denn die aus Samen gezogenen *P. mugo* versprechen nach ihrem jugendlichen Habitus häufig etwas, was sie später nicht zu halten vermögen, wenn sie stärker wachsen und höher werden als erwartet. Die wichtigsten Sorten sind: 'Columnaris' (Wuchs aufrecht, schmal-kegelförmig, dicht benadelt), 'Gnom' (dicht, kugelig, bis 2 m hoch und breit, Nadeln tiefgrün), 'Humpy' (Zwergform mit gedrungenem, kriechendem Wuchs und sehr kurzen Nadeln), 'Laurin' (Wuchs kräftig, etwas stärker als 'Mops', kompakt, kissenförmig bis breit aufrecht), 'Minimops' (sehr kompakte, schwachwachsende Zwergform), 'Mops' (anfangs kugelig, später unregelmäßig breit kissenförmig, bis 1 m hoch), 'Wintergold' (Wuchs wie *P. mugo* ssp. *pumilio*, Nadeln im Winter goldgelb gefärbt). Lb 8.2.1.5

Pinus nigra ssp. nigra, Österreichische Schwarz-Kiefer. Mit verschiedenen geographischen Varietäten besiedelt die Schwarz-Kiefer ein stark zersplittertes Areal von Südeuropa bis Kleinasien. Sie kommt häufig auf kalkhaltigem Gestein vor und wächst in der montanen Stufe bis zur Waldgrenze. In Kultur ist bei uns meist die robuste, anpassungsfähige Österreichische Schwarz-Kiefer, die in Österreich, Jugoslawien und Griechenland vorkommt. Sie ist ein 30-40 m hoher Baum mit einem anfangs dichten, regelmäßig kegelförmigen Kronenaufbau aus bogig aufsteigenden Ästen. Später sind die Kronen ausladend und abgeflacht. Der starke Stamm hat eine dicke, grob gefurchte, schwarzbraune Schuppenborke. Die Kurztriebe bestehen aus 2 steifen, zum Zweig hin gebogenen, sehr dicht stehenden, 8–16 cm langen, dunkelgrünen Nadeln, die auf beiden Seiten Spaltöffnungslinien haben. Lb 8.2.1.1
▽

Pinus nigra 'Hoornibrookiana'. Aus der sehr vielgestaltigen Schwarz-Kiefer sind sehr früh Formen mit einem deutlich schwächeren Wuchs ausgelesen worden: 'Globosa' (Wuchs breit-kegelförmig, kurztriebig, mit deutlichem Mitteltrieb, mindestens 2,5 m hoch, Nadeln sehr lang, etwas gedreht), 'Helga' (Wuchs strauchig, langsam und kompakt, Äste kurz und steif, besonders schöne Form, Nadeln dunkelgrün, ziemlich kurz), 'Hoornibrookiana' (Wuchs breit strauchig und etwas ausladend, in 10 Jahren etwa 60 cm hoch und breit, Äste dick und steif, ansteigend bis aufrecht, Nadeln dicht gedrängt, glänzend dunkelgrün), 'Nana' (Wuchs breit aufrecht, mindestens 3 m hoch, Knospen im Winter sehr hell, Nadeln dunkelgrün), 'Pygmaea' (Wuchs sehr langsam, Zweige sehr dicht stehend, im Alter breit-kugelig und etwa mannshoch), 'Spielberg' (Wuchs langsam, kugelig, kurztriebig). Lb 9.2.3.6
▽

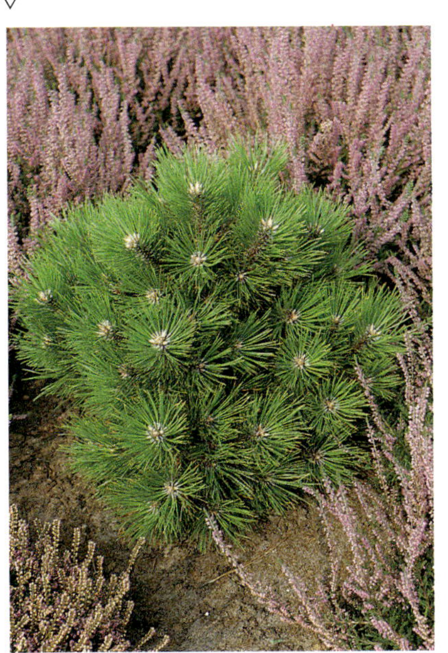

Pinus nigra var. pyramidata. Die säulenförmige Varietät der Schwarz-Kiefer ist erst 1955 von A. Acatay im Tavschaliengebiet in der Türkei entdeckt worden. In dem etwa 250 ha großen Bestand stocken 20–25 m hohe Bäume mit einem auffallend schlanken, säulenförmigen Wuchs, die in ihrem Habitus fast an die schlanken Formen von *Cupressus sempervirens* erinnern. Die Äste stehen meist dicht und straff aufrecht, in einem spitzen Winkel zum Stamm, der bis zur Kronenspitze durchgeht. Die 5–12 cm langen, dunkelgrünen Nadeln stehen sehr dicht an den dicken Zweigen. Die interessante, auch für kleinere Gärten geeignete Varietät ist seit einigen Jahren bei uns in Kultur. Inzwischen sind besonders schöne Formen ausgelesen und vegetativ vermehrt worden. 'Molette', eine sehr schmale Sorte mit 18–20 cm langen Nadeln; ist in Ungarn ausgelesen worden, wird in Holland vermehrt. Lb 6.1.2.2 ▷

◁ **Pinus parviflora 'Glauca',** Mädchen-Kiefer. Die natürliche Art kommt auf den japanischen Inseln Honshu, Kyushu und Shikoku in Höhenlagen von 1300–1800 m vor. Nicht selten auf exponierten Standorten an sonst von Laubwald geprägten Hängen oder in enger Nachbarschaft mit *Thuja standishii.* Mit einer Wuchshöhe von 15–30 m gehört der Baum eher zu den schwachwüchsigen Arten, die in der Regel kultivierte 'Glauca' schafft nur Höhen von 6–12 m. Der zierliche, vielgestaltige Baum baut sich von Anfang an sehr locker und unregelmäßig auf und ist deshalb eine sehr geschätzte Gartenpflanze. Die 5nadeligen Kurztriebe sind an den Zweigenden pinselartig gehäuft. Die 3–6 cm langen Nadeln sind bei der Art tief- bis bläulichgrün, innen bläulichweiß gefärbt. Die dickeren und steiferen Nadeln der Form 'Glauca' sind auf den Innenseiten intensiv blauweiß gefärbt. Lb 9.2.3.3

Pinus parviflora 'Negishii'. Neben *P. parviflora* 'Glauca', der bei uns am häufigsten kultivierten Form, sind von der Mädchen-Kiefer auch andere Auslesen in Kultur genommen worden. 'Negishii' ist eine japanische Auslese mit schwachem, aufrechtem, breit-kegelförmigem Wuchs und ansteigenden Zweigen. Die stark gedrehten, 4–6 cm langen Nadeln sind oberseits blauweiß und auf der Unterseite graublau. Bleibt deutlich kleiner als 'Glauca'. 'Tempelhof' ist eine Auslese aus dem Gimborn Arboretum in Holland. Ein raschwüchsiger Baum mit vergleichsweise dünnen Ästen und blaugrauen Nadeln. Besonders interessant ist 'Adock's Dwarf', eine langsam und gedrungen wachsende Form von sehr unterschiedlichem Habitus und 1,5–2,5 cm langen, graugrünen Nadeln. Etwa gleich lang sind die blaugrün gefärbten, dicken, steifen Nadeln der aufrechtwachsenden 'Brevifolia'. Lb 9.2.3.3 ▷

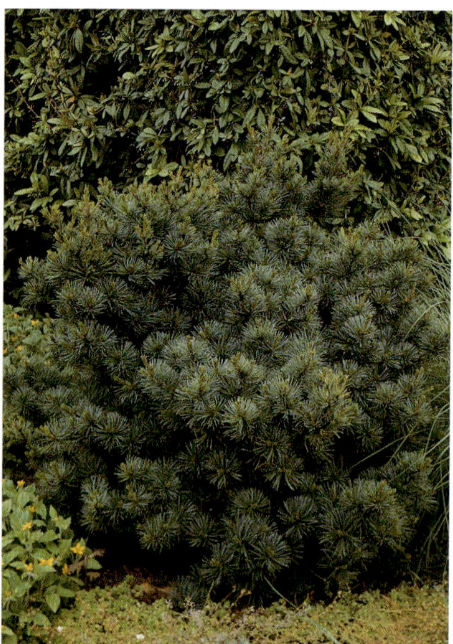

Pinus ponderosa, Gelb-Kiefer. Die natürlichen Vorkommen der Gelb-Kiefer liegen im westlichen Nordamerika, von Britisch Kolumbien bis Zentralmexiko, östlich bis Dakota, Nevada und Nebraska. Sie kommt vorwiegend in Höhen zwischen 1300 und 1600 m vor, bildet Reinbestände oder ist mit *Pseudotsuga menziesii, Pinus lambertiana* und *Larix laricina* vergesellschaftet. An seinen natürlichen Standorten wird der langschäftige Baum mit seiner schmal-kegelförmigen, im Alter abgeflachten und aufgelockerten Krone 30–50 m hoch. Die kurzen Äste stehen waagerecht ab, die Zweige hängen oft. Bis 10 cm dick wird die tief längsrissige, rotbraune bis zimtfarbene Plattenborke. An braunen Trieben sitzen die 12–25 cm langen, vom Zweig abspreizenden Nadeln zu dritt. Sie sind dunkelgrün und haben auf allen Seiten Spaltöffnungsstreifen. Die hellbraunen Zapfen werden 8–15 cm lang. Lb 6.2.2.1
▽

◁ **Pinus peuce,** Rumelische Kiefer, Mazedonische Kiefer. In Südosteuropa kommt diese Art in 17 kleinen, inselartigen Arealen vor. Sie ist ein Baum der hochmontanen und subalpinen Stufe und kommt vorwiegend in Höhen zwischen 1500 und 2000 m auf Silikat- und Terpentinböden vor. Der 15–20 m hohe, häufig gepflanzte Baum hat eine schlanke, kegelförmige, im Freistand bis zum Boden beastete Krone mit regelmäßig in Quirlen angeordneten, waagerecht abstehenden bis aufsteigenden Ästen. Der Habitus erinnert stark an den der Zirbelkiefer. Die Stämme bilden erst im Alter eine graubraune, kleinschuppige Borke aus. Die zu 5 stehenden Nadeln sind 7–10 cm lang, ziemlich steif, gerade und pinselartig nach vorn gerichtet, sie sind frisch- bis dunkelgrün gefärbt und innen mit weißen Spaltöffnungsstreifen gezeichnet. Die gelbbraunen, zylindrischen Zapfen sind 8–12 cm lang. Lb 6.4.2.3

Pinus pumila 'Glauca', Ostasiatische ▷ Zwerg-Kiefer. Das ostasiatische Pendant unserer heimischen Berg-Kiefer besiedelt in Mittel- und Nordjapan, in Sibirien und Kamtschatka alpine Regionen. Sie kann oberhalb der Baumgrenze ausgedehnte Bestände bilden. Die strauchige, 1–3 m hoch und gleich breit werdende Art wächst mit mehr oder weniger niederliegenden, an den Spitzen aufstrebenden Ästen unregelmäßig und dichtbuschig. Die Winterknospen sind auffallend glänzend rotbraun. Die Kurztriebe bestehen aus 5 sehr dicht stehenden, den Zweigen angedrückten, 4–7 cm langen, außen dunkelgrünen Nadeln, die innen blaugrüne Spaltöffnungslinien haben. Im Frühjahr schmückt sich die schöne Zwerg-Kiefer mit tiefroten männlichen Blüten. Neben 'Glauca' sind auch andere, mehr oder weniger abweichende Sorten wie 'Draijers Dwarf', 'Dwarf Blue', 'Globe', 'Nana' oder 'Saphir' in Kultur. Lb 8.1.4.4

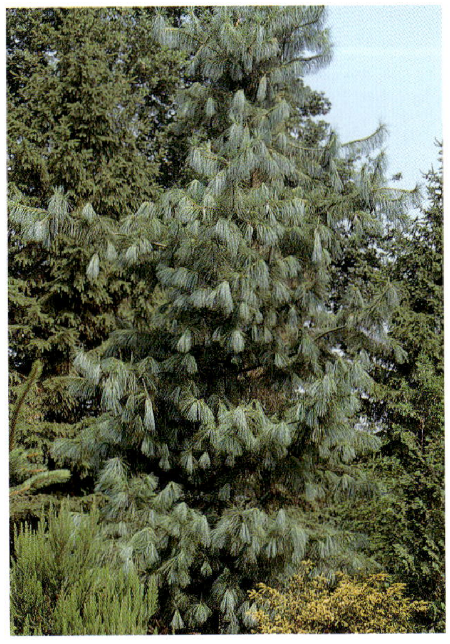

◁ **Pinus × schwerinii,** Schwerins Kiefer. Um 1905 ist diese Hybride (*P. strobus* × *P. wallichiana*) im Park des Grafen von Schwerin in Wendisch-Wilmersdorf bei Berlin entstanden. Der 15–20 m hohe, raschwüchsige Baum baut eine breit-kegelförmige Krone mit regelmäßig quirlständigen, waagerecht ausgebreiteten, an den Spitzen ansteigenden Ästen auf. Da die Äste innerhalb eines Astquirles stets verschieden lang sind, werden die Kronen unregelmäßig aufgelockert und sind dann meist sehr malerisch. Die 5 dünnen, schlaff hängenden Nadeln der Kurztriebe sind 8–14 cm lang, sie sind dunkelgrün und innen mit je 3–4 blauweißen Spaltöffnungslinien gezeichnet. 8–15 cm lang sind die zylindrischen, oft leicht gebogenen, dekorativen Zapfen, die schon an jungen Bäumen angelegt werden. Sie tragen auf ihren leicht gewölbten Schuppenschildern zahlreiche helle Harztropfen. Lb 7.2.2.2

Pinus strobus 'Radiata'. Die früher als 'Nana' bezeichnete Form gehört zu den häufig gepflanzten Kleinkoniferen. Sie wächst sehr langsam zu einem unregelmäßig kugeligen bis breit-kegelförmigen, dicht verzweigten Busch heran, der in 25 Jahren etwa 3,5 m hoch und breit wird. Mit einer Länge von 7–9 cm sind die weichen, intensiv blaugrünen Nadeln kürzer als bei der Normalform, sie stehen an den Triebenden gehäuft. Ganz ähnlich im Aufbau ist die kurznadelige 'Krügers Liliput'. Sie wächst anfangs deutlich schwächer als 'Radiata'. Nach einigen Standjahren auf nährstoffreichen Böden verschwinden die Unterschiede weitgehend, der zunächst geschlossene Aufbau lockert sich auf. 'Minima' unterscheidet sich von 'Radiata' durch ihren deutlich schwächeren Wuchs. Sie baut sich flachkugelig auf und wird breiter als hoch. Die dunkelgrünen Nadeln sind nur 2,5 cm lang. Lb 9.1.3.4
▽

Pinus strobus, Weymouths-Kiefer, Strobe. ▷ In dem sonst weitgehend von Laubwäldern geprägten nordöstlichen Nordamerika kommt die Weymouths-Kiefer vorwiegend im Tiefland vor, nur in den Südappalachen steigt sie bis in Höhen von 1300 m auf. Sie bildet Reinbestände oder ist mit Eichenarten, *Tsuga canadensis* und *Fraxinus americana* vergesellschaftet. Der 30–50 m hohe Baum baut mit regelmäßig quirlständigen, bogig aufsteigenden Ästen eine lockere, kegelförmige, im Alter abgerundete Krone auf. Lange behält der Stamm seine dünne, glatte Rinde, später hat er eine tief gefurchte, schwarzgraue Schuppenborke. An dünnen Trieben sitzen die sehr dünnen, weichen, biegsamen Nadeln zu 5 in Büscheln. Sie sind blaugrün gefärbt und tragen innen 2-3 weiße Spaltöffnungslinien. 8–20 cm lang sind die braunen, zylindrischen Zapfen. Der Baum ist anfällig gegen Blasenrost. Lb 4.2.3.1

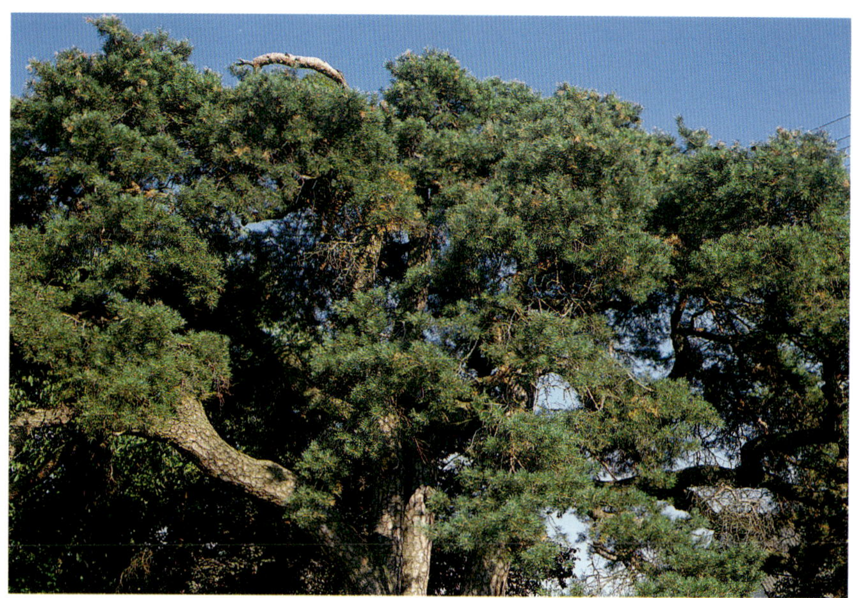

◁**Pinus sylvestris,** Gemeine Kiefer, Föhre. Die Gemeine Kiefer hat von Europa bis Ostasien ein riesiges Verbreitungsgebiet, Sie kommt vom Tiefland bis in Höhen von 1600 m in den Bayerischen Alpen und bis 2200 m im Wallis und Engadin vor. Anfangs wächst der 20–35 m hohe Baum regelmäßig locker kegelförmig, im Alter werden im Freistand oft unregelmäßige, malerische, schirmförmige Kronen gebildet. Das obere Stammende und die Äste tragen eine auffällige, fuchsrote Spiegelrinde. Im unteren Bereich ist der Stamm von einer dicken, längsgefurchten Platten- oder Schuppenborke bedeckt. Zu 2 stehen die steifen, meist deutlich gedrehten, 3–7 cm langen, blau- oder graugrün gefärbten Nadeln. Neben der natürlichen Art kultivieren wir in unseren Gärten einige abweichende Formen, neben der säulenförmig wachsenden 'Fastigiata' vor allem buschig wachsende Zwergformen. Lb 4.2.3.1

Pinus sylvestris-Sorten

'Argentea Compacta'

'Fastigiata'

'Globosa Viridis'

'Hibernica'

'Nana'

'Watereri'

◁ **Pinus wallichiana,** Tränen-Kiefer. Im Himalaja, vom östlichen Afghanistan bis Nepal, Bhutan, Nordburma und Westchina kommt die Tränen-Kiefer in Höhenlagen von 1800–4000 m vor. Sie wächst in Reinbeständen oder zusammen mit *Abies pindrow, Cedrus deodara* und *Pinus roxburghii.* Der raschwachsende, 30–50 m hohe, sehr dekorative, im Freistand bis zum Boden beastete Baum hat eine sehr lichte, lockere, breit-kegelförmige Krone aus regelmäßig gestellten, waagerecht ausbreiteten Ästen. Alte Stämme haben eine dunkle, längsrissige, feinschuppige Borke. Die 5nadeligen Kurztriebe haben 12–20 cm lange, schlaffe, meist bogig überhängende, grau- bis blaugrün gefärbte, innen mit weißen Spaltöffnungsbändern besetzte Nadeln. Sehr ansehnlich sind die meist zahlreichen, 15–25(–30) cm langen, bananenartig gebogenen, stets mit Harztropfen besetzten, hellbraunen Zapfen. Lb 6.1.1.2

Podocarpus nivalis, Steineibe, Podocarpaceae, Steineibengewächse. Steineiben kommen mit rund 100 Arten ausschließlich auf der südlichen Halbkugel vor, meist in tropischen und subtropischen Regenwaldzonen. *P. nivalis* stammt aus den Gebirgen Neuseelands. Sie ist ein immergrüner, niedergestreckter, vieltriebiger, 0,5–3 m hoher Strauch mit kurzen, grünen Zweigen und spiralig um den Zweig angeordneten, sehr dicht stehenden Blättern. Die schuppenförmigen, lineallänglichen, steifen, ledrigen, dunkelgrünen Blätter sind 5–11 mm lang. Die 2häusigen Pflanzen haben auffällige kätzchenartige, männliche Blüten. Aus den weiblichen Blüten entwickeln sich eiförmige, 4–6 mm lange Samen mit einer fleischigen Schale. Die Samen sitzen einem breiten, roten, fleischigen Fuß auf. *P. nivalis* ist als einzige Art der Gattung in Mitteleuropa ausreichend frosthart. Lb 8.2.1.6 ▷

Pseudotsuga menziesii, Douglasie, Pinaceae, Kieferngewächse. Im pazifischen Nordamerika ist die Douglasie in luftfeuchten, regenreichen Klimalagen von Britisch Kolumbien und dem südlichen Alberta bis Mittelmexiko und ostwärts bis Montana, Wyoming, Colorado und New Mexico verbreitet. Sie bildet dort stellenweise ausgedehnte Reinbestände. Die Douglasie ist ein immergrüner, 30–60 m hoher Baum mit einer regelmäßigen, schmal-kegelförmigen Krone, die erst im Alter breiter und flach wird. Der starke Stamm hat eine bis 25 cm dicke, korkige, tief längsgefurchte, purpur- bis schwarzbraune Schuppenborke. 2–4 cm lang sind die weichen, frisch- bis tiefgrünen Nadeln, die unterseits 2 silbergraue Spaltöffnungsbänder haben. Gerieben duften die Nadeln angenehm nach Orangen. 5–10 cm lang sind die braunen Zapfen mit den schmalen, weit herausragenden Deckschuppen. Lb 7.2.2.1 ▽

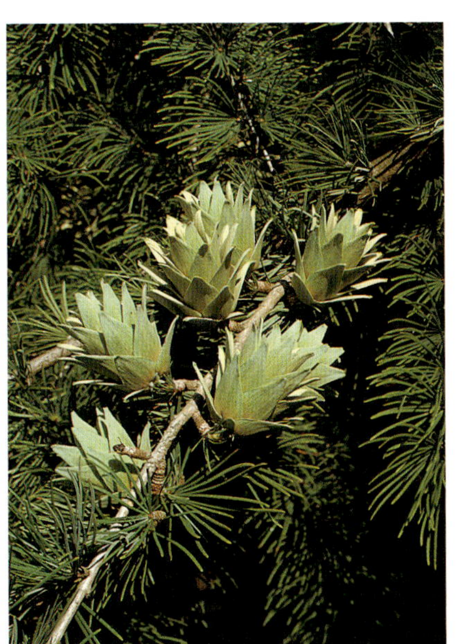

◁ **Pseudolarix amabilis,** Goldlärche, Pinaceae, Kieferngewächse. *P. amabilis* kommt als einzige Art ihrer Gattung in Ostchina vor, in den Gebirgen der Provinzen Zhejiang und Jiangxi in Höhenlagen zwischen 500 und 1500 m. Die kalkempfindliche Goldlärche ist ein sommergrüner Nadelbaum, der in seiner Heimat Höhen von 30–40 m erreicht, bei uns aber kaum höher als 10–20 m wird. Anfangs sind die Kronen mit ihren waagerecht ausgebreiteten Ästen schmal-kegelförmig, später aufgelockert und unregelmäßig ausladend, die unteren Zweige hängen teilweise bis zum Boden herab. Die 3–6 cm langen, breiten, weichen, hellgrünen Nadeln stehen an Langtrieben spiralig, an Kurztrieben stehen sie zu 15–30 in Büscheln und sind schirmförmig ausgebreitet, sie färben sich im Herbst goldgelb. Die 5–7 cm langen und 4–5 cm breiten Zapfen reifen im 1. Jahr und zerfallen am Baum. Lb 6.4.2.3

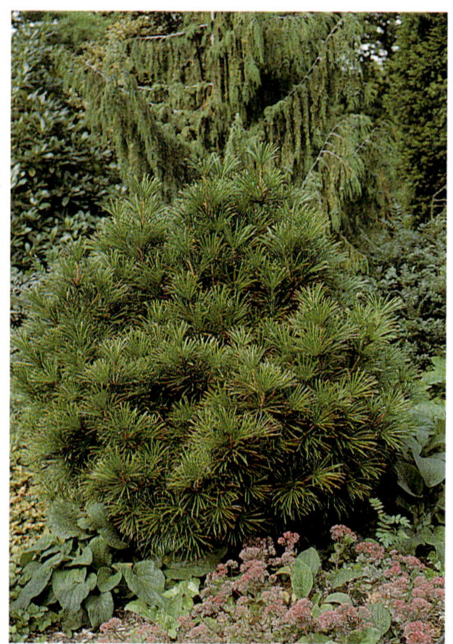

◁ **Sciadopitys verticillata,** Schirmtanne, Taxodiaceae, Sumpfzypressengewächse. Als einzige Art ihrer Gattung ist die Schirmtanne in den humiden Bergwäldern der japanischen Inseln Honshu, Shikoku und Kyushu verbreitet. Sie kommt z. B. am Kyosan in Südhonshu an steilen Hängen vereinzelt in Laubwäldern oder zusammen mit *Tsuga sieboldii* vor. Bei uns wird der immergrüne, kalkempfindliche, anspruchsvolle Baum kaum mehr als 10–20 m, in seiner Heimat 30–50 m hoch. Er hat eine schlanke, kegelförmige Krone mit regelmäßig quirlständigen Ästen. Der Stamm ist von einer dünnen, dunkelbraunen, sich in Streifen lösenden Borke bedeckt. Eigenartig sind die glänzend dunkelgrünen, ledrigen, nadelförmigen, 5–15 cm langen und 3–4 mm breiten Blätter, die sogenannten Doppelnadeln, sie stehen zu 15–40 in quirlartigen Büscheln und sind schirmspeichenartig ausgebreitet. Lb 7.1.4.3

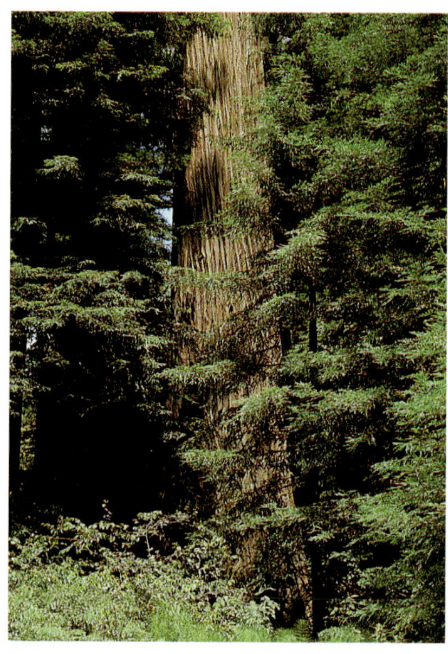

△
Sequoia sempervirens, Küsten-Mammutbaum, Redwood, Taxodiaceae, Sumpfzypressengewächse. Die Gattung *Sequoia* umfaßt nur 1 Art. Sie kommt im pazifischen Nordamerika in einem etwa 800 km langen und 50–60 km breiten, inselartig zergliederten, küstennahen Streifen in Südoregon und Kalifornien vor. In seiner Heimat kann der langschäftige Baum 60–100 m hoch werden. Er gehört damit zu den größten Lebewesen der Erde. Der immergrüne, bei uns sehr frostempfindliche Baum hat eine lockere, kegelförmige Krone mit kurzen, waagerecht abstehenden bis bogig aufsteigenden oder hängenden Ästen und einen 3–5 m dicken Stamm, der von einer 15–30 cm dicken, schwammigen, dunkel- oder rotbraunen Borke bedeckt ist. An Langtrieben sind die Blätter schuppenförmig und etwa 6 mm lang, an den Seitentrieben stehen sie 2zeilig, sind linealisch, 6–20 mm lang und dunkel- bis bläulichgrün gefärbt. Lb 7.4.1.2

Sequoiadendron giganteum, Berg-Mammutbaum, Taxodiaceae, Sumpfzypressengewächse. Wie die Gattung *Sequoia* hat auch diese nur 1 Art. Auch sie kommt im pazifischen Nordamerika vor, in isolierten Talschluchten an den Westhängen der kalifornischen Sierra Nevada, vorwiegend in Höhen zwischen 1500 und 2300 m. In seiner Heimat wird der mächtige, sehr langlebige Baum, der zu den mächtigsten Lebewesen der Welt gehört, mit seiner gleichmäßig kegelförmigen Krone und den starken, waagerecht abstehenden Ästen 50–80 m hoch. Die am Grunde stark verbreiterten Stämme können 5–8 m dick werden. Sie haben eine 30–60 cm dicke, dunkel rotbraune bis fuchsrote, schwammige, längsrissig gefurchte Borke. Die nadelförmigen, pfriemlichen bis lanzettlichen, scharf zugespitzten Nadeln stehen in 3 Reihen schraubig um den Zweig. Ist bei uns fast überall ausreichend frosthart. Lb 7.4.2.1 ▷

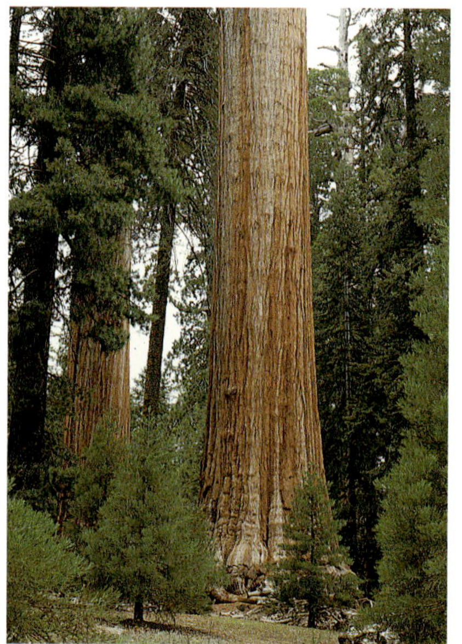

Taxodium distichum, Sumpfzypresse, Taxodiaceae, Sumpfzypressengewächse. Der sommergrüne Nadelbaum hat im südöstlichen Nordamerika, vorwiegend in Texas und Florida sein natürliches Verbreitungsgebiet. Er wächst in küstennahen Standorten auf nährstoffarmen Schlammböden, auf denen die Stämme wenigsten einige Monate jährlich im Wasser stehen. Ein besonderes Merkmal des Baumes sind seine sogenannten Atemknie, bis 1,5 m lange Kniewurzeln, die aus dem Wasser oder aus dem Boden aufragen. Die Sumpfzypresse wächst zu einem 20–40 m hohen Baum heran. Die anfangs kegelförmige Krone wird bei sehr alten Exemplaren breit und abgerundet. Der an der Basis meist stark verbreiterte Stamm hat eine rot- bis graubraune, längsrissige Borke. Die hellgrünen, lanzettlichen, bis 2 cm langen Blätter färben sich im Herbst rotbraun, sie fallen dann mit den Kurztrieben ab. Lb 2.1.2.1 ▷

◁**Taxus baccata,** Gemeine Eibe, Taxaceae, Eibengewächse. Die immergrüne Eibe kommt in Europa, im Kaukasus, in Kleinasien und dem Nordiran, in Nordwestafrika und auf Madeira in lichten bis schattigen Wäldern verschiedener Zusammensetzung vor. Der langlebige, oft vom Boden an mehrstämmige, in allen Teilen giftige Baum kann 10–12(–15) m hoch werden. Er hat anfangs eine breit-kegelförmige, meist bis zum Boden beastete, später eine eiförmige oder rundliche Krone. Die harten Stämme haben eine dünne Borke, die sich in grauen oder rotbraunen Schuppen löst. Die linealischen, 1,5–3,5 cm langen Nadeln sind glänzend dunkelgrün gefärbt. Die Samen sind von einem leuchtend roten Arillus umgeben. In Kultur sind neben der natürlichen Art zahlreiche Formen, die sich in Habitus und Nadelfärbung von der Art unterscheiden. Alle sind sehr schnitt- und schattenverträglich. Lb 3.3.5.3

Taxus baccata-Sorten

'David'

'Dovastoniana'

'Fastigiata Aurea'

'Ingeborg Nellemann'

'Procumbens'

'Repandens Aurea'

◁ **Taxus cuspidata 'Nana'.** Die Japanische Eibe kommt in den Bergwäldern von Japan, Korea und der Mandschurei bis in Höhen von 2200 m vor. Sie wächst als Unterholz in Laubwäldern oder auf Freiflächen in größeren Höhen, dann oft umgeben von niedrigen *Sasa*-Arten. Als natürliche Art kann der Kleinbaum mit seinen aufsteigenden oder waagerecht abstehenden Ästen bis 15 m hoch werden. An Seitenzweigen stehen die 1,2–2,5 cm langen Nadeln unregelmäßig 2zeilig. Sie sind oberseits dunkelgrün und unterseits mit 2 gelblichen Spaltöffnungsstreifen gezeichnet. Die eiförmige Samen sind von einem 7–8 mm langen, scharlachroten Arillus umgeben. In Kultur ist bei uns meist die sehr frostharte und schattenverträgliche 'Nana'. Sie wächst gedrungen, wird 1–2 m hoch und 2–3 m breit. Die weit ausgebreiteten Äste sind mit zahlreichen kurzen, dicht stehenden Zweigen besetzt. Lb 9.4.3.5

◁ **Taxus × media,** Hybrid-Eibe. Die Gemeine ▷ und die Japanische Eibe sind die Eltern dieser Hybride, die zuerst um 1900 von T. D. Hatfield, Welsey, Massachussets, USA erzielt worden ist. Die Hybride zeigt Merkmale beider Eltern. Der Wuchs ist etwas kräftiger als bei *T. baccata*, die Nadeln erinnern an die von *T. cuspidata*, stehen aber immer deutlich 2zeilig und sind oft waagerecht ausgebreitet. In Kultur sind eine ganze Reihe von Formen, unter anderem die hier abgebildeten **'Hicksii'** (links) und **'Strait Hedge'** (rechts). 'Hicksii' ist eine breit aufrecht wachsende, 3–5 m hohe Säulenform mit langen, aufstrebenden, dicht verzweigten Ästen. Sie wird im Alter lockerer und ist dann nicht selten vasenförmig. Die 3–5 m hohe 'Strait Hedge' wächst mit straff aufrechten, kurz verzweigten Ästen sehr schmal-säulenförmig, auch im Alter streben die Äste nur wenig nach außen. Lb 9.3.3.4

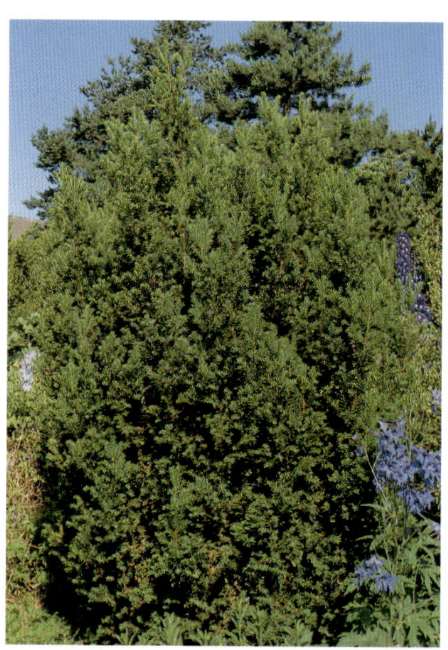

Thuja koraiensis, Koreanischer Lebensbaum, Cupressaceae, Zypressengewächse. ▷ Die Verbreitung des Koreanischen Lebensbaumes beschränkt sich auf die humiden Bergwälder Koreas. Wie alle anderen 6 *Thuja*-Arten ist er ein immergrüner Nadelbaum mit schuppenförmigen, gegenständigen, sehr dicht dachziegelig angeordneten Blättern und kleinen, eiförmig-länglichen Zapfen aus 4–6 ledrigen, dachziegelig angeordneten Schuppenpaaren. Der selten kultivierte Koreanische Lebensbaum wird 8–9 m hoch, er hat eine ziemlich lockere, schmal-kegelförmige, bis zum Boden beastete Krone. In Kultur wächst er nicht selten aber auch buschig oder breit-kegelförmig. Die dünne Rinde ist rotbraun gefäbt, sie blättert kleinschuppig ab. Unverwechselbar ist die Art durch die schneeigweiße Unterseite der 3eckig-eiförmigen Blätter, die oberseits glänzend frisch oder bläulichgrün gefärbt sind. Lb 7.2.2.4

◁**Thuja occidentalis,** Abendländischer Lebensbaum. Schon sehr früh, 1536, kam der Abendländische Lebensbaum als eines der ersten nordamerikanischen Gehölze nach Europa. Er kommt im atlantischen Nordamerika von Quebec bis Saskatchewan, südlich bis Neuengland, New York, Nordcarolina, Tennessee, Wisconsin und Minnesota vor. Der 15–20 m hohe, oft vom Boden an mehrstämmige Baum baut mit aufgerichteten Ästen eine dichte, schmal-kegelförmige, bis zum Boden beastete Krone auf. An den waagerecht abstehenden, stark abgeflachten Zweigen stehen die 2–7 mm langen, schuppenförmigen Blättern gegenständig in 4 Längsreihen. Sie sind oberseits mattgrün gefärbt und nehmen im Winter oft eine olivgrüne bis bronzene Färbung an. Der Baum verträgt auch einen starken Rückschnitt und ist deshalb eine beliebte Heckenpflanze. Neben der Art sind zahlreiche Formen in Kultur. Lb 7.3.3.2

Thuja occidentalis-Sorten

'Danica'

'Europe Gold'

'Globosa'

'Golden Globe'

'Mecki'

'Smaragd'

◁**Thuja orientalis,** Morgenländischer Lebensbaum. Die in Nord- und Westchina, der Mandschurei und Nordpersien heimische Art ist ist bei uns recht frostempfindlich und deshalb weit seltener in Kultur als der absolut frostharte Abendländische Lebensbaum. In seiner Heimat wird der oft vom Boden an mehrstämmige Baum 10–15 m hoch. Er hat eine bis zum Boden reichende, dicht verzeigte, kegelförmige Krone mit aufrechten oder aufsteigenden Ästen und eine dünne, grau- bis rotbraune Borke, die sich in dünnen Streifen löst. Auffallend aufrecht stehen die in einer Ebene ausgebreiteten Triebe. Die gegenständigen, schuppenförmigen, 1,5–2,5 cm langen, dunkelgrünen Blätter liegen den Zweigen dicht dachziegelartig an. Zerriebene Blätter haben einen schwachen Harzduft. Statt der Art sind bei uns vorwiegend gelblaubige Sorten in Kultur, sie sind frosthärter als die Art. Lb 6.3.2.3

Thuja orientalis-Sorten

'Aurea'

'Aurea Nana'

'Beverleyensis'

'Elegantissima'

'Rosedalis Compacta'

◁ **Thuja plicata,** Riesen-Lebensbaum. In den Küstenregionen von Südalaska, Britisch Kolumbien, Washington und Oregon bis Nordkalifornien hat der Riesen-Lebensbaum seine Hauptverbreitung, er kommt außerdem in den westlichen Rocky Mountains vor, bevorzugt in Schluchtwäldern und an Flußufern. In seiner Heimat erreicht er Höhen von 30–50 m. Er hat eine schmale, kegelförmige, im Alter eine säulenförmige Krone mit meist waagerecht abstehenden oder überhängenden Ästen. Im Freistand berühren diese nicht selten den Boden, bewurzeln sich und bilden Tochterstämme. Der starke Stamm hat eine längs gestreifte, zimt- bis dunkelrote Schuppenborke. Oberseits sind die schuppenförmigen, 2–6 mm langen, gegenständigen Blätter glänzend dunkelgrün, unterseits graugrün gefärbt. Sie ändern im Winter ihre Farbe nicht. Die schnittverträgliche Art eignet sich auch als Heckenpflanze. Lb 7.2.3.1

△
Thuja standishii, Japanischer Lebensbaum. In den Gebirgswäldern der japanischen Inseln Honshu und Shikoku kommt *T. standishii* vorwiegend in Höhen zwischen 1000 und 1800 m vor. Nicht selten zerstreut in lichten Laubwäldern und in enger Nachbarschaft von *Pinus parviflora*. Der bis 20 m hohe Baum hat eine aufgelockerte, breit-kegelförmige, im Freistand bis zum Boden beastete Krone. Die starken Seitenäste stehen unregelmäßig und kandelaberförmig vom Stamm ab. Während der aufrechte Gipfeltrieb eine nickende Spitze hat, hängen die Seitentriebe zierlich von den Ästen herab. Der dekorative Solitärbaum erhält dadurch einen ganz typischen, unverwechselbaren Habitus. Der Stamm hat eine dünne, rötlichbraune Borke, die sind in schmalen Streifen löst. Die oberseits glänzend grünen, unterseits blaugrünen Schuppenblätter riechen gerieben unangenehm nach Terpentin. Lb 8.1.3.3

△
Thujopsis dolabrata, Hiba-Lebensbaum, Cupressaceae, Zypressengewächse. Die Gattung *Thujopsis* besteht nur aus 1 Art. Sie kommt auf allen japanischen Inseln in luftfeuchten Bergwäldern vor. Der immergrüne, bis 35 m hohe, ein- oder mehrstämmige Baum baut mit bis zum Wipfel durchgehendem Stamm und abstehenden oder bogenförmig aufsteigenden Ästen eine kegelförmige, bis zum Boden beastete Krone auf. Durch eine vegetative Vermehrung von Seitenzweigen kommen in Kultur nicht selten aber auch breitbuschige Typen vor. Der Stamm hat eine rötlichbraune Borke, die sich in schmalen Streifen löst. Die flachen Zweige sind in einer Ebene ausgebreitet. Sie tragen schuppenförmige, gegenständige, sich dachziegelig deckende, ledrige, 4–8 mm lange Blätter, die oberseits glänzend frischgrün gefärbt sind und unterseits schmale, silberweiße Spaltöffnungsflecken tragen. Lb 7.2.2.3

Torreya nucifera, Japanische Nußeibe, Taxaceae, Eibengewächse. Auf den japanischen Inseln Honṣhu, Skikoku und Kyushu kommt die Japanische Nußeibe von der Ebene bis in Höhen von 1200 m vor, vorwiegend in der sommerwarmen, humiden Laubwaldstufe. In seiner Heimat wird der immergrüne, wärmebedürftige Baum 20–25 m hoch, er hat eine breit-kegelförmige Krone mit regelmäßig quirlständigen Ästen, die weit und waagerecht ausgebreitet sind. Der Stamm hat eine graubraune Borke, die sich in Schuppen löst. Bei uns bleibt der Baum wesentlich niedriger und wächst nicht selten strauchig. An glänzend grünen Trieben sind die nadelförmigen, stark abgeflachten, oberseits dunkelgrünen, unterseits helleren Blätter schraubig angeordnet und streng gescheitelt. Sie sind 1,5–3,5 cm lang, steif ledrig, etwas sichelförmig gebogen und laufen in eine stechende Grannenspitze aus. Lb 7.2.4.3 ▷

◁**Tsuga canadensis,** Kanadische Hemlocktanne, Pinaceae, Kieferngewächse. Im nordöstlichen Nordamerika kommt *T. canadensis* in feuchten und kühlen Klimalagen von der Ebene bis in Höhen von 1700 m vor, vorwiegend an geschützten und schattigen Nord- und Osthängen. Der 20–30 m hohe, feingliedrige Baum ist nicht selten vom Boden an mehrstämmig. Er hat eine unregelmäßige, breit-kegelförmige, später abgerundete bis abgeflachte Krone mit überhängendem Gipfeltrieb, eine grau- bis rotbraune, korkige Borke, abstehende bis hängende Äste und zierlich überhängende Seitenzweige. Dicht und schraubig stehen die Nadeln an den behaarten Trieben. Sie sind sehr ungleichmäßig lang, angeflacht, oberseits matt glänzend grün und unterseits durch 2 silbrige Spaltöffnungsbänder gekennzeichnet. Neben der Art werden eine Reihe von Formen mit abweichendem Habitus kultiviert. Lb 7.2.6.2

Tsuga canadensis-Sorten

'Jeddeloh'

'Bennett'

'Fantana'

'Gracilis Oldenburg'

'Pendula'

'Prostrata'

Tsuga diversifolia, Nordjapanische Hemlocktanne. Auf den japanischen Inseln Honshu, Sikoku und Kyushu kommt *T. diversifolia*, in Japan Kome-Tsuga genannt, in luftfeuchten Höhenlagen von 2000–2500 m vor, stellenweise in Reinbeständen, häufig aber auch an exponierten Stellen an steilen Hängen in Laub- oder Mischwäldern. Der bis 20 m, bei uns etwa 5–7 m hohe, kalkempfindliche Baum hat anfangs eine schmal-kegelförmige, später eine aufgelockerte, breite, gewölbte Krone mit überhängendem Gipfeltrieb und waagerecht abstehenden Ästen. Die graue bis rotbraune Schuppenborke hat flache Längsrisse. An fein behaarten, orange bis rotbraunen Trieben sitzen dicht gedrängt die meist rechtwinklig abstehenden, gescheitelten, ungleich langen (5–15 mm), oberseits glänzend dunkelgrünen Nadeln, die auf der Unterseite 2 glänzend weiße Spaltöffungsstreifen tragen. Lb 8.1.3.3 ▷

Tsuga heterophylla, Westliche Hemlocktanne. *T. heterophylla* ist ein Vertreter der ausgedehnten pazifischen Nadelwälder des nordwestlichen Nordamerika. Der in seiner Heimat 40–60 m hohe Baum stockt von Südalaska bis Kalifornien, in Britisch Kolumbien, Idaho und Montana von der Küstenebene bis in Höhen von 1800 m in milden, luftfeuchten Klimalagen. Der langschäftige, bei uns 15–35 m hohe Baum hat eine dichte, schmalkegelförmige Krone mit durchgehendem Stamm, waagerecht ausgebreiteten Ästen und stark überhängendem Wipfeltrieb. Die tief gefurchte Schuppenborke ist rötlichbraun gefärbt. Linealisch oder schwach sichelförmig gebogen sind die ungleich langen, oberseits glänzend dunkelgrünen, unterseits mit 2 breiten, silberweißen Spaltöffungsbändern gezeichneten Nadeln. Sie sind auf der Sproßoberseite bis 2 cm, auf der Sproßunterseite 5–10 mm lang. Lb 7.2.4.1 ▷

Tsuga sieboldii, Südjapanische Hemlocktanne. *T. sieboldii*, in Japan Tsuga genannt, besiedelt auf den japanischen Inseln Honshu, Shikoku und Kyushu luftfeuchte, sommerwarme Berg- und Hügelwälder. Der bis 30 m hohe Baum wächst von der Basis an nicht selten mehrstämmig. Er bildet mit waagerecht ausgebreiteten, an den Spitzen überhängenden Ästen dichte, breit-kegelförmige Kronen. Alte Bäume haben eine in quadratische Felder zerspringende und abblätternde Schuppenborke. Ziemlich locker stehen die nicht streng gescheitelten, ungleich langen, 6–22 mm langen Nadeln. Sie sind oberseits glänzend dunkelgrün gefärbt und haben, im Unterschied zu *T. diversifolia*, auf der Unterseite aber nur 2 schmale, wenig auffallende Spaltöffungsstreifen. Wird bei uns nur selten kultiviert. Wie bei allen anderen *Tsuga*-Arten reifen die kleinen, hängenden Zapfen im 1. Jahr. Lb 7.2.2.4 ▽

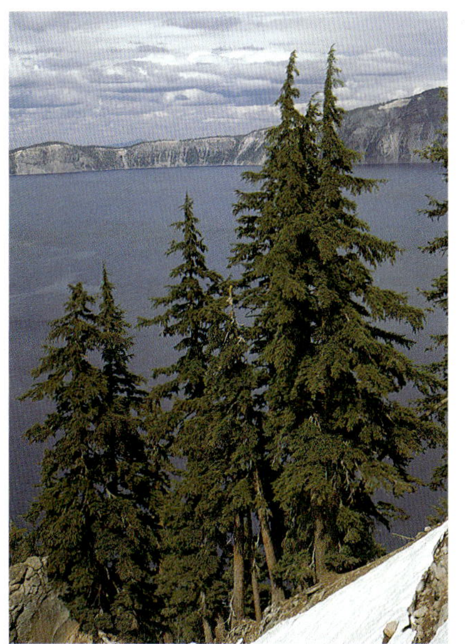

◁ **Tsuga mertensiana,** Berg-Hemlocktanne. Im westlichen Nordamerika, von Südalaska bis Kalifornien, in Britisch Kolumbien, Idaho, Monata und Oregon besiedelt *T. mertensiana* exponierte Bergrücken und -hänge an der oberen Waldgrenze in Höhenlagen bis 3000 m. Die Art kommt dort oft in großen Reinbeständen mit licht gestellten Bäumen vor. In seiner Heimat erreicht der sehr schlanke, schmal-kegelförmige, im Freistand bis zum Boden beastete Baum mit seinem durchgehenden Stamm und den dünnen, überhängenden Ästen Höhen von 10–30(–50) m. Bei uns wächst der zierliche Baum sehr langsam und wird bestenfalls 10–15 m hoch. Seine 5–25 mm langen, dicken, gewölbten, linealischen Nadeln stehen alle schraubig an den Zweigen. Sie sind graugrün bis graublau gefärbt. Bei der oft kultivierten, schwach wachsenden Form 'Glauca' sind die Nadeln stark blauweiß bereift. Lb 8.1.3.3

Liste der verwendeten Synonyme und der gültigen Nomenklatur nach Zander, Handwörterbuch der Pflanzennamen, 16. Aufl.

Aus drucktechnischen Gründen konnte dieses Werk noch nicht an die neue Nomenklatur nach Zander, Handwörterbuch der Pflanzennamen, 16. Auflage 2000, angepasst werden. Um dem Leser das Arbeiten nach der neuen Nomenklatur zu ermöglichen, folgt hier eine entsprechende Synonymliste (kursive Schrift – bisherige und im Buch verwendete Nomenklatur; steile Schrift – Nomenklatur nach Zander, Handwörterbuch der Pflanzennamen, 16. Auflage)

Acer ginnala – Acer tataricum ssp. ginnala
– *lobelii* – Acer cappadocicum ssp. lobelii
– × *neclectum* – Acer × zoeschense
– *trautvetteri* – Acer heldreichii ssp. trautvetteri
Aceriphyllum rossii – Mukdenia rossii
Achnatherum calamagrostis – Stipa calamagrostis
Acidanthera – Gladiolus
– *bicolor var. murielae* – Gladiolus callianthus 'Murielae'
Aconitum septentrionale – Aconitum lycoctonum
– *vulparia* – Aconitum lycoctonum ssp. vulparia
Actinella acaulis – Hymenoxys acaulis
– *grandiflora* – Hymenoxys grandiflora
– *lanata* – Eriophyllum lanatum
– *scaposa* – Hymenoxys scaposa
Actinidia chinensis – Actinidia deliciosa
Alyssum saxatile – Aurinia saxatilis
Aralia mandshurica – Aralia elata
Arundinaria spathacea – Fargesia murieliae

Begonia-Semperflorens-Hybriden – Begonia cucullata var. hookeri
Betonica grandiflora – Stachys macrantha
Betula jacquemontii – Betula utilis var. jacquemontii
Bromus lanceolatus – Bromus macrostachys
Buglossoides purpurocaerulea – Lithospermum purpurocaeruleum

Calceolaria darwinii – Calceolaria uniflora var. darwinii
Carex oshimensis – Carex hachijoensis
Cassia hebecarpa – Senna hebecarpa
– *marilandica* – Senna marilandica
Ceterach officinarum – Asplenium ceterach
Chartolepis glastifolia – Centaurea glastifolia
Cheiranthus cheiri – Erysimum cheiri
Chenopodium amaranticolor – Chenopodium giganteum
Chrysanthemum arcticum – Arctanthemum arcticum
– *carinatum* – Ismelia carinata
– *coccineum* – Tanacetum coccineum
– *corymbosum* – Tanacetum corymbosum
– *frutescens* – Agyranthemum frutescens
– *haradjanii* – Tanacetum haradjanii
– × *hortorum* – Dendranthema × grandiflorum
– *maximum* – Leucanthemum × superbum
– *multicaule* – Coleostephus multicaulis
– *parthenium* – Tanacetum parthenium
– *serotinum* – Leucanthemella serotina
– *tricolor* – Ismelia carinata
– *uliginosum* – Leucanthemella serotina
– *weyrichii* – Dendranthema weyrichii
Chrysopsis villosa – Heterotheca villosa
Cladrastis kentukea – Cladrastis lutea
Clematis maximowicziana – Clematis terniflora
Coleus blumei – Solenostemon scutellarioides
Coronilla emerus – Hippocrepis emerus
– *varia* – Securigera varia
Corydalis lutea – Pseudofumaria lutea
Cotula squalida – Leptinella squalida
Currania dryopteris – Gymnocarpium dryopteris
Cyrtonium fortunei – Polystichum falcatum var. fortunei

Delphinium ajacis – Consolida ajacis
Dendranthema arcticum – Arctanthemum arcticum
Dentaria digitata – Cardamine pentaphyllos
– *pentaphyllos* – Cardamine pentaphyllos
Dolichos lablab – Lablab purpureus
Dryopteris phegopteris – Phegopteris connectilis
Dyssodia tenuiloba – Thymophylla tenuiloba

× *Gaulnettya wisleyensis* – Gaultheria × wisleyensis
Genista sagittalis – Chamaespartium sagittale
Godetia-Hybriden – Clarkia-Hybriden
Gymnocarpium phegopteris – Phegopteris connectilis

Helipterum roseum – Acrolinium roseum
Homeria placida – Homeria collina var. aurantiaca
Humulus scandens – Humulus japonicus

Kalopanax pictus – Kalopanax septemlobus
Kochia scoparia – Bassia scoparia

Lamiastrum galeobdolon – Lamium galeobdolon
Ledum palustre – Rhododendron palustre
Leptandra virginica – Veronicastrum virginicum
Leucanthemum corymbosum – Tanacetum corymbosum
Leucothoe walteri – Leucothoe fontanesiana
Lilium szovitsianum – Lilium monadelphum

Magnolia cordata – Magnolia acuminata var. subcordata
Malus × *zumi* – Malus sieboldii
Mina lobata – Ipomoea lobata

Oenothera erythrosepala – Oenothera glazioviana
– *tetragona* – Oenothera fruticosa

Papaver burseri – Papaver alpinum
Pernettya mucronata – Gaultheria mucronata
Persicaria affinis – Bistorta affinis
– *bistorta* – Bistorta offinicalis
– *weyrichii* – Aconogonon polystachyum
Phanaerophlebia fortunei – Polystichum falcatum var. fortunei
Pharbitis learii – Ipomea indica
Phegopteris dryopteris – Gymnocarpium dryopteris
– *vulgaris* – Phegopteris connectilis
Phyllitis scolopendrium – Asplenium scolopendrium
Phytolacca clavigera – Phytolacca polyandra
Pleioblastus fortunei – Pleioblastus variegatus 'Fortunei'
– *simonii* – Arundinaria simonii
Polygonum affine – Bistorta affinis
– *amplexicaule* – Bistorta amplexicaulis
– *aubertii* – Fallopia baldschuanica
– *bistorta* – Bistorta officinalis
– *capitatum* – Persicaria capitata
– *orientale* – Persicaria orientalis
– *weyrichii* – Aconogonon weyrichii
Prunus kurilensis – Prunus nipponica var. kurilensis
Ptilotrichum spinosum – Alyssum spinosum
Pyrethrum corymbosum – Tanacetum corymbosum

Quamoclit lobata – Ipomoea lobata

Reynoutria japonica – Fallopia japonica
Rhamnus frangula – Frangula alnus
Rhazya orientalis – Amsonia orientalis
Rhododendron carolinianum – Rhododendron minus

- *japonicum* - Rhododendron molle ssp. japonicum
- *yakushimanum* - Rhododendron degronianum ssp. yakushimanum

Rhus typhina - Rhus hirta

Rosa omeiensis fo. pteracantha - Rosa sericea ssp. omeiensis 'Pteracantha'
- *pimpinellifolia* - Rosa spinosissima

Rubus calycinoides - Rubus pentalobus

Salix × erythroflexuosa - Salix × sepulcralis 'Erythroflexuosa'
- *sachalinensis* - Salix udensis

Sarcococca humilis - Sarcococca hockeriana var. humilis

Saxifraga grisebachii - Saxifraga federici-augusti ssp. grisebachii

Schisandra rubriflora - Schisandra grandiflora var. rubriflora

Scirpus lacustris ssp. tabernaemontani - Schoenoplectus tabernaemontani

Sedum alboroseum - Sedum erythrostictum
- *cauticola* - Sedum cauticolum
- *glaucophyllum* - Sedum nevii

Sempervivum × calcaratum - Sempervivum calcareum

Senecio bicolor - Senecio cineraria
- *maritima* - Senecio cineraria

Silene maritima - Silene uniflora

Sinarundinaria nitida - Fargesia nitida

Skimmia reevesiana - Skimmia japonica ssp. reevesiana

Solanum rantonnetii - Lycianthes rantonnetii

Sorbaria aitchisonii - Sorbaria tomentosa var. angustifolia
- *arborea* - Sorbaria kirilowii

Spirea menziesii - Spirea douglasie ssp. menziesii

Stachys grandiflora - Stachys macrantha

Stranvaesia davidiana - Photinia davidiana

Symphytum ibericum - Symphytum grandiflorum

Tanacetum serotinum - Leucanthemella serotina

Thamnocalamus spathaceus - Fargesia murieliae

Thelypteris phegopteris - Phegopteris connectilis

Thlaspi rotundifolium - Thlaspi cepaeifolium ssp. rotundifolium

Tilia petiolaris - Tilia tomentosa 'Petiolaris'

Tulipa batalinii - Tulipa linifolia 'Batalinii'

Veronica austriaca ssp. teucrium - Veronica teucrium
- *longifolia* - Pseudolysimachion longifolia
- *spicata* - Pseudolysimachion spicatum

-- *ssp. spicata* - Pseudolysimachion spicatum ssp. spicatum
- *virginica* - Veronicastrum virginicum

Bibliografische Information der Deutschen Nationalbibliothek

Die Deutsche Nationalbibliothek verzeichnet diese Publikation in der Deutschen Nationalbibliografie; detaillierte bibliografische Daten sind im Internet über http://dnb.d-nb.de abrufbar.

ISBN 978-3-8001-4583-6

Wollgrasweg 41, 70599 Stuttgart (Hohenheim)
E-Mail: info@ulmer.de
Internet: www.ulmer.de
Umschlaggestaltung: Atelier Reichert, Stuttgart
Satz: Typomedia Satztechnik GmbH, Ostfildern
Druck und Bindung: Firmengruppe APPL, aprinta druck, Wemding
Printed in Germany